CO

MW01515994

JAMES OLIVER
CURWOOD

BÊTES ET GENS DU GRAND NORD

ÉDITION ÉTABLIE
PAR FRANCIS LACASSIN

ROBERT LAFFONT

Chacune des œuvres publiées dans « Bouquins »
est reproduite dans son intégralité.

© Éditions Robert Laffont, S.A., Paris, 1992
pour la bibliographie.

ISBN : 2-221-06866-1

Ce volume contient :

INTRODUCTION GÉNÉRALE
de Paul Gruyer et Louis Postif

KAZAN
Traduit de l'américain par Paul Gruyer et Louis Postif
Préface de Paul Gruyer et Louis Postif

BARI, CHIEN-LOUP, FILS DE KAZAN
Traduit de l'américain par Léon Bocquet

LE GRIZZLY
Traduit de l'américain par Jean d'Agraives et Gil Hérel

NOMADES DU NORD
Traduit de l'américain par Louis Postif

RAPIDE-ÉCLAIR
Traduit de l'américain par Louis Postif
Préface d'André Demaison

LES CHASSEURS DE LOUPS
Traduit de l'américain par Paul Gruyer et Louis Postif

LES CHASSEURS D'OR
Traduit de l'américain par Paul Gruyer et Louis Postif

L'HONNEUR DES GRANDES NEIGES
suivi de
LE CAS D'ANDRÉ BEAUVAIS
LE VIOLONEUX
Traduit de l'américain par Louis Postif

LE PIÈGE D'OR
suivi de
LE CŒUR DE LA NATURE
Traduit de l'américain par Paul Gruyer et Louis Postif

LE FILS DES FORÊTS
Traduit de l'américain par Louis Postif
Avant-propos de J. O. Curwood

BIBLIOGRAPHIE DE FRANCIS LACASSIN

INTRODUCTION GÉNÉRALE

James Oliver Curwood, sa vie et ses œuvres

James Oliver Curwood, le romancier des Grandes Neiges, nous a quittés à l'âge de quarante-neuf ans, en 1927. Il était né en 1878, à Owosso, petite ville des États-Unis, de l'État de Michigan. Il eut pour grand-oncle paternel le capitaine Marryat, Anglais (1792-1848), qui a laissé un grand nombre de romans d'aventures, demeurés fort populaires outre-Manche et outre-Atlantique, et dont une grande partie a été traduite en français. Du côté maternel, une aïeule de race peau-rouge, la princesse Mohawk, lui infusa une partie de sang indien.

Son père exploitait, nous dit-il, « une carrière de pierres de quarante acres, qu'il s'obstinait passionnément à prendre pour une ferme ; elle était située près du lac Erié, en lisière de grands bois et de terrains marécageux. A l'âge de huit ans, je possédais un fusil. A neuf ans, je commençais à écrire mes premiers chefs-d'œuvre d'émouvante fiction ; j'en ai conservé quelques manuscrits. L'un de ces romans embrassait cent chapitres, de deux à trois cents mots, et chaque chapitre me produisait un effet misérable, s'il ne comportait pas le meurtre d'une demi-douzaine au moins d'Indiens ou d'aventuriers hors la loi. Je ne me doutais guère alors qu'un temps viendrait où j'aimerais l'Indien comme un ancêtre et parcourrais, en sa compagnie, d'innombrables pistes dans le désert. »

L'enfant fut mis à l'école secondaire. Mais son « trop grand amour de la nature », autrement dit, ses fugues perpétuelles le firent expulser. « A la suite de cette déconvenue, j'allai m'enfouir comme trappeur dans un vaste terrain désertique, voisin du lac Michigan, et j'y gagnai assez d'argent pour pouvoir ensuite me faire admettre et payer ma pension à l'université de l'État du même nom. »

Sept années de journalisme, à Detroit, en qualité de rédacteur en chef de la *News Tribune,* suivirent pour Curwood, devenu jeune homme. Puis sa vocation de romancier se dessina de façon définitive, en même temps que le Northland américain, c'est-à-dire l'extrême-nord du Canada, l'attirait invinciblement et allumait son enthousiasme, avec sa vie libre et aventureuse, et ses immenses et pittoresques solitudes glacées. C'est le décor de tous ses romans.

« Au cours de mes randonnées dans le Grand Désert blanc, écrit-il encore, j'ai rencontré une nouvelle humanité, celle du lointain Septentrion. J'ai pénétré, de plus en plus profondément, dans l'esprit et dans le cœur d'hommes, de femmes et d'enfants nés à l'air libre, comme leurs aïeux y étaient nés depuis bien des générations. Car le Nord est vieux comme le monde. Et ces hommes, ces femmes, ces enfants font partie intégrante de la nature, au même titre que les forêts et les solitudes qu'ils habitent. »

En même temps, l'écrivain, parti en enragé chasseur, s'éprenait d'une immense sympathie pour toutes ces bêtes sauvages, aux mœurs si curieuses, qui peuplent le Northland.

« J'entends d'ici la raillerie moqueuse de quelques bons amis : Admirable sujet de dissertation que l'âme des bêtes, pour un homme dont la maison, de la cave au grenier, est bourrée de trophées de têtes et d'innombrables fourrures. Le reproche est parfaitement juste. Il y a chez moi vingt-sept fusils et je me suis servi de tous. Plusieurs d'entre eux portent sur leur crosse des séries de minces entailles, qui me servaient à dénombrer mes victimes. Par eux, j'ai laissé des pistes rouges, de la baie d'Hudson à l'océan Arctique, à travers les terres désolées du Wilderness, la région du lac Athabasca et du grand lac de l'Ours, et les pays où coule le Yukon, jusqu'à la Colombie britannique et l'Alaska. Mais de tous ces meurtres je ne suis pas plus fier qu'il ne convient et je ne songe pas à entonner un chant de triomphe en leur honneur. Combien je préférerais qu'ils n'eussent jamais été ! Du moins sont-ils pour moi une leçon et m'incitent-ils sans cesse à aimer davantage toutes ces bêtes qu'aveuglément je massacrais jadis. »

L'œuvre romanesque de Curwood est donc, avant tout, une œuvre vécue et, comme dit notre Montaigne, « de bonne foi ». Il a partagé l'existence de tous les êtres qu'il dépeint, parcouru tous les paysages qu'il décrit. La nature est sa grande inspiratrice, sa « religion » de tous les instants. « Je suis certain, déclare-t-il, que si je me risquais à écrire un roman qui n'eût point pour théâtre les vastes décors de la nature, je ne tarderais pas à échouer. Elle est le grand médecin de l'humanité et, lorsqu'on le lui demande, je suis persuadé qu'elle est susceptible de guérir plus de maladies que les plus réputés docteurs de la Terre. Mon devoir, mon ambition, le grand but que je souhaite atteindre est d'entraîner vers elle, avec moi, mes lecteurs. Je l'aime et il me semble qu'ils doivent l'aimer. »

De Curwood, Robert de Flers a écrit excellemment : « Son œuvre est d'une sincérité dont toute son existence nous apporte la preuve. Il possède, dans tout ce qui concerne le pays des Grands Lacs, une autorité qui est aujourd'hui reconnue de tous. Chaque année, il passe plusieurs mois dans les solitudes de la baie d'Hudson et il pousse ses randonnées jusqu'au nord de la côte arctique. Il est le seul citoyen américain que le gouvernement canadien ait chargé de missions spéciales, afin d'explorer et de décrire les vastes régions glacées qu'habitent les Esquimaux. C'est un titre un peu long à inscrire sur une carte de visite, mais qui a le mérite d'être unique.

« Curwood n'a fait aucune infidélité à ces pays étranges pour donner ailleurs libre cours à son imagination. Ses admirateurs se sont souvent demandés pourquoi il ne choisit jamais d'autres prétextes à ses livres que les choses du Nord et pourquoi, par exemple, il ne fait pas bénéficier les Tropiques de son abondance et de sa vigueur descriptives. La réponse à cette question est assez singulière. Curwood, qui ne craint quoi que ce soit dans le Northland, éprouve une invincible frayeur à la seule vue d'un serpent. Le mot seul lui cause un malaise inexprimable.

« Aussi, le grand romancier américain aurait-il tort d'abandonner les cadres qui lui sont familiers et qui mettent en valeur, avec tant de puissance originale, les histoires qu'il nous conte. Il est un des maîtres incontestés du roman d'aventures. Mais c'est peut-être aux histoires de bêtes qu'il doit sa renommée la plus éclatante. Nul ne sait mieux que lui aménager les péripéties les plus émouvantes, tracer d'un trait aigu et sensible à la fois les caractères d'animaux. »

Cette extension de l'œuvre de Curwood à la nature ambiante, si rude et farouche soit-elle, et aux bêtes qui la peuplent au même titre que nous, a pour nous autres Occidentaux cet incomparable et important attrait de secouer et rénover la vieille formule de Gœthe : « L'homme fut toujours pour l'homme l'objet le plus intéressant ». Il y a autre chose que l'homme dans l'univers et la littérature n'est pas fatalement, comme l'est presque toute la nôtre, anthropocentrique.

La popularité de Curwood, dans le Nouveau-Monde, est considérable. Elle s'étend jusqu'au fond des régions mêmes qu'il a décrites, jusque chez les Peaux-Rouges. Un écrivain américain, nommé Ray Long, rédacteur à la revue *Bookman,* y a conté (février 1921) cette amusante anecdote :

« Au cours d'un de mes voyages dans le Nord, j'avais pour guide un Peau-Rouge pur sang, nommé bizarrement Thos Linklaou, qui parlait l'anglais avec un non moins bizarre accent écossais. Un soir, dans notre pirogue, après une journée de pêche, nous retournions à la pagaie vers notre campement. La dernière chose à laquelle je songeais était mes revues et mes journaux, et je ne croyais pas même que Thos fût averti que j'étais écrivain de mon métier.

« Soudain, le guide, s'arrêtant un instant de pagayer, me dit : "Je m'intéresse beaucoup à certain magazine publié dans le pays d'où vous venez et qui s'appelle *The Red Book.*" A cette époque, j'étais rédacteur en chef de cette revue.

« Malgré mon peu de désir de parler littérature, lorsque j'étais venu là pour me reposer l'esprit uniquement, je ne pus dominer ma curiosité et demandai :

« — Qu'est-ce donc qui t'intéresse tant dans ce magazine ?

« — Ce sont certaines histoires d'animaux (me répondit l'homme) qui y sont publiées. Elles sont signées Curwood. Celui-là connaît les bêtes aussi bien que moi et il doit avoir vécu longtemps dans ce pays.

Depuis assez longtemps je suis ces histoires et je n'y ai jamais rien trouvé qui ne concorde avec mes propres observations. Pour une seule chose, je n'étais point de son avis. Il assure quelque part [dans *Kazan* notamment] que les loups ne veulent pas nager et qu'ils craignent l'eau. Or je sais bien, moi, que les loups nagent parfaitement et vous-même vous le savez aussi bien que moi, puisque vous l'avez constaté de vos propres yeux, de l'île où nous campons. Je ne m'expliquais pas son erreur, jusqu'au jour où je pus interroger des gens qui avaient vécu dans d'autres régions du Northland, qui sont celles dont parle Curwood. J'appris par eux que les mœurs des loups qui vivent dans ces régions sont effectivement différentes de celles des loups que nous connaissons.

« Avez-vous lu quelquefois des livres de cet auteur ? ajouta mon guide.

« Je répondis modestement que non seulement j'avais lu les romans de l'auteur en question, mais que c'était moi qui les avais lancés. Je ne puis prétendre assurément que j'ai découvert Curwood, qui avait, bien avant que je lui donne l'hospitalité dans mon magazine, publié déjà plusieurs ouvrages. Mais je suis le premier à avoir reconnu pleinement son talent. J'étais ravi, au demeurant, de l'approbation de mon Peau-Rouge. Elle valait pour moi beaucoup mieux que les éloges des critiques les plus réputés.

« De retour chez moi, je continuai donc à pousser Curwood de toutes mes forces et j'ai récemment été ravi d'apprendre que son dernier roman, *La Vallée du silence,* avait été vendu à cent mille exemplaires, avant même sa parution en librairie. Dans ses débuts, il produisait à peu près deux romans par an, auxquels il convenait d'ajouter deux douzaines environ de petits contes. C'était une bonne moyenne de travail. Maintenant, il soigne davantage ce qu'il écrit et se borne à un seul roman et à très peu de petits contes. Aussi est-il sur lui-même en notables progrès. J'ajouterai qu'il n'y a pas d'homme plus simple et plus modeste.

« Je me souviens d'une visite que je lui fis dans le cottage qu'il a acquis à Owosso, pour ses parents, et où il habite lui-même, quand il n'est pas en expédition, une pièce qui ressemble fort à l'intérieur d'une hutte en pays sauvage. Pour tous meubles, un poêle, une table en bois blanc et une vieille machine à coudre, sur la tablette de laquelle il a installé sa machine à écrire.

« Un soir, nous restâmes tous deux à causer ensemble, fort tard, dans cette pièce. Nous imaginâmes plusieurs intrigues romanesques et je lui proposai une situation qui me paraissait convenir parfaitement à son talent. Longtemps nous nous en entretînmes et j'étais persuadé, lorsque nous allâmes enfin nous coucher, qu'il l'avait adoptée. Le lendemain matin, en nous retrouvant au petit déjeuner, il m'annonça, à mon grand étonnement, que la chose, décidément, ne pouvait aller. Toute la nuit il l'avait ruminée et avait conclu qu'il valait mieux qu'il renonçât. Il n'écrit jamais que ce qu'il sent complètement.

« Les expéditions qu'entreprend Curwood pour le compte du gouvernement canadien sont admirablement organisées et la caravane, que conduit son guide et camarade Bruce Otto, ne compte pas moins d'une douzaine de chevaux. Les deux hommes demeurent des mois entiers dans le Grand Désert blanc. *Kazan* a été écrit dans une hutte, à des centaines de milles de toute civilisation. »

*
* *

Parmi les œuvres de Curwood, cinq romans sont spécialement consacrés à des histoires de bêtes. Ce sont : *Kazan* ; *Bari, chien-loup, fils de Kazan* ; *Le Grizzly* ; *Les Nomades du Nord* ; *Rapide-Éclair.*

Ses principaux romans d'aventures sont : Le Piège d'or, une de ses meilleures œuvres — qui nous emmène curieusement jusqu'au pays des Esquimaux ; *La Piste du bonheur ; Le Pays de Dieu ; L'Aventure du Capitaine Plum ; La Piste dangereuse ; Fleur du Nord ; Les Chasseurs de loups* et *Les Chasseurs d'or ; L'Honneur des grandes neiges ; La Voyageuse traquée ; Les Cœurs les plus farouches ; La Vallée du silence ; La Forêt en flammes ; L'Homme de l'Alaska...*

Tous ces romans valent, en général, et nous captivent par le grand amour de l'auteur pour les pays où il a vécu, par sa connaissance profonde des gens, blancs, Indiens, métis et autres, qui les habitent, et des bêtes, domestiques ou sauvages, qui les peuplent, par le pittoresque du lointain et mystérieux décor qu'il nous décrit, par l'attirante vérité, en un mot, de la chose vue.

Du point de vue français, Curwood, en plusieurs de ses romans, s'apparente visiblement au célèbre romancier californien, Jack London, qui a, comme lui, longuement parcouru les solitudes glacées du Northland. Il s'en est, à maintes reprises, directement inspiré. Son talent, toutefois, se différencie avec netteté de celui de Jack London. La pensée de Curwood est moins âpre et, même quand il dépeint un drame, son style est moins cruellement tragique. Il glisse plus légèrement sur l'horreur et sur la douleur, pour se reposer bientôt sur quelque tableau plus amène et plus souriant. Sa sensibilité est, nous ne dirons pas plus fine, mais plus féminine, et c'est une remarque curieuse, qu'en fait les lectrices préfèrent généralement Curwood à Jack London.

Lorsque Curwood vint à Paris, en 1925, il apparut, à tous ceux qui le rencontrèrent, comme un grand et solide gaillard, bien découplé, et destiné, semblait-il, à narguer, jusqu'aux extrêmes limites de l'existence, la faux du trépas. Il a succombé pourtant, avant l'heure, à un empoisonnement interne. La transfusion de sang à laquelle se prêta sa propre fille n'a pu le sauver.

Paul GRUYER et Louis POSTIF.

KAZAN

(Kazan, 1914)

Roman traduit de l'américain
par Paul Gruyer et Louis Postif

© Librairie Hachette, pour la traduction.

PRÉFACE

des traducteurs

Comme son frère Croc-Blanc, dont Jack London nous a conté si merveilleusement les évolutions psychologiques et les multiples aventures, Kazan, que dans ce volume nous présente Curwood, est un de ces chiens-loups employés dans le Northland américain (nord du Canada et Alaska) à tirer les traîneaux. Race mixte, mi-civilisée et mi-sauvage, supérieurement intelligente et non moins robuste, où fusionne le chien et le loup, et dont l'instinct est sans cesse tiraillé entre la compagnie de l'homme, affectueux parfois, souvent brutal, et la liberté reconquise. Sujet qui semble particulièrement cher aux romanciers américains et qu'ils s'efforcent de traiter, chacun à sa manière, avec des effets et des péripéties diverses. Ce que Curwood a, ici, plus particulièrement mis en scène à travers son héros-chien, c'est, plus que l'influence de l'homme, celle de la femme sur la grosse bête hirsute, capable d'étrangler quiconque d'un seul coup de gueule, et qui rampe, docile et obéissante, aux pieds d'une maîtresse aimée. Et c'est son dévouement aussi, sa fidélité touchante pour sa compagne de race, la louve aveugle, dont il est devenu, en un monde hostile, où la lutte pour la vie est sans trêve, le seul guide et le seul soutien.

Ce volume, comme tous ceux de Curwood, a le même attrait des choses vues et que nous dépeint fidèlement l'auteur, qui vit en contact perpétuel avec elles. Univers bien lointain pour nous, qui n'en est que plus séduisant, et qui nous tire singulièrement de la contemplation de notre monde civilisé et de notre terre d'Occident. Et toujours, selon le système qui lui est cher, Curwood unit au tragique la détente alternée de l'esprit. A côté des souffrances du Northland, il en voit le sourire, quand renaît le printemps, et les joies saines de l'énergie physique et morale, chez ceux qui y vivent. En face de bien sombres pages, quoi de plus délicieux que la peinture des travaux et des mœurs des castors qui, sous la conduite du vieux Dent-Brisée, barrent le torrent près duquel Kazan et la louve aveugle ont établi leur gîte, et les contraignent, quoi qu'ils en aient, à déguerpir devant l'inondation. Ajoutons que dans le portrait du professeur Paul Weyman, qui a fait serment un jour, émerveillé de leur intelligence, de ne plus tuer de bêtes sauvages, il faut reconnaître Curwood lui-même, chasseur jadis passionné et qui, après avoir beaucoup massacré, s'est fait plus largement humain.

Kazan et Louve Grise ont un fils, le petit Bari, que l'on retrouve dans le roman ; *Bari, chien-loup* [1], qui lui est spécialement consacré.

Paul GRUYER et Louis POSTIF.

1. Voir p. 137.

I

L'ENSORCELLEMENT

Dans la confortable maison où il se trouvait à cette heure, Kazan était couché, muet et immobile, son museau gris reposant entre les griffes de ses deux pattes de devant, et les yeux mi-clos.

Il semblait pétrifié comme un bloc de rocher. Pas un muscle de son corps ne bougeait, pas un de ses poils ne remuait, ses paupières n'avaient pas un clignotement.

Et cependant, sous cette apparente immobilité, chaque goutte du sang sauvage qui coulait dans les veines de son corps splendide frémissait en une émotion intense, inconnue de lui jusque-là. Chaque fibre de ses muscles puissants était tendue comme un fil d'acier.

Les quatre ans d'existence que comptait Kazan, chez qui il y avait un quart de loup et trois quarts de chien *husky* [1], s'étaient entièrement écoulés dans les immenses et blanches solitudes de la Terre du Nord. Là il avait connu les affres de la faim, là il avait subi le gel et le froid. Il avait écouté le gémissement des vents sur les *Barrens* [2] et s'était aplati, sous le craquement terrible de la tempête, au bruit de tonnerre des torrents et des cataractes. Sa gorge et ses flancs portaient les cicatrices des batailles qu'il avait livrées et, sous la morsure de la neige, ses yeux s'étaient injectés de sang.

On l'appelait « Kazan », le chien sauvage. Il était un géant parmi ses frères de race et son indomptable endurance ne le cédait en rien à celle des hommes qui le conduisaient, attelé à un traîneau, à travers les mille périls d'un monde glacé.

Toujours Kazan avait ignoré la peur. Jamais il n'avait éprouvé le désir de fuir. Pas même en ce jour tragique où, dans la forêt de sapins, il avait combattu un gros lynx gris, que finalement il avait tué.

---

1. Le *husky* est une des variétés de chiens de traîneau employés dans la partie septentrionale de l'Amérique du Nord, le « Northland », ou Terre du Nord, qui s'étend, sur deux mille kilomètres environ, jusque vers le cercle arctique.

2. Ce nom de *Barrens* s'applique aux étendues les plus sauvages et désertiques du Northland.

Ici, dans cette maison, il ne savait pas ce qui l'effrayait. Et pourtant il avait peur. Il se rendait compte seulement qu'il se trouvait transplanté dans un univers totalement différent de celui où il avait toujours vécu, et où des tas de choses inconnues le faisaient frémir et l'alarmaient.

C'était son premier contact avec la civilisation. Et il attendait, anxieux, que son maître revînt dans la pièce étrange où il l'avait laissé.

La chambre en question était remplie d'objets singulièrement troublants. Il y avait surtout, accrochées au mur, dans des cadres dorés, de grandes faces humaines, qui ne remuaient ni ne parlaient, mais qui le fixaient du regard comme personne encore ne l'avait jamais fait. Il se souvenait bien d'un de ses anciens maîtres, qu'il avait vu gisant sur la neige, immobile et froid comme ces mêmes figures. Et, après avoir longtemps flairé, il s'était rassis sur son derrière, en lançant au loin son lugubre chant de la mort. Mais les gens pendus au mur, qui l'entouraient, avaient le regard d'êtres vivants. Cependant ils ne bougeaient pas plus que s'ils étaient morts.

Kazan, soudain, dressa légèrement les oreilles. Il entendit des pas, puis des voix qui parlaient bas. L'une des deux voix était celle de son maître. Quant à l'autre... Un frémissement avait couru dans son corps en l'écoutant.

C'était une voix de femme, une voix rieuse. Et il lui semblait se souvenir, comme dans un rêve, d'une voix semblable, qui portait en elle douceur et bonheur, et qui avait, au temps lointain de son enfance, résonné ainsi à son oreille.

Il souleva la tête, tandis qu'entraient son maître et celle qui l'accompagnait. Et il les fixa tous deux, de ses yeux rougeâtres.

A la lumière des flammes du foyer, il vit que la chevelure de la jolie créature était blonde et dorée, que son visage était rose comme la vigne d'automne et que ses yeux brillants étaient pareils à deux fleurs bleues.

Lorsqu'elle l'aperçut, elle poussa un petit cri et s'élança vers lui.

« Attention ! Isabelle ! jeta vivement le maître, sois prudente. La bête est dangereuse... »

Mais, déjà, la jeune femme s'était agenouillée près de Kazan, fine et mignonne comme un oiseau, et si jolie, avec ses yeux qui s'illuminaient merveilleusement et ses petites mains prêtes à se poser sur le gros chien.

Kazan, tout perplexe, se demandait ce qu'il convenait de faire. Devait-il contracter ses muscles, prêt à s'élancer et à mordre ? La femme était-elle de la nature des choses menaçantes pendues au mur et son ennemie ? Fallait-il, sans tarder, bondir vers sa gorge blanche ?

Il vit le maître qui se précipitait, pâle comme la mort...

Sans s'effrayer cependant, la jeune femme avait descendu sa main sur la tête de Kazan, dont tous les nerfs avaient frémi à ce contact. Dans ses deux mains elle prit la tête du chien-loup et la tourna vers elle. Puis, inclinant tout près son visage, elle murmura, en proie à une violente émotion :

« Alors, c'est toi Kazan, mon chien-héros. C'est toi, m'a-t-il dit, qui lui as sauvé la vie et qui me l'as ramené jusqu'ici, alors que tout le reste de l'attelage était mort !... »

Et, le visage s'approchant de lui, plus près, plus près encore, Kazan en sentit, à travers sa fourrure, le contact doux et chaud. Il ne bougeait plus. C'était à peine s'il osait respirer.

Un long temps s'écoula avant que la jeune femme relevât son visage. Quand elle se redressa, il y avait des larmes dans ses yeux bleus, et l'homme, au-dessus du groupe qu'elle formait avec Kazan, continuait à serrer les poings et les mâchoires.

« C'est de la folie ! disait-il. Jamais (et sa voix était saccadée et remplie d'étonnement) je ne l'ai vu permettre à quiconque de le toucher de sa main nue. Isabelle, recule-toi, je t'en prie !... Mais regarde-le, juste Ciel ! »

Kazan, maintenant, gémissait doucement. Ses yeux ardents étaient fixés sur le visage de la jeune femme. Il semblait implorer à nouveau la caresse de sa main, le frôlement de sa figure. Un désir s'était emparé de lui, de se dresser vers elle. S'il l'osait, songeait-il, serait-il reçu à coups de gourdin ? Nulle malveillance, pourtant, n'était en lui.

Pouce par pouce, il rampa vers la jeune femme et il entendit que le maître disait :

« Étrange, étrange... Isabelle, regarde-le ! »

Il frissonna, indécis. Mais aucun coup ne s'abattit sur lui, pour le faire reculer. Son museau froid toucha la robe légère, et la femme aux yeux humides le regardait.

« Vois, vois ! » murmurait-elle.

Un demi-pouce, puis un pouce et deux pouces encore, et son énorme corps gris était tout contre la jeune femme. Maintenant son museau montait lentement, des pieds au genou, puis vers la petite main douillette, qui pendait. Et, durant ce temps, il ne quittait pas des yeux le visage d'Isabelle. Il vit les lèvres pourprées trembler légèrement. Elle semblait elle-même tout étonnée de ce qui se passait. L'étonnement du maître n'était pas moindre. De sa main, il caressa la tête de Kazan.

Kazan n'aimait pas le contact de l'homme, alors même que cet homme était son maître. Sa nature et l'expérience lui avaient appris à se défier des mains humaines. Il laissa faire pourtant, parce qu'il crut comprendre que cela plaisait à la jeune femme.

Et le maître lui parla à son tour. Sa voix s'était radoucie.

« Kazan, mon vieux chien, disait-il, tu ne veux pas lui faire de mal, n'est-ce pas ? Nous l'aimons bien, tous deux. Comment pourrait-il en être autrement ? Elle est notre bien commun. Elle est à nous, rien qu'à nous. Et, s'il le fallait, pour la protéger, nous nous battrions pour elle comme deux vrais diables, n'est-ce pas, Kazan ? »

Puis ils le laissèrent là, sur la couverture de voyage qu'on lui avait donnée pour se coucher, et il les vit qui allaient et venaient dans la chambre. Il ne les perdait pas des yeux, il écoutait, sans comprendre, ce qu'ils disaient, et un désir intense remontait en lui de ramper à nouveau vers eux, d'aller toucher encore la main de la femme, sa robe ou son pied.

Il y eut un moment où l'homme dit quelque chose à la jeune femme. A la suite de quoi, celle-ci, sautant en l'air avec un petit rire argentin, courut vers une grande boîte carrée, qui était placée en travers, dans un des coins de la chambre.

Cette boîte bizarre possédait, sur une longueur qui dépassait celle du corps de Kazan, une rangée de dents blanches alignées à plat, les unes à côté des autres. Lorsqu'il était entré dans la pièce, Kazan s'était demandé à quoi ces dents pouvaient bien servir. C'était sur elles que venaient de se poser les doigts de la jeune femme, et voilà que des sons mélodieux avaient retenti, que n'avaient jamais égalés, pour l'oreille du chien-loup, le murmure des vents dans les feuillées, ni l'harmonie de l'eau des cascades et des rapides, ni les trilles d'oiseaux à la saison printanière.

C'était la première fois que Kazan entendait la musique de civilisés et, durant un moment, il eut grand-peur et trembla. Puis il sentit se dissiper son effroi et des résonances singulières tinter par tout son corps. Il s'assit sur son derrière et l'envie lui prit de hurler comme il faisait souvent, dans le grand Désert Blanc, aux myriades d'étoiles du ciel, pendant les froides nuits d'hiver.

Mais un autre sentiment le retenait, celui de la jeune femme qu'il avait devant lui. Muet, il reprit sa reptation vers elle.

Il sentit sur lui les yeux de son maître et s'arrêta. Puis il recommença à s'avancer, tout son corps aplati sur le plancher. Il était à mi-chemin, lorsque les sons se firent plus doux et plus bas, comme s'ils allaient s'éteindre, et il entendit son maître qui disait vivement, à demi-voix :

« Continue, continue... Ne cesse pas ! »

La jeune femme tourna la tête. Elle vit Kazan à plat ventre contre le sol, et continua de jouer.

Le regard du maître était impuissant maintenant à retenir l'animal. Kazan ne s'arrêta plus avant que son museau n'eût touché aux volutes de la robe qui s'étalaient sur le plancher. Et un tremblement, de nouveau, le saisit. La femme avait commencé à chanter.

Kazan avait bien entendu déjà une jeune Peau-Rouge fredonner devant sa tente les airs de son pays. Il avait entendu aussi la sauvage *Chanson du caribou* [1]. Mais rien de ce qu'il avait ouï encore de la voix humaine ne pouvait se comparer au miel divin qui coulait des lèvres de la jeune femme.

Il se ratatina, en tâchant de se faire tout petit, de peur d'être battu, et leva les yeux vers elle. Elle le regarda, elle aussi, avec bienveillance, et il posa sa tête sur ses genoux. La main, une seconde fois, le caressa et il ferma béatement les yeux, avec un gros soupir.

Musique et chant s'étaient tus. Kazan entendit au-dessus de sa tête

1 Le *cariboo*, ou caribou, est une sorte de renne qui vit dans le Northland américain.

un bruissement léger, où il y avait à la fois du rire et de l'émotion, tandis que le maître grommelait :

« J'ai toujours aimé ce vieux coquin... Mais, tout de même, je ne l'aurais jamais cru capable d'une semblable comédie ! »

II

LE RETOUR A LA TERRE DU NORD

D'autres jours heureux devaient suivre pour Kazan, dans la confortable demeure où Thorpe, son maître, était venu se reposer près de sa jeune femme, loin de la Terre du Nord.

Il lui manquait sans doute les épaisses forêts et les vastes champs de neige, et les joies de la bataille avec les autres chiens quand, attelé à leur tête et leurs abois menaçants à ses trousses, il tirait le traîneau du maître à travers les clairières et les Barrens. Il s'étonnait de ne plus entendre le *Kouche ! Kouche ! Hou-yah !* du conducteur du traîneau et le claquement redoutable de l'immense fouet, de vingt pieds de long, fait en boyau de caribou, toujours prêt à le cingler et à cingler la meute glapissante dont les épaules s'alignaient derrière lui. Mais une autre chose, infiniment suave, l'affection ensorceleuse d'une femme, était venue prendre la place de ce qui lui manquait.

Ce charme mystérieux flottait sans cesse autour de lui ; même lorsqu'*elle* était sortie, il demeurait épars dans la chambre et occupait sa solitude. Un matin, comme il avait passé une partie de la nuit à courir sous les étoiles, la femme de Thorpe le trouva enroulé et blotti tout contre la porte de la maison. Elle s'était alors baissée vers lui, l'avait serré dans ses bras et l'avait enveloppé, comme d'un nuage, du parfum de ses longs cheveux. Et toujours depuis lors, si Kazan, le soir, n'était pas rentré, elle avait déposé une couverture sur le seuil de la porte, afin qu'il pût y dormir confortablement. Il savait qu'*elle* était derrière cette porte et il reposait heureux.

Si bien que, chaque jour davantage, Kazan oubliait la vie sauvage et s'attachait, d'une affection plus passionnée, à la jeune femme. Il en fut ainsi durant une quinzaine environ.

Mais un moment advint où un changement commença à se dessiner. Il y avait dans la maison, tout autour de Kazan, un mouvement inaccoutumé, une inexplicable agitation, et la femme détournait de lui son attention. Un vague malaise s'empara de lui. Il reniflait dans l'air l'événement qui se préparait. Il tâchait de lire sur le visage de son maître ce que celui-ci pouvait bien méditer.

Puis, un certain matin, le solide collier de babiche [1] avec la chaîne

1. Courroie très solide, faite de lanières entrelacées de peau de caribou.

de fer qui y était jointe, fut attaché de nouveau au cou de Kazan, et le maître voulut le tirer sur la route. Que lui voulait-on ? Sans doute, on l'expulsait de la maison. Il s'assit tout net sur son derrière et refusa de bouger.

Le maître insista.

« Viens, Kazan ! dit-il, d'une voix caressante. Allons, viens, mon petit ! »

Mais l'animal se recula et montra ses crocs. Il s'attendait au cinglement d'un fouet ou à un coup de gourdin. Il n'en fut rien. Le maître se mit à rire et rentra avec lui dans la maison...

Docilement, Kazan en ressortait peu après. Isabelle l'accompagnait, la main posée sur sa tête. Ce fut elle encore qui l'invita à sauter d'un bond dans l'intérieur obscur d'une sorte de voiture devant laquelle ils étaient arrivés. Elle encore qui l'attira dans le coin le plus noir de cette voiture, où le maître attacha la chaîne. Après quoi, lui et elle sortirent en riant aux éclats, comme deux enfants.

Durant de longues heures, Kazan demeura ensuite couché, raide et immobile, écoutant sous lui l'étrange et bruyant roulement des roues, tandis que retentissaient de temps à autre des sons stridents. Plusieurs fois les roues s'arrêtèrent et il entendit des voix au-dehors.

Finalement, à un dernier arrêt, il reconnut avec certitude une voix qui lui était familière. Il se leva, tira sur sa chaîne et pleurnicha. La porte de l'étrange voiture glissa dans ses rainures et un homme apparut, portant une lanterne et suivi de son maître.

Kazan ne fit point attention à eux. Il jeta dehors un regard rapide et, se laissant à peine détacher, il fut d'un bond sur la neige blanche. Ne trouvant point ce qu'il cherchait, il se dressa et huma l'air.

Au-dessus de sa tête étaient ces mêmes étoiles auxquelles il avait hurlé toute sa vie. Autour de lui, l'encerclant comme un mur, s'étendaient jusqu'à l'horizon les noires forêts silencieuses. A quelque distance était un groupe d'autres lanternes.

Thorpe prit celle que tenait son compagnon et l'éleva en l'air. A ce signal, une voix sortit de la nuit, qui appelait :

« Kaa... aa... zan ! »

Kazan virevolta et partit comme un bolide. Son maître le suivit, riant et grommelant :

« Vieux pirate ! »

Lorsqu'il rejoignit le chien, parmi le groupe des lanternes, Thorpe le trouva qui rampait aux pieds d'Isabelle. Elle ramassa la chaîne.

« Chère amie, dit Thorpe, il est ton chien et il est venu de lui-même se remettre sous ta loi. Mais continuons à être prudents avec lui, car l'air natal peut réveiller sa férocité.

« Il y a du loup en lui et de l'*outlaw* [1]. Je l'ai vu arracher la main d'un Indien, d'un simple happement de sa mâchoire, et, d'un coup de

1. *Outlaw*, hors-la-loi. On dit couramment que les loups sont les *outlaws* de la Terre du Nord.

dent, trancher la veine jugulaire d'un autre chien. Évidemment, il m'a sauvé la vie... Et pourtant je ne puis avoir confiance en lui. Méfions-nous ! »

Thorpe n'avait pas achevé que, comme pour lui donner raison, Kazan poussait un grognement de bête féroce, en retroussant ses lèvres et en découvrant ses longs crocs. Le poil de son dos se hérissait.

Déjà Thorpe avait porté la main au revolver qu'il avait à la ceinture. Mais ce n'était pas à lui qu'en voulait Kazan.

Une autre forme venait en effet de sortir de l'ombre et de faire son apparition dans les lumières. C'était Mac Cready, le guide qui devait, du point terminus de la voie ferrée où ils étaient descendus, accompagner Thorpe et sa jeune femme jusqu'au campement de la Rivière Rouge, où le maître de Kazan, son congé terminé, s'en revenait diriger les travaux du chemin de fer transcontinental destiné à relier, à travers le Canada, l'Atlantique au Pacifique [1].

La mâchoire de l'homme était carrée, presque bestiale.

L'animal continuait à gronder vers l'homme et la menace qui roulait dans sa gorge se faisait de plus en plus rauque. Isabelle donna à la chaîne une légère secousse.

« Couché, Kazan ! » ordonna-t-elle.

A sa voix, il se détendit un peu.

« Couché ! » répéta-t-elle, en appuyant plus fort sur la tête de Kazan, qui se laissa tomber à ses pieds, les lèvres toujours retroussées. Thorpe observait la scène et s'étonnait de la haine mal contenue qui brûlait dans les yeux du chien-loup.

Tout à coup le guide déroula son long fouet à chiens. Sa physionomie se durcit et, oubliant les deux yeux bleus qui, eux, ne le quittaient point, il se prit à fixer autoritairement Kazan.

« Hou ! Kouche ! Ici, Pedro ! » cria-t-il.

Mais Kazan ne bougea point.

Mac Cready tendit ses muscles. Décrivant dans la nuit une vaste et rapide spirale avec l'immense lanière de son fouet, il le fit claquer, avec un bruit semblable à la détonation d'un pistolet. Et il répéta :

« Ici ! Pedro ! Ici ! »

Kazan s'était repris à gronder sourdement. Mais rien de lui ne bougeait toujours. Mac Cready se tourna vers Thorpe.

« C'est curieux, dit-il. J'aurais juré que je connaissais ce chien. Si c'est Pedro, comme je le crois, il est mauvais. »

Son regard revint vers celui d'Isabelle. Elle frissonna. Déjà quand, à la descente du train, cet homme lui avait tendu la main, elle avait senti, à son aspect, son sang se glacer. Mais, domptant son émotion, elle se souvint des récits que lui avait faits souvent son mari de ces

1. Le Transcontinental canadien part, sur l'Atlantique, d'Halifax et de la Nouvelle-Écosse, passe au nord du Grand Lac Supérieur, qui marque la frontière entre les États-Unis et le Canada, et, après un parcours de 5 000 kilomètres, aboutit au Pacifique, à la côte de Vancouver.

rudes hommes qui vivaient dans les forêts du Nord. Il les lui avait montrés un peu frustes mais énergiques et virils, et loyaux, et elle avait appris, avant de venir près d'eux, à les admirer et à les aimer.

Elle refoula l'aversion instinctive qu'elle éprouvait pour Mac Cready et, l'interpellant avec un sourire :

« Le chien, dit-elle gentiment, ne vous aime pas. Voulez-vous que je vous réconcilie avec lui ? »

Elle se pencha sur Kazan, dont Thorpe avait pris la chaîne, prêt à la retenir s'il était nécessaire.

Mac Cready se courba aussi vers le chien.

« Faites comme moi, dit Isabelle. Caressez-le... »

Mais Mac Cready s'était déjà redressé.

« Vous êtes courageuse ! repartit-il. Moi je n'oserais pas. Il m'arracherait la main. »

On se mit en route, par un étroit sentier qui dessinait sa piste sur la neige.

Après avoir traversé un bois épais de sapins qui le dissimulait, on arriva bientôt au campement, que Thorpe avait abandonné quinze jours auparavant, et où il revenait accompagné de sa jeune femme. Sa tente, où il avait vécu en société de son ancien guide, était toujours là et une nouvelle, qui était destinée à Mac Cready, se dressait tout à côté.

Un grand feu brûlait et, près du feu, était un long traîneau. Liées aux arbres voisins, des formes ombreuses, aux yeux luisants, étaient celles des anciens compagnons d'attelage que Kazan venait de retrouver. Il se raidit, immobile, tandis que Thorpe attachait sa chaîne au bois du traîneau. Il allait recommencer, dans ses forêts, l'existence coutumière et son rôle de chef de file des autres chiens.

La vie surprenante et nouvelle dont elle allait désormais prendre sa part, amusait Isabelle et elle battait joyeusement des mains. Thorpe, soulevant et rejetant en arrière la porte de toile de la tente, l'invita à y pénétrer devant lui. Comme elle était entrée sans un regard en arrière vers Kazan, sans un mot à son adresse, celui-ci en eut grand chagrin et, avec un gémissement, reporta ses yeux vers Mac Cready.

A l'intérieur de la tente, Thorpe disait :

« Je suis désolé, chère amie, que le vieux Jackpine, mon ancien guide, n'ait pas consenti à demeurer avec nous. C'était un Indien converti et un homme sûr, et c'est lui qui m'avait amené ici. Mais il a tenu ensuite à s'en retourner chez lui. Mes prières, ni mes offres pécuniaires n'ont pu le fléchir. Je donnerais un mois de mes appointements, Isabelle, pour te procurer le plaisir de le voir conduire un traîneau. Ce Mac Cready ne m'inspire qu'à moitié confiance. C'est un drôle de type, m'a dit l'agent de la Compagnie qui me l'a procuré, mais il connaît comme une carte de géographie la région boisée où nous devons circuler. Les chiens n'aiment point à changer de conducteur et le boudent. Kazan surtout, j'en suis certain, ne s'attachera pas à lui pour un penny. »

Kazan, l'oreille aux aguets, écoutait la voix d'Isabelle, qui maintenant parlait dans la tente.

Aussi ne vit-il point, ni n'entendit-il Mac Cready qui se glissait sournoisement derrière lui et qui, comme éclate un coup de feu, lança soudain son appel :

« Pedro ! »

Kazan sursauta, puis se ramassa sur lui-même, comme si la lanière d'un fouet l'eût cinglé.

« Je t'y ai pris, cette fois, vieux diable ! murmura Mac Cready, tout pâle dans la lueur du feu. On a changé ton nom, hein ? Mais je savais bien que nous étions de vieilles connaissances ! »

III

LE DUEL

Ayant ainsi parlé, Mac Cready s'assit en silence auprès du feu et demeura là, durant un assez long temps. Son regard ne quittait point Kazan. Puis, quand il fut bien certain que Thorpe et sa femme s'étaient définitivement retirés dans leur tente, pour y passer la nuit, il gagna la sienne à son tour, et y entra.

Il prit une bouteille de whisky et en but, une demi-heure durant, des gorgées successives. Après quoi, sans lâcher la bouteille, il sortit à nouveau et s'assit sur le rebord du traîneau, tout près de la chaîne à laquelle était attaché Kazan.

L'effet du whisky commençait à se manifester, et ses yeux s'allumaient de façon anormale.

« Je t'y ai pris ! répéta-t-il. Mais qui peut avoir changé ton ancien nom ? Où as-tu pêché ce nouveau maître ? Autant d'énigmes pour moi. Ho, ho ! Dommage que tu ne puisses pas parler... »

A la tiédeur du feu, les yeux de Kazan se fermaient lentement. Il somnolait, agité, et mille rêves dansaient dans son cerveau. Il lui semblait parfois qu'il combattait, en faisant claquer ses mâchoires. D'autres fois, il tirait, au bout de sa chaîne, un traîneau que montait ou Mac Cready, ou sa jeune maîtresse. Ou bien encore, celle-ci chantait, devant lui et devant son maître, avec la merveilleuse douceur de sa voix. Et, tout en dormant, le corps de Kazan tremblait et se contractait de frissons. Puis le tableau changeait une fois de plus. Kazan se revoyait à courir en tête d'un splendide attelage de six chiens, appartenant à la Police Royale, et que conduisait son maître de jadis, un homme jeune et beau, qui l'appelait : « Pedro ! Pedro ! » Sur le même traîneau était un autre homme, dont les mains étaient bizarrement attachées par des anneaux de fer. Peu après, le traîneau avait fait halte et l'ancien maître s'était assis près du feu, devant lequel lui-même était couché. Alors, l'homme de tout à l'heure, dont les mains étaient maintenant dégagées, s'avançait, muni d'un énorme gourdin. Par-derrière, il l'abattit soudain sur la tête du maître, qui tombait en poussant un grand cri.

A cet instant, Kazan se réveilla en sursaut. Il bondit sur ses pattes, l'échine hérissée et un grondement rauque dans la gorge. Le foyer était mort et les deux tentes étaient enveloppées d'obscures ténèbres. L'aube ne paraissait pas encore.

A travers ces ténèbres, Kazan aperçut Mac Cready déjà levé. Kazan savait que Mac Cready et l'homme aux anneaux de fer ne faisaient qu'un, et il n'avait pas oublié non plus les coups de fouet et de gourdin qu'il en avait longtemps reçus après le meurtre de l'ancien maître.

Entendant la menace du chien-loup, le guide était vivement revenu vers le feu qu'il raviva, tout en sifflant et remuant les bûches à demi consumées. Lorsque la flamme eut commencé à jaillir, il poussa un cri d'appel strident, qui éveilla Thorpe et Isabelle.

Thorpe, quelques instants après, parut sur le seuil de sa tente, suivi de la jeune femme. Celle-ci vint s'asseoir sur le traîneau, à côté de Kazan. Ses cheveux dénoués flottaient autour de sa tête et retombaient sur son dos en vagues fauves. Tandis qu'elle flattait l'animal, Mac Cready feignit de venir fouiller parmi les paquets du traîneau.

Plus rapide qu'un lynx, Kazan bondit par-dessus le traîneau, de toute la longueur de sa chaîne. Le guide n'eut que le temps de faire un saut en arrière, tandis que Kazan, retenu brusquement par la chaîne, était rejeté de côté, contre Isabelle, qu'il vint heurter de tout le poids de son corps.

Thorpe, qui regardait ailleurs, se retourna seulement pour voir la fin de la scène et Isabelle renversée par le choc sur le traîneau. Il ne douta point, et le guide se garda d'y contredire, que la bête ne se fût précipitée volontairement sur la jeune femme. Après s'être assuré d'abord que celle-ci n'était point blessée, il chercha de la main son revolver. L'arme était restée à l'intérieur de la tente. Mais, à ses pieds, le fouet de Mac Cready était posé sur la neige. Thorpe s'en saisit et, dans sa colère, se précipita vers Kazan.

Le chien, aplati sur le sol, ne fit pas un mouvement pour fuir ni se défendre. Le châtiment qu'il reçut fut terrible. Mais il le souffrit sans une plainte, sans un grognement.

Alors Kazan vit la jeune femme, qui avait repris ses esprits, s'élancer vers le fouet dont la lanière se balançait encore sur la tête de Thorpe et, le saisissant, l'arrêter.

« Pas un autre coup ! » cria-t-elle d'une voix impérative et suppliante à la fois.

Elle tira son mari à l'écart.

« Kazan ne s'est pas jeté sur moi, murmura-t-elle toute blême et tremblante encore d'émotion. Mais, comme le guide s'inclinait vers le contenu du traîneau, continua-t-elle en serrant plus fort le bras de Thorpe, j'ai senti sa main frôler mes cheveux. C'est alors seulement que Kazan a bondi. Lui ne voulait pas mordre. C'était l'homme ! Quelque chose se passe, que je ne comprends pas. J'ai peur.

— Voyons, répondit Thorpe, calme-toi un peu, chère amie. Mac Cready ne t'a-t-il pas dit qu'il connaissait ce chien ? Il peut, en effet, l'avoir possédé avant nous et l'avoir injustement maltraité, si bien que Kazan ne l'a point oublié et lui en garde une tenace rancune. Je tâcherai, à l'occasion, d'éclaircir ce point. En attendant, promets-moi, je te le demande à nouveau, d'être circonspecte et de te tenir éloignée de l'animal. »

Isabelle promit. Mais, en voyant se dresser vers elle la belle tête de Kazan, dont un des yeux était demeuré fermé sous la morsure du fouet, et dont la gueule dégouttait de sang, elle ne put retenir un mouvement d'émoi, qu'elle réprima. Elle n'alla point vers lui. A demi aveuglé, l'animal savait cependant que c'était elle qui avait arrêté son châtiment. Et, tout en la regardant et en pleurnichant, il remuait dans la neige sa queue touffue.

L'aube commençait à se lever et, le guide ayant attelé les chiens au traîneau, on se mit en route.

La journée fut longue et rude, Kazan, attelé en tête, ouvrait la piste, un œil toujours clos, qui lui brûlait, et le corps meurtri par les coups de fouet de caribou.

Mais ce n'était pas tant la douleur physique qui lui faisait baisser la tête et abattait l'entrain qui lui était coutumier, quand il courait en avant de ses compagnons. C'était son esprit surtout qui souffrait. Pour la première fois de sa vie, il se sentait sans courage et brisé. Mac Cready, jadis, l'avait battu. Dans sa main ou dans celle de Thorpe, alternativement, le fouet menaçant claquait aujourd'hui au-dessus de ses oreilles, et leurs voix implacables lui ordonnaient de marcher, malgré sa douleur.

Ce qui l'abattait et le blessait, c'était de voir, à chaque halte où l'on se reposait, sa maîtresse bien-aimée qui se tenait à l'écart de lui et de sa chaîne. Il en fut de même lorsque, le soir, on dressa le campement. Elle s'assit hors de sa portée, sans lui parler.

Elle le regardait avec des yeux durs qui le bouleversaient et il se demandait si elle n'allait pas le battre, elle aussi. Il se tapit dans la neige, le dos tourné au feu joyeux, là où l'ombre était la plus noire. Cela signifiait que son pauvre cœur de chien était tout à la douleur. Et personne, sauf *elle,* ne le devina. La jeune femme ne l'appela point, ni n'alla vers lui. Mais elle ne cessait de l'observer et d'observer Mac Cready, qu'épiait pareillement Kazan.

Lorsque le dîner fut terminé, les deux tentes furent dressées et, comme la veille, Thorpe et Isabelle s'enfermèrent dans la leur. Mac Cready demeura dehors.

La neige commençait à tomber. Assis près du feu, Mac Cready, que Kazan n'arrêtait point de surveiller avec une curiosité sans cesse alertée, avait sorti sa bouteille de whisky et y buvait fréquemment. Les flammes faisaient rougeoyer sa face, où luisaient ses dents blanches. A plusieurs reprises, il se leva et alla coller son oreille contre la tente où reposaient

Thorpe et la jeune femme. Tout y était silencieux et il percevait seulement les ronflements de Thorpe.

Le guide leva sa figure vers le ciel. La neige tombait si épaisse que ses yeux s'emplirent aussitôt des blancs flocons. Il les essuya et s'en alla examiner la piste tracée, quelques heures auparavant, par la petite caravane. Elle était déjà presque entièrement recouverte. Une heure encore, et rien ne pourrait plus dire à personne que quelqu'un était passé là. Le feu même, si on le laissait mourir, serait recouvert avant le matin.

Mac Cready, sans rentrer dans sa tente, but encore plusieurs coups. Des mots inarticulés, des mots joyeux jaillissaient de ses lèvres. Son cœur battait le tambour dans sa poitrine. Mais plus encore battit celui de Kazan, lorsqu'il vit le guide s'emparer d'un gros gourdin, qu'il appuya debout contre un arbre.

Le guide prit ensuite, sur le traîneau, une des lanternes et l'alluma. Puis, la tenant à la main, il alla vers la tente de Thorpe.

« Ho ! Thorpe... Thorpe ! » appela-t-il à voix basse.

Mais Thorpe continuait à ronfler.

Mac Cready écarta légèrement la porte de la tente et appela un peu plus fort :

« Thorpe ! »

Pas de réponse encore. Rien ne bougea.

Alors le guide, passant sa main sous la toile, dénoua les cordons qui attachaient intérieurement la porte et la souleva complètement. Dirigeant le rayon de son falot vers le couple endormi, il éclaira la chevelure dorée d'Isabelle, qui avait blotti sa tête contre l'épaule de son mari.

Thorpe, sur ces entrefaites, se réveilla. Mac Cready laissa retomber vivement la porte, et l'agita du dehors en signe d'appel.

« Ho, Thorpe... Thorpe ! » appela-t-il à nouveau.

Cette fois, Thorpe répondit :

« Hallo ! Mac Cready... Est-ce toi ? »

Il répliqua, toujours à mi-voix :

« Oui. Pouvez-vous venir une minute ? Il se passe dans le bois quelque chose d'anormal. Inutile de réveiller votre femme... » Il se recula et attendit. Thorpe apparut. Mac Cready désigna du doigt la ligne sombre des sapins.

« Je jurerais, dit-il, que quelqu'un, là-dedans, rôde autour de nous. Tout à l'heure, en allant chercher des branches pour notre feu, j'ai aperçu une silhouette d'homme. Une pareille nuit est propice aux voleurs de chiens. Vous, prenez la lanterne... Ou je suis fou, ou je suis sûr que nous trouverons des pas dans la neige. »

Il donna la lanterne à Thorpe et prit le gros gourdin.

Un grondement, qu'il refoula, monta dans la gorge de Kazan. Il eût voulu lancer un avertissement à son maître et bondir vers lui, au bout de sa chaîne. Mais il songea que, s'il agissait ainsi, il serait battu. Il se tut et regarda les deux hommes disparaître ensemble. Puis il attendit et écouta.

Bientôt des pas firent craquer la neige. Mac Cready revenait seul. Kazan n'en fut point étonné, car il savait ce que, la nuit, dans cette main, le gourdin voulait dire.

La face du guide avait pris maintenant un aspect effrayant. Ce n'était plus un homme, mais une bête féroce. Il avait perdu son bonnet de fourrure et était tête nue sous la neige. Il émettait, par saccades, un rire ignoble, qu'il refrénait aussitôt.

Kazan se tapit plus profondément dans l'ombre et voici ce qu'il vit. Mac Cready, qui tenait d'une main le gourdin, de l'autre la lanterne, se dirigeait vers la tente du maître. Là, abandonnant son gourdin, il souleva la porte. Après avoir jeté un regard à l'intérieur et constaté que la jeune femme dormait toujours, il entra, souple et silencieux comme un chat. La porte retomba sur lui.

Une fois dans la place, le guide suspendit la lanterne à un clou du pieu central qui supportait la tente. Isabelle continuait à reposer paisiblement...

Dehors, dans la nuit épaisse, Kazan essayait de deviner la signification des choses insolites qui se succédaient. Son maître, tout d'abord, avait disparu. Puis, qu'est-ce que le guide pouvait aller faire dans cette tente, où tout ce qu'elle contenait appartenait au maître ? Par un étroit écartement de la toile, il apercevait l'ombre énorme de Mac Cready.

A tout hasard, le chien-loup s'était mis sur ses pattes, à l'arrêt, le dos tendu et hérissé. Soudain, un grand cri retentit. Dans la terreur farouche de ce cri, il avait aussitôt reconnu sa voix, à *elle,* et il bondit vers la tente. La chaîne l'arrêta et le collier auquel il était attaché étouffa le hurlement de sa gorge.

Il savait maintenant, à l'ébranlement de la tente et aux heurts que recevait la toile, que sa maîtresse était aux prises avec l'homme et qu'ils luttaient tous deux. Les cris se succédaient. Elle appelait Thorpe et criait aussi :

« Kazan ! Kazan ! »

Il bondit à nouveau et fut rejeté sur le dos. Une deuxième fois, une troisième, il renouvela ses efforts. Le collier de babiche lui coupait le cou et entrait dans sa chair comme un couteau. Force lui fut de s'arrêter pour reprendre son haleine.

A l'intérieur de la tente, la lutte continuait, terrible. De temps à autre, par la petite fente de la toile, Kazan apercevait deux ombres qui tantôt luttaient debout, et tantôt roulaient et se tordaient sur le sol. En un dernier effort plus violent que les autres, l'animal s'élança de tout son poids, avec un hurlement féroce. Il y eut autour de son cou un imperceptible craquement. C'était le collier qui cédait.

Le temps d'un éclair, Kazan était dans la tente, à la gorge de Mac Cready. La première étreinte de sa puissante mâchoire était la mort. Il y eut un râle étouffé, suivi d'un atroce sanglot, et Mac Cready s'effondra sur les genoux, puis sur le dos. Et plus profondément encore, ivre du sang chaud qui lui coulait de la bouche, Kazan enfonça ses crocs dans la gorge de son ennemi.

Il entendit sa maîtresse qui l'appelait. Tirant sur son cou touffu, elle s'efforçait de lui faire lâcher prise. Il fut long à obéir, puis se décida à écarter ses mâchoires. Alors Isabelle se pencha vers l'homme, le regarda, puis se couvrit la face avec ses mains.

Elle recula ensuite jusqu'à son lit et s'y affala sur les couvertures. Elle ne bougeait plus. Inquiet, Kazan alla vers elle. Il flaira son visage et ses mains, qui étaient froids, et y promena tendrement son museau. Elle ne remuait toujours pas. Ses yeux étaient clos.

Sans perdre de vue le cadavre de Mac Ready et prêt à recommencer, si c'était nécessaire, Kazan s'assit tout contre le lit. Pourquoi, se demandait-il, la jeune femme était-elle immobile ainsi ? Elle s'agita enfin, ses yeux s'ouvrirent et sa main le toucha.

Dehors, des pas firent craquer la neige. Le chien-loup courut vers la porte de la tente. A la lueur du feu, il vit Thorpe qui s'avançait dans la nuit, à pas lents, appuyé sur un bâton, titubant de faiblesse et le visage rouge de sang.

A la vue du bâton, Kazan eut un frémissement d'effroi. Qu'allait dire le maître, en s'apercevant qu'il avait fait du mal à Mac Cready ? Sans doute il serait battu à nouveau, et terriblement.

Rapidement, il s'esquiva dans l'ombre et gagna les sapins. Là, il se retourna et une sourde plainte, de douleur, monta et mourut dans sa gorge. Depuis ce qu'il avait fait, toujours, désormais, il serait battu sans trêve. Et, pour le punir, même *elle* le battrait. S'il demeurait ici plus longtemps, ils courraient après lui et, après l'avoir rattrapé, le battraient.

Loin du feu, le chien-loup détourna la tête vers les profondeurs de la forêt. Il n'y avait, dans ces ténèbres, ni gourdin, ni bâton, ni cuisantes lanières. Jamais on ne l'y retrouverait.

Il parut hésiter un instant encore, puis, en silence, comme eût fait une de ces créatures sauvages vers lesquelles il s'en retournait, il s'enfonça dans le noir.

IV

LIBRE DU SERVAGE

Le vent gémissait plaintivement sur le faîte des sapins et, durant une partie de la nuit, Kazan erra dans le mystère de la forêt.

Puis il se rapprocha à nouveau du campement et, sans s'avancer hors de la protection des arbres, il se coucha, tout grelottant, dans la neige épaisse, en fixant la tente où la chose terrible s'était accomplie.

Il flairait la mort dans l'air, la mort qui par lui était venue. Et les trois quarts de chien qu'il y avait en lui pleurnichaient douloureusement, tandis que le quart de loup se hérissait encore, le regard hostile, les crocs découverts et prêts à mordre.

Par trois fois, il vit Thorpe, chancelant et le front bandé, sortir de la tente, et qui criait fortement :

« Kazan ! Kazan ! Kazan ! »

Isabelle était, les trois fois, aux côtés de Thorpe. A la lueur du foyer, Kazan pouvait l'apercevoir telle qu'elle était lorsqu'il avait bondi vers elle pour la défendre et avait tué l'homme. Elle était pâle encore, pâle comme la neige, du péril couru, et la terreur ne s'était pas complètement enfuie de ses yeux bleus. Elle aussi appelait :

« Kazan ! Kazan ! Kazan ! »

Alors le chien semblait l'emporter sur le loup et, avec un frisson heureux, il rampait un peu de l'avant, décidé presque à recevoir les coups qui, pensait-il, l'attendaient. Mais la crainte du gourdin finissait par être la plus forte et il reculait derechef dans la nuit. Découragés, Thorpe et Isabelle rentrèrent dans la tente, et le silence retomba.

Ne voyant plus personne, et comme la flamme vacillante du foyer se mourait, Kazan se décida à avancer vers le traîneau et jusqu'aux bûches consumées. Un peu plus loin, recouvert d'une couverture, gisait le corps de l'homme qu'il avait tué. Thorpe l'avait traîné là, sous l'abri d'un buisson.

Afin de se réchauffer, Kazan se coucha près des braises rouges, le nez sur ses pattes, les yeux épiant vers la tente, et prêt à fuir dans la forêt au premier mouvement suspect. Mais, en dépit de ses efforts pour demeurer éveillé, il ne put résister à la bienfaisante tiédeur qui rayonnait vers lui des braises et des cendres chaudes. A plusieurs reprises, ses yeux se fermèrent. Il les rouvrit, puis les referma, et il s'endormit lourdement.

Après avoir rêvé, tantôt de la douceur de la main d'Isabelle, et tantôt de bataille où ses mâchoires claquaient comme des castagnettes d'acier, il se réveilla en sursaut, juste à temps pour voir s'agiter la toile de la tente. Il se sauva vers les sapins.

Le jour se levait. Thorpe apparut, qui tenait dans une de ses mains la main de sa jeune femme et avait à l'autre un fusil. Ils regardèrent tous deux vers le corps qui était sous la couverture. Puis Thorpe, rejetant sa tête en arrière, appela :

« Ho-o-o-o..., Kazan ! Kazan ! Kazan ! »

A travers les branches basses des sapins, Kazan regarda vers Thorpe et vers le fusil, et se prit à trembler de tous ses membres. Le maître, sans aucun doute, essayait de l'amadouer et de l'attirer vers la chose qui tuait.

« Kazan ! Kazan ! Ka-a-a-zan ! » cria Thorpe encore.

Kazan savait que la distance n'est rien pour la chose froide et meurtrière que tenait Thorpe. Demeurer plus longtemps était périlleux. Une dernière fois, il tourna vers Isabelle ses yeux emplis d'un ineffable désir d'affection. L'heure décisive de l'adieu avait sonné. Une envie lui prit de clamer son désespoir et sa solitude au ciel grisâtre. Mais, pour n'être point découvert, il se tut.

« Il est parti ! dit Isabelle avec émotion.

— Oui, parti ! répondit Thorpe d'une voix mal assurée. J'ai été injuste envers lui. Il savait et j'ignorais. Combien je regrette de l'avoir sottement battu comme je l'ai fait ! Il est trop tard maintenant... il est parti et ne reviendra plus.

— Si, si ! Il reviendra... répliqua vivement la jeune femme. Il ne m'abandonnera pas. Il m'aimait. Il était sauvage et terrible. Et il sait combien je l'aimais. Il reviendra ! Écoute... »

Des profondeurs de la forêt, arrivait jusqu'au camp un long hurlement plaintif.

C'était l'adieu de Kazan.

V

KAZAN RENCONTRE LOUVE GRISE

Assis sur son derrière, Kazan, après avoir jeté son cri lointain, se mit à renifler dans l'air la liberté qui maintenant était la sienne. Autour de lui s'évanouissaient, avec l'aurore, les abîmes de nuit de la forêt.

Depuis le jour où tout là-bas, sur les bords du Mackenzie [1], il avait été, par des marchands qui trafiquaient dans ces parages, acheté aux Indiens et, pour la première fois, attelé aux harnais d'un traîneau, il avait souvent, en un désir ardent, songé à cette liberté vers laquelle le poussait le sang du loup qui était en lui. Jamais il n'avait complètement osé. Maintenant que c'était fait, il en était tout désorienté.

Le soleil était complètement levé, quand il arriva au bord d'un marais, calme et gelé, qui occupait une dépression entre deux chaînes de montagnes. Le sapin et le cèdre poussaient dru sur ses bords, si dru que la neige avait à peine traversé leurs ramures et que la lumière s'y tamisait au point de n'être plus qu'un crépuscule.

Le jour n'était point parvenu à dissiper le malaise qu'éprouvait Kazan. Il était libre des hommes et rien n'était plus autour de lui qui lui rappelât leur présence haïe. Mais la société des autres chiens, le feu, la nourriture toute préparée et jusqu'au traîneau coutumier, toutes ces choses qui avaient, de tout temps, fait partie intégrante de sa vie, lui manquaient. Il se sentait seul.

Ces regrets étaient ceux du chien. Mais le loup réagissait. Il disait au chien que, quelque part, dans ce monde silencieux, il y avait des

1. Le fleuve Mackenzie prend sa source dans les montagnes Rocheuses, traverse le Canada vers l'ouest et va se jeter dans la mer glaciale du Nord, après avoir côtoyé les Grands Lacs de l'Ours et de l'Esclave.

frères et que, pour les faire accourir, il lui fallait s'asseoir sur son derrière et hurler au loin sa solitude. Plusieurs fois Kazan sentit l'appel trembler dans sa poitrine et dans sa gorge, sans réussir complètement à l'exhaler.

La nourriture lui vint plus rapidement que la voix. Vers le milieu du jour, il accula contre une souche d'arbre un gros lapin blanc et le tua. La chair chaude et le sang rouge étaient meilleurs que le poisson gelé et que le suif coutumiers, et la succulence de ce nouveau repas ranima sa confiance.

Au cours de l'après-midi, il pourchassa plusieurs autres lapins et en tua encore deux. Il avait ignoré jusqu'à ce jour le plaisir de la chasse et celui de tuer du gibier autant qu'il lui plaisait, quoiqu'il n'eût point mangé tout ce qu'il avait tué.

Puis, il trouva que les lapins mouraient trop aisément. Il n'y avait point combat. Les lapins étaient très frais et très tendres quand on avait faim, mais la joie de la victoire était minime. Il se mit donc en quête d'un gibier plus important.

Il marchait ouvertement et sans songer à se dissimuler, la tête haute, le dos hérissé. Sa queue touffue se balançait librement, comme celle d'un loup. Tout son corps frémissait de l'énergie de vivre et du désir de l'action. Instinctivement, il avait pris la direction du nord-ouest. C'était l'appel des jours lointains qu'il avait vécus jadis sur les bords du Mackenzie, à mille milles de là [1].

Il rencontra des pistes diverses et renifla les odeurs laissées par les sabots d'élans et de caribous. Il releva les empreintes des pieds, ouatés de fourrure, d'un lynx. Il pista aussi un renard et arriva ainsi à une clairière entourée de grands sapins, où la neige était battue et rougie de sang. Sur le sol gisaient la tête d'un hibou, ses plumes, ses ailes et ses entrailles, et il comprit qu'il n'était point le seul chasseur de la région.

Vers le soir, il tomba sur d'autres empreintes qui ressemblaient fort aux siennes. Elles étaient toutes fraîches et leur senteur récente fit qu'il gémit, en se remettant sur son derrière et en s'essayant à nouveau au cri du loup.

A mesure que grandissaient dans la forêt les ombres de la nuit, il sentait davantage sa solitude et le besoin se faisait plus impérieux d'appeler à lui ses frères sauvages. Il avait voyagé toute la journée, mais ne sentait point la fatigue. La nuit était claire et le ciel empli d'étoiles. La lune se levait.

Il s'installa à nouveau sur la neige, le nez pointé vers le faîte des sapins, et le loup naquit soudain en lui, en un long et lugubre hurlement, qui courut au loin, sur des miles, à travers le silence de la nuit.

Quand il eut terminé son cri, il demeura assis et écouta, tout fier de l'étrange et nouvelle modulation que son gosier avait réussie. Mais aucune voix ne répondit à la sienne. Il avait, sans qu'il s'en rendît compte, hurlé contre le vent, qui refoulait derrière lui son cri. Seul en fut éveillé un élan mâle, qui prit la fuite tout près de lui, en faisant

1. Le mille (*mile*) anglais vaut 1 609 mètres.

craquer les broussailles, et dont les grandes cornes vinrent battre, comme des baguettes de tambour, avec un bruit sec, les ramures des arbres.

Deux fois encore, Kazan lança son hurlement, afin d'être bien sûr de tenir son nouveau cri. Puis il se remit en route.

Il arriva au pied d'une crête abrupte et raboteuse, qu'il escalada en décrivant un détour, et dont il atteignit ainsi le sommet.

Une fois là, il lui sembla que les étoiles et la lune étaient plus près de lui, et il s'en émerveilla. Puis, ayant porté ses regards sur le revers de la crête, il découvrit à ses pieds une vaste plaine, avec un lac gelé, qui étincelait au clair de lune. De ce lac sortait une rivière blanche de gel, elle aussi, et qui disparaissait ensuite parmi des arbres paraissant, autant qu'il en pouvait juger, moins touffus et moins denses que ceux dont était bordé le marais.

Et voilà qu'au loin, dans la plaine, un cri retentit, pareil à celui que lui-même avait jeté, le cri du loup ! Ses mâchoires claquèrent, ses crocs brillèrent et il s'apprêta à répondre aussitôt. Mais l'instinct de défiance du *Wild*[1], qui était inné en lui et lui commandait d'être prudent, fit qu'il se tut.

Il continua à écouter, tout frémissant, en proie à une excitation sauvage, qu'il pouvait à peine maîtriser. Le cri, bientôt, se rapprocha, près, tout près, et d'autres s'y joignirent, espèces de glapissements aigus et rapides, auxquels d'autres encore répondirent au loin. Les loups se réunissaient pour la chasse de la nuit.

Kazan, assis sur son derrière et tremblant, ne bougeait toujours point. Ce n'était pas qu'il avait peur. Mais la crête de la montagne où il se trouvait lui semblait trancher en deux l'univers.

Là en bas, au-dessous de lui, était un monde nouveau, libre des hommes et de l'esclavage. En arrière, quelque chose planait dans l'air et l'attirait à travers l'espace inondé de la clarté lunaire. Une femme qui pour lui avait été bonne et douce, et dont il croyait encore entendre la voix, sentir la main caressante, l'appelait à travers les forêts. Il croyait ouïr son rire clair, qui le faisait si heureux, apercevoir son jeune visage.

Auquel des deux appels devait-il répondre ? A celui qui l'appelait en bas dans la plaine ? A l'autre, qui le ramenait vers les hommes méchants, vers leurs gourdins et vers les lanières cinglantes de leurs fouets ? Longtemps il demeura hésitant, sans bouger, tournant la tête, tantôt d'un côté et tantôt de l'autre.

Puis il descendit vers la plaine.

---

1. Le *wild*, ou le *wilderness*, est un terme générique, intraduisible, qui, comme la brousse, la pampa, la steppe, la jungle, désigne une région particulière et l'ensemble des éléments types qui la constituent. Le Wild, qui occupe une grande partie du Northland américain, s'étend jusqu'au cercle arctique. Ce n'est plus la terre normalement habitable, et ce n'est point encore la région morte du pôle. Les forêts, alternées de prairies, sont nombreuses. Durant la plus grande partie de l'année, l'hiver sévit et la neige recouvre uniformément la terre. Un bref été fait croître hâtivement une végétation rapide et luxuriante. Le sol est tantôt plat, telles les étendues dénudées des Barrens, tantôt montagneux et accidenté

Toute la nuit durant, il demeura à proximité de la troupe de loups, mais sans trop s'en approcher. Et il fit bien. Il avait conservé, imprégnée dans son poil, l'odeur spéciale des harnais portés et celle des hommes avec qui il avait vécu. Les loups l'eussent aussitôt mis en pièces. L'instinct de conservation des créatures du Wild, qui était venu à lui, comme un faible murmure, à travers des générations successives d'ancêtres loups, lui avait appris qu'il devait agir ainsi, comme il lui enseigna, afin de s'imprégner d'une autre odeur, à se rouler dans la neige, là où elle avait été le plus fortement piétinée par ses frères sauvages.

La horde avait, au bord du lac, tué un caribou et elle festoya presque jusqu'à l'aube. Kazan humait le vent, qu'il avait en face. Il lui apportait l'odeur du sang et de la chair chaude, qui lui chatouillait agréablement les narines. La finesse de son ouïe percevait le craquement des os dans les mâchoires. Mais l'instinct de sa sauvegarde fut plus fort que la tentation.

Au plein jour, lorsque la troupe se fut éparpillée de droite et de gauche dans la plaine, Kazan vint jusqu'au lieu de la ripaille. Il ne trouva plus que la neige rougie par le sang, couverte d'entrailles et de morceaux déchiquetés de peau coriace. Des lambeaux de chair, abandonnés par la horde repue, étaient attenants encore aux gros os. Kazan enfouit son museau dans ces débris et se roula à nouveau sur le sol, afin de se saturer de tous ces relents.

Le soir le retrouva encore à la même place et, lorsque la lune et les étoiles apparurent, sans trembler cette fois, il renouvela son appel.

C'est une seconde horde qui arriva, venant du sud, et qui menait grand train un autre caribou, qu'elle rabattait vers le lac gelé. La nuit était presque aussi lumineuse que le jour et Kazan vit la bête traquée, une femelle, qui sortait d'un bois de sapins, les loups à ses trousses. Ils étaient au nombre d'une douzaine environ, divisés en deux groupes qui s'avançaient en formant un fer à cheval, chaque groupe conduit par un chef et resserrant peu à peu l'étau commun.

Poussant un glapissement aigu, Kazan, lorsque le caribou passa à proximité de lui, s'élança comme un trait et prit aussitôt la poursuite, collé aux sabots de la bête. Au bout de deux cents yards [1] le caribou fit un crochet vers la droite et vint se jeter vers un des chefs de la meute qui, les mâchoires ouvertes, lui barra la route. Le caribou s'arrêta, le temps d'un éclair, et Kazan en profita pour lui sauter à la gorge.

Tandis que le reste de la horde accourait en hurlant, la bête vaincue s'écroula sur le sol, écrasant à moitié sous son corps Kazan, dont les crocs ne firent que s'enfoncer davantage dans la veine jugulaire. Malgré le poids qui pesait sur lui et l'étouffait, il ne lâcha pas sa prise. C'était sa première grosse proie. Son sang brûlait, plus ardent que du feu, et il grognait entre ses dents serrées.

Ce n'est qu'après le dernier spasme d'agonie du caribou que Kazan

1. Le yard vaut 0,91 m (914 mm).

se dégagea de la lourde poitrine. Il avait, dans la journée, tué et mangé un lapin, et n'avait pas faim. Il se recula donc et, s'asseyant dans la neige, regarda tranquillement la horde déchiqueter le cadavre.

Comme le festin tirait à sa fin, il se hasarda parmi ses nouveaux frères, farfouilla du museau entre deux d'entre eux, et en reçut, en guise de bienvenue, un coup de dents.

Tandis qu'il se retirait un peu en arrière, se demandant s'il convenait d'insister, une grosse louve, se détachant de la bande, bondit soudain vers lui, droit à la gorge. Il eut tout juste le loisir de parer l'attaque en se couvrant de son épaule, et les deux bêtes allèrent rouler et rouler encore dans la neige.

À peine Kazan et la louve s'étaient-ils remis sur leurs pattes que l'excitation de cette brusque bataille détourna vers eux l'attention des autres loups. Abandonnant les restes du caribou, ils firent cercle, découvrant leurs crocs, hérissant comme des brosses leurs dos d'un gris jaunâtre, tandis qu'un des deux chefs s'élançait vers Kazan, pour le défier. Dès que les deux bêtes furent aux prises, l'anneau fatal se referma complètement autour des combattants.

Ce genre de tournoi en champ clos n'était pas nouveau pour Kazan. C'était le mode de combat ordinaire des chiens de traîneaux, lorsqu'ils vidaient leurs querelles. Si l'homme n'intervenait pas avec un fouet ou un gourdin, la bataille se terminait infailliblement par la mort d'un des deux champions. Parfois ils y laissaient la vie l'un et l'autre. Il n'y avait pas à compter ici sur l'intervention de l'homme. Rien que le cordon des diables aux crocs aigus, qui attendaient avec impatience le résultat du combat, prêts à sauter sur le premier des deux adversaires qui culbuterait sur le dos ou sur le flanc, et à le mettre en pièces. Kazan était un étranger parmi la horde. Il n'avait rien à craindre cependant d'une attaque partant des rangs des spectateurs. La loi du combat était, pour chaque adversaire, une justice égale.

Kazan n'avait donc à s'occuper que du grand chef gris qui l'avait provoqué. Épaule contre épaule, ils tournaient en cercle, guettant l'un et l'autre le moment d'une prise de corps propice. Là où, quelques instants auparavant, claquaient des mâchoires et craquaient les os et la chair, le silence s'était fait.

Des chiens dégénérés de la Terre du Sud, aux pattes faibles et à la gorge tendre, auraient en pareille occurrence grogné leurs menaces, en se montrant les dents. Kazan et le grand loup, au contraire, demeuraient calmes, en apparence tout au moins. Leurs oreilles, pointées en avant, ne se repliaient pas peureusement, ni le panache de leurs queues touffues, qui flottait au vent, ne se rabattait entre leurs pattes.

Tout à coup, le loup esquissa sa première attaque que Kazan évita de bien peu. Les mâchoires du loup se refermèrent l'une contre l'autre, avec un bruit d'acier, et Kazan en profita pour lancer sa riposte. Les couteaux de ses dents balafrèrent le flanc de son adversaire. Après quoi, les deux bêtes se remirent à tourner en rond, accotées l'une à l'autre.

Leurs yeux devenaient plus ardents, leurs lèvres se plissaient et se retroussaient. Ce fut au tour de Kazan de jeter son attaque et d'essayer la prise mortelle à la gorge. De bien peu, lui aussi, il manqua son coup et le mouvement giratoire recommença.

Le sang coulait abondamment du flanc blessé du grand loup et rougissait la neige. Brusquement (c'était une vieille ruse qu'il avait apprise dans sa jeunesse), Kazan se laissa tomber sur le sol, les yeux mi-clos. Le grand loup, étonné, s'arrêta aussi et tourna autour de lui. Kazan, qui l'observait, profita de ce que la gorge ennemie était à sa portée pour tenter à nouveau de la saisir. Mais cette fois encore, il y eut un inutile claquement de mâchoires. Avec l'agilité d'un chat, le loup avait déjà pivoté sur lui-même et fait volte-face.

Alors commença la vraie bataille. Les deux bêtes bondirent l'une contre l'autre et se rencontrèrent, dans leur élan, poitrine contre poitrine. Kazan, dont le but était toujours la prise à la gorge, fit une nouvelle tentative. Il la manqua encore, de l'épaisseur d'un cheveu, et, tandis qu'il avait la tête baissée, le loup le happa à la nuque.

L'attaque fut terrible et Kazan se sentit saisi d'une terreur intense. La douleur qu'il ressentait était vive aussi. Il réussit pourtant à tirer en avant la tête du grand loup, dont il agrippa, au joint du corps, une des deux pattes de devant.

L'os de la patte craqua sous sa mâchoire, solidement incrustée dans le poil et dans la chair, et le cercle des loups devint plus attentif. Le dénouement approchait. Lequel des deux combattants lâcherait prise le premier et roulerait sur la neige, pour être dévoré ?

Ce fut Kazan qui, réunissant toutes ses forces en un effort désespéré, réussit à se redresser sous l'étreinte de son adversaire et, d'un mouvement violent, à s'arracher de ses mâchoires.

Puis, sitôt qu'il fut libre, il s'élança contre le grand loup qui, la patte cassée, se trouvait en équilibre instable. Il le frappa en plein flanc. L'animal perdit pied, roula sur le dos, et la horde aussitôt bondit sur lui, hâtive de se repaître de son ancien chef dont le pouvoir et la force n'étaient plus.

Laissant la meute hurlante, aux babines sanglantes, dévorer le vaincu, Kazan se retira à l'écart, haletant et fort mal en point lui-même. Sa faiblesse était extrême et son cerveau tant soit peu trouble.

Il éprouvait le besoin de se coucher sur la neige. Mais l'atavique et sûr instinct de conservation l'avertissait de ne pas s'abandonner à ce désir.

Comme il était là, il vit une jeune louve grise qui, souple et svelte, s'avançait. Elle commença par se coucher devant lui, d'un air de soumission, puis se releva vivement et se mit à renifler ses blessures.

C'était une jolie bête bien découplée. Mais Kazan ne lui prêta point attention. Il était bien trop occupé à regarder disparaître l'ancien chef, dont craquaient les os, comme avaient craqué ceux du caribou, et dont la chair et la peau s'en allaient en lambeaux.

Un orgueil montait en lui, qui lui disait qu'il était digne désormais des nouveaux frères qu'il s'était donnés. Dès lors, quand il lancerait son hurlement à la lune et aux étoiles, au cœur du grand Désert Blanc, les sombres chasseurs aux pattes rapides ne manqueraient plus de lui répondre et d'accourir !

Comme ses forces étaient un peu revenues, après un dernier coup d'œil vers la horde attablée, il regagna, en trottant, les plus proches sapins. Avant de s'y enfoncer, il se retourna et s'aperçut que Louve Grise, c'est ainsi que nous l'appellerons désormais, le suivait.

Elle n'était qu'à quelques yards de lui et continuait à avancer, avec un peu de timidité.

Il la regarda dans les yeux et il vit que ces yeux paraissaient l'interroger. Elle était à peine adolescente. Sur sa tête et sur son dos brillaient, sous la lune, ses poils lisses et soyeux. Elle lut, dans le regard étincelant de Kazan, son étonnement, et gémit doucement.

Kazan fit quelques pas en avant. Il appuya sa tête sur le dos de Louve Grise et sentit qu'à son contact elle tremblait. Le mystère de la nuit et des astres était sur eux. Maintenant elle avait tourné son museau vers les plaies de Kazan et les léchait, pour en apaiser la douleur. Il songea à d'autres caresses qui lui avaient été bienfaisantes aussi.

Bientôt, le dos fièrement hérissé, la tête haute, il s'enfonçait, côte à côte avec Louve Grise, plus avant sous les sapins.

VI

L'ATTAQUE DU TRAÎNEAU

Tous deux, cette nuit-là, trouvèrent un paisible abri sous les baumiers et les sapins épais. Le sol, tapissé de fines aiguilles que la neige n'avait point recouvertes, leur offrit pour s'y étendre son moelleux capiton. Louve Grise pelotonna son corps chaud contre celui de Kazan, en continuant à lécher ses blessures.

Au point du jour, une neige épaisse et veloutée tomba, voilant le paysage autour d'eux, comme d'un rideau. La température s'était radoucie et l'on n'entendait rien, dans l'immense silence, que le volettement des blancs flocons. Toute la journée, Kazan et Louve Grise coururent de compagnie. De temps à autre, Kazan tournait la tête vers la crête qu'il avait franchie l'avant-veille et Louve Grise ne pouvait s'expliquer les sons étrangers qui roulaient dans sa gorge.

Vers le soir, le couple n'ayant rencontré aucun gibier, Kazan ramena Louve Grise au bord du lac, vers les débris du double festin du jour précédent qui pouvaient encore subsister.

Quoique Louve Grise n'eût point fait directement connaissance avec les viandes empoisonnées, avec les appâts savamment disposés par l'homme sur le feuillage des fosses invisibles et traîtresses, et sur les pièges d'acier, l'éternel instinct du Wilderness était dans ses veines et lui enseignait qu'il y avait péril à toucher aux chairs mortes, lorsqu'elles étaient devenues froides.

Kazan, au contraire, était mieux renseigné qu'elle. Il avait côtoyé, avec ses maîtres, maintes vieilles carcasses inoffensives, en même temps qu'il les avait vus disposer leurs pièges et rouler de petites capsules de strychnine dans les boyaux de bêtes mortes, qui servaient d'appât. Une fois, même, il s'était, par mégarde, laissé happer la patte par une trappe et il en avait ressenti l'étreinte cuisante. Mais il savait que nul homme n'était venu ici depuis la veille et il invitait Louve Grise, demeurée sur le bord du lac, à s'aventurer avec lui parmi les gros blocs de glace entassés [1].

Elle se décida à l'accompagner. Mais elle était dans un tel état d'agitation qu'elle en culbuta lourdement sur le derrière, tandis que Kazan creusait avec ses pattes, dans la neige fraîche, afin d'en extraire les débris du caribou, qui s'y étaient bien conservés. Elle refusa obstinément d'y toucher et Kazan, finalement, ne réussissant pas à la décider, prit peur lui aussi et agit comme elle.

Ils se dirent bien d'autres choses durant les jours et les nuits qui suivirent. Au cours de la troisième nuit, Kazan, lançant son appel, réunit autour de lui la même horde et prit la direction de la chasse. Trois fois il en fut de même durant le mois, avant que la lune décroissante eût quitté les cieux. Et, chaque fois, il y eut une proie. Puis il chassa avec Louve Grise, seule, dont la compagnie lui était de plus en plus douce, et ils vécurent de lapins blancs.

Il arrivait souvent que Kazan montât avec elle sur la crête qui dominait la vaste plaine, dont il ne s'était pas éloigné, et il tentait de lui expliquer tout ce qu'il avait laissé derrière lui. Cet appel du passé était si fort, parfois, qu'il avait grand-peine à résister au désir de s'en retourner vers la tente de Thorpe, en entraînant Louve Grise à sa suite.

Puis un événement inattendu se produisit. Comme le couple errait un jour au pied d'un petit chaînon montagneux, Kazan aperçut, sur la pente qui le dominait, quelque chose qui arrêta brusquement les battements de son cœur. Un homme, avec un traîneau et son attelage de chiens, descendait dans leur monde.

Le vent, qui était contraire, ne l'avait point averti, ni Louve Grise, et Kazan vit tout à coup un objet qui, sous le soleil, étincelait dans les mains de l'homme. Il n'ignorait point ce qu'était cela, c'est-à-dire l'objet qui crache le feu et le tonnerre, et qui tue.

Il donna l'alerte, aussitôt, à Louve Grise et ils filèrent ensemble, à toutes pattes. Mais une détonation retentit, et, tandis que Kazan grognait furieusement sa haine à l'objet qui tuait et aux hommes, un sifflement passa au-dessus de sa tête.

Puis il y eut une seconde détonation et Louve Grise, cette fois, poussant un glapissement de douleur, s'en alla rouler dans la neige.

---

1. Ces blocs, les *hummocks,* proviennent de la pression de la glace sur elle-même, lorsque se congèle l'eau des lacs.

Elle se releva aussitôt et, escortée de Kazan, reprit sa course vers l'abri d'un petit bois. Là elle fit halte afin de lécher son épaule blessée, tandis que Kazan continuait à observer.

L'homme au fusil avait pris leur piste. Il s'arrêta à la place où Louve Grise était tombée et examina la neige. Puis il continua à avancer.

Kazan de son museau aida Louve Grise à se remettre sur ses pattes. Ils filèrent rapidement et trouvèrent un refuge plus sûr dans l'épaisse végétation qui bordait les rives du lac. Toute la journée, tandis que Louve Grise était étendue dans la neige, Kazan demeura aux aguets, retournant furtivement en arrière pour observer, et flairant le vent. Mais l'homme avait abandonné.

Le lendemain, Louve Grise boitait. En explorant avec soin tous les replis du terrain, le couple arriva aux restes d'un ancien campement. Les dents de Kazan se découvrirent et il grogna sa haine de l'homme qui, en s'en allant, avait laissé son odeur. Le désir croissait en lui de venger la blessure de Louve Grise. Ses propres blessures, mal fermées, augmentaient son irritation. Le museau au ras du sol, il s'efforçait à découvrir, sous la neige nouvelle, la direction que l'ennemi avait prise. Il en oubliait le fusil.

Trois jours durant, Kazan et Louve Grise, celle-ci en dépit de sa blessure, coururent à l'aventure, droit devant eux, et parcoururent un chemin assez considérable. La nuit du troisième jour, qui était celle où apparaissait le premier quartier de la nouvelle lune, Kazan rencontra une piste fraîche.

Si fraîche était-elle qu'il s'arrêta net, aussi soudainement que si une balle l'avait frappé dans sa course. Chaque muscle de son corps se mit à frémir et ses poils se hérissèrent.

C'était la piste de l'homme. Il y avait les empreintes du traîneau, celles des pattes des chiens, et aussi celles des raquettes de l'homme, qui allait à pied.

Alors Kazan leva son museau vers les étoiles et de sa gorge jaillit, roulant au loin, parmi les Wilderness, l'appel sauvage et farouche à la horde de ses frères. Jamais encore cet appel, qu'il répéta à plusieurs reprises, n'avait été aussi infernal et sinistre.

Il fut entendu et un premier cri lui répondit, puis un second, puis un troisième, puis d'autres encore. Si bien que Louve Grise s'assit à son tour sur son derrière et mêla sa voix à celle de Kazan.

Et là-bas, sur la neige blanche, l'homme, livide et hagard, fit halte avec ses chiens pour écouter, tandis qu'une faible voix qui venait du traîneau disait :

« Père, ce sont les loups. Est-ce qu'ils nous poursuivent ? »

L'homme se taisait. Il n'était plus jeune. La lune brillait sur sa longue barbe blanche et rendait plus fantomatique sa haute stature. Sur le traîneau était une jeune femme, qui leva la tête d'une peau d'ours où elle s'appuyait comme sur un oreiller. Les yeux de la jeune femme s'illuminèrent de la clarté lunaire qu'ils reflétèrent. Elle était pâle, elle aussi. Ses cheveux retombaient sur ses épaules en une tresse épaisse et soyeuse, et, contre sa poitrine, il y avait quelque chose qu'elle pressait.

L'homme, au bout de quelques instants, répondit :

« Ils suivent une piste, sans doute celle d'un renne ou d'un caribou. »

Il fixa du regard la culasse de son fusil et ajouta :

« Ne t'inquiète pas, Jeannie ! Nous camperons au prochain bouquet d'arbres où nous pourrons trouver assez de bois sec pour établir notre feu. Allons, les chiens ! Remettons-nous en route, les amis ! Ah ! ah ! ah ! ah ! Kouche ! Kouche ! »

Et le fouet claqua au-dessus de l'attelage. Du paquet que la jeune femme tenait serré sur sa poitrine sortit un petit cri plaintif, auquel semblèrent répondre les voix dispersées des loups.

Kazan, cependant, songeait qu'il allait bientôt pouvoir prendre sa vengeance sur un de ces hommes qui l'avaient si longtemps mis en servage. Il se remit à trotter lentement, côte à côte avec Louve Grise, s'arrêtant seulement tous les trois ou quatre cents yards, pour renouveler son appel.

Une forme grise et bondissante, qui arrivait par-derrière, ne tarda pas à rejoindre le couple. Une autre suivit. Puis deux autres, à droite et à gauche. Et au cri d'appel de Kazan succéda, entre les loups rassemblés, un jacassement varié de voix rauques. La petite troupe s'accrut peu à peu et, à mesure qu'elle devenait plus nombreuse, son allure se faisait plus rapide. Quatre, six, sept, dix, quatorze...

La bande ainsi constituée, qui atteignit l'espace découvert où se trouvait le traîneau et que balayait le vent, était composée de bêtes adultes et fortes. Louve Grise était la plus jeune parmi ces hardis chasseurs et son museau ne quittait pas l'épaule de Kazan.

La horde était devenue silencieuse. On n'entendait que le halètement des respirations et le battement mou des pattes sur la neige. Les loups allaient très rapidement, en rangs serrés. Et toujours Kazan les précédait, de la longueur d'un bond, avec Louve Grise à son épaule.

Pour la première fois de sa vie, il ne redoutait plus l'homme, ni le gourdin et le fouet, ni la chose mystérieuse qui crachait au loin le feu et la mort. Et, s'il courait si vite, c'était afin de surprendre plus tôt son vieil ennemi, de lui livrer bataille. Toute la fureur contenue, durant quatre ans d'esclavage et d'abus de la force, se répandait à travers ses veines en courants de feu. Et, quand enfin il avait aperçu au loin, sur la plaine neigeuse, de petits points noirs qui se mouvaient, le cri qui sortit de sa gorge avait été si étrange que Louve Grise n'avait pas compris ce qu'il signifiait.

A toute vitesse, les loups foncèrent, et sur les petits points noirs, et sur la mince charpente de bois du traîneau, qui se profilait sur la neige. Mais, avant qu'ils eussent atteint leur but, le traîneau s'était arrêté et étaient apparues soudain ces langues de feu intermittentes, si redoutées de Kazan, qui fusaient dans l'air en sifflant, ces piquantes abeilles de la mort. Dans sa folie de meurtre, Kazan cependant ne se laissa pas effrayer et ni lui ni ses frères ne ralentirent leur élan.

Les abeilles de la mort, une, deux, trois, quatre, cinq, passaient cependant, impétueuses comme l'éclair. Déjà trois loups avaient roulé sur la neige et les autres s'écartaient de droite et de gauche. La seconde des balles de l'homme qui tirait avait, une première fois, dans l'ombre noire, frôlé Kazan de la tête à la queue, rasant le poil sur son passage. Au dernier coup de feu, il sentit la chose brûlante qui longeait son épaule et piquait ensuite dans sa chair. Mais il continua à avancer quand même, seul avec Louve Grise, qui fidèlement le suivait.

Les chiens du traîneau avaient été détachés des harnais et, avant qu'il pût atteindre l'homme qu'il avait devant lui, Kazan se heurta à leur masse combattante. Il lutta comme un démon, et il y avait en lui la force de deux loups, tandis qu'il jouait follement des crocs.

Deux de ses frères vinrent le rejoindre et se précipiter dans la mêlée. Et, deux fois encore, il entendit retentir le fusil terrible, deux fois encore il vit les deux bêtes s'abattre l'échine brisée. L'homme avait pris son fusil par le canon et le tenait comme un gourdin. Vers le gourdin tant haï, Kazan redoubla ses efforts. Voilà ce qu'il voulait atteindre !

Se dégageant de la meute des chiens, il bondit soudain jusqu'au traîneau. Alors seulement il s'aperçut qu'il y avait là un autre être humain, enveloppé dans des fourrures. Ses dents s'enfoncèrent dans le poil épais.

Et il entendit une voix, une voix dont le timbre doux le fit tressaillir. C'était *sa* voix, sa voix à *elle* ! Chaque muscle de son corps se bloqua et il parut comme pétrifié.

En même temps, la peau d'ours s'écarta et, dans la lueur lunaire, sous la clarté diffuse des étoiles, il découvrit qui était celle qui parlait.

Il s'était trompé. Ce n'était pas *elle.* Mais la voix était toute pareille à la sienne. Mais, dans le blanc visage de femme qu'il avait là, devant ses prunelles ardentes comme des braises, il y avait comme une mystérieuse image de celle qu'il avait appris à tant aimer. Et, contre sa poitrine, cette forme tremblante pressait un autre être, plus petit, qui émettait un cri singulier, un vagissement frémissant.

Plus prompt que le raisonnement humain, l'instinct avait joué chez Kazan. En moins d'une seconde, faisant volte-face, il fit claquer ses dents vers Louve Grise, si férocement que celle-ci en recula, avec un glapissement d'effroi. Puis, tandis que l'homme, à demi renversé, vacillait avec son fusil, Kazan, lui passant sous le nez, se rua contre ce qui restait de la bande des loups. Plus sauvagement encore qu'il n'avait lutté tout à l'heure contre les chiens, il combattait à présent, à côté d'eux, ses crocs taillant et coupant comme des couteaux. Et l'homme chancelant, tout couvert de sang, s'émerveillait de ce qui advenait. Louve Grise elle-même s'était rangée au côté de Kazan, et, quoique sans comprendre, faisait face aux hurlements ennemis, donnant de la gueule de son mieux.

Lorsque la bataille fut terminée, Kazan et Louve Grise étaient seuls sur la plaine neigeuse. Le traîneau avait disparu.

Kazan et Louve Grise étaient blessés, et lui plus gravement qu'elle.

Il était tout saignant et déchiré. Une de ses pattes était profondément entaillée. A la lisière d'un bois, un feu brillait. Il vit ce feu et un impérieux désir le saisit de ramper vers lui, de sentir sur sa tête passer la caresse de la main de la femme qu'il savait là, comme il avait jadis senti l'autre main. Il serait allé vers cette caresse, en tâchant de décider Louve Grise à le suivre. Mais, près de la femme, il y avait un homme. Il se prit à gémir.

Il sentait qu'il était désormais un paria dans le monde. Il avait combattu contre ses frères sauvages, qui jamais plus désormais ne viendraient à son appel, quand il pousserait vers le ciel son hurlement. Ce ciel, la lune et les étoiles, et les vastes plaines neigeuses étaient contre lui maintenant. Et il n'osait pas non plus retourner vers l'homme.

Avec Louve Grise il se dirigea vers le bois, loin du feu brillant. Il était si mal en point qu'à peine l'eut-il atteint, il dut se coucher sur le sol. Les relents du campement arrivaient cependant jusqu'à lui, et Louve Grise, se serrant câlinement contre son corps, s'efforçait de calmer, de sa tendre langue, ses blessures saignantes, tandis que, soulevant sa tête, il gémissait doucement aux étoiles.

VII

KAZAN RETROUVE LA CARESSE DE JEANNE

A la lisière du petit bois de cèdres et de sapins, Pierre Radisson, le vieux trappeur, après avoir dressé la tente, chargeait son feu. Il saignait par une douzaine de blessures, morsures dans sa chair des crocs des loups, et il lui semblait que se rouvrait dans sa poitrine une autre plaie ancienne, dont lui seul connaissait toute la terrible gravité.

L'une après l'autre, il traînait les bûches qu'il avait coupées et les amoncelait sur celles qui brûlaient déjà, tandis que la flamme montait à travers les minces brindilles qui y attenaient encore. Puis il fit, avec d'autres bûches, une provision de bois pour la nuit.

Du traîneau, sur lequel elle était restée, Jeanne suivait du regard les mouvements de son père, les yeux encore dilatés d'effroi, et toute tremblante. Sur sa poitrine elle pressait toujours son bébé, et ses longs cheveux noirs luisaient aux reflets du feu. Son visage était si jeune, si ingénu, qu'à peine aurait-on pu croire qu'elle était mère.

Lorsque le vieux Pierre eut lancé sur le foyer sa dernière brassée de bois, il se retourna vers Jeanne, haletant, et se mit à rire.

« Il s'en est fallu de peu, *ma chérie* [1] dit-il, tout oppressé, dans sa barbe blanche, que nous n'y restions tous deux ! Nous n'avons jamais

1. Les mots en italique sont en français dans le texte.

vu la mort de si près. Maintenant nous sommes tirés d'affaire et au chaud, bien confortablement. Tu n'as plus peur, au moins ? »

Il vint s'asseoir près de Jeanne et, doucement, écarta la fourrure qui enveloppait l'enfant. De petites joues roses apparurent. Quant aux yeux de Jeanne, ils luisaient dans la nuit comme deux étoiles.

« C'est le bébé qui nous a sauvés, murmura-t-elle. Les loups avaient dispersé les chiens et déjà ils bondissaient sur nous deux, quand l'un d'eux, les précédant, atteignit le traîneau. J'ai cru d'abord que c'était un de nos chiens. Mais non, c'était bien un loup ! Une première fois, il essaya de nous mordre. Mais ses dents se perdirent dans la peau de l'ours. Il s'élança de nouveau et était presque à ma gorge, lorsque bébé cria. Alors il arrêta son élan à un pouce de nous, et j'aurais juré que c'était un chien. Presque aussitôt, il se retourna et combattit pour nous. Je l'ai vu terrasser un de ses frères qui allait nous dévorer.

— C'était bien un chien, *ma chérie,* répondit Pierre, en étendant ses mains vers la chaleur du feu. Il arrive souvent que des chiens s'éloignent des postes et aillent se mêler aux loups. Je l'ai constaté moi-même, à mes dépens. Mais un chien reste un chien toute sa vie. Même s'il a été maltraité, même en la compagnie des loups, sa nature primitive demeure. Il était venu pour tuer, mais une fois en mesure de le faire...

— Il est redevenu notre défenseur, notre sauveur. Oui, la pauvre bête, ajouta-t-elle avec un soupir, s'est battue pour nous. Elle a été même cruellement blessée. Je l'ai vue partir en traînant tristement la patte. Père, elle doit être quelque part, à cette heure, en train d'agoniser. »

Elle se redressa, mince et svelte, de toute sa taille, dans la lumière du foyer, et s'étira les membres après avoir passé le bébé à Pierre Radisson. Mais elle dut bientôt le reprendre, car une toux profonde, qu'il essayait en vain d'étouffer, se mit à secouer le vieux. L'incarnat qui apparut alors sur les lèvres de son père, Jeanne ne le vit pas. Elle avait ignoré que, depuis ces six jours qu'ils marchaient dans le Désert Blanc, Pierre avait senti son mal s'aggraver. Pour cela surtout il avait, chaque journée, pressé la marche.

« J'ai pensé moi aussi à cette pauvre bête, dit-il lorsque la quinte se fut apaisée. Blessée comme elle paraissait l'être, elle n'a pas dû aller bien loin. Veille sur le bébé et chauffe-toi au feu, en attendant mon retour. Je vais tenter de la trouver. »

Il revint sur ses pas, dans la plaine découverte, jusqu'au lieu du combat. Sur la neige gisaient les quatre chiens, dont pas un n'avait survécu. La neige était rouge de leur sang et ils étaient déjà raidis. Pierre eut un frisson en les regardant. S'ils n'avaient pas reçu le premier choc de la horde, que serait-il advenu de lui, de Jeanne et de l'enfant ? Il détourna la tête et reprit sa recherche, dans un nouvel accès de la toux qui injectait ses lèvres de sang.

Après avoir soigneusement observé la neige, il reconnut la piste de leur mystérieux sauveur. Plutôt qu'une piste, c'était un long sillon, que Pierre se mit à suivre, ne doutant pas qu'il trouverait à son extrémité la bête morte.

Il revint ainsi à l'orée du bois, où il rencontra Kazan étendu sur le sol, l'œil et les oreilles aux aguets, tellement faible, quoiqu'il ne souffrît pas beaucoup, qu'il ne pouvait se tenir sur ses pattes. Il était comme paralysé. Louve Grise était couchée à son côté.

Tous deux, échoués dans cet abri, ne cessaient point d'observer, à travers les ramures clairsemées des sapins et des cèdres, le feu qui brillait et dont la lueur arrivait jusqu'à eux. Ils humaient l'air nocturne et savaient que les deux êtres humains étaient là. Et le même désir persistait chez Kazan d'aller vers ce feu, entraînant avec lui Louve Grise, et de rejoindre la femme et sa caresse. La même crainte subsistait aussi de l'homme qui accompagnait cette femme, car l'homme avait toujours été pour lui synonyme de gourdin, de fouet, de douleur et de mort.

Louve Grise, de son côté, pressait Kazan, en le poussant doucement, de s'enfuir avec elle, plus loin du feu et plus profondément dans le bois. Comprenant qu'il n'était pas en état de la suivre, elle avait couru nerveusement de tous côtés, songeant, sans pouvoir s'y décider, à fuir seule. De ses empreintes, la neige, autour d'eux, était toute maculée. Mais toujours son instinct de femelle avait été le plus fort et, chaque fois, elle était revenue vers Kazan.

La première, elle vit Pierre Radisson qui avançait sur la piste. Kazan, qu'elle avait averti par un grognement, aperçut la forme ombreuse qui venait dans la clarté des étoiles. Son premier mouvement fut de fuir et il tenta de se traîner en arrière.

Mais il ne gagnait que quelques pouces de terrain, tandis qu'au contraire l'homme se rapprochait rapidement. Il vit, dans sa main, scintiller le canon du fusil. Il entendit la toux creuse et le crissement des pas sur la neige.

Louve Grise se blottit d'abord contre Kazan, tremblante et grinçant des dents. Puis, quand Pierre ne fut plus qu'à quelques pieds, l'instinct de conservation l'emporta et elle disparut, silencieuse parmi les sapins.

Les crocs de Kazan se découvrirent, menaçants, tandis que Pierre continuait à marcher sur lui, puis, s'arrêtant, le regardait fixement. Il fit un nouvel effort pour se traîner sur ses pattes. Mais ses forces le trahirent et il retomba sur la neige.

L'homme déposa son fusil, qu'il appuya contre un jeune sapin, et se pencha sur l'animal, sans manifester la moindre crainte. Avec un grognement féroce, Kazan tenta de happer dans ses dents la main qui se tendait.

A sa grande surprise, l'homme ne ramassa ni bâton ni gourdin. Au contraire, il lui tendit sa main à nouveau, prudemment toutefois, et lui parla avec une voix exempte de dureté. Kazan, pourtant, fit encore claquer ses dents et grogna.

Mais l'homme persistait, lui parlant toujours. De la mitaine dont sa main était couverte, il lui toucha même la tête, puis la retira assez rapidement pour échapper aux mâchoires. A trois reprises, Kazan sentit le contact de la mitaine ; contact où il n'y avait ni menace ni douleur. Cela fait, l'homme lui tourna le dos et repartit.

Lorsque Pierre se fut éloigné, Kazan jeta un cri plaintif et le poil qui s'était dressé en crête, tout le long de son échine, s'aplatit. Il regardait ardemment vers la lumière du feu. L'homme ne lui avait fait aucun mal. Il eût souhaité pouvoir courir après lui.

Louve Grise, qui n'avait pas été loin, était revenue lorsqu'elle avait vu que Kazan était seul à nouveau et elle se tenait devant lui, les pattes raides.

C'était la première fois, sauf lors de l'attaque du traîneau, qu'elle avait été si proche du contact de l'homme. Elle comprenait mal ce qui se passait. Tout son instinct l'avertissait que l'homme était en ce monde l'être dangereux entre tous, celui qu'il lui fallait redouter plus que les animaux les plus forts, plus que les tempêtes, les inondations, la famine et le froid. Et cependant l'homme qui était là tout à l'heure n'avait fait aucun mal à Kazan. Elle renifla le dos et la tête de son compagnon, là où la mitaine l'avait touché. Puis, une fois encore, elle se sauva dans l'épaisseur du bois, en trottant dans les ténèbres. Car elle avait vu, sur la lisière de la plaine, que des mouvements suspects recommençaient.

L'homme revenait, et avec lui la jeune femme. Lorsqu'elle fut à portée de Kazan, celui-ci entendit à nouveau le timbre harmonieux et doux, et il éprouva comme une sensation de tendresse et de douceur. Quant à l'homme, il se tenait visiblement sur ses gardes, mais n'était point menaçant.

Il avertit la jeune femme : « Jeanne, fais attention ! »

Elle s'agenouilla sur la neige, devant l'animal, hors de la portée de ses crocs. Puis elle lui parla, avec bonté : « Viens, mon petit ! Allons, viens ! »

Elle tendait la main vers lui.

Les muscles de Kazan se contractèrent. D'un pouce, de deux pouces, il réussit à ramper vers elle.

Dans les yeux qui le regardaient, il retrouvait l'ancienne clarté, et tout l'amour consolateur qu'il avait connu jadis, alors qu'une autre femme, avec des cheveux aussi beaux, des yeux aussi brillants, était entrée dans sa vie.

« Viens », murmurait-elle, tandis qu'il s'efforçait d'avancer.

Elle aussi avança un peu et, tendant davantage sa main, la lui posa sur la tête. Pierre s'était, à son tour, agenouillé près de Jeanne. Il offrait quelque chose, et Kazan flaira de la viande. Mais c'était la main de Jeanne qui, surtout, l'occupait. Sous sa caressante pression, il tremblait et semblait grelotter. Et, lorsque Jeanne, s'étant relevée, l'invita à la suivre, il réunit toutes ses forces, mais ne put réussir à obéir. Alors seulement Jeanne s'aperçut du triste état d'une de ses pattes. Oubliant toute prudence, elle vint tout près de lui.

« Il ne peut marcher ! *Père,* regarde ! s'écria-t-elle avec un frémissement dans la voix. Quelle terrible entaille ! Il va nous falloir le porter.

— J'y avais songé, répondit Pierre Radisson, c'est pourquoi j'ai apporté cette couverture. »

A ce moment, de l'obscurité du bois, s'éleva un cri sourd, un gémissement lamentable.

« *Mon Dieu !* Jeannie ! dit Pierre, écoute cela. »

Kazan avait soulevé sa tête et un pleurnichement éploré répondit à la plainte nostalgique qui retentissait. C'était Louve Grise qui l'appelait.

Jeanne et son père enveloppèrent Kazan dans la couverture et, la prenant chacun par un bout, emportèrent avec eux l'éclopé, jusqu'au campement. Ce fut miracle que l'opération s'accomplît sans autre révolte de l'animal, et sans égratignure ni morsure.

Kazan fut couché devant le feu et, au bout de quelques moments, ce fut encore l'homme qui apporta près de lui l'eau tiède qui servit à laver la blessure de sa patte, à enlever le sang coagulé, puis qui étendit sur la plaie quelque chose de doux et qui calmait, et qui lia le tout, finalement, avec une bande de toile.

Puis encore ce fut l'homme qui lui offrit un succulent gâteau, fait de graisse et de farine, et qui l'invita à manger, tandis que Jeanne lui parlait, assise devant lui, son menton entre les mains. Après quoi, se sentant tout à fait réconforté, il n'eut plus peur du tout.

Un cri faible et très étrange, qui sortait du paquet de fourrures demeuré sur le traîneau, lui fit dresser la tête, d'un mouvement saccadé. Jeanne vit le mouvement, et entendit le grognement qui roulait dans sa gorge. Elle courut près du paquet, lui parla avec des modulations câlines et, le prenant dans ses bras, écarta la peau de lynx afin que Kazan pût voir. Kazan n'avait encore jamais vu d'enfant d'aussi près. Jeanne tendit vers lui le bébé, pour qu'il le regardât bien en face et admirât quelle merveilleuse petite créature c'était là. Le visage rose semblait fixer la bête, les mains mignonnes s'allongeaient vers elle, et un jacassement partit à son adresse. Puis, tout à coup, ce fut une agitation générale du menu corps et comme un éclat de rire. Kazan, rassuré, détendit ses muscles et vint se traîner aux pieds de la mère et de l'enfant.

« Vois donc, *père* ! s'exclama Jeanne. Il a pris déjà l'enfant en affection. Oh ! la bonne bête ! Il nous faut, sans tarder, lui choisir un nom. Mais lequel ?

— Demain matin nous chercherons cela plus à loisir. Il se fait tard dans la nuit. Rentre sous la tente et dors. La prochaine journée sera rude. Nous n'avons plus de chien maintenant et il nous faudra tirer nous-mêmes le traîneau. »

Comme elle allait pénétrer sous la tente, Jeanne s'arrêta.

« Il est venu avec les loups, dit-elle. Appelons-le "Loup". »

Elle tenait la petite Jeannette sur un de ses bras. Elle étendit l'autre vers Kazan en répétant à plusieurs reprises : « Loup ! Loup ! Loup ! »

Kazan ne la perdait pas du regard. Il comprit qu'elle lui parlait et avança légèrement vers elle. Longtemps après que Jeanne fût rentrée dans la tente et couchée, le vieux Pierre Radisson était encore dehors, à veiller, assis devant le feu, sur le rebord du traîneau, avec Kazan à ses pieds.

Soudain, le silence fut rompu par le hurlement solitaire de Louve Grise. Kazan leva la tête et se reprit à gémir.

« Elle t'appelle, petit », fit Pierre, qui comprenait.

Il toussa, appuya sa main sur sa poitrine, que la douleur semblait déchirer. Puis, parlant à Kazan : « Poumon mangé par le froid, vois-tu. Attrapé cela au début de l'hiver, tout là-bas, vers le lac. J'espère pourtant que je pourrai regagner à temps le logis, avec mes deux Jeanne. »

C'est une habitude que prend bientôt l'homme, dans la solitude et le néant du Wilderness, de monologuer avec lui-même. Mais Kazan, avec ses yeux pétillants d'intelligence, était un interlocuteur tout trouvé. C'est pourquoi Pierre lui parlait. « Il nous faut les ramener, mon vieux, à tout prix, continua-t-il, en caressant sa barbe. Et cela, seuls toi et moi nous le pouvons faire. »

Une toux creuse le secoua. Il respira avec oppression, en s'étreignant la poitrine, et reprit :

« Le gîte est à cinquante milles, en ligne droite. Je prie Dieu que nous puissions y parvenir sains et saufs, et que mes poumons ne m'abandonnent pas auparavant. »

Il se releva, en chancelant un peu, et alla vers Kazan. Il attacha la bête derrière le traîneau ; puis, après avoir jeté d'autres branches sur le feu, il entra sous la tente, où Jeanne et l'enfant dormaient.

Trois ou quatre fois au cours de la nuit, Kazan entendit la voix de Louve Grise appelant le compagnon qu'elle avait perdu. Mais Kazan comprenait qu'il ne devait plus lui répondre. Vers l'aurore, Louve Grise approcha à une courte distance du campement, réitéra son appel et, pour la première fois, Kazan lui répliqua.

Son hurlement réveilla Pierre, qui sortit de la tente et regarda le ciel, que commençait à blanchir l'aube. Il raviva le feu et se mit à préparer le déjeuner.

VIII

LE SIGNE DE LA MORT

Pierre caressa Kazan sur la tête et lui donna un morceau de viande. Peu après, Jeanne parut à son tour, laissant l'enfant reposer encore. Elle courut embrasser son père, puis, s'agenouillant devant Kazan, elle se reprit à lui parler, de cette même voix avec laquelle elle avait parlé à Jeannette.

Lorsque, d'un bond gracieux, elle se remit ensuite sur ses pieds, afin de donner un coup de main à son père, Kazan la suivit et Jeanne, voyant qu'il était maintenant à peu près d'aplomb sur ses pattes, poussa un cri de joie.

Ce fut un singulier voyage que celui qui commença, ce jour-là. Pierre Radisson avait, tout d'abord, vidé le traîneau de tous les objets qu'il contenait, en n'y laissant que la tente repliée, les couvertures, les vivres et, pour Jeannette, le nid chaud de fourrures. Puis il endossa un des harnais et se mit à tirer le traîneau sur la neige. Toujours attaché, Kazan suivait.

Pierre n'arrêtait pas de tousser et crachait le sang. Jeanne s'inquiéta.

« C'est un gros rhume, dit Pierre, rien de plus. Une fois chez nous, je garderai la chambre durant une bonne semaine, et il n'y paraîtra plus. »

Il mentait et, quand il toussait, détournait la tête, puis s'essuyait rapidement la bouche et la barbe, afin que Jeanne n'y vît point les rouges macules.

Jeanne ne savait trop que penser et se doutait bien qu'il lui cachait la vérité. Mais Kazan, avec cette étrange connaissance des bêtes que l'homme ne peut expliquer et dénomme instinct, aurait dit, s'il avait pu parler, ce que Pierre Radisson dissimulait. Il avait entendu d'autres hommes tousser de la sorte, ses ancêtres chiens en avaient ouï aussi, tandis qu'ils tiraient les traîneaux, et la certitude s'était formée, dans son cerveau, de ce qui s'ensuivrait fatalement.

Plus d'une fois déjà, il avait, sans y être entré, flairé la mort qui frappait sous les tentes indiennes et dans les cabanes des Blancs. Bien des fois, de même qu'il devinait au loin la tempête et l'incendie, il l'avait reniflée, alors qu'elle ne faisait que rôder encore autour de ceux qu'elle frapperait bientôt. Et ce signe de la mort, qui planait dans l'air, semblait lui dire, tandis qu'il suivait le traîneau en arrière de Pierre, que celle-ci était proche, qu'il la frôlait à chaque pas.

Il en était dans une agitation étrange et anormale. Chaque fois que le traîneau faisait halte, il venait fébrilement renifler le petit bout d'humanité qui était enfoui dans la peau de lynx. Jeanne arrivait prestement, pour surveiller l'animal, et passait la main sur les poils grisâtres de sa tête. Alors il se calmait et la joie entrait secrètement en lui. La seule chose essentielle que Kazan parvint nettement à comprendre, en cette première journée, c'est que la petite créature du traîneau était infiniment précieuse à la femme dont il recevait les caresses et qui si mélodieusement lui parlait. Et plus lui-même semblait prêter attention et s'intéresser à la petite créature, plus aussi la femme semblait contente et ravie.

Le soir, le campement fut établi comme de coutume et Pierre Radisson passa encore une partie de la nuit à veiller près du feu. Mais il ne fumait pas. Fixement il regardait les flammes. Quand, enfin, il se décida à rejoindre Jeanne sous la tente, il se pencha vers Kazan et examina ses blessures. « Tu vas mieux, petit, lui dit-il, et tes forces te sont revenues. Il faudra, demain, endosser le harnais et me donner ton aide. Demain soir nous devrons avoir atteint le fleuve. Sinon... »

Il n'acheva pas sa phrase et refoula la toux qui lui déchirait la poitrine, puis entra sous la tente.

Kazan était demeuré vigilant et les oreilles raides, les yeux emplis d'anxiété. Il n'avait pas aimé que Pierre pénétrât sous la toile. Car, plus que jamais, la mort mystérieuse semblait voltiger autour de cet homme.

Trois fois, au cours de la nuit, il entendit Louve Grise réitérer ses appels, et il ne put se défendre de lui répondre. Comme la veille elle revint, à l'aube, jusqu'auprès du campement. Il tira sur son attache et pleura, espérant que sa compagne aurait pitié de lui et viendrait se coucher à son côté. Mais, à ce moment, Radisson ayant remué dans la tente et fait du bruit, Louve Grise, qui était prête à se risquer, prit la fuite.

Plus émaciée était, ce matin-là, la figure de l'homme, et plus sanguinolents étaient ses yeux. La toux était devenue moins violente. C'était comme un sifflement intérieur, qui indiquait une désagrégation de l'organisme. Et, à tous moments, Pierre portait les mains à sa poitrine.

Lorsque Jeanne aperçut son père dans le petit jour, elle pâlit. L'inquiétude, en ses yeux, fit place à l'effroi. Elle jeta ses bras autour du cou de Pierre qui se prit à rire et toussa plus fort, afin de prouver que le coffre était encore bon. « Je suis en voie de guérison, dit-il, tu le vois bien. C'est un rhume qui s'en va. Mais tout rhume, *ma chère,* laisse après lui, tu le sais comme moi, une grande faiblesse et les yeux rouges. »

La journée qui suivit fut froide et morne, presque sans clarté. Pierre et Kazan remorquèrent à eux deux le traîneau, et Jeanne, à pied, marchait derrière, sur la piste tracée. Kazan tirait sans trêve de toutes ses forces, et pas une seule fois l'homme ne le frappa du fouet. Mais, de temps à autre, il lui passait amicalement sa mitaine sur la tête et sur le dos. Le temps s'assombrissait de plus en plus et sur la cime des arbres on entendait passer un faible mugissement, qui annonçait la tempête prochaine.

Les ténèbres et l'approche imminente de la tourmente n'incitèrent point Pierre Radisson à s'arrêter et à camper.

« Il faut à tout prix atteindre le fleuve, se disait-il à lui-même, oui, à tout prix... »

Il pressa Kazan, pour un énergique effort, tandis que lui-même sentait, sous le harnais, ses forces décroître.

Le blizzard [1] avait commencé, lorsque, à midi, Pierre fit halte pour établir un feu et que chacun s'y réchauffa. La neige déboulait du ciel en un déluge blanc, si épaisse qu'elle obstruait la vue à cinquante pas. Jeanne se tassa, toute frissonnante, près de son père, avec l'enfant dans ses bras. Pierre, afin de la réconforter, se montra très gai et rieur. Puis, après un repos d'une heure, il rattacha Kazan au harnais et reprit

1. Tempête de neige.

comme lui les courroies qu'il lia autour de sa taille, car leur pression sur sa poitrine le faisait trop souffrir.

Dans une obscurité presque complète, où tout était silence, la petite caravane, qui marchait toujours sous bois, avançait péniblement. Pierre tenait à la main sa boussole, qu'il consultait.

Tard dans l'après-midi, les arbres devinrent plus rares et une nouvelle plaine apparut au-dessous des voyageurs, vers laquelle Pierre Radisson pointa sa main, tout joyeux. Mais sa voix était faible et rauque, lorsqu'il dit à Jeanne :

« Ici nous pouvons camper maintenant, en attendant que le blizzard s'apaise. »

Sous l'épais abri d'un des derniers bouquets de sapins, il monta la tente, puis il ramassa du bois pour le feu. Jeanne l'aida dans cette besogne. Dès qu'ils eurent absorbé un repas composé de viande rôtie et de biscottes, et fait bouillir et bu le café, Jeanne épuisée se jeta sur un lit de branchages, étroitement enveloppée, avec le bébé, dans les peaux et dans les couvertures. Elle n'avait même pas eu la force, ce soir-là, de donner à Kazan une bonne parole.

Pierre était demeuré, quelques instants encore, immobile à veiller près du feu, assis sur le traîneau. Soudain les yeux alertes de Kazan le virent tressaillir, puis se lever et se diriger vers la tente. Il écarta la toile qui en fermait l'entrée, et passa par la fente sa tête et ses épaules.

« Tu dors ? Jeanne... dit-il.

— Pas encore, père... Mais presque... Veux-tu bientôt venir ?

— Oui, dès que j'aurai achevé ma pipe. Te sens-tu bien ?

— Pas mal... Très fatiguée seulement... et avec une grande envie de dormir... »

Pierre eut un rire doux, tandis que sa gorge raclait.

« Jeanne, écoute-moi. Nous voici presque arrivés au logis. C'est notre fleuve, le fleuve du Petit-Castor, qui coule au bout de cette plaine que nous dominons. Si je disparaissais et si demain, je suppose, tu te trouvais seule ici, tu n'aurais qu'à marcher en ligne droite pour arriver à notre cabane. Il n'y a pas plus de quinze milles. Tu m'entends bien ?

— Oui, père, je comprends.

— Quinze milles... Tout droit... jusqu'au fleuve... Il serait impossible, Jeanne, que tu te perdes. Il faudrait seulement que tu prennes garde, en suivant la glace du fleuve, aux poches d'air qui sont sous la neige.

— Oui, père... Mais viens te coucher, je t'en prie. Tu es harassé... Tu es un peu malade aussi...

— Je finis ma pipe. » Et il insista :

« Jeanne, je te recommande par-dessus tout ces poches d'air, où, sous la neige, il n'y a que le vide. Avec un peu d'attention, elles se devinent facilement. Là où elles sont, la neige est plus blanche que sur le reste de la glace et elle est trouée comme une éponge.

— Oui... i... i... »

Pierre revint vers le feu et vers Kazan. « Bonne nuit, petit, dit-il.

Couché près des enfants, je serai mieux. Allons, encore un jour. Quinze milles encore... »

Kazan le vit entrer sous la tente. Il tira de toute sa force sur son attache, jusqu'à ce que celle-ci lui coupât la respiration. Ses pattes et son dos se contractèrent. Dans la tente il y avait Jeanne et l'enfant. Il savait que Pierre ne leur ferait aucun mal. Mais il savait aussi qu'avec Pierre quelque chose de sinistre et d'imminent était près d'eux. Il aurait voulu que le vieux demeurât près du feu. Alors, il aurait pu se reposer tranquille, étendu sur la neige, tout en le surveillant.

L'intérieur de la tente était silencieux.

Plus près que la veille, le cri de Louve Grise retentit. Kazan, plus encore que les autres soirs, aurait souhaité qu'elle fût près de lui. Mais il s'abstint de lui répondre. Il n'osait pas rompre le silence qu'il y avait dans la tente. Brisé et endolori de la rude étape de la journée, avec ses blessures rouvertes, il resta couché dans la neige un assez long temps, mais sans avoir envie de dormir.

Vers le milieu de la nuit, la flamme du feu tomba. Au faîte des arbres, le vent s'était apaisé. Les nuages opaques qui voilaient le ciel s'enroulèrent en épaisses volutes, comme un rideau qu'on tire, et les étoiles commencèrent à scintiller, d'une lueur pâle et métallique. Tout là-bas, vers le septentrion, un bruit résonna, incisif et monotone, pareil au crissement des patins d'acier d'un traîneau filant sur la neige gelée. C'était la mystérieuse et harmonieuse mélodie céleste de l'aurore boréale. En même temps, le froid devenait plus vif et le thermomètre ne cessait de rapidement descendre.

Louve Grise, sans se fier uniquement à son flair, avait, cette nuit-là, glissant comme une ombre, audacieusement suivi la piste marquée par le traîneau.

Et voilà que Kazan entendit sa voix.

Elle s'était arrêtée, rigide et fébrile, tremblant de tous ses membres, et envoyait à travers l'air le Message funèbre. Kazan le reçut et, lui aussi, il se prit à hurler comme font les chiens sauvages du Nord, devant la tente indienne où leur maître vient de rendre le dernier soupir.

Pierre Radisson était mort.

IX

SUR LE FLEUVE GLACÉ

L'aube paraissait lorsque l'enfant, se pressant de plus près contre la chaude poitrine de sa mère, l'éveilla en demandant sa nourriture.

Jeanne ouvrit les yeux, écarta ses cheveux ébouriffés et le premier objet qu'elle aperçut fut, de l'autre côté de la tente, la forme ombreuse de Pierre Radisson, qui semblait reposer paisiblement.

Elle en fut tout heureuse, car elle savait combien la journée précédente avait été épuisante pour son père. Afin de ne point troubler son sommeil, elle demeura elle-même immobile dans son lit, une demi-heure encore, en parlant doucement à son bébé.

Elle se décida enfin à se lever avec précaution, borda bébé Jeanne dans les couvertures et dans les fourrures, et, s'enveloppant dans une épaisse pelisse, alla vers la porte de la tente et sortit.

Le jour s'était maintenant complètement fait et elle constata, avec satisfaction, que le vent avait cessé. Le temps était calme ; mais le froid, par contre, était terriblement piquant et la saisit au visage.

Dehors, le feu s'était éteint et Kazan était enroulé en boule près des cendres froides, le museau enfoui sous son propre corps.

Il leva la tête vers Jeanne, tout grelottant, lorsqu'elle parut. De son pied, chaussé de lourds mocassins, la jeune femme éparpilla les cendres et les bûches noircies. Plus une étincelle n'y était enclose. Elle caressa de la main la tête hirsute de Kazan.

« Pauvre Loup ! dit-elle. J'aurais dû penser à te donner hier soir une de nos peaux d'ours pour te tenir chaud ! » Et elle revint vers la tente.

Elle rejeta en arrière la porte de toile et le blême visage de son père lui apparut en pleine lumière. Kazan entendit soudain un cri sinistre et déchirant qui jaillissait de ses lèvres. Nul doute, en effet, n'était permis en face de Pierre Radisson.

Jeanne s'était jetée sur la poitrine de son père, avec des sanglots étouffés, si faibles que l'ouïe fine de Kazan n'arrivait pas même à les percevoir. Elle demeura là abîmée dans sa douleur, jusqu'au moment où un cri plaintif de bébé Jeanne réveilla en elle son énergie de femme et de mère.

L'heure n'était pas aux larmes, mais à l'action. Elle se remit brusquement sur ses jambes et courut dehors. Kazan, tirant sur sa chaîne, voulut s'élancer au-devant d'elle. Mais elle n'y prêta point attention.

La solitude, dont l'épouvante est pire que celle de la mort, était sur elle. En une seconde, elle en avait eu la conscience. Et cette peur n'était rien pour elle-même ; elle était toute pour l'enfant. Les gémissements de l'infortunée petite créature, qui de la tente venaient vers elle, lui entraient au cœur comme autant de lames de poignard.

Puis elle se souvint soudain de tout ce que Pierre Radisson lui avait dit au cours de la nuit précédente : le fleuve qu'il fallait atteindre à tout prix, les poches d'air à éviter sur la glace, la cabane à quinze milles... « Jeanne, tu ne peux pas te perdre », avait-il insisté. Il avait prévu sans nul doute ce qui arrivait.

Elle commença par revenir vers l'emplacement du foyer éteint, qu'il importait avant tout de rallumer. Elle récolta dans la neige des écorces de bouleau desséchées, dont elle forma une petite pile, en les entremêlant aux bûchettes noires, non consumées. Puis elle rentra dans la tente pour y quérir des allumettes.

Pierre Radisson avait coutume d'en emporter sa provision dans une boîte imperméable, qu'il plaçait dans une poche intérieure de son vêtement de peau d'ours. Et Jeanne se reprit à sangloter, tandis qu'agenouillée devant son père, elle fouillait, à la recherche de cette boîte.

L'ayant trouvée, elle fit fuser bien haut la flamme bienfaisante et rechargea le feu avec une partie des grosses bûches dont Pierre avait fait provision. La chaleur la réconforta et lui rendit son courage. Quinze milles... le fleuve qui conduisait à la cabane... Il lui fallait couvrir cette distance avec le bébé et avec Loup.

Son attention se reporta vers le chien. Elle dégela, à la chaleur du foyer, un morceau de viande qu'elle donna ensuite à manger à Kazan, puis fit fondre un peu de neige pour le thé. Elle n'avait pas faim, mais elle se rappela que son père la contraignait à manger, cinq ou six fois par jour, si peu que ce fût, afin qu'elle ne perdît point ses forces. Elle s'astreignit donc à déjeuner d'un biscuit et d'une tartine de pain, qu'elle arrosa d'autant de thé brûlant qu'elle en put absorber.

Maintenant l'heure terrible était arrivée. Jeanne enveloppa dans des couvertures, étroitement serrées, le corps de Pierre Radisson, et les lia fortement avec une babiche.

Puis elle empila sur le traîneau, près du feu, les autres couvertures et les fourrures, y fit un lit moelleux pour le bébé, qu'elle y déposa, et commença à démonter la tente. Ce n'était point pour une femme une tâche facile, car les cordes étaient raides et gelées. Lorsqu'elle eut terminé, une de ses mains saignait. Elle amarra la tente au traîneau.

Pierre Radisson gisait à découvert sur son lit de ramures. Il n'y avait plus au-dessus de lui d'autre toit que le ciel grisâtre et le dôme noir des sapins.

Kazan raidit ses pattes et renifla l'air. Son échine se hérissa, lorsque la jeune femme s'en retourna lentement vers l'objet immobile qui était ficelé dans les couvertures. Elle fléchit le genou et pria.

Lorsqu'elle revint vers le traîneau, son visage était pâle et inondé de larmes. Elle jeta un long regard vers le Barrens sinistre, qui s'étendait à perte de vue devant elle. Puis, se courbant vers le chien-loup, elle l'attela au harnais et, assujettissant elle-même autour de sa taille la courroie dont son père s'était servi, tous deux se mirent à tirer.

Ils cheminèrent ainsi, dans la direction indiquée par Pierre Radisson. La marche était pénible et lente sur la neige molle, tombée la veille, et que le blizzard avait amoncelée par places, en gros tas mous.

Il y eut un moment où le pied manqua à Jeanne, qui s'effondra sur une de ces masses neigeuses. Elle perdit, dans sa chute, son bonnet de fourrure, et ses cheveux se dénouèrent sur la neige. Aussitôt Kazan fut près d'elle et, du bout de son museau, il lui toucha le visage.

« Loup ! gémit-elle. Oh ! Loup ! »

Elle se remit debout, tant bien que mal, et la petite caravane recommença à avancer.

Le fleuve fut enfin atteint et le traîneau peina moins sur la glace, où la neige était moins épaisse. Mais un vent violent du nord-est ne tarda pas à souffler. Il soufflait de face et Jeanne courbait la tête, tout en tirant avec Kazan. Au bout d'un demi-mille, elle dut s'arrêter, la respiration coupée, et fut reprise d'un nouvel accès de désespoir.

Un sanglot remonta à ses lèvres. Quinze milles ! Elle crispa ses mains sur sa poitrine et, pliant le dos comme quelqu'un que l'on a battu, elle se tourna, pour reprendre un peu haleine, du côté opposé au vent. Elle vit, sur le traîneau, le bébé qui, sous des fourrures, reposait paisiblement. Ce spectacle fut pour elle un coup d'éperon farouche et elle affronta la lutte derechef.

Deux fois encore, elle s'affala sur les genoux, dans des tas de neige. Puis elle parvint à une surface lisse où la neige avait été entièrement balayée par le vent. Kazan suffit à tirer seul le traîneau.

Jeanne marchait à côté du chien-loup. Il lui semblait qu'un millier d'aiguilles s'enfonçaient dans la peau de son visage et, en dépit de ses lourds vêtements, pénétraient jusqu'à sa poitrine. Elle eut l'idée de consulter le thermomètre et le tira des bagages. Quand elle l'eut exposé quelques minutes à l'air libre, elle regarda ce qu'il marquait. Trente degrés au-dessous de zéro [1].

Quinze milles ! Et son père lui avait affirmé qu'elle pouvait couvrir sans encombre cette distance. Mais Pierre n'avait point prévu sans doute ce froid mordant et redoutable, ni ce vent coupant, qui eût terrifié les plus braves.

Le bois, maintenant, était loin derrière elle et avait disparu dans les demi-ténèbres d'une brume livide. Il n'y avait plus, partout, que le Barrens impitoyable et nu, où serpentait le fleuve de glace. S'il y avait eu seulement quelques arbres, dans ce paysage désolé, il semblait à Jeanne que le cœur lui aurait moins failli. Mais non, rien. Rien où reposer son regard parmi ce gris blafard, uniforme et spectral, où le ciel paraissait toucher la terre et bouchait la vue, à moins d'un mille.

Tout en avançant, la jeune femme interrogeait le sol à chaque pas, s'efforçant de découvrir ces poches d'air que lui avaient signalées Pierre Radisson et où elle aurait pu soudain disparaître. Mais elle ne tarda pas à s'apercevoir que tout devenait semblable, sur la neige et sur la glace, pour sa vue brouillée par le froid. Les yeux lui cuisaient, avec une douleur croissante.

Puis le fleuve s'épanouit en une sorte de lac, où la force du vent se fit à ce point terrible que Jeanne en trébuchait à toute minute et que quelques pouces de neige lui devenaient un obstacle insurmontable.

Kazan continuait, sous les harnais, à tirer de toutes ses forces. A peine réussissait-elle à le suivre et à ne point perdre la piste. Ses jambes étaient lourdes comme du plomb et elle allait péniblement, en murmurant une prière pour son enfant.

Il lui parut soudain que le traîneau n'était plus devant elle qu'un imperceptible point noir. Un effroi la prit. Kazan et l'enfant

1. Il s'agit ici de degrés Fahrenheit.

l'abandonnaient ! Et elle poussa un grand cri. Mais ce n'était là qu'une illusion d'optique pour ses yeux troubles. Le traîneau n'était pas distant d'une vingtaine de pas et un bref effort lui fut suffisant pour le rejoindre.

Elle s'y abattit avec un gémissement, jeta ses bras éperdument autour du cou de la petite Jeanne et enfouit sa tête dans les fourrures, en fermant les yeux. L'espace d'une seconde, elle eut l'impression du « foyer » heureux... Puis, aussi rapidement, la douce vision se fondit et elle revint à la réalité.

Kazan s'était arrêté. Il s'assit sur son derrière en la regardant.

Elle demeurait immobile, étendue sur le traîneau, et il attendait qu'elle remuât et lui parlât. Comme elle ne bougeait toujours point, il vint sur elle et la flaira. Ce fut en vain.

Et voilà que tout à coup il leva la tête et renifla, face au vent. Le vent lui apportait quelque chose.

Il recommença à pousser Jeanne, de son museau, comme pour l'avertir. Mais elle demeurait inerte. Il gémit lamentablement et lança un long aboi, aigu et plaintif.

Cependant la chose inconnue qu'apportait le vent se faisait plus sensible et Kazan, tendant vigoureusement son harnais, se remit en marche, en traînant Jeanne à sa suite.

Le poids, ainsi alourdi, qu'il tirait, exigeait de ses muscles un effort considérable et le traîneau, dont grinçaient les patins, avançait péniblement. A tout moment, il lui fallait s'arrêter et souffler. Et, chaque fois, il humait l'air de ses narines frémissantes. Il revenait aussi vers Jeanne et gémissait près d'elle, pour l'éveiller.

Il tomba dans de la neige molle et ce ne fut que pouce par pouce qu'il réussit à en sortir le traîneau. Puis il retrouva la glace lisse et il tira avec d'autant plus d'entrain que la source de l'odeur mystérieuse apportée par le vent lui semblait plus proche.

Une brèche, dans une des rives, donnait issue à un affluent du fleuve, gelé comme lui en cette saison. Si Jeanne avait eu sa connaissance, c'est de ce côté qu'elle eût commandé au chien-loup de se diriger. Le flair de Kazan lui servit de guide.

Dix minutes après, il éclatait en un joyeux aboi, auquel répondirent ceux d'une demi-douzaine de chiens de traîneau. Une cabane de bûches était là, au bord de la rivière, dans une petite crique dominée par un bois de sapins, et de son toit une fumée montait. C'était cette fumée dont l'odeur était venue jusqu'à lui.

Le rivage s'élevait en pente rude et unie vers la cabane. Kazan rassembla toutes ses forces et hissa le traîneau, avec son fardeau, jusqu'à la porte. Après quoi, il s'assit à côté de Jeanne inanimée, leva le nez vers le ciel obscur, et hurla.

Presque aussitôt, la porte s'ouvrit et un homme sortit de la cabane.

De ses yeux rougis par le froid et le vent, Kazan vit l'homme, poussant une exclamation de surprise, se pencher vers Jeanne, sur le traîneau. En même temps, on entendit sortir de la masse des fourrures la voix pleurnichante et à demi étouffée du bébé.

Kazan était exténué. Sa belle force s'en était allée. Ses pattes étaient écorchées et saignaient. Mais la voix de l'enfant l'emplit de joie et il se coucha tranquillement, dans son harnais, tandis que l'homme emportait mère et enfant dans la vivifiante chaleur de la cabane.

Puis l'homme reparut. Il n'était pas vieux comme Pierre Radisson. Il s'approcha de Kazan et, le regardant :

« Juste Ciel ! Alors c'est toi, qui, tout seul, me l'as ramenée... Mes compliments, camarade ! »

Il se pencha sur lui, sans crainte, et, déliant les harnais, l'invita à entrer à son tour.

Kazan parut hésiter. A ce moment précis, il lui avait semblé, dans la fureur du vent qui ne s'était pas apaisé, entendre la voix de Louve Grise. Il détourna la tête, puis se décida pourtant à entrer.

La porte de la cabane se referma sur lui. Il alla se coucher dans un coin obscur, tandis que l'homme préparait pour Jeanne, sur le poêle, des aliments chauds.

La jeune femme, que l'homme avait étendue sur une couchette, ne revint pas immédiatement à elle. Mais, de son coin, Kazan, qui somnolait, l'entendit soudain qui sanglotait et, ayant levé le nez, il la vit qui mangeait peu après, en compagnie de l'inconnu.

Kazan, en rampant, se glissa sous le lit. Ensuite, la nuit étant complètement venue, tout, dans la cabane, retomba dans le silence.

Le lendemain, au point du jour, dès que l'homme entrouvrit la porte, Kazan en profita pour se glisser dehors et filer rapidement dans la plaine. Il ne tarda pas à retrouver la piste de Louve Grise et l'appela. Sa réponse lui parvint, du fleuve glacé, et il courut vers elle.

Un boqueteau de sapins leur servit d'abri et tous deux s'y dissimulèrent. Mais vainement Louve Grise tenta de persuader Kazan de fuir avec elle, en de plus sûres retraites, loin de la cabane et de l'odeur de l'homme.

Un peu plus tard, Kazan, toujours aux aguets, aperçut l'homme de la cabane qui harnachait ses chiens et installait Jeanne sur le traîneau, l'emmitouflant de fourrures, elle et l'enfant, comme eût pu le faire le vieux Pierre. Puis, le traîneau s'étant mis en route, Kazan emboîta sa piste et, toute la journée le suivit, à quelque distance en arrière, suivi lui-même par Louve Grise, qui glissait sur ses pas, comme une ombre.

Le voyage se continua jusqu'à la nuit. Le vent était tombé. Sous les étoiles brillantes et sous la lune calme, l'homme pressait l'attelage. Ce ne fut qu'à une heure avancée que le traîneau atteignit une seconde cabane, à la porte de laquelle l'homme vint cogner.

De l'ombre épaisse où il se tenait, Kazan vit une lumière apparaître et la porte s'ouvrit. Il entendit la voix joyeuse d'un autre homme, à laquelle répondit celle de Jeanne et de son compagnon. Alors, il s'en alla rejoindre Louve Grise.

Trois jours après, le mari de Jeanne s'en retourna chercher le cadavre gelé de Pierre Radisson. Kazan profita de son absence pour revenir à la cabane, vers la jeune femme et vers la caresse de sa main.

Durant les jours et les semaines qui suivirent, il partagea son temps entre cette cabane et Louve Grise. Il tolérait près de Jeanne la présence de l'homme plus jeune qui vivait avec elle et avec l'enfant, comme il avait toléré celle de Pierre Radisson. Il comprenait que c'était pour elle un être cher et que tous deux aimaient le bébé d'un égal amour.

A un demi-mille de distance, au faîte d'une énorme masse rocheuse que les Indiens appelaient le Roc du Soleil, lui et Louve Grise avaient, de leur côté, trouvé une crevasse propice. Ils y avaient établi leur tanière, d'où ils descendaient chacun dans la plaine, pour y chasser. Souvent montait jusqu'à eux la voix de la jeune femme, qui appelait :

« Loup ! Loup ! Loup ! »

Ainsi s'écoula le long hiver de la Terre du Nord, Kazan allant et venant du Roc du Soleil à la cabane, et le mari de Jeanne occupant son temps à aller poser, puis relever ses trappes, où il capturait les animaux à fourrure, petits et grands, hermines, martres, visons, renards de variétés diverses, qui étaient nombreux dans la région.

Puis revint le printemps et, avec lui, le Grand Changement.

X

LE GRAND CHANGEMENT

Partout la nature se réveillait dans le Wilderness. Le soleil, plus haut au ciel, éclairait d'un éclat merveilleux les rochers et les sites des montagnes. Dans les vallées, les bourgeons des peupliers étaient prêts à éclater. Le parfum des baumiers et des sapins se faisait chaque jour plus pénétrant. Dans les plaines comme dans les forêts, on entendait sans trêve le clapotant murmure des eaux, provenant de la fonte des neiges, qui inondaient le sol et se frayaient un chemin jusque vers la Baie d'Hudson [1].

Dans l'immense baie, les champs de glace craquaient et s'écroulaient sans trêve, avec un bruit pareil aux roulements du tonnerre, et les vagues clapotantes se précipitaient vers l'Océan Arctique, au Roes Welcome [2]. Le violent courant d'air qui en résultait faisait encore, par moments, passer dans le vent d'avril la froide piqûre de l'hiver.

Le Roc du Soleil s'élevait d'un seul jet, dominant le faîte des sapins qui l'entouraient. Sa tête chauve recevait les premiers rayons du soleil levant et les dernières lueurs du couchant s'y accrochaient encore. Sur

1. La baie d'Hudson est une vaste mer intérieure, qui s'enfonce profondément dans le territoire canadien et ne mesure pas moins de 1 000 kilomètres du nord au sud. Elle communique avec l'Atlantique par le détroit d'Hudson et, à son extrémité septentrionale, avec la mer de Baffin et l'océan Arctique par le détroit de Foxe, qui se trouve sous le cercle arctique.

2. La « Bienvenue des Chevreuils », porte d'entrée du détroit de Foxe.

ce sommet ensoleillé, la tanière de Kazan était bien abritée contre les mauvais vents, à l'opposé desquels elle s'ouvrait, et il s'y reposait délicieusement des six terribles mois d'hiver écoulés.

Presque tout le jour il dormait, avec Louve Grise couchée près de lui, à plat ventre, les pattes étendues, les narines sans cesse alertées de l'odeur de l'homme, qui était proche.

Elle ne cessait de fixer Kazan avec anxiété, tandis qu'il dormait et rêvait. Elle grognait, en découvrant ses crocs, et ses propres poils se hérissaient, lorsqu'elle voyait ceux de son compagnon se dresser sur son échine. Parfois aussi, une simple contraction des muscles des pattes et un plissement du museau indiquaient seuls qu'il était sous l'effet du rêve.

Alors il arrivait souvent que, répondant à la pensée du chien-loup, une voix s'élevait et venait jusqu'au Roc du Soleil, tandis que sur le seuil de sa cabane une jeune femme aux yeux bleus apparaissait.

« Loup ! Loup ! Loup ! » disait la voix.

Louve Grise dressait ses oreilles, tandis que Kazan s'éveillait et, l'instant d'après, se mettait sur ses pattes. Il bondissait vers la pointe la plus haute du rocher et se prenait à gémir, tandis que la voix renouvelait son appel. Louve Grise, qui l'avait doucement suivi, posait son museau sur son épaule. Elle savait ce que signifiait cet appel et, plus encore que le bruit et l'odeur de l'homme, elle le redoutait.

Depuis qu'elle avait abandonné la horde de ses frères et vivait avec Kazan, la Voix était devenue la pire ennemie de Louve Grise et elle la haïssait. Car elle lui prenait Kazan et, partout où la Voix était, il allait aussi.

Chaque fois qu'il lui plaisait, elle lui volait son compagnon, qui la laissait seule rôder, toute la nuit, sous la lune et sous les étoiles. Quand ainsi la Voix la faisait veuve, elle restait fidèle cependant, et sans répondre aux cris d'appel de ses frères sauvages, attendait le retour de Kazan. Parfois, lorsque Kazan prêtait l'oreille à la Voix, elle le mordillait légèrement, pour lui témoigner son déplaisir, et grognait vers la Voix.

Or, ce jour-là, comme la Voix retentissait pour la troisième fois, Louve Grise, au lieu de s'attacher à Kazan et de tenter de le retenir, lui tourna soudain le dos et se tapit au fond de sa tanière.

Elle s'y coucha, et Kazan ne vit plus, dans l'obscurité, que ses deux yeux qui flamboyaient, farouches.

Il grimpa vers la pointe extrême du Roc du Soleil, par la piste étroite, usée sous ses griffes, et demeura indécis. Depuis la veille, un certain trouble, qu'il ne pouvait s'expliquer, était en lui. Il y avait du nouveau qui rôdait sur le Roc du Soleil. Il ne le voyait point, mais le sentait.

Il redescendit vers Louve Grise et passa sa tête à l'entrée de la tanière. Il fut accueilli, non par la plainte caressante coutumière, mais par un grondement menaçant, qui fit retrousser sur ses crocs les lèvres de la louve.

Pour la quatrième fois, la Voix se fit entendre et Louve Grise claqua farouchement des mâchoires. Kazan, après avoir encore hésité, se décida à descendre du Roc du Soleil et fila dans la direction de la cabane.

Par l'instinct de défiance du Wild, qui était en lui, il ne prévenait jamais de son arrivée, par aucun aboi. Il apparut si soudainement, et sans crier gare, que Jeanne qui tenait son bébé dans ses bras, sursauta, en apercevant dans la porte la tête broussailleuse et les larges épaules de Kazan. Mais, nullement effrayé, l'enfant s'agita et se contorsionna de plaisir, et tendit vers le chien-loup ses deux menottes, en émettant à son adresse un gentil baragouin :

« Loup ! s'écria Jeanne doucement, avec un geste de bienvenue. Viens ici ! »

La lueur sauvage, ardente comme du feu, qui luisait dans les prunelles de Kazan, tomba. Il s'était arrêté, une patte sur le seuil de la cabane, et semblait répugner à avancer. Puis, tout à coup, abaissant le panache de sa queue, il s'écrasa sur le sol et entra, en rampant sur son ventre, comme un chien pris en faute.

Il affectionnait les créatures qui vivaient dans la cabane. Mais la cabane elle-même, il la haïssait. Car toute cabane sentait le gourdin, le fouet et la servitude. Pour lui-même, et comme tous les chiens de traîneau, il préférait, pour dormir, aux parois d'une niche bien close, le sol couvert de neige et le toit du ciel ou des sapins.

Sous la caresse de la main de Jeanne, Kazan éprouva ce délicieux petit frisson coutumier, qui était sa récompense, lorsqu'il quittait pour la cabane Louve Grise et le Wild. Lentement il leva la tête, jusqu'à ce que son museau noir vînt se poser sur les genoux de la jeune femme. Puis il ferma béatement les yeux, tandis que la mystérieuse petite créature qu'était le bébé, de ses mains menues, lui tirait ses poils rudes. Plus encore que la caresse de la jeune femme, ces jeux enfantins dont il était l'objet faisaient son bonheur.

Immobile et concentré sur lui-même, comme un sphinx, et comme pétrifié, Kazan demeurait là sans bouger, respirant à peine. Le mari de Jeanne n'aimait point à le voir ainsi et s'inquiétait toujours, en ce cas, de ce que pouvait ruminer le cerveau mystérieux du chien-loup. Mais la jeune femme était plus confiante en Kazan et le savait incapable d'une trahison.

« Bon vieux chien, disait-elle, je te remercie d'être venu à mon appel. Bébé et moi nous serons seuls cette nuit. Le papa du petit est parti pour le poste le plus proche et nous comptons sur toi pour nous garder. »

Elle lui chatouillait le museau, du bout de la longue tresse soyeuse de ses cheveux. Ce qui, quel que fût son désir de n'en point broncher, faisait souffler et éternuer Kazan, à la grande joie du marmot.

Puis Jeanne, s'étant levée, s'occupa, durant le reste de la journée, à empaqueter toutes sortes d'objets qui se trouvaient dans la cabane. Kazan, qui l'observait, fut fort étonné de ce manège énigmatique. Quelque chose qu'il pressentait, mais ne pouvait comprendre, se préparait sans nul doute.

Le soir venu, après l'avoir beaucoup caressé, Jeanne lui dit :

« N'est-ce pas que tu nous défendrais cette nuit, si un danger nous menaçait ? Maintenant je vais verrouiller la porte, car tu dois demeurer avec nous jusqu'à demain matin. »

Elle se remit à caresser le chien-loup, avec émotion. Sa main tremblait nerveusement.

« Bientôt, sais-tu, reprit-elle, nous allons partir, nous en retourner chez nous. Notre récolte de fourrures est terminée. Oui, nous repartons tout là-bas, là où vivent les parents de mon mari, là où il y a des villes, avec de grandes églises, des théâtres et des concerts de musique, et un tas d'autres belles choses qui sont en ce monde. Et nous t'emmènerons avec nous ! »

Kazan ne comprenait pas ce que lui disait Jeanne, mais il agitait sa queue, tout heureux de voir que la jeune femme lui parlait. Il en oubliait Louve Grise et sa rancune contre la cabane, et il alla se coucher tranquillement dans un coin.

Mais, lorsque Jeanne et l'enfant se furent endormis, quand le silence fut retombé dans la nuit, son malaise le reprit. Il se mit sur ses pattes et tourna furtivement tout autour de la chambre, reniflant les murs, la porte, et tous les objets empaquetés par Jeanne.

Il gémit. La jeune femme, à demi réveillée, l'entendit et murmura :

« Tiens-toi tranquille, Loup ! Va dormir... Va dormir... »

Alors il ne bougea plus et demeura immobile au milieu de la chambre, inquiet et écoutant.

Et, à travers les murs de bûches de la cabane, il entendit une plainte lointaine qui venait faiblement jusqu'à lui. C'était le cri de Louve Grise. Ce cri différait toutefois de celui qu'il avait coutume d'ouïr. Ce n'était pas un appel de solitude. C'était tout autre chose.

Il courut vivement vers la porte close et se remit à gémir. Mais Jeanne et l'enfant dormaient profondément et ne l'entendirent point.

Une fois encore le cri retentit et tout se tut à nouveau. Kazan s'étala devant la porte et y passa le reste de la nuit.

C'est là que Jeanne le trouva, tout alerté, lorsque le lendemain matin, de bonne heure, elle s'éveilla. Elle entrouvrit la porte et, en une seconde, il fut dehors. Il s'élança vers le Roc du Soleil, dont l'aube teintait le faîte d'une lueur d'or.

Il y grimpa rapidement, par la piste étroite et raboteuse. Louve Grise n'était pas venue au-devant de lui.

Il atteignit la tanière et huma l'air, le dos hérissé et les pattes raides. Quelque chose de nouveau flottait dans l'air et ce quelque chose était de la vie. Il se glissa dans la fente pratiquée entre deux rochers et, avançant la tête, se trouva nez à nez avec Louve Grise, qui n'était pas seule.

Louve Grise poussa un gémissement plaintif. Les poils s'aplatirent sur le dos de Kazan et il répondit par un grognement attendri. Puis lentement il recula et, dans la lumière de l'aurore, il se coucha devant l'entrée de la tanière, faisant à la louve, de son corps, comme un bouclier.

Louve Grise était mère.

XI

TRAGÉDIE SUR LE ROC DU SOLEIL

Toute la journée, Kazan demeura sur le Roc du Soleil. Le sentiment de sa paternité nouvelle était plus fort que l'appel de la cabane.

Au crépuscule, Louve Grise se releva de sa couche et tous deux allèrent faire ensemble un tour sous les sapins. La louve, avec de petits grognements, mordillait gentiment le cou hirsute de Kazan. Et Kazan, selon le vieil instinct de ses pères, répondait en caressant de sa langue la gueule de Louve Grise. Celle-ci témoigna de sa satisfaction par une série de halètements saccadés, qui étaient sa manière de rire. Puis soudain, elle perçut un cri menu et plaintif qui venait jusqu'à elle. Elle se hâta de quitter Kazan et de regrimper vers la tanière, où l'un de ses trois petits l'appelait.

Kazan comprit que Louve Grise ne devait plus quitter, à cette heure, le sommet du Roc du Soleil et qu'il devait, seul, pourvoir à la nourriture de sa compagne et à celle de sa portée. Dès que la lune fut levée, il se mit donc en quête d'un gibier et, vers l'aube, il revint au gîte, en apportant dans sa mâchoire un gros lapin blanc. Louve Grise s'en reput gloutonnement. Et Kazan sut, dès lors, que chaque nuit il devait désormais agir de même.

Le jour suivant, ni celui d'après, il n'alla point vers la cabane, quoiqu'il entendît la voix de Jeanne et celle de son mari, qui l'appelaient. Le quatrième jour seulement, il reparut et Jeanne lui fit grande fête, ainsi que le bébé qui, en babillant, lui envoya force coups de pied, qu'il sentait à peine au travers de son épaisse fourrure.

« J'espère, dit le mari de Jeanne, que nous ne nous repentirons pas un jour de l'avoir emmené avec nous et que son instinct sauvage ne reprendra jamais le dessus. Mais je me demande comment tu t'habitueras, vieux diable ! à notre existence de là-bas. Cela va te changer fort des forêts où tu as toujours vécu.

— Je ne les regretterai pas moins, mes forêts, répondit Jeanne. Avec mon pauvre papa, j'y ai, moi aussi, si longtemps vécu ! C'est pour cela, sans doute, que j'aime tant mon bon vieux Loup. Après toi et le bébé, c'est lui, je crois, que j'affectionne le plus sur la terre. »

Quant à Kazan, plus encore qu'il ne l'avait déjà éprouvé, il sentit qu'un événement inconnu se préparait dans la cabane. Ce n'était, sur le sol, que paquets et ballots.

Toute la semaine, il en fut de même. Kazan en était à ce point agité que le mari de Jeanne ne put s'empêcher de remarquer, un soir :

« Je crois qu'il sait réellement. Il a compris que nous préparions notre départ. Mais quand pourrons-nous partir ? Le fleuve a recommencé hier à déborder et il est, pour l'instant, impossible d'y naviguer. Si l'inondation continue, nous serons encore ici dans huit jours, peut-être plus longtemps. »

Quelques jours s'écoulèrent encore et le moment arriva où, durant la nuit, la pleine lune éclaira de son éblouissante clarté le sommet du Roc du Soleil. Louve Grise en profita pour effectuer, avec ses trois petits, tout titubants derrière elle, sa première sortie hors de la tanière.

Les trois petites boules velues tombaient et trébuchaient à chaque pas, et se tassaient contre elle, aussi empotées de leurs mouvements que le bébé de la cabane. Kazan les observait avec curiosité. Il les entendait émettre les mêmes sons inarticulés et doux, les mêmes pleurnichements, et il les regardait comme faisait l'enfant de Jeanne sur ses deux petites jambes, s'en aller tout de travers sur leurs quatre pattes molles. Spectacle qui le remplissait d'une joie infinie.

Lorsque la lune fut au zénith et que la nuit fut presque devenue l'égale du jour, Kazan s'arracha à la contemplation de sa progéniture et, dégringolant du rocher, partit en chasse.

Il rencontra, dès l'abord, un gros lapin blanc, qui se sauva entre ses pattes. Durant un demi-mille, il le poursuivit sans pouvoir le rejoindre. Il comprit qu'il était plus sage d'abandonner la partie. Il aurait, en effet, lassé à la course un renne ou un caribou, qui vont devant eux en ouvrant une large piste facile à suivre. Il n'en est pas de même pour le petit gibier, qui se glisse sous les taillis et parmi les fourrés, et qu'un simple renard est plus apte à atteindre qu'un loup.

Il continua donc à battre la forêt, en furetant silencieusement, à pas de velours, et il eut la chance de tomber à l'improviste sur un autre lapin blanc, qui ne l'avait pas entendu. Un bond rapide, puis un second mirent dans sa gueule le souper escompté de Louve Grise.

Kazan s'en revint en trottinant, tout tranquillement, déposant de temps à autre sur le sol, pour se reposer les mâchoires, le lapin qui pesait bien sept livres.

Parvenu au pied du Roc du Soleil et à la piste étroite qui s'élevait vers le sommet, il s'arrêta net. Il y avait sur cette piste l'odeur, tiède encore, de pas étrangers.

Du coup, le lapin lui en tomba des mâchoires. Une étincelle électrique courut soudain sur chaque poil de son corps. L'odeur qu'il flairait n'était point celle d'un lapin, d'une martre ou d'un porc-épic. C'étaient des griffes acérées qui avaient marqué leur empreinte sur le sol et escaladé le rocher.

A ce moment lui parvinrent des bruits effrayants et confus, qui lui firent grimper, d'un seul trait, avec un hurlement terrible, l'abrupt sentier.

Un peu au-dessous du sommet, dans la blanche clarté lunaire, sur une étroite plate-forme pratiquée dans le roc et qui surplombait le vide, Louve Grise était engagée dans une lutte à mort avec un énorme lynx gris. Elle était tombée sous son adversaire, et poussait des cris aigus et désespérés.

Après être, un instant, demeuré comme cloué sur place, Kazan, tel un trait de flèche, se rua à la bataille. Ce fut l'assaut muet et rapide du loup, combiné avec la stratégie plus savante du husky.

Un autre animal aurait succombé dès la première attaque. Mais le lynx est la créature la plus souple et la plus alerte du Wilderness. Aussi les Indiens l'appellent-ils « le Rapide ». Kazan avait visé la veine jugulaire et avait compté que ses crocs, longs d'un pouce, s'y agripperaient profondément. Le lynx, en une fraction infinitésimale de seconde, s'était rejeté en arrière et les crocs de Kazan ne saisirent que la masse cotonneuse et touffue des poils de son cou.

L'adversaire avec lequel il avait à lutter, et qui avait abandonné Louve Grise, était autrement redoutable qu'un loup ou un husky. Une fois déjà, il s'était trouvé aux prises avec un lynx, tombé dans une trappe, et il avait tiré du combat des leçons utiles.

Il savait qu'il ne convient pas de s'efforcer à renverser le lynx sur le dos, comme on doit le faire avec un autre adversaire. Car le gros chat du Wild se bat des griffes plus encore que des crocs. Et ces griffes, coupantes comme autant de rasoirs, ont vite fait alors de lacérer le ventre de son ennemi et de lui ouvrir les entrailles.

Kazan, derrière lui, entendait Louve Grise, grièvement blessée, gémir et hurler lamentablement. Il tenta de renouveler son emprise mortelle à la gorge. Mais, cette fois encore, le coup rata et le lynx échappa à la mort, de moins d'un pouce. Kazan, pourtant, l'avait solidement saisi et il ne le lâcha plus.

Les deux bêtes demeurèrent étroitement aux prises. Les griffes du gros chat labouraient les côtes de Kazan, sans atteindre, heureusement, aucune partie vitale. Soudain, si exigu était l'espace où ils combattaient, que les deux adversaires arrivèrent, sans qu'ils s'en rendissent compte, au bord du rocher et, brusquement, culbutèrent ensemble dans le vide.

Ce fut une chute de cinquante à soixante pieds, durant laquelle Kazan et le lynx tournèrent plusieurs fois sur eux-mêmes. Ils luttaient avec une telle rage que les crocs de Kazan ne perdirent point leur emprise et que le lynx continuait à jouer des pattes et des griffes.

Le heurt de leurs deux corps contre le sol fut si rude qu'il les sépara et les envoya rouler à une douzaine de pieds l'un de l'autre.

Kazan s'était aussitôt relevé et avait couru vers le lynx afin de reprendre la bataille. Mais le lynx gisait par terre, immobile et flasque, inondé du sang qui, à gros bouillons, ruisselait de sa gorge. Ce que voyant, prudemment il s'approcha, reniflant, et sur la défensive contre toute ruse éventuelle. Il put constater pourtant que la victoire lui restait et que le gros félin était bien mort. Alors il se traîna vers Louve Grise. Il la retrouva dans la tanière, près des corps de ses trois petits, que le lynx avait mis en pièces. Elle pleurnichait et se lamentait en face d'eux. Kazan, pour la consoler, se mit à lui lécher la tête et les épaules, qui saignaient. Durant tout le reste de la nuit, elle continua à gémir affreusement.

Ce fut seulement lorsque le jour fut venu qu'il fut loisible à Kazan de constater, en son entier, le terrible travail du lynx. Louve Grise était aveugle. Ses yeux étincelants étaient désormais fermés à la lumière, non pas pour un jour ou pour une nuit, mais pour toujours. D'obscures ténèbres, qu'aucun soleil ne pourrait plus percer, avaient mis leur linceul sur ses prunelles.

Et, par cet instinct naturel qui est dans la bête pour tout ce qu'elle ne saurait raisonner, Kazan comprit que sa compagne était, de ce moment, devenue plus impuissante dans la vie que les infortunées petites créatures qui, quelques heures auparavant, gambadaient autour d'elle.

En vain, toute la journée, Jeanne l'appela. Lorsque sa voix arrivait au Roc du Soleil, Louve Grise, qui l'entendait, se pressait davantage, apeurée, contre Kazan. Kazan rabattait incontinent ses oreilles et la léchait plus affectueusement.

Vers la fin de l'après-midi, Kazan descendit du Roc du Soleil et, après avoir battu quelque temps la forêt, en rapporta à Louve Grise un lapin blanc. Elle passa son museau sur le poil de la bête, en flaira la chair, mais refusa de manger.

Désolé, Kazan songea que le voisinage des louveteaux morts causait son chagrin et, la poussant, avec de petits aboiements engageants, il l'invita à descendre du tragique rocher. Louve Grise le suivit et, tout en glissant, en atteignit la base. Puis, sans cesser de toucher du museau le flanc de son guide, elle partit avec lui, sous les sapins.

Le premier fossé un peu profond qu'il fallut franchir l'arrêta et de son impuissance, plus encore, Kazan se rendit compte. Vainement il l'invitait à s'élancer et à sauter avec lui. Elle pleurnichait, et vingt fois se coucha sur le sol, avant d'oser le bond nécessaire. Elle le risqua enfin, d'un saut raide et sans souplesse, et s'abattit lourdement près de Kazan. Et moins que jamais, après cela, elle s'éloigna de lui, si peu que ce fût. Elle sentait que pour être en sûreté, son flanc ne devait plus quitter le flanc de son compagnon, ni son museau son épaule.

Ils firent ainsi un demi-mille. Louve Grise, qui apprenait à marcher dans sa cécité, chancelait et tombait à tout moment. Un lapin chaussé de neige étant apparu dans le crépuscule, Kazan courut à sa poursuite et, instinctivement, après avoir effectué une vingtaine de bonds, regarda en arrière si Louve Grise le suivait. Elle était demeurée immobile, comme figée sur ses pattes. Il abandonna le lapin et revint vers elle. Ensemble ils passèrent la nuit dans un fourré et, le lendemain seulement, Kazan, y laissant Louve Grise, alla rendre visite à la cabane.

Il y trouva la jeune femme et son mari, qui s'aperçurent aussitôt des blessures qu'il portait aux épaules et aux flancs.

« Ce ne peut être qu'avec un ours ou un lynx qu'il s'est battu, remarqua l'homme. Un loup ne lui aurait point fait de pareilles blessures. »

Ces blessures, Jeanne les pansa de sa main douce. Tout en parlant à Kazan, elle les lava à l'eau tiède, les oignit d'une salutaire pommade, et Kazan en éprouva un bien-être délicieux. Une demi-heure durant, il se reposa sur un pan de robe de la jeune femme, qui s'était assise tout exprès, près de lui. Puis il la regarda béatement, qui allait et venait dans la chambre, rangeait des paquets mystérieux et préparait le repas.

Le jour s'écoula ainsi, loin de la forêt oubliée, et la lune était déjà levée lorsque Kazan se décida à rejoindre Louve Grise. Si Jeanne avait pu deviner que la pauvre bête, pour qui Kazan désormais était tout dans la vie, le soleil, les étoiles, la lune et la subsistance, gisait dans son fourré, elle aurait été elle-même secourir Louve Grise. Mais elle l'ignorait.

Huit jours passèrent encore, durant lesquels, reprenant ses vieilles habitudes, Kazan partagea son temps entre le fourré et la cabane. Puis, un après-midi, l'homme lui mit au cou un collier muni d'une solide lanière, qu'il attacha ensuite à un crampon de fer, dans le mur de bûches.

On l'y laissa, toute la journée et toute la nuit, et le lendemain, dès le point du jour, Jeanne et son mari furent debout.

Le mari de Jeanne prit dans ses bras le bébé et sortit le premier. Jeanne suivit, tenant en main la lanière et Kazan. La porte de la cabane fut refermée et solidement verrouillée, des planches et des troncs de jeunes arbres furent cloués extérieurement sur les volets, et le cortège descendit vers la berge du fleuve, où une grande pirogue attendait, toute chargée. La veille, un autre homme était venu et avait emmené avec lui le traîneau et les chiens de l'attelage.

Jeanne monta dans la pirogue la première, avec l'enfant et avec Kazan, qu'elle fit coucher auprès d'elle. Elle prit place au gouvernail, son mari se saisit des rames et l'embarcation s'éloigna du rivage, au fil de l'eau.

La jeune femme, tenant toujours en main la lanière qui retenait Kazan, se retourna vers la cabane, qui allait disparaître derrière les arbres, et la salua d'un geste. Une grande émotion était empreinte sur son visage. Ses yeux étaient humides de larmes.

« Adieu ! Adieu ! s'écria-t-elle.

— Tu n'as pas de chagrin au moins ? lui demanda son mari. Cela te contrarie que nous partions ?

— Non, non ! répondit-elle vivement. Mais j'aimais ces belles forêts et cette sauvage nature. Presque toute ma vie s'y est écoulée, en compagnie de mon pauvre père, dont je laisse le corps derrière moi. Aucune ville, pour moi, ne vaudra jamais cela. »

Un sanglot s'étrangla dans sa gorge et elle reporta ses yeux vers le bébé...

Depuis quelques minutes, la pirogue, prise par le courant, filait rapidement.

Se détachant d'une des rives du large fleuve, une longue bande de sable s'avançait dans l'eau et formait une sorte de presqu'île plate et dénudée.

Le mari de Jeanne, l'appelant, lui montra, sur cette langue sablonneuse, une petite tache sombre qui allait et venait. Elle reconnut Louve Grise. Louve Grise dont les yeux éteints se tournaient vers

Kazan. A défaut de la vue, l'air, qu'elle humait, lui disait que Kazan, et l'homme et la femme avec lui, s'en allaient, s'en allaient, s'en allaient...

Kazan s'était dressé, raide sur ses pattes, et regardait.

Louve Grise, cependant, qui comprenait, au bruit des rames, que la pirogue s'éloignait, était venue tout au bord de l'eau. Là, s'étant assise sur son derrière, elle leva la tête vers ce soleil qui pour elle n'avait plus de rayons, et jeta à l'adresse de Kazan une longue et retentissante clameur.

La lanière glissa de la main de Jeanne. La pirogue fit une formidable embardée et un gros corps brun troua l'air. Kazan avait disparu.

Déjà l'homme avait pris et épaulé son fusil dans la direction de Kazan, qui nageait.

« Le gredin ! dit-il. Il nous brûle la politesse ! Je vais t'apprendre... »

Non moins rapide, Jeanne avait arrêté son geste. Elle était toute pâle et cria :

« Non ! ne tire pas ! Laisse-le retourner vers elle ! Laisse-le, laisse-le... Là est sa place ! »

Kazan, ayant atteint le rivage, secoua ses poils ruisselants. Une dernière fois, il regarda vers la pirogue qui emmenait Jeanne et qui, quelques minutes après, avait disparu.

Louve Grise l'avait emporté !

XII

LE GRAND INCENDIE

De plus en plus, désormais, Kazan oubliait son ancienne vie de chien de traîneau. Ce n'était plus pour lui qu'une lointaine réminiscence, comme ces souvenirs effacés qui remontent parfois en nous, semblables à des feux dans la nuit.

La naissance et la mort des louveteaux, la tragédie terrible du Roc du Soleil, le combat avec le lynx et la cécité de Louve Grise, qui en avait résulté, puis le départ de Jeanne et du bébé, occupaient seuls son esprit.

La vengeance tirée du lynx n'avait pas rendu la vue à Louve Grise et c'était pour Kazan un désappointement perpétuel qu'elle ne fût plus capable de chasser avec lui, dans la plaine infinie ou dans la forêt obscure. Aussi sa rancune contre les tribus de lynx était-elle vivace et profonde, et il était devenu l'ennemi mortel de toute la race.

Non seulement il attribuait au lynx la cécité de Louve Grise et la mort des louveteaux, mais encore le départ de Jeanne et de l'enfant. Et, chaque fois que son flair découvrait l'odeur du chat gris, il devenait furieux comme un démon, grimaçant et grognant en retroussant ses lèvres sur ses longs crocs. Toute l'ancestrale sauvagerie du Wild reparaissait en lui.

Un nouveau code de vie s'était établi peu à peu entre Kazan et sa compagne aveugle. Lorsqu'ils cheminaient ensemble, Louve Grise avait appris à ne point le perdre, en se tenant flanc à flanc, épaule à épaule avec lui, et Kazan, de son côté, savait, pour qu'ils demeurassent unis, qu'il ne devait point bondir, mais toujours trotter. Il comprenait aussi qu'il devait choisir un terrain facilement accessible aux pattes de Louve Grise. Et, s'il arrivait à un endroit qu'il fallait franchir d'un bond, il touchait Louve Grise de son museau et poussait de petits cris plaintifs. Alors elle dressait les oreilles et prenait son élan. Mais, comme elle ne pouvait calculer la longueur exacte du saut nécessaire, elle sautait toujours, afin de ne point risquer de tomber à mi-route, plus loin qu'il n'était utile. Ce qui, parfois, présentait aussi ses inconvénients. Ainsi, les deux animaux en étaient arrivés à se comprendre.

Enfin, l'odorat et l'ouïe s'étaient, en compensation de la vue perdue, développés avec plus d'acuité chez Louve Grise. Et toujours Kazan, qui l'avait remarqué, observait sa compagne et s'en référait à elle, s'il s'agissait, soit d'écouter un bruit suspect, soit de humer l'air ou de flairer une piste.

Au moment où la pirogue avait disparu, un instinct plus infaillible que le raisonnement avait dit à Kazan que Jeanne, son bébé et son mari étaient partis pour ne plus revenir. Et cependant, de la tanière où il s'était installé pour l'été avec Louve Grise, sous un épais bouquet de sapins et de baumiers, proche du fleuve, il s'obstina, chaque jour, des semaines durant, à venir interroger la cabane. Impatient, il guettait quelque signe de vie. Mais la porte ne s'ouvrait jamais. Les planches et les petits troncs d'arbres étaient toujours cloués aux volets des fenêtres et, de la cheminée, aucune spirale de fumée ne s'élevait. Les herbes et les plantes grimpantes commençaient à recouvrir le sentier et les murs de bûches, et l'odeur de l'homme, qu'il reniflait, se faisait de plus en plus faible.

Un jour il trouva, sous une des fenêtres closes, un petit mocassin d'enfant. Il était vieux et usé, noirci par la neige et la pluie. Il suffit pourtant à faire le bonheur de Kazan, qui se coucha tout à côté et demeura là de longues heures. Ce ne fut qu'à la fin de la journée que Kazan s'en alla rejoindre Louve Grise parmi les sapins et les baumiers.

Il n'y avait que dans ces visites à la cabane que Louve Grise n'accompagnait pas Kazan. Tout le reste du temps, les deux bêtes étaient inséparables. Lorsqu'elles avaient pisté un gibier, Kazan prenait la chasse, et Louve Grise l'attendait. Les lapins blancs étaient leur pâture ordinaire. Par une belle nuit de clair de lune, il arriva à Kazan de fatiguer à la course un jeune daim et de le tuer. Comme la proie était trop lourde pour qu'il pût la rapporter à Louve Grise, il courut la chercher et la ramena vers le lieu du festin.

Puis advint le grand incendie.

Louve Grise en saisit l'odeur alors que le feu était encore à deux jours à l'ouest. Le soleil, ce soir-là, se coucha dans un nuage blafard et sinistre. La lune, qui lui succéda, à l'opposé du ciel, parut toute rouge et pourprée. Lorsqu'elle surgit ainsi du désert, les Indiens la nomment la « Lune Saignante » et l'air s'emplit pour eux de présages funestes.

Le lendemain matin, Louve Grise devint étrangement nerveuse et, vers midi, Kazan, à son tour, flaira dans l'air l'avertissement qu'elle avait perçu bien des heures avant lui. L'odeur, de minute en minute, augmentait d'intensité et, un peu plus tard dans la journée, le soleil se voila d'une couche de fumée.

Le feu, qui courait dans les bois et les forêts de sapins et de baumiers, avait commencé par faire rage dans la direction du nord. Puis le vent sauta du sud à l'ouest, rabattant en direction contraire les colonnes de fumée. Il devenait de plus en plus probable que l'incendie ne s'arrêterait qu'au bord du fleuve, vers lequel le brasier mouvant pourchassait devant lui mille bêtes affolées.

Pendant la nuit qui suivit, le ciel continua à s'embraser d'une immense lueur fuligineuse et, lorsque le jour parut, la chaleur et la fumée devinrent intenables et suffocants.

Saisi de panique, Kazan s'évertuait à trouver un moyen d'échapper. Il lui eût été facile, quant à lui, de traverser le fleuve à la nage. Mais Louve Grise, qu'il n'avait point quittée une seconde, s'y refusait. Dès le premier contact de ses griffes avec l'eau, au bord de laquelle il l'avait amenée, elle s'était reculée, en contractant tous ses muscles. A douze reprises différentes, il s'élança dans le courant et nagea en l'appelant.

Tout ce à quoi Louve Grise consentit, ce fut à s'avancer dans l'eau tant qu'elle avait pied. Puis, avec obstination, elle revenait toujours en arrière.

Maintenant on pouvait entendre le sourd mugissement du feu. Élans, rennes, daims, caribous se jetaient à l'eau et, fendant le courant, gagnaient sans peine la rive opposée. Une grosse ourse noire, accompagnée de ses deux oursons, qui se traînaient lourdement, fit de même, et les petits la suivirent. Kazan les regarda, de ses yeux ardents, et se mit à gémir vers Louve Grise, qui se refusait à bouger.

D'autres bêtes sauvages du Wild, qui redoutaient l'eau autant qu'elle, et ne voulaient pas, ou ne pouvaient pas nager, vinrent se réfugier sur la bande de sable étroite et dénudée qui, un peu plus loin, s'avançait dans le fleuve.

Il y avait là un gros et gras porc-épic, une petite martre aux formes sveltes, et un chat-pêcheur, qui n'arrêtait pas de renifler l'air et de geindre comme un enfant. Des centaines d'hermines se pressaient sur le sable clair, pareilles à une légion de rats, et leurs petites voix perçantes formaient un chœur ininterrompu. De nombreux renards couraient, affolés, à la recherche d'un arbre abattu par le vent en travers du fleuve, qui pût leur servir de pont pour passer sur l'autre rive.

Mais le fleuve était trop large. Il y avait aussi des frères de race de Louve Grise, des loups, qui hésitaient devant une traversée à la nage.

Ruisselant d'eau et haletant, à demi suffoqué par la chaleur et la fumée, Kazan vint prendre place au côté de Louve Grise. Il comprenait que le seul refuge qui leur restât était la langue de sable et il se mit en devoir d'y conduire sa compagne.

Comme ils approchaient du petit isthme qui reliait le sable à la rive, ils sentirent leurs narines se crisper, et n'avancèrent plus qu'avec précaution. Leur flair leur disait qu'un ennemi n'était pas loin.

Ils ne tardèrent pas, en effet, à découvrir un gros lynx, qui avait pris possession du passage et qui, couché sur le sol, s'étalait largement à l'entrée de la bande de sable. Trois porcs-épics, ne pouvant passer outre, s'étaient mis en boule, leurs piquants alertés et frémissants. Un chat-pêcheur, se trouvant dans le même cas, grognait timidement vers le lynx qui, ayant aperçu Kazan et Louve Grise, rabattit ses oreilles et commença à se mettre en garde.

Déjà Louve Grise, pleine d'ardeur et oubliant sa cécité, allait bondir vers l'ennemi. Kazan, avec un grondement irrité, l'arrêta net, d'un coup d'épaule, et elle demeura sur place, à la fois écumante et plaintive, tandis que Kazan marchait seul à la bataille.

A pas légers, les oreilles pointées en avant, sans aucune menace apparente dans son attitude, il s'avança. C'était la meurtrière stratégie du husky, habile en l'art de tuer.

Un homme coutumier de la civilisation n'eût pas manqué de penser que le chien-loup s'approchait du lynx avec des intentions tout amicales. Mais le lynx savait à quoi s'en tenir. L'instinct ancestral lui avait appris, à lui aussi, qu'il était en face d'un ennemi. Ce qu'il ignorait toutefois, c'est que la tragédie du Roc du Soleil avait fait cet ennemi plus féroce encore.

Le chat-pêcheur avait compris de son côté qu'une grande bataille allait se livrer, et il s'écrasa contre terre, au ras du sol.

Quant aux porcs-épics, ils piaulaient éperdument, comme de petits enfants qui ont grand-peur, et ils dressaient, plus droits, leurs piquants.

Parmi les nuages de fumée, de plus en plus denses, le lynx s'était aplati sur son ventre, comme font les félins, le train de derrière ramassé et contracté pour l'élan.

Autour de lui, Kazan se mit à tourner, et le lynx pivotait sur lui-même, non moins alerte et rapide. Huit pieds environ les séparaient.

Ce fut le lynx qui, pareil à une boule, bondit le premier sur son adversaire. Kazan ne tenta point d'échapper en sautant de côté. Il para de l'épaule et, comme il avait plus de poids, il encaissa le choc sans broncher. Le gros chat fut projeté en l'air, avec les lames de rasoir de ses vingt griffes, et retomba lourdement sur le sol.

Kazan profita de l'avantage du moment et, sans perdre de temps, s'élança sur la nuque du lynx.

Louve Grise, à son tour, avait bondi. Sous l'arrière-train de Kazan, elle implanta ses mâchoires dans une des pattes de derrière de l'ennemi. L'os craqua.

Le lynx, accablé par le double poids qui pesait sur lui, tenta un sursaut désespéré. Entraînant avec lui Kazan et la louve, qui purent heureusement se dégager à temps, il alla retomber sur un des porcs-épics qui se trouvaient là. Une centaine des redoutables aiguilles lui entrèrent dans le corps. Fou de douleur et hurlant comme un possédé, il prit la fuite et, se précipitant dans le brasier, y disparut parmi la fumée.

Kazan se garda de l'y poursuivre. Le chat-pêcheur gisait comme un mort, épiant Kazan et Louve Grise, de ses petits yeux noirs et féroces. Les porcs-épics continuaient de piauler et de jacasser pire que jamais, comme pour demander grâce.

La flamme, cependant, avait atteint le rivage. L'air était brûlant comme une fournaise. Kazan et Louve Grise se hâtèrent de venir se mettre à l'abri, à l'extrémité de la langue de sable, que recouvrait entièrement une nappe de fumée.

Ils s'y roulèrent sur eux-mêmes, en cachant leur tête sous leur ventre. Le rugissement de l'incendie ressemblait à celui d'une grande cataracte et l'on entendait d'énormes craquements, qui étaient ceux des arbres qui s'écroulaient. L'air s'emplissait de cendres et de brûlantes étincelles.

Plusieurs fois, Kazan dut se dérouler et, se relevant, secouer les brandons enflammés qui tombaient sur lui, poussés par le vent, et qui lui roussissaient le poil et brûlaient la peau, comme autant de fers rouges.

Sur les rives du fleuve poussait, le pied dans l'eau, une épaisse rangée de broussailles vertes, où le feu s'arrêta. Le couple s'y réfugia. Puis la chaleur et la fumée commencèrent à diminuer d'intensité.

Mais ce ne fut qu'après un temps assez long que Kazan et Louve Grise purent dégager leurs têtes et respirer plus librement. Sans cette propice bande de sable, ils eussent été complètement rôtis. Car, partout en arrière d'eux, la nature était devenue toute noire et le sol était entièrement calciné.

La fumée s'éclaircit enfin. Le vent remonta au nord et à l'est, et la dissipa ou refoula, tout en rafraîchissant l'atmosphère.

Le chat-pêcheur, le premier, se décida à regagner la terre et à s'en retourner dans ce qui demeurait de la forêt. Mais les porcs-épics étaient encore enroulés lorsque Kazan et Louve Grise se décidèrent à quitter leur asile.

Ils marchèrent toute la nuit suivante, en longeant la rive du fleuve, dont ils remontèrent le courant. La cendre était chaude et leur brûlait douloureusement les pattes. La lune était rouge encore et sinistre, et semblait toujours un éclaboussement de sang dans le ciel.

Durant les longues heures où cheminèrent côte à côte les deux bêtes, tout était silence autour d'elles. Rien, pas même le ululement d'une chouette. Car, devant le grand feu, tous les oiseaux avaient fui aussi à tire-d'aile sur l'autre rive. Aucun signe de vie ne subsistait sur cette terre qui, hier encore, constituait, pour les hôtes sauvages du Wild, un paradis.

Kazan savait que, pour trouver sa nourriture et celle de Louve Grise, il lui fallait aller plus loin, beaucoup plus loin.

A l'aurore, le couple arriva à un endroit où le fleuve, déjà moins large, formait une sorte de marais.

Des castors y avaient construit une digue, grâce à laquelle Kazan et Louve Grise purent enfin passer sur la rive opposée, où la terre redevenait verte et féconde.

XIII

LE PROFESSEUR PAUL WEYMAN

Ils trottinèrent, deux jours encore, dans la direction de l'ouest. La contrée où ils se trouvaient maintenant, dite le *Waterfound*, était extrêmement humide et marécageuse. Ils y demeurèrent le reste de l'été.

Dans cette même contrée, un métis d'Indien et de Français, qui se nommait Henri Loti, s'était construit une cabane.

Mince et la peau fortement teintée, c'était un des chasseurs de lynx les plus réputés qu'il y eût dans tout le vaste pays qui avoisine la Baie d'Hudson. Le Waterfound était pour le gibier un pays de cocagne, où surtout les lapins bottés de neige pullulaient par milliers. Les lynx, auxquels ils fournissaient une abondante pâture, étaient donc également nombreux. Henri Loti était venu, dès l'automne, d'un des Postes de la Baie, prospecter les « signes » de ces animaux et avait bâti la cabane en question, à cinq ou six milles environ du gîte que Kazan et Louve Grise s'étaient choisi.

Au début de l'hiver, dès la première chute de neige, le métis était revenu s'installer dans la cabane avec son traîneau, son attelage de chiens et sa provision de vivres et de pièges. Peu après un guide lui avait amené, un beau jour, un inconnu qui venait lui demander l'hospitalité.

C'était un homme de trente-deux à trente-trois ans, plein de sang et de vie, professeur de zoologie, et qui rassemblait, *de visu,* les matériaux nécessaires à un important ouvrage qu'il avait entrepris, intitulé : *Le Raisonnement et l'instinct chez les animaux du Wild.*

Il apportait avec lui beaucoup de papier, pour y noter ses observations, un appareil photographique et le portrait d'une jeune femme. Sa seule arme était un couteau de poche.

Il parut, dès le premier abord, sympathique à Henri Loti. Ce fut fort heureux. Car le métis était, ce jour-là, d'une humeur de chien. Il en expliqua la cause à son hôte, le soir même, tandis que tous deux aspiraient leurs pipes à côté du poêle, d'où rayonnait une lueur rouge.

« Étrange ! étrange ! disait le métis. Voilà sept lynx, attrapés par moi dans mes trappes, que je retrouve complètement déchiquetés. On dirait, sans plus, les débris d'un lapin boulotté par les renards. Aucune bête, pas même les ours, ne s'est ainsi attaquée, jusqu'ici, à un lynx capturé. C'est la première fois que pareille aventure m'arrive. Ce qui reste de la peau ainsi saccagée ne vaut pas un demi-dollar. Sept lynx... Deux cents dollars de perdus ! Ce sont deux loups qui me jouent ce tour-là. Deux, toujours deux, et jamais un. Je le sais par leurs empreintes. Ils suivent ma ligne de trappeur et dévorent, par surcroît, tous les lapins qui y sont pris. Ils dédaignent le chat-pêcheur, et le vison, et l'hermine, et la martre, comme ayant sans doute trop mauvais goût. Mais le lynx, *sacré Diable* [1] ! ils sautent sur lui et lui arrachent le poil, comme vous feriez du coton sauvage qui pousse sur les buissons. J'ai essayé de la strychnine dans de la graisse de renne. J'ai installé des pièges d'acier, habilement dissimulés, et des trappes à bascule, qui assomment ceux qui s'y laissent prendre. Ils s'en moquent. Si je n'arrive pas à mettre la main sur eux, ils me forceront à décamper d'ici. Pour cinq beaux lynx que j'ai pris, ils m'en ont détruit sept ! Cela ne peut continuer ainsi ! »

Ce récit avait prodigieusement intéressé Paul Weyman. Il était de ces cerveaux réfléchis, dont il y a de plus en plus, qui estiment que l'égoïsme de race aveugle l'homme complètement sur nombre de faits, et non des moins intéressants, de la création. Il n'avait pas craint de proclamer hautement, et il avait dû à cette affirmation osée la célébrité dont il jouissait dans tout le Canada, que l'homme n'est pas le seul être vivant capable de raisonner ses actions et qu'il peut y avoir, dans l'acte habile et propice d'un animal, autre chose que de l'instinct.

Il estima donc que derrière les faits rapportés par Henri Loti il y avait une raison cachée qu'il serait intéressant de découvrir. Et, jusqu'à minuit, il ne fut question que des deux loups mystérieux.

« Il y en a un, disait le métis, qui est plus gros que l'autre, et c'est toujours celui-là qui engage et mène le combat avec le lynx captif. Cela, ce sont encore les empreintes marquées sur la neige qui me l'enseignent. Durant la bataille, le plus petit loup se tient à distance, et c'est seulement lorsque le lynx est estourbi qu'il arrive et aide l'autre loup à le mettre en pièces. Cela encore, la neige me le dit clairement. Une fois seulement, j'ai pu constater que le petit loup était, lui aussi, entré en lutte. Celle-ci avait dû être plus chaude, car un autre sang se mêlait sur la neige à celui du lynx. J'ai, grâce à ces taches rouges, suivi durant un mille la piste des deux diables. Puis elle se perdait, comme de coutume, dans des fourrés impénétrables. »

Le lendemain et le surlendemain, le zoologiste suivit avec Henri la ligne des trappes, et il put constater à son tour que les empreintes étaient toujours doubles.

Le troisième jour, les deux hommes arrivèrent à un piège où un beau lynx était pris par la patte. On voyait encore l'endroit où le plus petit loup s'était assis dans la neige, sur son derrière, en attendant que son compagnon eût tué le lynx. A l'aspect de ce qui demeurait de l'animal, dont la fourrure était entièrement déchiquetée et n'avait plus aucune

1. En français dans le texte.

valeur, la figure du métis s'empourpra et il débita tout son répertoire de jurons, anglais et français.

Quant à Paul Weyman, sans trop en rien dire à son compagnon, afin de ne point l'irriter davantage, de plus en plus il se persuada que derrière cet acte anormal existait une raison cachée. Pourquoi les deux bêtes s'acharnaient-elles uniquement sur les lynx ? De quelle haine mortelle était-ce là l'indice ?

Paul Weyman se sentait singulièrement ému. Il aimait tous ces êtres sauvages et, pour cette raison, n'emportait jamais de fusil avec lui. Lorsqu'il vit le métis disposer sur la piste des deux maraudeurs des appâts empoisonnés, son cœur se serra. Et lorsque, les jours suivants, les appâts furent retrouvés intacts, il en éprouva une vive joie. Quelque chose sympathisait en lui avec les héroïques outlaws inconnus, qui ne manquaient jamais de livrer bataille aux lynx.

De retour dans la cabane, le zoologiste ne manquait pas de coucher par écrit ses observations de la journée et les déductions qu'il en tirait.

Un soir, se tournant vers Henri Loti, il lui demanda à brûle-pourpoint :

« Dis-moi, Henri, n'éprouves-tu jamais aucun remords de massacrer tant d'animaux que tu le fais ? »

Le métis le regarda, les yeux dans les yeux, et hocha la tête.

« J'en ai, en effet, dit-il, tué dans ma vie des milliers et des milliers. Et j'en tuerai encore des milliers d'autres, sans m'en troubler autrement.

— Il y a, dans le Wild, beaucoup de gens comme toi, reprit Paul Weyman. Il y en a eu depuis des siècles. Comme toi, ils accomplissent l'œuvre de mort ; ils livrent ce qu'on pourrait appeler la guerre de l'Homme et de la Bête. Ils n'ont pas encore, grâce au Ciel, réussi partout à détruire la faune sauvage. Des milliers de milles carrés de chaînes de montagnes, de marais et de forêts demeurent inaccessibles à la civilisation. Les mêmes pistes y sont tracées, pour l'éternité peut-être. Je dis peut-être... Car, en plein désert, s'élèvent aujourd'hui des villages et des villes. As-tu entendu parler de North Battleford ?

— Est-ce près de Montréal ou de Québec ? » demanda Henri.

Weyman sourit et tira de sa poche une photographie. C'était le portrait d'une jeune femme.

« Non, répondit-il. C'est beaucoup plus à l'ouest, dans le Saskatchewan. Il y a encore sept ans, je m'en allais régulièrement, chaque année, durant la saison de la chasse, tirer les poules de prairie, les coyotes et les élans. Il n'y avait là, à cette époque, aucun North Battleford. Sur des centaines de milles carrés, rien que la superbe prairie. Une hutte, une seule, s'élevait au bord de la rivière Saskatchewan, là justement où se dresse aujourd'hui North Battleford. C'est dans cette hutte que je résidais. Une jolie fillette de douze ans y habitait avec son père et sa mère. Lorsque je chassais, la fillette venait souvent avec moi. Quand je tuais, elle pleurait parfois, et je me moquais d'elle... Puis un chemin de fer est apparu, et un autre ensuite. Les deux voies ferrées se sont rencontrées, justement près de la hutte. Alors, tout à coup, une petite ville a surgi. Il y a sept ans, tu m'entends bien, Henri, rien que la hutte. Il y a deux ans, la ville comptait déjà dix-huit cents habitants. Cette année, j'ai trouvé, en la traversant pour venir ici, qu'elle en avait cinq mille. Dans deux ans, il y en aura dix mille... »

Paul Weyman tira une bouffée de sa pipe, puis reprit :

« Sur l'emplacement de la hutte, il y a trois banques, au capital chacune de quarante millions de dollars. Le soir, à vingt milles à la ronde, on aperçoit la lueur des lampes électriques de North Battleford. La ville possède un collège, qui a coûté cent mille dollars, une école secondaire, un asile provincial, une superbe caserne de pompiers, deux cloches, un ministère du Travail et, d'ici peu, des tramways électriques y fonctionneront. Songe à cela ! Là, oui, où des coyotes hurlaient, il y a sept ans... L'afflux de la population est tel que le dernier recensement est toujours en retard. Dans cinq ans, te dis-je, ce sera une ville de vingt mille âmes ! Et la petite fille de la cabane, Henri, est aujourd'hui une charmante jeune fille, qui va sur ses vingt ans. Ses parents... Eh ! mon Dieu, oui ! Ses parents sont riches. Mais l'essentiel est que nous devons nous marier au printemps prochain. Pour lui plaire, j'ai cessé de tuer aucun être vivant. La dernière bête que j'ai abattue était une louve des prairies. Elle avait des petits. Hélène a conservé un des louveteaux. Elle l'a élevé et apprivoisé. C'est pourquoi, plus que toutes les bêtes du Wild, j'aime les loups. Et j'espère bien que les deux dont nous parlons échapperont à tes pièges et à ton poison. »

Henri Loti, le demi-sang, regardait, tout ébaubi, Paul Weyman. Celui-ci lui tendit le portrait. C'était celui d'une jeune fille, au visage doux, aux yeux profonds et purs. Le professeur vit se plisser le front et se pincer les lèvres du métis, qui examinait l'image.

« Moi aussi, dit-il avec émotion, j'ai aimé. Ma Iowoka, mon Indienne, est morte, il y a maintenant trois ans. Elle aussi chérissait les bêtes sauvages... Mais les damnés loups, qui me dépècent tous mes lynx, j'aurai leur peau, par le Ciel ! Si je ne les tue pas, c'est eux qui m'expulseront de cette cabane. »

Sans cesse attaché à cette idée, Henri Loti, en relevant un jour une récente trace de lynx, constata que celle-ci passait sous un grand arbre renversé, dont les maîtresses branches soutenaient le tronc à dix ou quinze pieds du sol, formant ainsi une sorte de caverne inextricable. La neige, tout autour, était battue d'un piétinement de pattes et les poils d'un lapin s'y éparpillaient.

Le métis se frotta les mains et jubila.

« J'aurai le lynx ! dit-il. Et les loups avec lui ! »

Il se mit, sans tarder, à établir son traquenard.

Sous l'arbre tombé, il commença par installer un premier piège d'acier, retenu par une chaîne à une grosse branche. Puis, autour de celui-ci, dans un cercle d'une dizaine de pieds, il posa cinq pièges plus petits, reliés également par des chaînes à d'autres branches. Finalement, il plaça un appât sur le gros piège, après l'avoir dissimulé, ainsi que les autres, à l'aide de mousse et de branchages.

« Le plus gros piège et son appât, expliqua-t-il à Paul Weyman, sont destinés au lynx. Ceux qui l'entourent sont pour les loups. Lorsque le lynx sera pris et qu'ils viendront lui livrer combat, ce sera bien le diable s'ils ne se font point happer par l'un d'eux. »

Louve Grise et Kazan, durant la nuit suivante, passèrent à une centaine de pas de l'arbre renversé. L'odorat si pénétrant de Louve Grise saisit aussitôt dans l'air l'odeur de l'homme qui avait dû circuler par là. Elle communiqua son appréhension à Kazan en appuyant plus fort son épaule contre la sienne. Tous deux firent demi-tour et, tout en se maintenant dans le vent, déguerpirent de l'endroit suspect.

Le lendemain, une légère neige propice tomba, recouvrant les empreintes de l'homme et son odeur.

Pendant trois autres jours et trois autres nuits glacées, baignées de la clarté des étoiles, rien n'arriva. Henri ne s'en inquiéta pas. Il expliqua au professeur que le lynx était, lui aussi, un chasseur méthodique, occupé sans doute à suivre et à explorer les pistes que lui-même avait relevées durant la précédente semaine.

Le cinquième jour, le lynx s'en revint près de l'arbre tombé et s'en alla droit vers l'appât, qu'il aperçut dans la maison de branches. Le piège aux dents aiguës se referma, inexorable, sur une des pattes de derrière de l'animal.

Kazan et Louve Grise, qui cheminaient à un quart de mille, perçurent le bruit de l'acier qui se détendait et le cliquetis de la chaîne sur laquelle tirait le lynx, en essayant de se dégager. Ils arrivèrent dix minutes après.

La nuit était tellement limpide et pure qu'Henri lui-même aurait pu se mettre en chasse à sa clarté.

Le lynx, épuisé des efforts qu'il avait tentés, gisait sur son ventre lorsque Kazan et Louve Grise, pénétrant sous l'arbre, apparurent devant lui. Kazan, comme de coutume, engagea la bataille tandis que Louve Grise se tenait un peu en arrière.

Le lynx était un vieux guerrier, de six ou sept ans, dans toute sa force et dans tout son poids. Ses griffes, longues d'un pouce, se recourbaient comme des cimeterres. Si Kazan l'avait rencontré en liberté, il eût sans nul doute passé un méchant quart d'heure. Même pris par la patte, l'énorme chat était encore un redoutable adversaire. Le lieu du combat, trop étroit pour Kazan, dont les mouvements se trouvaient gênés, lui était en outre défavorable.

Le lynx, à sa vue, se recula avec sa chaîne et son piège, afin de prendre du champ. Il fallait attaquer de front. C'est ce que fit Kazan. Tout à coup il bondit et les deux adversaires se rencontrèrent, épaule contre épaule.

Les crocs du chien-loup tentèrent de happer le lynx à la gorge et manquèrent leur coup. Avant qu'ils puissent le renouveler, le lynx, dans un furieux effort, parvint à arracher sa patte de derrière de la tenaille d'acier. Louve Grise put entendre l'affreux déchirement de la chair et des muscles. Avec un grognement de colère, Kazan se rejeta vivement en arrière, l'épaule déjà lacérée jusqu'à l'os.

A ce moment, son bon génie voulut qu'un second piège se mît à jouer, le sauvant ainsi d'une nouvelle attaque du lynx et d'une mort certaine. Les mâchoires d'acier se refermèrent sur une des pattes de devant du gros chat et Kazan put respirer.

Comprenant, sans le voir, le grand péril que courait son compagnon, dont elle avait entendu le gémissement de douleur, la louve aveugle s'était à son tour faufilée sous l'arbre afin de lui porter secours.

Elle bondit vers le lynx et tomba immédiatement sur un troisième piège, qui l'agrippa brutalement et la fit choir sur le côté, mordant et grognant.

Kazan, qui était revenu au combat et se démenait autour du lynx, fit bientôt se déclencher le quatrième piège, auquel il échappa, puis le cinquième qui l'empoigna par une patte de derrière. Il était alors un peu plus de minuit.

Ce fut, jusqu'au matin, dans la caverne de branches, sur la terre neigeuse, un chaos de luttes et de hurlements, de la louve, du chien-loup et du lynx, qui s'efforçaient chacun de se libérer du piège et de la chaîne auxquels ils étaient rivés.

Lorsque l'aube parut, tous trois n'en pouvaient plus et étaient couchés sur le flanc, haletants, la mâchoire sanglante, en attendant la venue de l'homme et de la mort.

Henri Loti et Paul Weyman s'étaient levés de bonne heure. En approchant de l'arbre tombé, le métis releva sur la neige les doubles empreintes de Louve Grise et de Kazan, et son visage teinté, tout frémissant d'émotion, s'éclaira d'une joie intense.

Lorsque les deux hommes arrivèrent devant la caverne, ils demeurèrent un instant interloqués. Henri lui-même n'avait pas escompté un succès si parfait et jamais encore il n'avait vu un pareil spectacle : deux loups et un lynx, pris de compagnie, tous trois par la patte, et ferrés chacun à sa chaîne.

Mais rapidement l'instinct du chasseur reprit le dessus chez Henri. Les deux loups étaient les plus proches de lui et déjà il élevait son fusil pour épauler et envoyer une bonne balle dans la cervelle de Kazan.

Non moins vivement, Paul Weyman le saisit fortement par le bras. Il semblait tout ébahi.

« Attends, Henri, ne tire pas ! cria-t-il. Celui-ci n'est pas un loup. Regarde plutôt ! Il a porté un collier. Le poil n'est pas entièrement repoussé sur son cou pelé. C'est un chien ! »

Le métis abaissa son arme et regarda attentivement.

Pendant ce temps, le regard du zoologiste s'était reporté sur Louve Grise, qui lui faisait face, grondant et découvrant ses crocs, et menaçant de leur morsure l'ennemi qu'elle ne pouvait voir. Là où auraient dû être ses yeux, il n'y avait qu'une peau, à demi recouverte de poils. Une exclamation s'échappa des lèvres de Weyman.

« Regarde ! Regarde, Henri ! Juste Ciel, qu'est-ce que c'est ?

— L'un est un chien, qui a rejoint les loups et est retourné à l'état sauvage. L'autre est bien un loup, ou plutôt une louve...

— Et aveugle ! dit, avec une intonation de pitié, Paul Weyman.

— *Oui, m'sieur !* Aveugle ! » répondit le demi-sang, mêlant, dans son étonnement, le français à l'anglais.

Il redressa derechef son fusil. Weyman intervint à nouveau.

« Ne les tue pas, Henri ! je t'en prie. Donne-les-moi vivants. Dis-moi ce que vaut le lynx dont ils ont détérioré la peau. Ajoute à cette somme la prime habituelle payée pour les loups. Je paierai le tout. Vivantes, ces deux bêtes sont pour moi d'un prix inestimable. Un chien et une louve aveugle qui ont fait ménage ensemble ! c'est merveilleux, pense donc ! »

Il maintenait toujours de la main le fusil d'Henri. Henri ne saisissait pas très bien ce que lui disait son interlocuteur et pensait, à part lui, qu'il était un peu timbré.

Mais le zoologiste s'animait de plus en plus. Ses yeux flamboyaient.

« Un chien et une louve aveugle en ménage ! C'est rarissime et tout à fait admirable ! Là-bas, dans la ville, ils diront, en lisant cela dans mon livre, que j'ai inventé, ou que je suis fou. Mais je fournirai la preuve. Ici même et sur-le-champ, je vais prendre une série de clichés, du spectacle étonnant qui est devant nous. Ensuite, tu tueras le lynx. Mais je garderai vivants le chien et la louve. Et je te paierai, Henri, cent dollars pour chacun d'eux. Est-ce dit ? »

Le métis acquiesça de la tête.

Immédiatement, le professeur sortit de l'étui son appareil photographique, en fit jouer les manettes, et mit en place le viseur.

Un concert de grognements, de la louve et du lynx, saluèrent le déclic de l'obturateur. Seul Kazan ne montra point ses crocs. Et, s'il contracta ses muscles, ce ne fut point qu'il avait peur, mais parce qu'il reconnaissait, une fois de plus, la domination de l'homme.

Lorsqu'il eut pris ses vingt plaques, Paul Weyman s'approcha du chien-loup et doucement lui parla. Si doucement que Kazan crut entendre la voix de l'homme et de la femme de la cabane abandonnée.

Après quoi, Henri tira un coup de fusil sur le lynx, et Kazan, secouant sa chaîne et la mordant, grogna férocement à l'adresse de son ennemi, dont le corps se convulsait d'agonie.

Les deux hommes passèrent ensuite une solide lanière autour du cou de Kazan et le dégagèrent du piège. Le chien-loup se laissa faire et ils l'emmenèrent à la cabane. Ils revinrent, peu après, avec une triple lanière, et opérèrent de même avec la louve aveugle. Elle était à ce point épuisée et sans force qu'elle non plus ne résista pas.

Le reste de la journée fut employé, par Henri et par Weyman, à la construction d'une grande et forte cage, qu'ils fabriquèrent avec des troncs de jeunes sapins, en guise de barreaux. Lorsqu'elle fut terminée, ils y enfermèrent les deux prisonniers.

Le surlendemain, tandis que le métis était allé relever ses pièges, Paul Weyman, resté à la cabane, se risqua à passer sa main à travers les barreaux de la cage et à caresser Kazan, qui le laissa faire. Le jour d'après, il offrit au chien-loup un morceau de viande crue d'élan, qui fut accepté.

Mais il n'en alla pas de même avec Louve Grise. Dès qu'elle sentait s'approcher le zoologiste, elle courait se cacher sous des fagots de branches coupées, qu'on lui avait donnés dans la cage, pour y gîter. L'instinct du Wild lui avait enseigné que l'homme était son plus mortel ennemi.

Cet homme, pourtant, n'était point menaçant envers elle. Il ne lui faisait aucun mal et Kazan n'en avait nulle crainte. Aussi son premier effroi fit-il bientôt place à la curiosité et à une sorte d'attirance croissante. Elle finit par sortir de dessous les fagots sa tête aveugle et à renifler l'air vers Weyman, lorsque celui-ci, debout devant la cage, s'efforçait de se concilier les bonnes grâces et l'amitié de Kazan.

Toutefois, elle se refusait à manger quoi que ce fût. Vainement, Weyman s'efforçait de la tenter avec des morceaux de choix de graisse d'élan ou de renne. Cinq, six, sept jours passèrent, sans qu'elle consentît à absorber une seule bouchée. A ce régime, elle maigrissait de jour en jour, et on commençait à pouvoir lui compter les côtes.

« La bête va crever, dit Henri Loti à son compagnon, le soir du septième jour. Elle se laissera mourir de faim. Il lui faut, pour vivre, la forêt, les proies sauvages et le sang chaud. Elle a déjà deux ou trois ans. C'est trop vieux pour qu'on puisse la civiliser. »

Ayant ainsi parlé, le métis s'en alla tranquillement se coucher, laissant Weyman fort troublé.

Weyman veilla tard, ce soir-là. Il écrivit d'abord une longue lettre à la jeune fille au doux visage, de North Battleford. Puis il souffla la lampe et, dans la lueur rouge du poêle, il se peignit d'elle mille visions délicieuses.

Il la voyait telle qu'il l'avait rencontrée, pour la première fois, dans la petite hutte isolée du Saskatchewan, ayant sur le dos une grosse natte luisante et sur ses joues toute la fraîcheur des prairies.

Longtemps elle l'avait haï, oui, réellement haï, pour le plaisir qu'il prenait à tuer. Puis, son influence l'avait complètement transformé et il lui en était, aujourd'hui, profondément reconnaissant.

Il se leva et ouvrit doucement la porte de la cabane. Instinctivement, ses yeux se tournèrent vers le côté du ciel où était au loin North Battleford. Le ciel était embrasé d'étoiles et, à leur clarté, il voyait la cage où Kazan et Louve Grise étaient prisonniers.

Il écouta. Un bruit lui parvint. C'était Louve Grise qui rongeait en silence les barreaux de sa prison. Peu après, il entendit un gémissement étouffé, pareil presque à un sanglot. C'était Kazan, qui pleurait sa liberté perdue.

Une hache était appuyée contre un des murs de la cabane. Weyman s'en saisit et sourit. Il songeait qu'une autre âme, à un millier de milles de là, le regardait en ce moment et l'approuvait.

S'étant avancé vers la cage, il leva la hache. Une douzaine de coups, bien appliqués, et deux des barreaux de sapin cédèrent. Puis il recula.

Louve Grise, la première, vint vers l'ouverture et, sous la clarté des étoiles, se glissa dehors, comme une ombre.

Mais elle ne prit point aussitôt la fuite. Dans la clairière où s'élevait la cabane, elle attendit Kazan.

Kazan ne tarda pas à la rejoindre et, pendant un instant, les deux bêtes demeurèrent là, sans bouger, un peu étonnés. Finalement, elles s'éloignèrent en trottinant, l'épaule de Louve Grise contre le flanc de Kazan.

« Deux par deux... murmura Weyman. Unis toujours, jusqu'à la mort. »

XIV

LA MORT ROUGE

Kazan et Louve Grise coururent longtemps dans la direction du nord et arrivèrent à la région appelée le *Fond-du-Lac.* C'est là qu'ils se trouvaient lorsque Jacques, messager de la Compagnie de la baie d'Hudson, vint apporter aux postes de la contrée les premières nouvelles authentiques de l'effroyable fléau : une épidémie de petite vérole, qui sévissait sur le Wild.

Depuis plusieurs semaines, des rumeurs en étaient arrivées, de différents côtés. Puis ces rumeurs s'étaient amplifiées. De l'est, du sud et de l'ouest, elles s'étaient à ce point multipliées que partout, dans les vastes solitudes, les voyageurs annonçaient que la Mort rouge était à leurs trousses. Et le frisson d'un immense effroi passait, comme un vent violent, des dernières régions civilisées aux extrémités les plus lointaines du Grand Désert blanc.

Dix-neuf ans plus tôt, ces mêmes rumeurs avaient déjà couru et la Mort Rouge avait suivi. L'horreur en subsistait encore parmi tous les gens du Wild, car des milliers de tombes sans croix, qu'on fuyait comme une pestilence, et qui se disséminaient de James Bay au lac Athabasca, témoignaient du droit de péage qu'exigeait sur son passage le fléau [1].

Souvent, dans leurs courses vagabondes, Kazan et Louve Grise avaient rencontré de ces petits tertres funèbres, et un mystérieux instinct leur disait, sans le recours d'aucun sens, que la mort était là-dessous. Peut-être aussi percevaient-ils directement ce que des yeux ne pouvaient voir, surtout Louve Grise, que sa cécité rendait plus sensible aux effluves de l'air et du sol.

---

1. *James Bay,* ou la baie James, forme le creux plus méridional de la baie d'Hudson. Le lac Athabasca est situé à un millier de kilomètres au nord-ouest, entre le 60e degré et le cercle arctique. C'est sur la rive nord de l'Athabasca que se trouve la région dénommée le Fond-du-Lac.

Toujours est-il que ce fut Louve Grise qui discerna, la première, la présence de la Mort rouge.

En sa compagnie, Kazan explorait une ligne de trappes, qu'il venait de découvrir. La piste qui l'y avait amené était ancienne. Personne, depuis un assez grand nombre de jours, n'était passé là. Dans une première trappe, abritée par d'épais sapins, ils trouvèrent un lapin à demi putréfié. Dans une autre était une carcasse de renard, récurée à fond par un hibou, qui avait laissé quelques plumes derrière lui. La majeure partie des pièges étaient détendus. D'autres étaient recouverts de neige. Vainement Kazan furetait de trappe en trappe, afin de trouver un gibier vivant à dévorer.

A côté de lui, la louve aveugle sentait la Mort présente. Elle la sentait frissonner dans l'air, au-dessus d'elle, sur les faîtes des sapins. Elle la découvrait dans chacune des trappes qu'elle et Kazan rencontraient. La Mort, celle de l'homme, était partout. Et, à mesure qu'ils allaient, elle gémissait davantage, en mordillant le flanc de Kazan, qui trottait toujours de l'avant.

Tous deux arrivèrent ainsi à une clairière, où s'élevait une cabane. Cette cabane était celle d'Otto, le chasseur de fourrures.

Louve Grise s'arrêta devant et, s'asseyant sur son derrière, leva vers le ciel gris sa face aveugle. Puis elle jeta sa longue plainte. Alors les poils de Kazan commencèrent à se hérisser tout le long de son échine. Il s'assit à son tour et joignit à celle de Louve Grise sa hurle à la Mort.

La Mort était en effet dans la cabane. Au sommet de celle-ci se dressait une perche, faite d'un jeune sapin, au bout de laquelle flottait une bande de cotonnade rouge. C'était le drapeau avertisseur de la Mort rouge, dont, de James Bay au lac Athabasca, tout le monde connaissait bien la signification.

Le trappeur Otto, comme des centaines d'autres héros du Northland, avant de se coucher pour mourir, avait arboré le funèbre signal.

Cette même nuit, sous la froide clarté de la lune, Kazan et Louve Grise reprirent leur course et s'éloignèrent de la cabane.

De factorie en factorie passaient les funèbres messagers de mort. L'un d'eux, qui venait du lac du Renne et avait longé le lac Wollaston [1], arriva, en traversant sur la glace le lac Athabasca, au poste du Fond-du-Lac.

« La Mort rouge, disait-il, a contaminé les Indiens, eux aussi, depuis les riverains de la Baie d'Hudson jusqu'aux Crees et aux Chippewyans, entre les Forts Albany et Churchill. Mais je vais plus loin, vers l'ouest, porter la nouvelle. »

Trois jours plus tard, un second messager arriva du Fort Churchill, porteur d'une lettre officielle de l'agent principal, avertissant les gens du poste du Fond-du-Lac qu'ils eussent à se préparer sans retard pour la Mort rouge.

---

1. Le lac du Renne et le lac Wollaston sont situés au sud du lac Athabasca, ainsi que les Forts Albany et Churchill.

L'homme qui reçut la lettre devint, en la lisant, plus blême que le papier qu'il tenait entre ses doigts.

« Ceci, dit-il, signifie que nous devons creuser des tombes ! Ce sont les seuls préparatifs utiles qu'il y ait à faire ! »

Il lut la lettre à haute voix et tous les hommes valides furent désignés pour aller prévenir, sur le territoire du poste, tous les camarades épars dans les forêts.

On se hâta de harnacher les chiens. Sur chaque traîneau qui partait, on déposait, outre les médicaments usuels, un rouleau de cotonnade rouge, dont seraient faits les lugubres signaux de pestilence et d'horreur, et qui mettait de violents frissons aux mains des hommes qui le chargeaient.

Louve Grise et Kazan rencontrèrent la piste d'un de ces traîneaux, sur la glace du fleuve du Castor-Gris, et tous deux la suivirent durant un demi-mille. Le lendemain, ils tombèrent sur une seconde piste, et, le surlendemain, sur une troisième.

Celle-ci était toute récente et Louve Grise gronda plus fort, les crocs découverts, comme si un objet invisible l'avait piquée. En même temps, le vent apportait au couple une âcre odeur de fumée.

Kazan et Louve Grise grimpèrent sur un monticule voisin. Ils aperçurent de là, au-dessous d'eux, une cabane qui brûlait, tandis qu'un traîneau attelé de chiens disparaissait parmi les sapins, avec l'homme qui le conduisait. Dans la cabane il y avait un autre homme, mort du terrible fléau, et qui flambait avec elle. Telle était la loi du Nord.

Devant le bûcher funèbre Louve Grise demeurait plus rigide qu'un roc, tandis qu'un gémissement roulait dans la gorge de Kazan. Puis, soudain, ils prirent la fuite et ne s'arrêtèrent que dix milles au-delà, sur un marécage glacé, où ils s'enfouirent dans la végétation drue et touffue qui le recouvrait.

Les jours et les semaines qui suivirent achevèrent de marquer l'hiver de 1910 comme un des plus terribles de toute l'histoire du Northland. La Mort rouge, le froid et la famine firent à ce point pencher la balance de la mort, tant pour les bêtes sauvages que pour les humains, que ce chapitre ne sera jamais oublié, même des générations à venir.

Kazan et Louve Grise avaient, parmi le marais, trouvé une demeure confortable dans le tronc creux d'un arbre tombé. C'était un petit nid fait à souhait, et bien abrité de la neige et du vent. Louve Grise, qui l'avait découvert, en prit possession et s'y étala sur le ventre, en haletant de satisfaction. Kazan y entra après elle.

Ils continuèrent à vivre sur les lapins blancs et sur les perdrix des sapins. Kazan surprenait les perdrix lorsque ces oiseaux se posaient sur le sol. Il bondissait sur eux avant qu'ils l'eussent entendu s'approcher.

Louve Grise avait cessé de s'affliger de sa cécité, de se frotter les yeux avec ses pattes et de pleurnicher pour la lumière du soleil, pour celle de la lune dorée et des étoiles. Son ouïe et son odorat s'affinaient de plus en plus. Elle pouvait sentir, dans le vent, un caribou à deux milles de distance et, à une distance supérieure, deviner la présence d'un homme. Par une nuit calme, elle percevait le clapotis d'une truite dans un torrent, à un demi-mille.

Son aide était, à la chasse, devenue précieuse pour son compagnon. C'était elle qui flairait le gibier et indiquait sa présence à Kazan qui, sur ce point, s'en reposait, maintenant, entièrement sur elle. Elle avait bien essayé aussi de prendre, malgré sa cécité, la poursuite des bêtes qu'elle faisait lever. Mais toujours elle avait échoué.

Tandis que Kazan, dans ses chasses, ne pouvait plus se passer de Louve Grise, Louve Grise avait facilement déduit de sa cécité que sans Kazan elle périrait.

Son compagnon, pour elle, signifiait la vie. Aussi ne cessait-elle de le caresser et d'en prendre soin. Si Kazan grondait vers elle, dans un accès d'humeur, elle ne répondait point par un coup de dents, mais baissait humblement la tête. De sa langue tiède, elle faisait fondre la glace qui, lorsqu'il rentrait, s'était formée sous les poils, entre les griffes de Kazan.

Un jour où il s'était enfoncé un éclat de bois dans la plante d'une de ses pattes, elle ne cessa de lécher la blessure, pour la faire saigner et tirer dehors l'écharde douloureuse. Toujours, quand ils étaient au repos, elle posait sa belle tête aveugle sur le dos ou sur le cou de Kazan.

Le petit gibier abondait autour d'eux et il faisait chaud dans le tronc de l'arbre. Rarement ils s'aventuraient, même pour chasser, hors des limites du marais hospitalier. Tout là-bas, parfois, dans les vastes plaines et sur les crêtes lointaines, ils entendaient bien le cri de chasse des loups, sur la piste de la viande. Mais ils ne frissonnaient plus à l'appel de la horde et le désir de les rejoindre n'était plus en eux.

Comme, un jour, ils avaient poussé leur course un peu plus loin que d'ordinaire, ils traversèrent une plaine sur laquelle un incendie avait passé, l'été précédent, grimpèrent sur une crête qui se trouvait devant eux, puis redescendirent vers une seconde plaine.

Là, Louve Grise s'arrêta, pour humer l'air. Kazan l'observa, attentif et nerveux, durant quelques instants, comme il en avait coutume. Mais, presque aussitôt, il comprit pourquoi les oreilles dressées de Louve Grise se rabattaient brusquement et lui-même sentit s'affaisser son train d'arrière. Ce n'était point un gibier qui était proche. C'était une autre odeur, celle de l'homme, qui avait frappé leurs narines.

Les deux bêtes parurent hésiter durant quelques minutes. Louve Grise était venue se mettre derrière Kazan, comme sous sa protection, et se plaignait. Kazan ouvrit la marche. A une distance de moins de trois cents yards, ils arrivèrent à un boqueteau de petits sapins et y trouvèrent un « tepee [1] » enfoui presque entièrement sous la neige.

Il était abandonné. La vie et le feu s'en étaient retirés. C'est de là que venait l'odeur de l'homme.

Les pattes raides et le poil frémissant, Kazan, s'approcha de

1. Case indienne.

l'ouverture du tepee. Il regarda à l'intérieur. Au centre de la cabane, sur les cendres carbonisées d'un feu, gisait, enveloppé dans une couverture à demi consumée, le corps d'un petit enfant indien. Kazan pouvait voir les pieds minuscules, chaussés de menus mocassins. Le corps était comme desséché et c'est à peine si l'odorat pouvait en sentir la présence.

Kazan sortit sa tête du tepee et aperçut, derrière lui, la louve aveugle qui promenait son nez autour d'un tertre allongé, dont la forme étrange se dessinait encore sous la neige. Elle en fit trois fois le tour, avec défiance, puis s'assit sur son derrière, à quelque distance.

A son tour, Kazan s'approcha du tas et renifla. Sous cette forme qui bombait dans la neige, tout comme dans le tepee, était la mort. Le fléau rouge était venu jusqu'ici.

La queue basse et les oreilles aplaties, le couple s'éloigna, rampant sur le ventre, jusqu'à ce que le boqueteau de sapins eût disparu. Kazan et Louve Grise ne s'arrêtèrent que dans leur abri du marais.

Au cours de la nuit suivante, la pleine lune apparut sous l'aspect d'un disque blafard, dont le bord était nimbé d'un cercle cramoisi. C'était signe de froid, de froid intense.

La Mort rouge allait toujours de pair avec les grands froids. Et plus la température s'abaissait, plus les ravages de l'épidémie étaient terribles.

Durant toute la nuit, le froid ne fit qu'augmenter. Il pénétra jusqu'au cœur de l'arbre où gîtaient Kazan et Louve Grise, et les fit se tasser plus étroitement l'un contre l'autre.

A l'aube, qui apparut vers huit heures du matin, les deux bêtes se risquèrent à sortir de leur retraite. Un thermomètre eût marqué cinquante degrés sous zéro. Dans les ramures des sapins, les perdrix étaient recroquevillées sur elles-mêmes, en boules de plumes, et elles n'avaient garde de descendre sur le sol. Les lapins bottés de neige demeuraient enfouis au plus profond de leurs terriers.

Kazan et Louve Grise ne purent relever aucune piste et, après une demi-heure d'une chasse stérile, s'en retournèrent vers leur arbre.

Deux ou trois jours avant, Kazan avait enterré sous la neige, comme font les chiens, la moitié d'un lapin inachevé. Il le déterra et partagea avec Louve Grise la chair gelée.

Le thermomètre, durant la journée, continua à baisser. La nuit qui suivit fut claire et sans nuages, avec une lune blanche, pareille à un globe électrique, et des myriades de brillantes étoiles. La température tomba encore de dix degrés et, dans la nature, tout acheva de s'immobiliser. Même les bêtes à fourrure, le vison, l'hermine et le lynx lui-même, ne sortaient jamais de leurs refuges durant des nuits semblables, et toujours les trappeurs retrouvaient, le lendemain, tous leurs pièges intacts.

La faim qu'ils éprouvaient était insuffisante encore pour tirer Louve Grise et Kazan de leur retraite. Ils demeurèrent, jusqu'au jour, au chaud dans leur arbre, et firent bien. Car ils n'eussent pas rencontré dehors la moindre bestiole.

Le jour apparut, sans aucun changement dans le redoutable froid qui sévissait. Vers midi, Kazan, laissant Louve Grise dans l'arbre, se décida à aller seul en chasse.

Les trois quarts de chien qu'il avait dans le sang lui rendaient la nourriture plus nécessaire qu'à sa compagne. A celle-ci, au contraire, comme à tous ses frères loups, la prévoyante nature avait donné un estomac susceptible de supporter la famine. En temps normal, elle pouvait facilement demeurer une quinzaine sans manger. Par soixante degrés sous zéro, alors que la déperdition des forces est plus rapide, elle pouvait encore tenir à jeun pendant huit ou dix jours. Or, trente heures seulement s'étaient écoulées depuis qu'elle avait terminé le dernier morceau du lapin gelé, et elle préférait rester dans sa chaude tanière.

Kazan donc, qui avait faim, se mit à battre tous les buissons, à fouiller tous les fourrés. Une neige légère, presque un grésil, en menus grains, était tombée et il ne découvrit qu'une seule piste, celle d'une hermine, qu'il ne put rejoindre.

Sous un arbre mort, à l'ouverture d'un terrier, il flaira la bonne odeur d'un lapin. Mais le lapin était aussi en sûreté au fond de son trou que les perdrix sur les branches des arbres. Après une heure passée à gratter le sol gelé et à tenter vainement de le creuser de ses griffes, Kazan abandonna la partie.

Lorsqu'il revint vers Louve Grise, après trois heures de chasse, il était à bout de forces. Tandis que sa compagne, avec le sage instinct de conservation du Wild qui était en elle, avait épargné son énergie vitale, Kazan s'était inutilement dépensé et il avait plus faim que jamais.

Lorsque la nuit fut revenue et que la lune remonta au ciel, claire et brillante, Kazan se remit en chasse. Par de petits gémissements et par de faux départs, suivis de retours sur ses pas, il avait tenté encore d'entraîner Louve Grise avec lui. Mais, les oreilles obliquement repliées vers ses yeux aveugles, elle s'obstinait non moins tenacement à ne point bouger.

La température tombait toujours. Elle atteignait dans les soixante-cinq à soixante-dix degrés, aggravée par un vent coupant et de plus en plus violent. Un être humain qui aurait essayé de se tenir dehors fût tombé mort. A minuit, Kazan dut renoncer, une fois de plus, et regagner le gîte.

Les tourbillons du vent se faisaient plus brutaux et, grimpé sur son arbre mort, Kazan éclata en gémissements funèbres, en salves, alternées de silences, d'un chant perçant et farouche, qui retentissait au loin. C'était le signe précurseur de l'ouragan du Nord qui, depuis l'Arctique, accourait sur les grands Barrens.

Avec l'aube, il se déchaîna dans toute sa furie. Kazan et Louve Grise, serrés l'un contre l'autre, en frissonnaient, dans l'infernal vacarme. Kazan, un moment, tenta de hasarder dehors sa tête et ses épaules, il fut repoussé en arrière.

Tous les animaux du Wild, tout ce qui y possédait vie, se tapit davantage encore dans ses refuges. Les bêtes à fourrure étaient celles qui avaient le moins à redouter de la violence et de la durée de ce cataclysme atmosphérique. Car au fond de leurs tanières elles entassent précautionneusement des vivres, durant la belle saison.

Les loups et les renards étaient blottis sous les arbres renversés ou dans les antres des rochers. Les choses ailées s'abritaient tant bien que mal dans les ramures de sapins ou se creusaient de petits silos dans les dunes de neige, du côté opposé au vent. Les hiboux, qui sont tout en plumes, de tous les oiseaux étaient ceux qui souffraient le moins du froid.

Mais c'était pour les grosses bêtes à cornes et à sabots que l'ouragan du Nord était le plus calamiteux.

Le renne, le caribou et l'élan ne pouvaient, étant donnée leur taille, se glisser aux fentes des rochers. Le mieux qu'ils pussent faire, quand ils étaient surpris en rase plaine, était de se coucher sous le vent de quelque dune neigeuse, et de se laisser couvrir entièrement par les blancs flocons et par leur carapace protectrice.

Mais encore ne pouvaient-ils demeurer longtemps dans l'abri de cet ensevelissement volontaire. Car il leur fallait manger. Dix-huit heures durant, sur vingt-quatre, les mâchoires de l'élan doivent fonctionner, pendant l'hiver, pour qu'il ne meure point de faim. Son vaste estomac exige la quantité et doit engloutir sans trêve ; c'est deux ou trois boisseaux de nourriture journalière qu'il lui faut. Et le travail est long de grignoter, au faîte des buissons, un pareil cube de brindilles et de pousses encore tendres. Le caribou exige presque autant. Le renne est, des trois, le moins difficile à satisfaire.

Trois jours et trois nuits durant, l'ouragan fit rage. Pendant la troisième nuit, le vent s'accompagna d'une grosse neige drue, qui recouvrit le sol d'une épaisseur de deux pieds, et s'amoncela en énormes dunes. C'était ce que les Indiens appellent « la neige lourde », c'est-à-dire la neige qui s'étend comme une chape de plomb, et sous laquelle lapins et menues bestioles suffoquent par milliers.

Le quatrième jour, Kazan et Louve Grise se risquèrent à sortir de leur gîte. Le vent avait cessé et la neige ne tombait plus. Un blanc linceul, immense, infini, recouvrait le monde entier du Northland. Le froid était toujours intense.

Comme la Mort rouge avait accompli ses ravages sur les hommes, les jours de famine, qui allaient les décimer, étaient maintenant arrivés pour les bêtes sauvages.

XV

LA PISTE DE LA FAIM

Il y avait cent quarante heures que Kazan et Louve Grise n'avaient pas mangé. Ce jeûne prolongé se traduisait chez la louve par un malaise croissant et une douleur aiguë de l'estomac. Pour Kazan, c'était l'inanition presque complète. Leurs côtes, à tous deux, saillaient de leurs flancs creusés, et leur arrière-train s'était comme rétréci. Les yeux de Kazan étaient injectés de sang et ils clignotaient, dans la fente étroite des paupières, lorsqu'il regardait la lumière.

Louve Grise, cette fois, ne se fit point prier pour suivre Kazan, lorsque celui-ci partit en chasse sur la neige nue.

Impatient et plein d'espoir, le couple s'en alla d'abord visiter une partie du marais où les lapins blancs, d'ordinaire, étaient fréquents. Ils n'en trouvèrent aucune trace, aucune odeur. Ils revinrent sur leurs pas, en décrivant un fer à cheval, mais tout ce que leur flair leur désigna fut un hibou, haut perché sur un sapin.

Ils repartirent, déçus, dans une direction opposée à celle du marais et escaladèrent une crête rocheuse, qu'ils rencontrèrent. Du sommet, ils interrogèrent l'horizon, mais ne découvrirent rien d'autre qu'un monde sans vie.

Vainement Louve Grise reniflait l'air, de droite et de gauche. Quant à Kazan, son ascension l'avait tellement essoufflé qu'il en haletait, la langue pendante. En revenant bredouille au gîte, il trébucha sur un obstacle insignifiant, qu'il avait tenté de franchir d'un bond. Sa faiblesse et celle de Louve Grise ne faisaient qu'augmenter, de même que leur faim.

Pendant la nuit, qui était lumineuse et pure, ils recommencèrent à fouiller le marais. La seule créature qu'ils entendirent remuer fut un renard. Mais ils savaient trop bien qu'il était futile d'espérer le gagner à la course.

Soudain, la pensée de la cabane abandonnée d'Otto, le chasseur de fourrures, vint à Kazan. Dans son cerveau, cabane avait toujours été synonyme de chaleur et de nourriture. Il ne songea pas que la cabane recelait la mort et que devant elle, lui et Louve Grise avaient jeté le hurlement funèbre. Et il fila droit dans cette direction. La louve aveugle le suivit.

Chemin faisant, Kazan continuait à chasser, mais sans conviction. Il semblait découragé. La nourriture que devait enfermer la cabane était son dernier espoir.

Louve grise, au contraire, demeurait alerte et vigilante. Sans cesse elle promenait son nez sur la neige et reniflait l'air.

L'odeur tant désirée vint enfin. Elle s'arrêta, et Kazan fit comme elle. Tendant ses muscles déprimés, il la regarda qui, les pattes de devant plantées dans la neige, dilatait ses narines, non dans la direction de la cabane, mais plus à l'est. Tout le corps de la louve frémissait et tremblait.

Un bruit imperceptible et lointain encore arriva jusqu'à eux et ils prirent leur course de ce côté. L'odeur se fit plus forte à mesure qu'ils avançaient. Ce n'était pas celle d'un lapin ou d'une perdrix. C'était celle d'un gros gibier. Ils commencèrent à aller plus prudemment.

L'endroit était boisé. Mais, s'ils ne pouvaient rien voir, maintenant ils percevaient nettement un fracas de cornes qui se croisaient et s'entrechoquaient, en grand heurt de bataille.

Ils arrivèrent bientôt à une clairière et Kazan, tout à coup, s'aplatit sur son ventre. Louve Grise fit comme lui.

Au milieu de la clairière, dont toutes les jeunes pousses avaient été broutées, tous les buissons rasés, se tenait une assemblée d'élans. Il y avait en tout six bêtes, trois femelles, un petit d'un an, et deux mâles. Les deux mâles étaient engagés en un formidable duel et les trois femelles regardaient.

Le plus jeune des deux mâles, à peine adulte, taureau robuste au poil luisant, dans toute la force de ses quatre ans, portait sur la tête une ramure compacte, qui n'était pas parvenue à son plein développement, mais qui gagnait en robustesse et en acuité ce qu'elle n'avait pas encore en ampleur. Il avait, durant l'ouragan des jours passés, amené son troupeau, dont il était le chef, les trois femelles et le petit d'un an, sous l'abri propice de la forêt de sapins.

Là, le second mâle, plus âgé, était venu le rejoindre durant la nuit, pourchassé lui aussi par l'ouragan.

Le vieux taureau, quatre fois plus âgé que le jeune, pesait deux fois comme lui. Ses massives et redoutables cornes, irrégulières, palmées et noueuses, disaient son âge. C'était un guerrier accompli, qui avait pris part à cent combats. Aussi n'avait-il point hésité à livrer bataille à son jeune adversaire, afin de lui voler sa famille et son gîte. Trois fois déjà depuis l'aurore, les deux adversaires avaient combattu. La neige foulée était autour d'eux rouge de sang. Et de ce sang l'odeur arrivait délicieusement aux narines de Kazan et de Louve Grise, qui le reniflaient ardemment. Des bruits étranges roulaient dans leur gorge, et ils se pourléchaient les babines.

Les deux combattants étaient là, le front baissé, tête contre tête. Le vieil élan n'avait pas encore gagné sa victoire. Il avait pour lui l'art de la guerre, son poids supérieur, sa force plus mûre, son immense ramure. Le cadet possédait la jeunesse et l'endurance. Ses flancs ne haletaient point comme ceux du vieil élan, dont on voyait souffler les naseaux, qui s'ouvraient comme le creux intérieur de deux grosses sonnettes.

Puis, comme si quelque esprit invisible en avait donné le signal, les deux bêtes reculèrent pour prendre du champ, et le combat recommença.

Les dix-huit cents livres de chair et d'os du vieil élan foncèrent, en un clin d'œil, sur son jeune adversaire qui, non moins rapidement, se dressa en l'air, et pour la vingtième fois les cornes se croisèrent. On aurait pu à un demi-mille de distance entendre le heurt des bois puissants et les craquements qui s'ensuivirent.

Tandis que les forces du vieux mâle semblaient diminuer, on eût dit que celles du jeune élan croissaient avec la lutte. Comprenant que la bataille touchait à son dénouement, il s'engagea à fond, et redoubla de vigueur et d'efforts.

Kazan et Louve Grise entendirent soudain un bruit sec, quelque chose comme le craquement d'un bâton que l'on brise sur son genou. On était alors en février, époque où les animaux à cornes commencent à se dépouiller de leurs bois, que les vieux mâles perdent les premiers. Cette circonstance décida de la victoire.

Une des énormes ramures du vieil élan s'était déboîtée de son crâne et était tombée sur l'arène sanglante. L'instant d'après, quatre pouces d'une corne acérée comme un stylet s'enfonçaient dans son épaule. La panique le prit et il abandonna tout espoir de vaincre. Il se mit à reculer pas à pas, en se balançant sur ses pattes, tandis que le vainqueur continuait impétueusement à lui larder le cou et les épaules, d'où jaillissaient de petits ruisseaux de sang.

Il parvint enfin à se dégager et, faisant volte-face, décampa au triple galop, à travers la forêt. Le jeune élan le regarda fuir et ne le poursuivit pas. Il demeura quelques instants à se secouer la tête, les flancs haletants et les narines dilatées. Puis il s'en revint, en trottant, vers les femelles et vers le petit, qui, durant tout ce temps, n'avaient point bougé.

Du vainqueur et de sa famille, Kazan et Louve Grise, tout frissonnants, n'avaient cure. De leur cachette, ils avaient vu devant eux, sur le champ de bataille, de la viande saignante, et un désir ardent s'emparait d'eux d'y goûter. Ils se glissèrent en arrière et rejoignirent, fous de convoitise, la piste rouge que le vieil élan avait laissée derrière lui.

Oubliant Louve Grise, tellement la concupiscence et la faim lui tenaillaient les entrailles, Kazan se précipita le premier sur cette piste, les mâchoires baveuses, un courant de feu dans les veines, et les yeux flamboyants, qui lui sortaient de la tête.

Mais Louve Grise n'avait pas besoin de lui, pour la conduire. Le nez au ras de la piste sanglante, elle courait, courait, courait à la suite de Kazan, aussi rapide que si ses yeux n'avaient point été clos à la lumière.

Au bout d'un demi-mille environ, ils rejoignirent le vieil élan. Il s'était arrêté derrière un bouquet de baumiers et demeurait là, debout, immobile, au milieu d'une mare de sang qui s'élargissait dans la neige.

Ses flancs, se gonflant et s'abaissant, continuaient à panteler. Sa tête massive, grotesque avec sa seule corne, s'affaissait sur elle-même. Ses narines saignaient. Mais il demeurait encore puissant malgré son épuisement et une bande de loups aurait, en des circonstances ordinaires, hésité à s'attaquer à lui.

Kazan n'hésita point. Il bondit, avec un grognement féroce, et planta ses dents dans la peau épaisse de la gorge du colosse. Puis il retomba sur le sol et il se recula d'une vingtaine de pas, pour renouveler immédiatement son attaque.

Le vieil élan, cette fois, réussit à l'enlever sur la large feuille palmée de sa corne unique et, le faisant danser en l'air, le rejeta en arrière, par-dessus sa tête, à moitié assommé.

Mais Louve Grise était, comme toujours, arrivée à la rescousse. Elle avait rampé vers le train de derrière du vieil élan et, malgré sa cécité, avait réussi à happer de ses crocs, tranchants comme des couteaux, le tendon d'une des pattes de leur ennemi.

Le monstre, se débattant, essaya de lui faire lâcher prise, en la secouant et la piétinant sur le sol. Mais elle tint bon. Kazan, durant ce temps, attaqua de flanc et quand enfin le vieil élan fut parvenu à se dégager, ce fut pour s'avouer vaincu en ce second combat et tenter une nouvelle retraite.

Kazan et Louve Grise, sans se risquer inutilement désormais, lui emboîtèrent le pas. A peine pouvait-il se traîner. De sa hanche déchirée et de sa gorge, le sang ruisselait. Et, sur sa patte gauche, dont Louve Grise avait coupé le tendon, il claudiquait horriblement.

Au bout d'un quart d'heure, il s'arrêta derechef. Il releva péniblement sa lourde tête et promena son regard autour de lui. Puis il la laissa retomber. Ce n'était plus le fier seigneur des vastes solitudes, invincible durant vingt ans. Tout son corps s'affaissait, et le défi avait disparu de ses yeux mornes.

Sa respiration n'était plus qu'un râle bruyant et saccadé. Le stylet du jeune élan avait pénétré jusqu'aux poumons. Cela, un chasseur un peu expérimenté l'eût aussitôt compris et Louve Grise, non plus, ne l'ignorait pas. En compagnie de Kazan, elle se mit à tourner en rond autour de l'ancien roi du Wild, en attendant le moment où il s'effondrerait.

Ce moment, pourtant, ne fut pas immédiat. Une fois, deux fois, dix fois, vingt fois, le couple famélique décrivit son cercle avide, au centre duquel le vieux taureau pivotait sur lui-même, en suivant du regard les deux bêtes.

A midi, le manège durait encore. Les vingt tours étaient devenus, sous les pattes de Louve Grise et de Kazan, cent, deux cents, et davantage. Par l'effet du froid, grandissant avec le déclin du soleil, la piste circulaire, tracée et battue sans trêve par les huit pattes du chien-loup et de la louve, devint pareille à une luisante lame de glace, tandis que le vieil élan saignait, saignait, saignait toujours. Semblable à bien d'autres, ignorées, c'était une page tragique de la vie du Wild, qui achevait de se dérouler ; une lutte où le plus faible devait mourir, pour perpétuer l'existence du plus fort.

Une heure arriva où, au centre du cercle de mort, inflexible et tenace, de Louve Grise et de Kazan, le vieil élan ne se retourna plus. Louve Grise et Kazan comprirent que c'était la fin et cessèrent d'eux-mêmes de tourner. Ils quittèrent la neige foulée et, se reculant un peu, s'aplatirent sous un sapin bas, attendant.

Longtemps encore le monstre vaincu demeura comme figé sur place, en s'affaissant lentement sur son jarret replié sous lui. Puis, avec un râle rauque, que suffoquait le sang, il s'écroula enfin.

Kazan et la louve aveugle reprirent prudemment leur cercle, qu'ils rétrécirent peu à peu, de façon à se rapprocher insensiblement de leur victime. Quand ils furent tout près de lui, le gros taureau eut un dernier et vain sursaut. Il retomba.

Louve Grise, s'asseyant sur son derrière, jeta dans la solitude gelée, où sévissait la famine, un cri triomphal et lugubre.

Pour elle et pour Kazan, les jours de la faim étaient terminés.

XVI

VERS LA CURÉE

Après la mort de l'élan, qui survenait juste à point pour que le chien-loup ne succombât point de froid et de faim, Kazan, épuisé, s'était couché sur la neige sanglante. Il n'avait même pas la force de faire fonctionner ses mâchoires.

Louve Grise, avec l'endurance supérieure de sa race, s'était ruée au contraire sur l'énorme cadavre et avait commencé à mordre férocement dans la peau épaisse du cou, afin de mettre à nu la viande chaude. Cela fait, elle ne mangea pas, mais courut vers Kazan et gémit doucement près de lui, en le flairant du museau et en le poussant de l'épaule. Il se leva et elle l'amena vers la chair vive, où tous les deux, alors, festoyèrent longuement.

Ils ne quittèrent pas leur proie avant que la dernière et pâle lueur du jour du Nord ne se fût lentement évanouie dans la nuit. Ils étaient gavés jusqu'à la gueule et leurs côtes creuses étaient à nouveau rebondies.

Le vent avait faibli. Quelques nuages qui, durant la journée, avaient flotté dans le ciel s'étaient dissipés et le clair de lune illuminait la nuit. A sa calme lumière vint s'ajouter bientôt celle, toute frémissante, de l'aurore boréale, qui se déployait au ciel, dans la direction du pôle. Son sifflement monotone, pareil au crissement d'acier des patins de traîneau sur la neige gelée, parvint faiblement aux oreilles de Kazan et à celles de Louve Grise assoupis.

Dès qu'ils perçurent ce bruit mystérieux des cieux arctiques, ils cessèrent de dormir et se mirent sur le qui-vive, méfiants et les oreilles alertées.

Ils revinrent, en trottant, vers la viande qu'ils avaient tuée. Ils avaient combattu ensemble pour l'abattre, et n'ignoraient pas qu'elle leur appartenait seulement par le droit du croc. C'était la loi du Wilderness qu'ils auraient à lutter pour la conserver. Au temps des beaux jours de chasse, ils auraient, sans plus, continué leur route sous la lune et sous les étoiles. Mais les longues journées de jeûne et les nuits de famine les avaient rendus plus prévoyants.

Leur crainte n'était point vaine. Profitant de la beauté paisible de la nuit, qui venait après tant d'autres, si terribles, des milliers, des centaines de milliers de créatures affamées du Wild sortaient de leurs retraites pour quérir une nourriture. Sur dix-huit cents milles de l'est à l'ouest, sur un millier de milles du sud au nord, des légions d'êtres efflanqués, au ventre plat, se mettaient en chasse, dans la nuit claire.

L'instinct disait à Kazan et à Louve Grise que cette grande chasse de la création était commencée, et pas un instant ils ne cessèrent de monter la garde. Tapis sous un buisson, ils observaient, Louve Grise léchant la tête de Kazan.

Soudain, ils tressaillirent et leurs muscles se raidirent. Quelque chose de vivant avait passé près d'eux, quelque chose que Kazan n'avait pu voir, que Louve Grise n'avait pu entendre, mais qu'ils avaient faiblement perçu dans l'air.

C'était un gros hibou blanc qui, mystérieux comme une ombre, impalpable et silencieux comme un flocon de neige, était descendu dans l'atmosphère.

Kazan aperçut l'être ailé qui s'était installé sur une des épaules du vieil élan. Rapide comme l'éclair, il sortit de son buisson, suivi de Louve Grise, et, avec un grondement de colère, bondit vers le voleur, les mâchoires béantes. Mais sa gueule se referma sur le vide. Son bond l'avait porté trop loin et, quand il se retourna, le hibou s'était envolé.

Il fit le tour de l'élan, le poil en brosse, les yeux dilatés et menaçants, grondant et grognant vers l'air paisible. Ses mâchoires claquaient vers un ennemi invisible et il s'assit sur son derrière, en face de la piste sanglante que l'élan avait tracée dans la forêt en venant mourir ici. Son instinct lui disait que c'était par là que les maraudeurs surviendraient.

Les petites hermines, aux mouvements vifs, qui partout cette nuit-là, trottaient et sautillaient à la ronde, au clair de lune, pareilles à des rats blancs, découvrirent les premières le long ruban rouge qui se déroulait sur la neige. Féroces et avides de sang, elles le suivirent, en bonds souples et rapides.

Un renard, de son côté, avait, à un quart de mille, flairé l'odeur de la chair fraîche, que lui apportait le vent. Et il arrivait, lui aussi. Sortant d'un trou profond, creusé au centre d'un arbre mort, un chat-pêcheur, au ventre vide, aux petits yeux ronds, semblables à des grains de chapelet, se mit également en route, sur le ruban cramoisi.

Comme il était le plus proche, c'est lui qui se présenta tout d'abord. Kazan fonça vers lui. Il y eut une volée de coups de griffes, un grognement, des cris mutuels de douleur, et le chat-pêcheur oublia sa faim dans la fuite. Kazan s'en revint vers Louve Grise, le museau lacéré et saignant. Elle le lui lécha, tandis qu'il demeurait les oreilles raides et aux écoutes.

Le renard avait entendu les bruits du conflit. Comme il n'est pas, de sa nature, un lutteur bien vaillant, mais un simple escarpe, qui aime à tuer par-derrière et sans risques, il fit demi-tour et s'en alla quérir une autre proie. Il rencontra un hibou posé sur le sol, et ayant sauté dessus, dut se contenter d'un peu de chair sous une masse volumineuse de plumes.

Kazan, par contre, fut impuissant à arrêter l'invasion des hermines, ces petits outlaws blancs du Wilderness. Elles auraient glissé entre les pieds même d'un homme, pour parvenir, comme elles le voulaient, à la viande et au sang du vieil élan.

Sauvagement Kazan les pourchassait, de droite et de gauche. Mais, dans la clarté lunaire, elles semblaient plutôt des lueurs fugitives que des êtres vivants. Plus rapides que lui dans leurs mouvements, elles lui échappaient toujours. Elles creusaient des galeries dans la neige, jusque sous le ventre de l'élan, qu'elles rongeaient, et s'y gorgeaient tout à leur aise. Exaspéré, Kazan mordait à tort et à travers, et avait de la neige plein la gueule.

Placidement, Louve Grise, assise sur son derrière, le laissait faire. Elle savait qu'il n'y avait rien à tenter avec les petites hermines et elle jugeait superflu de s'en tourmenter autrement. Kazan finit par le comprendre, lui aussi, et s'en vint la retrouver, hatelant et soufflant.

Une partie de la nuit s'écoula sans incident. De temps à autre seulement, on entendait le hurlement lointain d'un loup, ou, ponctuant le silence funèbre, le ululement du hibou blanc que Kazan avait chassé et qui, du sapin sur lequel il était perché, susurrait sa protestation.

La lune était au zénith, au-dessus de la clairière, lorsque Louve Grise commença à s'agiter. Face à la piste sanglante, elle gronda, pour avertir Kazan.

Si féroce était son grondement que son compagnon ne se souvenait pas d'en avoir entendu un pareil depuis le jour du tragique combat sur le Roc du Soleil, où Louve Grise avait perdu la vue sous les griffes du lynx. Kazan ne douta point qu'un gros chat gris ne fût en route sur la piste rouge et il flaira l'air, en découvrant ses crocs et en se préparant à la bataille.

Mais alors, à un mille environ, un cri sauvage éclata, lancé à pleine gorge.

Ce cri était celui du fils véritable du Grand Désert blanc : le loup.

Kazan et Louve Grise se tenaient épaule contre épaule. Ce cri n'était pas pour eux une menace. C'était la clameur de la faim et l'appel de leurs frères.

Un changement s'opéra dans leur esprit. Par-delà le renard, le chat-pêcheur et les petites hermines blanches, par-delà toutes les autres bêtes du Wild, la horde farouche avait droit commun à la pâture. Au-dessus de tout existait la Fraternité du Loup.

Louve Grise se rassit sur son derrière, et comme un coup de clairon, lança à ses frères du Wilderness l'appel triomphant, qui leur annonçait qu'au bout de la piste rouge un vaste festin leur était servi.

Et le gros chat gris qui rôdait autour de la clairière, en entendant la double clameur, s'effraya. Il s'éloigna en rampant, l'oreille basse, et se perdit dans la vaste forêt que baignait la lune.

XVII

COMBAT

Assis sur leurs derrières, Kazan et Louve Grise attendirent.

Cinq minutes s'écoulèrent, puis dix, puis quinze, Louve Grise commençait à s'inquiéter. Aucun cri n'avait répondu à son appel. Elle jeta à nouveau son hurlement sonore et, tandis que Kazan frissonnait à son côté, elle interrogea le silence. Pourquoi la horde ne lui avait-elle point donné la lointaine réplique coutumière ?

Mais, presque en même temps, ses narines se dilatèrent. Ceux qu'elle appelait étaient là.

Kazan vit une forme qui se dessinait dans un rayon de lune, à l'extrémité de la clairière. Puis une seconde suivit, puis une autre encore, jusqu'à ce qu'il y en eût cinq, qui s'avançaient la tête baissée, en flairant la piste rouge.

Elles s'arrêtèrent à une soixantaine de yards et demeurèrent immobiles.

Alors, chose étrange, Kazan vit Louve Grise qui reculait. Il la vit rabattre ses oreilles et découvrir ses crocs, et entendit rouler dans sa gorge un grondement hostile.

Pourquoi cela ? Pourquoi se mettait-elle ainsi sur la défensive, maintenant qu'elle était en présence de ses frères de race, qu'elle-même avait appelés à la curée ?

Sans se soucier de ses avertissements, il s'avança à pas légers, la tête haute, l'échine hérissée, vers les nouveaux arrivants. Son flair, au contraire de celui de Louve Grise, lui enseignait pour eux la sympathie. Il s'arrêta à une vingtaine de pas du petit groupe, qui s'était accroupi dans la neige.

Le panache de sa queue commença à s'agiter, tandis qu'une des bêtes s'était levée d'un bond et s'approchait de lui. Les autres firent de même et, l'instant d'après, Kazan était au milieu du groupe. On se flairait et se reflairait mutuellement, avec tous les signes évidents de la satisfaction. Les nouveaux venus n'étaient pas des loups. C'étaient des chiens.

En quelque cabane isolée de la solitude glacée, leur maître était mort. Alors ils étaient partis dans le Wild.

Ils portaient encore les marques des harnais de traîneaux auxquels ils avaient été attachés. Autour de leurs cous étaient des colliers en peau d'élan. Sur leurs flancs pelés, les poils étaient ras et usés, et l'un d'eux traînait encore après lui un trait de trois pieds de long. A demi morts de faim, ils étaient terriblement maigres. Leurs yeux luisaient, rougeâtres, dans leurs orbites creuses.

Aimablement, Kazan trotta devant eux et les amena devant le corps du vieil élan. Puis il alla rejoindre Louve Grise et, tout fier et satisfait, s'assit près d'elle, en écoutant la mastication des mâchoires des pauvres bougres qui festoyaient. Et, comme Louve Grise semblait toujours inquiète, il lui donna, de la langue, une rapide caresse, afin de l'assurer que tout allait bien. Leur repas terminé, les chiens s'en vinrent vers Kazan et vers Louve Grise, afin de nouer plus ample connaissance. La louve aveugle parut surtout les intéresser. Cette familiarité déplut à Kazan, qui commença à surveiller de près ces effrontés.

Un des chiens surtout était formidable. C'était celui qui traînait après lui le trait brisé. Il approcha son nez de celui de Louve Grise et l'en toucha. Kazan jeta, en signe d'avertissement, un cri strident. Le chien recula et, tous deux, par-dessus la tête de la louve aveugle, se montrèrent les crocs. C'était le Défi du Mâle.

Le gros husky était le chef de la bande. Nul autre chien n'avait jamais osé lui résister. Il s'attendait que Kazan, comme les autres, tremblerait devant lui et se sauverait, la queue basse.

Il parut étonné de voir qu'il n'en était rien. Kazan, au contraire, était prêt à bondir par-dessus la louve et à engager immédiatement le combat. Le gros husky s'éloigna, grognant et grondant, et déchargea sa colère sur un de ses camarades qu'il mordit férocement au flanc.

Louve Grise, sans qu'elle en fît rien voir, avait bien compris ce qui se passait. Elle se serra tout contre Kazan, et tenta de le persuader qu'ils devaient tous deux s'éloigner. Elle savait, en effet, que pour être différé, le combat n'en était pas moins fatal et elle tremblait pour son compagnon.

La réponse de Kazan fut un roulement de tonnerre qui gronda dans sa gorge. Il lécha les yeux aveugles de Louve Grise et se coucha près d'elle, face à face avec les chiens étrangers.

La lune baissait au ciel et elle finit par disparaître à l'ouest, derrière le faîte des sapins. Puis ce fut au tour des étoiles de pâlir et de s'évanouir peu à peu, pour faire place à l'aube grise et froide du Northland.

Dans cette aube, Kazan vit le gros husky se lever du trou qu'il s'était creusé dans la neige et se diriger vers ce qui restait du corps du vieil élan.

Il fut aussitôt sur ses pattes et s'avança, lui aussi, vers le corps déchiqueté, la tête basse, l'échine hérissée.

Le gros husky fit mine de s'éloigner de quelques pas et de céder la place à Kazan. Celui-ci s'attaqua à la chair gelée. Il n'avait pas faim. Mais il prétendait montrer ainsi son droit qui primait tout autre.

Tandis qu'il était à mordre dans le cou de l'élan et paraissait en oublier Louve Grise, le husky, se glissant en arrière, muet comme une ombre, s'en fut vers la louve. Louve Grise répondit en enfonçant profondément ses crocs dans l'épaule du husky.

Une traînée grise, silencieuse et terrible, passa dans le demi-jour de l'aurore. C'était Kazan qui bondissait. Sans un grognement, sans un cri, il fut sur le husky et, l'instant d'après, tous deux étaient aux prises, en un duel sans merci. Les quatre autres chiens accoururent et se tinrent immobiles à une douzaine de pas des deux champions, dans l'attente du résultat de la bataille. Louve Grise demeurait couchée sur le sol.

Ce fut un bref et forcené combat.

Une rage et une haine égales animaient le husky géant et le chien-loup. Chacun d'eux, alternativement, avait sa prise sur l'autre. C'était tantôt l'un et tantôt l'autre qui était debout ou roulait par terre. Si prestement se déroulaient les phases du combat que les quatre chiens spectateurs n'y pouvaient rien reconnaître. Dès qu'ils voyaient Kazan ou le husky renversé sur le dos, ils frémissaient du désir de se jeter sur lui, comme c'était l'usage, pour le mettre en pièces. Mais ils hésitaient et renonçaient, apeurés, tellement la décision finale apparaissait incertaine.

Jamais le gros husky n'avait été vaincu, en aucune bataille. De ses ancêtres danois il avait hérité une masse formidable et une mâchoire capable de broyer dans son étreinte la tête d'un chien ordinaire. Mais en Kazan il trouvait à la fois le chien et le loup, leurs divers modes de combat, et ce qu'il y avait de meilleur dans l'une et dans l'autre race. Tous deux, enfin, s'étaient refait des forces sur la chair du vieil élan.

Ils s'étaient mutuellement saisis, et solidement, Kazan tenant le husky par l'épaule, le husky tenant Kazan par la gorge et y cherchant la veine jugulaire. Puis, ensemble, ils se lâchèrent et se dégagèrent, pour une attaque nouvelle. Les quatre chiens s'avancèrent légèrement, vigilants, l'œil fixe et la gueule ouverte, dans l'attente du dénouement.

Recourant à sa tactique favorite, Kazan se mit à tourner en rond autour de son adversaire, comme il avait fait, avec Louve Grise, autour du vieil élan. Le husky parut tout décontenancé. Il pivotait péniblement sur lui-même, les oreilles rabattues, et boitant sur son épaule brisée.

Toute la prudence de Kazan lui était revenue et, quoiqu'il saignât abondamment, il avait repris sa maîtrise de lui. Cinq fois il décrivit autour du gros husky son cercle fatal. Puis, soudain, comme part un coup de feu, il s'élança de côté sur son ennemi, de tout son poids, pour le renverser.

Le choc fut si violent que le husky en culbuta, les quatre pattes en l'air. Et déjà les quatre chiens, qui composaient l'impitoyable tribunal de mort, étaient sur lui.

Toute la haine accumulée en eux durant des semaines et des mois contre le chef arrogant, aux longs crocs, qui les avait tyrannisés sous le harnais, se donna libre cours et, en un clin d'œil, il fut mis en lambeaux.

Kazan vint fièrement se camper aux côtés de Louve Grise, qui l'avait laissé combattre seul. Avec un petit pleurnichement joyeux, elle posa câlinement sa tête sur le cou du triomphateur. C'était la seconde fois que, pour elle, Kazan avait affronté le mortel combat. Deux fois il avait vaincu.

Et son âme — si elle avait une âme — en exulta vers le ciel gris et froid, tandis que, levant ses yeux aveugles vers l'invisible aurore, elle écoutait craquer, sous la dent des quatre chiens, la chair et les os de l'ennemi que son seigneur et maître avait abattu.

XVIII

LE CARNAVAL DU WILD

Durant trois jours et trois nuits, Kazan et Louve Grise vécurent sur la chair gelée du vieil élan, montant la garde auprès de lui, en compagnie des quatre chiens qui avaient immédiatement reconnu Kazan pour leur chef.

Louve Grise ne se souciait guère de cette société. Elle aurait préféré être seule avec son compagnon et, plusieurs fois, elle tenta de l'attirer à sa suite, dans la forêt. Mais, chez les animaux comme chez les gens, l'orgueil est grand de dominer et ce n'était pas sans plaisir que Kazan avait retrouvé son ancienne dignité et le temps oublié où il commandait aux chiens de traîneau.

La température, cependant, s'adoucissait de plus en plus et la chasse coutumière allait redevenir possible.

Kazan la reprit durant la nuit du quatrième jour et la conduisit avec entrain, à la tête de la meute des quatre chiens. Pour la première fois, il avait laissé derrière lui sa compagne aveugle. Un jeune daim fut levé et forcé. Kazan lui sauta à la gorge et le tua. Et pas avant qu'il ne se fût rassasié, les autres chiens ne se permirent de goûter à la proie commune. Il était le maître, le tsar tout-puissant, qui les faisait reculer par un simple grognement. Au seul aspect de ses crocs, ils se couchaient tremblants, sur leur ventre, dans la neige.

Louve Grise arriva, une demi-heure après, triste, les oreilles pendantes et la tête basse. C'est à peine si elle goûta au daim. Ses yeux aveugles semblaient supplier Kazan de ne pas l'abandonner, de se séparer de ces intrus, pour revivre avec elle la solitude passée.

Ses instances demeuraient sans force, car les trois quarts de chien qui étaient dans Kazan faisaient qu'il ne lui déplaisait point de se retrouver avec ses cousins consanguins, en société desquels il avait si longtemps vécu. Il avait appris à haïr l'homme, non les chiens. Une autre influence contrebalançait maintenant celle de Louve Grise.

Deux semaines s'écoulèrent ainsi. Sous la chaleur croissante du soleil, le thermomètre continuait à monter et la neige, sur le sol, commençait à fondre.

La petite troupe ne cessait de faire route vers l'est et le sud. Kazan et les chiens savaient que c'était de ce côté que se trouvait cette civilisation avec laquelle ils souhaitaient reprendre contact. L'homme était dans cette direction. Et ils n'avaient pas vécu assez longtemps de la vie du Wild pour que l'attirance du passé eût cessé complètement d'agir sur eux.

Les six bêtes arrivèrent ainsi à proximité d'un des postes avancés de la baie d'Hudson. Comme elles trottaient sur une longue crête, quelque chose les arrêta. C'était la voix perçante d'un homme, qui criait ce mot bien connu des quatre chiens et de Kazan : « Kouche ! Kouche ! Kouche ! » Au-dessous d'eux, en effet, ils aperçurent, dans la plaine découverte, un attelage de six chiens qui tirait un traîneau. Un homme courait derrière, les excitant de ce cri répété : « Kouche ! Kouche ! Kouche ! »

Les quatre huskies et le chien-loup demeuraient tremblants et indécis, avec Louve Grise qui rampait derrière eux. Lorsque le traîneau eut disparu, ils descendirent vers la piste qu'il avait laissée et la reniflèrent brusquement, en grande agitation.

Pendant près d'un mille ils la suivirent, flanqués de Louve Grise, qui prudemment, et inquiète d'une telle témérité, se tenait un peu au large. L'odeur de l'homme la mettait en un inexprimable malaise et seul son attachement à Kazan l'empêchait de s'enfuir au loin.

Puis, Kazan s'arrêta et, à la grande joie de Louve Grise, abandonna la piste. Le quart de loup en lui reprenait le dessus et lui disait de se défier. Au signal qu'il en donna, toute la compagnie regagna la plus proche forêt. Partout la neige fondait et, avec le printemps, le Wilderness se vidait de tous les hommes qui y avaient vécu durant l'hiver. Sur une centaine de milles autour de la petite troupe, ce n'était que trappeurs et chasseurs qui s'en revenaient vers la factorerie en apportant leur butin de fourrures. Leurs pistes multiples mettaient comme un filet autour de la bande errante, qui avait fini par se rapprocher à une trentaine de milles du poste.

Et, tandis que la louve aveugle s'affolait chaque jour davantage de la menace de l'homme, Kazan finissait par n'y plus pouvoir tenir d'aller rejoindre ses anciens bourreaux. Il saisissait dans l'air l'âcre odeur des feux de campements. Il percevait, durant la nuit, des bribes de chansons sauvages, suivies des glapissements et des abois de meutes de chiens. Tout près de lui, il entendit un jour le rire d'un homme blanc et l'aboiement joyeux de son attelage, auquel l'homme jetait la pâture quotidienne de poissons séchés. Mille par mille, inéluctablement, Kazan se rapprochait du poste et Louve Grise sentait approcher l'heure où l'appel final, plus fort que les autres, lui enlèverait son compagnon.

Dans la succursale de la Compagnie de la baie d'Hudson, l'animation était grande. Jours de réglements de comptes pour les trappeurs, jours de bénéfices et jours de plaisirs. Jours où le Wild apportait son trésor de fourrures, qui serait expédié ensuite vers Londres et vers Paris, et vers les autres capitales de l'Europe.

Et il y avait, cette année-ci, dans le rassemblement de tous les gens du Wild, un intérêt supplémentaire et plus palpitant que de coutume. La Mort rouge avait passé et maintenant seulement on connaîtrait, en les voyant ou ne les voyant pas revenir, le nombre de ceux qui avaient survécu ou trépassé.

Les Indiens Chippewyans et les métis du Sud arrivèrent les premiers avec leurs attelages de chiens hybrides, ramassés le long des frontières du monde civilisé.

Après eux apparurent les chasseurs des terres stériles de l'Ouest. Ils apportaient leurs charges de peaux de caribou et de renard blanc, halées par une armée de hounds du Mackenzie, aux grandes pattes et aux gros pieds, qui tiraient aussi dur que des chevaux et qui se mettaient à piailler comme des roquets qu'on fouette, lorsque les gros huskies et les chiens esquimaux leur couraient sus. Les chiens du Labrador, farouches et terribles entre tous, et que la mort seule pouvait vaincre, arrivaient des parages septentrionaux de la baie d'Hudson. Les malemutes de l'Athabasca étaient énormes, avec une robe sombre, et les chiens esquimaux, jaunes ou gris, étaient aussi prestes de leurs crocs que leurs petits maîtres, noirauds et huileux, étaient agiles [1].

Toutes les meutes, à mesure qu'elles arrivaient, ne manquaient pas de se jeter les unes sur les autres, grognant, aboyant, happant et mordant. Il n'y avait pas de cesse dans la bataille des crocs.

Les combats commençaient à l'aube, avec les arrivées de traîneaux au poste, se continuaient toute la journée et, le soir, autour des feux des campements. Ces antipathies canines n'avaient pas de fin. Partout la neige fondante était maculée de sang.

Au cours de ces batailles diurnes et nocturnes, ceux qui écopaient le plus étaient les chiens hybrides du Sud, issus et mélangés de mâtins, de danois et de chiens de berger, et les hounds, lourds et lents, du Mackenzie.

Lorsque la neige liquéfiée fut devenue complètement impraticable aux traîneaux et qu'il n'y eut plus d'espoir de voir apparaître aucun nouvel arrivant, William, l'agent de la factorerie, put établir la liste définitive des hommes qui manquaient. Il biffa leurs comptes de ses registres, car il savait bien que, ceux-là, la Mort rouge les avait fauchés.

Une centaine de feux de campement élevaient leurs fumées autour du poste et, des tentes à ces feux, allaient et venaient sans cesse les femmes et les enfants des chasseurs, qui, pour la plupart, les avaient amenés avec eux.

1. Les hounds, les chiens du Labrador, les chiens esquimaux, les malemutes sont, comme les huskies, autant de variétés de chiens de traîneau.

Mais où ce remue-ménage fut surtout considérable, ce fut pour la nuit du Grand Carnaval. Durant des semaines et des mois, hommes, femmes et enfants, de la forêt et de la plaine, hommes blancs et Peaux-Rouges, jusqu'aux petits Esquimaux qui en rêvaient dans leurs huttes glacées, avaient attendu cette heure joyeuse, cette folle nuit de plaisir, qui allait redonner quelque attrait à la vie. C'était la Compagnie qui offrait la fête à tous ceux qu'elle employait ou avec qui elle commerçait.

Cette année plus que les autres, afin de dissiper les tristes souvenirs de la Mort rouge, l'agent s'était mis en frais. Il avait fait tuer par ses chasseurs quatre gros caribous et, dans la vaste clairière qui entourait la factorerie, empiler d'énormes tas de bûches sèches. Sur des fourches de sapin, hautes de dix pieds, reposait, en guise de broche, un autre sapin, lisse et dépouillé de son écorce. Il y avait quatre de ces broches et sur chacune d'elles était enfilé un caribou tout entier, qui rôtissait au-dessus du feu. Les flammes s'allumèrent à l'heure du crépuscule et l'agent lui-même entonna le *Chant du caribou,* célèbre dans tout le Northland :

Oh ! le caribou-ou-ou, le caribou-ou-ou !
Il rôtit en l'air,
Haut sous le ciel clair,
Le gros et blanc caribou-ou-ou !

« A vous, maintenant ! hurla-t-il. A vous, et en chœur ! »

Et, se réveillant du long silence qui, si longtemps avait pesé sur eux dans le Wild, hommes, femmes et enfants entonnèrent le chant à leur tour, avec une frénésie sauvage, qui éclata vers le ciel. En même temps, se prenant par les mains, ils mettaient en branle, autour des quatre broches enveloppées de flammes, la Grande Ronde.

A plusieurs milles au sud et au nord, à l'est et à l'ouest, se répercuta ce tonnerre formidable. Kazan et Louve Grise, et les outlaws sans maître qui étaient avec eux, l'entendirent. Et bientôt se mêla aux voix humaines le hurlement lointain des chiens, qu'excitait la sarabande infernale.

Les compagnons de Louve Grise et de Kazan ne tenaient pas en place. Ils dressaient leurs oreilles dans la direction de l'immense rumeur et gémissaient plaintivement.

Kazan n'était pas moins troublé. Il commença son manège ordinaire avec Louve Grise, qui s'était reculée en montrant les dents, et qu'il tentait d'entraîner à sa suite. Toujours, d'ailleurs, aussi vainement.

Alors il revint vers les quatre huskies. A ce moment, une bouffée de vent apporta plus distinct l'écho sonore du Carnaval du Wild et ses ardentes résonances. Les quatre bêtes, oubliant l'autorité de Kazan, ne résistèrent pas davantage à l'appel de l'homme. Baissant la tête et les oreilles, et s'aplatissant sur le sol, elles filèrent comme des ombres, dans la direction du bruit. Le chien-loup hésitait encore. De plus en plus, il pressait Louve Grise, tapie sous un buisson, de consentir à le suivre. Elle ne broncha pas. Elle aurait, aux côtés de son compagnon, affronté même le feu. Mais point l'homme.

La louve aveugle entendit sur les feuilles séchées un bruit rapide de pattes qui s'éloignaient. L'instant d'après, elle savait que Kazan était parti. Alors seulement, elle sortit de son buisson et se mit à pleurnicher tout haut.

Kazan entendit sa plainte, mais ne se retourna pas. L'autre appel était le plus fort. Les quatre huskies avaient sur lui une assez forte avance et il tentait, en une course folle, de les rattraper.

Puis il se calma un peu, prit le trot et bientôt s'arrêta. A moins d'un mille devant lui, il pouvait voir les flammes des grands feux qui empourpraient les ténèbres et se reflétaient dans le ciel. Il regarda derrière lui, comme s'il espérait que Louve Grise allait apparaître. Après avoir attendu quelques minutes, il se remit en route.

Il ne tarda pas à rencontrer une piste nettement tracée. C'était celle où l'un des quatre caribous, qui étaient en train de rôtir, avait été traîné, quelques jours auparavant. Il la suivit et gagna les arbres qui bordaient la vaste clairière où s'élevait la factorerie.

Devant lui, la Grande Ronde se déroulait, échevelée.

On aurait pu se croire dans une maison de fous. Le vacarme était réellement satanique. Le chant en basse-taille des hommes, la voix plus perçante des femmes et des enfants, les trépignements et les éclats de rire de tous, le tout accompagné par les aboiements déchaînés d'une centaine de chiens. Kazan en avait les oreilles abasourdies. Mais il brûlait d'envie de se joindre au démoniaque concert. Caché dans l'ombre d'un sapin, il refrénait encore son élan, les narines dilatées vers le merveilleux arôme des caribous qui achevaient de rôtir. L'instinct de prudence du loup, que lui avait inculqué Louve Grise, livrait en lui un dernier combat.

Tout à coup la ronde s'arrêta, le chant se tut. Les hommes, à l'aide de longs pieux, décrochèrent des broches qui les portaient les énormes corps des caribous, qu'ils déposèrent, tout ruisselants de graisse, sur le sol.

Ce fut alors une ruée générale et joyeuse de tous les convives, qui avaient mis au clair leurs coutelas ou leurs couteaux. Et, derrière ce cercle, suivit celui des chiens, en une masse jappante et grognante. Kazan, cette fois, n'y tint plus. Abandonnant son sapin, il se précipita dans la clairière.

Comme il arrivait, rapide comme l'éclair, une douzaine d'hommes de l'agent de la factorerie, armés de longs fouets, avaient commencé à faire reculer les bêtes. La lanière d'un des fouet s'abattit, redoutable et coupante, sur l'épaule d'un chien d'Esquimau, près duquel Kazan se trouvait justement. L'animal, furieux, lança un coup de gueule vers le fouet, et ce fut Kazan que ses crocs mordirent au croupion. Kazan rendit le coup et, en une seconde, les mâchoires des deux chiens béaient l'une vers l'autre. La seconde d'après, le chien esquimau était par terre, avec Kazan qui le tenait à la gorge.

Les hommes se précipitèrent, pestant et jurant. Leurs fouets claquèrent, et s'abattirent comme des couteaux. Kazan, qui était sur son adversaire, sentit la douleur cuisante. Alors remonta soudain en lui le souvenir cruel des jours passés, qui avaient fait de l'homme son tyran. Il gronda et, lentement, desserra son emprise.

Comme il relevait la tête, il vit un autre homme qui surgissait de la mêlée — car, animés par l'exemple, tous les autres chiens s'étaient rués les uns contre les autres — et cet homme tenait à la main un gourdin !

Le gourdin s'abattit sur son dos et la force du coup l'envoya s'aplatir sur le sol. Puis le gourdin se leva à nouveau... Derrière l'énorme bâton était une face rude et féroce, éclairée par les reflets rouges des feux. C'était une telle face qui avait jadis poussé Kazan vers le Wild. Comme le gourdin s'abaissait, il fit un écart brusque pour l'éviter, et les couteaux d'ivoire de ses dents brillèrent. Pour la troisième fois, le gourdin se leva. Kazan, bondissant, happa l'avant-bras de l'homme qui le portait et lacéra la chair jusqu'à la main.

« Tonnerre ! » hurla l'homme.

Et Kazan perçut dans la nuit la lueur d'un canon de fusil. Mais il détalait déjà vers la forêt. Un coup de feu retentit. Quelque chose qui ressemblait à un charbon rouge frôla le flanc du fuyard.

Lorsqu'il fut assez loin pour être certain de n'être point poursuivi, le chien-loup s'arrêta de courir et lécha le sillon brûlant que la balle avait tracé, roussissant le poil et emportant un lambeau de peau. Il retrouva Louve Grise qui l'attendait toujours à la même place. Toute joyeuse, elle bondit à sa rencontre. Une fois de plus, l'homme lui avait renvoyé son compagnon.

XIX

UN FILS DE KAZAN

Épaule contre épaule, les deux bêtes repartirent dans la direction du nord-ouest, tandis que s'éteignait derrière elles la grande rumeur.

Étape par étape, elles s'en revinrent, au bout de plusieurs jours, au marais où elles avaient gîté durant la famine et avant la rencontre des chiens sauvages.

Alors le sol était gelé et enseveli sous la neige. Aujourd'hui le soleil brillait au ciel tiède, dans toute la gloire du printemps. Partout la glace achevait de se craqueler et de s'effriter, la neige de fondre, et une multitude d'eaux torrentueuses coulaient sur le sol. Partout le dégel et la mort de l'hiver se faisaient sentir, parmi les roches qui reparaissaient comme parmi les arbres, et la magnifique clarté de l'aurore boréale, qui avait illuminé tant de nuits passées, avait reculé plus loin, plus loin encore vers le pôle, sa gloire pâlissante.

Les peupliers gonflaient leurs bourgeons, prêts à éclater, et l'air s'imprégnait du parfum pénétrant des baumiers, des sapins et des cèdres. Là où, six semaines auparavant, régnaient la famine et la mort, Kazan et Louve Grise respiraient à pleines narines l'odeur de la terre et écoutaient palpiter tous les bruits de la vie renouvelée.

Au-dessus de leurs têtes, un couple d'oiseaux des élans [1], nouvellement appariés, voletait et criaillait à leur adresse. Un gros geai lissait ses plumes au soleil. Plus loin, ils entendirent un lourd sabot qui faisait craquer sous son poids les brindilles dont le sol était jonché. Ils perçurent aussi l'odeur d'une mère ours, qui était fort occupée à tirer vers le sol les branches d'un peuplier et leurs bourgeons, dont se délectaient ses oursons. Louve Grise ne cessait de frotter sa tête aveugle contre celle de Kazan. Elle n'éprouvait nul désir de chasser. L'odeur d'un caribou, ni celle de la mère ours n'éveillait plus en elle aucun instinct combatif.

Ils arrivèrent tous deux en face de l'arbre creux qui avait été leur ancien gîte. Kazan le reconnut aussitôt et Louve Grise le sentit.

Le sol, légèrement exhaussé, n'avait point été, ici, envahi par l'eau provenant de la fonte des neiges et qui mettait son miroir dans mainte partie du marais. Mais un petit torrent encerclait le bas de l'arbre et l'isolait complètement.

Tandis que Louve Grise dressait l'oreille au clapotis des eaux, Kazan cherchait, à droite et à gauche, un gué qu'il fût loisible de traverser. Il n'en trouva point, mais un gros cèdre qui était tombé en travers du torrent et formait pont. Il s'y engagea et, après quelques hésitations, Louve Grise le suivit.

Ils parvinrent ainsi à leur ancienne retraite. Ils en flairèrent, avec prudence, l'ouverture et, comme rien ne leur parut anormal, ils se décidèrent à entrer. Lasse et haletante, Louve Grise se laissa choir par terre aussitôt, dans le recoin le plus obscur du nid retrouvé, et Kazan vint vers elle, pour lui lécher la tête en signe de satisfaction. Après quoi, il se prépara à sortir, afin de s'en aller un peu à la découverte.

Comme il était sur le seuil de son abri, l'odeur d'une chose vivante vint tout à coup jusqu'à lui. Il se raidit sur ses pattes et ses poils se hérissèrent.

Deux minutes ne s'étaient point écoulées qu'un caquetage, pareil à celui d'un enfant, se fit entendre et un porc-épic apparut. Lui aussi cherchait un gîte et, les yeux au sol, sans regarder devant lui, s'en venait droit vers l'arbre.

Kazan n'ignorait pas que le porc-épic, lorsqu'on ne s'attaque point à lui, est la bête la plus inoffensive qui soit. Il ne réfléchit point qu'un simple grognement issu de son gosier suffirait à faire s'éloigner, vite et docilement, cette créature débonnaire, babillarde et piaillarde, qui sans cesse monologue avec elle-même. Il ne vit là qu'un fâcheux, qui

1. L'oiseau des élans, *moose-bird*. Ces oiseaux ont l'habitude de venir se poser sur le dos des élans, qu'ils débarrassent de leurs parasites, comme font chez nous les sansonnets avec les bœufs et les moutons.

venait l'importuner, lui et Louve Grise. Bref, l'humeur du moment fit qu'il bondit inconsidérément sur le porc-épic.

Un crescendo de piaillements, de pleurnichements et de cris de cochon, auquel répondit une gamme forcenée de hurlements, fut le résultat de cette attaque.

Louve Grise se précipita hors de son arbre, tandis que le porc-épic s'était rapidement enroulé en une boule hérissée de piquants et que Kazan, à quelques pieds de là, se démenait follement, en proie aux affres les plus cuisantes que puisse connaître un hôte du Wild.

Sa gueule et son museau étaient semblables à une pelote d'épingles. Il se roulait sur le sol, creusant dans l'humus un grand trou, et lançant des coups de griffes, à tort et à travers, aux dards qui lui perçaient la chair. Puis, comme l'avait fait le lynx sur la bande de sable, comme le font tous les animaux qui ont pris contact de trop près avec l'ami porc-épic, il se releva soudain et se mit à courir tout autour de l'îlot, hurlant à chacun de ses bonds désordonnés.

La louve aveugle devinait sans peine ce qui se passait. Elle ne s'en affolait point outre mesure et peut-être — qui sait quelles idées peuvent germer dans le cerveau des animaux ? — s'amusait-elle intérieurement de la mésaventure advenue à son imprudent compagnon, dont elle entendait et se figurait les gambades grotesques.

Comme, au demeurant, elle n'y pouvait rien, elle s'assit sur son derrière et attendit, dressant seulement les oreilles et s'écartant un peu, chaque fois que dans sa ronde démente Kazan passait trop près d'elle.

Le porc-épic, durant ce temps, satisfait du succès de sa manœuvre défensive, s'était précautionneusement déroulé, avait replié ses piquants et, tout en se dandinant, avait silencieusement gagné un peuplier voisin, qu'il escalada prestement, en s'y accrochant des griffes. Après quoi il se mit à grignoter, fort tranquille, la tendre écorce d'une petite branche.

Après un certain nombre de tours, Kazan se décida à s'arrêter devant Louve Grise. La douleur occasionnée chez lui par les terribles aiguilles avait perdu de son acuité. Mais elle laissait dans sa chair l'impression d'une brûlure profonde et continue.

Louve Grise s'avança vers lui, s'en approcha tout près, et le tâta du museau et de la langue, avec prudence. Puis elle saisit délicatement entre ses dents deux ou trois piquants qu'elle arracha.

Kazan poussa un petit glapissement satisfait et Louve Grise renouvela la même opération avec un second bouquet de piquants. Alors, confiant, il s'aplatit sur le ventre, les pattes de devant étendues, ferma les yeux et, sans plus gémir, jetant seulement de temps à autre un *yip* plaintif, lorsque la douleur était trop vive, il s'abandonna aux soins habiles de son infirmière.

Son pauvre museau fut bientôt rouge de sang. Une heure durant, Louve Grise, en dépit de sa cécité, s'appliqua à sa tâche et, au bout de ce temps, elle avait réussi à extirper la plupart des dards maudits. Seuls, quelques-uns demeuraient, qui étaient trop courts ou enfoncés trop profondément pour que ses dents pussent les saisir.

Kazan descendit alors vers le petit torrent et trempa dans l'eau glacée son museau brûlant. Ce lui fut un soulagement momentané seulement. Car les piquants qui étaient restés dans la chair vive ne tardèrent pas à produire, dans son museau et dans ses lèvres, une inflammation qui ne faisait qu'augmenter à mesure qu'ils déchiraient davantage les tissus, où ils pénétraient comme une chose vivante.

Lèvres et museau se mirent à enfler. Kazan bavait une salive mêlée de sang et ses yeux s'empourpraient. Deux heures après que Louve Grise, ayant terminé sa tâche, était rentrée dans son gîte et s'y était recouchée, l'infortuné en était toujours au même point.

Il se jeta, de male rage, sur un morceau de bois qu'il rencontra, et y mordit furieusement. Il sentit se casser un des dards qui le faisaient le plus souffrir, et il réitéra.

La Nature lui avait indiqué le seul remède qui fût à sa portée et qui consistait à mâcher avec force de la terre et des bouts de bois. Dans cette trituration, la pointe des dards s'émoussait et les dards eux-mêmes se brisaient. Finalement, la pression exercée sur eux les faisait jaillir de la chair, comme une écharde que l'on repousse du doigt.

Au crépuscule, Kazan était entièrement libéré et il s'en alla rejoindre Louve Grise au creux de l'arbre. Mais, plusieurs fois durant la nuit, il dut encore se relever et s'en aller au petit torrent, afin de calmer la brûlure inapaisée.

Le lendemain, il n'était point joli, joli, et son mufle avait ce que les gens du Wild appellent « la grimace du porc-épic ». La gueule était enflée au point que Louve Grise s'en fût tordue de rire, si elle n'eût point été aveugle et si elle eût été un être humain. Les lèvres étaient, le long des mâchoires, boursouflées comme des coussins. Les yeux n'étaient plus que deux fentes étroites, au milieu d'une fluxion générale de la face.

Lorsque Kazan sortit de l'arbre et vint au jour, il ne pouvait guère mieux voir que sa compagne aveugle. La douleur, du moins, s'en était allée en grande partie. La nuit suivante, il put songer à chasser de nouveau et revint, avant l'aube, avec un lapin.

La chasse aurait pu être plus fructueuse et s'augmenter d'une perdrix des sapins si, au moment même où Kazan allait bondir vers l'oiseau posé sur le sol, il n'avait entendu le doux caquetage d'un porc-épic.

Il en fut cloué sur place. Il n'était point facile à effrayer. Mais le piaillement incohérent et vide de la bestiole aux dards cruels suffit à le terrifier et à le faire déguerpir au loin, quelques instants après, au pas accéléré, la queue entre les pattes.

Avec la même invincible appréhension que l'homme éprouve pour le serpent, Kazan devait éviter toujours, désormais, cette créature du Wild, si bon enfant, qu'on n'a jamais vue, dans l'histoire animale, perdre sa jacassante gaieté ni chercher noise à quiconque.

Deux semaines durant, après l'aventure de Kazan et du porc-épic, les jours continuèrent à croître, le soleil à augmenter sa chaleur. Les dernières neiges achevèrent de rapidement disparaître. Partout éclataient les bourgeons des peupliers, où apparaissaient les pousses vertes, et étincelaient les feuilles cramoisies de la vigne rouge. Sur les pentes les plus ensoleillées, parmi les rochers, les petits perce-neige ouvraient leurs corolles, annonce décisive que le printemps était venu.

Pendant la première semaine, Louve grise chassa plus d'une fois avec Kazan. Ils n'avaient pas besoin d'aller loin. Le marais fourmillait de petit gibier et, chaque jour ou chaque nuit, ils tuaient de la viande fraîche.

Au cours de la seconde semaine, Louve Grise chassa moins. Puis vint une nuit, une nuit embaumée, magnifique et douce sous les rayons de la pleine lune printanière, où elle se refusa à quitter le creux de l'arbre.

Kazan ne l'y incita point. L'instinct lui faisait comprendre qu'un événement nouveau se préparait. Il partit pour la chasse, sans trop s'éloigner, et rapporta bientôt un lapin blanc.

Quelques jours s'écoulèrent encore et une autre nuit arriva où, dans le recoin le plus obscur de sa retraite, Louve Grise salua d'un grognement étouffé Kazan qui rentrait. Il demeura sur le seuil de l'arbre, avec un lapin qu'il tenait dans sa gueule, et n'entra point.

Au bout de quelques instants, il laissa tomber le lapin, les yeux fixés sur l'obscurité où gisait Louve Grise. Finalement, il se coucha en travers, devant l'entrée de la tanière. Puis, tout agité, il se remit sur ses pattes et s'en alla.

Il ne revint qu'avec le jour. Comme jadis sur le Roc du Soleil, il renifla, renifla. Ce qui flottait dans l'air n'était plus une énigme. Il s'approcha de Louve Grise et elle ne grogna pas. Il la flaira et caressa, tandis qu'elle gémissait doucement. Puis son museau découvrit quelque chose d'autre, qui respirait faiblement.

Kazan, ce jour-là, ne repartit point en chasse. Il s'étendit voluptueusement au soleil, la tête pendante et les mâchoires ouvertes, en signe de la grande satisfaction qui était en lui.

XX

L'ÉDUCATION DE BARI

Frustrés une première fois des joies de la famille par le drame du Roc du Soleil, Kazan et Louve Grise n'avaient pas oublié la tragique aventure.

Au moindre bruit, Louve Grise tressaillait et tremblait, prête à bondir sur l'invisible ennemi qui se présenterait et à déchirer toute chair qui n'était pas celle de Kazan et de son petit.

Kazan n'était pas moins inquiet et alerté. Sans cesse il sautait sur ses pattes et épiait autour de lui. Il se défiait des ombres mouvantes, que promène le vent sous le soleil ou sous la lune. Le craquement d'une branche, le frémissement de la moindre brindille faisaient se retrousser ses lèvres sur ses crocs. Il menaçait et grondait vers la douceur de l'air, chaque fois qu'une odeur étrangère arrivait à ses narines.

Pas un seul instant, ni jour ni nuit, il ne se distrayait de sa garde. Aussi sûrement que l'on s'attend, chaque matin, à voir se lever le soleil, il s'attendait à voir, un jour ou l'autre, tôt ou tard, apparaître, en bondissant ou en rampant, leur mortel ennemi. C'était en une heure pareille que le lynx avait amené avec lui la cécité et la mort.

Mais la paix avait étendu sur le marais ses ailes de soleil. Il n'y avait, autour de Kazan et de Louve Grise, d'autres étrangers que le silencieux whiskey-jack [1], les oiseaux-des-élans, aux yeux ronds, les moineaux babillards dans les buissons, les gentilles souris des bois et les petites hermines.

Kazan finit par se rassurer. Délaissant de temps à autre sa faction, il s'en allait, dans l'ombre, flairer son fils, l'unique louveteau de Louve Grise.

Ce louveteau, si les Indiens *Dog Ribs* [2], qui habitent un peu plus vers l'ouest, avaient eu à lui donner un nom, ils l'auraient sans aucun doute appelé *Baree* (Bari), qui dans leur langage signifie à la fois « sans frère ni sœur » et « chien-loup », deux choses qu'il était effectivement.

Ce fut, dès le début, un petit bonhomme doux et vif, à qui sa mère prodigua tous les soins dont elle était capable. Il se développa avec la rapidité précoce d'un loup et non avec la lenteur coutumière aux petits chiens.

Pendant les trois premiers jours, il ne fit rien d'autre que de se tasser le plus près possible contre le ventre de sa mère. Il tétait quand il avait faim, dormait tout son soûl, et la langue affectueuse de Louve Grise n'arrêtait pas de le peigner et nettoyer.

Le quatrième jour, sa curiosité commença à s'éveiller. Avec d'énormes efforts, et s'agrippant des griffes au poil de Louve Grise, il se hissa jusqu'à la gueule de sa mère. Puis il risqua de s'éloigner d'elle, se traîna à quelques pieds de distance, en chavirant sur ses pattes molles, et, une fois là, se mit à renifler désespérément, en se croyant à tout jamais perdu.

Il connut ensuite que Kazan était comme une partie de Louve Grise. Huit jours ne s'étaient pas écoulés qu'il venait, avec satisfaction, se mettre en boule entre les pattes de devant de son père et s'y endormir paisiblement.

La première fois où il agit ainsi, Kazan parut fort interloqué. Il ne remua pas, d'une demi-heure, et Louve Grise vint, tout heureuse, lécher le petit fuyard.

A dix jours, Bari découvrit la notion du jeu et que c'était un sport sans pareil de tirer après lui un débris de peau de lapin.

1. Sorte de geai, aux gros yeux, du Northland.
2. *Dog Ribs* ou Côtes-de-Chiens.

Tout ceci se passait encore dans le gîte obscur du creux de l'arbre. Jusqu'au moment où le louveteau apprit à connaître ce qu'étaient la lumière et le soleil.

Ce fut par un bel après-midi. Par un trou qui était percé dans l'écorce de l'arbre, un rayon resplendissant se fraya son chemin et vint tomber sur le sol, à côté de Bari. Bari commença par fixer, avec étonnement, la traînée d'or. Puis, bientôt, il s'essaya à jouer avec elle, comme il avait fait avec la peau de lapin. Il ne comprit pas pourquoi il ne pouvait point s'en saisir ; mais, dès lors, il connut ce qu'étaient la lumière et le soleil.

Les jours suivants, il alla vers l'ouverture de la tanière, où il voyait luire cette même clarté, et, les yeux éblouis et clignotants, se coucha, apeuré, sur le seuil du vaste monde qu'il avait devant lui.

Louve Grise qui, durant tout ce temps, l'avait observé, cessa dès lors de le retenir dans l'arbre. Elle-même s'alla coucher au soleil et appela son fils vers elle. Les faibles yeux du louveteau s'accoutumèrent peu à peu à la clarté solaire, que Bari apprit à aimer. Il aima la tiédeur de l'air, la douceur de la vie, et n'eut plus que répulsion pour les obscures ténèbres de l'antre où il était né.

Il ne tarda pas non plus à connaître que tout, dans l'univers, n'était pas doux et bon. Un jour où un orage menaçait et où Bari rôdait, insouciant, sur l'îlot, Louve Grise le rappela vers elle et vers l'abri protecteur de l'arbre. Le louveteau, qui ne comprenait point ce que signifiait cet appel, fit la sourde oreille. Mais la Nature se chargea de le lui apprendre à ses dépens. Un effroyable déluge de pluie s'abattit soudain sur lui, à la lueur aveuglante des éclairs et au fracas du tonnerre. Littéralement terrorisé, il s'aplatit sur le sol, et fut trempé jusqu'aux os, et presque noyé, avant que Louve Grise n'arrivât pour le saisir dans ses mâchoires et l'emporter au bercail.

Ce fut ainsi que, successivement, son raisonnement se forma et ses divers instincts continuèrent à s'éveiller. Le jour où son museau fureteur rencontra un lapin fraîchement tué et tout sanguinolent, que Kazan venait d'apporter, il eut le premier goût du sang. Il trouva que c'était exquis. Et la même impression se renouvela, désormais, chaque fois que Kazan revenait avec une proie dans ses mâchoires. Comme il devait apprendre à tuer lui-même, abandonnant les moelleuses peaux de lapin dont il s'amusait jusque-là, il se mit bientôt à batailler avec des branches tombées et des bouts de bois, où il s'aiguisa et se renforça les dents, qui se transformèrent, à cet exercice, en de durs et coupants petits crocs.

Le temps arriva ainsi où lui fut dévoilée la Grande Énigme de la Vie et de la Mort. Kazan avait rapporté dans sa gueule un gros lapin blanc, encore vivant, mais tellement mal en point qu'il ne put se relever lorsque le chien-loup l'eut déposé sur le sol. Bari savait bien ce qu'étaient lapins et perdrix, et préférait maintenant leur chair sanglante au doux lait de sa mère. Mais toujours lapins et perdrix lui étaient venus morts.

Cette fois, le lapin, le dos brisé, se convulsait et se débattait sur le sol. Le louveteau, à cette vue, recula épouvanté. Puis il revint de l'avant, épiant curieusement les soubresauts d'agonie de la malheureuse bête.

Pressentant que les choses n'avançaient pas, Louve Grise vint vers le lapin, le renifla de près, une demi-douzaine de fois, sans toutefois lui donner le coup de dents libérateur, et tourna vers Bari sa face aveugle. Quant à Kazan, nonchalamment couché par terre, à quelques pas de là, il continuait à observer et semblait beaucoup se divertir.

Chaque fois que Louve Grise baissait la tête et promenait son museau sur le lapin, les petites oreilles du louveteau se dressaient, attentives. Lorsqu'il vit qu'aucun mal n'arrivait à sa mère, il s'approcha un peu plus, prudemment et les pattes raides. Bientôt il fut à même de toucher le lapin et, comme sa mère, il posa son museau sur la fourrure qui gisait, en apparence inerte.

Mais le lapin n'était pas encore mort. Dans une violente convulsion, il replia et déplia son train de derrière, envoyant à Bari une maîtresse ruade, qui l'envoya s'étaler, plusieurs pieds plus loin, piaillant de terreur.

Rapidement, pourtant, le louveteau se remit sur ses pattes. Il était en grande colère et éprouvait un violent désir de se venger. Il revint à la charge, moins craintivement, son petit dos tout hérissé, et, achevant lui-même son éducation, enfouit ses crocs aigus dans le cou du lapin. Il sentit la vie palpiter dans le corps pantelant, les muscles du lapin agonisant se contracter sous lui, et il ne desserra point ses dents avant que tout frisson vital n'eût disparu chez sa première victime.

Louve Grise était ravie. Elle donna, de sa langue, une caresse au louveteau et Kazan, s'étant relevé, exprima son approbation par un reniflement bien senti. Bari mangea du lapin tout ce qu'il voulut, et jamais encore le sang et la viande ne lui avaient paru si délicieux.

Un à un, tous les mystères de la vie se révélaient à lui. Il apprit à ne pas s'effrayer du hideux ululement du hibou gris, du craquement d'un arbre qui choit, du roulement du tonnerre, du tumulte de l'eau courante, du cri perçant du chat-pêcheur, ni de l'appel lointain de ses frères loups, hurlant dans la nuit.

Il prit conscience de son odorat qui, de tous ces mystères, était le plus merveilleux. Comme il errait, un jour, à une cinquantaine de yards du logis familial, son nez rencontra sur le sol l'odeur tiède d'un lapin. Immédiatement, sans raisonner sa sensation et sans autre processus de sa pensée, il sut que, pour arriver à la chair vivante qu'il aimait, il lui suffisait de suivre cette odeur. Ainsi fit-il, en frétillant de contentement tout le long de la piste qu'il avait découverte. Il arriva à un gros tronc d'arbre, renversé sur le sol, par-dessus lequel le lapin avait bondi. La piste était coupée et Bari, tout désorienté, rebroussa chemin.

Chaque jour, il partait seul vers de nouvelles aventures et, pareil à un explorateur débarqué sans boussole sur une terre ignorée, il se lançait au hasard dans l'inconnu. Et, chaque jour, il rencontrait du nouveau, toujours merveilleux, souvent effrayant. Mais ses terreurs, maintenant, allaient en diminuant, et croissait sa confiance, puisque au demeurant aucun mal bien grave ne lui advenait.

Parallèlement à son cerveau, son corps physique se formait. Il n'était plus une petite masse rondelette et empotée. Ses formes s'assouplissaient, ses mouvements se faisaient plus vifs. Sa robe jaunâtre brunissait et une bande gris clair se dessinait tout le long de son échine, comme il en existait une chez Kazan. Sa tête, allongée et fine, rappelait celle de sa mère. Mais, pour tout le reste du corps, il tenait de son père. Il avait de lui les membres trapus et la large poitrine, qui annonçaient sa force future. Ses yeux s'ouvraient largement, avec, aux coins, un peu de rouge. Tous les gens de la forêt savent à quoi s'en tenir quand ils constatent, aux yeux des petits huskies, cette goutte de sang. Elle signifie que la bête est née dans le Wild, et que sa mère ou son père ont été pris parmi les hordes sauvages des outlaws du grand Désert Blanc. Cette tache rouge était spécialement prononcée chez Bari. Elle voulait dire que, quoique demi-chien, il était un vrai fils du Wild, qui avait remis sur lui son emprise.

Quand l'îlot encerclé d'eau, sur lequel se trouvait le gîte du louveteau, eut été complètement exploré par lui, il songea à passer sur la rive opposée.

Après avoir longtemps observé et côtoyé, toujours en vain, l'eau clapotante qui murmurait sur la berge, devant ses pattes, il se risqua sur l'arbre renversé qui servait de pont à ses parents. Arrivé sans encombre, et sans avoir perdu son équilibre, sur l'autre rive, il lui parut qu'il était soudain transporté dans un monde nouveau. Il hésita encore quelques instants, puis se mit bravement en route. Il n'avait pas parcouru plus d'une cinquantaine de yards lorsqu'il entendit près de lui un battement d'ailes. C'était un whiskey-jack, qui se trouvait précisément sur son chemin.

L'oiseau ne pouvait plus voler. Une de ses ailes traînait à terre, brisée sans doute au cours d'un combat avec quelqu'une des petites bêtes de proie du Wild. Il n'en apparut pas moins, tout d'abord, à Bari, comme une des choses vivantes les plus troublantes et les plus excitantes à la fois qu'il y eût.

Sur la ligne grisâtre de son dos, le poil ne tarda pas à se hérisser et le louveteau avança vers l'oiseau.

Le whiskey-jack, qui jusque-là était demeuré immobile, commença à battre en retraite, en boitant et clopinant, lorsqu'il vit que Bari n'était plus qu'à trois pieds de lui. Mais Bari, dépouillant son indécision, fonça rapidement sur l'oiseau blessé, en jetant un *yip* aigu et irrité. Il y eut une brève et passionnante poursuite, et les petites dents aiguës du louveteau s'enfouirent dans les plumes.

Alors le bec de l'oiseau se mit à frapper. Le whiskey-jack est l'épouvantail de la menue gent emplumée. Dans la saison des nids, il y tue, de son bec dur, les petits des moineaux des buissons, ceux des oiseaux-des-élans, aux doux yeux, et ceux-mêmes de ces sapeurs ailés de la forêt qu'on appelle les piverts.

Le gros geai frappait sans trêve sur le museau de Bari. Mais le fils de Kazan était assez grand pour ne plus rechigner à la bataille, et la douleur qu'il ressentait des coups de bec eut pour seul résultat de lui faire davantage enfoncer ses dents. Celles-ci finirent par trouver la chair et un grognement de joie enfantine en roula dans sa gorge.

La résistance du whiskey-jack, dès ce moment-là, commença à faiblir, et bientôt l'oiseau cessa de frapper et de se débattre. Bari desserra son étreinte et se recula légèrement. Il regarda l'oiseau qui gisait devant lui, immobile et hirsute. Le whiskey-jack était mort.

Le louveteau avait gagné sa première bataille et un immense orgueil naissait en lui. Il n'était plus désormais un parasite du Wild. Il avait fait son début dans le mécanisme implacable de la vie sauvage. Il avait tué.

Une heure après, Louve Grise, qui avait suivi sa piste, le retrouva à la même place. Il n'y avait plus du gros geai que des lambeaux : ses plumes étaient partout éparpillées sur le sol. Quant à Bari, le museau tout sanglant, il s'était, pour se reposer, couché triomphant en face des débris de sa victime.

Louve Grise comprit et caressa son louveteau. Elle le ramena avec elle et, dans sa gueule, il rapporta à son père une aile de l'oiseau vaincu.

La chasse, dès lors, devint une passion dominante de Bari. Quand il ne dormait point au soleil ou, la nuit, dans le creux de l'arbre, il cherchait tout ce qui avait vie et qu'il pouvait détruire.

Il massacra une famille entière de souris des bois. Les oiseaux-des-élans, qu'il guettait à l'affût, lui furent également une proie facile et, en quelques jours, il réussit à en tuer trois. Il fut, par contre, moins heureux avec une hermine, qui le mordit cruellement et qui échappa, indemne, lui faisant connaître ainsi sa première défaite.

De cette défaite, il demeura, pendant plusieurs jours, fort marri et il se tint plus tranquille. Mais il avait appris que, parmi les bêtes du Wild, il convenait d'être prudent avec celles qui, comme lui, portaient des crocs. Et, plus généralement, il sut que ce n'était point de celles-là qu'il convenait de faire sa nourriture. S'étant, en effet, rencontré, quelque temps après, avec un chat-pêcheur, qui était comme lui en quête de nourriture, il le laissa passer son chemin sans lui rien dire. Et le chat-pêcheur, non moins circonspect, fit de même.

D'autres notions étaient innées en lui. Instinctivement il sut, avant même d'en avoir éprouvé la cuisante blessure, qu'il était nécessaire d'éviter tout contact avec le porc-épic.

Les courses du louveteau devenaient de plus en plus lointaines et plus longues ses absences. Louve Grise, au début, s'inquiétait lorsque son fils tardait à rentrer au gîte. Maintenant elle s'en souciait moins. La loi de la Nature suivait son cours.

Puis vint un après-midi où Bari s'éloigna plus encore que les autres jours. Il tua un lapin, s'en reput et demeura là où il était, jusqu'au crépuscule.

Alors la pleine lune se leva, morne et dorée, inondant, d'une lumière qui rivalisait presque avec la clarté du jour, plaines, forêts et crêtes de montagnes. C'était une nuit superbe. Et Bari découvrit la lune, et il se mit en route dans sa lueur merveilleuse, en continuant à tourner le dos au gîte familial.

Toute la nuit, Louve Grise veilla, à attendre son fils. Lorsque reparut le jour, elle s'assit sur son derrière et, levant vers le ciel ses yeux aveugles, elle poussa un long hurlement.

Au loin, Bari l'entendit, mais ne répondit point. Son évolution était terminée. La Nature avait achevé de reprendre ses droits. Un monde nouveau et une vie nouvelle s'ouvraient définitivement pour le louveteau. Il avait dit adieu à ses père et mère.

XXI

DENT-BRISÉE ÉMIGRE AVEC SA FAMILLE

La beauté de la saison où se termine le printemps et s'amorce l'été agissait pareillement sur Kazan et sur Louve Grise. La soif les prenait aussi de se remettre en route et de s'en aller vagabonder par le vaste monde. Cette volupté d'errer reprend infailliblement les bêtes à fourrure et les bêtes à crocs du Wild, aussitôt que les petits de la portée du printemps, pour s'en aller de leur côté, les ont quittées.

Par une nuit admirable, baignée de lune et d'étoiles, le chien-loup et la louve aveugle abandonnèrent à leur tour l'arbre creux et entreprirent de remonter, vers les montagnes de l'Ouest, la vallée qui aboutissait au marais.

Jour et nuit ils chassaient, jonchant leur piste, derrière eux, d'innombrables carcasses à demi dévorées de lapins et de perdrix. C'était, en effet, la saison de l'abondance et non celle de la faim.

A dix milles à l'ouest, ils tuèrent un jeune faon. Ils l'abandonnèrent également, après un seul repas. Longuement ils se chauffaient au soleil et devenaient de plus en plus luisants et gras.

Ils se heurtaient peu aux autres animaux. Il n'y avait pas de lynx dans la région, insuffisamment boisée pour plaire au gros chat, ni de loups. Le chat-pêcheur, la martre et le vison abondaient le long du torrent, mais n'étaient point dangereux. Un jour, ils rencontrèrent une vieille loutre. C'était, en son genre, un géant de l'espèce, dont le poil tournait, avec le proche été, au gris sale.

Kazan, paresseux et repu, la regarda négligemment. Louve Grise humait dans l'air la forte odeur de poisson que dégageait la bête. Cet être aquatique ne les intéressa pas plus qu'un bâton qui s'en serait allé à la dérive, au fil de l'eau. Ils continuèrent leur chemin sans se douter que cette grosse créature, d'aspect stupide, à la queue noire comme du charbon, allait bientôt devenir leur alliée dans une de ces batailles haineuses et sans merci, comme il s'en livre entre les hôtes du Wild. Luttes tragiques, qui se terminent par la seule survie du plus fort, et qui n'ont pour témoin que le ciel, impassible et muet, où leur souvenir se dissémine aux vents.

Aucun homme n'était venu, depuis plusieurs années, dans cette partie supérieure de la vallée et une colonie de castors y prospérait en paix.

Le chef de la colonie était un vénérable patriarche, qu'un Indien, en sa langue imagée, n'eût pas manqué de baptiser « Dent-Brisée ». Car une des quatre et longues incisives, dont se servent les castors pour abattre les arbres destinés à la construction de leurs digues, était brisée chez le vieux père.

Il y avait six ans que Dent-Brisée était en cet endroit, avec quelques autres castors de son âge, et qu'ils avaient ensemble construit leur première digue et leur première hutte.

En avril suivant, la population de la petite colonie s'était accrue de plusieurs membres nouveaux.

Si cette première génération avait suivi la loi ordinaire de l'espèce, elle aurait, au bout de quatre ans, quitté la colonie pour aller en fonder une autre. Mais elle se trouvait bien où elle était et y demeura. Elle se multiplia sur place. Si bien que maintenant on eût dit le grouillement serré de la population qui s'entasse dans une ville assiégée.

La colonie, cette sixième année, comptait quinze huttes et plus de cent citoyens, avec, en surplus, les jeunes castors nés en mars et avril. La digue qui retenait les eaux du torrent s'était allongée au point d'atteindre deux cents yards. L'eau couvrait une vaste étendue de sol, transformée en étang, et d'où émergeaient bouleaux, peupliers, aulnes et saules à la tendre écorce et aux pousses vertes.

Quelle que fût la surface couverte par l'eau, cette pitance ordinaire des castors était devenue insuffisante pour la nourriture des huttes surpeuplées. On ne voyait plus partout qu'arbres et arbrisseaux rongés jusqu'à l'aubier.

Retenus, comme l'homme, par l'amour du foyer natal, les castors n'avaient pu se décider encore à émigrer. La hutte de Dent-Brisée mesurait intérieurement huit à neuf pieds de diamètre, et dans cet étroit espace vivaient enfants et petits-enfants, au nombre de vingt-sept.

Aussi le vieux patriarche s'était-il résolu à abandonner sa tribu, pour s'en aller ailleurs chercher fortune. Tandis que Kazan et Louve Grise reniflaient négligemment les fortes odeurs qu'exhalait la ville des castors, Dent-Brisée ralliait justement et faisait ranger autour de lui sa famille — c'est-à-dire sa femelle, deux de ses fils et leur progéniture — pour l'exode.

Dent-Brisée avait toujours été le chef reconnu de la colonie. Aucun autre castor n'y avait jamais atteint sa taille et sa force. Son corps épais était long de trois bons pieds et pesait dans les soixante livres. Sa queue plate mesurait cinq pousses de large, sur quatorze de long et, lorsqu'elle frappait l'eau, par une nuit calme, on pouvait, à un mille de distance, entendre la résonance du coup. Ses pattes de derrière, largement palmées, étaient grosses deux fois comme celles de sa femelle et aucun nageur ne pouvait lutter de rapidité avec lui.

La nuit qui suivit, tandis que Kazan et Louve Grise continuaient leur course le long du torrent, Dent-Brisée sortit de l'eau, grimpa sur la digue, se secoua et regarda si toute sa smalah était en ligne.

L'eau de l'étang, qui, sous la nuit claire, était toute piquée d'étoiles, se ridait, derrière lui, de corps qui nageaient et qui vinrent le rejoindre sur la digue. Quelques autres castors s'étaient joints à lui et à sa famille. Quand tout le monde fut réuni, le digne patriarche piqua une tête dans le torrent, en aval de l'étang, et les corps soyeux et luisants des émigrants commencèrent à descendre le courant. Les bébés de trois mois nageaient comme leurs parents et avaient grand-peine à ne pas se laisser distancer. Dent-Brisée fendait l'eau, le premier, superbement. Derrière lui venaient les castors adultes. Les mères et les enfants formaient l'arrière-garde. Il y avait quarante têtes au total.

Durant toute la nuit, le voyage se continua sans incident. La grosse loutre, cachée dans un épais bosquet de saules, laissa, sans s'attaquer à elle, passer la caravane.

Par une curieuse prévision de la Nature, qui voit souvent au-delà de notre compréhension humaine, la loutre est la mortelle ennemie de la race des castors et plus redoutable pour elle que ne l'est l'homme même. Mangeuse de poissons, elle veille en même temps à ce que l'espèce n'en soit point anéantie. Un instinct secret lui a sans doute appris que les digues élevées par le castor, coupant le flux naturel des rivières et des torrents, entravent la course naturelle du poisson au moment du frai. Incapable de se mesurer à elle seule aux tribus nombreuses de ses ennemis, elle travaille, en sourdine, à détruire leurs ouvrages. Comment elle s'y prend, c'est ce que nous verrons tout à l'heure.

Plusieurs fois, durant la nuit, Dent-Brisée s'était arrêté de nager pour examiner la berge, constater s'il y rencontrait assez d'arbres aux écorces tendres et décider s'il convenait de faire halte. Mais ici ces écorces étaient insuffisamment nombreuses. Là, c'était l'endroit qui n'était point propice à la construction d'une digue, et l'on sait que l'instinct d'ingénieur des castors l'emporte même sur l'attrait de la nourriture. Toute la troupe s'en rapportait, sur ce point, au jugement de Dent-Brisée, qu'elle ne discutait point, et personne ne songeait à demeurer en arrière tandis qu'il continuait à avancer.

Aux premiers feux de l'aube, on arriva à la partie du marais où Kazan et Louve Grise avaient élu domicile. Par droit du premier occupant, le terrain de l'îlot et celui qui l'avoisinait appartenaient sans conteste au chien-loup et à la louve. Partout ils avaient laissé des marques de leur emprise.

Mais Dent-Brisée était une créature aquatique et son flair, qui d'ailleurs n'était pas très fin, n'avait cure des créatures terrestres. Il s'arrêta juste en face de l'arbre creux qui avait servi de gîte à Louve Grise et à Kazan, et grimpa sur la rive. Là, il se dressa tout droit sur ses pattes de derrière et, s'appuyant sur sa large et lourde queue, se mit à se dandiner en signe de contentement.

Le lieu était idéal pour y établir une colonie. En coupant d'une digue le torrent, un peu en-dessous de l'îlot, celui-ci serait facilement inondé, avec sa provision de peupliers, d'aulnes, de saules et de bouleaux. Un rideau d'arbres épais coupait le vent, du côté du nord, et promettait pour l'hiver une température clémente.

Dent-Brisée fit aussitôt comprendre à la troupe que c'était ici qu'il convenait de se fixer. Ce fut à qui se hâterait d'escalader l'îlot et les berges qui lui faisaient face. Les bébés castors commencèrent incontinent à grignoter les écorces qui leur tombaient sous la dent. Les castors adultes, après quelques bouchées, se mirent au travail sans plus tarder et, sous la direction de Dent-Brisée, entamèrent, le jour même, leur œuvre de constructeurs.

Dent-Brisée, ayant jeté son dévolu sur un gros bouleau qui s'élevait en bordure du torrent, entreprit de le sectionner par la base. En dépit de sa dent perdue, le vieux patriarche savait faire bon usage des trois qui lui restaient et que l'âge n'avait point détériorées.

Les dents du castor sont tranchantes comme autant de ciseaux d'acier. Un dur émail, qui ne s'écaille jamais, les recouvre extérieurement. Du côté intérieur, elles sont formées d'un ivoire plus tendre qui, au fur et à mesure de son usure, se renouvelle d'année en année.

Assis sur son train de derrière, ses pattes de devant appuyées contre le tronc d'arbre, et bien en équilibre sur sa queue, où il s'arc-boutait, Dent-Brisée taillait autour du tronc une bague, qui allait peu à peu en s'amincissant. Il travailla plusieurs heures durant et quand enfin il s'arrêta, pour se reposer, un autre ouvrier se mit à la tâche.

D'autres castors adultes, durant ce temps, coupaient de moindres arbres. Ce fut un petit peuplier qui, avec grand fracas, s'abattit le premier dans l'eau.

Le gros bouleau qui, à la base, prenait la forme évidée d'un sablier, fut plus long à faire choir. Vingt heures y furent nécessaires. Alors il tomba en travers du torrent, à la place exactement qui lui avait été assignée.

Au cours de la semaine qui suivit, la tribu ne prit que fort peu de repos. Si le castor, en principe, préfère travailler la nuit, il s'accommode également, s'il est nécessaire, de travailler le jour.

Avec une intelligence presque humaine, les petits ingénieurs étaient attelés à leur tâche. Beaucoup de jeunes arbres furent abattus et sectionnés en longueurs de quatre à cinq pieds. Ces bûches étaient ensuite roulées jusqu'au torrent, les castors les poussant de la tête et des pattes, et venaient buter contre le gros bouleau, entremêlées de broussailles et de menues branches qui jouaient le rôle de fascines.

Lorsque la charpente de la digue fut ainsi achevée, le cimentage commença. Les castors, sur ce point, sont supérieurs aux hommes et, ce qu'ils construisent, la dynamite seule peut le faire sauter.

Triturant, et apportant sous leur menton replié en forme de poche, un mélange de boue et de brindilles végétales d'une demi-livre à une livre par chargement, ils s'étudiaient à obturer, à l'aide de ce mortier, tous les vides qui subsistaient dans leur charpente, entre les troncs et les fascines.

C'était, semblait-il, une tâche colossale. Mais les constructeurs de Dent-Brisée pouvaient, en vingt-quatre heures, transporter une tonne de leur ciment. Après le troisième jour, le barrage commençait à fonctionner, l'eau à monter, et le torrent à s'épandre de droite et de gauche.

Ceci rendait désormais le travail plus facile et les matériaux de construction étaient manœuvrés plus aisément, les castors les faisant flotter sur l'eau. Les bûches s'accumulaient les unes à la suite des autres et la digue ne tarda pas à s'étendre sur une longueur d'une centaine de pieds.

La tribu en était là de son travail quand, un beau matin, Kazan et Louve Grise s'en revinrent vers leur domicile.

XXII

LA LUTTE CONTRE LES ENVAHISSEURS

Comme tous deux étaient encore à un demi-mille de distance, une brise légère, qui soufflait du sud, apporta aux naseaux de Louve Grise l'odeur des intrus.

De l'épaule, en signe d'avertissement, elle heurta Kazan qui, à son tour, flaira dans l'air l'odeur étrange. Celle-ci ne fit que s'accroître à mesure qu'ils avançaient.

A deux cents yards environ des castors, ils perçurent le craquement soudain d'un arbre qui tombait et le claquement de l'eau sous sa chute. Ils s'arrêtèrent net et, durant une bonne minute, ils demeurèrent les nerfs tendus, et aux écoutes. Puis ils entendirent de nouveaux clapotements dans l'eau, accompagnés de cris perçants.

Louve Grise tourna vers Kazan ses yeux aveugles. Mieux que lui, elle savait ce dont il s'agissait et elle eût voulu pouvoir le lui dire.

Ils reprirent en avant leur petit trot. Quand ils arrivèrent là où ils avaient laissé un îlot, cerclé d'un peu d'eau, et l'arbre creux qui les avait si longtemps abrités, Kazan éprouva un ahurissement sans limites en face du prodigieux changement qui avait eu lieu durant leur absence. Un étang couvrait le sol, inondant arbres et buissons.

Kazan et Louve Grise s'étaient avancés sans faire de bruit et les ouvriers de Dent-Brisée ne se doutaient en rien de leur présence. Dent-Brisée en personne était fort occupé à saper un arbre. Près de lui, quatre ou cinq bébés castors s'amusaient à construire une digue en miniature, avec de la boue et des petites branches. Sur la grande digue, d'autres enfants castors, un peu plus âgés mais pas encore adultes, grimpaient, puis se divertissaient follement à se laisser glisser sur sa pente, comme en toboggan, pour culbuter finalement dans l'eau. C'était leurs ploufs ! et leurs petits cris joyeux que Kazan et Louve Grise avaient entendus.

Les castors adultes étaient au travail en divers endroits.

Kazan avait déjà assisté à des scènes semblables lorsque, dans la partie supérieure de la vallée, il était passé près de la première colonie des castors. Cela ne l'avait point alors intéressé.

Il n'en était plus de même aujourd'hui. Les castors avaient cessé d'être pour lui de simples animaux aquatiques, coriaces et non comestibles, et qui exhalaient une odeur déplaisante. C'étaient les envahisseurs de son domaine, donc des ennemis, et ses crocs se découvraient en silence. Son échine se mit en brosse, les muscles de ses pattes de devant, et ceux de ses épaules, se tendirent comme des cordes de fouet et, sans jeter un seul cri, il se précipita sur Dent-Brisée.

Le vieux patriarche n'avait point pressenti le danger qui le menaçait. Il n'aperçut Kazan que quelques secondes avant que le chien-loup l'eût atteint. Il s'arrêta de scier son arbre ; mais, lent à se mouvoir sur la terre ferme, il parut hésiter un instant. Kazan était déjà sur lui lorsqu'il se laissa dégringoler vers le torrent.

Il y eut un corps à corps rapide entre le castor et son agresseur. Mais Dent-Brisée glissa comme de l'huile sous le ventre de Kazan et se retrouva bientôt en sûreté dans son élément, avec deux morsures à vif dans sa queue charnue.

Kazan demeura fort estomaqué de l'échec de son attaque et de la fuite de son insaisissable ennemi. Ahuris et épouvantés du spectacle auquel ils venaient d'assister, les bébés castors qui se trouvaient sur la berge étaient demeurés figés sur place. Ils ne se réveillèrent qu'en voyant le chien-loup qui fondait sur eux.

Trois, de cinq qu'ils étaient, eurent le temps de regagner l'eau. Pour les deux autres bébés, il fut trop tard. D'un simple claquement de mâchoires, Kazan brisa le dos de l'un. Il saisit l'autre par la gorge et le secoua en l'air, comme un terrier fait d'un rat.

Louve Grise, qui avait entendu la brève bataille, vint rejoindre son compagnon. Elle renifla les deux tendres petits corps, qui avaient cessé de vivre, et se prit à gémir. Sans doute les deux mignonnes créatures lui rappelaient-elles ses propres petits, ceux que le lynx avait étranglés sur le Rocher du Soleil, et Bari qui s'était enfui, car il y avait dans son gémissement une sorte d'attendrissement maternel.

Mais si Louve Grise avait des visions sentimentales de ce genre, il n'en était pas de même pour Kazan. Le chien-loup s'était montré aussi froidement impitoyable à deux des petites créatures qui avaient envahi son domaine que l'avait fait le lynx pour la première portée de Louve Grise. Ce succès remporté sur ses ennemis excitait davantage encore son désir de tuer. Il côtoyait, en proie à une sorte de frénésie, le bord de l'étang, grognant à l'adresse de l'eau trouble, sous laquelle Dent-Brisée avait disparu.

La tribu entière s'était pareillement réfugiée dans le liquide élément, dont la surface se soulevait au passage de tous ces corps nageant entre deux eaux.

Kazan arriva ainsi à l'une des extrémités du barrage. C'était nouveau pour lui. Mais l'instinct lui enseignait que cet ouvrage était l'œuvre de Dent-Brisée et de sa tribu. Pendant quelques instants, il s'acharna furieusement contre les bûches et contre les brindilles entrelacées. Soudain, à quelque cinquante pieds de la berge, vers le centre de la digue, l'eau s'agita et la grosse tête ronde de Dent-Brisée émergea. Pendant une demi-minute de tension mutuelle, le castor et le chien-loup se mesurèrent du regard. Puis, tout tranquillement, Dent-Brisée sortit de l'eau son corps humide et luisant, grimpa au faîte de la digue, et s'y étala à plat ventre, face à Kazan.

Le vieil ingénieur était seul. Aucun autre castor ne se montrait plus. La surface de l'étang était maintenant sans une ride.

Vainement, Kazan tenta de découvrir un passage lui permettant d'arriver jusqu'à son ennemi, qui semblait le narguer. Mais, entre le mur solide de la digue centrale et la berge, il n'y avait qu'une charpente à claire-voie, à travers laquelle l'eau transitait en bouillonnant, comme à travers les portes à demi fermées d'une écluse.

Par trois fois, Kazan s'acharna à se frayer un chemin dans cet enchevêtrement de branches et, trois fois, ses efforts n'aboutirent qu'à un brusque plongeon dans l'étang.

Le vieux patriarche, pendant ce temps, ne remuait toujours pas. Quand, enfin, Kazan découragé eut abandonné son attaque, Dent-Brisée se laissa glisser sur le bord de la digue et disparut sous l'eau. Le malin castor avait appris que, pas plus que le lynx, Kazan n'était capable de combattre dans l'eau et il alla répandre cette bonne nouvelle parmi les autres membres de la tribu.

Kazan vint rejoindre Louve Grise. Il s'étendit près d'elle, au soleil, et se remit à observer.

Au bout d'une demi-heure, il vit, sur la rive opposée, Dent-Brisée qui sortait de l'eau à nouveau. D'autres castors le suivaient et tous se remirent, de compagnie, à la besogne, comme si rien n'était arrivé. Les uns recommencèrent à scier leurs arbres, les autres travaillaient dans l'étang, apportant avec eux et mettant en place leurs charges de ciment et de brindilles. Le milieu de l'étang était leur ligne de mort. Pas un ne la dépassait.

Une douzaine de fois, un des castors nagea jusqu'à cette ligne et s'y arrêta en regardant les petits corps que Kazan avait tués et qui étaient demeurés sur la berge. Sans doute était-ce la mère, qui eût voulu aller vers les innocentes victimes et ne l'osait point.

Kazan, qui s'était un peu calmé, réfléchissait sur ces êtres bizarres qu'il avait devant lui, et qui usaient à la fois de la terre et de l'eau. Ils n'étaient point aptes au combat et, si nombreux fussent-ils contre lui seul, ils déguerpissaient comme des lapins dès qu'il était à portée de les atteindre. Contre lui, Dent-Brisée, dans leur corps à corps, n'avait même pas fait usage de ses dents.

Il en vint à conclure que ces créatures envahissantes devaient être chassées à l'affût, comme les lapins et les perdrix. En vertu de quoi, il se mit en route, dans le courant de l'après-midi, suivi de Louve Grise.

Par une ruse coutumière aux loups, il commença par s'éloigner de la proie convoitée et remonta tout d'abord le cours du torrent. Le niveau y avait considérablement monté, par l'effet du barrage des castors, et de nombreux gués, qu'il avait maintes fois traversés, étaient devenus impraticables.

Il se décida donc, au bout d'un mille, à traverser le torrent à la nage, en laissant derrière lui Louve Grise que son horreur de l'eau retenait au rivage. Puis il redescendit silencieusement la rive opposée, en se tenant à une centaine de yards du torrent.

Un peu en deçà de la digue, aulnes et saules formaient un épais fourré. Kazan en tira profit. Il put s'avancer sans être vu et s'aplatit sur le sol, prêt à s'élancer dès que l'occasion s'en présenterait.

Pour l'instant, la plupart des membres de la tribu travaillaient dans l'eau. Quatre ou cinq seulement étaient sur la berge. Il allait bondir sur eux quand, au dernier moment, il décida de s'avancer encore un peu vers la digue. Il était bien caché dans son fourré et le vent était pour lui. Le bruit de l'eau, qui jaillissait en cascatelles à travers les claires-voies du barrage, étouffait le son de ses pas.

Le barrage était, sur cette rive, encore inachevé et, à quelques pieds seulement de la berge, Dent-Brisée était en plein travail avec ses ouvriers. Le vieux castor était à ce point affairé, occupé qu'il était à mettre en place un rondin, de la grosseur du bras d'un homme, qu'il ne vit point la tête et les épaules de Kazan surgir des buissons.

Ce fut un autre castor qui, en piquant aussitôt une tête dans l'eau, lança l'avertissement. Dent-Brisée releva la tête et ses yeux rencontrèrent les crocs découverts de Kazan. Il était trop tard. Déjà Kazan, se risquant sur le tronc couché d'un petit bouleau, était sur lui. Ses longs crocs s'enfoncèrent profondément dans le cou de son ennemi.

Mais le vieux compère avait plus d'un tour dans son sac. Se rejetant en arrière, d'un mouvement brusque, il réussit à faire perdre à Kazan l'équilibre. Simultanément, ses dents, tranchantes comme un ciseau, s'assuraient une prise solide à la gorge du chien-loup. Rivées ainsi l'une à l'autre, les deux bêtes firent dans l'onde un bruyant plongeon.

Dent-Brisée, nous l'avons dit, pesait dans les soixante livres. Dès l'instant où il fut dans l'étang, il se retrouva dans son élément et, s'accrochant opiniâtrement à la gorge de Kazan, il se laissa couler à fond, comme un morceau de plomb, en entraînant avec lui son adversaire.

L'eau verte se précipita dans la gueule de Kazan, dans ses oreilles, dans ses yeux et dans son nez. Il était aveuglé et étouffait. Tous ses sens étaient en tumulte. Mais, au lieu de se débattre afin de se dégager au plus vite, il s'obstinait à ne point lâcher Dent-Brisée, retenant sa respiration et resserrant davantage ses crocs.

Bientôt il toucha le fond mou et bourbeux de l'étang, et commença à s'enfoncer dans la vase.

Alors il s'affola et comprit qu'il y allait de sa vie ou de sa mort. Il abandonna Dent-Brisée, pour ne plus songer qu'à fermer hermétiquement ses mâchoires, afin de n'être point suffoqué par l'eau. Et, de toute la force de ses membres puissants, il lutta pour se libérer de son ennemi, pour remonter à la surface, vers l'air libre et vers la vie.

L'entreprise qui, sur terre, eût été facile, était ici terriblement malaisée. L'adhérence du vieux castor était, sous l'eau, plus redoutable pour lui que celle d'un lynx à l'air libre. Comble de malheur ! Un second castor, adulte et robuste, arrivait, dans un remous de l'eau. S'il se joignait à Dent-Brisée, c'en était fait de Kazan. Mais le sort en avait décidé autrement.

Le vieux patriarche n'était pas vindicatif. Il n'avait soif, ni de sang ni de mort. Maintenant qu'il était délivré de l'étrange ennemi qui, deux fois, s'était jeté sur lui et qui maintenant ne pouvait plus lui faire aucun mal, il n'avait aucune raison de conserver Kazan sous l'eau. Il desserra sa petite gueule.

Ce n'était pas trop tôt pour le père de Bari, déjà aux trois quarts noyé. Il parvint cependant à remonter à la surface et, accrochant ses pattes de devant à un petit arbre du barrage, il se maintint la tête hors de l'eau durant dix bonnes minutes, jusqu'à ce qu'il eût absorbé de suffisantes bouffées d'air et retrouvé la force de regagner le rivage.

Il était anéanti. Trempé comme il ne l'avait jamais été, il grelottait de tous ses membres. Ses mâchoires pendaient bas. Il avait été battu à plate couture. Et son vainqueur était un animal d'une race inférieure à la sienne. Il en sentait toute l'humiliation. Lamentable et pouvant à peine se traîner, il remonta le cours du torrent, qu'il lui fallut retraverser à la nage pour aller retrouver Louve Grise qui l'attendait.

XXIII

LA LOUTRE FAIT UNE TROUÉE

Quelques jours après, Kazan avait repris sa force coutumière et sa belle santé. Mais sa haine pour les castors maudits n'avait fait qu'empirer. Détruire ses ennemis était devenu pour lui une idée fixe et qui lui bouleversait passionnément le cerveau.

Le barrage prenait des proportions de plus en plus formidables. Le cimentage de la digue s'étendait plus profondément sous l'eau, par les soins constants et rapides des ingénieurs à quatre pattes. Trois huttes s'élevaient. Toutes les vingt-quatre heures, l'eau montait plus haut et régulièrement l'étang s'élargissait, submergeant tout.

Sans cesse aux aguets, dès que la chasse et le souci de la nourriture pour lui et pour Louve Grise ne le retenaient pas, Kazan ne cessait de rôder autour de l'étang à la recherche d'une occasion favorable pour tuer quelqu'un des membres imprudents de la tribu de Dent-Brisée.

C'est ainsi qu'il surprit un gros castor, qui s'était trop écarté sur la berge, et l'étrangla. Trois jours après, ce fut au tour de deux bébés castors, qui s'ébattaient dans la vase, à quelques pieds du rivage. Kazan, dans sa fureur, les mit littéralement en morceaux.

Alors Dent-Brisée décida qu'on ne travaillerait plus que durant la nuit et que, le jour, toute la tribu demeurerait dans ses huttes. Kazan n'y perdit point. Il était un habile chasseur nocturne et, deux nuits de suite, il tua son castor. Il avait déjà sept pièces au tableau, lorsque la loutre entra en scène.

Jamais Dent-Brisée n'avait encore été placé entre deux ennemis plus acharnés et plus féroces que ceux qui, maintenant, l'assaillaient. Sur terre, Kazan était son maître et celui de sa race, par l'agilité supérieure qui était la sienne, par son odorat plus subtil et ses ruses de combat. La loutre, dans l'eau, était une pire menace.

Elle y évoluait, plus rapide que le poisson dont elle faisait sa nourriture. Ses dents aiguës étaient pareilles à des aiguilles d'acier. Elle était si lisse et luisante, et glissante, que les castors, si nombreux fussent-ils après elle, eussent été incapables de l'empêcher de leur filer entre les pattes.

Pas plus que le castor, la loutre n'a soif de sang. Et pourtant, dans tout le Northland, elle est la pire destructrice de ces animaux. Elle est pour eux une véritable peste.

C'est surtout durant les grands froids de l'hiver qu'elle accomplit son œuvre la plus redoutable. Elle ne s'en va pas attaquer les castors dans leurs chaudes huttes. Mais, et l'homme fait de même à l'aide de la dynamite, elle va pratiquer sous la glace une trouée dans la digue. L'eau se met aussitôt à descendre, la glace s'effondre en masses chaotiques et les huttes demeurent à sec. Les castors ne tardent pas à y mourir de froid. Car, en dépit de leur épaisse fourrure, ces animaux sont très sensibles aux basses températures, qui atteignent, durant l'hiver canadien, quarante à cinquante degrés au-dessous de zéro. La protection de l'eau et de la glace contre l'air extérieur est pour eux aussi nécessaire que le feu l'est à l'homme.

Deux jours durant, la loutre s'ébattit autour de la digue et de l'eau profonde de l'étang. Kazan la prit pour un castor et tenta en vain de la chasser à l'affût. La loutre, de son côté, regardait Kazan avec méfiance et se tenait soigneusement hors de sa portée. Ni lui ni l'autre ne se reconnaissaient pour des alliés.

Les castors continuaient leur travail avec une prudence redoublée, mais sans l'abandonner une minute. L'eau montait toujours.

Le troisième jour, l'instinct de destruction de la loutre se décida à opérer. Elle plongea et, fouinant partout de sa petite tête, elle se mit à examiner la digue près de ses fondations. Elle ne fut point longue à découvrir un point faible, où les bûches, les branches et le ciment formaient un tout moins homogène et, de ses petites dents aiguës, elle entama ses opérations de forage.

Pouce par pouce, creusant et rongeant devant elle, elle se frayait un chemin dans la digue. La petite ouverture ronde qu'elle pratiquait mesurait dans les sept pouces de diamètre. Au bout de six heures de travail, la digue était entièrement percée.

Alors, par ce déversoir, l'eau se précipita, pareille à celle d'un tonneau qui se vide par sa bonde. Kazan vit la loutre, satisfaite de son ouvrage, sortir de l'eau, grimper sur la digue et s'y secouer. En une demi-heure, le niveau de l'étang avait subi une baisse déjà perceptible et, par l'effet de la pression de l'eau, le trou de fuite s'élargissait de lui-même.

En une autre demi-heure, les trois cabanes furent asséchées et la vase sur laquelle elles reposaient apparaissait.

Ce fut seulement à ce moment-là que Dent-Brisée commença à s'alarmer. Pris de panique, il rallia autour de lui la colonie, qui se démenait de droite et de gauche, et nageait affolée dans toutes les directions, sans plus se soucier du chien-loup et de la louve. Un gros castor ayant abordé de leur côté, Kazan, aussitôt suivi de Louve Grise, fut sur lui en deux bonds. Le combat fut bref et cruel, et les castors virent leur frère rapidement étranglé. Alors, ils se précipitèrent tous vers la rive opposée.

Dent-Brisée, cependant, escorté de ses meilleurs ouvriers, avait plongé dans ce qui restait d'eau à la base de la digue et cherchait la brèche, afin de l'obturer au plus vite. La loutre, sur ces entrefaites, s'était éclipsée.

Le travail à exécuter était difficultueux, car les castors devaient, après les avoir rognées à la dimension convenable, traîner à travers la vase bûches et fascines. Il fallait, en outre, dans cette lutte pour la vie, braver à découvert les crocs de Kazan et de Louve Grise, qui barbotaient dans la boue, s'avançant aussi loin du rivage qu'ils le pouvaient, et qui haletaient de carnage. Cinq autres castors adultes et un bébé castor tombèrent sous leurs coups, au cours de l'après-midi, et furent mis en pièces.

Dent-Brisée réussit enfin à obturer la brèche, l'eau recommença à monter et le massacre prit fin.

La grosse loutre, remontant le torrent, s'en était allée à un demi-mille de là se reposer de sa besogne, étalée sur une souche, elle se chauffait aux derniers rayons du soleil couchant. Son intention était de redescendre vers la digue dès le lendemain, et de renouveler sa trouée. C'était sa méthode coutumière et son amusement, à elle.

Mais cet étrange et invisible arbitre du Wild, celui que les Indiens appellent O-se-ki, « l'Esprit », condescendit enfin à jeter un regard de pitié sur Dent-Brisée et sa malheureuse tribu.

Voyant l'étang à nouveau rempli, Kazan et Louve Grise entreprirent, eux aussi, de remonter le torrent, à la recherche de nouveaux castors à tuer, si par hasard il s'en était égaré par là.

La loutre était, avons-nous dit, grosse et grise, et vieille. Pendant dix ans elle avait vécu, pour prouver à l'homme qu'elle était plus madrée que lui. En vain, maint chasseur avait-il disposé ses pièges pour la capturer. Dans le courant des ruisseaux et des torrents, des couloirs perfides avaient été, par d'astucieux trappeurs, savamment établis à l'aide de bûches et de grosses pierres, au bout desquels la guettaient les mâchoires d'acier. Toujours elle avait éventé ces traquenards.

Peu de ceux qui la chassaient l'avaient vue. Mais la piste qu'elle laissait dans la vase ou le gravier disait sa grande taille. Si elle n'avait su la défendre ainsi, sa splendide et moelleuse fourrure hivernale eût pris, depuis longtemps, la route des plus luxueux magasins de l'Europe. Car cette fourrure était vraiment digne d'un duc ou d'une duchesse, d'un roi ou d'un empereur. Dix années durant, elle avait su vivre et échapper aux convoitises des riches.

Mais, par ce beau soir d'été, elle était sans défiance. Il ne se fût pas trouvé un seul chasseur pour la tuer car en cette saison sa peau était de nulle valeur. Cela, l'instinct et la Nature le lui disaient. C'est pourquoi, engourdie à la fois par le bon soleil et par la fatigue, l'estomac bien garni d'un lot de poissons qu'elle était en train de digérer, elle dormait voluptueusement, en pleine sérénité, aplatie sur sa souche à proximité du torrent.

A pas de velours, Kazan arriva, suivi de Louve Grise. Le vent, qu'ils avaient pour eux, ne les trahissait pas et il leur apporta bientôt l'odeur de la loutre.

Ils trouvèrent que c'était celle d'un animal aquatique, une odeur rance, aux relents de poisson, et ils ne doutèrent point qu'ils allaient rencontrer un de leurs ennemis à large queue. Ils redoublèrent de prudence et parvinrent, sans être entendus, en face de la loutre. Kazan s'arrêta brusquement et, en guise d'avertissement, heurta de l'épaule la louve aveugle.

L'ultime plongée du soleil à travers les arbres s'était éteinte et le crépuscule commençait à tomber. Dans le bois qui s'obscurcissait, un hibou saluait la nuit de son premier appel, aux notes sourdes. La loutre s'agitait sur sa souche. Une sorte de malaise s'emparait d'elle et son museau moustachu se contractait. Elle était prête à s'éveiller lorsque Kazan bondit sur elle.

Face à face, en franche bataille, la loutre aurait pu encore se défendre et prouver sa valeur. Mais le Wild avait décrété, cette fois, qu'elle devait mourir. O-se-ki, l'Esprit immanent et tout-puissant, s'appesantissait sur elle. Il était plus redoutable que l'homme et elle n'avait nul moyen de lui échapper.

Les crocs de Kazan s'enfoncèrent dans la veine jugulaire de la loutre et elle mourut instantanément, avant même d'avoir pu connaître qui avait bondi sur elle. Quant au chien-loup et à la louve, ils reprirent leur tournée, cherchant toujours des castors à égorger, et sans se douter qu'en tuant la loutre ils avaient supprimé le seul allié qui aurait, à la longue, fini par faire évacuer le marais à l'ennemi commun.

La situation, pour eux, ne fit dès lors qu'empirer. Dent-Brisée et sa tribu, maintenant qu'il n'y avait plus de loutre, avaient beau jeu pour poursuivre leurs constructions. Ils ne s'en firent pas faute et, en juillet, la dépression presque entière qu'occupait le marais était profondément sous l'eau.

Kazan et Louve Grise furent pris d'effroi devant cet incoercible pouvoir qui leur rappelait celui de l'homme. Par une grosse lune blanche et ronde, ils abandonnèrent leur ancien domaine, remontèrent le torrent sans s'arrêter de la nuit, jusqu'à la première colonie de castors, dont ils se hâtèrent de se détourner, et continuèrent leur route vers le nord.

XXIV

LA CAPTURE

L'incendie auquel Kazan et Louve Grise avaient miraculeusement échappé ne fut pas le seul qui, cette année-là, désola le Northland. D'autres feux, malencontreusement allumés par des imprudences d'Indiens ou d'hommes blancs, ajoutèrent leur fléau au gel excessif de l'hiver, à la famine et à la Mort Rouge, et dévastèrent, en juillet et août, des régions entières.

Kazan et Louve Grise atteignirent bientôt des forêts dévastées par la flamme, que les vents d'est, venant de la baie d'Hudson, avaient attisée, et où toute trace de vie, tout vestige vert avaient disparu. Les doux coussinets de leurs pattes ne foulaient plus que des souches roussies, des bûches carbonisées et un sol noirci. La louve aveugle ne pouvait voir le monde noir où ils évoluaient, mais elle le sentait des narines.

Devant cette désolation infinie, Kazan semblait hésiter sur la route à suivre. En dépit de sa haine des hommes, il eût préféré redescendre vers le sud. Car c'est au sud qu'est la civilisation et l'instinct du chien le ramène toujours, malgré lui, dans cette direction. L'instinct du loup, au contraire, le repousse toujours vers le nord, et c'est vers le nord que Louve Grise prétendait aller.

Ce fut elle qui, finalement, l'emporta. Le couple continua à s'orienter de ce côté, vers le lac Athabasca et les sources du fleuve Mac-Farlane.

Vers la fin de l'automne précédent, un prospecteur d'or était arrivé au Fort Smith, sur le Grand Lac de l'Esclave [1], avec un bocal à conserves rempli de poussière d'or et de pépites. Il avait fait cette précieuse récolte

1. Le Grand Lac de l'Esclave s'étend, au nord du lac Athabasca, entre le 60e degré et le cercle arctique. Il mesure de l'est à l'ouest 500 kilomètres environ.

dans le fleuve Mac-Farlane. La nouvelle s'en était rapidement colportée jusqu'au monde civilisé et, à la mi-hiver, l'avant-garde d'une horde de chercheurs de trésors était accourue, précipitamment, sur ses raquettes et en traîneaux à chiens.

Les trouvailles d'or se multiplièrent. Le Mac-Farlane était riche en paillettes, petites et grosses, qu'il n'y avait qu'à ramasser dans ses eaux, mêlées au sable et au gravier. Les prospecteurs, sitôt arrivés, se hâtaient de délimiter, tout le long du fleuve, leurs champs d'exploitation et se mettaient aussitôt au travail. Les retardataires s'en allaient un peu plus loin. Et la rumeur se répandit, dans tout le Northland, que la récolte du jaune métal était plus abondante encore que sur les rives du Yukon [1].

L'afflux des chasseurs d'or augmenta. D'une vingtaine qu'ils étaient au début, ils devinrent cent, puis cinq cents, puis un millier. Beaucoup venaient du sud et du pays des prairies, abandonnant les gisements plus exploités du Saskatchewan. Les autres descendaient du Far North [2] et du Klondike, par les Montagnes Rocheuses et le fleuve Mackenzie. Ceux-là étaient les aventuriers les plus aguerris et les plus rudes, qui ne redoutaient ni la mort par le froid ni celle par la faim.

Sandy Mac Trigger était de ce nombre.

Pour de multiples raisons, Sandy avait jugé préférable de s'éloigner du Yukon. Il avait des ennuis avec la police qui patrouillait dans la région et, par surcroît, sa poche était vide.

C'était un des meilleurs prospecteurs qui eussent cherché fortune sur cette terre lointaine. Il avait récolté de l'or pour un ou deux millions de dollars.

Mais il avait bu ou perdu au jeu tout son gain.

C'était, au demeurant, un roué, sans conscience aucune, et qui ne craignait ni Dieu ni diable.

Sa face était brutale et bestiale. Sa mâchoire en galoche, ses yeux exorbités, son front bas et la touffe de cheveux roux, tirant déjà vers le gris, qui lui ornait le crâne, lui donnaient un aspect peu rassurant. Rien qu'à le regarder on comprenait qu'il était peu prudent de se fier à lui.

Il était fortement soupçonné d'avoir tué deux hommes et d'avoir vidé les poches de beaucoup d'autres. Mais, chaque fois, la preuve avait manqué et jamais la police n'avait pu le prendre sur le fait. Son sang-froid et sa maîtrise de lui étaient extraordinaires. Ses pires ennemis lui rendaient sur ce point justice et ne pouvaient s'empêcher d'admirer non plus sa ténacité et son courage.

En six mois de temps, Red Gold City [3] avait poussé sur les bords du Mac-Farlane, à cent cinquante milles de distance du Fort Smith, qui est lui-même à cinq cents milles de toute civilisation.

---

1. Le Yukon, ou Yakou, après avoir coulé du sud au nord, comme le Mackenzie, fait un coude vers l'ouest et va se jeter dans la mer de Behring, sur le territoire de l'Alaska. Les deux fleuves sont séparés l'un de l'autre par la chaîne des Montagnes Rocheuses.
2. Le *Far North* ou l'Extrême Nord.
3. La Cité de l'Or Rouge.

Lorsque Sandy Mac Trigger arriva, il fit rapidement le tour de l'ensemble rudimentaire de baraques, de cabanes de bûches, de maisons de jeu et de bars dont se composait la nouvelle ville, et risqua au jeu les quelques piécettes qui lui restaient. La chance le favorisa suffisamment pour lui permettre de renouveler ses provisions de bouche et son équipement.

Outre une petite pirogue, l'essentiel de cet équipement fut un vieux fusil, au mécanisme antédiluvien, et dont il ne put s'empêcher de rire en l'achetant, lui qui avait manié tant d'armes modernes et magnifiques. Mais c'était tout ce que l'état de ses finances lui avait permis d'acquérir.

Quittant ensuite Red Gold City où l'encombrement et la cohue étaient à leur comble, il résolut de descendre vers le sud, dans sa pirogue, en remontant le Mac-Farlane vers sa source, au-delà du point où les chercheurs d'or avaient cessé d'explorer le lit du fleuve. Ce fut là seulement qu'il commença ses recherches.

En prospectant un petit affluent, il trouva de l'or, en effet. Il aurait pu en ramasser pour six à huit dollars par jour. Mais il haussa dédaigneusement les épaules et recommença son exploration.

Patiemment il la continua, toujours en remontant le fleuve, durant plusieurs semaines. Il ne trouva rien. Après une pareille malchance, il eût été dangereux de le rencontrer. Mais il était seul, dans un désert. Il ne pouvait faire de mal à personne.

Un après-midi, il accosta, avec son embarcation, sur une berge de sable blanc, qui bordait le fleuve. La première chose qui frappa sa vue, sur le sable humide, furent des empreintes de pas d'animaux. Ceux-ci étaient deux. Ensemble et côte à côte, ils étaient descendus vers l'eau pour y boire. Les empreintes étaient récentes et ne dataient que d'une heure ou deux.

Une curiosité brilla dans les yeux de Sandy. Il regarda autour de lui.

« Des loups ! grommela-t-il. Volontiers, pour me détendre un peu les nerfs, je leur tirerais une balle de ce vieux flingot, qui opère à un coup par minute. Bon Dieu ! écoutez-les hurler... Et en plein jour encore ! »

Il sauta à terre.

A un quart de mille de là, Louve Grise avait senti dans le vent la dangereuse odeur de l'homme. Kazan s'était éloigné d'elle, quelques minutes avant, pour courir après un lapin blanc. Couchée sous un taillis, en l'attendant, elle avait perçu d'abord le claquement des rames sur l'eau, puis le bruit de la pirogue qui raclait la rive. Alors elle avait jeté à son compagnon, en guise d'avertissement, un long hurlement plaintif. C'était la première fois, depuis l'hiver, qu'un être humain se trouvait ainsi à proximité du couple errant.

Mac Trigger attendit que le dernier écho de la voix de la louve se fût évanoui au loin. Alors il tira de l'embarcation son vieux fusil, y enfila par le canon une cartouche neuve et s'enfonça dans les broussailles qui bordaient le fleuve.

Kazan avait rapidement rejoint Louve Grise et se tenait près d'elle, l'échine hérissée. Une bouffée de vent, imprégnée de l'odeur de l'homme et qu'il huma, le fit tressaillir. Sandy avait chassé le renard dans les régions arctiques et, selon la tactique que lui avaient enseignée les Esquimaux, il tournait autour de son gibier jusqu'à ce qu'il se trouvât contre le vent.

Mais Louve Grise était plus fine encore que le renard aux petits yeux rouges de l'Arctique. Son museau pointu suivait lentement l'évolution circulaire de Sandy. Elle entendit, à quelque trois cents yards, une branche sèche craquer sous les pieds de l'homme, qui commençait à se rapprocher. Puis ce fut le bruit métallique du fusil, qui heurtait le tronc d'un jeune bouleau. Elle poussa Kazan de l'épaule et tous deux se défilèrent, au petit trot et en silence, dans la direction opposée.

Sandy continua à ramper comme un serpent, mais ne trouva rien. Après une heure de chasse vaine, il retourna sur ses pas, vers le fleuve et vers la pirogue. Il poussa un juron et sa face mauvaise se crispa. Les deux bêtes étaient, derrière son dos, revenues boire dans le fleuve. De nouvelles empreintes, toutes fraîches, le lui apprenaient, sans nul doute possible.

Puis il se mit à rire sous cape, tandis qu'il sortait de la pirogue son sac de voyage et tirait de celui-ci une petite pochette de caoutchouc.

De cette pochette il extirpa un flacon hermétiquement bouché, qui contenait de menues capsules de gélatine. Chacune d'elles renfermait cinq granules de strychnine.

Sur les bords du Yukon, on avait dit beaucoup de choses sombres au sujet de ces granules. On assurait que leur propriétaire avait, une fois, pour les essayer, laissé choir l'une d'elles dans une tasse de café qu'il offrait à boire à un autre homme. Cela non plus n'avait pas été prouvé.

Ce qui est certain, c'est que Sandy Mac Trigger était, pour ses chasses, un maître dans l'emploi du poison. Il s'était ainsi emparé de milliers de renards, et il ricanait encore aujourd'hui, en songeant combien il lui serait facile, par ce moyen, de mettre à la raison cette paire de loups, si curieux de lui.

Quelques jours auparavant, il avait tué un caribou dont il avait chargé sur son embarcation les meilleurs morceaux. Et, à l'aide de bâtonnets, afin qu'il n'y eût aucune odeur de ses doigts adhérente à l'appât, il commença à englober dans un peu de graisse, puis à enrouler dans des bandes de peau, une des mortelles capsules.

Ayant renouvelé huit fois la même opération, il s'en alla, un peu avant le coucher du soleil, mettre en place le poison. Il pendit à des buissons une partie des appâts et sema les autres sur diverses pistes de lapins et de caribous. Après quoi, il revint à sa pirogue et prépara le souper.

Le lendemain matin, il se réveilla de bonne heure et partit aussitôt, afin d'aller constater les effets de son stratagème.

Le premier appât qu'il releva était intact. Le second était tel également qu'il avait déposé. Le troisième avait disparu.

Sandy se frotta les mains et ne douta point que, dans un rayon de deux ou trois cents yards, il trouverait son gibier. Mais il lui fallut bientôt déchanter. Son regard s'étant porté à terre, un juron s'échappa de ses lèvres. Sous le buisson, à une branche duquel il avait suspendu la capsule empoisonnée, celle-ci gisait sur le sol. La peau qui l'enveloppait avait été déroulée, mais la capsule était intacte dans la graisse.

C'était la première fois que pareille aventure advenait à Sandy Mac Trigger. Si un renard ou un loup trouvaient un appât assez alléchant pour y toucher une fois, il s'ensuivait invariablement que l'appât était mangé. Le prospecteur d'or ignorait que Kazan était, de longue date, familiarisé avec toutes ces ruses, qu'il avait appris à connaître chez les hommes.

Il continua son chemin.

Le quatrième et le cinquième appât étaient à nouveau intacts. Le sixième avait été dépouillé comme le troisième et la poudre blanche était, cette fois, éparpillée sur le sol. Il en était de même des deux derniers. Il n'y avait aucun doute, au surplus, que ce travail ne fût l'œuvre des deux loups mystérieux, dont les huit pattes avaient laissé d'indiscutables empreintes.

L'exaspération de Mac Trigger en fut à son comble. La méchante humeur qui s'accumulait en lui, depuis plusieurs semaines d'inutile labeur, éclata en fusées de colère et en jurons. Elle avait trouvé, dans les deux loups, des responsables envers qui s'exprimer. Il considéra ce nouvel échec comme le point culminant de sa malchance et jugea qu'il était inutile de pousser plus loin. Tout était ligué contre lui et il décida de s'en retourner à Red Gold City.

Aussitôt donc qu'il eut fini de déjeuner, Sandy Mac Trigger repoussa à l'eau sa pirogue et s'abandonna au fil du courant. Paresseusement assis sur son banc, comme dans un fauteuil, il sortit sa pipe, la bourra, et commença à fumer, ne se servant de la rame que pour gouverner son frêle esquif. Il avait mis son vieux flingot entre ses genoux. Peut-être, chemin faisant, découvrirait-il, sur l'une ou l'autre rive du fleuve, quelque gibier à tirer.

Vers le milieu de l'après-midi, Kazan et Louve Grise qui avaient, de leur côté, jugé prudent de s'éloigner des appâts empoisonnés et qui, à cet effet, avaient descendu rapidement la vallée pendant cinq ou six milles, eurent soif.

Ils descendirent sur la berge du fleuve qui, à cet endroit, décrivait un coude brusque. Si le vent avait été favorable ou si Sandy avait ramé, Louve Grise n'eût point manqué de flairer le péril qui s'approchait. Mais le vent soufflait de face et l'embarcation filait silencieusement au fil de l'eau.

Seul le clic ! clic ! métallique du fusil qu'armait Mac Trigger lui fit dresser l'oreille. Instantanément son poil se hérissa et, cessant de laper l'eau fraîche, elle se recula avec précipitation vers les buissons qui bordaient le rivage. Mais Kazan, relevant la tête, demeura sur le sable, afin d'affronter l'ennemi.

Presque aussitôt la pirogue débouchait du coude du fleuve et Sandy pressait sur la détente.

Il y eut un vomissement de fumée et Kazan sentit un jet brûlant qui le frappait à la tête. Il chavira en arrière, ses pattes cédèrent sous lui et il tomba comme un paquet inerte.

Au bruit de la détonation, Louve Grise avait pris la fuite comme un trait. Aveugle comme elle l'était, elle n'avait pas vu Kazan s'abattre sur le sable. Ce fut seulement après avoir parcouru près d'un mille, loin de l'effroyable tonnerre du fusil de l'homme blanc, qu'elle s'arrêta et constata que son compagnon, qu'elle attendit en vain, ne l'avait pas suivie.

Sandy Mac Trigger avait arrêté son esquif et il sauta sur la berge avec un hurlement de joie.

« Tout de même je t'ai eu, vieux diable ! cria-t-il. Et j'aurais eu l'autre aussi, si j'avais possédé autre chose que ce mauvais fusil ! »

De la crosse de son arme, il retourna la tête de Kazan et un vif étonnement se peignit sur sa face.

« Sapristi ! dit-il. Ce n'est pas un loup ! C'est un chien, Sandy Mac Trigger ! Un chien authentique ! »

XXV

LA MÉTHODE DE SANDY MAC TRIGGER

Mac Trigger s'agenouilla sur le sable, près de sa victime, qui paraissait toujours inanimée. Il souleva la tête de Kazan et ne tarda pas à découvrir l'usure du poil autour du cou, ainsi que les cals de la peau, qui indiquaient que la bête avait porté le collier.

Il ne pouvait en croire ses yeux.

« C'est un chien ! s'exclama-t-il à nouveau. Un chien, Sandy ! Et de toute beauté ! »

Une mare de sang rougissait le sable autour de la tête de Kazan. L'homme examina la blessure et chercha à se rendre compte de l'endroit exact où la grosse balle ronde avait porté.

Elle avait atteint le sommet de la tête, mais n'avait pas entamé la boîte crânienne, sur laquelle, au contraire, elle avait dévié. La blessure, quelque violent qu'en eût été l'effet, n'était pas grave et les soubresauts de Kazan, qui agitait nerveusement ses pattes et son échine, n'étaient point, comme Mac Trigger l'avait craint tout d'abord, les convulsions de l'agonie. Le chien-loup n'avait nulle envie de mourir et c'était la vie qui revenait peu à peu en lui.

Mac Trigger était un fin connaisseur en chiens de traîneau. En leur compagnie il avait passé deux tiers de sa vie. Sur un simple coup d'œil, il était capable de dire l'âge de la bête, ce qu'elle valait et d'où elle venait. Il pouvait, sur la neige, distinguer la piste d'un chien du Mackenzie de celle d'un malemute, les empreintes d'un chien d'Esquimau de celles d'un husky du Yukon.

Il examina donc les pattes de Kazan. C'étaient des pattes de loup. Sandy ricana. Il était fort et puissant, et Sandy songea aux prix élevés qu'à l'hiver prochain les chiens atteindraient à Red Gold City.

Il alla donc à la pirogue et en rapporta un morceau de toile, dont il étancha le sang de la blessure, ainsi qu'une grande provision de lanières de babiche, dont il entreprit immédiatement de confectionner une muselière.

Il l'exécuta en tressant ensemble les plus fines de ces lanières, comme on fait pour les sangles d'une raquette à neige. En dix minutes, il avait terminé la muselière, y avait inséré le nez de Kazan, et l'avait fixée solidement autour du cou de l'animal. Il confectionna, avec d'autres lanières, une laisse de dix pieds de long. Puis il s'assit, les jambes croisées, en attendant que Kazan revînt à lui.

Cela ne tarda pas. Le chien-loup commença par soulever sa tête et regarda autour de lui. Il ne vit rien tout d'abord. Un brouillard de sang était sur ses yeux. Puis son regard s'éclaircit et il aperçut l'homme.

Son premier mouvement fut de se dresser sur ses pattes. Trop faible pour se tenir debout, il retomba, par trois fois, sur le sol. L'homme, assis à six pieds de lui, tenait la laisse et ricanait. Les crocs de Kazan se découvrirent. Il grogna, menaçant, et son dos se mit en brosse. Sandy Mac Trigger se remit debout.

« Sûr et certain que je sais bien ce que tu complotes, marmotta-t-il. J'en ai vu d'autres de ton espèce. Ces damnés loups t'ont rendu mauvais et tu auras besoin d'une bonne quantité de coups de trique avant de te décider à marcher droit. Veux-tu que nous commencions immédiatement la leçon ? Écoute un peu... »

Mac Trigger avait eu soin d'apporter de la pirogue un robuste gourdin. Il le ramassa sur le sable, sans lâcher la lanière, qu'il tenait de l'autre main.

Kazan s'était enfin redressé. Devant lui il retrouvait l'Homme, son vieil ennemi, et, dans la main de l'Homme, l'inséparable gourdin. Tout ce qu'il y avait dans sa nature de férocité farouche se réveilla. Il savait que Louve Grise était partie. L'homme qui était là en était responsable. Ce même homme l'avait blessé et son gourdin, il le savait bien, s'apprêtait à frapper.

Alors si soudainement il bondit que Mac Trigger, qui pourtant se méfiait, n'eut point le temps de parer l'attaque. Avant qu'il n'eût levé son gourdin ou sauté de côté, Kazan lui arrivait en pleine poitrine.

La muselière seule sauva la vie à Sandy. La mâchoire redoutable claqua, sans pouvoir mordre. Mais il tomba en arrière, sous la violence du choc, comme s'il eût été frappé par une catapulte. Aussi agile qu'un chat, Sandy Mac Trigger se remit aussitôt sur ses pieds, tenant toujours solidement la lanière qui retenait Kazan captif et qu'il avait enroulée plusieurs fois autour de son poignet.

Le chien-loup bondit derechef. Mais il rencontra le furieux moulinet du gourdin, qui s'abattit sur son épaule, d'un coup bien appliqué, et l'envoya rouler sur le sable.

Avant qu'il eût pu reprendre ses esprits, Mac Trigger, raccourcissant davantage la lanière, était sur lui.

Le gourdin retomba, en un rythme terrible et précis, comme on pouvait l'attendre d'une main aussi exercée à son emploi. Les premiers coups ne servirent qu'à augmenter davantage encore la rage de Kazan. Mais celle de son adversaire, à demi fou de cruauté et de colère, n'était pas moindre. Chaque fois que Kazan bondissait, le bâton l'atteignait au vol, avec une violence capable de lui briser les os. La bouche contractée de Sandy ne connaissait nulle pitié. Jamais il n'avait vu pareil chien et, tout muselé que fût Kazan, il n'était qu'à moitié rassuré sur l'issue de la bataille. Il était trop évident que si la muselière venait à rompre ou à glisser, c'en était fini de lui, sans rémission.

Tout à cette pensée, l'homme assena finalement un coup si formidable sur la tête de Kazan que le vieux lutteur en retomba sur le sol, plus flasque qu'une chiffe.

Mac Trigger était à bout de souffle. Sa poitrine haletait. Devant Kazan abattu, il laissa son gourdin glisser de sa main et ce fut seulement alors qu'il se rendit compte pleinement de la lutte désespérée qu'il lui avait fallu soutenir.

Il profita de ce que l'animal avait perdu connaissance pour renforcer la muselière à l'aide de nouvelles lanières. Puis il traîna Kazan à quelques pas plus loin, jusqu'à un tronc d'arbre que les eaux avaient rejeté sur le rivage, et il l'y assujettit fermement. Ensuite, il tira à terre son esquif et se mit à préparer le campement de la nuit.

Lorsque Kazan eut un peu repris ses sens, il demeura immobile et gisant, en observant son bourreau. Chacun de ses os le faisait souffrir.

Mac Trigger semblait très satisfait. Plusieurs fois il revint vers l'animal, en compagnie du gourdin, et réitéra. La troisième fois, il piqua Kazan avec l'extrémité du bâton, ce qui redoubla la fureur du chien-loup. C'était ce que voulait Mac Trigger. Le procédé est ordinaire aux dresseurs de chiens indisciplinés. Il contraint ceux-ci à se rendre compte de l'inutilité de leur révolte. Puis les coups recommencèrent à pleuvoir.

Si bien que Kazan finit par ne plus faire face à l'homme et au gourdin, et se réfugia, en gémissant, derrière le tronc d'arbre auquel il était attaché. A peine pouvait-il se traîner. Eût-il été libre alors qu'il n'aurait même pas pu fuir.

Sandy avait retrouvé toute sa bonne humeur.

« Je réussirai bien, disait-il à Kazan pour la vingtième fois, à faire sortir le méchant diable qui est en toi. Il n'y a rien de tel que les coups de bâton pour apprendre à vivre aux chiens. Avant un mois d'ici, tu seras à point et tu vaudras deux cents dollars, ou je t'écorcherai tout vif ! »

A plusieurs reprises encore, avant la tombée de la nuit, Sandy tenta de réveiller la colère de Kazan en le piquant et tarabustant du bout du gourdin. Mais maintenant la réaction était nulle. Les yeux clos et la tête entre ses pattes, il ne voyait même plus Mac Trigger. Mac Trigger lui jeta, pour son dîner, un morceau de viande sous le nez. Il ne le regarda pas davantage.

Il ne sut pas non plus quand le soleil acheva de sombrer à l'occident, derrière les forêts, et ne vit point venir la nuit. Il y eut un moment, seulement, où il s'éveilla de sa stupeur. Dans son cerveau dolent il lui sembla que résonnait une voix connue, une voix du passé. Il leva la tête et écouta.

Sur le sable de la berge, il vit Mac Trigger qui avait établi son feu. L'homme s'était levé et se tenait debout dans la lueur rougeâtre, tourné vers les ténèbres de la forêt, et lui aussi écoutait. Il écoutait ce même cri funèbre qui avait ranimé Kazan, la lamentation de Louve Grise, qui retentissait au loin.

Kazan se remit sur ses pattes et, en gémissant, commença à tirer sur la lanière. Sandy bondit vers lui après s'être saisi du gourdin, qu'il avait gardé à sa portée.

« Couché ! Sale bête ! » ordonna-t-il.

Dans la lumière du feu, le gourdin se leva et s'abattit, rapide et féroce.

Et lorsque Mac Trigger s'en revint vers le foyer qui brûlait sur le sable, à côté de ses couvertures qu'il avait étendues pour y dormir, le gros bâton avait pris un aspect tout différent. Il était maintenant couvert de sang et de poils.

« Certainement, monologua Sandy, que ma méthode, à la longue, le calmera. J'y réussirai... ou je le tuerai ! »

Plusieurs fois, durant la nuit, Kazan entendit l'appel de Louve Grise. Il gémissait très bas, en réponse, de crainte du gourdin. Il avait la fièvre et souffrait atrocement dans sa chair sanglante. Il regardait brûler le feu et son gosier desséché implorait un peu d'eau.

Aux premières lueurs de l'aube, l'homme sortit de dessous ses couvertures et apporta à Kazan de la viande et de l'eau. Il but l'eau, mais continua à refuser la viande. Il ne grognait plus et ne découvrait plus ses crocs. Sandy se plut à constater cette amélioration.

Quand le soleil se leva, Sandy avait terminé son déjeuner du matin et était prêt à partir. Sans crainte, négligeant le gourdin, il vint vers Kazan, le délia du tronc de l'arbre et le traîna à sa suite, sur le sable, vers la pirogue. Kazan se laissa faire.

Lorsque tous deux furent arrivés au bord de l'eau, Sandy Mac Trigger attacha la lanière à l'arrière de la pirogue. Il s'amusait énormément à l'idée de ce qui allait suivre et qui faisait encore partie des méthodes de dressage employées sur le Yukon.

Comme Sandy avait, en effet, poussé au large d'un coup net et subit, à l'aide d'une de ses rames, Kazan se trouva tout à coup en pleine eau. La lanière se tendit, cependant que Mac Trigger se mettait à ramer, pour accélérer la vitesse de l'embarcation.

En dépit de sa grande faiblesse, l'animal fut contraint de nager, afin de tenir sa tête hors de l'eau et ne pas couler. Et, en un jeu diabolique, destiné à augmenter son supplice, Sandy continuait à ramer de toutes ses forces. Pris dans les remous de la pirogue, Kazan sentait, par moments, sa tête broussailleuse disparaître dans le fleuve. D'autres fois, quand il s'était remis d'aplomb, en nageant dans un effort désespéré, c'était l'homme qui, d'un coup de rame durement assené, le replongeait dans l'eau.

Au bout d'un mille de ce mode de voyager, le chien-loup, exténué, n'allait pas tarder à être noyé. Alors seulement son maître se décida à le tirer à bord et à l'embarquer.

Tout brutal qu'il était, et par cette brutalité même, le système de Sandy Mac Trigger avait abouti au résultat désiré. Kazan était devenu aussi soumis qu'un enfant. Il ne songeait plus à sa liberté perdue et à lutter encore pour elle. Son seul désir était que le maître lui permît de demeurer couché au fond de la pirogue, à l'abri de l'eau et du gourdin. Celui-ci gisait entre lui et l'homme, à un pied de son museau, et le sang coagulé qu'il y flairait était son propre sang.

Pendant cinq jours et cinq nuits, la descente du fleuve continua et la méthode de Mac Trigger, afin de bien inculquer au chien-loup la civilisation, se poursuivit par trois autres rossées, qui lui furent administrées à terre, et par un recours supplémentaire au supplice de l'eau.

Le matin du sixième jour, l'homme et la bête atteignirent Red Gold City et Mac Trigger campa près du fleuve. Il se procura une chaîne d'acier, s'en servit pour attacher solidement Kazan à un gros piquet, puis coupa lanière et muselière.

« Maintenant, dit-il à son prisonnier, tu ne seras plus gêné pour manger. Je veux que tu redeviennes fort et aussi féroce que l'Enfer... L'idée que je rumine vaut toute une cargaison de fourrures ! Oui, oui, c'est un riche filon qui bientôt remplira mes poches de poussière d'or. J'ai déjà fait cela, et nous le referons ici. Par la grâce de Dieu ! Voilà enfin un riche atout dans mon jeu ! »

XXVI

LE PROFESSEUR WEYMAN DIT SON MOT

Deux fois par jour, désormais, Sandy Mac Trigger apportait à Kazan de la viande fraîche. Il ne lui donnait ni poisson, ni graisse, ni bouillie de farine, mais seulement de la viande crue. Il lui rapporta un jour, de cinq milles de distance, les entrailles encore chaudes d'un caribou, qu'il avait été tuer tout exprès.

A ce régime reconstituant, Kazan ne tarda pas à recouvrer la santé et à se refaire de la chair et des muscles. Mac Trigger ne le battait plus, et c'était Kazan qui l'accueillait, au bout de sa chaîne, en grondant et en découvrant ses crocs. Un après-midi, Sandy amena avec lui un autre homme. Kazan bondit soudain sur l'étranger, qui s'était approché d'un peu trop près, et qui sauta en arrière, avec un juron étouffé.

« Il fera l'affaire, grogna-t-il. Il est plus léger de dix à quinze livres que mon danois. Mais il a ses crocs et la rapidité... Avant qu'il ne touche le sol, ce sera un beau spectacle !

— Touche le sol... rétorqua Mac Trigger. Je te parie vingt-cinq pour cent de ma part de bénéfices que ma bête n'aura pas le dessous.

— Tope-là ! dit l'autre. Combien de temps encore avant qu'il ne soit en forme ? »

Sandy réfléchit un moment.

« Une semaine... Il n'aura pas avant tout son poids. »

L'homme acquiesça de la tête.

« Ce sera donc pour aujourd'hui en huit, au soir. »

Et il ajouta :

« Cinquante pour cent de ma part, que mon danois tuera ton champion. »

Sandy Mac Trigger regarda longuement Kazan.

« Je te prends au mot », dit-il finalement.

Et secouant la main de l'étranger :

« Je ne pense pas qu'il y ait, d'ici au Yukon, un seul chien qui soit capable de venir à bout de ce métis de loup. »

L'heure était à point pour offrir aux gens de Red Gold City une fête de ce genre. Ils avaient bien, pour se distraire, le jeu et les tripots, quelques rixes de temps à autre, et les joies de l'alcool. Mais la présence de la Police Royale avait mis un frein à l'excès de ces divertissements. Comparée à celle que l'on menait, à plusieurs centaines de milles vers le nord, dans la région de Dawson [1], la vie était austère et plate à Red Gold City.

L'annonce du combat organisé par Sandy Mac Trigger et par le tenancier du bar, Jan Harker, fut accueillie par de multiples bravos. La nouvelle s'en répandit, sous le manteau, à vingt milles à la ronde et agita toutes les cervelles.

Au cours de la semaine qui précéda la rencontre, Kazan et le gros danois furent, dans une arrière-pièce du bar, exhibés chacun dans deux cages de bois, construites tout exprès.

Le chien de Harker était un métis de grand danois et de mâtin. Né dans le Northland, il avait porté le harnais et tiré les traîneaux.

La fièvre des paris commença. Ils étaient pour le danois, dans la proportion de deux à un.

1. Ville du Klondike.

Parfois ils montaient à trois contre un. Les gens qui risquaient sur Kazan leur argent et leur pain étaient d'anciens familiers du Wilderness. Ils savaient ce que signifiait l'éclat rougeâtre qui luisait aux yeux du chien-loup.

Un vieux trappeur, devenu mineur, confiait, à voix basse, à l'oreille de son voisin :

« C'est pour celui-ci que je ferai ma mise. Il battra le danois à plate couture. Le danois n'aura pas son savoir-faire.

— Mais il a le poids, répliquait l'homme, qui doutait. Regarde-moi ses mâchoires et ses épaules...

— Regarde toi-même, interrompit le vieux trappeur, les pattes trop faibles de ton champion, sa gorge tendre et trop exposée aux crocs du chien-loup, et la lourdeur de son ventre. Pour l'amour de Dieu, camarade, crois-m'en sur parole ! Ne mets pas ton argent sur le danois ! »

D'autres hommes prirent part à la discussion, qui tenaient chacun pour une des deux bêtes.

Kazan, tout d'abord, avait grondé vers toutes ces faces qui l'entouraient. Puis il avait fini par se coucher dans un coin de la cage, la tête entre ses pattes, et il regardait les gens, maussade et silencieux.

Le soir du combat, la grande salle du bar de Jan Harker se trouva complètement déblayée de ses tables. Surélevée sur une plate-forme de trois pieds de haut, une grande cage, de dix pieds carrés, autour de laquelle des bancs avaient été rangés, occupait le milieu de la pièce. La partie supérieure de cette cage était ouverte et, au-dessus, pendaient du plafond deux grosses lampes à pétrole, munies de réflecteurs.

Trois cents spectateurs, qui avaient payé chacun cinq dollars d'entrée, attendaient l'arrivée des deux gladiateurs.

Le gros danois avait été introduit le premier dans la grande cage. Il était huit heures du soir lorsque Harker, Mac Trigger et deux autres hommes apportèrent dans la salle, à l'aide de forts brancards de bois passés en dessous d'elle, la cage où était Kazan.

Le danois, qui clignotait des yeux sous la lumière crue des réflecteurs, en se demandant ce qu'on lui voulait, dressa les oreilles lorsque le chien-loup fut introduit près de lui.

Mais Kazan ne montra pas ses crocs et c'est à peine s'il se raidit sur ses pattes, pendant quelques instants. Ce chien, qu'il ne connaissait pas, lui était indifférent. Le danois ne bondit, ni ne grogna. Kazan non plus ne l'intéressait point.

Il y eut parmi le public un murmure de désappointement. Le gros danois tourna son regard vers les trois cents faces de brutes qui l'entouraient et parut les examiner curieusement, en se dandinant sur ses pattes. Kazan fit de même.

Un rire de dérision courut sur les lèvres de cette foule étroitement tassée dans la salle, et qui était venue là pour un spectacle de mort. Des cris d'animaux et des quolibets partirent à l'adresse de Mac Trigger et de Harker, et une clameur grandissante s'éleva, qui réclamait la bataille promise ou le remboursement du prix des places.

La figure de Sandy était pourpre de mortification et de rage. Sur le front de Harker les grosses veines bleues s'enflaient comme des bourrelets, au double de leur grosseur normale.

Le tenancier du bar montra le poing à la foule et hurla :

« Vous êtes bien pressés, tas d'idiots ! Laissez-les prendre contact ! Patience, s'il vous plaît ! »

Le tumulte s'apaisa et les yeux se reportèrent à nouveau vers la cage. Kazan était venu, en effet, se placer en face de l'énorme danois et celui-ci avait commencé à dévisager Kazan.

Puis le chien-loup s'avança imperceptiblement. Avec prudence, il se préparait à bondir sur son adversaire, ou à se jeter de côté, s'il y avait lieu. Le danois l'imita. Leurs muscles à tous deux se raidirent. On aurait pu, dans la salle, entendre maintenant le vol d'une mouche. Sandy et Harker, debout près de la cage, respiraient à peine.

Les deux bêtes, pareillement splendides, les deux vainqueurs de tant d'impitoyables batailles, allaient sans nul doute, par la cruelle volonté des hommes, livrer leur dernier duel. Déjà les deux animaux s'affrontaient.

Mais, à ce moment, que se passa-t-il en eux ? Est-ce O-se-ki, le Grand Esprit des Solitudes, qui opéra dans leur cerveau et leur fit comprendre que, victimes de la barbarie humaine, ils avaient l'un envers l'autre un impérieux devoir de fraternité ?

Toujours est-il qu'à la seconde décisive, alors que toute la salle, haletante, s'attendait à une mutuelle prise de corps, imminente et féroce, on vit le gros danois lever lentement sa tête vers les lampes à pétrole et esquisser un bâillement.

Harker, qui voyait son champion offrir ainsi sa gorge aux crocs de Kazan, se mit à trembler de tous ses membres et à proférer d'affreux blasphèmes. Kazan pourtant ne bondit pas. Le pacte de paix avait été mutuellement scellé entre les deux adversaires qui, se rapprochant l'un de l'autre, épaule contre épaule, parurent regarder avec un immense dédain, à travers les barreaux de leur prison, la foule à nouveau furieuse.

Ce fut, cette fois, une explosion de colère, un mugissement menaçant, pareil à celui d'un ouragan. Exaspéré, Harker tira de l'étui son revolver et coucha en joue le gros danois.

Mais, par-dessus le tumulte, une voix s'éleva.

« Arrêtez ! jeta-t-elle d'un ton de commandement. Arrêtez au nom de la loi ! »

Il y eut un silence soudain et toutes les figures se retournèrent vers la voix qui parlait.

Deux hommes étaient montés sur des tabourets et dominaient les assistants.

L'un était le sergent Brokaw, de la Police montée du Nord-Ouest. C'est lui qui avait parlé. Il tenait sa main levée, pour ordonner attention et silence. L'autre était le professeur Paul Weyman. Ce fut lui qui, protégé par la main levée du sergent, prit ensuite la parole.

« Je donnerai, dit-il, aux propriétaires cinq cents dollars pour ces chiens. »

Il n'y eut personne dans la salle qui n'entendît l'offre ainsi faite. Harker regarda Sandy. Leurs deux têtes se rapprochèrent.

« Ils ne veulent pas se battre, continua celui qui était survenu, et ils feront d'excellents chiens de traîneaux. Je donnerai aux propriétaires cinq cents dollars. »

Harker fit un geste indiquant qu'il voulait parler.

« Donnez-en six cents ! Oui, six cents, et les deux bêtes sont à vous ! »

Le professeur Paul Weyman parut hésiter. Puis il acquiesça de la tête.

« Je paierai six cents », affirma-t-il.

La foule recommença à grogner. Harker grimpa sur la plate-forme qui supportait la cage.

« Je ne suis point responsable, clama-t-il, pas plus que le propriétaire du chien-loup, s'ils n'ont pas voulu se battre ! S'il est toutefois, parmi vous, des gens assez peu délicats pour exiger le remboursement de leur argent on le leur rendra à la sortie ! Mais nous sommes innocents de ce qui se passe. Les chiens nous ont roulés, voilà tout. »

Paul Weyman, accompagné du sergent, s'était frayé un chemin jusqu'à la cage et, tout en sortant de sa poche une liasse de billets, dont il compta trois cents à Jan Harker et trois cents à Sandy Mac Trigger, il dit à mi-voix aux deux bêtes qui le considéraient curieusement à travers les barreaux :

« C'est un gros prix, un énorme prix que je paie pour vous, mes petits amis... Mais vous me serez utiles pour poursuivre mon voyage et bientôt, j'espère, nous serons les meilleurs camarades du monde. »

XXVII

SEULE DANS SA CÉCITÉ

Bien des heures après que Kazan fut tombé sur la rive du fleuve, sous le coup de fusil de Sandy Mac Trigger, Louve Grise attendit que son fidèle compagnon vînt la retrouver. Tant de fois il était revenu vers elle qu'elle avait confiance dans son retour. Aplatie sur son ventre, elle reniflait l'air et gémissait de n'y point découvrir l'odeur de l'absent. Mais, de tout le jour, Kazan ne reparut point.

Le jour et la nuit étaient depuis longtemps semblables pour la louve aveugle. Elle sentait pourtant, par un secret instinct, l'heure où les ombres s'épaississaient, et que la lune et les étoiles devaient briller sur sa tête. Mais, avec Kazan à côté d'elle, l'effroi de sa cécité n'était plus pareil. Le même abîme des ténèbres ne lui semblait pas l'envelopper.

Vainement elle lança son appel. Seule lui parvint l'âcre odeur de la fumée qui s'élevait du feu allumé par Mac Trigger sur le sable. Elle comprit que c'était cette fumée, et l'homme qui la produisait, qui étaient la cause de l'absence de Kazan. Mais elle n'osa pas approcher trop près ses pas ouatés et silencieux. Elle savait être patiente et songea que, le lendemain, son compagnon reviendrait. Elle se coucha sous un buisson et s'endormit.

La tiédeur des rayons du soleil lui apprit que l'aube s'était levée. Elle se remit sur ses pattes et, l'inquiétude l'emportant sur la prudence, elle se dirigea vers le fleuve. L'odeur de la fumée avait disparu ainsi que celle de l'homme, mais elle percevait le bruit du courant, qui la guidait.

Le hasard la fit retomber sur la piste que, la veille, Kazan et elle avaient tracée, lorsqu'ils étaient venus boire sur la bande de sable. Elle la suivit et arriva sans peine à la berge, à l'endroit où Kazan était tombé et où Mac Trigger avait campé.

Là son museau rencontra le sang coagulé du chien-loup, mêlé à l'odeur que l'homme avait, tout à côté, laissée sur le sable. Elle trouva le tronc d'arbre auquel son compagnon avait été attaché, les cendres éteintes du foyer, et suivit jusqu'à l'eau la traînée laissée par le corps de Kazan, lorsque Mac Trigger l'avait tiré à demi mort, derrière lui, vers la pirogue. Puis toute piste disparaissait.

Alors Louve Grise s'assit sur son derrière, tourna vers le ciel sa face aveugle et jeta vers Kazan disparu un cri désespéré, tel un sanglot que le vent emporta sur ses ailes. Puis, remontant la berge jusqu'au plus prochain buisson, elle s'y coucha, le nez tourné vers le fleuve.

Elle avait connu la cécité, et maintenant elle connaissait la solitude, qui venait y ajouter une pire détresse. Que pourrait-elle faire ici-bas, désormais, sans la protection de Kazan ?

Elle entendit, à quelques yards d'elle, le gloussement d'une perdrix des sapins. Il lui sembla que ce bruit lui arrivait d'un autre monde. Une souris des bois lui passa entre les pattes de devant. Elle tenta de lui donner un coup de dents. Mais ses dents se refermèrent sur un caillou. Une véritable terreur s'empara d'elle. Ses épaules se contractaient et elle tremblait, comme s'il avait fait un gel intense. Épouvantée de la nuit sinistre qui l'étreignait, elle passait ses griffes sur ses yeux clos, comme pour les ouvrir à la lumière.

Pendant l'après-midi, elle alla errer dans les bois. Mais elle eut peur et ne tarda pas à revenir sur la grève du fleuve, et se blottit contre le tronc d'arbre près duquel Kazan enchaîné avait dormi sa dernière nuit. L'odeur de son compagnon était là plus forte qu'ailleurs et, là encore, le sol était souillé de son sang.

Pour la seconde fois, l'aube se leva sur la solitude de Louve Grise. Comme elle avait soif, elle descendit jusqu'à l'eau et y but. Quoiqu'elle fût à jeun depuis deux jours, elle ne songeait point à manger

Elle ne pouvait voir que le ciel était noir et que dans le chaos de ses nuages sommeillait un orage. Mais elle éprouvait la lourdeur de l'air, l'influence irritante de l'électricité, dont l'atmosphère était chargée, et qui s'y déchargeait en zigzags d'éclairs.

Puis l'épais drap mortuaire s'étendit, du sud et de l'ouest, jusqu'à l'extrême horizon, le tonnerre roula et la louve se tassa davantage contre son tronc d'arbre.

Plusieurs heures durant, l'orage se déchaîna au-dessus d'elle, dans le craquement de la foudre, et accompagné d'un déluge de pluie. Lorsqu'il se fut enfin apaisé, Louve Grise se secoua et, sa pensée toujours fixée vers Kazan qui était bien loin déjà à cette heure, elle recommença à flairer le sable. Mais l'orage avait tout lavé, le sang de Kazan et son odeur. Aucune trace, aucun souvenir ne restaient plus de lui.

L'épouvante de Louve Grise s'en accrut encore et, comble de misère, elle commença à sentir la faim qui lui tenaillait l'estomac. Elle se décida à s'écarter du fleuve et à battre le bois à nouveau.

A plusieurs reprises, elle flaira divers gibiers qui, chaque fois, lui échappèrent. Même un mulot dans son trou, qu'elle déterra des griffes, lui fila sous le museau.

De plus en plus affamée, elle songea au dernier repas qu'elle avait fait avec Kazan. Il avait consisté en un gros lapin, dont elle se souvint qu'ils n'avaient mangé que la moitié. C'était à un ou deux milles.

L'acuité de son flair et ce sens intérieur de l'orientation, si puissamment développé chez les bêtes sauvages, la ramenèrent à cette même place, à travers arbres, rochers et broussailles, aussi droit qu'un pigeon retourne à son colombier.

Un renard blanc l'avait précédée. A l'endroit où Kazan et elle avaient caché le lapin, elle ne retrouva que quelques bouts de peau et quelques poils. Ce que le renard avait laissé, les oiseaux-des-élans et les geais des buissons l'avaient à leur tour emporté. Le ventre vide, Louve Grise s'en revint vers le fleuve, comme vers un aimant dont elle ne pouvait se détacher.

La nuit suivante, elle dormit encore là où avait dormi Kazan et, par trois fois, elle l'appela sans obtenir de réponse. Une rosée épaisse tomba, qui aurait achevé d'effacer la dernière odeur du disparu, si l'orage en avait laissé quelques traces. Et pourtant, trois jours encore, Louve Grise s'obstina à demeurer à cette même place.

Le quatrième jour, sa faim était telle qu'elle dut, pour l'apaiser, grignoter l'écorce tendre des saules. Puis, comme elle buvait dans le fleuve, elle toucha du nez, sur le sable de la berge, un de ces gros mollusques que l'on rencontre dans les fleuves du Northland et dont la coquille a la forme d'un peigne de femme.

Elle l'amena sur la rive avec ses pattes et, comme la coquille s'était refermée, elle l'écrasa entre ses dents. La chair qui s'y trouvait enclose était exquise et elle se mit en quête d'autres « peignes ». Elle en trouva suffisamment pour rassasier sa faim. En sorte qu'elle demeura là durant trois autres jours.

Puis, une nuit, un appel soudain sonna dans l'air, qui l'agita d'une émotion étrange. Elle se leva et, en proie à un tremblement de tous ses membres, elle trottina de long en large sur le sable, tantôt faisant face au nord, et tantôt au sud, puis à l'est et à l'ouest. La tête rejetée en l'air, elle aspirait et écoutait, comme si elle cherchait à préciser de quel point de l'horizon arrivait l'appel mystérieux.

Cet appel venait de loin, de bien loin, par-dessus le Wilderness. Il venait du Roc du Soleil, où elle avait si longtemps gîté avec Kazan, du Roc du Soleil où elle avait perdu la vue et où les ténèbres qui l'enveloppaient maintenant avaient, pour la première fois, pesé sur ses paupières. C'est vers cet endroit lointain, où elle avait fini de voir la lumière et la vie, où le soleil avait cessé de lui apparaître dans le ciel bleu, et les étoiles et la lune dans la nuit pure, que, dans sa détresse et son désespoir, elle reportait tout à coup sa pensée. Là, sûrement, s'imaginait-elle, devait être Kazan. Alors, affrontant sa cécité et la faim, et tous les obstacles qui se dressaient devant elle, tous les dangers qui la menaçaient, elle partit, abandonnant le fleuve. A deux cents milles de distance était le Roc du Soleil, et c'était vers lui qu'elle allait.

XXVIII

COMMENT SANDY MAC TRIGGER TROUVA LA FIN QU'IL MÉRITAIT

Kazan, pendant ce temps, à soixante milles vers le nord, était couché au bout de sa chaîne d'acier et observait le professeur Paul Weyman, qui mélangeait dans un seau, à son intention, de la graisse et du son. Le gros danois, à qui la moitié du repas était destinée, était couché pareillement, à quelques pieds de Kazan, et ses énormes mâchoires bavaient, dans l'attente du festin qui se préparait.

Le refus de ces deux superbes bêtes de s'entre-tuer pour le plaisir de trois cents brutes, assemblées tout exprès, réjouissait infiniment le digne professeur. Il avait dressé déjà le plan d'une communication sur cet incident.

Ce fut le danois que Paul Weyman commença par servir. Il lui apporta un litre environ de la succulente pâtée, et, tandis que, remuant la queue, le chien la malaxait dans ses puissantes mâchoires, il lui donna sur le dos une chiquenaude amicale. Son attitude fut toute différente quand il se dirigea vers Kazan. Très prudemment il s'avança, sans vouloir, cependant, paraître avoir peur.

Sandy, qu'il avait longuement interrogé, lui avait conté l'histoire de la capture de Kazan et la fuite de Louve Grise. Paul Weyman ne doutait pas que le hasard ne lui eût fait retrouver la même bête qu'il avait eue déjà en sa possession et à qui il avait rendu la liberté.

Tout en estimant que lui redonner cette liberté était devenu inutile, puisque sa compagne sauvage avait disparu, à tout jamais sans doute, le professeur s'efforçait, de tout son pouvoir, d'obtenir les bonnes grâces de Kazan. Ces avances demeuraient sans succès. Elles n'amenaient dans les yeux du chien-loup aucune lueur de reconnaissance. Il ne grognait pas à l'adresse de Weyman et ne tentait pas de lui mordre les mains lorsqu'elles se trouvaient à sa portée. Mais il ne manifestait nul désir de devenir son ami. Le danois gris, au contraire, s'était fait rapidement familier et confiant.

Parfois, sous un prétexte ou sous un autre, Mac Trigger venait rendre visite à la petite cabane de bûches, que Paul Weyman habitait en compagnie d'un domestique, au bord du Grand Lac de l'Esclave, à une heure environ de Red Gold City.

Alors Kazan entrait en fureur et tirait sur sa chaîne par bonds frénétiques, afin de se jeter sur son ancien maître. Ses crocs ne cessaient de luire et il ne se calmait qu'en se retrouvant seul avec le professeur.

Un jour, comme la même scène s'était renouvelée, Sandy Mac Trigger dit à Paul Weyman :

« C'est peine perdue que d'essayer de s'en faire un camarade ! »

Puis il ajouta brusquement :

« Quand partez-vous d'ici ? »

— Dans une huitaine, répondit le professeur. Les premières gelées ne vont pas tarder. Je dois rejoindre le sergent Conroy et ses hommes au Fort du Lac, le 1er octobre.

— Comment effectuerez-vous ce voyage ?

— Une pirogue viendra me chercher avec mes bagages et, en remontant la rivière de la Paix, m'emmènera d'ici au lac Athabasca [1].

— Et vous emportez avec vous tout le bazar qu'il y a dans cette cabane ? Je pense que vous emmenez aussi les chiens...

— Oui. »

Sandy alluma sa pipe et, d'un air indifférent en apparence, quel que fût l'intérêt visible que ce dialogue faisait luire dans son regard :

« Ça doit coûter chaud, tous ces voyages, monsieur le Professeur ?

— Le dernier qui a précédé celui-ci m'est revenu à environ sept mille dollars. Celui-ci en coûtera dans les cinq mille. Mais j'ai diverses subventions.

— Ah ! vous avez de la chance ! soupira Sandy. Alors vous partez dans huit jours ?

— A peu près. »

Sandy Mac Trigger se retira, avec un mauvais sourire au coin de la lèvre.

Paul Weyman le regarda s'en aller.

« J'ai dans l'idée, dit-il à Kazan, que cet homme ne vaut pas cher.

---

1. La lac Athabasca, sur lequel se trouve le ford du Fond-du-Lac, est situé comme nous l'avons dit au sud du Grand Lac de l'Esclave. La rivière de la Paix relie les deux lacs. La distance est de 350 kilomètres.

Peut-être n'as-tu pas tort de toujours vouloir lui sauter à la gorge. Il aurait apparemment désiré que je le prenne pour guide. »

Il plongea ses mains dans ses poches et rentra dans la cabane.

Kazan, s'étant couché, laissa tomber sa tête entre ses pattes, les yeux grands ouverts. L'après-midi était fort avancé. On était bientôt à la mi-septembre et chaque nuit apportait avec elle les souffles froids de l'automne.

Le chien-loup regarda les dernières lueurs du soleil s'éteindre dans le ciel du Sud. Puis les ténèbres s'étendirent rapidement. C'était l'heure où se réveillait son désir farouche de liberté. Nuit après nuit, il rongeait sa chaîne d'acier. Nuit après nuit, il avait regardé la lune et les étoiles, et, tandis que le grand danois dormait allongé tout de son long, interrogé l'air pour y saisir l'appel de Louve Grise.

Le froid, cette nuit-là, était plus vif que de coutume, et la morsure aiguë et glacée du vent de l'est agitait Kazan étrangement. Il lui allumait dans le sang ce que les Indiens appellent la « frénésie du froid ». Les nuits léthargiques de l'été s'en étaient allées et le temps se rapprochait des chasses enivrantes, interminables. Kazan rêvait de bondir en liberté, de courir jusqu'à épuisement, avec Louve Grise à son côté.

Il fut en proie, toute la nuit, à une agitation extraordinaire. Il se disait que Louve Grise l'attendait et il n'arrêtait pas de tirer sur sa chaîne, en poussant des gémissements plaintifs. Une fois, il entendit au loin un cri qu'il imagina être celui de sa compagne. Il y répondit si bruyamment que Paul Weyman en fut tiré de son profond sommeil.

Comme l'aube était proche, le professeur se vêtit et sortit de la cabane. Il remarqua aussitôt la froideur de l'air. Il mouilla ses doigts et les éleva au-dessus de sa tête. Par le côté des doigts qui s'était aussitôt séché, il constata que le vent était remonté au nord. Il se mit à rire sous cape et, allant vers Kazan :

« Ce froid, mon vieux, va détruire les dernières mouches. Dans quelques jours, nous serons partis. La pirogue qui nous emmènera doit être en route... »

Au cours de la journée, Paul Weyman envoya son domestique à Red Gold City, pour quelques emplettes, et il l'autorisa à ne rentrer que le lendemain matin. Lui-même s'occupa à faire ses préparatifs de voyage, à emballer ses bagages et à classer ses notes.

La nuit qui suivit fut calme et claire. Tandis que Weyman dormait à l'intérieur de la cabane, dehors, le grand danois en faisait autant, au bout de sa chaîne. Seul, Kazan ne faisait que somnoler, son museau entre ses pattes, les paupières mi-closes.

Quoiqu'il fût moins agité que la nuit précédente, il redressait la tête, de temps à autre, en humant l'air.

Soudain, le craquement d'une brindille sur le sol le fit sursauter. Il ouvrit tout à fait les yeux et renifla. Un danger immédiat était dans l'air. Le gros danois continuait à dormir.

Quelques minutes après, une ombre apparut dans les sapins, derrière la cabane. Elle approchait prudemment, la tête baissée, les épaules ramassées. Pourtant, à la lueur des étoiles, Kazan ne tarda pas à reconnaître la face patibulaire de Sandy Mac Trigger. Il ne bougea pas, suivant l'usage du loup, et feignit de ne rien voir, de ne rien entendre.

Mac Trigger, cette fois, n'avait à la main ni fouet ni gourdin. Mais il tenait un revolver dont le canon poli scintillait imperceptiblement. Il fit le tour de la cabane, à pas silencieux, et arriva devant la porte, qu'il se préparait à enfoncer d'un bref et violent coup d'épaule.

Kazan épiait tous ses mouvements. Il rampait sur le sol, en oubliant sa chaîne. Chaque once de muscle de son corps puissant se rassemblait sur elle-même pour bondir.

Il bondit, et l'élan fut tel qu'un des anneaux d'acier, plus faible que les autres, céda, avec un bruit sec. Avant que Sandy Mac Trigger eût eu le temps de se retourner et de se mettre en garde, le chien-loup était à sa gorge.

Avec un cri d'épouvante, l'homme chavira et, tandis qu'il roulait sur le sol, la voix grave du gros danois, qui tirait sur sa chaîne, gronda en un tonnerre d'alarme.

Paul Weyman, réveillé, s'habillait. Sur la terre sanglante, le bandit, atteint mortellement et la veine jugulaire tranchée, se tordait dans son agonie.

Kazan regarda les étoiles qui brillaient au-dessus de sa tête, les noirs sapins qui l'entouraient. Il écouta le murmure du vent dans les ramures. Ici étaient les hommes. Là-bas, quelque part, était Louve Grise. Et il était libre.

Ses oreilles s'aplatirent et il fila dans les ténèbres.

XXXIX

L'APPEL DU ROC DU SOLEIL

Les oreilles rabattues, la queue basse et pendante sur le sol, le train de derrière à demi écrasé, comme celui du loup qui se sauve craintif devant le péril, Kazan fuyait à toute vitesse, poursuivi par le râle de la voix humaine de Sandy Mac Trigger. Il ne s'arrêta pas avant d'avoir parcouru un bon mille.

Alors, pour la première fois depuis des semaines, il s'assit sur son train de derrière et poussa vers le ciel un vibrant et profond appel, que les échos répétèrent au loin.

Ce ne fut pas Louve Grise qui répondit, mais la voix du gros danois. Paul Weyman, penché sur l'immobile cadavre de Sandy Mac Trigger, entendit le hurlement du chien-loup. Il prêta l'oreille, en écoutant si l'appel se renouvellerait. Mais Kazan était, déjà, rapidement reparti.

L'air vif et froid qui, par-dessus les immenses Barrens, lui arrivait de l'Arctique, les myriades d'étoiles qui luisaient au-dessus de sa tête dans le vaste ciel, le bonheur enfin de la liberté reconquise, lui avaient rendu toute son assurance et excitaient encore l'élasticité de sa course.

Il galopait droit devant lui, comme un chien qui suit, sans que rien ne l'en détourne, la piste de son maître.

Contournant Red Gold City et tournant le dos au Grand Lac de l'Esclave, il coupa court à travers bois et buissons, plaines, marécages et crêtes rocheuses, en se dirigeant vers le fleuve Mac-Farlane. Lorsqu'il l'eut atteint, il entreprit aussitôt d'en remonter le cours, quarante milles durant. Il ne doutait point que, de même que Louve Grise l'avait souvent attendu, elle ne l'attendît encore, à la même place, sur la berge où lui-même avait été capturé.

Au lever du jour, il était arrivé à son but, plein d'espoir et de confiance. Il regarda autour de lui, en cherchant sa compagne, et il gémissait doucement, et remuait la queue. Louve Grise n'était point là.

Il s'assit sur son derrière et lança dans l'air son appel. Nulle voix ne lui répondit. Il se mit alors à flairer et à chercher partout.

Mille pistes s'entrecroisaient et, toute la journée, il les suivit à tour de rôle. Toujours sans succès. Aussi vainement il renouvela, plusieurs fois, son appel.

Un travail semblable à celui qui s'était opéré chez Louve Grise se produisit dans son cerveau. Sans doute celle qu'il cherchait et qui avait disparu, il la retrouverait dans l'un des lieux où tous deux avaient vécu.

Il songea tout d'abord à l'arbre creux, dans le marécage hospitalier où s'était écoulé l'hiver précédent. Et, dès que la nuit embrumée eut envahi le ciel, il reprit sa course. O-se-ki, le Grand Esprit, se penchait sur lui et dirigeait ses pas [1].

Jour et nuit, sous le soleil automnal comme sous les étoiles, il courait sans trêve à travers monts et vaux. Parfois, épuisé et tombant d'inanition, il tuait un lapin et en mangeait quelques bouchées, puis dormait une heure ou deux, pour se relever et repartir ensuite.

La quatrième nuit, il atteignit la vallée qui descendait vers le marécage.

Il suivit le cours du torrent et passa, sans y prêter attention, près de la première colonie de castors. Mais, lorsqu'il arriva à la seconde cité, élevée par Dent-Brisée et par sa troupe, il se trouva tout désappointé. Cela, il l'avait oublié.

Dent-Brisée et ses ouvriers avaient achevé et parfait leur œuvre. L'étang artificiel qui recouvrait le marécage avait encore accru sa surface et l'arbre creux, nid douillet contre les frimas, avait complètement disparu. Le paysage même était méconnaissable.

Kazan demeura immobile et sidéré, devant toute cette eau, reniflant l'air en silence, l'air imprégné de l'odeur nauséabonde des usurpateurs.

Alors, son courage lui faillit, sa belle endurance tomba. Ses pattes

---

1. On sait que, comme le loup, le chien est susceptible de parcourir, sans se perdre, des distances considérables et d'y suivre une direction fixe vers le but qu'il s'est assigné.

étaient endolories de la longue et rude randonnée. Ses côtes, amaigries par une nourriture insuffisante, saillaient. Pendant toute la journée, il tourna autour de l'étang et chercha. La crête velue de son dos s'était aplatie et l'affaissement de ses épaules, le regard mobile et inquiet de ses yeux lui donnaient une apparence de bête traquée. D'ici encore, Louve Grise était partie !

Elle aussi, cependant, avait passé là. Comme il flairait tout le long du torrent, un peu en amont de l'étang, Kazan découvrit un petit tas de coquilles fluviales brisées. C'étaient les reliefs d'un repas de la louve aveugle.

Kazan renifla l'odeur presque effacée de Louve Grise, puis il se glissa sous une vieille souche et s'endormit en pleurant. Son chagrin s'accrut encore durant son sommeil et, tout en dormant, il gémissait comme un enfant. Puis il se calma, une autre vision traversa soudain son cerveau, et à peine l'aurore avait-elle paru qu'il reprenait sa course rapide, devant lui.

Durant ce même temps, sous les rayons dorés du soleil d'automne, un homme et une femme, accompagnés d'un enfant, remontaient dans leur pirogue vers le Roc du Soleil. Ils ne tardèrent pas à voir apparaître, à un coude du fleuve, par-dessus la tête des sapins, la cime sourcilleuse de l'abrupte roche qu'ils connaissaient bien.

La jeune femme était un peu pâlotte et amaigrie, et ses joues, qui avaient perdu leur ancien éclat, commençaient à peine, sous l'influence du grand air libre, à retrouver leur fraîcheur rosée. C'était la civilisation et le séjour de six mois dans les villes qui l'avaient ainsi anémiée.

« Jeanne, disait l'homme, ma chère Jeanne, je crois que les médecins avaient raison en me conseillant de te ramener avec moi, pour une nouvelle saison de chasse, vers cette nature belle et sauvage où s'est écoulée ta jeunesse avec ton père, et sans laquelle tu ne saurais vivre ! Es-tu heureuse, à présent ? »

La jeune femme se mit à sourire.

Et, comme la pirogue passait en vue d'une longue presqu'île de sable blanc qui, du rivage, s'allongeait dans le fleuve :

« C'est ici, dit-elle, te souviens-tu ? que notre vieil ami, le chien-loup, nous a faussé compagnie. Je reconnais l'endroit. Sa compagne délaissée, la louve aveugle, était là, sur le sable, qui l'appelait. Alors il a piqué une tête dans l'eau... Je me demande où, depuis, ils s'en sont allés... Quant à nous, nous serons bientôt arrivés. »

L'ancienne cabane était toujours en place, telle que Jeanne et son mari l'avaient laissée. Seules, la vigne vierge et les autres plantes grimpantes l'avaient recouverte. Les volets et la porte étaient toujours clos, avec leurs barres transversales clouées. Tout autour avaient démesurément grandi les herbes sauvages.

Elle fut rouverte, non sans émotion. Tandis que le mari déchargeait de la pirogue les bagages et toutes ses séries de trappes, Jeanne commençait à déjà remettre la maison en état, et la petite Jeanne, qui était devenue une gentille fillette, s'en donnait à cœur joie à folâtrer et à jacasser.

Comme le crépuscule tombait et comme la petite fille, fatiguée du voyage, s'était couchée et endormie, Jeanne et son mari s'assirent tous deux sur le seuil de la cabane, afin de profiter de l'ultime beauté de ces jours automnaux, que le rude hiver allait bientôt suivre.

Soudain ils tressaillirent.

« As-tu entendu ? dit l'homme à la jeune femme, dont il caressait la soyeuse chevelure.

— Oui, j'ai entendu... », répondit-elle.

Et sa voix tremblait.

« Ce n'était pas sa voix à lui. C'était plutôt celle de l'autre, le même appel que jetait, sur la bande de sable, la louve aveugle. » L'homme fit un signe d'assentiment.

Jeanne avait saisi nerveusement le bras de son mari.

« Sans doute, reprit-elle, sont-ils toujours là, ou, comme nous, sont-ils revenus ? »

Puis, après un silence :

« Écoute-moi, mon ami ! Veux-tu me promettre, au cours de cet hiver, de ne point chasser, ni piéger les loups ? S'il arrivait malheur à ces deux pauvres bêtes, j'en serais inconsolable. »

L'homme répondit :

« J'y pensais également... Oui, je te le promets. »

La nuit montait rapidement au ciel, qui commençait à se cribler d'étoiles.

Pour la seconde fois, l'appel gémissant retentit. Aucun doute n'était plus possible. La voix arrivait directement du Rocher du Soleil.

« Mais, et lui, murmura Jeanne, avec un peu d'angoisse. Lui, où est-il ? »

A ce moment, une forme confuse bondit dans l'ombre.

« C'est lui ! cria la jeune femme. C'est lui ! Le voilà ! »

Déjà Kazan était vers elle, en aboyant et sautant, et agitant le panache de sa queue.

« Il te reconnaît, ma parole ! dit en riant le mari, et son affection pour toi est toujours la même. »

Tout heureuse, Jeanne caressait l'animal, passant sa main dans le poil rude et dorlotant entre ses bras la grosse tête broussailleuse.

Soudain, le plaintif appel, qui semblait venir du Roc du Soleil, résonna à nouveau. Aussitôt, comme frappé par un fouet, Kazan sursauta et, se débattant, s'échappa brusquement de la folle étreinte de Jeanne. L'instant d'après, il avait disparu.

La jeune femme était tout émue. Presque haletante, elle se tourna vers son mari, qui était devenu pensif.

« Tu vois, lui dit-elle, qu'il y a un Dieu du Wild, un Dieu qui a donné une âme, même aux bêtes sauvages. Dans l'immensité solitaire du Grand Désert Blanc, les animaux sont nos frères. Et c'est pourquoi ce Dieu nous a dit : "Tu ne tueras point."

— Je le crois, ma Jeanne chérie, murmura l'homme. Nous devons respecter la vie... Sauf, hélas ! pour défendre et alimenter la nôtre. Ici, où l'on est face à face avec la nature et le vaste ciel, les choses apparaissent différentes de ce qu'elles nous semblent dans les grandes villes. »

La nuit était tout à fait tombée. L'éclat des étoiles se reflétait dans les yeux de Jeanne, qui avait posé sa tête sur la poitrine de son mari.

« Ce monde sauvage est beau ! disait-elle. Notre vieil ami ne nous avait pas oubliés, et il lui était toujours demeuré fidèle, à elle. Je suis sûre qu'il reviendra nous voir, de temps à autre, comme il le faisait jadis. »

Ses paupières se fermaient peu à peu. Dans le lointain, on entendait, de temps à autre, des hurlements, suivis de longs silences.

C'était Kazan qui chassait, côte à côte avec Louve Grise, sous la lueur opalescente de la lune qui se levait, baignant de sa douce clarté plaines et forêts.

BARI, CHIEN-LOUP, FILS DE KAZAN

(Baree, son of Kazan, 1917)

Roman traduit de l'américain
par Léon Bocquet

© Librairie Hachette, pour le texte original et la traduction.

I

LE GRAND INCONNU

Pour Bari pendant plusieurs jours après sa naissance, le monde était une vaste et obscure caverne. Durant ces premiers jours de sa vie, sa maison était au cœur d'une immense souche renversée où Louve Grise, sa mère aveugle, avait trouvé pour son enfance un abri de tout repos. Là, Kazan, le compagnon de Louve Grise, ne venait que de temps à autre, ses yeux luisant dans l'obscurité comme des boules de feu verdâtre. Ce furent les yeux de Kazan qui donnèrent à Bari la notion que quelque chose existait au-delà du sein maternel et l'amenèrent également à la découverte de la vue. Il sentait, il flairait, il entendait, mais dans ce trou noir, sous ce bois de charpente tombé, il n'avait jamais *vu* avant l'arrivée des yeux. D'abord ils l'effayèrent, puis ils l'étonnèrent et sa frayeur se changea en une immense curiosité. Il était fort occupé à les fixer, quand tout à coup ils disparaissaient. C'était lorsque Kazan tournait la tête. Puis ils brillaient de nouveau de son côté, du fond des ténèbres, avec un si soudain éclat qu'il se serrait involontairement près de sa mère, laquelle tremblait et frissonnait toujours d'étrange façon lorsque Kazan entrait.

Bari, cela va de soi, ne connaîtrait jamais leur histoire. Il ne saurait jamais que Louve Grise, sa mère, était une louve pur sang et que Kazan, son père, était un chien. En lui, la nature commençait déjà son étonnant travail, mais qui ne dépasserait jamais certaines limites. La nature lui apprendrait en son temps que sa magnifique mère louve était aveugle, mais il ne saurait jamais rien de cette terrible bataille entre Louve Grise et le lynx, au cours de laquelle sa mère avait perdu la vue. La nature ne pouvait rien lui dire de la vengeance sans merci de Kazan, de ces étonnantes années de ménage, de leur loyauté, de leurs singulières aventures dans la vaste solitude canadienne ; elle ne pouvait qu'en faire un fils de Kazan.

Mais d'abord et pendant plusieurs jours sa mère lui était tout. Même après que ses yeux se furent ouverts tout grands et qu'il eut senti ses jambes de manière à pouvoir tituber un peu dans l'obscurité, rien n'existait pour Bari, sinon sa mère. Quand il fut assez âgé pour jouer au dehors avec des bâtons et des mousses dans la lumière du soleil, il ne savait pas encore à quoi sa mère ressemblait. Mais pour lui elle était forte et tendre et chaude, et elle léchait sa figure avec sa langue et elle lui parlait avec une sorte de doux geignement qui lui fit enfin trouver sa propre voix dans un faible et aigre jappement. Puis arriva ce jour étonnant où les boules de feu verdâtre, qui étaient les yeux de Kazan, s'approchèrent de plus en plus près, un peu à la fois, et avec d'infinies précautions. Jusqu'alors Louve Grise l'avertissait de se retirer. Être seule était la première règle de sa race farouche durant le temps de sa maternité. Un grognement sourd de sa gorge et Kazan s'arrêtait toujours. Mais ce jour-ci il n'y eut pas de grognement. Dans la gorge de Louve Grise mourut un gémissement étouffé. Signe de solitude, de contentement et d'immense désir. « Tout va bien maintenant », disait-elle à Kazan ; et Kazan s'arrêtant une minute afin de s'en assurer répondit par un son grave du fond de sa gorge.

Lentement encore, comme s'il n'était pas tout à fait certain de ce qu'il allait trouver, Kazan avança vers eux et Bari se tassa plus près de sa mère. Il entendit Kazan se laisser choir lourdement sur le ventre près de Louve Grise. Il n'avait pas peur et était fort intrigué. Et Kazan aussi était intrigué. Il reniflait. Dans l'obscurité ses oreilles étaient dressées. Au bout d'un moment, Bari se mit à remuer. Un pouce à la fois, il s'écarta du flanc de sa mère. Louve Grise ne bougeait pas, chaque muscle de son corps souple tendu, pareil à un fil d'acier, tandis qu'elle écoutait. De nouveau son sang de loup était en éveil. Il y avait du danger pour Bari. Sans bruit, ses babines se retroussèrent montrant les crocs. Sa gorge frissonna, mais aucun son n'en sortit. De l'obscurité, à deux yards d'elle, s'élevèrent un doux gémissement de petit chien et le bruit caressant de la langue de Kazan.

Bari avait senti le frémissement de sa première grande aventure. Il avait découvert son père.

Tout cela arriva la troisième semaine de la vie de Bari. Il avait juste dix-huit jours quand Louve Grise permit à Kazan de faire la connaissance de son fils. Sans la cécité de Louve Grise et le souvenir de ce jour où sur le Rocher du Soleil, le lynx lui avait crevé les yeux, elle aurait mis Bari au monde en plein air et ses pattes auraient été tout à fait solides. Il aurait connu le soleil et la lune et les étoiles ; il se serait rendu compte de ce que signifiait le tonnerre, et il aurait vu la lueur des éclairs dans le ciel. Mais comme cela, il n'y avait pour lui rien à faire, dans cette obscure caverne sous la souche renversée, que de trébucher un peu dans les ténèbres et de lécher avec sa mignonne languette les os crus qui jonchaient le sol çà et là. Longtemps on l'avait laissé seul. Il avait entendu sa mère aller et venir et presque toujours ç'avait été en réponse à un aboiement de Kazan qui leur parvenait comme un écho lointain. Il n'avait jamais éprouvé un bien vif désir de suivre jusqu'au jour où la large et froide langue de Kazan avait caressé son museau. Pendant ces minutes étonnantes, la nature était à l'œuvre. Son instinct jusqu'alors n'était pas tout à fait né. Et lorsque Kazan s'en alla, les laissant dans l'obscurité, Bari pleurnicha pour le faire revenir, absolument comme il avait pleuré après sa mère, quand, de temps à autre, elle l'avait quitté pour répondre à l'appel de son compagnon.

Le soleil était déjà haut au-dessus de la forêt lorsque, une heure ou deux après la visite de Kazan, Louve Grise s'esquiva. Entre le nid de Bari et le sommet de la souche renversée, il y avait quarante pieds de bois dru et brisé à travers quoi un rayon de lumière ne pouvait pénétrer. Tout ce noir ne l'effrayait pas, car il n'avait pas appris la signification de la lumière. Le jour, et non point la nuit, allait lui causer sa première grande terreur. Aussi ce fut sans la moindre crainte, avec un gémissement pour demander à sa mère de l'attendre, qu'il commença de suivre. Si Louve Grise l'entendit, elle ne fit guère attention à cet appel et le râclement de ses coups de griffes sur le bois mort s'éteignit rapidement au loin.

Cette fois, Bari ne s'arrêta point au tronc de huit pieds qui avait toujours fermé son horizon dans cette direction particulière. Il grimpa au sommet et dégringola de l'autre côté. Derrière ce tronc s'ouvrait la vaste aventure et il s'y lança courageusement.

Il lui fallut longtemps pour parcourir les vingt premiers yards. Ensuite, il atteignit un tronc aplani par les pas de Louve Grise et de Kazan et, s'arrêtant à chaque petite avancée pour pousser un cri gémissant après sa mère, il chemina tout du long, de plus en plus avant. Et tandis qu'il allait, il se faisait peu à peu un singulier changement dans son univers. Il n'avait connu que le noir. Et maintenant ce noir semblait se muer là-haut en formes et ombres étranges. Une fois, il perçut l'éclat d'une traînée de feu au-dessus de lui — un rayon de soleil — et cela le saisit au point qu'il s'aplatit sur le tronc et ne bougea plus pendant une demi-minute. Puis il continua. Une hermine criait sous lui. Il entendit le doux frôlement des pattes d'un écureuil et un bizarre *whout, whout, whout* qui ne ressemblait nullement à aucun des sons qu'avait jamais émis sa mère. Il était hors de la piste. Le tronc n'était pas aplani plus loin et le conduisait de plus en plus haut parmi l'enchevêtrement de l'arbre tombé et devenait de plus en plus étroit à chaque pas qu'il faisait. Il gémissait. Son délicat petit nez flairait en vain après la chaude odeur maternelle. Tout à coup, il atteignit l'extrémité, il perdit l'équilibre et tomba. Il poussa un cri perçant d'effroi en se sentant glisser et il roula par terre. Il devait avoir grimpé bien haut dans l'arbre tombé, car ce fut pour Bari une chute terrible. Son tendre petit corps cognait de branche en branche, tandis qu'il dégringolait de côté et d'autre et, quand enfin il s'arrêta, il respirait à peine. Mais il se redressa vivement sur ses quatre pieds tremblants, tout ébloui.

Une nouvelle terreur le cloua sur place. En un instant le monde entier s'était transformé. C'était une inondation de lumière. Partout où il regardait il voyait des choses étranges. Mais le soleil surtout l'effrayait. C'était sa première sensation du feu et cela lui brûlait les yeux. Il serait bien retourné se cacher dans l'obscurité protectrice de l'arbre tombé, mais à ce moment Louve Grise, suivie de Kazan, contourna l'extrémité d'un énorme tronc. Elle caressa Bari joyeusement et Kazan, dans le plus beau style du chien, agitait la queue. Cette caractéristique du chien allait être une particularité de Bari. Demi-loup, il agiterait toujours la queue. Il s'essayait à la remuer maintenant. Peut-être Kazan vit-il cet effort, car il poussa un jappement sourd de satisfaction, tandis qu'il retournait s'asseoir sur son derrière.

Sans quoi il aurait pu dire à Louve Grise : « Hé bien, nous avons enfin emmené le petit coquin hors de l'arbre tombé, hein ? »

Pour Bari ce fut un jour mémorable. Il avait découvert son père et le monde.

II

LE PREMIER COMBAT

Et c'était un monde étonnant, un monde de vaste silence, vide de tout, sauf de bêtes sauvages. Le poste le plus rapproché de la baie d'Hudson se trouvait à cent lieues de là et la première ville de la civilisation se trouvait à trois cents milles en droite ligne vers le sud. Deux années auparavant, Tusoo, le trappeur indien, avait nommé cet endroit son domaine. Il lui avait été dévolu, selon la loi de la forêt, par des générations d'ancêtres. Mais Tusoo avait été le dernier de sa famille disparue, et il était mort de la petite vérole et sa femme et ses enfants étaient morts en même temps que lui. Depuis lors, nul pied humain n'avait foulé ses sentes. Le lynx s'était multiplié. L'élan et le caribou n'avaient plus été chassés par l'homme. Les castors avaient bâti leurs demeures sans être dérangés. Les traces de l'ours noir étaient aussi larges que les traces du daim, plus loin vers le sud. Et là où, autrefois les engins de mort et les appâts empoisonnés de Tusoo avaient tenu à l'écart les loups amaigris, il n'y avait plus de danger pour ces mohicans de la solitude.

Suivant le soleil de ce premier jour étonnant, parurent la lune et les étoiles de la véritable première nuit de Bari. C'était une nuit magnifique avec une pleine lune rouge levée au-dessus des forêts, inondant la terre d'une nouvelle sorte de lumière qui semblait plus belle et plus douce à Bari. Le loup était puissant en lui et il ne pouvait rester en place. Il avait dormi toute cette journée dans la chaleur du soleil, mais il ne pouvait dormir à la clarté de la lune. Il flairait, mal à l'aise, Louve Grise, qui était couchée à plat ventre, sa belle tête dressée écoutant en soupirant les bruits nocturnes et attendant la caresse de Kazan, qui s'était échappé comme une ombre pour chasser.

Six ou sept fois, comme Bari errait alentour de l'arbre renversé, il perçut un doux frôlement au-dessus de sa tête et une fois ou deux il vit une ombre grise flotter rapidement dans l'air. C'étaient les gros hiboux du Nord qui descendaient pour l'examiner et, s'il eût été un lapin au lieu d'être un petit chien-loup, sa première nuit sous la lune et les étoiles aurait été la dernière car, contrairement à Wapoos, le lapin, il n'était pas prudent. Louve Grise ne le surveillait pas de près. Un instinct l'avertissait que, dans ces forêts, Bari ne courait pas grand danger, sinon de la main de l'homme. Dans ses veines courait le sang du loup. C'était un chasseur de toutes les autres bêtes sauvages, mais aucune autre bête, soit ailée, soit armée de serres, ne le chasserait, lui. En un sens, Bari comprenait cela. Les hiboux ne l'effrayaient pas. Il n'avait pas peur des cris étranges à glacer le sang, qu'ils poussaient au faîte des noirs sapins. Une fois pourtant la crainte entra en lui et il courut se réfugier près de sa mère. Ce fut en voyant un des chasseurs ailés fondre sur un lapin aux pieds de neige et que les cris perçants de la créature condamnée firent battre son cœur comme un petit marteau. Il *sentit* dans ces cris la proximité de l'une des tragédies toujours présentes de la solitude : la mort. Il la sentit de nouveau cette nuit-là, lorsque tassé près de Louve Grise, il entendit la clameur farouche d'une bande de loups qui talonnait un jeune caribou mâle. Et la signification de tout cela et le grand frémissement de tout cela arrivèrent à lui à peu près vers l'aube pâle, lorsque Kazan revint tenant entre ses crocs un gros lapin qui, au milieu de contorsions, se débattait encore contre la mort.

Ce lapin fut le point culminant du premier chapitre de l'éducation de Bari. Ce fut comme si Louve Grise et Kazan avaient tout combiné au préalable pour qu'il pût recevoir sa première leçon dans l'art de tuer. Lorsque Kazan avait laissé tomber le lapin, Bari s'était approché avec beaucoup de circonspection. Les reins de Wapoos étaient brisés ; ses yeux révulsés étaient vitreux et il avait cessé de sentir la douleur. Mais pour Bari il semblait bien vivant alors qu'il enfonçait ses gentilles petites dents parmi le poil abondant de la gorge de Wapoos. Les dents ne pénétraient pas dans la chair. Avec une impétuosité gamine, Bari s'acharnait. Il s'imaginait tuer. Il pouvait sentir les convulsions mourantes de Wapoos. Il pouvait entendre les derniers souffles haletants qu'exhalait le corps tiède et il « groulait » et tiraillait, tant qu'enfin, il tomba à la renverse, la gueule pleine de poils. Lorsqu'il revint à l'attaque, Wapoos était bien mort, et Bari continua à mordre et à « grouler » jusqu'au moment où Louve Grise, de ses crocs aigus, vint mettre le lapin en pièces. Après quoi suivit le festin.

Ainsi Bari en vint à comprendre que manger signifie tuer et dès lors s'accrut rapidement en lui, tandis que passaient d'autres jours et d'autres nuits, l'appétit de la chair. En quoi il était un vrai loup. De Kazan, il avait reçu d'autres et plus impérieux atavismes du chien. Il était superbement noir, ce qui lui vaudrait plus tard, le nom de *Kusketa Mukekun,* le loup noir. Sur sa poitrine, il y avait une étoile blanche. Son oreille droite était mouchetée de blanc. Sa queue, à six semaines, était touffue et pendait bas. C'était une queue de loup. Ses oreilles étaient les oreilles de Louve Grise : étroites, courtes, pointues, toujours en mouvement. Son avant-train promettait de devenir superbe comme celui de Kazan et lorsqu'il était debout, il ressemblait à un chien de chasse, sauf qu'il regardait toujours obliquement l'endroit ou l'objet qu'il surveillait. Cela encore était du loup, car un chien se tourne du côté vers lequel il regarde effectivement.

Par une nuit brillante, alors qu'il avait deux mois, et que le ciel fourmillait d'étoiles et qu'une lune de juin luisait si claire qu'elle semblait à peine plus élevée que le sommet des grands sapins, Bari s'assit sur son derrière et hurla. C'était son premier essai. Mais il n'y avait pas à se tromper à l'accent. C'était le hurlement du loup. Cependant, un peu plus tard, quand Bari se redressa et se glissa vers Kazan, comme s'il était tout honteux de son effort, il agitait la queue à ne point s'y méprendre en manière d'excuse. Et cela encore tenait du chien. Si Tusoo, le défunt trappeur indien, avait pu le voir alors, il l'aurait jugé d'après cette façon d'agiter la queue. Elle révélait le fait qu'au profond du cœur, et dans son âme — si nous concédons qu'il en avait une —, Bari était *un chien.* Tusoo aurait par ailleurs motivé son jugement sur lui. A deux mois, le louveteau a oublié comment on joue. C'est un personnage de la solitude qui se glisse en tapinois, travaillant déjà à faire sa proie de créatures plus petites et plus faibles que lui. Bari jouait encore. Durant ses sorties de la souche renversée, il n'avait jamais été plus loin que le ruisseau, à une centaine de mètres de l'endroit où sa mère était couchée. Il avait aidé à dépecer bien des lapins morts ou mourants ; il croyait, s'il avait la moindre idée à ce sujet, qu'il était excessivement cruel et courageux. Mais il avait bientôt neuf semaines avant de sentir ses griffes et de livrer son terrible combat au jeune hibou à la lisière de la forêt profonde.

Le fait qu'Oohoomisew, le gros hibou blanc, avait fait son nid sur une souche brisée non loin de l'arbre renversé était destiné à changer le cours entier de la vie de Bari, absolument comme la cécité de Louve Grise avait changé son destin et celui de Kazan. Le ruisseau coulait jusqu'auprès de la souche qui avait été écartelée par la foudre et cette souche se dressait en un paisible et sombre endroit de la forêt entouré de hauts sapins noirs et enveloppé d'obscurité, même en plein jour. Plusieurs fois, Bari était allé à l'orée de ce recoin mystérieux de la forêt et y avait regardé curieux et avec une envie croissante. En ce jour de grand combat, l'attrait en était tout puissant. Peu à peu, il y pénétra, les yeux dardés et les oreilles attentives aux moindres bruits qui en venaient. Son cœur battait plus vite. L'obscurité l'enveloppait davantage. Il oublia l'arbre tombé et Kazan et Louve Grise. Là, devant lui, s'étendait le frémissement de l'aventure. Il entendit d'étranges bruits, mais des bruits très doux, comme s'ils étaient produits par des pieds ouatés ou des ailes moelleuses et qui le remplirent d'un frisson d'attente. Sous ses pas, il n'y avait ni terre, ni herbe, ni fleurs, mais un merveilleux tapis sombre de douces aiguilles toujours vertes. Elles chatouillaient agréablement ses pattes et elles étaient si veloutées qu'il ne pouvait entendre ses propres mouvements.

Il était au moins à trois cents yards de l'arbre tombé quand il dépassa la souche d'Oohoomisew et pénétra dans un épais buisson de jeunes baumiers. Et là, en plein sur sa route, était blotti le monstre.

Papayouchisiou, « le jeune hibou », n'était pas un tiers aussi grand que Bari. Mais c'était une chose effrayante à regarder. Il sembla à Bari toute tête et tous yeux. Il ne pouvait voir de corps du tout. Kazan n'avait jamais rien rapporté de pareil et pendant une pleine demi-minute, Bari demeura tout à fait coi, considérant cela spéculativement. Papayouchisiou ne remuait pas une plume, mais comme Bari avançait un pas prudent à la fois, les yeux se dilatèrent et les plumes autour de sa tête se hérissèrent comme si elles étaient agitées par un souffle de vent. Il descendait d'une famille de combattants, ce jeune Papayouchisiou, une famille farouche, intrépide et meurtrière et même Kazan aurait pris garde à ces plumes hérissées. Un espace de deux pieds entre eux, le petit chien et le hiboulet se regardèrent. En ce moment, si Louve Grise avait pu les voir, elle eût dit à Bari : « Fais usage de tes jambes et cours ! » Et Oohoomisew, le vieux hibou, aurait pu dire à Papayouchisiou : « Ah ! petit sot, sers-toi de tes ailes et vole ! »

Ils n'en firent rien ni l'un ni l'autre et le combat commença.

Papayouchisiou s'élança et avec un simple aboiement farouche, Bari se ramassa en tas, le bec du hiboulet fixé comme un étau rouge dans la chair tendre de son nez. Ce seul aboiement de surprise et de douleur fut le premier et le dernier cri de Bari durant le combat. Le loup surgit en lui ; la rage et le désir de tuer le possédèrent. Tandis que Papayouchisiou s'accrochait à lui, il poussa un sifflement bizarre et tandis que Bari se tournait et grinçait des dents et se démenait pour se libérer de cet étonnant agrippage à son nez, de petits grognements féroces sortirent de sa gorge.

Durant une bonne minute, il ne put se servir de ses mâchoires. Puis, par hasard, il poussa Papayouchisiou dans une fourche d'arbrisseau nain et un bout de son nez s'arracha. Il aurait pu fuir alors ; au lieu de cela, il se reprécipita, vif comme l'éclair, sur le hiboulet. Papayouchisiou s'abattit sur le dos et Bari lui enfonça dans la poitrine des dents pointues comme des aiguilles. C'était comme s'il essayait de mordre dans un oreiller, tellement les plumes étaient drues et épaisses. Bari enfonça ses crocs de plus en plus profond, et juste au moment où ils commençaient de pénétrer dans la peau du hiboulet, Papayouchisiou, farfouillant un peu à l'aveuglette d'un bec qui pinçait d'une manière aiguë chaque fois qu'il le refermait, l'attrapa par l'oreille. La douleur de cette préhension était atroce pour Bari, et il fit un effort plus désespéré pour entrer les dents dans l'épaisse cuirasse de plumes de son adversaire.

Dans la lutte, ils roulèrent sous les balsamiers bas au bord du ravin où coulait le ruisseau. Ils passèrent par-dessus le bord escarpé et, tandis qu'ils dégringolaient et heurtaient le fond, Bari lâcha prise. Papayouchisiou s'accrocha bravement et quand ils atteignirent le fond, il avait encore les serres plantées dans l'oreille de Bari.

Le nez de Bari saignait, son oreille lui faisait l'effet d'être arrachée de la tête et, dans cet instant incommode, un instinct tout nouvellement éveillé fit découvrir à Bébé Papayouchisiou qu'il avait des ailes comme moyen de combat. Un hibou ne commence jamais à combattre réellement qu'au moment où il se sert de ses ailes, et, en poussant un sifflement joyeux, Papayouchisiou se mit à frapper son antagoniste si vite et si méchamment que Bari en resta hébété. Il fut forcé de fermer les yeux et mordit à l'aveuglette. Pour la première fois depuis le début de la lutte, il se sentit une violente envie de fuir. Il essaya de se dégager avec les pattes de devant ; mais Papayouchisiou, lent de compréhension mais ferme de conviction, s'accrochait après son oreille comme un mauvais destin. A ce moment critique, alors que le sentiment de la défaite croissait rapidement dans l'esprit de Bari, un hasard le sauva. Il referma les crocs sur une des pattes délicates du hiboulet. Papayouchisiou soudain poussa un cri perçant. L'oreille était enfin dégagée et, avec un grognement de triomphe, Bari mordit sournoisement Papayouchisiou à la patte.

Dans l'ivresse de la bataille, il n'avait pas entendu le tumulte qui s'élevait du ruisseau tout près au-dessous d'eux. Papayouchisiou et lui passèrent de compagnie par-dessus la pointe d'une roche, l'eau glacée du torrent gonflé par les pluies étouffant un grognement dernier et un dernier sifflement des deux petits combattants.

III

UNE NUIT D'EFFROI

Pour Papayouchisiou, après la première lampée d'eau, le torrent présentait presque autant de sécurité que l'air même, car il descendit comme une voile, avec la légèreté d'une mouette, se demandant dans sa grosse tête au lent entendement, pourquoi il allait si vite et si agréablement sans faire le moindre effort.

Quant à Bari, c'était une autre affaire. Il tomba presque comme une pierre. Un bourdonnement formidable emplit ses oreilles ; il faisait noir, étouffant, effrayant. Dans le courant rapide, il roulait en tous sens. Puis il remonta à la surface et se mit désespérément à se servir de ses pattes. Cela lui était de peu d'aide. Il n'eut que le temps d'ouvrir l'œil une ou deux fois, et d'aspirer une poumonnée d'air et il fut entraîné dans un rapide qui courait comme un biez de moulin entre les troncs de deux arbres tombés et, sur l'espace d'une vingtaine de pieds, les yeux les plus perçants n'auraient pu apercevoir de lui un poil ni un atome de peau. Il remonta de nouveau à l'extrémité d'une vanne étroite par-dessus laquelle l'eau se précipitait comme les chutes d'un Niagara en miniature et sur cinquante à soixante yards, il fut lancé comme une balle de crin. De là, il fut projeté dans un étang profond et froid, puis, à demi-mort, il se retrouva se hissant sur un banc de gravier.

Il resta là étendu longtemps dans un bain de lumière solaire, sans bouger. Son oreille lui faisait tellement mal qu'enfin il se remit sur pied ; son nez était à vive chair et lui cuisait comme s'il l'avait fourré dans le feu. Ses jambes et son corps étaient endoloris et lorsqu'il se mit à errer sur le banc de gravier, il était le plus misérable petit chien du monde. Il était en outre complètement désorienté. En vain chercha-t-il autour de lui quelque indication familière, quelque chose qui pût l'aider à retourner à sa maison de l'arbre tombé. Tout lui était étranger. Il ne savait pas que l'eau l'avait entraîné sur la rive opposée du torrent et que pour atteindre la souche renversée, il aurait fallu le retraverser. Il geignit, mais d'une voix aussi forte que s'il appelait sa mère. Louve Grise aurait pu entendre son aboiement, car l'arbre tombé ne se trouvait pas à plus de deux cent cinquante yards en amont du torrent. Mais le loup en Bari le contraignait au silence, en dehors d'un timide gémissement.

Gagnant la rive principale, il commença à descendre le cours du fleuve. Il s'écartait de l'arbre renversé et chaque pas qu'il faisait maintenant l'emmenait de plus en plus loin de sa maison. A tout instant, il s'arrêtait pour écouter. La forêt était plus profonde. Elle devenait plus sombre et plus mystérieuse. Son silence était effrayant. Au bout d'une demi-heure, Bari aurait même accueilli avec joie Papayouchisiou. Et il ne se serait pas battu avec lui. Il lui aurait demandé, si possible, la route pour retourner chez lui.

Il était bien à trois quarts de mille de l'arbre renversé lorsqu'il arriva à un point où le ruisseau se divisait en deux branches. Il n'avait qu'un choix à faire : le courant qui coulait un peu au sud-est. Ce courant n'était pas trop rapide. Il n'était pas rempli de minces barrages, ni de roches autour desquelles l'eau bruissait et écumait. Il devenait obscur comme la forêt. Il était calme et profond. Sans le savoir, Bari s'enfonçait de plus en plus avant dans les anciens parages à pièges de Tusoo. Depuis la mort de Tusoo, ils s'étendaient introublés, sauf par les loups, car Louve Grise et Kazan ne chassaient pas de ce côté de la rivière et les loups eux-mêmes préféraient pour y chasser la rase campagne. Tout à coup, Bari se trouva au bord d'un étang profond et sombre où l'eau dormait aussi tranquille que de l'huile ; et son cœur bondit presque à se rompre, lorsqu'une longue bête au beau poil luisant s'élança dehors presque sous son nez et nagea avec de violentes éclaboussures jusqu'au milieu. C'était Nekik, la loutre. Nekik n'avait pas entendu Bari et un moment après, Napanekik, sa femme, émergea d'un cercle obscur et derrière elle suivirent trois petits enfants loutres, laissant après eux quatre sillages brillants dans l'eau qui ressemblait à de l'huile. Ce qui se passa ensuite fit oublier à Bari pendant quelques minutes qu'il s'était perdu. Nekik avait disparu de la surface de l'étang et maintenant il remontait directement sous sa compagne sans méfiance, avec une telle vigueur qu'il la souleva à demi hors de l'eau. Aussitôt, il repartit et Napanekik le suivit impétueusement. Pour Bari cela n'avait pas l'air d'un jeu. Deux des bébés loutres s'étaient jetés sur le troisième qui semblait se débattre désespérément. L'engourdissement et la douleur abandonnèrent le corps de Bari. Son sang circula avec précipitation, il s'oublia à laisser échapper un jappement.

Dans un éclair, les loutres disparurent. Pendant quelques minutes l'eau de l'étang continua à s'agiter et à bouillonner, puis ce fut tout. Au bout de peu de temps, Bari retourna dans les fourrés et continua sa route.

Il était environ trois heures de l'après-midi et le soleil devait être encore très haut dans le ciel. Mais il faisait plus sombre au fur et à mesure, et l'étrangeté et la peur de tout cela prêtaient plus grande hâte aux jambes de Bari. Il s'arrêtait à tout instant pour écouter et, pendant l'une de ses haltes, il entendit un bruit qui lui arracha en réponse un cri de joie. C'était un hurlement lointain, un hurlement de loup, droit devant lui. Bari ne pensait pas aux loups, mais à Kazan, et il courut à travers l'obscurité de la forêt, tant qu'il entendit ce bruit. Puis il s'arrêta et écouta longtemps.

Le hurlement du loup ne recommença pas. Au lieu de cela, roula au ciel, venant de l'est, un sourd grondement de tonnerre. A travers le sommet des arbres flamboya soudain une vivante traînée de foudre. Un chuchotement plaintif de vent précéda l'orage, le tonnerre se rapprocha et un second éclair parut découvrir Bari où il se tenait tremblant sous le dais d'un grand sapin. C'était le second orage dont il était témoin. Le premier l'avait terriblement effrayé et il s'était reculé bien avant dans l'abri de l'arbre renversé. Le mieux qu'il pût trouver maintenant fut un creux sous une énorme racine et il s'y blottit et gémit doucement. C'était un cri d'enfantelet, un cri vers sa mère, sa maison, la chaleur, quelque chose de doux et de tutélaire où se réfugier. Et tandis qu'il pleurait, l'orage éclata au-dessus de la forêt.

Bari n'avait jamais entendu pareil vacarme auparavant et il n'avait jamais vu les éclairs étendre de pareilles nappes de feu pendant les déluges du mois de juin. On aurait dit, à chaque fois, que le monde entier flambait et la terre paraissait être ébranlée et rouler sous les craquements du tonnerre. Il cessa de pleurer et se fit aussi petit qu'il put sous la racine qui le protégeait en partie de ce terrible ouragan de la pluie qui descendait en torrent à travers les sommets des arbres. Il faisait maintenant si noir que, sauf quand les éclairs ouvraient de grands trous dans l'obscurité, il ne pouvait voir les troncs des sapins à vingt pas. A deux fois cette distance de Bari, il y avait une énorme souche morte qui se dressait comme un spectre, chaque fois que ces éclairs traversaient le ciel, comme si elle défiait les mains de feu de là-haut de la frapper. Et enfin, l'une d'elles la frappa. Une langue bleuâtre de flamme vibrante parcourut le vieux tronc du faîte au pied et, comme elle touchait terre, il y eut une formidable explosion au-dessus du sommet des arbres.

La souche massive oscilla puis se cassa en deux comme si un coin gigantesque l'avait écartelée. Elle s'écrasa si près de Bari que de la terre et des éclats de bois volèrent autour de lui et il poussa un seul et sauvage gémissement d'effroi, tandis qu'il essayait de s'enfoncer plus profondément au creux obscur de la racine.

Par la destruction du vieux cèdre, le tonnerre et la foudre semblaient avoir soulagé leur courroux. Le tonnerre s'éloigna vers le sud-est, semblable au roulement de dix mille roues de lourds chariots par-dessus les toits des forêts et les éclairs les suivirent. La pluie tomba avec un redoublement de force. Pendant une heure après que Bari eût vu la dernière lueur dans le ciel, elle continua de tomber sans arrêt. Le trou dans lequel il s'était cru à l'abri était trempé. Lui était mouillé jusqu'à la peau ; ses dents claquaient, tandis qu'il se demandait ce qui allait encore arriver.

Ce fut une longue attente. Lorsque la pluie cessa et que le ciel s'éclaircit, il faisait nuit. A travers le dôme des arbres, Bari aurait pu apercevoir les étoiles s'il avait risqué la tête hors de sa cachette et levé les yeux. Mais il se cramponnait à son trou. Une heure passa après une heure. Vidé, à demi noyé, les jambes rompues et affamé, il ne bougeait pas. A la fin, il s'endormit d'un sommeil agité, un sommeil pendant lequel, à tout moment, il appelait doucement et tristement sa mère. Lorsqu'il s'aventura à sortir de dessous sa racine, c'était le matin et le soleil brillait.

D'abord, Bari put à peine se tenir debout. Ses jambes étaient engourdies ; chaque vertèbre de son corps semblait désemboîtée ; son oreille était indurée où le sang avait coulé et s'était coagulé et, lorsqu'il essayait de froncer son nez blessé, il jetait un petit cri aigu de douleur. Si pareille chose était possible, il paraissait encore plus mal en point qu'il ne le sentait. Son poil était roide de plaques de boue séchée ; il était couvert de crottes d'une extrémité à l'autre et alors que, hier, il était dodu et brillant, il était maintenant aussi maigre et calamiteux qu'il avait été possible à l'infortune de le rendre. Et il avait faim. Il n'avait jamais su auparavant ce que cela signifiait en réalité d'avoir faim.

Lorsqu'il avança, continuant dans la direction qu'il avait suivie la veille, il s'en alla tout découragé. Sa tête et ses oreilles avaient perdu leur vivacité et sa curiosité était partie. Il n'avait pas seulement le ventre creux ; la faim de sa mère dominait son désir physique d'avoir quelque chose à manger. Il avait besoin de sa mère, comme il n'avait jamais eu besoin d'elle autrefois de sa vie. Il avait besoin de dorloter son petit corps frissonnant tout contre elle et de sentir la tiède caresse de sa langue et d'écouter le gémissement pitoyable de sa voix. Et il avait besoin de

Kazan et de l'arbre renversé et de ce large espace bleu qui s'ouvrait dans le ciel droit au-dessus. Il pleurnichait après eux, comme un petit enfant qui aurait du chagrin, tandis qu'il suivait de nouveau le bord du ruisseau.

La forêt s'éclaircit davantage au bout d'un moment et cela lui rendit un peu de courage. La chaleur du soleil lui enlevait également la douleur de son corps. Il avait de plus en plus faim. Il avait dépendu entièrement de Kazan et de Louve Grise pour sa subsistance. Ses parents en avaient fait, d'une certaine façon, un grand bébé. La cécité de Louve Grise en était cause ; depuis sa naissance, elle n'avait plus pris part à la chasse avec Kazan et il était tout naturel que Bari demeurât collé près d'elle, bien que plus d'une fois, il se fût senti plein d'un vif désir de suivre Kazan. La nature avait fort à faire maintenant pour essayer de triompher de ce retard. Elle travaillait à persuader Bari que le temps était désormais venu où il devait chercher sa propre subsistance. Cette évidence pénétrait lentement mais sûrement en lui et il se mit à penser à deux ou trois coquillages qu'il avait pris et mangés sur la berge pierreuse du ruisseau, près de l'arbre renversé. Il se rappelait aussi une huître qu'il avait trouvée ouverte et le goût délicieux du morceau délicat qui était à l'intérieur. Une sensation nouvelle commença de le posséder. Il devint, tout aussitôt, un chasseur.

En même temps que la forêt se faisait moins dense, le ruisseau devenait moins profond. Il coulait de nouveau par-dessus des bancs de sable et de cailloux, et Bari se mit à flairer le long de leurs bords. Pendant longtemps, ce fut sans succès. Le peu de crustacés qu'il aperçut étaient excessivement frétillants et illusoires, et tous les mollusques étaient fermés si étroitement que même les mâchoires toutes puissantes de Kazan auraient eu de la peine à les broyer. Il était presque midi quand il prit sa première écrevisse, à peu près aussi grosse que l'index d'un homme. Il la dévora à belles dents. Le goût de la nourriture lui donna un renouveau de courage. Il prit encore deux écrevisses durant l'après-midi. Le crépuscule tombait déjà lorsqu'il fit lever un jeune lapin de dessous une touffe d'herbe. S'il avait été d'un mois plus âgé, il l'aurait attrapé. Il avait encore très faim, car trois écrevisses espacées sur une journée n'avaient pas contribué beaucoup à remplir le vide qui augmentait progressivement en lui.

Avec l'approche de la nuit, ses frayeurs et son immense isolement lui revinrent. Avant que le jour fût tout à fait évanoui, il se trouva un abri sous une grosse roche où il y avait un lit de sable doux et tiède. Depuis sa lutte avec Papayouchisiou, il avait couvert une longue distance et la roche sous laquelle il fit son lit cette nuit-là était bien à huit ou neuf milles de l'arbre renversé.

C'était dans la clairière à la boucle du ruisseau, avec la sombre forêt de sapins et de cèdres tout près de chaque côté. Et quand la lune se leva et que les étoiles emplirent le ciel, Bari pouvait, en regardant dehors, voir l'eau du courant qui luisait doucement avec des reflets presque aussi brillants qu'en plein jour. Droit devant lui, s'étendant jusqu'au bord de l'eau, il y avait une large bande de sable blanc. Un énorme ours noir, une demi-heure plus tard, traversa ce sable. Jusqu'à ce que Bari eût vu les loutres jouer dans le ruisseau, sa conception de la forêt n'avait point dépassé sa propre espèce et les bêtes telles que des hiboux, des lapins et des petites choses couvertes de plumes. Les loutres ne l'avaient point effrayé, parce qu'il considérait encore les êtres d'après la taille, et Nekik n'était pas à moitié aussi gros que Kazan. Mais l'ours était un monstre auprès duquel Kazan aurait eu l'air d'un simple pygmée. Il était énorme. Si la nature avait choisi ce moyen de mettre Bari devant l'évidence qu'il y avait dans les forêts des créatures plus importantes que chiens et loups et hiboux et écrevisses, elle le lui démontrait avec un peu plus d'ampleur qu'il n'était nécessaire. Car Wakayoo, l'ours, pesait six cents livres aussi bien qu'une once. Il était gras et luisant de s'être, tout un mois, régalé de poisson. Son habit soyeux ressemblait à du velours noir sous la clarté de la lune et il marchait avec un curieux mouvement de tangage, la tête basse. Horreur ! il se coucha sur le flanc sur le banc de sable, à dix pieds pas plus de la roche sous laquelle Bari frissonnait comme s'il avait la fièvre.

Il était absolument évident que Wakayoo avait flairé dans l'air sa présence. Bari pouvait l'entendre renifler ; il pouvait entendre sa respiration ; il surprit la lueur d'étoile qui brillait dans ses yeux d'un rouge foncé tandis qu'ils viraient soupçonneusement du côté de l'énorme roche arrondie. Si Bari avait pu savoir alors que lui — son insignifiante petite personne — rendait ce monstre réellement nerveux et mal à l'aise, il aurait poussé un jappement de joie. Car Wakayoo, en dépit de sa taille, était une espèce de couard lorsqu'il avait affaire à des loups. *Et Bari portait en lui l'odeur du loup.* Elle arriva plus forte à l'odorat de Wakayoo et, juste à ce moment, comme pour augmenter en quelque sorte la nervosité qui croissait en lui, sortit de là-bas, derrière lui, un long hurlement lamentable. Poussant un grognement significatif, Wakayoo s'en alla. Les loups étaient un fléau, pensait-il.

Ils n'attaquaient pas pour combattre. Ils avaient mordu et jappé à ses talons, pendant des heures, une fois, et ils se sauvaient toujours hors de sa portée et plus vifs qu'un clin d'œil lorsqu'il se retournait vers eux. Le moyen de se reposer là où il y avait des loups, par une si belle nuit ! Il partit à pas pesants et résolus. Bari pouvait l'entendre patauger lourdement dans l'eau du ruisseau. Alors seulement il osa respirer. Ce fut presque un soupir de soulagement.

Mais ce n'était pas la fin des émotions pour la nuit. Bari avait choisi son lit à un endroit où les bêtes descendaient boire et où elles traversaient pour aller de l'une des rives du ruisseau vers l'autre. Peu après que l'ours eut disparu, Bari entendit un bruit pesant écraser le sable et des sabots râcler les pierres, et un *moose*, élan mâle, nanti d'une énorme courbure d'andouillers, traversa la clairière au clair de lune. Bari ouvrit des yeux démesurés, car si Wakayoo pesait six cents livres, cette gigantesque créature, dont les jambes étaient si longues qu'elle semblait marcher sur des échasses, pesait au moins trois fois autant. Un élan femelle suivit. Puis un jeune *moose*. Le jeune *moose* semblait tout en jambes. C'en était trop pour Bari et il se recula de plus en plus profond sous la roche jusqu'à être aplati comme une sardine dans une boîte. Et il resta là étendu jusqu'au matin.

IV

LE VAGABOND AFFAMÉ

Quand Bari se hasarda à sortir de dessous sa roche, au commencement du jour suivant, c'était un petit chien beaucoup plus âgé que lorsqu'il avait rencontré Papayouchisiou le jeune hibou, dans le sentier près du vieil arbre renversé. Si l'expérience peut suppléer l'âge, il avait beaucoup vieilli durant ces dernières quarante-huit heures. En fait, il avait quasiment dépassé l'enfance. Il s'éveilla avec une conception nouvelle et beaucoup plus large de l'univers. C'était un endroit immense. Il était plein de choses dont Kazan et Louve Grise n'étaient point les principales. Les monstres qu'il avait vus sur la langue de sable, au clair de lune, avaient provoqué en lui une nouvelle espèce de prudence et le plus grand instinct de l'animal — intelligence élémentaire que le fort fait sa proie du faible — s'éveillait rapidement en lui ; jusqu'alors, il jugeait tout naturellement la force brutale et la menace des choses uniquement d'après leur taille. Ainsi l'ours était plus terrible que Kazan et les *mooses* plus terribles que l'ours. Ce fut fort heureux pour lui que l'instinct n'eût pas atteint son entier développement au début et ne lui eût pas fait comprendre que son espèce, le loup, était la plus redoutée de toutes les créatures, — griffes, sabots, ailes — des forêts. Sans quoi, comme le petit garçon qui s'imagine qu'il peut nager avant d'avoir appris la brasse, il aurait pu s'élancer et perdre pied quelque part et se serait cassé la tête.

Très vif, le poil hérissé sur l'échine, un petit grognement dans la gorge, il flairait les larges empreintes de pas faites par l'ours et l'élan. C'était l'odeur d'ours qui le faisait grouler. Il suivit les traces jusqu'au bord du ruisseau. Après quoi, il reprit sa course errante et aussi sa chasse pour la subsistance.

Durant deux heures, il ne trouva pas une écrevisse. Alors, il passa du bois vert à la limite d'une région brûlée. Ici tout était noir. Les troncs des arbres se dressaient semblables à d'énormes roseaux calcinés. C'était une « brûlure » relativement récente du dernier automne et la cendre était douce encore sous les pas de Bari. Tout droit à travers cette noire contrée coulait le ruisseau que surplombait un ciel bleu dans lequel le soleil brillait. C'était fort engageant pour Bari. Le renard, le loup, l'élan et le caribou se seraient détournés des bords de cette région de mort. Elle serait, une autre année, un excellent terrain de chasse, mais maintenant elle était sans vie. Même les hiboux n'y auraient rien découvert à manger. C'étaient le ciel bleu et le soleil et la douceur de la terre sous ses pas qui leurraient Bari. Il lui était agréable d'y voyager après ses expériences douloureuses de la forêt. Il continua à suivre le courant, bien qu'il n'y eût là, pour l'heure, la moindre possibilité de rencontrer quelque chose à manger. L'eau était devenue paresseuse et sombre ; le canal était obstrué par des débris consumés qui y étaient tombés quand la forêt avait brûlé et ses rives étaient molles et boueuses. Au bout d'un moment, lorsque Bari s'arrêta et regarda autour de lui, il ne pouvait plus apercevoir le bois verdoyant qu'il avait quitté. Il était seul dans ce désert ravagé de cadavres d'arbres carbonisés. C'était, en outre, aussi calme que la mort. Pas un chant d'oiseau n'émouvait le silence. Dans la cendre molle, il ne pouvait entendre la chute de ses pas. Mais il n'avait point peur. Il y avait ici une certitude de sécurité.

Si seulement il pouvait trouver quelque chose à manger ! C'était la pensée maîtresse qui l'occupait. L'instinct ne l'avait pas encore pénétré que ce qu'il voyait autour de lui c'était la famine. Il continua de marcher, cherchant plein d'espoir de la nourriture. Mais enfin, comme les heures passaient, l'espoir commença à mourir en lui. Le soleil déclinait à l'ouest. Le ciel se faisait moins bleu, un vent faible commençait à courir par-dessus les sommets des souches et, de temps à autre, l'une d'elles s'écroulait avec un craquement effrayant.

Bari ne pouvait plus avancer. Une heure avant le crépuscule, il se coucha à la belle étoile, las et mourant de faim. Le soleil disparut derrière la forêt. La lune monta de l'est. Le ciel scintilla d'étoiles et, pendant toute la nuit, Bari resta étendu comme s'il était mort.

Quand le matin arriva, il se traîna au ruisseau pour boire. Ramassant ses forces suprêmes, il partit. C'était le loup qui le poussait, le contraignant à lutter jusqu'au bout pour la vie. Le chien, en lui, souhaitait se coucher et mourir. Mais en lui la flamme du loup brûla plus fort. A la fin, elle l'emporta. Un demi-mille plus loin, il atteignit de nouveau un bois verdoyant.

Dans la forêt tout comme dans les grandes villes, le destin se livre à des jeux changeants et fantasques. Si Bari s'était traîné dans le bois une demi-heure plus tard, il aurait pu mourir. Il était trop épuisé maintenant pour pêcher aux écrevisses ou tuer l'oiseau le plus faible. Mais il arriva juste au moment où Sekoosew, l'hermine, la petite voleuse la plus assoiffée de sang de toutes les bêtes sauvages, commettait un meurtre.

C'était à une bonne centaine de yards de l'endroit où Bari s'était étendu sous un sapin, presque prêt à rendre l'âme. Sekoosew était une grande chasseresse de son espèce. Son corps avait environ sept pouces de longueur, prolongé par une mignonne queue pointée de noir et elle pesait peut-être cinq onces. Les doigts d'un enfant auraient pu l'encercler à n'importe quelle place entre ses quatre pattes et sa petite tête, au museau pointu et aux yeux de perle rouge, aurait pu traverser sans peine une ouverture d'un pouce de diamètre. Pendant plusieurs siècles, Sekoosew avait contribué à faire l'histoire. Ce fut elle, lorsque sa peau valait cent dollars en or du roi, qui attira les premiers transports de chevaliers d'aventures par delà l'océan, le prince Rupert à leur tête ; c'était à la petite Sekoosew qu'il fallait imputer la formation de la grande compagnie de la baie d'Hudson et la découverte de la moitié du continent ; car presque trois siècles durant, elle avait mené le combat pour la vie contre le trappeur. Et maintenant, quoiqu'elle ne valût plus son poids d'or jaune, elle était la plus adroite, la plus cruelle et la plus impitoyable de toutes les créatures de son espèce.

Tandis que Bari était couché sous son arbre, Sekoosew rampait vers sa proie. Son gibier était une grosse caille dodue qui se tenait sous un buisson de cassis. Aucune oreille vivante n'aurait pu entendre le mouvement de Sekoosew. Elle ressemblait à une ombre, un point gris ici, un éclair là, maintenant cachée derrière une tige pas plus épaisse qu'un poignet d'homme, apparaissant une minute, l'instant d'après aussi complètement invisible que si elle n'avait jamais existé. Ainsi s'approcha-t-elle de cinquante pieds à environ trois pieds de la caille. C'était sa distance d'élan favorite. Infailliblement, elle sauta à la gorge de la caille endormie et ses dents, telles des pointes d'aiguilles, pénétrèrent à travers les plumes dans la chair. Sekoosew était préparée à ce qui allait alors se passer. Cela se passait constamment ainsi quand elle attaquait Napanao, la caille des bois. Ses ailes sont puissantes et son premier mouvement, quand Napanao frappait, était toujours de prendre la fuite. La caille se redressa aussitôt avec un grand bruit d'ailes. Sekoosew s'accrocha étroitement, ses dents enfoncées profondément dans la gorge et ses petites griffes aiguës se cramponnant comme des mains. Elle tournoya dans l'air avec elle, mordant de plus en plus profondément jusqu'à ce qu'à cent yards de l'endroit où cette terrible chose de mort s'était agrippée à sa gorge, Napanao s'écrasât par terre.

Elle tomba à peine à dix pieds de Bari. Pendant quelques minutes, il considéra étonné ce tas de plumes qui se débattait, ne comprenant pas bien qu'enfin de la nourriture était à sa portée. Napanao se mourait, mais elle luttait encore par les soubresauts de ses ailes. Bari se leva précipitamment et après une minute pendant laquelle il rassembla tout ce qui lui restait de force, il se précipita sur elle. Ses dents s'enfoncèrent dans la poitrine et jusqu'à ce moment-là, il ne vit pas Sekoosew. L'hermine avait redressé la tête de l'étreinte mortelle, dont elle enserrait la gorge de la caille et ses farouches petits yeux rouges se fixèrent un seul instant sur ceux de Bari. C'était ici quelque chose de trop gros à tuer et avec un cri perçant de colère, elle s'en alla. Les ailes de Napanao retombèrent et son corps cessa de palpiter. Elle était morte. Bari demeura en arrêt pour s'en assurer. Puis il commença son festin.

Le meurtre au cœur, Sekoosew se tenait tout près de là, passant vivement d'un côté puis d'un autre, mais n'approchant jamais à plus d'une demi-douzaine de pieds de Bari. Ses yeux étaient plus rouges que jamais. De temps en temps, elle jetait un cruel petit cri de rage. De la vie elle n'avait jamais été si furieuse. Se voir voler de cette manière une caille dodue était un affront qu'elle n'avait jamais subi auparavant. Elle souhaitait foncer sur l'intrus et vriller ses dents dans la gorge de Bari. Mais elle était trop adroit stratège pour le tenter, trop habile Napoléon pour se précipiter délibérément à son Waterloo. Un hibou, elle l'aurait combattu. Elle aurait même livré bataille à sa grande sœur et sa plus mortelle ennemie, la loutre. Mais en Bari elle reconnaissait la race du loup et elle donnait cours à sa rancune à distance. Au bout d'un moment, son bon sens prit le dessus et elle partit chasser ailleurs.

Bari mangea un tiers de la caille et les deux tiers restants il les cacha soigneusement au pied du gros sapin. Puis il dévala jusqu'au ruisseau pour boire. Le monde lui paraissait maintenant tout différent. Somme toute, la capacité individuelle au bonheur dépend, en grande partie, de ce qu'on a beaucoup souffert. La mauvaise chance et l'infortune de chacun constituent l'étalon de la bonne chance et de la fortune à venir. Ainsi en était-il de Bari. Quarante-huit heures plus tôt, son ventre plein ne l'aurait pas rendu un dixième aussi heureux qu'en ce moment. Alors, son plus vif désir était pour sa mère. Depuis, un désir encore plus vif était survenu dans sa vie pour la nourriture. En un sens, il était heureux pour lui qu'il eût presque péri d'épuisement et de faim, car son expérience avait contribué à faire un homme de lui — ou un chien-loup, comme vous êtes justement disposé à le dire. Sa mère lui manquera encore longtemps, mais elle ne lui manquera plus jamais dorénavant comme elle lui avait manqué hier et le jour d'avant.

Cet après-midi-là, il fit un long somme auprès de sa cachette. Puis il déterra la caille et mangea son souper. Quand sa quatrième nuit arriva, il ne se cacha plus comme il avait fait les trois nuits précédentes. Il était singulièrement et curieusement éveillé. Sous la lune et les étoiles, il rôda à la lisière de la forêt et poussa jusqu'à la partie du bois incendié. Il écouta avec une sorte de frémissement nouveau la clameur lointaine d'une bande de loups en chasse. Il écouta sans trembler le lugubre *hou hou hou !* des hiboux. Les bruits et les silences commençaient à prendre pour lui un accent nouveau et significatif.

Pendant un autre jour et une autre nuit, Bari demeura à proximité de sa cachette. Quand le dernier os fut rogné, il s'en alla. Il pénétra alors dans une région où la subsistance cessa d'être pour lui un périlleux problème. C'était un pays de lynx et, où il y a des lynx, il y a aussi beaucoup de lapins. Quand les lapins se raréfient, les lynx émigrent vers des endroits meilleurs pour la chasse. Comme les lapins aux pieds de neige prolifèrent pendant tout l'été, Bari se trouva dans une terre d'abondance. Il ne lui fut pas difficile d'attraper et de tuer des lapereaux. Durant une semaine, il profita et devint plus gros et plus fort de jour en jour. Mais pendant tout ce temps, tiraillé par l'esprit de recherche et de vagabondage, espérant toujours retrouver sa vieille maison et sa mère, il voyagea au nord et à l'est. Et c'était en plein dans le domaine à pièges de Pierre, le métis.

Il était seul, il avait la nostalgie de la maison et son petit cœur appelait la chaleur d'une amitié et le réconfort de l'amour maternel. Être seul par le monde n'était pas du tout une situation désirable. Parfois Bari avait tellement la nostalgie de la maison et de revoir le museau de Louve Grise et la superbe prestance de Kazan, que cela lui faisait mal.

Précisément alors, le chien dominait le loup en lui. Il n'était plus qu'un petit toutou inconsolable. Et la maison et Louve Grise et Kazan et le vieil arbre renversé où il était en sécurité lui semblaient bien loin, loin, loin.

Inconsolablement, il errait dans l'inconnu...

V

LE LOUP PARLE

Pierre, jusque voici deux ans, s'était cru l'un des hommes les plus heureux de la vaste solitude. C'était avant l'arrivée de la Mort rouge, la peste rouge. Demi français, il avait épousé la fille d'un chef Cree et dans leur cabane faite de troncs d'arbres, au Grey Loon, ils avaient vécu plusieurs années de grande prospérité et de parfait bonheur. Pierre était fier de trois choses dans son sauvage univers : il était immensément fier de Wyola, sa femme de sang royal ; il était fier de sa fille et il était fier de sa renommée de chasseur. Jusqu'à la venue de la peste rouge, la vie coulait à souhait pour lui. Ce fut alors, il y avait deux ans, que la petite vérole tua la princesse sa femme. Il habitait toujours dans la petite hutte de Grey Loon, mais c'était un autre homme. Il avait le cœur brisé. Il en serait mort sans Nepeese, sa fille. Sa mère l'avait appelée Nepeese, qui signifie « Branche de saule ». Nepeese avait grandi comme le saule, plus svelte qu'un roseau, avec toute la sauvage beauté maternelle unie à un soupçon de beauté française. Elle avait presque dix-sept ans, de larges yeux noirs merveilleux et des cheveux si beaux qu'un homme d'affaires de Montreal passant par là avait un jour proposé de les acheter. Ils descendaient en deux nattes brillantes, aussi épaisses l'une et l'autre que le poignet d'un homme, presque jusqu'à ses genoux.

— Non, monsieur, avait dit Pierre avec un froid regard dans les yeux, dès qu'il avait vu ce qu'il y avait dans le visage de l'agent d'affaires, ce n'est pas pour en faire trafic !

Deux jours après que Bari eût pénétré dans le domaine du trappeur, Pierre rentra des bois, un air d'ennui sur sa figure.

— Quelque chose massacre les jeunes castors, expliqua-t-il à Nepeese, en lui parlant en français. C'est un lynx ou un loup. Demain... Il haussa ses épaules maigres et sourit.

— Nous irons à la chasse, continua Nepeese, riant de joie, dans son doux parler Cree.

Quand Pierre lui souriait ainsi et commençait par « demain », cela voulait toujours dire qu'elle pouvait l'accompagner dans l'entreprise qu'il méditait.

Encore un autre jour plus tard, sur la fin de l'après-midi, Bari traversait le Grey Loon, sur un pont de bois flottant maintenu entre deux arbres. C'était au Nord. Juste au-delà du pont de bois, il y avait une petite ouverture et, sur le bord, Bari s'arrêta pour jouir des derniers rayons du soleil couchant. Tandis qu'il se tenait là immobile, à écouter, la queue basse, les oreilles aux aguets, son nez au bout pointu flairant le nouveau pays dans la direction du nord, il n'y avait pas une paire d'yeux dans la forêt qui ne l'eût pris pour un jeune loup.

Cachés derrière un bouquet de jeunes balsamiers, à cent yards de là, Pierre et Nepeese l'avaient vu franchir le pont de bois. C'était l'instant et Pierre ajusta son fusil. Et subitement, Nepeese toucha son bras légèrement et d'une voix un peu émue, elle chuchota :

— *Nootawe,* laisse-moi tirer. Je peux le tuer !

Tout en souriant, Pierre lui passa le fusil. Il considérait le louveteau comme déjà mort. Car Nepeese, à cette distance, envoyait neuf fois sur dix une balle dans un carton d'un pouce. Et Nepeese, visant Bari avec soin, appuya posément son index brun sur la détente.

Tandis que Branche-de-Saule abaissait la détente de son fusil, Bari sauta en l'air. Il éprouva la violence de la balle avant d'entendre la détonation. Cela lui souleva les pieds de terre et l'envoya rouler à plusieurs reprises comme s'il avait été frappé d'un coup de gourdin épouvantable. Le temps d'un éclair il ne sentit aucun mal ; puis on aurait dit qu'un couteau de feu le traversait et, sous le coup de cette souffrance, le chien en lui domina le loup : il jeta une longue clameur sauvage de petit chien qui pleure, tandis qu'il roulait et se contorsionnait sur le sol.

Pierre et Nepeese s'étaient avancés de leur retraite de balsamiers. Les beaux yeux de Branche-de-Saule brillaient d'orgueil à la justesse de son coup de fusil. Aussitôt elle retint son souffle. D'un mouvement brusque et nerveux, ses doigts bruns étreignirent le canon de son fusil. Le rire de contentement expira aux lèvres de Pierre, tandis que les cris de douleur de Bari emplissaient la forêt.

— *Uchi Moosis !* s'écria Nepeese en sa langue cree.

Pierre lui prit le fusil.

— Misère ! Un chien ! Un toutou ! s'écria-t-il.

Ils s'élancèrent pour courir vers Bari ; mais dans leur étonnement, ils avaient perdu quelques secondes et Bari était revenu de son étourdissement. Il les vit nettement traverser la clairière : une nouvelle espèce de monstres des forêts. Avec un dernier gémissement, il s'enfuit parmi les ombres épaisses des arbres. Le soleil allait se coucher. Et Bari courut vers l'obscurité dense du sapin touffu, près du ruisseau.

Il avait tremblé à la vue de l'ours et de l'élan, mais pour la première fois, il avait la notion réelle du danger.

Et c'était là tout près, derrière lui. Il pouvait entendre le vacarme que faisaient les bêtes à deux jambes à sa poursuite ; d'étranges cris s'élevaient presque sur ses talons, alors, brusquement il se précipita sans crier gare dans un trou. Ce lui fut une secousse de sentir la terre manquer comme cela sous ses pas, mais il n'aboya point. Le loup le dominait de nouveau. Il l'engageait à rester où il était sans faire mouvement ni bruit, respirant à peine. Les voix étaient au-dessus de lui ; les pieds étranges trébuchaient quasiment au bord du trou où il était étendu. En regardant hors de sa cachette obscure, il pouvait voir un de ses ennemis. C'était Nepeese, Branche-de-Saule. Elle se tenait de telle manière que la dernière lueur du jour tombait sur son visage. Bari ne pouvait en détacher les yeux. Plus haut que sa souffrance s'élevait en lui une bizarre et frémissante fascination.

Et soudain la jeune fille porta les deux mains à sa bouche et d'une voix qui était douce et plaintive et étonnamment réconfortante pour le petit cœur frappé de terreur, elle cria :

— *Uchimoo !... Uchimoo !... Uchimoo !*

Alors, il entendit une autre voix et cette voix, également, était beaucoup moins effrayante que bien des bruits qu'il avait écoutés dans les forêts.

— On ne pourra pas le trouver, Nepeese, disait la voix. Il s'est traîné loin d'ici pour mourir. C'est trop triste. Viens !

A l'endroit où Bari s'était tenu, à l'extrémité de la clairière, Pierre s'arrêta et désigna du doigt un jeune plant de bouleau qui avait été tranché net par la balle de Branche-de-Saule. Nepeese comprit. Le jeune arbuste, pas plus gros que son pouce, avait fait dévier un tantinet le coup et sauvé Bari d'une mort imminente.

Elle se retourna et appela :

— *Uchimoo !... Uchimoo !... Uchimoo !*

Il n'y avait plus dans ses yeux le frisson du meurtre.

— Il ne saurait comprendre cela, fit Pierre en prenant la route qui traversait la clairière. Il est sauvage, né de loups. C'était peut-être la femelle des bois de Koomo qui allait en chasse avec les hurles, l'hiver dernier.

— Et il va mourir.

— *Ayetun :* oui, il va mourir.

Mais Bari n'avait pas l'intention de mourir. Il était trop robuste gaillard pour être blessé à mort par une balle traversant la chair délicate de ses jambes de devant. Voici ce qui était arrivé. Sa patte était traversée jusqu'à l'os, mais l'os lui-même n'avait pas été touché. Il attendit jusqu'au lever de la lune avant de ramper hors de son trou.

Sa patte s'était engourdie ; elle avait cessé de saigner, mais son corps entier était déchiré par une douleur cuisante.

Une douzaine de Papayouchisiou, tous fortement accrochés à ses oreilles et à son nez, ne lui auraient pas fait plus de mal. Chaque fois qu'il bougeait, une lancination aiguë le traversait et cependant il s'obstinait à marcher. Instinctivement, il comprenait qu'en s'écartant du trou, il s'écartait du danger. Ce fut ce qui put lui arriver de mieux, car, un peu plus tard, un porc-épic vint errer par là, marmottant en lui-même dans sa bonne humeur et ses ébats, et il tomba avec un bruit sourd au fond du trou. Si Bari était resté là, il aurait été si couvert de piquants qu'il en serait mort à coup sûr.

D'autre part, l'exercice de la marche lui fut excellent. Il ne fournit à sa blessure aucune occasion d'*ustao,* comme Pierre aurait dit, car en réalité le coup était plus sensible que sérieux. Durant les cent premiers yards, il clopina sur trois pattes, après quoi, il s'aperçut qu'il pouvait se servir de la quatrième en la ménageant beaucoup. Il suivit le cours du ruisseau pendant un demi-mille. Chaque fois qu'un brin de bois touchait sa blessure, il le mordait furieusement et, au lieu de geindre quand il sentait une douleur aiguë le transpercer, un petit groulement de colère sourdait dans sa gorge et il grinçait des dents.

Maintenant qu'il était hors du trou, l'effet du coup de Branche-de-Saule excitait chaque goutte de sang de loup dans son corps. Il y avait en lui une colère croissante, un sentiment de rage, non contre telle chose en particulier, mais contre toutes les choses. Ce n'était pas le sentiment qui l'avait fait combattre Papayouchisiou. Ce soir, le chien en lui n'existait plus. Une succession de malheurs s'était abattue sur lui et de ces malheurs, et de son mal actuel, le loup avait surgi farouche et avide de vengeance. C'était la première nuit qu'il voyageait. Il n'avait, cette fois, peur de rien qui eût pu fondre sur lui de l'obscurité. Les ombres les plus denses ne le faisaient plus tressaillir. C'était le premier conflit important entre les deux natures qu'il portait en lui de naissance — le loup et le chien — et le chien était vaincu. De temps à autre, il s'arrêtait pour lécher sa blessure et tout en léchant il groulait, comme si pour sa blessure elle-même il avait une hostilité particulière. Si Pierre l'avait pu voir et entendre, il aurait bien vite compris, et il aurait dit : « Laissons-le mourir ! Le gourdin ne fera jamais sortir le démon qu'il porte en lui. »

En cet état d'esprit, Bari, une heure plus tard, passa du bois touffu de la courbe du ruisseau dans des endroits plus découverts d'une petite plaine qui s'étendait au pied d'une crête de montagnes. C'était dans cette plaine qu'Oohoomisew chassait. Oohoomisew était un énorme hibou blanc. C'était le patriarche des hiboux de tout le domaine à pièges de Pierre. Il était tellement vieux qu'il était presque aveugle. Il ne chassait pas comme les autres hiboux. Il ne se cachait pas sous le couvert obscur des sapins ou au sommet des balsamiers, ni ne ramait doucement à travers la nuit, prêt en un instant à s'abattre sur sa proie. Sa vue était si faible que, du haut d'un sapin, il n'aurait pu voir du tout un lapin et qu'il n'aurait pu distinguer un renard d'une souris. Oohoomisew, vieux à ce point, l'expérience lui enseignant la sagesse, chassait par embuscade. Il se blottissait sur le sol, et pendant des heures, chaque fois, il pouvait rester là sans faire de bruit, remuant à peine une plume, attendant avec la patience de Job que quelque chose à manger se présentât sur son chemin. De temps à autre, il se trompait. Deux fois, il avait pris un lynx pour un lapin et, à la seconde attaque, il avait perdu un pied, de sorte que, lorsqu'il dormait à l'écart pendant le jour, il était juché à son perchoir sur une seule patte. Infirme, presque aveugle et si vieux qu'il avait depuis longtemps perdu les touffes de plumes au-dessus de ses oreilles. Il avait encore une force gigantesque, et, lorsqu'il était en colère, on pouvait entendre le claquement de son bec à vingt yards.

Pendant trois nuits, il n'avait pas eu de veine et, cette nuit-ci, il avait été spécialement malchanceux. Deux lapins étaient venus sur son chemin et, sortant de son abri, il s'était époumonné vers l'un et l'autre. Du premier, il avait complètement perdu trace, le deuxième l'avait laissé le bec plein de poil et de duvet. Et c'était tout. Il avait une faim dévorante et il aiguisait son bec, de fort mauvaise humeur, quand il entendit Bari approcher. Même si Bari avait pu voir dans le bois obscur devant lui et avait aperçu Oohoomisew prêt à se précipiter hors de son embuscade, il est peu probable qu'il aurait consenti à fuir bien loin. Son sang de lutteur bouillonnait. Lui aussi était disposé à faire la guerre à n'importe quoi.

Fort peu nettement, Oohoomisew le vit enfin traverser la petite clairière qu'il surveillait. Il s'accroupit. Ses plumes se hérissèrent jusqu'à ce qu'il ressemblât à une boule. Ses yeux quasiment sans regard luisaient pareils à deux étangs de feu bleuâtre. A dix pas de là, Bari s'arrêta un moment et lécha sa blessure. Oohoomisew attendait prudemment. De nouveau, Bari s'avança, passant à six pieds du buisson. Avec un rapide *hop hop, hop !* et un tonnerre subit de ses ailes puissantes, le gros hibou fut sur lui.

A ce moment, Bari ne poussa nul cri de douleur ou de frayeur. Le loup est *kipichimao,* comme disent les Indiens. Aucun chasseur n'a jamais entendu un gémissement de supplication d'un loup pris au piège, à la morsure de sa balle ou au coup de son gourdin. Il meurt serrant les crocs. Cette nuit, c'était un louveteau qu'attaquait Oohoomisew et non un petit chien. La première charge du hibou fit chavirer Bari et, pendant un moment, il fut étouffé sous les énormes ailes déployées. Cependant Oohoomisew, le maintenant étendu, clopinait pour se tenir sur une patte avec son unique pied valide et frappait farouchement du bec. Un coup de ce bec quelque part autour de la tête aurait étourdi un lapin, mais, à la première attaque, Oohoomisew comprit que ce n'était pas un lapin qu'il tenait sous ses ailes.

Un cri à glacer le sang répondit à ce coup et Oohoomisew se souvint du lynx, de son pied perdu et qu'il avait difficilement échappé à la mort. Le vieux pirate aurait pu battre en retraite, mais Bari n'était plus le Bari enfantin qui avait combattu le jeune Papayouchisiou. L'expérience et les privations l'avaient vieilli et rendu fort, ses mâchoires avaient rapidement passé de l'âge où on lèche les os à l'âge où on les croque, et, dès avant qu'Oohoomisew pût s'enfuir, s'il pensait le moins du monde à fuir, les crocs de Bari mordaient sournoisement dans l'unique bonne patte du hibou.

Dans le calme de la nuit s'éleva alors un plus grand bruit d'ailes encore et, pendant quelques minutes, Bari ferma les yeux pour se garder d'être aveuglé par les coups furieux d'Oohoomisew. Mais il demeura farouchement accroché et, tandis que ses dents entraient dans la chair de la patte du vieux pirate, ses grognements de colère portaient le défi aux oreilles d'Oohoomisew.

Une rare bonne fortune lui avait fourni cet agrippement à la patte, et Bari savait que triomphe ou défaite dépendaient de son adresse à s'y maintenir. Le vieux hibou n'avait pas d'autre serre à enfoncer en lui et il lui était impossible, pris comme il l'était, de porter des coups de bec à Bari. Aussi continua-t-il à agiter ce tonnerre de coups avec ses ailes de quatre pieds. Elles menaient grand bruit autour de Bari, mais ne lui faisaient aucun mal. Il enfonça ses crocs plus profondément. Ses groulements devinrent plus furieux dès qu'il eût senti le goût du sang d'Oohroomisew et en lui surgit plus impérieux le désir de tuer ce monstre de la nuit, comme si par la mort de cette créature il avait l'occasion de se venger de tous les maux et de toutes les privations qui l'avaient assailli depuis qu'il avait perdu sa mère. Et il était bizarre qu'Oohoomisew n'eût jamais éprouvé une grande crainte jusqu'alors. Le lynx l'avait mordu, mais une seule fois et était parti, le laissant estropié. Mais le lynx n'avait pas grogné de cette façon, comme un loup, et ne l'avait pas harcelé. Des centaines de nuits Oohoomisew avait écouté la hurle aux loups. L'instinct lui avait dit ce que cela signifiait. Il avait vu les bandes traverser rapidement la nuit et toujours lorsqu'elles passaient il s'était tenu dans les ombres épaisses. Pour lui, comme pour tous les autres êtres sauvages, le hurlement du loup signifiait la mort. Mais jusqu'à ce moment où les crocs de Bari étaient entrés dans sa chair, il n'avait jamais ressenti complètement la crainte du loup. Cela avait mis des années à pénétrer dans son lent et stupide entendement, mais maintenant qu'il y était, cela le possédait comme jamais aucune chose ne l'avait possédé de toute sa vie. Tout à coup, il cessa son battement d'ailes et s'éleva en l'air. Comme d'immenses éventails, ses ailes puissantes tournoyèrent dans l'espace et Bari se sentit brusquement soulevé de terre. Toutefois il tint bon et soudain retomba d'un seul coup.

Oohoomisew fit un nouvel effort. Cette fois, il fut plus heureux et s'enleva bien à six pieds de haut avec Bari. Ils retombèrent encore. Une troisième fois, le vieil hors-la-loi se démena pour s'élever, débarrassé de l'étreinte de Bari, puis, épuisé, il retomba, ses ailes gigantesques étendues, en sifflant et faisant craquer son bec. Sous ces ailes, l'esprit de Bari travaillait avec la rapidité instinctive du meurtrier. Tout à coup, il modifia son agrippement, enfonçant ses crocs dans la partie inférieure du corps d'Oohoomisew. Ils pénétrèrent dans trois pouces de plumes.

Aussi vif que Bari, Oohoomisew fut également prompt à profiter de l'occasion qui s'offrait. En un clin d'œil, il se souleva de terre. Il y eut une saccade, un arrachement de plumes de la chair et Bari resta seul sur le champ de bataille.

Il n'avait pas tué, mais il était vainqueur. Son premier grand jour, — ou sa première grande nuit — était arrivé. Le monde s'emplissait pour lui de nouveaux espoirs aussi vastes que la nuit elle-même. Au bout d'un moment, il s'assit sur son derrière, flairant dans l'espace son adversaire battu. Puis, comme s'il défiait le monstre emplumé qu'il avait houspillé, chassé et enfin vaincu, il leva vers les étoiles son petit museau pointu et poussa son premier et jeune hurlement de loup au cœur de la nuit.

VI

LE CRI DU CŒUR SOLITAIRE

Sa lutte avec Oohoomisew fut une excellente médecine pour Bari. Elle ne fit pas que lui donner une grande confiance en lui-même, mais purgea également son sang de la fièvre maligne. Il ne faisait plus mine de mordre les objets ni de grogner contre eux, tandis qu'il poursuivait sa route dans la nuit. C'était une nuit merveilleuse. La lune était haut dans le ciel et le firmament fourmillait d'étoiles, au point que, dans les clairières, la lumière était presque semblable à celle du jour, seulement plus douce et plus belle. Il faisait très calme. Pas un souffle de vent aux cimes des arbres et il semblait à Bari que le hurlement qu'il avait poussé avait dû porter jusqu'au bout du monde. De temps à autre il percevait un bruit et chaque fois il s'arrêtait, attentif et l'oreille aux aguets. Loin, loin, il entendit, prolongé et doux, le meuglement d'une femelle d'élan ; il entendit un grand clapotement dans l'eau d'un petit lac près duquel il arriva, et une fois lui parvint le râclement aigu de cornes contre cornes : deux daims réglant une légère différence d'opinions à un quart de mille de là. Mais c'était toujours le hurlement du loup qui le faisait s'arrêter et écouter le plus longtemps, le cœur lui battant d'un étrange sursaut qu'il ne pouvait cependant comprendre encore. C'était l'appel de sa race, croissant en lui lentement, mais impérieusement.

Il était toujours vagabond. *Pupamaotao,* disent les Indiens. C'est cet esprit de vagabondage qui dirige un moment presque toutes les créatures de la solitude aussitôt qu'elles sont capables de se suffire — dessein de la nature peut-être en vue d'écarter des rapports de famille trop étroits et probablement des croisements dangereux. Bari, comme le jeune loup en quête de nouveaux domaines de chasse ou le jeune renard découvrant un monde nouveau, n'avait ni but ni méthode dans son vagabondage. Il était simplement en voyage, en route. Il avait besoin de quelque chose qu'il ne pouvait trouver. Le son de voix du loup le lui apporta. Les étoiles et la lune l'emplissaient d'un véhément désir de ce quelque chose. Les bruits lointains se heurtaient contre lui dans son vaste isolement. Et l'instinct lui disait que rien qu'en cherchant il trouverait. Ce n'étaient pas tant Kazan ou Louve Grise qui lui manquaient maintenant, ni tant le voisinage de sa mère et son chez lui qu'une amitié. Maintenant qu'il avait chassé de lui la rage du loup, au cours de son combat avec Oohoomisew, la partie chien qui était en lui reprenait ses droits. Moitié aimable de lui-même. Partie qu'il désirait faire dorloter auprès de quelque chose de vivant et d'amical, petites choses baroques, qu'elles portassent plumes ou poils, serres ou sabots.

Il était endolori à cause de la balle de Branche-de-Saule et endolori à cause du combat et, vers l'aurore, il se coucha à l'abri d'un bouquet d'aulnes au bord d'un deuxième petit lac et y demeura jusqu'au milieu du jour. Alors, il se mit en quête de nourriture parmi les roseaux et près des iris d'eau. Il trouva un brochet mort à demi mangé par une loutre et l'acheva.

Sa blessure était beaucoup moins douloureuse cet après-midi, et, à la tombée de la nuit, il y faisait à peine attention. Depuis qu'il avait failli périr tragiquement de la main de Nepeese, il avait marché en général dans la direction du nord-est, suivant d'instinct le cours des ruisseaux. Mais son avance avait été lente et lorsque l'obscurité revint, il n'était pas à plus de huit ou dix milles du trou où il était tombé quand Branche-de-Saule avait tiré sur lui.

Il n'alla pas bien loin cette nuit-là.

Le fait d'avoir été blessé à la brune et que son combat avec Oohoomisew avait eu lieu plus tard encore le rendait circonspect. L'expérience lui avait appris que les ombres obscures et les gouffres noirs de la forêt étaient des embûches possibles du danger. Il n'avait plus peur comme naguère, mais il en avait assez de combats pour le moment, aussi estimait-il que la prudence était ce qu'il y avait de mieux pour se garder des périls des ténèbres. Un curieux instinct lui fit chercher un lit au sommet d'une énorme roche à pic qu'il eut quelque difficulté à gravir. Peut-être était-ce une résurgence lointaine des jours passés, lorsque Louve Grise, à sa première maternité, cherchait refuge sur le cime du rocher du Soleil qui dominait le monde de la forêt dont Kazan et elle faisaient partie et où elle avait été rendue aveugle durant sa lutte avec le lynx.

La roche de Bari, au lieu de s'élever d'emblée de cent pieds et davantage, était à peu près à la hauteur de la tête d'un homme. Elle se dressait au milieu du coude du ruisseau avec la forêt de sapins tout contre par derrière. Pendant plusieurs heures, Bari ne dormit pas, mais demeura couché bien vigilant, les oreilles tendues pour saisir chaque bruit qui sortait du monde obscur qui l'entourait. Il y avait plus que de la curiosité dans sa vigilance, cette nuit-ci. Son éducation s'était considérablement élargie en un sens : il avait appris qu'il n'était qu'une toute petite portion de cette terre merveilleuse étendue sous les étoiles et sous la lune et il était animé du vif désir de se familiariser mieux avec tout cela, sans plus combattre ni souffrir. Cette nuit, il savait ce que cela voulait dire lorsqu'il voyait, çà et là, des ombres grises ondoyer en silence hors de la forêt au clair de lune. Les hiboux. Des monstres de l'espèce de ceux avec lesquels il avait lutté. Il entendait le craquement que faisaient des pieds armés de sabots et l'écrasement produit par des corps pesants sous bois. Il entendit de nouveau le meuglement de l'élan. Des voix lui arrivèrent qu'il n'avait jamais entendues auparavant : le *yap yap yap* aigu d'un renard, le cri d'outre-tombe et moqueur d'un grand butor sur un lac à un demi-mille de là ; le cri strident d'un lynx qui arrivait de milles et de milles au loin ; les ululements assourdis de la chouette entre les étoiles et lui. Il entendit d'étranges chuchotements au faîte des arbres, chuchotements du vent, et une fois, au milieu d'un calme de mort, un cerf brama d'une voix déchirante tout derrière sa roche, puis, à l'odeur du loup dans l'air, s'enfuit d'un trait dans une vision grise d'épouvante.

Tous ces bruits avaient pour Bari un sens nouveau. Il faisait rapidement connaissance de la solitude. Ses yeux brillaient. Son sang bouillonnait. Pendant quelques minutes, chaque fois, il remuait à peine. Mais de tous ces bruits qui lui arrivaient, le hurlement du loup surtout le faisait frissonner. Maintes et maintes fois, il l'écouta. Certaines fois, il était très lointain, si lointain qu'il ressemblait à un murmure, mourant presque avant de lui arriver ; ensuite il revenait jusqu'à lui, poussé à pleine gorge, chaud du souffle de la chasse, l'appelant au rouge frisson de la poursuite, à la féroce orgie de la chair déchirée et du sang qui coule, l'appelant, l'appelant, l'appelant. Et c'était l'appel de sa race, des os de ses os et de la chair de sa chair, l'appel des bandes en chasse, sauvages et farouches, de la tribu maternelle. C'était la voix de Louve Grise le cherchant dans la nuit, le sang de Louve Grise l'invitant à se joindre à la communauté de la bande. Et il tremblait en écoutant. Il se lamentait doucement. Il s'avança tout à l'extrémité de sa roche. Il désirait partir. La nature le pressait de s'en aller. Mais la nature de fauve luttait contre des forces supérieures. Car, en lui, il y avait aussi le chien avec ses hérédités d'instincts domptés et endormis et toute cette nuit-là le chien qui était en lui retint Bari au sommet de sa roche.

Le lendemain matin, Bari trouva de nombreuses écrevisses au bord du ruisseau et il festoya de leur chair succulente jusqu'à ce qu'il sentît qu'il n'avait plus faim. Rien ne lui avait paru aussi bon depuis qu'il avait mangé la caille volée à Sekoosew, l'hermine.

Au milieu de l'après-midi, Bari arriva dans un coin de la forêt qui était très tranquille et très reposant. Le ruisseau s'était approfondi. Par endroits ses rives étaient inondées, de sorte qu'elles formaient de petits étangs.

Deux fois, Bari dut faire des crochets considérables pour contourner ces étangs. Il marchait très tranquillement, l'oreille tendue, l'œil à l'affût. Jamais, depuis le jour de malheur où il avait quitté le vieil arbre renversé, il n'avait autant pensé à la maison que maintenant.

Il lui semblait fouler enfin une contrée qu'il connaissait et où il trouverait des amis. Peut-être était-ce un autre miraculeux mystère de l'instinct, de la nature. Car il se trouvait dans les domaines du vieux Dent-Brisée, le castor. C'était ici que son père et sa mère avaient chassé aux jours d'avant sa naissance. C'était non loin de là que Kazan et Dent-Brisée avaient eu ce mémorable duel sous l'eau, d'où Kazan avait sauvé sa vie n'ayant plus à perdre que le souffle. Bari ne connaîtrait jamais ces choses-là. Il ne saurait jamais qu'il franchissait les antiques pistes. Mais quelque chose, au tréfonds de lui, le poignait singulièrement. Il flairait l'air, comme s'il y découvrait le relent de choses familières. Ce n'était qu'un faible souffle, un indéfinissable espoir qui l'emportait au terme d'un pressentiment mystérieux.

La forêt devint plus profonde. Elle était merveilleuse. Il n'y avait plus de broussailles et marcher sous les arbres c'était comme si on était dans une immense caverne mystérieuse à travers le toit de laquelle la lumière du jour filtrait doucement et illuminée çà et là par les flaques d'or du soleil. L'espace d'un mille, Bari avança tranquillement à travers cette forêt. Il ne vit rien que quelques rapides fuites d'ailes d'oiseaux. On n'entendait quasiment aucun bruit. Puis, il arriva à un étang encore plus grand. Autour de cet étang, il y avait un épais fourré d'aulnes et de saules. Les arbres y étaient moins denses. Il vit le reflet du soleil d'après-midi sur l'eau, puis tout aussitôt il entendit de la vie.

Il y avait eu peu de changements dans la colonie de Dent-Brisée depuis l'époque de son inimitié avec Kazan et les loutres. Le vieux Dent-Brisée était encore plus chenu. Il était plus gras. Il dormait beaucoup et était peut-être moins prudent. Il somnolait dans la boue abondante et sur la digue de broussaille dont il avait été l'ingénieur en chef, lorsque Bari s'avança doucement sur un remblai élevé de trente à quarante pieds. Il avait fait si peu de bruit qu'aucun des castors ne l'avait vu ni entendu. Il se blottit à plat ventre, caché derrière une touffe d'herbe et avec le plus vif intérêt surveilla tous les mouvements. Dent-Brisée s'éveillait. Il se tint un moment debout sur ses jambes courtes, puis se dressa, tel un soldat au garde-à-vous, sur sa large queue plate et, poussant un brusque sifflement, plongea dans l'étang au milieu d'un grand éclaboussement d'eau.

Un moment après, il sembla à Bari que l'étang fourmillait de castors. Des têtes et des corps apparaissaient et disparaissaient, se précipitant de côté et d'autre dans l'eau d'une façon qui l'émerveillait et l'ahurissait. C'était la récréation du soir de la colonie. Les queues heurtaient l'eau comme des battoirs unis. Des sifflements bizarres s'élevaient au-dessus du clapotement, puis aussi brusquement qu'il avait commencé, le jeu prit fin. Il pouvait y avoir peut-être vingt castors, sans compter les jeunes, et, comme s'ils avaient été mus par un signal commun, quelque chose que Bari n'avait pas entendu, ils se tinrent si tranquilles qu'à peine entendait-on un bruit dans l'étang. Quelques-uns d'entre eux plongèrent dans l'eau et disparurent complètement, mais la plupart, Bari pouvait les observer tandis qu'ils remontaient sur la rive. Ils ne tardèrent pas à se mettre au travail, et Bari les épiait et les écoutait, sans même qu'un brin de l'herbe dans laquelle il était couché frémît. Il essayait de comprendre. Il cherchait à cataloguer ces créatures singulières et à l'air avenant dans sa connaissance des êtres. Elles ne l'inquiétaient pas. Il n'éprouvait aucun malaise devant leur nombre ou leur taille. Sa tranquillité n'était pas un calme discret, mais plutôt un bizarre et croissant désir de faire plus ample connaissance avec cette curieuse communauté à quatre pattes de l'étang.

Déjà, ils avaient commencé à lui rendre la vaste forêt moins solitaire. Alors, tout près de lui, sous lui, guère à plus de dix pieds de l'endroit où il était couché, il vit quelque chose qui lui fit presque crier l'envie enfantine qu'il portait en lui d'avoir un compagnon.

En bas, sur un lambeau net de la rive qui s'élevait au-dessus de la vase molle de l'étang, marchaient en se dandinant le gros petit Umisk et trois de ses camarades de jeu. Umisk était à peu près de l'âge de Bari, peut-être d'une semaine ou deux plus jeune. Mais il était amplement aussi lourd et presque aussi large que long. La nature ne saurait faire de créature à quatre pattes plus adorable qu'un bébé castor, sinon un bébé ours et Umisk aurait remporté le premier prix à n'importe quelle exposition de bébés castors. Ses trois compagnons étaient un peu plus petits. Ils arrivèrent en se dandinant de dessous un saule pleureur, en poussant de drôles de petits rires étouffés, leur petite queue aplatie traînant derrière eux comme de mignonnes truelles. Ils étaient gras et fourrés et regardaient fort amicalement Bari et son cœur eut soudain un toc toc précipité de joie. Mais il ne bougea pas. Il respirait à peine. Puis, tout à coup, Umisk se retourna sur un de ses camarades et le fit culbuter. Aussitôt les deux autres furent sur Umisk et les quatre petits castors roulèrent dans tous les sens, se donnant des coups avec leurs petits pieds courts, se frappant avec leur queue et poussant tout le temps de doux petits cris aigus. Bari savait que ce n'était pas une lutte, mais un amusement. Il se dressa sur ses pieds. Il oublia où il se trouvait, il oublia tout au monde, sauf ces balles fourrées qui jouaient. Pour l'instant, tout le rude dressage que la nature lui avait donné était perdu. Ce n'était plus un combattant. Ni un chasseur. Ni un chercheur de nourriture. C'était un petit chien et en lui se leva une envie qui était plus forte que la faim. Il désirait descendre, là, avec Umisk et ses petits copains et faire des culbutes et jouer. Il souhaitait leur dire, si pareille chose était possible, qu'il avait perdu sa mère et sa maison, qu'il en avait énormément souffert et qu'il aurait aimé demeurer avec eux, leurs pères et leurs mères, si cela leur était égal.

Dans sa gorge, alors, monta comme un reste de plainte. Et si faible qu'Umisk et ses camarades de jeu ne l'entendirent point. Ils étaient terriblement affairés.

Doucement, Bari fit un premier pas vers eux, puis un autre et, enfin, il se tint sur la bande étroite de la rive à une demi-douzaine de pieds de distance d'eux. Ses petites oreilles pointues étaient tendues en avant et il agitait la queue aussi vite qu'il pouvait et chaque muscle de son corps frémissait par avance.

Ce fut alors qu'Umisk l'aperçut et son petit corps dodu devint subitement aussi immobile qu'une pierre.

— Holà ! fit Bari, frétillant de tout son corps et parlant aussi clairement qu'une langue humaine eût pu le faire, est-ce que cela vous est égal que je joue avec vous ?

Umisk ne répondit pas. Ses trois camarades maintenant avaient les yeux sur Bari. Ils ne faisaient pas un mouvement. Ils regardaient étonnés. Quatre paires de grands yeux ahuris étaient fixés sur l'étranger.

Bari fit une autre tentative. Il rampa sur ses pattes de devant, tandis que sa queue et son arrière-train continuaient à se trémousser et, avec un reniflement, il empoigna un bout de bâton entre les dents.

— Allons, laissez-moi entrer dans le jeu, pressait-il. Je sais jouer !

Il lança le bâton en l'air pour prouver ce qu'il disait et poussa un petit jappement.

Umisk et ses frères ressemblaient à des muets.

Alors, tout à coup, quelqu'un aperçut Bari. C'était un gros castor qui plongeait dans l'étang avec le bois de construction d'un jeune arbre pour la nouvelle digue qui était en train. Immédiatement, il lâcha son fardeau et se tourna vers la rive. Puis, pareil à la détonation d'un fusil, suivit le claquement de son énorme queue plate sur l'eau, signal d'un danger pour le castor et que, par nuit calme, on peut entendre un mille au loin.

— *Danger !* avertissait-elle. *Danger ! Danger ! Danger !*

A peine le signal avait-il été donné que des queues claquaient de toutes parts dans l'étang, dans les canaux cachés, dans les saulaies et les aulnaies touffues. Elles disaient à Umisk et à ses compagnons :

— *Sauvez-vous !*

Bari se tenait maintenant roide et sans mouvement. Ahuri, il regarda les quatre petits castors plonger dans l'étang et disparaître. Il entendit le bruit d'autres corps plus lourds heurter l'eau. Puis, il se fit un étrange et inquiétant silence. Doucement, Bari poussa un gémissement, et ce gémissement fut presque un sanglot. Pourquoi Umisk et ses petits camarades le fuyaient-ils ? Qu'avait-il fait qu'ils ne voulaient pas devenir ses amis ? Un immense sentiment d'isolement l'envahit, plus grand même que celui de la première nuit passée loin de sa mère.

Le dernier rayon du soleil s'évanouit dans le ciel, tandis qu'il restait là. Une obscurité plus profonde se glissa sur l'étang. Bari regarda du côté de la forêt où la nuit s'amassait et, poussant un autre gémissement, il s'y replongea. Il n'avait pas trouvé d'ami. Il n'avait pas trouvé de camarade. Et son cœur était brisé.

VII

LA FIN DE WAKAYOO

Durant deux ou trois jours, les excursions de Bari pour sa subsistance l'entraînèrent de plus en plus loin de l'étang. Mais, chaque après-midi, il y retournait jusqu'à ce que, le troisième jour, il eût découvert un nouveau ruisseau et Wakayoo. Le ruisseau était bien à deux milles en arrière dans la forêt. C'était une autre sorte de courant. Il chantait gaiement sur un lit de gravier et entre deux murailles fissurées de roche éclatée. Il formait des mares profondes et là où Bari l'atteignit la première fois, l'air tremblait du tonnerre lointain d'une cascade. Il était beaucoup plus agréable que l'obscur et silencieux ruisseau des castors. Il semblait possédé par la vie, et son fracas et son tumulte, le chant et le tonnerre de l'eau procuraient à Bari des sensations absolument nouvelles. Il le côtoya lentement et avec précaution, et ce fut grâce à cette lenteur et à cette précaution qu'il arriva brusquement, et sans être vu, près de Wakayoo, l'énorme ours noir, profondément occupé à la pêche.

Wakayoo se tenait enfoncé jusqu'aux genoux dans une mare qui avait formé derrière elle un banc de sable, et il avait une chance extraordinaire. Même lorsque Bari se recula, les yeux écarquillés à la vue de ce monstre, qu'il avait déjà aperçu une fois, naguère, à la clarté de la nuit, une des lourdes pattes de Wakayoo fit jaillir dans l'air une grande éclaboussure d'eau et un poisson fut débarqué sur la rive caillouteuse. Peu de temps auparavant, les lompes avaient remonté à la surface du ruisseau, par milliers, pour frayer, et le flux de l'eau ayant baissé rapidement en avait emprisonné beaucoup dans ces mares. Le corps lustré et gras de Wakayoo prouvait manifestement la prospérité qu'il devait à cet incident. Bien qu'il fût un peu plus tard que la fleur de la saison pour les peaux d'ours, le pardessus de Wakayoo était merveilleusement touffu et noir. Pendant un quart d'heure, Bari observa l'ours, tandis qu'il attrapait du poisson dans la mare. Lorsqu'enfin il s'arrêta, il y avait trente ou quarante poissons parmi les pierres, quelques-uns morts, les autres encore frétillants. De l'endroit où il était étendu, aplati entre deux roches, Bari pouvait entendre se broyer chair et arêtes, tandis que l'ours dévorait son dîner. Cela faisait un bruit agréable et la fraîche odeur du poisson l'emplissait d'un désir que n'avait jamais éveillé en lui une écrevisse ni même un perdreau.

Malgré sa graisse et son volume, Wakayoo n'était pas gourmand et après avoir mangé son quatrième poisson, il empila tous les autres ensemble en un tas, les recouvrit en partie en ratissant dessus du sable et des pierres avec ses longues griffes et acheva son travail de « muchage » en cassant par terre un jeune plant de balsamier afin que le poisson fût entièrement dissimulé. Puis il s'en alla à pas lents du côté de la chute d'eau grondante.

Trente secondes après que Wakayoo eut disparu à un détour du ruisseau, Bari se trouvait sous le balsamier brisé. Il en retira un poisson encore vivant. Il le mangea en entier et, après sa longue diète d'écrevisses, ce fut délicieux.

Bari, maintenant, estimait que Wakayoo avait résolu pour lui le problème de l'alimentation. Le gros ours était toujours en train de pêcher en amont et en aval du ruisseau et, chaque jour, Bari retournait à son régal. Ce ne lui était pas difficile de trouver les caches de Wakayoo. Tout ce qu'il avait à faire c'était de suivre la rive du ruisseau en flairant avec soin. Quelques-unes de ces caches étaient anciennes et leur parfum n'était rien moins qu'agréable pour Bari. Il s'en écartait. Mais il ne manquait jamais de se servir un repas ou deux quand il y en avait une récente. Un jour, il rapporta un poisson à l'étang des castors et le déposa devant Umisk qui était un végétarien impénitent.

Pendant une semaine la vie continua à être infiniment plaisante. Puis survint la brisure, le changement aussi lourd de signification que celui de cet autre jour, voici longtemps, lorsque Kazan, son père, avait tué une brute d'homme à l'orée de la solitude.

Ce changement survint le jour que, trottinant autour d'un grand rocher près de la cascade, Bari se rencontra nez à nez avec Pierre et Nepeese.

Ce fut Nepeese qu'il vit tout d'abord. Si ç'avait été Pierre, il serait parti rapidement. Mais de nouveau le sang ancestral l'agitait d'étranges frissons. La première femme avait-elle regardé Kazan comme celle-ci le jour où, aux confins de la civilisation, elle avait posé sur sa tête sa douce main blanche ? Fut-ce le même frisson qui l'agita qui agitait maintenant Bari ? Il resta immobile. Nepeese n'était pas à plus de vingt pieds de lui. Assise sur une roche, en plein dans la jeune lumière du soleil, elle peignait ses merveilleux cheveux. Et tandis qu'elle était là, assise, ils la couvraient presque jusqu'à terre, luisant d'un lustre plus beau que le pelage brillant de Wakayoo et sous leur nuage sombre, son visage regardait droit Bari. Ses lèvres s'entrouvrirent. Ses yeux brillèrent en un instant comme des étoiles. Une main demeurait en suspens, chargée des nattes de jais. Elle le reconnaissait. Elle vit l'étoile blanche sur sa poitrine et l'extrémité blanche de son oreille et, dans un souffle, elle murmura : *« Uchi Moosis »,* le petit chien.

C'était le chien sauvage qu'elle avait tiré et elle le croyait mort. Il n'y avait pas à se tromper. C'était bien un chien maintenant qui était là à la regarder.

Le soir précédent, ils avaient construit un abri de balsamiers derrière la grosse roche et, sur un petit tas de sable blanc, Pierre était agenouillé auprès d'une flambée, préparant le déjeuner, pendant que Branche-de-Saule arrangeait sa chevelure. Il leva la tête pour lui parler et aperçut

Bari. A ce moment, le charme fut rompu, Bari vit la bête humaine tandis qu'elle se redressait. D'un trait, il partit.

A peine était-il plus rapide que Nepeese.

— *Pache,* mon père, cria-t-elle, c'est le petit chien. Vite !

Parmi la moire flottante de ses cheveux elle courait derrière Bari, semblable au vent. Pierre suivait et, tout en courant, il ramassa vivement son fusil. Il lui était difficile de rejoindre Branche-de-Saule. Elle ressemblait à un esprit sauvage, ses petits pieds chaussés de mocassins touchant à peine le sable, tandis qu'elle remontait la digue en courant. Il faisait beau voir sa souple agilité et cette superbe chevelure ruisselant dans le soleil. Même en cet instant d'agitation, Pierre, en la regardant, pensait à ce que Mac Taggart, le facteur de la Compagnie de la baie d'Hudson pour tout le lac Bain, lui avait dit hier. La moitié de la nuit, Pierre était resté sans dormir, grinçant des dents à cette pensée, et ce matin, avant que Bari fût accouru sur eux, il avait observé Nepeese plus étroitement qu'il n'avait jamais fait auparavant. Elle était belle. Elle était même plus charmante que Wyola, la princesse, sa défunte mère. Ces cheveux ! qui faisaient s'arrêter les hommes comme s'ils ne pouvaient en croire leurs yeux ! Ces yeux pareils à des étangs emplis d'une merveilleuse clarté d'étoiles ! Sa sveltesse, qui la faisait ressembler à une fleur ! Et Mac Taggart avait dit...

Jeté jusqu'à lui, il entendit un cri ému :

— Dépêche-toi, *Notawe !* Il s'est enfui dans le cañon sans issue. Il ne peut nous échapper maintenant.

Elle haletait quand il arriva près d'elle. Le sang français qui était en elle empourprait d'un carmin vivace ses joues et ses lèvres. Ses dents blanches luisaient comme du lait.

— Là !

Et elle le montra du doigt. Ils entrèrent.

Devant eux, Bari fuyait pour sauver sa vie. La frayeur de la bête humaine le possédait. C'était une frayeur qui lui enlevait toute raison ou jugement. Une frayeur différente de celle de toutes les autres choses qui, dans la vie ou la nature, avaient pu l'émouvoir. Comme l'ours, le loup, le lynx, toutes les créatures des forêts, à sabots ou à griffes, il sentait instinctivement que ces êtres étonnants à deux jambes qu'il avait vus étaient tout puissants. Et ils étaient à sa poursuite ! Il pouvait les entendre. Nepeese courait presque aussi vite que lui. Tout à coup, il pénétra dans une fissure entre deux hautes roches. Au bout de vingt pas dans ce chemin, il se trouva arrêté et il revint sur ses pas. Quand il se précipita dehors, remontant vers l'entrée du cañon, Nepeese était à peine à une douzaine de yards derrière lui, et il vit Pierre presque à son côté. Branche-de-Saule poussa un cri :

— *Mana ! Mana !* Le voilà !

Elle reprit haleine et s'élança dans un petit bois planté de balsamiers dans lequel Bari avait disparu. Comme un grand voile emmêlé, sa chevelure dénouée l'empêtrait dans les broussailles, et, poussant un cri d'encouragement pour Pierre, elle s'arrêta pour la rassembler par-dessus son épaule, tandis qu'il la devançait. Elle ne perdit qu'un moment ou deux et fut sur ses traces. A cinquante yards d'elle, Pierre poussa un cri d'avertissement. Bari s'était détourné. Presque d'une seule traite il revenait ventre à terre sur le sentier qu'il avait suivi, droit dans la direction de Branche-de-Saule. Il ne put la voir à temps pour s'arrêter ou s'écarter, et Nepeese se jeta par terre sur son chemin. Une minute ou deux ils restèrent vis-à-vis l'un de l'autre. Bari sentit la douceur de ses cheveux et l'étreinte de ses mains. Ce fut la longue chevelure flottant autour d'elle qui fit que Nepeese le manqua et Bari lui échappa et se précipita de nouveau dans la direction de l'extrémité aveuglée du cañon.

Nepeese se redressa. Elle haletait et riait. Pierre revint avec un air farouche et Branche-de-Saule désignait du doigt un point, là-bas.

— Je l'ai eu *et il ne m'a pas mordue,* dit-elle, toute essoufflée. Elle désignait toujours du doigt le bout du cañon et répéta : « Je l'ai eu et il ne m'a pas mordue, *Notawe* ! »

C'était ce qu'il y avait de surprenant. Elle avait été téméraire et Bari ne l'avait pas mordue. C'est alors que ses grands yeux brillants fixés sur Pierre et le sourire s'évanouissant peu à peu sur ses lèvres, elle prononça doucement et presque religieusement ce mot : *Bari.*

Ce mot fut comme un coup reçu par Pierre. Il tordit ses mains maigres. Il fixa un moment Nepeese, les yeux dilatés. Puis, il s'écria :

— Non ! non ! cela ne se peut ! Viens ou nous allons le perdre.

Pierre avait bon espoir maintenant. Le cañon se rétrécissait et Bari ne pouvait les dépasser à leur insu. Trois minutes plus tard, Bari parvenait au fond du cañon sans ouverture : un mur de roche dressé à pic, pareil à la courbe d'un disque.

Le régime de poisson et de longues heures de sommeil à l'étang des castors l'avaient engraissé et il était à demi suffoqué tandis' qu'il cherchait vainement une issue. Il se trouvait tout à la pointe de la courbe rocheuse semblable à un disque, sans une broussaille ou une touffe d'herbe où se cacher, lorsque Pierre et Nepeese l'aperçurent de nouveau. Nepeese marcha droit sur lui. Pierre, prévoyant ce que Bari allait faire, se précipita à gauche, à angle droit avec l'extrémité du cañon.

A l'intérieur et à l'extérieur des roches, Bari chercha promptement une issue pour s'évader. Une minute de plus et il parvenait à la « boîte » ou coupure du cañon. C'était une fente dans le mur large de cinquante ou soixante pieds qui ouvrait sur une prison naturelle d'environ un arpent de superficie. C'était un bel endroit. De tous les côtés, sauf cette conduite dans la coulée, il était clos par des murs de roche. Tout au fond, une chute d'eau descendait en une série de cascades bouillonnantes. Le gazon était épais sous les pieds et parsemé de fleurs.

Dans ce piège, Pierre avait pris plus d'un riche quartier de venaison. De là on ne pouvait s'échapper sinon à la portée du fusil. Pierre appela

Nepeese dès qu'il vit Bari y entrer et tous deux gravirent le talus hérissé de roches.

Bari avait presque atteint l'arête de la petite prison herbue quand, soudain, il s'arrêta si brusquement qu'il s'affala sur son derrière et qu'il sentit son cœur sursauter.

Au beau milieu de sa route se tenait Wakayoo, l'énorme ours noir.

Pendant une demi-minute peut-être il hésita entre les deux dangers. Il entendit les voix de Nepeese et de Pierre. Il perçut le grincement des cailloux sous leurs pas. Et il fut rempli d'une immense terreur. Puis il regarda Wakayoo. Le gros ours n'avait pas bougé d'un pouce. Lui aussi écoutait. Mais pour lui il y avait une chose plus troublante que les bruits qu'il entendait. C'était l'odeur qu'il avait saisie dans l'air. L'odeur humaine.

Bari, en l'observant, vit que sa tête se balançait lentement, au fur et à mesure que les pas de Nepeese et de Pierre devenaient de plus en plus distincts. C'était la première fois qu'il se trouvait face à face avec le gros ours noir. Il l'avait guetté à la pêche. Il s'était engraissé des prouesses de Wakayoo. Il avait pour lui une grande déférence. Maintenant il y avait quelque chose autour de l'ours qui lui enlevait toute crainte et qui lui donnait au contraire une nouvelle et frémissante confiance. Wakayoo, gros et fort comme il était, ne fuirait pas devant les créatures à deux jambes qui le poursuivaient, lui, Bari. S'il pouvait seulement dépasser Wakayoo, il était sauvé. Il fit un bond de côté et courut vers le milieu de la prairie. Wakayoo ne se détourna pas plus, tandis qu'il se hâtait de le dépasser, que s'il se fût agi d'un oiseau ou d'un lapin. Alors un autre souffle d'air arriva chargé de l'odeur humaine. Et cela enfin lui rendit conscience. Il se retourna et se mit à marcher pesamment à la suite de Bari dans le piège d'herbage. Bari, en regardant derrière lui, le vit arriver et s'imagina qu'il le poursuivait. Nepeese et Pierre traversèrent le remblai au même moment et au même moment les aperçurent tous les deux, Wakayoo et Bari.

Dès qu'ils pénétrèrent dans la cavité gazonnée sous les murs de roche, Bari obliqua vivement à droite. Il y avait là une grande roche arrondie dont l'un des bouts saillait de terre en s'inclinant. Elle paraissait un endroit merveilleux où se cacher et Bari s'y faufila.

Mais Wakayoo continua droit devant lui à travers la prairie. De la place où il était couché, Bari pouvait voir ce qui se passait. A peine s'était-il glissé sous la roche que Nepeese et Pierre apparurent par la fissure dans la cavité et s'arrêtèrent. De les voir s'arrêter fit tressaillir Bari. Ils avaient peur de Wakayoo ! Le gros ours avait traversé les deux tiers de la prairie. Le soleil tombait sur lui, de sorte que son pelage brillait comme du satin noir. Pierre le considéra un moment. La saison était avancée. Les fourrures ne seraient plus longtemps bonnes. Cependant le poil de Wakayoo était magnifique ! Pierre ne tuait pas pour le plaisir de tuer. Le besoin en faisait un conservateur. Les bêtes sauvages étaient sa nourriture, ses vêtements, le toit qui le couvrait, et si Wakayoo avait eu un pelage en mue et mal en point, il aurait eu la vie sauve. Quoi qu'il en soit, Pierre épaula son fusil.

Bari vit le geste. Il vit un peu plus tard le bout du fusil cracher quelque chose, ensuite il entendit ce bruit assourdissant qui lui avait fait mal, quand la balle de Branche-de-Saule avait traversé sa chair en la brûlant. Il tourna vivement les yeux vers Wakayoo. Le gros ours avait trébuché. Il était tombé à genoux. Il fit effort pour se relever et marcha lourdement. Le bruit du fusil recommença et une seconde fois, Wakayoo tomba. Pierre ne pouvait le manquer à cette distance. Wakayoo formait une cible splendide. C'était un carnage et pourtant pour Pierre et Nepeese c'était une affaire, l'affaire de la vie.

Bari frissonnait. C'était davantage d'émotion que de peur, car il ne songeait plus à sa propre crainte, en ces minutes tragiques. Une plainte sourde monta à sa gorge, tandis qu'il fixait Wakayoo qui s'était arrêté maintenant et faisait face à ses ennemis, ses mâchoires s'entrechoquant, ses jambes faiblissant sous lui, sa tête s'abaissant graduellement, alors que le sang s'échappait de ses poumons crevés. Bari gémissait parce que Wakayoo avait pris du poisson pour lui, parce qu'il en était venu à le considérer comme un ami, et parce qu'il savait que désormais Wakayoo faisait face à la mort. Il y eut un troisième coup. Ce fut le dernier. Wakayoo s'écroula inanimé sur le sentier. Son énorme tête glissa entre ses pattes de devant. Un ou deux râles rauques parvinrent à Bari. Puis, ce fut le silence.

Une minute plus tard, penché sur Wakayoo, Pierre disait à Nepeese :

— Mon Dieu ! Mais c'est une peau superbe, *Sakahet !* Elle vaut vingt dollars et au-delà, au lac Bain.

Il ouvrit son couteau et se mit à l'aiguiser sur une pierre qu'il portait dans sa poche. Pendant ce temps-là, Bari aurait pu se glisser hors de sa roche et s'échapper du cañon. Durant un moment, on l'oublia. Puis Nepeese pensa à lui, tandis que son père commençait à écorcher l'ours et de sa même voix étrange et merveilleuse, elle prononça de nouveau le mot *Bari*.

Pierre agenouillé leva les yeux sur elle.

— Pourquoi dis-tu cela ? demanda-t-il. Pourquoi, ma Nepeese ?

Les yeux brillants de Branche-de-Saule interrogeaient la prairie.

— A cause de l'étoile sur sa poitrine et de son oreille blanche et... et... parce qu'il ne m'a pas mordue, répondit-elle.

Il y eut dans les yeux de Pierre un nouvel éclair pareil au flamboiement des charbons qui vont s'éteindre.

— Non ! cela ne se peut, dit-il alors, comme s'il se parlait à lui-même et il se pencha de nouveau sur sa besogne.

Mais Nepeese, baissant les yeux, vit que la main qui tenait le couteau tremblait.

VIII

NEPEESE EN DANGER

Tandis que Nepeese inspectait l'extrémité du cañon muré de roches, la prison où ils avaient entraîné Wakayoo et Bari, Pierre leva de nouveau les yeux de son travail d'écorchement du gros ours noir, et il murmura quelques mots que personne excepté lui ne put entendre. « Non, c'est impossible », avait-il dit quelques instants auparavant. Or, pour Nepeese c'était possible, cette pensée qui la hantait. C'était une pensée étonnante qui la faisait frissonner au tréfonds de sa belle âme sauvage. Elle lui fit monter une flamme dans les yeux, et un plus vif afflux de vie à ses joues et à ses lèvres. Elle chuchota de nouveau le mot qui avait tellement ému Pierre : *Bari !* Pourquoi n'était-ce pas possible ?

Tout en inspectant les bords âpres de la petite prairie pour y chercher les traces du petit chien, ses pensées retournaient rapidement en arrière. Il y avait deux ans qu'on avait enseveli la princesse sa mère sous le haut sapin près de leur cabane. Ce jour-là, le soleil de Pierre s'était couché pour toujours et sa vie s'était remplie d'un immense isolement. Ils étaient trois auprès de la tombe cet après-midi-là, tandis que le soleil s'évanouissait : Pierre, elle-même et Bari. Bari était un chien, un grand chien à poil rude avec une étoile blanche sur la poitrine et une oreille sommée de blanc. Il avait été depuis l'âge tendre le favori de la défunte : son garde du corps, toujours avec elle, demeurant même la tête posée au bord de son lit, alors qu'elle se mourait. Et ce soir-là, le soir du jour où on l'avait enterrée, Bari avait disparu. Il était parti aussi tranquillement et aussi complètement que son âme à elle. Personne jamais ne le revit par la suite. C'était étrange et pour Pierre cela tenait du miracle. Au fond du cœur, il gardait la conviction merveilleuse que Bari était allé au ciel avec sa chère Wyola. Mais Nepeese avait passé trois hivers à Nelson House, à l'école de la mission. Elle avait beaucoup appris près des Blancs et à connaître le vrai Dieu, et elle savait que l'idée de Pierre était inadmissible. Elle croyait que le Bari de sa mère était mort ou avait rejoint les loups. Probablement était-il parti chez les loups. Ainsi n'était-il pas possible que ce jeune chien qu'elle et son père avaient poursuivi fût de la chair et du sang du favori de sa mère ? C'était plus que possible. L'étoile blanche sur sa poitrine, l'oreille marquée de blanc, le fait aussi qu'il ne l'avait point mordue, lorsqu'il aurait pu si aisément enfoncer les crocs dans la chair tendre de ses bras ! Elle en était persuadée. Tandis que Pierre écorchait l'ours, elle se mit à chercher.

Bari n'avait pas bougé d'un pouce sous sa roche. Il était étendu comme pétrifié, les yeux fixes avec persistance sur la scène de tragédie qui se déroulait dans la prairie. Il avait vu quelque chose qu'il n'oublierait jamais, de même qu'il n'oublierait jamais tout à fait sa mère, ni Kazan, ni le vieil arbre renversé. Il avait été témoin de la mort de la créature qu'il avait pensé toute puissante. Wakayoo, l'ours énorme, ne s'était même pas défendu. Pierre et Nepeese l'avaient tué *sans le toucher* et maintenant Pierre le découpait avec un couteau qui lançait des éclairs d'argent dans le soleil. Et Wakayoo ne remuait pas. Cela faisait frémir Bari et il se recula un pouce plus loin sous la roche où il était déjà aplati comme si on l'y eût poussé.

Il pouvait apercevoir Nepeese. Elle revint directement à l'anfractuosité à travers laquelle il s'était précipité, et s'arrêta à environ vingt pieds de l'endroit où il était caché. Maintenant qu'elle était là et qu'il ne pouvait s'évader, elle se mit à tresser ses cheveux brillants en deux nattes épaisses. Bari avait détourné ses yeux de Pierre et il observait la jeune fille avec curiosité. Il n'avait plus peur maintenant. Ses nerfs vibraient. En lui, une chose étrange et croissante luttait pour résoudre un grand mystère, la raison de ce désir de ramper hors de sa retraite rocheuse et de s'approcher de cette merveilleuse créature aux yeux brillants, aux cheveux brillants. Il désirait faire cela. Il y avait comme un fil invisible le tiraillant du profond de son cœur. C'était Kazan et non Louve Grise, l'appelant à travers les siècles, un appel qui était aussi vieux que les pyramides d'Égypte et peut-être dix mille ans plus vieux. Mais contre ce désir, Louve Grise s'opposait du fond des âges noirs des forêts. Et cela le faisait se tenir coi et sans bouger. Nepeese regardait autour d'elle. Elle souriait. Une minute son visage se tourna vers lui et il vit la blancheur éclatante de ses dents et ses beaux yeux semblaient entrer leur flamme en lui.

Alors, brusquement, elle se jeta à genoux et regarda sous la roche. Leurs yeux se rencontrèrent. Pendant une demi-minute au moins, il ne se fit aucun bruit. Nepeese ne bougeait pas et elle respirait si doucement que Bari ne pouvait entendre son souffle.

Ensuite, d'une voix à peine plus élevée qu'un murmure, elle dit :

— *Bari ! Bari ! Upi Bari !*

C'était la première fois qu'il entendait son nom et il y avait quelque chose de si doux et de si rassurant dans le timbre de ces mots que, involontairement, le chien en lui y répondit, par un pleurnichement qui parvint tout juste aux oreilles de Branche-de-Saule. Lentement, elle avança un bras. Il était nu et potelé et doux.

Bari aurait pu bondir de la longueur de son corps et y enfoncer ses crocs facilement. Mais quelque chose le retint. Il savait qu'elle n'était pas un ennemi. Il savait que les yeux noirs qui brillaient si merveilleusement sur lui n'avaient pas le moindre désir de lui faire mal. Et la voix qui lui arrivait doucement lui faisait l'effet d'une étrange et frissonnante musique :

— *Bari ! Bari ! Upi Bari !*

A plusieurs reprises encore, Branche-de-Saule l'appela de cette manière, tandis qu'avançant son pâle visage, elle s'efforçait de se glisser quelques pouces plus loin sous la roche. Elle ne pouvait l'atteindre. Il y avait encore un pied environ entre sa main et Bari, et elle ne pouvait avancer davantage. Alors elle vit que de l'autre côté de la roche il y avait une excavation fermée par une pierre. Si elle enlevait la pierre et pénétrait par là !...

Elle se dégagea et se dressa une fois de plus dans le soleil. Son cœur tressaillit. Pierre était occupé avec l'ours et elle ne voulait pas l'appeler. Elle fit effort pour enlever la pierre qui bouchait le passage sous l'énorme roche ronde, mais elle était fortement calée. Alors, elle se mit à creuser avec un bâton. Si Pierre avait été là, ses yeux perçants auraient découvert la signification de cette pierre, qui n'était pas plus volumineuse qu'un seau à eau. Peut-être gisait-elle là depuis des centaines d'années, son support empêchant la lourde roche de dégringoler, absolument comme le poids d'une once fait osciller le fléau d'une bascule qui pèse une tonne. Encore cinq minutes et elle pourrait enlever la pierre. Elle l'ébranla. Pouce à pouce, elle l'attira, jusqu'à ce qu'enfin elle l'étendit à ses pieds. Et l'ouverture s'offrit à son corps. Elle regarda de nouveau du côté de Pierre. Il était toujours occupé et elle sourit doucement, tandis qu'elle détachait de ses épaules un large mouchoir rouge et blanc de la baie. Avec ce mouchoir, elle voulait attacher Bari. Elle rampa sur les mains et les genoux, puis s'aplatit contre terre et se mit à se faufiler dans l'excavation sous la roche.

Bari avait remué. L'arrière de sa tête contre le roc, il avait entendu quelque chose que Nepeese ne pouvait entendre. Il avait senti une lente et croissante pression et de cette pression, il s'était retiré lentement et la pression suivait toujours. La masse de roche s'abaissait ! Nepeese ne voyait, n'entendait, ni ne comprenait. Elle appelait d'une voix de plus en plus persuasive :

— Bari ! Bari ! Bari !

Sa tête et ses épaules et ses deux bras se trouvaient maintenant sous la roche. L'éclat de ses yeux était tout près, tout près de Bari. Il gémit. Le frisson d'un grand et imminent danger courut dans son sang. Puis...

En ce moment, Nepeese sentit la pression du roc à ses épaules et dans les yeux qui brillaient, fixés doucement sur Bari, passa soudain un sauvage regard d'effroi. Puis, sortit de ses lèvres un cri qui ne ressemblait pas aux autres bruits que Bari eût jamais entendus dans la solitude : farouche, perçant, rempli d'une crainte angoissée. Pierre n'entendit pas ce premier cri. Mais il entendit le deuxième et le troisième, puis des gémissements, tandis que le doux corps de Branche-de-Saule était lentement broyé sous la masse croulante. Il courut de ce côté-là avec la rapidité du vent. Les cris se faisaient plus faibles, mourant, mourant au loin. Il vit Bari sortir de dessous la roche et s'enfuir dans le cañon et, au même instant, il aperçut un bout du vêtement de Branche-de-Saule et ses pieds chaussés de mocassins. Le reste de son corps était caché sous le piège de mort.

Comme un fou, Pierre se mit à creuser le sol. Lorsque quelques minutes plus tard, il retira Nepeese de dessous le roc arrondi, elle était pâle et encore évanouie. Ses yeux étaient clos. La main de Pierre ne pouvait sentir si elle vivait et une grande plainte d'angoisse monta de son cœur ; mais il savait comment la ranimer. Il entrouvrit sa robe et s'aperçut qu'elle n'avait rien de brisé comme il l'avait craint. Alors, il courut chercher de l'eau. Lorsqu'il revint, les yeux de Branche-de-Saule étaient ouverts et elle faisait effort pour respirer.

— Dieu soit loué ! sanglota Pierre, en tombant à genoux près d'elle. Nepeese, ma Nepeese !

Elle lui sourit, ses deux mains croisées sur sa poitrine nue et Pierre l'attira contre lui, oubliant l'eau qu'il était allé chercher avec tant de peine.

Plus tard encore, comme il s'était mis à genoux pour regarder sous la roche, son visage pâlit de nouveau et il dit :

— Mon Dieu ! s'il n'y avait pas eu cette petite cavité dans la terre, Nepeese...

Il frissonna et n'acheva point. Mais Nepeese, heureuse d'être saine et sauve, fit un geste de la main et dit en lui souriant :

— J'aurais été comme ça ! Ah ! mon père !

Le visage de Pierre s'assombrit, tandis qu'il se penchait sur elle. Il pensait aux cent périls de la forêt...

Il pensait à Mac Taggart, le facteur du lac Bain et il serra les poings, tandis que ses lèvres touchaient doucement les cheveux de Branche-de-Saule.

IX

ENFIN AMIS !

Poussé par les terribles cris de sauvage terreur de Branche-de-Saule et par la vue de Pierre abandonnant comme un fou le corps de Wakayoo, Bari ne cessa de courir qu'au moment où il fut hors d'haleine. Quand il s'arrêta, il était bien loin du cañon et se dirigeait vers l'étang des castors.

Pendant presque une semaine entière, Bari ne s'était pas approché de l'étang. Il n'avait oublié ni Dent-Brisée, ni Umisk, ni les autres petits castors, mais Wakayoo et ses pêches quotidiennes de poisson frais lui avaient été une tentation trop forte. Maintenant Wakayoo n'était plus. Il comprenait que le gros ours noir ne pêcherait jamais plus dans les mares paisibles et les remous brillants et que là où, durant des jours, il y avait eu tranquillité et abondance, il n'y avait plus maintenant qu'un immense danger et, juste comme en un autre endroit il aurait couru chercher refuge au vieil arbre tombé, il s'enfuit, désespéré, à l'étang des castors.

Il aurait été difficile de dire d'où lui venaient ses craintes, mais ce n'était assurément pas à cause de Nepeese. Branche-de-Saule lui avait fait une chasse ardue. Elle s'était jetée sur lui. Il avait senti l'étreinte de ses mains et l'odeur de sa douce chevelure *et cependant il n'avait pas peur d'elle.* S'il s'arrêtait parfois dans sa fuite et regardait derrière lui, c'était pour voir si Nepeese le suivait. Il ne se serait pas enfui si vite loin d'elle, *si elle avait été seule.* Ses yeux et sa voix et ses mains avaient mis en lui quelque chose d'attirant. Il était rempli maintenant d'une immense tendresse et d'un plus immense sentiment d'isolement, et cette nuit-là, son sommeil fut lourd de cauchemars. Il se trouva un lit sous une racine de sapin, non loin de l'étang des castors, et pendant toute la nuit, son sommeil fut plein de rêves agités : rêves de sa mère, de Kazan, du vieil arbre tombé, d'Umisk et de Nepeese. Une fois, en s'éveillant, il pensa que la racine de sapin, c'était Louve Grise et, quand il s'aperçut de son erreur et qu'elle n'était point là, Pierre et Branche-de-Saule auraient pu dire la signification de ses cris s'ils les avaient entendus. A plusieurs reprises, il revécut, en frissonnant, les événements de cette journée. Il revit la fuite de Wakayoo, dans la petite prairie, il le revit mourir. Il revit l'éclat des yeux de Branche-de-Saule tout près des siens ; il réentendit sa voix si douce, si basse qu'elle lui était comme une musique singulière, et il entendit de nouveau ses terribles gémissements.

Il fut content, lorsque l'aube arriva. Il ne chercha pas de nourriture, mais descendit à l'étang. Il n'y avait maintenant que bien peu d'espoir et d'attente dans sa manière d'agir. Il se souvenait que, aussi parfaitement qu'un animal peut l'exprimer, Umisk et ses camarades lui avaient fait comprendre qu'ils ne voulaient rien avoir de commun avec lui. Et cependant, de savoir qu'ils étaient là lui enlevait un peu de son isolement. C'était plus que de l'isolement. Le loup en lui était débordé. Le chien dominait. Et, dans ces moments-là, lorsque le sang de la bête sauvage était presque endormi en lui, il était attristé par la sensation instinctive et croissante qu'il n'appartenait pas à cette solitude, mais qu'il était parmi elle un transfuge, menacé de tous côtés par d'étranges dangers.

Dans les forêts profondes du Nord, le castor ne travaille et ne joue pas uniquement dans les ténèbres, mais utilise le jour encore plus que la nuit et bien des gens de Dent-Brisée étaient éveillés, lorsque Bari se mit à inspecter tristement les rives de l'étang. Les petits castors se trouvaient encore avec leurs mamans dans les vastes maisons qui se dressaient comme de grands dômes de bois et de boue au milieu du lac. Il y avait trois de ces maisons. L'une d'elles avait au moins trente pieds de diamètre. Bari eut quelque difficulté à suivre le côté de l'étang qu'il avait pris. Lorsqu'il fut revenu parmi les saules et les aulnes et les bouleaux, des douzaines de petits canaux traversaient et retraversaient sa route. Quelques-uns de ces canaux avaient un pied de largeur, d'autres trois ou quatre pieds et tous étaient remplis d'eau. Aucune contrée du monde n'avait jamais eu meilleur système de transport fluvial que ce domaine des castors, au bas duquel ils apportaient leurs matériaux de construction et leur ravitaillement dans le principal réservoir : l'étang. Dans l'un des plus larges canaux, Bari surprit un gros castor remorquant une coupe de bouleau de quatre pieds aussi épaisse qu'une jambe d'homme : une demi-douzaine de déjeuners, de dîners et de soupers en un seul chargement. Les quatre ou cinq écorces inférieures du bouleau constituent ce qu'on pourrait nommer le pain et le beurre et les pommes de terre d'un menu de castor, tandis que les écorces bien plus estimées des saules et des jeunes aulnes tiennent lieu de viande et de tarte. Bari flaira curieusement la coupe de bouleau après que le vieux castor l'eut abandonnée dans sa fuite, puis il continua d'avancer. Il ne cherchait pas à se cacher maintenant et au moins une demi-douzaine de castors purent le voir complètement, avant qu'il parvînt à l'endroit où l'étang se rétrécissait dans le bas, à la largeur du ruisseau, presque à un demi-mille de la digue. Alors, il revint sur ses pas en flânant. Toute la matinée, il circula autour de l'étang, se montrant ouvertement.

Dans leurs énormes forteresses de boue et de bois, les castors tinrent un conseil de guerre. Ils étaient évidemment étonnés. Il y avait quatre ennemis qu'ils redoutaient par-dessus tous les autres : la loutre qui détruisait leurs digues en hiver et leur apportait la mort à cause du froid et en faisant baisser les eaux de telle sorte qu'ils ne pouvaient plus aller à leurs approvisionnements ; le lynx, qui les dévorait tous, vieux aussi bien que jeunes ; le renard et le loup, qui pouvaient se tenir en embuscade pendant des heures afin de fondre sur les tout jeunes comme Umisk et ses camarades de jeu. Si Bari avait été l'un quelconque de ces quatre-là, l'astucieux Dent-Brisée et ses gens auraient su ce qu'il fallait faire. Mais Bari n'était, bien sûr, pas une loutre, et s'il était renard, loup ou lynx, ses actes étaient au moins bizarres pour ne pas dire plus. Un bon nombre de fois, il avait eu l'occasion de fondre sur sa proie, s'il cherchait une proie. Mais à aucun moment il n'avait manifesté le désir de leur faire du mal.

Il se peut que les castors discutèrent complètement le cas entre eux. Il est possible qu'Umisk et ses camarades parlèrent à leurs parents de leur aventure et du fait que Bari n'avait pas tenté un mouvement pour leur faire mal lorsqu'il aurait pu fort aisément les attraper. Il est aussi plus que vraisemblable que les vieux castors qui avaient fui Bari ce matin-là firent le récit de cet incident, insistant de nouveau sur ce fait que l'étranger, tout en leur faisant peur, n'avait montré aucune disposition à les attaquer. Tout cela est fort possible, car si les castors peuvent jouer un rôle important dans une histoire du continent et peuvent accomplir des prodiges dans l'art des ingénieurs tels qu'il ne faut rien de moins que la dynamite pour les détruire, il est absolument raisonnable de supposer qu'ils ont quelque moyen de se comprendre entre eux.

Toujours est-il que, courageusement, le vieux Dent-Brisée prit sur lui d'en finir avec l'indécision qui planait.

Il était très tôt dans l'après-midi et, pour la troisième ou quatrième fois, Bari se promenait sur la digue. Cette digue avait bien deux cents pieds de longueur, mais à aucun endroit l'eau ne pouvait la franchir, le trop-plein trouvant à s'échapper par d'étroites écluses. Une semaine ou deux plus tôt, Bari aurait pu passer sur la rive opposée de l'étang par cette digue, mais maintenant, tout au bout, Dent-Brisée et ses ingénieurs ajoutaient une nouvelle partie de digue et, afin d'accomplir leur travail plus aisément, avaient bien inondé cinquante yards du sol bas où ils travaillaient. La digue principale fascinait Bari. Elle était fortement imprégnée de l'odeur de castor. La crête en était élevée et sèche et il y avait des douzaines de petites excavations mollement creusées dans lesquelles les castors avaient pris leurs bains de soleil.

Dans l'une de ces excavations, Bari s'étendit, les yeux fixés sur l'étang. Nulle ride n'agitait sa douceur veloutée. Aucun bruit ne brisait la placidité ensommeillante de l'après-midi. Les castors devaient être morts ou endormis après tout le remue-ménage qu'ils avaient fait. Et cependant ils savaient que Bari se trouvait sur la digue. A l'endroit où il était couché, le soleil tombait à flots tièdes et il faisait si délicieux qu'au bout d'un moment il avait peine à garder les yeux ouverts pour surveiller l'étang. Et puis il s'endormit.

Comment Dent-Brisée devina-t-il justement cela, c'est un mystère. Cinq minutes plus tard, il remonta tranquillement à la surface sans un clapotis ni un bruit, à cinquante yards de Bari. Pendant quelques minutes, il remua à peine dans l'eau. Puis il nagea très lentement, traversant l'étang, parallèlement à la digue. De l'autre côté, il remonta sur la rive et, pendant une minute encore, demeura aussi immobile qu'une pierre, les yeux sur cette partie de la digue où Bari était étendu. Nul autre castor ne bougeait et il fut vite évident que Dent-Brisée n'avait d'autre objet en vue que d'observer Bari de plus près. Quand il rentra dans l'eau, il nagea tout le long de la digue. A dix pas de Bari, il se mit à remonter. Il le fit avec beaucoup de lenteur et de prudence. Enfin, il atteignit le sommet de la digue.

Quelques pas plus loin, Bari était presque caché dans son retrait ; il n'y avait que le haut de son corps noir brillant qui apparaissait à l'examen rigoureux de Dent-Brisée. Pour voir mieux, le vieux castor étala derrière lui sa queue plate et s'assit sur son arrière-train, les deux pattes de devant posées comme celles d'un écureuil sur sa poitrine. Dans cette position, il avait bien trois pieds de haut. Il pesait peut-être quarante livres et il ressemblait en quelque manière à l'un de ces bons gros chiens, d'humeur commode, à l'air niais et à robuste poitrine. Mais son cerveau fonctionnait avec une célérité surprenante. Tout à coup, il donna dans la boue durcie de la digue un simple coup de queue et Bari sursauta aussitôt. Il vit Dent-Brisée et le regarda fixement. Dent-Brisée le fixa à son tour. Durant une bonne demi-minute, ni l'un ni l'autre ne bougèrent d'un millième de pouce. Puis Bari se dressa et agita la queue.

Ce fut suffisant. Se laissant retomber sur ses pattes de devant, Dent-Brisée marcha en se dandinant, tout à loisir, jusqu'à l'extrémité de la digue et fit son plongeon. Il n'était plus défiant ni bien pressé maintenant. Il agita l'eau fortement et nagea hardiment sous Bari, devant et derrière. Quand il eut fait cela plusieurs fois, il coupa droit à travers l'étang jusqu'à la plus grande des maisons et diparut. Cinq minutes après l'exploit de Dent-Brisée, un mot d'ordre circulait rapidement parmi la colonie. L'étranger, Bari, n'était pas un lynx. Ce n'était pas un renard. Ce n'était pas un loup. De plus, il était tout jeune et sans mauvais dessein. On pouvait se remettre à l'ouvrage. On pouvait se remettre au jeu. Il n'y avait aucun danger. Telle fut la décision de Dent-Brisée. Si quelqu'un avait traduit ces faits en langue castor dans un mégaphone, la réponse n'aurait pas été plus prompte. Tout aussitôt il sembla à Bari, qui était encore debout au bord de la digue, que l'étang fourmillait de castors. Il n'en avait jamais tant vu en une fois jusqu'alors. Ils surgissaient de partout et d'aucuns, émergeant à moins d'une douzaine de pieds de lui, le regardaient tout tranquillement avec curiosité.

Pendant cinq minutes peut-être, les castors parurent n'avoir rien de mieux à faire. Alors, Dent-Brisée se mit debout contre le rivage et se hissa dehors. D'autres le suivirent. Une demi-douzaine de travailleurs disparurent dans les canaux. Autant d'autres s'en allèrent en se dandinant parmi les aulnes et les saules. Attentivement, Bari cherchait Umisk et ses compagnons. Il les aperçut enfin qui s'avançaient en nageant, venant des plus petites maisons. Ils prirent pied dans leur cour de récréation : le banc moelleux qui dominait la rive vaseuse. Bari agita la queue si fort que son corps entier était secoué et il se précipita en courant tout le long de la digue.

Lorsqu'il arriva sur le lambeau uni de la berge, Umisk s'y trouvait seul, grignotant son souper sur un long saule fraîchement coupé. Les autres petits castors étaient partis dans un buisson touffu de jeunes aulnes.

Cette fois, Umisk ne s'enfuit pas. Il leva les yeux de la tige qu'il rongeait. Bari s'accroupit, agitant la queue de la façon la plus amicale et la plus engageante. Durant quelques secondes, Umisk l'observa. Il n'y avait rien à craindre désormais. Quelle que pût être cette bizarre créature, elle était jeune et sans mauvais dessein et paraissait, en vérité, désirer de la compagnie. Il regarda Bari attentivement.

Puis, très calme, il se remit à son souper... Et Bari comprit qu'il aurait bientôt des amis.

X

AU SECOURS D'UMISK

Absolument comme, dans la vie de chaque individu, il y a un fait d'une immense et souveraine importance, soit en bien soit en mal, ainsi dans la vie de Bari, l'étang des castors eut une influence capitale sur sa destinée. Où serait-il allé s'il ne l'avait découvert et que lui serait-il arrivé ? Voilà des conjectures qu'il est permis de faire. Mais l'étang le retint. Il commença par remplacer le vieil arbre tombé et chez les castors eux-mêmes, Bari rencontra une camaraderie qui compensa, en un sens, la perte de Kazan et de Louve Grise. Cette camaraderie, si on peut l'appeler ainsi, alla tout juste jusque-là et pas plus avant. Au fur et à mesure que les jours passaient, les plus vieux castors s'accoutumèrent mieux à voir Bari. Au bout d'une quinzaine, si Bari était parti, il leur aurait manqué, mais pas de la même manière que les castors auraient manqué à Bari. C'était de leur part affaire de tolérance provenant d'un bon naturel. Chez Bari, c'était autre chose. Il était encore *uskahis* comme aurait dit Nepeese ; il désirait encore être câliné par sa mère ; il était toujours guidé par ce besoin de tendresse de tout-petit dont il n'avait pas encore eu le temps de se défaire, et, lorsque la nuit venait, pour communiquer complètement ce besoin, il lui prenait envie d'entrer dans la grande maison des castors avec Umisk et ses petits camarades pour y dormir.

Durant la quinzaine qui suivit la prouesse de Dent-Brisée sur la digue, Bari prit ses repas à un mille en amont du ruisseau, où il avait des écrevisses en abondance. Mais l'étang était sa demeure.

La nuit le retrouvait toujours là et il y passait une grande partie de sa journée. Il dormait au bout de la digue ou sur la crête par les nuits particulièrement claires et les castors l'acceptaient comme un hôte en permanence. Ils travaillaient en sa présence, comme s'il n'avait pas existé. Bari était fasciné par leur travail, qu'il ne se lassait jamais d'observer. Il en était étonné et ahuri. Chaque jour, il les voyait enfoncer dans l'eau du bois de charpente et des broussailles pour construire la nouvelle digue. Il vit cette digue avancer rapidement grâce à leurs efforts.

Un jour, il se coucha à moins de douze pieds d'un castor qui sciait à ras de terre un arbre de six pouces de diamètre. Lorsque l'arbre tomba et que le vieux castor s'en alla se garer, Bari s'éloigna également. Puis il revint flairer la coupe, se demandant de quoi il s'agissait et pourquoi l'oncle d'Umisk, ou son grand-père, ou sa tante, avait pris toute cette peine.

Il ne pouvait toujours décider Umisk et les autres jeunes castors à jouer avec lui et, au bout de la première semaine ou à peu près, il renonça à ses tentatives. En fait, leurs jeux l'étonnaient presque autant que les travaux de construction de digue des castors plus âgés. Umisk, par exemple, était ravi de jouer dans la vase sur la rive de l'étang. Il ressemblait à un tout petit garçon. Lorsque ses aînés immergeaient à la grande digue des bois de construction de trois pouces à un pied de diamètre, Umisk apportait de petits rondins et des baguettes pas plus gros qu'un crayon dans sa cour de récréation et bâtissait à sa façon ce qu'il estimait une digue. Il pouvait travailler durant une heure parfois à sa digue-joujou aussi ingénieusement que son père et sa mère travaillaient à la grande digue et Bari restait couché, étendu sur le ventre, à quelques pas de là, à l'observer et à l'admirer grandement. Et dans la boue à demi-desséchée, Umisk creusait également ses canaux en miniature ni plus ni moins qu'un gamin aurait pu creuser des rivières et des océans infestés de pirates dans le débordement de quelque source écartée. Avec ses petites dents pointues, il coupait à ras de terre son énorme bois de construction, des tiges de saule n'ayant jamais plus d'un pouce de diamètre, et lorsqu'une de ces tiges de quatre ou cinq pieds s'abattait, il éprouvait sans nul doute une aussi vive satisfaction que Dent-Brisée lorsqu'il envoyait s'écraser au bord de l'étang un bouleau de soixante-dix pieds. Bari ne pouvait comprendre le plaisir de tout cela. Il apercevait bien quelque raison à ronger les bâtons, lui-même aimait s'aiguiser les dents sur des bâtons ; mais il s'étonnait de voir Umisk enlever si laborieusement l'écorce des bâtons pour l'avaler.

Une autre méthode de jeu découragea davantage encore les avances de Bari. A peu de distance de l'endroit où il avait aperçu Umisk pour la première fois, il y avait un remblai en pente qui s'élevait à dix ou douze pieds au-dessus de l'eau et ce remblai était utilisé par les jeunes castors comme glissade. Il était devenu lisse et dur. Umisk grimpait sur le remblai à l'endroit où il était moins raide. Au sommet de la glissade, il étalait sa queue plate derrière lui, se donnait une secousse, s'élançait en bas du toboggan et dévalait dans l'eau au milieu d'un vaste éclaboussement. Parfois, il y avait de six à dix jeunes castors mêlés à ce jeu et, de temps à autre, un des plus vieux s'amenait en se dandinant au faîte de la glissoire et faisait un tour avec les plus jeunes.

Une après-midi que le toboggan était spécialement humide et glissant par suite d'un récent usage, Bari grimpa par le sentier des castors au sommet du talus et se mit à l'examiner. Nulle part il n'avait senti l'odeur de castor si fort que sur la glissoire. Il commença à flairer et, sans prendre garde, s'avança trop. Tout à coup, ses pieds se dérobèrent sous lui et, en poussant un petit jappement sauvage, il s'en alla rouler au bas du toboggan. Pour la seconde fois de sa vie, il se trouva à se débattre sous l'eau et quand une minute ou deux plus tard, il se tira de la vase molle sur un terrain plus ferme de la rive, il avait enfin une opinion très nette des amusements des castors. Il se peut qu'Umisk l'eût vu. Il se peut que, de très bonne heure, l'histoire de son aventure fût connue de tous les habitants de Castortown. Car, lorsque Bari arriva près d'Umisk, qui mangeait son souper d'écorce d'aulne, ce soir-là, Umisk maintint ses positions jusqu'au dernier pouce et, pour la première fois, ils se flairèrent nez à nez. Du moins Bari renifla-t-il sans discrétion, et le courageux petit Umisk s'assit comme un sphinx accroupi. C'était le cimentage final de leur amitié, du moins quant à Bari. Il cabriola tout autour de l'autre d'une manière extravagante pendant quelques minutes, disant à Umisk combien il l'aimait et qu'ils seraient de grands camarades. Umisk ne parla pas. Il ne fit pas un mouvement tant qu'il n'eut pas achevé son souper. Mais c'était malgré tout un petit bonhomme qui avait l'air d'un camarade et Bari était plus heureux qu'il ne l'avait encore été depuis le jour qu'il avait quitté le vieil arbre tombé.

Cette amitié, encore qu'elle parût évidemment n'exister que d'un côté, fut tout de même une bonne fortune pour Umisk. Quand Bari était à l'étang, il se tenait toujours aussi près que possible d'Umisk, lorsqu'il le pouvait rencontrer. Un jour, il était couché dans une touffe d'herbe, à moitié endormi, tandis qu'Umisk s'affairait dans un taillis de pousses d'aulnes, quelques dizaines de pieds plus loin. Il se fit un bruit avertisseur de queue de castor qui éveilla complètement Bari, puis un autre et encore un autre, pareils à des coups de pistolet. Il se leva vivement. De toutes parts, les castors cherchaient refuge dans l'étang. Juste à cet instant, Umisk sortit des aulnes et se hâta vers l'eau aussi vite que pouvaient le porter ses courtes et grasses jambes. Il avait presque atteint la vase, quand un rouge éclair passa devant les yeux de Bari dans le soleil d'après-midi. Un instant après, Napakasew, le renard, avait fixé ses crocs pointus dans la gorge d'Umisk. Bari entendit le cri d'agonie de son petit ami ; il entendit le *flap, flap, flap* forcené des queues et son sang bouillonna soudain d'un frisson de colère et de rage. Aussi promptement que le renard lui-même, il s'élança à la rescousse. Il était aussi gros et aussi lourd que le renard et, lorsqu'il attaqua Napakasew, ce fut avec un grognement féroce, que Pierre aurait pu entendre du bord extrême de l'étang, et ses dents pénétrèrent comme des couteaux dans l'épaule de l'agresseur d'Umisk. Le renard était de l'espèce des voleurs de grands chemins qui tuent par derrière. Ce n'était pas un combattant quand il se trouvait croc à croc, à moins qu'il ne fût acculé dans un coin, et l'assaut de Bari fut si véhément et si brusque qu'il se mit à fuir avec presque autant de vélocité qu'il en avait mis à fondre sur Umisk. Bari ne le poursuivit pas. Il s'approcha d'Umisk qui était à demi affaissé dans la boue, pleurnichant et reniflant de bizarre façon. Gentiment, Bari le flaira et, après un moment ou deux, Umisk se dressa sur ses pieds palmés tandis que vingt ou trente castors pour le moins s'agitaient dans l'eau, près de la rive, d'une façon extraordinaire.

Après cela, Bari se sentit plus que jamais comme chez lui à l'étang des castors.

XI

PRIS !

Tandis que Bari s'établissait de plus en plus à demeure à l'étang des castors et que Pierre et Nepeese, sur l'autre rive, imaginaient des plans pour l'attirer à eux à cause de son étoile blanche et de la tache blanche de son oreille qui leur rappelait un autre Bari qu'ils avaient tous deux aimé, Bush Mac Taggart mettait au point une de ses petites combinaisons, au poste du lac Bain, à environ cinquante milles au nord-est.

Mac Taggart était facteur au lac Bain depuis sept ans. Sur les registres de la Compagnie, là-bas, à Winnipeg, il était inscrit comme un homme remarquablement habile. Les dépenses de son poste étaient au-dessous de la moyenne et son relevé semi-annuel de fourrures tenait toujours une des premières places. A la suite de son nom, mis en tête de liste dans le bureau principal, figurait une annotation qui disait : « Obtient plus avec un dollar qu'aucun autre homme au nord du lac de Dieu. » Les Indiens savaient pourquoi. Ils l'appelaient *Napao Wetikoo,* l'homme diabolique. Ils disaient cela à voix basse : nom murmuré avec crainte dans la lueur des feux de campement et prononcé discrètement là où le vent n'aurait pu le porter aux oreilles de Bush Mac Taggart. Ils le redoutaient. Ils le haïssaient. Ils mouraient, sous sa discipline, de famine et d'anémie et plus durement Mac Taggart serrait les doigts sur sa règle de fer et plus mollement, lui semblait-il, ils répondaient à son autorité. C'était une âme mesquine, cachée sous la carcasse d'une brute qui prenait plaisir à son pouvoir. Et ici, dans l'âpre solitude, aux quatre points cardinaux, son pouvoir n'avait pas de limites. La puissante Compagnie était derrière lui. Elle l'avait fait roi d'un domaine où il n'y avait quasiment pas de loi hormis la sienne. Et, en retour, il envoyait à la Compagnie des ballots et des paquets de fourrures au-delà de toute prévision. Ce n'était pas à elle d'avoir des soupçons. On était là-bas à cent milles et plus et les dollars comptaient pour quelque chose.

Gregson aurait pu parler. Gregson était le contrôleur de ce district qui visitait Mac Taggart une fois par an. Il aurait pu raconter que les Indiens nommaient Mac Taggart *Napao Wetikoo,* parce qu'il ne leur payait leurs fourrures qu'à moitié prix ; il aurait pu expliquer tout au long à la Compagnie que Mac Taggart mettait la population des trappeurs à deux doigts de la famine pendant les mois d'hiver, qu'il la maintenait à genoux, empoignée à la gorge, et qu'il avait toujours une femme ou une jeune fille indienne ou métisse vivant avec lui au poste. Mais Gregson s'amusait trop pendant ses visites au lac Bain. Il pouvait toujours compter sur quinze jours de plaisir grossier et, au surplus, les femmes à sa maison avaient un riche trésor de fourrures qui leur arrivait de Mac Taggart par voie détournée.

Ce soir-là, Mac Taggart était assis sous le rayonnement d'une lampe à huile dans son magasin. Il avait envoyé coucher son petit commis anglais au visage de reinette et il était seul. Depuis six semaines, il ne tenait plus en place. Il y avait juste six semaines que Pierre avait amené Nepeese pour la première fois au lac Bain depuis que Mac Taggart y était facteur. Il en était resté suffoqué. Depuis lors il était incapable de penser à rien d'autre qu'à elle. Deux fois, en l'espace de ces six semaines, il était revenu à la cabane de Pierre. Demain il y allait encore. Marie, la svelte jeune fille Cree qui était là-bas dans sa hutte, il l'avait oubliée, absolument comme avant Marie une douzaine d'autres avaient fui sa mémoire. C'était Nepeese maintenant qui l'obsédait. Il n'avait jamais rien vu d'aussi beau que la fille de Pierre.

Tout haut, il maudissait Pierre, tandis qu'il regardait la feuille de papier sous sa main et sur laquelle pendant une heure et davantage il avait extrait des notes des registres usés et poussiéreux de la Compagnie. C'était Pierre qui lui barrait la route. Le père de Pierre, d'après ces notes, avait été un Français pur sang. Par conséquent, Pierre était un demi-Français et Nepeese un quart de Française, et bien qu'elle fût si belle, il l'aurait juré, elle n'avait pas plus d'une goutte ou deux de sang indien dans les veines. S'ils avaient été tout à fait Indiens, Chippewyan, Cree, Ojibway, Dog Rib, n'importe quoi, il n'y aurait pas eu à s'inquiéter le moins du monde. Il les aurait courbés sous sa puissance et Nepeese serait venue à sa cabane comme Marie y était venue six mois plus tôt. Mais il y avait là du Français maudit : Pierre et Nepeese étaient différents des autres. Et pourtant...

Il grimaça un sourire et serra les poings plus fort. Après tout, son pouvoir ne suffisait-il pas ? Pierre oserait-il même aller contre ses desseins ? Si Pierre y mettait obstacle, il le ferait partir du pays, de la région des trappeurs qui lui était échue comme un héritage de son père et de son grand-père et même de plus haut encore. Il ferait de Pierre un errant et un sans foyer, comme il avait rendu errants et sans foyer des vingtaines d'autres qui avaient perdu ses bonnes grâces. Aucun autre poste ne vendrait ou n'achèterait à Pierre, si la bête, la croix noire, était apposée après son nom. C'était là sa puissance : une loi des facteurs qui leur était transmise depuis des générations. C'était une redoutable puissance pour le mal.

Il lui devait Marie, la souple jeune Cree aux yeux sombres qui le haïssait et qui, malgré sa haine, « faisait son ménage ». C'était le moyen décent imaginé pour expliquer sa présence si jamais des explications devenaient nécessaires : gouvernante !

Bush Mac Taggart regarda de nouveau les notes qu'il avait écrites sur la feuille de papier. Le domaine des trappes de Pierre, son bien, selon la commune loi de la solitude, était de très bon rapport. Pendant les sept dernières années, Pierre avait reçu pour ses fourrures une moyenne d'un millier de dollars par an, car Mac Taggart n'avait pas été capable de tricher avec Pierre aussi complètement qu'il l'avait fait avec les Indiens. Un millier de dollars par an ! Pierre réfléchirait à deux fois avant de tout envoyer promener. Mac Taggart se mit à sourire, tout en froissant le papier dans sa main et se disposa à éteindre la lumière.

Sous sa chevelure court tondue et sans soin, son visage rouge s'enflamma du feu qui lui brûlait le sang. C'était un visage déplaisant, dur comme fer, sans pitié, plein de cet air qui lui avait valu le nom de *Napao Wetikoo*. Ses yeux dardaient et il poussa un gros soupir en éteignant la lampe. Il se mit à rire de nouveau, tandis que, dans l'obscurité, il gagnait la porte. C'était comme si déjà Nepeese lui appartenait. Il l'aurait, dût-il en coûter *la vie de Pierre. Et pourquoi pas ?* C'était si simple, en somme. Un coup de fusil dans une ligne de pièges isolée, un simple coup de couteau... et qui saurait ? Qui devinerait où Pierre était parti ? Et tout serait de la faute de Pierre ! Car la dernière fois qu'il avait vu Pierre, il lui avait fait une proposition acceptable. Il *épouserait* Nepeese. Oui, même cela. Il l'avait dit à Pierre aussi. Il avait également dit à Pierre que lorsqu'il serait devenu son beau-père, il lui payerait double prix pour ses fourrures. Et Pierre l'avait regardé fixement. Il l'avait regardé avec cet air singulier d'étonnement de l'homme à qui on vient d'asséner un coup de gourdin. Donc, s'il n'obtenait pas facilement Nepeese, tout arriverait par la faute de Pierre. Demain, il repartirait pour le domaine du métis et, après-demain, Pierre lui donnerait sa réponse. Bush Mac Taggart riait encore en se couchant. Et cela fit frissonner Marie. En lui-même, Mac Taggart se disait que la réponse de Pierre signifierait dans la suite, pour Pierre, vie ou mort.

Jusqu'au lendemain du jour suivant, Pierre ne souffla mot à Nepeese de ce qui s'était passé entre lui et le facteur du lac Bain. Puis, il le lui dit :

— C'est une brute, un démon, fit-il, quand il eut fini. Je préférerais te savoir là, avec elle, morte. Et il désigna le haut sapin sous lequel était couchée la princesse, sa mère.

Nepeese n'avait pas remué les lèvres. Mais ses yeux s'étaient agrandis et assombris et il y eut un afflux de sang à ses joues que Pierre n'avait jamais vu auparavant. Elle se leva, quand il eut terminé et elle semblait être plus grande que lui. Jamais elle n'avait eu l'air à ce point d'une femme et les yeux de Pierre s'obscurcirent infiniment de crainte et de malaise, en l'observant, tandis qu'elle regardait vers le nord-ouest dans la direction du lac Bain. Elle était merveilleuse, ce brin de fille-femme qu'il adorait même par-dessus son Dieu. Sa beauté le troublait. Il avait entendu le tremblement de la voix de Mac Taggart. Il avait surpris l'avide convoitise et l'appétit de l'animal dans la physionomie de Mac Taggart. Et cela l'avait d'abord épouvanté. Mais maintenant, il n'avait plus peur. Il était inquiet, mais ses poings étaient serrés. Dans son cœur il y avait un feu qui couvait. Enfin, Nepeese se retourna et vint se rasseoir par terre près de lui, à ses pieds. Pierre posa une de ses mains rudes sur ses cheveux. Il aimait sentir la tiède caresse des tresses de soie entre ses doigts.

— Il vient demain, ma chérie, fit-il, les yeux fixés sur la splendeur pourpre du couchant. Que devrai-je lui dire ?

Les lèvres de Branche-de-Saule étaient rouges. Ses yeux brillaient. Mais elle ne leva pas le regard vers son père.

— Rien, Notawe... sauf qu'il faut lui dire que c'est à moi seule qu'il doit venir demander ce qu'il veut.

Pierre se pencha et vit qu'elle souriait. Le soleil se coucha. Le cœur de Pierre sombra avec lui comme du plomb coulé.

Du lac Bain à la hutte de Pierre, le sentier distance, à moins d'un demi-mille de l'étang des castors, d'une douzaine de milles l'endroit où Pierre habitait. Ce fut là, dans une courbe du ruisseau où Wakayoo avait attrapé du poisson pour Bari, que Bush Mac Taggart dressa son campement pour la nuit. On ne pouvait faire en canot que vingt milles du voyage, et, comme Mac Taggart accomplissait à pied la dernière étape, son campement était peu d'affaires : quelques balsamiers coupés, une couverture légère et un petit feu à allumer. Avant de préparer son souper, le facteur sortit de son paquetage une quantité de collets en fil de laiton et passa une demi-heure à les poser sur les pistes des lapins. Cette méthode de s'assurer de la viande était bien moins pénible que de porter un fusil par temps chaud et était infaillible. Une demi-douzaine de lacets fournissait au moins trois lapins et l'on était certain que l'un des trois était assez jeune et délicat pour la poêle à frire. Après avoir placé ses lacets, Mac Taggart mit une casserole de bacon sur les charbons et fit bouillir son café.

De toutes les odeurs d'un campement, le parfum du bacon est celui qui pénètre le plus avant dans la forêt. Il n'est pas besoin de vent. Il vole de ses propres ailes. Par nuit calme un renard le flaire à un mille au loin et à deux fois cette distance si le vent le pousse en droite ligne. Ce fut cette odeur de bacon qui parvint à Bari, couché dans sa cagna, au faîte de la digue des castors. Elle était portée par une brise douce et régulière délicieusement fraîche après le chaud soleil de la journée et, au bout d'un moment, Bari se redressa et flaira l'illusion du lard. Depuis son aventure dans le cañon et la mort de Wakayoo, il n'avait pas fait particulièrement bonne chère. La prudence l'avait retenu près de l'étang et il avait vécu presque exclusivement d'écrevisses.

Cette odeur nouvelle qui lui arrivait avec le vent nocturne éveilla sa faim. Mais cette odeur était décevante. Tantôt Bari la respirait, la minute d'après, elle était évanouie. Il quitta la digue et se mit à chercher de quel point de la forêt cela venait, jusqu'à ce qu'un moment plus tard il l'eût perdue tout à fait. Mac Taggart avait fini de frire son bacon et le mangeait.

Il faisait une nuit splendide. Peut-être Bari aurait-il passé toute cette nuit à dormir dans son nid du faîte de la digue, si l'odeur de bacon n'avait suscité en lui une faim nouvelle. Depuis son aventure dans le cañon, la forêt profonde l'effrayait, surtout la nuit. Mais cette nuit-ci ressemblait à un jour pâle et doré.

Il n'y avait pas de lune. Mais les étoiles brillaient comme un million de lampes lointaines, baignant le monde dans un océan de molle lumière houleuse.

Un léger murmure de vent bruissait agréablement aux cimes des arbres. A part cela, il faisait très calme, car c'était *Puskowepesim,* la nouvelle lune, et les loups ne chassaient pas, les hiboux étaient sans voix, les renards glissaient furtivement dans le silence de l'ombre et même les castors avaient enfin cessé leurs travaux. Les cornes des élans, du daim et du caribou, étaient de velours délicat et ils ne remuaient qu'à peine et ne se battaient pas du tout. On était tard en juillet, la mue de la lune pour les Cree, la lune du silence pour les Chippewyan.

Au milieu de ce silence, Bari se mit en chasse. Il fit lever une famille de cailles déjà grandes, mais elles lui échappèrent. Il poursuivit un lapin qui fut plus agile que lui. Pendant une heure, il n'eut pas de chance. Puis, il entendit un bruit qui fit bouillonner chaque goutte de son sang. Il était tout près du campement de Mac Taggart et ce qu'il avait entendu c'était un lapin pris dans un des collets de Mac Taggart. Il pénétra dans une petite clairière et là, à la lueur des étoiles, il vit le lapin se livrer à la plus étrange pantomime. Cela l'amusa un moment, et il s'arrêta. Wapoos, le lapin, avait passé sa tête fourrée dans le lacet et son premier sursaut d'effroi avait déclenché le jeune plant auquel le fil de cuivre était attaché, de sorte qu'il était maintenant à demi-suspendu en l'air, ses pattes de derrière seules touchant le sol. Et là, il dansait follement, tandis que le nœud autour de son cou l'étranglait à mourir. Bari poussa une sorte de soupir. Il ne pouvait rien comprendre au rôle que le fil et l'arbuste jouaient dans cette pièce singulière. Tout ce qu'il pouvait discerner, c'était que Wapoos gesticulait et dansait tout autour sur ses pattes de derrière de la façon la plus ahurissante et la moins lapinesque. Il se peut qu'il pensât qu'il s'agissait d'une manière d'amusement.

En cette circonstance, cependant, il ne se comporta point, à l'égard de Wapoos, comme il l'avait fait pour Umisk. L'expérience et l'instinct tout ensemble lui dirent que Wapoos ferait un fort bon repas, et après quelques minutes d'hésitation, il s'élança sur sa proie.

Wapoos, à demi trépassé déjà, n'opposa presque pas de résistance et, à la lueur des étoiles, Bari l'acheva et pendant une demi-heure ensuite, il festoya.

Bush Mac Taggart n'avait entendu aucun bruit, car le lacet dans lequel Wapoos s'était pris la tête était celui qui se trouvait le plus loin du campement. A côté des tisons à demi consumés de son feu, Mac Taggart était assis, adossé à un arbre, fumant sa pipe noire et rêvant avec convoitise à Nepeese, tandis que Bari continuait son vagabondage nocturne. Bari n'avait plus le moindre désir de chasser. Il était trop repu. Mais il flairait çà et là les endroits baignés de clair de lune, infiniment heureux de la quiétude répandue et de la splendeur dorée de la nuit. Il suivait la trace d'un lapin, quand il arriva à un endroit où deux troncs d'arbres tombés ne laissaient qu'un passage pas plus large que son corps. Il s'y engagea, quelque chose se serra autour de son cou, il y eut soudain un bruit sec, un coup de fouet, comme si le jeune plant se détachait d'un ressort, et Bari fut soulevé du sol si brusquement qu'il n'eut pas le temps de se demander ce qui arrivait. Le jappement de sa gorge mourut en gargouillement et, l'instant d'après, il se livrait aux mouvements de pantomime de Wapoos qui prenait sa revanche à l'intérieur de son corps. Et vrai de vrai, Bari ne pouvait s'empêcher de danser, tandis que le laiton se serrait de plus en plus étroitement autour de son cou. Quand il mordait le laiton et abandonnait le poids de son corps à terre, le jeune plant se penchait complaisamment, et puis, rebondissant, le soulevait une minute complètement de terre. Furieusement, il se débattait. Il est miraculeux que le fin laiton le retint. Quelques instants encore, il serait brisé. Mais Mac Taggart avait entendu Bari. Le facteur prit sa couverture et un gros bâton et se précipita vers le collet. Ce n'était pas un lapin qui faisait ce bruit, il le savait ; peut-être un chat sauvage, un lynx, un renard, un jeune loup.

« C'est un loup », pensa-t-il tout d'abord, dès qu'il vit Bari au bout du lacet. Il laissa tomber la couverture et leva son gourdin. S'il y avait eu des nuages au-dessus de sa tête ou si les étoiles avaient été moins brillantes, Bari serait mort aussi sûrement que Wapoos. Au moment où il levait son gourdin au-dessus de sa tête, Mac Taggart aperçut à temps l'étoile blanche, le bout d'oreille blanc et la robe de jais de Bari.

D'un geste rapide, il remplaça le gourdin par la couverture.

XII

SOUMIS, MAIS NON CONQUIS

Une demi-heure plus tard, le feu de Mac Taggart flambait de nouveau. A sa clarté, Bari était étendu, ligoté comme un *papoose* indien, ficelé en boule comme un ballon, au moyen d'une courroie de *babiche,* sa tête seule dépassant par un trou que son ravisseur avait pratiqué à cet effet dans la couverture. Il était bel et bien capturé, tellement bel et bien capturé, qu'il pouvait à peine remuer un muscle de son corps étroitement emprisonné dans la couverture. A quelques pas de lui, Mac Taggart baignait dans un bassin d'eau une main qui saignait. Il y avait également une rouge éraflure sur un côté du cou de taureau de Mac Taggart.

— Ah ! petit diable ! grognait-il à Bari. Ah ! petit diable !

Il se pencha soudain sur lui et donna sur la tête de Bari un méchant coup de sa lourde main.

— Je devrais te faire sauter la cervelle et, nom de Dieu ! je crois bien que je le ferai !

Bari l'observait tandis qu'il ramassait un bâton à son côté, un bout de brandon. Pierre l'avait poursuivi, mais c'était la première fois qu'il se trouvait assez près du monstre humain pour voir la flamme pourpre de ses yeux. Ils ne ressemblaient pas aux yeux de la merveilleuse créature qui avait failli l'attraper dans le réseau de ses cheveux et qui s'était glissée à sa suite sous la roche. C'étaient des yeux de brute. Ils le faisaient se ratatiner et s'efforcer de rentrer la tête sous la couverture, alors que le bâton se levait. Au même instant, Bari montrait les crocs. Ses dents blanches luisaient à la lueur du feu. Il avait les oreilles basses. Il aurait désiré entrer les dents dans la gorge rouge d'où il avait déjà fait couler du sang.

Le bâton s'abattit. Il s'abattit encore et encore, et quand Mac Taggart eut fini de frapper, Bari demeura étendu, à demi étourdi, ses yeux presque clos par les coups et la gueule en sang.

— C'est le moyen qu'on prend pour chasser le diable d'un chien sauvage, hurlait Mac Taggart. J'espère que tu ne vas plus recommencer de jouer à mordre, hein ! jeune imbécile ? Mille dieux ! mais il m'a presque atteint l'os de la main.

Il recommença à laver la blessure. Les dents de Bari avaient pénétré profondément et il y avait un regard inquiet dans les yeux du facteur. On était en juillet, un mauvais mois pour les morsures. De son bissac, il tira un petit flacon de whisky et maintenant versait sur la blessure une goutte de l'âpre liqueur, maudissant Bari pendant que cela brûlait sa chair. Sur lui étaient attentivement fixés les yeux demi fermés de Bari. Il comprit qu'il avait enfin rencontré le plus mortel de ses ennemis. Et cependant, il n'avait point peur. Le gourdin que maniait Mac Taggart n'avait pas tué son courage. Il avait tué sa peur. Il avait éveillé en lui une haine telle qu'il n'en avait jamais connue de pareille, pas même lorsqu'il luttait avec Oohoomisew, le vieux hibou outlaw. La colère vengeresse du loup brûlait maintenant en lui avec le sauvage courage du chien. Il ne broncha point, lorsque Mac Taggart s'approcha de nouveau de lui. Il fit effort pour se soulever et bondir sur le monstre humain. Dans cet effort, emmaillotté comme il l'était dans la couverture, il roula en un tas impuissant et comique. Cette vue provoqua la bonne humeur de Mac Taggart et il éclata de rire. Il se rassit le dos contre l'arbre et bourra sa pipe.

Bari ne détacha pas les yeux de lui, pendant qu'il fumait. Il l'observa lorsqu'il s'étendit sur la terre nue pour se coucher. Plus tard encore, il écouta le ronflement odieux du monstre humain. A diverses reprises, au cours de cette longue nuit, Bari tenta de se libérer. Il n'oublierait jamais cette nuit-là. Ce fut terrible. Aux plis épais et chauds de la couverture, son corps suffoquait au point que le sang s'arrêta presque de couler dans ses veines. Cependant, il ne poussa pas un gémissement. Lorsque le matin arriva, il avait la tête affaissée contre le sol. Il ne put la soulever lorsque le facteur se pencha vers lui. Mac Taggart remarqua ce fait avec satisfaction.

— J'espère que tu ne vas pas m'embêter en allant chez Pierre, grogna-t-il.

Ils se mirent en route avant le lever du soleil, car si le sang de Bari était presque arrêté en lui, celui de Mac Taggart circulait dans son corps avec l'ardeur de la hâte et du désir. Il combina ses derniers plans en traversant rapidement la forêt, Bari sous son bras. Il dépêcherait Pierre immédiatement au Père Grottin, à la mission, à soixante-dix milles à l'ouest. Il épouserait Nepeese. Oui, l'épouser. Cela flatterait l'amour-propre de Pierre. Et il serait *seul* avec Nepeese, pendant que Pierre serait parti chez le missionnaire. Cette pensée échauffait son sang comme un fort whisky. Il ne pensait pas dans son cerveau surexcité et illogique à ce que Nepeese pourrait dire, à ce qu'elle pourrait penser. Il ne se souciait pas de sa conscience. C'était sa chair et son sang qu'il désirait, son corps exquis, sa beauté qui affolaient son cœur de brute.

Son poing se serra et il se mit à rire méchamment, comme le traversait un instant cette pensée que peut-être Pierre ne voudrait pas la laisser partir. Pierre ! Bah ! ce ne serait pas la première fois qu'il tuerait un homme ! Ni la seconde ! Tuer était chose aisée si on y allait carrément. Personne pour voir ! Personne pour entendre ! Personne pour savoir ! Tout simplement une disparition, un départ de la hutte quelque jour et jamais de retour. De nouveau il éclata de rire et marcha plus vite encore. Il ne courait aucun risque ; il n'y avait aucune chance que Nepeese lui échappât. Lui, Bush Mac Taggart, était le roi de cette solitude, le maître de ceux qui l'habitaient, l'arbitre de leurs destinées. Il était le Pouvoir et la Loi. Et Nepeese reviendrait avec lui au lac Bain, même s'il fallait creuser une tombe pour Pierre.

Le soleil était déjà haut quand Pierre, qui se trouvait devant sa cabane avec Nepeese, désigna du doigt la montée du sentier à trois ou quatre cents yards de l'endroit où Bush Mac Taggart venait juste d'apparaître.

— Le voilà !

D'un visage qui avait vieilli depuis la nuit dernière, il regarda Nepeese. Il revit la sombre flamme de ses yeux et la pourpre plus foncée de ses lèvres entr'ouvertes, et son cœur de nouveau fut saisi de crainte. Était-ce possible ?

Elle se tourna vers lui, les yeux brillants, la voix tremblante :

— Rappelle-toi, Notawe, qu'il faut me l'envoyer pour que je lui donne réponse, s'écria-t-elle vivement. Et elle se précipita dans la hutte.

Le visage glacial et pâle, Pierre se trouva en face de Mac Taggart.

XIII

MAC TAGGART OBTIENT SA RÉPONSE

De la fenêtre, son visage caché par les plis du rideau qu'elle avait façonné, Branche-de-Saule vit ce qui se passait au dehors. Maintenant elle ne souriait plus. Sa respiration était haletante et son corps tendu. Bush Mac Taggart s'arrêta à moins d'une douzaine de pieds de la fenêtre et donna une poignée de mains à Pierre, son père. Elle entendit la voix rude de Mac Taggart, son salut bruyant, puis elle le vit qui montrait à Pierre ce qu'il portait sous le bras. Elle l'entendit nettement expliquer de quelle manière il avait pris son captif dans un collet à lapins. Il déroula la couverture. Nepeese poussa un cri d'étonnement. En un instant, elle fut dehors auprès des deux hommes. Elle ne regarda pas Mac Taggart, elle ne posa point les yeux l'espace d'un éclair sur sa figure rouge, enflammée de joie et de contentement.

— C'est Bari ! s'écria-t-elle.

Elle prit le paquet des mains de Mac Taggart et, se tournant vers Pierre :

— Dis-lui que Bari est à moi ! fit-elle.

Elle se précipita dans la hutte. Mac Taggart la suivit du regard, surpris et stupéfait. Puis il considéra Pierre. Un homme à demi aveugle aurait pu voir que Pierre était aussi étonné que lui-même. Nepeese ne lui avait point adressé la parole à lui, le facteur du lac Bain. Elle ne l'avait pas regardé. Elle lui avait enlevé le chien avec aussi peu d'égards que s'il se fût agi d'un mannequin. La rougeur de son visage augmenta tandis que ses yeux allaient de Pierre à la porte par laquelle elle avait disparu et qu'elle avait refermée derrière elle.

Sur le sol de la cabane, Nepeese s'agenouilla et acheva de dérouler la couverture. Elle n'avait pas peur de Bari. Ses yeux riaient. Ses lèvres étaient entr'ouvertes. Elle avait oublié Mac Taggart. Alors tandis que Bari roulait en tas flasque sur le plancher, elle vit ses yeux à demi clos et le sang coagulé à ses babines, et le rayonnement de son visage disparut aussi rapidement que le soleil caché par un nuage.

— Bari ! appela-t-elle doucement. Bari ! Bari !

Elle le souleva un peu dans ses deux mains. La tête de Bari s'affaissa. Son corps était tellement engourdi qu'il n'avait plus la force de bouger. Ses jambes ne sentaient plus. Il pouvait voir à peine. Mais il entendit sa voix. C'était la même voix qui lui était parvenue le jour qu'il avait ressenti la piqûre de la balle, la voix qu'il avait entendue lorsqu'il s'était embarrassé dans ses cheveux, au cañon, la voix qui lui avait parlé sous la roche. Elle le fit tressaillir. Elle parut agiter le sang apathique de ses veines. Il ouvrit plus grand les yeux et revit les étoiles merveilleuses qui avaient brillé si doucement sur lui, le jour de la mort de Wakayoo.

Une des longues tresses de Branche-de-Saule pendait par-dessus son épaule et il respira de nouveau la douce odeur des cheveux, tandis que sa main le caressait et que sa voix lui parlait. Puis, elle se leva brusquement et le quitta et il ne bougea pas tandis qu'il l'attendait. Bientôt elle revint avec un bassin d'eau tiède et une serviette. Doucement, elle lava le sang de ses yeux et de sa bouche. Et Bari ne fit encore aucun mouvement. Il respirait à peine. Mais Nepeese vit de petits frissons qui agitaient son corps, comme des secousses électriques, lorsque sa main le touchait.

— Il t'a frappé avec un gourdin, disait-elle, ses yeux noirs à moins d'un pied de ceux de Bari. Il t'a frappé. Quelle brute !

Elle s'arrêta. La porte s'ouvrit et la brute était debout, les regardant, une grimace sur son visage empourpré. Aussitôt Bari prouva qu'il était vivant. Il s'échappa des mains de Branche-de-Saule et, avec un brusque grognement, se dressa devant Mac Taggart. Les poils de son échine se hérissèrent comme une brosse, ses crocs brillèrent, menaçants, et ses yeux flambèrent comme des charbons ardents.

— Il a le diable au corps ! fit Mac Taggart. Il est sauvage et descend du loup. Il faut prendre garde qu'il ne vous enlève une main, *Ka Sakahet !*

C'était la première fois qu'il l'appelait de ce nom d'amour — en cree, bien-aimée. Le cœur de Branche-de-Saule bondit. Elle baissa un instant les yeux vers ses poings crispés, et Mac Taggart remarquant ce qu'il prenait pour de la confusion, posa avec tendresse sa main sur ses cheveux. Du seuil de la porte, Pierre avait entendu le mot et maintenant il voyait cette caresse, et il leva la main comme pour repousser la vision d'un sacrilège.

— Mon Dieu ! soupira-t-il.

Aussitôt après, il poussa un cri soudain d'étonnement qui s'unit à un hurlement de douleur de Mac Taggart. Comme un éclair, Bari s'était élancé vers la porte, et il avait enfoncé les dents dans une des jambes du facteur. Ses dents aiguës avaient mordu profondément avant que le facteur pût s'en débarrasser d'un brutal coup de pied. Proférant un juron, il tira son revolver de l'étui. Branche-de-Saule le devança. En poussant un léger cri, elle se précipita sur Bari, qu'elle prit entre ses bras. Tandis qu'elle défiait Mac Taggart, sa gorge délicate, nue jusqu'à l'épaule, était à peine à quelques pouces des crocs découverts de Bari. Ses yeux dardaient vers le facteur.

— Vous l'avez battu ! cria-t-elle. Il vous hait, vous hait !

— Laisse-le aller, supplia Pierre, plein d'une frayeur mortelle. Mon Dieu ! laisse-le aller, te dis-je, ou il va te déchirer.

— Il vous hait, vous hait, vous hait ! répétait toujours et toujours Branche-de-Saule en pleine figure de Mac Taggart, ahuri. Et, tout à coup, elle se tourna vers son père :

— Non, il ne me fera pas mal ! s'écria-t-elle. Regarde, c'est Bari. Ne te l'avais-je pas dit ? C'est Bari. N'est-ce pas la preuve qu'il me défendra *contre lui ?*

— Contre moi ? balbutia Mac Taggart dont le visage s'assombrit.

Pierre fit un pas en avant et posa une main sur le bras de Mac Taggart. Il souriait :

— Laissons-les s'arranger entre eux, monsieur, dit-il. Ce sont deux petits brandons enflammés et nous ne sommes guère en sécurité. Si elle est mordue...

Il secoua les épaules. Un grand fardeau sembla enlevé d'eux subitement. Sa voix était douce et persuasive. Et maintenant la colère avait quitté le visage de Branche-de-Saule. Coquette, elle leva les yeux vers Mac Taggart et le regarda bien en face à demi souriante, tandis qu'elle s'adressait à son père :

— Je vous rejoindrai bientôt, mon père, toi et monsieur le facteur du lac Bain !

Il y a, pour sûr, de petits démons dans ses yeux, pensa Mac Taggart, de petits démons qui lui souriaient, tandis qu'elle parlait, mettant son cerveau en feu et faisant circuler furieusement son sang. Ces yeux, pleins de sorcières dansantes ! Comme il les dompterait ! Il jouerait avec eux, bientôt désormais ! Il suivit Pierre, son corps énorme palpitant du prodige de cette possession : elle serait sienne ! Dans son exaltation, il ne sentait plus la douleur cuisante causée par les dents de Bari.

— Je vais vous montrer la nouvelle carriole que j'ai faite pour l'hiver, monsieur, dit Pierre, tandis que la porte se refermait derrière eux.

Une demi-heure plus tard, Nepeese sortait de la hutte. Elle put voir que Pierre et le facteur s'étaient entretenus de quelque chose qui n'était pas agréable à son père. Son visage était contraint. Elle surprit du feu couvant sous la cendre dans son regard qu'il essayait d'adoucir, comme on essaie d'étouffer des flammes sous une couverture. Mac Taggart ne desserra pas les dents, mais ses yeux brillèrent de plaisir dès qu'il l'aperçut. Elle savait de quoi il avait été question. Le facteur du lac Bain avait demandé une réponse à Pierre et Pierre lui avait dit qu'elle avait précisé qu'il devait aller la lui demander.

Et il venait. Elle se détourna avec un rapide battement de cœur et descendit en courant un petit sentier. Elle entendit les pas de Mac Taggart derrière elle et lança l'éclair d'un sourire par-dessus son épaule. Mais ses dents grinçaient. Les ongles de ses doigts pénétraient dans les paumes de ses mains.

Pierre ne bougea pas. Il les observait tandis qu'ils disparaissaient à la lisière de la forêt, Nepeese devançant toujours Mac Taggart de quelques pas. De sa poitrine sortit un long soupir.

— Par les mille cornes du diable ! jura-t-il doucement. Est-il possible qu'elle sourie du fond du cœur à cette brute ? Non ! c'est impossible ! Et pourtant, s'il en est ainsi...

Une de ses mains brunes serra convulsivement le manche de corne du couteau passé à sa ceinture et, lentement, il se mit à les suivre.

Mac Taggart ne se hâtait pas de rattraper Nepeese. Elle suivait le sentier étroit qui s'enfonçait dans la forêt et il en était content. Ils seraient seuls, loin de Pierre. Il était à dix pas derrière elle et, de nouveau, Branche-de-Saule lui sourit par-dessus son épaule. Elle avançait sinueusement et rapidement. Elle gardait avec soin entre eux une distance combinée, mais Mac Taggart ne devinait pas que c'était pour cela qu'elle se retournait de temps en temps. Il était content de la laisser avancer. Lorsqu'elle se détourna du sentier étroit pour prendre un chemin de traverse qui semblait à peine frayé, son cœur exulta. Si elle continuait d'avancer, il la tiendrait bientôt isolée, à bonne distance de la hutte. Le sang affluait en feu à son visage. Il ne lui parlait pas, de peur de la voir s'arrêter. Devant eux, il entendit le grondement de l'eau. C'était le ruisseau qui se précipitait dans le ravin.

Nepeese allait droit à ce bruit. Avec un rire léger, elle se remit à courir et lorsqu'elle s'arrêta au bord du ravin, Mac Taggart était bien à cinquante yards derrière elle. A vingt pieds au-dessous, il y avait un étang profond entre deux murailles de rochers, un étang si profond qu'il semblait d'encre bleue. Elle se retourna pour faire face au facteur du lac Bain. Jamais il ne lui avait paru plus pareil à une bête fauve. Jusqu'à cet instant, elle n'avait pas eu peur. Mais, maintenant, à cette minute, il l'effrayait. Avant qu'elle pût proférer ce qu'elle avait combiné de dire, il était à son côté et lui avait pris le visage entre ses larges mains, ses doigts épais s'enlaçant convulsivement aux torons de soie de ses lourdes tresses qui lui retombaient par-dessus les épaules autour du cou.

— *Ka Sakahet* ! cria-t-il passionnément, Pierre a dit que vous me réserviez votre réponse. Mais je n'ai plus besoin de réponse, maintenant. Vous êtes à moi ! A moi !

Elle poussa un cri. Ce fut un cri bégayé, brisé. Les bras du facteur étaient autour d'elle comme des étaux de fer, meurtrissant son corps frêle, l'étouffant, dérobant presque le monde à sa vue. Elle ne pouvait plus ni se défendre, ni crier. Elle sentit la brûlure passionnée de ses lèvres sur son visage, entendit sa voix, puis elle reprit une minute sa liberté et l'air pénétra dans ses poumons oppressés. Pierre appelait. Il était arrivé à la bifurcation de la sente et il appelait Branche-de-Saule par son nom.

La main brûlante de Mac Taggart lui bâillonna la bouche.

Elle l'entendit qui disait : « Ne répondez pas ! »

Puissante, furieuse, une haine monta en elle et, farouchement, elle frappa la main pour l'écarter. On ne sait quoi dans ses yeux admirables tint Mac Taggart en respect. Toute son âme brillait en eux.

— Bête noire ! fit-elle haletante, en se dégageant du dernier contact de ses mains. « Bête ! bête noire ! » Sa voix tremblait et son visage était en feu.

— Regardez. Je suis venue vous montrer mon étang et vous dire ce que vous désirez savoir, et vous, vous m'avez martyrisée comme une brute, comme un rocher immense ! Regardez, là, en bas, c'est mon étang !

Elle n'avait pas combiné son plan de cette façon. Elle avait décidé d'être souriante, railleuse même en ce moment-là. Mais Bush Mac Taggart avait anéanti les projets si bien imaginés. Et pourtant, tandis qu'elle désignait l'étang, le facteur du lac Bain se pencha une minute par-dessus le bord du ravin. Alors elle se mit à rire, à rire en même temps qu'elle lui donnait dans le dos une brusque secousse.

— Et voilà ma réponse, monsieur le facteur du lac Bain, cria-t-elle d'un ton railleur, tandis qu'il plongeait, tête première, dans l'étang profond entre les murailles rocheuses.

XIV

L'ATTRAIT DE LA FEMME

De l'orée de la clairière, Pierre vit ce qui se passait et poussa un grand soupir. Il retourna parmi les balsamiers. Ce n'était pas le moment de se montrer. En même temps que son cœur battait comme un marteau, son visage rayonnait.

Accroupie sur les mains et les genoux, Branche-de-Saule regardait par-dessus le bord du ravin. Bush Mac Taggart avait disparu. Il avait coulé à fond, telle une masse de bois, et l'eau de l'étang s'était refermée sur lui avec un lent clapotis qui ressemblait à un rire de triomphe. Il réapparut bientôt, se démenant des bras et des jambes pour se maintenir au-dessus de l'eau, tandis que la voix de Branche-de-Saule lui arrivait avec des cris ironiques :

— Bête noire ! Bête noire ! Brute ! Brute !

Elle lui lançait avec colère des bouts de bois et des mottes de terre, et, en levant les yeux tandis qu'il reprenait pied, Mac Taggart l'aperçut penchée si fort au-dessus de lui qu'elle semblait sur le point de tomber. Ses longues tresses pendaient dans le ravin et brillaient au soleil ; ses yeux riaient et ses lèvres se moquaient. Il pouvait entrevoir l'éclat de ses dents blanches.

— Brute ! Brute !

Il se mit à nager, la regardant toujours. Il y avait cent yards plus bas le ruisseau au cours tranquille et un banc d'argile où il pourrait remonter et, jusqu'à moitié de cette distance, elle le suivit en riant et en le narguant et en lui jetant bâtons et cailloux. Il remarqua qu'aucun des bâtons ni des pierres n'était assez pesant pour le blesser. Quand enfin ses pieds touchèrent le fond, elle était partie.

Vivement, Nepeese revint en courant par le sentier et presque jusque dans les bras de Pierre. Elle était à bout de souffle et riait, tandis qu'elle s'arrêtait une minute :

— Je lui ai donné réponse, Notawe ! Il est dans l'étang.

Parmi les balsamiers, elle disparut comme un oiseau. Pierre n'essaya ni de la retenir ni de la suivre.

— Tonnerre de Dieu ! éclata-t-il de rire, et il coupa à travers bois pour prendre un autre sentier.

Nepeese n'en pouvait plus quand elle arriva à la hutte. Bari, attaché à un pied de table par une lisière d'enfant, l'entendit s'arrêter un instant à la porte. Puis, elle entra et se dirigea droit vers lui. Durant sa demi-heure d'absence, Bari avait à peine remué. Cette demi-heure et les quelques minutes qui l'avaient précédée avaient fait en lui des impressions extraordinaires. La nature, l'hérédité et l'instinct étaient à l'œuvre, détruisant et réédifiant, implantant en lui une conscience nouvelle, un commencement de nouvel entendement. Une violente et sauvage impulsion l'avait fait bondir sur Bush Mac Taggart, lorsque le facteur avait mis la main sur la tête de Branche-de-Saule. C'était irraisonné. C'était un retour en arrière du chien à ce jour d'il y avait longtemps où Kazan, son père, avait tué une bête humaine sous la tente, exactement pour un pareil motif. C'était le chien et *la femme.* Et ici encore il y avait *la femme.* Elle avait fait appel à la grande passion secrète qui se trouvait en Bari et qui lui venait de Kazan. Entre toutes les choses au monde, il savait qu'il ne devait pas blesser cette créature qui lui apparaissait sur le seuil de la porte. Il tressaillit, tandis qu'elle s'agenouillait de nouveau près de lui, et, du fond des âges, remonta jusqu'à lui la vague orageuse et glorieuse du sang de Kazan, engloutissant le loup, submergeant la sauvagerie de sa naissance, et la tête appuyée sur le plancher, il gémit doucement et *agita la queue.*

Nepeese poussa un cri de joie.

— Bari ! murmura-t-elle, lui prenant la tête entre ses mains, Bari !

Son attouchement le fit frissonner. Il provoquait à travers son corps de brèves secousses, une vibration timide qu'elle pouvait sentir et qui élargit la lumière de ses yeux. Doucement, sa main flatta la tête et l'échine. Il semblait à Nepeese que Bari ne respirait plus. Sous la caresse de sa main, les yeux s'étaient clos. Un instant après, elle lui parla et, au son de sa voix, ses yeux se rouvrirent.

— Il va venir ici, la brute ! Et il va nous tuer ! disait-elle. Il voudra te tuer parce que tu l'as mordu, Bari. Hop ! Je voudrais que tu sois plus grand et plus fort pour que tu puisses me débarrasser de sa tête.

Elle dénouait la babiche du pied de la table et elle souriait. Elle n'avait pas peur. C'était une terrible affaire ; elle palpitait d'allégresse à la pensée d'avoir battu la brute à sa manière. Elle revoyait Mac Taggart dans l'étang, se débattant et se démenant de tous côtés comme un immense poisson. Il était en train de remonter du ravin maintenant et elle se mit à rire de nouveau, tandis qu'elle enlevait Bari sous son bras.

— Oh ! *Oopi-Nao*, mais tu es lourd, bégayait-elle. Et pourtant, il faut que je t'emporte, parce que je vais me sauver.

Elle se précipita dehors. Pierre n'était pas revenu et elle s'élança promptement parmi les balsamiers derrière la hutte, Bari pendu dans l'anse de son bras, comme un sac empli jusqu'aux deux bouts et ficelé par le milieu. Cela lui faisait cet effet du moins, s'il avait pu dire sa pensée. Mais il n'avait pas encore de penchant à se tortiller afin de reprendre sa liberté. Nepeese courut ainsi avec lui jusqu'à ce que son bras lui fît mal. Alors elle s'arrêta, et déposa Bari à terre, à ses pieds, tenant l'extrémité de la longe en peau de caribou qui était nouée autour du cou du chien. Elle guettait tout écart qu'il pourrait faire pour s'évader. Elle pensait qu'il aurait essayé de le faire et, pendant quelques minutes, elle le surveilla étroitement, tandis que Bari, les pieds à terre une fois de plus, regardait autour de lui. Alors, Branche-de-Saule lui parla doucement :

— Tu ne vas pas t'enfuir, Bari. Non. Tu vas rester avec moi et nous tuerons cette brute d'homme, s'il ose encore me faire ce qu'il a voulu faire là-bas. Hop !

Elle rejeta en arrière ses cheveux dénoués qui brouillaient son visage enflammé et, durant une minute, elle oublia Bari, en resongeant à la scène au bord du ravin. Il avait levé son regard droit vers elle, quand ses yeux s'abaissèrent de nouveau sur lui. « Non, tu ne vas pas t'évader... Tu vas me suivre, murmura-t-elle. Viens ! »

La courroie étranglait le cou de Bari, tandis qu'elle le pressait de la suivre. C'était comme un autre collet à lapin et il arc-bouta ses pattes de devant et montra un peu les crocs. Branche-de-Saule ne tira pas. Sans crainte, elle posa de nouveau la main sur la tête de Bari. Du côté de la hutte partit un cri et, à ce bruit, elle enleva une fois encore Bari dans son bras.

— Bête noire ! Bête noire ! cria-t-elle par-dessus son épaule en se moquant, mais pas assez haut pour être entendue à plus de quelques pas de là. Va-t'en au lac Bain, *Owases,* bête féroce !

Elle se mit à marcher vivement à travers la forêt qui devint plus profonde et plus sombre et où il n'y avait plus de sentier frayé. Trois fois, pendant la demi-heure suivante, elle s'arrêta pour mettre Bari à terre et reposer son bras. Chaque fois, elle l'engageait d'une façon pressante à la suivre. La deuxième et la troisième fois, Bari se trémoussa et agita la queue, mais malgré ces démonstrations de contentement, à la tournure que prenaient les choses, il ne voulut pas avancer. Quand la corde lui serrait le cou, il se butait ; une fois, il groula de nouveau, il mordit méchamment la courroie. Aussi, Nepeese continua de le porter. Ils parvinrent enfin dans une clairière. Il y avait une prairie minuscule, au cœur de la forêt, guère plus de trois ou quatre fois grande comme la hutte. L'herbe sous les pieds était douce et verte et parsemée de fleurs. Juste au milieu de cette oasis coulait une riviérette que Branche-de-Saule franchit en tenant Bari sous son bras. Au bord du ruisselet, il y avait un petit *wigwam* construit de sapins frais coupés et de rameaux de balsamiers. Par la minuscule *mekewap,* Branche-de-Saule passa la tête afin de voir si tout était demeuré ainsi qu'elle l'avait laissé la veille. Puis, avec un long soupir de soulagement, elle déposa par terre son fardeau à quatre pattes et accrocha l'extrémité de la courroie à l'un des troncs de sapins coupés.

Bari s'enfonça sous le mur du wigwam, et, la tête dressée, les yeux larges ouverts, observa attentivement ce qui allait ensuite se passer. Aucun mouvement de Branche-de-Saule ne lui échappait. Elle était rayonnante et heureuse. Elle leva les bras vers l'immensité du ciel et son rire, doux et sauvage comme un chant d'oiseau, fit courir un frémissement dans le corps de Bari avec l'envie de sauter autour d'elle parmi les fleurs. Un moment, Nepeese parut l'oublier. Son sang sauvage circulait plus vite, dans sa joie d'avoir triomphé du facteur du lac Bain. Elle le revoyait pataugeant dans l'étang ; elle se le représentait maintenant à la hutte, trempé et furieux, demandant à « mon père » où elle était. Et « mon père », secouant les épaules, lui disait qu'il n'en savait rien, que probablement elle s'était enfuie dans la forêt. Il n'entrait pas dans sa tête qu'en se moquant ainsi de Bush Mac Taggart, elle avait joué avec le feu. Elle ne pressentait pas le danger qui, en une minute, si elle s'en fût rendu compte, aurait fait pâlir la rougeur étrange de son visage et figé le sang dans ses veines. Elle ne soupçonnait pas que Mac Taggart était devenu pour elle une menace plus terrible que tous les loups des forêts. Car le facteur l'avait sentie trembler dans ses bras ; il avait senti la palpitation désordonnée de sa poitrine, la douceur chaude de ses lèvres et de son visage, le frisson soyeux de sa chevelure, et ils avaient porté le feu de ses désirs au paroxysme, comme une fournaise. Nepeese savait qu'il était furieux. « Mon père » aussi serait fâché, si elle lui racontait ce qui s'était passé au bord du ravin. Mais elle ne lui en dirait rien. Il serait capable de tuer la brute du lac Bain. Un facteur, c'était quelque chose ! Mais Pierre, son père, c'était bien davantage. Il y avait en elle, héritée de sa mère, une confiance sans borne. Peut-être en cet instant, Pierre renvoyait-il Mac Taggart au lac Bain, en lui disant que ses affaires l'y appelaient. Mais elle ne retournerait pas à la cabane pour voir. Elle attendrait ici. « Mon père » comprendrait, et il savait où la trouver, lorsque la brute serait partie. Que ce serait donc amusant de lui lancer des morceaux de bois quand il arriverait !

Peu après, elle retourna vers Bari. Elle lui apporta de l'eau et lui donna une portion de poisson cru. Des heures, ils demeurèrent seuls et, d'heure en heure, croissait en Bari le désir de suivre la jeune fille à chaque fois qu'elle bougeait, de se couler près d'elle lorsqu'elle s'asseyait, de sentir le contact de ses vêtements ou de sa main et d'entendre sa voix. Mais il ne manifestait pas ce désir. Il était encore un sauvageon des forêts, un barbare à quatre pattes, métissé de loup et de chien et il restait coi. Avec Umisk, il aurait joué ; avec Oohoomisew il se serait battu. A Bush Mac Taggart, il aurait montré les crocs et l'aurait mordu profondément à l'occasion. Mais avec cette jeune fille, c'était autre chose. Il s'était mis à l'adorer. Si Branche-de-Saule l'avait délié, il ne se serait pas enfui. Si elle l'avait quitté, il l'aurait probablement suivie à distance. Ses yeux ne se détachaient plus d'elle. Il la regardait installer un petit feu et cuire un morceau de poisson. Il l'observait qui mangeait son dîner. Il était fort tard dans l'après-midi, quand elle vint s'asseoir près de lui, avec son tablier rempli de fleurs qu'elle entrelaça dans les longues tresses brillantes de sa chevelure. Puis, pour jouer, elle se mit à frapper Bari du bout d'une de ces tresses. Il se dérobait à ces coups légers et, avec un rire assourdi comme si un oiseau roucoulait dans sa gorge, Nepeese attira la tête de Bari dans son tablier où se trouvait la brassée de fleurs. Elle lui parlait. Sa main caressait sa tête. Alors, il se tint tranquille, si près d'elle qu'il avait envie de passer sa langue rouge et chaude et de lécher les cheveux. Il en respirait le parfum de fleurs et restait couché comme inanimé. Ce fut un glorieux instant. Nepeese, le regardant par en dessous, ne pouvait savoir s'il respirait.

A ce moment, le jeu fut interrompu. On entendit se casser une branche sèche. A travers la forêt, Pierre était venu en tapinois comme un chat et lorsqu'ils levèrent les yeux, il était debout au bord de la clairière. Bari savait que ce n'était pas Bush Mac Taggart. Mais c'était une bête humaine. Aussitôt, son corps se roidit sous la main de Branche-de-Saule. Il se retira lentement et précautionneusement des genoux de la jeune fille et, comme Pierre avançait, il grogna. L'instant d'après, Nepeese s'était levée et se précipitait vers Pierre. L'air du visage de son père l'alarmait.

— Qu'y a-t-il, mon père ? s'écria-t-elle.

Pierre haussa les épaules.

— Rien, ma Napeese, sauf que tu as éveillé un millier de démons au cœur du facteur du lac Bain et que...

Il s'arrêta en voyant Bari et le lui désignant :

— La nuit dernière, quand monsieur le facteur l'a pris dans un collet, il a mordu la main de monsieur. La main de monsieur est enflée du double et je vois que le sang noircit. C'est le *pechipoo.*

— *Pechipoo !* haleta Nepeese.

Elle regarda Pierre dans les yeux. Ils étaient sombres et pleins d'une sinistre lueur : un éclair d'exaltation, pensa-t-elle.

— Oui, c'est le sang empoisonné. La flamme d'un regard astucieux jaillit de ses yeux en même temps qu'il détournait la tête et faisait un signe d'assentiment. J'ai caché le médicament et lui ai dit qu'il ne fallait pas perdre de temps pour retourner au lac Bain. Et il a peur, ce démon ! Il attend. Avec cette main qui noircit, il a peur de retourner seul et je l'accompagne. Et, écoute, Nepeese. Nous partirons au coucher du soleil et voici quelque chose que tu dois savoir avant que je ne m'en aille.

Bari les vit alors, rapprochés l'un de l'autre dans l'ombre tombée des hauts sapins. Il entendit le murmure assourdi de leurs voix, surtout de la voix de Pierre, et enfin il vit Nepeese lever ses deux bras autour du cou de la bête humaine. Puis, Pierre s'enfonça de nouveau dans la forêt. Il pensa que Branche-de-Saule ne tournerait plus après cela son visage de son côté. Longtemps, elle demeura à regarder dans la direction que Pierre avait prise. Et quand, un moment après, elle se retourna et revint vers lui, elle ne ressemblait plus à la Nepeese qui avait tressé des fleurs dans ses cheveux.

Le rire avait abandonné son visage et ses yeux. Elle s'agenouilla près de lui et d'un geste fougueux, elle lui prit la tête dans les mains.

— C'est le *pechipoo,* Bari, murmura-t-elle. C'est toi, toi, qui as empoisonné son sang et j'espère qu'il mourra. Car j'ai peur, j'ai bien peur !

Elle frissonna.

Peut-être fut-ce en cet instant que le grand Esprit des choses insuffla à Bari de comprendre, qu'il lui fut donné enfin de saisir que naissait l'aube de son jour, que le lever et le coucher de son soleil n'existeraient plus dans le ciel sinon pour cette jeune fille dont la main était posée sur sa tête. Il gémit doucement et, peu à peu, il se traîna plus près d'elle jusqu'à ce que, de nouveau, sa tête reposât au creux de ses genoux.

XV

LA FILLE DE LA TEMPÊTE

Pendant longtemps, Nepeese ne bougea pas de l'endroit de la forêt où elle était assise, son tablier plein de fleurs et les yeux de chien adorant de Bari fixés sur elle.

C'était par le véritable attrait de sa douceur et de sa tendresse et de sa confiance en lui qu'elle avait conquis Bari. Il l'adorait comme peut faire un esclave. Il était prêt à tout moment à faire sa volonté.

Lorsqu'elle leva les yeux, des nuages noirs s'amassaient lentement sur la clairière, au-dessus du faîte des sapins. L'obscurité tombait. Dans le murmure du vent et l'immobilité de mort de la lumière qui allait s'éteignant, il y avait la morne annonciation d'une tempête. Ce soir, il n'y aurait pas de coucher de soleil. Il n'y aurait pas d'heure crépusculaire pendant laquelle suivre les pistes ; ni lune, ni étoiles, et à moins que Pierre et le facteur du lac Bain ne fussent déjà en route, ils ne partiraient pas devant les ténèbres caligineuses qui envelopperaient bientôt la contrée. Nepeese tressaillit et se dressa debout. Pour la première fois, Bari se leva et se tint auprès d'elle. Au-dessus d'eux, une lueur d'éclair fendit les nuages, comme un couteau de feu, suivie aussitôt d'un craquement terrifiant du tonnerre. Bari se recula comme s'il avait reçu un coup. Il aurait voulu se précipiter à l'abri du mur de broussailles du wigwam, mais il y avait quelque chose autour de Branche-de-Saule qui lui donnait du courage quand il la regardait. Le tonnerre retentit de nouveau. Mais il ne se recula pas plus loin. Ses yeux étaient rivés à elle.

Elle restait droite et svelte parmi ces ténèbres accumulées, déchirées par les éclairs, sa belle tête rejetée en arrière, ses lèvres entr'ouvertes et ses yeux brillant presque d'attente avide, une divinité sculptée accueillant, en retenant son souffle, la ruée des puissances d'en haut.

Peut-être était-ce parce qu'elle était née une nuit d'orage. Plusieurs fois Pierre et la défunte princesse, sa mère, le lui avaient dit. La nuit qu'elle était venue au monde, le fracas du tonnerre et le flamboiement des éclairs avaient fait de ces heures un enfer.

Les ruisseaux avaient débordé et les troncs de milliers d'arbres de la forêt avaient été déracinés par leur fureur, et les coups de ce déluge sur le toit de la hutte avaient étouffé le bruit des douleurs maternelles et ses premiers cris d'enfant. Cette nuit-là, il se peut que l'Esprit de la Tempête se fût incarné en elle. Elle aimait la défier, comme elle le faisait maintenant. Elle en oubliait tout, sauf la splendide puissance de la Nature. Son âme à demi sauvage tressaillait au fracas et au feu de l'orage et, souvent, elle levait ses bras nus et riait de joie tandis que la pluie diluvienne crevait autour d'elle. Même maintenant elle serait restée là debout dans la petite clairière, si un gémissement de Bari ne l'avait rappelée. Tandis que les premières larges gouttes tombaient avec le bruit assourdi de balles de plomb autour d'eux, elle se réfugia avec Bari dans l'abri de balsamiers.

Une fois, naguère, Bari avait subi une nuit d'orage terrible, la nuit qu'il s'était caché sous une racine et avait vu la foudre écarteler un arbre. Mais maintenant il avait une compagnie et la chaleur et la douce pression de la main de Branche-de-Saule sur sa tête et son cou, le remplissaient d'un courage extraordinaire. Il groulait doucement contre le fracas du tonnerre. Il voulait se ruer et mordre les lueurs des éclairs, parce qu'elle était là. Sous sa main, Nepeese sentit se roidir son corps et, pendant une minute de calme relatif, elle entendit le claquement rapide et nerveux des dents de Bari. Puis la pluie tomba. Ce n'était pas comme les autres ondées que Bari connaissait. C'était un déluge descendant, torrentiel, de l'obscurité des cieux.

En moins de cinq minutes, l'intérieur de l'abri de baumiers était un bain de pluie. Une demi-heure de cette averse et Nepeese était trempée jusqu'à la peau. L'eau descendait par petites rigoles sur son dos et sa poitrine ; elle ruisselait en minces ruisseaux de ses tresses mouillées, dégouttait de ses longs cils, et la couverture sous elle était imbibée comme une lavette. Quant à Bari, il était quasiment aussi mal en point que lors de son plongeon dans la rivière après son combat avec Papayouchisiou et il se serrait de plus en plus étroitement sous les bras protecteurs de Branche-de-Saule. Le temps lui parut interminable avant que le tonnerre grondât au loin vers l'est et que les éclairs mourussent en éclats lointains et intermittents. Même après cela, la pluie tomba encore pendant une heure. Puis, elle cessa aussi brusquement qu'elle avait commencé.

Avec un rire saccadé, Nepeese se releva. L'eau gargouillait dans ses mocassins, tandis qu'elle marchait dans la clairière. Elle ne faisait pas attention à Bari et il la suivait. Dans le ciel entrevu, au faîte des arbres, les derniers nuages d'orage passaient à la dérive. Une étoile brilla, puis une autre et Branche-de-Saule se mit à les regarder apparaître tant qu'elles fussent si nombreuses qu'il devînt impossible de les compter.

Il ne faisait plus noir désormais. Une merveilleuse clarté d'astres enveloppa la clairière après l'obscurité d'encre de l'orage.

Nepeese baissa les yeux et vit Bari. Il se tenait coi et sans laisse, la liberté de toutes parts autour de lui. Et pourtant il ne s'enfuyait pas. Il attendait, mouillé comme un rat d'eau, les yeux fixés sur elle, en expectative. Nepeese fit un pas vers lui et hésita.

— Non, tu ne vas pas t'enfuir, Bari. Je vais te laisser libre. Et maintenant, il nous faut du feu.

Du feu ! Tout autre que Pierre aurait dit qu'elle était folle. Pas un tronc ou un plant de la forêt qui ne fût dégouttant de pluie ! On pouvait entendre le ruissellement de l'eau qui coulait alentour d'eux.

— Du feu ! répéta-t-elle. Cherchons du *waskewi,* Bari !

Ses vêtements mouillés collés autour d'elle, elle ressemblait à une ombre mince traversant la clairière humide et s'enfonçant parmi les arbres de la forêt. Bari suivait toujours. Elle alla droit à un bouleau qu'elle avait repéré dans la journée et se mit à détacher l'écorce mal assurée. Elle emporta une pleine brassée de cette écorce près du wigwam et, là-dessus, elle amoncela charge sur charge de bois mouillé jusqu'à ce qu'il y en eût un grand tas. D'une bouteille du wigwam, elle sortit une allumette sèche et, au premier contact de la flamme, l'écorce de bouleau brûla comme du papier imbibé d'huile. Une demi-heure après, le feu de Branche-de-Saule, s'il n'y avait eu les épaisseurs des bois pour le cacher, aurait pu être aperçu de la hutte, à une mille de là. Tant qu'il ne monta pas à une douzaine de pieds dans l'air, elle ne cessa d'y jeter du bois. Alors, elle ficha des bâtons dans la terre molle et par-dessus ces bâtons elle étendit la couverture pour la sécher. Après quoi, elle se mit à se dévêtir.

Nue, elle se tenait dans le flamboiement pourpre du feu. Elle était admirablement svelte et admirablement blanche, belle comme une sirène qui serait remontée respirer hors des profondeurs vertes de l'océan, et, pendant un moment, elle rejeta la tête en arrière et leva les bras, comme si, là-haut, parmi les étoiles, il y avait un esprit auquel elle faisait une prière muette. Puis, tandis que Bari l'observait et que la chaleur du feu faisait monter de légers nuages de fumée de ses vêtements, elle défit les tresses de ses cheveux. Une splendide robe de jais brillant ondula autour de son corps, le cachant jusqu'aux genoux, sinon quand la lueur du feu faisait éclater la blancheur délicate de ses bras et de sa poitrine, tandis qu'elle secouait ses cheveux autour d'elle afin de les sécher plus vite. La pluie avait rafraîchi l'atmosphère et, comme un tonique chargé du souffle agréable des baumiers et des sapins, faisait bouillonner dans ses veines le sang de Branche-de-Saule. Elle oublia le désagrément du déluge. Elle oublia le facteur du lac Bain et ce que Pierre lui en avait dit. Après tout, elle n'était qu'un oiseau des forêts, sauvage parmi la douce solitude des fleurs étendues sous ses pieds. Et dans la splendeur de ces heures miraculeuses qui suivaient l'orage, elle ne voyait rien, ne pensait à rien qui pût lui nuire. Elle dansa autour de Bari, en soulevant la mer de ses cheveux autour d'elle ; son corps nu brillant tantôt sous leur voile, tantôt dehors, les yeux illuminés, les lèvres riant de joie irraisonnée, dans le bonheur de vivre, d'aspirer à pleins poumons l'air parfumé de la forêt, de regarder les étoiles et le ciel merveilleux au-dessus de sa tête. Elle s'arrêta devant Bari et lui cria, en riant et en tendant les bras :

— Ah ! Bari, si tu pouvais seulement enlever ta peau aussi facilement que j'ai enlevé mes vêtements !

Elle poussa un profond soupir et ses yeux brillèrent d'une inspiration soudaine. Lentement sa bouche dessina un cercle, un O rouge et, se penchant plus près encore de Bari, elle murmura :

— Il sera profond et doux, cette nuit, *Minga.* Oui, nous irons !

Elle l'appela doucement, tandis qu'elle glissait sur ses mocassins mouillés et suivait le petit ruisseau dans la forêt. A cent yards de la clairière, elle arriva au bord d'un étang. Il était profond et plein, cette nuit, trois fois plus vaste qu'avant l'orage. Elle pouvait entendre le glouglou et la ruée de l'eau. A sa surface agitée, les étoiles se reflétaient. Pendant quelques instants, elle se tint droite sur une roche, les profondeurs froides à une demi-douzaine de pieds sous elle. Puis, elle rejeta en arrière ses cheveux et s'élança comme une flèche, blanche et svelte dans la clarté des étoiles. Bari la vit partir. Il entendit le plongeon de son corps. Pendant une demi-heure, il demeura étendu à plat ventre et toujours près du bord de l'étang à la regarder. Parfois elle était juste au-dessous de lui, flottant silencieusement, ses cheveux formant un nuage plus sombre que l'eau alentour d'elle. Ensuite elle coupait la surface de l'eau presque aussi rapidement que les loutres qu'il avait vues ; puis, d'un brusque plongeon, elle disparaissait, et le cœur de Bari battait à coups précipités, tandis qu'il l'attendait. Une fois, elle resta longtemps invisible. Il gémit. Il savait qu'elle n'était pas comme le castor et la loutre et il éprouva un immense soulagement lorsqu'elle remonta à la surface.

Ainsi se passa leur première nuit. L'orage, l'étang froid et profond, le vaste feu, et plus tard, quand les vêtements de Branche-de-Saule et la couverture furent séchés, un sommeil de quelques heures. A l'aurore, ils retournèrent à la hutte. On approcha avec prudence. Aucune fumée ne sortait de la cheminée. La porte était close. Pierre et Mac Taggart étaient partis.

XVI

NEPEESE REVENDIQUE SES DROITS

On était au début d'août, la lune montante, quand Pierre revint du lac Bain, et trois jours plus tard, ce serait le seizième anniversaire de naissance de Branche-de-Saule. Il rapportait plusieurs choses pour

Nepeese : des rubans pour ses cheveux, de vraies bottines qu'elle portait parfois tout comme les deux Anglaises de Nelson House et, en particulier, gloire de tout, une merveilleuse étoffe rouge pour une robe ! Les trois hivers qu'elle avait passés à la mission, ces dames avaient fait grande attention à Nepeese. Elles lui avaient appris à coudre aussi bien qu'à épeler et à lire et prier et, dès lors, Branche-de-Saule eut un pressant désir de les imiter. Pendant trois jours, elle travailla ferme à sa nouvelle robe et, le jour de son anniversaire, elle arriva devant Pierre dans une robe à la mode qui l'ahurit. Elle avait massé ses cheveux en lourdes coques brillantes et en rouleaux au sommet de sa tête, comme Yvonne, la plus jeune des Anglaises, le lui avait enseigné et, dans leur jais somptueux, elle avait à demi piqué une branche verdoyante d'une pourpre fleur de feu. Là-dessous, et sous la lueur des yeux et la vive carnation des lèvres et des joues, venait la superbe robe rouge, adaptée à la svelte et sinueuse beauté de son corps, selon le style qui avait été en vogue il y avait deux hivers à Nelson House. Et sous la robe qui ne tombait qu'un peu au-dessous des genoux — soit que Nepeese eût tout à fait oublié la longueur convenable, soit que l'étoffe lui eût manqué — venait le chef-d'œuvre de sa toilette, de vrais bas et de splendides bottines à hauts talons.

C'était un spectacle devant quoi les dieux des forêts durent sentir leur cœur cesser de battre. Pierre tourna autour d'elle, sans mot dire, mais souriant ; toutefois, lorsqu'elle s'en alla, suivie de Bari et boitillant un peu, à l'étroit dans ses brodequins, le sourire s'évanouit sur son visage, qui demeura figé et immobile.

— Mon Dieu ! murmura-t-il à part soi, plein d'une pensée qui lui était comme un coup de poignard aigu au cœur. Elle n'est pas du sang de sa mère. Non ! c'est du sang français. Elle est, oui, comme un ange !

Il y avait du changement en Pierre. Durant ces trois journées de couture, Nepeese avait été bien trop énervée pour remarquer ce changement, et Pierre, du reste, s'était efforcé de le lui cacher. Il avait été absent dix jours pour son voyage au lac Bain et il rapportait à Nepeese la bonne nouvelle que Mac Taggart était très malade de *pechipoo,* le sang empoisonné, une nouvelle qui avait fait battre des mains Nepeese et l'avait fait rire de bon cœur. Mais il savait que le facteur guérirait et qu'il reviendrait à leur hutte du Loon. Et quand prochainement, il reviendrait...

Lorsqu'il y pensait, son visage devenait froid et dur et ses yeux dardaient. Et il y pensait, ce jour anniversaire de naissance, même alors que le rire de la jeune fille lui parvenait comme une chanson. Mon Dieu ! malgré ses seize ans, elle n'était qu'une enfant, une fillette. Elle ne pouvait soupçonner les terribles visions qui le hantaient. Et la crainte de l'éveiller pour toujours de cette belle insouciance l'empêchait de lui dire toute la vérité, afin qu'elle pût comprendre entièrement et complètement. Non ! cela ne serait pas. Sa conscience luttait avec son immense et tendre amour. Lui, Pierre Duquesne serait son gardien.

Et elle pourrait rire, chanter et jouer et n'aurait point part aux sombres pressentiments qui allaient troubler sa vie.

Ce jour-là arriva du sud Mac Donald, le géographe du gouvernement. Il était grisonnant, avec un rire large et franc et un cœur pur. Deux jours, il demeura avec Pierre. Il parla à Nepeese de ses filles restées à la maison, de leur mère, qu'il adorait plus que tout au monde ; et, avant de partir à la recherche des dernières lignes de pins de Banksian, il prit des photographies de Branche-de-Saule, telle qu'il l'avait vue tout d'abord à son anniversaire, ses cheveux coiffés en rouleaux brillants et masses épaisses, sa robe rouge et ses bottines à hauts talons. Il emporta les clichés, promettant à Pierre de lui envoyer d'une façon ou d'autre une photo. Ainsi le destin travaille-t-il d'une manière étrange et apparemment innocente, tandis qu'il tisse les trames de ses tragédies.

Durant quelques semaines après cet événement s'écoulèrent des jours calmes à Grey Loon. Ce furent des jours merveilleux pour Bari. D'abord il se défiait de Pierre. Au bout d'un moment, il le supporta et, enfin, l'admit comme faisant partie intégrante de la hutte et de Nepeese. Il devint l'ombre de Branche-de-Saule. Pierre remarqua cet attachement avec un profond plaisir.

— Ah ! encore quelques mois et il sautera à la gorge de M. le facteur, se dit-il un jour.

En septembre, quand il eut six mois, Bari était presque aussi fort que Louve Grise : d'os solides, de crocs longs avec une large poitrine et de mâchoires qui pouvaient déjà croquer un os, comme s'il se fût agi d'un bâton. Nepeese ne faisait pas un mouvement qu'il ne l'acccompagnât. Ils se baignaient ensemble dans les deux étangs, l'étang de la forêt et l'étang entre les murailles fissurées. D'abord Bari s'alarma de voir Nepeese plonger du mur de roche par-dessus lequel elle avait culbuté Mac Taggart, mais au bout d'un mois elle lui avait montré à plonger avec elle de vingt pieds de haut.

Août était déjà fort avancé lorsque Bari vit la première bête de son espèce, en outre de Kazan et de Louve Grise. Pendant l'été, Pierre laissait ses chiens courir en liberté dans une petite île au milieu d'un lac, à deux ou trois milles de là et deux fois par semaine il prenait au filet du poisson pour eux. A l'un de ces voyages, Nepeese l'accompagna et emmena Bari. Pierre emporta son long fouet de peau de caribou. Il s'attendait à une lutte, mais il n'y en eut pas. Bari se joignit à la meute dans sa course au poisson et mangea de compagnie. Ceci plaisait plus que tout à Pierre.

— Il fera un bon chien de traîneau, déclara-t-il. Il vaudrait mieux le laisser une semaine avec la meute, ma Nepeese...

A contre-cœur, Nepeese y consentit. Tandis que les chiens étaient encore à leur poisson, ils retournèrent vers la maison. Le canot s'était éloigné sans bruit avant que Bari s'aperçût du tour qu'on lui jouait. Aussitôt il se jeta à l'eau et nagea à leur suite et Branche-de-Saule l'aida à remonter dans la barque.

On était au début de septembre, quand un Indien de passage apporta à Pierre des nouvelles de Mac Taggart. Le facteur avait été très malade. Il avait failli mourir d'un empoisonnement du sang, mais maintenant il allait mieux. Tandis que le goût de l'automne réjouissait l'atmosphère, une crainte nouvelle oppressait le cœur de Pierre. Mais, pour l'heure, il ne dit rien à Nepeese de ce qui le tourmentait. Branche-de-Saule avait quasiment oublié le facteur du lac Bain, car la splendeur et le frisson de l'automne sauvage étaient dans son sang. Elle fit de longues courses avec Pierre, l'aidant à placer les nouveaux pièges qui serviraient aux premières neiges et, pendant ces voyages, elle était toujours accompagnée de Bari. La plupart de ses heures de loisir elle les occupait à l'exercer au traîneau. Elle commença avec une courroie et un bâton. Il fallut un jour entier avant qu'elle pût décider Bari à tirer ce bâton, sans se retourner à chaque pas pour essayer de le mordre et de grouler. Puis, elle lui attacha une autre longueur de courroie et lui fit tirer deux bâtons. Ainsi, peu à peu, elle l'accoutuma au harnais du traîneau, jusqu'à ce qu'au bout d'une quinzaine, il tirât héroïquement n'importe quelle chose à quoi elle imaginait de l'attacher.

Pierre ramena à la maison deux des chiens de l'île et Bari fut mis à l'apprentissage avec eux et aida à traîner la carriole vide. Nepeese était au comble de la joie. Le jour où tomba la première neige, elle battit des mains et cria à Pierre :

— A la mi-hiver ce sera le plus beau chien de la meute, mon père !

C'était l'instant pour Pierre de dire ce qu'il avait sur le cœur. Il sourit. Diantre ! cette brute de facteur du lac Bain ne deviendrait-il pas réellement enragé quand il verrait comme il avait été trompé ? Et pourtant !

Il s'efforça de prendre sa voix tranquille et naturelle.

— Je vais t'envoyer à l'école de Nelson House cet hiver, ma chérie, dit-il. Bari aidera à t'y conduire aux premières bonnes neiges.

Branche-de-Saule renouait la courroie de Bari. Elle se releva lentement et dévisagea Pierre. Ses yeux étaient larges, sombres et sérieux :

— Je n'irai pas, mon père.

C'était la première fois qu'elle eût jamais parlé de la sorte à Pierre et sur ce ton-là. Il tressaillit et put à peine supporter le regard de ses yeux. Il ne savait point déguiser. Elle vit ce qu'il y avait sur son visage. Il lui sembla qu'elle lisait dans son âme et qu'elle grandissait tout à coup devant lui. Sûrement sa respiration était plus saccadée et il put voir s'agiter sa poitrine. Nepeese n'attendit pas qu'il l'invitât à s'expliquer.

— Je n'irai pas ! répéta-t-elle avec plus d'insistance. Et elle se pencha de nouveau sur Bari.

Avec un haussement d'épaules, Pierre l'observait. Somme toute, n'était-il pas heureux ? Son cœur n'aurait-il pas été désolé si elle avait été contente de le quitter ? Il s'approcha d'elle et, avec beaucoup de délicatesse, posa une main sur la tête brillante. Branche-de-Saule se dégagea et lui sourit. Entre eux, ils entendirent claquer les mâchoires de Bari, tandis qu'il restait là, le muffle sur le bras de Branche-de-Saule.

Pour la première fois depuis des semaines, l'univers parut à Pierre illuminé de soleil. Quand il retourna à la hutte, il portait plus haut la tête. Nepeese ne le quitterait point. Il se mit à rire doucement. Il se frotta les mains. Sa crainte du facteur du lac Bain avait disparu. De la porte de la hutte, il se retourna pour regarder Nepeese et Bari.

— Dieu soit loué ! murmura-t-il. Maintenant, maintenant, Pierre Duquesne sait ce qu'il lui reste à faire.

XVII

LES VOIX DE LA RACE

Tard en septembre était de retour au lac Bain le géographe Mac Donald. Pendant dix jours l'inspecteur Gregson avait été l'hôte de Mac Taggart au poste et deux fois, durant ce temps, Marie avait eu l'intention de se précipiter sur lui pendant qu'il dormait et de le tuer. Le facteur lui-même ne faisait que peu d'attention à elle maintenant, ce qui l'eût rendue heureuse, n'eût été Gregson. Il était ensorcelé par la sauvage et souple beauté de la jeune fille Cree et Mac Taggart, sans jalousie, l'encourageait. Il était las de Marie. Il le dit à Gregson. Il désirait se débarrasser d'elle et si Gregson trouvait moyen de l'emmener avec lui, il lui rendrait réellement service. Il expliqua pourquoi. Un peu plus tard, au temps des grandes neiges, il avait l'intention d'amener au poste la fille de Pierre Duquesne. Avec le sans-gêne de leur familiarité, il raconta sa visite, la façon dont il avait été reçu et l'incident du ravin. Malgré tout cela, assura-t-il à Gregson, la fille de Pierre serait bientôt au lac Bain. Ce fut sur ces entrefaites que Mac Donald arriva. Il ne resta qu'une nuit, et sans se douter qu'il jetait de l'huile sur le feu, déjà dangereusement flambant, il donna au facteur la photo de Nepeese qu'il avait développée. C'était un superbe portrait.

— Si vous pouvez la remettre quelque jour à cette jeune fille, je vous en serai fort obligé, dit-il à Mac Taggart. Je lui en ai promis un exemplaire. Son père s'appelle Pierre Duquesne. Vous le connaissez probablement et la jeune fille...

Il s'échauffait tandis qu'il décrivait à Mac Taggart comme elle était belle, ce jour-là, dans sa robe rouge qui était devenue noire sur la photographie. Il ne pouvait se douter à quel point d'ébullition se trouvait le sang de Mac Taggart. Le lendemain, Mac Donald partit pour Norway House. Mac Taggart ne montra point le portrait à Gregson. Il le conserva par devers lui et, le soir, à la lueur de la lampe, il le regardait, plein de pensées qui excitaient sa fièvre et affirmaient sa résolution croissante. Il n'y avait qu'un moyen. Le plan en avait été résolu dans son esprit depuis des semaines et le portrait le décida. Il ne souffla mot de son secret, même à Gregson. Mais c'était l'unique moyen. Il aurait Nepeese. Seulement il devait attendre les grandes neiges, les neiges de la mi-hiver. Elles ensevelissaient les drames plus profondément. Il fut cependant content que Gregson suivît le géographe à Norway House. Par politesse, il l'accompagna durant une journée de marche. Quand il revint au poste, Marie était partie. Il fut satisfait de la chose. Il envoya un courrier chargé de cadeaux à ses gens avec ces mots : « Ne la frappez pas. Gardez-la. Elle est libre. »

Profitant du remue-ménage et de l'agitation du début de la saison des trappes, Mac Taggart se mit à préparer sa demeure pour l'arrivée de Nepeese. Il savait ses goûts de propreté et diverses autres choses. Il avait peint en blanc les murs de bois avec le plomb et l'huile destinés à ses canots. Certaines parties étaient démolies, il les raccommoda. L'épouse indienne de son courrier principal fabriqua des rideaux pour les fenêtres et il confisqua un petit phonographe qui était à destination du lac La Biche. Il ne doutait pas du succès et comptait les jours qui passaient.

Là-bas, au Grey Loon, Pierre et Nepeese étaient occupés à divers travaux, si occupés que parfois Pierre oubliait ses craintes au sujet du facteur du lac Bain et que Branche-de-Saule n'y songeait plus du tout. C'était la « lune rouge » et on frissonnait à l'idée et au plaisir de la chasse hivernale. Nepeese avait soigneusement plongé une centaine de trappes dans de la graisse de castor, tandis que Pierre avait fabriqué des pièges tout prêts à tendre sur les pistes. Lorsqu'il quittait la hutte pour plus d'une journée, Nepeese l'accompagnait toujours. Mais à la hutte, il y avait beaucoup à faire, car Pierre, comme toute la communauté du Nord-Est, ne commençait guère ses préparatifs avant d'avoir senti passer dans l'air le goût piquant de l'automne. Il y avait des souliers pour la neige à reficeler avec de nouvelles brides, du bois à couper en prévision des orages d'hiver, la cabane à remblayer, un nouvel harnais à faire, des couteaux d'écorchage à aiguiser, et des mocassins à façonner, mille et une affaires à prévoir, même à radouber le garde-manger à l'arrière de la hutte où, du commencement du temps froid à la fin, pendaient des quartiers de venaison, caribou et élan, pour les besoins de la famille et, quand le poisson se faisait rare, pour les rations des chiens. Au milieu de tout cet affairement, Nepeese était obligée de prêter moins d'attention à Bari que pendant les semaines précédentes. On ne jouait plus autant. Ils ne se baignaient plus, car au matin il y avait épais de givre sur terre et l'eau se couvrait de glaçons. Ils ne vagabondaient plus au fond des forêts en quête de fleurs et de mûres. Pendant des heures, parfois, Bari pouvait maintenant demeurer couché aux pieds de Branche-de-Saule et regarder ses doigts grêles tresser rapidement les lanières de ses chaussures et, de temps à autre, Nepeese s'arrêtait pour se pencher vers lui et lui mettre la main sur la tête et lui parler un moment, tantôt dans son doux langage cree, tantôt en anglais ou dans le français paternel.

C'était *sa voix* que Bari avait appris à comprendre et le mouvement de ses lèvres, son geste, le balancement de son corps, les changements d'humeur qui mettaient de l'ombre et du soleil sur son visage. Il savait ce que voulait dire son sourire. Il s'agitait et souvent gambadait autour d'elle en signe de joie sympathique, lorsqu'elle souriait ; son bonheur était une part de lui-même ; un mot sévère d'elle était pour lui pire qu'un coup. Deux fois, Pierre l'avait frappé et deux fois Bari avait reculé vivement et l'avait bravé, montrant les crocs, avec un groulement de colère, les poils de son échine hérissés comme une brosse. Si l'un des autres chiens avait fait cela, Pierre l'aurait à demi assommé. Ç'aurait été la révolte et l'homme doit être le maître. Mais Bari avait toujours été pardonné. Un attouchement de la main de Branche-de-Saule, une parole de ses lèvres et le hérissement s'apaisait lentement et le grognement expirait.

Pierre n'était pas du tout mécontent.

— Dieu ! je ne m'aventurerai jamais à dompter sa nature, se disait-il. C'est un barbare, une bête sauvage et il est son esclave. *Pour elle, il tuerait.*

Ainsi advint-il, contre le gré de Pierre lui-même, mais sans en avouer les raisons, que Bari ne fut pas un chien de traîneau. On lui laissa sa liberté. Il n'était jamais attaché comme les autres. Nepeese était heureuse, mais ne devinait pas l'arrière-pensée de Pierre. Elle ne saurait jamais pourquoi il entretenait la défiance de Bari envers lui, défiance qui allait jusqu'à la haine. Cela réclamait beaucoup d'habileté et de ruse de la part de Pierre. Et il se disait :

— Si je me fais détester, il détestera tous les hommes. *Meyoo !* Voilà qui est bon !

Ainsi considérait-il l'avenir, dans l'intérêt de Nepeese.

Maintenant les jours vivifiants et froids, les nuits glaciales de la lune rouge produisaient un notable changement en Bari. C'était inévitable. Pierre savait que cela arriverait et le premier soir que Bari se mit sur son séant et hurla à la lune, il y prépara Nepeese.

— C'est un chien sauvage, ma Nepeese, lui dit-il. C'est un demi-loup et il entendra promptement l'appel de sa race. Il s'en ira dans la forêt. Il disparaîtra parfois. Mais il ne faut pas l'attacher. Il reviendra. *Ka*, il reviendra.

Et il se frottait les mains au clair de lune au point d'en faire craquer les jointures.

L'appel parvint à Bari comme un voleur qui entre petit à petit et avec précaution dans un endroit défendu. Il ne le comprit pas tout d'abord. Cela le rendit nerveux et mal à l'aise, tellement agité que Nepeese entendit, à diverses reprises, qu'il se plaignait en dormant. Il attendait quelque chose. Quoi ? Pierre le savait et souriait d'une manière mystérieuse. Et cela arriva. Ce fut une nuit, par une nuit glorieuse, pleine de lune et d'étoiles et, sous la lune et les étoiles, la terre était blanche d'un ourlet de givre. Et de loin, de très loin, arriva l'appel de la bande. De temps à autre, au cours de l'été, on avait entendu le hurlement d'un loup isolé, mais, cette fois, c'était la horde entière, et, tandis que l'appel parvenait jusqu'à lui, à travers le silence et le mystère de la nuit, chant de cruauté qui venait à chaque déclin de la lune rouge, du fond des âges infinis, Pierre savait qu'enfin était arrivé ce que Bari attendait. Aussitôt Bari avait compris. Ses muscles vibraient comme des câbles tendus, alors qu'il se tenait debout dans le clair de lune, regardant dans la direction d'où provenait le mystère et le tressaillement du bruit. On pouvait l'entendre se plaindre doucement et Pierre se penchant de façon à l'observer dans la lumière de la nuit, put le voir qui tremblait.

— C'est *Mee-koo,* murmura-t-il à Nepeese.

Cela voulait dire l'appel du sang qui circulait accéléré dans les veines de Bari, non seulement l'appel de son espèce, mais l'appel de Kazan et de Louve Grise et de ses ancêtres depuis d'innombrables générations. C'était la voix de sa race. Voilà ce que Pierre avait dit tout bas. Et il avait raison. Dans la nuit dorée, Branche-de-Saule attendait, car c'était elle qui avait joué le plus gros jeu et c'était elle qui allait perdre ou gagner. Elle ne souffla mot et ne répondit pas aux paroles assourdies de Pierre, mais elle retint sa respiration et observa Bari, tandis que, peu à peu, il disparaissait pas à pas dans l'ombre. Quelques instants après, il était parti. Ce fut alors qu'elle se redressa, rejeta la tête en arrière, ses yeux rivalisant d'éclat avec les étoiles.

— Bari, appela-t-elle. Bari, Bari !

Il devait être déjà à la lisière de la forêt, car elle poussa un ou deux longs soupirs d'attente avant qu'il revînt à son côté. Mais il était accouru droit comme une flèche et il gémissait en la regardant en face. Nepeese lui posa les mains sur la tête.

— Vous avez raison, mon père, dit-elle. Il s'en ira chez les loups. Mais il reviendra. Il ne me quittera jamais bien longtemps.

Une main encore posée sur la tête de Bari, elle désigna de l'autre l'obscurité, pareille à un puits d'ombre, de la forêt.

— Va les retrouver, Bari ! murmura-t-elle. Mais il faut revenir. Il le faut. *Cheamao !*

Avec Pierre, elle retourna dans la hutte, la porte close derrière eux. Bari resta seul. Il y eut un long silence. Bari pouvait y entendre les bruits de la nuit, le heurt des chaînes qui attachaient les chiens, le mouvement énervé de leur corps, le sifflement palpitant d'une paire d'ailes, la respiration même de la nuit. Car pour lui cette nuit, même dans sa tranquillité, paraissait vivante. De nouveau il s'avança, et à l'orée de la forêt, une fois de plus, il s'arrêta pour écouter. Le vent avait changé et il roulait en lui le cri, lamentable à glacer le sang, de la hurle. Loin, loin, du côté de l'ouest, un loup isolé tourna son mufle vers le ciel et répondit à l'appel assemblé de son clan, puis de l'est par-delà la hutte une voix si lointaine qu'elle semblait un écho mourant dans l'immensité de la nuit. Un cri étouffé s'arrêta dans la gorge de Bari. Il leva la tête. Juste au-dessus de lui montait la lune rouge, l'invitant au frissonnement et au mystère du monde ouvert devant lui.

Le bruit s'accrut dans sa gorge et peu à peu augmenta de volume jusqu'à ce que sa réponse s'élevât vers les étoiles.

Dans leur hutte, Pierre et Branche-de-Saule l'entendirent. Pierre haussa les épaules.

— Il est parti, fit-il.

— Oui, il est parti, mon père, répliqua Nepeese qui regardait à la fenêtre.

XVIII

LE BANNI

L'obscurité des forêts n'effrayait plus Bari comme aux jours d'autrefois. Cette nuit-là son cri de chasse était monté vers les étoiles et vers la lune et, par ce cri, il avait pour la première fois exprimé son mépris de la nuit et de l'espace, son défi à la solitude entière, son acceptation de la fraternité. Dans ce cri et la réponse qui lui était arrivée, il sentait une force nouvelle : le triomphe final de la nature lui imposant cette certitude qu'il ne fallait pas redouter plus longtemps ces forêts et les créatures qu'elles renfermaient, mais que *toutes choses au contraire le craignaient.*

Là-bas, par-delà la clôture de la hutte et l'influence de Nepeese, étaient tout ce que son sang de loup trouvait maintenant de plus désirable : une camaraderie de son espèce, le frisson de l'aventure, le beau sang pourpre de la curée et l'amour. Et ceci, somme toute, était le mystère dominant les forces qui le pressaient et que cependant il comprenait le moins.

Il courut droit en pleine obscurité vers le nord-ouest, rampant sous les broussailles, la queue basse, les oreilles de biais, pareil au loup, quand le loup suit une piste nocturne. La bande avait obliqué directement au nord et allait plus vite que lui, de sorte qu'au bout d'une heure il ne pouvait plus l'entendre. Mais le hurlement du loup solitaire à l'ouest s'était rapproché et, trois fois, Bari lui répondit. Au bout d'une heure, il entendit de nouveau la bande qui obliquait au sud. Pierre aurait compris sans peine. Leur proie avait trouvé sécurité au-delà de l'eau ou dans un lac, et les *makekuns* suivaient une piste fraîche. A cet instant, Bari n'était séparé du loup isolé que d'un quart de mille de forêt à peine, mais ce loup isolé était, au surplus, un vieux loup et avec l'intelligence et la précision d'une longue expérience, il s'éloigna dans la direction des chasseurs, écourtant sa route de manière à devancer, à un moment, la bande d'un demi-mille ou de trois-quarts de mille. C'était un tour de la communauté que Bari avait encore à apprendre et le résultat de son ignorance et son manque d'habileté firent que, deux fois ensuite, en moins d'une demi-heure, il se trouva tout frémissant tout près de la bande, sans réussir à la rejoindre. Puis il y eut un long et dernier silence. La bande avait consommé son meurtre et, pendant la curée, ne faisait aucun bruit.

Le reste de la nuit, Bari erra solitaire ou du moins jusqu'à ce que la lune fût bien au déclin. Il avait fait du chemin depuis la hutte et sa route avait été incertaine et zigzagante, mais il n'était plus du tout possédé du sentiment désagréable de s'être perdu. Les deux ou trois derniers mois avaient fort développé en lui le sens de l'orientation, ce « sixième sens » qui dirige les pigeons sans les égarer de leur route et les conduit droit, à vol d'oiseau, au refuge de leurs premières années. Il n'avait pas oublié Nepeese. Une douzaine de fois il détourna la tête en gémissant, et toujours il choisissait soigneusement la direction où se trouvait la hutte. Mais il n'y retourna pas. Tandis que la nuit se prolongeait, sa recherche du mystère qu'il n'avait pas trouvé continuait. La faim même au coucher de la lune et au point du jour ne fut pas assez aiguë pour le mettre en chasse de nourriture. Il faisait froid et il fit, sembla-t-il, plus froid quand la lueur de la lune et des étoiles s'éteignit. Sous ses pieds, qu'on eût dit ouatés, il y avait, surtout dans les clairières, un givre épais et blanc où parfois il laissait nettement l'empreinte de ses pattes et de ses ongles. Il avait marché ferme durant des heures, fait beaucoup de milles en tout et il était fatigué quand vint à poindre l'aube. Et ce fut à ce moment que ses babines s'entrechoquant tout à coup, Bari s'arrêta d'un trait sur la route.

Enfin était arrivée la rencontre qu'il avait cherchée. Il y avait dans une clairière éclairée par l'aurore glaciale, un petit cirque situé au flanc d'un coteau, du côté de l'est. La tête tournée vers lui et l'attendant, tandis qu'il sortait de l'ombre, le flairant de son nez pointu, se tenait Maheegun, la jeune louve. Bari n'avait pas flairé sa présence, mais il l'aperçut dès au sortir de la bordure de jeunes baumiers qui encerclaient la clairière. Ce fut alors qu'il s'arrêta et pendant une bonne minute, ni l'un ni l'autre ne remua ou ne sembla respirer. Il n'y avait pas quinze jours de différence d'âge entre eux, cependant des deux, Maheegun était de beaucoup la moins grande ; son corps était aussi long, mais elle était plus mince. Elle se tenait sur ses jambes grêles qui étaient presque pareilles aux jambes d'un renard et la courbure de son dos était celle d'un arc à peine tendu, signe d'une vélocité égale à celle du vent. Elle se tenait en posture de fuite, alors même que Bari faisait les premiers pas vers elle ; puis, très lentement, son corps se détendit et, au fur et à mesure que Bari se rapprochait, ses oreilles perdaient de leur mobilité et retombaient horizontalement. Bari poussa un gémissement. Ses oreilles à lui étaient dressées, sa tête en éveil, la queue haute et hérissée. L'adresse, sinon la diplomatie, faisait déjà partie de sa masculine supériorité et il ne pressa point aussitôt l'affaire. Il était à moins de cinq pieds de Maheegun, lorsqu'il se détourna d'elle comme par hasard et regarda du côté de l'est, où un léger coup de crayon rouge et or annonçait le jour. Pendant quelques instants, il renifla, regarda autour de lui et prit le vent avec beaucoup de gravité, comme s'il voulait persuader sa belle connaissance, ainsi que certaines bêtes à deux jambes ont fait, avant lui, de son importance à la ronde. Et Maheegun fut proprement subjuguée. L'esbroufe de Bari opérait aussi bellement que le bluff des bêtes à deux jambes. Il renifla l'air avec un tel frémissement et un enthousiasme si méfiant que les oreilles de Maheegun se redressèrent et qu'elle renifla l'air de compagnie. Il tourna la tête dans toutes les directions d'une manière si prompte et si éveillée que la féminine curiosité de Maheegun, sinon l'inquiétude, lui firent également tourner la tête par sympathie interrogative et lorsqu'il poussa un faible gémissement comme si, dans l'air, il avait surpris un mystère qu'elle ne pouvait comprendre, un bruit léger se fit entendre en réponse dans sa gorge, mais adouci et discret, semblable à une exclamation de femme qui n'est pas bien sûre si elle doit interrompre ou non son seigneur et maître. A ce bruit que surprit l'ouïe fine de Bari, il s'avança vers elle d'un pas léger et menu et, l'instant d'après, ils se flairaient le nez...

Quand le soleil se leva une demi-heure plus tard, il les trouva encore dans l'étroite clairière au flanc du coteau, avec la frange épaisse des forêts au-dessous d'eux et derrière cette frange, une plaine boisée et sauvage qui ressemblait dans son manteau de givre à un linceul de spectre. Là-haut, au-dessus, apparut la première lueur rouge du jour emplissant la clairière d'une chaleur de plus en plus agréable à mesure que le soleil montait.

Durant un moment, ni Bari ni Maheegun n'eurent envie de bouger et, pendant une heure ou deux, ils demeurèrent étendus à se chauffer dans un creux du remblai, regardant en bas de leurs yeux interrogateurs et grands ouverts la plaine boisée qui s'étendait sous eux comme une immense mer. Maheegun aussi avait rêvé de la bande en chasse et de même que Bari elle avait failli la rejoindre. Ils étaient fatigués, un peu découragés par moment et ils avaient faim, mais ils tressaillaient encore du beau frisson du devenir et de la sensation anxieuse d'avoir pris conscience de leur nouvelle et mystérieuse amitié. Une demi-douzaine de fois, Bari se redressa et flaira tout autour de Maheegun couchée au soleil, se lamentant vers elle doucement et touchant du museau son doux pelage, mais pendant longtemps, elle ne fit aucune attention à lui. Enfin elle le suivit. Toute la journée, ils vagabondèrent et se reposèrent de compagnie. Et une fois de plus, la nuit arriva.

C'était une nuit sans lune et sans étoiles. Des masses grises de nuages descendaient lentement du nord et de l'est et au faîte des arbres il y avait à peine un souffle de vent, cependant que la nuit s'y épaississait. La neige se mit à tomber dru, à gros flocons, sans bruit. Il ne faisait pas froid, mais il faisait calme, si calme que Bari et Maheegun n'avançaient que quelques yards à la fois et s'arrêtaient pour écouter. En pareille occurrence, tous les rôdeurs de nuit des forêts sont en route pour peu qu'ils aient à bouger le moins du monde. C'était la première des grandes tempêtes de neige. Pour tous les carnivores farouches des forêts, les grandes neiges sont le début du carnaval d'hiver, du carnaval et de la curée, de l'aventure barbare dans les nuits sans fin, de la guerre à outrance sur les chemins gelés. Les jours de fécondité et de maternité, la paix du printemps et de l'été sont passés ; de l'horizon arrive l'appel du Nord, l'invite pour tous les carnassiers à la longue chasse et dans son premier tressaillement, tous les êtres vivants ne bougent qu'un peu cette nuit-là, et avec précaution et angoisse. Leur jeunesse rendait toutes choses neuves à Bari et à Maheegun. Leur sang circulait avec rapidité, leurs pieds se posaient doucement, leurs oreilles étaient étonnées de vibrer aux plus légers bruits. Au début de la grande neige, ils ressentaient le rythme excitant d'une vie nouvelle. Il les attirait. Il les incitait à l'aventure dans le mystère blanc de la tempête silencieuse et, sollicités par cette poussée de jeunesse et de désirs, ils continuaient d'avancer.

La neige devint plus épaisse sous leurs pieds. Dans les clairières, ils y enfonçaient jusqu'aux genoux et elle ne cessait de tomber, comme une immense nue blanche qui, sans fin, descendait des cieux. Il était près de minuit quand elle s'arrêta. Les nuages allaient à la dérive sous la lune et les étoiles, et longtemps Bari et Maheegun se tinrent sans bouger à regarder du haut de la crête chauve d'un coteau le monde merveilleux déroulé à leurs pieds.

Jamais leur vue n'avait porté si loin, sauf à la lumière du jour. Au-dessous d'eux s'étendait une plaine. Ils pouvaient voir ses forêts, des arbres isolés surgis de la neige comme des fantômes, un ruisseau, pas encore gelé, qui brillait comme du verre qui aurait en lui la lueur tremblotante d'une flamme. Bari s'avança vers ce ruisseau. Il ne pensait plus à Nepeese et il gémissait d'un bonheur contenu tandis qu'il s'arrêtait à mi-route et se retournait pour caresser Maheegun.

Il avait envie de se rouler dans la neige et de folâtrer avec sa compagne, il avait envie d'aboyer, de dresser la tête et de hurler comme il hurlait à la lune rouge, naguère à la hutte. Quelque chose le retenait de le faire. Peut-être était-ce l'air de Maheegun. Elle recevait froidement ses attentions. Une fois ou deux, elle parut presque effrayée ; deux fois Bari avait entendu le claquement aigu de ses dents depuis qu'ils avaient grimpé le coteau.

La nuit précédente et pendant toute la tempête de cette nuit-ci, leur amitié s'était faite plus intime, mais maintenant un mystérieux éloignement s'y substituait chez Maheegun. Pierre en aurait donné l'explication. Avec la neige sous lui et autour de lui, la lune et les étoiles lumineuses au-dessus de lui, Bari, comme la nuit elle-même, avait subi une transformation. Son pelage ressemblait à du jais luisant. Chaque poil de son corps était d'un noir brillant. *Noir !* C'était cela. Et la nature essayait de dire à Maheegun que de toutes les créatures que haïssait sa race, la créature que les loups craignaient et haïssaient le plus était *noire !* En elle, ce n'était pas l'expérience, mais l'instinct qui parlait de la haine immémoriale entre le loup gris et l'ours noir et le pelage de Bari, au clair de lune et dans la neige, était plus noir que celui même de Wakayoo n'avait jamais été aux jours de mai où il s'engraissait de poisson. Tant qu'ils parcoururent l'immensité de la plaine, la jeune louve avait suivi Bari sans hésiter, maintenant il y avait dans son maintien de la singularité et de l'indécision et, deux fois, elle s'arrêta et aurait bien laissé Bari partir sans elle.

Une heure après qu'ils avaient pénétré dans la plaine, arriva brusquement, de l'ouest, le hurlement de la bande des loups. Elle n'était pas bien éloignée, pas plus d'un mille peut-être du pied du coteau et le jappement vif et prompt qui suivit la première clameur prouvait que les chasseurs aux longs crocs avaient fait lever une pièce inattendue, caribou ou élan, et qu'ils étaient à ses talons. A la voix de son peuple, Maheegun redressa les oreilles et fila comme une flèche.

L'inattendu de son départ et la rapidité de sa fuite laissèrent Bari à bonne distance derrière elle dans cette course à travers la plaine. Elle courait aveuglément, favorisée par la chance. Pendant l'espace de cinq minutes peut-être, la bande était si près de sa proie qu'elle ne faisait plus aucun bruit et que la chasse obliqua du côté de Maheegun et de Bari. Ce dernier n'était pas à plus de six longueurs derrière la jeune louve, lorsqu'un craquement dans la broussaille juste devant eux les arrêta si brusquement que leurs pattes de devant arc-boutées et leur arrière-train accroupi firent voleter la neige. Dix secondes plus tard, le caribou passa comme un éclair et se rua dans une clairière qui n'était pas à plus de trente yards de l'endroit où ils se trouvaient. Ils purent entendre son halètement pressé tandis qu'il disparaissait. Puis la bande des loups arriva.

A la vue de ces corps gris qui passaient avec rapidité, le cœur de Bari s'arrêta de battre un instant. Il oublia Maheegun et qu'elle l'avait abandonné. La lune et les étoiles n'existèrent plus pour lui. Il ne sentit plus le crissement de la neige sous ses pieds. Il fut loup, complètement loup. La chaude odeur du caribou aux narines et la passion du meurtre l'embrasaient comme du feu, il s'élança à la suite de la bande. Même alors, Maheegun le devançait un peu. Elle ne lui manquait pas ; dans l'énervement de sa première chasse, il n'éprouvait plus le désir de l'avoir près de lui. Bientôt, il se trouvait accoté à l'un des monstres gris de la bande ; une demi-minute plus tard, un nouveau chasseur, sorti d'un buisson, accourut derrière lui, puis un deuxième, puis un troisième. Parfois, il courait côte à côte avec ses nouveaux compagnons ; il entendit une plainte énervée au fond de leur gorge, leurs gueules qui s'entrechoquaient pendant la course, et, à la clarté dorée de la lune devant lui, le craquement que faisait le caribou, tandis qu'il s'élançait à travers les fourrés ou par-dessus les arbres renversés, en cherchant son salut. C'était comme si Bari avait toujours été de la bande. Il s'y était joint naturellement comme d'autres loups perdus, sortis des buissons, l'avaient rejointe également. Il n'y avait ni démonstration ni bienvenue du genre de celles de Maheegun dans la clairière, ni hostilité non plus. Il faisait partie des maigres hors-la-loi aux pieds agiles des antiques forêts et ses babines claquaient de désir et son sang s'échauffait au fur et à mesure que l'odeur du caribou était plus violente et le bruit de son désarroi plus proche.

Il sembla à Bari qu'ils étaient presque à ses talons, lorsqu'ils arrivèrent en pleine campagne, une étendue stérile sans un arbre ou un arbuste et qui brillait à la clarté des étoiles et de la lune. A travers le tapis de neige non foulée, le caribou se rua avec une avance d'une centaine de yards sur la bande. Désormais les deux chasseurs de tête ne suivirent plus directement sa piste, mais se développèrent en un angle, l'un à droite, l'autre à gauche du pourchassé et, semblable à une armée bien entraînée, la bande s'ouvrit en deux et déploya son éventail pour la charge finale. Les deux extrémités de l'éventail s'écartèrent pour se refermer, si bien que les deux chasseurs de tête couraient presque à la hauteur du caribou, cinquante ou soixante pieds les séparant du fugitif. De sorte que, adroitement et promptement, avec une précision mortelle, la bande avait formé un cordon de crocs en fer à cheval d'où il n'y avait pour fuir qu'une issue : droit en avant. Pour le caribou, se détourner d'un degré vers la droite ou vers la gauche équivalait à la mort. Les chasseurs d'avant avaient dès lors pour office de resserrer les extrémités du fer à cheval, jusqu'à ce que l'un d'eux ou tous deux à la fois, pussent donner l'assaut fatal. Après quoi, l'affaire irait toute seule. La bande encerclerait le caribou comme une inondation.

Bari avait pris place au plus bas rang du fer à cheval, en sorte qu'il était tout à fait en arrière quand la chasse se trouvait au paroxysme. La plaine subissait une brusque dépression. Droit en avant, il y avait un cours d'eau, qui brillait doucement à la clarté des étoiles et sa vue ranima le courage au cœur haletant du caribou. Quarante secondes suffiraient à décrire cette scène, quarante secondes de lutte suprême pour la vie ou de suprême et redoutable effort pour achever la mort. Bari ressentit le frisson de pareils instants et il manœuvra en avant avec les autres qui étaient à l'extrémité du fer à cheval, tandis que l'un des loups de tête poussait une pointe afin de paralyser les mouvements du jeune taureau. Le coup rata. Un deuxième loup se précipita. Tous deux manquèrent leur élan. D'autres n'eurent pas le temps de les remplacer. De l'extrémité rompue du fer à cheval, Bari entendit le lourd plongeon du caribou dans l'eau. Lorsque Bari rejoignit la horde furieuse, écumant de rage, montrant les crocs, Napamoos, le jeune taureau, s'était bel et bien évadé dans la rivière et nageait vivement vers la rive opposée. Ce fut alors que Bari se retrouva au côté de Maheegun. Elle haletait, sa langue rouge pendait entre ses babines entr'ouvertes, mais en le voyant, elle découvrit ses crocs, en même temps qu'elle essayait de mordre et s'écartait de lui jusqu'au cœur de la bande désappointée de n'avoir saisi que du vent. Les loups étaient de fort mauvaise humeur, mais Bari ne s'en aperçut pas. Nepeese l'avait entraîné à travers l'eau comme aurait fait une loutre et il ne comprenait pas comment cette étroite rivière pouvait ainsi les arrêter. Il se jeta à l'eau et y enfonça jusqu'au ventre, faisant face une minute à la horde de bêtes sauvages qui se trouvaient au-dessus de lui, s'étonnant de n'être pas suivi. Et il était noir, *noir*. Il remonta parmi eux et, pour la première fois, ils le remarquèrent. Leur agitation cessa. Un nouvel et surprenant intérêt les immobilisait. Les crocs se rapprochaient vivement. Un peu au large, Bari aperçut Maheegun avec un gros loup gris auprès d'elle. Il alla de nouveau vers elle et, cette fois, elle demeura les oreilles basses tandis qu'il reniflait son cou. Puis, avec un mauvais grognement, elle s'élança pour le mordre. Les dents pénétrèrent profondément dans la chair délicate de son épaule et de douleur inattendue il poussa un gémissement. L'instant d'après, le gros loup gris fondait sur lui.

Pris encore à l'improviste, Bari s'abattit, les crocs du loup à la gorge. Mais en lui coulait le sang de Kazan, il y avait en lui de la chair, des os et des nerfs de Kazan et pour la première fois de sa vie, il lutta comme Kazan avait lutté ce jour terrible à la pointe du roc du Soleil. Il était jeune, il avait encore à apprendre l'art et la stratégie du vétéran, mais ses mâchoires étaient comme les crampons de fer avec lesquels Pierre fixait ses trappes à ours et il portait au cœur une rage subite et aveugle ; un désir de meurtre qui dominait tous sentiments de douleur ou de peur. Le combat, s'il avait été loyal, aurait été une victoire pour Bari, malgré sa jeunesse et son inexpérience. En toute loyauté, la bande aurait dû en attendre l'issue. C'était une règle de la tribu de se réserver, jusqu'à ce que l'un eût fait à l'autre son affaire. Mais Bari était *noir*. C'était un étranger, un intrus, une créature que les loups remarquèrent seulement alors que leur sang bouillonnait de la rage et du désappointement de meurtriers qui ont laissé s'échapper leur proie.

Un second loup s'élança, attaquant traîtreusement Bari de flanc, et tandis qu'il gisait dans la neige, ses mâchoires broyant une patte avant de son premier ennemi, la bande entière se rua sur lui en masse. Pareil assaut contre le jeune caribou aurait signifié la mort en moins d'une minute. Chaque croc aurait trouvé où entrer. Bari se trouvant par bonheur sous ses deux premiers assaillants et garanti par leurs corps, fut sauvé d'être mis en pièces aussitôt. Il savait qu'il luttait pour son salut. Au-dessus de lui, la horde des fauves tournait et l'enlaçait et hurlait, il sentit la douleur cuisante des dents qui lui entraient dans les chairs. Il étouffait ; cent couteaux semblaient le dépecer et, cependant, malgré l'horreur et le désespoir de cette situation, il ne poussa ni un appel, ni une plainte, ni un cri. Encore une demi-minute et il aurait succombé, si la lutte n'avait eu lieu tout à l'extrémité de la rive. Ébranlée par l'afflux des torrents printaniers, une partie de cette rive s'affaissa subitement et entraîna avec elle Bari et la moitié de la bande. Dans un éclair, Bari se souvint de l'eau et de la fuite du caribou. Un instant, l'éboulement l'avait délivré de la bande et, profitant de cet instant, il fit un simple saut par-dessus les échines grises de ses ennemis dans l'eau profonde de la rivière. Et derrière lui une demi-douzaine de gueules se refermèrent sur le vide. De même qu'elle avait sauvé le caribou, cette eau qui brillait à la clarté de la lune et des étoiles avait sauvé Bari.

La rivière n'avait pas plus de cent pieds de largeur, mais il en coûta à Bari, si près d'un combat meurtrier, de la traverser. Tant qu'il se fût tiré de là sur la rive opposée, il ne s'était pas rendu complètement compte de la gravité de ses blessures. Il ne pouvait, pour l'instant, se servir d'une de ses pattes d'arrière ; l'avant de son épaule gauche était ouvert jusqu'à l'os ; sa tête et son corps étaient déchirés et lardés, et, tandis qu'il s'éloignait lentement de l'eau, la trace qu'il laissait sur la neige formait un chemin de sang. Le sang ruisselait de ses mâchoires pantelantes entre lesquelles sa langue saignait ; il coulait de ses jambes, de ses flancs, de son ventre, il dégouttait de ses oreilles. L'une d'elles était fendue net sur une longueur de deux pouces comme si on l'avait coupée au couteau. Ses sens étaient troublés, sa compréhension des choses obscurcie comme par un voile tiré devant ses yeux. Il n'entendit pas, un peu plus tard, de l'autre côté de la rivière, le hurlement de déception de la horde de loups, il n'eut plus même conscience de l'existence de la lune et des étoiles. A demi-mort, il avança en rampant jusqu'à ce que, par bonheur, il arrivât à un bosquet de sapins rabougris. Il s'y traîna et s'y laissa tomber, anéanti.

Toute cette nuit-là et jusqu'à midi du jour suivant, Bari demeura étendu sans bouger. La fièvre brûlait son sang. Elle montait fort et rapidement à la mort, puis elle décrut lentement et la vie fut victorieuse. A midi, il se remit en route. Il était sans force et titubait sur ses jambes. Il traînait encore sa jambe d'arrière et il était recru de douleur. Mais il faisait une journée splendide. Le soleil était chaud. La neige fondait. Le ciel ressemblait à une vaste mer bleue et des torrents de vie couraient de nouveau, tièdes, dans ses veines. Mais maintenant ses désirs étaient à jamais changés et il était au terme de ses investigations. Une colère rouge croissait dans ses yeux, tandis qu'il grondait dans la direction du combat de la nuit dernière avec les loups. Ils n'étaient plus de ses gens. Ils n'étaient plus de son sang. Jamais plus l'appel de la chasse ne le leurrerait, ni la voix de la horde n'éveillerait en lui l'antique envie. En lui, il y avait une chose nouveau-née, une haine impérissable pour le loup, une haine qui allait augmenter en lui jusqu'à devenir comme un mal foncier, une chose toujours présente et insistante, réclamant vengeance contre leur espèce.

La nuit précédente, il était allé à eux en camarade. Aujourd'hui, il était un banni. Tailladé et estropié, portant sur lui des stigmates pour le reste de sa vie, il avait retenu la leçon de la solitude. Demain et après-demain et durant tous les jours qui suivraient sans fin, il se souviendrait parfaitement de la leçon.

XIX

LE FACTEUR SE DÉCIDE

Dans la cabane du Grey Loon, la quatrième nuit de l'absence de Bari, Pierre fumait sa pipe après un grand souper de longe de caribou qu'il avait rapportée de la piste et Nepeese écoutait le récit du coup remarquable qu'il avait réussi, quand un bruit à la porte les interrompit. Nepeese ouvrit et Bari entra. Le cri de bienvenue qui était aux lèvres de la jeune fille y mourut sur le champ et Pierre sursauta comme s'il ne pouvait croire que cette créature qui revenait était le chien-loup. Trois jours et trois nuits sans manger, pendant lesquelles il n'avait pu chasser à cause de la patte qu'il tirait encore, avaient posé sur lui les stigmates de la famine. Couturé par la bataille et couvert de caillots de sang séché qui pendaient encore à ses longs poils, il avait un aspect qui arracha finalement un long soupir à Nepeese. Un bizarre sourire s'esquissa sur le visage de Pierre, tandis qu'il se penchait hors de son fauteuil, puis se levant lentement et regardant avec plus d'attention, il dit à Nepeese :

— Ventre saint gris ! Oui. Il est allé rejoindre la horde des loups, Nepeese, et la horde s'est retournée contre lui. Ça n'a pas été un combat entre deux loups, non ! Ce fut un combat de toute la bande. Il est déchiré et lardé à cinquante places. Et, mon Dieu, il est vivant...

Dans la voix de Pierre l'émerveillement et la surprise allaient croissant. Il demeurait sceptique et pourtant il ne pouvait pas ne pas croire ce que lui disaient ses yeux. Ce qui était arrivé n'était rien moins qu'un miracle et pendant un moment, il ne souffla mot, mais resta à regarder en silence, tandis que Nepeese s'éveillait de son étonnement pour donner à Bari des soins et de la nourriture. Quand il eut dévoré comme un affamé une bouillie froide, elle se mit à laver les blessures dans de l'eau tiède, ensuite elle les oignit avec de la graisse d'ours, lui parlant tout le temps dans son doux langage cree. Après la douleur et la faim et la traîtrise de son équipée, c'était une magnifique réception pour Bari. Il dormit cette nuit-là au pied du lit de Branche-de-Saule. Le matin suivant, ce fut la fraîche caresse de sa langue sur la main de Nepeese qui éveilla celle-ci.

Dès ce jour-là, ils reprirent la camaraderie interrompue par la désertion momentanée de Bari. L'attachement était plus grand que jamais de la part de Bari. C'était lui qui s'était enfui loin de Branche-de-Saule, qui l'avait quittée à l'appel de la bande et il avait l'air parfois de sentir la profondeur de sa trahison et il essayait de réparer sa faute. Il y avait à n'en pas douter un grand changement en lui. Il s'attachait à Nepeese comme une ombre. Au lieu de dormir la nuit dans l'abri de sapin que Pierre lui avait fabriqué, il s'était fait lui-même un petit creux dans la terre près de la porte de la hutte. Pierre croyait comprendre mieux encore, mais en réalité la clef du mystère résidait en Bari lui-même.

Il ne joua plus désormais comme il avait joué avant de partir seul dans la forêt. Il ne faisait plus la chasse aux bâtons ou ne courait plus jusqu'à n'être qu'un tourbillon pour la simple joie de courir. Tout enfantillage avait disparu. A la place, il y avait une immense adoration et une vaste amertume, de l'amour pour la jeune fille et de la haine pour la horde... Chaque fois qu'il entendait le hurlement du loup, un grognement de colère montait à sa gorge et il montrait les crocs au point que même Pierre s'écartait un peu de lui. Un attouchement de la main de la jeune fille l'apaisait.

En une semaine ou deux, les grandes neiges arrivèrent, et Pierre recommença ses voyages au long de sa ligne de pièges. Nepeese avait passé avec lui un intéressant marché cet hiver. Pierre l'avait prise comme associée. Un piège sur cinq, une trappe sur cinq, un appât empoisonné sur cinq devaient lui appartenir et ce qu'ils prenaient et tuaient rapprochait un peu plus la réalisation d'un rêve merveilleux qui croissait dans l'âme de Branche-de-Saule. Pierre en avait fait la promesse. S'ils avaient beaucoup de chance cet hiver, ils descendraient ensemble aux dernières neiges jusqu'à Nelson House, afin d'y acheter le vieux petit harmonium qui était à vendre. Et si l'harmonium était vendu, ils travailleraient un autre hiver pour en acheter un neuf. De ce fait, Nepeese prenait un intérêt enthousiaste et incessant à visiter la zone de trappes. De la part de Pierre c'était plus ou moins un bel acte de diplomatie. Il aurait vendu son âme pour donner l'harmonium à Nepeese ; il avait décidé qu'elle l'aurait, que les cinquièmes trappes, les cinquièmes fosses ou les cinquièmes appâts empoisonnés eussent pris des fourrures ou non.

L'association n'avait en apparence d'autre signification que ces objets-là. Mais, d'autre part, cela voulait dire pour Nepeese une occupation personnelle où se prendre complètement. Pierre lui avait fait comprendre que cela faisait d'elle une camarade et une collaboratrice sur la piste. Tel était son dessein : la garder avec lui quand il s'absentait de la hutte. Il savait que Mac Taggart reviendrait à Grey Loon peut-être plus d'une fois durant l'hiver. Il avait des chiens rapides et c'était un voyage assez court. Et lorsque Mac Taggart viendrait, il ne fallait pas que Nepeese fût seule à la cabane.

La zone des trappes de Pierre s'étendait du nord à l'ouest, couvrant en tout une distance de cinquante milles, avec une moyenne de deux trappes, un piège et un appât par mille. C'était une ligne sinueuse qui brillait au long des ruisseaux, pour la belette, la loutre et la martre, qui pénétrait au plus profond des forêts pour le chat-pêcheur et le lynx, et qui traversait les lacs et les lambeaux de terres arides balayés par les tempêtes où les appâts empoisonnés pouvaient être disposés pour le renard et le loup.

A mi-chemin de la ligne, Pierre avait construit une petite hutte en bois et une autre à l'extrémité, de telle sorte que le travail d'une journée équivalait à vingt-cinq milles. C'était aisé pour Pierre et pas bien difficile pour Nepeese, au bout des quelques premiers jours. Pendant tous les mois d'octobre et de novembre et la plus grande partie de décembre, ils accomplirent régulièrement leur trajet, achevant leur tournée tous les six jours, ce qui leur donnait une journée de repos à la cabane du Grey Loon et une autre journée à la cabane à l'extrémité de la piste. Pour Pierre, le travail de l'hiver était une affaire véritable, l'ouvrage de sa race depuis des générations ; pour Nepeese et Bari, il représentait une libre et joyeuse partie qui jamais un seul jour ne les lassait. Même, Pierre ne pouvait tout à fait se défendre de leur emballement. C'était contagieux et pendant trois mois il fut plus heureux qu'il n'avait jamais été depuis que son soleil s'était couché, ce soir que mourut la princesse-mère.

Ce furent des mois merveilleux. La fourrure était abondante et il faisait un froid continu sans tourmente mauvaise. Non seulement Nepeese portait un petit paquet sur les épaules afin de rendre plus léger le fardeau de Pierre, mais elle exerçait Bari à porter de chaque côté de ses flancs de mignons paniers qu'elle avait fabriqués. Dans ces paniers, Bari portait les appâts.

Dans un sur trois au moins des pièges, il y avait toujours ce que Pierre nommait des « bagatelles » : lapins, hiboux, corneilles, geais ou écureuils. Ceux-ci, une fois déplumés ou écorchés, constituaient l'appât pour recharger les trappes plus avant.

Sur la fin de décembre, comme ils revenaient à Grey Loon, Pierre s'arrêta brusquement à une douzaine de pas en avant de Nepeese et fixa la neige. Une bizarre empreinte de chaussures avait rejoint la leur et se dirigeait vers la hutte... Pendant une demi-minute, Pierre resta silencieux et c'est à peine si un muscle de son visage remua, tandis qu'il regardait. La trace venait en droite ligne du nord et de ce côté-là c'était le lac Bain. Il y avait également de grandes empreintes de bottes et leurs enjambées étaient celles d'un homme de taille robuste. Avant que Pierre eût dit un mot, Nepeese avait deviné ce que cela signifiait :

— Monsieur le facteur du lac Bain ! dit-elle.

Bari flairait avec défiance l'étrange trace. Ils entendirent le groulement sourd de sa gorge et Pierre haussa les épaules :

— Oui, le monsieur ! fit-il.

Le cœur de Branche-de-Saule se mit à battre plus vite, tandis qu'ils continuaient d'avancer. Elle n'avait pas peur de Mac Taggart, elle n'avait pas peur physiquement et cependant quelque chose lui montait de la poitrine et l'étouffait à l'idée de la présence de cet homme à Grey Loon. Pourquoi s'y trouvait-il ? Pierre n'avait pas besoin de répondre à la question, l'eût-elle formulée. Elle le savait. Le facteur du lac Bain n'avait point affaire ici, sinon qu'il voulait la voir. Le sang empourpra ses joues tandis qu'elle se rappelait cette minute au bord du ravin alors qu'il la meurtrissait presque dans ses bras. Tenterait-il cela encore ?

Pierre, perdu dans ses sombres pensées, entendit à peine l'éclat de rire singulier qui sortit de la bouche de Nepeese. Nepeese écoutait le groulement que Bari faisait entendre de nouveau. C'était un bruit assourdi, mais terrible. Lorsqu'on fut à un demi-mille de la hutte, elle enleva les paniers des reins du chien et les porta elle-même. Dix minutes plus tard, ils aperçurent un homme qui venait à leur rencontre.

Ce n'était point Mac Taggart. Pierre le reconnut et, avec un évident soupir de soulagement, il lui fit signe de la main. C'était De Bar qui était trappeur dans les terres incultes au nord du lac Bain. Pierre le connaissait parfaitement. Ils avaient échangé des poisons à renards. Ils étaient amis et ils eurent plaisir à se serrer les mains. De Bar regarda alors Nepeese :

— Tonnerre ! la voici femme, s'écria-t-il. Et comme une femme, Nepeese le regarda bien en face, la rougeur colorant plus fort ses joues et il s'inclina profondément avec une politesse qui reportait à une couple de siècles en arrière.

De Bar ne tarda pas à expliquer sa mission et, avant d'avoir atteint la hutte, Pierre et Nepeese savaient pourquoi il était venu. Monsieur le facteur du lac Bain partait en voyage dans cinq jours et il avait spécialement envoyé De Bar pour demander à Pierre d'aller aider le commis et le garde-magasin métis pendant son absence. Pierre ne fit d'abord aucune observation. Mais il refléchissait. Pourquoi Mac Taggart l'envoyait-il chercher ? Pourquoi n'avait-il pas choisi quelqu'un qui fût plus proche ? Tant que le feu ne pétilla point dans le poêle de tôle de la hutte et que Nepeese ne fut pas occupée à préparer le souper, il ne formula pas ces questions au chasseur de renards.

De Bar haussa les épaules.

— Il m'a d'abord demandé si je pouvais rester. Mais ma femme a une pneumonie, Pierre. Elle a pris froid, l'hiver dernier, et je n'ose la laisser longtemps seule. Il a grande confiance en vous. En outre, vous connaissez tous les trappeurs inscrits aux registres de la Compagnie du lac Bain. De sorte qu'il m'a envoyé à vous et il vous prie de ne pas vous inquiéter à propos de vos lignes de fourrures, car il vous paiera double de ce que vous auriez pris pendant le temps que vous serez au poste.

— Et... Nepeese ? interrogea Pierre. Monsieur s'attend-il que je l'amène ?

Près du poêle, Branche-de-Saule releva la tête pour écouter et son cœur se remit à battre librement à la réponse de De Bar.

— Il n'a rien dit à ce sujet. Mais bien sûr ce sera un grand changement pour la petite demoiselle.

Pierre fit signe de la tête.

— Probablement, *Netootam* !

Ils ne s'entretinrent pas davantage de l'affaire, ce soir-là. Mais pendant toute la nuit, Pierre y réfléchit et cent fois il se posa la même question : pourquoi Mac Taggart l'envoyait-il chercher, lui ? Il n'était pas le seul à bien connaître les trappeurs qui figuraient aux registres de la Compagnie. Il y avait Wassaon, par exemple, le métis scandinave dont la hutte se trouvait à moins de quatre heures de marche du poste ; ou Baroche, le vieux Français à barbe blanche qui habitait encore plus près et de qui chaque phrase était parole d'évangile. Il faut, se dit-il en fin de compte, que monsieur m'envoie chercher parce qu'il désire se concilier le père de Nepeese et obtenir l'amitié de Nepeese elle-même. Car, c'était à n'en point douter, un grand honneur que le facteur lui faisait et cependant, au fond du cœur, il restait plein de défiance.

Quand De Bar fut sur le point de le quitter, le lendemain matin, il lui dit :

— Dites à monsieur que je partirai pour le lac Bain après-demain.

Lorsque De Bar fut parti, Pierre dit à Nepeese :

— Et tu vas rester ici, ma chérie. Je ne t'emmène pas au lac Bain. J'ai rêvé que monsieur ne s'en allait pas en voyage, mais qu'il a menti et qu'il sera malade quand j'arriverai au poste. Et pourtant si par hasard tu voulais venir...

Nepeese se redressa brusquement pareille à un roseau que le vent avait courbé.

— Non ! s'écria-t-elle si farouchement que Pierre éclata de rire et se frotta les mains.

Ainsi se fit-il que le deuxième jour après la visite du chasseur de renards, Pierre s'en alla au lac Bain. Nepeese, sur le seuil, lui fit signe adieu de la main jusqu'à ce qu'il eût disparu à sa vue.

Le matin de ce même jour, Mac Taggart se leva alors qu'il faisait encore nuit. Le moment était arrivé, l'heure et le jour qu'il avait attendus et combinés, et, de toute la nuit, le sommeil n'avait fermé ses yeux. Vingt fois, il avait tenu ce merveilleux portrait de Nepeese à la lueur de la lampe et qui, chaque fois, produisait l'effet de l'huile jetée sur un brasier. Toutes les forces de son être sombraient maintenant dans une seule et grande passion dont longtemps et minutieusement il avait machiné l'accomplissement. Il avait reculé devant un meurtre à commettre : tuer Pierre, et, dans son hésitation, il avait trouvé un moyen meilleur. Nepeese ne pouvait lui échapper. Il la rencontrerait seule à la hutte, sans défense, pour en faire ce qu'il lui plairait. Après quoi...

Il se mit à rire et serra ses gros poings, enchanté. Oui, après cela, Nepeese consentirait à devenir la femme du facteur du lac Bain. Elle ne voudrait pas que les gens de la forêt la regardent comme *la bête noire.* Non ! Elle viendrait spontanément. Et Pierre ne saurait jamais ce qui s'était passé à la hutte, car Nepeese voudrait-elle le lui raconter ? C'était un plan superbe, si facile à réaliser, aux résultats tellement inévitables ! Et, pendant tout ce temps, Pierre s'imaginerait que Mac Taggart était parti en mission vers l'est.

Il déjeuna avant l'aube et il était en route avant qu'il fît jour encore. A dessein, il tourna directement à l'est, afin qu'en arrivant du sud-ouest, Pierre ne pût rencontrer les traces de son traîneau. Car il avait maintenant résolu qu'il importait que Pierre ne sût jamais cela et n'eût pas un soupçon, même si cela devait l'obliger à faire quelques milles supplémentaires de voyage, si bien qu'il ne parviendrait au Grey Loon que le deuxième jour. Il était préférable, somme toute, d'être un jour en retard, car il était possible que quelque chose eût fait différer Pierre. De sorte qu'il ne s'efforça point d'aller au plus vite. Il y avait une énorme somme de brutale satisfaction à prévoir ce qui allait arriver et Mac Taggart se plongeait dans ce plaisir jusqu'à satiété. Aucune chance de déception d'ailleurs. Il était sûr que Nepeese n'accompagnerait pas son père au lac Bain. Elle serait à la hutte du Grey Loon, seule. Cinquante fois son visage s'empourpra violemment d'y penser.

Nepeese ne redoutait rien de cette solitude. Parfois maintenant, la pensée d'être seule lui était agréable, quand elle désirait rêver, quand elle se représentait des choses au mystère desquelles elle n'aurait même pas admis Pierre. Elle devenait femme, une fleur qui, close jusqu'alors, s'épanouissait. C'était encore une jeune fille avec le doux velouté de l'adolescence dans ses yeux et cependant avec déjà le mystère de la femme s'émouvant dans son âme, comme si la Grande Main hésitait à l'éveiller ou à la laisser dormir encore plus longtemps. A ces moments-là, lorsque l'occasion s'offrait de consacrer quelques heures à sa rêverie, elle mettait sa robe rouge et relevait ses cheveux comme elle l'avait vu représenté dans les gravures des magazines que Pierre rapportait deux fois par an de Nelson House.

Le deuxième jour de l'absence de Pierre, elle s'habilla de la sorte. Toutefois, elle fit retomber ses cheveux autour d'elle en gloire lumineuse et autour de son front elle attacha un bandeau de ruban rouge. Cependant, ce n'était pas fini. Aujourd'hui, elle avait de merveilleux desseins. Sur la muraille près de son miroir, elle avait fixé une grande page tirée d'un magazine pour dames et sur cette page on voyait une délicieuse figure à frisettes. En dessous était écrit : Mary Pickford. A quinze cents milles au nord du bureau de la Californie ensoleillée où la photographie avait été prise, Nepeese, une moue à ses lèvres pourpres, le front plissé, s'appliquait à saisir le secret des ondulations de la coiffure de la petite Mary Pickford.

Elle regardait son miroir, le visage enflammé et les yeux brillants, s'énervant pour donner à l'une de ses tresses qui tombait plus bas que ses hanches l'aspect des boucles convoitées. Soudain, derrière elle, la porte s'ouvrit et Bush Mac Taggart entra.

XX

UNE LUTTE INUTILE

Branche-de-Saule tournait le dos à la porte quand le facteur du lac Bain pénétra dans la hutte et, dans son étonnement, durant quelques secondes elle ne se retourna pas. Elle crut d'abord que c'était Pierre. Il avait eu besoin de revenir ; mais comme cette pensée lui venait, elle entendit un groulement dans la gorge de Bari qui la fit se dresser brusquement et regarder vers la porte.

Mac Taggart n'était pas entré sans se préparer. Il avait laissé dehors son paquet, son fusil et son lourd pardessus. Il était debout sur le seuil et il considérait Nepeese, sa superbe toilette et sa florissante chevelure, comme étourdi par ce qu'il voyait. Fatalité ou hasard jouaient alors contre Branche-de-Saule. S'il y avait eu un soupçon de chevaleresque ou même de pitié sommeillant dans l'âme de Bush Mac Taggart, il eût été anéanti par ce qu'il voyait. Jamais Nepeese n'avait paru plus belle, pas même le jour que Mac Donald, le géographe, avait fait sa photographie. C'était la manière dont le soleil, pénétrant à flots par la fenêtre, faisait ressortir sa merveilleuse chevelure dans l'obscurité lumineuse qui encadrait son visage comme un fin camée qui retint un instant Mac Taggart, hésitant et la respiration coupée. Il avait rêvé. Ses désirs de brute lui avaient représenté Nepeese dans tout le charme qu'une imagination torturée par la passion peut ajouter à la réalité. Mais il ne s'était rien représenté de comparable à la créature qui était maintenant devant lui, les yeux agrandis démesurément d'effroi et pâlissant sous le regard qui la fixait. Il n'y eut qu'un instant pendant lequel leurs yeux se rencontrèrent dans ce terrible silence : terrible pour la jeune fille. Des mots étaient superflus. A la fin, elle comprit. Elle comprit le danger qu'elle avait couru le jour où, au bord du ravin et dans la forêt, elle s'était moquée, sans peur de la menace qui l'assaillait maintenant de front. C'était sur le visage de Mac Taggart, indescriptible, l'horrible joie qui brûlait dans ses yeux, l'éclat de ses dents serrées, le sang pourpre embrasant sa face, tandis qu'il la regardait. En un éclair la vérité lui apparut. C'était un guet-apens et Pierre était parti.

Un soupir qui ressemblait à un sanglot expira sur ses lèvres.

— Monsieur ! essaya-t-elle de dire. Mais ce ne fut qu'un murmure, un effort. Elle paraissait suffoquée.

Elle perçut nettement le déclenchement du verrou de fer alors qu'il fermait la porte. Mac Taggart avança d'un pas.

Il ne fit qu'un seul pas. Sur le plancher Bari demeurait comme une chose sculptée. Il n'avait pas bougé. Il n'avait pas proféré un son, à part ce grognement avertisseur, tant que Mac Taggart gardait sa distance. Puis, comme un éclair, il s'était dressé et placé devant Nepeese, chaque poil de son corps hérissé et devant la colère de son grognement Mac Taggart se recula contre la porte verrouillée. Un mot de Nepeese en ce moment et c'eût été tout. Mais un instant fut perdu, un instant avant qu'elle jetât un ordre. En pareil moment une main et un cerveau humains sont plus prompts que l'entendement d'un animal, et, tandis que Bari sautait à la gorge du facteur, il y eut un éclair et une explosion étourdissante presque sous les yeux de Branche-de-Saule. C'était un coup de hasard, un coup parti de la hanche, du pistolet automatique de Mac Taggart. Bari tomba net. Il s'abattit d'un choc sur le plancher et roula contre le mur de bois. Il n'y eut pas une convulsion des pattes, pas un tressaillement dans son corps. Mac Taggart se mit à rire nerveusement, tandis qu'il replaçait son revolver dans l'étui. Il savait que seul un coup au cerveau avait pu faire cela.

Adossée à la muraille du fond, Nepeese attendait. Mac Taggart pouvait entendre sa respiration haletante. Il avança à mi-trajet vers elle :

— Nepeese, je suis venu pour faire de vous ma femme, dit-il.

Elle ne répondit pas. Il put voir que le souffle lui manquait. Elle porta une main à sa gorge. Il fit encore quelques pas et s'arrêta. Il n'avait jamais vu de tels yeux, non, pas même lorsqu'il s'était penché sur le supplice d'une autre femme, jamais il n'avait vu pareille terreur dans la vie ou la mort. Et pas seulement de la terreur. Il y avait en eux plus que de la terreur, quelque chose qui le retenait. Et il répéta :

— Je suis venu pour faire de vous ma femme, Nepeese. Ici, aujourd'hui, ce soir ; et, demain, vous viendrez avec moi à Nelson House, puis nous retournerons au lac Bain... pour toujours.

Il ajouta les derniers mots comme après réflexion.

— Pour toujours, répéta-t-il. Pas comme Marie. Elle est repartie dans sa tribu.

Il parlait net. Son courage et sa résolution s'accrurent en voyant le corps de la jeune fille s'affaisser un peu contre la muraille. Nepeese défaillait. Elle était sienne. A quoi bon prodiguer les phrases maintenant, maintenant qu'il lui avait fait comprendre qu'elle allait lui appartenir pour toujours ? Son cerveau en feu était surexcité et il s'avança vers elle pour la saisir entre ses bras, comme il l'avait saisie au bord du ravin. Il n'y avait pas moyen d'échapper. Pierre était parti. Bari était mort. Ils étaient seuls et la porte était fermée au verrou...

Il n'avait pas pensé qu'un être vivant pût bouger aussi rapidement que Branche-de-Saule, alors que ses bras se tendaient pour l'atteindre. Elle ne fit pas de bruit pour se précipiter sous l'un des bras tendus. Il fit une enjambée, d'un happement brutal ses doigts saisirent un bout des cheveux. Il entendit qu'ils s'arrachaient, tandis qu'elle se dégageait en courant vers la porte. Elle avait poussé le verrou quand il la rattrapa et ses bras se refermèrent autour d'elle. Il l'entraîna et maintenant elle appelait, elle appelait dans sa détresse, Pierre, Bari, un miracle de Dieu pouvant la sauver. Et elle luttait.

Elle se contorsionna entre les bras de Mac Taggart jusqu'à ce qu'elle fût face à face avec lui. Et plus elle lui résistait, plus elle le griffait et lui lacérait le visage, plus les bras brutaux la broyaient, tant qu'il sembla qu'ils lui briseraient sûrement l'échine. Elle ne voyait plus. Elle était empêtrée dans ses cheveux. Ils lui couvraient le visage, la poitrine et le corps, l'étouffant, embarrassant ses mains et ses bras, et toujours elle résistait. Pendant cette lutte, Mac Taggart trébucha sur le corps de Bari et ils tombèrent. Nepeese se releva cinq secondes avant l'homme. Elle aurait pu atteindre la porte. Mais de nouveau ses cheveux la gênèrent. Elle s'arrêta pour rejeter en arrière leur masse lourde afin d'y voir et Mac Taggart fut à la porte avant elle.

Il ne la verrouilla point, mais il se tint debout face à Nepeese. Son visage était balafré et saignait. Ce n'était plus un homme, mais un démon. Nepeese était brisée, pantelante, un sanglot étouffé sortait de sa gorge. Elle se baissa et ramassa un tison de bois enflammé. Mac Taggart s'aperçut qu'elle était presque à bout de forces.

Elle brandit le bâton, tandis qu'il se rapprochait d'elle. Mais Mac Taggart avait abandonné toute idée de crainte ou de prudence. Il avait senti la jeune fille haletante et raidie contre lui. Il avait senti le frôlement de ses cheveux sur son visage, le frisson de son corps, pendant qu'il l'enserrait dans sa vigueur brutale, et tous ses instincts d'homme s'engouffraient désormais dans l'œuvre mauvaise de la possession. Il s'élança sur elle comme une bête. Le brandon enflammé tomba. Et de nouveau le destin joua contre la jeune fille. Dans sa frayeur et son désespoir, elle avait ramassé le premier bâton que sa main avait touché, un mince bâton. Avec sa suprême énergie elle en frappa Mac Taggart et comme le bâton s'abattait sur sa tête, il recula en chancelant. Mais cela ne lui fit pas lâcher les cheveux qu'il avait empoignés. Avant qu'elle pût frapper de nouveau, il l'avait attirée à lui et, tandis que ses bras l'enfermaient encore comme des étaux de fer qui la broyaient, elle poussa un cri d'agonie et le tison tomba par-dessus l'épaule de Mac Taggart sur le plancher.

En vain se défendait-elle maintenant, non plus pour frapper ou s'évader, mais pour reprendre sa respiration. Elle essaya d'appeler de nouveau, mais, cette fois, aucun son ne sortit de ses lèvres closes. De plus en plus étroitement, le facteur resserrait ses bras. C'était horrible, et, à ce moment suprême, avec la rapidité d'un éclair, la pensée de ce jour où, dans la prairie, un énorme roc avait failli la tuer, traversa l'esprit de Nepeese. Pensée singulière qui lui venait en ce moment, mais elle lui vint et les bras de Mac Taggart étaient plus durs que le roc. Ils l'écrasaient. Ses reins étaient brisés. Et elle fléchissait contre la poitrine de Mac Taggart. Avec un cri fou de triomphe, il dénoua son étreinte et la renversa dans ses bras, ses longs cheveux balayant le plancher et s'y amoncelant en tas. Les yeux de Nepeese étaient encore entr'ouverts, elle n'avait point perdu toute conscience, mais elle était impuissante.

De nouveau, Mac Taggart éclata de rire et, tandis qu'il riait, il entendit s'ouvrir la porte. Était-ce le vent ? Il se retourna, maintenant toujours Nepeese entre ses bras. Sur le seuil, Pierre était debout.

XXI

NEPEESE FAIT SON CHOIX

Dans ce terrible instant qui suivit, si court si on le calcule d'après les battements du cœur humain, une éternité s'écoula lentement dans la petite hutte du Grey Loon, cette éternité qui git quelque part entre la vie et la mort et qui est, parfois, par rapport à une vie humaine, comptée en secondes au lieu de siècles.

Pendant ces secondes, Pierre ne bougea pas de l'endroit où il se tenait sur le seuil. Mac Taggart se redressa vivement, son fardeau aux bras et, les regards fixés sur Pierre, ne bougea pas davantage. Mais les yeux de Branche-de-Saule étaient ouverts. Un frisson convulsif parcourait le corps de Bari étendu contre le mur. On n'entendait le bruit d'aucune respiration. Et, au milieu de ce silence, Nepeese poussa un grand sanglot entrecoupé.

Alors Pierre se réveilla à la réalité. Comme Mac Taggart, il avait laissé dehors son pardessus et ses moufles. Il parla et sa voix ne ressemblait plus à la voix de Pierre. C'était une voix étrange.

— Le Seigneur tout puissant m'a envoyé à temps, monsieur, dit-il. Moi aussi j'ai fait route par l'est et j'ai vu l'endroit où votre trace a quitté le chemin.

Non, cela ne ressemblait plus à la voix de Pierre ! Un frisson secouait maintenant Mac Taggart et lentement il abandonna Nepeese. Elle glissa sur le plancher. Lentement il se redressa.

— N'est-ce point vrai, monsieur, reprit Pierre, que je suis arrivé à temps ?

Quelle puissance, quelle immense frayeur peut-être contraignit Mac Taggart à donner un signe d'affirmation et fit que ses lèvres épaisses prononcèrent d'une voix rauque ces paroles : « Oui, à temps ! » Et pourtant ce n'était pas la peur ; ce fut quelque chose de plus omnipotent que cela. Et Pierre ajouta de la même voix étrange :

— Je rends grâces à Dieu !

Les yeux d'un fou rencontraient maintenant les yeux d'un fou. Entre eux, il y avait la mort. Tous deux la virent. Tous deux pensaient qu'ils voyaient la direction que suivait son doigt osseux. Tous deux en étaient certains. La main de Mac Taggart ne se tendit pas vers l'étui de son revolver et Pierre ne toucha pas le couteau à sa ceinture. Lorsqu'ils s'empoignèrent ce fut poitrine contre poitrine, deux fauves au lieu d'un, car Pierre avait en lui la fureur du loup, du chat et de la panthère.

Mac Taggart était plus grand et plus massif, un géant robuste ; toutefois, devant la fureur de Pierre, il bascula par-dessous la table et s'étala par terre avec fracas. Plusieurs fois dans sa vie il s'était battu, mais jamais il n'avait senti une étreinte à la gorge comparable à l'étreinte des mains de Pierre. Elles lui enlevaient quasiment la vie sur-le-champ. Son cou craquait, un peu plus il aurait été broyé. Il frappa en aveugle, par derrière, et se contorsionna pour repousser le poids du corps du métis. Mais Pierre s'était accroché à lui, comme Sekoosew, l'hermine, s'était agrippée à la gorge du faisan, et les mâchoires de Mac Taggart se contractèrent peu à peu et s'ouvrirent et son visage se mit à passer du rouge au cramoisi.

L'air froid pénétrant par la porte, la voix de Pierre et le bruit de la lutte rappelèrent rapidement Nepeese à la conscience et elle put se relever. Elle était tombée près de Bari et, comme elle dressait la tête, ses yeux se posèrent un moment sur le chien avant de se diriger sur les deux combattants. *Bari était vivant.* Son corps était agité de soubresauts, ses yeux étaient ouverts et il fit effort pour soulever la tête au moment où Nepeese le regardait.

Alors, elle se traîna sur les genoux et s'avança vers les deux hommes, et Pierre, malgré sa rouge fureur sanguinaire et son désir de meurtre, dut entendre le cri perçant de joie qui lui monta aux lèvres, lorsqu'elle vit que le facteur du lac Bain avait le dessous. D'un violent effort elle se mit debout et, pendant quelques instants, elle resta chancelante, comme si son cerveau et son corps se rajustaient. Au moment même où elle considérait le visage bleui dont les doigts de Pierre étranglaient la vie, la main de Bush Mac Taggart cherchait à l'aveuglette son revolver. Il le trouva. A l'insu de Pierre il le tira de son étui. Une chance du diable le favorisait de nouveau, car dans son affairement, il n'avait pas remis le cran de sûreté après avoir tiré sur Bari. Maintenant, il n'avait plus que la force de presser la détente. Deux fois, son index appuya. Deux fois retentirent des explosions mortelles auprès du corps de Pierre.

A la figure de son père, Nepeese comprit ce qui s'était passé. Son cœur s'arrêta dans sa poitrine, tandis qu'elle considérait le rapide et terrible changement opéré soudain par la mort. Lentement Pierre se souleva. Ses yeux se dilatèrent une minute, se dilatèrent et demeurèrent fixes. Il ne poussa pas une plainte. Elle ne put voir ses lèvres bouger. Puis il retomba vers elle, de sorte que le corps de Mac Taggart fut libre. Sans plus rien voir, avec une angoisse dont ne témoignait ni un cri ni un mot, elle se jeta à son côté. Il était mort. Combien de temps resta-t-elle là ? Combien de temps attendit-elle qu'il fît un mouvement, qu'il ouvrît les yeux, qu'il respirât, elle ne le saurait jamais.

Pendant ce temps, Mac Taggart se relevait et s'appuyait au mur, revolver en main, son cerveau reprenant sa lucidité, sa passion renaissant au spectacle de son triomphe final. Son œuvre ne l'effrayait point. Même en cet instant tragique qu'il se tenait accoté à la muraille, sa défense — si jamais il y avait défense — se définissait dans son esprit. Pierre le métis l'avait traîtreusement assailli sans raison. En se défendant, il l'avait tué. N'était-il pas le facteur du lac Bain ? Est-ce que la Compagnie et la Justice ne croiraient pas plutôt sa parole que celle de cette fille ? Son cerveau bondissait de l'ancienne allégresse. Il n'en viendrait jamais là — à l'aveu de cette lutte et de la mort dans la hutte — quand il en aurait fini avec elle ! Elle ne voudrait point passer tout le temps pour *la bête noire.* Non. Ils enseveliraient Pierre et elle retournerait au lac Bain avec lui. Si elle avait été impuissante naguère, elle était encore plus impuissante désormais. Elle n'avouerait jamais ce qui s'était passé dans la hutte quand il en aurait fini avec clle.

Il oubliait la présence du mort à la regarder penchée sur son père en sorte que ses cheveux le recouvraient comme d'un linceul de soie. Il replaça son revolver dans l'étui et respira bruyamment. Il était encore un peu chancelant sur ses pieds, mais son visage était de nouveau le visage d'un démon. Il fit un pas, et c'est alors qu'un bruit vint éveiller la jeune fille de sa torpeur. Dans l'ombre du mur le plus reculé, Bari s'était démené pour se lever et maintenant il groulait. Lentement Nepeese releva la tête. Une force à laquelle elle ne pouvait résister lui fit aussi lever les yeux jusqu'à ce qu'elle regardât Mac Taggart en plein visage. Elle avait presque perdu conscience de sa présence ; ses sens étaient glacés et comme éteints. C'était comme si son cœur eût cessé de battre avec le cœur de Pierre. Ce qu'elle lut sur le visage du facteur la ramena de la torpeur de son chagrin à l'abîme de son propre péril. Il était penché sur elle. Dans sa physionomie, il n'y avait point de pitié, nulle horreur de ce qu'il avait fait, seulement une joie insensée à regarder, non le corps inanimé de Pierre, mais elle-même. Il avança une main et la posa sur sa tête. Elle sentit les gros doigts froisser ses cheveux et les yeux de Mac Taggart luisaient comme des charbons ardents derrière les paupières humides. Les doigts passaient et repassaient dans ses cheveux ; elle pouvait l'entendre respirer, tandis qu'il se penchait plus près et qu'elle essayait de se lever, mais lui, les mains dans ses cheveux, l'immobilisait.

— Grand Dieu ! soupira-t-elle.

Elle ne prononça pas d'autre parole, elle n'implora pas sa pitié, elle ne proféra aucun cri sinon un sanglot rauque et désespéré. En ce moment, ni l'un ni l'autre n'entendirent ni ne virent Bari. Deux fois, en traversant la hutte, il s'était affaissé sur le plancher, maintenant il était près de Mac Taggart. Il voulait simplement se lancer dans le dos de la brute d'homme et essayer de mordre au gras du cou comme il aurait broyé un os de caribou. Mais il était sans force. Il était encore à demi paralysé du bas de son épaule. Mais ses mâchoires étaient comme du fer et elles serrèrent sauvagement une jambe de Mac Taggart. En poussant un hurlement de douleur, le facteur lâcha Branche-de-Saule qui se mit debout. Pendant une précieuse demi-minute, elle fut libre, et, tandis que le facteur donnait des coups de pied et frappait pour faire lâcher prise à Bari, elle s'élança vers la porte de la hutte et s'enfuit. L'air vif frappa son visage, emplit ses poumons d'une vigueur nouvelle, et sans savoir d'où lui viendrait un espoir, elle se précipita à travers la neige dans la forêt.

Mac Taggart parut sur le seuil juste pour la voir disparaître. Sa jambe était déchirée où Bari avait enfoui ses crocs, mais il ne sentait pas sa douleur, tandis qu'il courait pour poursuivre la jeune fille. Elle ne pouvait aller loin. Un cri de triomphe, inhumain comme un cri de fauve, sortit avec un immense soupir de sa bouche ouverte dès qu'il vit que Nepeese ralentissait sa fuite. Il était à mi-chemin de la lisière de la forêt, lorsque Bari se traîna à son tour sur le seuil. Ses mâchoires saignaient où Mac Taggart avait à plusieurs reprises donné des coups de pieds avant qu'il desserrât les crocs. Entre ses deux oreilles il y avait des caillots de sang, comme si un tison rouge y avait été appliqué un moment. C'était là qu'avait frappé la balle de Mac Taggart. Un quart de pouce plus avant et c'eût été la mort. Quoi qu'il en soit, cela avait produit l'effet d'un coup de lourd gourdin, paralysant ses sens et l'envoyant rouler, flasque et sans connaissance, contre la muraille. Il pouvait remuer les pattes sans tomber maintenant et lentement il suivit les traces de l'homme et de la jeune fille.

Tout en courant, Nepeese se rendait compte que tout espoir était vain. Il ne lui restait plus maintenant que quelques minutes, quelques secondes peut-être, et son esprit aussitôt redevint lucide et réfléchi. Elle bifurqua dans la sente étroite dans laquelle Mac Taggart l'avait suivie une fois déjà, mais juste au moment d'arriver au ravin, elle prit vivement à droite. Elle pouvait apercevoir Mac Taggart. Il ne courait pas très vite, mais il gagnait continuellement du terrain, comme s'il prenait plaisir à contempler son impuissance, comme il y avait pris plaisir, d'une autre manière, l'autre jour.

A deux cents yards plus bas que l'étang profond dans lequel elle avait précipité le facteur, tout juste au-delà des bas-fonds d'où il s'était tiré pour se sauver, commençait la gorge de la Plume-Bleue. Une chose effrayante se précisait dans son esprit tandis qu'elle courait de ce côté, une chose qui, à chaque soupir entrecoupé qu'elle poussait, devenait au fur et à mesure une immense et radieuse espérance. Enfin, elle y parvint et regarda à ses pieds. Et tandis qu'elle regardait, remonta en murmurant du fond de son âme et trembla sur ses lèvres le *Chant du Cygne* de la tribu maternelle :

> O nos ancêtres, à nous !
> Venez du fond de la vallée,
> Guidez-nous ! Car aujourd'hui nous mourons
> Et les vents parlent de mort !

Elle avait levé les bras. Sur l'immensité blanche par-delà le torrent elle se dressait haute et svelte, ses cheveux descendant dans le soleil jusqu'à ses genoux. A cinquante yards derrière elle, le facteur du lac Bain s'arrêta brusquement. « Dieu ! murmura-t-il, n'est-elle point admirable ! » Et derrière Mac Taggart, se hâtant de plus en plus, il y avait Bari.

De nouveau, Branche-de-Saule se pencha pour regarder. Elle était sur le bord du gouffre, car à cette heure, elle ne tremblait pas. Plusieurs fois, elle s'était cramponnée à la main de Pierre afin de regarder par-dessus bord, car personne ne pouvait tomber là sans mourir. A cinquante pieds au-dessous d'elle, l'eau qui ne gelait jamais, l'eau s'écrasait en écumant parmi les rocs. L'abîme était profond et noir et terrible, car entre les étroites murailles de roc le soleil ne parvenait pas. Le bruit du gouffre emplissait les oreilles de Branche-de-Saule.

Elle se retourna et brava Mac Taggart. Même alors il ne devina pas, mais il s'avança de nouveau vers elle, les bras étendus, comme si déjà il sentait qu'il l'étreignait. Cinquante yards ! Ce n'était guère et la distance diminuait rapidement...

Une fois encore les lèvres de Branche-de-Saule remuèrent. Après tout, n'est-ce pas l'âme maternelle qui nous donne confiance pour aborder l'éternité, serait-on païen ? Et c'était l'esprit de sa mère que Branche-de-Saule invoquait à l'heure de mourir. Cet appel aux lèvres, elle se précipita dans le gouffre, ses cheveux, soulevés par le vent, l'enveloppant dans un linceul de gloire.

XXII

SEUL !

Peu après le facteur du lac Bain était debout au bord du ravin. Sa voix avait poussé un hurlement rauque, un cri sauvage d'incrédulité et d'horreur qui avait prononcé le nom de Branche-de-Saule au moment où elle disparaissait. Il se pencha, tordant ses énormes mains rouges, et regardant sous lui, dans une anxiété affreuse, l'eau qui bouillonnait et les rocs noirs, là-bas. Il n'y avait plus rien, là, maintenant, nul signe d'elle, pas le moindre éclair de son visage pâle ou de sa chevelure brillante dans l'écume blanchissante. Et elle avait fait *cela* pour lui échapper.

Le cœur de la brute lui fit mal, si mal qu'il recula, les yeux aveuglés, pris de vertige et ses jambes se dérobant sous lui.

Il avait tué Pierre et ç'avait été un triomphe ; toute sa vie, il avait joué son rôle de brute avec un stoïcisme et une cruauté qui ne connaissaient pas de défaillance, rien de pareil à ce qui le dominait maintenant, le faisant frissonner jusqu'à la moelle des os, au point qu'il restait là comme paralysé.

Il ne voyait pas Bari ; il n'entendait pas les cris plaintifs du chien au rebord du ravin. Pendant quelques minutes le monde s'obscurcit pour lui, puis sortant de sa stupeur, il courut comme un fou le long du gouffre, regardant partout où ses yeux pouvaient pénétrer l'eau, cherchant à apercevoir quelque chose d'elle. Enfin l'abîme devint trop sombre. Il ne restait plus d'espoir. Nepeese était disparue et elle avait considéré *cela* en face, pour lui échapper.

Il se répéta le fait à plusieurs reprises, stupidement, lourdement, comme si son cerveau ne pouvait rien comprendre de plus. Elle était morte. Et Pierre était mort. Et lui, en quelques minutes, avait fait tout cela.

Il retourna à la hutte, non point par le sentier par lequel il avait poursuivi Nepeese, mais directement à travers les épaisses broussailles. De gros flocons de neige s'étaient mis à tomber. Il regarda le ciel où des bancs d'obscurs nuages remontaient du sud-est. Le soleil disparut. Bientôt ce serait la bourrasque, la lourde bourrasque de neige. Les larges flocons, en tombant sur ses mains nues et son visage, le portèrent à réfléchir. C'était heureux pour lui, cette bourrasque. Elle allait tout recouvrir : les traces de pas récentes, même la tombe qu'il allait creuser pour Pierre. Un tel homme ne tarde pas à se remettre d'un ébranlement moral.

Tandis qu'il arrivait en vue de la hutte, son esprit était de nouveau préoccupé de la réalité, des exigences de la situation. Le redoutable, somme toute, n'était pas que Pierre et Nepeese fussent morts, mais que son rêve, les désirs qu'il avait nourris, fussent anéantis. Ce n'était pas que Nepeese fût morte, mais que *lui* l'eût perdue. C'était là sa déception foncière. Le reste, son crime, était facile à cacher.

Ce ne fut point par sentimentalité qu'il creusa une tombe pour Pierre près de celle de la princesse-mère sous le haut sapin. Ce ne fut pas le moins du monde par sentimentalité qu'il creusa une tombe, mais par prudence. Il enterra Pierre comme il sied, comme un Blanc en ensevelirait un autre. Puis il déposa la provision de pétrole qu'avait Pierre à l'endroit où elle serait le plus efficacement placée, et en approcha une allumette. Il demeura à l'orée de la forêt jusqu'à ce que la hutte fût devenue un tourbillon de flammes. La neige tombait abondamment. La tombe fraîchement creusée devenait un monticule blanc et les empreintes de pas se comblaient. Matériellement, Bush Mac Taggart ne redoutait rien pour ce qu'il avait fait, en retournant au lac Bain. Personne n'ouvrirait jamais la tombe de Pierre Duquesne. Et il n'y avait personne pour le dénoncer si pareil miracle arrivait. Mais d'une chose au moins son âme noire ne pourrait se libérer. Toujours il reverrait le pâle, le victorieux visage de Branche-de-Saule quand elle le brava à cet instant de gloire où, même alors qu'elle lui avait préféré la mort, il s'était écrié : « Dieu ! qu'elle est belle ! »

De même que Bush Mac Taggart avait oublié Bari, de même Bari avait oublié le facteur du lac Bain. Quand Mac Taggart avait couru le long du ravin, Bari s'était accroupi à l'endroit de la foulée de neige où Nepeese s'était tenue, le corps roide et les pieds arc-boutés pour se pencher vers l'eau. Il l'avait vue prendre son élan. Plusieurs fois, cet été, il l'avait suivie dans ses plongeons hardis dans l'eau profonde et calme de l'étang. Mais ici, il y avait une distance effrayante. Nepeese n'avait jamais plongé à pareil endroit. Bari pouvait voir les pointes sombres des rocs paraître et disparaître dans les tourbillons d'écume, comme des têtes de monstres en train de jouer. Le bruit de l'eau le remplissait de frayeur ; ses yeux percevaient la ruée des glaçons qui s'émiettaient entre les murailles rocheuses. Et elle s'était élancée là.

Il avait grande envie de la suivre, de sauter dans l'eau comme il y avait toujours sauté après elle. Elle était sûrement là-bas, même s'il ne pouvait la voir. Peut-être jouait-elle parmi les roches et se cachait-elle dans l'écume blanche et s'étonnait-elle qu'il ne vînt pas. Mais il hésitait. Il hésitait, la tête et le cou tendus au-dessus du gouffre et ses pieds de devant glissant un peu dans la neige. Avec effort, il se recula et poussa un gémissement. Il surprit l'odeur récente des mocassins de Mac Taggart et sa plainte se changea peu à peu en un long grognement de regret. Il regarda encore au-dessus du gouffre. Il ne pouvait toujours pas apercevoir Nepeese. Il aboya, signal bref et sec par lequel il l'appelait toujours. Il n'y eut pas de réponse. A plusieurs reprises il aboya et ce ne fut toujours que le bruit de l'eau qui lui parvint. Alors, durant quelques minutes, il se recula, silencieux et attentif, le corps frissonnant d'une terreur étrange qui le possédait.

La neige tombait maintenant et Mac Taggart était retourné à la hutte. Au bout d'un moment, Bari s'engagea sur la piste que l'homme avait tracée au bord du ravin et chaque fois que Mac Taggart s'était arrêté, Bari s'arrêtait également. Par moment, sa haine était dominée par l'envie qu'il avait de rejoindre Branche-de-Saule et il continuait à bouger le long de la gorge jusqu'à ce que, à un quart de mille de l'endroit où le facteur avait regardé pour la dernière fois au fond du gouffre, il parvint à la sente étroite et décisive où Nepeese et lui s'étaient si souvent aventurés pour chercher des violettes de rochers. Le sentier serpentant qui descendait en face de la falaise était maintenant couvert de neige, mais Bari y fraya sa route jusqu'à ce qu'il arrivât au bord du torrent. Et Nepeese n'était point là.

Il poussa une plainte et aboya de nouveau. Mais cette fois il y avait dans l'appel qu'il jetait comme un malaise contenu, un accent de pleurnicherie qui indiquait qu'il n'attendait plus de réponse. Après quoi, durant cinq minutes, il s'assit sur son derrière, aussi immobile qu'un roc... Qu'est-ce qui arriva jusqu'à lui ? Du fond du mystère ténébreux et du tumulte du ravin, quels murmures spirituels de la nature lui firent connaître la vérité ? Il est impossible à la raison de l'expliquer. Mais il écoutait et il regardait et ses nerfs le tiraillaient à mesure que la vérité s'affirmait en lui. Et enfin il redressa lentement la tête jusqu'à ce que son museau fût levé vers la bourrasque blanche du ciel et de sa gorge sortit un hurlement profond et frémissant de chien qui lamente le trépas de son maître.

Sur le chemin conduisant au lac Bain, Mac Taggart entendit ce cri et frissonna.

L'odeur de fumée s'épaississant dans l'air jusqu'à lui piquer aux narines chassa enfin Bari du ravin et le ramena à la hutte. Il n'en restait pas lourd, quand il arriva à la clairière. A l'endroit où s'était élevée la cabane, il y avait un tas rouge qui se consumait lentement. Bari demeura longtemps assis à le regarder, attendant toujours et écoutant toujours. Il ne sentait plus l'effet de la balle qui l'avait étourdi, mais ses sens subissaient maintenant un autre changement aussi étrange et irréel que la résistance qu'ils avaient montrée aux ténèbres de la mort imminente dans la hutte. En l'espace de moins d'une heure, le monde s'était, pour Bari, bizarrement transformé.

Tout à l'heure, Branche-de-Saule était là devant son petit miroir dans la hutte, à lui parler et rire dans son contentement, tandis qu'elle arrangeait ses cheveux et que lui, étendu sur le plancher, était rempli d'une immense joie. Et maintenant, il n'y avait plus de hutte, plus de Nepeese, plus de Pierre ! Tranquillement, il s'appliqua à comprendre. Il demeura quelque temps avant de bouger des baumiers touffus, car déjà une défiance intime et grandissante commençait à guider tous ses mouvements. Il n'approcha pas du tas de cendres ardentes de la cabane, mais, en se coulant, il contourna le cirque de la clairière jusqu'au chenil. Cela le mena jusqu'au grand sapin. Une bonne minute il s'y arrêta, flaira le tertre fraîchement élevé sous son manteau blanc de neige. Quand il continua d'avancer, il se fit plus petit encore et ses oreilles étaient aplaties contre le sol. Le chenil était ouvert et vide. Mac Taggart y avait veillé.

De nouveau, Bari s'assit sur son derrière et hurla à la mort. Cette fois, c'était pour Pierre. Dans ce hurlement il y avait un accent autre que dans celui qu'il avait poussé au bord du ravin. Il était positif, certain. Près du ravin, le cri avait été tempéré d'un doute, d'un espoir interrogateur, de quelque chose qui était tellement humain que Mac Taggart sur la route avait tressailli.

Bari *savait* ce que renfermait cette tombe couverte de neige et récemment creusée. Une épaisseur de trois pieds de terre ne pouvait lui cacher son secret. Là, il y avait la mort, absolue, sans équivoque. Mais pour Nepeese, il espérait encore trouver.

Jusqu'à midi, il ne s'écarta point de la hutte, mais une seule fois il approcha effectivement et flaira l'amas noirci de poutres qui émergeaient de la neige. A plusieurs reprises, il fit le tour des décombres, se tenant toujours à distance du buisson et du bois, flairant l'air et écoutant. Deux fois, il retourna au ravin. Tard dans l'après-midi, il lui vint une impulsion subite qui l'entraîna rapidement à travers la forêt. Il ne courait plus à découvert maintenant : la prudence, la défiance et la crainte avaient réveillé en lui les instincts du loup.

Les oreilles rabattues de chaque côté de la tête, la queue basse jusqu'à balayer la neige, l'échine fléchie, à la façon curieuse et évasive du loup, on pouvait à peine le distinguer des ombres des sapins et des baumiers. Nulle hésitation dans le chemin qu'il suivait. Il était droit, comme s'il avait été tracé par une corde à travers la forêt, et il le conduisit, de bonne heure au crépuscule, dans la clairière où Nepeese avait fui avec lui ce jour qu'elle avait poussé Mac Taggart par-dessus le bord du précipice dans l'étang. Au lieu de l'abri des baumiers de ce jour-là, il y avait maintenant un *tepee* d'écorce de bouleau, réduit imperméable et que Pierre avait aidé Branche-de-Saule à fabriquer pendant l'été. Bari y alla tout droit et passa la tête à l'intérieur avec un sourd gémissement d'expectative.

Il ne vint point de réponse. Il faisait sombre et humide dans le réduit. Il pouvait y apercevoir indistinctement les deux couvertures qui s'y trouvaient, la rangée de grandes boîtes d'étain dans lesquelles Nepeese conservait leurs provisions, et le poêle que Pierre avait improvisé un jour avec des morceaux de tôle. Mais Nepeese n'était point là. Et il n'y avait pas apparence d'elle au dehors. La neige n'était foulée que par lui-même. Il faisait noir quand il retourna à la hutte incendiée. Toute la nuit, il erra autour du chenil désert et toute la nuit la neige tomba abondamment, de sorte qu'à l'aurore il y enfonçait jusqu'aux épaules lorsqu'il sortit de la clairière.

Mais avec le jour le ciel s'était dégagé. Le soleil se leva et le monde fut presque trop brillant pour ses yeux. Il réchauffait le sang de Bari d'un nouvel espoir et d'une nouvelle attente. Son cerveau travaillait encore plus activement que la veille pour comprendre. Sûrement Branche-de-Saule reviendrait bientôt ! Il allait entendre sa voix. Elle allait sortir brusquement de la forêt. Elle allait l'appeler. Une de ces choses ou toutes à la fois devaient se produire. Il s'arrêtait net en route, à chaque bruit, et reniflait l'air de tous les côtés où soufflait le vent. Il marchait sans répit. Son corps faisait des foulées profondes dans la neige, autour et au-dessus du haut tertre blanc qui avait été la hutte ; ses traces allaient du chenil au grand sapin et elles étaient aussi nombreuses que les empreintes d'une bande de loups sur un demi-mille, de long en large, jusqu'au ravin.

L'après-midi de ce jour, une deuxième et forte impulsion lui vint. Elle était irraisonnée, mais ce n'était pas davantage de l'instinct uniquement. C'était un demi-combat, l'esprit de la bête luttant de son mieux avec le mystère de l'intangible, quelque chose que les yeux ne pouvaient voir ni les oreilles entendre. Nepeese n'était pas dans la hutte, parce qu'il n'y avait plus de hutte. Elle n'était pas au tepee. Il ne pouvait trouver trace d'elle au ravin. Elle n'était pas avec Pierre sous le grand sapin.

Par conséquent, sans raisonner, mais certain, il se mit à suivre la vieille ligne de pièges au nord-ouest.

XXIII

UN HIVER D'ATTENTE

Nul homme ne s'est jamais préoccupé d'approfondir complètement le mystère de la mort, tandis qu'il frappe les sens du chien du Nord.

Il vient parfois à lui dans le vent ; le plus souvent, *il doit venir* avec le vent. Et pourtant il y a des milliers de maîtres dans le Nord qui jureraient que leurs chiens les ont avertis de la mort des heures avant son arrivée. Et il y en a beaucoup parmi ces milliers qui savent, par expérience, que leurs attelages s'arrêtent à un quart ou à un demi-mille de distance de la hutte étrangère dans laquelle se trouve un mort non enseveli.

Hier Bari avait senti la mort et il savait sans déduction du raisonnement que le mort c'était Pierre. Comment savait-il cela et pourquoi acceptait-il ce fait comme évident, c'est un des mystères qui, parfois, paraissent donner une provocation directe à ceux qui n'accordent rien de plus que l'instinct au cerveau d'un animal. Il savait que Pierre était mort, sans savoir exactement ce que c'était que la mort. Mais il était certain d'une chose : il ne reverrait plus Pierre. Il n'entendrait jamais plus sa voix. Il n'entendrait jamais plus à l'avenir le crissement de ses snow-boots devant lui sur le sentier. Il ne cherchait donc point Pierre sur la ligne de trappes. Pierre était parti pour toujours. Mais Bari n'avait pas encore associé l'idée de la mort à l'idée de Nepeese. Il se sentait plein d'une grande anxiété ; ce qui était parvenu jusqu'à lui du fond du ravin l'avait fait trembler de frayeur et d'attente. Il éprouvait le frémissement de quelque chose d'étrange, de quelque chose de menaçant, et pourtant, alors même qu'il avait hurlé à la mort dans le ravin, cela devait être pour Pierre. Car il croyait que Nepeese était vivante et il était maintenant juste aussi certain qu'il la rejoindrait sur la ligne de trappes qu'il était certain, hier, de la rencontrer sous l'abri d'écorce de bouleau.

Depuis son déjeuner de la veille, au matin, avec Branche-de-Saule, il était resté sans manger. Apaiser sa faim signifiait chasser, et sa pensée était trop préoccupée à chercher Nepeese pour cela. Il serait demeuré affamé tout le jour, mais à trois milles de la hutte il arriva près d'un piège où il y avait un gros lapin aux pieds blancs. Le lapin vivait encore et Bari le tua et en mangea son content. Jusqu'au soir, il ne manqua pas une trappe. Dans l'une d'elles, il y avait un lynx ; dans une autre, un chat-pêcheur ; à la surface blanchie d'un lac, il flaira un monticule de neige sous lequel gisait le cadavre d'un renard roux tué par l'un des appâts empoisonnés de Pierre. Tous les deux, lynx et chat-pêcheur, étaient vivants et les chaînes d'acier de leur trappe claquaient à coups secs, tandis qu'ils se disposaient à livrer bataille à Bari. Mais l'affaire n'intéressait point Bari. Il se hâtait, son anxiété croissant à mesure que l'obscurité augmentait et qu'il ne trouvait pas trace de Nepeese.

Il fit, après la bourrasque, une nuit merveilleusement claire, une nuit froide et lumineuse, avec des ombres découpées aussi nettement que des êtres vivants. Alors une troisième idée s'empara de Bari. Il lui suffisait, comme à tous les animaux, d'une seule idée à la fois ; c'était une créature dont les impulsions plus faibles étaient dirigées par une unique impulsion dominante. Et cette impulsion, dans la splendeur de la nuit étoilée, c'était d'atteindre aussi vite que possible la première des deux cabanes de Pierre sur la ligne de trappes. Là, il trouverait Nepeese. Je n'appellerai point méthode de raisonnement le moyen par lequel Bari aboutit à cette conclusion, par crainte que quelque réaliste attardé ne se dresse du haut de son savoir omnipotent et de son égoïsme d'animal supérieur pour me stigmatiser du nom de rêveur. En tout cas, une assurance solide et ferme vint à Bari juste de la même façon. Il se mit à négliger les trappes dans sa précipitation à parcourir la distance pour atteindre la cabane. Il y avait vingt-cinq milles de la maison incendiée de Pierre à la première cabane des trappes et Bari en avait parcouru dix, à la nuit tombée. Les quinze restant étaient les plus pénibles. Dans les endroits à découvert, il enfonçait dans la neige jusqu'au ventre et la neige était douce. Fréquemment, il plongeait dans des tas profonds parmi lesquels un moment il restait comme enseveli. Trois fois, pendant la dernière partie de la nuit, Bari entendit le thrène sauvage des loups. Une autre fois, ce fut un péan de triomphe. Les chasseurs se livraient à leur curée à moins d'un mille de là dans la forêt profonde. Mais leur voix ne lui parlait plus. Il était rétif. Voix de haine et de fraude. Chaque fois qu'il l'entendait, il s'arrêtait sur la route et grognait, tandis que son poil se hérissait.

Il était minuit quand il parvint au petit cirque de la forêt où Pierre avait coupé du bois pour la première de ses cabanes de la zone des trappes. Pendant au moins une minute, Bari se tint à l'orée de la clairière, les oreilles fort attentives, les yeux illuminés d'espoir et d'expectative, tandis qu'il humait l'air. Ni fumée, ni bruit, ni lumière à l'unique fenêtre de la hutte de bois. Une déception envahit Bari, tandis qu'il était là. De nouveau, il eut la sensation de sa solitude, du néant de ses recherches. Ce fut à pas lourds et découragés qu'il traversa la neige jusqu'à la porte de la hutte. Il avait parcouru vingt-cinq milles et il était fatigué, mais son épuisement ne l'avait pas accablé jusqu'alors. La neige était amoncelée en tas sur le seuil et Bari s'y assit et gémit. Ce n'était plus le gémissement inquiet et interrogateur de tantôt. Maintenant, c'était un accent de désespoir et de profonde détresse. Durant une demi-heure, il resta assis frissonnant, le dos à la porte, la tête dressée vers l'immensité des étoiles comme si là-bas encore habitait le fugitif espoir que Nepeese pourrait arriver à sa suite dans le chemin. Puis, il se creusa un trou profond dans le tas de neige et passa le reste de la nuit dans un sommeil plein de cauchemars.

A la première lueur du jour, il reprit sa route. Il n'était pas si alerte ce matin-ci. Il avait cet affaissement lamentable de la queue nommé par les Indiens *akoosewin,* signe du chien malade. Et Bari était malade, non de corps, mais d'âme. La ferveur de son espoir était anéantie et il ne s'attendait plus à retrouver Branche-de-Saule. Cependant, la seconde cabane, à l'extrémité lointaine de la ligne de trappes, l'attirait, mais ne provoquait plus rien chez lui de l'enthousiasme qui l'avait précipité vers la première. Il marchait lentement et par à-coups, sa défiance de la forêt ayant fait place de nouveau à son exaltation de recherche. Il approchait de chaque piège et trappe de Pierre avec prudence et deux fois il montra les crocs : une fois à une belette qui, de dessous une racine où elle avait traîné le piège où elle était prise, fit mine de le mordre, et la seconde fois à un gros hibou blanc comme neige qui était venu dérober l'appât et se trouvait prisonnier au bout d'une chaîne d'acier. Il se peut que Bari s'imaginât que c'était Oohoomisew et qu'il se souvînt encore vivement de l'assaut déloyal et de la farouche bataille de cette nuit où, petit chien, il avait traîné son corps endolori et blessé à travers le mystère panique des grands bois. Car il fit plus que montrer les crocs. Il mit en pièces le hibou blanc.

Il y avait abondance de lapins dans les trappes de Pierre et Bari ne partit pas affamé. Il parvint à la seconde cabane de la ligne tard dans l'après-midi, après dix heures de marche. Il n'y eut pas bien grande déception, car il n'avait pas beaucoup espéré. La neige avait cerné cette cabane d'un remblai plus élevé que l'autre. Il y en avait trois pieds haut contre la porte et la fenêtre était blanche d'un revêtement de givre épais. En cet endroit, qui était à l'extrémité d'une immense plaine aride et que d'épaisses forêts n'ombrageaient que plus loin en arrière, Pierre avait construit un abri pour y loger son bois, et, de cet abri, Bari fit sa maison provisoire. Tout le jour suivant, il demeura quelque part à l'extrémité de la ligne de trappes bordant la lisière des terres désertes, à examiner la courte ligne transversale d'une douzaine de pièges que Pierre et Nepeese avaient accrochée avec des cordes à travers un marécage où se voyaient beaucoup d'indices de lynx. C'était le troisième jour avant son départ pour retourner au Grey Loon.

Il voyagea sans hâte, mettant deux jours à couvrir les vingt-cinq milles entre la première et la seconde cabane de la ligne de trappes. A la deuxième cabane, il demeura trois jours, et ce fut le neuvième qu'il atteignit Grey Loon. Aucun changement. Dans la neige, nulles traces que les siennes d'il y avait neuf jours. Chercher Nepeese lui devenait maintenant une sorte de routine quotidienne plus ou moins involontaire. Pendant une semaine, il se tapit dans le chenil et au moins deux fois, de l'aurore à la nuit, il alla jusqu'à l'abri d'écorce de bouleau et jusqu'au ravin. Bientôt, sa piste, fortement marquée dans la neige, devint aussi battue que la ligne de trappes de Pierre. Elle coupait droit à travers la forêt jusqu'au tepee, obliquait légèrement à l'est, afin de traverser la surface gelée de l'étang où nageait Branche-de-Saule. De l'abri, elle décrivait un cercle à travers un coin de la forêt où Nepeese avait souvent cueilli des brassées de fleurs pourpres, puis elle se dirigeait vers le ravin. Elle suivait de long en large le bord de la gorge, descendait dans la petite anse au fond du ravin et, de là, retournait directement au chenil. Puis, tout à coup, Bari changea. Il passa une nuit dans l'abri. Après quoi, bien qu'il fût à Grey Loon, il dormit toujours dans cet abri. Les deux couvertures formaient son lit, et c'était encore un peu de Nepeese. Et là, pendant tout l'hiver, il attendit.

Si Nepeese était revenue en février et avait pu le surprendre à l'improviste, elle aurait trouvé un Bari bien changé. Il ressemblait plus que jamais à un loup ; cependant, il ne hurlait jamais plus maintenant et un grognement montait du fond de sa gorge, lorsqu'il entendait le cri de la horde. Pendant plusieurs semaines, la vieille ligne de trappes l'avait approvisionné de nourriture, mais maintenant il chassait. Le tepee, à l'intérieur comme alentour, était parsemé de poils et d'os. Une fois, seul, il attrapa un jeune daim dans la neige épaisse et le tua. Une autre fois, au cœur d'une farouche tempête de février, il poursuivit un caribou mâle de si près que la bête sauta par-dessus un rocher et se rompit le cou. Bari vivait bien et d'aspect et de vigueur devenait rapidement un géant de son espèce. Encore six mois et il serait aussi robuste que Kazan. Déjà ses mâchoires étaient aussi puissantes que les siennes. Trois fois, au cours de l'hiver, il s'était battu : d'abord avec un lynx qui avait dévalé sur lui d'une souche renversée, tandis qu'il mangeait un lapin frais tué, et deux autres fois avec des loups isolés. Le lynx le lacéra sans pitié avant de se réfugier dans la souche. Le plus jeune des loups, il le tua. L'autre combat fut un mécompte. De plus en plus, il devenait un réfractaire, vivant solitaire avec ses rêves et les espoirs qui couvaient. Et il rêvait. A diverses reprises, tandis qu'il était étendu dans l'abri, il crut entendre la voix de Nepeese. Il croyait entendre son doux appel, ses éclats de rire, les syllabes de son nom, et, souvent, il se dressait, redevenu l'ancien Bari pendant une minute ou deux, pour se recoucher dans son nid avec un gémissement assourdi et plein d'amertume. Et toujours, quand il entendait le craquement d'une branche ou quelque autre bruit de la forêt, c'était la pensée de Nepeese qui, dans un éclair, traversait son cerveau. *Un jour elle reviendrait.* Cette croyance faisait partie de sa vie aussi bien que le soleil et la lune et les étoiles.

L'hiver passa et le printemps arriva, et toujours Bari continuait à fréquenter ses vieilles pistes, même quand il allait ici et là, sur la ligne de trappes jusqu'à la première cabane. Les pièges étaient maintenant rouillés et détendus, la fonte des neiges découvrant des os et des plumes entre leurs ressorts, sous les trappes il y avait des débris de fourrures et dehors, sur la glace des lacs, des squelettes de renards et de loups qui avaient mordu aux appâts empoisonnés. Les dernières neiges passèrent. Les torrents gonflés chantèrent dans les forêts et les cañons. La terre reverdit et les premières fleurs s'ouvrirent.

Sûrement, c'était pour Nepeese le moment de revenir à la maison ! Il l'attendait avec espoir. Il alla plus souvent encore à l'étang de la forêt où ils se baignaient et il se tenait près de la hutte incendiée et du chenil. Deux fois, il plongea dans l'étang et gémit en nageant tout autour, comme si Nepeese dût certainement le rejoindre dans leur ancien amusement de natation. Et dès lors, tandis que le printemps s'achevait et que l'été venait, tombaient sur lui lentement la tristesse et la misère d'une infinie désespérance. Toutes les fleurs étaient maintenant épanouies et les grappes de sorbier elles-mêmes luisaient comme des feux rouges dans les bois. Des lambeaux de verdure commençaient à cacher les décombres calcinés qui avaient été la hutte, et les glycines aux fleurs bleues qui recouvraient la tombe de la princesse-mère rampaient maintenant jusqu'à celle de Pierre, comme si la princesse elle-même les animait de son esprit. Tout poussait et les oiseaux s'étaient accouplés et avaient bâti leurs nids, et Nepeese ne revenait pas. Et à la fin, quelque chose se brisa dans l'âme de Bari, son dernier espoir, peut-être son dernier rêve, et un jour il dit adieu au Grey Loon.

Personne ne peut dire ce qu'il lui en coûta de partir ; nul ne peut dire à quel point il lutta contre les choses qui le retenaient à l'abri et au vieil étang où ils se baignaient, aux sentiers familiers de la forêt et aux deux tombes qui n'étaient plus aussi abandonnées maintenant sous le haut sapin. Il s'en alla. Il n'avait aucun motif de partir, il s'en alla simplement. Il se peut qu'il obéît ainsi à un maître dont la main dirige l'animal aussi bien que l'homme, et dont on sait juste assez le pouvoir pour l'appeler instinct. Car, en s'en allant, Bari se tournait vers la Grande Aventure. Elle était là-bas, au nord, et l'attendait, et il se dirigea vers le nord.

XXIV

VERS LE NORD

On était au début d'août lorsque Bari quitta Grey Loon. Il n'avait en vue nul objectif. Mais demeurait toujours dans son esprit, comme une impression légère de lumière et d'ombre sur une plaque négative, le souvenir de ses premiers jours. Des êtres et des faits qu'il avait presque oubliés se présentaient maintenant à lui, tandis qu'il poussait sa route de plus en plus loin du Grey Loon, et des premières expériences redevenaient des réalités, images qui réapparaissaient dans son esprit en rompant les derniers liens qui l'avaient retenu à la maison de Branche-de-Saule. Involontairement, il suivit le déroulement de ces impressions, de ces événements passés, et lentement, elles l'aidaient à reprendre un nouvel intérêt aux choses.

Une année dans sa vie c'était un long temps, une décade de l'expérience humaine. Il y avait plus d'un an qu'il avait quitté Kazan et Louve Grise et le vieil arbre renversé et pourtant il lui revenait maintenant des souvenirs confus de ces jours de sa plus tendre enfance, du ruisseau dans lequel il était tombé, et de la farouche bataille avec Papayouchisiou. C'étaient ses plus récentes aventures qui éveillaient ses plus anciens souvenirs. Il remonta au cañon sans issue où Nepeese et Pierre l'avaient pourchassé. Cela semblait n'être que d'hier.

Il pénétra dans la minuscule prairie et s'arrêta à côté de l'énorme roche qui avait failli tuer Nepeese. Et puis, il se souvint de l'endroit où Wakayoo, son gros ami ours, était mort d'un coup de fusil de Pierre et il flaira les os blanchis de Wakayoo qui se trouvaient épars sur le gazon vert parmi les fleurs. Il passa un jour et une nuit dans la petite prairie avant de sortir du cañon et de reprendre ses vieilles habitudes au bord du ruisseau où Wakayoo avait fait la pêche à son profit. Il y avait là maintenant un autre ours et il pêchait également. Peut-être était-ce un fils ou un petit-fils de Wakayoo. Bari flaira l'endroit où il avait établi ses caches de poisson et pendant trois jours il vécut de poisson avant de repartir pour le Nord.

Et alors, pour la première fois depuis des semaines, un peu de l'empressement de jadis rendit de la hâte aux pieds de Bari. Des souvenirs, restés nébuleux et confus dans l'oubli, redevenaient présents, et de même qu'il serait retourné au Grey Loon si Nepeese avait été là, ainsi à cette heure, avec un peu du sentiment d'un vagabond qui rentre à sa demeure, il retourna au vieil étang des castors.

C'était la plus belle heure d'un jour d'été, le coucher du soleil, quand il y arriva. Il s'arrêta à cent yards, l'étang encore caché à sa vue, et il huma le vent et écouta. L'étang était là. Il en respira l'odeur fraîche et domestique. Mais Umisk et Dent-Brisée et tous les autres ? Les retrouverait-il ? Il tendit l'oreille afin de surprendre un bruit familier et, après quelques moments, perçut un sourd clapotement d'eau.

Il avança tranquillement à travers les aulnes et s'arrêta enfin près de l'endroit où il avait d'abord fait la connaissance d'Umisk. La surface de l'étang ondula peu à peu ; deux ou trois têtes apparurent tout à coup ; il vit un vieux castor remorquant un bâton vers la rive opposée et qui faisait houler l'eau comme une torpille. Il regarda du côté de la digue et elle était comme il l'avait laissée il y avait presque un an.

Il ne se montra point pendant un moment, mais demeura caché parmi les jeunes aulnes. Il sentait croître en lui de plus en plus un sentiment de repos, une détente de la longue série des mois de solitude pendant lesquels il avait attendu Nepeese. En poussant un long soupir, il se coucha parmi les aulnes, la tête juste assez dressée pour lui permettre de bien voir. Tandis que le soleil descendait, l'étang devint vivant.

Là-bas, sur la rive où il avait sauvé Umisk des dents du renard, survint une autre génération de jeunes castors, trois d'entre eux, gras et rembourrés. Bari poussa une plainte très douce.

Toute cette nuit-là, il resta étendu sous les aulnes. L'étang des castors redevint son chez lui. L'état d'esprit était changé, naturellement, et tandis que les jours formaient des semaines, les habitants de la colonie de Dent-Brisée ne faisaient pas mine d'accueillir Bari, devenu grand, comme ils avaient accueilli le petit Bari d'autrefois.

Il était gros et noir et semblable à un loup maintenant, une créature aux dents longues et à l'air terrible, et bien qu'il ne témoignât d'aucune méchanceté, il était considéré par les castors avec un sentiment profond de frayeur et de défiance. D'autre part, Bari n'éprouvait plus le vieux désir ingénu de jouer avec les enfants castors, de sorte que leur attitude réservée ne le troubla pas autant qu'autrefois. Umisk avait grandi aussi, jeune mâle gras et prospère qui venait justement de prendre femme cette année et qui, pour le moment, était fort affairé à rassembler ses provisions d'hiver.

Il est infiniment probable qu'il n'associa point l'idée de l'énorme bête noire qu'il voyait maintenant au petit Bari avec lequel il s'était une fois frotté le bout du nez, et il est tout à fait probable que Bari ne reconnut pas autrement Umisk que comme associé aux souvenirs restés dans sa mémoire.

Durant tout le mois d'août, Bari fit de l'étang des castors son quartier général. Quelquefois, ses excursions l'entraînaient au loin pendant deux ou trois jours d'affilée. Ces voyages se faisaient toujours vers le nord, tantôt un peu à l'est et tantôt un peu à l'Ouest, mais jamais vers le sud. Enfin, au début de septembre, il quitta pour tout de bon l'étang des castors.

Pendant quelques jours, ses vagabondages ne l'entraînèrent dans aucune direction précise. Il allait selon les nécessités de la chasse, vivant surtout de lapins et d'une espèce de perdreaux simples d'esprit connus sous le nom de « folles poules ».

Cette nourriture naturellement était variée par d'autres choses qui se présentaient en chemin. Des groseilles et des framboises mûrissaient et Bari les aimait. Il aimait également les baies amères du frêne des montagnes qui, en même temps que la résine délicieuse des balsamiers et des sapins qu'il léchait de temps en temps, lui constituaient un dépuratif excellent. Dans les eaux peu profondes, il prenait à l'occasion du poisson : de temps à autre, il engageait une bataille circonspecte avec un porc-épic et, s'il avait de la chance, il festoyait avec la plus tendre et la plus délicate de toutes les chairs qui composaient son menu.

Par deux fois, en septembre, il tua un jeune daim. Les immenses étendues calcinées qu'à l'occasion il rencontrait ne lui inspiraient plus de frayeur ; au milieu de son abondance, il oubliait les jours pendant lesquels il avait eu faim. En octobre, il poussa à l'est aussi loin que la rivière Geikie ; puis vers le nord jusqu'au lac Wollaston, qui était à une bonne centaine de milles au nord de Grey Loon.

Pendant la première semaine de novembre, il revint vers le sud, longeant sur une partie de son cours la rivière du Canot, puis obliquant à l'ouest vers un ruisseau sinueux dénommé le Petit-Ours-sans-Queue.

Plus d'une fois, pendant ces semaines-là, Bari fut en contact avec l'homme, mais à part un chasseur Cree, à l'extrémité supérieure du lac Wollaston, aucun homme ne l'avait vu. Trois fois, en suivant la Geikie, il s'étendit tapi sous la broussaille tandis que des canots passaient ; une demi-douzaine de fois, dans le calme de la nuit, il alla flairer des huttes et des abris où se manifestait de la vie et, une fois, il s'approcha tellement près du poste de la Compagnie de la baie d'Hudson, à Wollaston, qu'il put entendre l'aboiement des chiens et les cris de leurs maîtres. Et, toujours, il cherchait, en quête de l'être disparu de sa vie.

Sur le seuil des cabanes, il reniflait ; il faisait le tour des abris, tout près, prenant le vent ; il observait les canots avec des yeux où brillait un regard plein d'espoir. Un jour, il crut que le vent lui avait apporté l'odeur de Nepeese, et aussitôt ses jambes fléchirent sous lui, et son cœur sembla cesser de battre. Cela ne dura qu'une minute ou deux. Et sortit du tepee une jeune fille indienne qui avait les mains encombrées d'ouvrages d'osier. Et Bari s'éloigna sans être vu.

On était presque en décembre quand Lerue, un des métis du lac Bain, remarqua les empreintes de pas de Bari dans la neige fraîchement tombée et un peu plus tard, l'entr'aperçut dans les bois.

— Mon Dieu ! je vous assure que ses pattes sont aussi larges que la main et qu'il est aussi noir que l'aile d'un corbeau où luit le soleil, s'écriait-il dans le magasin de la Compagnie du lac Bain. Un renard ? Non, il est à moitié aussi gros qu'un ours. Un loup ? Oui. Et noir comme le diable, messieurs.

Mac Taggart était l'un de ceux qui l'entendirent. Il apposait à l'encre sa signature au bas d'une lettre qu'il avait écrite à la Compagnie lorsque les paroles de Lerue frappèrent ses oreilles. Sa main s'arrêta si brusquement qu'une goutte d'encre éclaboussa la lettre. Il était traversé d'un étrange frisson, tandis qu'il levait les yeux sur le métis. Juste à ce moment Marie entra. Mac Taggart l'avait ramenée de sa tribu. Ses larges yeux sombres avaient un regard maladif et un peu de sa sauvage beauté s'était, depuis un an, évanouie.

— Il est parti, comme ça, disait Lerue, faisant claquer les doigts. Il aperçut Marie et s'arrêta.

— Noir, dites-vous, fit avec indifférence Mac Taggart, sans lever les yeux de ses écritures. Ne ressemble-t-il pas à un chien ?

Lerue haussa les épaules.

— Il a filé comme le vent, monsieur, mais c'était un loup.

A voix si basse que les autres pouvaient à peine entendre, Marie avait chuchoté quelque chose à l'oreille de Mac Taggart. Et, pliant sa lettre, le facteur se leva vivement et quitta le magasin. Il resta absent une heure. Lerue et les autres s'en étonnaient.

Il était rare que Marie entrât dans le magasin ; il était rare qu'on la vît du tout. Elle restait cachée dans la maison de bois du facteur et chaque fois qu'il la voyait, Lerue pensait que son visage était un peu plus amaigri que la fois précédente et ses yeux cernés et son air plus affamé.

Dans son cœur il y avait une immense compassion. Que de nuits il passait près de la petite fenêtre derrière laquelle il savait qu'elle dormait ! Souvent il regardait afin d'entrevoir son pâle visage et il vivait pour le seul bonheur de savoir que Marie comprenait et que, dans ses yeux, il y avait durant un moment une lueur différente, alors que leurs regards se rencontraient. Nul ne savait rien de plus. Le secret demeurait entre eux. Et patiemment Lerue attendait et observait. « Un jour, se prit-il à murmurer pour lui-même, un jour »... Et ce fut tout.

Ces mots comportaient un monde de signification et d'espérance. Quand viendrait ce jour, il conduirait immédiatement Marie au missionnaire de Fort Churchill et ils s'épouseraient. C'était un rêve, un rêve qui faisait endurer avec patience les longues journées et les nuits plus longues encore de la ligne de trappes. Maintenant, tous les deux étaient des esclaves du pouvoir d'alentour. Mais un jour...

Lerue pensait à cela, lorsque Mac Taggart revint au bout d'une heure. Le facteur alla droit vers la demi-douzaine de ceux qui se trouvaient assis autour de l'énorme poêle à tiroirs et, avec un grognement de satisfaction, il secoua de ses épaules la neige fraîchement tombée.

— Pierre Eustache a accepté l'offre du gouvernement et il est parti conduire l'expédition du géographe aux Terres désertes, annonça-t-il. Vous savez, Lerue, qu'il avait installé cent cinquante pièges et trappes et qu'il avait un vaste domaine d'appâts empoisonnés. Une bonne ligne, hein ? Je la lui ai louée pour la saison. Cela va me fournir du travail au grand air. J'en ai besoin. Trois jours sur la piste ; trois jours ici. Et que dites-vous du marché ?

— Excellent, fit Lerue.

— Oui, très bon, dit Rouget.

— Un vaste domaine à renards, ajouta Mons Roule.

— Et facile à parcourir, murmura Valence, d'une voix qui ressemblait presque à celle d'une femme.

XXV

SUR LA LIGNE DE TRAPPES

La ligne de trappes de Pierre Eustache s'étendait sur trente milles, tout droit à l'ouest du lac Bain. Elle n'était pas aussi longue que celle de Pierre, mais c'était comme l'artère principale traversant le cœur d'un domaine riche en fourrures. Elle avait appartenu au père d'Eustache et à son grand-père et à son arrière-grand-père et plus avant encore, Pierre l'affirmait, elle atteignait au plus beau sang de France.

Les registres du poste de Mac Taggart ne remontaient pas au delà de l'arrière-grand-père, les plus anciennes preuves de propriété se trouvaient à Churchill. C'était le plus fameux district giboyeux entre le lac Remdeer et les Terres désertes. On était en décembre lorsque Bari y arriva.

De nouveau, il faisait route vers le sud, d'une marche lente et vagabonde, cherchant sa subsistance dans les neiges hautes. La *kistisew kestin* ou grande bourrasque était venue plus tôt qu'à l'ordinaire cet hiver et, pendant la semaine qui suivit, à peine sabots ou griffes remuaient-ils.

Bari, à l'encontre des autres animaux, ne se tapit point dans la neige pour attendre que les cieux fussent éclaircis et que la glace fût formée. Il était gros, puissant et énervé. Agé de moins de deux ans, il pesait bien quatre-vingts livres. Ses pattes étaient larges et semblables à celles du loup. Sa poitrine et ses épaules pareilles à celles d'un mameluk, lourdes et pourtant musclées pour la course. Il était plus large entre les deux yeux que le mieux venu des demi-loups et ses yeux étaient plus grands et entièrement débarrassés des *wuttooi* ou filets sanguins qui révèlent le loup. Ses mâchoires étaient celles de Kazan, plus puissantes peut-être.

Pendant toute cette semaine de la grosse bourrasque, il fit route sans manger. Il y eut quatre jours de neige avec des trombes furieuses et des vents farouches, et ensuite trois jours de froid intense pendant lesquels toutes les créatures vivantes se terraient dans leurs chauds abris creusés sous la neige. Même les oiseaux s'y étaient blottis. On aurait pu marcher sur le dos des caribous et des rennes sans s'en douter. Bari s'abrita au fort de la tourmente, mais ne laissa point la neige s'accumuler sur lui.

Chaque trappeur depuis la baie d'Hudson jusqu'à la région d'Athabasca, savait qu'après la grande tourmente les bêtes à poil, affamées, cherchaient de la nourriture et que trappes et pièges, heureusement placés et pourvus d'amorces, offraient de toute l'année les plus grandes chances d'être pleins. Quelques-uns d'entre eux allaient inspecter leurs lignes le sixième jour, d'autres le septième et d'autres le huitième.

Ce fut le septième jour que Bush Mac Taggart partit pour la ligne d'Eustache, devenue sa propriété pour la saison. Il employa deux jours à découvrir les pièges, à les dégager de la neige, à raccommoder les cages des trappes défoncées et à disposer les appâts. Le troisième jour, il était de retour au lac Bain.

Ce fut ce jour-là que Bari arriva à la cabane à l'extrémité de la ligne de Mac Taggart. La trace de Mac Taggart était fraîche dans la neige autour de la hutte et, dès que Bari l'eût flairée, chaque goutte de son sang sembla agitée soudain d'un étrange sursaut. Il mit peut-être une demi-minute à identifier l'odeur qui remplissait ses narines avec celle qui en était partie naguère, et, au bout de cette demi-minute, roula au fond de la poitrine de Bari un profond et brusque grondement.

Durant les quelques instants qui suivirent, il resta comme un roc noir dans la neige, observant la hutte. Puis, lentement, il se mit à tourner tout autour, s'approchant de plus en plus près, tant qu'enfin il alla flairer le seuil. Ni bruit, ni odeur de vie n'arrivait de l'intérieur, mais il pouvait sentir l'ancien relent de Mac Taggart.

Alors, il fit face à l'immensité du côté où la ligne de trappes s'étendait jusqu'au lac Bain. Il frissonnait. Ses muscles se contractèrent. Il poussa un gémissement. Des images se pressaient de plus en plus vivaces dans son esprit : la lutte dans la cabane, Nepeese, la chasse sauvage dans la neige jusqu'au bord du ravin, même le souvenir de cette bataille ancienne, lorsque Mac Taggart l'avait attrapé dans le collet à lapins. Dans sa plainte, il y avait une grande émotion, presque de l'attente. Puis, elle se dissipa lentement.

Après tout, l'odeur dans la neige était celle d'un être qu'il avait détesté et désiré tuer, non point celle d'un être qu'il avait aimé. Pendant un instant, la nature lui avait imposé le sens des associations d'idées, un court instant seulement ; puis ç'avait été tout. La plainte s'éteignit, mais fit place de nouveau au groulement fatal.

Lentement, il suivit la trace et à un quart de mille de la hutte, se heurta au premier piège. La faim avait creusé ses flancs jusqu'à le rendre semblable à un loup tombant d'inanition.

Dans ce premier piège, Mac Taggart avait mis comme appât l'arrière-train d'un lapin aux pieds blancs. Bari s'en approcha prudemment. Il avait beaucoup appris sur la ligne de Pierre ; il avait appris ce que signifie le déclenchement d'un piège ; il avait senti la douleur cruelle des mâchoires d'acier ; il savait, mieux que le renard le plus matois, ce qu'une trappe peut faire lorsque le déclic se produit, et Nepeese elle-même lui avait montré qu'il ne devait jamais toucher aux appâts empoisonnés.

Aussi posa-t-il les dents légèrement dans la chair du lapin et l'attira-t-il à lui aussi adroitement que Mac Taggart lui-même l'aurait fait. Il visita cinq pièges avant le soir et mangea les cinq appâts sans faire jouer le ressort. Le sixième était une trappe à mort. Il en fit le tour jusqu'à frayer un sentier dans la neige. Puis il se rendit à un tiède marais de balsamines et s'y trouva un lit pour la nuit.

Le jour suivant vit le début de la lutte qui s'engageait entre l'esprit de l'homme et celui de l'animal. Pour Bari, l'usurpation de la ligne de trappes de Mac Taggart n'était point la guerre ; c'était la vie. Cette usurpation devait lui procurer de la nourriture, comme la ligne de Pierre lui avait procuré de la nourriture pendant des semaines. Mais il comprenait que, dans le cas présent, il était un révolté et qu'il avait un adversaire à surpasser en finesse. Si ç'avait été une bonne saison de chasse, il serait peut-être parti, car la main invisible qui guidait son vagabondage l'attirait lentement, mais sûrement en arrière, au vieil étang et au Grey Loon.

Quoi qu'il en soit, avec la neige profonde et douce sous lui, si profonde que, par endroits, il y enfonçait jusqu'aux oreilles, la ligne de trappes était comme une ligne de manne à son usage particulier. Il marchait dans le sillage des souliers du facteur et, au troisième piège, tua un lapin. Quand il eut fini, il ne restait sur la neige que le poil et de pourpres traînées de sang. Sans nourriture depuis plusieurs jours, il avait une faim de loup et avant que le jour fût passé, il avait enlevé les appâts à une bonne douzaine de pièges de Mac Taggart.

Trois fois, il rencontra des amorces empoisonnées, venaison ou gras de caribou au cœur duquel se trouvait une dose de strychnine et chaque fois ses narines subtiles découvrirent le danger. Pierre avait maintes fois remarqué ce fait surprenant que Bari pouvait sentir la présence du poison, même lorsqu'il était injecté de la façon la plus adroite dans la carcasse gelée d'un daim. Des renards et des loups mangeaient des viandes d'où son pouvoir hypersensible de déceler la présence d'un risque mortel détournait Bari.

Ainsi il négligea toutes les friandises empoisonnées de Bush Mac

Taggart, les flairant en chemin, et laissant traces de sa suspicion par ses empreintes marquées dans la neige. Là où Mac Taggart avait fait halte, au milieu du jour, pour cuire son dîner, Bari fit les mêmes circonvolutions prudentes.

Le deuxième jour, ayant moins faim et étant plus subtilement attentif à l'odeur détestée de son ennemi, Bari mangea moins, mais détruisit davantage. Mac Taggart n'était pas aussi habile que Pierre Eustache pour écarter l'odeur de sa main des pièges et des trappes, et çà et là, son relent arrivait fort au nez de Bari. Cela provoquait en Bari un prompt et vif antagonisme, une haine qui croissait sans fin là où peu de jours auparavant la haine était presque oubliée.

Il existe peut-être dans le cerveau de l'animal une méthode de simple comparaison qui n'exécute pas tout à fait les distinctions de la raison, et qui n'est pas uniquement de l'instinct, mais qui donne des résultats qu'on peut rapporter à l'une ou à l'autre. Bari n'additionnait pas deux et deux pour faire quatre, il n'allait pas se démontrer à lui-même, de déduction en déduction, que l'homme à qui appartenait cette ligne de trappes était cause de tous ses chagrins et de tous ses ennuis, mais il se trouvait possédé par une haine profonde et pathétique. Mac Taggart était le seul être, en plus des loups, qu'il eût jamais détesté. C'était Mac Taggart qui l'avait blessé, qui avait blessé Pierre, qui lui avait fait perdre sa bien-aimée Nepeese *et Mac Taggart était là, sur la ligne de trappes !...* S'il avait erré auparavant sans objectif ni dessein, Bari avait un but désormais. C'était de surveiller les trappes, de se nourrir et de poursuivre sa haine et sa vengeance tant qu'il vivrait.

Le deuxième jour, au milieu d'un lac, il buta sur le corps d'un loup qui avait péri par l'un des appâts empoisonnés. Pendant une demi-heure, il s'acharna contre la bête morte jusqu'à ce que sa peau fût déchirée en lanières. Il ne goûta point à la chair. Cela lui répugnait. C'était sa vengeance sur l'espèce des loups. Il s'arrêta quand il fut à une douzaine de milles du lac Bain et se détourna. A cet endroit précis, la ligne traversait une rivière gelée derrière laquelle s'étendait une plaine nue et par delà cette plaine arrivait, lorsque le vent était bien tourné, la fumée et l'odeur du poste. La deuxième nuit, Bari s'étendit, repu, sous une touffe de pins banians. Le troisième jour il fit route de nouveau à l'ouest de la ligne de trappes.

De bonne heure, ce matin-là, Bush Mac Taggart se leva pour aller ramasser ses prises, et, tandis qu'il traversait le ruisseau, à six milles du lac Bain, il aperçut d'abord les empreintes de Bari. Il s'arrêta pour les examiner avec un intérêt soudain et insolite, se laissa choir enfin sur les genoux, enleva le gant de sa main droite et ramassa un poil :

— Le loup noir !

Il prononça ces mots d'une voix étrange et rude et, malgré lui, il tourna les yeux droit dans la direction du Grey Loon. Après quoi, encore plus soigneusement qu'avant, il examina une des empreintes nettement marquées dans la neige. Quand il se releva, il avait sur son visage l'air de quelqu'un qui a fait une découverte désagréable.

— Un loup noir ! répéta-t-il, et il haussa les épaules. Bah ! Lerue est fou. C'est un chien.

Puis, au bout d'un moment, il marmonna d'une voix à peine plus élevée qu'un murmure : « Son chien ! »

Il continua à marcher sur la trace du chien. Une nouvelle excitation s'empara de lui, qui était plus fébrile que l'excitation de la chasse. Étant homme, c'était son privilège d'additionner deux et deux et, après deux et deux, il trouvait Bari. Il restait peu de doute dans son esprit. Il y avait pensé aussitôt, quand Lerue avait parlé du loup noir. Il en était convaincu, après examen des empreintes. C'étaient les empreintes d'un chien et le chien était noir. Alors il arriva au premier piège qui avait été dépouillé de son appât.

Il laissa échapper un juron. L'appât avait disparu et le piège n'était pas détendu. Le bâton pointu qui avait fixé l'amorce était tombé net.

Toute la journée, Bush Mac Taggart suivit une piste où Bari avait laissé des traces de sa présence. Piège après piège, il découvrit le sol. Il parvint au lac, près du loup mutilé. D'un premier agacement qui le troublait dès qu'il eut découvert la présence de Bari, sa mauvaise humeur se changea peu à peu en rage, et sa rage s'accrût au fur et à mesure que le jour s'avançait. Il était habitué aux voleurs à quatre pieds sur la ligne de trappes. Mais d'ordinaire, un loup ou un renard ou un chien qui s'étaient initiés au larcin ne dérangeaient que quelques pièges.

Or, dans la circonstance, Bari allait directement d'un piège à l'autre et ses traces de pas dans la neige montraient qu'il s'arrêtait à chacun d'eux. Il y avait quasiment, selon Mac Taggart, de la malignité humaine dans ses actes. Il évitait les poisons. Pas une fois il n'avait tendu la tête ou une patte dans la zone dangereuse des trappes à mort. Sans raison apparente, quoi qu'il en soit, il avait détruit une loutre superbe dont la fourrure brillante gisait en pièces, désormais sans valeur, éparse sur la neige. Vers la fin du jour, Mac Taggart arriva à une trappe où un lynx était mort. Bari avait déchiré le flanc argenté de la bête si bien que la peau ne valait plus que la moitié de son prix. Mac Taggart poussa une imprécation sourde et sa bile s'échauffa.

A la brune, il atteignit la hutte qu'Eustache avait construite à mi-route de la ligne et il fit l'inventaire de ses fourrures. Il y avait à peine le tiers d'une capture ordinaire. Le lynx était à demi perdu, une loutre était complètement coupée en deux.

Le deuxième jour, il trouva encore plus grand désastre, encore plus de trappes vides. Il était comme fou. Lorsqu'il parvint à la seconde hutte, tard dans l'après-midi, les traces de Bari dans la neige ne dataient pas d'une heure. Trois fois, pendant la nuit, il entendit hurler le chien.

Le troisième jour, Mac Taggart ne retourna point au lac Bain, mais il entreprit une poursuite prudente de Bari. Il était tombé un pouce ou deux de neige fraîche et, comme s'il avait voulu pousser plus avant encore sa vengeance contre son ennemi humain, Bari avait laissé des empreintes de pas toutes récentes dans un rayon d'une centaine de yards autour de la hutte.

Il fallut une demi-heure avant que Mac Taggart pût relever la bonne piste et il la suivit durant deux heures dans une épaisse forêt de baumiers. Bari tenait le vent. Çà et là, il prenait l'odeur de son chasseur. Une douzaine de fois il attendit jusqu'à ce que l'autre fût si près qu'il pouvait entendre le bruit de sa course et le cliquetis métallique que faisaient les branches contre la crosse de son fusil. Puis, poussé par une inspiration soudaine qui amena de plus belle des malédictions aux lèvres de Mac Taggart, il élargit son cercle et retourna droit à la ligne des trappes.

Quand le facteur y arriva, vers midi, Bari avait déjà commencé sa besogne. Il avait tué et mangé un lapin, il avait enlevé trois pièges à un mille de distance, puis s'était enfui de nouveau à travers la ligne des trappes vers le lac Bain.

Ce fut le cinquième jour que Bush Mac Taggart retourna à son poste. Il était d'une humeur massacrante. Seul des quatre Français, Valence était là et ce fut Valence qui entendit le récit de son aventure et ensuite il l'entendit sacrer contre Marie. Elle vint dans le magasin un peu plus tard, les yeux agrandis par la peur, une de ses joues brûlante où Mac Taggart l'avait frappée.

Tandis que le garde-magasin lui remettait le saumon fumé que Mac Taggart désirait pour son dîner, Valence trouva l'occasion de lui parler doucement à l'oreille.

— Monsieur Lerue a pris un renard argenté, dit-il à voix basse. Il vous aime, mon ami, et il aura une riche capture ce printemps. Il vous envoie de là-bas, du Petit-Ours-Noir-sans-Queue cet avis : Soyez prête à fuir, quand viendra la douce neige.

Marie ne le regarda pas, mais elle entendit et ses yeux brillaient si pareils à des étoiles quand le jeune garde-magasin lui tendit le saumon qu'il dit à Valence, dès qu'elle fut partie :

— Morbleu, mais, Valence, elle est encore belle parfois !

A quoi Valence fit signe que oui avec un singulier sourire.

XXVI

BARI ENNUIE MAC TAGGART

A la mi-janvier, la guerre entre Bari et Bush Mac Taggart était devenue plus qu'un incident, plus qu'une aventure passagère pour l'animal et plus qu'un événement irritant pour l'homme. C'était, à cette heure, leur *raison d'être*. Bari s'accrochait à la ligne des trappes. Il la hantait comme un spectre dévastateur et chaque fois qu'il flairait de nouveau l'odeur du facteur du lac Bain, il était encore plus fortement pénétré de l'instinct qu'il se vengeait d'un ennemi mortel.

A plusieurs reprises, il surpassa en finesse Mac Taggart ; il continuait à dépouiller les pièges de leurs appâts ; il avait de plus en plus envie de détruire les fourrures qu'il trouvait sur sa route ; son plus grand plaisir n'était pas de manger, mais de détruire. Le feu de sa haine s'attisait à mesure que les semaines s'écoulaient, au point qu'enfin, il fit mine de mordre et de labourer de ses longs crocs la neige que les pieds de Mac Taggart avaient foulée. Et pendant tout ce temps, là-bas, par delà sa folie, il y avait une image de Nepeese qui continuait à devenir de plus en plus nette dans son cerveau.

Cette première grande solitude, la solitude des jours interminables et des nuits plus interminables de son attente et de ses recherches à Grey Loon, pesait de nouveau sur lui comme elle avait pesé durant les premiers jours qu'il avait perdu la jeune fille. Par les nuits d'étoiles ou de clair de lune, il l'appelait de nouveau en poussant des cris lamentables, et Bush Mac Taggart, en les écoutant au milieu de la nuit, sentait d'étranges frissons lui courir dans les moelles.

La haine de l'homme était différente de celle de l'animal, mais peut-être bien plus implacable. Chez Mac Taggart, il n'y avait pas uniquement de la haine. Il y avait, unie à une crainte indéfinissable et superstitieuse, une chose dont il riait, une chose contre quoi il sacrait, mais à laquelle il se cramponnait aussi sûrement que l'odeur de sa trace se cramponnait au nez de Bari : Bari ne représentait plus un animal seulement, *il représentait Nepeese.* C'était la pensée qui persistait et s'affirmait dans l'esprit damné de Mac Taggart.

Aucun jour ne passait maintenant qu'il ne pensât à Branche-de-Saule ; pas une nuit ne venait et ne s'achevait sans qu'il se représentât son visage. Il s'imagina même, une nuit d'orage, qu'il entendait sa voix dans la lamentation du vent et, moins d'une minute après, il entendit faiblement un hurlement lointain venu de la forêt. Cette nuit-là, son cœur s'emplit d'une frayeur écrasante. Il se secoua. Il fuma sa pipe jusqu'à ce que la cabane fût bleue.

Il jura contre Bari et contre l'orage, mais il n'y avait plus chez lui le courage matamore de jadis. Il n'avait point cessé de détester Bari. Il le détestait comme il n'avait encore détesté aucun homme, mais il avait encore plus de raison que jamais de désirer le tuer. L'idée lui en vint d'abord pendant son sommeil, pendant un cauchemar et ensuite elle dura, dura : *l'idée que l'esprit de Nepeese poussait Bari à ravager ses lignes de trappes.*

Au bout de quelque temps, il cessa de parler au poste du « loup noir » qui volait sa ligne. Les fourrures endommagées par les dents de Bari, il les cacha et garda par-devers lui son secret. Il apprenait toutes les ruses et tous les plans des chasseurs qui tuaient renards et loups dans les Terres désertes.

Il essaya trois poisons différents, l'un d'eux si puissant qu'une seule goutte signifiait la mort ; il essaya la strychnine en capsules de gélatine, dans du gras de daim, du gras de caribou, du foie d'élan et même dans de la chair de porc-épic. Enfin, pour préparer ses poisons, il se plongea les mains dans l'huile de castor avant de toucher le venin et la chair pour qu'ils n'eussent plus l'odeur humaine. Renards et loups, et même la loutre, l'hermine et la belette mouraient de ces appâts, mais Bari avançait toujours tout près et n'allait pas plus loin.

En janvier, Mac Taggart empoisonna tous les appâts de ses trappes. Cela lui donna enfin un bon résultat. A partir de ce jour, Bari ne toucha plus aux amorces, mais mangea seulement les lapins qu'il tuait au piège.

Ce fut en janvier que Mac Taggart aperçut Bari pour la première fois. Il avait déposé son fusil contre un arbre et se trouvait en ce moment à une douzaine de pieds de là. On eût dit que Bari le savait et était venu pour le narguer, car, lorsque le facteur tout à coup leva les yeux, Bari se tenait bien en vue, hors des sapins rabougris, à vingt yards de lui, ses crocs blancs luisants, ses yeux enflammés comme des charbons. Durant un instant, Mac Taggart le fixa comme pétrifié. C'était Bari. Il reconnaissait l'étoile blanche, l'oreille au bout blanc, et son cœur cogna comme un marteau dans sa poitrine. Très lentement, il se mit à ramper vers son fusil. Sa main l'atteignait lorsque, comme un éclair, Bari disparut.

Cela donna à Mac Taggart une nouvelle inspiration. Il traça une piste fraîche à travers la forêt, parallèle à la ligne de trappes, mais distante d'elle d'au moins cinq cents yards. Mais partout où un piège ou une trappe était posé, cette nouvelle piste obliquait brusquement comme la pointe d'un V, en sorte qu'il pourrait approcher de sa ligne sans être vu. Par ce stratagème, il croyait que, à l'occasion, il serait certain de porter un coup au chien. De nouveau, c'était l'homme qui raisonnait et de nouveau ce fut l'homme qui fut battu.

Le premier jour que Mac Taggart suivit sa nouvelle piste, Bari également se dirigea sur cette piste. Pendant quelque temps, elle l'étonna. Trois fois, il revint en arrière en coupant au travers entre la vieille piste et la nouvelle. Alors, plus de doute. La nouvelle piste était la récente et il suivit le sillage du facteur du lac Bain. Mac Taggart ne sut ce qui arrivait qu'en effectuant le trajet de retour, quand il vit l'histoire écrite dans la neige.

Bari avait visité chaque trappe et sans manquer s'était approché chaque fois de l'extrémité du V renversé. Au bout d'une semaine de vaine poursuite, d'expectative, d'approche vers les quatre points cardinaux, une période pendant laquelle Mac Taggart s'injuria vingt fois dans des accès de folie, il lui vint encore une autre idée. Ce fut comme une inspiration, ce tout dernier plan, et si simple qu'il semblait presque inconcevable qu'il n'y eût pas songé tout d'abord.

Il retourna en hâte au lac Bain.

Deux jours après, il se trouvait sur la piste dès l'aurore. Cette fois, il apportait un paquet dans lequel se trouvaient une douzaine de solides pièges à loups fraîchement oints d'huile de castor, plus un lapin pris au collet la nuit précédente. De temps à autre, il observait le ciel avec inquiétude.

Le ciel resta clair jusque tard dans l'après-midi ; alors des bancs de nuages sombres se mirent à remonter de l'est. Une demi-heure plus tard quelques flocons de neige commencèrent à tomber. Mac Taggart laissa un de ces flocons sur le dos de sa main gantée et l'examina attentivement. La neige était douce et cotonneuse et il donna cours à son contentement. C'était ce qu'il souhaitait. Avant le matin, il y aurait six pouces de neige fraîchement tombée couvrant les pistes.

Il s'arrêta à la prochaine trappe et promptement se mit à la besogne. D'abord il enleva l'appât empoisonné de la boîte et le remplaça par le lapin, puis il se mit à disposer ses pièges à loups. Il en plaça trois près de l'ouverture de la trappe que Bari traverserait pour atteindre l'appât. Il dissémina les neuf autres à des intervalles d'un pied ou douze pouces sur les côtés, de sorte que, quand il eut fini, un véritable cordon de pièges protégeait la boîte. Il n'accrocha point les chaînes, mais les laissa se perdre dans la neige.

Si Bari entrait dans une trappe, il entrerait dans les autres, et point n'était besoin de cet attirail. Son travail achevé, Mac Taggart se hâta, à travers le brumeux crépuscule d'hiver, de retourner à sa hutte. Il était fort satisfait. Cette fois, il n'y aurait pas d'insuccès possible. Il avait relevé toutes les trappes en cours de route depuis le lac Bain. Dans aucune de ces trappes Bari ne trouverait à manger jusqu'à ce qu'il fût arrivé au nid des douze pièges à loups.

Sept pouces de neige tombèrent cette nuit-là, et le monde entier parut revêtir une merveilleuse robe blanche. Comme des vagues de plumes, la neige pendait aux arbres et aux arbustes et elle mettait de hauts capuchons blancs aux rochers, et sous les pieds elle était si légère qu'une cartouche tombée de la main s'y enfonçait complètement. Bari fut de bonne heure dans le secteur des trappes. Il était plus prudent ce matin, car il n'y avait plus Mac Taggart pour le guider. Il parvint à la première trappe, à mi-route à peu près entre le lac Bain et la hutte où le facteur attendait. Elle était relevée et ne contenait point d'appât. Piège à piège, il visita la ligne et il les trouva tous relevés et tous sans amorce.

Il flaira l'air avec défiance, s'efforçant en vain d'attraper un goût de fumée, un relent d'odeur humaine. Et vers midi, il arriva au « nid », aux douze trappes perfides qui l'attendaient, les ressorts bâillant à un demi-pied sous l'épaisseur de la neige Durant une bonne minute, il se tint bien en dehors de la zone dangereuse, flairant l'air et écoutant. Il aperçut le lapin et, affamé, ses mâchoires s'entrechoquèrent en claquant.

Il s'approcha d'un pas. Il restait défiant ; une raison bizarre et inexplicable lui faisait pressentir le danger. Inquiet, il inspecta du nez, des yeux, des oreilles. Et tout autour de lui étaient un grand silence et une immense paix. Ses mâchoires grincèrent de nouveau. Il poussa un faible gémissement. Qu'est-ce qui l'agitait ? Où était le danger ? Il ne pouvait le discerner ni le sentir. Lentement, il tourna autour de la trappe ; trois fois il en fit le tour, chaque cercle l'en rapprochait un peu plus, tant qu'enfin ses pattes touchaient presque le cordon extérieur de pièges.

Une minute encore, il s'arrêta, les oreilles basses. Malgré le riche fumet du lapin à ses narines, *quelque chose l'entraînait loin de là.* Encore un moment et il serait parti, mais alors arriva tout à coup et tout droit de derrière la trappe un farouche petit cri perçant et pareil à celui d'un rat, et immédiatement Bari aperçut une hermine, plus blanche que neige, mordant, affamée, dans la chair du lapin. Il oublia son étrange pressentiment du danger. Il groula furieusement, mais sa brave petite rivale ne quitta point son festin.

Alors Bari se précipita tête baissée dans le « nid » que Mac Taggart lui avait préparé.

XXVII

LE TRIOMPHE DE MAC TAGGART

Le lendemain matin, Bush Mac Taggart entendit le cliquetis d'une chaîne alors qu'il était encore à un bon quart de mille du « nid ». Était-ce un lynx ? Était-ce un chat-pêcheur ? Était-ce un loup ou un renard ? *Ou bien était-ce Bari ?* Il parcourut en courant presque le reste de la distance et enfin arriva à un endroit d'où il pouvait voir et son cœur sursauta dans sa poitrine quand il aperçut qu'il avait capturé son ennemi. Il s'approcha, tenant son fusil prêt à tirer si, par hasard, le chien se dégageait.

Bari était étendu sur le flanc, haletant d'épuisement et frissonnant de douleur. Un cri rauque de joie sortit des lèvres de Mac Taggart, tandis qu'il approchait et examinait la neige. Elle était tassée autour de la trappe où Bari s'était débattu et était rougie de sang. Le sang avait coulé surtout des mâchoires de Bari. Elles saignaient abondamment pendant qu'il regardait son adversaire. Les ressorts d'acier cachés sous la neige avaient bien accompli leur besogne, sans pitié. Une de ses pattes de devant était bien prise en haut de la première jointure, les deux pattes de derrière étaient prises, un quatrième piège s'était refermé sur son flanc et, en se libérant des ressorts, Bari avait arraché une bande de peau aussi large que la main de Mac Taggart.

La neige racontait l'histoire de sa lutte désespérée toute la nuit ; ses mâchoires saignantes montraient qu'il s'était en vain efforcé de briser les dents d'acier qui l'emprisonnaient. Il était pantelant. Ses yeux étaient injectés de sang. Mais même, en ce moment, après toutes ces heures d'agonie, ni son cœur ni son courage n'étaient abattus. Quand il vit Mac Taggart, il fit effort pour se dresser, retombant presque aussitôt dans la neige. Mais ses pattes de devant étaient arquées, sa tête et sa poitrine restaient levées, et le grognement qui sortit de sa gorge était comme celui d'un tigre dans sa férocité.

Là, enfin, à moins d'une douzaine de pieds de lui, il y avait l'être au monde qu'il haïssait plus qu'il avait haï la race des loups. Et, de nouveau, il était impuissant, comme il avait été impuissant, l'autre fois, dans le collet à lapins.

La férocité de son grognement ne troublait plus Mac Taggart maintenant. Il vit combien l'autre était complètement à sa merci, et, avec un rire de satisfaction, il appuya son fusil contre un arbre, enleva ses gants et commença à bourrer sa pipe. C'était le triomphe qu'il avait recherché, la torture qu'il avait attendue.

Dans son âme, il y avait une haine aussi mortelle que dans celle de Bari, la haine qu'un homme peut porter à un autre homme.

Il avait pensé envoyer une balle dans le corps du chien. Mais ceci était mieux : le regarder mourir à petit feu, le railler comme il aurait raillé un homme, marcher autour de lui, de sorte qu'il pouvait entendre le cliquètement du piège et voir le sang frais dégoutter, tandis que Bari contorsionnait ses pattes meurtries et son corps pour continuer à lui faire face. C'était une vengeance superbe. Mac Taggart en était si occupé qu'il n'entendit point des pas s'approcher derrière lui.

Ce fut une voix, une voix d'homme qui le fit se retourner brusquement.

L'homme était un étranger, et il était plus jeune que Mac Taggart de dix ans. Du moins ne paraissait-il pas avoir plus de trente-cinq ou trente-six ans, malgré la courte barbe blonde qu'il portait. Il était de cette sorte d'homme que l'on aime au premier regard ; jeune et pourtant fait, avec des yeux clairs qui regardaient franc sous la visière de sa casquette de fourrure de forme souple comme celle des Indiens, et un visage aussi qui ne portait point les rudes stigmates de la solitude.

Cependant Mac Taggart savait, avant que l'étranger eût parlé, que c'était un homme de la solitude, que c'était un cœur et une âme qui en faisaient partie. Sa casquette était de peau de poisson. Il avait endossé un pardessus *wind-proof* en peau de caribou sommairement tannée, serré à la taille par une longue ceinture avec des franges indiennes. L'intérieur de son pardessus était fourré. Ses pantalons étaient d'étoffe grossière, à la mode de ceux de la baie d'Hudson, et il portait des mocassins. Il était chaussé des souliers longs et étroits du pays boisé. Son paquet, attaché aux épaules par une courroie, était menu et serré. Il portait son fusil enveloppé d'une gaine d'étoffe. Et de la casquette aux souliers il avait l'air d'un chemineau. Mais rien qu'à le voir, Mac Taggart aurait juré qu'il avait fait des centaines de milles ces jours derniers.

Ce n'était point cette pensée toutefois qui lui donnait l'étrange et glacial frisson qui lui parcourait l'échine. Mais la peur que, de façon ou d'autre, un soupçon de la vérité fît son chemin, là-bas, au sud, la vérité de ce qui s'était passé au Grey Loon, la peur que cet étranger, recru de marches, ne portât, sous son pardessus en peau de caribou, l'insigne de la police royale montée du Nord-Ouest.

Pendant une minute, ce fut presque de la terreur qui le posséda et il demeura muet.

L'étranger n'avait proféré jusque-là qu'une exclamation de surprise, et maintenant il disait, les yeux fixés sur Bari :

— Dieu nous garde ! Mais vous avez mis ce pauvre diable dans un bel état, pas vrai ?

Il y avait dans sa voix quelque chose qui rassura Mac Taggart. Ce n'était pas une voix soupçonneuse, et il vit que l'inconnu s'intéressait davantage à l'animal capturé qu'à lui-même. Il respira longuement.

— Un voleur de pièges, fit-il.

L'étranger regarda encore plus attentivement Bari. Il posa son fusil par terre et se rapprocha du chien.

— Dieu nous garde ! C'est un chien ! s'exclama-t-il.

En arrière, Mac Taggart surveillait l'homme avec des yeux de furet.

— Oui, un chien, répondit-il, un chien sauvage, un demi-loup du moins. Il m'a volé pour plus d'un millier de dollars de fourrures cet hiver.

L'étranger s'accroupit devant Bari, ses mains gantées appuyées sur ses genoux et ses dents blanches brillant dans un demi-sourire.

— Le pauvre diable ! fit-il avec sympathie. Ainsi, tu es un voleur de pièges, hein ? Un hors-la-loi ? Et la police t'a pris ? Et — Dieu nous garde une fois de plus ! — on ne t'a pas joué un tour bien honnête.

Il se redressa et dévisagea Mac Taggart.

— J'ai dû mettre comme ça une quantité de pièges, s'excusa le facteur, son visage rougissant légèrement sous le regard franc des yeux bleus de l'étranger.

Et brusquement son caractère se réveilla :

— Et il va mourir là à petit feu ! Je vais le laisser crever et pourrir dans la trappe en punition de tout ce qu'il a fait !

Il ramassa son fusil et ajouta, les yeux sur l'inconnu, et le doigt prêt sur la détente :

— Je suis Bush Mac Taggart, facteur du lac Bain. Allez-vous par là, monsieur ?

— Quelques milles. Je retourne au pays, par-delà les Terres désertes.

Mac Taggart sentit de nouveau l'étrange frisson.

— Du gouvernement ? demanda-t-il.

L'étranger fit signe que oui.

— De... la police, peut-être ? insista Mac Taggart.

— Pourquoi ? Oui, naturellement, de la police, dit l'étranger, regardant droit dans les yeux du facteur. Et maintenant, monsieur, en conformité à la loi, je vais vous prier d'envoyer une balle à travers la tête de cette bête avant de partir. Voulez-vous ? Ou bien sera-ce moi ?

— C'est une règle de la zone, fit Mac Taggart, de laisser un voleur de trappes pourrir au piège. Et cet animal est un vrai démon. Écoutez...

Rapidement, sans omettre cependant aucun des plus beaux détails, il parla des semaines et des mois de lutte entre lui et Bari ; de l'inutilité désespérante de tous ses trucs et plans et de l'adresse encore plus affolante de l'animal qu'il avait enfin réussi à trapper.

— C'est un démon, ce finaud, s'écria-t-il farouchement, quand il eut fini. Et maintenant, vous voudriez le tuer d'un coup de fusil plutôt que de le laisser là exposé et mourir à petit feu, comme on ferait du diable !

L'étranger considérait Bari. Il avait détourné son visage de Mac Taggart. Il répondit :

— Je pense que vous avez raison. Laissons pourrir le diable. Si vous partez pour le lac Bain, monsieur, je ferai route un bout de chemin avec vous. Je vais faire une couple de milles pour raccourcir.

Il ramassa son fusil. Mac Taggart prit les devants. Au bout d'une demi-heure, l'étranger s'arrêta et désigna le nord.

— Tout droit par là, un bon cinq cents milles, fit-il, parlant aussi allègrement que s'il dût atteindre sa maison cette nuit même. Je vais vous quitter ici.

Il ne s'offrit pas à donner une poignée de main. Mais, en s'en allant, il dit :

— Vous pourrez dire que John Madison est passé par ici.

Après quoi, il marcha droit vers le nord pendant un demi-mille, à travers la forêt profonde. Puis il obliqua à l'ouest pendant deux milles, tourna à angle aigu vers le sud et une demi-heure après avoir laissé Mac Taggart, il était de nouveau accroupi sur ses talons, à moins d'une portée de bras de Bari.

Et il disait, comme s'il parlait à un camarade :

— Ainsi, voilà ce que tu es, mon vieux : un voleur de trappes, hein ? Un hors-la-loi ? Et tu l'as battu au jeu pendant deux mois ! Et à cause de ça, parce que tu vaux plus que lui, il veut te laisser mourir là aussi lentement que tu pourras. *Un hors-la-loi !* Sa voix s'acheva en un éclat de rire plaisant, de cette sorte de rire qui réchauffe même un animal. C'est drôle. Nous devrions nous serrer les mains, mon garçon, par saint Georges, oui, nous le devrions !... Tu es un sauvage, à ce qu'il dit. Hé bien ! moi aussi. Je lui ai dit que je m'appelais John Madison. Ce n'est pas vrai. Je suis Jim Carvel. Et, oh ! mon Dieu, tout ce que j'ai dit c'est : « Police ». Et j'avais raison. Ce n'est point un mensonge. Je suis recherché par toute la corporation, par tout policeman, et menacé entre la baie d'Hudson et la rivière Mackenzie. Donne-moi la main, mon vieux. Nous sommes du même bord, pas ? Je suis content de te rencontrer.

XXVIII

AMITIÉ

Jim Carvel avança la main et le grognement s'éteignit dans la gorge de Bari. L'homme se redressa. Il demeurait là, regardant dans la direction qu'avait prise Mac Taggart et il ricana d'une manière bizarre et satisfaite. Il y avait de l'amitié dans ses yeux et dans l'éclat de ses dents blanches, tandis qu'il considérait Bari de nouveau. Autour de lui, quelque chose semblait rendre le jour gris plus clair, semblait réchauffer la froide atmosphère, quelque chose d'où rayonnait du courage, de l'espoir, de la camaraderie, absolument comme d'une étuve allumée émane le bienfait de la chaleur. Bari le sentit.

Pour la première fois, depuis que les deux hommes étaient venus, son corps meurtri par le piège se détendit ; son échine s'infléchit, ses dents claquèrent comme s'il avait la fièvre de l'agonie. A cet homme, il trahissait sa faiblesse. Dans ses yeux injectés de sang, il y avait un regard de bête affamée, tandis qu'il examinait Carvel, hors-la-loi de son propre aveu.

Et Jim Carvel, de nouveau, avança la main, beaucoup plus près cette fois.

— Pauvre diable ! fit-il, le sourire abandonnant son visage. Pauvre diable, va !

Ces mots étaient pour Bari comme une caresse, la première qu'il eût connue depuis qu'il avait perdu Nepeese et Pierre. Il abaissa la tête jusqu'à ce que ses mâchoires fussent aplaties dans la neige. Carvel pouvait voir le sang qui en coulait lentement.

— Pauvre diable ! répéta-t-il.

Il n'y avait nulle crainte dans la manière dont il avançait la main. C'était l'aveu d'une grande sincérité et d'un grand apitoiement. Il toucha la tête de Bari et la tapota d'une manière fraternelle, puis lentement, avec un peu plus de précaution, il approcha du piège qui serrait la patte de devant de Bari. Dans son cerveau encore à demi confus, Bari s'efforçait de comprendre les choses, et la vérité se fit jour finalement, lorsqu'il sentit les ressorts d'acier du piège s'ouvrir et qu'il retira sa patte endolorie.

Il fit alors ce qu'il n'avait fait à aucune autre créature qu'à Nepeese. Aussitôt, il passa sa langue rouge et lécha la main de Carvel. L'homme se mit à rire. De ses mains puissantes, il ouvrit les autres pièges et Bari fut libre.

Pendant quelques instants, il demeura étendu sans bouger, les yeux fixés sur l'homme. Carvel s'était assis à l'extrémité d'une souche de bouleau couverte de neige et bourrait sa pipe. Bari le regarda l'allumer ; il remarqua avec un nouvel intérêt les premiers nuages grisâtres de fumée qui sortaient de la bouche de Carvel. L'homme n'était pas à plus de deux longueurs de chaîne de piège et il fit une grimace à Bari.

— Remets-toi, mon vieux ! encouragea-t-il. Pas d'os brisés. Juste un peu roide. Allons, vaudra mieux partir !

Il se retourna du côté du lac Bain. Il supposait que Mac Taggart pourrait revenir. Peut-être Bari éprouvait-il le même soupçon, car, lorsque Carvel le considéra de nouveau, il était debout, chancelant un peu, tandis qu'il reprenait équilibre. L'instant d'après, le hors-la-loi avait enlevé le baluchon de ses épaules et l'ouvrait. Il y plongea la main et en retira un rouge quartier de viande crue :

— Tué ce matin, expliqua-t-il à Bari, un taureau d'un an, tendre comme une perdrix — et c'est aussi succulent que la moelle d'un os d'arrière-train. Goûte un peu !

Il avança la chair à Bari. Il n'y eut pas d'hésitation dans sa façon d'accepter. Bari était affamé et la viande lui était lancée par un ami. Il y enfonça les dents, ses mâchoires la broyèrent. Une flamme nouvelle circulait dans son sang, tandis qu'il festoyait, mais ses yeux ensanglantés ne quittèrent pas une minute le visage de l'autre. Carvel remit son paquetage en place. Il se leva, ramassa son fusil, assujettit ses patins et se tourna vers le nord.

— Allons ! garçon, fit-il. Il faut marcher.

C'était une véritable invitation, comme si tous deux avaient été depuis longtemps déjà des compagnons de route. C'était peut-être non seulement une invitation, mais en partie un ordre. Cela étonna Bari. Pendant une bonne demi-minute, il resta à la même place, sans remuer, regardant le dos de Carvel qui marchait à grands pas vers le nord. Carvel ne se retournait pas. Une soudaine secousse nerveuse traversa Bari ; il tourna la tête du côté du lac Bain ; il regarda de nouveau vers Carvel et un gémissement, à peine plus élevé qu'un soupir, sortit de sa gorge. L'homme était sur le point de disparaître dans l'épaisse sapinière. Il s'arrêta et se retourna.

— On vient, garçon !

Même à cette distance Bari pouvait voir qu'il lui souriait amicalement ; il aperçut la main tendue et la voix suscita en lui des sensations nouvelles. Elle ne ressemblait pas à la voix de Pierre. Elle n'était pas non plus douce et tendre comme celle de Nepeese.

Il n'avait connu que peu d'hommes et il les considérait tous avec défiance. Mais cette voix-ci le désarmait. Il était subjugué par son appel. Il désirait y répondre. Il fut rempli tout aussitôt du désir de suivre sur ses talons l'étranger. Pour la première fois dans sa vie, l'envie de devenir l'ami d'un homme le posséda. Il ne bougea point avant que Jim Carvel eût pénétré dans le bois de sapins. Alors, il suivit.

Cette nuit-là, ils campèrent dans un épais fouillis de cèdres et de baumiers, à dix milles au nord de la zone de trappes de Bush Mac Taggart. Durant deux heures, il avait neigé et leur route était recouverte. Il neigeait encore, mais aucun flocon du blanc déluge ne traversait le crible du berceau touffu des rameaux.

Carvel avait déployé sa petite tente de soie et avait bâti un feu ; leur souper était achevé et Bari était étendu sur le ventre devant le réfractaire, presque à portée de sa main. Adossé à un arbre, Carvel fumait avec délice. Il s'était débarrassé de sa casquette et de son pardessus et, dans la splendeur tiède du feu, il avait presque l'air d'un jeune homme. Mais, même dans cette splendeur, ses mâchoires ne perdaient rien de leur forme décidée ni ses yeux de leur claire vivacité.

— Cela semble bon d'avoir quelqu'un à qui parler, disait-il à Bari, quelqu'un qui peut comprendre, même s'il garde la bouche close. As-tu jamais envie de hurler, sans oser le faire ? Moi bien. Parfois, j'ai été sur le point d'éclater, parce que j'avais envie de parler à quelqu'un et que je n'osais le faire.

Il se frotta les mains l'une contre l'autre et les tendit au feu. Bari observait chacun de ses mouvements et écoutait attentivement le moindre son qui sortait de ses lèvres. Ses yeux avaient en eux maintenant une sorte d'adoration muette, un regard qui réchauffait le cœur de Carvel et l'emportait loin de l'immense isolement et de la solitude de la nuit. Bari s'était traîné plus près des pieds de l'homme, et soudain, Carvel se pencha sur lui et lui tapota la tête.

— Je suis un mauvais drôle mon vieux, souriait-il. Tu n'as pas remarqué cela chez moi, pas du tout ? Désires-tu savoir ce qui m'est arrivé ?

Il attendit un moment et Bari le regardait attentivement. Alors, Carvel continua, comme s'il parlait à un homme :

— Voyons ! Il y a cinq ans, cinq ans en décembre, juste avant l'époque de la Noël, j'avais un papa. Le bon vieux copain que mon papa ! Pas de mère, juste un papa. Et si on nous avait additionnés, nous n'aurions fait qu'un. Comprends-tu ? Un jour arriva un putois d'Amérique aux galons d'argent nommé Hardy, et il tira sur lui, parce que le papa avait travaillé contre lui en politique. C'était bien un meurtre. Et on ne pendit pas ce putois ! Non, monsieur, on ne le pendit point ! Il était trop riche, il avait aussi trop d'amis politiques. Il en fut quitte avec deux années de pénitencier. Mais il n'y alla pas ; non, vrai, comme il y a un Dieu, il n'y alla pas.

Carvel serrait les poings à en faire craquer les jointures. Un sourire de joie éclaira son visage et ses yeux lancèrent des éclairs. Bari poussa un profond soupir, simple coïncidence, mais le moment était pathétique.

— Non, il n'alla point au pénitencier, poursuivit Carvel, regardant fixement Bari de nouveau. Tu sais bien ce que cela signifie, mon vieux. Il aurait été pardonné au bout d'un an. Et pourtant mon papa, la meilleure moitié de moi-même, était dans la tombe ! Aussi je m'approchai du putois galonné d'argent, droit sous les yeux du juge, et sous les yeux des avocats et sous les yeux de tous ses parents et amis, et *je l'ai tué.* Et je me suis évadé, par une fenêtre, avant qu'ils se fussent ressaisis, j'ai gagné le pays boisé et j'en ai avalé des milles depuis ! Et je pense que Dieu m'assista, mon brave. Car, il fit une chose étrange pour me tirer d'affaire, l'avant-dernier été, juste comme les gendarmes me couraient après rudement, et que l'horizon était sombre. On découvrit un noyé dans le pays de Remdeer à l'endroit même où ils avaient pensé me cerner. Et le bon Dieu a fait que cet homme me ressemblait si bien qu'il fut enterré sous mon nom. Donc, officiellement, je suis mort, mon vieux. Je n'ai à redouter quoi que ce soit, aussi longtemps que je ne fraie pas trop avec les gens, pendant un an environ. Depuis, dans mon for intérieur, j'ai volontiers pensé que Dieu avait dans ses desseins de me tirer d'un pas difficile. Quelle est ton opinion, hein ?

Il se penchait pour obtenir une réponse. Bari avait écouté. Peut-être en un sens avait-il compris. Mais un autre bruit que la voix de Carvel lui arrivait maintenant aux oreilles.

La tête collée à terre, il l'entendit très nettement. Il poussa un gémissement, et le gémissement s'acheva en un groulement si bas que Carvel surprit tout juste le ton d'avertissement qu'il comportait. Il se redressa. Il demeura ensuite debout, tourné vers le sud. Bari se tenait à côté de lui, les pattes roidies et l'échine hérissée.

Au bout d'un moment de profond silence, Carvel reprit :

— Des parents à toi, mon vieux. Des loups.

Et il alla sous sa tente prendre son fusil et des cartouches.

XXIX

L'APPEL DU SUD

Bari était debout, immobile comme une statue, lorsque Carvel sortit de sa tente et, pendant quelques minutes, Carvel garda le silence, l'observant avec attention. Le chien répondrait-il à l'appel de la horde ? Leur appartenait-il ? S'en irait-il maintenant ? Les loups se rapprochaient. Ils n'allaient point par détours, comme l'aurait pu faire un caribou ou un cerf, mais ils venaient tout droit, droit sur leur campement. La signification de ce fait était facile à comprendre pour Carvel.

Toute l'après-midi, les pas de Bari avaient laissé une odeur de sang au long de la route et les loups avaient découvert leur trace au fond de la forêt où la neige en tombant ne l'avait point recouverte. Carvel n'était point inquiet. Plus d'une fois, pendant ces cinq années de courses vagabondes entre le cercle arctique et le pôle, il avait fait la partie avec les loups. Une fois, il l'avait quasiment perdue, mais c'était là-bas, en plein désert. Ce soir, il avait du feu et, au cas où les brandons viendraient à lui manquer, il avait les arbres où grimper. Son inquiétude, pour l'heure, était concentrée sur Bari. Si le chien partait, il resterait seul encore une fois. Aussi dit-il, en rendant sa voix tout à fait naturelle :

— Tu ne vas point t'en aller, n'est-ce pas, vieux ?

Si Bari le comprit, il n'en témoigna rien. Mais Carvel, qui l'observait de près, vit que les poils étaient hérissés sur son échine comme une brosse, puis il entendit, qui croissait peu à peu dans la gorge de Bari, un grognement de haine féroce.

C'était l'espèce de grognement par lequel il avait accueilli le facteur du lac Bain et Carvel ouvrant la culasse de son fusil pour voir si tout était bien se mit à rire joyeusement. Il se peut que Bari l'entendit.

Peut-être cela avait-il une signification pour lui, car il se retourna brusquement, les oreilles basses, en regardant son compagnon.

Les loups étaient muets maintenant. Carvel savait ce que cela voulait dire et il était sur le qui-vive. Dans le calme, le déclic du cran de sûreté de son fusil retentit avec un bruit métallique.

Pendant quelques instants, on n'entendit plus rien que le pétillement du feu. Brusquement, les muscles de Bari se détendirent. Il recula et fit face au côté opposé derrière Carvel, la tête rentrée dans les épaules, ses crocs longs d'un pouce, brillants, tandis qu'il retroussait les babines, tandis qu'il grondait vers les cavernes obscures de la forêt, derrière la marge de lumière du feu. Carvel s'était retourné d'un bond.

Il fut presque effrayé de ce qu'il vit. Une paire d'yeux flamblaient d'un feu verdâtre, puis une autre paire, puis après ceux-là tellement, tellement, qu'il n'aurait pu les compter. Il poussa un brusque soupir. On aurait dit des yeux de chat, un peu plus larges seulement. Quelques-uns recevant en plein la lueur du foyer étaient rouges comme des tisons, d'autres luisaient bleus et verts, des choses vivantes, sans corps.

D'un regard rapide, Carvel parcourut le cirque obscur de la forêt. Il y en avait dehors là aussi ; il y en avait de tous les côtés ; mais là où il les avait vus tout d'abord, ils étaient plus nombreux. Durant ces quelques secondes, il avait oublié Bari, troublé jusqu'à la stupéfaction par ce cordon d'yeux monstrueux, d'yeux de mort qui l'encerclaient. Ils étaient là cinquante loups, cent peut-être, tout autour, ne redoutant rien parmi tout ce monde sauvage que le feu. Ils étaient arrivés sans même faire de bruit de leurs pas feutrés, sans même briser une vergette. S'il avait été plus tard et s'ils avaient été endormis et le feu éteint !

Il frissonna et pendant une minute cette pensée abattit son courage. Il ne s'était pas proposé de tirer sans nécessité, mais tout aussitôt il épaula son fusil et il envoya un trait de feu à l'endroit où les yeux étaient le plus denses. Bari savait ce que signifiaient les coups de fusil et, rempli du furieux désir de sauter à la gorge de l'un de ses ennemis, il partit tout de go dans leur direction. Carvel poussa un cri d'effroi tandis qu'il se précipitait. Il vit passer comme un éclair le corps de Bari. Il le vit happé par l'obscurité et, dans la même minute, il perçut l'entrechoquement mortel des crocs et la chute de quelques corps.

Un sauvage frisson le parcourut. Le chien avait chargé seul et les loups attendaient. Cela ne pouvait avoir qu'une issue. Son camarade à quatre pattes s'était jeté, tête baissée, dans les gueules de la mort.

Il pouvait entendre le happement affamé de ces mâchoires du fond des ténèbres. C'était écœurant. Sa main se dirigea vers l'arme automatique pendue à sa ceinture et il jeta son fusil démuni sur la neige. Le gros « trente-huit » à hauteur de ses yeux, il plongea dans l'obscurité et de ses lèvres partit un cri sauvage qu'on aurait pu entendre à un mille au loin. En même temps que ce cri l'arme automatique traça un rapide courant de feu dans la masse des animaux qui combattaient.

Il y avait onze coups dans le revolver et jusqu'à ce que le canon rendît le son métallique du déclic, Carvel ne cessa ses cris et de se reculer dans la lueur du foyer. Il écouta, poussant un profond soupir. Il ne voyait plus d'yeux dans l'obscurité, il n'entendait plus le mouvement des corps. La soudaineté et la férocité de son attaque avaient repoussé la bande des loups. Mais le chien ! Il respira et se fatigua les yeux à regarder. Une ombre se traînait dans le cercle de lumière. C'était Bari. Carvel se précipita vers lui, le prit à bras-le-corps et le porta près du feu.

Pendant longtemps ensuite, il y eut un regard d'interrogation dans les yeux de l'homme. Il rechargea son fusil, alimenta de nouveau le feu et de son paquetage tira des bandes de linge avec lesquelles il banda trois ou quatre des plus larges plaies aux pattes de Bari. Et une douzaine de fois, il demanda avec une sorte d'égarement :

— Hé bien ! Quoi diable te poussait à faire cela, mon vieux ? Qu'est-ce que tu as contre les loups ?

Et de toute la nuit il ne dormit point, mais resta sur ses gardes.

Leur aventure avec les loups rompit le suprême soupçon de défiance qui avait pu subsister entre l'homme et le chien. Durant les jours suivants, alors qu'ils faisaient lentement route vers le nord-ouest, Carvel soigna Bari de la façon dont il aurait soigné un enfant malade. A cause des blessures du chien, il ne faisait que peu de milles par jour.

Bari comprit et en lui s'affirmait de plus en plus forte une immense affection pour l'homme dont les mains étaient aussi bienfaisantes que celles de Nepeese et dont la voix le réchauffait de la sympathie d'une camaraderie sans borne. Il ne le craignait plus et n'avait plus de suspicion à son endroit. Et Carvel, de son côté, remarquait bien des choses.

Le vide infini du monde autour d'eux et leur solitude lui fournissaient l'occasion de s'arrêter à des détails sans importance et il se trouvait chaque jour observer Bari d'un peu plus près. Il fit enfin une découverte qui l'intéressa vivement. Toujours, lorsqu'ils faisaient halte en route, Bari se tournait vers le sud : quand ils campaient, c'était du côté du sud qu'il flairait le vent le plus fréquemment. C'était bien naturel, songeait Carvel, car son vieux terrain de chasse se trouvait par là.

Mais, tandis que les jours passaient il se mit à remarquer autre chose. De temps à autre, se retournant vers le lointain pays d'où ils étaient venus, Bari gémissait doucement et, ces jours-là, il était fort agité. Il ne manifestait pas le désir de quitter Carvel, mais de plus en plus Carvel comprenait que quelque mystérieux appel lui arrivait du sud.

Il était dans l'intention du chemineau de se diriger vers la région du Grand-Esclave, à un bon huit cents milles au nord-ouest, avant la fonte des neiges. Dès lors, quand les eaux dégelèrent au printemps, il décida d'aller en canot vers l'ouest jusqu'au Mackenzie et finalement jusqu'aux montagnes de la Colombie britannique.

Ces plans furent modifiés en février. Les voyageurs furent pris dans une violente bourrasque dans la région du lac Wholdaia et alors que leur sort paraissait le plus sombre, Carvel rencontra par hasard une cabane au cœur d'une épaisse forêt de sapins. Dans la cabane, il y avait un mort. Il était trépassé depuis plusieurs jours et son cadavre était absolument gelé. Carvel creusa un trou en terre et l'ensevelit.

La cabane était un vrai trésor pour Carvel et Bari, mais surtout pour l'homme. Elle n'avait de toute évidence d'autre propriétaire que le mort. Elle était confortable et pourvue de provisions. En outre, son propriétaire avait fait une superbe capture de fourrures avant que le froid mordît ses poumons et qu'il mourût. Carvel inventoria les peaux avec soin et avec joie.

Il y en avait pour plus de mille dollars à n'importe quel poste et il ne voyait pas pourquoi elles ne lui appartiendraient pas désormais. En moins d'une semaine, il avait repéré la ligne de pièges recouverte de neige du défunt et trappait pour son compte.

C'était à deux cents milles au nord-ouest du Grey Loon et bientôt Carvel observa que Bari ne se tournait pas directement vers le sud, lorsque l'étrange appel lui arrivait, mais bien vers le sud-est. Et maintenant, à mesure que chaque jour passait, le soleil montait plus haut dans le ciel, il devenait plus chaud, la neige fondait sous les pas et, dans l'air, il y avait la palpitation humide et croissante du printemps.

Et avec ces choses, l'ancien désir envahit Bari : l'appel qui émouvait son cœur des tombes solitaires, là-bas, du Grey Loon, de la hutte incendiée, de l'abri abandonné par-delà l'étang, de Nepeese. Dans son sommeil, il revoyait ces choses. Il entendait la voix assourdie et douce de Branche-de-Saule, sentait l'attouchement de ses mains, jouait avec elle une fois de plus sous les ombrages touffus des forêts, et Carvel s'asseyait pour l'observer tandis qu'il rêvait, s'efforçant de saisir le sens de ce qu'il voyait et entendait.

En avril, Carvel chargea sur ses épaules ses fourrures pour le poste du lac La Biche de la Compagnie de la baie d'Hudson qui était encore plus avant au nord. Bari l'accompagna jusqu'à mi-chemin, puis, au coucher du soleil, un soir, il reprit la route menant à la maison. Au bout d'une semaine, Carvel revint à la cabane et l'y retrouva. Il fut si content qu'il enlaça de ses bras la tête du chien et la pressa contre son cœur. Ils vécurent dans la cabane jusqu'au mois de mai. Les bourgeons éclataient alors et le parfum des choses qui poussaient commençait à monter de la terre.

Puis Carvel trouva les premières fleurs bleues précoces.

Le soir, il fit son paquetage.

— Voici le moment de voyager, annonça-t-il à Bari. Et j'ai changé d'idée. Nous allons partir par là.

Et, du doigt, il désigna le sud.

XXX

LA FIN DE LA RECHERCHE

Un étrange pressentiment s'empara de Carvel tandis qu'il commençait son voyage vers le sud. Il ne croyait point aux présages, bons ou mauvais. La superstition n'avait joué qu'un rôle infime dans sa vie, mais il possédait tout ensemble la curiosité et l'amour de l'aventure et ses années de vagabondage solitaire avaient développé en lui une perception merveilleusement nette des choses qu'en d'autres termes on pourrait appeler une imagination singulièrement active.

Il savait que d'irrésistibles forces attiraient Bari vers le sud, qu'elles le poussaient non seulement vers une direction donnée de l'espace, mais à un point précis de cette direction. Sans motif bien particulier, le fait commençait à l'intriguer de plus en plus et, comme son temps ne comptait pas et qu'il n'avait en vue aucun but défini, il se mit à tenter une expérience.

Durant les deux premières journées, il laissa Bari libre de se diriger à sa guise et cinquante fois, durant ces deux jours, il nota à la boussole la marche du chien. Il allait bien au sud-est. Le troisième matin, à dessein, Carvel obliqua sa route vers l'ouest, il remarqua aussitôt un changement en Bari : son agitation d'abord, puis la manière abattue avec laquelle il le suivait sur les talons. Vers midi, Carvel tourna à angle aigu vers le sud-est, de nouveau et presque immédiatement Bari reconquit son ancienne ardeur et courut devant son maître.

Après quoi, pendant plusieurs jours, Carvel suivit la route que prenait le chien.

— Il se peut que je sois un idiot, mon vieux, s'excusa-t-il un soir, mais c'est histoire de m'amuser un peu, somme toute, comme si je voulais rencontrer la ligne de chemin de fer avant d'avoir franchi les montagnes. Aussi quelle est la différence ? Je suis de jeu, aussi longtemps que tu ne me ramènes pas à ce type du lac Bain. Maintenant, que diable ! voudrais-tu retrouver sa zone de trappes, t'y faire prendre ? Si c'est ça l'affaire !...

Il envoya de sa pipe un nuage de fumée, en regardant Bari, et Bari la tête entre ses pattes de devant, se retourna vers lui.

Une semaine plus tard, Bari répondit à la question de Carvel en se dirigeant à l'ouest pour se garder d'approcher du lac Bain. On était au milieu de l'après-midi quand ils traversèrent la ligne où les pièges de Bush Mac Taggart et ses trappes de mort avaient été placés. Bari ne s'arrêta même pas. Il se dirigea bien au sud, marchant si rapidement que parfois Carvel le perdait de vue. Un énervement contenu mais intense le dominait et il poussait un gémissement chaque fois que Carvel faisait halte pour se reposer, le nez reniflant toujours le vent du côté du sud. Le printemps, les fleurs, la terre verdoyante, le chant des oiseaux et le doux souffle de l'air le ramenaient à ce grand Hier, alors qu'il appartenait à Nepeese.

Pour son cerveau incapable de raisonner, l'hiver n'existait plus. Les longs mois de faim et de froid étaient à jamais évanouis ; au milieu des nouvelles images qui emplissaient son esprit, ils étaient oubliés. Les oiseaux et les fleurs et les cieux bleus étaient revenus et, avec eux, Branche-de-Saule serait sûrement de retour. Et elle l'attendait maintenant juste là-bas, par delà cette bordure de vertes forêts.

Quelque chose de plus qu'une simple curiosité commença d'intriguer Carvel. Une fantaisie bizarre devint une idée fixe et plus intime, une préoccupation irraisonnée qui était accompagnée d'un certain frémissement d'impatience contenue. Vers le temps qu'ils arrivèrent à l'étang du vieux castor, le mystère de l'étrange aventure l'avait fortement empoigné. De la colonie de Dent-Brisée, Bari conduisit Carvel au ruisseau le long duquel Wakayoo, l'ours noir, allait à la pêche et, de là, droit au Grey Loon.

C'était au bord de l'après-midi d'une journée splendide. Il faisait si calme que les eaux ridées du printemps, chantant en mille petits torrents et ruisselets, emplissaient les bois d'une musique paresseuse.

Sous le chaud soleil, le noisetier pourpre luisait comme du sang. Dans les clairières, l'air avait l'odeur des jacinthes. Dans les arbres et les buissons, des oiseaux accouplés bâtissaient leurs nids. Après le long sommeil de l'hiver, la nature œuvrait dans toute sa gloire. C'était *Unepekine,* la lune du mariage, la lune de la maison à construire, et Bari allait à la maison, non pour rejoindre son pareil, mais pour Nepeese. Il savait qu'elle était là-bas maintenant, tout au bord du ravin peut-être où il l'avait vue la dernière fois. Ils joueraient encore ensemble bientôt, comme ils avaient joué hier et la veille et l'avant-veille.

Et dans sa joie, il aboya en sautant au visage de Carvel et le pressa de se hâter davantage. Puis, ils arrivèrent à la clairière et, une fois de plus, Bari se figea comme un roc. Carvel vit les ruines consumées de la hutte incendiée et, peu après, les deux tombes sous le haut sapin. Il commençait à comprendre, tandis que ses yeux se tournaient lentement vers le chien qui attendait et écoutait. Un immense soupir gonfla son cœur et, au bout d'un moment, il dit doucement et avec effort :

— Vieux, je devine que tu es chez toi.

Bari n'entendait point. La tête dressée et le nez en vedette vers le ciel bleu, il sentait le vent. Qu'est-ce qui lui arriva avec le parfum des forêts et des vertes prairies ? Pourquoi frissonnait-il maintenant, tandis qu'il se tenait là ? Qu'y avait-il dans l'air ? Carvel se le demandait et ses yeux en cherchant s'efforçaient de répondre aux questions. Rien. C'était la mort ici, la mort et l'abandon, et c'était tout. Puis, tout aussitôt, Bari poussa un cri étrange, presque un cri humain, et il partit comme une flèche.

Carvel s'était débarrassé de son paquetage. Il laissa auprès tomber son fusil et suivit Bari. Il courait à toute vitesse, droit à travers la clairière, dans les balsamiers nains et dans une sente gazonnée, qui avait été foulée jadis par les allées et venues. Il courut tant qu'il fut hors d'haleine, alors il s'arrêta et écouta. Il ne pouvait plus entendre Bari, mais cet ancien sentier conduisait sous bois, et il le prit.

Tout près de l'étang profond et sombre dans lequel Branche-de-Saule et lui avaient folâtré si souvent, Bari aussi s'était arrêté. Il pouvait entendre le bouillonnement de l'eau et ses yeux luisaient d'un feu brillant, tandis qu'il cherchait Nepeese. Il s'attendait à la voir là, son corps blanc et svelte se baignant dans l'ombre épaisse d'un sapin surplombant, ou éclatant soudain, pur comme neige, dans une des mares chaudes de soleil.

Ses yeux fouillaient les vieilles cachettes, le grand rocher fendu de l'autre côté, les digues creuses sous lesquelles ils avaient coutume de nager comme des loutres, les rameaux de sapins qui trempaient à la surface et parmi lesquels Branche-de-Saule aimait cacher son corps nu tandis qu'il la cherchait dans l'étang. Et enfin la certitude naissait en lui qu'elle n'était point là et qu'il fallait aller plus loin.

Il continua jusqu'au tepee. La petite clairière dans laquelle avait été construit le wigwam secret était inondée de soleil qui traversait une éclaircie de la forêt vers l'ouest. L'abri était là encore.

Il ne parut pas bien changé à Bari. Et montant derrière, il y avait ce qui était parvenu faiblement jusqu'à lui à travers la limpidité de l'air ; la fumée d'un feu minuscule. Au-dessus du feu, quelqu'un était penché et cela n'étonna point Bari et ne le frappa point le moins du monde comme insolite que ce quelqu'un eût deux longues tresses brillantes sur le dos. Il poussa une plainte et, à cette plainte, la personne se roidit un peu et se retourna lentement.

Même alors cela sembla la chose la plus naturelle du monde que ce fût Nepeese et point une autre. Il l'avait perdue hier. Aujourd'hui il la retrouvait. Et, en réponse à sa plainte, un cri sanglotant jaillit du cœur de Branche-de-Saule.

Carvel les trouva quelques minutes plus tard, la tête du chien pressée contre la poitrine de Branche-de-Saule. Et Branche-de-Saule pleurait, pleurait comme un petit enfant, son visage enfoncé dans le cou de Bari. Il ne les dérangea pas et attendit, et, alors qu'il attendait, quelque chose dans la voix sanglotante et la tranquillité de la forêt semblait lui murmurer un peu de l'histoire de la hutte incendiée et des deux tombes, et le sens de l'appel qui était venu du sud à Bari.

XXXI

LE COMPTE EST RÉGLÉ

Cette nuit-là, il y eut un nouveau feu de camp dans la clairière. Ce n'était pas un feu minuscule, établi avec la crainte que d'autres yeux pussent le voir, mais un feu qui dardait haut ses flammes. Dans sa lueur se tenait Carvel. Et de même que le feu avait crû du petit tas de cendres au-dessus duquel Branche-de-Saule avait fait cuire le dîner, ainsi Carvel, le hors-la-loi mort officiellement, s'était, lui aussi, transformé. La barbe était tombée de son visage, il avait ôté son vêtement en peau de caribou, ses manches étaient retroussées jusqu'aux coudes et une sauvage montée de sang affluait à son visage qui n'était plus tout à fait le hâle du vent et du soleil et de la tempête.

Et il y avait dans ses yeux un éclat qu'on n'y avait plus vu depuis cinq ans, peut-être même jamais auparavant. Ses yeux étaient fixés sur Nepeese. Elle était assise dans la lumière du foyer, un peu inclinée vers la flamme, ses magnifiques cheveux brillaient d'un ton chaud à sa lueur. Carvel ne fit pas un mouvement tant qu'elle demeura dans cette attitude. A peine semblait-il respirer. L'éclat de ses yeux s'approfondissait : adoration d'un homme pour une femme. Brusquement Nepeese se retourna et le surprit, avant qu'il eût pu détourner son regard.

Il n'y avait rien à cacher dans ses yeux à elle. Comme son visage, ils rayonnaient d'un nouvel espoir et d'un nouveau bonheur. Carvel s'assit à son côté sur le banc de bouleau et dans ses mains il prit une des tresses épaisses et il la caressait en parlant. A leurs pieds, les observant, Bari était couché.

— Demain ou après-demain je partirai pour le lac Bain, dit-il avec un accent rude et amer au fond de la douceur adorante de sa voix, je ne reviendrai qu'après l'avoir tué.

Branche-de-Saule regardait fixement le feu. Durant un moment il y eut un silence brisé seulement par le crépitement des flammes et, durant ce silence, les doigts de Carvel nattaient et dénattaient les torons soyeux de Branche-de-Saule. Ses pensées rétrogradaient vers le passé. Quelle occasion il avait manquée le jour qu'il s'était trouvé dans la zone de trappes de Bush Mac Taggart ! Si seulement il avait su ! Ses dents grincèrent, tandis qu'il se représentait mentalement au cœur incandescent du foyer les scènes du jour où le facteur du lac Bain avait tué Pierre.

Elle lui avait raconté toute l'histoire : sa fuite ; son plongeon dans le torrent glacé du ravin où elle avait pensé trouver une mort certaine. Et comment elle avait été miraculeusement sauvée de l'eau et comment elle avait été découverte, à demi-morte, par Tuboa, le vieux Cree édenté, auquel Pierre, par compassion, avait permis de chasser sur une partie de son domaine. Carvel ressentait la tragédie et l'horreur de cette heure unique et terrible où le soleil avait disparu du monde pour Branche-de-Saule. Et, parmi les flammes, il se représentait le vieux Tuboa fidèle, alors qu'il rassemblait ses forces suprêmes afin de transporter Nepeese sur la longueur qui séparait le ravin de sa cabane. Il surprenait les changeantes images des semaines suivantes dans la cabane, semaines de famine et de froid intense pendant lesquelles la vie de Branche-de-Saule ne tenait qu'à un fil. Et puis, quand les neiges furent plus épaisses, Tuboa était mort. Les doigts de Carvel étreignaient les torons des tresses de Branche-de-Saule. Un profond soupir sortit de sa poitrine et il ajouta en regardant fixement le feu :

— Demain, je partirai pour le lac Bain.

Pendant un moment, Nepeese ne répondit pas. Elle aussi fixait le feu. Puis elle dit :

— Tuboa voulait le tuer quand le printemps reviendrait et qu'on pourrait voyager. Lorsque Tuboa mourut, j'ai compris que c'était moi qui devrais le tuer. Je suis donc venue avec le fusil de Tuboa. Il a été nouvellement chargé, hier. Et, monsieur Jeem...

Elle releva la tête vers lui, un éclair de triomphe dans les yeux, tandis qu'elle ajoutait, pas plus haut qu'un murmure :

— Vous n'irez pas au lac Bain. *Je lui ai envoyé un commissionnaire.*

— Un commissionnaire ?

— Oui, Ookimew Jeem, un courrier. Il y a deux jours. Je lui ai fait savoir que je n'étais pas morte, mais que j'étais ici à l'attendre et que désormais je serais sa *iskwao,* sa femme. Ah ! Ah ! Il viendra, Ookimew Jeem, il viendra le plus tôt possible. Et vous ne le tuerez pas ! *Non.*

Elle lui souriait et le cœur de Carvel battait comme un tambour.

— Le fusil est chargé, fit-elle doucement, je tirerai.

— Il y a deux jours, dit Carvel, et du lac Bain, il y a...

— Il sera ici demain, répondit Nepeese. Demain, au coucher du soleil, il entrera dans la clairière. Je le sais. Mon sang a chanté tout le jour. Demain, demain, car il fera route le plus vite qu'il pourra, Ookimew Jeem. Oui, il viendra en hâte.

Carvel avait baissé la tête. Les douces tresses qu'il serrait entre ses doigts, il les porta à ses lèvres. Branche-de-Saule, qui fixait de nouveau le feu, ne vit point ce geste. Mais elle le *sentit* et son âme palpita comme les ailes d'un oiseau.

— Ookimew Jeem ! murmura-t-elle. Ce fut un souffle, un mouvement des lèvres si doux que Carvel n'entendit pas le son de sa voix.

Si le vieux Tuboa avait été là, ce soir, il est certain qu'il aurait lu d'étranges avertissements dans le vent qui chuchotait, çà et là, doucement, à la cime des arbres.

Il faisait une si belle nuit, une nuit où les Dieux Rouges s'entretiennent à voix basse, une fête de gloire, pendant laquelle même les ombres penchées et les étoiles hautes avaient l'air de palpiter de la vie d'un tout puissant langage. Il est bien probable que le vieux Tuboa, avec ses quatre-vingt-dix années d'expérience, aurait soupçonné une chose que Carvel, dans sa jeunesse et sa présomption, ne comprit pas. Demain, il viendrait demain. Branche-de-Saule, exaltée, l'avait assuré. Mais au vieux Tuboa, les arbres auraient pu murmurer : *pourquoi pas cette nuit ?*

Il était minuit lorsque la lune, dans son plein, s'arrêta juste au-dessus de la petite clairière de la forêt. Dans l'abri, Branche-de-Saule dormait. A l'ombre d'un baumier, derrière le foyer, dormait Bari et, plus loin encore, en arrière, au bord d'un bosquet de sapins, dormait Carvel. Chien et homme étaient fatigués. Ils avaient beaucoup marché et vite, ce jour-là, et ils n'entendirent aucun bruit.

Mais ils n'avaient marché ni tant ni si vite que Bush Mac Taggart. Du lever du soleil à minuit, il avait parcouru quarante milles, quand il s'avança à grands pas dans l'éclaircie où s'était dressée la hutte de Pierre Duquesne. Deux fois, à l'orée de la forêt, il avait appelé et, maintenant, comme on ne répondait pas, il restait là, debout, au clair de lune, et écoutait. Nepeese devait être là à l'attendre.

Il était las, mais la fatigue ne pouvait éteindre le feu qui brûlait dans son sang. Son sang avait flambé toute la journée, et maintenant, si proche de la réalisation et du succès, dans ses veines la vieille passion ressemblait à un vin enivrant. Quelque part, non loin de l'endroit où il se trouvait, Nepeese l'attendait, *l'attendait.* Son cœur palpitait d'un désir farouche, tandis qu'il écoutait.

On ne répondait pas. Alors, pendant une minute d'émotion, il cessa de respirer. Il aspira l'air et, faible, du lointain, lui parvint une odeur de fumée.

Avec l'instinct primordial de l'homme des bois, il se tourna du côté d'où venait le vent : un souffle à peine sous les cieux illuminés d'étoiles. Il n'appela pas plus longtemps, mais se hâta de traverser la clairière. Nepeese était plus loin — quelque part — qui dormait près de son feu, et il poussa un cri de joie étouffé. Il parvint à l'extrémité de la forêt ; le hasard conduisit ses pas sur le sentier gazonné, ii le suivit et l'odeur de la fumée arriva plus précise à ses narines.

Ce fut l'instinct de l'homme des bois également qui lui conseilla d'avancer avec précaution. L'instinct et aussi le calme absolu de la nuit. Il ne cassa pas un bâton sous ses pas. Il remua la broussaille si doucement qu'il ne fit aucun bruit.

Quand il arriva enfin à la clairière où le feu de Carvel faisait encore monter dans l'air une spirale de fumée au parfum de résine, ce fut si furtivement qu'il ne risqua même pas d'éveiller Bari. Peut-être, au tréfonds de lui dormait un vieux soupçon, peut-être était-ce parce qu'il désirait surprendre Nepeese pendant son sommeil. La vue de l'abri précipita les battements de son cœur. Il faisait clair comme en plein jour et la lune l'enveloppait de sa lumière.

Et Mac Taggart aperçut suspendus devant l'abri quelques vêtements de femme. Il avança à pas feutrés comme un renard et l'instant d'après il se trouvait une main sur la tenture rabattue de la porte du wigwam, la tête inclinée pour y surprendre le moindre bruit. Il pouvait entendre

Nepeese respirer. Une minute, il se retourna de sorte que le clair de lune frappa ses yeux. Ils étaient enflammés d'un feu mauvais. Alors, très doucement, il écarta la tenture de la porte.

Ce ne put être ce bruit qui éveilla Bari caché dans l'ombre noire des balsamiers à une douzaine de pieds plus loin. Peut-être fut-ce l'odeur de l'homme. Les narines de Bari frémirent d'abord, puis il s'éveilla. Pendant quelques secondes, ses yeux dardèrent vers le corps penché à la porte du wigwam. Il savait que ce n'était pas Carvel.

L'ancienne odeur, l'odeur de la bête humaine, emplissait ses narines comme un poison détesté.

Il se redressa et se tint un moment les quatre pattes figées, ses babines se retroussant peu à peu au-dessus de ses longs crocs. Mac Taggart avait disparu.

De l'intérieur du tepee arriva du bruit, un soudain remuement de corps, le cri de frayeur de quelqu'un qui s'éveille en sursaut, puis un appel, un cri assourdi, à demi étouffé, un cri d'effroi. Et en réponse à ce cri, Bari se précipita hors de l'ombre des baumiers avec, dans la gorge, un groulement qui portait en lui un accent de mort.

Au bord du bosquet de sapins, Carvel se retournait, mal à l'aise. Des bruits étranges l'éveillaient, des cris qui, dans sa fatigue, lui arrivaient comme dans un rêve. Enfin, il se mit sur son séant ; puis, saisi d'une subite terreur, il se leva et courut au wigwam. Nepeese était dans la clairière, l'appelant du nom qu'elle lui avait donné : *Ookimew Jeem !... Ookimew Jeem !... Ookimew Jeem !* Elle était là, blanche et svelte, ses yeux pleins du scintillement des étoiles et, lorsqu'elle vit Carvel, elle l'étreignit dans ses bras, criant :

— Ookimew Jeem !... Oh ! oh !... Ookimew Jeem ! Oh ! oh !

A l'intérieur de l'abri, Carvel entendit la rage d'un animal, les cris plaintifs d'un homme. Il oublia qu'il n'était arrivé que de la nuit dernière et poussant un cri, il enleva Branche-de-Saule contre sa poitrine, et les bras de Branche-de-Saule se nouèrent autour de son cou, cependant qu'elle se lamentait.

— Ookimew Jeem, c'est la brute, là-dedans ! C'est la brute du lac Bain et Bari...

La vérité se fit jour à Carvel et il emporta Branche-de-Saule dans ses bras et s'enfuit avec elle loin du bruit qui devenait écœurant et horrible. Dans le bosquet de sapins, il déposa sur le sol son fardeau. Les bras de Nepeese restaient encore serrés autour de son cou ; il sentait la sauvage terreur du corps qui palpitait contre lui. La poitrine de la jeune fille était secouée de sanglots et ses yeux le suppliaient. Il l'attira plus près de son cœur et, tout à coup, il écrasa son visage contre le sien et il sentit pendant une minute le tiède frisson des lèvres virginales contre les siennes. Et il entendit le murmure doux et tremblant :

— Oh !... *Ookimew Jeem !*

Lorsque Carvel retourna seul au wigwam, son revolver à la main, Bari était devant la porte et attendait. Carvel ramassa un brandon enflammé et pénétra dans l'abri. Quand il en ressortit, son visage était livide. Il jeta le brandon dans le feu et retourna près de Nepeese. Il l'avait enveloppée dans ses couvertures et maintenant il s'agenouillait auprès d'elle et mit ses bras autour de sa taille.

— Il est mort, Nepeese.

— Mort ? Ookimew Jeem !

— Oui, Bari l'a tué !

Elle semblait inanimée. Doucement, ses lèvres caressant ses cheveux, Carvel murmurait ses projets pour leur paradis futur.

— Personne ne le saura, bien-aimée. Cette nuit, je vais l'ensevelir et incendier le tepee. Demain, nous partirons à Nelson House, où il y a un missionnaire. Et ensuite nous reviendrons et je construirai une nouvelle hutte à la place où l'ancienne a été brûlée. *M'aimez-vous, Ka-Sakahet ?*

— Oui, Ookimew Jeem, je vous aime.

Tout à coup, ils s'interrompirent. Bari poussait enfin son cri de triomphe. Ce cri s'éleva jusqu'aux étoiles. Il passa par-dessus les toits des forêts et emplit les cieux tranquilles : hurlement de loup, d'allégresse, d'achèvement, de vengeance accomplie. Les échos en moururent lentement au loin et le silence s'étendit de nouveau.

Une paix immense respira dans la molle ondulation de la cime des arbres. Du nord répondit l'appel fraternel d'un loup solitaire.

Autour des épaules de Carvel, les bras de Branche-de-Saule se serrèrent plus étroitement. Et Carvel, du fond du cœur, rendit grâces à Dieu.

LE GRIZZLY

(The Grizzly-King, 1916)

Roman traduit de l'américain
par Jean d'Agraives et Gil Hérel

© Librairie Hachette, pour la traduction.

I

LE MONARQUE ET SON DOMAINE

Silencieux et immobile comme un grand roc teinté de roux, Tyr laissait errer son regard sur l'étendue de son domaine.

Il n'avait pas la vue perçante ; les grizzlys ont des yeux trop petits et trop écartés pour bien voir.

A une distance de huit cents mètres, il eût certes pu distinguer une chèvre alerte des Rocheuses ou bien un mouton de montagne ; mais, au-delà de huit cents mètres, le monde pour lui n'était qu'un vaste mystère, un brouillard léger de soleil ou bien un rideau de ténèbres.

Grâce à Dieu, pour sa sauvegarde, son ouïe très fine, son odorat particulièrement développé lui permettaient d'estimer à coup sûr ce qui se passait hors de son champ de vision.

S'il se tenait présentement immobile, c'est que montait de la vallée et lui parvenait aux narines une senteur inusitée, une odeur qui ne s'associait avec aucun de ses souvenirs et qui le troublait étrangement.

En vain son esprit lent de bête sauvage cherchait à comprendre.

Cette odeur n'était sûrement pas celle d'un caribou... Ce n'était pas non plus celle d'une chèvre ou d'un mouton. Encore moins celle d'une marmotte paresseuse et grasse se chauffant au grand soleil sur un rocher.

Les marmottes constituaient sa nourriture favorite.

Non, c'était un fumet bizarre qui somme toute ne l'irritait pas, ne l'effrayait pas, mais lui inspirait de la curiosité. Pourtant il ne s'était pas mis en quête de son origine. Une prudence le retenait.

Si Tyr avait eu le pouvoir de distinguer clairement les choses, même à une distance de trois kilomètres, ses yeux ne l'eussent pas renseigné sur l'origine de cette odeur apportée par le vent depuis le fond lointain de la vallée.

Il s'était arrêté au bord d'un petit plateau en cuvette, creusé au flanc de la montagne, et qui s'évasait, verdoyant, à la sortie d'un col escarpé.

En ce début de juillet, ce plateau était tapissé d'herbe douce parsemée de fleurs : violettes pâles, myosotis, jacinthes et ancolies sauvages.

Au centre, s'étalait une mare de boue liquide où Tyr aimait à patauger toutes les fois que ses pattes lui faisaient mal.

A l'est, à l'ouest et au nord, s'étageaient les hauts contreforts si grandioses des montagnes Rocheuses, dont la rudesse s'atténuait sous la caresse du soleil.

Du haut en bas de la vallée un murmure berceur provenait des brèches entre les grands pics, des crevasses sinueuses, des éboulis monstrueux, et de dessous les neiges éternelles. C'était la musique des eaux.

Les trilles des sources brodaient gaiement sur le chant allègre des ruisseaux, se mêlaient au cœur des cascades.

Dans l'air flottaient de chauds parfums.

Juin et juillet se mariaient. Fin de printemps, début d'été : la terre éclatait de verdure.

Les premières fleurs éclaboussaient de taches violettes, rouges, jaunes ou pourpres, le flanc ensoleillé des monts. Et tout ce qui vivait chantait : les marmottes à l'entrée de leur trou, les loirs pompeux sur leurs terriers, les gros bourdons butinaient de fleur en fleur, les éperviers planaient dans la vallée et les aigles au-dessus des pics.

Oui, Tyr lui-même avait chanté en pataugeant dans la boue tiède quelques instants auparavant. Ce n'était ni un rugissement, ni un grognement, ni une plainte. C'était une sorte de ronron qu'il émettait toutes les fois qu'il avait lieu d'être content. Les ours chantent comme ils peuvent ! Mais cette odeur mystérieuse avait soudain troublé pour lui la paix de ce jour idéal.

Immobile, il flairait le vent.

Elle l'intriguait, cette odeur, elle l'inquiétait sans pourtant l'alarmer vraiment. Et il y était aussi sensible qu'un enfant à un aliment qu'il mange pour la première fois.

Enfin un grondement de menace roula comme un tonnerre lointain dans les profondeurs de sa poitrine.

Monarque absolu sur son domaine, il avait fini par comprendre qu'il ne devait pas tolérer l'intrusion de cette odeur dont il ignorait la nature et dont le possesseur n'était pas soumis à sa souveraineté.

Il se souleva lentement, se dressa de toute sa taille puis s'assit sur son arrière-train, croisant ses pattes formidables de devant contre sa poitrine.

Depuis dix ans qu'il était né et vivait dans la montagne, jamais il n'avait flairé une odeur semblable. Il la défia et l'attendit, sans se cacher, sûr de sa force.

Il était de taille monstrueuse, musclé comme l'étaient ses ancêtres redoutables, d'un beau gris doré sous le soleil.

Ses avant-bras avaient l'épaisseur d'un tronc d'arbre ; les dix plus longues de ses griffes étaient des poignards acérés. Ses deux canines supérieures étaient aiguës comme des pointes de stylet et, entre ses mâchoires puissantes, il pouvait broyer sans effort le cou d'un caribou robuste.

Comme la plupart des grizzlys, il ne tuait pas pour le plaisir. Dans une horde de caribous, il choisissait une seule victime et la dévorait entièrement jusqu'à la moelle du dernier os.

C'était un monarque paisible.

Il n'imposait qu'une seule loi : « Laissez-moi vivre ! »

Et son attitude exprimait impérieusement cette loi, tandis qu'assis sur son arrière-train il flairait cette odeur étrange !

Par sa force massive, sa solitude et son autorité, il était semblable à la montagne. Il n'avait pas plus de rivaux sur son territoire de chasse qu'elle n'en avait dans le ciel.

Nul n'avait jamais osé contester ses droits à la domination de la nature sauf d'autres ours. Avec de pareils adversaires, Tyr s'était battu loyalement plus d'une fois en des duels à mort.

Il était tout prêt à combattre de nouveau quiconque refuserait de se plier à sa volonté sur l'étendue de son domaine. Jusqu'au jour où il serait vaincu, il était dictateur, arbitre ou despote, comme il lui plaisait.

Sa dynastie régnait, depuis des milliers d'années peut-être, sur les riches vallées et les pentes vertes. Il était roi de droit divin, seigneur souverain de son fief, et il prouvait sa maîtrise par la force, ouvertement, sans ruse ni stratégie.

Il était détesté et craint ; mais il ne détestait personne et ne connaissait pas la crainte. Au surplus, il était honnête. C'est pourquoi il pouvait attendre, de pied ferme et sans émotion trop apparente, l'être vivant et inconnu qui s'avançait dans sa direction et dont l'odeur lui parvenait des profondeurs de la vallée.

Néanmoins, tandis qu'il humait toujours l'air de son nez brun si sensible, un vague instinct héréditaire se réveillait confusément en sa conscience obscure.

Bien qu'il perçût cette odeur pour la première fois, il commençait à avoir une certitude : l'être vivant dont elle émanait ne pouvait lui être que nuisible.

Pendant dix minutes, Tyr garda une immobilité de pierre ; puis le vent changea quelque peu, et l'odeur s'atténua pour se dissiper progressivement.

Tyr souleva ses oreilles plates. Il tourna son énorme tête, lentement, afin d'embrasser d'un regard la pente verdoyante et la petite plaine en forme de cuvette.

L'odeur étrange était déjà oubliée, maintenant que l'air parfumé n'en gardait pas trace.

Tyr retomba sur ses quatre pattes et commença sa chasse aux loirs.

Comme il était comique, lui qui pesait huit cents kilos, de se donner autant de mal pour capturer des bestioles de dix centimètres de longueur !

Et pourtant Tyr n'hésitait pas à creuser pendant plus d'une heure avec énergie, pour pouvoir savourer enfin un loir, friandise suprême !

Il découvrit un trou situé à sa convenance et se mit à gratter la terre comme un chien.

Il était au sommet d'une pente.

Une ou deux fois peut-être, au cours de la demi-heure qui suivit, il leva la tête et flaira... mais l'odeur qu'avait apportée le vent venu de la vallée ne polluait plus l'air léger !

II

LANGDON

La haute futaie s'éclaircissait. La vallée s'élargit soudain. Alors, Langdon arrêta son cheval, fit entendre un clappement de langue, signe chez lui du plus vif plaisir, passa la jambe droite par-dessus le pommeau de bois de sa selle et attendit tranquillement.

A deux ou trois cents mètres derrière lui, Bruce, encore masqué par les sapins, avait des difficultés avec « Poêle-à-frire », une jument de bât fort peu disciplinée. Jim Langdon sourit joyeusement en entendant vociférer son camarade, qui menaçait de rosser l'animal récalcitrant.

Le vocabulaire imagé dont Bruce se servait pour décrire les châtiments qu'il promettait à des bêtes récalcitrantes faisait le bonheur de Langdon, car son brave compagnon n'eût jamais gratifié d'un coup de bâton cette peste de « Poêle-à-frire », même s'il lui avait pris fantaisie de se rouler dans la boue avec son chargement.

L'un après l'autre, les six chevaux sortirent de la futaie. Bruce montait le dernier des six.

Il était assis sur sa selle comme un pantin dont quelques ficelles se seraient cassées, attitude qu'il avait acquise à voyager dans la montagne, parce qu'il avait quelque peine à répartir gracieusement son corps maigre sur le maigre dos de sa monture.

Dès qu'il parut, Langdon mit pied à terre et se tourna vers la vallée. Les poils courts de sa barbe blonde, une barbe d'homme qui a coutume de se raser, ne cachaient pas le hâle de son visage, résultat de cinq semaines passées en plein air dans la montagne.

Il avait ouvert le col de sa chemise, montrant son cou bronzé par le soleil et le vent.

Ses yeux perçants étaient gris-bleu, et il fouillait le paysage qui s'épanouissait devant lui avec l'ardente expression du chasseur-né, ou bien encore de l'explorateur de terres vierges.

Il pouvait avoir trente-cinq ans, passait une partie de sa vie dans le Far North encore désert, et l'autre à décrire dans des livres ses impressions de voyageur et d'amoureux de la nature.

Bruce, son compagnon, guide et ami, était de six mois son cadet, et d'une taille inférieure à la sienne. Mais Bruce contestait à Jim cet avantage et ne ratait pas une occasion de dire : « Dame, j'ai pas fini de grandir ! »

Il rejoignit Jim en redressant son corps de pantin cassé.

Jim, d'un geste expressif, désigna l'espace devant lui.

« As-tu jamais vu quelque chose qui vaille cela ? demanda-t-il.

— Beau pays, acquiesça le guide... et un chic endroit pour camper. Il doit y avoir du caribou dans ces parages, et de l'ours. Nous avons besoin de viande fraîche. Passe-moi une allumette, veux-tu ? »

C'était une habitude chez eux d'allumer, toutes les fois qu'ils le pouvaient, leurs pipes avec une seule allumette.

Ils accomplirent donc gravement ce rite en étudiant le paysage.

Tandis que Langdon exhalait les premières bouffées de fumée odorante, Bruce désigna d'un signe de tête la futaie placée maintenant derrière eux.

« Chic endroit pour planter sa tente, je t'assure, dit-il. Du bois sec, de l'eau courante... et des sapins. On pourrait lâcher les chevaux dans la petite clairière que nous venons de traverser. L'herbe à buffle y est haute en diable... »

Jim regarda sa montre.

« Il n'est que trois heures... on devrait peut-être continuer un peu. Mais si tu as envie de rester ici, arrêtons-nous deux ou trois jours et voyons ce que le pays contient. Ça te va ?

— Et comment ! » fit Bruce.

Il se laissa choir sur le sol, se cala le dos à un roc, et braqua une longue-vue de cuivre, relique datant au moins de la guerre de Sécession, en l'appuyant sur ses genoux.

Jim Langdon décrocha de sa selle une jumelle prismatique achetée très cher à Paris.

Ensemble, épaule contre épaule, ils se mirent à étudier les pentes boisées et les déclivités vertes de la montagne.

Ils étaient sur le territoire du gros gibier, dans le pays que Jim appelait « l'inconnu » et qu'à son avis aucun Blanc n'avait foulé avant eux.

C'était une contrée tourmentée où chaque vallée s'encaissait entre des chaînes très escarpées. Il leur avait fallu vingt jours d'ascension, de marches forcées pour parcourir cent cinquante kilomètres environ.

L'après-midi même, ils avaient franchi la passe du Divide, qui semble fendre le ciel d'est en ouest, et ils contemplaient maintenant les pentes et les pics prestigieux de la chaîne du Firepan.

Ils avaient quitté le 10 mai les avant-postes situés à l'extrême nord de la civilisation, et l'on était au 30 juin. Ils avaient enfin réussi à atteindre un territoire vierge ! Jamais chasseur ni prospecteur n'avait foulé cette vallée.

Elle s'étendait, mystérieuse, pleine de promesses, devant eux.

Jim, au moment de percer cette énigme et de soulever le coin du voile, sentait en lui naître une joie profonde.

Pour son ami et camarade, le bon guide Bruce, avec lequel Jim s'était enfoncé déjà cinq fois dans les déserts du nord, toutes les vallées, toutes les montagnes étaient à peu près semblables. Il était né au milieu d'elles, y avait vécu, et il y mourrait.

Bruce rompit d'un brusque coup de coude la contemplation de Jim.

« Je vois la tête d'un caribou... dans une échancrure de rocher à environ deux kilomètres ! annonça-t-il sans quitter l'oculaire de sa longue-vue.

— Et moi, j'aperçois une chèvre et ses chevreaux sur l'éboulis de la première montagne à droite, répliqua Langdon. Et, ma parole, voilà un bouquetin au sommet d'un piton de grès rouge ! Il a une barbiche aussi belle que celle de ce brave oncle Sam !... Bruce, c'est un paradis que nous avons découvert !

— Ça m'en a tout l'air, accorda Bruce en repliant ses jambes pour mieux appuyer sa lorgnette. S'il n'y a pas d'ours par ici, je veux bien qu'on me coupe la main... »

Pendant cinq minutes, ils se turent. Derrière eux, leurs chevaux broutaient l'herbe épaisse.

La musique de l'eau berçait les deux compagnons, et la vallée, sous un océan de lumière, semblait dormir, somnoler plutôt. Elle était pareille à un grand chat qui se fût chauffé au soleil, et qui ronronnait doucement.

Jim continuait à observer le bouquetin lorsque Bruce parla de nouveau :

« J'aperçois un grizzly, mon vieux, et un fameux », dit-il sans se départir de son calme.

Jim se dressa en sursaut :

« Où ça ? » demanda-t-il.

Il se pencha pour évaluer la direction de la longue-vue avec un frisson de plaisir.

« Tu vois cette espèce de pente verte sur le deuxième épaulement ; au-delà du ravin, là-bas ?... expliqua Bruce, un œil fermé, l'autre toujours à l'oculaire. Le grizzly est à mi-hauteur en train de chasser le loir... Tu ne vois pas ? »

Jim braqua ses jumelles sur la pente et, l'instant d'après, il poussa une exclamation :

« Eh bien, mon vieux !

— Tu le vois ?

— Je le distingue comme s'il était à quatre mètres de mon nez. C'est le roi de tous les grizzlys qui hantent les montagnes Rocheuses !

— Si ce n'est lui, c'est donc son frère ! déclara le guide. Je n'en ai jamais vu d'aussi grand. Écoute, veux-tu que je te dise... »

Bruce s'arrêta de parler afin d'extraire une énorme chique de sa poche, et il mordit dedans sans quitter sa lorgnette...

« Veux-tu que je te dise..., reprit-il. Eh bien, le vent étant en notre faveur, ce gros grizzly se soucie de nous comme d'une guigne ! »

Il décroisa ses jambes et se leva, prenant son temps. Jim était déjà debout.

En pareilles circonstances, il y avait entre eux une entente, une compréhension tacites qui rendaient les mots inutiles. Ils ramenèrent leurs huit chevaux à la lisière de la futaie et les attachèrent. Puis ils sortirent leurs courtes carabines des fontes de cuir et les chargèrent en glissant dans le magasin douze cartouches, par précaution.

Après quoi, pendant deux ou trois minutes, ils étudièrent à l'œil nu la pente, où l'ours continuait à chasser le loir, et les différents moyens de l'approcher.

« Nous pourrions peut-être nous glisser par le ravin », suggéra Jim.

Bruce approuva :

« Oui, ça vaut mieux. Nous serons à trois cents mètres de lui avant qu'il ait pu nous flairer... Il nous sentirait, y a des chances, si nous montions juste derrière lui.

— On l'aura.

— Peut-être. »

Ils s'engagèrent sans se cacher dans les prairies d'herbes vivaces. Tant qu'ils ne seraient pas à moins de huit cents mètres du grizzly, celui-ci ne pouvait pas les voir. Le vent d'ailleurs avait tourné et leur soufflait dans la figure.

Leur marche rapide devint bientôt une espèce de pas gymnastique, et ils se mirent à côtoyer le bas de la pente, de telle sorte que, pendant un petit quart d'heure, un boqueteau leur cacha l'ours.

Dix minutes plus tard, ils étaient à l'entrée même du ravin. En réalité, ce ravin n'était qu'une crevasse, une rigole creusée dans la montagne par le passage d'une cascade printanière, tarie après la fonte des neiges.

Bruce dit à voix très basse :

« C'est toi qui vas monter, Jim... Cet ours ne peut faire que deux choses, trois au maximum si tu le rates ou si tu ne le blesses que légèrement. Ou bien il te cherchera noise... ou bien il filera par le col... ou bien il dévalera la pente pour s'enfuir par la vallée. Nous ne pouvons pas l'empêcher de se défiler par le col. S'il t'attaque, tu n'as qu'à te laisser glisser le long du ravin. Tu iras toujours plus vite que lui. Mais j'ai une vague intuition qu'il se défilera par ici si tu ne l'as pas du premier coup ! C'est pourquoi, moi, je vais l'attendre... Bonne chance, vieux Jim, et à bientôt ! »

Sur ce, Bruce alla s'embusquer derrière un rocher d'où il pouvait surveiller le grizzly.

Et Jim, s'agrippant des mains et des pieds aux aspérités, s'aidant des coudes et des genoux, commença son ascension.

III

TYR

De tous les hôtes de cette vallée endormie, Tyr était le plus occupé. S'il dormait, d'octobre à avril, c'est-à-dire tout l'hiver, sans interruption, et si, d'avril à mai, il se permettait encore fréquemment de faire la sieste en se chauffant au grand soleil sur un rocher, il déployait, sans fermer l'œil, plus de quatre heures sur vingt-quatre, une activité formidable.

Il était fort occupé lorsque Jim Langdon commença son ascension du ravin.

Il venait juste de réussir à capturer un loir grassouillet dont il n'avait fait qu'une bouchée, et il terminait son repas en avalant quelques limaces et en happant avec sa langue des fourmis rouges au goût de poivre qu'il dénichait en retournant de grosses pierres avec ses pattes.

Quatre-vingt-dix pour cent des ours sont gauchers. Tyr était droitier. Il en tirait un avantage dans la lutte, la pêche et la chasse, car la patte droite d'un grizzly est bien plus longue que la gauche.

Tout en furetant de-ci, de-là, Tyr s'avançait vers le ravin. Sa grosse tête se balançait à quelques centimètres du sol.

A courte distance, sa vue avait de l'acuité, et ses nerfs olfactifs étaient d'une telle sensibilité qu'il eût pu, même aveugle, attraper facilement une fourmi rouge.

Il choisissait de préférence les pierres plates. Sa formidable patte aux longues griffes était adroite comme une main !

Sitôt la pierre soulevée, il reniflait, dardait sa langue rouge et râpeuse, une fois, deux fois, et passait à la pierre suivante. Il prenait sa tâche au sérieux, très semblable à un éléphant qui eût cherché des cacahuètes au milieu d'une balle de foin.

Au moment où il s'apprêtait à retourner une nouvelle pierre, il s'arrêta, la patte en l'air.

Pendant une bonne minute, il demeura immobile. Puis il tourna lentement la tête, le nez presque contre le sol.

Il avait senti vaguement une odeur des plus agréables. Mais elle était si vague qu'il eut peur d'en perdre la trace s'il faisait le moindre mouvement. Aussi demeura-t-il sur place jusqu'au moment où il fut sûr qu'il ne pouvait pas se tromper.

Alors il parcourut deux mètres à contre-pente, en balançant doucement sa tête de gauche à droite et en reniflant fréquemment. L'odeur devenait de plus en plus forte. Deux mètres encore et Tyr put la localiser avec précision.

Elle émanait de dessous un roc qui devait bien peser deux cents kilos.

Tyr déplaça ce roc sans grand-peine... Aussitôt, effarouchée et poussant un cri suraigu, une gerboise s'enfuit en sautillant. Mais le gros Tyr ne se souciait pas de cette gerboise. Il venait de découvrir, soigneusement empilés dans un creux de mousse, près d'un buisson, les tubercules dont l'odeur l'avait attiré.

C'étaient des sortes de pommes de terre de la grosseur d'une cerise, sucrées et riches en amidon. Tyr s'en régala, émettant un ronron profond de plaisir. Puis, il se mit en quête d'autre chose.

Il s'approchait de plus en plus du débouché du ravin, sans entendre ni sentir Jim, lorsqu'un bruit insolite le fit tomber brusquement en arrêt.

En escaladant la coulée, le chasseur avait détaché une pierre sous son talon.

La pierre rebondit, entraînant une avalanche minuscule, mais particulièrement sonore.

A six cents mètres au-dessous, Bruce lâcha un furieux juron. Il avait vu Tyr s'arrêter, et il s'apprêtait à tirer malgré la distance au cas où, comme il le pensait, l'ours s'enfuirait vers le col.

Pendant trente secondes peut-être, Tyr demeura figé sur place. Puis, au petit trot, il se dirigea vers le ravin.

Jim, essoufflé, maudissant sa malchance, se démenait pour arriver enfin au sommet du ravin dont il était à moins de dix mètres.

Il entendit la voix de Bruce, sans comprendre ce que lui criait son compagnon. Des pieds, des mains, il s'agrippa avec l'énergie du désespoir.

Il allait se hisser enfin par un dernier rétablissement sur une sorte de petite corniche, à cinq mètres du plateau, lorsqu'il leva soudain les yeux.

Son cœur bondit dans sa poitrine, et il demeura pétrifié, incapable de faire un mouvement.

Juste au-dessus de lui, une tête monstrueuse venait d'apparaître. Tyr le regardait, gueule ouverte, crocs découverts, langue pendante. Dans ses yeux brûlait un feu rouge.

Telle fut la première rencontre du grand grizzly avec les hommes.

Dès qu'il eut empli ses poumons de l'odeur chaude de Jim, Tyr se détourna brusquement, comme s'il avait flairé la peste.

Pour grimper plus facilement, Jim avait passé sa carabine en bandoulière. Il ne pouvait donc pas tirer. D'ailleurs, les pierres glissaient sous lui, et les points d'appui lui manquaient.

En un élan fou, il parvint à gravir les tout derniers mètres. Il lui fallut une minute pour épauler sa carabine.

Tyr, à deux cents mètres, se hâtait au petit galop vers l'entrée du col, pareil à une grosse boule pourvue de pattes.

Au pied du ravin, claqua une détonation suraiguë. C'était Bruce qui ouvrait le feu.

Jim, à genoux, l'imita.

Il suffit parfois d'une minute pour changer une destinée. Il ne fallut que dix secondes pour modifier celle de Tyr.

Ce fut comme si l'un des éclairs qu'il avait vu souvent zigzaguer pendant les orages lui avait percé la chair. Et, en même temps que cette première douleur, lancinante comme une brûlure, lui parvint le rugissement amplifié des carabines.

Il n'était pas à deux cents mètres du ravin lorsque la balle le frappa comme un coup de fouet et lui laboura l'épaule gauche, sans effleurer l'os.

Il en était à trois cents mètres, lorsqu'il fut frappé de nouveau, cette fois à la hauteur des côtes.

Ni l'une ni l'autre des deux balles n'avait pu ébranler sa masse. Vingt balles tirées à cette distance ne l'eussent certainement pas tué.

Mais le deuxième projectile l'arrêta net, et il fit volte-face avec un rugissement qui ressemblait au beuglement d'un taureau fou, une clameur de rage qui s'entendit à plus d'un kilomètre aux alentours.

Bruce, à sept cents mètres maintenant, brûla sans résultat sa septième cartouche. Jim, lui, rechargeait son arme. Tyr continuait à défier l'ennemi inconnu qu'il ne pouvait plus voir.

Et puis, à la septième balle de Jim, un sillon de feu lui laboura longuement l'échine.

Alors, effrayé soudain par cette foudre d'un nouveau genre et impuissant à la combattre, Tyr s'achemina vers la brèche du col.

Il perçut d'autres de ces roulements si semblables au tonnerre, mais la foudre ne le frappa plus.

Avec difficulté et douloureusement, il se mit à descendre la pente de l'autre versant de la montagne.

Il se savait blessé, mais il ne pouvait pas comprendre la nature exacte de son mal. Une fois, au cours de la descente, il s'arrêta quelques instants, et une petite mare de sang se forma près de sa patte gauche.

Il la flaira, un peu inquiet, et prit la direction de l'ouest. Plus tard, l'odeur de l'homme flotta de nouveau jusqu'à ses narines, apportée par le vent capricieux.

Tyr avait bonne envie pourtant de s'arrêter, de s'allonger pour calmer à coups de langue les élancements de ses blessures, mais au contraire il se hâta, car il venait d'apprendre une chose qu'il ne devait jamais oublier : l'odeur de l'homme s'accompagne toujours de souffrance !

Il atteignit le fond du val et s'enfonça dans la futaie, particulièrement épaisse, pour gagner le lit d'un ruisseau dont le cours reliait entre elles les deux parties de son domaine.

Il le regagnait, ce ruisseau, toutes les fois qu'il était blessé ou malade, instinctivement, et aussi à la fin d'octobre, quelques jours avant d'hiverner.

Il y avait à cela une raison. Il était né dans la futaie d'accès difficile située à la source de ce même ruisseau, et ses jeunes années s'étaient passées au milieu des buissons chargés des baies savoureuses qui abondaient dans cette retraite inexpugnable. C'était en quelque sorte son domicile, la seule partie de son domaine où il ne tolérait personne. Il permettait à d'autres ours, noirs, bruns ou grizzlys, de hanter les limites de son fief, mais à condition qu'ils s'éloignassent sans hésiter à son approche.

Il les laissait chasser, pêcher, dormir au soleil sur ses terres, mais à condition qu'ils se reconnussent pour ses vassaux.

Tyr n'était pas un égoïste et n'abusait pas de sa force pour chicaner ses congénères, quitte à réaffirmer parfois sa souveraineté absolue. En ce cas, il y avait bataille. Et toujours, après ses victoires, pour guérir ses blessures, Tyr regagnait cette même vallée et remontait le cours du ruisseau.

Mais, cette fois, il progressait plus lentement qu'à l'accoutumée, car il éprouvait une douleur effroyable dans l'épaule gauche. Elle le faisait même tellement souffrir que souvent l'une de ses pattes cédait et qu'il manquait de trébucher.

A plusieurs reprises, il entra jusqu'à l'épaule dans l'eau glacée des lac minuscules échelonnés sur le parcours du ruisseau. Ses blessures cessèrent de saigner, mais la douleur devint plus forte encore.

Le soleil déclinait déjà lorsque le grizzly atteignit la petite mare dont la boue glaiseuse lui servait de médicament.

Sa mâchoire inférieure pendait. Son énorme tête était lourde. Il avait perdu malgré tout une forte quantité de sang. Il était las, et son épaule le brûlait si fort, qu'il avait envie de la déchirer à belles dents pour éteindre ce feu étrange.

La petite mare de boue avait dix mètres de diamètre. La glaise y était fraîche et douce ; Tyr y entra jusqu'aux aisselles et se coucha tout doucement sur son pauvre flanc blessé.

La glaise calma ses élancements, fit emplâtre sur les plaies à vif, et Tyr poussa un long soupir de soulagement et de bien-être.

Pendant longtemps, il demeura dans ce bain moelleux. Le soleil se coucha, l'obscurité tomba, les étoiles emplirent le ciel. Tyr frissonna au souvenir du tonnerre employé par l'homme pour lui infliger cette douleur.

IV

LE PLAN DE CHASSE

A la lisière de la futaie, Jim Langdon et Bruce étaient assis, la pipe aux lèvres, après dîner, les pieds près des tisons rougeoyants d'un feu de camp presque éteint.

L'air du soir ayant fraîchi brusquement, Bruce se leva pour jeter une brassée de branches sèches et de bûches sur les tisons. Puis il étendit de nouveau sa longue carcasse sur la mousse, cala sa tête et ses épaules confortablement contre un tronc, et, pour la cinquante et unième fois, il fit entendre son rire de crécelle.

« Que le diable vous emporte, toi et ton rire ! grommela Jim. Je te dis que je l'ai touché deux fois, Bruce, deux fois au moins, tu m'entends ! Et je n'étais pourtant pas dans une position favorable !

– Surtout quand il te regardait dans les yeux à un mètre de toi... Ce qu'il a dû se payer ta tête ! répliqua Bruce, qui s'était fort amusé de la malchance de son compagnon et ami. Voyons, Jim, à cette distance, tu aurais dû l'abattre seulement en lui soufflant dessus !

— Je t'ai déjà dit vingt fois que je portais ma carabine en bandoulière !

— Drôle d'endroit pour mettre sa carabine quand on va chasser le grizzly !

— Dame ! le ravin était à pic... J'avais besoin de mes pieds et de mes mains pour monter... »

Langdon se mit sur son séant, secoua sa pipe et la bourra de tabac frais.

« En tout cas, Bruce, reprit-il, ce grizzly-là est la bête la plus impressionnante des Rocheuses !

— Il aurait fait un beau tapis dans ton bureau, mon vieux Jim, si tu n'avais pas eu l'idée de mettre ta carabine en bandoulière.

— Oh ! j'aurai sa peau, et elle sera chez moi, dans mon bureau, cet hiver ! affirma Jim. J'y suis résolu. Dès demain, nous nous lancerons sur ses traces... Je passerai l'été ici, s'il le faut, pour avoir son “scalp”. Je le préfère à dix autres ours... Debout, il doit bien avoir dans les trois mètres ! Je ne regrette pas, après tout, de ne pas l'avoir tué du premier coup. Il est touché et sera méfiant. On aura du mal à l'avoir. Ça va être du sport !

— Il va nous donner du fil à retordre ! Je ne te souhaite pas de le rencontrer dans le courant de la semaine prochaine, avant que ses plaies ne soient cicatrisées. Surtout si tu as ton fusil encore en bandoulière.

— Ça t'irait d'établir ici notre camp ?

— Bien sûr ! On ne trouvera pas mieux. Il y a ici de la viande fraîche, un beau pâturage et de l'eau courante... »

Bruce reprit au bout d'un instant :

« Il a dû être durement touché... Il saignait beaucoup en haut de la passe... »

A la lueur du feu, Jim se mit à nettoyer sa carabine.

« Tu ne crains pas qu'il cède la place ? demanda-t-il un peu anxieux.

— Qu'il disparaisse ? répéta Bruce. Peut-être, si c'était un ours noir. Mais c'est un grizzly. Il se considère sûrement comme le seigneur de ce domaine... Probable qu'il se méfiera de cette vallée pendant quelque temps... Mais je te parie mes bottes qu'il ne songe pas émigrer ! Si tu tiens vraiment à sa peau, nous l'aurons un jour ou l'autre.

— J'y tiens, réitéra Jim avec force. Il doit battre tous les records de taille et de poids. J'y tiens même rudement, mon vieux Bruce... Tu crois que tu seras capable de le retrouver demain matin ? »

Bruce hocha la tête :

« C'est probable. Mais le retrouver ne suffira pas. Il faudra surtout le suivre. Un grizzly touché ne s'arrête plus et change de place constamment. Sans quitter son fief, il tâchera de se montrer le moins possible sur les pentes nues. Pour bien faire, il faudrait les chiens... Enfin, Metoosin arrivera avec eux d'ici trois jours. Et quand les airedales seront lâchés, je lui promets du plaisir, à ce vieux grizzly ! »

Jim dirigea vers le feu de camp le canon poli de sa carabine nettoyée, et hocha la tête :

« A vrai dire, je me demande si Metoosin pourra nous rejoindre si vite ! Nous avons traversé des passes qui s'enchevêtrent et qui sont tellement accidentées !

– Cet Indien-là retrouverait notre piste même si nous marchions sur des rochers, déclara Bruce d'un ton confiant. Il sera ici dans trois jours, à moins que les chiens n'aient été assez idiots pour s'attaquer à quelque porc-épic en route. Mais, quand ils seront là... »

Il se leva et s'étira.

« Quand ils seront là, quelle fête, mes amis ! conclut-il. Je suis certain que ces montagnes sont si pleines d'ours que tes dix chiens, Jim, seront massacrés en huit jours ! Veux-tu le parier ? »

Jim fit claquer la sûreté de sa carabine.

« Il n'est qu'un ours auquel je tienne, dit-il. Et j'ai comme une vague idée que nous l'aurons demain matin. Tu as beau être un spécialiste de la chasse à l'ours, mon vieux Bruce, je n'en pense pas moins que notre grizzly est trop rudement touché pour se balader indéfiniment. »

Ils avaient répandu deux couches d'aiguilles de sapin moelleuses auprès du feu. Jim, suivant l'exemple de son guide, y étala ses couvertures.

La journée avait été rude. Aussi, Jim s'endormit-il dès qu'il fut couché.

Il dormait encore, lorsque Bruce s'éveilla en même temps que l'aube.

Le guide enfila ses bottes et s'en fut, à travers l'herbe lourde de rosée, à la recherche des chevaux.

Lorsqu'il revint, les bottes trempées, une demi-heure après, tirant les deux chevaux de selle et cette rosse de « Poêle-à-frire », Jim était en train d'activer le feu.

Jim aimait à se rappeler que, huit ans plus tôt, les médecins l'avaient condamné sans appel. Aujourd'hui, grâce à la vie saine qu'il menait, il était robuste comme un roc et avait une carrure d'athlète.

Les premières roseurs du soleil coloraient les sommets des monts. L'air était chargé du parfum des fleurs et des grands sapins des Rocheuses.

Jim avait envie de crier, de chanter et de siffloter, et, tandis que Bruce sellait les chevaux, il faisait griller des tranches de mouton et sauter des pommes de terre.

Le soleil montrait son disque à l'est lorsque les deux chasseurs sortirent du camp. Ils traversèrent la vallée à cheval et mirent pied à terre pour gravir une pente trop raide, tenant leurs montures par la bride.

Il ne leur fut pas difficile de découvrir la piste de Tyr. A l'endroit où le grand grizzly s'était arrêté pour rugir, s'étalait une flaque de sang. Dès lors, ils n'eurent plus guère qu'à suivre ce chapelet de gouttes rouges.

Trois fois, au cours de la descente dans l'autre vallée, les chasseurs trouvèrent, sur les rochers, des flaques de sang coagulé qui marquaient les endroits où Tyr s'était arrêté.

Ils s'engagèrent dans la futaie et atteignirent le ruisseau. Là, les empreintes de Tyr, bien visibles sur le sable noir, les incitèrent à faire halte.

Le guide écarquilla les yeux. Une exclamation d'étonnement

s'échappa des lèvres de Jim et, sans qu'ils échangeassent un mot, ils tirèrent chacun de leur poche un mètre et s'agenouillèrent près des empreintes.

« Trente-cinq centimètres !... annonça Jim.

— Trente-cinq centimètres ! répéta Bruce. La plus belle empreinte que j'aie jamais vue n'en mesurait que vingt-neuf. L'ours qui l'avait laissée fut tué dans l'Athabasca, l'autre été... et il passait pour le plus gros spécimen de la Colombie britannique et du Canada... Jim, celui-ci les bat tous ! »

Ils poursuivirent et mesurèrent d'autres empreintes sur le bord de la toute première mare où Tyr avait baigné ses plaies. Les dimensions ne variaient guère.

Ensuite, ils ne trouvèrent plus que de loin en loin des taches de sang.

Il était dix heures et demie lorsqu'ils arrivèrent à la mare de boue glaiseuse, près de la source, et virent la marque laissée par le corps de Tyr.

« Il faut qu'il soit gravement atteint ! dit Bruce, d'une voix basse. Il a passé toute la nuit dans cette mare ! »

A ce moment, une impulsion commune leur fit lever les yeux. A un kilomètre devant eux, les montagnes devenaient abruptes, et la vallée se resserrait en une sorte de gorge sombre.

« Sûr qu'il doit être gravement atteint, répéta Bruce, en scrutant le terrain devant lui... Il se peut qu'il ne soit pas loin. Autant attacher les chevaux et continuer seuls. »

Ils attachèrent donc leurs chevaux au tronc d'un grand sapin et soulagèrent « Poêle-à-frire » d'une partie de son chargement.

Puis, l'arme prête, l'œil aux aguets, ils s'enfoncèrent avec circonspection dans la gorge silencieuse.

V

MUSKWA

Tyr avait franchi la gorge à l'aube. S'il avait les membres engourdis lorsqu'il était sorti de son bain de boue, la douleur de ses blessures s'était atténuée de moitié. Son épaule lui faisait toujours mal, mais infiniment moins qu'au cours de la soirée précédente. Un malaise général subsistait pourtant. Il était réellement malade et, s'il avait été un homme, il aurait gardé le lit...

Il parcourut lentement la gorge, la tête lourde, les pattes molles. Lui, le chercheur infatigable de nourriture, il ne songeait pas à manger... Il n'avait pas faim, il avait seulement soif. De sa langue fiévreuse, il lapait fréquemment l'eau fraîche des ruisselets et, plus fréquemment encore, il se tournait à demi et flairait le vent.

Il savait que les hommes, avec leur odeur, leur tonnerre et cette foudre dont ils semblaient disposer, se trouvaient derrière lui.

Toute la nuit, il était resté sur ses gardes, et maintenant, encore, il se méfiait.

En créant Tyr, le Grand Esprit avait décrété qu'il serait son propre médecin et que certaines plantes amères constitueraient pour lui une panacée souveraine. Aussi, tout en s'enfonçant dans la gorge, flairait-il, au passage, le nez au sol, chaque buisson.

Il atteignit ainsi une petite oasis de verdure au milieu des rocs où poussaient en abondance des arbustes donnant des fruits qui n'étaient pas encore rouges, mais qui, amers comme du fiel, contenaient un astringent tonique. Tyr mangea une grande quantité de ces fruits.

Plus loin, il découvrit des baies déjà plus grosses que des grains de raisin que les Indiens mâchent quand ils ont la fièvre. Tyr en engloutit un certain nombre.

Poursuivant sa route, il flaira plusieurs arbres et trouva enfin celui qu'il cherchait. C'était un pin rouge, un grand pin dont une entaille laissait couler de la résine fraîche. Tyr se mit à lécher cette résine. Il absorbait ainsi non seulement de la térébenthine, mais certains médicaments indispensables à son état.

Le soleil n'était pas tout à fait levé lorsque le grizzly arriva à l'extrémité de la gorge. Il s'arrêta quelques instants devant l'entrée d'une grotte basse qui s'enfonçait profondément dans la montagne.

Cette grotte n'était ni haute, ni large, mais assez profonde et tapissée de sable blanc.

Dix ans plus tôt, la mère de Tyr s'était installée dans cet abri pour y dormir tout l'hiver et, lorsqu'elle en était sortie, quelque peu chancelante sur ses pattes, pour humer l'air vif du printemps, trois oursons gras l'accompagnaient.

Tyr était l'un de ces trois oursons.

Il était presque aveugle alors, car un ourson ne voit qu'un peu avant d'atteindre cinq semaines. Il n'avait aussi qu'une maigre fourrure, les grizzlys naissant comme les hommes, presque complètement nus. Depuis lors, Tyr avait hiverné huit fois dans la grotte et il la considérait comme son *home*.

Il avait grande envie d'y entrer de nouveau, de se coucher tout au fond et d'y attendre la disparition de son malaise.

Pendant deux ou trois minutes, il hésita, huma l'air tiède à l'entrée, puis flaira le vent.

Un instinct obscur le poussa à poursuivre son chemin.

A la sortie de la gorge, Tyr s'engagea sur une pente assez raide, orientée vers l'ouest.

Le soleil était déjà haut lorsqu'il atteignit le sommet et, pendant quelques instants, il se reposa en contemplant l'autre moitié de son domaine.

Cette seconde vallée était encore plus merveilleuse que la première, celle que Bruce et Langdon avaient parcourue quelques heures auparavant. Elle avait bien trois kilomètres de large et se déroulait à perte de vue en un grand panorama vert, noir et or.

Vue de l'observatoire sur lequel se tenait Tyr, elle semblait un parc immense. Les flancs de la montagne se couvraient de verdure presque jusqu'au sommet et, jusqu'à mi-hauteur, s'érigeaient des boqueteaux de pins qu'on eût dit plantés par l'homme.

Et au pied des pentes, de chaque côté, telles des franges ornementales, couraient deux bandes étroites et ininterrompues de forêts.

Entre ces bandes d'un vert sombre s'étalait la vallée, prairie onduleuse, tachetée de pourpre par l'herbe à buffle, de mauve par la sauge montagnarde, de blanc par la rose sauvage.

Dans le creux de cette vallée courait un ruisseau. Tyr descendit de quatre cents mètres environ, puis se dirigea vers le nord, le long de la pente verte, passant d'un boqueteau à l'autre, à cent cinquante ou deux cents mètres au-dessus de la frange de la forêt.

A cette hauteur, à mi-chemin entre la vallée et les premiers rochers dénudés des pics, il rencontrait fréquemment du petit gibier.

Déjà, de gros loirs commençaient à lézarder au soleil.

Leur long et doux sifflement, agréable à entendre parce qu'il rompt la monotonie du bourdonnement de l'eau, emplissait l'air d'une cadence musicale.

De temps en temps, un loir lançait un coup de sifflet aigu d'avertissement, puis s'aplatissait sur son rocher au passage du grand grizzly.

Et, pendant quelques instants, plus un cri d'animal ne troublait le doux ronron de la vallée.

Mais Tyr, ce matin-là, ne songeait pas à chasser.

Deux fois, il rencontra des porcs-épics, morceaux de choix s'il en fût, et il les laissa passer sans leur prêter attention.

L'odeur chaude d'un caribou endormi lui parvint... Il ne ralentit même pas sa course.

Pendant deux heures, il progressa bon train vers le nord, à mi-hauteur des pentes. Puis, il descendit à travers bois vers un ruisseau.

La glaise adhérant à sa blessure commençait à durcir. Alors, de nouveau, il s'enfonça jusqu'aux épaules dans une petite mare et y demeura quelques minutes.

Après quoi, pendant deux heures encore, il suivit le cours du ruisseau en buvant fréquemment.

Soudain, il s'arrêta et se mit à rugir. Grâce aux bains de boues, ainsi qu'à la résine et aux différents fruits qu'il avait absorbés, il avait retrouvé sa force.

Mais le grondement hargneux qui roulait au fond de sa poitrine avait une signification nouvelle. Jusqu'à la veille, Tyr n'avait pas connu la haine. Il s'était battu avec d'autres ours, mais sa fureur combative, qui s'exaspérait rapidement, s'apaisait aussi très vite. Elle ne lui laissait pas de rancœur. C'était avec une sorte de joie qu'il léchait les blessures infligées par les griffes de ses adversaires.

Ce sentiment qui venait de naître en lui était entièrement nouveau. Il haïssait l'arme étrange qui lui avait fait mal, d'une haine féroce, inoubliable ; il haïssait l'odeur de l'homme ; il haïssait ce singulier animal à face blanche qu'il avait vu cramponné au flanc du ravin.

Et sa haine comprenait tout ce qui s'associait à son arme.

A cette odeur, à cet animal, il vouait une haine née de l'instinct et réveillée de sa longue torpeur par l'expérience.

Sans avoir jamais vu ni senti l'homme précédemment, Tyr savait que l'homme était son ennemi le plus mortel, son adversaire le plus implacable.

Il eût attaqué sans crainte le plus grand de ses congénères. Il eût tenu tête hardiment à la plus féroce horde de loups. Il eût bravé sans trembler l'inondation et le feu. Mais, devant l'homme, il avait envie de fuir, de se cacher.

Il lui faudrait dorénavant rester partout sur ses gardes, dans les montagnes et dans la plaine. Il comprenait que son domaine était envahi par un être qui, en dépit de sa petite taille, était cependant plus à redouter que tous ses précédents ennemis.

La nature lui avait appris, pendant des centaines et des milliers de générations, que l'homme était son seul et unique maître... l'homme pourvu d'une massue d'abord, puis d'un épieu durci au feu et de flèches aiguës... l'homme capable de tendre des pièges, et enfin de se servir d'un fusil !

Et maintenant, pour la première fois, cette partie endormie de son instinct se réveillait en sursaut. Tyr comprenait.

Il haïssait l'homme et, dorénavant, il haïrait tout ce qui apportait l'odeur de l'homme.

Et avec cette haine naissait en lui, pour la première fois, *la crainte* !

Il continuait à suivre le ruisseau, flairant de-ci, de-là, et sans jamais aller plus lentement, cou penché, tête basse.

Son énorme arrière-train se levait et s'abaissait avec ce déhanchement comique particulier à tous les ours et spécialement au grizzly.

La partie de la vallée dans laquelle il venait de pénétrer lui était connue de longue date.

Il y avait souvent rencontré des congénères et même des familles entières de grizzlys. Comme la plupart des vieux célibataires, il supportait mal les petits. Cependant, il n'avait jamais tué un ourson. Il en avait giflé plusieurs lorsqu'ils osaient s'approcher de lui, mais juste ce qu'il fallait pour les envoyer rouler sur le sol.

Il ne fut donc pas particulièrement surpris lorsqu'il aperçut, au détour d'un éboulis, un ourson aplati sur le ventre et se tortillant comme un ver.

Cet ourson n'avait pas plus de trois mois, âge bien tendre pour se promener seul. Il avait une frimousse brune toute futée et portait sur sa poitrine une tache blanche qui le désignait comme membre de la tribu des ours.

Il faisait tout ce qu'il pouvait pour exprimer à sa manière : « Je suis perdu, j'ai soif, j'ai faim et j'ai une épine dans la patte ! »

Tyr s'arrêta à quelques pas, grogna, puis chercha la mère du regard. Ne la voyant pas aux alentours, il reporta son attention sur l'ourson, qui geignait doucement.

Muskwa — c'est ainsi qu'un Indien l'eût certainement appelé —, Muskwa s'était mis à ramper lentement sur le ventre. Il se tortilla plus encore lorsque Tyr le considéra, et il continua d'avancer.

Un avertissement sourd gronda au fond de la poitrine de Tyr.

« N'approche pas, semblait dire ce grondement, ou je te flanque une bonne gifle. »

Muskwa comprit-il ? En tout cas, il s'immobilisa, et fit le mort, pattes, nez et ventre aplatis.

Tyr étudia les parages, flaira le vent sans résultat. Lorsqu'il s'inquiéta de nouveau de Muskwa, l'ourson n'était plus qu'à un mètre de lui. Tyr leva sa patte gauche en grognant :

« Si tu avances encore, je te gifle ! »

Muskwa se tortilla de plus belle. Il léchait ses lèvres avec sa petite langue rose et, malgré la patte levée de Tyr, il se rapprocha encore.

Le grognement de Tyr devint plus sourd... Sa lourde patte retomba sur le sable.

Pour la troisième fois, il regarda autour de lui. Puis il grogna de nouveau.

« Où diable est la mère de cet ourson ? se demandait-il. Si ce n'est pas pitié d'abandonner ainsi son petit ! »

Il se passa alors quelque chose qui décida du sort de l'ourson.

Muskwa s'était approché tout près de la patte blessée de Tyr. Il se leva, flaira l'odeur de la plaie et, doucement, l'effleura de sa langue.

Un frisson apaisant parcourut l'échine de Tyr. Longtemps l'ourson lécha la blessure.

Puis Tyr baissa sa lourde tête, souffla sur Muskwa et lui passa sa grande langue à deux reprises sur le museau.

« Viens, petit », grogna-t-il enfin en reprenant sa marche vers le nord.

L'ourson à la frimousse brune, l'ourson sans mère, suivit joyeux le grand grizzly.

VI

LE CARIBOU

Le ruisseau que longeait Tyr était un affluent de la Badine, et coulait presque en droite ligne dans la direction du défilé de la Skeena.

A mesure que le grizzly remontait le cours du ruisseau, le terrain devenait plus accidenté.

Sa rencontre avec Muskwa avait eu lieu à quelque quinze kilomètres de la gorge. A partir de ce point, les pentes prenaient un aspect différent. Elles étaient fortement ravinées et parsemées d'éboulis chaotiques.

Tyr pénétrait maintenant dans l'une de ses forteresses, une région qui contenait des milliers de cachettes, un pays sauvage et bouleversé où le gros gibier abondait et où il savait que l'odeur de l'homme ne le poursuivrait pas.

Pendant la demi-heure qui suivit sa rencontre avec Muskwa, Tyr continua d'avancer, entièrement oublieux, semblait-il, de la présence de l'ourson. Pourtant, il l'entendait trottiner derrière lui et percevait son odeur.

Muskwa avait du mal à ne pas se laisser distancer. Son corps grassouillet et ses pattes courtes n'étaient pas accoutumés à cette manière de voyager ; mais c'était un ourson courageux, et il ne se plaignit qu'à deux reprises au cours de son étape : une première fois lorsqu'il dégringola du haut d'un rocher dans le ruisseau ; une deuxième fois parce qu'il pesa trop fort sur le piquant du porc-épic qu'il avait dans la patte gauche.

Finalement, Tyr se détourna du ruisseau, entreprit de gravir un profond ravin qui débouchait sur une petite plaine en forme de plateau à mi-hauteur de la pente, et s'arrêta à proximité d'une roche plate au milieu d'une sorte de pelouse.

La persévérance de Muskwa à le suivre avait sans doute fait vibrer une corde sensible dans le cœur du grand grizzly. Le fait est qu'après avoir flairé quelques instants de-ci, de-là, Tyr s'étendit près de la roche plate. Ce fut seulement alors que l'ourson osa se coucher, mais il était tellement épuisé qu'il s'endormit en trois minutes.

Tyr commençait à avoir faim. Et ce n'était pas une faim que pouvaient apaiser des fourmis, des limaces ou même des loirs ou des marmottes !

Muskwa n'avait pas ouvert l'œil une seule fois et il dormait toujours profondément lorsque le grizzly se décida à poursuivre sa route.

Il était environ trois heures. L'après-midi était particulièrement calme. Les loirs avaient sifflé jusqu'à épuisement et lézardaient au soleil sur leurs rochers ; les aigles planaient si haut au-dessus des pics qu'ils n'étaient plus que des points dans l'azur.

Les éperviers, gorgés de viande, avaient disparu dans les sapins. Les moutons et les chèvres sauvages se détachaient sur le ciel, silhouettes accroupies au sommet des crêtes. Et s'il y avait des caribous à proximité, ils devaient être en train de somnoler.

C'était l'heure où Tyr se mettait habituellement en chasse. Il savait par expérience qu'il pouvait se déplacer sans trop risquer d'être surpris lorsque les autres bêtes digéraient et faisaient la sieste.

Tyr ne tuait guère au grand jour, bien qu'il lui arrivât de tomber, avant le coucher du soleil, sur un mouton ou un caribou. C'était surtout au crépuscule que Tyr abattait son gibier.

Il se leva avec un *whouf* prodigieux qui réveilla instantanément l'ourson brun.

L'odeur des ruminants couchés était nettement distincte pour Tyr de celle des ruminants en train de paître.

Muskwa lui-même avait senti cette odeur. Il se rapprocha tout doucement du grand grizzly et se coucha.

Pendant dix bonnes minutes, Tyr ne bougea pas. Ses yeux scrutaient la prairie, la rive du lac et l'orée du boqueteau tandis que ses narines analysaient le vent. Alors, certain de ne pas se tromper, il commença sa chasse, en rampant presque sur le ventre.

Les oreilles pointées en avant, une nouvelle lueur dans les yeux, Muskwa prit sa première leçon.

Tyr avançait lentement, sans bruit, dans la direction du ruisseau. Son énorme collerette se dressait à la naissance de ses épaules comme une fraise empesée.

Pendant une centaine de mètres, il décrivit un crochet, sans cesser de flairer le vent qui venait droit du boqueteau.

Tyr avançait en roulant sur son arrière-train. Il faisait de plus petits pas qu'à l'ordinaire, et tous ses muscles étaient tendus pour l'action.

En deux minutes, il atteignit l'orée des pins balsamiques. Là, il s'arrêta de nouveau.

Un craquement de branches brisées lui parvenait distinctement. Les caribous s'étaient levés, mais ils n'étaient pas inquiets.

Ils ne tarderaient pas à sortir du boqueteau pour aller boire avant de paître.

Tyr, silencieux, se déplaça. Muskwa se fondait dans son ombre. Ils parvinrent ensemble à la corne du bois. De là, caché par le feuillage, Tyr commandait la rive du lac et la courte étendue de la plaine.

Un grand caribou, le chef de la horde, apparut. Ses ramures, aux trois quarts de leur croissance, se couvraient de mousse verte.

Un jeune de deux ans à peine, aux flancs lustrés et rebondis, luisants comme du satin brun, le suivait à quelques pas.

Pendant un certain temps, le chef de la horde examina les alentours. Le jeune, moins méfiant, broutait çà et là.

Mufle levé, ramures basses effleurant presque les épaules, le vieux caribou s'ébranla dans la direction du lac. Tyr, lui, sortit de sa cachette.

Pendant une fraction de seconde, il se ramassa sur lui-même, puis il bondit en avant. Quarante mètres au maximum le séparaient du jeune mâle. Il avait couvert la moitié de la distance, tel un bolide, quand les caribous l'entendirent. Ils détalèrent comme des flèches. Mais il était déjà trop tard.

Rapide comme le vent, Tyr s'était porté sur le flanc gauche du jeune caribou et l'avait un peu dépassé. Il obliqua légèrement sur la droite et, d'un élan, il sauta.

Sa formidable patte droite ceintura l'encolure du caribou et, lorsqu'ils s'abattirent ensemble, sa patte gauche vint saisir et broyer le mufle frémissant.

Tyr tomba sous sa proie comme toujours, replia une patte de derrière, la détendit, et ses cinq griffes éventrèrent le caribou.

Elles ne firent pas que l'éventrer, mais lui broyèrent les côtes.

Alors Tyr se releva, jeta un coup d'œil circulaire et se secoua en grondant. Était-ce un grondement de triomphe ou une simple invitation au festin à l'intention de Muskwa ? Considérant qu'il s'agissait d'une invitation, le petit ours à frimousse brune n'hésita pas à l'accepter. Pour la première fois, il mangeait de la chair vivante et lapait un sang encore chaud. Dès lors, Muskwa serait, comme Tyr, un grand chasseur.

Tous les grizzlys ne chassent pas le gros gibier. Ceux qui s'attaquent à lui sont plutôt rares. La plupart des ours se contentent d'un régime végétarien, corsé de gerboises, de marmottes, de porcs-épics et de poissons. C'est le hasard qui les transforme en chasseurs de caribous, de chèvres, de moutons et même de bisons.

Pendant deux heures, Tyr et Muskwa festoyèrent sans interruption, non pas à la façon des chiens, mais à la manière des gourmets.

Muskwa, à plat ventre et presque entre les pattes de Tyr, se gorgeait de chair juteuse.

Tyr commença en quelque sorte par des hors-d'œuvre. Il arrachait les pellicules de graisse qui entouraient les reins et les entrailles de sa victime, et les mâchonnait, les yeux mi-clos.

Les dernières lueurs du soleil s'effacèrent au-delà des monts, et l'obscurité s'étala après un crépuscule rapide. Il faisait sombre lorsque Tyr et Muskwa cessèrent de se repaître.

D'un naturel conservateur, Tyr ne gaspillait jamais rien de ce qui est bon à manger, et, si le vieux caribou mâle s'était jeté à cet instant dans ses pattes, il l'eût certainement épargné.

Il avait de quoi satisfaire sa faim pendant plusieurs jours et entendait mettre en sûreté cette réserve de nourriture.

Il s'en fut donc vers le boqueteau de pins balsamiques sans que l'ourson rassasié eût fait un effort pour le suivre. Muskwa était trop heureux pour bouger, et il se doutait bien que Tyr n'abandonnerait pas les abondants reliefs du festin.

Dix minutes plus tard, Tyr justifiait, en reparaissant, ces prévisions optimistes.

Entre ses mâchoires puissantes, il saisit la carcasse du caribou à la base de la nuque, et il se mit à la traîner sous le petit bois.

Lc caribou pesait environ deux cents kilos. S'il en avait pesé quatre ou même cinq cents, Tyr l'aurait tout de même traîné, mais à reculons.

Tyr transporta donc sa lourde charge jusqu'à l'orée du boqueteau. Il y avait découvert certain creux de terrain. Il pourra la carcasse dans le trou et entreprit aussitôt de la recouvrir avec des aiguilles de pins, des branches et de l'écorce pourrie. Après quoi, il flaira le vent et sortit rapidement du boqueteau.

Cette fois Muskwa le suivit.

L'ourson avait quelque peine à se diriger normalement, alourdi qu'il était par le repas qu'il venait de faire.

Les étoiles commençaient à poindre quand Tyr gravit une pente accidentée qui conduisait au sommet même de la montagne.

Le grizzly et l'ourson traversèrent un champ de neige et arrivèrent à un endroit où l'on eût juré qu'un volcan avait éventré la montagne.

Un homme n'aurait guère pu s'aventurer là où Tyr conduisait Muskwa. Finalement, ils s'arrêtèrent.

Ils se trouvaient sur une sorte d'encorbellement très étroit au pied d'une muraille à pic, au-dessus d'un chaos de rocs.

Tout là-bas, dans le fond, s'étalait la nappe bleue d'un lac apparemment sans fond.

Tyr se coucha et, pour la première fois depuis sa blessure, il étendit sa tête entre ses grosses pattes et poussa un soupir de soulagement. Muskwa se glissa contre lui et, côte à côte, ils dormirent du sommeil paisible qui accompagne les bonnes digestions, cependant que les étoiles scintillaient plus brillantes, que la lune, en se levant, baignait les pics et les vallées de sa lumière argentée.

VII

BRUCE BAVARDE

Jim Langdon et Bruce commencèrent à descendre dans l'autre vallée au début de l'après-midi.

Ils suivirent lentement le cours du ruisseau au-dessus duquel Tyr avait voyagé, et lorsqu'ils campèrent pour la nuit, ils étaient à trois ou quatre kilomètres de l'endroit où le grizzly avait rencontré l'ourson.

Les chasseurs n'avaient pas encore découvert les traces de Tyr dans le sable des ravines.

Et cependant Bruce avait confiance. Il était certain que Tyr s'était déplacé le long des crêtes et des pentes.

« Quand tu regagneras la civilisation et que tu décriras les mœurs de l'ours, dit-il à Jim, ne fais pas l'idiot comme la plupart des noircisseurs de papier.

« Il y a deux ans, j'ai accompagné un naturaliste pendant plus d'un mois. Il fut si content de sa tournée qu'il me promit de m'envoyer des bouquins sur les bêtes sauvages... Je les reçus en effet, ces bouquins, et je me mis à les lire. Ils me donnèrent d'abord satisfaction, et puis je sortis de mes gonds et les flanquai tous au feu ! Les ours sont curieux à étudier. Il y a des tas de choses intéressantes à dire sur eux sans pour cela faire l'imbécile... »

Jim approuva de la tête, et répondit en regardant le feu :

« Il faut chasser pendant des années avant de découvrir en quoi consiste la vraie passion de la chasse au gros gibier. Et, lorsqu'on a su découvrir vraiment ce plaisir, un plaisir qui vous absorbe corps et âme... on s'aperçoit que l'émotion la plus forte ne vient pas de l'action de tuer le gibier, mais de le poursuivre. Je tiens à ce grizzly, et je l'aurai... Je ne veux pas quitter la montagne avant de l'avoir. Aujourd'hui, par exemple, nous aurions pu tuer deux autres ours, et je n'ai même pas tiré dessus. J'apprends à connaître le vrai plaisir de la chasse, Bruce... et quand on chasse comme je l'entends on apprend beaucoup de choses. Tu n'as pas besoin de t'inquiéter : ce que j'écrirai sera vrai et juste. »

Jim se retourna brusquement et regarda Bruce dans les yeux.

« Cite-moi donc, reprit-il, quelques-unes des sottises que tu as lues dans les livres dont tu parles. »

Bruce souffla un nuage de fumée en réfléchissant.

« Ce qui m'a rendu le plus furieux, dit-il, c'est que les auteurs des livres en question faisaient allusion à de prétendues "marques" laissées par les ours ! D'après ces gens-là... il suffit à un ours de se dresser de toute sa hauteur le long d'un arbre et d'y laisser sa "marque" pour devenir le seigneur des lieux, jusqu'au jour où un ours plus grand arrive et met sa "marque" plus haut... Toujours dans l'un de ces livres, je me rappelle même avoir lu qu'un grizzly eut un jour l'idée de rouler un rocher au pied d'un arbre et qu'il s'y hissa pour mettre sa fameuse "marque" au-dessus de celle d'un autre grizzly. C'est idiot ! Jamais un ours ne laisse de marque ayant une signification quelconque. J'ai vu des grizzlys arracher des morceaux d'écorce avec leurs dents et se faire les griffes sur les arbres, tout comme les chats. Et l'été, quand ça commence à les démanger et qu'ils perdent leur poil, je les ai vus se dresser et se frotter contre les arbres. Ils se frottent parce que ça les démange et pas du tout pour laisser leur carte de visite à l'intention d'autres ours. Les caribous et les cerfs en font autant pour décoller la mousse qui couvre leurs bois. Certains auteurs s'imaginent que chaque grizzly a son territoire. C'est encore faux, archifaux même ! J'ai vu huit grizzlys de belle taille sur une seule pente... Tu te souviens, il y a deux ans, de la vallée grande comme un mouchoir de poche, où nous avons tué deux grizzlys ? De temps en temps, il y a un géant parmi les grizzlys... dans le genre de celui que nous pistons... Mais il n'est pas le seul ours sur son territoire. Je te parie qu'il y en a vingt autres dans ces deux vallées. D'ailleurs, le naturaliste que j'accompagnai il y a deux ans eût été incapable de distinguer les traces d'un grizzly de celles d'un ours noir, et je te jure qu'il ne savait pas ce que c'est qu'un ours brun ! »

Sur ces mots, Bruce sortit sa pipe de la bouche et cracha dans le feu.

Jim comprit que d'autres confidences allaient suivre. Ses heures les plus agréables étaient celles où Bruce, généralement silencieux, se trouvait d'humeur causante.

« Il s'imaginait, le pauvre homme, reprit Bruce, qu'il existe une race d'ours bruns. Et lorsque je lui ai affirmé que les ours bruns sont des grizzlys ou des ours noirs de couleur brune, il s'est moqué de moi. Et pourtant je suis né et j'ai été élevé parmi les ours. Les yeux de mon naturaliste lui sortaient de la tête lorsque je lui parlais de la couleur des ours. Il s'imaginait que je lui racontais des blagues. J'ai compris plus tard que c'était à cause de ça qu'il m'avait envoyé des livres. Il voulait me prouver qu'il avait raison. Tu sais, Jim, il n'y a pas d'animaux sur terre dont la couleur varie autant que celle de ces ours. J'ai vu des ours noirs aussi blancs que neige, et j'ai vu des grizzlys aussi noirs que le plus noir des ours noirs. J'ai vu des ours noirs et des grizzlys de couleur brune. J'en ai vu de dorés et de jaunes dans les deux espèces. Ils diffèrent de couleur, comme ils diffèrent d'espèce et de façon de se nourrir. A mon avis, la plupart des naturalistes se contentent de faire la connaissance d'un seul ours, puis ils décrivent tous les autres grizzlys d'après cet ours. Et ils vous prétendent qu'il n'est pas d'animal plus cruel que le grizzly. Or, c'est faux. Le grizzly n'est féroce que lorsqu'il ne peut faire autrement. Il est d'habitude aussi curieux qu'un enfant, et il a bon caractère quand on ne l'embête pas. La plupart des grizzlys sont végétariens, mais il y en a qui ne le sont pas. J'en ai vu abattre des chèvres, des moutons et des caribous, et j'en ai vu d'autres vaquer paisiblement à leurs affaires dans le voisinage des mêmes animaux, sans songer à les attaquer. Les grizzlys sont passionnants à observer. On peut raconter à leur sujet des tas de choses, mais pourquoi inventer des histoires ridicules ? »

Bruce secoua la cendre de sa pipe pour bien souligner cette question. Tandis qu'il la bourrait de nouveau, Jim lui dit :

« Il y a fort à parier que le grizzly que nous poursuivons est un chasseur de gros gibier.

— On ne peut jamais savoir, répliqua le guide. J'ai connu jadis un grizzly qui n'était pas beaucoup plus grand qu'un chien... eh bien ! c'était un rude chasseur. Des centaines d'animaux meurent gelés dans les montagnes, chaque hiver, et, lorsque le printemps vient, les ours mangent leurs carcasses. Mais cela ne les rend pas nécessairement chasseurs de gros gibier. Parfois, ils le deviennent par hasard. Celui qui a chassé une fois continuera à chasser.

« Un jour que j'étais sur une pente de montagne, j'ai vu une chèvre se fourrer dans les pattes d'un grizzly. L'ours allait la laisser passer, mais la chèvre avait si peur, qu'elle s'est jetée sur lui à coups de cornes. Alors, il l'a tuée. Après quoi, il a passé une demi-heure à flairer la chèvre encore chaude avant de se décider à la déchirer à belles dents. C'était la première fois, évidemment, qu'il goûtait à la chair fraîche. Quant à moi, je ne réussis pas à le tuer. Mais je suis certain que, depuis ce jour-là, il est devenu chasseur de gros gibier.

— Il me semble que la taille doit pourtant être pour quelque chose dans tout cela, dit Jim. J'ai l'impression qu'un ours qui mange de la viande doit être plus grand et plus fort qu'un ours végétarien.

— Voilà justement un sujet intéressant à traiter pour un écrivain, répliqua Bruce avec un de ses sourires bizarres. Comment se fait-il qu'un ours engraisse au point de ne plus pouvoir marcher en septembre alors qu'il ne se nourrit plus guère que de baies, de fourmis et de limaces ? Ce n'est pas toi, Jim, qui engraisserais avec un régime de baies sauvages !

Et pourquoi grandit-il si vite durant les quatre ou cinq mois qu'il hiverne, alors qu'il n'avale pas une bouchée de nourriture ? Comment se fait-il que, pendant une période d'un mois et quelquefois de deux, la mère continue d'allaiter ses oursons, alors qu'elle dort encore ou à peu près ? Et pourquoi enfin les petits ne sont-ils pas plus gros en venant au monde ?... Mon naturaliste riait comme un bossu quand je lui ai dit que les grizzlys, à leur naissance, n'étaient guère plus gros que des chats de deux jours.

— Je comprends son scepticisme, dit Jim. Il y a quatre ou cinq ans, je ne l'aurais pas cru, Bruce. Je ne l'ai cru que du jour où nous avons déniché ces oursons dans l'Athabasca. L'un d'eux ne pesait que trois cents grammes et l'autre deux cent cinquante. Tu te souviens ?

— Et ils avaient une semaine, Jim, et la mère pesait quatre cents kilos ! »

Pendant quelques instants, les deux hommes tirèrent silencieusement sur leurs pipes.

Puis, Bruce se leva et s'étira.

« Il fera beau demain, prédit-il en bâillant, Regarde comme la neige est blanche sur les pics !

— Bruce... Combien peut donc peser l'ours que nous poursuivons ?

— Six cents kilos, peut-être même un peu plus. Je n'ai pas eu le plaisir de le regarder d'aussi près que toi, Jim. Si j'avais été à ta place, nous serions en train de faire sécher sa peau.

— Et il est dans la force de l'âge ?

— Entre huit et douze ans, je pense, si j'en juge par la manière dont il gravit la pente. Un vieil ours ne se déhanche pas aussi aisément.

— Tu as rencontré de vieux ours, Bruce ?

— Si vieux qu'ils auraient eu besoin de béquilles ! repartit le guide en enlevant ses bottes. J'ai abattu des ours qui avaient même perdu leurs dents.

— Quel âge ?

— Trente, trente-cinq ans, peut-être quarante ans... »

VIII

LE DERNIER SOMMEIL

Bien après que Bruce se fut endormi, Jim demeura seul à méditer sous les étoiles, tandis que le feu, à ses pieds, passait du rouge vif au rouge sombre.

Ce soir, plus que jamais peut-être, il sentait peser sur lui l'Esprit du désert, qui éveillait dans son être des désirs étranges, en même temps qu'un apaisement profond.

Le merveilleux et mystérieux Esprit de la montagne, des lacs, des forêts et du silence, l'avait enchaîné par des liens indissolubles, après tant d'années passées à errer dans les solitudes du Nord.

Son désir le plus impérieux était de faire connaître au monde la poésie majestueuse du désert canadien. Il eût voulu que les autres hommes pussent sentir ce qu'il sentait, et voir et surtout comprendre ce qu'il voyait lui-même et comprenait.

Depuis des années, il avait réglé sa vie de manière à passer la majeure partie de son temps dans la grande solitude. Il avait alors la passion de tuer. Sa maison s'emplissait de trophées de chasse, têtes et peaux de bêtes qu'il avait abattues.

Au cours des dernières semaines, il avait laissé vivre des centaines de bêtes qu'il eût pu facilement abattre.

Aujourd'hui même, il avait épargné deux ours !

Au plaisir ancien de la chasse, se substituait lentement, mais sûrement, un autre plaisir.

Il n'était plus capable de tuer pour le seul plaisir de tuer.

Il se souvenait d'un rêve étrange qu'il avait fait en s'endormant, un soir, sur son travail, dans le bureau de sa maison.

Les têtes naturalisées accrochées au mur s'étaient mises à revivre et, l'une après l'autre, tournant vers lui leurs grands yeux brillants de lumière, l'avaient accusé de meurtre.

Quarante ans ! Les paroles de Bruce résonnaient encore à ses oreilles.

Si un animal pouvait atteindre un âge aussi avancé, combien d'années de vie n'avait-il pas détruites lui, Jim Langdon, en ces jours de massacres où il s'estimait un chasseur heureux ?

Combien d'années de vie avait-il volées aux animaux abattus par lui ?

Ne s'était-il pas conduit en bourreau le jour où il avait tué trois ours sur un éboulis de montagne et deux caribous dans la vallée ?...

Cent ans de battements de cœur, de bonheur paisible... Il avait détruit cent ans en trente minutes, pour le seul plaisir de tuer !

Il se mit à additionner, en regardant fixement le feu, le total de ses destructions, et il arriva à mille ans. Il se leva et sortit du camp sous la lumière froide des étoiles. Il écouta le ronron nocturne de la vallée et emplit ses poumons de l'air balsamique, cependant qu'il se demandait ce qu'il avait gagné dans cet anéantissement de dix siècles de vie.

Il conclut qu'il n'avait rien gagné du tout. Ce fameux jour où il avait détruit cinq bêtes, il ne s'était pas senti plus joyeux qu'à la fin de ce jour où il n'avait pourtant rien abattu. Certes, il avait perdu son désir de tuer, mais la chasse gardait à ses yeux un attrait plus grand que jamais. Elle tenait même pour lui en réserve des joies qu'il n'avait jamais connues auparavant.

Il contempla la vallée éclairée d'étoiles où, pensait-il, Tyr devait se cacher...

C'était là une chasse, une vraie chasse, et il s'était déjà promis de jouer franc jeu.

Il s'était décidé à poursuivre Tyr, mais Tyr seul. Il était enchanté de ne l'avoir point tué sur la pente. La chasse y gagnait en intérêt maintenant, à cause de la méfiance du grand grizzly pour l'homme.

Jim était certain qu'il n'éprouverait pas de remords à abattre Tyr. L'énorme bête qu'il avait vue et sur laquelle il avait tiré ne serait pas une proie facile. Elle donnerait aux deux compagnons du fil à retordre. Elle se défendrait désespérément, et les chiens auraient de l'ouvrage si Metoosin arrivait à temps avec eux.

Tyr était averti.

Il lui était loisible de changer de territoire et de s'échapper, ou bien il pouvait rester sur place et combattre.

Jim estimait que l'ours ne changerait pas de territoire. Il alla donc se coucher dans l'attente joyeuse du lendemain.

Il fut éveillé quelques heures plus tard par un déluge de pluie qui le fit bondir de ses couvertures avec un cri d'avertissement à Bruce.

« Nous avons été stupides de ne pas monter notre tente ! » dit Bruce.

La nuit était aussi sombre qu'une caverne, sauf lorsqu'elle se zébrait d'éclairs et que la montagne s'emplissait du roulement sinistre du tonnerre.

Jim se leva. A la lueur d'un éclair, il aperçut Bruce assis sur son lit de camp, les cheveux trempés. A cette vue, il éclata de rire.

« Il fera beau demain ! railla-t-il en répétant les paroles prononcées par Bruce quelques heures auparavant. Regarde comme la neige est blanche sur les pics ! »

La réplique de Bruce fut étouffée par le fracas du tonnerre.

Jim attendit un autre éclair et se précipita vers l'abri offert par les sapins les plus épais. Il y demeura tapi, recroquevillé sur lui-même pendant cinq à dix minutes. Puis la pluie cessa soudain comme elle avait commencé ; le tonnerre s'éloigna vers le sud, et les éclairs l'accompagnèrent.

Dans l'obscurité, Jim entendit Bruce qui fouillait parmi les objets du campement. Puis, une allumette fut grattée, et Bruce regarda sa montre.

« Il est près de trois heures, dit-il, quelle maudite pluie !

— Je m'y attendais, à cette pluie, répliqua Jim sur le ton de la plaisanterie. Tu sais, Bruce, quand la neige est aussi blanche sur les pics...

— Tais-toi. Et allumons du feu. C'est une veine que nous ayons eu l'idée de recouvrir nos vivres avec des couvertures... Es-tu mouillé ? »

Jim tordait ses cheveux pour les égoutter.

« Non, répondit-il, j'étais à l'abri sous les sapins ! Quand tu as attiré mon attention sur la blancheur de la neige... je me suis méfié tout de suite.

— Au diable, la neige ! » grogna Bruce.

Et Jim l'entendit qui cassait les basses branches d'un sapin.

Il l'aida et, cinq minutes plus tard, les deux hommes avaient allumé une belle flambée.

La lueur du feu illuminant leurs visages, ils se rendirent compte qu'ils n'étaient ni l'un ni l'autre de mauvaise humeur.

Bruce souriait entre ses mèches détrempées.

« J'étais dans le plus profond sommeil quand ça a commencé, expliqua-t-il, et je rêvais que j'étais tombé dans un lac. Quand je me suis réveillé, j'essayais de nager ! »

Une averse au début de juillet, dans les montagnes du nord de la Colombie britannique, n'est pas particulièrement tiède. Pendant une bonne heure, Jim et Bruce continuèrent à alimenter le feu pour sécher leurs couvertures et leurs vêtements.

Il était cinq heures lorsqu'ils déjeunèrent, et il en était six lorsqu'ils se remirent en route avec leurs deux chevaux de selle et leur cheval de bât.

Bruce eut la satisfaction d'une revanche sur Jim. Ses prévisions se vérifièrent. En effet, une journée merveilleuse succéda à l'orage.

Les prairies que foulaient les chevaux demeuraient humides. La vallée ronronnait plus fort, les ruisseaux s'étaient enflés.

Sur le sommet des montagnes, la moitié de la neige avait été balayée, et les fleurs semblaient à Jim plus hautes et plus belles. L'air qui flottait dans la vallée était chargé de la fraîcheur et de la douceur du matin. Le soleil répandait sur toutes choses ses tièdes rayons d'or.

Les deux chasseurs continuèrent à remonter le cours du ruisseau, se penchant sur leurs selles pour examiner les bancs de sable qu'ils franchissaient. Ils n'avaient pas parcouru quatre cents mètres lorsque Bruce poussa une exclamation et s'arrêta. Il désignait un petit banc de sable rond sur lequel Tyr avait laissé une de ses larges empreintes.

Jim sauta à terre et mesura l'empreinte.

« C'est lui, s'écria-t-il avec une ardeur nouvelle dans la voix. Ne ferions-nous pas mieux d'abandonner les chevaux, Bruce ? »

Le guide hocha la tête. Mais avant de formuler une opinion, il mit à son tour pied à terre et étudia les flancs de la montagne à l'aide de sa lorgnette. Jim en fit autant avec ses jumelles prismatiques, mais sans rien découvrir lui non plus.

« Il est toujours dans les bas-fonds et probablement à quatre ou cinq kilomètres devant nous, fit Bruce... Nous pouvons toujours parcourir trois kilomètres à cheval, avant de chercher un endroit où attacher nos canassons. Là-bas l'herbe et les buissons seront sûrement secs. »

Il leur fut facile dès lors de suivre la piste de Tyr, car le grizzly ne s'était plus guère écarté du ruisseau.

A trois ou quatre cents mètres du grand éboulis au détour duquel le grizzly avait découvert l'ourson, s'érigeait un petit boqueteau de pins au creux d'une courbe herbeuse. Les chasseurs dessellèrent leurs chevaux et les entravèrent.

Vingt minutes plus tard, ils foulaient avec prudence le tapis de sable fin sur lequel Tyr et Muskwa avaient fait connaissance.

La pluie avait effacé les empreintes de l'ourson, mais le sable gardait celles du grizzly.

Les yeux de Bruce scintillaient lorsqu'il se retourna vers Jim.

« Il n'est pas très loin, chuchota-t-il. Ça ne m'étonnerait pas qu'il ait passé la nuit tout près d'ici. Il doit être en train de s'étirer dans les parages. »

Il mouilla l'un de ses doigts et le tint au-dessus de lui, pour voir d'où venait le vent. Puis il hocha la tête :

« Vaudrait mieux gravir la pente. »

Ils achevèrent de contourner l'éboulis, le doigt sur la détente de leurs carabines et se dirigèrent vers un étroit ravin qui semblait permettre d'accéder facilement aux premières pentes.

A l'entrée du ravin, ils s'arrêtèrent de nouveau. Le fond en était couvert de sable noir, et ce sable portait les empreintes d'un autre ours.

Bruce se laissa tomber sur les genoux.

« C'est un autre grizzly, fit Jim.

— Jamais de la vie ! C'est un ours noir, protesta Bruce... Mon pauvre Jim, je n'arriverai jamais à te fourrer dans la tête la différence entre les empreintes d'un ours noir et celles d'un grizzly ! Cette empreinte est celle d'une patte de derrière. Le talon est rond. S'il s'agissait d'un grizzly, le talon serait pointu. L'empreinte est trop large pour être celle d'un grizzly, et les griffes sont trop longues par rapport à la plante. Ça se voit comme le nez au milieu du visage qu'il s'agit d'un ours noir !

— Et il va du même côté que nous, fit Jim. Suivons-le ! »

L'ours était sorti du ravin à deux cents mètres de l'entrée. Jim et Bruce l'imitèrent.

Dans l'herbe épaisse et les cailloux de la première crête de la pente, la piste se perdit rapidement. Mais les chasseurs ne s'en souciaient guère.

De la hauteur à laquelle ils se trouvaient, ils avaient une vue parfaite des terrains en contrebas.

Pas une seule fois, Bruce ne quitta des yeux le cours du ruisseau. Il savait que c'était là qu'ils découvriraient le grizzly, et rien d'autre ne l'intéressait pour le moment.

Jim, pour sa part, s'intéressait à tout ce qui vivait et bougeait alentour.

Chaque masse de rochers et chaque buisson d'épines pouvant receler un animal, il fouillait aussi bien du regard les arêtes supérieures que les pics.

C'est ainsi qu'il surprit un détail qui lui fit empoigner le bras de son compagnon... et tous deux s'aplatirent sur le sol.

« Regarde », chuchota Jim en étendant le bras.

De sa position couchée, Bruce regarda, les yeux écarquillés de surprise.

A moins de dix mètres au-dessus d'eux s'élevait un gros rocher en forme de caisse, et derrière ce rocher apparaissait l'arrière-train d'un ours.

Il s'agissait d'un ours noir, dont le pelage soyeux luisait au soleil.

Pendant une demi-minute, Bruce continua d'écarquiller les yeux. Puis il eut un rire :

« Il dort, dit-il. Tu vas voir quelque chose de drôle, Jim ! »

Il posa son fusil et tira son long couteau de chasse.

« Si tu n'as jamais vu *courir* un ours... reprit-il, tu vas en voir un. Ne bouge pas ! »

Il se mit à ramper lentement et silencieusement vers le rocher tandis que Jim retenait son souffle, curieux de ce qui allait se passer.

Deux fois, Bruce se retourna vers lui, la face épanouie d'un large sourire.

Finalement, Bruce atteignit le rocher. La longue lame de couteau scintilla au soleil, puis elle s'abattit, et un demi-centimètre d'acier s'enfonça dans le flanc de l'ours.

Jim ne devait jamais oublier ce qui s'ensuivit.

L'ours n'eut pas un frémissement.

Bruce, cette fois, piqua plus fort.

L'ours ne remuait toujours pas. Du coup, Bruce resta stupéfait.

Ce fut la bouche grande ouverte qu'il se retourna vers Jim.

« Qu'est-ce que tu penses de ça, mon vieux ? fit-il. Il n'est pas endormi... Il est mort ! »

Jim courut jusqu'à Bruce et ils firent le tour du rocher.

Bruce tenait toujours son couteau à la main, et il y avait une drôle d'expression sur son visage.

« Je n'ai jamais rien vu de pareil, dit-il finalement en remettant son couteau dans la gaine. Ce n'est pas un ours. C'est une ourse. Et elle devait avoir des oursons.

— Elle fouissait pour déterrer un loir, ajouta Jim, et elle a eu la tête écrasée par le rocher. C'est bien cela, n'est-ce pas ? »

Bruce hocha affirmativement la tête.

« Je n'ai jamais rien vu de pareil, répéta-t-il. Je me suis souvent demandé comment les ours ne se font pas tuer plus fréquemment en creusant sous des rochers mal équilibrés. Mais c'est la première fois que je vois ça. Et les oursons ? pauvres petits !

— Ils mourront de faim, dit Jim.

— S'il n'y en a qu'un, c'est probable. Les oursons sont un peu comme les enfants. Ils ne savent guère se débrouiller tout seuls ! »

IX

LE DUEL DE TYR

L'encorbellement sur lequel dormaient Tyr et Muskwa fut baigné par les premiers rayons du soleil, et la température y fut bientôt plus que tiède.

Tyr, lorsqu'il s'éveilla, se contenta de s'étirer sans se lever. Il éprouvait un grand bien-être, et il ne se sentait pas pressé de quitter ce bain vivifiant de soleil.

Longuement, il regarda Muskwa avec une expression de curiosité.

Pendant la fraîcheur nocturne, l'ourson s'était blotti tout contre lui, entre ses pattes de devant, et il reposait toujours à cet endroit, en gémissant parfois à la manière des tout-petits.

Au bout d'un certain temps, Tyr fit quelque chose dont il n'avait jamais été capable auparavant : il flaira doucement la petite balle de fourrure tiède nichée entre ses pattes, et passa sa large langue rouge sur le museau de Muskwa.

Et Muskwa, qui rêvait peut-être de sa mère, se blottit encore plus étroitement.

Le grand grizzly n'était pas encore fait à cet état de choses. Il lui fallait surmonter l'aversion que lui inspiraient les oursons en général et dominer des habitudes contractées pendant dix années de solitude.

Et cependant il commençait à comprendre qu'il y avait quelque chose de très agréable dans la compagnie de Muskwa. Au moment même où l'homme apparaissait dans sa vie, une émotion neuve se formait en lui ou, du moins, l'étincelle d'une émotion.

Jusqu'au jour où l'on doit tenir tête à l'ennemi et où l'on est menacé par un danger mortel, on n'apprécie pas complètement l'amitié.

Tyr, sur la piste de qui s'achcminaient pour la première fois des ennemis implacables, et qui se sentait vraiment menacé, entrevoyait confusément les bienfaits d'une amitié.

Ainsi donc, tandis que Muskwa continuait à dormir et à rêver au soleil, un contentement croissant emplissait l'âme de Tyr.

Il scruta les fonds de la vallée, luisants encore d'humidité, et il n'y vit rien d'inquiétant. Il flaira l'air qui embaumait la fraîcheur de l'herbe, des fleurs et des pins balsamiques. Il se mit à lécher sa blessure, et ce fut ce mouvement qui réveilla Muskwa.

L'ourson leva la tête, cligna les yeux à plusieurs reprises, se frotta le museau avec les pattes et se dressa frais et dispos...

Les fatigues de la veille étaient déjà oubliées.

Tandis que Tyr demeurait paisiblement allongé à contempler la vallée, Muskwa s'en fut explorer les crevasses des rochers voisins.

Tyr cessa de regarder la vallée pour observer l'ourson avec une curiosité bourrue.

Puis il se leva lourdement à son tour et se secoua.

Pendant au moins cinq minutes, il reporta ses regards sur la vallée et flaira le vent, aussi immobile qu'un bloc de pierre, et Muskwa, les oreilles dressées, vint se planter près de lui.

La tête levée vers son gigantesque compagnon, il semblait dire : « Et maintenant, qu'allons-nous faire ? »

Le grand grizzly répondit à la question en commençant à descendre vers la vallée, et Muskwa le suivit, comme il l'avait fait la veille.

L'ourson se sentait deux fois plus gros et bien plus fort que le jour précédent, et il n'était déjà plus obsédé par le regret du lait maternel. Il faisait maintenant partie des mangeurs de viande et savait que, derrière Tyr, il regagnait le théâtre du festin de la veille.

Le grand et le petit ours avaient parcouru la moitié de la distance qui les séparait de la vallée, lorsqu'une saute de vent apporta à Tyr un fumet qui lui fit émettre un mugissement de rage.

Il s'arrêta quelques secondes et, en signe de colère, son épaisse collerette de poils se hérissa.

L'odeur qu'il avait captée provenait de la direction de sa vallée personnelle. Et il n'était pas en humeur de la tolérer en ce lieu.

C'était l'odeur puissante d'un autre ours. Elle venait directement du boqueteau de pins balsamiques où était cachée la carcasse du caribou.

Tyr n'eut qu'une brève hésitation.

Il se mit à descendre si rapidement que Muskwa avait peine à le suivre. Il ne s'arrêta qu'à l'extrémité du plateau surplombant le lac et le bois.

Muskwa haletait, la mâchoire ouverte. Brusquement, ses oreilles se dressèrent, son regard se figea, et tous les muscles de son petit corps devinrent rigides.

A cent mètres en contrebas, Tyr pouvait constater que sa cachette avait été violée. Le voleur était un superbe ours noir.

Il devait peser environ cent kilos de moins que Tyr, mais il était de taille plus haute.

C'était assurément le plus fort et le plus hardi des ours qui eussent pénétré de longtemps sur le territoire du grizzly.

Il avait tiré la carcasse du caribou de sa cachette et était en train de manger lorsque Tyr et Muskwa l'aperçurent.

Au bout d'un moment, Muskwa considéra Tyr d'un air interrogateur.

« Qu'allons-nous faire ? semblait-il demander. Il nous a chipé notre déjeuner ! »

Tyr se remit en marche lentement. Lorsqu'il atteignit la pelouse à trente ou quarante mètres peut-être du redoutable voleur, il s'arrêta de nouveau.

Il n'y avait rien de particulièrement menaçant dans son attitude, si ce n'est que sa collerette se hérissait de plus en plus.

L'ours noir leva la tête et, pendant une bonne demi-minute, les deux adversaires se dévisagèrent.

L'énorme tête du grizzly se balançait maintenant de gauche à droite en un lent mouvement de pendule. L'ours noir était aussi immobile qu'un sphinx.

Muskwa était resté à quelques pas derrière Tyr.

Il se rendait compte confusément qu'il allait se passer quelque chose... et il était tout prêt à mettre son petit bout de queue entre ses jambes et à s'enfuir. Il était fortement intrigué par le mouvement de pendule de la tête de Tyr.

La nature entière connaît la signification de ce balancement. L'homme, lui aussi, a appris à la connaître.

« Méfie-toi du grizzly qui balance sa tête », tel est le premier commandement du chasseur en montagne.

Le grand ours noir savait à quoi s'en tenir au sujet de ce balancement, et Tyr s'attendait à le voir, comme les autres ours de son domaine, reculer, faire une pirouette et décamper.

Tyr lui accorda donc tout le temps nécessaire.

Mais l'ours noir était nouveau venu dans la vallée.

Peut-être n'avait-il jamais été rossé ? Peut-être avait-il été maître incontesté d'un autre territoire ?

Il ne recula pas. Ce fut même lui qui poussa le premier grondement de menace.

Toujours lentement, Tyr marcha droit sur le voleur.

Muskwa le suivit encore un peu, puis s'aplatit sur le sol.

A courte distance de la carcasse, Tyr s'arrêta de nouveau. Cette fois, sa tête se balançait plus rapidement et un grondement de tonnerre sortait de ses mâchoires entrouvertes.

Les crocs de l'ours noir s'étaient découverts.

Muskwa poussa un gémissement.

Tyr continuait d'avancer à tout petits pas. Ses mâchoires frôlaient le sol. Son corps énorme semblait se tasser. L'ours noir ne lâchait pas pied.

Quand ils ne furent plus séparés que par une distance d'un mètre, il y eut un temps d'arrêt. Semblables à des hommes en colère, ils cherchaient à se terroriser mutuellement par la fixité de leur regard.

Muskwa tremblait comme s'il avait eu la fièvre et il gémissait sans interruption. Ce gémissement atteignit les oreilles de Tyr. Ce qui se passa alors se produisit si rapidement que Muskwa en devint muet de terreur et qu'il demeura aplati sur la terre, aussi immobile qu'une pierre. Avec ce rugissement rauque particulier au grizzly, Tyr se précipita sur l'ours noir. Celui-ci se souleva légèrement sur son arrière-train, juste assez pour se rejeter un peu en arrière. Les deux poitrines énormes se heurtèrent. L'ours noir roula sur le dos, mais Tyr était trop avisé pour se laisser prendre à cette ruse, si bien que les griffes tranchantes de l'ours noir ne rencontrèrent que le vide lorsque sa patte postérieure droite se détendit violemment ; en revanche, Tyr enfonça ses longues canines jusqu'à l'os de l'épaule de son ennemi ; en même temps, il lui portait un terrible coup avec le revers de sa patte gauche. Mais Tyr était un fouisseur. Ses griffes étaient usées. L'ours noir, lui, était un grimpeur d'arbres. Il avait des griffes comme des couteaux. Elles plongèrent dans l'épaule déjà blessée de Tyr. Le sang jaillit.

Avec un rugissement qui fit trembler le sol, le grand grizzly se dressa de toute sa hauteur. Il avait donné un avertissement à l'ours noir. Même après le début de cette échauffourée, l'intrus eût pu battre en retraite sans risquer d'être poursuivi. Mais, dorénavant, il s'agissait d'une lutte à mort. L'ours noir avait fait plus que de saccager la cachette. Il avait rouvert la blessure de Tyr, la blessure que l'homme lui avait infligée. Une minute auparavant, Tyr ne combattait que pour son bon droit, sans grande animosité et sans désir de tuer. Maintenant, il se dressait, terrible. Ses lèvres se retroussaient au point de découvrir ses dents blanches et ses gencives rouges. Des muscles se gonflaient comme des cordes sur ses narines et, entre ses yeux, se creusait une fente semblable à celle que laisse un coup de hache dans un tronc de sapin. Ses prunelles brillaient comme des escarboucles, et leurs pupilles, d'un vert-noir, se trouvaient presque noyées dans le flamboiement qui s'en dégageait.

Mais Tyr ne combattit pas longtemps debout.

Pendant peut-être cinq ou six secondes, il demeura dressé. Cependant, comme l'ours noir faisait un pas en avant, il se laissa retomber rapidement sur les pattes.

L'ours noir l'imita aussitôt et, dès lors, pendant de longues minutes, Muskwa, toujours allongé sur le sol, observa le combat avec des yeux brillants.

Ce fut l'une de ces batailles terribles dont seules sont témoins les jungles et les montagnes. Les rugissements des combattants réveillèrent tous les échos des vallées.

Comme des créatures humaines, les deux fauves géants se servaient, pour s'étreindre, de leurs puissants avant-bras, tandis qu'ils s'entre-déchiraient de leurs crocs et de leurs griffes de derrière.

Pendant deux minutes, ils demeurèrent étroitement embrassés, roulant sur le sol.

L'ours noir griffait férocement. Tyr se servait surtout de ses dents et de sa terrible patte droite postérieure.

Il ne cherchait pas à déchirer son adversaire avec ses pattes de devant. Il s'en servait seulement pour tenter de le renverser.

Il luttait pour se placer lui-même sous l'ours noir, espérant ainsi l'éventrer comme il avait éventré le caribou.

Sans répit, il enfonçait ses longs crocs dans la chair de son ennemi. Mais l'ours noir savait, lui aussi, se servir de ses dents et mettait en pièces l'épaule de Tyr. Soudain leurs mâchoires se rencontrèrent.

Muskwa entendit le heurt. Il entendit le grincement des crocs contre les crocs, puis le craquement d'un os broyé. L'ours noir fut soudain jeté sur le côté comme s'il avait eu le cou brisé. Tyr le prit à la gorge.

Cependant, l'ours noir combattait toujours. Mais sa gueule ouverte et saignante était impuissante maintenant que Tyr avait refermé la sienne sur sa gorge.

Muskwa se dressa. Il frissonnait d'une nouvelle et étrange émotion.

Ce n'était pas là un jeu semblable à ceux auxquels il jouait avec sa mère.

Pour la première fois, il assistait à une bataille. Avec un grondement enfantin, il se précipita dans la mêlée.

Ses petites dents se plantèrent dans le poil épais et le cuir solide de l'arrière-train de l'ours noir.

Arc-bouté sur ses pattes de devant, Muskwa tirait sur une touffe de poils avec une rage aveugle.

L'ours noir se retourna sur le dos et, avec l'une de ses pattes de derrière, laboura Tyr de la poitrine au bas-ventre.

Un coup pareil eût éventré un caribou ou un cerf.

Il causa à Tyr une longue et profonde blessure. Mais le grizzly se jeta sur le côté et le second coup de l'ours noir atteignit Muskwa. L'ourson fut projeté à une distance de plusieurs mètres et demeura étourdi sur le sol.

Au même instant, Tyr cessa de fouiller avec ses dents dans la gorge de son ennemi, et il fit un bond de côté.

Il était ruisselant de sang.

L'épaule de l'ours noir, sa poitrine et son cou étaient striés de blessures et de gros quartiers de chair avaient été arrachés à son corps.

Il fit un effort pour se lever. Mais Tyr se rua de nouveau sur lui. Cette fois, il s'assura la prise la plus meurtrière. Ses mâchoires puissantes se refermèrent sur le museau de l'ours noir. Il y eut un craquement retentissant. Alors, le combat cessa.

L'ours noir ne pouvait pas vivre après une telle mutilation.

Mais Tyr, sans tenir compte de ce fait, se mit en devoir de l'éventrer avec ses pattes de derrière... Il continua, pendant dix minutes, à s'acharner sur le cadavre de son adversaire. Et, lorsqu'il eut terminé, la scène du combat était horrible à voir.

Le sol, labouré et tout rouge, était couvert de grands lambeaux de peau et de morceaux de chair.

Et l'ours noir était ouvert sur toute sa longueur.

A trois kilomètres de là, pâles et presque sans souffle, les yeux aux oculaires des jumelles et de la longue-vue, Jim et Bruce étaient accroupis près d'un rocher, sur le flanc de la montagne.

Malgré la distance, ils avaient assisté à toutes les péripéties du terrifiant spectacle, mais ils n'avaient pas vu l'ourson.

Comme Tyr reprenait son souffle au-dessus de son ennemi mort, Jim abaissa les jumelles.

« Mon Dieu ! » murmura-t-il.

Bruce se redressa.

« Viens, cria-t-il. Le noir est mort. Si nous nous dépêchons, nous l'aurons, ton grizzly ! »

Là-bas, dans la prairie, Muskwa accourait vers Tyr avec un morceau de peau et de poils encore chaud dans sa gueule.

Tyr abaissa sa grande tête saignante, et sa langue caressa le museau de Muskwa.

L'ourson à frimousse brune avait fait ses preuves. Tyr ne l'ignorait pas.

X

PAR-DESSUS LES MONTAGNES

Ni Tyr ni Muskwa ne touchèrent à la carcasse du caribou après le grand combat.

Tyr n'était pas en état de manger, et Muskwa était tellement ému qu'il n'aurait pu avaler une seule bouchée.

Il continuait à mâchonner un morceau de peau noire. Pendant de longues minutes, le grizzly demeura la tête basse, tandis que le sang s'amassait en petites mares au-dessous de lui.

Il faisait face à l'entrée de la vallée.

Il y avait si peu de vent qu'il était à peu près impossible d'en deviner la direction.

Parfois, cependant, des tourbillons se formaient, et une brise plus forte soufflait sur les épaulements et sur les pics.

De temps en temps, une rafale des couches supérieures s'abattait brusquement et balayait la vallée en agitant les cimes des pins balsamiques.

L'une d'elles, plus violente, apporta avec elle l'odeur de l'homme.

De la léthargie dans laquelle il était momentanément plongé, Tyr se réveilla avec un brusque grognement.

Il leva la tête et flaira le vent. Muskwa cessa de passer sa rage sur le lambeau de peau et flaira le vent lui aussi.

Oui, c'était bien l'odeur de l'homme. Jim et Bruce couraient en transpirant. L'odeur de la sueur humaine est âcre et se sent de loin.

Elle emplit Tyr d'une rage nouvelle.

Il la percevait pour la seconde fois, et toujours quand il était blessé.

Il avait déjà associé odeur de l'homme et douleur. Cette impression se confirmait.

Il tourna la tête et gronda dans la direction du cadavre mutilé de son ennemi.

Puis il gronda d'un ton menaçant dans la direction du vent. Il n'était pas d'humeur à fuir.

A ce moment, si Bruce et Jim étaient apparus par-dessus la crête, Tyr les eût chargés avec cette obstination féroce que les balles peuvent à peine arrêter et qui a valu aux grizzlys leur terrible réputation.

Mais le vent tomba bientôt. Il s'ensuivit quelques instants de calme.

La vallée s'emplissait du ronronnement des eaux courantes, les loirs se répondaient doucement de rocher en rocher.

Des perdrix s'appelaient, là-bas, dans la prairie verte.

Pendant cinq minutes, Tyr continua de gronder et de grogner. Puis ses grondements et ses grognements s'atténuèrent progressivement, et il finit par se diriger vers le ravin par lequel Muskwa et lui-même étaient descendus précédemment.

Muskwa se mit en marche dans son sillage.

Les accidents du ravin ne tardèrent pas à les masquer.

Les blessures que Tyr venait de recevoir avaient cessé de saigner dès les premières minutes, contrairement à ce qui se produit pour les blessures par balles. Et le grizzly n'avait pas laissé de piste ensanglantée derrière lui.

Le ravin les conduisit à un éboulis chaotique. Là, ils furent peut-être encore mieux dissimulés.

Ils s'arrêtèrent et burent à une mare formée par la fonte des neiges. Puis, ils reprirent leur marche.

Tyr ne s'arrêta pas lorsqu'il eut atteint l'encorbellement sur lequel il avait dormi avec Muskwa pendant la nuit précédente.

Cette fois, Muskwa n'était pas fatigué.

En deux jours, un grand changement s'était produit en lui. Il était moins gras et plus fort, beaucoup plus fort. Il commençait à s'endurcir sous la tutelle de Tyr.

Le grizzly savait évidemment où il allait. Il se dirigea sans hésitation vers une sorte de brèche étroite dans le flanc presque à pic de la montagne... et s'y engagea, suivi de très près par l'ourson.

Ils émergèrent, à l'autre extrémité, sur un éboulis tumultueux qui ressemblait à une carrière.

Il était à peu près impossible pour Muskwa de progresser dans ce chaos de blocs anguleux. Comme Tyr gravissait les premiers rochers, l'ourson s'arrêta et se mit à gémir.

C'était la première fois qu'il cédait. Lorsqu'il constata que Tyr ne prêtait aucune attention à ses gémissements, une terreur s'empara de lui, et il se mit à crier au secours de toutes ses forces, en cherchant frénétiquement à découvrir un chemin parmi les rochers.

Complètement indifférent, semblait-il, aux malheurs de Muskwa, Tyr continua à marcher pendant une bonne trentaine de mètres. Enfin, il s'arrêta, fit carrément demi-tour et attendit.

Voyant cela, Muskwa reprit courage.

S'agrippant des griffes et même des dents, il parvint à rejoindre Tyr après dix minutes d'efforts, complètement essoufflé. Puis, tout à coup, ses terreurs se dissipèrent.

Car Tyr se trouvait sur un sentier blanc et étroit aussi solide que du ciment. Ce sentier, large tout au plus d'une vingtaine de centimètres, avait été fait au cours des siècles par les sabots de centaines et peut-être de milliers de générations de moutons sauvages.

Tyr s'en servait parfois pour passer d'une vallée à l'autre, mais d'autres bêtes de la montagne l'utilisaient plus fréquemment que lui.

Tandis qu'il attendait que Muskwa reprît son souffle, il perçut une sorte de gloussement. Un peu plus loin, le sentier disparaissait derrière un gros bloc et, derrière ce bloc, apparut bientôt un énorme porc-épic, qui s'avançait lentement.

Une loi des solitudes du Nord interdit aux hommes de tuer les porcs-épics.

Le porc-épic est l'humoriste du désert, la bête la plus joyeuse, la plus satisfaite qui ait jamais respiré, celle aussi qui possède le meilleur caractère.

Il ne cesse de soliloquer, de bavarder et de glousser. Lorsqu'il voyage, il ressemble à une pelote d'épingles animée et ne s'inquiète pas du tout de ce qui se passe autour de lui.

Tandis que ledit porc-épic, un animal de forte taille, descendait dans la direction de Muskwa et de Tyr, les piquants de ses flancs et de sa queue cliquetaient sur la pierre. Ses yeux ne regardaient que le sentier. Il était si profondément absorbé dans ses pensées qu'il ne vit Tyr que lorsqu'il fut tout près de lui.

Alors, en un clin d'œil, il se mit en boule, et pendant quelques secondes, il vociféra férocement.

Après quoi il devint aussi silencieux qu'un sphinx, observant de ses petits yeux rouges l'ours formidable.

Tyr n'avait pas envie de le tuer. Mais le sentier était étroit et le grizzly était sur le point de se remettre en route.

Il fit un pas en avant. Le porc-épic lui tourna le dos et se tint prêt à lui administrer un coup de sa queue puissante.

Il y avait dans cette queue plus d'une centaine de piquants. Comme Tyr était entré plus d'une fois en contact avec des piquants tout semblables, il hésita.

Muskwa observait cette scène avec intérêt.

Il ne connaissait pas encore la tactique à employer à l'égard des porcs-épics.

Tyr fit un autre pas en avant. Avec un brusque *chuck-chuck-chuck*, le bruit le plus formidable qu'il fût capable d'émettre, le porc-épic recula ; et sa queue large et épaisse fouetta l'air avec une force qui eût enfoncé ses piquants d'un bon demi-centimètre dans un tronc d'arbre.

Ayant raté son coup, il se remit en boule.

Tyr alors le contourna, puis, un peu plus loin, attendit Muskwa. Le porc-épic jubilait, très satisfait de son triomphe.

Il s'étira, aplatit un peu ses piquants et descendit vers Muskwa en se remettant à glousser.

Instinctivement, l'ourson se jeta sur le côté du sentier. Le porc-épic passa tout près de lui, totalement absorbé dans des pensées futiles. L'aventure du sentier aux chèvres n'était pas encore entièrement terminée, car à peine le porc-épic avait-il parcouru cent mètres que, de derrière le gros rocher, apparut un lynx à la recherche de sa nourriture favorite.

Ce bandit de la montagne était trois fois aussi gros que Muskwa. Il n'était que muscles nerveux, os, griffes, dents aiguës. Il avait une marque blanche sur le front. Ses pattes étaient courbées et épaisses, sa queue touffue, et les griffes de ses pattes de devant presque aussi longues que celles d'un ours. Tyr ayant accueilli son apparition par un grondement de menace, le lynx fit demi-tour et s'éloigna dans la direction opposée.

Cependant, le porc-épic continuait à descendre en soliloquant. Il avait déjà oublié sa rencontre avec les ours. Il ignorerait toujours que Tyr l'avait sauvé d'une mort certaine.

Pendant près de deux kilomètres, Tyr et Muskwa suivirent le sentier des chèvres avant d'atteindre la crête de la montagne.

Ils étaient très loin maintenant du ruisseau, et la crête qui suivait le sentier était, par endroits, si étroite qu'ils pouvaient contempler simultanément les deux vallées.

La forêt, le long du ruisseau, n'était plus qu'un long serpent noir, et les bois de pins et de cèdres sur les pentes semblaient de toutes petites touffes d'herbe à buffle.

A pareille hauteur, le vent soufflait ferme. Muskwa était fouetté par les rafales. A plusieurs reprises, il sentit sous la plante de ses pieds le froid mystérieux et très désagréable de la neige.

Deux fois, un oiseau sembla vouloir s'abattre près de lui.

C'était un aigle, le plus grand oiseau qu'il eût jamais vu.

La seconde fois, Muskwa entendit battre ses ailes et put distinguer son bec féroce et ses serres ouvertes.

Tyr leva la tête et gronda.

Si Muskwa avait été seul, les serres se seraient refermées sur lui.

La troisième fois que l'aigle plongea, il descendit vers la vallée de gauche.

L'énorme oiseau avait décidé de s'attaquer à un autre gibier.

L'odeur de ce gibier ne tarda pas à monter jusqu'à Muskwa et jusqu'à Tyr, lesquels s'arrêtèrent.

A une centaine de mètres au-dessous d'eux, il y avait une sorte de cuvette au sol rocailleux, et, dans cette cuvette, se chauffant au soleil après leur repas du matin, une bande de moutons sauvages.

Ils étaient une trentaine, brebis et agneaux pour la plupart. Trois béliers puissants montaient la garde, à quelque distance.

L'aigle continua de planer sans bruit, ses ailes immenses déployées comme des éventails.

Les brebis et les vieux mâles eux-mêmes étaient inconscients de sa présence au-dessus d'eux.

La plupart des agneaux étaient couchés près de leurs mères. Mais trois d'entre eux, plus hardis ou plus alertes, s'amusaient à gambader sur les bords de la cuvette.

L'aigle ne perdait pas de vue ces trois imprudents. Soudain, il se laissa tomber sur eux comme une pierre.

Un bêlement d'agonie marqua son passage, et il n'y eut plus que deux agneaux là où il y en avait eu trois.

Une agitation désordonnée se propagea aussitôt parmi les moutons sauvages.

Les brebis se mirent à courir en tous sens et à bêler.

Les trois béliers bondirent et, le front dressé, scrutèrent les pics dans la crainte d'un nouveau danger.

L'un d'eux aperçut Tyr, et le bêlement d'avertissement qui sortit de sa gorge eût été entendu par un chasseur à deux kilomètres de distance.

Tout en lançant ce signal d'alarme, le bélier se précipita le long de la pente et, l'instant d'après, d'innombrables sabots martelaient les flancs schisteux de la montagne.

Tout cela intéressait fort Muskwa. Et l'ourson serait demeuré volontiers à cet endroit si Tyr ne l'avait entraîné de nouveau.

Au bout d'une heure, le sentier commença à descendre vers la vallée que Tyr avait été obligé de fuir sous les premières balles de Jim.

Le grizzly et Muskwa étaient maintenant à dix kilomètres au nord de la haute futaie où les chasseurs avaient établi leur camp permanent, et ils se dirigeaient vers les affluents extérieurs de la Skeena.

Au bout d'une autre heure de voyage, ils atteignirent les pentes vertes.

Après les rochers et le vent froid, la vallée chaude et verdoyante semblait un paradis à Muskwa.

Quant à Tyr, il était évident qu'il avait un projet. La tête basse, il se dirigeait en droite ligne vers le nord. Il allait résolument, toujours à la même allure. Muskwa qui le suivait avec courage se demandait s'il s'arrêterait jamais, et ce qu'il pouvait bien y avoir au monde de plus intéressant pour un grand grizzly et un ourson brun que ces pentes merveilleusement ensoleillées ? Pourquoi Tyr semblait-il si pressé de les quitter ?

XI

BRUCE ET LANGDON SUR LE THÉÂTRE DU COMBAT

Trois minutes après l'arrivée des chasseurs essoufflés et en sueur sur le lieu de la bataille entre le grizzly et l'ours noir, Bruce était prêt à continuer la poursuite de Tyr.

Il savait que le grand grizzly ne pouvait être loin, et il était certain qu'il avait gravi le flanc de la montagne.

Il découvrit des empreintes dans le gravier du ravin au moment où le grizzly et l'ourson s'engageaient sur le sentier des chèvres.

Mais Jim ne voulait rien savoir pour continuer la poursuite immédiatement.

Ému par ce qu'il avait vu et par ce qu'il voyait maintenant autour de lui, Jim refusa de quitter le rocher taché de sang sur lequel le grizzly et l'ours noir s'étaient battus à mort.

« Même si j'étais sûr de ne pouvoir tirer un coup de fusil en chemin, je n'hésiterais pas à parcourir des centaines de kilomètres pour revoir pareil spectacle, dit-il. Ce qui s'est passé ici tout à l'heure vaut la peine qu'on y réfléchisse et qu'on y consacre un peu de temps. »

Patiemment Jim parcourut le champ de bataille, étudiant le sol labouré, les larges taches de sang sombre, les lambeaux de peau arrachés et les terribles blessures dont le grand ours noir était mort.

Pendant une demi-heure, Bruce prêta moins d'attention à ces détails qu'à la carcasse du caribou.

A la fin de ce laps de temps, il appela Jim à la lisière du bois de sapins.

« Tu veux savoir ce qui s'est passé ? dit-il. Je peux te l'expliquer, Jim. »

Il rentra dans le boqueteau. Jim le suivit.

A quelques pas, sous les arbres, Bruce s'arrêta et montra le creux dans lequel Tyr avait caché le caribou.

« Tu avais bien deviné, Jim, fit-il. Notre grizzly est un carnivore. Hier soir, il a tué un caribou là-bas, dans une prairie. Je sais que c'est lui qui l'a tué et non l'ours noir, car les traces le long de la lisière de la forêt sont des traces de grizzly. Viens, je vais te montrer à quel endroit il a sauté sur le caribou ! »

Il conduisit son compagnon jusqu'à l'endroit où Tyr avait abattu le jeune caribou.

Il y avait des fragments de chair et une énorme tache à l'endroit où Tyr et Muskwa s'étaient régalés.

« Il a caché la carcasse dans le bois après s'être rassasié, reprit Bruce. Ce matin, l'ours noir est arrivé, a flairé la viande et a violé la cachette. Là-dessus, le grizzly est revenu pour déjeuner... Et voilà comment les choses se sont passées !

— Mais le grizzly peut revenir ? demanda Jim.

— Non. Il ne toucherait jamais à cette carcasse, même s'il mourait de faim. L'odeur de cette cachette doit même lui être horriblement désagréable à l'heure actuelle. »

Après cela, Bruce laissa Jim à ses réflexions et se remit à chercher les empreintes de Tyr.

A l'orée des pins, Jim s'assit une grande heure, se levant fréquemment pour vérifier un fait nouveau ou d'autres qu'il avait déjà découverts.

Cependant, Bruce explorait le ravin. Tyr n'avait pas laissé de traces de sang ; mais, où des profanes n'auraient rien vu, Bruce distinguait des signes de son passage.

Lorsqu'il rejoignit Jim, qui achevait de rédiger des notes, Bruce avait l'air satisfait.

« Il a franchi la montagne », dit-il.

Il était grand jour lorsque les deux chasseurs atteignirent l'endroit où Tyr et Muskwa avaient observé l'aigle et les moutons.

Ils y déjeunèrent et examinèrent la vallée avec les jumelles et la longue-vue.

Bruce demeura silencieux pendant un certain temps. Puis, il abaissa sa longue-vue et se tourna vers Jim.

« Je crois que je suis à peu près fixé sur son territoire, dit-il. Il règne sur ces deux vallées et notre camp est trop au sud. Tu vois ces arbres ? Eh bien, c'est là que devrait être notre camp. Qu'est-ce que tu dirais d'aller chercher les chevaux et de s'installer dans le voisinage de ces arbres ? Nous ne nous occuperons pas du grizzly jusqu'à demain... »

Jim fit un signe de tête affirmatif.

« On ne peut pas continuer et laisser les chevaux attachés au piquet dans la vallée », dit-il.

Puis il remit ses jumelles dans l'étui et se leva.

Brusquement, il s'immobilisa :

« Qu'est-ce que c'est que ça ?

— Je n'ai rien entendu », dit Bruce.

Pendant un moment, ils demeurèrent côte à côte. Une bouffée de vent leur siffla aux oreilles.

« Écoute, chuchota Jim.

— Les chiens ! cria Bruce.

— Oui, les chiens ! »

Ils se penchèrent en avant, en se tournant vers le sud. Là-bas, tout là-bas, dans le lointain, les airedales donnaient de la voix.

Metoosin était arrivé et cherchait les deux chasseurs dans la vallée !

XII

UNE BELLE PÊCHE

Tyr semblait avoir le diable à ses trousses.

Quant au pauvre Muskwa, au moment où Jim et Bruce percevaient les premiers aboiements lointains des chiens, il était en proie à un sombre désespoir. Ce n'était pas une petite affaire pour lui que de suivre le grizzly !

Celui-ci allait à une allure rapide, sans ralentir et sans répit. Une heure après avoir quitté le sentier des chèvres, Tyr et l'ourson parvinrent à la ligne de partage des eaux.

D'une petite élévation au fond de la vallée, s'écoulaient, en sens inverse, deux ruisseaux, l'un vers le sud, dans la direction du lac Tac, l'autre vers le nord, jusqu'à la Badine, affluent de la Skeena.

Le niveau de leurs cours s'abaissait rapidement et, pour la première fois, Muskwa vit des marécages.

Les deux fuyards traversèrent des prairies où l'herbe était si haute et si touffue que Muskwa perdait de vue Tyr et devait se guider sur le bruit étouffé de ses pas.

Le ruisseau longeait, par endroits, les bords d'étangs sombres et tranquilles qui semblaient d'une profondeur démesurée.

Ces étangs fournirent à Muskwa des occasions de souffler.

Parfois, Tyr s'arrêtait sur la rive d'un étang et se mettait à flairer. Il paraissait à la recherche d'une chose qu'il semblait ne jamais trouver, et, chaque fois qu'il se remettait en route, Muskwa se sentait de plus en plus las.

A plus de dix kilomètres au nord de l'endroit où Bruce et Jim scrutaient la vallée, ils atteignirent un lac.

Muskwa n'avait jamais vu que des étendues d'eau ensoleillées. Il trouva à ce lac l'air sombre et peu sympathique.

La forêt se dressait tout près de la rive.

Des oiseaux bizarres croassaient dans les ruisseaux fangeux. Une odeur lourde et étrange se dégageait de l'eau, une odeur qui rappela à Muskwa qu'il avait faim et lui fit se lécher les babines.

Pendant une minute ou deux, Tyr, immobile, flaira lui aussi cette odeur. C'était celle que dégagent les poissons.

Lentement, le grand grizzly continua d'avancer le long du lac. Il parvint bientôt à l'embouchure d'un ruisseau qui n'avait pas plus de six mètres de large, mais qui était sombre, profond et tranquille comme le lac lui-même.

Pendant une centaine de mètres, Tyr suivit, en le remontant, le cours de ce ruisseau, jusqu'à un endroit où des arbres tombés en travers formaient un barrage.

Près de ce barrage, une écume verte couvrait l'eau.

Tyr savait ce qu'il y avait sous cette écume. Il s'engagea en silence sur les troncs enchevêtrés. Vers le milieu du ruisseau, il s'arrêta et, avec sa patte droite, écarta doucement l'écume verte.

Muskwa l'observait de ses petits yeux brillants. Il se rendait compte que Tyr était en train de pourvoir à leur repas, mais il se demandait avec un peu d'inquiétude comment le grizzly allait s'y prendre pour tirer de l'eau quelque nourriture.

Tyr s'aplatit sur le ventre, la tête et la patte droite tendues au-dessus du ruisseau.

Après quoi, il enfonça sa patte dans l'eau et l'y laissa pendre immobile.

Il voyait nettement jusqu'au fond. Pendant quelques instants, il ne vit que quelques branches et une longue racine sinueuse.

Puis un poisson se déplaça lentement : une truite de vingt-cinq centimètres !

Elle était en eau trop profonde. Tyr n'essaya même pas de l'attraper.

Il attendit patiemment. Bientôt, cette patience fut récompensée. Une deuxième truite apparut presque à la surface.

Au même instant, l'énorme patte de Tyr projeta en l'air une gerbe d'eau, et le poisson retomba avec un flop ! tout près de l'ourson.

Instantanément, Muskwa se jeta sur la truite.

Ses petites dents aiguës s'enfoncèrent dans la chair palpitante.

Tyr s'était redressé. Mais, lorsqu'il vit que Muskwa s'était emparé du poisson, il reprit sa position première.

Muskwa achevait de tuer la première truite, lorsqu'une deuxième gerbe d'eau s'éleva et une deuxième truite vint atterrir sur la rive.

Cette fois, Tyr rejoignit Muskwa, car il avait faim. Et ce fut, au bord du ruisseau, un festin royal.

A cinq reprises, Tyr renouvela ses deux premiers exploits. Mais Muskwa, déjà rassasié, eût été incapable d'avaler une bouchée de plus.

Après leur repas, pendant quelques heures, le grizzly et l'ourson firent la sieste dans un fourré frais, près du barrage. Mais Muskwa ne dormit que d'un œil.

Il commençait à comprendre qu'il avait une part de responsabilité dans son association avec Tyr, et ses oreilles se dressaient au moindre bruit.

Chaque fois que Tyr remuait ou poussait un soupir, Muskwa s'en rendait compte.

Il éprouvait d'ailleurs un certain malaise. Il craignait confusément de perdre son grand ami, son fournisseur de nourriture, et il était bien décidé à ne pas se laisser abandonner.

Tyr, de son côté, n'avait pas l'intention d'abandonner son petit compagnon.

Il éprouvait pour Muskwa une affection croissante.

Il se leva et s'étira deux heures environ avant le coucher du soleil, puis fit sauter hors de l'eau trois nouveaux poissons.

Muskwa croqua la tête de l'une des truites, et Tyr mangea ce qui en restait. Après quoi, ils se remirent en route.

Muskwa pénétrait petit à petit dans un monde nouveau où l'on n'entendait plus le ronron des cascades, comme dans les vallées supérieures. Plus de marmottes, plus de perdrix, plus de loirs siffleurs. L'eau du lac s'étalait sans rides, sombre et profonde, étroitement encerclée par la forêt.

Il n'y avait plus de rochers à franchir, mais des troncs d'arbres pourris... et des enchevêtrements épais de lianes.

L'air aussi était différent. Il était très calme.

Sous les pattes des voyageurs s'étendait parfois un merveilleux tapis de mousse veloutée dans lequel Tyr enfonçait presque jusqu'aux aisselles.

La forêt était pleine d'ombre mystérieuse, et il y régnait l'odeur âcre d'une végétation pourrissante.

Tyr, dans cette forêt, allait plus lentement. Le silence et l'obscurité semblaient réveiller sa prudence. Il progressait sans bruit. Fréquemment, il s'arrêtait, regardait autour de lui et tendait l'oreille. Tout bruit nouveau le faisait arrêter, la tête basse, les oreilles pointées.

A plusieurs reprises, Muskwa vit de grandes formes traverser la pénombre.

C'étaient de ces hibous gris qui deviennent l'hiver d'un blanc de neige.

Plus tard, comme la nuit tombait, les voyageurs rencontrèrent une bête aux yeux exorbités, à l'aspect féroce, qui s'enfuit à la vue de Tyr. C'était un loup.

Il ne faisait pas encore tout à fait noir lorsque Tyr déboucha dans une clairière qui bordait un ruisseau et un petit lac.

L'air était chargé d'une odeur forte. Ce n'était pas l'odeur du poisson, et pourtant elle venait du lac, au centre duquel s'élevaient quatre ou cinq masses circulaires qui ressemblaient à des rochers.

Chaque fois qu'il passait à cet endroit, Tyr ne manquait jamais de rendre visite à la colonie des castors et, parfois, il se permettait de croquer un jeune mâle bien gras, en guise de souper ou de déjeuner.

Ce soir-là, il n'avait pas faim, et il avait hâte de s'éloigner.

Malgré tout, il demeura quelques minutes dans l'ombre, au bord du petit lac.

Les castors avaient commencé leur travail nocturne.

Muskwa ne tarda pas à comprendre ce que signifiaient les sillages brillants qui rayaient la surface de l'eau.

Au sommet de ces triangles argentés apparaissait toujours une petite tête plate.

Et l'ourson se rendit compte que la plupart de ces têtes se dirigeaient vers une longue barrière qui bloquait les eaux à une centaine de mètres.

Cette barrière était nouvelle pour Tyr. Celui-ci, possédant une connaissance approfondie des castors, se rendait compte que les petits architectes étaient en train d'agrandir leur domaine en construisant un nouveau barrage.

Pendant que Tyr et Muskwa contemplaient ce spectacle, deux gros travailleurs poussèrent une bûche à la surface du lac, et l'un d'eux se mit à la diriger vers le théâtre des opérations, tandis que son compagnon se rendait à une autre besogne.

Un peu plus tard, il y eut un craquement formidable. Un autre castor venait de réussir à abattre un arbre.

Au même instant, une espèce de détonation claqua au milieu du lac. Un vieux castor avait aperçu Tyr et, du plat de sa queue, avait frappé l'eau de toutes ses forces.

Aussitôt, il y eut de toutes parts d'innombrables plongeons et, l'instant d'après, le lac se couvrit de vaguelettes tandis qu'une vingtaine de travailleurs, effrayés, regagnaient sous la surface de l'eau leurs forteresses de roseau et de boue.

Muskwa observait ce remue-ménage avec tant d'intérêt qu'il en oublia de suivre Tyr.

Il le rejoignit au barrage.

Pendant quelques instants, le grand grizzly inspecta les nouveaux travaux, puis, rassuré sur leur solidité, il s'y engagea hardiment.

Ce barrage ayant la solidité d'un pont, les deux compagnons s'en servirent pour atteindre les terrains plus élevés de l'autre rive.

Deux ou trois cents mètres plus loin, Tyr emprunta une piste de caribous qui allait droit vers le nord.

A chaque instant, Muskwa espérait que Tyr allait s'arrêter.

La sieste de l'après-midi n'avait pas suffi à dissiper sa fatigue. Il était las et, s'il avait pu n'en faire qu'à sa tête, il n'aurait pas bougé de tout un mois. Les plantes de ses pieds étaient à vif, le bout de son nez était égratigné par les buissons d'épines et les herbes tranchantes des marais.

Cependant, il continuait avec l'énergie du désespoir. Enfin, le sable et le gravier ayant succédé aux marécages, il lui devint moins pénible de marcher.

Les étoiles scintillaient maintenant par myriades.

Selon toute évidence, Tyr était résolu à voyager toute la nuit.

On se demande dans ces conditions ce qu'il serait advenu du pauvre Muskwa si les Esprits du Tonnerre, de la Pluie et de la Foudre ne s'étaient pas concertés pour lui accorder un peu de repos !

Pendant plus d'une heure, les étoiles continuèrent à scintiller dans toute leur splendeur. Tyr poursuivait sa route. Muskwa boitait des quatre pattes.

Mais soudain, une rumeur s'éleva là-bas à l'ouest, se transforma en grondement, devint de plus en plus forte. Tyr, inquiet, flairait l'air. Des lueurs livides déchiraient le linceul noir qui s'étendait au-dessus des voyageurs comme un rideau.

Puis, brusquement, une furieuse rafale de vent sembla éteindre les dernières des étoiles et la pluie se mit à tomber.

Tyr trouva un rocher qui formait auvent et il alla s'y abriter avec Muskwa.

Pendant de longues minutes, ce fut plutôt un déluge qu'une averse et, en une demi-heure à peine, le ruisselet se changea en torrent.

Les éclairs et le grondement du tonnerre terrifiaient Muskwa.

Tantôt, il apercevait Tyr à la lumière aveuglante de la foudre et, l'instant d'après, tout était d'un noir de poix. On eût dit que les sommets des montagnes s'écroulaient dans la vallée. La terre tremblait.

L'ourson se serra contre le grizzly, se glissa entre ses pattes de devant, s'enfouit à moitié dans les longs poils de sa poitrine.

Tyr ne s'inquiétait guère de ces bruyantes convulsions de la nature. Il ne se souciait que de rester au sec et à l'abri. Lorsqu'il se baignait, il aimait sentir, en sortant de l'eau, la caresse du soleil et pouvoir s'étendre ensuite sur un rocher bien plat et bien tiède.

Longtemps après le déluge du début, la pluie continua de tomber avec un clapotement monotone.

Muskwa, niché au chaud contre Tyr, ne tarda pas à s'endormir. Pendant de longues heures, Tyr veilla seul. La pluie cessa peu après minuit, mais il faisait très sombre. Le ruisseau avait débordé. Tyr préféra rester sous l'auvent rocheux.

Au jour levant, Tyr, en s'étirant, réveilla l'ourson.

Muskwa suivit de nouveau le grizzly.

Il se sentait mieux portant que la veille, bien que la plante de ses pattes lui fît toujours mal et que ses articulations fussent raides.

Tyr se remit à suivre le ruisseau. Sur les deux rives, l'herbe était abondante, et les lis sauvages fourmillaient.

Tyr aimait les bulbes sucrés des lis, et il eût passé quelques heures à s'en régaler, s'il n'avait eu hâte de mettre, entre les hommes et lui, une distance aussi grande que possible.

Vers la fin de l'après-midi, les voyageurs arrivèrent près d'une mare si tentante que Tyr n'eut pas le courage de poursuivre sa route.

Cette mare n'avait guère plus de quatre mètres de large, mais les truites y étaient nombreuses.

Après avoir réfléchi pendant quelques instants, le grizzly entra dans l'eau et, de la rive, Muskwa put voir les poissons brillants se précipiter vers l'autre extrémité de la mare.

Tyr progressait lentement. Il ne fut bientôt plus que dans quelques centimètres d'eau.

Les poissons, saisis de panique, essayèrent de s'échapper vers la partie la plus profonde. Mais bientôt, l'énorme patte droite de Tyr se mit en mouvement.

Muskwa faillit être renversé par la première truite qui tomba sur la rive. Puis, il se jeta sur elle et la croqua à belles dents.

L'eau de la mare s'agitait à tel point sous les coups de patte de Tyr, que les truites s'affolaient. A peine avaient-elles atteint l'une des extrémités de la mare qu'elles faisaient demi-tour et regagnaient l'autre extrémité, de toute la force de leurs nageoires.

Ce manège permit à Tyr d'en lancer douze sur la rive.

Muskwa était si absorbé par son repas et Tyr par sa pêche que ni l'un ni l'autre ne se rendirent compte de l'apparition d'un visiteur.

Ils l'aperçurent en même temps et, pendant trente secondes, ils le regardèrent fixement, tellement stupéfaits qu'ils en étaient privés de mouvement.

Il y avait de quoi d'ailleurs.

Le visiteur en question n'était autre qu'un grizzly. Et il s'était mis à manger tranquillement l'un des poissons pêchés par Tyr !

Il n'est pas insulte plus cinglante ou défi plus grave au pays des ours. Muskwa lui-même s'en rendit compte. Il jeta un regard interrogateur à Tyr. En même temps, tout heureux à la pensée qu'il allait y avoir encore un combat, il se léchait les babines d'avance.

Tyr sortit lentement de la mare et, une fois sur la rive, il s'arrêta.

Les deux grizzlys se regardèrent. Ni l'un ni l'autre ne gronda. Muskwa ne perçut chez Tyr aucun signe de colère et, à son grand étonnement, son protecteur se mit à manger paisiblement à quelques pas de son congénère.

L'homme est peut-être la plus parfaite des créations divines. Mais, sur le chapitre du respect dû à la vieillesse, il n'est certainement pas supérieur aux ours grizzlys.

Les grizzlys ne volent pas leurs congénères âgés. Ils ne les maltraitent pas quand ceux-ci s'approchent des proies qu'ils ont eux-mêmes abattues. Peut-on dire que les hommes ont toujours les mêmes attentions pour les vieillards ?

Le visiteur était non seulement vieux. Il était malade.

Sa taille égalait celle de Tyr. Mais il avait vécu si longtemps que sa tête et son cou paraissaient ridiculement maigres.

Les Indiens l'appellent *Kuyas Wapusk*, l'ours qui va mourir de vieillesse. Ils le respectent.

Les Blancs, eux, n'hésitent pas à le tuer !

Le visiteur mourait de faim.

Il n'avait plus de griffes. Sa fourrure était terne, pelée par places, et il n'avait plus pour mastiquer que des gencives enflammées.

S'il vivait jusqu'à l'automne, il hibernerait pour la dernière fois, et mourrait dans sa tanière.

Le grand Tyr, pourchassé cependant par l'homme et déchiré de blessures, sembla comprendre que ce repas serait peut-être le dernier de *Kuyas Wapusk*, trop vieux pour pêcher, trop vieux pour chasser, trop vieux même pour déterrer les bulbes tendres des lis sauvages. Aussi le laissa-t-il manger tranquillement et, une fois de plus, il se remit en route, tandis que Muskwa lui emboîtait le pas.

XIII

TYR ET ISKWAO

Pendant plus de deux heures, Tyr continua d'entraîner Muskwa vers le nord.

Ils avaient parcouru une bonne cinquantaine de kilomètres depuis qu'ils avaient quitté le sentier des chèvres, et ces cinquante kilomètres avaient été pour l'ourson comme un voyage autour du monde.

Normalement, il n'eût jamais couvert pareille distance avant la fin de sa seconde année et peut-être même de sa troisième.

Pas une seule fois, au cours de cette randonnée, Tyr n'avait perdu son temps à longer les contreforts aux flancs de la montagne. Il avait suivi rigoureusement le cours rapide des ruisseaux.

Une heure après avoir rencontré le vieil ours, Tyr changea brusquement de tactique et obliqua résolument vers l'ouest.

Quelques instants plus tard, le grizzly et l'ourson gravissaient une fois de plus les premières pentes d'une montagne.

Heureusement pour Muskwa, de nouveau épuisé, ils ne tardèrent pas à s'engager dans un col au sol presque uni, qui les conduisit sans effort sur les pentes d'une autre vallée.

C'était la vallée dans laquelle Tyr avait tué l'ours noir dont la carcasse pourrissait à trente kilomètres plus au sud.

Dès l'instant où Tyr eut contemplé les frontières septentrionales de son domaine, un changement se produisit en lui, changement dont Muskwa eût rendu grâce au Ciel, s'il avait su parler...

Tyr cessa tout à coup de se hâter.

Pendant un quart d'heure, il étudia les creux de la vallée et flaira l'air.

Puis, il descendit lentement et, quand il atteignit les prairies vertes et les rives du ruisseau, il se tourna face au vent, qui venait en plein du sud-ouest.

Ce fut seulement au moment où le soleil se couchait que l'inattendu se produisit.

La brise très légère ayant viré brusquement à l'est, Tyr perçut une odeur qui l'immobilisa pendant une demi-minute.

L'instant d'après, il s'élançait à l'assaut d'un contrefort. Muskwa se jeta à sa poursuite. Mais il perdait sans cesse du terrain. Et il aurait été certainement distancé, complètement perdu, si Tyr ne s'était arrêté pour s'orienter de nouveau.

Lorsqu'il se mit à gravir le deuxième contrefort, Muskwa l'aperçut, et, avec un cri de supplication, il se précipita sur ses traces.

A une centaine de mètres, une courbe se creusait au flanc de la montagne et, dans cette courbe, flairant l'air comme le faisait Tyr lui-même, se trouvait un autre grizzly, l'une de ces femelles que les Indiens appellent *Iskwao.* Un ourson d'un an gambadait près d'elle.

Tyr s'avança. Muskwa s'attendait, une fois encore, à une bataille. Mais il y avait une chose qu'il ignorait. C'est que Tyr et Iskwao étaient du même sang, ayant eu la même mère.

Ils mirent cinq minutes à se rejoindre. Puis, selon l'étiquette, ils se flairèrent le nez cérémonieusement.

Sur ces entrefaites, l'ourson d'un an eut la malencontreuse idée de vouloir se joindre au cercle de famille.

Les Indiens l'auraient appelé *Pipoonaskoos*, un nom long qui signifie « quatre saisons ».

Pipoonaskoos s'approcha donc hardiment de Tyr.

Pendant un instant, Tyr ne parut pas s'apercevoir de sa présence. Puis, de sa patte droite, il saisit l'ourson et l'envoya voltiger à quelques mètres.

Muskwa, lui, avait envie de se battre. Avec une clameur de défi, il s'élança le long de la pente et se rua sur Pipoonaskoos.

Celui-ci était l'un de ces oursons qui s'obstinent à suivre leur mère après avoir atteint un an, au lieu de vivre par leurs propres moyens. Il n'était pas encore complètement sevré, et sa mère continuait à le gaver de bons morceaux.

Il était gros, mou, sans endurance.

D'un autre côté, Muskwa avait su profiter des leçons de Tyr et, bien qu'il fût beaucoup moins lourd que Pipoonaskoos, il se rua sur ce dernier comme un bolide.

Encore étourdi par le coup de patte de Tyr, Pipoonaskoos se mit à appeler au secours.

Il ne s'était jamais battu. Il roula tout de suite sur le dos, sur le côté, gigotant, griffant, criant, tandis que les dents aiguës de Muskwa s'enfonçaient dans sa peau tendre.

Pipoonaskoos se débattait avec l'énergie du désespoir. Enfin, il réussit à se débarrasser de son adversaire, et le museau ensanglanté, il s'enfuit à toutes pattes.

Muskwa bondit à sa poursuite.

A deux reprises, ils firent le tour de la vallée. Mais Muskwa gagnait du terrain.

En jetant un regard effrayé en arrière, Pipoonaskoos se heurta contre un rocher et tomba lourdement.

L'instant d'après, Muskwa était sur lui et eût continué à le mordre et à le griffer jusqu'à épuisement de ses forces s'il n'avait vu Tyr et Iskwao qui s'éloignaient tranquillement côte à côte.

Aussitôt il oublia son ardeur combative et demeura les yeux écarquillés.

Pipoonaskoos s'assit sur son arrière-train afin de se remettre de ses émotions.

Les deux oursons se regardèrent. Muskwa se léchait les babines. Il ne savait pas trop s'il devait continuer à rosser Pipoonaskoos ou suivre Tyr.

Pipoonaskoos le tira d'embarras.

En poussant des gémissements plaintifs, il s'élança sur les traces de sa mère.

La nuit fut calme. Les ours adultes et les oursons dormirent côte à côte dans des buissons.

Le lendemain, dès l'aube, Muskwa, qui avait faim, se mit en quête de nourriture. Il vit que Pipoonaskoos creusait le sol aux abords immédiats du ruisseau. Il le chassa du trou qu'il avait commencé, creusa lui-même un peu plus profondément et découvrit une racine blanche, bulbeuse et tendre, qui lui parut la nourriture la plus savoureuse du monde, plus savoureuse encore que le poisson.

Cette racine, appelée *Beauté du printemps*, poussait en abondance dans la vallée. Muskwa en mangea jusqu'à satiété.

Tyr fut responsable d'une autre bataille entre Muskwa et Pipoonaskoos.

Vers la fin de l'après-midi, les ours adultes reposaient au soleil, lorsque, sans raison apparente, Tyr ouvrit une gueule énorme et produisit un rugissement sourd et continu semblable à celui qu'il avait poussé sur le cadavre de l'ours noir.

Iskwao leva la tête et imita Tyr de bon cœur.

Le concert dura deux minutes, et, pendant ces deux minutes, Muskwa se persuada que l'heure était enfin venue où Tyr allait rosser la mère de Pipoonaskoos.

A ce moment, Pipoonaskoos eut la mauvaise inspiration de se montrer à l'orée d'un buisson. Muskwa se rua sur lui, Pipoonaskoos roula sur le sol comme un gros bébé. Pendant quelques minutes les oursons se mordirent et se griffèrent à l'envi. Mais Muskwa conservait l'avantage.

Finalement, Pipoonaskoos se releva et prit la fuite.

Muskwa le poursuivit dans les buissons jusqu'au ruisseau, puis sur une pente.

A la fin, il se sentit si fatigué qu'il se laissa choir sur le ventre pour se reposer.

Un instant plus tard, Tyr se dressa.

Pour la première fois depuis longtemps, il paraissait se souvenir de la présence de Muskwa.

Il flaira le vent en amont et en aval de la vallée et, aussitôt après, il se mit en marche vers la pente qu'ils avaient empruntée la veille, pour descendre dans la vallée.

Muskwa était à la fois satisfait et perplexe. Il avait envie d'aller arracher des lambeaux de peau au cadavre de l'ours mort, et il avait envie de se battre encore avec Pipoonaskoos.

Après une minute d'hésitation, il se décida à rejoindre Tyr et se remit à cheminer sur ses talons.

Et, ensemble, ils se dirigèrent de nouveau vers l'est, pour faire face au danger le plus terrible qui menaçât les bêtes de la montagne, danger implacable, danger auquel nul ne pouvait échapper.

Peu après, Iskwao, comprenant que cette petite réunion familiale annuelle était terminée, se dressa à son tour et flaira le vent comme Tyr, son frère, l'avait fait.

Puis, elle se dirigea vers le soleil couchant, suivie par Pipoonaskoos.

XIV

LA VENUE DES CHIENS

Lorsque Tyr atteignit la pente qui conduisait au col franchi la veille, il se dirigea sur le sud, vers l'endroit où il avait tué l'ours noir, à trente kilomètres de là.

Au cours de la nuit suivante, le grand grizzly et l'ourson errèrent sans dormir sous les étoiles étincelantes.

Tyr ne songeait pas à chasser le gros gibier.

Il gravit une pente abrupte, descendit prudemment un éboulis et parvint à une prairie verte où poussaient de ces violettes appelées dents-de-chien, dont les racines bulbeuses constituent un mets délicat. Il passa donc la nuit à creuser le sol et à manger.

Muskwa, qui s'était bourré de racines de *Beauté du printemps*, n'avait pas faim et, comme il s'était reposé pendant la journée, en somme, il trouva la nuit très agréable.

La lune se leva vers dix heures. Jamais, au cours de sa courte vie, Muskwa n'avait contemplé lune aussi énorme, aussi rouge, aussi belle.

Lorsqu'elle commença de paraître au sommet des pics, on aurait dit un incendie de forêt.

Elle ne tarda pas à baigner toute la montagne d'une lumière harmonieuse.

La courbe dans laquelle se trouvaient le grizzly et l'ourson et qui enserrait une assez vaste prairie, était illuminée comme en plein jour.

Le petit lac au pied de la montagne scintillait comme une plaque d'argent dépoli, et le ruisseau qui l'alimentait, né de la fonte des neiges éternelles, semblait, avec ses cascades brillantes, une rivière de diamants.

Autour de la prairie, se dressaient des houppes de buissons, des pins balsamiques et des sapins.

Sans s'éloigner beaucoup de Tyr, Muskwa se mit à explorer les buissons, ainsi que l'ombre projetée par les arbres et les rives du petit lac.

Il découvrit près du lac une mare dont la boue moelleuse calma les élancements de ses pieds douloureux.

A vingt reprises, au cours de la nuit, il revint prendre un bain de boue.

Même après le lever du soleil, Tyr ne parut pas pressé de poursuivre sa route.

Il continua d'errer lentement dans la prairie, broutant l'herbe tendre et déterrant de temps à autre une racine.

Muskwa était enchanté. Il déjeuna de quelques violettes dent-de-chien.

Une chose l'intriguait cependant. Il se demandait pourquoi Tyr ne pêchait pas de truites dans le petit lac. Il lui restait à apprendre que tous les lacs ne sont pas poissonneux.

A la fin, il se décida à pêcher lui-même et réussit à attraper, en tout et pour tout, un cancrelat d'eau à carapace dure, qui lui pinça le museau et lui arracha un cri de douleur.

Vers dix heures, la zone baignée de soleil devint pour le grizzly au poil épais comme un four surchauffé ; aussi Tyr chercha-t-il parmi les rocs, aux alentours de la cascade, un coin de fraîcheur. Il ne tarda pas à le découvrir.

C'était une grotte minuscule aux parois humides.

Tyr aimait cette température de vieille cave en plein mois de juillet et au moment de la plus forte chaleur. Mais Muskwa s'ennuya bientôt dans cette pénombre.

Aussi ne tarda-t-il pas à quitter son grand compagnon pour aller faire connaissance avec les bords de la cascade.

Au début, tout alla bien. Mais il s'engagea, l'imprudent, sur un plan d'ardoise verdie, en pente douce, où coulait une mince nappe d'eau.

L'eau coulait sur cette surface depuis des siècles et des siècles, et l'ardoise était aussi polie qu'un mât de cocagne bien graissé.

Les pattes de Muskwa glissèrent, mais si vite qu'il ne sut pas même ce qui lui arrivait.

L'instant d'après, il dégringolait vers le lac !

Il pirouetta, fit rejaillir l'eau peu profonde en un chapelet de petites vagues, rebondit comme une balle de caoutchouc par-dessus des cascades en miniature. Il avait perdu le souffle ; il était étourdi, aveuglé, et la vitesse de sa glissade s'accélérait de plus en plus. Cependant, il avait réussi à émettre quelques cris terrifiés, et ces cris avaient attiré l'attention de Tyr.

A l'endroit où l'eau des pics se déversait dans le lac, il y avait une chute de plusieurs mètres.

Muskwa rebondit par-dessus la dernière barrière rocheuse, troua violemment la surface du lac et disparut dans l'eau glacée.

Il coula d'abord à pic. Puis sa ceinture de sauvetage naturelle, la graisse qui enveloppait son corps, le ramena à la surface. Il se mit à nager avec énergie.

C'était son premier plongeon et la première fois qu'il risquait la noyade. Lorsqu'il parvint enfin à gagner la terre ferme, il était épuisé.

Alors qu'il reprenait lentement son souffle, Tyr réussit à le rejoindre au bas de l'éboulis de rochers.

Muskwa avait reçu de sa mère une bonne gifle lorsqu'il s'était enfoncé un piquant de porc-épic dans la patte.

Elle giflait chaque fois qu'il lui arrivait un accident parce qu'elle croyait à la vertu des gifles, méthode d'éducation très répandue chez les ours.

Elle l'eût corrigé sérieusement après cette nouvelle mésaventure. Mais Tyr ne fit que le flairer. S'étant rendu compte que l'ourson était indemne, il se mit à déterrer une racine de violette.

Tandis qu'il croquait cette racine, il s'immobilisa soudain.

Pendant une demi-minute, il parut transformé en statue. Muskwa bondit et se secoua, puis il tendit l'oreille à son tour.

Un son leur parvenait à tous les deux.

D'un mouvement lent et gracieux, le grizzly se dressa de toute sa taille. Il fit face au nord, les oreilles pointées en avant, les narines frémissantes.

D'au-delà des pentes qu'il avait gravies avec Muskwa au cours de la nuit, lui parvenait confusément un bruit qu'il entendait pour la première fois.

C'était un aboiement de chiens.

Pendant deux minutes, Tyr s'accroupit sur son arrière-train.

Pas un muscle de son grand corps ne frémissait, si ce n'est ceux qui commandent aux narines.

Il se rendait compte que, dans cette région au pied de la montagne, le son ne pouvait lui parvenir qu'atténué. Il se hâta donc de gravir une pente orientée à l'est, au sommet de laquelle un troupeau de moutons avait dormi pendant la nuit.

Muskwa, comme toujours, suivit.

A mi-hauteur de la pente, Tyr s'arrêta et fit demi-tour. De nouveau, il se dressa face au nord. Muskwa l'imita.

Une brusque rafale de vent leur apporta clairement cette fois l'aboiement des chiens.

A quelques centaines de mètres, la meute de Jim, la meute d'airedales aguerris, donnait furieusement de la voix en suivant la piste encore chaude du grizzly et de l'ourson.

Ces aboiements persuadèrent Jim et Bruce qu'ils touchaient enfin au but... en un mot, que leur proie était toute proche.

Ce fut l'instinct, encore une fois, qui avertit Tyr du danger, et lui révéla que de nouveaux assaillants avaient envahi son domaine.

Il continua de monter jusqu'à l'endroit où la montagne devenait rugueuse, crevassée. Là, il s'arrêta.

La menace, quelle qu'elle fût, se rapprochait avec la vitesse du vent. Elle gravissait maintenant les pentes qui séparaient la petite courbe de la vallée où Tyr avait rencontré Iskwao.

La crête de cette pente était à peu près au niveau des yeux de Tyr et, tandis que le grizzly scrutait les alentours, le meneur de la meute apparut au sommet de cette crête et sa silhouette se détacha sur le ciel.

Les chiens apparurent à leur tour et, pendant trente secondes peut-être, ils demeurèrent immobiles sur la crête.

Pendant ces trente secondes, Tyr observa ses ennemis sans bouger, tandis que dans sa poitrine roulait un grondement de tonnerre.

Il ne battit en retraite que lorsque la meute se rua dans sa direction en aboyant de nouveau. Ce n'était pas une fuite, car il n'avait pas peur...

Il ne cherchait pas d'histoires. Il n'avait même pas le désir de défendre « sa » prairie et « son » petit lac au pied de la montagne. Il y avait d'autres prairies et d'autres lacs, et il n'était pas particulièrement désireux de se battre. Mais il était prêt quand même à la bataille.

Il continua de gronder sourdement, et une rage obscure et lente se mit à brûler en lui.

Il s'enfonça dans des rochers. Il suivit une corniche, tandis que Muskwa trottinait sur ses talons.

Il gravit un énorme éboulis et zigzagua parmi des blocs aussi énormes que des maisons.

A chaque passage difficile, il s'arrêtait et s'assurait que Muskwa le suivait.

Une fois même, alors qu'il venait de se hisser d'une corniche sur un rocher, il se rendit compte que Muskwa ne serait pas capable de le rejoindre. Alors, il redescendit et emprunta un autre chemin.

L'aboiement des chiens s'était intensifié. Tyr en déduisit que la meute gravissait la pente verte.

Il s'arrêta de nouveau, et, cette fois, le vent lui apporta une odeur qui alluma dans son crâne une colère furieuse.

C'est qu'à l'odeur des chiens se mêlait maintenant celle de l'*homme* !

Tyr battit en retraite plus vite encore. L'hallali féroce et joyeux des chiens ne résonnait guère à plus de cent mètres lorsqu'il pénétra dans une sorte de cirque aménagé par la nature au milieu du chaos des rochers. A droite, un mur perpendiculaire en demi-cercle s'élevait du côté de la montagne ; à gauche, la corniche s'arrêtait brusquement au-dessus d'un précipice.

Tout au bord, le passage était bloqué par des blocs tombés de la montagne. A peine subsistait entre ces blocs un passage de la largeur des épaules de Tyr.

Le grand grizzly conduisit l'ourson jusqu'à ce passage et fit brusquement volte-face, afin que Muskwa se trouvât placé derrière lui.

Dans un péril semblable, une mère ourse eût mis en sûreté son petit au fond d'une crevasse étroite de la paroi rocheuse. Mais Tyr agit différemment. Préférant affronter résolument le danger, il se dressa sur ses pattes de derrière.

A vingt pas de lui, la piste qu'il avait suivie contournait à angle droit une sorte de bastion rocheux. Tyr observa complaisamment, de ses yeux rouges et terribles, l'embuscade tendue par lui-même. La meute aboyait à pleine gorge.

A cinquante mètres au-delà du bastion rocheux, les chiens accouraient épaule contre épaule. L'instant d'après, le premier d'entre eux se rua dans le couloir.

Le gros de la meute suivait de si près que les premiers chiens trouvèrent la mort avant d'avoir pu comprendre ce qui se passait.

Tyr s'était rué sur ses assaillants. D'un brusque revers de sa patte droite, il en abattit deux, broyant une échine d'un coup de mâchoire, arrachant une tête de ses griffes aiguës. Il avait semé la panique chez ses ennemis, lesquels s'arrêtèrent. Tyr eut cependant le temps de pousser sa troisième victime dans le précipice.

Le début du drame s'était déroulé en trente secondes.

Les airedales de Jim étaient courageux. Ils descendaient tous d'une race batailleuse. Bruce et Metoosin les avaient dressés au point qu'ils pouvaient les suspendre par leurs oreilles sans en tirer un cri.

La fin tragique de trois d'entre eux laissa donc les chiens assez indifférents.

Rapides comme l'éclair, les neuf survivants encerclèrent le grizzly.

Appuyés sur leurs pattes de devant, ils étaient prêts à bondir de côté ou en arrière pour éviter une attaque brusquée, et ils lançaient maintenant ensemble ce jappement rapide et féroce destiné à avertir le chasseur que le gibier fait front.

Ils avaient pour mission de harasser le gibier, de le tourmenter, de retarder sa fuite, de l'immobiliser jusqu'à l'arrivée des maîtres.

La lutte est loyale entre des chiens et un ours. Mais l'homme qui vient y mettre fin avec son fusil est un meurtrier.

Si les chiens connaissaient leur affaires, Tyr n'ignorait pas la sienne.

Après trois ou quatre coups de patte que les chiens évitèrent grâce à leur vitesse supérieure, Tyr battit lentement en retraite vers le grand rocher derrière lequel Muskwa s'aplatissait. Et, comme il reculait, les chiens avancèrent.

Leurs aboiements plus aigus et l'inefficacité évidente des efforts de Tyr pour les mettre en fuite ou les déchiqueter terrifiaient Muskwa. Soudain, l'ourson perdit la tête et se précipita au fond d'une fissure ouverte derrière lui dans le rocher.

Tyr continua à reculer jusqu'au moment où il toucha la pierre avec ses larges hanches.

Alors il tourna rapidement la tête pour voir où était Muskwa. L'ourson avait disparu.

A deux reprises encore Tyr tourna la tête. Après quoi, alors que Muskwa avait profité des circonstances pour s'esquiver, il continua de battre en retraite jusqu'à bloquer le passage étroit qui était son unique porte de sortie.

Les chiens aboyaient maintenant comme des fous. Ils avaient la gueule écumante, leur poil dur se hérissait comme celui des brosses et leurs crocs aigus étaient découverts jusqu'aux gencives rouges.

A chaque seconde, ils s'approchaient un peu plus du grizzly, le mettaient au défi de leur sauter dessus, de les attraper s'il le pouvait. Dans leur ardeur, ils ne s'étaient pas aperçu qu'il y avait derrière eux dix mètres d'espace découvert.

Tyr mesura cet espace comme il avait mesuré celui qui le séparait du caribou quelques jours auparavant.

Puis sans même un grognement d'avertissement, il s'élança sur ses ennemis avec une soudaineté qui les prit au dépourvu.

A l'endroit où le rocher formait bastion, la piste n'avait pas deux mètres de large. Tyr avait tenu compte de ce fait aussi bien que de la distance.

Les chiens, qui se bousculaient pour échapper au massacre, ne pouvaient tous passer de front.

Le grizzly saisit le dernier d'entre eux et le broya sous sa patte. L'airedale lança des cris d'agonie, qui atteignirent enfin les oreilles de Bruce et de Jim.

Les deux chasseurs, haletants, se hâtèrent de gravir la pente.

Tyr s'était laissé choir sur le ventre au milieu de la piste et, tandis que les chiens rassemblés recommençaient à donner de la voix, il continua de déchirer sa victime, éparpillant sur le sol entrailles et viscères.

Puis il se redressa et chercha de nouveau Muskwa. L'ourson s'était recroquevillé en une boule frissonnante au fond de la crevasse.

Tyr, persuadé que Muskwa avait continué de gravir la montagne, se hâta cette fois de quitter le champ de bataille, d'autant que le vent lui apportait de plus en plus l'odeur âcre et détestée de Jim et de Bruce.

Pendant dix minutes encore, Tyr n'eut cure des huit chiens qui jappaient à ses talons. A mesure qu'il battait en retraite, les airedales s'enhardissaient. Finalement, l'un d'eux bondit et planta ses crocs dans la patte du grizzly.

Cette audace faillit lui être fatale.

Avec un nouveau rugissement, Tyr fit demi-tour et poursuivit la meute sur une cinquantaine de mètres. Il perdit ainsi dix précieuses minutes avant de continuer à gravir l'épaulement de la montagne.

Si le vent était venu d'une autre direction, la meute aurait triomphé.

Mais, chaque fois que Jim et Bruce gagnaient du terrain, le vent avertissait Tyr en lui apportant l'odeur tiède de leur sueur.

Et le grizzly prenait soin de toujours tourner le dos au vent.

Il mit une demi-heure à atteindre les plus hautes crêtes rocheuses. A partir de là, il allait lui falloir parcourir deux cents mètres en terrain découvert, pour gagner l'épine dorsale de la montagne.

Mais lorsque Tyr quitta brusquement l'abri protecteur des rochers, il déploya une telle vitesse qu'il devança les chiens d'une cinquantaine de mètres.

Pendant deux ou trois minutes, il se détacha nettement sur le fond de la montagne, et, pendant la dernière de ces trois minutes, il se profila merveilleusement sur un tapis de neige sans un buisson, sans un rocher.

Bruce et Langdon, l'apercevant à cinq cents mètres, ouvrirent le feu.

Juste au-dessus de sa tête, Tyr entendit siffler la première balle et, l'instant d'après, lui parvenait le claquement de la carabine. Un second projectile fit voler la neige à cinq mètres devant lui. Le grizzly fit un brusque écart à droite. Il présentait maintenant le flanc aux tireurs.

Tyr entendit le troisième coup de feu et, tandis que les détonations continuaient à se répercuter de cime en cime, il reçut un coup formidable à la base du crâne, un peu au-dessous de l'oreille.

Ce fut comme si une massue s'était abattue sur lui du haut du ciel. Il s'écroula dans la neige.

La balle avait ricoché sur l'os. Elle ne le fit presque pas saigner, mais, pendant un instant, il demeura littéralement assommé, comme un boxeur atteint par un crochet à la mâchoire.

Sans lui laisser le temps de se ressaisir, les chiens se jetèrent sur lui, lui déchirant le cou et le ventre.

Avec un rugissement farouche, il se releva d'un bond et secoua cette grappe acharnée.

Dix fois, il frappa sauvagement. Jim et Bruce l'entendaient rugir tandis que, le doigt sur la détente, ils attendaient, pour l'achever, que les chiens se fussent suffisamment écartés.

Mètre par mètre, à reculons, Tyr gravissait la pente abrupte, grinçant des dents et défiant la meute frénétique, défiant l'homme avec son odeur et son étrange tonnerre, défiant la mort elle-même.

A cinq cents mètres en contrebas, Jim pestait contre les chiens qui, accrochés à l'ours, l'empêchaient de placer une deuxième balle.

Ainsi, jusqu'au sommet de la montagne, la meute hurlante protégea Tyr et lui servit de bouclier.

Le grizzly disparut enfin, toujours lentement, au-delà de la crête. Les chiens, acharnés, continuèrent à le suivre.

Puis, leurs aboiements s'atténuèrent. Le puissant grizzly, fuyant la menace des hommes, entraînait les airedales dans une longue course dont beaucoup ne reviendraient pas.

XV

A LA RECHERCHE DE TYR

Dans sa cachette, Muskwa entendit les derniers échos de la bataille.

La crevasse où il était blotti était en forme de V, et il s'y était enfoncé aussi profondément que possible.

Il vit passer Tyr devant l'ouverture de son refuge après la mort du quatrième chien. Il entendit décroître le bruit de ses griffes sur la piste, et il comprit enfin que le grizzly était parti, mais que ses ennemis s'acharnaient à le poursuivre.

Cependant, Muskwa avait encore peur de sortir. Les étranges êtres qui étaient montés de la vallée l'emplissaient d'une frayeur mortelle. Pipoonaskoos ne lui avait pas fait peur. Le grand ours noir lui-même, celui que Tyr avait tué, ne lui avait pas inspiré la même terreur que ces nouveaux venus aux babines rouges et aux crocs blancs.

L'ourson demeura donc au fond de sa crevasse, recroquevillé sur lui-même, tassé comme une bourre au fond d'un canon de fusil.

Il entendait encore les aboiements des chiens lorsque d'autres bruits plus proches redoublèrent son inquiétude.

Jim et Bruce contournaient le contrefort rocheux. A la vue des cadavres des airedales, ils s'arrêtèrent, et Jim poussa une exclamation d'horreur. Les deux hommes n'étaient pas à cinq mètres de Muskwa.

Pour la première fois de sa vie, celui-ci entendait des voix humaines. Pour la première fois, l'odeur de la sueur humaine lui emplissait les narines. Puis, l'un des chasseurs passa devant la crevasse, et Muskwa, pour la première fois, vit un homme. L'instant d'après les deux chasseurs avaient disparu.

Un peu plus tard, l'ourson entendit encore des détonations, puis l'aboiement des chiens décrût de plus en plus. Enfin, le silence se rétablit.

Il était environ trois heures, l'heure de la sieste en montagne. Le calme régnait partout.

Longtemps, Muskwa se garda de bouger. Il continuait à tendre l'oreille.

Une autre crainte s'éleva en lui. Il avait peur de perdre Tyr. De tout son cœur, il souhaita le retour du grizzly.

Pendant une heure, il demeura blotti entre les parois rocheuses. Puis il entendit un *chip-chip-chip*, et une petite gerboise rayée parut sur la corniche, dans son champ de vision. Elle se mit à examiner prudemment le cadavre de l'un des airedales.

Cette apparition rendit courage à Muskwa.

Il dressa un peu ses oreilles et gémit doucement comme pour implorer l'amitié de cette petite créature, en cette heure de solitude et de crainte.

Centimètre par centimètre, Muskwa se traîna hors de sa cachette.

Enfin sa petite tête ronde et velue sortit du trou. Il regarda autour de lui.

La piste étant déserte, il s'avança dans la direction de la gerboise. Avec un cri aigu, la bestiole rayée prit la fuite, et Muskwa se retrouva seul.

Il mit quelques instants à se décider, flairant l'air alourdi par l'odeur du sang, par celle des hommes et celle de Tyr. Puis il se mit à gravir la montagne.

Il savait que Tyr avait pris cette direction et n'avait qu'un désir : rejoindre son grand ami, son protecteur.

La crainte des chiens et celle des hommes, éléments nouveaux dans sa vie, s'effaçaient devant celle de ne jamais revoir le grizzly.

Il n'eut pas besoin de ses yeux pour suivre la piste. Elle était encore chaude sous son nez. Ce fut donc avec ardeur qu'il reprit en zigzag l'ascension de la montagne.

Il y avait des endroits où il lui était très difficile de progresser à cause de ses jambes trop courtes. Mais il continua vaillamment, encouragé par le fumet très net de son grand ami.

Il lui fallait une bonne heure pour atteindre l'espace découvert qui s'étendait entre les derniers éboulis, la ceinture de neige et la crête.

Il était donc environ quatre heures lorsqu'il entreprit de parcourir les derniers trois cents mètres qui le séparaient du sommet de la montagne.

Là-haut, il s'imaginait trouver Tyr. Mais il avait toujours peur et il continua à gémir doucement tout en enfonçant ses petites griffes dans la pierraille.

Il ne leva pas les yeux vers la crête après s'être remis en route. Il lui eût fallu, pour cela, s'arrêter et tourner la tête de côté, car l'ascension était ardue.

C'est ainsi qu'il ne vit pas Jim et Bruce franchir cette crête, tandis que lui-même n'en était encore qu'à cinquante mètres. Il ne pouvait pas non plus percevoir leur odeur, car le vent leur était favorable.

Inconscient de leur présence, Muskwa parvint à la ceinture de neige. Avec joie, il flaira les énormes empreintes de Tyr et les suivit.

Au-dessus de lui, Bruce et Jim attendaient accroupis, leurs fusils posés sur le sol. Tous deux s'étaient dépouillés de leurs épaisses chemises de flanelle et ils les tenaient toutes prêtes dans leurs mains.

Lorsque Muskwa fut à moins de vingt mètres, ils se précipitèrent dans sa direction comme une avalanche.

L'ourson ne se ressaisit que lorsque Bruce se trouva sur lui.

Il vit et comprit le danger dans la dernière fraction de la dernière seconde et, au moment où Bruce bondissait en avant, sa chemise déployée comme un filet, Muskwa fit un saut de côté.

Se jetant à plat ventre, Bruce ne ramassa qu'une pleine chemise de neige et la serra pourtant contre sa poitrine, croyant qu'il avait capturé l'ourson.

Au même instant, Jim trébucha sur les longues jambes de son ami et roula en cabriolant sur la pente de la montagne.

Muskwa, pour sa part, détalait de toute la vitesse de ses petites jambes vers la vallée.

Bruce s'élançait à sa poursuite et Jim le suivit à dix mètres.

Soudain, Muskwa fit un crochet, et Bruce fut entraîné par son élan à quinze mètres en contrebas.

Le guide ne réussit à s'arrêter qu'en se laissant choir sur le dos, en freinant des talons, des mains, des coudes, et des épaules. Mais, Jim, lui, avait obliqué et était sur le point de rejoindre Muskwa.

Il se jeta en avant, la chemise déployée, à l'instant même où l'ourson faisait un nouveau crochet et, lorsqu'il se releva, la figure égratignée, ce fut pour cracher une bonne bouchée de terre et de pierraille.

Malheureusement pour Muskwa, son deuxième crochet l'avait jeté tout droit dans les jambes de Bruce. Et, avant d'avoir pu savoir ce qui se produisait, il se trouva dans l'obscurité, à moitié étouffé, tandis qu'une clameur de triomphe l'assourdissait.

« Je le tiens ! » criait Bruce.

Sous le sac formé par la chemise, Muskwa se mit à griffer, à mordre, à grogner. Si bien que Bruce avait fort à faire lorsque Jim accourut avec la deuxième chemise.

Peu de temps après, Muskwa était ligoté comme un saucisson.

Ses pattes et son corps étaient tellement serrés qu'il ne pouvait bouger. Sa tête seule n'était pas recouverte.

C'était l'unique partie de son corps qui fût visible, la seule qu'il pût remuer. Il avait l'air si drôle et si effaré que, pendant une minute ou deux, Jim et Bruce, oublieux de leur précédent échec, rirent à gorge déployée. Ils s'assirent, placèrent l'ourson entre eux, puis bourrèrent et allumèrent leurs pipes.

Muskwa n'avait même pas la ressource de gigoter en guise de protestation.

« Nous sommes de fameux chasseurs ! dit alors Jim. Partis pour descendre un grizzly, c'est avec ça que nous revenons ! »

Il considéra l'ourson.

Muskwa le regardait d'un air si grave que Jim l'observa pendant un instant avec étonnement. Puis, ôtant sa pipe de la bouche, il tendit la main.

« Petit, petit, petit, petit ! » murmura-t-il avec douceur.

Les petites oreilles de Muskwa pointèrent en avant. Ses yeux brillants semblaient de verre tant leur regard était fixe.

Bruce, derrière sa main repliée, riait silencieusement, comme dans l'attente d'une bonne plaisanterie.

« Petit, petit, petit ! continuait Jim. Là, là... petit... Lui gentil, pas faire mal. »

L'instant d'après, un cri aigu réveillait les échos de la montagne. Les quenottes de Muskwa s'étaient plantées dans l'un des doigts de Jim.

Le hurlement que poussa celui-ci eût effarouché le gibier à cinq cents mètres.

« Maudit petit coquin ! » grogna Jim.

Puis, tout en suçant son doigt blessé, il se mit à rire avec Bruce.

« Il n'est pas froussard, dit-il. J'avais envie d'un ourson comme celui-là depuis que je cours la montagne. Je le ramènerai chez moi... Regarde-moi la bonne tête qu'il a ! »

Muskwa précisément tournait la tête et se mettait à examiner Bruce.

Jim se leva et regarda la crête de la montagne. Il avait tout à coup les sourcils froncés, l'air dur.

« Quatre chiens, dit-il comme en se parlant à lui-même. Trois sur la corniche et un là-haut ! »

Il se tut un instant et reprit :

« Je n'arrive pas à comprendre, Bruce... Cela fait plus de cinquante ours que la meute immobilise pour nous et, jusqu'ici, nous n'avions pas perdu un chien ! »

Bruce était en train de passer une courroie de cuir autour du corps de Muskwa en guise de poignée, afin de pouvoir le porter un peu à la manière d'un seau d'eau.

Il se leva, et Muskwa se balança au bout de la courroie.

« C'est que nous avons affaire, cette fois, à un chasseur, dit Bruce. Et un grizzly mangeur de viande est l'animal le plus terrible qui soit au monde quand il est acculé. Les chiens ne sont pas de taille, Jim. Ils ne le retiendront jamais et, si la nuit tarde à tomber, il n'en reviendra pas un seul... Ils abandonneront la poursuite dès qu'il fera noir, s'il en reste ! Ce vieux rossard de grizzly nous a sentis, et tu peux être sûr qu'il sait pourquoi il a été précipité sur la neige... Il se hâte de prendre le large. Il sera à trente kilomètres d'ici quand nous le reverrons ! »

Jim alla chercher les fusils, et, lorsqu'il revint, les deux hommes se mirent à redescendre la montagne.

Bruce, portant Muskwa, marchait en tête. Les deux compagnons s'arrêtèrent sur la corniche tachée de sang où Tyr avait tenu tête à ses assaillants. Jim se pencha sur le chien décapité par le grizzly.

« C'est le pauvre Biscuit, dit-il. Et nous qui pensions qu'il était le seul poltron de la bande ! Les deux autres sont Jane et Tader. Cela fait quatre de nos meilleurs chiens avec le pauvre vieux Frits, qui gît éventré là-haut. »

Bruce, qui scrutait les profondeurs du précipice, montra soudain quelque chose.

« Il y en a un autre là-bas, auprès de ce buisson... dit-il la voix un peu rauque... Jim, c'est le cinquième ! »

Les poings de Jim se serrèrent lorsqu'il regarda à son tour dans le précipice. Un sanglot lui échappa. Bruce comprenait ce chagrin.

On apercevait nettement une tache noire sur le pelage du chien déjà raidi, tout au fond de l'abîme. Il n'y avait qu'un chien dans la meute qui portât cette marque. Et c'était le préféré de Jim.

« C'est ma pauvre Dixie ! » souffla-t-il.

Pour la première fois, il se sentit soulevé par la colère.

« J'ai plus d'une raison maintenant pour tenir à la peau de ce grizzly, dit-il. Je ne partirai pas de cette montagne avant de l'avoir tué. Je resterai ici jusqu'à l'hiver, s'il le faut. Je jure que je le tuerai, s'il ne m'échappe pas, bien sûr !

— Il ne t'échappera pas, sois tranquille ! » répondit Bruce.

Et il se remit en marche, portant toujours Muskwa.

Jusqu'ici, l'ourson avait été trop abasourdi pour songer à se révolter et, d'ailleurs, il s'était rendu compte de son impuissance.

Il avait tendu tous ses muscles pour essayer de remuer, mais il était aussi bien ficelé qu'une momie d'Égypte.

Il lui revint cependant peu à peu à l'esprit qu'il gardait l'usage de ses dents. Le balancement imprimé par la marche le mettait justement souvent en contact avec la jambe de son ennemi.

Il guetta une occasion.

Elle se présenta quand Bruce s'assit pour sauter d'un rocher. Une fraction de seconde, le corps de Muskwa reposa sur la pierre plate.

Rapide comme l'éclair, il mordit.

Il avait mordu profondément, et si, tout à l'heure, la clameur de Jim avait troublé le silence à un kilomètre à la ronde, celle de Bruce fut encore plus retentissante.

Jamais Muskwa n'avait entendu de rugissement aussi épouvantable, plus épouvantable encore que l'aboiement des chiens. Il eut si peur qu'il lâcha prise.

Une fois de plus, il fut stupéfait. Ses geôliers ne prenaient même pas la peine de se venger !

Celui qu'il avait mordu sautillait sur un pied. L'autre, assis sur un rocher, se balançait d'avant en arrière, les mains appuyées sur le ventre, et, la bouche grande ouverte, faisait un bruit étrange et strident.

Le premier cessa bientôt de sautiller et se mit à faire le même bruit curieux.

Muskwa ne savait pas que les deux hommes riaient. Mais il se convainquit d'une vérité.

De deux choses l'une : ou bien ces monstres à deux pattes et à l'allure grotesque n'osaient pas le combattre franchement ou bien ils étaient d'un naturel paisible et ne lui voulaient pas de mal.

Bruce et Jim se montrèrent plus circonspects par la suite et, dès qu'ils eurent atteint la vallée, ils passèrent un fusil dans la poignée de cuir et portèrent l'ourson entre eux.

L'obscurité était presque tombée lorsqu'ils arrivèrent à un boqueteau de pins.

Un feu rougissait au milieu de la clairière. C'était le premier feu que voyait Muskwa. Il vit aussi, pour la première fois, des chevaux, des bêtes à l'aspect terrifiant, beaucoup plus grandes que Tyr.

Un troisième homme, Metoosin, l'Indien, sortit du sous-bois et vint à la rencontre des chasseurs.

Muskwa fut jeté sur le sol, et, tandis qu'il était aveuglé par la réverbération du feu, l'un des hommes le tint par les oreilles, tandis qu'un autre lui passait autour du cou une sangle en guise de collier. A l'anneau de cette sangle fut passée une grosse corde et le bout de cette corde fut attaché à un arbre.

Pendant cette opération, Muskwa gronda et grinça des dents tant qu'il put.

L'instant d'après, on le délivra des chemises qui le paralysaient et, bien qu'il se tînt à grand-peine sur ses pattes engourdies, il montra ses petits crocs et grogna de nouveau aussi férocement que possible.

A son complet ahurissement, cette manifestation d'agressivité ne parut pas émouvoir ses étranges compagnons, si ce n'est que les trois hommes, y compris l'Indien, ouvrirent la bouche et produisirent ce bruit incompréhensible que l'ourson avait déjà entendu lorsqu'il avait mordu Bruce à la jambe et que Jim, pour lui rendre la pareille, avait éclaté de rire.

XVI

MUSKWA SE CIVILISE

Au grand soulagement de Muskwa, les trois hommes ne tardèrent pas à s'éloigner de lui pour s'affairer autour du feu.

Il pensa que l'occasion était venue de leur échapper et tira sur sa corde au point de s'étrangler à moitié.

Finalement, désespéré, il abandonna la partie et, se recroquevillant au pied d'un sapin, il se mit à observer le camp.

Il était à dix mètres du feu.

Bruce se lavait les mains dans une cuvette de toile. Jim s'essuyait le visage avec une serviette.

Metoosin était agenouillé près du brasier et, de la large poêle qu'il tenait au-dessus des hommes, montait une odeur de grillade, l'odeur la plus appétissante que Muskwa eût jamais captée.

L'air autour de lui était chargé des arômes appétissants.

Lorsque Jim eut fini de s'essuyer la figure, il ouvrit une boîte de lait condensé sucré.

Il en versa le contenu dans un poêlon et s'approcha de Muskwa.

L'ourson, qui n'avait pas réussi à fuir sur le sol, se mit à grimper à l'arbre. Il se déplaça si vite le long du tronc lisse que Jim en fut stupéfait.

Jim déposa le récipient au pied du sapin, tandis que Muskwa ne cessait de gronder et de cracher dans sa direction.

Il demeura longtemps cramponné à l'arbre. Les chasseurs semblaient l'avoir oublié.

Il les vit manger et, sans les comprendre, il les entendit élaborer un nouveau plan de campagne contre Tyr.

« Il s'agit de l'avoir par surprise, après ce qui s'est passé aujourd'hui, déclarait Bruce. Plus la peine de le pister dorénavant, Jim. Nous pourrions le pister jusqu'à la Saint-Sylvestre. Il nous éventera toujours. »

Bruce s'arrêta de parler et tendit l'oreille.

« Curieux que les chiens ne reviennent pas, reprit-il. Je me demande...

— Bruce... tu ne veux pas dire que l'ours nous les ait tués tous ? demanda Jim.

— J'ai chassé pas mal de grizzlys dans ma vie, répliqua tranquillement le guide. Mais je n'en ai jamais chassé de plus malin que celui-là, Jim. C'est dans une embuscade qu'il a fait tomber nos chiens, sur la corniche... C'est par ruse qu'il a eu celui qui est resté sur la crête... Il est parfaitement capable de les acculer dans un coin, et dans ce cas... »

Bruce haussa les épaules. Jim murmura :

« Si, à la tombée du jour, des chiens étaient encore vivants, ils ne tarderont pas à reparaître. Je regrette maintenant... je regrette de ne pas les avoir laissés à la maison. »

Bruce éclata d'un rire un peu âpre.

« C'est la fortune de la guerre, Jim, dit-il. On ne chasse pas le grizzly avec des chiens d'appartement. Il faut s'attendre tôt ou tard à en perdre. Nous nous sommes attaqués à plus fort que nous, voilà tout ! Il nous a possédés !

— Possédés ?

— Oui, en jouant franc jeu ! Nous avons été idiots de risquer les chiens. Tiens-tu assez à la peau de cet ours pour que nous tentions de l'avoir à ma façon ? »

Langdon fit un geste affirmatif.

« Quel est ton plan ? demanda-t-il.

— On ne peut pas toujours employer des moyens très honnêtes, commença Bruce, surtout quand on tombe sur un monstre comme celui-là. Tu peux être sûr que, jusqu'à l'hivernage, ton grizzly s'arrangera pour avoir le vent en sa faveur... Comment ? Il fera des détours ! Je te parie que, s'il y avait de la neige sur le sol, on découvrirait qu'il est en train de revenir sur ses pas... pour s'assurer qu'il n'est pas suivi... Et il ne se déplacera guère que la nuit... De jour, il se tiendra dans les rochers, sur les crêtes. Si tu tiens à gaspiller des munitions, il n'y a plus qu'une chose à faire : trouver d'autres ours !

— Je m'y refuse absolument ! protesta Jim. Dis-moi plutôt comment faire pour avoir ce grizzly. »

Bruce se tut pendant quelques instants avant de répondre.

« Nous sommes fixés sur un point : son domaine commence au premier col que nous avons franchi et se termine à l'endroit où nous sommes entrés dans cette vallée. Une trentaine de kilomètres aller et retour. Le grizzly continuera à tourner en cercle tant que nous serons à sa recherche. Il se dirige présentement vers le sud, de l'autre côté de la montagne. Nous n'avons qu'à rester tranquillement où nous sommes, sans bouger, pendant quelques jours. Puis nous lancerons Metoosin avec les chiens, s'il en reste, par l'autre vallée là-bas... et nous remonterons, en même temps, toi et moi, vers le sud, la vallée où nous sommes en ce moment. L'un de nous suivra les pentes, l'autre les creux et nous irons doucement... Tu as compris ? Ton grizzly ne quittera pas le pays... et Metoosin ne peut guère faire autrement que de le rabattre dans notre direction. Ce serait bien étonnant si l'un de nous ne le voyait pas d'assez près pour lui envoyer une balle.

— J'ai compris, dit Jim. Je me suis d'ailleurs fait une entorse et je ne serais pas mécontent de me soigner pendant quelques jours. »

A peine avait-il prononcé ces mots qu'un aboiement effrayé fit se dresser les deux chasseurs.

« Les chiens, chuchota Metoosin.

— Tu as raison, ce sont eux », dit Bruce.

Des branches craquèrent dans les buissons et, l'instant d'après, deux des chiens apparurent dans le rayonnement du feu.

Ils avancèrent en hésitant, se traînant presque sur le ventre, et, comme ils se couchaient aux pieds des chasseurs, un troisième chien et un quatrième les rejoignirent.

Ils ne ressemblaient en rien à ceux qui étaient partis le matin à la poursuite du grizzly. Leurs flancs étaient creux, ils étaient à bout de souffle, et ils se savaient vaincus.

Un cinquième chien sortit des ténèbres. Il boitait et traînait, déchirée, l'une de ses pattes de devant.

La tête et la gorge d'un autre étaient ensanglantées, et celui-là avait aussi perdu un œil.

Tous semblaient s'attendre à un châtiment.

« Nous avons échoué ! proclamait leur attitude. Nous sommes battus, et voilà tout ce qui reste de notre vaillante meute. »

Muets, Jim et Bruce les examinaient. Mais ils tendaient l'oreille, espérant encore...

A la fin, ils se regardèrent.

« Deux de plus de fichus ! » fit Jim.

Bruce s'en fut chercher les laisses.

En haut de son arbre, Muskwa tremblait de tous ses membres.

A quelques mètres de lui, il revoyait la horde aux crocs blancs qui avait pourchassé Tyr et l'avait forcé, lui, à se réfugier dans la crevasse du rocher.

Les hommes ne lui faisaient plus vraiment peur.

Ils n'avaient pas cherché à le faire souffrir. Mais les chiens étaient des monstres ! Ils avaient livré bataille à Tyr. Ils l'avaient contraint à fuir.

L'ourson s'était réfugié dans une fourche, à un mètre cinquante du sol, lorsque Metoosin passa près de son sapin en tenant un chien en laisse.

L'airedale aperçut Muskwa et bondit, arrachant la laisse des mains de l'Indien.

Son saut le porta presque jusqu'à la fourche.

Il allait recommencer à sauter quand Jim, avec un cri, se précipita et le saisit par le collier. Puis, l'ayant corrigé d'importance, il s'en fut l'attacher un peu plus loin.

Muskwa était plus étonné que jamais.

L'homme l'avait sauvé. Il avait fouetté le monstre à la gueule rouge et aux crocs blancs, et ordonné qu'on attachât tous les autres monstres à bonne distance du sapin.

Lorsque Jim revint, il s'arrêta près du sapin et parla de nouveau à l'ourson.

Celui-ci lui permit d'avancer la main sans tenter de la mordre.

Puis une sensation étrange et agréable le parcourut.

Tandis qu'il tournait un peu la tête, Langdon s'était mis à lui caresser le dos.

Jamais sa mère ne l'avait caressé si doucement, même du plat de sa patte.

Langdon caressa Muskwa pendant dix bonnes minutes.

L'ourson montra d'abord les dents, puis il se mit à ronronner.

Jim alors s'éloigna et revint un moment après avec une tranche de caribou.

Muskwa flaira la chair crue et, chose curieuse, recula.

Finalement, Jim déposa la tranche de caribou près du poêlon, au pied de l'arbre, et alla rejoindre Bruce, qui fumait sa pipe.

« D'ici deux jours, il me mangera dans la main », déclara-t-il.

Le camp ne tarda pas à devenir très calme.

Jim, Bruce et l'Indien s'enroulèrent dans leurs couvertures et s'endormirent presque aussitôt. Le feu passa au rouge sombre et bientôt il n'y eut plus qu'une seule bûche rougeoyante.

Un hibou fit entendre son ululement au plus profond de la futaie.

Le ronron de la vallée et de la montagne emplissait la nuit paisible.

Les étoiles étincelèrent, plus brillantes à mesure que la nuit avançait.

Il n'y avait plus rien à craindre maintenant. Tout dormait, sauf l'ourson à la frimousse brune.

Avec prudence, il se mit à descendre en étreignant le tronc.

Arrivé au pied du sapin, il lâcha prise... et faillit tomber dans le poêlon. Un peu de lait concentré lui sauta au museau.

Machinalement, il tira la langue et se mit à lécher ses babines.

Le liquide épais et sucré l'emplit d'un plaisir inattendu.

Pendant un quart d'heure, il se lécha. Puis, comme si le secret de cette délicieuse boisson venait seulement de lui être révélé, ses petits yeux brillants se fixèrent avec convoitise sur le poêlon.

Il s'en approcha, en fit le tour, tantôt d'un côté, tantôt de l'autre, tous les muscles du corps tendus. Il était prêt à bondir en arrière si cette chose ronde tentait de lui sauter dessus.

A la fin, son nez toucha le liquide épais et crémeux. Après quoi, Muskwa ne releva la tête que lorsqu'il eut lapé la dernière goutte.

Le lait concentré fut, en quelque sorte, son premier contact véritable avec la civilisation.

L'ourson savait que la main qui l'avait caressé avait aussi placé ce festin délicieux au pied de l'arbre, et que la même main lui avait offert de la viande.

Il ne mangea pas la viande, mais lécha l'intérieur du poêlon jusqu'à ce qu'il brillât comme un miroir à la lumière des étoiles.

Cependant, il avait toujours grande envie de s'échapper. Mais, cette fois, ses efforts furent moins frénétiques et plus raisonnés. L'expérience lui avait appris qu'il était inutile de tirer sur la corde. Il entreprit de la mâchonner.

S'il l'avait rongée toujours à la même place, il eût sans doute conquis sa liberté avant le matin. Mais il se reposait fréquemment, quand ses mâchoires se fatiguaient et, lorsqu'il se reprenait à mâchonner la corde ce n'était plus au même endroit.

Vers minuit, les gencives en sang, il renonçait à cette besogne.

Blotti contre l'arbre, prêt à grimper au premier signe de danger, il attendit l'aube.

Il ne ferma pas l'œil une seconde. Bien qu'il fût un peu rassuré, il se sentait très seul.

Tyr lui manquait, et il se mit à gémir si doucement que, si l'un des dormeurs s'était par hasard éveillé, il ne l'eût pas entendu.

Avec quelle joie il eût accueilli Pipoonaskoos si ce dernier s'était risqué à l'intérieur du camp !

Le lendemain matin, Metoosin sortit le premier de ses couvertures.

Il alluma le feu, ce qui réveilla Bruce et Jim.

Après s'être habillé, Jim rendit visite à Muskwa, et lorsqu'il vit le poêlon vide, il ne cacha pas sa satisfaction.

Muskwa avait vivement regagné la fourche de son arbre. Il se laissa pourtant caresser de nouveau.

Jim alla chercher une autre boîte de lait condensé et l'ouvrit devant Muskwa pour que celui-ci le vît verser le contenu de la boîte dans le poêlon.

Il lui mit alors le récipient sous le nez, et Muskwa ne put retenir sa langue devant le beau liquide crémeux. En moins de cinq minutes, il vida le poêlon toujours tenu par Jim. Mais, lorsque Bruce s'en vint contempler ce spectacle, l'ourson grinça des dents et gronda.

« Les ours s'apprivoisent admirablement », affirma Bruce un peu plus tard en savourant son petit déjeuner. « Il te suivra partout comme un chien d'ici quelques jours, Jim.

— Je commence déjà à l'aimer, répondit Jim. Mais qu'est-ce que tu avais commencé à me raconter un jour au sujet des ours de Jamson ?

— Jamson habitait dans le district de Kooteney, dit Bruce. Un véritable ermite, ce type-là. Il ne descendait de sa montagne que deux fois l'an, pour chercher des vivres.

« Il avait apprivoisé des grizzlys. Je lui en ai connu un de la taille de celui que nous poursuivons. Il l'avait capturé tout petit, et, quand je l'ai vu, il suivait Jamson comme un chien, quoiqu'il pesât plus de cinq cents kilos. Ils allaient à la chasse ensemble et dormaient côte à côte, près du même feu de camp. Jamson aimait les ours et jamais il n'en aurait tué un. »

Jim resta silencieux un moment. Puis il dit :

« Je commence à les aimer moi aussi, Bruce... Je ne sais pas pourquoi, mais il y a quelque chose dans les ours qui vous force à les aimer ! Je n'en tuerai plus beaucoup, peut-être même plus du tout quand nous aurons eu la peau de ce massacreur de chiens... Ce sera vraisemblablement mon dernier ours ! »

Il serra les poings brusquement et ajouta d'un ton furieux :

« Quand je pense que la chasse n'est jamais fermée pour les ours sur toute l'étendue du Canada ! C'est une honte, Bruce. On les a classés parmi les animaux nuisibles et l'on peut les détruire en toute saison. Il est même permis de les sortir de leur tanière lorsqu'ils hibernent, de les en sortir avec leurs petits. Et j'ai osé participer à pareille horreur... Je pense parfois que c'est un crime de porter un fusil. Et, cependant, je continue à chasser.

— Nous avons ça dans le sang, fit Bruce sans s'émouvoir. Mais, qu'est-ce qui arrive à ton ourson ? »

Muskwa était tombé du mauvais côté de la fourche et pendait au bout de sa corde !

Jim courut à lui, le saisit hardiment de ses mains nues, le fit repasser par-dessus la fourche et le déposa sur le sol.

Muskwa ne grogna même pas.

Bruce et Metoosin furent absents du camp toute la journée.

Jim demeura seul pour soigner son genou qui avait heurté un rocher l'avant-veille.

Il passa presque tout son temps avec Muskwa. Il ouvrit une boîte de sirop d'érable et, vers midi, l'ourson le suivait autour de l'arbre, tirait sur la corde pour atteindre l'assiette. Enfin, Jim s'asseyait, et Muskwa grimpait sur ses genoux pour atteindre le sirop.

Un ourson ressemble fort à un bébé ordinaire. Il aime le lait, les sucreries, et se blottir contre les êtres qui lui témoignent de la bonté.

C'est l'animal le plus aimable et le plus affectueux qui soit, et il se montre si drôle qu'il déchaîne parfois la bonne humeur.

Plus d'une fois, ce jour-là, Jim éclata de rire devant les drôleries de Muskwa, au point que les larmes lui vinrent aux yeux.

L'ourson était fou de sirop d'érable.

Jamais sa mère ne lui avait fait goûter d'aussi bonnes choses. Ce sirop était même plus savoureux que les poissons pêchés par Tyr.

Tard dans l'après-midi, Jim détacha la corde et conduisit Muskwa en laisse jusqu'au ruisseau.

Il portait l'assiette de sirop et, de temps en temps, il s'arrêtait pour permettre à l'ourson d'y plonger la langue.

Au bout d'une demi-heure de ce manège, Jim lâcha la corde et se dirigea vers le camp. Muskwa le suivit. C'était un succès !

Il était tard lorsque Metoosin rentra. Il fut étonné d'apprendre que Bruce n'était pas encore de retour.

L'obscurité tomba, Jim et l'Indien allumèrent le feu.

Une heure plus tard, comme ils finissaient de dîner, Bruce apparut, portant un fardeau sur ses épaules.

Il jeta ce fardeau au pied de l'arbre derrière lequel Muskwa s'était caché.

« Une peau comme du velours et de la viande pour les chiens, dit-il. Je l'ai eu au pistolet. »

Il s'assit et se mit à manger.

Au bout d'un certain temps, Muskwa s'approcha prudemment du corps qui gisait à quelques pas de lui.

Il le flaira, et un frisson étrange lui parcourut les membres. Il se mit à gémir doucement, en enfouissant son nez dans la fourrure encore chaude.

Puis, pendant un long moment, il resta silencieux.

Le fardeau que Bruce portait et qu'il avait jeté au pied de l'arbre n'était autre que le corps, sans vie, du petit Pipoonaskoos.

XVII

FACE A FACE

Cette nuit-là, la grande solitude pesa de nouveau sur Muskwa. Bruce et Metoosin étaient si fatigués qu'ils se couchèrent de bonne heure.

Jim les imita, laissant le corps de Pipoonaskoos à l'endroit où Bruce l'avait jeté.

Muskwa avait à peine bougé depuis qu'il avait reconnu son ancien compagnon de jeux.

Il ignorait ce qu'était la mort, ce qu'elle signifiait. Et il s'imaginait que Pipoonaskoos ne tarderait pas à s'éveiller.

Il n'avait plus envie du tout de se battre avec lui.

De nouveau, la nuit fut très calme. Les étoiles fourmillaient dans le ciel, et le feu cessa de pétiller.

Mais Pipoonaskoos ne bougeait toujours pas.

Muskwa se mit à le flairer, à tirer sur ses poils soyeux et, ce faisant, il semblait dire :

« Je te promets de ne pas te mordre cette fois. Lève-toi et jouons. »

Pipoonaskoos gardait la même immobilité. Finalement, Muskwa abandonna l'espoir de le réveiller, se blottit contre lui et s'endormit.

Jim fut le premier à se réveiller le lendemain matin, et lorsqu'il vint voir comment Muskwa avait passé la nuit, il s'arrêta brusquement et demeura immobile pendant une minute.

Dans son sommeil, Muskwa s'était si étroitement serré contre Pipoonaskoos, qu'une patte de l'ourson mort lui entourait le cou.

Sans bruit, Jim alla réveiller Bruce, et, l'instant d'après, il revenait avec le guide qui se frottait encore les yeux.

Les deux hommes se regardèrent, émus.

« De la viande pour les chiens ! souffla Jim. Tu voulais faire de cet ourson de la viande pour les chiens, Bruce ! »

Jim ne dit rien d'autre, et les deux chasseurs n'échangèrent que de rares paroles au cours de l'heure suivante.

Pendant cette heure, Metoosin alla chercher Pipoonaskoos, et, au lieu de le dépouiller et de le jeter aux chiens, il le mit dans un trou creusé au bord du ruisseau, et le recouvrit de sable et de pierres.

Ce jour-là, Metoosin et Bruce partirent de nouveau dans la montagne.

Bruce avait rapporté de sa dernière expédition des morceaux de quartz contenant des traces d'or et il emportait, cette fois, de quoi entreprendre une vraie prospection.

Jim continua de faire l'éducation de Muskwa.

A plusieurs reprises, il le conduisit près des chiens et, comme ces derniers grondaient en tirant sur leurs attaches, il les fouetta vigoureusement...

Intelligents, ils ne tardèrent pas à comprendre que Muskwa, bien que ce fût un ours, devait être respecté.

Dans l'après-midi de ce second jour, Jim libéra l'ourson entièrement de sa corde et n'eut aucune difficulté à le rattraper chaque fois qu'il voulait le rattacher.

Le troisième et le quatrième jour, Bruce et l'Indien explorèrent la vallée à l'ouest de la chaîne de montagnes et en vinrent à cette conclusion que les traces d'or découvertes par eux ne les conduiraient pas à la fortune.

Le quatrième soir, comme il faisait froid et que le temps se gâtait un peu, Jim eut l'idée de faire coucher Muskwa près de lui.

Il s'attendait à quelque résistance. Mais Muskwa se laissa faire comme un chat et, une fois qu'il se fut bien niché, il ne bougea plus de la nuit.

A en croire Bruce, il était temps de reprendre la poursuite de Tyr. Mais les chasseurs durent modifier leurs projets en raison du genou de Jim.

Celui-ci était incapable de parcourir plus de quatre cents mètres et encore en boitant bas. Il lui était donc impossible de suivre la chasse, même à cheval.

« Le grizzly ne perdra rien pour attendre, dit Bruce pour consoler Jim. Si on le laisse tranquille pendant quelques jours, il cessera d'être sur ses gardes ! »

Les trois jours qui suivirent procurèrent à Jim profit et plaisir.

Muskwa lui en apprit plus qu'il n'en avait jamais su sur le compte des ours et des oursons. Aussi ne cessait-il de prendre des notes.

Les chiens furent attachés à un bouquet d'arbres assez éloigné et Muskwa eut la liberté de se promener dans le camp.

Il ne fit aucune tentative pour s'enfuir et s'aperçut bientôt que Bruce et Metoosin étaient également ses amis.

Jim, cependant, était le seul qu'il consentait à suivre.

Le matin du huitième jour, Bruce et Metoosin s'engagèrent à cheval avec les chiens dans la vallée de l'est.

Bruce comptait rentrer au camp dans l'après-midi et remonter l'autre vallée avec Jim le lendemain matin.

Il faisait un temps superbe. Vers neuf heures, Jim attacha Muskwa à son arbre, sella un cheval et descendit au pas vers la vallée.

Il n'avait pas l'intention de chasser.

C'était une joie suffisante de chevaucher face au vent, de respirer à pleins poumons et de contempler les merveilles de la montagne.

Il parcourut quelques kilomètres dans la direction du nord et atteignit une sorte de col.

L'envie lui prit de gravir cette pente et d'aller voir ce qui se passait dans l'autre vallée.

Comme son genou ne lui faisait pas trop mal, il arriva presque au sommet en une demi-heure.

A cet endroit, la pente devenait abrupte, Jim fut obligé de mettre pied à terre et de continuer à pied. Le col proprement dit était constitué par une prairie plate encaissée entre deux parois nues. Et, quatre cents mètres plus loin, Jim pouvait apercevoir l'endroit où la prairie redevenait pente et descendait vers l'autre vallée.

Au milieu de cette prairie se creusait une combe qu'il n'avait pas vue tout d'abord. Lorsqu'il arriva au bord de cette combe, il se laissa tomber soudain sur ses mains et demeura immobile comme une statue.

Puis, lentement, il leva la tête.

A cent mètres, une trentaine de chèvres étaient rassemblées autour d'un trou d'eau.

Pendant une demi-heure, Jim, immobile, les observa.

Puis l'une des chèvres se dirigea vers le flanc de la montagne, une deuxième la suivit. Croyant que toute la bande était sur le point de s'en aller, Langdon se leva et courut vers le trou d'eau.

Pendant un moment, boucs, chèvres et chevreaux furent comme paralysés par son apparition. La plupart firent face et demeurèrent sur place, privés, semblait-il, de la force de fuir.

Jim avait couvert les trois quarts de la distance lorsque les chèvres reprirent leurs esprits. Ce fut une curieuse bousculade, à qui gagnerait la première le flanc de la plus proche montagne.

Les sabots ne tardèrent pas à résonner sur les éboulis rocheux et, pendant une demi-heure, Jim entendit décroître l'écho de cette fuite précipitée sur les pentes schisteuses.

Il continua d'avancer et, quelques instants plus tard, il pouvait enfin contempler l'autre vallée.

Mais la vue était bornée au sud par un large épaulement rocheux.

Cet épaulement n'était pas très élevé. Jim entreprit de le gravir.

Il était sur le point d'en atteindre le sommet lorsqu'il glissa sur une ardoise.

En tombant, il lâcha sa carabine, laquelle heurta avec fracas un bloc de granit.

Jim ne se fit pas de mal, mais sa carabine était en piètre état. La crosse était brisée près du magasin.

Comme il avait deux autres carabines au camp, cette mésaventure le laissa assez indifférent et il continua de gravir les rochers jusqu'à une sorte de grès du contrefort.

Cent pieds plus loin, l'encorbellement se terminait devant une muraille perpendiculaire.

De ce point, cependant, Jim avait une vue splendide sur le vaste territoire situé entre les deux chaînes.

Il s'assit, tira sa pipe et se mit, tout en soufflant des bouffées de fumée, à examiner le magnifique panorama qui se déroulait à ses pieds.

Avec ses jumelles il découvrit, à une certaine distance, une horde de caribous. Il surprit la réverbération du soleil sur les ailes de plusieurs perdrix.

Dans cette vallée, c'était le même doux murmure, le même chaud soleil que dans les autres vallées. Cependant, la vie n'y était pas la même. Des ours hantaient les pentes qu'il distinguait vaguement à l'œil nu, là-bas, à l'ouest et au nord.

C'était un nouveau domaine avec d'autres promesses et un autre mystère. Et Jim, dans sa contemplation ravie, en oubliait le glissement du temps.

Il était si absorbé par ses pensées qu'il n'entendit point un bruit derrière lui.

Cependant, soudain, il tressaillit.

Il se retourna lentement et, l'instant d'après, son cœur cessa de battre, son sang se glaça dans ses veines.

Lui barrant la route, à moins de cinq mètres, la mâchoire ouverte, la tête agitée du balancement significatif, Tyr, le roi de la montagne, considérait son ennemi pris au piège.

Jim étreignit involontairement sa carabine fracassée... et comprit qu'il était perdu.

XVIII

LA MISÉRICORDE DES FORTS

Un son rauque qui n'était pas même un cri ; ce fut tout ce que put produire la gorge de Jim quand celui-ci vit se dresser le grizzly monstrueux.

Sa première pensée fut la certitude de son impuissance, de son impuissance absolue.

Il ne pouvait même pas fuir, acculé qu'il était à la muraille rocheuse. Quant à sauter dans la vallée, cela eût représenté une chute de trente mètres. Oui, il était perdu.

Il s'en rendit nettement compte : il était face à face avec la mort, une mort aussi terrible que celle qui s'était abattue sur les chiens. Le temps qui lui restait à vivre pouvait désormais se chiffrer par secondes.

Pourtant, en ces ultimes moments, la terreur ne lui fit pas perdre sa lucidité. Il distinguait jusqu'à la rougeur qui colorait les yeux altérés de vengeance du formidable fauve, la cicatrice qu'avait laissée l'une de ses balles en labourant la peau du crâne, et l'endroit dépourvu de poils où une autre balle avait pénétré dans l'épaule.

Jim comprit que Tyr l'avait suivi à la piste tout le long de la corniche et l'avait acculé dans cette impasse afin de lui rendre mesure pour mesure.

Le grizzly avança d'un pas. Puis, de ce mouvement lent et gracieux qui lui était particulier, il se dressa de toute sa hauteur. Même à cet instant, Langdon dut s'avouer que le grizzly était un animal magnifique.

Quant à lui, il ne bougea pas. Plutôt que d'être déchiqueté, il sauterait de la corniche, avec peut-être une chance sur mille de ne pas être tué dans sa chute. Peut-être aussi aurait-il une autre chance, celle de s'accrocher à une saillie.

Tyr, lui, était désorienté. Voilà que tout à coup, à l'improviste, il se trouvait en présence d'un homme, de celui qui, justement, lui avait donné la chasse et l'avait blessé. Cet homme était si près de lui qu'il n'avait qu'à étendre la patte pour le broyer. Et comme il paraissait faible et pâle maintenant !

Qu'étaient donc devenus son mystérieux tonnerre et ces éclairs qu'il savait si bien lancer ? Pourquoi gardait-il le silence ? Le dernier des chiens eût fait tête plus hardiment ! Il aurait montré les dents et grondé. Il se serait battu !

Lentement, un grand doute se répandait dans le cerveau rudimentaire de Tyr. Était-ce vraiment cet être recroquevillé, inoffensif, épouvanté, qui l'avait blessé ? Il sentait bien l'odeur de l'homme, odeur âcre déjà perçue à d'autres moments. Cette fois cependant aucune souffrance ne s'y associait.

Alors, toujours avec grâce, Tyr retomba sur ses pattes et regarda fixement Jim. Si ce dernier avait bougé, il était mort sans rémission. Mais Tyr n'était pas, comme l'homme, un spécialiste de la mort des autres. Une demi-minute encore, il attendit un mouvement menaçant, l'ombre seulement d'une menace.

Rien ! Le grizzly, étonné, flaira le sol, et Jim vit s'élever de petits nuages de poussière à l'endroit qu'atteignait le souffle fétide de la bête. Pendant trente secondes encore, l'ours et l'homme se dévisagèrent.

Puis, toujours lentement, comme avec une hésitation, Tyr fit volte-face. Il grogna une dernière fois. Ses babines se retroussèrent encore un peu, sans conviction. Décidément, il ne voyait là aucun motif à bataille puisque ce nain blême, accroupi sur le roc, semblait incapable de lancer un défi.

Tyr disparut donc au tournant du contrefort, la tête basse, ses crocs acérés cliquetant au rythme de sa marche comme des castagnettes d'ivoire.

Alors Jim sentit qu'il respirait encore et que son cœur se remettait à battre. Il poussa un grand soupir, comme un sanglot. Quand il se redressa, ses jambes le portaient à peine.

Il attendit, une, deux, trois minutes. Après quoi, il s'avança avec précaution jusqu'au tournant de la corniche, et ne vit plus que des rochers. Il redescendit donc jusqu'au col, sans cesser de se tenir sur ses gardes, la main crispée sur le canon de son fusil fracassé.

Parvenu à la lisière de la plaine, il se jeta derrière un gros rocher. A quelque trois cents mètres devant lui, Tyr s'éloignait au trot, sans hâte, et franchissait la crête de la dépression qui donnait accès à la vallée de l'est. Jim ne bougea que lorsqu'il vit l'ours disparaître à l'autre extrémité de l'entaille.

Quand il atteignit l'endroit où il avait attaché son cheval, Tyr n'était plus visible nulle part.

Mais Jim ne se sentit vraiment en sûreté que lorsqu'il eut sauté en selle. Alors, il se mit à rire, d'un rire à la fois nerveux, joyeux et tremblant. Et, tout en examinant la vallée avec soin, il bourra sa pipe.

« Satané vieil ours ! murmura-t-il avec émotion. Cette bête... cette bête sauvage a dans le cœur plus de générosité qu'un homme ! »

Et, plus bas encore :

« Car moi, si je l'avais coincé de cette façon, je lui aurais proprement fait son affaire... Mais toi, vieux grizzly, tu m'as laissé la vie ! »

Tout en trottant vers le campement, il sentait bien que cette aventure allait donner le dernier coup de pouce à la transformation qui s'opérait en lui. Oui, il avait rencontré le roi des montagnes, il s'était trouvé face à face avec lui et, d'instinct, la bête, celle même qu'il avait poursuivie et blessée, s'était montrée miséricordieuse.

Certes, Bruce ne comprendrait pas, ne pourrait pas comprendre. Mais en lui, Jim, ce jour et cette heure avaient si profondément gravé leur souvenir et leur sens, qu'il ne pourrait jamais les oublier. Aussi longtemps qu'il vivrait, il en était certain, jamais plus il n'attenterait à la vie de Tyr, ni à celle de ses semblables.

Arrivé au camp, il prépara son dîner et, tout en mangeant en compagnie de Muskwa, il arrêta de nouveaux plans pour les jours et les semaines à venir. Dès le lendemain, il enverrait Bruce rejoindre Metoosin, et c'en serait fini de la chasse au grand grizzly.

On pousserait jusqu'à la Skeena et même, si possible, jusqu'aux bords du Yukon. De là, on gagnerait l'est, le pays des caribous, qu'on pourrait atteindre dans les premiers jours de septembre. Puis, on reviendrait vers la civilisation par les prairies qui couvrent les flancs des montagnes Rocheuses. On emmènerait Muskwa et, une fois revenus parmi les hommes et les villes, Jim et l'ourson deviendraient de grands amis. Jim ne se rendait pas compte, dans ce moment, de ce que cet exil pourrait signifier pour son petit protégé.

A deux heures, il rêvait encore à des randonnées nouvelles à travers les territoires encore inexplorés du Nord, quand un son s'éleva au loin. Pendant quelques minutes, il n'y prêta pas attention. Ce bruit devait faire partie du bourdonnement incessant de la vallée. Mais, peu à peu, le bruit s'éleva au-dessus de tous les autres.

A la fin, Jim, qui était assis, adossé à un arbre, se leva et sortit du bois. Muskwa le suivit et, quand Jim s'arrêta, l'ourson s'arrêta lui aussi. Agitant ses petites oreilles, il tourna la tête vers le nord, direction d'où venait le son.

Longtemps, Jim demeura perplexe. Ses sens pouvaient l'abuser. Ce n'était pas l'aboiement des chiens. Bruce et Metoosin devaient se trouver encore loin vers le sud, avec la meute, tout au moins Metoosin, car Bruce pouvait être déjà sur le chemin du retour.

Très vite, le son se fit plus distinct. Alors Jim se dit : « Ce sont des aboiements ! » Les chiens remontaient la vallée. Pour quelle raison Bruce et Metoosin étaient-ils revenus vers le nord au lieu de poursuivre leur route vers le sud ?

La meute donnait de la voix. Les aboiements forcenés, endiablés, disaient qu'elle était de nouveau sur la piste. Jim eut un frémissement. Bruce n'avait pu lancer les chiens que sur les traces du grand grizzly !

Jim prêta encore un instant l'oreille. Puis, il courut au camp, attacha Muskwa à son arbre, prit un fusil et de nouveau sella son cheval. Cinq minutes plus tard, il galopait dans la direction des montagnes où, peu avant, Tyr lui avait accordé la vie.

XIX

LE DERNIER COMBAT

Tyr entendit les chiens aboyer à moins de deux kilomètres. Pour deux raisons, il ne se sentait plus d'humeur à fuir devant eux comme quelques jours auparavant. Les chiens, il s'en moquait autant que des blaireaux et des loirs !

Ces bêtes-là, c'était plus fort de la gueule que des crocs. On les tuait comme des puces. Il ne se souciait guère plus de l'animal à deux pattes qui marchait derrière eux. Depuis qu'il s'était trouvé face à face avec l'un de ces animaux étranges, il méprisait leur faiblesse.

D'autre part, Tyr était pour le moment à la recherche d'Iskwao. Après avoir tué son dernier chien au crépuscule de ce jour fatal où il avait été si rudement poursuivi dans la montagne, Tyr avait agi contrairement à toutes les prévisions de Bruce.

Au lieu de continuer sa marche vers le sud, il avait fait un long détour vers le nord et, la troisième nuit après le combat et la disparition de Muskwa, il avait retrouvé Iskwao. C'était ce soir-là que Pipoonaskoos était mort et que Tyr avait entendu tonner le pistolet automatique du guide. Il avait cependant passé auprès d'Iskwao tout le jour suivant. Puis, il était reparti.

C'était en la cherchant pour la troisième fois qu'il avait rencontré Jim, qu'il l'avait acculé sur la corniche. Et il n'avait pas encore retrouvé les traces d'Iskwao quand les aboiements des chiens lancés sur sa piste étaient parvenus jusqu'à lui.

Il voyageait vers le sud, ce qui le ramenait vers le camp des chasseurs. Il se maintenait sur les hautes pentes coupées d'échancrures et de petites prairies interrompues par de profondes coulées schisteuses ou, par endroits, par de sauvages entassements de rocs. Et il se tenait strictement sous le vent pour être sûr de ne pas laisser échapper les effluves d'Iskwao dès qu'il se rapprochait d'elle.

Ainsi, s'il entendait les abois des chiens, il ne distinguait pas leur odeur, pas plus que celle des deux hommes qui les suivaient à cheval. En tout autre temps, il eût employé sa tactique habituelle qui consistait à manœuvrer de façon à avoir le vent pour lui.

Mais dans son désir de retrouver Iskwao, il ne se souciait même plus de prudence. Les chiens n'étaient plus qu'à courte distance quand il s'arrêta soudain, renifla l'air pendant un instant, puis poussa vivement en avant jusqu'à un étroit ravin, d'où Iskwao venait de déboucher. Iskwao s'arrêta un instant, flaira le nez de Tyr et reprit sa course ascensionnelle, les oreilles couchées, l'air revêche, la gorge toute grondante de menaces. Tyr la suivit en grondant plus fort encore. Il avait compris qu'elle fuyait devant les chiens. Alors, il fut envahi par une rage mortelle.

Au bout d'une heure d'ascension, Tyr était dans les plus mauvaises dispositions. C'était d'habitude un rude combattant. Et les chiens en avaient fait l'expérience, quand ils le poursuivaient la semaine précédente. Mais, quand un péril menaçait Iskwao, le grizzly devenait un démon.

Il se laissa progressivement distancer par Iskwao et, à deux reprises, il se retourna. Ses crocs étincelaient sous les babines retroussées, et ses rugissements de défi roulaient comme un tonnerre vers la meute de ses ennemis.

Quand il sortit de la coulée, il se trouva dans l'ombre du pic. Iskwao avait disparu.

Elle s'était réfugiée au milieu d'un chaos de rochers et de débris sablonneux de grès désagrégé. La crête n'était plus qu'à quelque trois cents mètres au-dessus de Tyr. Celui-ci examina la situation : Iskwao était à l'abri et lui-même se trouvait en bonne position de combat.

Les chiens approchaient. Ils étaient parvenus à la fin de la coulée et aboyaient à pleine gorge. Tyr fit volte-face et les attendit de pied ferme.

Au sud et à cinq cents mètres, Jim l'observait à la jumelle. Presque au même instant, il vit les chiens apparaître à la sortie de la coulée. Sur son cheval, il avait à moitié gravi la montagne, puis, mettant pied à terre, il avait continué de monter et se trouvait maintenant sur un sentier de chèvres, à la même altitude que Tyr.

Il n'eut pas à chercher beaucoup pour découvrir Bruce et l'Indien, qui mettaient pied à terre au bas de la coulée.

Il les vit s'y jeter à la hâte et disparaître. Alors Jim orienta de nouveau sa jumelle vers Tyr.

Cette fois, les chiens étaient sur le grizzly, et le chasseur savait bien que Tyr ne réussirait pas à les tuer en terrain découvert. C'est alors que, jetant un regard dans les amas de rochers qui se trouvaient plus haut encore, il vit remuer quelque chose. Un cri contenu s'échappa de ses lèvres. Il avait compris ce qui se passait en apercevant Iskwao qui poursuivait sans arrêt l'ascension du pic déchiqueté.

Il était clair que ce deuxième grizzly était le protégé de Tyr, puisque celui-ci, le grizzly géant, s'était arrêté pour couvrir sa retraite. Tyr n'avait aucune chance de s'en tirer si les chiens réussissaient à le retenir pendant quelque dix ou quinze minutes. Alors Bruce et Metoosin auraient le temps d'arriver sur les lieux du combat et pourraient ajuster l'ours à moins de cent cinquante mètres.

Jim rengaina sa jumelle et se mit à courir le long du sentier. Pendant deux cents mètres, il progressa sans peine. Mais vint un moment où le sentier se divisa en une quantité de petites pistes sur une pente de schiste glissant. Il lui fallut de longues minutes pour parcourir cinquante mètres. Le terrain était de plus en plus difficile.

Cependant, Jim, haletant, continuait à courir. Pendant cinq minutes encore, une arête de rochers lui cacha Tyr et les chiens. L'arête franchie, il se lança dans la pente à pleine course, mais il fut définitivement arrêté par un ravin à pic, à portée de voix de l'endroit où Tyr, adossé aux rochers, tenait tête à la meute.

Et, tout en s'efforçant de retrouver sa respiration, Jim croyait sans cesse voir surgir Bruce et Metoosin. Mais, même s'il parvenait à se faire entendre, lui serait-il possible de se faire comprendre ? Bruce ne devinerait jamais que Jim avait décidé d'épargner une bête qu'ils avaient chassée ensemble depuis près de deux semaines.

Tyr avait refoulé les chiens vers la coulée lorsque Langdon se laissa tomber derrière un rocher. Il n'y avait désormais qu'un seul moyen de sauver le grizzly, en admettant qu'il ne fût pas trop tard.

La meute ayant un peu reculé sur la pente, ce fut donc la meute que Jim ajusta. Il n'avait qu'une pensée : sacrifier ses chiens, ou laisser mourir le grizzly, le jour même où Tyr lui avait accordé la vie ! Aussi fut-ce sans hésitation qu'il pressa sur la détente.

Sa première balle ne fit que soulever un peu de poussière à cinq mètres devant les airedales. Jim tira de nouveau... et manqua encore. Au troisième coup, la détonation fut suivie d'un cri aigu de douleur que Jim ne put entendre, mais il vit un des chiens rouler sur la pente.

Les détonations n'avaient pas ému Tyr. Cependant, quand il constata que l'un de ses ennemis dégringolait la pente de la montagne, il se tourna lentement vers l'abri des rochers et battit en retraite. Un quatrième et un cinquième coup suivirent, après quoi les chiens s'enfuirent en hurlant vers la coulée. L'un d'eux boitait, atteint à une patte de devant.

Jim bondit sur le rocher qui lui avait servi de point d'appui pour tirer, et ses yeux fouillèrent la crête de la montagne. Iskwao avait atteint le sommet. Elle s'arrêta un instant pour regarder derrière elle. Puis elle disparut.

Maintenant, Tyr n'était plus visible. Il était parti rejoindre Iskwao. Il n'y avait pas deux minutes qu'il avait disparu quand Bruce et Metoosin escaladèrent le bord de la coulée. Langdon se mit à crier, en brandissant son fusil et en leur montrant le pied de la montagne.

Bruce et Metoosin furent pris à cette ruse, en dépit des aboiements que les chiens faisaient encore entendre autour des rochers entre lesquels Tyr avait disparu. Ils se dirent que leur compagnon de chasse était bien placé pour suivre les mouvements de l'ours et qu'il le voyait filer vers la vallée. Ils descendirent encore une centaine de mètres, puis s'arrêtèrent et consultèrent Jim du regard pour savoir ce qu'ils devaient faire.

De son rocher, Jim observait la crête que Tyr était justement en train de franchir. L'ours s'arrêta un moment, comme avait fait Iskwao, et jeta un dernier regard à l'homme. Quand Jim le vit disparaître définitivement, il agita son chapeau en criant :

« Bonne chance, mon vieux, bonne chance ! »

XX

ADIEU, MUSKWA !

Cette nuit-là, Jim et Bruce mirent au point de nouveaux plans. Quant à Metoosin, il restait assis à l'écart, fumant sa pipe en silence. De temps en temps, l'Indien jetait un regard à Jim, comme s'il lui était impossible d'admettre ce qui s'était passé au cours de l'après-midi.

Par la suite, il lui arriva bien souvent de raconter à ses enfants, à ses petits-enfants et à ses amis des tribus qui vivent sous la tente, comment il avait un jour chassé avec un Blanc qui avait tiré sur ses proches chiens pour sauver un grizzly.

Ce Jim-là n'était plus le Jim que l'Indien avait toujours connu. Après cette chasse décevante, Metoosin était résolu à ne plus en entreprendre d'autres avec un semblable compagnon. De toute évidence, Jim avait perdu la tête. Ce n'était pas ainsi qu'agissaient les gens sensés.

Le Grand Esprit avait enlevé le cœur de ce Blanc et l'avait donné au grizzly. Aussi, par-dessus sa pipe, Metoosin ne cessait-il d'observer Jim.

Et ses soupçons se confirmèrent quand il vit Bruce et Jim confectionner une cage à l'aide d'un panier en cuir. Il en conclut que l'ourson les accompagnerait tout le long du voyage. Il ne pouvait donc plus en douter : Jim était pour le moins « singulier », et il n'y avait rien de bon à attendre de ce genre de singularité !

Le lendemain matin, tout était prêt dès l'aube pour une longue randonnée dans le Nord. Bruce et Jim partirent en tête, se dirigeant, après avoir franchi la montagne, vers la vallée où, pour la première fois, ils avaient rencontré Tyr. Les chevaux de bât formaient en arrière-garde une file pittoresque. Metoosin fermait la marche. Muskwa voyageait dans son panier.

Jim était enchanté.

« C'est la plus belle chasse de ma vie, dit-il à Bruce. Jamais je ne me repentirai d'avoir accordé la vie à ce grizzly.

— C'est toi le maître, répondit Bruce. Mais, si j'avais été à ta place, la peau du grizzly voyagerait en ce moment sur mon cheval. Et je l'aurais vendu au moins cent dollars !

— Oui, mais vivant, il vaut, à mes yeux, encore beaucoup plus cher ! » répliqua Jim.

Sur cette parole énigmatique, il fit demi-tour pour voir si Muskwa s'accommodait du voyage.

Le malheureux ourson tanguait et roulait dans son panier comme un touriste novice dans le palanquin d'un éléphant. Jim le regarda un instant, après quoi il rejoignit Bruce. Pendant les trois heures qui suivirent, il alla plus de six fois voir Muskwa et, chaque fois qu'il rejoignait Bruce, il restait silencieux comme un homme qui se trouve placé devant de graves problèmes de conscience.

Il était neuf heures quand les chasseurs atteignirent l'extrémité de la vallée qui formait le domaine de Tyr. Une montagne la fermait, cette vallée, et le ruisseau que côtoyait la petite caravane obliquait à l'ouest et s'enfonçait dans un étroit défilé.

A l'est, s'élevait une pente verdoyante et ondulée d'accès facile pour les chevaux et qui les mènerait à une nouvelle vallée, orientée celle-là vers le Driftwood. C'est cet itinéraire que choisit Langdon.

A mi-côte, les voyageurs s'arrêtèrent pour faire souffler leurs montures. Dans sa prison de cuir, Muskwa poussait des gémissements. Langdon feignait de ne pas l'entendre. Ses regards se reportaient constamment à la vallée qu'il venait de parcourir, avec ses compagnons.

Qu'elle était belle et glorieuse, cette vallée, sous le soleil du matin ! Jim voyait les pics au pied desquels dormait le lac frais et sombre où avait pêché le grand Tyr.

Sur des kilomètres et des kilomètres, les pentes étaient comme un tapis de velours vert. Et, pendant sa contemplation, Jim entendit encore le bourdonnement particulier au royaume de Tyr.

C'était pour lui comme un hymne étrange, un hymne de joie s'élevant à l'occasion du départ de l'homme blanc qui laissait, derrière lui, la nature telle qu'il l'avait trouvée.

Mais en était-il bien ainsi ? Ses oreilles ne distinguaient-elles pas, dans cet hymne de la montagne, des accents de tristesse et de reproche, une prière plaintive ?

Et voilà qu'à son côté, Muskwa se reprenait à gémir ! Alors, Jim se retourna vers Bruce :

« Allons, c'est décidé ! fit-il d'un ton sans réplique. J'ai lutté toute la matinée contre moi-même pour prendre cette résolution. Elle est prise. Avec Metoosin, tu te remettras en route quand les chevaux seront reposés. Moi, je reviendrai sur mes pas et, à quelques kilomètres d'ici, je mettrai cet ourson en liberté et j'espère qu'il retrouvera le chemin de son gîte. »

Bruce comprit que toute discussion était inutile. Jim prit Muskwa dans ses bras et s'en revint vers le sud. A deux kilomètres de là, il se trouva une large prairie semée de débris de sapin et de frêne, et toute parfumée de fleurs. Il mit pied à terre.

Pendant dix minutes, il resta assis dans l'herbe, Muskwa près de lui. Il avait tiré de sa poche un petit sac de papier et il donna à son petit ami les derniers morceaux de sucre que la civilisation sans doute lui offrirait jamais. Quelque chose se gonfla dans sa gorge, quand il sentit le museau velouté de l'ourson lui chatouiller le creux de la main.

Quand il se leva et se remit en selle, une buée brûlante lui obscurcissait les yeux. Il voulut rire. Tout cela n'était-il pas faiblesse de sa part ? Mais il aimait Muskwa et il sentait qu'il laissait plus qu'un ami dans cette vallée...

« Adieu, petit, dit-il d'une voix qui s'étranglait. Adieu, petit rageur ! Je reviendrai peut-être un jour te voir. Tu seras alors un grand diable d'ours, mauvais comme une gale. Mais je ne te tirerai pas... jamais... jamais ! »

Il se hâta vers le nord. A trois cents mètres, il se retourna. Muskwa essayait de le suivre, mais il perdait du terrain. Jim agita la main.

« Adieu ! Adieu ! » cria-t-il.

Une demi-heure plus tard, au sommet de la pente, il se retourna de nouveau et se servit cette fois de ses jumelles. Muskwa n'était plus au loin qu'une petite tache noire. L'ourson s'était arrêté et attendait avec confiance le retour de son ami.

Alors, essayant encore de rire, mais bien inutilement, Jim franchit la crête et sortit à jamais de la vie de Muskwa.

XXI

MUSKWA A LA RECHERCHE DE SON AMI

Muskwa suivit longtemps la piste de Jim. Au début, il courut. Puis il marcha. Enfin, il s'arrêta et s'assit sur son arrière-train, comme un chien, les yeux fixés sur la pente lointaine.

Si Jim avait été à pied, Muskwa ne se fût pas arrêté avant que de se sentir lui-même à bout de forces. Mais l'ourson avait souffert dans sa prison de cuir. Il y avait été cahoté et bousculé. Deux fois, le cheval qui le portait s'était ébranlé, et Muskwa avait eu l'impression de subir deux tremblements de terre.

Or, il savait que la cage, de même que Jim, était partie en avant. C'est pourquoi il s'assit, gémit et décida de ne plus bouger.

Il était sûr que Jim, cet ami pour lequel son amour avait grandi en même temps qu'il grandissait lui-même, ne serait pas long à revenir. Toujours Jim revenait. Jim n'avait jamais trompé Muskwa.

L'ourson se mit donc à chercher des plantes et des racines, attentif à ne pas trop s'éloigner de l'endroit où était passée la petite caravane. Toute la journée, il resta dans cette prairie semée de fleurs où l'on trouvait à chaque pas des racines succulentes.

Il fouissait, se gavait et finit par faire, dans l'après-midi, un petit somme. Mais, quand le soleil déclina et que les ombres puissantes s'allongèrent sur la plaine, il commença d'avoir peur. Ce n'était encore qu'un petit ourson, et il n'avait jamais passé qu'une journée entière tout seul, celle qui avait suivi la nuit où sa mère était morte.

Tyr était venu lui tenir lieu de mère. Puis Jim avait succédé à Tyr. De sorte que, jusque-là, l'ourson n'avait jamais senti la solitude et le vide de la nuit. Il rampa jusque sous un buisson d'épines à proximité de la piste et continua d'attendre, d'écouter et de renifler avec inquiétude.

Claires et brillantes, les étoiles apparurent. Mais cette nuit-là, leur charme ne fut pas assez fort pour attirer Muskwa hors de son abri. Ce ne fut qu'à l'aurore qu'il sortit, et non sans précaution.

Le soleil lui rendit courage et confiance, et il se mit à errer par la vallée. La senteur des traces des chevaux se faisait de plus en plus faible. Puis, elle se dissipa entièrement. Pendant toute la journée, Muskwa mangea un peu de gazon et quelques racines. Quand vint le deuxième soir il se trouva sur la pente où la caravane de Jim s'était engagée, c'est-à-dire dans la vallée formant le royaume de Tyr et d'Iskwao.

Fatigué, affamé, il se sentait entièrement perdu. Il dormit dans un arbre creux. Au matin, il repartit, et c'est ainsi qu'il passa beaucoup de jours et de nuits tout seul dans cette vallée. Un jour, il longea la mare où, avec Tyr, il avait rencontré le vieil ours.

Il parcourut les bords du grand lac noir et profond, et vit des ombres flotter dans la lueur incertaine de la forêt. Il franchit la digue des castors et passa deux nuits près de l'amas de rondins où il avait vu Tyr pêcher un premier poisson.

Désormais, le souvenir de Jim s'estompait, s'obscurcissait constamment dans sa mémoire, tandis qu'il pensait de plus en plus à Tyr et à sa mère. Il désirait leur présence. Elle lui manquait bien plus que ne lui avait manqué la compagnie de l'homme, car, très vite, Muskwa retournait à la vie sauvage.

Au début d'août, il atteignit l'entaille de la vallée et gravit la pente où Tyr avait pour la première fois entendu et ressenti la morsure des fusils employés par les hommes. Pendant ces deux semaines, l'ourson avait grandi, bien qu'il se fût souvent couché l'estomac vide, et les ténèbres ne l'effrayaient plus.

A travers le défilé profond où ne pénétrait pas le soleil, il allait et, comme il n'y avait pas deux chemins pour sortir de la vallée, il se trouva bientôt au sommet de la brèche par laquelle Tyr s'était enfui poursuivi par Jim et Bruce. Et l'autre vallée — la sienne — se déploya sous ses yeux.

Naturellement, il ne pouvait pas la reconnaître. Il n'y vit et ne flaira rien qui lui fût familier. Mais c'était une si belle vallée, si pleine de nourriture et de soleil, qu'il ne se contenta pas de la traverser. Il y resta trois jours.

Ce fut là que, pour la première fois, il tua, par ses propres moyens. Il tomba tout à coup sur un petit *whistler* et, avant que la bestiole pût s'enfuir, il la saisit. Ce fut un repas mémorable.

Une semaine s'écoula avant qu'il passât près de la crique qui se trouvait sous l'escarpement où sa mère était morte. S'il eût voyagé plus haut, près de la crête, il eût rencontré les ossements maternels complètement dépouillés par les bêtes sauvages.

Au bout d'une deuxième semaine, il retrouva la petite prairie où Tyr avait tué le caribou et le grand ours noir. *Alors il comprit qu'il avait recouvré enfin son chez-lui.*

Deux jours entiers, il resta sur ce lieu de fête et de bataille. Nuit et jour, il attendait Tyr. Il lui fallut tout de même s'éloigner pour trouver sa nourriture. Mais, chaque après-midi, quand l'ombre des montagnes commençait à s'allonger, il revenait au bouquet d'arbres où Tyr avait caché le caribou, cachette violée plus tard par l'ours noir.

Un jour, sa chasse aux racines l'entraîna plus loin qu'à l'ordinaire. Il était bien à six cents mètres de son domicile et reniflait un coin de rocher, quand une grande ombre l'enveloppa. Il leva les yeux et, pendant une demi-minute, resta comme pétrifié, le cœur battant à se rompre.

Tyr était à deux pas ! Le grizzly géant restait aussi immobile que l'ourson. Enfin, Muskwa poussa un petit gémissement de joie et courut vers Tyr : celui-ci abaissa sa grosse tête et, pendant une minute encore, ils restèrent immobiles, le museau de Tyr enfoui dans la fourrure de Muskwa.

Puis Tyr se remit à gravir la pente comme si jamais l'ourson n'avait été séparé de lui, et Muskwa le suivit avec joie.

Alors, ce furent de longs jours de voyage et de festins magnifiques. Tyr conduisait Muskwa dans tous les coins des deux vallées et des montagnes voisines. Oh ! les belles parties de pêche ! On tua aussi un caribou. Muskwa devenait chaque jour plus gros et plus lourd. Si bien qu'à la mi-septembre, il était déjà de la taille d'un grand chien.

Septembre était l'époque des baies. Tyr savait où on les trouve dans les vallées : framboises sauvages, baies de savonnier, cassis délicieux qui mûrissent dans les profondeurs des forêts et qui étaient aussi gros que des cerises et presque aussi doux que le sucre de Jim. Ces cassis, passion de Muskwa, poussaient en buissons épais et abondants, chargés de baies.

Le temps passa et les baies disparurent. On était déjà en octobre. Les nuits devinrent très froides, et des jours entiers s'écoulèrent sans qu'on revît le soleil briller dans un ciel sombre, lourd de nuages. Sur les pics, la neige s'amassait en couches toujours plus épaisses et permanentes au voisinage des crêtes.

Puis elle tomba jusque dans les vallées. Ce ne fut d'abord qu'un tapis blanc qui fit frissonner Muskwa, mais disparut bientôt. Des vents rudes descendirent du nord. Au doux bourdonnement estival de la vallée, succédèrent des gémissements et de rauques cris nocturnes. Des chants tristes s'élevaient des arbres. Muskwa trouva le monde transformé.

En ces jours glacés et sombres, il se demandait pourquoi Tyr restait sur ces pentes balayées par les vents, alors qu'on eût trouvé plus bas de bons abris. Mais Tyr aurait pu lui expliquer que l'hiver, désormais, était proche et que ces pentes exposées restaient le seul terrain où ils pussent être assurés de leur nourriture.

Plus de baies, dans les vallées. L'herbe et les racines n'y contenaient plus guère de sucs nourrissants. C'eût été aussi perdre du temps que d'y chercher des fourmis et des larves. Quant aux poissons, au lieu de venir sauter à la surface des lacs, ils se tenaient en eau profonde.

C'était la saison où les caribous ont autant de flair que les renards, et où ils filent comme le vent.

Les seuls repas sur lesquels on pouvait compter se composaient de quelques misérables rongeurs que Tyr devait attraper en fouissant le sol, travail où Muskwa l'aidait dans la faible mesure de ses forces. Il leur arriva plus d'une fois de retourner plusieurs mètres cubes de terre avant de parvenir à un terrier. Ils creusaient pendant des heures pour s'emparer, en tout et pour tout, de trois ou quatre rongeurs gros comme des écureuils, mais, en revanche, gras à point.

Ils vécurent ainsi les derniers jours d'octobre et les premiers jours de novembre. Alors, la neige, les vents glacés et les furieuses tempêtes du nord s'en donnèrent à cœur joie. Mares et lacs commençaient à se recouvrir d'une couche glacée. Mais Tyr s'obstinait à rester au flanc de la montagne. Muskwa grelottait dans les nuits froides et se demandait si le soleil n'était pas à jamais disparu.

Un jour, vers la mi-novembre, Tyr s'arrêta soudain, alors qu'il était en train de fouir la terre. Et il partit vers le sud avec un air affairé. Le défilé était à plus de quinze kilomètres. Mais le grizzly menait un train si vif et si soutenu qu'il y parvint avec son petit compagnon avant la nuit, dans le même après-midi.

Pendant les deux jours qui suivirent, Tyr ne parut plus avoir aucun but dans la vie. Il n'y avait rien à manger dans ce défilé. Le grizzly errait dans les rochers, flairant, écoutant et se conduisant, en somme, d'une façon incompréhensible.

L'après-midi du deuxième jour, Tyr s'arrêta dans un bouquet de pins où le sol était jonché d'aiguilles tombées, qu'il se mit à manger. Muskwa trouvait cette nourriture assez mauvaise. Mais quelque chose l'incitait à imiter Tyr. Alors il attrapa avec sa langue ces aiguilles désagréables et il les avala, sans se douter que la nature prépare ainsi les ours au long sommeil de l'hiver.

A quatre heures, ils parvinrent ensemble à l'entrée de la caverne où Tyr était né. Là encore, le grizzly s'arrêta, flairant le vent en tous sens, attendant on ne sait quoi. Le jour s'assombrissait. Une tempête hurlante s'abattait sur le défilé. Des rafales cinglantes tombaient du haut des pics. Le ciel était noir, plein de neige.

Durant une minute, le grizzly resta immobile, à demi engagé dans l'orifice de la caverne, puis il entra à l'intérieur, suivi de Muskwa. Ils s'enfoncèrent sous la terre, plus bas, toujours plus bas, dans les ténèbres épaisses, tandis que l'air devenait de plus en plus chaud et que la plainte du vent mourait au loin. Bientôt cette plainte ne fut plus qu'un murmure.

Tyr mit une demi-heure avant de se placer convenablement pour dormir.

Alors Muskwa se coucha en rond à côté, tout pénétré de bonne chaleur et avec un grand sentiment de bien-être.

Ce fut une nuit de tempête furieuse et la neige tomba en abondance. Elle venait sur le défilé en nuages qui apportaient sans répit d'autres nuages plus denses, et le monde se trouva comme enseveli. Au matin, il n'y avait plus de rocs, plus d'entrée de caverne, plus de buissons, plus de noir ni de rouge sur les arbres, plus un murmure montant de la vallée. Tout était blanc, immobile et silencieux.

Au fond de la caverne, Muskwa s'agitait sans répit. Tyr poussa un grand soupir, et tous deux s'endormirent d'un long et profond sommeil. Peut-être bien qu'ils firent des rêves...

NOMADES DU NORD

(Nomads of the North, 1919)

Roman traduit de l'américain par Louis Postif

© Bureau littéraire international, pour le texte original et la traduction.

I

NIOUA L'OURSON

C'est vers la fin du mois de mars, au déclin de la lune de l'Aigle, que *Nioua,* l'ourson noir, vit réellement le monde pour la première fois.

Sa mère, *Nouzak,* était âgée, accablée de rhumatismes, et, comme les vieilles gens, elle aimait à dormir longtemps. Cet hiver où naquit Nioua, au lieu de son petit somme ordinaire d'un trimestre, elle s'en était accordé un de quatre mois ; de sorte que l'ourson, venu au monde pendant que sa mère était plongée dans l'inconscience, avait, non pas six semaines, mais un peu plus de deux mois, lorsqu'elle et lui sortirent de leur tanière.

Nouzak avait choisi sa caverne sur une cime élevée et stérile ; c'est de là que Nioua jeta son premier coup d'œil sur la vallée ; il demeura quelque temps ébloui par le passage de l'obscurité à la lumière, entendant, flairant et touchant bien des choses avant même de les voir. Et Nouzak, un peu surprise de trouver la chaleur et le plein soleil au lieu de la grise froidure, resta plusieurs minutes à renifler la brise et observer son domaine.

Depuis quinze jours un printemps précoce avait transformé cette merveilleuse contrée septentrionale qui s'étend entre le *Jackson's Knee* et la rivière *Shamattawa,* et, du nord au sud, entre le *God's Lake* et le *Churchill.* De la crête rocheuse sur laquelle ils se tenaient et qui dominait une immense vallée, ce monde splendide apparaissait comme un océan de lumière, parsemé de taches blanches aux endroits où les vents d'hiver avaient profondément accumulé la neige. De tous côtés, à perte de vue, un œil humain eût été sollicité par les îlots bleus de sombres forêts, par le scintillement de lacs encore à moitié gelés, par les reflets du soleil sur les rivières et les ruisseaux, par les verdoyantes étendues d'où montaient les parfums de la terre. Ces vapeurs parvenaient comme un tonique aux narines de la mère ourse, et l'informaient que le sol, là-bas, était déjà grouillant de vie. Les bourgeons de peupliers étaient gonflés à crever ; de l'humus jaillissaient les pousses d'herbes tendres et douces ; les camas se remplissaient de suc ; les étoiles filantes, les violettes appelées dents-de-chien et beautés-du-printemps se haussaient vers la tiédeur du soleil, invitant Nouzak et Nioua à un véritable régal. Nouzak, avec l'expérience de vingt années de vie passée, discernait les senteurs en toute connaissance de cause : le parfum délicieux des sapins et des pins, l'arôme humide et sucré des racines de nénuphars et des gros bulbes provenant d'un marais dégelé au pied de la colline ; et par-dessus tout, submergeant ces agréables émanations individuelles sous les ondes d'une vitalité encore plus vaste et plus intense, l'odeur même de la terre.

Nioua aussi sentait tout cela. Son jeune corps étonné tremblait et vibrait pour la première fois sous l'excitation de la vie. A peine sorti de l'obscurité, il se trouvait soudain dans un monde de merveilles dont aucun rêve ne lui avait donné l'idée. En ces quelques minutes, la nature s'était mise à l'œuvre sur son être. A défaut de connaissances acquises, il possédait l'instinct inné. Il savait que c'était là son domaine, que le soleil et la chaleur étaient faits pour lui, et que les bonnes choses de la terre l'invitaient comme un héritage. Il plissait son petit mufle pour humer l'air et accueillait avidement tout ce qui lui parvenait d'attrayant et de désirable.

Il écoutait aussi. Ses oreilles dressées étaient pointées en avant, et vers lui montaient les bruissements de la terre en éveil. Les herbes mêmes devaient chanter de joie jusque dans leurs racines ; car de toute cette vallée ensoleillée émanait un murmure profond et musical, harmonie particulière aux régions où règne la paix, parce que l'homme en est absent. Partout susurraient des eaux courantes, et il décelait des rumeurs plus étranges qu'il savait provenir d'êtres vivants : le pépiement d'un passereau de roches, l'ariette argentine d'une grive à gorge noire cachée dans le marécage, l'hymne vibrant d'un geai du Canada aux couleurs somptueuses, cherchant une place pour son nid dans un fourré de cèdres veloutés. Puis, bien loin au-dessus de sa tête, éclata un cri perçant qui le fit frissonner, son instinct l'avertissant qu'il contenait un danger. Nouzak leva les yeux et vit l'ombre d'*Upisk,* le grand aigle, passer entre le soleil et la terre. Nioua perçut aussi cette ombre, et se blottit plus près de sa mère.

Nouzak, si âgée que sa vue s'obscurcissait, qu'elle avait perdu la moitié de ses dents, et que les os lui faisaient mal pendant les nuits humides et fraîches, n'était pourtant pas assez vieille pour ne pas regarder ce qu'elle pouvait voir avec le tressaillement d'une joie croissante. Son esprit voyageait bien au-delà de cette vallée où ils venaient de s'éveiller. Par-delà les murs des forêts, plus loin que le lac à l'horizon, de l'autre côté de la rivière et de la plaine, s'étendaient les espaces illimités qu'elle avait choisis pour résidence. Elle devinait un son assourdi, imperceptible pour Nioua — le grondement de la grande cataracte. C'est cette basse en sourdine qui, sous le frémissement des cèdres et des jeunes sapins aux caresses de la brise, fredonnait dans les airs la chanson du printemps.

Enfin Nouzak émit un fort souffle de ses poumons, puis un

grognement à l'adresse de Nioua, et, prenant les devants, se mit à descendre lentement parmi les rochers de la pente.

Dans le bassin doré de la vallée il faisait encore plus chaud que sur la crête de la colline. L'ourse alla droit au bord du marécage. Une demi-douzaine d'oiseaux s'élevèrent des roseaux avec un bruit d'ailes qui faillit compromettre l'équilibre de Nioua. Nouzak n'y fit pas la moindre attention. Un plongeon, à l'apparition feutrée du plantigrade, fit entendre une rauque protestation suivie d'un cri tellement aigu que l'ourson sentit se dresser les poils de son épine dorsale. Et à cela encore Nouzak resta indifférente. Nioua observait ces phénomènes, l'œil rivé sur sa mère : l'instinct lui avait déjà mis des ailes aux pattes pour décamper dès qu'elle en donnerait le signal. Dans sa drôle de petite tête se développait rapidement l'idée que sa mère était une créature en tous points merveilleuse. Elle était de beaucoup la plus volumineuse des choses vivantes, c'est-à-dire de celles qui se tenaient sur des pattes et qui se déplaçaient. Il en fut certain pendant deux minutes peut-être, jusqu'au moment où ils atteignirent l'extrémité du marais. Là se produisit soudain un ébrouement, accompagné d'un bris de fougères, suivi du barbotement d'un énorme corps dans la vase profonde, et un monstrueux élan, quatre fois gros comme Nouzak, s'élança dans une fuite précipitée. Les yeux de Nioua faillirent lui sortir de la tête. Et *cette fois encore, Nouzak ne fit pas attention* !

Alors Nioua plissa son petit mufle et se mit à grogner, comme il grognait dans la caverne obscure après les oreilles et les poils de Nouzak ou après les bouts de bois qu'il venait de déchiqueter. Un glorieux entendement surgissait dans sa cervelle. Il pouvait se permettre de grogner après n'importe quoi, quelle qu'en fût la grosseur, puisque tout fuyait devant sa mère.

Au long de cette superbe journée Nioua découvrit des tas de choses, et chaque heure écoulée le convainquit de plus en plus que Nouzak était la maîtresse incontestée de tout ce domaine neuf et ensoleillé.

L'ourse, rendue prudente par l'expérience de la maternité, car elle avait élevé dans son temps quinze ou dix-huit portées, ne fit guère de chemin le premier jour, afin de laisser aux semelles tendres du jeune plantigrade le temps de s'endurcir un peu. C'est à peine s'ils quittèrent le marais ; ils visitèrent seulement un bouquet d'arbres voisin où Nouzak lacéra de ses griffes un jeune sapin pour atteindre la substance gluante et succulente amassée sous l'écorce. Après leur régal de racines et de bulbes, ce dessert fut fort apprécié de Nioua, et il s'exerça à dépouiller un arbre pour son propre compte. Vers le milieu de l'après-midi Nouzak avait tant mangé que ses flancs faisaient saillie, et l'ourson lui-même, gonflé du lait maternel autant que d'autres aliments disparates ressemblait à une gousse trop pleine. La vieille paresseuse choisit pour faire la sieste un coin abrité au pied d'un grand rocher blanc que le soleil au déclin chauffait comme une étuve ; pendant ce temps Nioua, errant en quête d'aventures personnelles, rencontra en tête à tête un féroce escarbot.

L'insecte était un coléoptère géant de deux pouces de long. Ses deux pinces de combat, d'un noir de jais, se recourbaient comme des crochets de fer, tandis que le reste du corps, mordoré d'un riche brun métallique, resplendissait au soleil comme une armure. Nioua, aplati sur le ventre, le regardait, et son cœur battait vite. Le scarabée n'était qu'à un pied de distance, et *il avançait* ! C'est là ce qu'il y avait de curieux et presque de choquant dans l'affaire. De toutes les créatures vivantes rencontrées en ce jour, celle-ci était la première qui ne se sauvât point. En progressant lentement sur ses deux rangées de pattes, l'animal produisait un léger cliquetis que l'ourson percevait très distinctement. Nioua, disposé à l'aventure par le sang combatif de son père *Souminitik*, risqua une patte hésitante, et instantanément *Shegawasse*, le scarabée, assuma un aspect des plus terribles. Ses ailes commencèrent à bourdonner comme une scie mécanique, ses pinces s'ouvrirent assez largement pour saisir le doigt d'un homme, et il se mit à vibrer sur ses pieds comme s'il accomplissait une sorte de danse. Nioua retira vivement sa patte. Au bout de quelques instants Shegawasse se calma, mais *continua d'avancer*.

Naturellement, Nioua ignorait que le champ visuel de cette créature minuscule ne dépassait guère quatre pouces. C'était là le tragique de la situation. Mais il eût été contraire à la nature, chez le fils d'un père tel que Souminitik, de fuir devant une bestiole, même à l'âge de neuf semaines. En désespoir de cause, il lança de nouveau la patte, et malheureusement pour lui, une de ses petites griffes agrippa le brillant Shegawasse et le tint renversé sur le dos, incapable de bourdonner et de cliqueter. Nioua fut secoué d'un frisson de joie. Pouce par pouce il retira sa patte jusqu'à ce que l'insecte fût à portée de ses petites dents aiguës. Puis il le flaira.

L'occasion était propice pour Shegawasse ; il la saisit ; ses pinces se refermèrent, et le somme de Nouzak fut soudain troublé par un braillement d'angoisse. Quand elle leva la tête, Nioua se roulait à terre comme pris de convulsions, grattant, grognant et crachant à la fois. La mère ourse l'observa pensivement pendant quelques instants, puis se leva lentement et marcha vers lui. Avec une de ses grosses pattes elle le fit rouler sur lui-même et aperçut l'escarbot fermement cramponné aux naseaux de sa progéniture. Aplatissant son rejeton sur le dos pour qu'il ne pût bouger, elle saisit l'insecte entre ses dents et le mordit doucement jusqu'à ce qu'il lachât prise, puis l'avala.

Jusqu'au crépuscule, Nioua fut occupé à soigner son mufle endommagé. Un peu avant la tombée de la nuit, Nouzak se blottit contre le gros rocher, et le marmot, après avoir tété son souper, se nicha chaudement dans la vaste courbe de son avant-bras. En dépit de son museau endolori, c'était un heureux ourson ; dès la fin de ce premier jour, il se sentait brave et impavide, bien qu'il n'eût que neuf semaines. Il était venu dans le monde, il y avait observé bien des choses, et s'il n'avait pas remporté la victoire, il s'était du moins comporté vaillamment au cours de la journée.

II

PREMIÈRE BATAILLE

Cette nuit-là Nioua éprouva une forte attaque de *Mistou-puyou* ou mal d'estomac. Imaginez un bébé à la mamelle s'attaquant sans transition à un bifteck : voilà ce qu'avait fait l'ourson. D'après l'ordre naturel il n'aurait pas dû commencer à grignoter des aliments solides avant un autre mois pour le moins ; mais la nature même semblait avoir entrepris un procédé d'éducation intensive destiné à le préparer aux luttes violentes et inégales qu'il aurait à soutenir un peu plus tard. Pendant des heures il pleurnicha tandis que Nouzak massait de son museau le petit ventre gonflé ; il finit par vomir et se sentit mieux ; puis il s'endormit.

En s'éveillant il fut ébloui : ses yeux s'ouvraient en plein flamboiement d'un vaste brasier. Hier il avait vu le soleil, doré, brillant et lointain : mais c'était la première fois qu'il le voyait surgir au bord du monde par un matin de printemps dans le pays du Nord. Rouge comme du sang, l'astre monta d'une ascension régulière et rapide, puis son bord plat s'arrondit et il se transforma en une grosse boule de *quelque chose.* Tout d'abord Nioua pensa que c'était de la vie, qu'une créature monstrueuse planait sur la forêt et volait vers eux ; il se tourna vers sa mère avec un gémissement interrogateur. Mais l'ourse n'avait pas peur : sa grosse tête tournée vers la chose mystérieuse, elle clignait des yeux avec un air de suprême béatitude. Ce fut alors que Nioua commença à sentir l'agréable chaleur de l'objet, et, en dépit de son inquiétude, il se mit à ronronner. De rouge, le soleil devint doré, et bientôt la vallée entière fut transfigurée de nouveau en une splendeur tiède et vibrante.

Après ce premier lever de soleil dans la vie de Nioua, Nouzak resta une quinzaine de jours au voisinage de la colline et de l'étang. Puis elle tourna la tête vers les lointaines et sombres forêts et entreprit son pèlerinage d'été. Nioua était alors âgé de onze semaines. Ses pieds avaient perdu leur mollesse, et il pesait six bonnes livres, ce qui n'était pas mal, étant donné qu'à sa naissance son poids était de douze onces seulement.

Du jour où Nouzak entreprit sa tournée vagabonde datèrent les véritables aventures de Nioua. Les profondeurs des forêts recélaient des endroits où la neige restait dure à l'abri du soleil, et pendant deux jours Nioua exhala ses regrets de la vallée ensoleillée.

Ils passèrent près de la cataracte, et Nioua contempla pour la première fois la fureur des eaux torrentielles. La haute futaie devenait plus sombre et plus lugubre à mesure que Nouzak s'y enfonçait. C'est là que Nioua reçut ses premières leçons de chasse. Nouzak était maintenant bien engagée entre les lignes de partage du Jackson Knee et du Shamattawa, dans les *fonds* qui pour les ours offrent un terrain de chasse de premier ordre au commencement du printemps.

A peine éveillée, infatigable, elle se mettait en quête de nourriture, creusant le sol, retournant les pierres, émiettant les bûches et les souches pourries. Les souris grises de bois, malgré leur taille minuscule, constituaient son plat de résistance, et Nioua était émerveillé de la vivacité que pouvait déployer la vieille balourde lorsqu'elle découvrait une de ces petites créatures. De temps en temps Nouzak en capturait des familles entières sans en laisser échapper une seule. A cet ordinaire s'ajoutaient des grenouilles et crapauds encore à moitié endormis ; de nombreuses fourmis repliées sur elles-mêmes, comme mortes, au cœur des troncs en décomposition ; et, à l'occasion, des abeilles sauvages, des guêpes et des frelons. Nioua croquait assez souvent sa part de ces friandises. Le troisième jour Nouzak découvrit une masse solide de fourmis hiverneuses, gelées en un bloc aussi gros que les deux poings d'un homme. Nioua en mangea une certaine quantité, et apprécia fort leur saveur à la fois sucrée et acide.

A mesure que la saison s'avançait et que les bêtes rampantes sortaient de dessous les souches et les rochers, Nioua connut la joie excitante de chasser pour son propre compte. Il rencontra un second escarbot et le tua. Il occit sa première souris des bois. Rapidement se développaient en lui les instincts de son père Souminitik, le vieil amateur de bagarres qui habitait la troisième ou quatrième vallée au nord de celle-ci, et qui n'avait jamais laissé passer une occasion de se battre. Nioua, lorsqu'il eut quatre mois, c'est-à-dire vers la fin de mai, dévorait bien des choses qui auraient tué la plupart des oursons de son âge, et il n'y avait pas en lui le moindre atome de couardise, du bout de son petit nez impudent jusqu'à l'extrémité de son moignon de queue. Il pesait alors neuf livres et était noir comme un négrillon.

Dans les premiers jours de juin se produisit un événement sensationnel qui devait être le point de départ d'un grand changement dans la vie de Nioua. Ce jour-là, le soleil avait adouci et attiédi la température à tel point que Nouzak commença sa sieste immédiatement, après dîner. Ils étaient maintenant sortis de la région basse et boisée, et se trouvaient dans une vallée où un cours d'eau peu profond s'insinuait et serpentait entre des bancs de sable blanc et des rives caillouteuses. Nioua n'avait pas sommeil : moins que jamais il ne désirait perdre à dormir un si bel après-midi. De ses petits yeux ronds il regardait ce tableau merveilleux et y trouvait une invite personnelle. Il jeta un coup d'œil à sa mère et gémit. L'expérience lui avait appris qu'elle était morte au monde pour plusieurs heures à venir, à moins qu'il n'allât lui chatouiller le dessous du pied ou lui mordre l'oreille, auquel cas elle s'éveillerait juste assez pour grogner contre lui. Il était fatigué de ce jeu. Il désirait quelque chose de plus excitant, et ce fut d'un esprit soudainement résolu qu'il se mit en quête d'aventures.

Dans ce vaste paysage de couleur vert et or, il n'était qu'une petite boule noire presque aussi large que longue. Il descendit vers le ruisseau et jeta un regard en arrière. Il pouvait encore apercevoir sa mère. Puis ses pattes pagayèrent dans le sable fin et blanc en bordure du rivage, et Nouzak fut oubliée. Il suivit le banc jusqu'à son extrémité, et revint vers la verte rive où le jeune gazon était comme du velours sous ses pattes. Là il se mit à retourner de petites pierres pour trouver des fourmis. Il poursuivit dans une course furieuse une marmotte qu'il serra de près pendant vingt secondes. Un peu plus tard un gros lièvre lui partit presque sous le nez, et il lui donna la chasse : mais en une douzaine de bonds, le *Wapous* à raquettes disparut dans un fourré. Nioua rida son museau et émit un grognement criard. Jamais le sang de Souminitik n'avait couru dans ses veines d'une façon si turbulente. Il voulait attraper quelque chose : pour la première fois de sa vie il aspirait à la bataille. Il était comme un petit garçon qui au lendemain de Noël se trouve en possession d'une paire de gants de boxe, mais n'a pas d'adversaire. Il s'assit et jeta autour de lui des regards dolents, frisant toujours son museau et continuant à grogner son défi. Devant lui le monde entier était battu d'avance. Il le savait. Tout avait peur de sa mère. Tout avait peur de *lui.* C'était vexant, ce manque de quelque chose de vivant en face d'un jeune gaillard ambitieux de se battre. Tout compte fait, la vie était assez terne.

Il obliqua dans une nouvelle direction, tourna le coin d'un gros rocher, et tomba en arrêt.

A l'autre bout du rocher dépassait une grosse patte de derrière. Pendant quelques instants Nioua demeura immobile, la regardant avec l'anticipation grandissante d'une bonne farce. Cette fois il allait donner à sa mère un coup de dent qui la stimulerait pour tout de bon. S'il avait en lui le pouvoir de ravigoter quelqu'un, il l'éveillerait à cette belle journée et à ses occasions perdues ! Il avança donc lentement et avec précaution, choisit sur la patte un endroit dépourvu de poils, et y planta ses petites dents jusqu'aux gencives.

Le résultat fut un rugissement qui ébranla la terre. Il se trouvait que cette patte n'appartenait pas à Nouzak, mais était propriété personnelle de *Makous,* vieil ours mâle de disposition bourrue et de caractère malveillant. Chez lui l'âge avait déterminé une originalité qui ne ressemblait pas du tout aux manies de grand-mère de la vieille Nouzak. Makous fut sur pied bien avant que Nioua eut compris l'erreur qu'il venait de commettre. Non seulement c'était un ours vieux et bougon, mais il détestait les oursons. Plus d'une fois en son temps il s'était rendu coupable de cannibalisme. C'était ce que les chasseurs indiens appellent un *Ouchan,* un mauvais ours, mangeur de ses semblables, et à l'instant où ses yeux enragés aperçurent Nioua, il lâcha un nouveau rugissement.

Cette fois Nioua ramassa ses grosses pattes sous son ventre et fila comme un trait. Jamais de sa vie il n'avait couru comme cela. Son instinct l'avertissait qu'il venait enfin de rencontrer quelque chose qui n'avait pas peur de lui, et que lui-même se trouvait en mortel péril. Il ne choisit pas sa direction, car maintenant qu'il s'était si bien trompé il n'avait plus la moindre idée de l'endroit où était sa mère. Il entendit Makous se précipiter à sa poursuite et, tout en galopant, il poussa un braillement sauvage, un appel au secours plein d'angoisse.

Ce cri parvint à la vieille et fidèle Nouzak. Elle fut sur pied instantanément et pas une minute trop tôt. Lancé comme un noir boulet de canon, Nioua dépassait le rocher où elle avait dormi, et Makous bondissait à dix pas derrière lui. L'ourson vit sa mère du coin de l'œil, mais il était emporté par la vitesse acquise. A ce moment Nouzak entra en action. Comme un joueur de football faisant un essai, elle calcula son élan pour frapper le vieux Makous de tout son poids en plein dans les côtes, et les deux vieilles bêtes roulèrent plusieurs fois dans une mêlée que Nioua apprécia comme excitante et magnifique.

Il s'était arrêté, et ses yeux saillaient comme deux petits oignons brillants pour bien embrasser la scène du combat. Lui qui tout à l'heure désirait une bataille, il demeurait comme paralysé de ce qu'il voyait maintenant. Les deux ours y allaient de tout cœur, rugissant à pleine voix, se labourant mutuellement le cuir et lançant des averses de cailloux et de terre dans leur corps à corps mortel. Dans cette première passe, Nouzak eut le dessus. La violence de son assaut avait coupé le souffle à Makous : elle lui avait planté dans la gorge ses dents émoussées et brisées, et le zébrait de ses griffes de derrière si bien que le sang coulait à flots des flancs du vieux barbare et qu'il mugissait comme un taureau suffoqué.

Nioua savait que son poursuivant prenait la raclée ; il poussa un cri aigu pour encourager sa mère à lui sortir les tripes du corps et revint tout au bord de l'arène, plissant le mufle et montrant les dents dans un grognement féroce. Il exécutait une danse effrénée à une douzaine de pieds des combattants ; le sang de Souminitik le remplissait du désir de prendre part à la bagarre, et pourtant il n'osait pas.

Soudain il se passa quelque chose qui bouleversa complètement la folle joie qu'il ressentait du triomphe de sa mère. Makous, en qualité de mâle, était nécessairement habile à se battre. Il se dégagea tout à coup des mâchoires de Nouzak, la roula sous lui, et commença à son tour à lui arracher la peau de la carcasse avec une telle libéralité que la vieille ourse poussa un hurlement d'agonie dont Nioua se sentit pétrifié.

Il est toujours intéressant de se demander ce que va faire un jeune garçon qui voit rosser l'auteur de ses jours. S'il y a une hache à sa portée, il est probable qu'il s'en servira. Il n'est pire catastrophe possible dans la vie que d'avoir un progéniteur qui a reçu une raclée du père d'un camarade. Le désir le plus cher d'un garçon normal, après celui de devenir président des États-Unis, est de posséder un paternel capable de corriger toute autre créature à deux jambes portant culotte. Or il y avait chez Nioua pas mal de traits humains. En entendant beugler sa mère, il sentait le monde crouler autour de lui. Si la vieillesse avait fait perdre à Nouzak une partie de sa force, sa voix du moins n'était pas endommagée, et les cris spasmodiques qu'elle émettait devaient porter au moins à un demi-mille.

Nioua ne put en supporter davantage. Avec une rage aveugle, il s'élança. C'est au hasard qu'il referma ses cruelles petites mâchoires sur un orteil appartenant à Makous, et ses dents s'enfoncèrent dans la chair comme une double rangée d'aiguilles d'ivoire. L'ours donna une secousse, mais l'ourson tint bon et mordit plus fort. Alors Makous retira sa patte en arrière, puis la détendit comme une catapulte ; malgré sa volonté de ne pas lâcher, Nioua se trouva lancé dans les airs : il atterrit contre un rocher à vingt pieds des combattants, avec une telle force que le souffle lui manqua, et que pendant huit ou dix secondes il se dépensa en efforts confus pour se relever. Puis il recouvra la vue et les sens, et ce qu'il vit ranima les battements du sang dans tout son corps.

Makous ne combattait plus, il fuyait, et d'une démarche franchement boiteuse !

La pauvre vieille Nouzak se tenait debout sur ses pattes, face à l'ennemi en retraite. Elle haletait comme un veau blessé, les mâchoires grandes ouvertes et la langue pendante. Des ruisselets de sang coulaient de son corps sur le sol. Elle avait été entièrement et sérieusement abîmée. Sans l'ombre d'un doute, c'était une ourse battue. Pourtant devant la glorieuse déroute de l'adversaire, Nioua ne s'aperçut nullement de la défaite de Nouzak. L'ennemi se sauvait, par conséquent il était vaincu ; et, tout excité, l'ourson accourut en poussant des cris de joie.

III

MIKI

Debout près de sa mère, dans le chaud soleil de ce premier après-midi de juin, et regardant Makous en fuite à travers le lit du ruisseau, Nioua se faisait positivement l'effet d'un vieux guerrier consommé pesant au moins quatre cents livres ; il n'était cependant qu'un ourson au ventre en marmite et à la gueule arrondie, pesant neuf livres tout au plus.

Il s'écoula pas mal de minutes entre l'instant où Nioua avait planté ses féroces petits crocs dans la partie la plus tendre de l'orteil du vieil ours et celui où Nouzak put retrouver assez de souffle pour pousser un grognement. Ses flancs pompaient l'air comme un soufflet de forge. Quand Makous eut disparu sur l'autre bord, Nioua s'assit sur son derrière potelé, pointa drôlement les oreilles en avant, et observa sa mère de ses yeux ronds et brillants pleins d'inquiètes réflexions. Nouzak proféra une plainte sifflante et marcha lentement vers le rocher où l'appel de Nioua l'avait éveillée en sursaut. Il lui semblait que tous les os de son pauvre corps étaient brisés ou disloqués. Elle boitait et trébuchait en gémissant, et laissait derrière elle des traces sanglantes sur l'herbe. Makous lui avait infligé une trempe sérieuse.

Elle se coucha, émit un dernier gémissement, et regarda Nioua comme pour dire :

— Si tu n'étais pas allé faire des farces et éveiller la rage de cette vieille vipère, cela ne serait pas arrivé. Vois dans quel état je suis maintenant !

Un jeune ours se serait promptement remis des suites de la bataille ; mais Nouzak resta couchée sans bouger tout le reste de l'après-midi et toute la nuit suivante. Et ce fut certainement la plus belle que Nioua eût encore vue. Maintenant que les nuits étaient tièdes, il en était venu à préférer la lune au soleil ; de nature et d'instinct, il était plutôt disposé à rôder dans l'obscurité qu'à chasser en plein jour.

L'astre se leva dans une gloire dorée. Les forêts de sapins et de cèdres se détachaient comme des îles dans cet océan de lumière fauve ; la rivière scintillait et frémissait comme une chose vivante en serpentant à travers la claire vallée. Mais Nioua avait compris la leçon reçue ; malgré l'appel de la lune et des étoiles, il resta tout près de sa mère, se contentant d'écouter la bacchanale nocturne.

Au matin Nouzak se remit sur pattes, et, ayant grogné à Nioua de la suivre, grimpa lentement la colline coiffée de soleil. Ce n'est pas qu'elle fût d'humeur à voyager, mais au fond de sa tête couvait la crainte de voir revenir l'horrible Makous ; elle savait bien qu'une nouvelle bataille l'achèverait, auquel cas le vieux ne ferait qu'un repas du petit. Elle se força donc à descendre l'autre versant de la colline, à traverser une nouvelle vallée, et, par une coupure taillée comme une grande porte, elle entra dans une étendue moutonneuse de prairies, de lacs, et de vastes forêts de sapins et de cèdres. Depuis une semaine déjà elle se dirigeait vers certain cours d'eau situé dans cette plaine, et maintenant que la présence de Makous l'inquiétait sur ses derrières, elle continua sa marche si longtemps que les pattes courtes et grasses de Nioua pouvaient à peine le soutenir.

Ils atteignirent la rivière en question au milieu de l'après-midi, et Nioua était si épuisé qu'il eut peine à grimper au sapin sur lequel sa mère l'envoya faire un somme. Ayant trouvé une fourche confortable, il s'endormit rapidement, pendant que Nouzak allait à la pêche.

La rivière était pleine de carpes, emprisonnées dans les petites mares après avoir déposé leur frai, et en moins d'une heure elle en accumula sur la rive une énorme provision. Quand Nioua descendit de son berceau, juste à la tombée de la nuit, il prit sa part d'un régal dont Nouzak s'était déjà bourrée au point de ressembler à une barrique. C'était la première fois que l'ourson goûtait du poisson, et pendant une semaine il vécut à ce régime paradisiaque. Il en mangeait le matin, à midi et le soir, jusqu'à ce que sa peau parût sur le point d'éclater. Partout les accompagnait une odeur qui devenait de plus en plus rance de jour en jour, et plus elle rancissait, plus elle paraissait délicieuse à Nioua et à sa mère. Et Nioua grossissait comme une gousse bien pleine. En une semaine il gagna trois livres. Il avait renoncé à téter, car la vieille ourse était tarie à un degré absolument désappointant.

Au commencement de la soirée du huitième jour, Nioua et sa mère se couchèrent au bord d'un tertre gazonné pour y dormir après leur plantureux repas. Nouzak était sans contredit la vieille ourse la plus heureuse de toute la région du Nord. Le ravitaillement n'était plus un problème pour elle. Parquée dans les trous de la rivière, elle tenait une quantité illimitée de poissons, dont nul congénère n'était venu lui disputer la possession. Dans cet heureux terrain de chasse elle prévoyait une béatitude sans trêve jusqu'au moment où les orages de la mi-été videraient les trous d'eau, mais où les baies seraient mûres. Et Nioua, l'heureux petit gourmand, partageait ses rêves.

Or, ce même jour, juste au coucher du soleil, un homme accroupi sur les mains et les genoux examinait un banc de sable humide à cinq ou six milles en aval de la rivière. Ses manches retroussées laissaient voir ses biceps brunis et, comme il n'avait pas de chapeau, la brise du soir rebroussait une tignasse de cheveux blonds qui depuis quelque huit ou neuf mois n'avaient été taillés qu'avec un couteau de chasse.

D'un côté de cet individu était posé un seau de fer-blanc : de l'autre, le regardant avec le plus vif intérêt, était assis un petit chien des moins gracieux et en même temps des plus sociables qui soient jamais nés d'un chien de chasse mackenzie et d'une mère à moitié airedale et à moitié spitz.

Avec ce tragique mélange de sang dans les veines, rien au monde n'aurait pu lui donner l'apparence d'autre chose qu'un *pur chien.* Sa queue, allongée sur le sable, était longue et mince, avec un nœud à chaque vertèbre ; ses pattes, trop grandes, comme les pieds d'un jeune garçon, ressemblaient à de petits gants de boxe ; sa tête était trois fois trop grosse en proportion du corps, et un accident avait aidé la nature à l'achèvement de ce chef-d'œuvre en le privant de la moitié d'une oreille. Pendant qu'il observait son maître, cette demi-oreille se tenait droite comme un fragment de tôle, tandis que l'autre, deux fois plus longue, était déployée en avant en mine d'enquête profondément intéressée. La tête, les pattes et la queue étaient nettement du mackenzie de chasse, mais les oreilles et le corps efflanqué formaient un terrain contesté entre le spitz et l'airedale. A sa période actuelle de développement disgracieux, c'était bien le plus vulgaire cabot qu'on pût rencontrer ailleurs que dans les petites rues d'une grande ville.

Pour la première fois depuis plusieurs minutes le maître parla, et *Miki* gigota de proue en poupe pour reconnaître le fait que la parole lui était directement adressée.

— Aussi vrai que tu es âgé de douze semaines, Miki, c'est une mère et son ourson. Et si j'y connais quelque chose en fait d'ours, ils ont passé ici aujourd'hui même.

Il se releva, remarqua l'ombre qui s'épaississait à la lisière de la forêt, et remplit son seau d'eau. Pendant quelques instants les derniers rayons du soleil l'éclairèrent en plein visage. C'était une figure forte et optimiste, sur laquelle se peignait la joie de vivre. Elle s'illumina d'une inspiration soudaine, et un reflet qui ne venait pas seulement de la forêt parut dans les yeux de l'homme, tandis qu'il ajoutait :

— Miki, je me donne la peine de trimballer ta piteuse carcasse pour la fillette parce que je sais que tu es un bijou non dégrossi de bonne nature et de beauté, et qu'elle t'aimera pour ces deux choses-là. C'est ma sœur, vois-tu. Or, si je pouvais seulement emmener cet ourson avec toi...

Il se mit à siffler en retournant avec son seau d'eau dans la direction d'une petite rangée de balsamiers à cent mètres de distance.

Miki le suivait pas à pas.

Challoner, récemment nommé agent de la *Great Hudson's Bay Company*, avait établi son campement au bord du lac près de l'embouchure de la rivière. Ce n'était presque rien : une tente en mauvais état, un canot encore plus endommagé, et une petite pile de fardage. Mais, aux derniers rayons du soleil, ce peu de chose en aurait dit long à quelqu'un d'entraîné dans les fatigues et les surprises de la vie forestière. C'était l'équipement d'un homme qui, s'étant avancé hardiment jusqu'à l'âpre bord du monde, en ramenait ce qui lui restait. Challoner éprouvait un sentiment de camaraderie humaine pour ces reliques qui l'avaient accompagné dans une lutte incessante pendant la majeure partie d'une année. La pirogue était tordue, bossuée et rapiécée ; la tente, exposée à la fumée et aux orages, avait acquis une teinte intermédiaire entre la rouille et le charbon ; les sacs à vivres étaient presque vides.

Sur un petit feu mijotaient un pot de café et une casserole de poisson ; dans un four de campagne délabré et raccommodé, bien exposé à la chaleur, une galette commençait à brunir.

Miki, revenu sur les talons de son maître, s'assit sur ses hanches anguleuses, de façon à ce que le fumet du poisson lui arrivât en plein dans les narines. Il avait découvert que, sentir, c'est presque manger. Ses yeux brillaient comme des grenats en suivant les derniers préparatifs de Challoner, et, après chaque aspiration, il se léchait les babines et avalait goulûment sa salive. En fait, c'est à sa voracité que Miki devait son nom. Il avait toujours faim et semblait toujours vide, si copieusement qu'il eût dîné. C'est pourquoi son maître l'avait appelé Miki, c'est-à-dire *tambour.*

Quand ils se furent repus de poisson et de galette, et après que Challoner eut allumé sa pipe, celui-ci exprima ce qu'il avait dans l'esprit.

— Demain j'irai à la recherche de cette ourse, déclara-t-il.

Miki, levé près de la braise, bâtonna le sol de sa queue pour faire voir qu'il écoutait.

— Je vais t'apparier avec l'ourson, et la fillette en mourra de rire.

Miki redoubla de la queue.

— Magnifique idée ! semblait-il dire.

— Pense un peu, continua Challoner, regardant par-dessus la tête du chien à un millier de milles de distance. Quatorze mois ! et enfin nous retournons à la maison. Je vais vous dresser, toi et l'ourson, pour cette sœurette-là. Ça te plaira, j'espère ? Tu ne la connais pas, pauvre laideron, sans quoi tu ne resterais pas là à me fixer comme un *totem* sculpté sur une perche. Et tu es trop bête pour t'imaginer comme elle est gentille. Tu as vu le coucher du soleil ce soir ? Eh bien, ma sœur est encore plus belle. Ça te la coupe, hein, Miki ? Tu n'as rien à ajouter ? Alors faisons nos prières et allons nous coucher.

Challoner se leva et s'étira. Ses muscles craquèrent. Il sentait comme un géant la vie bouillonner en lui.

Et Miki, n'ayant cessé jusqu'au dernier instant de frapper de la queue, se redressa sur ses pattes trop longues et suivit son maître vers leur abri.

Challoner en ressortit dans l'aube grise d'un des premiers jours d'été, et ralluma le feu. Miki ne tarda pas à le rejoindre. Son maître lui passa autour du cou une corde de tente usée dont il attacha l'autre bout à un jeune arbre. Il en fixa une de même longueur aux coins d'un sac à provisions de façon à pouvoir le porter en bandoulière. Dès la première teinte rose annonçant le soleil, il était prêt à suivre la piste de Nioua et de sa mère.

Miki entonna une lamentation soutenue en se trouvant délaissé par son maître, et celui-ci, se retournant de loin, le vit tirer et cabrioler au bout de sa corde comme un diable mécanique. A un quart de mille en remontant la rivière, il pouvait encore entendre sa protestation suppliante.

L'emploi de cette journée n'était pas une simple partie de plaisir pour Challoner, et il ne se proposait pas seulement de posséder un ourson pour faire la paire avec Miki. Il avait besoin de viande, et la chair d'ours, à ce début de saison, devait être excellente ; mais par-dessus tout il lui fallait une provision de graisse. S'il pouvait tuer la bête, cela lui épargnerait du temps pour tout le reste de son voyage de retour vers la civilisation.

Il était huit heures quand il retrouva des traces indubitables de Nouzak et de Nioua, à l'endroit où l'ourse avait pêché quatre ou cinq jours auparavant, et où elle était revenue la veille avec son ourson pour se régaler de poisson faisandé. Challoner fut enchanté. Il était sûr de trouver la paire au bord de la rivière, et pas très loin. Le vent était pour lui, et il commença à avancer avec précaution, son fusil tout prêt pour le moment opportun. Pendant une heure il marcha d'un pas régulier et tranquille, guettant les moindres bruits ou mouvements qui pouvaient se produire en avant, et se mouillant le doigt de temps à autre pour voir si le vent changeait. Mais la ruse humaine n'était pas son seul avantage : toutes les circonstances concouraient en sa faveur.

Dans une partie élargie et plate de la vallée, où la rivière, se ramifiant en une douzaine de ruisseaux, clapotait entre des bancs de sable dans des trous caillouteux, Nioua et sa mère cherchaient d'un mufle indolent un déjeuner d'écrevisses. Le monde n'avait jamais semblé plus beau à Nioua. Le duvet de son dos moutonnait à la chaleur du soleil comme celui d'un chat qui ronronne. Il se délectait aux éclaboussures du sable humide sous ses pieds et au jaillissement chantant de l'eau contre ses pattes. Il aimait les bruits de tout ce qui l'entourait, le souffle du vent, les murmures des cimes de sapins et de cèdres, le bavardage de l'eau, le petit cri des lièvres de rocher, l'appel des oiseaux ; et, par-dessus tout, le profond grognement du langage maternel.

C'est dans cette partie ensoleillée de la vallée qu'une première bouffée, apportée par une soudaine déviation du vent, avertit Nouzak d'un danger imminent, l'approche de l'homme !

Instantanément, elle fut pétrifiée. Elle portait à l'épaule la profonde cicatrice d'une blessure qui, voilà bien des années, l'avait frappée en même temps que cette odeur de l'unique ennemi redouté d'elle. Depuis trois étés elle n'avait pas flairé cette infection ; elle en avait presque oublié l'existence. Et, si soudainement qu'elle en restait paralysée, voici qu'elle retrouvait dans la brise l'émanation chaude et menaçante.

A ce moment, Nioua aussi parut sentir l'approche d'un danger effrayant. A deux cents mètres de Challoner il se détachait comme une tache immobile de jais sur la blancheur du sable environnant, les yeux fixés sur sa mère, ses petits naseaux sensibles essayant de démêler la nature du péril contenu dans l'air.

Alors éclata un bruit qu'il n'avait jamais entendu, un rugissement sec et déchirant rappelant le tonnerre sans y ressembler ; en même temps il vit sa mère vaciller et s'affaisser tout d'un coup sur les pattes de devant.

Elle se releva tout de suite et poussa un cri sauvage et nouveau pour lui, mais qui évidemment l'avertissait de fuir pour sauver sa vie.

Comme chez toutes les mères qui ont connu la tendre familiarité d'un enfant, la première pensée de Nouzak était pour son petit. Elle allongea une patte pour lui donner une brusque poussée, et Nioua se lança dans une course affolée vers la forêt proche. Nouzak le suivit. Un second coup partit, et un ronronnement menaçant passa tout près au-dessus de sa tête. Mais l'ourse n'activa pas son allure. Elle restait délibérément en arrière de Nioua, le pressant, le talonnant malgré cette douleur de fer rouge dans l'aine, qui la remplissait d'angoisse. Au moment où ils atteignaient la lisière, une troisième balle de Challoner mordit le terrain sous ses pattes.

L'instant d'après ils étaient cachés par la barricade de troncs d'arbres. L'instinct guidait Nioua vers le plus épais du fourré, et derrière lui Nouzak dépensait ses dernières forces à le hâter. Dans sa vieille cervelle grandissait une ombre profonde et effrayante qui commençait à lui embrumer la vue, et elle avait conscience qu'elle arrivait enfin au terme de sa piste. Avec ses vingt années de vie derrière elle, elle luttait maintenant pour gagner quelques secondes. Elle arrêta Nioua près d'un cèdre épais, et, comme tant de fois auparavant, lui fit signe d'y grimper. D'un unique coup de sa langue tiède, elle lui effleura le museau dans une suprême caresse. Puis elle se retourna pour livrer sa dernière bataille.

Elle se traîna droit à la rencontre de Challoner et, à cinquante pieds du cèdre, elle s'arrêta pour l'attendre, la tête pendante entre les épaules, les flancs haletants, la vue de plus en plus obscurcie ; elle s'affaissa enfin avec un grand soupir, barrant la route à l'ennemi.

Peut-être revit-elle un instant les lunes dorées et les soleils éblouissants de ces vingt ans passés ; peut-être un répit bienfaisant descendit-il en elle comme récompense finale d'une glorieuse maternité sur la terre.

Quand Challoner arriva, elle était morte.

De sa cachette Nioua assistait à la première grande tragédie de sa vie et à l'avènement de l'homme. A la vue de cette bête à deux jambes, il se contractait tant qu'il pouvait dans son refuge, et son petit cœur battait à se briser sous la terreur dont il était saisi. Il ne raisonnait point. Ce n'est pas par un prodige d'intelligence qu'il savait que quelque chose d'effrayant était arrivé, et que cette mince et droite créature en était la cause.

Ses petits yeux étincelaient juste au-dessus du rebord de la fourche du cèdre. Il se demanda pourquoi sa mère ne se relevait pas pour combattre à l'arrivée de ce nouvel ennemi. Malgré sa frayeur il était prêt à grogner si seulement elle s'éveillait, prêt à dégringoler de l'arbre pour voler à son secours, comme il l'avait aidée dans la défaite de Makous. Mais pas un muscle de Nouzak ne tressaillit quand le chasseur se pencha sur son vaste corps. Elle était bien morte.

Le visage de Challoner était rouge de triomphe. La nécessité avait fait de lui un meurtrier. Le cadavre représentait à ses yeux une superbe fourrure et une provision de viande qui lui durerait pendant tout le reste de son voyage vers le sud. Il posa son fusil contre un arbre et se mit à la recherche de l'ourson. Son expérience de la vie sauvage lui disait qu'il ne devait pas être loin : il explora les arbres et les fourrés du voisinage.

A l'abri de sa branche, dissimulé par l'épaisseur des rameaux, Nioua se faisait aussi petit que possible. Au bout d'une demi-heure, Challoner, désappointé, abandonna ses investigations et retourna boire un coup à la rivière avant d'entreprendre le dépouillement de l'ourse.

A peine avait-il disparu que la petite tête de Nioua se redressa vivement. Pendant quelques instants il observa de tous côtés, puis descendit à reculons le tronc de cèdre. En touchant terre, il lança un appel aigu, mais sa mère ne bougea pas. Il s'en approcha et s'arrêta près de la tête immobile en reniflant l'air souillé de l'odeur humaine. Il lui toucha la gueule du museau, le lui enfonça dans le cou, et finalement lui mordit l'oreille ; c'était toujours sa suprême ressource pour l'éveiller. Alors il resta perplexe, se mit à gémir doucement, puis monta sur le vaste dos maternel et s'y accroupit. A son gémissement se mêla une note étrange, et de sa gorge s'éleva un cri pleurnicheur qui ressemblait à celui d'un enfant.

Challoner, en revenant, entendit cette plainte, et se sentit le cœur serré. Il avait entendu des bébés pleurer comme cet ourson orphelin. Dissimulé derrière un jeune sapin, il regarda vers l'endroit où gisait le cadavre de Nouzak et aperçut Nioua juché dessus. Il avait tué bien des êtres dans sa vie, car c'était son métier de tuer, et d'acheter les fourrures de créatures tuées par autrui. Mais il n'avait jamais rien vu de pareil à cela, et un remords l'assaillit soudain comme s'il venait de commettre un assassinat.

— Je regrette ! murmura-t-il. Pauvre petit diable ! Je regrette.

C'était presque une prière, une demande de pardon. Pourtant il n'y avait qu'une chose à faire maintenant. Si doucement que Nioua ne put l'entendre, il rampa sous le vent et se glissa derrière lui. Il arriva à douze pieds de l'ourson avant que celui-ci soupçonnât le danger, et alors il était trop tard. D'un élan rapide Challoner lui tomba dessus, et, sans lui laisser le temps de descendre, le suffoqua sous les plis du sac à provisions.

Challoner n'avait jamais vécu d'instant plus mouvementé. Au-dessus même de la douleur et de l'effroi de Nioua surgit le sang combatif de son père Souminitik. Il grognait, gigotait, griffait et mordait à la fois. Pendant ces cinq minutes, cinq petits diables semblaient s'être fondus en un seul, et, avant que Challoner lui eût attaché la corde au cou et pût emprisonner son corps grassouillet dans le sac, il avait les mains griffées et lacérées en une vingtaine d'endroits.

Nioua continua à gigoter dans le sac jusqu'à complet épuisement, pendant que Challoner écorchait l'ourse et découpait la viande et la graisse dont il avait besoin. Ses yeux brillèrent d'admiration devant la beauté de cette fourrure. Il y enroula les chairs et ficela le tout en un paquet qu'il fixa aux pattes de ses épaulettes. Ainsi chargé de soixante livres, il ramassa son fusil... et Nioua. Il avait quitté son campement au début de l'après-midi : il faisait presque nuit quand il y revint. Tout le long du chemin, jusqu'au dernier demi-mille, Nioua se débattit comme un Spartiate.

Maintenant il s'abandonnait dans son sac, comme inanimé, et quand Miki vint flairer sa prison avec méfiance, il n'esquissa même pas un mouvement de protestation. Toutes les odeurs lui étaient devenues indifférentes, et il ne faisait plus de distinction entre les sons.

Challoner était fourbu. Tous les muscles et les os de son corps étaient endoloris. Cependant son visage, couvert de sueur et de poussière, grimaçait un sourire.

— Vaillant petit démon ! disait-il en contemplant le sac affalé et en bourrant sa pipe pour la première fois de l'après-midi. Brave, brave petit diable !

Il attacha à un jeune arbre l'extrémité de la laisse de Nioua et commença à ouvrir avec précaution le sac à vivres. Il en fit rouler Nioua sur le sol, et se recula vivement. A ce moment Nioua était disposé à accepter un armistice avec Challoner ; mais ce n'est pas lui que ses yeux éblouis distinguèrent le premier en déboulant de son sac : ce fut

Miki ! Et Miki, frétillant de tout son corps dégingandé dans l'excitation de sa curiosité, était actuellement sur le point de le flairer !

Les petits yeux de Nioua étincelèrent. Est-ce que ce malbâti à l'oreille émondée, est-ce que ce rejeton de la bête humaine était lui aussi un ennemi ? Les tortillements de son corps et les moulinets de sa queue étaient-ils une invitation à la bataille ? Il en estima ainsi. De toute façon, cet avorton était à peu près de sa taille, et, comme un éclair, il bondit au bout de sa corde et tomba sur le cabot. Miki, qui l'instant d'avant débordait d'amitié et de bonne humeur, fut sur le dos tout de suite, battant l'air de ses pattes grotesques, et ses glapissements remplirent d'une clameur éperdue et lamentable la tranquillité dorée du soir.

Challoner restait muet et intrigué. En tout autre moment il eût séparé les jeunes combattants, mais il se passa une chose qui l'en empêcha. Nioua, dressé carrément sur Miki, dont les quatre pattes trop longues signalaient une capitulation sans conditions, retira lentement ses dents de la peau flasque du toutou. Il apercevait de nouveau la bête humaine. Un instinct plus subtil que tout raisonnement élémentaire l'immobilisa un instant, ses yeux minuscules fixés sur Challoner. Miki agitait les pattes en l'air et gémissait doucement ; sa queue raide frappait le sol comme pour demander merci ; il se léchait les babines et essayait de gigoter, comme pour dire à Nioua qu'il n'avait pas du tout l'intention de lui faire du mal. Nioua, regardant Challoner en face, grimaça de défi. Il se retira lentement de dessus Miki. Et celui-ci n'osant bouger resta sur le dos, les pattes en l'air.

Lentement, l'étonnement peint sur le visage, Challoner se retira sous la tente pour les observer par une fente de la toile.

Nioua cessa de montrer les dents. Il regarda le petit chien. Peut-être un instinct niché dans quelque coin de sa cervelle lui suggérait-il tout ce dont il avait été privé par le manque de frères et de sœurs, toute la camaraderie et tous les jeux du premier âge. Miki dut sentir ce changement d'humeur chez la petite créature fourrée de noir qui l'instant d'avant agissait en ennemie. Il frappa frénétiquement le sol de sa queue et tendit les pattes de devant vers Nioua. Puis, un peu effrayé de ce qui s'ensuivrait, il roula sur le flanc. Nioua ne bougea pas, et le cabot fit des soubresauts de joie.

Un instant après, Challoner, l'œil à la fente, les vit qui se flairaient le museau avec de mutuelles précautions.

IV

FRÈRES SIAMOIS

Cette nuit-là il tomba une pluie fine et froide du nord-est. Challoner sortit à l'aube humide pour allumer le feu ; dans un creux, sous le jeune sapin, Miki et Nioua, blottis l'un contre l'autre, étaient profondément endormis.

L'ourson fut le premier à apercevoir la bête humaine, et pendant quelque temps ses yeux brillants restèrent fixés sur l'étrange ennemi qui avait bouleversé sa vie. L'épuisement lui avait fait dormir d'une traite cette première nuit de captivité, et dans le sommeil il avait oublié bien des choses. Maintenant tout lui revenait ; il s'enfonça plus profondément dans son abri sous la racine, et poussa un timide gémissement à l'adresse de sa mère.

Ce fut cette plainte qui éveilla le chien. Celui-ci, qui s'était mis en boule, se déroula lentement, étira ses pattes démesurées et bâilla si fort que Challoner l'entendit. L'homme se retourna, et vit deux paires d'yeux fixés sur lui dans le réduit souterrain. Miki dressa joyeusement les deux oreilles, la bonne et celle à laquelle il manquait un morceau, et salua son maître avec toute la joyeuse humeur d'une camaraderie irrépressible. En réponse, une grimace apparut sur le visage mouillé de bruine et bronzé par quatorze mois d'exposition aux vents orageux du nord ; Miki s'approcha, en exprimant, par toutes sortes de gambades et contorsions grotesques, sa gratitude pour ce sourire adressé à sa personne.

Quant à Nioua, il se recula autant que le permettait l'espace laissé sous la racine, jusqu'à ce qu'on ne vît plus que sa tête ronde ; de cette forteresse où il se trouvait en sécurité temporaire, ses petits yeux foudroyaient le meurtrier de sa mère.

La tragédie d'hier se représentait vivement à lui, le lit tiède et ensoleillé du ruisseau où l'ourse et lui cherchaient leur déjeuner à l'arrivée de la bête humaine ; l'étrange coup de tonnerre, leur fuite sous la futaie, et la scène finale où Nouzak se retourna pour affronter l'ennemi. Pourtant ce n'était pas le trépas maternel qui ce matin lui semblait le plus poignant, mais bien le souvenir du terrifiant combat que lui-même avait soutenu contre l'homme blanc, puis sa lutte dans les profondeurs sombres et suffocantes du sac où Challoner l'avait apporté au camp. En ce moment même, son vainqueur examinait les écorchures de ses mains. Il fit quelques pas en avant et grimaça pour Nioua le même sourire de bonne humeur qu'il avait esquissé à l'adresse du chien maigre.

Les petits yeux de Nioua étincelèrent.

— Je t'ai déjà dit hier au soir que je regrettais ce qui était arrivé, dit Challoner comme s'il parlait à l'un de ses semblables.

A plus d'un point de vue Challoner était un type à part, différent de ceux qu'on rencontre d'ordinaire dans le Nord. Il croyait, par exemple, à une certaine psychologie spécifique de l'animal, et s'était convaincu que les bêtes avec lesquelles on se conduit et parle de la manière habituelle entre hommes développent fréquemment une intelligence que son esprit peu scientifique confondait avec la raison.

— Je t'ai dit que je le regrettais, répéta-t-il en s'accroupissant à moins d'un mètre de la racine sous laquelle les yeux de Nioua flambaient. Et c'est la vérité. Je déplore d'avoir tué ta mère. Mais il nous fallait de la viande et de la graisse. En outre, Miki et moi, nous te revaudrons cela. Nous allons t'emmener avec nous chez la fillette, et si tu n'apprends pas à l'aimer tu seras la plus mesquine et la plus ignoble de toutes les créatures, et un bougre indigne d'avoir une mère. Le caniche et toi vous allez être frères. Sa vieille à lui aussi est morte, morte de faim, ce qui est pire que de recevoir une balle dans la poitrine. Et j'ai trouvé le chiot, tout comme je t'ai trouvé, se pressant contre son cadavre et se lamentant comme s'il ne lui restait rien au monde. Ainsi donc déride-toi et donne la patte ! Faisons la paix !

Challoner avança la main. Nioua demeura rigide comme une pierre. Quelques instants plus tôt il aurait grogné et montré les dents. Actuellement il faisait le mort. Cette bête humaine était bien la plus étrange qu'il eût jamais vue. Hier elle ne lui avait fait d'autre mal que de le mettre dans le sac. Aujourd'hui encore elle ne semblait pas disposée à lui en faire. D'ailleurs sa parole n'était ni désagréable ni menaçante.

Les yeux de l'ourson se posèrent sur Miki. Le chien s'était accroupi carrément entre les genoux de Challoner et le regardait d'un air étonné et interrogateur, comme pour dire :

— Pourquoi ne sors-tu pas de dessous cette racine et ne viens-tu pas nous aider à faire le déjeuner ?

La main de Challoner se rapprocha, et Nioua se tassa jusqu'à ce qu'il n'y eût plus un pouce d'espace à remplir. Alors le miracle se produisit. La patte de devant du monstre humain lui toucha la tête. Un frisson d'étrange terreur le parcourut. Cependant cela ne faisait pas de mal. S'il ne s'était coincé à bloc il eût griffé et mordu ; mais il ne pouvait faire ni l'un ni l'autre.

Lentement Challoner glissa les doigts vers la peau flasque derrière son cou. Miki, supposant qu'il allait se passer quelque chose d'étonnant, regardait l'opération avec des yeux écarquillés. Les doigts de Challoner se refermèrent, puis il attira Nioua et le tint à bout de bras ; l'animal gigotait comme s'il essayait de grimper, et se mit à geindre si fort que le toutou éleva la voix par pure sympathie et fit sa partie dans ce concert de détresse.

Une demi-minute plus tard, Challoner avait remis Nioua en maillot ; mais cette fois il avait laissé dépasser la tête, et serré l'embouchure du sac avec une cordelette de babiche. La bête était emprisonnée aux trois quarts, comme un ourson de poche.

La laissant se débattre et se rouler en guise de protestation, Challoner s'occupa du déjeuner. Pour la première fois Miki trouvait une opération plus intéressante que celle-là, et rôdait autour du captif en train de gigoter et de brailler, essayant vainement de lui apporter le réconfort de sa sympathie. Nioua finit par rester tranquille. Miki s'assit tout près de lui et regarda son maître d'un air intrigué, sinon scandalisé.

Le ciel se teintait d'une promesse de soleil quand Challoner fut prêt à reprendre son long voyage vers le sud. Il chargea son canot, laissant Nioua et Miki à embarquer en dernier. Il disposa à l'avant un nid moelleux fourni par la peau de Nouzak. Puis il appela Miki et lui attacha au cou le bout d'une vieille corde, dont il fixa l'autre extrémité autour de la gorge de Nioua : l'ourson et le chien étaient ainsi accouplés par une même laisse d'un mètre de long. Prenant les deux jumeaux par la peau du cou il les transporta dans le canot et les installa dans le coin préparé pour eux.

— Maintenant, jeunes gens, tâchez d'être sages, leur dit-il en manière d'avertissement. Nous allons essayer de faire quarante milles aujourd'hui pour rattraper le temps perdu hier.

Au moment où le canot démarrait, un rayon de soleil perça le ciel à l'horizon oriental.

V

LA CATARACTE

Lorsque le canot commença à glisser sur la surface du lac, il se produisit chez Nioua un changement d'humeur extraordinaire qui échappa à Challoner et même à Miki. Toutes les fibres de son corps tressaillaient et son cœur battait comme le jour de la glorieuse bataille entre Nouzak et le vieil ours mâle. Il crut que tout ce qu'il avait perdu allait lui revenir, et que, sans tarder, tout irait bien, car *il sentait sa mère* ! Puis il découvrit que cette odeur était concentrée dans l'énorme fourrure sur laquelle il était couché ; il s'y enfouit en aplatissant son ventre rondelet, et regarda Challoner par-dessus ses pattes.

Énigme difficile à résoudre ! La bête humaine était là qui dirigeait le canot, et sa mère était sous lui, chaude et douce, mais si effroyablement tranquille ! Il ne put retenir le gémissement discret qui s'adressait à elle, mais n'excita d'autre réponse qu'une pleurnicherie sympathique de son compagnon d'âge. Hélas ! La mère de Nioua ne bougeait pas : elle ne faisait pas de bruit ; il ne pouvait voir d'elle que cette peau noire et velue ; elle n'avait plus ni tête ni membres, ni les grosses pattes chauves qu'il aimait à chatouiller, ni les oreilles qu'il se plaisait à mordre. Rien n'en subsistait que ce bout de peau, et l'*odeur.*

Cependant une grande consolation réchauffait sa petite âme éperdue. Il sentait le voisinage protecteur d'une force indomptable et indestructible. Son dos se hérissa aux premiers rayons du soleil, et il posa son mufle brun entre ses pattes sur la fourrure maternelle. Miki, dans la même attitude, le regardait attentivement, comme s'il s'efforçait de résoudre l'énigme de ce nouveau compagnon.

Dans sa tête comique, avec son oreille convenable et l'autre mutilée, ornée en outre d'une moustache hérissée qu'il tenait de son ancêtre airedale, il essayait d'arriver à une sorte quelconque de compréhension. Dès le début, il avait accepté Nioua comme ami et camarade, et l'ingrat lui avait infligé une bonne raclée pour sa peine. Encore, cela, Miki pouvait l'oublier ; mais, ce qui était impardonnable, c'était le manque absolu de considération que Nioua semblait professer à son égard. L'ourson ne prêtait pas la moindre attention à ses plus amusantes bouffonneries. Quand le chien s'était mis à japper et sauter, l'invitant chaleureusement par ses aplatissements et contorsions à quelque partie de tape courante ou de lutte, l'autre s'était contenté de le regarder comme un idiot. Le chien se demandait si par hasard l'ours ne pouvait se plaire à autre chose qu'à se battre. Il s'écoula assez longtemps avant que Miki se décidât à tenter une nouvelle expérience à ce sujet.

La chose arriva juste au milieu de l'intervalle qui sépare le déjeuner du dîner. Pendant tout le temps écoulé depuis l'embarquement, Nioua avait à peine fait un mouvement, et Miki s'ennuyait à mourir.

Le temps désagréable de la nuit dernière n'était qu'un souvenir, et sur leur tête pas un nuage n'obscurcissait le ciel. Depuis plus d'une heure le canot de Challoner avait quitté le lac. Il naviguait maintenant sur une rivière assez rapide qui descendait la pente sud de la ligne de partage entre le Jackson's Knee et la Shamattawa. Ce cours d'eau, alimenté par le grand lac d'amont, était inconnu de Challoner, qui, en garde contre la traîtrise des rapides et des cataractes, observait l'aval d'un œil vigilant.

Depuis une demi-heure environ le courant devenait de plus en plus vif, et Challoner pensait bien qu'avant longtemps il serait obligé de faire un transport par terre. Il ne tarda pas à entendre devant lui le profond et tranquille murmure qui l'avertissait de l'approche d'une zone dangereuse. En tournant la prochaine courbe à bonne allure et assez près du rivage, il aperçut à quatre ou cinq cents mètres plus bas les rochers et l'écume du tourbillon.

Ses yeux embrassèrent vivement la situation. Les rapides couraient entre une rive presque à pic et une autre couverte d'une épaisse forêt. Il vit d'un coup d'œil que c'était du côté boisé qu'il devait accomplir son portage, c'est-à-dire précisément sur la rive opposée et la plus lointaine. Faisant obliquer son canot de quarante-cinq degrés, il employa toute la force de son corps et de ses bras à manœuvrer sa rame. Il aurait juste le temps d'atteindre l'autre bord avant que le courant ne devînt dangereux. Par-dessus le frémissement des rapides il entendait maintenant le grondement irrité d'une cataracte.

Ce fut à ce moment mal choisi que Miki s'avisa de faire une nouvelle avance à Nioua. Avec un jappement amical il lança une patte en avant. Or, pour un petit chien, Miki possédait des membres énormes ; sa patte de devant était longue et décharnée, et, quand elle s'abattit en plein sur le bout du museau de Nioua, ce fut avec la force d'un gant de boxe manié par un expert. Il faut aussi tenir compte de la soudaineté de ce geste inattendu ; et, pour comble, le pataud, du revers de son autre patte balancée comme une massue, atteignit le poilu dans l'œil. C'en était trop, même de la part d'un ami ; avec un grognement soudain, Nioua s'élança de son nid et tomba sur le chien.

De fait, Miki, bien qu'il eût si piteusement demandé grâce lors de leur première échauffourée, provenait lui aussi d'une race combative. On ne mêle pas en vain le sang d'un chasseur mackenzie, celui de tous les chiens du Nord qui possède les plus grosses pattes, les plus larges épaules et le plus de vigueur, avec le sang d'un spitz ou d'un airedale. Si le mackenzie, malgré sa force bovine, est en tout temps paisible et de bonne humeur, le diable entre pour une bonne part dans la nature du spitz et de l'airedale, car il est difficile de décider lequel des deux est le plus enclin à la bataille. Et tout d'un coup le bénin Miki sentit le diable s'éveiller en lui. Cette fois il n'implora pas la pitié en glapissant. Il affronta les mâchoires de Nioua, et en moins de deux secondes un combat de premier choix était en pleine action sur la scène précaire de l'avant du canot.

En vain Challoner s'époumona pour les rappeler à l'ordre tout en ramant sans relâche pour échapper au danger des rapides. Nioua et Miki étaient trop absorbés pour l'entendre. De nouveau les quatre pattes de Miki s'agitaient en l'air, mais cette fois ses dents aiguës étaient solidement plantées dans la peau lâche sous le cou de Nioua, et ses membres antérieurs et postérieurs lui servaient à donner continuellement des coups de battoir qui auraient fini par essouffler Nioua, s'il ne s'était produit ce que Challoner appréhendait. Toujours enlacés, les combattants roulèrent de la proue dans le courant tourbillonnant.

Ils disparurent complètement pendant dix secondes environ, puis Challoner vit rebondir à la surface, à plus de cinquante pieds en aval, leurs deux têtes voisines rapidement emportées vers un fatal destin. Un cri d'angoisse lui échappa, qui trahissait une douleur réelle, car il était impuissant à les sauver, et depuis plusieurs semaines Miki était son unique compagnon et ami.

Maintenus ensemble par la corde d'un mètre de long qui les attachait, Miki et Nioua furent balayés vers le chaos écumant des rapides. Pour Miki c'était une faveur du destin que son maître ait eu l'idée de l'attacher à la même corde que Nioua. Le chien, âgé de trois mois, pesait quatorze livres, dont quatre-vingts pour cent d'os et à peine un demi pour cent de graisse, tandis que l'ourson, sur un poids total de treize livres, possédait environ quatre-vingt-dix pour cent de lard. Au point de vue des capacités de flottement, Miki devait donc se comporter comme une petite ancre, et Nioua comme une bouée de sauvetage de première qualité, presque insubmersible.

Il n'y avait ni chez l'un ni chez l'autre la moindre teinte de couardise. Tous deux étaient de race combative, et Miki, bien que submergé pendant la majeure partie des cent premiers mètres de leur course à travers les rapides, ne cessa pas un instant de se débattre pour tenir son museau dans l'air. Tantôt il naviguait sur le dos et tantôt sur le ventre, mais dans toutes les positions, il manœuvrait constamment ses grosses pattes comme des rames.

Ces efforts aidaient Nioua jusqu'à un certain point dans la lutte héroïque qu'il soutenait de son côté pour éviter d'embarquer une trop grande quantité d'eau. S'il eût été seul, ses dix ou onze livres de graisse l'auraient emporté sur le courant comme un ballon d'enfant ; mais avec ce halage de quatorze livres au cou, c'était pour lui un sérieux problème de ne pas sombrer. Une demi-douzaine de fois il disparut un instant, lorsque quelque dragage de fond engloutissait Miki, tête et queue, pattes et tout ; mais toujours Nioua revenait à la surface, agitant en désespéré ses quatre grosses palettes.

Puis vint la cataracte. A ce moment Miki avait pris l'habitude de voyager sous l'eau et heureusement perdu la faculté d'apprécier toute l'horreur du nouveau cataclysme où ils plongeaient. Il avait presque cessé de patauger. Il gardait conscience d'un rugissement dans les oreilles, mais la chose était moins déplaisante qu'au premier abord. Franchement parlant, il était en train de se noyer.

A Nioua était refusée l'agréable sensation d'une mort sans douleur. Aucun ourson du monde n'était mieux éveillé que lui quand arriva la catastrophe finale. Il avait la tête bien au-dessus de l'eau et était en pleine possession de tous ses sens. Tout à coup la rivière se déroba sous lui : il tomba comme un boulet dans une avalanche, et cessa de sentir à son propre cou la traction de Miki.

Challoner aurait pu estimer très exactement la profondeur du gouffre creusé au pied de la cataracte : mais si Nioua eût été capable d'exprimer sa propre opinion, il l'aurait appréciée à un mille au moins. Quant à Miki, il n'était plus en état de faire des évaluations, ni de s'en soucier, qu'il s'agît de deux pieds ou de deux lieues. Ses pattes avaient cessé d'opérer et il s'abandonnait totalement à son destin. Mais Nioua revint sur l'eau, et Miki le suivit comme un bouchon. Il était tout près de rendre le dernier soupir quand la force du courant issu du tourbillon lança l'ourson sur un amas de bois en partie submergé. Nioua, en s'agrippant d'un effort désespéré à cette planche de salut, tira hors de l'eau la tête du petit chien ; et celui-ci resta accroché par le cou au bord de l'épave, comme un pendu au bout de sa corde.

VI

UNE CROISIÈRE MOUVEMENTÉE

Il est douteux que, pendant les quelques instants qui s'écoulèrent alors, un raisonnement défini ait traversé la cervelle de Nioua ; et il serait exagéré de supposer qu'il se mit délibérément à l'œuvre pour tirer de sa situation précaire le pauvre Miki, déjà presque inconscient et plus qu'à moitié mort. Son unique ambition était de gagner lui-même un terrain sec et solide, mais en s'y efforçant il devait nécessairement entraîner le jeune chien.

Plantant dans le bois flotté ses petites griffes aiguës, il se mit donc à haler son bout de corde, et petit à petit, la tête en avant, Miki se trouva hissé hors du courant glacé et hostile. Ce fut une manœuvre très simple. Nioua atteignit un tronc d'arbre autour duquel l'eau refluait : il s'y aplatit et s'y cramponna comme jamais il ne s'était cramponné de sa vie.

De la rive, cette souche flottante était cachée par d'épaisses broussailles ; sans quoi, dix minutes après, Challoner les eût aperçus.

En fait, Miki n'avait pas suffisamment repris ses sens pour flairer ou entendre son maître lorsque celui-ci vint voir s'il restait une chance pour que son petit camarade fût encore en vie. Quant à Nioua, qui flaira cette approche, il ne fit qu'embrasser sa bûche avec une ardeur redoublée : il en avait assez de la bête humaine pour le reste de ses jours.

Une demi-heure se passa avant que Miki commençât à hoqueter, tousser et vomir de l'eau ; et pour la première fois depuis leur rixe en canot, l'ourson sembla s'intéresser vivement à lui. Dix minutes s'écoulèrent encore, puis Miki souleva la tête et regarda autour de lui. Sur quoi Nioua imprima une secousse à la corde, comme pour avertir son compagnon qu'il était temps de se débrouiller s'ils voulaient atteindre le rivage. Et Miki, trempé et lamentable, plus semblable à un squelette famélique qu'à une créature de chair, essaya positivement d'agiter la queue en reconnaissant Nioua.

Il grelottait encore dans cinq centimètres d'eau et jetait des regards d'envie vers ce bloc de bois haut et sec où s'était blotti Nioua. De ses pattes tremblantes et gourdes il s'activa pour le rejoindre. Mais la veine était contre lui. Au moment où il s'écartelait pour y grimper, ses grattements affolés communiquèrent à la souche la légère impulsion nécessaire et suffisante pour la dégager des épaves submergées. Lentement d'abord, la courbe du flot écarta de son ancrage un bout du tronc. Puis le fil du courant le saisit traîtreusement et d'une façon si soudaine que Miki faillit perdre son instable équilibre. L'arbre se déroba, puis se redressa, et se mit à fuir avec une rapidité qui aurait coupé le souffle à Challoner même dans sa fidèle pirogue.

Précisément, Challoner était en train de transporter son embarcation au-dessous de la cataracte. Mais il eût considéré comme une imprudence inexcusable de la mettre à flot dans les rapides où les frères siamois accomplissaient leur héroïque navigation, et, pour plus de sûreté, il préféra perdre près de deux heures à transborder son équipage à travers la forêt jusqu'à un demi-mille en aval.

Pour l'ourson et le toutou ce parcours d'un demi-mille fut une expérience qui devait survivre dans leur mémoire aussi longtemps qu'ils vivraient.

Ils se faisaient face à peu près par le travers du vaisseau, Nioua bien aplati, ses griffes incrustées dans le bois et ses petits yeux bruns presque sortis de leurs orbites : il aurait fallu un levier pour l'arracher de là. Quant à Miki, dès le début il semblait problématique qu'il pût tenir le coup. Il était incapable d'enfoncer dans le bois ses griffes émoussées et d'utiliser ses pattes raides, comme Nioua faisait des siennes, à l'instar de bras humains. Tout ce qu'il pouvait faire était de se maintenir en équilibre : il glissait de tribord à bâbord selon que l'esquif roulait ou déviait dans sa course ; parfois il se couchait en travers, parfois en long, et à chaque instant les mâchoires de l'incertain s'entrouvraient pour l'engloutir.

Les yeux de Nioua ne le quittaient pas une seconde, et s'ils avaient été des vrilles, ils auraient percé des trous. A en juger d'après la mortelle intensité de ce regard, l'ourson comprenait que sa sécurité personnelle dépendait moins de la ténacité de ses propres griffes que des capacités nautiques de Miki. Si le chien passait par-dessus bord, il n'avait d'autre choix que de le suivre.

Le tronc, plus gros et plus lourd d'un bout que de l'autre, filait tout droit, avec la rapidité et l'aspect d'une forte torpille. Nioua tournait le dos à l'horreur des flots écumants et des roches rugissantes, tandis que Miki faisait face à ce spectacle et n'en perdait pas une beauté. De temps à autre, l'épave se précipitait dans un tourbillon d'écume et y disparaissait un instant ; à ces moments-là Miki retenait son souffle et fermait les yeux, Nioua contractait ses griffes. Une fois, la souche effleura un rocher : six pouces de plus, et c'en était fait de leur croisière. Avant d'être à moitié de leur voyage, le jeune chien et l'ourson ressemblaient à deux boules de mousse savonneuse où scintillaient des yeux effarés.

Le tonnerre de la cataracte s'atténua rapidement dans la distance ; les grosses roches autour desquelles l'eau bouillonnait et refluait avec un grondement formidable commencèrent à s'espacer ; l'arbre franchit des espaces libres où il flottait aisément, sans secousses, et atteignit enfin le courant régulier des eaux placides. Alors seulement les deux boules d'écume risquèrent un mouvement volontaire.

L'ours tourna la tête et contempla pour la première fois toute la région d'épreuves qu'ils venaient de traverser. Le chien, qui regardait en aval, revit des rives tranquilles, une forêt profonde, une rivière étincelante au soleil. Tout son corps se gonfla d'une aspiration puissante, et le soupir dans lequel il exhala son soulagement était si profond et sincère qu'une trombe baveuse lui jaillit du nez et des babines. Il eut enfin conscience de la posture incommode où il s'ankylosait, une patte de derrière tordue sous lui, une de devant écrasée sous sa poitrine. Le calme des ondes et la proximité de la rive lui inspirèrent confiance, et il se dressa sur ses pattes.

Il possédait sur Nioua l'avantage d'un voyageur expérimenté, ayant régulièrement navigué plus d'un mois dans la pirogue de Challoner. Il ne craignait pas l'eau, du moins l'eau normale et de bonne conduite. Il se rengorgea un tantinet, et gratifia Nioua d'un jappement à moitié plaintif.

Mais l'éducation de Nioua avait suivi une ligne différente. Si son initiation au canotage datait d'aujourd'hui seulement, par contre il savait bien ce que c'est qu'un tronc d'arbre. Plus d'une aventure l'avait averti qu'une bûche dans l'eau est ce qui ressemble le plus à un être vivant, c'est-à-dire un objet doué d'une capacité presque illimitée de vous jouer les plus mauvais tours. Or c'était là une lacune fatale dans le trésor de science de Miki. Étant donné que ce tronc-là les avait transportés en sûreté à travers les eaux les plus turbulentes qu'il eût jamais vues, il le considérait comme un canot de premier ordre, avec cette restriction que le dessus en était arrondi de façon désagréable ; mais cette légère imperfection ne l'inquiétait guère. Sous les yeux terrifiés de Nioua, il se redressa crânement et se mit à regarder dans toutes les directions.

Instinctivement, l'ours s'accrocha d'une étreinte désespérée, au moment même où Miki éprouvait le désir irrésistible de se débarrasser de l'écume qui l'emmaillotait complètement, sauf les yeux et le bout de la queue. Maintes fois il s'était secoué dans la pirogue : pourquoi ne le ferait-il pas maintenant ? Sans répondre à cette question, et même sans se l'être posée, il le fit.

Ainsi que la trappe du gibet se dérobe sous l'attouchement du bourreau, le tronc répondit immédiatement à la secousse en se retournant. Sans avoir le temps de pousser un cri, Miki partit comme un boulet, frappa la surface avec un « floc » profond et solennel, et, tel un plomb de sonde, disparut encore une fois.

Nioua, dont c'était la première submersion complète, tint bon ; et quand la souche se redressa, il restait vaillamment cramponné à la même place, nettoyé de toute écume. Il chercha Miki des yeux et le crut parti. Cependant il se sentait étranglé par le tiraillement familier à la gorge. Attiré par la tête dans le sens de la corde, il voyait naturellement le point où celle-ci disparaissait dans l'eau : mais rien n'apparaissait au bout : la bête était trop profondément submergée.

Il n'y avait guère de courant à l'endroit où se trouvait Miki. Aussi, Nioua, sentant le poids mort s'alourdir de plus en plus, s'agrippait à l'épave comme à la vie même. S'il eût lâché prise, et rejoint le chien, ils auraient perdu l'heureuse chance qui en ce moment même tournait en leur faveur. Car Miki, se débattant au fond tant qu'il pouvait, jouait à la fois le rôle d'ancre et de gouvernail ; lentement la souche changea de direction, se trouva prise dans un remous de bas-fond, et vint longer la rive boueuse.

D'un bond fou, Nioua s'élança sur la terre ferme ; et dès qu'il la sentit sous ses pattes, il essaya de prendre sa course. Le résultat de cet effort fut que Miki émergea lentement de la vase, écartelé comme un homard, tandis que l'air rentrait dans ses poumons. Nioua, sentant instinctivement que son camarade n'était pas en état de courir pour le moment, s'ébroua et attendit. Miki ne fut pas long à reprendre ses esprits. En moins de cinq minutes il fut sur pied et se secoua avec une telle vigueur que l'ours fut enveloppé par un cyclone d'eau et de boue.

S'ils étaient restés là, Challoner les aurait trouvés au bout d'une heure environ, car il pagayait dans ces parages, tout près de la rive, cherchant leurs cadavres. Il se peut qu'un instinct légué par ses innombrables ancêtres avait averti Nioua de cette éventualité, car moins d'un quart d'heure après leur atterrissage il menait l'attelage dans la forêt, et Miki le suivait de bon cœur dans cette aventure nouvelle pour lui.

L'ours commençait à recouvrer sa bonne humeur. Bien que sa mère lui manquât, la forêt était son domaine familial. Après son expérience affolante en compagnie du chien et de la bête humaine, il sentait grandir sa joie au contact velouté des aiguilles de pin sous ses pattes et aux arômes familiers de ces retraites silencieuses. Il reniflait la brise et pointait les oreilles, se croyant revenu à ses anciennes pistes, enthousiasmé de se sentir encore une fois maître de sa petite destinée. C'était cependant une forêt nouvelle, mais il ne s'en inquiétait pas. Tous les sous-bois se ressemblaient à ses yeux, car il lui était impossible de les repérer dans un domaine contenant des milliers de kilomètres carrés.

Pour Miki, c'était une autre affaire. Il commençait à ressentir l'absence de Challoner, le voisinage de la rivière lui manquait, et il devenait inquiet à mesure que Nioua l'entraînait plus avant dans les sombres et mystérieuses profondeurs des hautes futaies. Décidé enfin à une vigoureuse protestation, il s'arrêta et se raidit si brusquement que l'ourson, arrivant au bout de la corde, s'étala sur le dos avec un grognement de surprise. Miki profita de cet avantage acquis pour retourner sur ses pas et, tirant avec l'énergie presque chevaline que lui avait léguée son père de race mackenzie, il se mit en route vers la rivière, et traîna Nioua sur une distance de quatre à cinq mètres avant que l'ours pût se remettre sur pattes.

Alors commença la lutte. Assis sur leurs derrières, les pattes de devant plantées dans la terre molle, les rivaux tendirent la corde à se démantibuler la nuque et se désorbiter les yeux. L'effort de Nioua était calme et soutenu, tandis que Miki, à la manière canine, tiraillait de façon saccadée et convulsive, avec des bonds en arrière qui forçaient Nioua à céder du terrain pouce par pouce. Tout revenait à savoir lequel des deux cous possédait le plus de résistance. Sous la graisse de l'ourson il n'y avait pas encore beaucoup d'énergie physique ; sur ce point il était inférieur au jeune chien, dont la peau flasque et les gros os dissimulaient une force réelle. Aussi, après s'être raidi héroïquement et s'être laissé traîner encore sur une douzaine de pieds, Nioua renonça au débat et suivit la direction choisie par Miki.

Les instincts ataviques de Nioua l'auraient ramené en droite ligne vers la rivière. Mais chez Miki l'intention était meilleure que le sens de l'orientation. Nioua le suivit de meilleure grâce quand il s'aperçut que son compagnon décrivait un cercle bien inutile qui les éloignait un peu moins vite, mais tout aussi sûrement de la redoutable rivière. Au bout d'un autre quart d'heure, Miki était absolument égaré. Il s'assit sur le derrière, regarda Nioua, et avoua la situation par un faible gémissement.

Nioua ne bougea pas. Ses petits yeux perçants venaient de se fixer sur un objet suspendu à un arbrisseau à quelques pas de distance. Antérieurement à l'apparition de la bête humaine, l'ourson consacrait les trois quarts de son temps à manger. Or depuis la veille au matin il n'avait rien avalé, pas même le moindre insecte. Il se sentait complètement vide, et la vue de l'objet pendu au buisson faisait saliver toutes les glandes de sa bouche. C'était un nid de guêpes.

Bien des fois dans sa jeune vie il avait vu sa mère Nouzak aborder des nids de ce genre, les abattre, les écraser de sa grosse patte et l'inviter à se régaler de guêpes mortes. Pendant plus d'un mois ce mets avait fait partie de son menu quotidien, et c'était un des meilleurs qu'il connût. Il approcha du nid ; Miki le suivit. Quand ils en furent à moins de trois pieds, Miki commença à percevoir un fredonnement très distinct et de nature inquiétante. Nioua n'était pas du tout alarmé ; calculant la distance du nid au-dessus de terre, il se dressa sur son arrière-train, leva les pattes de devant, et attira l'objet avec une secousse funeste.

Instantanément, le ronronnement que Miki avait entendu se transforma en un bourdonnement de scie menaçante. Avec la rapidité de l'éclair, la mère de Nioua aurait mis le nid sous ses pattes et en aurait écrasé la vie. Au lieu de cela, la secousse imprimée par Nioua n'avait servi qu'à déplacer la demeure d'*Ahmou* et de sa dangereuse tribu. Et, précisément, Ahmou se trouvait à la maison avec les trois quarts de ses guerriers.

Avant que Nioua pût donner une seconde secousse au nid, il en sortit un nuage épais : soudain Miki poussa un cri éperdu de douleur. Ahmou en personne s'était posé sur le bout de son museau, Nioua n'émit pas une plainte, mais resta un bon moment à se frotter le mufle entre ses pattes, tandis que Miki, toujours hurlant, enfonçait le sien dans la terre. L'instant d'après toute l'armée d'Ahmou était en action. Alors Nioua se mit à pousser un braillement bizarre et tourna le dos dans une retraite précipitée : Miki ne resta pas en arrière. Sur chaque point de sa peau tendre il sentait la piqûre d'une aiguille rougie au feu. C'était maintenant Nioua qui faisait le plus de bruit. Sa voix ressemblait à un beuglement continu, et l'accord fantastique de cette basse avec le glapissement aigu de Miki eût convaincu tout Indien passant par là que les loups-garous y donnaient un bal.

L'héroïsme des guêpes est assez chevaleresque : après cette déroute de leurs ennemis, elles auraient réintégré leur forteresse bouleversée si Miki, dans sa fuite éperdue, n'avait eu la malencontreuse idée de passer d'un côté d'un jeune arbre tandis que Nioua avait choisi l'autre côté. Cette mésaventure les arrêta avec une brusquerie presque suffisante à leur rompre le cou. Sur quoi, une douzaine de guerriers de l'arrière-garde d'Ahmou revinrent à la charge. Nioua, dont l'humeur combative était enfin éveillée, se retourna et griffa Miki à la croupe en un endroit presque dépourvu de poils. Le pauvre roquet, déjà à demi aveugle, affolé de souffrance et de terreur au point de perdre toute jugeote, crut que la déchirure lancinante infligée par les griffes acérées de l'ourson n'était qu'une piqûre plus profonde des horreurs bourdonnantes qui le harcelaient. Il poussa un hurlement suprême et tomba en convulsions.

Cet accès le sauva. Dans ses contorsions folles il roula autour de l'arbre du même côté que Nioua, et celui-ci, sentant la laisse dégagée, reprit sa course d'un trait. Miki le suivit, hurlant à chaque bond. La rivière n'inspirait plus d'horreur à Nioua. Son instinct l'avertissait qu'il lui fallait de l'eau, et au plus vite. En ligne aussi droite que celle que Challoner eût pu suivre à la boussole, il entraîna son compagnon vers le fleuve. A quelques centaines de pas ils rencontrèrent un petit ruisseau qu'ils auraient pu franchir d'un bond. Nioua sauta dans l'eau, profonde de quatre à cinq pouces, et, pour la première fois de sa vie, Miki fit un plongeon volontaire. Ils restèrent longtemps vautrés dans le frais ruisselet.

La lumière du jour n'arrivait plus que terne et vague aux yeux de Miki, qui commençait à enfler de l'extrémité du museau à la dernière vertèbre de la queue. Nioua, protégé par sa graisse, souffrait moins, et y voyait encore. A mesure que coulaient ces heures douloureuses, bien des choses s'ajustaient dans sa cervelle. Toutes ces tribulations avaient commencé à l'apparition de la bête humaine. C'est elle qui lui avait pris sa mère, qui l'avait jeté lui-même dans un sac obscur, et surtout qui lui avait attaché la corde au cou. Lentement, mais sûrement, il commençait à se convaincre que cette corde était cause de toutes leurs mésaventures.

Après un repos prolongé ils sortirent du ruisseau et trouvèrent, au pied d'un grand arbre, un trou moelleux et sec. Même pour Nioua, qui avait conservé l'usage de ses yeux, il commençait à faire sombre dans la vaste forêt. Le soleil déclinait, l'air fraîchissait. Miki, étendu à plat ventre, sa tête enflée posée entre ses deux pattes de devant, gémissait doucement.

Maintes et maintes fois les yeux de Miki se fixèrent sur la corde, à mesure que l'idée dominante se fixait dans sa tête. Il se mit à gémir aussi, autant par regret de sa mère qu'en réponse à Miki. Un irrésistible désir de camaraderie le rapprocha du jeune chien. Après tout, ce n'était pas Miki qu'il fallait blâmer : c'était la bête humaine... et cette corde.

Le soir mélancolique s'épaississait autour d'eux, et Nioua, se serrant de plus près contre son compagnon, prit la corde entre ses pattes de devant, y planta les dents avec un léger grognement, et se mit à la déchiqueter méthodiquement. Il grondait de temps à autre, mais ce grondement dénotait une intention toute communicative, comme s'il eût voulu dire à Miki :

— Tu vois ! je vais ronger cette affaire-là, et elle sera coupée avant l'aurore. Bon courage ! Sûrement la journée de demain sera meilleure.

VII

NOMADES DU NORD

Au lendemain de leur douloureuse expérience avec le nid de guêpes, Nioua et Miki, sur leurs quatre paires de pattes raides et gonflées, se redressèrent pour saluer l'infiltration de l'aurore dans les ombres de la forêt où les avait plongés l'accident de la veille. Ils semblaient animés d'une invincible jeunesse : Miki, surtout, plus grotesque que jamais par le boursouflage de son corps efflanqué et de ses membres excessifs, n'en était que mieux disposé à se mettre en quête de nouvelles aventures. Il étalait une gueule ronde comme la lune, sous une tête bouffie à faire craindre son explosion ; mais ses yeux, ou du moins ce qu'on en pouvait voir, brillaient de leur éclat habituel ; et ses deux oreilles, la demie et l'entière, se dressaient en confiance vers l'ourson, dans l'expectative d'un signal quelconque indiquant ce qu'ils allaient faire. Le venin diffusé dans son corps ne le faisait plus souffrir. Il se sentait trop large de plusieurs pointures, mais, à part ce détail, pas trop mal en point.

Chez Nioua, protégé par sa graisse, les traces de la bataille étaient encore moins notoires. Sa seule détérioration manifeste consistait en la fermeture complète d'un œil. De l'autre, grand ouvert et alerte, il regardait tout autour de lui. En dépit de cette occlusion et de la raideur de ses pattes, il éprouvait l'optimisme de ceux à qui la fortune se décide à sourire. Il était débarrassé de la bête humaine qui avait tué sa mère ; l'attrayante forêt s'ouvrait devant lui, et il avait réussi à couper pendant la nuit la corde qui l'enchaînait à Miki.

Ainsi soulagé de deux maux au moins, il n'eût pas été autrement surpris de voir Nouzak sortir de l'ombre entre les arbres. Cette pensée le fit gémir ; et Miki lui répondit par une autre plainte ; car, envisageant la vaste solitude de son nouveau monde, il venait de se rappeler son maître.

Tous deux avaient faim. L'étonnante rapidité des coups dont le sort les avait accablés ne leur avait pas laissé le temps de manger. Pour Miki, le changement survenu était non seulement étonnant, mais désastreux ; dans l'anticipation de quelque nouvelle catastrophe, il osait à peine respirer, tandis que Nioua scrutait la forêt ambiante.

Rassuré par cette inspection, il tourna le dos au soleil, selon la coutume de sa mère, et se mit en route.

Miki le suivit. Et c'est alors seulement qu'il s'aperçut que toutes les jointures de son corps semblaient avoir disparu. Il avait le cou ankylosé, les pattes comme des échasses, et cinq fois en cinq minutes il buta de ses orteils maladroits et tomba malgré ses efforts pour ne pas rester à la traîne. En outre, les yeux presque fermés, il y voyait à peine. A sa cinquième chute, il perdit entièrement l'ourson de vue, et proféra un gémissement de protestation. Nioua s'était arrêté et fouillait du museau sous une souche pourrie.

Quand Miki le rejoignit il était à plat ventre léchant aussi vite qu'il le pouvait une colonie de grosses fourmis rouges. Miki le regarda faire pendant quelques instants. Il ne tarda pas à soupçonner que Nioua mangeait quelque chose, mais du diable s'il savait ce que c'était. Flairant avec avidité tout près du groin fourrageur de l'ourson, il passa la langue au même endroit, mais n'en retira que de la poussière. Et Nioua ne cessait d'émettre de petits grognements de satisfaction. Il s'écoula bien dix minutes avant qu'il dénichât la dernière fourmi et se remît en route.

Peu après ils arrivèrent à une clairière où le terrain était humide. Après avoir flairé un peu et fixé de-ci de-là son bon œil, Nioua se mit soudain à creuser. En très peu de temps il déterra un objet blanc de la grosseur du pouce, qu'il broya gloutonnement entre ses mâchoires. Miki réussit à en saisir un assez gros morceau, mais fut vite désappointé. La chose ressemblait à du bois ; après l'avoir roulée plusieurs fois dans sa gueule il la laissa tomber de dégoût, et Nioua s'empara de ce reste de racine avec un grognement reconnaissant.

Ils reprirent leur chemin. Pendant deux mortelles heures Miki suivit Nioua sur les talons. Le vide de son ventre grandissait à mesure que diminuait l'enflure de son corps, et sa faim devenait une torture. Mais il ne trouvait pas un morceau à se mettre sous la dent, tandis que Nioua, presque à chaque pas, semblait découvrir quelque chose à dévorer. Au bout de ces deux heures le menu de l'ourson avait atteint des proportions considérables et contenait, entre autres vivres animaux, une demi-douzaine d'escarbots noirs ou verts, toute une variété d'insectes durs ou mous, des colonies entières de fourmis rouges ou noires ; plusieurs vers blancs arrachés au cœur de morceaux de bois en décomposition ; une poignée de limaçons ; une jeune grenouille ; un œuf mal couvé de pluvier terrestre ; et, en fait de légumes, deux racines de camas et un chou. De temps à autre il arrachait de tendres pousses de peuplier et en grignotait l'extrémité. Il chiquait de la résine de sapin ou de balsamier toutes les fois qu'il en trouvait, et, à l'occasion, corsait son menu d'un brin d'herbe tendre.

Miki essaya un certain nombre de ces aliments. Il aurait bien mangé la grenouille, si Nioua ne l'eût devancé. La résine lui empâtait les dents, et son amertume faillit le faire vomir. Entre un limaçon et une pierre il ne faisait guère de distinction ; quant aux insectes, il tomba du premier coup sur une de ces créatures à l'*assa-fœtida* que l'on appelle punaises puantes, et renonça à pousser plus avant ses recherches entomologiques. Il décapita d'un coup de dents une pousse qui sortait de terre, mais au lieu d'un rejeton de jeune peuplier c'était une tige d'oseille sauvage qui lui ratatina la langue pendant un quart d'heure. Il en vint à conclure que, du menu de Nioua, l'herbe était le seul article qu'il aurait pu manger.

Comme pour narguer cette abstinence, le compagnon de Miki manifestait une béatitude croissante à mesure que s'enrichissait son étrange collection stomacale. De fait, Nioua se trouvait dans un pays de cocagne et ne cessait de pousser des grognements de satisfaction ; d'autant plus que son mauvais œil commençait à se rouvrir et qu'il voyait les choses plus clairement. A diverses reprises, ayant découvert de nouvelles fourmilières, il invita le chien, par de petits cris excités, à partager son régal. Jusqu'au milieu du jour, Miki le suivit sur les talons. Il ne se départit de cette fidélité de satellite qu'en voyant le téméraire fouiller résolument dans un nid habité par quatre abeilles sauvages, qu'il écrasa et dévora.

A partir de ce moment Miki sembla comprendre qu'il devait chasser pour son propre compte, et cette idée éveilla chez lui un frisson d'enthousiasme. Il avait maintenant les yeux à peu près déclos, et ses pattes avaient beaucoup perdu de leur raideur. Le sang de sa triple race ne tarda pas à s'affirmer, et il partit en quête de son côté. Ayant trouvé une piste fraîche, il se mit à fureter, et une perdrix s'envola avec un grand bruit d'ailes. Bien qu'un peu alarmé, il sentit croître son excitation. Quelques instants après, en fourrant le museau sous un tas de broussailles, il se trouva face à face avec son dîner.

C'était *Wahbou*, le levraut. En un clin d'œil Miki bondit sur lui et le saisit par la peau du dos. Nioua, entendant le bris des broussailles et le cri de la victime, suspendit sa chasse aux fourmis et se fraya un chemin vers la scène de l'action. Miki, se dégageant à reculons, fit face à Nioua. Il tenait triomphalement entre ses mâchoires le jeune lièvre, qui avait bien vite cessé de crier et de se débattre, et il commença à le dépouiller en affectant de gronder d'un air terrible. Nioua se coula près de lui avec des grognements affables. Les grondements de Miki redoublèrent.

Nioua, sans se démonter, continua d'exprimer sa profonde considération pour son cousin par une série de plaintes sourdes et suppliantes, et flaira la proie. La menace s'éteignit dans la gorge de Miki. Peut-être se rappela-t-il que Nioua l'avait invité plus d'une fois à partager son repas de fourmis et de scarabées. Ils mangèrent le lièvre ensemble.

Le festin ne se termina qu'avec le dernier morceau de chair et le dernier fragment d'os tendre. Alors Nioua s'assit sur son derrière rond et sortit sa petite langue rouge pour la première fois depuis la mort de sa mère. C'était le signe d'un estomac repu et d'un esprit béat. Pour le moment, il ne voyait rien à désirer qu'une sieste ; il s'étira avec nonchalance et chercha du regard un arbre propice.

Cette agréable sensation de plénitude inspirait au contraire à Miki un nouveau désir d'activité. Étant donné que Nioua broyait soigneusement sa nourriture, tandis que Miki, sans se soucier de la mastication, avalait la sienne en paquets, le chien avait disposé pour sa part des quatre cinquièmes du lièvre. Il n'avait donc plus faim. Mais jamais il n'avait senti si vivement son changement d'ambiance depuis leur chute dans les rapides. Pour la première fois de sa vie il venait de tuer et de goûter le sang tiède, et cette combinaison ajoutait à son existence une excitation incomparable avec l'attrait d'un somme en plein soleil. Maintenant qu'il avait appris le jeu, l'instinct de la chasse tremblait dans toutes les fibres de son petit être. Il aurait continué jusqu'à bout de souffle si Nioua n'eût trouvé un bon endroit pour dormir.

C'est avec une surprise ahurie qu'il regarda son compagnon entreprendre à loisir l'ascension d'un grand peuplier. Il avait bien vu des écureuils grimper aux arbres, comme il avait vu voler des oiseaux ; mais l'acte de Nioua lui coupa la respiration ; et c'est seulement lorsque l'ourson fut installé à l'aise sur une fourche que Miki put exprimer ses sentiments. Il poussa un jappement d'incrédulité, flaira le pied de l'arbre, et esquissa une tentative d'imitation. La bûche qu'il ramassa sur le dos le convainquit que, dans leur association, la spécialité de grimper aux arbres était réservée à Nioua.

Désolé, il recula d'une vingtaine de pieds et s'assit pour étudier la situation. Il ne percevait pas le moins du monde ce que Nioua pouvait bien avoir à faire là-haut, car ce n'était certainement pas la chasse aux insectes. Il jappa une demi-douzaine de fois, mais Nioua ne daigna pas répondre. Enfin le chien renonça à résoudre le problème et s'allongea sur le sol avec un gémissement découragé.

Mais ce n'était pas pour dormir. Il se sentait dispos, et désirait s'enfoncer dans les profondeurs de cette forêt fascinatrice.

Il était allégé de l'étrange appréhension qui l'obsédait avant le meurtre du lièvre. En un instant, sous le tas de broussailles, la Nature avait accompli un de ses miracles d'éducation. Dans cet intervalle de deux minutes, le roquet pleurnicheur, enrichi de force et d'intelligence, avait définitivement franchi cette phase élémentaire qui s'était prolongée par sa camaraderie avec Challoner. Le chaud frisson du meurtre venait d'enflammer en lui tous les instincts.

Pendant la demi-heure qu'il passa étendu sur le ventre, mais l'œil et l'oreille aux aguets, tandis que Nioua sommeillait, le petit chien devint à moitié adulte. Il ne devait jamais savoir que son père Héla, le Mackenzie, était le meilleur chasseur dans toute la contrée du Little Fox, et qu'à lui tout seul il avait abattu un caribou mâle. Il ne le savait pas, mais il le sentait, sous forme d'un appel persistant et impérieux. C'est pour saisir cet appel qu'il écoutait avidement les murmures de la forêt, et c'est ainsi que son oreille alerte perçut le faible et monotone gloussement de *Kawouk*, le porc-épic.

Miki ne fit pas un mouvement. Un instant après il entendit le léger cliquetis des dards, et bientôt Kawouk, sortant du couvert, se dressa sur ses pattes de derrière dans un rayon de soleil.

Depuis treize ans Kawouk vivait tranquille dans ce coin solitaire, et maintenant qu'il était vieux il pesait bien ses trente livres. Sorti tard pour dîner cet après-midi, il se sentait encore plus heureux que d'habitude. Sa vue n'était pas très nette, même aux meilleurs jours. La nature ne lui avait jamais destiné des yeux perçants ; c'est pourquoi elle l'avait surchargé d'une phalange hérissée de javelots. A trente pieds de distance il ne s'inquiétait pas du chien, qu'il paraissait ignorer. Et Miki se tapit tout contre terre, averti par son instinct naissant que mieux valait laisser tranquille ce genre de créature.

Pendant un instant Kawouk resta debout, gloussant le cri de sa tribu sans mouvement visible du corps. Il se présentait de profil à Miki et ressemblait à un fonctionnaire obèse. Il était si gras que son ventre faisait saillie comme une moitié de ballon, et ses pattes antérieures étaient croisées par-dessus, à peu près comme des mains humaines. En somme, on l'aurait pris plutôt pour une vieille femelle de son espèce que pour le chef de sa tribu.

Alors seulement Miki aperçut *Iskouasis*, la jeune compagne du porc-épic, au moment où elle débouchait timidement du fourré près de Kawouk. Les vieux os de celui-ci n'étaient pas encore à l'abri du frisson romanesque, car il se mit immédiatement à étaler ses bonnes manières et son élégance. Il commença cette risible démonstration par une sorte de danse amoureuse, sautant d'une patte sur l'autre en secouant son gros bedon et en gloussant plus fort que jamais. Les charmes d'Iskouasis étaient d'ailleurs suffisants pour tourner la tête à un plus vieux beau que Kawouk. C'était une véritable blonde, c'est-à-dire une albinos, une des rares créatures de son espèce. Elle avait le museau rose, roses étaient les paumes de ses pattes, et chacune de ses prunelles roses était encerclée dans un iris d'azur. Mais elle accueillait par une indifférence évidente la danse passionnée du barbon. Celui-ci s'en aperçut et changea de tactique. Il retomba à quatre pattes et se mit à poursuivre sa queue épineuse, comme frappé subitement de folie. Lorsque enfin il s'arrêta pour juger de l'effet produit, il fut manifestement démonté en constatant la disparition d'Iskouasis.

Il resta assis, stupide, pendant une bonne minute, sans faire le moindre bruit. Puis, à la consternation de Miki, il fila droit vers l'arbre où dormait Nioua. A vrai dire, c'était celui qui lui servait de salle à manger ; il se mit en devoir d'y grimper, sans cesser de bavarder tout seul. Du coup, Miki sentit son poil se hérisser. Il ignorait que Kawouk, comme tous ceux de son espèce, était l'être le plus inoffensif du monde, et, de sa vie, n'avait jamais fait de mal à personne à moins d'être attaqué. N'en sachant rien, le chien lança une volée d'aboiements furieux pour prévenir Nioua.

Celui-ci s'éveilla lentement, et, en ouvrant les yeux, vit devant lui une gueule épineuse qui provoqua chez lui une convulsion de frayeur. Avec une précipitation qui faillit le faire dégringoler de sa fourche, il exécuta une sorte de rétablissement et se hissa plus haut dans l'arbre. Kawouk ne s'émut pas le moins du monde. Maintenant qu'Iskouasis était partie il était entièrement absorbé par l'anticipation de son dîner. Il continua son ascension à loisir, ce que voyant, Nioua, terrifié, recula sur une branche pour lui laisser libre passage sur le tronc.

Malheureusement c'était précisément sur cette branche que Kawouk avait pris son dernier repas, et il s'y aventura, semblant toujours ignorer la présence de l'ourson. A cette vue, Miki émit une série de jappements tellement aigus que Kawouk parut enfin comprendre qu'il se passait en bas quelque chose d'anormal. Il regarda Miki s'épuiser en vains efforts pour sauter sur le tronc de l'arbre ; puis il se retourna, et, pour la première fois, contempla Nioua en manifestant un certain intérêt. L'ourson se cramponnait de ses membres antérieurs et postérieurs. Il lui semblait impossible de reculer d'un pied de plus sur la branche que son poids faisait déjà ployer d'une manière inquiétante.

A ce moment Kawouk entama une réprimande irritée. Miki, après un dernier jappement éperdu, se cala sur les hanches pour mieux observer le drame saisissant qui se préparait là-haut.

Kawouk avançait prudemment par intermittences, et Nioua reculait pouce par pouce jusqu'à ce qu'enfin il roula sous la branche et resta agrippé en dessous, le dos vers la terre. Alors Kawouk cessa de gronder et commença tranquillement son dîner. Nioua tint bon pendant deux ou trois minutes. Deux fois il essaya un rétablissement. Puis ses pattes de derrière glissèrent. Pendant une douzaine de secondes il resta suspendu par les pattes de devant, et enfin il s'abattit dans l'abîme de quinze pieds qui le séparait du sol.

Il atterrit tout près de Miki avec un choc mat qui lui coupa la respiration, se releva en grognant, jeta vers l'arbre un regard ahuri, et, sans autre explication à Miki, se mit à trotter au plus épais de la forêt, tout droit vers la grande aventure qui devait constituer pour tous deux une épreuve définitive.

VIII

OISEAUX DE NUIT

Nioua ne s'arrêta qu'après avoir parcouru au moins un quart de mille.

Miki fut tenté de croire qu'ils venaient de passer brusquement au crépuscule. La partie de la forêt où les avait conduits la fuite de l'ourson ressemblait à une vaste et mystérieuse caverne. Challoner lui-même se serait arrêté en cet endroit, impressionné par la grandeur du silence, séduit par les murmures énigmatiques dont il était composé. Le soleil était encore haut dans le ciel, mais pas un rayon ne pénétrait l'épaisseur des sapins et des cèdres suspendus comme un dôme sur la tête de Miki et de Nioua. Autour d'eux il n'y avait ni broussailles, ni arbustes ; sous leurs pieds, pas une fleur, pas un brin d'herbe ; rien qu'un tapis mou d'aiguilles brunes et veloutées dont l'amoncellement étouffait toute vie. On pouvait imaginer que les nymphes de la forêt avaient fait leur dortoir de ce lieu abrité en toute saison contre le vent, la pluie et la neige ; ou encore que les loups-garous avaient choisi pour cachette cette fantastique et morne solitude, d'où ils sortaient pour accomplir leur horrible mission parmi les enfants des hommes.

Aucun oiseau ne pépiait dans les arbres ; nulle vie ne voletait entre leurs branches serrées. Tout était si tranquille que Miki pouvait entendre les battements tumultueux de son propre cœur. Il regarda l'ourson, dont les yeux dans la pénombre étincelaient d'un feu étrange. Ni l'un ni l'autre n'avaient peur, et pourtant dans le silence de cette crypte leur camaraderie naquit une seconde fois, et il y avait en elle quelque chose de nouveau qui pénétra leurs sauvages petites âmes, comblant le vide laissé par la mort d'une mère ou la perte d'un maître.

Le jeune chien gémit doucement, et une sorte de ronronnement sortit de la gorge de Nioua, suivi d'un grognement aigu comme le cri d'un petit cochon. Ils se pressèrent l'un contre l'autre, épaule contre épaule, face au monde.

Au bout de quelque temps ils se risquèrent en avant, comme deux enfants explorant le mystère d'une vieille habitation déserte. Ils ne chassaient pas, et cependant tous les instincts de chasse étaient éveillés en eux. Ils s'arrêtaient fréquemment pour regarder, écouter et flairer l'ambiance.

Ce lieu rappelait à Nioua la sombre caverne où il était né. Sa mère allait-elle surgir tout à coup de l'une de ces allées obscures ? Était-elle endormie par là, elle qui sommeillait si bien dans la nuit de sa tanière ? Peut-être ces questions s'esquissèrent-elles dans son esprit. Car tout, ici, comme dans leur antre, était mortellement tranquille ; et, à peu de distance, la pénombre s'épaississait en trous noirs. C'était un de ces endroits que les Indiens appellent *Muhnedou*, une partie de la forêt d'où la présence des démons a oblitéré toute vie. Car seuls les démons savent faire croître des arbres assez épais pour que le soleil ne les pénètre jamais ; et seuls les hiboux peuvent tenir compagnie à ces mauvais esprits.

A l'endroit où se tenaient Nioua et Miki un loup adulte eût hésité et rebroussé chemin ; le renard se serait esquivé en rasant la terre ; même l'hermine au petit cœur féroce aurait sondé les alentours de ses minuscules yeux ronds, et, sans frayeur, mais avertie par l'instinct, elle eût regagné un couvert moins épais. Car ici, en dépit du calme et de l'obscurité, *il y avait de la vie*, qui palpitait embusquée dans ces abîmes d'ombre. Cette vie s'éveillait précisément au moment où Nioua et Miki s'enfonçaient en plein silence, et un feu verdâtre commençait à s'allumer dans des yeux ronds comme des boules. Pourtant il ne se produisait pas un son, pas un mouvement dans les épaisses ramures. Pareils aux farfadets du *Muhnedou*, les hiboux monstres observaient de là-haut, reprenant lentement leurs esprits, et... attendant.

Bientôt une ombre énorme se détacha du sombre chaos et passa si près au-dessus de la tête des deux compagnons, qu'ils entendirent le rouet menaçant des ailes géantes. Au moment où disparaissait la lugubre créature, un sifflement leur parvint, suivi du claquement rude d'un bec puissant. Un frisson traversa Miki. L'instinct qui cherchait à s'éveiller en lui s'enflamma comme une pincée de poudre. Instantanément, il sentit le voisinage d'un danger inconnu et terrifiant.

Maintenant des bruits se propageaient autour d'eux, des grouillements dans les arbres, des vibrations fantastiques dans l'air ; les claquements métalliques pétillaient au-dessus de leurs têtes. Miki vit la grande ombre revenir et s'évanouir de nouveau. Elle fut suivie d'une seconde, puis d'une troisième, si bien que la voûte feuillue en sembla remplie ; et avec chaque ombre se rapprochait la menace grinçante de ces becs aux fortes charnières. Comme le loup ou le renard, il rasait la terre ; mais ce n'était plus avec l'effroi geignant d'un petit chien. Les muscles bien tendus, il grondait en montrant les dents lorsqu'un des hiboux passait assez près pour lui faire sentir le battement de ses ailes.

Quant à Nioua, il répondit à ces approches par un reniflement qui, s'il eût été plus avancé en âge, aurait reproduit le *whouf* de défi maternel. A la mode des ours, il se tenait debout. Et ce fut sur lui que s'abattit une des ombres, comme une flèche monstrueuse lancée dans la nuit.

A six pieds de distance les yeux flamboyants de Miki virent son camarade enseveli sous une masse grise, et lui-même demeura quelques instants terrifié et paralysé par le tonnerre de ces ailes gigantesques. Nioua ne proférait pas un son. Renversé sur le dos, il plantait ses griffes dans une telle épaisseur de plumes molles qu'il semblait n'y avoir dessous ni cœur ni chair. Il sentait sur lui la présence concrète de la mort. Les battements d'ailes ressemblaient à des coups de massue. Sa respiration en était coupée, ses sens paralysés, mais il continuait à labourer rageusement de ses griffes cette poitrine sans chair.

Dans sa première et féroce attaque, *Ouhoumisiou*, dont les vastes pennes mesuraient cinq pieds de bout en bout, avait manqué d'une fraction de pouce sa prise mortelle. Au lieu de s'enfoncer comme des couteaux dans les organes essentiels, ses puissantes serres s'étaient refermées trop tôt sur le poil épais et la peau flasque de l'ourson. Maintenant il assommait sa proie de ses ailerons, guettant l'instant propice pour l'achever d'un coup de son terrible bec. Une demi-minute de plus et la gueule de Nioua allait être mise en pièces.

C'est parce que Nioua ne faisait pas de bruit, ne poussait aucun cri, que Miki se releva sur ses pattes avec les babines retroussées et un grondement dans la gorge. Du coup, sa crainte abolie fit place à un tressaillement presque joyeux. Il reconnaissait leur ennemi, *un oiseau.*

Pour lui les volatiles étaient une proie et non une menace. Une douzaine de fois, pendant leur retour des contrées hautes, Challoner avait abattu de grosses oies canadiennes et des grues à grandes ailes. Le chien s'était repu de leur chair. Deux fois il avait poursuivi des grues blessées en jappant de toutes ses forces, et *elles avaient fui devant lui.* Cette fois il n'aboya ni ne jappa, mais s'élança comme un éclair sur la masse emplumée. Ses quatorze livres de chair et d'os, avec la force d'une pierre, frappèrent Ouhoumisiou, qui, arraché de son étreinte, fut précipité sur le flanc dans un grand remous d'ailes.

Avant qu'il pût reprendre son équilibre, Miki s'élança de nouveau sur lui, visant à la tête, à l'endroit où il avait harponné la grue blessée. L'oiseau tomba à plat sur le dos, et alors seulement la gorge de Miki émit une volée d'abois irrités et menaçants. C'était un son nouveau pour Ouhoumisiou et pour ses frères altérés de sang qui, retirés dans l'ombre, observaient le combat. Les claquements de bec s'affaiblirent dans la distance, et le hibou, d'un essor vigoureux, s'enleva dans les airs.

Miki, bien planté sur ses pattes de devant, la gueule dressée vers le plafond d'ombre, continua d'aboyer et hurler son défi. Il souhaitait que l'oiseau revint à la charge : il aurait voulu lui arracher les plumes. Pendant qu'il lançait sa provocation sauvage, Nioua se releva, puis avec un petit cri d'avertissement à l'adresse de Miki, prit encore une fois la fuite. Il semblait lui dire : « Si tu agis comme un ignorant, moi du moins je comprends la situation. » Et cette fois encore il obéissait à l'instinct légué par d'innombrables générations. Il savait que la mort rôdait dans les abîmes environnants, et il se mit à courir comme il n'avait jamais couru de sa vie. Miki le suivit. Déjà les spectres volants commençaient à se rapprocher d'eux.

Enfin ils aperçurent en avant une tache de soleil. Les arbres devenaient plus hauts, et la lumière les pénétrait suffisamment pour dissiper les abîmes d'ombre naguère béants de toutes parts.

En parcourant cent mètres de plus, ils auraient atteint la lisière de la grande plaine qui servait de terrain de chasse aux hiboux. Mais l'instinct de la conservation bouillonnait dans la tête de Nioua ; il restait étourdi par le tamponnement de ces ailes foudroyantes, et les flancs lui cuisaient des griffures d'Ouhoumisiou. Aussi, rencontrant sur sa route un inextricable abattis de tronc d'arbres, il plongea dans cet abri si prestement, que pendant quelques instants Miki se demanda ce qu'il était devenu.

Le chien se glissa à sa suite sous l'abattis, puis se retourna et allongea le cou. Il n'était pas satisfait. Ses babines étaient encore retroussées, et il continuait à gronder. Il avait vaincu son ennemi ; il l'avait carrément renversé, et s'était empli la gueule de ses plumes. Dans de pareilles conditions, il s'en voulait d'avoir suivi la déroute de Nioua, et brûlait du désir de retourner et de pousser cette affaire là jusqu'au bout. Plus que jamais s'affirmait en lui l'injonction de race, le sang de l'airedale et du spitz, insoucieux de la défaite, où se mêlaient le courage du loup et l'obstination du renard, soutenus par les mâchoires puissantes et la force herculéenne du mackenzie. Si Nioua ne s'était enfoncé profondément sous l'abattis, Miki serait sorti pour glapir son défi aux créatures empennées devant lesquelles il avait pris la fuite.

Mais les déchirures produites par les serres d'Ouhoumisiou brûlaient Nioua comme un fer rouge, et il en avait assez des batailles aériennes. Il se mit à lécher ses blessures. Au bout de quelque temps Miki s'approcha de lui et flaira le sang frais et tiède. L'odeur le fit gronder. Il savait que c'était le sang de Nioua, et ses yeux brillaient comme des globes incandescents en regardant l'ouverture par laquelle ils étaient entrés dans leur obscur labyrinthe.

Il resta une heure sans bouger, et pendant cette heure, comme dans celle qui avait suivi le meurtre du lièvre, *il grandit.* Lorsque enfin il se glissa prudemment hors de l'abattis, le soleil descendait derrière les forêts occidentales. Il regarda autour de lui, attentif aux mouvements et aux sons. Il avait perdu le maintien affaissé et suppliant du roquet. Ses pattes démesurées se posaient carrément sur le sol ; ses membres anguleux étaient durs, comme sculptés dans du bois noueux ; son corps était tendu, ses oreilles dressées, sa tête plantée bien droit entre des épaules dont l'ossature annonçait pour l'avenir une force gigantesque. Il se sentait en plein milieu de la grande aventure. La vie n'était plus une question de jeux et de caresses aux mains d'un maître ; quelque chose d'autrement palpitant venait d'envahir son monde.

Au bout d'un certain temps il s'allongea sur le ventre tout près de l'entrée du refuge et se mit à ronger le bout de corde qui lui pendait encore au cou. Le soleil s'enfonçait de plus en plus et ne tarda pas à disparaître. Miki attendait toujours que Nioua sortît et vînt se coucher près de lui en plein air. Le crépuscule s'épaississant, il se retira au bord de l'issue et y trouva Nioua. Ensemble ils plongèrent leurs regards dans le mystère de la nuit.

Au début régna le silence absolu qui caractérise la première heure d'obscurité dans le pays du Nord. Les étoiles se montrèrent dans le ciel pur, d'abord deux par deux, puis en constellations étincelantes. La lune se levait de bonne heure : déjà elle apparaissait sur la crête des forêts, inondant le paysage de sa pâleur dorée, et remplissant la nuit d'ombres grotesques, immobiles et muettes. Ce calme ne dura guère. Des trous infestés de hiboux émana un bruit étrange et profond. Miki avait entendu les cris perçants et les hululements prolongés des petits rapaces, dévaliseurs de pièges, mais il ne connaissait pas la vocifération de ces Jézabels aux fortes ailes, ni de ces Frankensteins des forêts profondes, véritables bouchers de la nuit. C'était un son creux, enroué, un gémissement plutôt qu'un cri ; une plainte si brève et si basse qu'elle semblait empreinte de prudence, ou de la crainte d'effaroucher une proie éventuelle. Pendant quelques minutes le signal de vie fut transmis d'un repaire à l'autre, puis les voix se turent et le silence se rétablit, coupé à intervalles par le frôlement dévastateur des grandes pennes au sommet des pins et des cèdres, lorsque les oiseaux de chasse prenaient leur essor vers la plaine.

La sortie des hiboux n'était que le prélude du carnaval nocturne. Miki et Nioua restèrent longtemps couchés côte à côte, bien éveillés, écoutant de toutes leurs oreilles. Un chat-pêcheur passa à pas feutrés au voisinage de l'abattis, et son odeur leur parvint ; puis ils perçurent le cri lointain d'un plongeon, le jappement d'un renard impatient et le meuglement d'une femelle d'élan qui paissait au bord du lac de l'autre côté de la plaine. Enfin vint l'hallali qui activa la circulation de leur sang et les fit tressaillir jusqu'au cœur.

Au premier abord il semblait venir de très loin, ce cri à plein gosier des loups lancés sur la piste. Mais la chasse tournait vers le nord dans la plaine, de sorte que le vent, qui soufflait du nord et de l'ouest, ne tarda pas à emporter les échos. Dès lors la hurlée s'entendit très distinctement, et dans la cervelle de Miki s'éveillèrent des visions nébuleuses et des réminiscences presque inintelligibles. La voix qu'il percevait ne ressemblait en rien à celle de Challoner, mais c'était une voix connue, celle de Héla, son père géant, et de sa mère Numa ; celle de sa lignée pendant des centaines et des milliers de générations avant sa naissance. L'instinct légué par ses ascendants le sollicitait, en même temps que certains souvenirs de tout son jeune âge.

Plus tard il lui faudrait à la fois de l'intelligence et de l'expérience pour discerner la minime différence entre chien et loup. Or cette clameur de sa race *venait vers lui*, et s'enflait rapidement, empreinte d'une férocité affamée. Il en oublia Nioua. Il ne vit pas l'ourson se retirer plus profondément sous l'abattis. Il se dressa raide, inconscient de tout, sauf de cet appel excitant à la curée.

Ahtik, le jeune caribou, menait un train éperdu à cent mètres en avant des loups ; à court de souffle, à bout de force, il sondait la nuit de ses yeux effarés, guettant le miroitement de quelque cours d'eau qui lui offrît une chance de salut. Déjà la horde s'était étendue en forme de fer à cheval, et les fauves placés aux deux extrémités galopaient à sa hauteur, prêts à se rapprocher pour lui trancher les jarrets et l'abattre. En ces instants suprêmes tous les gosiers s'étaient tus, et le jeune animal sentait venir la fin. Il obliqua désespérément à droite et se plongea dans la forêt.

En entendant les heurts de son corps dans les broussailles, Miki se rasa contre l'abattis. Dix secondes après Ahtik passa à moins de cinquante pieds : sa forme paraissait énorme et grotesque au clair de lune ; son halètement ressemblait à un râle et exprimait les affres d'une mort imminente. Il s'évanouit aussi vite qu'il était apparu, et, à sa place, une dizaine d'ombres silencieuses glissèrent avec la rapidité du vent qui vient et passe.

Miki, resté debout, écouta pendant un certain temps, mais le silence était retombé sur la nuit. Alors il rentra dans l'abattis et se coucha à côté de Nioua.

Il passa les heures suivantes en bribes de sommeil interrompu. Il rêva de choses oubliées ; il rêva de Challoner, des nuits froides passées auprès de grands feux ; il entendit la voix de son maître et sentit son attouchement. Mais la note dominante à travers tous ses rêves était le sauvage cri de chasse de ses ancêtres.

Au petit jour il sortit de l'abattis et flaira la piste laissée par le caribou et les loups. Jusqu'ici c'était Nioua qui avait mené leurs vagabondages : maintenant l'ourson suivait son compagnon. Miki, les narines pleines du relent fauve, se dirigea résolument vers la prairie. Il lui fallut une demi-heure pour en atteindre la lisière. Enfin il franchit un large soulèvement de terrain pierreux au-delà duquel son odorat le guida dans une descente profonde et abrupte vers l'évasement de la vallée.

Alors il s'arrêta.

A vingt pieds en contrebas et à une distance de cinquante pieds gisait la carcasse en partie dévorée du caribou. Mais ce n'était pas ce spectacle qui le fit tressaillir jusqu'au fond du cœur. *Mahigune*, la louve renégate, était venue de la plaine broussailleuse pour se repaître du gibier qu'elle n'avait pas contribué à abattre. C'était une créature furtive, au dos rentré, au coup de dent leste, réduite à une maigreur squelettique par suite d'une maladie contractée en goûtant à un appât empoisonné ; une bête lâche, évitée même par les autres de sa race, et qui tuait jusqu'à ses propres petits. Cependant Miki ne voyait en elle rien de tout cela ; elle lui représentait, en chair et en os, tout ce que la mémoire et l'instinct lui rappelaient de sa mère. Or sa mère était venue avant son maître.

Pendant une ou deux minutes il resta immobile et tremblant, puis descendit vers elle, comme il serait allé vers Challoner ; avec beaucoup de précautions et encore plus d'inquiétude, mais surtout avec une étrange émotion que la présence de l'homme n'aurait pas suscitée. Il arriva tout près de Mahigune avant qu'elle n'eût conscience de son approche. Il respirait, toute chaude maintenant, l'odeur maternelle, et cela le remplissait de joie. Pourtant il se sentait apeuré, mais non d'une crainte physique. Aplati sur le sol, la tête entre les pattes, il se mit à gémir.

La louve se retourna avec la vivacité de l'éclair, les crocs dénudés sur toute la longueur de ses mâchoires, les yeux injectés de sang, luisants de menace et de soupçon. Miki n'eut pas le temps d'esquisser un mouvement, ni d'émettre un son de plus. Avec la souplesse d'un chat elle s'élança sur lui, lui fit une morsure unique, et disparut.

Le sang coulait de l'épaule de Miki, mais ce n'était pas une souffrance concrète qui le tenait paralysé. L'odeur maternelle persistait à l'endroit quitté par Mahigune. Mais le rêve du jeune chien était brisé et ce qui chez lui prenait forme de mémoire s'évanouit dans un profond soupir terminé en plainte. Pour lui comme pour Nioua, il n'y avait plus de Challoner, et il n'y avait plus de mère. Il est vrai qu'il lui restait... le monde, ce monde sur lequel le soleil se levait actuellement, et d'où émanait, vibrant, l'arôme de la vie. Et, tout près de lui, il y avait aussi une douce et riche senteur de viande.

Il la flaira avec appétit. Puis, se retournant, il aperçut la forme noire et boulotte de Nioua qui descendait la pente pour se joindre au festin.

IX

AVALANCHE DE CORBEAUX

Si Makoki, le vieil Indien à face de cuir, de la tribu des Cree, qui faisait le courrier entre le lac Dieu et le fort Churchill, avait connu l'histoire de nos deux héros jusqu'au moment où ils vinrent se repaître de la carcasse en partie dévorée du caribou, il aurait dit qu'*Iskou-Wapou*, la bonne Divinité des bêtes, veillait sur eux de façon toute particulière. Car Makoki croyait fermement aux dieux de la forêt, aussi bien qu'à ceux de sa propre hutte. Sans doute il eût fourni une version personnelle et pittoresque de cette aventure, qu'il aurait racontée aux enfants de ses petits-enfants ; et ceux-ci à leur tour l'auraient transmise à leur postérité.

Il n'est pas dans l'ordre de la nature, aurait-il argué, qu'un ourson noir et un jeune chien Mackenzie, mâtiné de Spitz et d'Airedale, se lient d'une pareille camaraderie. C'est donc que la Puissance bienfaisante qui préside aux affaires des quadrupèdes eut l'œil sur eux dès le début. C'est elle — car Iskou-Wapou est une déesse et non un dieu — qui, ayant poussé Challoner à tuer la mère de Nioua, l'incita à attacher d'une même corde l'ourson et le chien, afin qu'en tombant dans les rapides ils échappent à la mort et trouvent l'un dans l'autre un sauveur et un ami. Makoki les aurait appelés *Neswa-pawuk*, les deux petits frères ; et en toute circonstance, il se serait coupé un doigt plutôt que de leur faire du mal. Mais le vieil Indien ne savait rien de cette épopée : ce matin-là il était à cent milles de distance, en train de marchander avec un Blanc qui cherchait un guide. Il devait toujours ignorer qu'Iskou-Wapou se tenait à ses côtés en ce moment même, préparant le plan d'événements qui devaient avoir une si grande importance dans la vie des deux bêtes.

Cependant les inséparables déjeunaient gloutonnement. Profondément pratiques, au lieu de s'attarder au passé, ils s'absorbaient complètement dans le présent. Ces quelques jours d'aventures excitantes semblaient les avoir vieillis d'une année. Chez Nioua, le regret de sa mère perdait de plus en plus de son intensité ; et pour Miki, la perte de son maître ne comptait plus, au train où allaient les choses.

Ce qui occupait une place prépondérante et nette dans leur mémoire, c'était la nuit dernière, leur lutte pour la vie contre les hiboux monstres, leur fuite, l'abattage du jeune caribou par les loups, et, pour Miki en particulier, sa brève et amère expérience avec la louve renégate. L'épaule lui brûlait à l'endroit où elle avait planté ses crocs. Mais son appétit n'en était pas diminué. Il grognait en mangeant, et se gorgea jusqu'à ce qu'il lui fût impossible d'avaler un morceau de plus.

Alors il se tassa sur les hanches et regarda dans la direction qu'avait prise Mahigune, c'est-à-dire vers l'est, du côté de la baie d'Hudson. Une immense plaine s'étendait entre deux chaînes semblables à des murs de forêts, dorés par le soleil matinal. Il n'avait jamais vu le monde tel qu'il lui apparaissait maintenant. Les loups avaient tué le caribou au bord d'un escarpement qui faisait saillie comme un pouce gros et court sur la forêt infestée de hiboux, et la carcasse gisait en contrebas dans une descente herbeuse qui dominait le paysage. De là les regards de Miki pouvaient plonger sous lui et devant lui, si loin que les merveilles aperçues finissaient par se fondre dans l'éclat du soleil et l'azur du ciel. Son champ visuel embrassait un paradis plein de promesses ; de vastes prairies, vertes et grasses ; une série de bosquets semblables à des parcs, avant-garde de l'autre grande forêt qui commençait au pied des chaînes lointaines ; des étendues couvertes de buissons et diaprées des riches teintes du mois de juin ; de-ci, de-là, des eaux scintillantes, et, à un demi-mille de distance, un lac qui semblait un miroir géant encadré dans la verdure empourprée des cèdres et des sapins.

Voilà donc où était allée la louve. Il se demandait si elle reviendrait. Il huma l'air, cherchant quelque odeur d'elle. Mais le désir de la revoir n'existait plus dans son cœur. Quelque chose commençait à l'avertir de la grande différence entre chien et loup. Pendant un instant, espérant encore que le monde lui tenait une mère en réserve, il avait pris une étrangère pour celle qu'il avait perdue. Mais il comprenait, maintenant. Les dents de Mahigune avaient failli lui briser l'épaule ou lui trancher la veine jugulaire.

Tebah-Gone-Gawin, la grande et unique loi, l'implacable norme de la survivance du plus apte, s'imposait à lui. Vivre, c'était combattre, c'était tuer ; c'était vaincre tout ce qui agite des pattes ou des ailes. La terre et l'air lui réservaient des menaces. Depuis la disparition de Challoner il n'avait trouvé d'amitié nulle part, sauf dans le cœur de Nioua, l'ourson sans mère. Et c'est vers Nioua qu'il se tourna maintenant, tout en grognant contre un oiseau des élans au gai plumage, qui voletait à l'affût d'un morceau de viande.

Nioua, dont quelques minutes plus tôt le poids ne dépassait pas une douzaine de livres, en pesait bien maintenant quatorze ou quinze. Son ventre était tendu comme les flancs d'un sac trop plein ; assis en plein soleil, il faisait le gros dos, se pourléchant les babines, copieusement satisfait du monde et de lui-même. Miki se frotta contre lui ; Nioua proféra un grognement de camaraderie, puis se roula sur le dos en l'invitant à jouer.

C'était la première fois que cela lui arrivait, et Miki, avec un jappement de joie, lui sauta dessus. Dans cette amicale escarmouche à coups de pattes, de griffes et de dents, ponctuée de grondements féroces par Miki, de grognements et de petits cris de goret par Nioua, ils déboulèrent jusqu'au bord de la plongée de terrain. De là jusqu'en bas il y avait bien une centaine de pieds ; c'était une pente gazonnée mais abrupte : comme des projectiles lancés par une catapulte ils dégringolèrent jusqu'à la plaine.

Pour Nioua, cette acrobatie n'offrait rien de désagréable : gras et rond comme il l'était, il roulait facilement. Mais il en allait autrement pour le cabot. Tout en pattes, en saillies de peau et d'os, il exécuta en tombant une telle série de contorsions, de boucles et de sauts périlleux, qu'en touchant la dure veine de schiste au bord de la plaine il était complètement étourdi et à bout de souffle. Il se remit sur pied, tout haletant, et pendant quelque temps le monde lui parut décrire une ronde écœurante. Puis il reprit ses sens, et aperçut son camarade à une douzaine de pieds de distance.

Nioua venait de faire une réjouissante découverte. Nulle créature au monde n'apprécie mieux une glissade qu'un ourson noir, sauf peut-être un jeune garçon sur un traîneau ou un castor sur sa queue ; et tandis que Miki remettait de l'ordre dans ses esprits dispersés, Nioua remonta délibérément à vingt ou trente pieds sur la pente, et *se laissa de nouveau rouler jusqu'en bas* ! La mâchoire inférieure de Miki en tomba de surprise. Nioua renouvela la manœuvre et l'autre en perdit la respiration. Cinq fois il regarda l'ourson grimper ces vingt ou trente pieds et s'ébouler sur l'herbe. A la dernière chute il bondit sur lui et lui donna une telle bousculade qu'elle faillit dégénérer en un combat pour tout de bon.

Miki entreprit ensuite d'explorer la base de la colline. Nioua le suivit par condescendance pendant une centaine de mètres tout au plus, mais refusa carrément d'aller plus loin. Parvenu au quatrième mois de son intéressante existence, le jeune ours était convaincu que la Nature l'avait fait naître pour lui donner le plaisir de se remplir indéfiniment le ventre. Manger était pour lui la seule et unique excuse de l'existence. Il avait une sérieuse tâche à accomplir pendant les quelques mois à venir s'il voulait maintenir le record de sa famille, et il se sentait rempli d'alarme et de révolte en constatant que Miki semblait disposé à abandonner la grasse et juteuse carcasse du jeune caribou. Du coup, il oublia toute idée de jeu et se mit à remonter la pente dans une disposition qui contenait cent pour cent d'esprit pratique.

Voyant cela, Miki abandonna son projet d'exploration et le rejoignit. Ils atteignirent le palier de la pente à vingt pas de la carcasse du renne et s'arrêtèrent derrière un amas de grosses pierres pour examiner leur provision de viande. Ils restèrent muets et immobiles de surprise. Deux hiboux gigantesques étaient en train de déchirer la carcasse.

Miki et Nioua les identifiaient avec les monstres de la sombre forêt d'où ils s'étaient échappés au péril de leur vie. Mais en réalité ceux-ci n'appartenaient pas à la race d'Ouhoumisiou et des pirates nyctalopes. C'étaient des hiboux de neige, qui diffèrent de leurs congénères en ce que leur vision est aussi perçante, en plein jour, que celle du faucon. *Mispoul*, le gros mâle, était d'un blanc immaculé, et sa femelle, un peu plus petite, était rayée de bandes d'un brun ardoisé ; leurs têtes rondes et l'absence de houppes d'oreilles leur donnaient une apparence terrifiante.

Mispoul, ses magnifiques ailes à demi étendues sur la carcasse d'Ahtik, déchirait la chair du caribou si gloutonnement que Nioua et Miki entendaient claquer son bec puissant. Sa femelle *Niouish* avait la tête presque enfouie dans les entrailles d'Ahtik. Leur aspect et le bruit qu'ils faisaient en mangeant auraient suffi à troubler les nerfs d'un ours plus âgé que Nioua ; celui-ci se tapit derrière une pierre, ne laissant dépasser que la tête.

Un grognement maussade se forma dans la gorge de Miki. Mais il le retint et s'aplatit sur le sol. Cette fois encore, le sang de son père, le chasseur géant, s'éveillait en lui comme une flamme. Cette carcasse était à lui, et il était disposé à la défendre. En outre, n'avait-il pas battu le grand hibou dans la forêt ? Mais ici, il avait affaire au couple. Cette constatation le fit rester coi une minute ou deux de plus, et dans ce bref intervalle il survint de l'inattendu.

Il vit Mahigune, la louve renégate, sortir des broussailles de l'autre côté de la pente. Le dos rentré, les yeux injectés de sang, sa queue touffue se dérobant dans une intention meurtrière, elle se glissa à travers le terrain découvert comme une ombre grise et rancunière. Si furtive qu'elle fût, elle agissait avec une grande rapidité. Elle s'élança sur Mispoul avec un grondement et un claquement de mâchoires qui incitèrent Miki à se tapir encore plus près du sol.

Les crocs de Mahigune s'enfouirent dans les quatre pouces de plumes qui formaient l'armure du hibou. L'oiseau avait été surpris, et sans l'intervention de *Niouish*, sa tête eût été séparée du tronc avant qu'il pût se mettre en état de défense. La chouette, sortant son cou ensanglanté des entrailles d'Ahtik, attaqua Mahigune avec un cri guttural et sifflant qui ne ressemblait à celui d'aucune autre créature vivante. Elle planta son bec et ses serres dans le dos de la louve, qui, abandonnant Mispoul, lança un coup de gueule féroce à son nouvel assaillant. Mispoul était sauvé pour un instant, mais au prix d'un terrible sacrifice de la part de Niouish. D'un seul coup bien dirigé de ses mâchoires à longs crocs, Mahigune avait littéralement arraché à la chouette une de ses vastes ailes. Dans le croassement de souffrance qui lui échappa, son mâle entendit sans doute une note d'agonie, car il s'enleva sur ses ailes, s'équilibra un instant, puis s'abattit sur le dos de la louve avec une force qui la renversa.

Le grand hibou lui enfonça profondément ses serres dans les reins, s'agrippant à cette partie vitale avec une ténacité vindicative et féroce. Dans cette étreinte, Mahigune, à son tour, sentit l'aiguillon de la mort. Elle se renversa sur le dos et se roula en tous sens, hurlant, mordant et griffant l'air dans ses efforts pour se débarrasser de ces lames de feu qui lui pénétraient de plus en plus profondément dans les entrailles.

Mais Mispoul tenait bon, roulant avec elle, la frappant de ses ailes géantes, refermant les serres dans une étreinte que la mort même n'aurait pu dénouer. Sa femelle agonisait sur l'herbe. Le sang s'échappait à flots du trou qu'elle avait au flanc. Sa vue était déjà obscurcie par l'approche de la mort, qu'elle tentait encore de voler au secours de

Mispoul. Quant à celui-ci, héroïque jusqu'au bout, la mort même ne lui fit pas lâcher prise.

Mahigune se traîna dans les broussailles en bordure, et là seulement elle réussit à se débarrasser du cadavre du grand hibou. Mais elle conservait aux reins ses profondes blessures, et le sang lui coulait du ventre pendant qu'elle cherchait à atteindre le fourré, laissant derrière elle une piste rouge. Elle parcourut encore un quart de mille, puis se coucha sous un bouquet de sapins nains, où elle ne tarda pas à rendre l'âme.

Chez Nioua et Miki — mais surtout chez le fils d'Héla —, cet âpre combat avait encore activé le subtil développement de leur compréhension du monde et la croissance de cette sagesse inoubliable qui naît de l'expérience, soutenue par l'instinct héréditaire. Ils avaient tué de petites créatures, Nioua, ses scarabées, ses grenouilles et ses frelons ; Miki, son lièvre ; ils s'étaient battus pour défendre leur vie ; ils avaient passé par des épreuves qui, dès le début, constituaient un jeu de hasard engagé contre la mort ; mais il avait fallu l'apogée d'une lutte comme celle qui venait de se dérouler sous leurs yeux pour leur ouvrir de nouvelles perspectives sur la vie.

Miki laissa passer plusieurs minutes avant d'aller flairer le cadavre de la chouette. Il n'éprouvait plus le désir de lui arracher les plumes dans un puéril accès de triomphe et de férocité. Des habiletés et des ruses nouvelles venaient de naître en lui. Le sort de Mispoul et de sa femelle lui avait fait sentir tout le prix du silence et de la circonspection ; il savait maintenant qu'il y avait au monde beaucoup d'êtres à qui il n'inspirait aucune frayeur et qui n'étaient nullement disposés à fuir devant lui. Il avait perdu son mépris et prudent et fanfaron des créatures ailées ; il avait appris que la terre n'était pas faite pour lui seul, et que pour y tenir sa petite place il devait lutter comme Mahigune et les hiboux. Et tout cela venait de ce que dans les veines de Miki coulait le sang rouge d'une longue lignée d'ancêtres combatifs qui eux-mêmes se rattachaient aux loups.

Chez Nioua le processus déductif suivait une marche toute différente. Sa race n'était pas agressive, sauf vis-à-vis de ses semblables. Elle n'avait pas l'habitude de faire sa proie des autres bêtes, et nulle ne la considérait comme une proie. Cette sécurité résultait d'ailleurs d'un pur accident de naissance, du fait qu'aucune créature de ce vaste domaine n'était assez forte, isolément ou en bande, pour venir à bout d'un ours noir adulte en lutte franche. Aussi la tragédie de Mahigune et des hiboux n'avait rien enseigné à Nioua sur l'art de se battre. Le seul bénéfice, peut-être, qu'il avait tiré de cet exemple était un redoublement de prudence. Et ce qui l'intéressait le plus dans tout cela, c'est que la louve et les deux oiseaux n'avaient pas dévoré le jeune caribou. Son souper était intact.

Il resta caché, ses petits yeux ronds bien ouverts à l'éventualité de nouveaux dangers, et regarda Miki explorer la scène du combat. Le chien alla du cadavre de la chouette à celui d'Ahtik, puis flaira lentement la trace de Mahigune vers la brousse. Il trouva Mispoul à la lisière du bois. Sans s'aventurer plus loin, il revint vers Nioua, qui s'était enfin décidé à se risquer en terrain découvert.

Miki dut bien courir une cinquantaine de fois dans la journée à la défense de leur garde-manger. Les oiseaux des élans glousseurs, avec leurs gros yeux, étaient les plus ennuyeux ; et le second prix de persévérance revenait aux geais du Canada. Deux fois une petite hermine à robe grise, aux yeux rouges comme des grenats, vint pour se gorger de sang, mais Miki s'élança contre elle d'un air si sauvage qu'elle ne revint pas une troisième fois. Vers midi les corbeaux du voisinage avaient senti ou aperçu la carcasse, et décrivaient des cercles au-dessus, en attendant le départ de Miki et Nioua. Plus tard, perchés au sommet des arbres de la lisière, ils firent entendre de rauques protestations.

Cette nuit-là les loups ne revinrent pas à la pente. Le gibier était trop abondant et ceux qui se trouvaient au-dessus de la gorge chassaient une nouvelle proie loin dans l'ouest. Une fois ou deux Nioua et Miki entendirent leurs hurlements à grande distance.

Ils passèrent encore cette nuit radieuse et étoilée à veiller et écouter, dormant à intervalles ; dans la douceur de l'aube grise ils retournèrent à leur festin.

C'est en cela que Makoki, le vieux courrier de la tribu Cree, aurait trouvé la preuve la plus convaincante de la présence tutélaire. Jours et nuits se succédaient, et la chair et le sang d'Ahtik développaient merveilleusement la force des deux bêtes. Au bout de quatre jours, Nioua était gras à lard ; il avait bien grandi de moitié depuis le jour où il était tombé du canot. Miki commençait à se remplir. On ne pouvait plus lui compter les côtes à distance. Sa poitrine s'élargissait, ses pattes perdaient un peu de leur gaucherie anguleuse, ses mâchoires se renforçaient de leur exercice sur les os d'Ahtik. L'ardeur du roquet au jeu diminuait en lui à mesure que s'affirmait l'impatience du chien de chasse. La quatrième nuit, le cri de la horde lui parvint de nouveau et suscita en lui une exaltation sauvage.

Pour Nioua, embonpoint était synonyme de bonne humeur et contentement. Tant qu'il restait de la viande, il n'était guère tenté de dépasser ce flanc de colline. Deux ou trois fois par jour il descendait au ruisseau ; le matin et l'après-midi, de préférence vers le coucher du soleil, il s'amusait à rouler du haut de la pente. En outre, il prenait l'habitude de faire sa sieste dans la fourche d'un jeune arbre.

Comme Miki n'appréciait pas du tout le sport du toboggan et ne savait pas grimper aux arbres, il passait le temps à s'aventurer de plus en plus loin au pied de la hauteur. Il aurait voulu que l'ourson l'accompagnât dans ses expéditions. Il ne se mettait jamais en route sans l'avoir supplié de descendre de son perchoir, ou sans avoir tenté de le détourner de l'unique piste tracée par ses allées et venues au ruisseau.

Cependant l'obstination de Nioua n'était pas de nature à provoquer entre eux un réel désaccord. Miki l'estimait trop pour cela. Si les choses en étaient venues à une épreuve décisive, et si Nioua avait pensé que Miki ne reviendrait pas, il l'eût suivi sans aucun doute.

Ce fut une autre cause, plus puissante qu'une vulgaire querelle, qui établit entre eux la première barrière sérieuse. Miki appartenait à une race qui aime à manger sa viande fraîche, tandis que Nioua préférait la sienne faisandée. Or à partir du quatrième jour, ce qui restait de la carcasse d'Ahtik se mit à mûrir rapidement. Le cinquième jour, Miki en trouva la chair difficile à avaler : le sixième, cela lui fut impossible.

Nioua la jugeait de plus en plus délicieuse à mesure que la saveur en devenait plus forte et le parfum plus lourd. Le sixième jour, dans son enthousiasme, il se roulait dessus. Cette nuit-là, pour la première fois, Miki évita de dormir à côté de lui.

Le septième jour amena une crise. Ahtik empestait maintenant l'atmosphère. Son odeur, propagée par la douce brise de juin, avait attiré tous les corbeaux du pays. Elle repoussa Miki, qui s'esquiva comme un chien battu jusqu'au lit du ruisseau. Quand Nioua vint y boire après déjeuner, Miki le renifla un instant, puis s'arrangea pour augmenter la distance entre eux. En réalité il n'y avait plus guère de différence entre Ahtik et Nioua, sinon que l'un était immobile et l'autre en mouvement. Tous deux puaient la charogne : tous deux étaient décidément bien faisandés. Les corbeaux mêmes décrivaient des cercles au-dessus de Nioua, se demandant comment il se faisait qu'il marchât comme une créature vivante.

Cette nuit-là Miki dormit seul sous un massif de buissons dans le lit du ruisseau. Il était affamé et solitaire, et pour la première fois depuis plusieurs jours il sentait l'énormité et le vide du monde. Nioua lui manquait. Ses gémissements d'appel troublèrent à plusieurs reprises les longues heures de silence étoilé.

Le soleil était déjà haut quand Nioua descendit la colline. Il s'était acquitté de son déjeuner et de sa glissade matinale, et embaumait de pis en pis. Cette fois encore Miki essaya de l'entraîner, mais Nioua semblait obstiné à demeurer dans toute la gloire de sa condition actuelle.

Ce matin-là il était encore plus pressé que d'habitude de retourner à la plongée : toute la journée de la veille il avait dû donner la chasse aux corbeaux, et aujourd'hui ceux-ci redoublaient d'entêtement pour essayer de lui voler sa carne. Après avoir bu et poussé un grognement criard à l'adresse de Miki, il s'empressa de remonter la pente.

Sa piste pénétrait sur le palier en traversant l'amas de rochers à l'abri desquels Miki et lui avaient regardé la bataille entre Mahigune et les deux hiboux ; par mesure de précaution il s'y arrêtait toujours un instant pour s'assurer que tout allait bien en terrain découvert. Cette fois il eut un sursaut. La carcasse était littéralement noire de corbeaux.

Kakaklou et sa horde éthiopienne de nettoyeurs étaient descendus comme un nuage ; à grands battements d'ailes, échangeant force coups de bec, ils lacéraient la chair d'Ahtik comme une bande de déments. Un autre nuage planait dans l'air ; tous les buissons et arbustes du voisinage pliaient sous leur poids, et leur plumage de jais brillait au soleil comme s'ils sortaient d'un bain de rétameur.

Nioua en restait confondu. Il n'avait pas peur ; à maintes reprises il avait chassé ces voleurs poltrons ; mais jamais il n'en avait vu autant. Ils lui cachaient complètement sa charogne. La terre même était noire aux alentours.

Il s'élança des rochers en découvrant ses crocs, comme il l'avait déjà fait au moins une douzaine de fois. Il y eut un bruit d'ailes étourdissant. L'air fut obscurci, et le croassement qui s'éleva de toutes parts pouvait s'entendre à un mille de distance. Mais cette fois Kakakiou et sa puissante équipe ne s'envolèrent pas vers la forêt. Leur nombre leur inspirait de l'audace. Ils avaient goûté à la chair d'Ahtik, et l'arôme qui s'épanouissait dans leurs narines les enivrait et les affolait de désir.

Nioua était abasourdi. Au-dessus, derrière, tout autour ils tournoyaient, l'insultant de leurs cris rauques, et les plus hardis fondaient sur lui pour le battre de leurs ailes. Le nuage menaçant s'épaississait ; tout à coup il s'abattit comme une avalanche.

Il recouvrit la carcasse et ensevelit carrément Nioua. Celui-ci se sentit suffoqué sous la multitude emplumée et commença à se battre, comme il l'avait fait avec les hiboux. Les tenailles d'une vingtaine de becs noirs lui pincèrent les poils et la peau ; d'autres le piquaient aux yeux ; il crut qu'on lui arrachait les oreilles, et le bout de son museau fut ensanglanté en quelques secondes. Perdant le souffle, aveuglé, étourdi, abîmé de piqûres par tout le corps, il oublia Ahtik et n'eut plus d'autre désir que de gagner un terrain découvert où il pût courir à l'aise.

Concentrant toute sa force en un suprême effort, il se remit sur pied et chargea à travers la masse vivante qui l'enveloppait. A ce signal de défaite nombre des assaillants le quittèrent pour se joindre au festin. Lorsqu'il arriva à mi chemin du bois où s'était réfugiée Mahigune, tous l'avaient abandonné, sauf un seul. Celui-là était peut-être Kakakiou en personne. Il s'était attaché comme un piège à la queue touffue de Nioua, et y restait suspendu avec une mortelle détermination malgré les cahots de la course. Il y demeura cramponné jusqu'à ce que sa victime fût assez loin sous le couvert. Alors il s'enleva lourdement et rejoignit ses congénères.

Si jamais Nioua avait senti le besoin de Miki, c'était en ce moment. Encore une fois, son point de vue du monde venait de changer complètement. Il avait été piqué dans une centaine d'endroits. Le corps lui brûlait comme du feu. Le dessous de ses pattes même lui faisait mal et rendait sa marche pénible. Pendant une demi-heure il resta caché sous un buisson, léchant ses blessures et quêtant l'odeur de Miki.

Puis il descendit la pente vers le lit du ruisseau, et parcourut dans toute sa longueur la piste tracée par ses allées et venues. Mais c'est en vain qu'il chercha de tous côtés son camarade. Il grogna et gémit, et essaya encore une fois de retrouver sa trace dans l'air. Il remonta le ruisseau jusqu'à une certaine distance, et le redescendit en courant. Ahtik ne comptait plus du tout maintenant.

Mais Miki était parti.

X

MIKI S'AVENTURE SEUL

A un quart de mille de là, Miki avait entendu la clameur des corbeaux. Mais il n'était pas disposé à revenir, même s'il eût deviné que Nioua avait besoin d'aide. Affamé par un long jeûne, bien décidé à s'attaquer à tout être comestible, quelle que fût sa taille, il dut pourtant parcourir un bon mille avant de rencontrer une simple écrevisse, qu'il broya et avala avec sa carapace ; cela lui ôta du moins le mauvais goût de la bouche.

Cette journée lui réservait encore un événement mémorable. Maintenant qu'il se trouvait seul, le souvenir de son maître lui revenait plus précis. Ses représentations mentales s'affirmaient plus nettes à mesure que l'après-midi s'allongeait, et comblaient lentement mais sûrement le gouffre creusé par la camaraderie de Nioua. L'enthousiasme des aventures avait momentanément cessé de l'aiguillonner. Il hésita à plusieurs reprises et fut sur le point de retourner vers Nioua. Mais sa faim l'entraînait toujours plus loin.

Il dénicha encore deux écrevisses. Puis le ruisseau devint plus profond : l'eau y coulait moins rapide et plus sombre. Deux fois il donna la chasse à de vieux lièvres qui l'esquivèrent aisément. Il fut sur le point d'en attraper un jeune. Fréquemment des perdrix s'élevaient à grand bruit d'ailes. Il vit des oiseaux d'élan, des geais, et de nombreux écureuils. Il était entouré de proies impossibles à saisir. Enfin la fortune lui sourit. En fourrant le museau dans l'ouverture d'une souche creuse, il bloqua un lièvre dans ce réduit sans autre issue. Il passa plusieurs minutes à savourer le premier repas sérieux qu'il eût pris depuis trois jours.

Ce régal l'absorbait à tel point qu'il laissa passer inaperçue l'entrée en scène d'un nouveau personnage. Il n'entendit pas venir *Ouchak*, le chat-pêcheur, et il ne flaira son odeur qu'au bout d'un certain temps. Ouchak n'était pas enclin à déranger autrui. De naissance et d'instinct, c'était un vaillant chasseur, doué de bonnes manières ; et quand il vit Miki (qu'il prenait pour un jeune loup) en train de dévorer une proie nouvellement tuée, il ne fit pas un mouvement pour en demander sa part. Il ne se sauva pas non plus ; et sans doute il aurait bientôt repris son chemin si Miki, averti de sa présence, ne lui eût fait front.

Ouchak était arrivé de l'autre côté de la souche et se tenait à six pieds de distance à peine. Pour quelqu'un ignorant son histoire comme Miki, son aspect n'avait rien de féroce. Il ressemblait à ses congénères, la belette, la loutre, le putois. Aussi long que Miki, il n'atteignait guère que la moitié de sa hauteur, de sorte que ses deux paires de pattes courtes semblaient un peu déjetées, comme chez un chien basset. Il pesait probablement huit à dix livres. Il avait la tête ronde comme un boulet, presque pas d'oreilles, et des moustaches extravagantes ; avec cela une queue touffue et des petits yeux agressifs qui semblaient faire un trou à travers tout ce qu'ils regardaient. Sa présence fortuite fit à Miki l'effet d'une menace et d'un défi. En outre, Ouchak semblait facile à vaincre si l'on en venait à une bataille. Aussi le chien retroussa les babines et se mit à gronder.

Ouchak accepta cette manifestation comme une invite à passer son chemin, et comme c'était un animal bien élevé qui respectait les chasses réservées d'autrui, il esquissa, en manière d'excuse, une retraite à pas feutrés.

C'en était de trop pour Miki, qui ignorait encore l'étiquette des pistes forestières. Ouchak avait peur de lui. Il se sauvait ! Avec un jappement de triomphe, il s'élança à sa poursuite. Ce ne fut après tout qu'une erreur de jugement, et beaucoup d'animaux à deux pieds avec des cervelles plus grosses que la sienne, en commettent d'analogues. Car Ouchak, s'il ne se mêle guère que de ses propres affaires, peut être considéré, étant donné sa taille et son poids, comme l'un des meilleurs petits combattants de l'Amérique du Nord.

Miki ne devait jamais se rendre compte au juste de ce qui se passa dans la minute qui suivit son attaque. Ce ne fut pas un combat à proprement parler ; ce fut une immolation unilatérale, un massacre. Sa première impression fut qu'il avait assailli une douzaine d'Ouchaks et non un seul ; et au-delà de cette première impression son esprit cessa de fonctionner et ses yeux de voir. Il reçut une raclée comme jamais de sa vie il n'en devait plus recevoir de pareille. Il fut égratigné, meurtri et mordu ; il fut étranglé et poignardé ; il fut assommé à tel point que quelque temps après le départ d'Ouchak il continuait à battre l'air de ses pattes, sans avoir conscience que l'affaire était terminée. Quand il ouvrit les yeux et se trouva seul, il se tapit dans la souche creuse où il avait acculé le lièvre.

Il y resta une bonne demi-heure, essayant de comprendre ce qui était arrivé. Le soleil déclinait quand il se traîna dehors. Il boitait. Une morsure avait traversé de part en part son unique oreille en bon état. Sa peau était à nu par endroits, Ouchak en ayant arraché le poil. Ses os étaient endoloris, la gorge lui faisait mal, et il avait une bosse sur l'œil. Il regarda avec regret sa route déjà suivie. Il pourrait retrouver Nioua par là-haut. A mesure que s'allongeaient les ombres, le sentiment d'une grande solitude montait en lui, avec le désir de retourner vers son camarade. Mais Ouchak était parti de ce côté, et le chien ne désirait pas une nouvelle rencontre.

Il erra vers le sud-est, jusqu'à un quart de mille environ, avant la disparition complète du soleil. Dans l'ombre croissante du crépuscule, il tomba sur la piste de portage du *Big-Rock* entre le *Beaver* et le *Loon*.

Ce n'était pas une piste à proprement parler. A de très rares intervalles, des voyageurs descendus du nord s'en servaient pour passer d'une voie d'eau à l'autre. Trois ou quatre fois par an tout au plus, un loup y aurait discerné l'odeur de l'homme. Elle y régnait ce soir, si chaude que Miki s'arrêta net en arrivant là, comme si un autre Ouchak s'était dressé devant lui.

Pendant quelques instants, il resta pétrifié par une émotion irrésistible. Tout le reste était oublié devant cette découverte d'une piste humaine, et, *par conséquent, de la piste de Challoner, son maître.* Il se mit à la relever, lentement d'abord, comme s'il craignait de la perdre. La nuit venue, il la suivait toujours, s'obstinant à la clarté des étoiles, exclusivement mené par l'instinct domestique du chien et son désir d'un maître.

Il était presque arrivé au bord du Loon quand il aperçut le feu du campement de Makoki et du Blanc.

Il ne courut pas : il s'abstint d'aboyer ou de japper. La rude école du désert lui avait déjà imposé son empreinte. Il se glissa avec précaution, et s'aplatit sur le ventre juste en dehors du cercle éclairé par le foyer. Il vit alors qu'aucun de ces deux hommes n'était Challoner. Mais tous deux fumaient, comme lui. Il entendait leurs voix ; elles ressemblaient à celle de son maître. Et ce campement était pareil au sien : un feu, une marmite suspendue au-dessus, une tente, et, dans l'air, une odeur de cuisine.

Il était sur le point d'entrer dans le cercle de lumière lorsque le Blanc se leva, s'étira comme le faisait souvent Challoner, et ramassa une trique grosse comme le bras. Il approcha à moins de six pieds de Miki ; celui-ci esquissant un mouvement vers lui, se dressa sur ses pattes. Ce léger déplacement l'amena dans la pénombre. Ses yeux brillaient au reflet du feu, et l'homme l'aperçut.

Rapide comme l'éclair, il éleva le gourdin au-dessus de sa tête et le lança droit contre Miki avec toute la force de son bras de géant. Si cette massue l'avait frappé carrément, elle aurait tué le chien. Le gros bout le manqua. Le petit bout l'atteignit entre l'épaule et le cou et le précipita dans l'ombre avec tant de violence et de rapidité que l'homme le crut mort du coup. Il cria à Makoki qu'il venait de tuer un louveteau ou un renard, et s'élança dans l'obscurité.

Le choc avait projeté Miki au beau milieu de l'épais buisson formé par un sapin rabougri. Il resta couché là sans faire un mouvement, avec une terrible douleur dans l'épaule. Entre le feu et lui il vit l'homme se baisser pour ramasser le bâton, et Makoki accourir avec *une autre* trique. Il se fit aussi petit que possible dans son abri. Il était rempli d'une grande crainte, car il comprenait maintenant la vérité. Ces hommes-là n'étaient pas Challoner. Ils lui donnaient la chasse gourdins en mains. Le chien savait à quoi les triques étaient destinées. Son épaule était presque brisée.

Il se tint coi pendant que les hommes cherchaient tout près de lui. L'Indien enfonça même son bâton dans le fourré de sapins. Le Blanc répétait qu'il était certain de l'avoir touché, et à un moment donné il passa si près que son soulier lui toucha presque le museau. Il retourna jeter au feu de nouvelles branches de bouleau, pour que la flamme éclairât un plus vaste cercle. Le cœur de Miki lui manqua. Mais les deux hommes continuèrent leurs recherches plus loin, et en fin de compte revinrent s'asseoir près du feu.

Pendant une heure Miki ne bougea point. Le feu baissa. Le vieux Cree s'enveloppa d'une couverture, et le Blanc entra dans la tente. Alors seulement le chien osa ramper hors du buisson. Autant que le permettait son épaule meurtrie qui le faisait boiter à chaque pas, il se hâta de remonter la piste suivie avec tant d'espoir si peu de temps auparavant. L'odeur humaine ne lui faisait plus battre le cœur de joie. C'était maintenant une menace, un avertissement, une chose dont il voulait s'éloigner. Il eût préféré retrouver Ouzak ou les hiboux que l'homme blanc armé de sa massue. Avec les hiboux du moins il pouvait se battre, mais au bâton il reconnaissait une supériorité écrasante.

La nuit était bien tranquille quand il se mussa de nouveau dans la souche creuse où il avait tué le lièvre. Il en passa les dernières heures à lécher ses blessures. Au petit jour, il sortit et mangea les restes du lièvre.

Après quoi il fit face au nord-ouest, dans la direction où était Nioua. Il n'hésitait plus maintenant. Il lui fallait retrouver l'ourson. Il voulait le frotter du museau et lui lécher la gueule, quand même il empesterait l'univers. Il voulait l'entendre grogner et pousser son petit cri si drôle de bonne camaraderie ; il voulait recommencer à chasser avec lui, à jouer avec lui, à se coucher et dormir près de lui dans les coins ensoleillés. Nioua, du moins, faisait nécessairement partie de son monde.

Il se mit en route.

Or, bien plus haut sur la rivière, Nioua, plein d'un espoir anxieux, suivait toujours la piste de Miki.

A mi-chemin de la plongée, dans une petite prairie inondée de soleil, ils se rencontrèrent. Il n'y eut pas de grandes démonstrations. Tous deux s'arrêtèrent et se dévisagèrent un moment, comme pour s'assurer qu'il n'y avait pas d'erreur. Nioua grogna, Miki remua la queue. Ils se flairèrent réciproquement les narines. Nioua appuya la démonstration d'un petit cri aigu, et Miki répondit par un gémissement, comme s'ils se disaient :

— Tiens, Miki !

– Bonjour, Nioua !

Alors Nioua se coucha au soleil et Miki s'allongea à côté de lui. Après tout, ils étaient dans un drôle de monde, qui tombait en morceaux de temps à autre, mais finissait toujours par se raccommoder. Aujourd'hui leur univers, assaini, semblait remis à neuf. Une fois de plus ils étaient copains, ils étaient heureux.

XI

LES MANGEURS DE MÛRES

La Lune volante, la mi-été profonde et somnolente, régnait sur toute la terre de *Kiwatine.* De la baie d'Hudson à l'Athabasca, et depuis les Hautes Terres jusqu'au bord des Grandes Solitudes, les forêts, les plaines et les marécages gisaient dans la paix et l'oubli sous les jours baignés de soleil et les nuits peuplées d'étoiles. Cette *Mukou-Sawine* d'août était la lune de la génération, la lune de la croissance, pendant laquelle la vie sauvage reprend toute sa plénitude. Car les pistes de cette région désertique — qui embrasse un millier de milles de l'est à l'ouest et autant du nord au sud — étaient vides, plus que jamais, de vie humaine. Ses quelques milliers de chasseurs et trappeurs, avec leurs femmes et leurs enfants, s'étaient réunis dans les postes de la Compagnie de la Baie éparpillés sur ce domaine immense du croc et de la griffe, pour dormir, bavarder et se distraire pendant ces courtes semaines de chaleur et d'abondance, avant de recommencer les luttes et tragédies d'un autre hiver.

Pour cette gent forestière, la *Mukou-Sawine* constituait la grande récréation de l'année ; dans ces postes où ils s'assemblaient comme à une grande foire, ils contractaient de nouvelles dettes ou établissaient de nouveaux crédits, s'adonnaient aux jeux d'amour ou de hasard, se mariaient ou s'engraissaient en prévision d'interminables jours de privations et d'ennui.

Ainsi les êtres sauvages étaient rentrés temporairement en possession de leur monde. Le *Wild* était débarrassé de toute odeur humaine. On ne leur donnait pas la chasse. Les trappes ne s'ouvraient plus sous leurs pas, les appâts empoisonnés ne s'offraient plus sur leur passage. Dans les marais et sur les lacs, les palmipèdes cancanaient et croassaient sans craindre pour leurs petits en train d'éprouver la puissance de leurs ailes. La femelle du lynx jouait avec ses chatons sans renifler dans l'air la menace de l'homme ; celle de l'élan se plongeait hardiment avec ses faons dans l'eau fraîche des lacs ; les wolvérines [1] et les martres se pourchassaient en folâtrant sur le toit des huttes et des cabanes abandonnées ; le castor et la loutre s'ébattaient et cabriolaient dans leurs sombres étangs ; les oiseaux pépiaient à cœur joie, et tout le désert bourdonnait du chant de la Nature telle qu'elle dut être conçue primitivement par quelque grande Puissance.

Une nouvelle génération de bêtes venait de naître. C'était une saison de jeunesse. Par dizaines et centaines de milliers, les nourrissons du Wild jouaient leurs premières parties, apprenaient leurs premières

1. Wolverine : un des noms du blaireau ou glouton du Canada.

leçons, et grandissaient rapidement pour affronter les hasards menaçants de leur premier hiver.

L'Esprit bienfaisant des forêts, prévoyant de l'avenir, avait pris ses dispositions en leur faveur. Partout régnait la prodigalité. Les airelles et les mûres, les sorbes et les baies du *saskatovn* en pleine maturité ; les branches des arbres et les sarments des lianes ployaient sous leurs fruits, l'herbe poussait verte et tendre à la suite des pluies d'été. Les bulbes semblaient jaillir de terre, les bords des marais et des lacs foisonnaient de plantes comestibles, et sur les têtes et sous les pieds se vidait sans parcimonie la corne d'abondance.

Dans un pareil milieu, Nioua et Miki trouvaient de copieuses et continuelles satisfactions. Cet après-midi d'août, ils étaient couchés sur une plate-forme inondée de soleil et dominant une vallée merveilleuse. Nioua, bourré de savoureuses airelles, était endormi. Miki entrouvrait à peine les yeux sur les brumes légères d'en bas. Vers lui montait l'harmonieux clapotis du ruisseau coulant entre les rochers et franchissant les amas de cailloux, en même temps que le doux et langoureux bourdonnement de toute la vallée.

Il sommeilla mal à l'aise pendant une demi-heure, puis tout à coup ses yeux s'ouvrirent et il se trouva bien éveillé. Son regard vif parcourut la vallée et se posa sur ce gros paresseux de Nioua, qui aurait bien dormi jusqu'au soir. C'était toujours Miki qui le maintenait en mouvement ; cette fois encore il lui lança deux ou trois abois rauques et mordilla une de ses oreilles.

— Éveille-toi ! semblait-il dire. A quoi penses-tu de somnoler par une pareille journée ? Descendons nous mettre en quête le long du ruisseau.

Nioua se leva, étira son corps obèse, bâilla. Ses petits yeux nonchalants observèrent l'abîme. Miki se dressa et poussa le gémissement contenu et inquiet par lequel il intimait toujours à son compagnon le désir de se mettre en route. Nioua lui répondit, et ils entreprirent la descente du gouffre luxuriant.

Ils avaient maintenant atteint l'âge de six mois, et la taille d'un ours ou d'un chien plutôt que d'un ourson ou d'un roquet. Les pattes anguleuses de Miki prenaient forme ; sa poitrine s'était remplie ; son cou n'avait plus l'air trop faible pour son énorme tête et ses fortes mâchoires, et son buste s'était si bien développé en long et en large qu'il semblait deux fois plus gros que la plupart des chiens de son âge. L'ourson avait perdu sa forme de parfaite boule, et pourtant son aspect, plus encore que celui de Miki, révélait qu'il avait quitté sa mère depuis un temps relativement court. Mais il s'affranchissait de cette humeur paisible, éminemment salutaire à son âge le plus tendre. Le sang de Souminitik commençait enfin à s'affirmer, et au moment de la bataille il ne cherchait plus un refuge, à moins d'y être contraint par une implacable nécessité. De fait, contrairement à la plupart des ours, il aimait à se battre. Et, s'il existait une expression encore plus forte, on pourrait l'appliquer à Miki, vrai fils d'Héla. Malgré leur jeunesse, ils étaient déjà couverts de cicatrices capables d'enorgueillir un vétéran. Les becs et les serres des corbeaux et des hiboux, les crocs et les griffes des loups et des félins avaient laissé leurs marques, et sur les flancs de Miki un espace de huit pouces de long demeurait nu en souvenir d'une wolvérine.

Nioua, dans sa drôle de tête ronde, avait conçu, au cours des événements, l'ambition de vider à fond quelque jour une querelle avec un citoyen de sa propre espèce ; mais les deux occasions qui s'étaient présentées avaient été gâtées par le fait que les autres oursons étaient accompagnés de leurs mères.

Aussi, maintenant, quand Miki prenait les devants dans leurs excursions aventureuses, Nioua le suivait avec une autre incitation que le désir de trouver à manger, jadis son unique mobile. Cela ne veut pas dire qu'il eût perdu l'appétit. Il pouvait manger en un seul jour plus que Miki en trois, car deux ou trois repas quotidiens suffisaient à Miki, tandis que Nioua préférait n'en faire qu'un, mais ininterrompu de l'aurore au crépuscule. Même en marche, il était toujours en train de mâcher quelque chose.

A un quart de mille en suivant le pied de la falaise, on rencontrait une *coulée* [1] de pierres où s'égouttait un ruisseau minuscule ; là poussaient les plus belles mûres sauvages qu'on pût trouver dans tout le pays du Shamattawa. Grosses comme des cerises, noires comme de l'encre, gonflées à éclater d'un jus succulent, elles pendaient en grappes si épaisses que Nioua pouvait les cueillir à gueule comble. Dans tout le Wild il n'existe rien de plus exquis que ces fruits en pleine maturité, et Nioua s'était adjugé comme propriété personnelle le terrain où ils croissaient en telle abondance.

Miki aussi avait appris à avaler les mûres. C'est donc à la coulée qu'ils se rendirent cet après-midi, car on peut manger pareil dessert même avec le ventre déjà plein. En outre, pour Miki, l'endroit était fécond en ressources d'un autre genre. Il y avait là beaucoup de jeunes perdrix et lièvres, des nichées de volailles tendres, savoureuses et faciles à attraper en leur saison de rut, ainsi que de nombreux écureuils de diverses espèces.

Ce jour-là, ils avaient à peine pris leur première bouchée de mûres juteuses, qu'un bruit leur parvint sur la nature duquel il n'y avait pas à se tromper. Tous deux reconnurent aussitôt le froissement de ronces arrachées à vingt ou trente pieds au-dessus d'eux dans la coulée. Quelque voleur envahissait leur garde-manger. Instantanément Miki montra les dents, tandis que Nioua fronçait le museau en une grimace menaçante. Avançant à pas furtifs dans la direction du bruit, ils arrivèrent au bord d'un petit espace découvert et plat comme une table. Au centre se dressait un buisson de ronces d'un mètre à peine de circonférence. Et là, accroupi sur ses hanches, étreignant de ses bras les branches toutes

1. Les Américains entendent par ce terme français le lit profond creusé par un ruisseau quelconque, quelque chose comme un canyon minuscule.

noires de fruits, se tenait un jeune ours noir plus grand que Nioua de quatre bonnes pointures.

Dans cet instant de consternation et de rage, Nioua ne s'arrêta pas à ce détail. Il était à peu près dans l'état d'esprit d'un homme qui, rentrant chez lui, trouverait un étranger en pleine possession de son domicile et de tout ce qu'il contient. En outre, l'occasion se présentait pour lui d'assouvir son ambition, de ravir la lumière du jour à un membre de sa propre espèce.

Miki sembla sentir cet état d'esprit. En toute circonstance ordinaire, lui-même aurait pris l'initiative de la bagarre, et, sans laisser à Nioua le temps de bondir, il eût sauté à la gorge de l'impudent intrus. Mais cette fois quelque chose le retint ; ce fut Nioua qui partit comme un trait et atterrit en plein dans les côtes d'un ennemi qui ne s'y attendait pas le moins du monde.

(Si Makoki, le vieux coureur Cree, eût assisté à cette attaque, il aurait immédiatement trouvé un nom pour baptiser l'autre ours : *Pitout-a-wapis-koum,* ce qui veut dire, littéralement : *Balayé de ses pieds.* Peut-être, par abréviation, l'aurait-il appelé *Pitou*, car les Indiens croient devoir approprier les noms aux faits, et certes cette épithète s'appliquait parfaitement à l'ours inconnu.)

Pris entièrement au dépourvu, la gueule pleine de mûres, celui-ci roula sous la charge de Nioua comme un sac bondé, dans une déconfiture si complète que Miki, observant l'affaire avec un intérêt passionné, ne put retenir un jappement d'approbation enthousiaste. Avant que Pitou pût se rendre compte de ce qui lui arrivait, et tandis que le sirop de mûres lui coulait encore des babines, Nioua l'avait saisi à la gorge, et la partie était engagée.

Or les ours, et spécialement les jeunes, ont une façon de se battre tout à fait particulière, qui rappelle un crêpage de chignons entre deux dames bien assorties. Il n'y a pas de règles du jeu, absolument aucune. Pendant que Pitou et Nioua se cramponnaient l'un à l'autre, ce furent leurs pattes de derrière qui entrèrent en action, et la fourrure commença à voltiger. Pitou, qui était déjà sur le dos, aurait trouvé un avantage dans cette position de combat excellente pour un ours, si Nioua ne l'avait tenu férocement à la gorge. En l'occurrence, il y avait enfoncé ses crocs dans toute leur longueur, tout en éperonnant et raclant éperdument de ses griffes acérées.

En voyant le poil s'envoler, Miki se rapprocha, l'âme remplie de joie. Mais une des pattes de Pitou se mit en branle, puis l'autre, et les mâchoires de Miki se refermèrent avec un bruit sec. A maintes reprises les deux combattants roulèrent l'un par-dessus l'autre, sans que Nioua desserrât les dents, ni qu'aucun des deux ne fît entendre le moindre gémissement. Les cailloux et la terre jaillissaient avec les poils, et des galets dégringolèrent à grands fracas dans la coulée. L'air même vibrait de l'ardeur de la lutte. L'attitude de Miki, tendu dans l'expectative, se nuançait maintenant d'un soupçon d'anxiété. Entre ces deux adversaires grattant et lacérant furieusement de leurs huit pattes, tournoyant et se déformant en contorsions de moulins affolés, il lui était à peu près impossible de discerner qui avait le dessous ; du moins il resta dans le doute pendant trois ou quatre minutes.

Puis il reconnut la voix de Nioua ; bien que très faible, il n'y avait pas à s'y tromper, c'était un braillement d'angoisse.

Étouffé sous le corps de Pitou, bien plus lourd que le sien, Nioua commença à comprendre, au bout de ces trois ou quatre minutes, qu'il s'était attaqué à plus fort que lui. Cette supériorité de Pitou provenait exclusivement de sa taille, car Nioua le dépassait en qualités combatives ; il continua de lutter, espérant un retour de fortune, jusqu'au moment où Pitou, l'ayant amené à la position voulue, commença à lui ratisser les flancs de haut en bas et de bas en haut avec une telle ardeur qu'il eût été à demi écorché en trois minutes si Miki n'avait jugé le moment venu d'intervenir. Même en cette extrémité, Nioua supportait sa torture sans hurler.

Une seconde à peine s'était écoulée, que Miki tenait Pitou par l'oreille et s'y agrippait d'une prise sauvage et terrible. Le vieux Souminitik lui-même aurait beuglé vigoureusement en pareille circonstance. Pitou lâcha un mugissement d'agonie. Oubliant tout le reste dans la terreur et la souffrance infligées par la chose inconnue et nouvelle qui tenaillait ce point sensible, il déchira l'air de ses cris, et sa lamentation spasmodique se prolongea en sons gutturaux.

Nioua comprit que Miki était entré en action. Il se dégagea de dessous le corps du jeune intrus, et pas une seconde trop tôt. Descendant la coulée au pas de charge d'un taureau furieux, arrivait la mère de Pitou. Nioua fila comme un trait à l'instant même où elle brandissait une de ses pattes pour l'assommer.

Ayant manqué son coup, la vieille ourse se tourna tout excitée vers son nourrisson qui continuait à brailler. Miki, allègrement suspendu à sa victime, ignora le danger qu'il courait jusqu'au moment où la mère de Pitou arriva presque sur lui. Il l'aperçut juste à l'instant où elle lançait une de ses longues pattes comme un bélier. Il esquiva le choc, et le coup qui lui était destiné atteignit l'infortuné Pitou sur le côté de la tête avec une telle force qu'il fut balayé de ses pieds et projeté comme une balle à vingt mètres en contrebas.

Miki n'attendit pas la suite. Vif comme l'éclair il avait disparu dans le fourré de ronces et dévalait la pente du petit goulet à la suite de Nioua. Ils débouchèrent ensemble dans la plaine et, pendant six bonnes minutes, continuèrent à galoper sans même prendre le temps de regarder en arrière.

Quand ils s'arrêtèrent enfin, la coulée était à un mille de distance. Ils s'assirent, haletants. Nioua, à bout de souffle, laissait pendre sa langue rouge. Couvert de poils arrachés, il saignait de nombreuses écorchures. Quand il regarda Miki, sa gueule prit une sorte d'expression douloureuse qui révélait sa conscience d'avoir été rossé par Pitou.

XII

LE SOMMEIL DE NIOUA

Après la bataille de la Coulée, le couple exilé n'éprouva plus la moindre envie de retourner au paradis terrestre où poussaient des fruits si savoureux. Miki, du bout du museau au bout de la queue, était un aventurier ; comme les corsaires nomades de jadis, il ne se sentait vraiment heureux que lorsqu'il était en route. Le Wild l'avait repris corps et âme, et il est probable qu'à cette période de sa vie il aurait évité un campement humain avec autant de répugnance que Nioua. Mais dans la vie des bêtes comme dans celle des hommes, le destin joue de ses tours malicieux. Au moment même où les deux compagnons se dirigeaient à l'occident vers les vastes et mystérieuses régions du Grand Lac et du pays des rivières, les événements prenaient lentement forme et préparaient à Miki, fils d'Héla, les heures probablement les plus sombres de sa vie.

Pendant six semaines magnifiques et ensoleillées, les dernières de l'été et les premières de l'automne, jusqu'au milieu de septembre, l'ours et le chien, marchant toujours vers le soleil couchant, parcoururent la contrée du Jackson's Knee, du Touchwood, de la Clearwater et du Lac Dieu. Ils virent bien des choses dans cette étendue de cent milles carrés dont la Nature avait fait son royaume de prédilection. En certains coins retirés ils découvrirent de grandes colonies de castors ; ils surprirent les ébats des loutres ; ils rencontrèrent si fréquemment des élans moose et des caribous qu'ils n'en avaient plus peur ; au lieu de les éviter, ils couraient hardiment dans les prairies et au bord des marais où ces animaux cherchent leur pâture. Miki apprit là cette grande leçon, que la griffe et le croc sont faits pour subsister aux dépens du sabot et de la corne ; car les loups y étaient en nombre ; une douzaine de fois ils les virent abattre leurs proies, et plus souvent encore ils entendirent leurs bandes en chasse. Mais depuis son expérience avec Mahigune, Miki avait perdu le désir de se joindre à la horde. Et quand ils rencontraient de la viande abattue, Nioua n'insistait plus pour s'attarder au voisinage. C'est que l'ours éprouvait le pressentiment instinctif de sa grande métamorphose, les premiers symptômes du *Kouashka-Hao.*

Miki ne put guère observer ce changement chez son camarade avant le commencement d'octobre. Alors Nioua devint de plus en plus inquiet, surtout quand survinrent les nuits fraîches et que le souffle de l'automne s'accentua dans l'air. C'était maintenant Nioua qui prenait la tête dans leurs vagabondages, et il semblait toujours chercher quelque chose, quelque chose de mystérieux que Miki ne pouvait ni sentir ni voir. Il avait cessé de dormir pendant des heures consécutives. Vers la mi-octobre il ne sommeillait presque plus, mais errait pendant la plus grande partie de la nuit aussi bien qu'en plein jour, mangeant, mangeant toujours, et humant continuellement la brise pour dénicher ce que la nature lui commandait de découvrir. Il fourrait sans cesse le museau sous les abattis d'arbres et dans les fentes de rochers, et près de lui Miki se tenait perpétuellement sur le qui-vive, prêt à attaquer l'être dont Nioua était en quête. Mais celui-ci ne semblait jamais trouver la chose fuyante qu'il cherchait.

Alors Nioua revint vers l'est, attiré par l'instinct de ses ancêtres ; il retournait vers le pays de sa mère Nouzak et de son père Souminitik ; et Miki le suivit. Les nuits devenaient de plus en plus fraîches. Les étoiles paraissaient plus lointaines, et la lune, au-dessus des forêts, avait perdu sa teinte sanguine. Le cri du plongeon recélait une expression mélancolique, une note de douleur et de lamentation. Dans leurs huttes et sous leurs tentes, les gens de la forêt, humant l'air des matins de gel, enduisaient leurs pièges d'huile de poisson ou de graisse de castor, fabriquaient leurs mocassins, réparaient leurs raquettes et leurs traîneaux ; car le cri du plongeon les avertissait que l'hiver descendait lentement du nord. Et les marais devenaient silencieux. La femelle de l'élan n'appelait plus ses petits ; au lieu de son meuglement, on entendait dans les plaines ou dans les « terres brûlées » la fanfare de défi des mâles et l'entrechoquement mortel des cornes sous les étoiles. Le loup ne hurlait plus pour entendre sa voix. Les pattes feutrées couraient avec des précautions de chasse furtive. Dans toute la forêt, le sang recommençait à couler rouge.

Novembre arriva.

Peut-être Miki ne devait-il jamais oublier le jour où la neige fit son apparition. Il crut au premier abord que tous les volatiles du monde perdaient leurs plumes blanches. Puis il sentit sous ses pattes le mol et froid contact, qui fit circuler un feu nouveau dans ses veines et excita en lui cette joie sauvage et frissonnante avec laquelle les loups accueillent l'hiver.

L'effet produit sur Nioua fut tout différent, à tel point que Miki lui-même en fut affecté et attendit les suites avec une vague inquiétude. Dès ce premier jour de neige, il vit son camarade faire quelque chose d'étrange et d'inexplicable. L'ours se mit à manger des objets qu'il n'avait jamais pris pour aliments auparavant, à avaler des aiguilles de pin molles, à engloutir la pulpe sèche de souches pourries. Puis il pénétra dans une grande fente au cœur d'une falaise, et trouva enfin ce qu'il cherchait, une caverne profonde, obscure et tiède.

Les voies de la Nature sont étranges. Elle a donné aux oiseaux de l'air des yeux tels que les hommes n'en posséderont jamais, et aux bêtes de la terre des instincts qu'ils ne pourront jamais comprendre. Nioua était revenu dormir son long sommeil dans le repaire même où Nouzak l'avait mis au monde.

Son vieux lit y était encore, un creux dans le sable fin, tapissé des poils que Nouzak y avait perdus ; mais l'odeur de sa mère s'était évaporée. Nioua se coucha dans le nid où il était né, et pour la dernière fois il poussa un tendre grognement vers Miki. Il semblait sentir l'attouchement d'une main douce mais inévitable, à laquelle il ne pouvait refuser d'obéir, et adresser à son compagnon un suprême souhait de « Bonne nuit ! ».

Cette nuit-là le *Pipou-kestine*, le premier orage d'hiver, s'abattit du nord comme une avalanche, avec un vent semblable au mugissement d'un millier de bœufs. Et dans toute l'étendue du Wild il n'y eut pas un être qui ne se tînt coi. Du plus profond de la caverne, Miki entendait les coups de bélier et les lamentations de l'ouragan, avec le sifflement de projectile de la neige fouettée devant l'entrée. Il se blottit tout contre Nioua, et se sentit bien content qu'ils eussent trouvé un abri.

Quand le jour fut venu, il s'approcha de la fente d'entrée. L'étonnement l'empêcha de proférer un son, mais ses yeux se dilatèrent au spectacle d'un monde si différent de celui qu'il avait quitté la veille. Tout était blanc, d'une blancheur éblouissante, aveuglante. Le soleil était levé et lui lançait dans les yeux ses milliers de flèches d'or. Aussi loin que sa vue pût atteindre, la terre semblait vêtue d'une robe de pierreries. Les rochers, les arbres, les broussailles reflétaient les feux du soleil ; la lumière vibrait au sommet des sapins, dont les branches pendaient bas sous leur blanc fardeau ; la vallée ressemblait à une mer lumineuse, tellement éclatante que le ruisselet qui la traversait encore en liberté y faisait tache et paraissait noir. Jamais Miki n'avait vu une journée aussi magnifique ; jamais son cœur n'avait battu comme en ce moment à la vue du soleil ; jamais son sang n'avait exulté d'une ardeur plus sauvage.

Il pleurnicha et revint en courant vers Nioua. Il aboya dans l'obscurité de la caverne et poussa son camarade du museau. Nioua émit un grognement assoupi, s'étira, souleva la tête un instant, puis se roula de nouveau en boule. En vain Miki protesta qu'il faisait jour, qu'il était temps de partir. Nioua ne répondit pas.

Au bout de quelque temps, le chien retourna à l'entrée de la caverne, et s'y arrêta pour voir si l'ours le suivait. Désappointé, il s'aventura sur la neige, mais, pendant une heure, il ne s'éloigna pas de la tanière à plus de dix pieds. Trois fois il revint à Nioua, le pressant de se lever et de sortir au grand jour. Ce fond de l'antre restait obscur, et le chien semblait essayer de faire comprendre à Nioua la bévue qu'il commettait à demeurer là croyant que c'était la nuit alors qu'il faisait plein soleil au-dehors. Il perdait sa peine. Nioua entamait son long sommeil : il était à la lisière de l'*Uske-po-a-miou*, la terre de rêve des ours.

A la longue, chez Miki, l'ennui et la tentation de planter ses dents dans l'oreille de Nioua firent place à autre chose. L'instinct, qui joue entre les bêtes un rôle analogue à celui de la parole raisonnable entre les hommes, s'agita en lui d'une façon étrange et déconcertante. Il y avait presque de la détresse dans son hésitation, son incapacité de rester en place et la façon dont il s'attardait à proximité de la grotte. Il revint vers Nioua une dernière fois, puis partit seul et descendit dans la vallée.

Il avait faim, mais ce lendemain d'orage lui offrait peu de chances de trouver à manger. Les lièvres étaient complètement ensevelis sous les abattis ou autres abris, et demeuraient bien tranquilles dans leurs nids tièdes. Rien n'avait bougé pendant les heures de tempête. Le chien ne rencontrait trace d'être vivant, et par endroits il enfonçait jusqu'aux épaules dans la neige molle. Il se fraya un chemin jusqu'au ruisseau, et ne put le reconnaître. Celui-ci était bordé de glace et sombre d'aspect. Sa voix même était transformée : son murmure actuel ne ressemblait guère au clapotis de sa chanson d'été et d'automne ; il y avait actuellement de la menace dans son gargouillement monotone. Quelque esprit ténébreux et renfrogné semblait avoir pris possession de lui, l'avertissant que les temps étaient révolus, qu'une force étrangère était venue imposer de nouvelles lois à la terre où il prenait naissance.

Miki lapa un peu d'eau avec précaution : elle était froide, glacée. Peu à peu s'imposait à lui l'idée que dans la beauté de ce nouveau monde, qui pourtant était le sien, ne battait plus le pouls ardent de la vie. Il était seul, *seul* ! Tout le reste était enseveli ; tout le reste semblait mort.

Il retourna vers Nioua et resta couché près de lui toute la journée ; et pendant la nuit suivante il ne bougea pas de la caverne. Il alla seulement jusqu'à l'entrée : il vit les espaces célestes illuminés d'étoiles et la lune qui montait comme un soleil livide. Les astres mêmes, dans leur froide et terrible tranquillité, ne ressemblaient pas à ceux qu'il avait connus. Et à leurs pieds la terre aussi gisait terriblement blanche et silencieuse.

A l'aurore il essaya encore une fois d'éveiller Nioua. Mais cette fois il insista moins, et n'éprouva pas le désir de lui pincer l'oreille. Quelque chose était survenu, un événement qu'il ne pouvait comprendre, qu'il sentait sans le raisonner. Il fut pénétré d'une crainte étrange et de mauvais augure.

Il retourna à la chasse. Sous la gloire de la lune et des étoiles les lièvres s'étaient livrés à un carnaval de folie, et, à la lisière de la forêt, la neige, par endroits, était durcie sous leurs traces. Ce matin-là, Miki trouva à déjeuner sans difficulté. Il abattit sa proie et la dévora. Puis il en tua une autre, et une autre encore. Il aurait pu continuer indéfiniment, car, révélés par la neige, les refuges des lièvres constituaient pour eux de véritables trappes. Miki sentit renaître son courage et se ranimer en lui la joie de vivre. Jamais encore il n'avait fait une pareille chasse ni découvert un tel grenier d'abondance, pas même dans la coulée où croissaient les mûres. Il mangea jusqu'à satiété, puis rapporta à Nioua un des lièvres qu'il avait tués. Il déposa l'offrande devant son camarade et se mit à gémir. Mais il n'obtint de Nioua d'autre réponse qu'un soupir plus profond et un léger changement de position.

Dans l'après midi, pour la première fois depuis plusieurs heures, l'ours se dressa sur ses pattes, s'étira et flaira le lièvre mort. Mais il ne le mangea pas. A la consternation de Miki, il tourna plusieurs fois sur lui-même et se rendormit dans son lit de sable.

Le lendemain, vers la même heure, Nioua s'éveilla encore. Cette fois il avança jusqu'à l'orifice de la caverne et lapa quelques bouchées de neige. Mais il se refusa de nouveau à manger le lièvre. La nature l'avertissait de ne pas déranger les aiguilles de pin et l'écorce sèche dont il s'était bourré l'estomac et l'intestin. Puis il se rendormit, et désormais ne se leva plus.

Les jours succédaient aux jours, et Miki se sentait de plus en plus abandonné à mesure que l'hiver s'accentuait. Il chassait tout seul. Pendant tout le mois de novembre, il revint chaque soir dormir avec Nioua. Celui-ci était comme mort, sauf que son corps était chaud, qu'il respirait et produisait de temps en temps de petits bruits de gorge. Mais cela ne pouvait satisfaire le vaste désir de compagnie, de fraternité sur la piste, qui s'érigeait de plus en plus impérieux dans l'âme de Miki. Il éprouvait pour Nioua une véritable tendresse. Durant les premières semaines de l'hiver, il lui rapporta fidèlement de la viande. Il ressentait un chagrin étrange, plus profond que si Nioua était mort. Car Miki savait qu'il était vivant, et ne pouvait s'expliquer ce qui lui était arrivé. Il eût compris la mort, et s'en serait éloigné d'une façon définitive.

Il arriva qu'un soir, ayant poussé sa chasse très loin, Miki renonça pour la première fois à retourner à la caverne, et dormit sous un abattis. Dès lors il lui devint plus difficile de résister à l'appel de l'aventure. Il s'absenta une deuxième nuit, puis une troisième. Vint un moment — c'était fatal — où l'entendement se fit jour à travers ses espoirs et ses craintes ; quelque chose l'avertissait enfin que Nioua ne voyagerait plus avec lui comme en ces glorieuses journées où, épaule contre épaule, ils affrontaient ensemble les comédies et tragédies de la vie. Elle n'était plus qu'un souvenir, cette existence épanouie dans la verdure et la chaleur et la lumière dorée ; le monde actuel, figé dans sa blancheur, ne recouvrait décidément que des choses mortes.

L'ours ignora le moment où Miki quittait la caverne pour la dernière fois. Peut-être cependant, au fond de son engourdissement, entendit-il un murmure de l'Esprit bienfaisant l'avertissant de ce départ, car pendant plusieurs jours il y eut dans ses rêves une agitation inquiète.

— Reste tranquille et dors ! disait sans doute l'Esprit. L'hiver est long. Les rivières sont noires et froides, les lacs sont parquetés de glace, et les cataractes gelées ressemblent à des géants blancs. Dors ! Miki doit suivre sa route, comme les cours d'eau vers la mer. Il est chien, et tu es ours. *Dors* !

CHAPITRE XIII

JACQUES LE BEAU ET SES PIÈGES

Depuis un laps de temps considérable, aucune région du Nord n'avait été dévastée par un orage comme celui qui suivit de près les premières chutes de neige, à la fin novembre de cette année dont on parlera longtemps sous le nom de *Kusketa Pippoune* (l'année noire), l'année du grand froid soudain, l'année de disette et de mort.

Il éclata une semaine après que Miki eut quitté le repaire où Nioua dormait si profondément. Pendant tous les jours précédents, la forêt gisait sous son blanc manteau, mais le soleil resplendissait, la lune et les étoiles se détachaient comme des lampes d'or dans la pureté du ciel nocturne. Le vent venait de l'ouest. Les lièvres abondaient et battaient de véritables aires de neige dans les taillis et les terrains bas. Les élans et les caribous foisonnaient, et le premier cri de chasse des loups résonna comme une douce musique aux oreilles des milliers de trappeurs enfermés dans leurs huttes.

L'ouragan se déchaîna avec une brusquerie terrifiante, sans avoir été annoncé par le moindre présage. L'aurore avait paru dans un ciel clair, suivie d'un beau soleil. Le ciel s'obscurcit si rapidement que les trappeurs visitant leurs lignes de pièges s'arrêtèrent tout surpris. Avec l'ombre croissante arriva une étrange lamentation ; quelque chose dans ce bruit rappelait un gros roulement de tambours ou le glas d'une catastrophe imminente. C'était le tonnerre. Mais son avertissement venait trop tard. Avant que les hommes aient pu gagner leurs refuges ou se construire des abris, la grande tempête s'abattit sur eux, et pendant trois jours et trois nuits elle sévit avec la rage d'un taureau furieux échappé du septentrion.

En terrain découvert aucune créature ne pouvait se tenir sur ses pieds. Les forêts furent ravagées, et la terre entière suffoquée sous une avalanche. Toutes les créatures qui respirent s'enfouirent, ou moururent... Car la neige qui s'amoncelait en dunes, en montagnes, était ronde et dure comme des grains de plomb, et sa chute fut accompagnée d'un froid intense.

Le troisième jour il faisait soixante degrés au-dessous de zéro dans le pays situé entre le Shawataw et le Jackson's Knee. C'est le quatrième jour seulement que les êtres recommencèrent à bouger. Les élans et les caribous soulevèrent l'épaisse couche de neige qui les avait protégés ; les bêtes plus petites durent creuser des couloirs pour sortir des profonds amas et monticules.

La moitié des oiseaux et des lièvres avaient péri. Le plus terrible impôt fut payé par les hommes. Un certain nombre de ceux qui furent surpris dehors réussirent à se maintenir en vie, puis à se traîner vers leurs abris.

Mais beaucoup ne revinrent pas. On compta cinq cents victimes entre la baie d'Hudson et l'Athabasca.

Au début de la rafale, Miki se trouvait dans les « terrains brûlés » du Jackson's Knee. L'instinct le précipita vers la haute futaie. Il rampa sous un enchevêtrement de troncs abattus et de branches brisées, et n'en bougea pas pendant ces trois jours. Enfoui au sein de la tourmente, il éprouvait un désir irrésistible de retourner à la caverne et de se coucher auprès de Nioua, même si celui-ci persistait dans son immobilité de mort. L'étrange amitié qui s'était établie entre eux, leurs vagabondages de compagnie pendant tout l'été, les joies et les misères de tant de jours et de mois pendant lesquels ils avaient partagé en frères les combats et la nourriture, tout cela lui remontait au cerveau en souvenirs aussi nets que si c'était arrivé la veille. Et dans l'obscur abattis, enseveli de plus en plus profondément sous la neige, il rêvait.

Il rêva de Challoner, qui avait été son maître en son joyeux bas âge ; il rêva du jour où Nioua, l'ourson orphelin, fut apporté au camp, et des événements subséquents : la perte de leur maître, leurs étranges et excitantes aventures dans les bois, et enfin l'entrée en loge de Nioua.

C'est ce dernier point qu'il ne pouvait comprendre. Réveillé, et écoutant l'orage, il se demandait pourquoi Nioua avait cessé de chasser avec lui pour se rouler en pelote et s'endormir d'un sommeil dont il n'avait pu le tirer. A travers ces longues heures de tempête, la solitude plutôt que la faim lui rongeait les entrailles. Quand il sortit de l'abattis au matin du quatrième jour, on lui voyait les côtes et il avait une pellicule rougeâtre sur les yeux. Son premier geste fut de regarder vers le sud-est et de gémir.

Ce jour-là il franchit vingt milles dans la neige, se dirigeant vers la colline où il avait laissé Nioua. Le soleil resplendissait avec une telle ardeur que l'éclat de la neige lui piquait les yeux et en rougissait la membrane. Il ne restait qu'une lueur froide à l'occident quand il parvint au terme de son voyage. Le crépuscule commençait à s'étendre sur la cime des forêts lorsqu'il atteignit la crête où Nioua avait trouvé la caverne. Ce n'était plus une crête. Le vent y avait entassé la neige en formes grotesques et monstrueuses. Les rochers et les buissons avaient disparu. A l'endroit où devait se trouver l'entrée de la grotte s'élevait un amas de dix pieds de profondeur.

Transi et affamé, émacié par ses jours et ses nuits de jeûne, et son dernier espoir broyé sous ces impitoyables montagnes de neige, Miki retourna sur ses pas ; il ne lui restait d'autre but que le vieil abattis. Son cœur n'était plus celui du joyeux compagnon et frère de l'ours Nioua. Malgré ses pattes écorchées et meurtries, il poursuivait sa route. Les étoiles se montrèrent ; sous leur pâle lumière, la blancheur de la terre paraissait fantomatique ; et il faisait froid, terriblement froid. Les arbres commencèrent à se fendre : de temps à autre on entendait comme un coup de pistolet quand le gel leur brisait le cœur. Il faisait trente degrés au-dessous de zéro, et le temps se refroidissait encore. Miki se surmenait avec l'idée fixe d'atteindre son abattis. Jamais il n'avait taxé à tel point ses forces et son endurance. Bien des chiens plus âgés seraient tombés sur la piste ou auraient cherché un abri où se reposer. Miki, lui, était le vrai fils d'Héla, le gigantesque mackenzie, et il aurait poursuivi sa route jusqu'au triomphe ou à la mort.

Mais il lui arriva une étrange aventure. Il avait parcouru vingt milles pour aller à la crête, et quinze sur vingt du voyage de retour, quand soudain une plaque de neige s'effondra sous lui et il fut précipité dans un abîme.

Lorsqu'il fut remis de sa surprise et redressé sur ses pattes à moitié gelées, il se trouva dans un curieux endroit. Il avait roulé jusqu'au fond d'un abîme en forme de wigwam, construit de branches et de tiges de sapin, et une forte odeur de viande dilatait ses narines. Il la découvrit tout de suite à un pied de son museau. C'était un morceau de caribou gelé fixé sur un bâton pointu, et, sans se demander comment il était venu là, le chien s'y attaqua gloutonnement. Un certain *Jacques Le Beau*, qui habitait à huit ou dix milles dans l'est, aurait seul pu expliquer la situation. Miki avait roulé dans une de ses trappes, et était en train de dévorer son appât.

Le morceau de chair n'était pas gros, mais il infusa une nouvelle vigueur dans le sang de Miki. Son odorat était devenu plus sensible, et il se mit à gratter la neige. Au bout de quelque temps ses dents rencontrèrent quelque chose de dur et de froid. C'était un piège d'acier, qu'il dégagea de dessus un pied de neige, et avec lequel il retira un gros lièvre. Bien que l'animal fût mort depuis plusieurs jours, la neige l'avait si bien protégé qu'il n'était pas gelé à fond. Miki s'en régala sans laisser un os, et dévora même la tête. Puis il se dirigea vers son abattis et dormit jusqu'au lendemain dans ce tiède abri.

Ce jour-là même Jacques Le Beau, que les Indiens nommaient *Meutchet-ta-ao* (l'être au mauvais cœur), visitait sa ligne de trappes, reconstruisait ses abris écrasés par la neige et retendait ses pièges.

Dans l'après-midi, Miki, qui s'était mis en chasse, découvrit sa piste dans un marais situé à plusieurs milles de son abattis. Mais l'âme du chien n'était plus bouleversée par le désir d'un maître. Il flaira avec méfiance les traces des raquettes de Le Beau : le poil de son épine dorsale frémit pendant qu'il sondait le vent et écoutait.

Il suivit la piste avec précaution, et à cent mètres plus loin rencontra un des *Kekeks* ou abrite-pièges du trappeur. Là aussi il y avait de la viande, fixée à un piquet. Sous sa patte de devant se produisit un déclenchement perfide, et des mâchoires d'acier lui crachèrent à la gueule des bouts de bois et de la neige. Il gronda et attendit quelques instants, les yeux fixés sur le traquenard. Puis, sans avancer les pattes, il allongea le cou jusqu'à ce qu'il pût atteindre la viande. Ainsi il avait découvert la menace cachée de ces dents de fer, et son instinct lui avait révélé la manière de déjouer leur malice.

Pendant un tiers de mille encore il suivit les traces de Le Beau. La présence de ce nouveau danger le faisait tressaillir, et pourtant il n'abandonnait pas la piste. Une impulsion irrésistible l'entraînait en avant. Il arriva à un second piège, et cette fois il déroba l'appât sans déclencher le ressort, qui, il le savait, était dissimulé presque au-dessous. En s'éloignant il entrechoquait ses longs crocs. Il était impatient d'entrevoir la bête humaine. Mais il ne se pressait pas. Il déroba la viande de trois pièges encore.

Puis, comme le jour déclinait, il tourna à l'ouest et parcourut rapidement les cinq milles qui séparaient le marais de son abattis.

Une demi-heure après, Le Beau revenait de sa tournée. Il trouva le premier *Kekek* vide et aperçut les traces dans la neige.

— Tonnerre ! s'écria-t-il ; un loup ! Et en plein jour !

Puis une expression d'étonnement parut sur son visage. Il s'agenouilla et examina les empreintes.

— Non ! murmura-t-il haletant. C'est un chien ! Un démon de chien sauvage, qui vient piller mes trappes !

Il se releva en jurant. De sa poche de paletot il tira une petite boîte de fer-blanc, et y prit une boule de graisse au sein de laquelle était insérée une pilule de strychnine. Cet appât empoisonné était destiné aux loups et aux renards.

Le Beau gloussait de joie en fixant cette amorce mortelle à la pointe de la cheville.

— Oh, oh ! grogna-t-il. Un chien sauvage ! Ça lui apprendra ! Demain il sera mort.

Sur chacune des cinq chevilles dérobées de leur appât il plaça une pilule de strychnine enveloppée de sa boulette séduisante.

XIV

LA HORDE DÉMENTE

Le lendemain matin Miki recommença la tournée des pièges de Jacques Le Beau. Ce n'était pas la facilité de se procurer de la nourriture par ce moyen qui le tentait. Il aurait éprouvé plus de plaisir à tuer lui-même. Mais cette piste, avec son odeur de la bête humaine, l'attirait comme un aimant.

Aux endroits où l'émanation était la plus forte, il avait envie de se coucher et d'attendre. Cependant son désir était mêlé de crainte, et il prenait de plus en plus de précautions. Il s'abstint de toucher au premier *Kekek*, et même au second. Au troisième, Le Beau avait tripoté son appât en l'installant, de sorte que la boulette de graisse était fortement empreinte du relent de ses mains.

Un renard s'en serait détourné immédiatement. Miki l'arracha de la cheville et la laissa tomber dans la neige entre ses pattes de devant. Puis il jeta un coup d'œil aux alentours et écouta pendant une bonne minute. Après quoi il se mit à lécher la boulette. L'odeur des mains de Le Beau l'empêcha de l'engloutir comme il avait fait pour la viande de caribou. Avec une lenteur un peu méfiante il l'écrasa entre ses mâchoires. La graisse était bonne. Il était sur le point de l'avaler quand il décela un autre goût moins agréable : aussitôt il cracha sur la neige ce qui lui restait dans la gueule. Néanmoins la saveur âcre du poison persistait sur sa langue et semblait s'enfoncer dans sa gorge. Il saisit une bouchée de neige et l'absorba pour apaiser la sensation de brûlure qui descendait vers ses entrailles.

S'il avait dévoré la boulette comme les autres appâts, il serait mort en un quart d'heure, et Le Beau n'aurait pas eu à aller loin pour trouver son cadavre. En l'occurrence, il commença à se sentir indisposé au bout de ces quinze minutes. Aux premiers symptômes du mal, il quitta la piste et prit la direction de l'abattis.

Il n'avait parcouru qu'une faible distance quand soudain ses pattes se dérobèrent sous lui. Il tomba et fut pris de frissons. Tous les muscles de son corps tremblaient, et il claquait des dents. Ses yeux se dilatèrent et tout mouvement lui devint impossible. Puis il sentit une étrange raideur à la nuque, comme si une main cherchait à l'étrangler, et sa respiration sifflait en sortant avec peine de sa gorge. Cet engourdissement local s'étendit comme une traînée de feu au corps entier. Ses muscles, qui naguère frissonnaient et tremblaient, devinrent rigides et inertes. L'étreinte étouffante à la base du cerveau l'obligeait à rejeter la tête en arrière jusqu'à ce que son museau pointât vers le ciel. Il ne poussa pas un cri, bien que pendant un certain temps tous les nerfs de son corps fussent à l'agonie.

Puis vint la crise. Comme une corde qui se brise, l'horrible serrement de la nuque se relâcha ; la raideur de son corps disparut, submergée par un frisson glacé ; un instant après il se tordait et lacérait la neige dans de folles convulsions. Ce spasme dura peut-être une minute. Quand il eut cessé, Miki resta pantelant. La bave lui coulait des mâchoires. Mais il était vivant. La mort l'avait manqué de l'épaisseur d'un cheveu. Au bout de quelque temps il se redressa sur ses pattes et reprit son chemin vers l'abattis.

Désormais Jacques Le Beau pourrait jalonner sa route de pilules empoisonnées : il n'y toucherait pas. Et jamais plus il ne déroberait la viande fixée sur une cheville d'appât.

Deux jours après Le Beau découvrit sur la neige l'endroit où Miki avait soutenu sa lutte contre la mort, et son âme fut assombrie par la rage et le désappointement. Il se mit à suivre les empreintes du chien. Il était midi quand il arriva à l'abattis et aperçut la piste battue par où Miki y entrait. Il se mit à genoux pour en explorer la profondeur caverneuse, et ne distingua rien. Par contre, Miki, couché mais vigilant, le vit parfaitement.

L'homme lui rappela un monstre à barbe noire qui longtemps auparavant avait failli le tuer avec un gourdin. Le chien à son tour éprouva du désappointement, car au fond de ses souvenirs subsistait la pensée de Challoner, le maître perdu ; mais quand il rencontrait l'odeur d'un être humain, ce n'était jamais celui-là qu'il trouvait.

Le Beau l'entendit gronder, et son pouls battait plus vite quand il se releva. Il ne pouvait pénétrer sous l'abattis à la poursuite du chien sauvage ; il ne pouvait pas non plus l'attirer dehors. Mais il y avait un autre moyen de le faire sortir de son refuge : c'était d'y mettre le feu.

Du fond de sa forteresse, Miki perçut ses piétinements dans la neige. Quelques minutes après il le vit s'accroupir de nouveau pour examiner son repaire.

— Bête brute ! s'écria l'homme d'un ton à demi sarcastique ; et le chien gronda de nouveau.

Jacques fut satisfait. L'abattis ne mesurait pas plus de trente ou quarante pieds de diamètre, et tout autour la forêt était clairsemée et dépourvue d'arbustes. Il serait impossible au chien d'échapper à son fusil.

Il fit une seconde fois le tour du monceau de bois. De trois côtés il était complètement enfoui sous l'entassement de la neige. Le seul endroit dégagé était celui où s'enfonçait la piste de Miki.

Le Beau construisit son *Iskou* de branches de bouleau et de bois sec à l'extrémité de l'abattis du côté d'où soufflait le vent. Les branches et troncs desséchés s'allumèrent comme de l'amadou, et en quelques minutes des langues de feu commencèrent à pétiller et rugir de telle façon que Miki se demanda ce qui arrivait. Pendant un certain temps la fumée ne l'atteignit pas. Le Beau attendait, le fusil entre ses mains dégantées, et ne perdait pas un instant de vue l'endroit par où le chien devait sortir.

Soudain une âcre bouffée emplit les narines de Miki, et un mince nuage blanc s'interposa comme le voile d'un fantôme entre lui et l'issue. Un cordon de fumée commença à ramper comme une couleuvre entre deux bûches à moins d'un mètre, en même temps que l'étrange rugissement se faisait plus proche et plus menaçant. Alors, pour la première fois, il vit bondir les flammes jaunâtres à travers l'amoncellement de débris, au moment où le feu gagnait le cœur d'une masse de sapin imprégné de résine. Dix secondes après elles jaillissaient à vingt pieds dans l'air, et Jacques Le Beau se tenait le fusil à moitié épaulé.

Dans l'imminence du danger, Miki n'oublia pas Le Beau. Son instinct aiguisé jusqu'à la ruse du renard lui révéla instantanément l'exacte situation. C'était la bête humaine qui avait déchaîné contre lui ce nouvel ennemi. Et là, dehors, tout près de l'issue, la brute bipède guettait sa sortie. Aussi, comme un renard, il fit ce à quoi Le Beau s'attendait le moins. Se glissant prestement à travers le fouillis de branches jusqu'à la paroi de neige de l'abattis, il y creusa un tunnel presque aussi rapidement que l'eût fait un renard. Il déchira des dents la croûte extérieure épaisse d'un demi-pouce, et en un instant se trouva dehors, avec le feu entre lui et Le Beau.

L'abattis n'était plus qu'une fournaise. Tout à coup Le Beau recula d'une douzaine de pas pour observer ce qui se passait de l'autre côté. A cent mètres de distance il aperçut Miki galopant vers le plus épais de la forêt.

La cible était facile. A cette distance, Le Beau aurait parié sur sa vie qu'il lui était impossible de manquer la bête. Il ne se pressa pas, certain d'en finir d'un seul coup. Au moment où il visait, une volute de fumée rabattue par le vent le cingla en plein dans les yeux, et sa balle passa à trois pouces au-dessus de la tête de Miki. Cette menace sifflante était nouvelle pour l'animal ; mais il reconnut le bruit de la détonation, et il savait ce que peut un fusil. Aux yeux de Le Beau, qui continuait à le viser à travers le bienfaisant nuage de fumée, et qui tira trois fois encore, sa fuite fit l'effet d'un éclair gris se précipitant vers le fourré. Il disparut dans un hallier de jeunes sapins en lançant un hurlement de défi, au moment où la dernière balle du trappeur faisait voler la neige sous ses pattes.

Le sentiment de l'avoir échappé belle n'effraya pas Miki au point de lui faire quitter la région du Jackson's Knee. Au contraire, la présence de la bête humaine semblait l'y enchaîner. Cela lui permettait de penser à autre chose qu'à l'ours et à sa propre solitude. Comme le renard revient subrepticement examiner l'assommoir où il a failli se laisser prendre, ainsi la tournée des trappes possédait maintenant un nouvel attrait pour Miki. Naguère l'exhalaison humaine ne contenait pour lui qu'un sens vague ; maintenant elle lui indiquait la présence d'un danger réel et concret. Et cette présence était la bienvenue. Sa ruse en était aiguisée. La fascination des pièges était plus mortelle que jamais.

En quittant l'abattis incendié, il fit un vaste détour pour gagner l'endroit où la piste à raquettes de Le Beau entrait dans les terrains bas ; et là, caché dans un épais buisson, il épia son retour une demi-heure plus tard.

A dater de ce jour il hanta la ligne de trappes comme un fantôme gris et farouche. A pas feutrés, cauteleux, toujours en éveil contre le danger qui le menaçait, il harcelait la pensée et les pas de Jacques Le Beau avec l'obstination décevante d'un loup-garou de la Forêt-Noire. Au cours de la semaine suivante, le trappeur l'entendit hurler trois fois ; deux fois il l'entrevit comme un éclair ; et deux fois il suivit sa piste, mais dut l'abandonner, déçu et exténué.

Miki ne se laissait jamais surprendre. Il ne dévorait plus les appâts. Il dédaigna même une carcasse entière de lièvre au moyen de laquelle Le Beau espérait le séduire. Il ne touchait pas non plus les rongeurs morts dans les pièges. Il ne dérobait aux trappes que les proies vivantes, surtout des oiseaux, des écureuils, et les gros lièvres aux pattes palmées en forme de raquettes. Et parce qu'un jour une loutre lui avait sauté dessus et lacéré le museau, il mit en pièces de nombreuses loutres de telle façon que leur fourrure était perdue.

Il trouva pour lui-même un autre abattis ; mais maintenant l'instinct l'avertissait de ne jamais s'y rendre directement : il s'en approchait ou s'en éloignait toujours par des voies détournées.

Jour et nuit, Le Beau, le monstre humain, complotait contre lui. Il multiplia les appâts empoisonnés. Il tua une daine, et saupoudra ses entrailles de strychnine. Il creusa des fosses, et les amorça avec de la viande trempée dans de la graisse bouillante. Il construisit un écran de branches de sapin et de cèdres, et resta de nombreuses heures à l'affût, fusil en main. Mais le chien s'en tira toujours à son avantage.

Un jour Miki trouva un gros chat-pêcheur pris dans l'un des pièges. Il n'avait pas oublié sa bataille de jadis avec Ouchak, ni la raclée qu'il avait reçue. Mais il n'avait aucune pensée de revanche le soir où il fit la connaissance d'Ouchak II. Habituellement il regagnait son abattis au crépuscule, mais cet après-midi-là le sentiment d'une solitude dévorante l'avait retenu sur la piste. La main de *Kouskayetoum*, dieu des accouplements, s'était appesantie sur lui. Le désir consumant des êtres de sang et de chair pour la compagnie d'autres êtres de chair et de sang lui enfiévrait les veines. Il ne pensait plus ni à manger ni à chasser. Son âme était pleine d'une grande aspiration inassouvie.

C'est dans cet état d'esprit qu'il tomba sur Ouchak. Peut-être était-ce le même qu'il avait déjà rencontré plusieurs mois auparavant. Dans ce cas, comme Miki lui-même, il avait bien grandi. C'était une bête splendide avec son corps svelte et sa longue fourrure soyeuse. Il ne se débattait pas : assis tranquillement, il attendait son destin. Il donnait à Miki l'impression d'une créature chaude et douce et confortable, qui le fit penser à Nioua et aux nombreuses nuits où ils avaient dormi ensemble. Son désir bondit vers Ouchak, et il avança en gémissant doucement. Il voulait faire un ami de ce vieil ennemi même, et se coucher près de lui en paix et contentement, tant la solitude lui rongeait le cœur.

Ouchak ne répondait pas, ne faisait pas un mouvement ; il restait pelotonné comme une grosse boule de fourrure, surveillant Miki qui approchait à plat ventre. Le chien sembla retrouver un peu de son ancien enfantillage. Il se mit à tortiller et battre de la queue, puis comme pour dire :

— Oublions la vieille rancune, Ouchak, et soyons amis. Je possède un bel abattis, et je tuerai un lièvre pour toi.

Mais Ouchak persistait dans le silence et l'immobilité. Miki était arrivé si près qu'il aurait pu le toucher en allongeant une patte. Il approcha encore, et sa queue battit plus fort.

— Je te délivrerai du piège (voulait-il exprimer). C'est une invention de la bête humaine, et je la hais.

A cet instant, et si soudainement que Miki n'eut pas la moindre chance de se mettre en garde, Ouchak s'élança sur lui de toute la longueur de sa chaîne. De ses dents et de ses griffes tranchantes comme des rasoirs, il lui balafra le museau de profondes entailles. Malgré cette agression, le sang batailleur du chien ne s'échauffa que lentement, et il se serait retiré si les dents d'Ouchak ne lui avaient agrippé l'épaule.

Avec un hurlement, il essaya de se débarrasser de lui, mais l'autre tenait bon. Alors les mâchoires de Miki se refermèrent sur la nuque du chat-pêcheur. Quand il les rouvrit, Ouchak était mort.

Le vainqueur s'esquiva sans nul enthousiasme de sa victoire. Il avait tué, mais n'en éprouvait aucune joie. Pauvre créature à quatre pattes, il succombait enfin à l'obsession qui rend les hommes fous. Il se trouvait au sein d'un vaste monde, et cet univers était vide pour lui. Le cœur débordant de sociabilité, il s'apercevait que tous les êtres le craignaient ou le haïssaient. Il n'était qu'un proscrit, un paria, un vagabond sans amis ni domicile. Il ne raisonnait pas ces choses, mais leur tristesse l'enveloppait d'une ombre plus épaisse que celle de la nuit.

Il ne rentra pas à son abattis, mais s'assit à ciel ouvert, écoutant les bruits nocturnes et surveillant l'apparition des étoiles. La lune se levait de bonne heure. Au-dessus de la forêt se montra son grand disque rouge, qui semblait plein de vie. Le chien poussa vers elle un hurlement lugubre. Peu après il s'égara dans un vaste terrain brûlé, où l'atmosphère était si claire que son ombre le suivait comme en plein jour. C'est là que tout à coup le vent de nuit lui apporta une vibration déjà entendue bien des fois.

Cela venait de très loin et ressemblait d'abord à un murmure, à l'écho de voix étranges emportées par les airs. Ce cri familier des loups, il s'en était garé depuis son bas âge, depuis surtout que la louve Mahigune lui avait si traîtreusement déchiré l'épaule. La note lui en était même devenue antipathique jusqu'à un certain point. Mais il ne pouvait s'empêcher de frissonner, et cette nuit-là l'appel du sang devait dominer en lui toute crainte et toute haine.

Là-bas, il y avait de la *compagnie* ; là-bas ses frères sauvages couraient deux par deux et trois par trois, en *camarades.* Tout son corps frémit. Une ébauche de réponse lui monta à la gorge, mais avorta en gémissement. Pendant l'heure suivante il n'entendit plus l'appel aérien. La bande avait tourné à l'ouest, si loin que les voix se perdaient. Elle passa, droit, sous la lune, près de la hutte de *Pierrot*, le Métis.

Dans la cabane de Pierrot il y avait un Blanc, en route vers le Fort-Dieu. Il vit Pierrot faire un signe de croix et l'entendit marmotter.

— C'est la horde folle, expliqua ensuite Pierrot. M'sieur, ils sont *Keskouao* (fous furieux) depuis le commencement de la nouvelle lune. L'esprit des diables est en eux.

Il entrouvrit la porte pour mieux écouter ce cri de folie. Quand il la referma, il avait dans les yeux une crainte étrange.

— De temps à autre, les loups deviennent comme ça au cœur de l'hiver, dit-il en frissonnant. Voilà trois jours ils étaient vingt, m'sieur, car je les ai vus de mes propres yeux et j'ai compté leurs traces dans la neige. Depuis lors il y en a eu plusieurs de tués et mis en lambeaux par le reste de la bande. Écoutez-les délirer. Pouvez-vous me dire pourquoi, m'sieur ? Pouvez-vous me dire pourquoi les loups entrent en démence quelquefois en plein hiver quand il n'y a pas de chaleur ni de charogne pour les rendre malades ? Non, n'est-ce pas ? Eh bien !

je vais vous le dire. Ce sont des loups-garous ; dans leurs corps galopent les esprits des diables, et ils aiguillonnent la bête jusqu'à ce qu'elle en crève. Car les loups qui deviennent fous pendant les grandes neiges meurent toujours, m'sieur. C'est là la chose la plus étrange. Ils meurent !

C'est alors que, tournant à l'est après avoir dépassé la cabane de Pierrot, la horde folle du Jackson's Knee entra dans la région des grands marécages où les arbres portaient la marque en double X tracée par la hache de Jacques Le Beau. Ils étaient quatorze à courir sous la lune. Nul n'a jamais su au juste ce qui parfois rend ces animaux fous au cœur de la saison froide. Cela commence peut-être par quelque « mauvais loup », tout comme un « mauvais chien » de traîneau, en mordant ses compagnons, leur communique son vice et transforme l'attelage entier en une sale équipe querelleuse. Quand un conducteur avisé tombe sur un chien de ce genre, il le tue ou le lâche.

Les fauves qui dévalaient dans le pays de Le Beau avaient les yeux injectés de sang. Leurs corps efflanqués étaient criblés de blessures, et certains écumaient de la gueule. Ils ne couraient pas comme des loups en chasse. C'était une bande sinistre et suspecte aux hanches fuyantes ; leur cri n'était pas l'appel à plein gosier des loups poursuivant une proie, mais une clameur démente qui semblait n'avoir ni motif ni chef d'orchestre.

A peine Pierrot eut-il cessé d'entendre leur voix dans la distance que l'un de ces squelettes grisâtres effleura l'épaule d'un voisin ; celui-ci se retourna avec la rapidité d'une vipère, comme le mauvais chien des traîneaux, et planta profondément ses crocs dans la chair de l'autre. Si Pierrot avait vu cela, il aurait compris comment avaient disparu quatre de ceux qu'il avait comptés.

Violent comme le claquement d'un fouet, le combat s'engagea entre les deux animaux. Les douze autres de la bande s'arrêtèrent et revinrent former à distance prudente un cercle horriblement silencieux, comme des hommes assistant à une scène de pugilat. Ils attendaient là, laissant pendre ou faisant claquer leurs mâchoires, refoulant dans leur gorge des gargouillements d'impatience. Alors arriva l'incident espéré. L'un des combattants roula sur le dos. Sa fin ne traîna pas. Les douze spectateurs lui tombèrent dessus comme une seule bête ; selon ce qu'avait dit Pierrot, sa chair fut mise en lambeaux et dévorée. Puis les treize survivants s'enfoncèrent dans le pays de Le Beau.

Après une heure de silence Miki les entendit de nouveau. S'éloignant de plus en plus de la forêt, il avait traversé le terrain brûlé et se trouvait maintenant dans une vaste plaine barrée de deux crêtes rugueuses et bordée par une grosse rivière. Il faisait moins sombre en cet endroit, et la solitude lui pesait moins que sous la haute futaie.

A travers cette plaine lui arrivait la voix des loups.

Il n'en bougea pas cette nuit-là. Il attendait. Sa silhouette se profilait sur le ciel étoilé à la cime d'un tertre rocailleux ; le sommet de ce monticule était si étroit qu'un autre animal n'aurait pu s'y tenir à ses côtés sans lui toucher l'épaule. De toutes parts la prairie s'élargissait sous la lumière de la lune. Jamais le désir de répondre à ses frères sauvages ne l'avait hanté comme en ce moment. Il rejeta la tête en arrière, le museau pointant vers les étoiles, et le cri jaillit de sa gorge. Mais ce n'était qu'un demi-hurlement. En ce moment même, tout oppressé qu'il fût par sa grande solitude, une sorte d'instinct l'avertissait de ne pas se trahir. Après cela il resta tranquille, et, comme les loups approchaient, son corps se tendit, ses muscles se durcirent, et sa gorge, au lieu d'un hurlement, émit un profond grondement. Il pressentait un danger. Il avait saisi, dans la voix des loups, la note frénétique à l'audition de laquelle Pierrot se signait en murmurant le nom de loups-garous ; et il s'aplatit ventre à terre sur le sommet de son tertre.

Il ne tarda guère à apercevoir des ombres rapides qui balayaient la plaine entre la forêt et lui. Soudain les fauves s'arrêtèrent et se groupèrent en silence pour flairer sa piste récente sur la neige. Puis ils se déversèrent dans sa direction. Il y avait cette fois une note encore plus délirante dans le cri sauvage qui sortit de leur gorge.

En une douzaine de secondes ils eurent atteint le monticule. Ils le tournèrent et le dépassèrent, tous sauf un, une vieille brute grise qui s'élança sur la pente, droit à l'assaut de la proie que les autres n'avaient pas encore aperçue.

Miki gronda en le voyant venir. Encore une fois il se sentit gagné par l'enthousiasme d'une grande bataille ; le sang s'échauffa soudain dans ses veines, et toute crainte fut dispersée comme une fumée par le vent. Si seulement Nioua était là maintenant pour le protéger par-derrière tandis qu'il combattrait de face ! Il se redressa sur ses pattes et soutint tête contre tête la ruée de la bête. Leurs mâchoires s'entrechoquèrent, et cette fois enfin le loup sauvage en trouva une capable de broyer la sienne aussi facilement que des os de louveteau. Il roula dans la plaine en se tordant dans les spasmes de l'agonie.

Mais déjà une autre forme grise avait pris sa place. Miki planta ses crocs dans le cou de ce nouvel ennemi au moment même où il dépassait la crête. C'était l'estafilade, l'attaque des chiens du Nord. De la gorge du loup le sang gicla comme si elle eût été tranchée d'un coup de couteau. Il s'effondra à la suite du premier. Et à ce moment toute la bande arriva et tomba sur Miki, qui se trouva enseveli sous cette avalanche de corps.

Si deux ou trois seulement l'avaient attaqué à la fois, il serait mort aussi vite que les deux premiers de ses adversaires. Leur nombre le sauva dans cette ruée en masse. En terrain plat il eût été mis en pièces comme une guenille ; mais sur le sommet du *kopje*, pas plus large que le dessus d'une table, il fut submergé pendant quelques secondes sous la hurle broyeuse. Les coups de crocs qui lui étaient destinés atteignaient d'autres loups. La folie de la bande devint une rage aveugle, et l'assaut dirigé contre le chien dégénéra en hécatombe de fauves.

Renversé sur le dos et maintenu par le poids des corps, Miki plongea ses crocs à maintes reprises dans la chair. Une paire de mâchoires l'agrippant à l'aine le fit frémir d'angoisse : c'était une morsure inexorable qui s'enfonçait dans ses parties vitales. Mais, juste à temps, une autre paire de mâchoires saisit le loup qui le tenait, et l'étreinte meurtrière se desserra. A ce moment, Miki sentit qu'il s'effondrait sur la pente escarpée du monticule, entraînant avec lui une moitié de survivants de la horde.

Le démon combatif qui s'était éveillé dans la cervelle du chien fit place aussitôt à cette ruse du renard qui dans les périls urgents lui rendait encore plus de services que ses crocs et ses griffes. A peine eut-il touché le terrain plat qu'il se releva et fila comme le vent dans la direction de la rivière. Il avait gagné cinquante mètres d'avance avant qu'aucun loup eût découvert sa fuite. Il n'en restait que huit à le poursuivre. Cinq sur treize des bêtes insensées gisaient mortes ou mourantes au pied du tertre. Miki en avait tué deux. Les autres victimes étaient tombées sous les crocs de leurs congénères.

A un demi-mille de là défaillaient à pic les falaises de la rivière, et au bord de la corniche Miki connaissait un gros amas de roches où il s'était abrité pour une nuit. Il n'avait pas oublié le tunnel qui s'enfonçait dans cette masse de débris, et qui serait très facile à défendre de l'intérieur. A l'entrée de ce boyau il se retournerait et massacrerait ses ennemis l'un après l'autre, puisqu'ils ne pourraient l'attaquer qu'un à la fois.

Mais il avait compté sans l'énorme créature grise qui se précipitait sur ses pas et qu'on aurait pu surnommer l'Éclair ; car c'était le loup le plus rapide et le plus sauvage de la horde démente. Il volait en avant des autres comme un dard luisant, et Miki n'avait franchi que la moitié de sa distance lorsqu'il entendit derrière lui son souffle haletant. Si grande que fut la rapidité de Miki — et son père Héla lui-même n'aurait pu courir plus vite — l'Éclair était encore plus leste, aux deux tiers du parcours vers la falaise, son colossal museau était à la hauteur du flanc de Miki. D'un effort désespéré, le chien gagna un peu de terrain. Malgré tout, l'ombre fatale et impitoyable galopa bientôt de front avec lui.

L'amas de roches désagrégées se trouvait à cent mètres plus loin et un peu sur la droite. Mais Miki ne pouvait y courir directement sans présenter le flanc aux mâchoires de l'Éclair, et il comprenait maintenant que s'il atteignait ce refuge son ennemi lui tomberait dessus sans lui laisser le temps de plonger dans le boyau et de faire front. S'arrêter et combattre, c'était la mort, car il entendait les autres loups en arrière. Encore dix secondes de course, et la brèche de la rivière les attendait béante.

Au bord même du gouffre Miki fit un crochet et attaqua l'Éclair. Il sentait la mort imminente et en cette suprême minute toute sa haine se concentrait sur la bête qui courait à son côté. Le heurt les renversa à deux mètres du rebord, et les mâchoires de Miki venaient d'agripper la gorge de l'Éclair quand la bande leur tomba dessus.

Ils furent projetés en avant. Le terrain manqua sous eux et ils s'abîmèrent dans l'espace. Mais Miki ne desserra pas son étreinte farouche. Le couple tournoya plusieurs fois dans le vide, puis s'écrasa dans un choc effroyable. L'Éclair était par-dessous. Toutefois la commotion fut telle que, malgré l'interposition de cet épais coussin de chair, Miki fut ébloui, bouleversé, paralysé, et une minute s'écoula avant qu'il pût se remettre sur pattes. L'Éclair ne bougeait pas : il était mort. Un peu plus loin gisaient les cadavres de deux autres loups que leur fol élan avait emportés par-dessus bord.

Miki leva la tête. A une vaste distance entre lui et les étoiles il put distinguer le sommet de la falaise. Il flaira les trois corps l'un après l'autre. Puis, d'une démarche lente et boiteuse, il suivit le pied de la muraille et découvrit une fissure entre deux gros rochers. Il y rampa, se coucha, et se mit à lécher ses blessures. Après tout, il existait en ce monde des choses encore pires que la ligne de trappes de Le Beau, et peut-être même des êtres encore plus méchants que les hommes.

Au bout de quelque temps il allongea sa grosse tête entre ses pattes de devant. Peu à peu les étoiles lui parurent moins nettes, la neige moins blanche, et il s'endormit.

XV

NÉTAH, LE TUEUR

Dans une courbe de la *Three Jackpine River*, au plus profond de la forêt située entre la région du Shamattawa et la baie d'Hudson, était enfouie la cabane où vivait Jacques Le Beau, le trappeur. Dans toute cette contrée sauvage il n'avait pas son égal en méchanceté, si ce n'est peut-être un certain *Durant*, qui chassait le renard à une centaine de milles plus au nord, et qui rivalisait avec lui sur plus d'un point. De taille gigantesque, avec une force massive et sournoise, et des yeux entrouverts comme des soupiraux verdâtres sur son âme inhumaine — si même il possédait une âme —, Le Beau était un être de la pire espèce, un rebut de l'humanité. Dans leurs huttes et *tepees*, les Indiens chuchotaient que tous les démons de ses ancêtres s'étaient rassemblés en lui.

Une sinistre frasque du destin lui avait donné une femme. Eût-elle été une sorcière, perverse de pensée et d'action comme lui-même, l'avortement de la norme aurait paru moins flagrant. Mais ce n'était pas le cas. Douce de visage, conservant sur ses joues pâles et dans ses yeux affamés les traces d'une beauté remarquable, mais tremblante à son approche et soumise en sa présence, la femme de Le Beau était, comme ses chiens, la propriété de cette brute. Et la pauvre créature avait un bébé. Elle en avait déjà perdu un autre. Et la pensée que celui-ci pourrait mourir de la même manière rallumait de temps en temps une flamme dans ses yeux noirs.

— Je prie le bon Dieu, je prie les saints anges, et je veux que tu vives, et tu vivras, je le jure ! lui criait-elle parfois en le pressant sur son sein. C'est à ces moments-là qu'une flamme mourante se ranimait dans ses yeux et que ses joues recouvraient une teinte de leur ancienne beauté. Un jour... Un jour viendra !...

Mais elle n'achevait jamais, même pour l'enfant, ce qu'elle avait dans l'esprit.

Parfois ses rêves étaient remplis de visions. Le monde était encore jeune, et elle-même n'était pas vieille. Elle pensait à cela, debout devant un fragment de miroir, brossant les cheveux noirs et lustrés qui lui tombaient jusqu'aux hanches. Sa chevelure était ce qui lui restait de sa beauté, ce qui défiait la brute. Et tout au fond de ses yeux, et à fleur de sa peau, couvaient les promesses de son âme de jeune fille, prête à refleurir si jamais le destin, réparant enfin son erreur, la débarrassait de la présence écrasante du tyran. Elle s'attardait un peu devant le miroir brisé lorsqu'elle entendit au-dehors la neige craquer sous un pas lourd.

L'expression de son visage disparut rapidement. Depuis la veille, Le Beau était parti faire la tournée de ses trappes, et son retour la remplissait de la crainte accoutumée. Deux fois il l'avait surprise devant sa glace et l'avait traitée des noms les plus vils en lui reprochant de perdre son temps à s'admirer, alors qu'elle aurait pu gratter la graisse de ses peaux.

La seconde fois il l'avait envoyée trébucher contre le mur, et avait brisé la glace dont elle n'avait pu sauver qu'un fragment à peine plus grand que ses deux petites mains. Elle ne voulait pas y être reprise. Elle courut cacher le morceau de verre et s'empressa de natter son épaisse chevelure. Une étrange expression de crainte et de pressentiment éteignit son regard et voila les secrets que ses yeux lui avaient révélés à elle-même. Elle se retourna pour lui souhaiter la bienvenue comme elle faisait toujours, dans la persistance féminine de son espoir.

Le monstre entra, sombre et morose. Il était de mauvaise humeur. Il jeta à terre les fourrures qu'il venait de collectionner, les montra du doigt, et les fentes menaçantes de ses yeux s'amincirent en la regardant.

— Il a encore passé par là, le démon ! gronda-t-il. Regarde ! Il a abîmé le chat-pêcheur, il a nettoyé mes appâts et démoli mes trappes. Oh ! mais par les mille cornes du diable, je le tuerai ! Je me suis juré de le découper en morceaux avec mon couteau quand je l'attraperai, et je l'attraperai demain. Tu vas t'y mettre, aux peaux, quand tu m'auras donné à manger. Raccommode la déchirure du chat et recouvre bien la couture de graisse pour que l'agent au poste de la Compagnie n'y voie que du feu. Tonnerre de Dieu ! encore ce marmot ! Pourquoi l'entretiens-tu toujours à brailler pour l'instant où je rentre ? Réponds donc, idiote !

Tel fut son salut. Il lança ses raquettes dans un coin, frappa de ses bottes pour les débarrasser de la neige et prit un nouveau bouchon de tabac noir sur l'étagère au-dessus du poêle. Puis il sortit, laissant la femme apprêter le repas avec un frisson au cœur et une figure de désespoir.

Le Beau se rendit à son chenil, un enclos de perches avec un abri de chaume au centre. La brute se vantait de posséder le plus féroce attelage de traîneau qui existât entre la baie d'Hudson et l'Athabasca. C'était son principal sujet de querelle avec Durant ; et son ambition était d'élever un jeune chien qui devînt capable de tuer le *Husky* de combat que son rival du nord amenait au poste chaque hiver au nouvel an. Cette année il avait choisi *Nétah* (Le Tueur) pour la grosse bataille au Lac-Dieu. Le jour où il risquerait son argent et sa réputation contre Durant, son chien aurait juste un mois de moins que deux ans. Ce fut Nétah qu'il appela à l'écart de la meute.

Le chien se coula vers lui avec un profond grondement dans la gorge, et, pour la première fois ce jour-là, parut sur le visage de Le Beau quelque chose qui ressemblait à de la joie. Il écoutait ce grondement avec plaisir. Il aimait à voir dans les yeux de Nétah la lueur rouge et traîtresse, à entendre le claquement menaçant de ses mâchoires. Tout ce que l'animal avait pu avoir de noble dans le sang, l'homme l'en avait purgé à coups de bâton. Ils se ressemblaient en ce sens que leurs âmes étaient mortes. D'ailleurs Nétah, pour un chien, était un vrai démon de nature. C'est pour cette raison que Le Beau l'avait choisi et le préparait en vue du grand combat.

Le Beau le regarda et poussa un profond soupir de satisfaction.

— Oh, mais ! tu es en forme, Nétah ! dit-il en exultant. Je puis presque voir le sang courir dans tes yeux de démon ; oui, du sang qui coule rouge et odorant, comme coulera celui du minet de Durant quand tu lui auras planté ces dents-là dans la veine jugulaire. Et demain nous allons te mettre à l'épreuve, une belle occasion, ma foi ! avec le chien sauvage qui dévalise mes pièges et met en miettes mes chats-pêcheurs. Je vais l'attraper, et tu te battras avec lui jusqu'à ce qu'il soit presque mort ; et alors, tout vivant, je lui arracherai le cœur, comme j'ai promis, et je te le donnerai à manger tout palpitant. Ainsi tu n'aurais pas d'excuse si tu perdais contre le minet que doit amener m'sieur Durant. Compris ? Ce sera une belle rencontre, demain. Et si tu flanches, je te tue. Oui : si tu laisses échapper une seule plainte, tu es un chien mort !

XVI

LA BRUTE HUMAINE

Cette même nuit, à une dizaine de milles dans l'ouest, Miki dormait sous un abattis naturel peu éloigné de la ligne de trappes de Le Beau.

Au petit jour, quand celui-ci quitta sa cabane, accompagné de Nétah, le Tueur, Miki sortait de son abri après une nuit de rêves paisibles. Il avait revécu les premières semaines écoulées après la perte de son maître, en compagnie constante de Nioua ; maintenant qu'il était debout, regardant les ombres se dissiper à la lumière du jour, ces visions lui revenaient accompagnées d'un tel sentiment de solitude inquiète qu'il se mit à gémir.

Si Le Beau l'avait vu, dressé là, au premier rayon d'un soleil pâle, les paroles qu'il réitérait au Tueur lui seraient rentrées dans la gorge. Car à l'âge de onze mois, Miki était un jeune géant de son espèce. Il pesait bien soixante livres, dont pas une once de graisse. Son corps était svelte et maigre comme celui d'un loup. Il avait un poitrail massif sur lequel ses mouvements faisaient rouler les muscles comme des cordes de babiche. Ses pattes ressemblaient à celles de son père Héla, le gros chien de chasse mackenzie ; et ses mâchoires pouvaient broyer les os d'un caribou comme Le Beau l'eût fait avec un pavé. Pendant huit mois sur onze de sa vie, la solitude avait été son éducatrice ; elle l'avait trempé à la dureté de l'acier. Elle l'avait fondu sans souci de son jeune âge au moule de son impitoyable école ; elle lui avait appris à combattre pour la vie, à tuer pour ne pas être tué, et à employer sa cervelle avant ses mâchoires. Il était aussi puissant que Nétah, deux fois plus âgé que lui cependant, et outre sa force il possédait une ruse et une rapidité que le Tueur ne devait jamais connaître. La nature l'avait bien préparé pour l'heure actuelle.

Au moment où le soleil enveloppait la forêt de sa froide flamme, Miki se mit en route dans la direction de la ligne des pièges de Le Beau. Arrivé au point où le trappeur avait passé la veille, il renifla d'un air suspect le relent humain dans les traces des raquettes. Il s'était habitué à cette odeur sans perdre la méfiance qu'elle lui inspirait. Elle le répugnait tout en le fascinant. Elle l'emplissait d'une crainte inexplicable, et néanmoins il se sentait impuissant à la fuir. Trois fois en ces derniers jours il avait aperçu la bête humaine en personne ; dans une de ces occasions il était caché à une douzaine de mètres tout au plus du point où avait passé le trappeur.

Ce matin-là il se dirigea droit vers les terrains bas que parsemaient les pièges de Le Beau. Les lièvres y pullulaient, et c'est là qu'ils se faisaient prendre le plus fréquemment dans les *Kekeks*, ou petits abris construits en baguettes et branches de cèdres pour préserver les appâts de la neige. Ils étaient si nombreux qu'ils devenaient un fléau. Chaque fois que Le Beau faisait sa tournée il trouvait au moins deux pièges sur trois détendus par eux, et inutilisés pour la capture des animaux à fourrure. Mais, où les lièvres foisonnent, il y a aussi des chats-pêcheurs et des lynx, et, en dépit de sa rage contre les menus rongeurs, Le Beau persistait à dresser ses pièges en cet endroit. Et maintenant, en plus des lièvres, il avait à lutter contre le chien sauvage.

Son cœur était enflammé d'une anticipation de vengeance tandis qu'il se hâtait à la lueur du soleil matinal. Le Tueur le suivait sur les talons, conduit par une laisse en babiche. Miki était en train de flairer le premier abri au moment où Nétah et Le Beau s'engageaient dans le terrain marécageux, à trois milles vers l'est.

C'est dans ce *Kekek* que, la veille au matin, Miki avait tué le chat-pêcheur. Il était vide en ce moment. La cheville d'appât même avait été enlevée, et il n'y restait aucune trace de piège. Un quart de mille plus loin le chien arriva à un second abri, également vide. Un peu surpris il poursuivit sa route jusqu'au troisième. Il s'arrêta plusieurs minutes avant d'en approcher, flairant le vent avec une méfiance accrue.

Ici les traces de l'homme étaient plus fournies ; la neige en était battue, et l'odeur de Le Beau était si forte dans l'air, qu'un instant Miki le crut dans le voisinage. Puis il avança de façon à bien voir l'entrée de l'abri. Un énorme lièvre à raquettes y était blotti, et le regardait fixement de ses gros yeux ronds. Un pressentiment de danger retint Miki : c'était un je ne sais quoi dans l'attitude de Wapous, le vieux lièvre. Il ne ressemblait pas aux autres rongeurs qu'il avait pris sur la ligne de Le Beau. Il ne se débattait pas ; il n'était pas écartelé, ni à demi gelé ; il ne se balançait pas au bout d'une gaule. Il était roulé en boule bien fourrée, d'apparence tiède et confortable. De fait, Le Beau l'avait attrapé de ses mains dans une souche creuse, et attaché à la cheville d'appât par un cordon de peau de daim ; après quoi, hors de sa portée, il avait établi tout un nid de pièges, puis les avait recouverts de neige.

Miki se rapprocha de plus en plus de ce traquenard, en dépit de l'instinct obscur qui l'avertissait de se tenir à distance. Wapous, fasciné par cette lente et mortelle avance, ne faisait pas un mouvement, et restait accroupi comme un sphinx gelé. Alors Miki bondit sur lui, et ses puissantes mâchoires se refermèrent dans une étreinte broyeuse. Au même instant se déclencha un cliquetis irrité, et des dents d'acier se refermèrent sur l'une de ses pattes de derrière.

Il laissa tomber Wapous et se retourna en grondant. Clic... Clic... clic ! Trois autres pièges se détendirent. Deux le manquèrent. Le troisième lui agrippa une patte de devant. Avec autant de vigueur qu'il venait d'attraper le lièvre ou que la veille il avait étranglé le chat-pêcheur, il saisit ce nouvel et sauvage ennemi entre ses mâchoires. Ses dents craquèrent sur l'acier froid. Il l'arracha littéralement de sa patte de devant, dont le sang se mit à couler à flots sur la neige rougie. Puis il se tordit éperdument pour atteindre la patte de derrière. Mais sur celle-ci le piège s'était refermé d'une prise immuable. Il le broya jusqu'à ce que le sang lui coulât de la gueule. Il s'escrimait encore dans cette lutte lorsque Le Beau émergea d'un fourré de sapins à vingt pas de distance, le Tueur toujours attaché à ses pas.

L'homme brute s'arrêta. Il haletait et ses yeux étaient enflammés. A deux cents mètres il avait entendu le cliquetis de la chaîne du piège.

— Oh ! il est là, dit-il convulsivement, en resserrant son emprise sur la laisse du Tueur. Tu l'entends, camarade à l'œil rouge ? C'est le démon de voleur que tu vas tuer, ou presque, quand je te détacherai et te dirai : « Vas-y ! »

Miki, cessant de se battre contre le piège, les regardait venir. En cet instant périlleux il n'éprouvait aucune crainte de l'homme. Une rage de tuer lui faisait bouillir le sang. Son instinct surexcité lui révéla la vérité dans un éclair. Son ennemi, c'était non pas la chose qui lui tenait la patte, mais ces deux êtres-là. Il se souvenait, comme si cela datait d'hier, d'avoir déjà vu un homme avec une trique à la main. Et Le Beau en tenait une. Mais ce n'est pas lui que le chien redoutait. Ses yeux surveillaient attentivement Nétah. Détaché par son maître, le Tueur se raidissait sur ses pattes à une dizaine de pieds de distance, le poil de l'épine dorsale redressé, les muscles tendus.

Miki entendit la voix de la bête humaine.

— Vas-y démon, vas-y !

Miki attendait, sans qu'un de ses muscles frissonnât. Il avait appris ces dures leçons de la vie sauvage, attendre, veiller, et se servir de sa ruse. Il était aplati sur le ventre, le museau entre les pattes. Ses babines étaient un peu soulevées, rien qu'un peu ; il ne proférait pas un son, mais ses yeux dardaient comme deux pointes de feu. Le Beau le regardait, émerveillé. Il sentait soudain un nouveau frisson, qui n'était pas inspiré par son désir de revanche. Jamais il n'avait vu ni lynx, ni renard, ni loup pris au piège avec cette attitude. Jamais il n'avait vu chez un chien des yeux comme ceux qui se fixaient en ce moment sur Nétah. Pendant un instant il en retint sa respiration.

Pied à pied, puis presque pouce à pouce, le Tueur s'approcha en rampant. Dix pieds, huit, six... et pendant tout ce temps Miki ne fit pas un mouvement, pas un clin d'œil. Avec un grognement de tigre, Nétah s'élança sur lui !

Alors se passa la chose la plus extraordinaire que Le Beau eût jamais vue. Si rapidement que ses yeux eurent peine à suivre le mouvement, Miki avait passé comme un éclair sous le ventre de Nétah ; puis, se retournant au bout de sa chaîne, il le saisissait à la gorge avant que Le Beau pût compter jusqu'à dix.

Les deux chiens tombèrent, et la brute serrait son bâton en les regardant, comme fasciné. Il entendit des mâchoires qui broyaient, et il savait que c'étaient celles du chien sauvage ; il entendit un grognement s'étouffer peu à peu en un râle sifflant d'angoisse, et il fut certain que ce bruit provenait du Tueur. Le sang lui afflua au visage. L'éclat rouge de ses yeux devint une flambée livide d'exultation et de triomphe.

— Tonnerre de Dieu, s'écria-t-il haletant. Il est en train d'étrangler Nétah. Non, jamais je n'ai vu un chien pareil. Je vais le garder vivant pour le faire battre avec le minet de Durant au poste du Fort-Dieu. Ventre-Saint-Gris ! mais...

C'en était fait du Tueur si son maître eût différé son intervention d'une minute encore. Le Beau avança, le bâton levé. Tout en enfonçant ses crocs plus profondément dans la gorge de Nétah, Miki vit le nouveau danger du coin de l'œil. Ouvrant les mâchoires, il se dégagea du Tueur à l'instant où le gourdin descendait, mais n'esquiva qu'en partie le terrible coup, qui l'atteignit à l'épaule et le renversa. Vif comme l'éclair, il se remit sur pied et se rua vers Le Beau.

Le Français était passé maître dans l'art du bâton, l'ayant pratiqué toute sa vie. D'un rapide brisé à droite il asséna un coup terrible sur la tête de Miki, à qui le sang sortit de la gueule et des narines. Étourdi et à moitié aveuglé, il reprit pourtant son élan et reçut un nouveau coup de massue. Il entendit le cri de joie féroce de Le Beau. Trois fois encore il tomba sous la massue.

Le Beau ne riait plus, mais manœuvrait son bâton avec une sorte de crainte dans les yeux. La sixième fois il manqua son coup ; et les mâchoires de Miki se refermèrent tout contre sa poitrine, fendant l'épais paletot et la chemise comme des feuilles de papier, et traçant un sillon sanguinolent sur la peau. Dix pouces de plus, et une vision un peu moins assombrie par le sang, il eût atteint l'homme à la gorge. Le Beau poussa un grand cri. Il avait senti la mort le frôler.

— Nétah ! Nétah ! cria-t-il en faisant des moulinets éperdus.

Nétah ne répondit pas. Peut-être sentait-il en ce moment que son maître avait fait de lui un monstre. La solitude ouvrait autour de lui ses portes libératrices. Quand Le Beau l'appela de nouveau, il le vit s'esquiver égouttant du sang en route. Il est probable que le Tueur alla rejoindre les loups, car c'était un métis aux trois quarts sauvage.

Le Beau l'entrevit seulement au moment où il disparaissait. Il fit tournoyer furieusement son bâton, et manqua carrément son coup ; cette fois ce fut une pure chance qui le sauva : la chaîne s'accrocha, et Miki fut précipité en arrière au moment où son souffle brûlant atteignait presque la veine jugulaire de l'homme. Le chien tomba sur le côté, et avant qu'il pût reprendre son équilibre, un coup de gourdin lui écrasait la tête dans la neige.

Le monde s'obscurcit pour lui ; il n'avait plus la force de bouger ; étendu comme un cadavre, il perçut encore la voix haletante et triomphale de la bête humaine. Car Le Beau, si noir que fût son cœur, ne put retenir un cri de joie qui était presque une action de grâces d'être sorti vainqueur de cette lutte et d'avoir échappé à la mort, bien que de l'épaisseur d'un simple chaînon.

XVII

LE JUSTICIER

Nanette, la femme de Jacques, le vit apparaître à l'orée du bois, tard dans l'après-midi, traînant quelque chose derrière lui sur la neige. Depuis qu'il lui avait parlé du chien sauvage, elle couvait au fond du cœur une secrète pitié pour la bête. Longtemps avant la venue de son dernier enfant, elle avait eu un chien qu'elle aimait beaucoup, et qui lui prodiguait la seule affection sincère qu'elle eût connue après son triste mariage. Avec une barbare cruauté, Le Beau l'avait chassé d'auprès d'elle, et d'ailleurs elle-même avait encouragé l'animal à chercher sa liberté, comme Nétah, dans la solitude. Aussi faisait-elle des vœux pour le salut du chien dévaliseur de trappes.

A l'approche de Le Beau, elle vit que ce qu'il traînait était une sorte de herse faite de quatre perches entrelacées ; un peu après, en apercevant le chargement de ce traîneau, elle poussa un léger cri d'horreur.

Les pattes de Miki étaient si étroitement attachées aux branches qu'il ne pouvait faire le moindre mouvement. Une corde passée à son cou était fixée à l'une des traverses, et Le Beau lui avait improvisé une muselière en lanières de babiche incassables. Il avait fait tout cela après avoir abattu Miki et avant qu'il ne reprît connaissance.

Les yeux de la femme se dilatèrent, et elle perdit un instant la respiration après avoir laissé échapper ce cri. Bien des fois elle avait vu Jacques assommer ses chiens, mais jamais en maltraiter un de la sorte. La tête et les épaules de Miki ne formaient qu'une masse de sang coagulé. Puis elle aperçut ses yeux, fixés sur elle. Elle se détourna, pour que Jacques ne vit pas l'expression de son visage.

Le Beau traîna son fardeau directement dans la cabane, puis se recula et se frotta les mains en regardant Miki étendu sur le sol. Nanette vit qu'il était extraordinairement de bonne humeur, et elle attendit.

— Par tous les saints du paradis ! J'aurais voulu que tu le voies étrangler Nétah... ou peu s'en est fallu, s'écria-t-il joyeusement. Oui, en moins d'un clin d'œil, il le tenait par la gorge et deux fois il a failli me tuer pendant que je l'abattais à coups de bâton. Bon Dieu ! qu'est-ce que prendra le chien de Durant quand ils se rencontreront au Fort-Dieu ! Je parierais bien en supplément que celui-ci tuera l'autre avant que l'aiguille des secondes ait fait deux tours à la montre du Facteur. Il est superbe. Regarde-le, Nanette, pendant que je vais lui construire un enclos pour lui tout seul. Si je le mettais avec les autres il les tuerait tous.

Les regards de Miki le suivirent pendant qu'il franchissait la porte de la cabane. Puis il les reporta vivement sur Nanette. Elle s'était approchée et se penchait sur lui avec des yeux pleins de lumière. Un grognement se forma dans la gorge de Miki et y avorta. C'était la première fois qu'il voyait une femme. Tout de suite il sentit une différence vaste comme le monde. Dans son corps meurtri et brisé son cœur s'apaisa. Nanette lui parlait. Jamais il n'avait entendu une voix comme la sienne, douce et tendre, avec des larmes contenues ; et tout à coup, miracle des miracles, elle se laissait tomber à genoux et lui posait sa main sur la tête.

En cet instant son esprit bondit à reculons à travers les générations, bien au-delà de son père et du père de son père, jusqu'au jour lointain où coulait dans les veines de sa race le sang ordinaire d'un « pur chien », où il jouait avec des enfants, obéissait à des appels de femmes, et adorait à l'autel de l'humanité.

Et voici que la femme courait vers le poêle, revenait avec un bassin d'eau chaude et un chiffon mou, et lui baignait la tête, sans cesser de lui parler de cette voix de tendresse apitoyée. Il ferma les yeux, toute crainte dissipée, et un profond soupir s'échappa de son corps. Il aurait voulu sortir la langue et lécher les petites mains blanches qui lui dispensaient l'apaisement et le bien-être. Et alors arriva la chose la plus étrange de toutes. Le bébé se redressa dans son berceau et commença à babiller. C'était une note nouvelle pour Miki, ce gazouillis du printemps de la vie, qui le fit vibrer d'un frisson sans précédent. Il ouvrit les yeux tout grands et se mit à gémir.

Le rire, d'une joie inusitée et qui la surprit elle-même, monta à la gorge de la jeune femme. Elle courut au berceau et revint avec le bébé dans les bras. Elle se remit à genoux, et l'enfant, à la vue de cet étrange joujou étendu sur le plancher, tendit ses petits bras, agita ses pieds chaussés de mocassins minuscules, s'égaya, roucoula et gigota si bien que Miki se raidit dans ses liens pour pouvoir approcher un peu de cette merveilleuse créature et la toucher du museau. Il oubliait ses souffrances ; il ne sentait plus la torture de ses mâchoires meurtries et broyées, ni l'engourdissement de ses pattes comprimées et gelées. Tous ses instincts étaient concentrés vers ces deux êtres.

Et la femme, en ce moment, était belle à voir. Elle *comprenait* ; et son cœur généreux battait dans sa poitrine, oublieux de la Brute. Ses yeux rayonnaient avec la douceur des étoiles.

Ses joues pâles se couvrirent d'un tendre incarnat. Elle assit le bébé par terre et continua à baigner la tête de Miki avec le chiffon imbibé d'eau tiède. Le Beau, s'il avait eu rien d'humain, aurait dû adorer cette admirable et pure image de la maternité, cet ange de pitié agenouillé là et rayonnant un instant de l'oubli de sa personne. Et, de fait, il entra et la vit, si doucement qu'elle ne perçut pas sa présence tout de suite et continua, sous son regard fixe, à prononcer des mots entrecoupés de rires ressemblant à des sanglots, tandis que l'enfant gazouillait et se démenait dans l'excitation de ces minutes de répit.

Les lèvres épaisses de Le Beau se contractèrent en un hideux ricanement, et il prononça un horrible blasphème. Nanette sursauta comme si elle avait reçu un coup.

— Lève-toi de là, espèce de folle ! gronda-t-il.

Elle obéit et se recula avec son bébé dans les bras. Miki vit ce changement d'attitude ; quand il aperçut Le Beau, une lueur verdâtre se ralluma dans ses yeux et un grondement profond de loup roula dans sa gorge.

Le Beau avança vers Nanette. L'éclat de ses yeux et le rose de ses joues n'avaient pas complètement disparu ; elle se tenait debout, pressant l'enfant sur son cœur. Sa grosse tresse de cheveux lui était tombée sur l'épaule et brillait comme du velours à la clarté du couchant filtrant par la fenêtre. Mais Le Beau ne voyait rien de tout cela.

— Si tu t'avises de faire un petit chat domestique de ce chien, comme tu avais fait de Minou, la chienne de race, je te...

Il n'acheva pas sa phrase, mais ses grosses mains se fermaient convulsivement, et il y avait une hideuse colère dans ses yeux. Nanette n'en demanda pas davantage. Elle comprenait. Elle avait reçu bien des coups, un entre autres dont le souvenir ne la quittait ni jour ni nuit. Si jamais elle pouvait se rendre au poste de Fort-Dieu, et si elle en avait le courage, elle dénoncerait son mari et raconterait au Facteur comment Le Beau lui avait porté un coup terrible pendant qu'elle allaitait, et lui avait abîmé le sein à tel point que son enfant de deux ans était mort. Elle le dirait, quand elle se sentirait avec son nouveau bébé à l'abri de la vengeance de la Brute. Or seul le Facteur — le gros agent du poste de Fort-Dieu, à cent milles de distance — était assez puissant pour la sauver.

Il est heureux que Le Beau n'ait pu lire ce qui se passait alors dans l'esprit de sa femme. Après lui avoir donné cet avertissement, il traîna Miki hors de la cabane vers un enclos de perches où l'hiver passé il avait gardé deux renards vivants. Il lui passa au cou une petite chaîne de dix pieds de long dont il fixa l'extrémité à l'un des barreaux avant de jeter son prisonnier dans la cage et de trancher ses ligatures de babiche.

Le chien resta couché plusieurs minutes sans faire un mouvement, pendant que la circulation se rétablissait lentement dans ses membres ankylosés et à moitié gelés. Lorsqu'il parvint enfin à se redresser sur ses pattes vacillantes, Le Beau ricana jovialement et rentra dans la cabane.

Après cela s'écoulèrent de nombreuses journées d'une torture infernale pour la pauvre bête, d'une lutte inégale entre la puissance de la Brute et l'esprit du chien.

— Je te materai : oh ! par le Christ, je te materai ! répétait incessamment Le Beau quand il arrivait, le bâton ou le fouet à la main. Je te ferai ramper devant moi. Oui ! et quand je te dirai de te battre, tu te battras.

L'enclos était petit, si petit que Miki ne pouvait éviter l'atteinte du bâton et du fouet. Cela le rendait fou pendant quelque temps, et la vilaine âme de Le Beau débordait de joie quand il le voyait s'élancer sans relâche sur les barreaux de bois vert et les lacérer de ses dents, bavant une écume sanglante comme un loup en furie. Il y avait vingt ans que Le Beau entraînait des chiens de combat, et telle était sa méthode. C'est ainsi qu'il s'y était pris avec Nétah, et il avait fini par dompter le Tueur, qui à son appel s'approchait à plat ventre.

A trois reprises, de la fenêtre de la cabane, Nanette assista à ces horribles luttes entre l'homme et le chien ; la troisième fois elle enfouit son visage dans ses mains et pleura. Quand Le Beau rentra et la vit en larmes, il la traîna vers la fenêtre et l'obligea à regarder de nouveau Miki, qui gisait ensanglanté et à demi mort dans sa cage. C'était un des matins où il partait pour la tournée de ses trappes : il ne rentrait jamais qu'assez tard le lendemain. Et à peine était-il hors de vue que Nanette courait vers l'enclos.

C'est alors que Miki oubliait son bourreau. Meurtri parfois au point d'y voir et se soutenir à peine, il se traînait vers les barreaux de la cage et caressait les douces mains que Nanette lui abandonnait sans crainte. Au bout de quelque temps elle prit même l'habitude d'apporter le bébé, emmitouflé comme un petit Esquimau ; et Miki gémissait de joie, se démenait de la queue et se vautrait en adoration devant ces deux êtres.

Dans la seconde semaine de sa captivité survint l'incident le plus délicieux. Le Beau était parti, et dehors sifflait une rafale de neige à laquelle Nanette n'osait pas exposer le bébé. Elle alla donc à l'enclos ; le cœur palpitant, elle en ouvrit la porte et amena Miki dans la cabane. Si jamais Le Beau découvrait qu'elle avait fait une chose pareille ! Cette pensée la fit frissonner.

Après cette première fois elle récidiva fréquemment. Un jour son cœur faillit cesser de battre : Le Beau avait aperçu du sang sur le plancher, et ses regards soupçonneux la transperçaient. Elle fit un mensonge :

— Je me suis coupé le doigt, dit-elle ; et un moment après, lui tournant le dos, elle se coupa réellement. Quand Jacques regarda sa main il lui vit autour du doigt un chiffon taché de sang.

Désormais Nanette eu soin d'inspecter le plancher à chaque fois.

Cette cabane, avec la femme et l'enfant qui l'habitaient, devint un paradis de jour en jour plus délicieux pour Miki. Un moment arriva où Nanette se risqua à l'y garder toute une nuit. Allongé près du précieux berceau, il ne la quitta pas un instant des yeux. Il était tard quand elle s'apprêta à se mettre au lit. Elle revêtit une longue et moelleuse robe de nuit, puis s'asseyant près de Miki et exposant à la chaleur du foyer ses petits pieds nus, elle défit sa magnifique chevelure. C'était la première fois que Miki la voyait enveloppée de cette nouvelle et merveilleuse toison, qui tombait sur ses épaules et sa poitrine presque jusqu'au plancher, avec des reflets de cascade ; l'odeur en était à tel point séduisante que le chien s'en rapprocha de quelques pouces en rampant et laissa échapper un doux gémissement.

Quand elle eut fini de la brosser, Miki suivit les mouvements des doigts fluets qui la tressaient en deux grosses nattes. Avant d'éteindre la lumière, elle fit une chose encore plus curieuse. Elle s'approcha de son lit de perches, contre le mur, et d'une cachette sous les couvertures elle retira avec tendresse un petit crucifix d'ivoire. L'élevant dans ses mains elle s'agenouilla sur le plancher de madriers, et Miki l'entendit réciter sa prière. Il ne pouvait comprendre qu'elle implorait la bonté divine pour son enfant, pour la petite Nanette couchée dans son berceau.

Ensuite elle prit l'enfant, le dorlota dans ses bras, éteignit la lumière et se mit au lit. Et pendant les longues heures de cette nuit, Miki s'abstint du moindre bruit capable de les réveiller.

A l'aurore, quand Nanette ouvrit les yeux, elle trouva Miki la tête sur le rebord du lit, tout près du bébé niché contre son propre sein.

Ce matin-là, pendant qu'elle préparait le feu, un étrange sentiment remua le cœur de Nanette et l'incita à chanter. Le Beau ne devait pas rentrer avant la tombée de la nuit, et jamais elle n'eût osé lui dire ce qu'elle allait faire avec le bébé et le chien. C'était son anniversaire. Elle avait vingt-six ans ; il lui semblait qu'elle avait vécu la longueur de deux vies ; et elle avait passé huit de ces années avec la Brute ! Mais à eux trois, ils allaient fêter ce jour. Pendant toute la matinée, la cabane fut remplie d'un nouvel esprit, d'un bonheur candide.

Voilà des années, avant qu'elle rencontrât Le Beau, les Indiens retirés dans le *Waterfound* avaient surnommé Nanette *Tanta Penaski* (le petit oiseau), à cause de la merveilleuse douceur de sa voix. Or, ce matin-là, elle chanta en préparant son repas de fête. Le soleil rentrait à flots par les fenêtres ; Miki battait de la queue, et gémissait d'aise, le bébé jacassait et piaillait, et la Brute était oubliée. Nanette, dans ce moment d'insouciance, était redevenue une douce et belle jeune fille, comme aux jours où Jackpine, le vieux Cree, mort depuis longtemps, lui disait qu'elle était la fille des fleurs.

Enfin le dîner extraordinaire fut prêt, et, au ravissement du bébé, Nanette invita Miki à s'asseoir à table, sur une chaise. Il se sentait en sotte posture, et prit un air si bête que Nanette se tordit de rire au point d'humecter ses longs cils noirs ; et comme Miki tout honteux descendait furtivement de la chaise, elle courut à lui, lui jeta ses bras autour du cou et à force de le raisonner, lui fit reprendre sa place.

Ainsi se passa la journée jusqu'au milieu de l'après-midi. Alors Nanette fit disparaître toutes traces de cette réjouissance et enferma Miki dans son enclos. Elle eut de la chance de s'y être prise d'avance, car à peine avait-elle fini que Le Beau parut au bord de la clairière, accompagné de Durant, son camarade et rival, qui habitait à la lisière des Mauvaises Terres, plus au nord.

Durant, après avoir envoyé son équipement à Fort-Dieu par un Indien, avait fait un crochet au sud-ouest, avec deux chiens et un traîneau, pour rendre une visite d'un jour ou deux à l'un de ses cousins. En retournant vers le poste, il avait rencontré Le Beau sur sa ligne de pièges.

C'est ce que Le Beau expliqua à Nanette, qui regardait Durant avec des yeux alarmés. Jacques et son hôte étaient bien appariés, sauf que Durant était un peu plus vieux. Elle s'était tant soit peu habituée à l'expression brutale de Le Beau, mais elle trouvait que Durant avait la figure d'un monstre. Elle en était épouvantée, et se sentit soulagée quand les deux hommes sortirent de la cabane.

— Maintenant, je vais vous montrer la bête qui tuera votre minet aussi facilement que votre cabot conducteur a tué ce lièvre tantôt, m'sieur ! déclara triomphalement Jacques. Je vous en ai parlé mais vous ne l'avez pas vu.

Et il prit avec lui le bâton et le fouet.

Ce jour-là, Miki regimba comme un tigre nouvellement arraché à la jungle, avec une telle fureur que Durant en fut effaré, et s'écria à demi-voix :

— Mon Dieu ! c'est un démon.

Par la fenêtre Nanette vit ce qui se passait et poussa une exclamation d'angoisse. Avec la rapidité d'une flamme elle sentit s'éveiller ce que pendant des années Le Beau avait écrasé en elle, sa féminité ressuscitée, triomphante enfin et impavide, son âme libérée de ses chaînes, sa force, sa foi, son courage ! Elle quitta la fenêtre, courut à la porte, bondit sur la neige jusqu'à l'enclos, et, pour la première fois de sa vie, attaqua Le Beau : elle frappa de toutes ses forces le bras qui maniait le bâton.

— Brute ! s'écria-t-elle. C'est moi qui te le dis, cela va finir ! M'entends-tu ? Cela va finir.

Le Beau demeurait paralysé d'étonnement. Était-ce là Nanette, son esclave ? Était-ce cette merveilleuse créature aux yeux étincelants de défi, avec une expression qu'il n'avait jamais vue auparavant sur le visage d'aucune femme ? Non, c'était impossible ! Une rage bouillante débordait en lui, et d'un simple revers de son bras de géant il la repoussa si brutalement qu'elle tomba sur la neige. Il proféra un horrible juron et souleva la barre de fermeture de la cage.

— Je vais le tuer, je vais le tuer tout de suite ! hurla-t-il. Et c'est toi, toi, diablesse, qui lui mangeras le cœur vivant : je te l'enfoncerai dans la gorge ! Je te...

Il attirait Miki par sa chaîne. Il leva son gourdin au moment où la tête du chien dépassait l'ouverture. Un instant de plus et il allait lui mettre le crâne en bouillie lorsque Nanette s'interposa comme un éclair entre la bête et l'homme, et celui-ci manqua son coup. Alors c'est avec le poing qu'il frappa. Le coup atteignit Nanette à l'épaule et envoya le frêle corps rouler brutalement dans un coin de l'enclos. La Brute s'élança sur elle et saisit à pleines mains son épaisse et douce chevelure.

Et alors...

Durant poussa un cri d'avertissement : il était trop tard. Comme un foudre de vengeance, Miki avait bondi jusqu'au bout de sa chaîne et saisi Le Beau à la gorge. Nanette entendit le craquement. De ses yeux défaillants elle vit l'horrible chose. Elle étendit les bras comme une aveugle, se releva péniblement, et regarda encore sur la neige. Puis, avec un cri terrible, elle s'élança en titubant vers la cabane.

Lorsque Durant retrouva assez de courage pour tirer Le Beau hors des atteintes de Miki, le chien ne fit pas un mouvement pour le molester. Peut-être, cette fois encore, était-ce l'Esprit bienfaisant qui lui disait qu'il avait accompli son devoir. Il rentra dans sa cage, s'y allongea et observa les faits et gestes de Durant.

Et celui-ci, en regardant la neige tachée de sang et le cadavre, se murmurait encore à lui-même :

— Mon Dieu ! c'est un démon.

Dans la cabane, Nanette était à genoux devant son crucifix.

XVIII

UN NOUVEAU DIEU DE HAINE

Dans certaines circonstances, la mort est un coup, mais non un chagrin. Tel fut le cas pour Nanette Le Beau. Elle avait vu de ses yeux l'effroyable fin de son mari, mais son âme sensible ne pouvait le pleurer ni désirer qu'il fût encore en vie. La justice que le bon Dieu lui réservait tôt ou tard l'avait enfin saisi. Et pour l'amour de l'enfant plus encore que pour le sien propre, Nanette ne le regrettait pas. Durant, dont l'âme ne valait guère mieux que celle du mort, n'avait même pas attendu une prière, ne lui avait pas demandé ce qu'il fallait faire : il avait creusé un trou dans la terre gelée et enterré le corps à peine refroidi. Et Nanette ne s'en était pas émue. La Brute était partie, partie pour toujours, et ne la battrait plus. Et, pour l'enfant, elle remercia Dieu.

Miki, dans sa cage, était ramassé sur le ventre au bout de sa chaîne. Il avait à peine remué depuis l'instant terrible où il avait ouvert la gorge de son tortionnaire. Il n'avait même pas grondé en voyant Durant enlever le cadavre. Une effroyable oppression s'était abattue sur lui. Il ne pensait pas aux brutalités dont il avait souffert, ni à la mort que Le Beau était sur le point de lui infliger avec sa massue ; il ne sentait pas la douleur de ses membres meurtris, de ses mâchoires ensanglantées et de ses yeux cinglés de coups de fouet. Il songeait à Nanette.

Pourquoi s'était-elle enfuie avec ce cri horrible lorsqu'il avait tué la bête humaine ? N'était-ce pas ce brutal qui l'avait jetée à terre et dont les mains étaient nouées autour de sa gorge blanche lorsque, bondissant à bout de chaîne, il lui avait tranché la veine jugulaire ? Alors pourquoi s'était-elle sauvée, et pourquoi ne revenait-elle pas ?

Il se mit à gémir doucement.

L'après-midi était presque fini, et l'obscurité prématurée des nuits de plein hiver dans les pays du Nord commençait à s'épaissir sur les forêts. Dans cette pénombre, la sombre face de Durant apparut entre les barreaux de la prison de Miki. Le chien avait conçu une aversion instinctive pour le chasseur de renards, comme pour Le Beau lui-même, car de figure et de cœur ils étaient frères en bestialité. Cependant il ne gronda pas en voyant Durant le regarder : il ne bougea même pas.

— Oh ! le démon ! murmura Durant en frémissant.

Puis il se mit à rire. C'était un rire bas, hideux, à moitié étouffé dans sa rude barbe noire, qui fit courir un étrange frisson dans les veines de Miki.

L'homme tourna le dos et entra dans la cabane.

Nanette se leva pour l'accueillir, ses grands yeux noirs brillant dans un visage d'une pâleur mortelle. Elle ne s'était pas encore remise du choc de cette mort tragique, et pourtant dans ses regards pointait déjà une sorte de renaissance, quelque chose qui n'y paraissait pas lorsque Durant était venu avec Le Beau dans l'après-midi. Il la contempla avec étonnement, debout devant lui, son bébé dans les bras.

C'était une autre femme, et lui se sentait mal à l'aise. Comment, voilà quelques heures, avait-il pu rire grossièrement lorsque le mari, en sa présence, lui lançait les injures les plus viles, et pourquoi maintenant ne pouvait-il pas soutenir son tranquille regard ? Dieu ! il n'avait même pas remarqué comme elle était belle ! Reprenant possession de lui-même, il énonça l'objet de sa visite.

— Vous ne voudrez pas garder ce chien, dit-il... Je vais l'emmener.

Nanette ne répondit rien. Elle semblait à peine respirer en le regardant. Elle lui parut attendre ses explications, et il eut une inspiration soudaine.

— Vous savez, il devait y avoir un grand combat entre son chien et le mien pour le carnaval du nouvel an au poste de Fort-Dieu, continua-t-il en frottant ses pieds lourds sur le plancher. C'est pour cela que Jacques... votre mari entraînait le chien sauvage. Et quand j'ai vu cet *Oucheune*, ce loup-démon, lacérer les barreaux de sa cage, j'ai compris qu'il tuerait mon chien comme un renard tue un lapin. Nous avons donc fait un marché ensemble, et je l'ai acheté pour les deux peaux de renard croisé et les dix de renard roux que j'ai là-dehors.

La vraisemblance de son mensonge lui donnait de l'aplomb. Il paraissait dire la vérité, et Jacques n'était plus là pour le démentir.

— Il est donc à moi, conclut-il d'un air un peu triomphant ; je vais l'emmener au poste, et je le ferai combattre contre n'importe quel chien ou loup de tout le Nord. Voulez-vous que j'aille chercher les fourrures, madame ?

— Le chien n'est pas à vendre, répondit Nanette et l'éclat de ses yeux s'accentua. Il est à moi, à moi et au bébé. Vous comprenez, Henri Durant ? Il n'est pas à vendre.

— Oui, balbutia Durant, confondu.

— Et quand vous arriverez au poste de Fort-Dieu, monsieur, vous direz au Facteur que Jacques est mort, et comment il est mort, et qu'il faut envoyer quelqu'un me chercher avec le bébé. Jusque-là nous resterons ici.

— Oui, répéta Durant, reculant vers la porte.

Il ne l'avait pas encore vue sous ce jour. Il se demandait comment Le Beau avait pu jurer contre elle et la frapper. Pour son propre compte, il avait peur d'elle. Debout là, avec sa figure blanche, ses yeux admirables et sa brillante chevelure éparse sur les seins, elle lui rappelait un tableau de la Madone.

Il franchit la porte et retourna à la cage où était couché Miki. Il lui parla doucement à travers les barreaux.

— Eh bien la bête ! dit il. Elle refuse de te vendre. Elle veut te garder parce que tu t'es battu pour elle et que tu as tué mon ami Jacques Le Beau. Je serai donc obligé de m'y prendre à ma façon pour t'avoir. Avant peu la lune va se lever : je te passerai au cou un nœud coulant au bout d'une perche, et tu seras suffoqué si vite qu'elle n'entendra rien. Qui saura où tu es allé, si je laisse ouverte la porte de la cage ? Et tu te battras pour moi au poste de Fort-Dieu. Mon Dieu, comme tu te battras bien ! Je jure que ça ferait plaisir à l'ombre de Jacques Le Beau de voir ce qui se passera.

Il s'en alla à l'endroit où il avait laissé son léger traîneau et ses deux chiens à la lisière de la forêt, et attendit le lever de la lune.

Cette fois encore Miki n'avait pas bougé. Une lumière venait d'apparaître à la fenêtre de la cabane, et ses yeux était ardemment fixés sur elle, tandis que le même gémissement bas lui remontait à la gorge.

Son monde n'existait plus en dehors de cette fenêtre. La femme et l'enfant avaient oblitéré dans son esprit tout autre désir que celui d'être avec eux.

Dans la cabane, Nanette était en train de penser à lui, et à Durant. Les paroles de l'homme lui revenaient à l'esprit d'une façon précise et significative : « Vous ne voudrez pas garder ce chien. » Oui, tous les gens de la forêt diraient la même chose, même le Facteur, quand ils connaîtraient l'histoire. Elle ne voudrait pas garder le chien ! Et pourquoi pas ? Parce que, pour la défendre, il avait tué Jacques Le Beau, son mari ? Parce qu'il l'avait délivrée du joug de la Brute ? Parce qu'en cet instant terrible Dieu l'avait déchaîné pour que la petite Nanette pût vivre, à la différence de l'autre bébé, et grandir dans le rire et non dans les larmes ? Son cœur s'enflamma à l'idée que telle devait être la volonté du bon Dieu ! D'autres pourraient en douter, elle jamais. Elle se rappela tout ce que Le Beau lui avait raconté au sujet du chien sauvage, comment pendant plusieurs jours il avait dévalisé ses trappes, et la terrible résistance qu'il lui avait opposée une fois pris. Entre toutes les paroles de cet être brutal elle se rappelait surtout ce qu'il avait dit un jour :

— C'est un démon, mais il n'a pas été engendré par des loups. Non, à un moment donné, voilà longtemps il a dû être le chien d'un Blanc.

Le chien d'un Blanc !

Son âme vibra de nouveau à cette pensée que la pauvre bête avait jadis connu l'affection d'un Blanc, comme elle-même avait connu une enfance où s'épanouissaient les fleurs et où chantaient les oiseaux. Elle essaya de se souvenir d'autres détails, mais elle ne pouvait remonter bien loin dans le passé. Encore moins pouvait-elle entrevoir l'être anguleux qu'était Miki lorsqu'il descendit de l'extrême Nord avec Challoner ; ni son étrange camaraderie avec Nioua, l'ourson noir ; ni la tragédie de leur chute dans le rapide qui les avait emportés vers les grandes aventures et transformés en un ours adulte et un chien sauvage. Cependant dans son cœur elle sentait ce qu'elle ne pouvait voir. Elle devait accueillir Miki, non pas en vagabond de hasard, mais comme l'envoyé de quelque puissance supérieure.

Elle se leva tranquillement, pour ne pas éveiller l'enfant au berceau, et ouvrit la porte. La lune se levait sur la forêt, et dans sa clarté elle approcha de la cage. Elle entendit le gémissement de joie du chien, puis sentit la chaude caresse de sa langue sur ses mains nues qu'elle avait passées entre les barreaux.

— Non, non, tu n'es pas un démon ! s'écria-t-elle d'une voix contenue et tremblante. Oh ! mon *Soketâo*, j'ai prié, prié, et tu es venu. Oui, tous les soirs, à genoux, je demandais à notre Sainte Vierge de prendre en pitié mon enfant, et de laisser en tout temps le soleil du ciel briller sur elle. *Et tu es venu* ! Or le Dieu de bonté n'envoie pas des démons en réponse à une prière. Non, jamais !

Et Miki, comme si un Esprit lui eût donné aussi le pouvoir de comprendre, appesantit sur ses mains sa tête ensanglantée et meurtrie.

De la lisière de la forêt Durant observait cette scène. Il avait vu un rai lumineux s'échapper de la porte et Nanette s'approcher de la cage, et ses yeux ne la quittèrent pas avant son retour à la cabane. Il revint vers son feu en ricanant et se mit à terminer le *wahgun* qu'il était en train de fixer au bout d'une longue perche. Ce nœud coulant et sa propre astuce lui épargnaient douze belles peaux de renard, et il continua de glousser à la lueur du foyer en songeant combien il était facile d'être plus malin qu'une femme. Nanette avait commis la sottise de refuser les fourrures et Jacques... était mort. C'était pour lui un heureux concours de circonstances. La fortune lui faisait certainement des avances. Sur cette bête-là, comme il appelait le chien sauvage, il allait jouer toute sa fortune dans le grand combat. Et il gagnerait à coup sûr.

Il attendit que la lumière s'éteignît dans la cabane avant d'approcher de la cage. Miki l'entendit venir, et même l'aperçut d'une assez grande distance, car déjà la lune éclairait comme en plein jour.

Durant connaissait bien les manières des chiens. Il usait envers eux de la supériorité de sa raison alors que Le Beau se fût servi de la lanière et du bâton. Il avança donc franchement et hardiment, et, comme par accident, laissa tomber le bout de sa perche entre les barreaux. Les mains posées contre la cage, et sans crainte apparente, il se mit à parler d'un ton ordinaire. Il était différent de Le Beau. Miki le surveilla étroitement pendant quelque temps, puis reposa les yeux sur la fenêtre actuellement noire, et Durant s'employa sournoisement à profiter de ce répit. Insensiblement il avança le bout de la perche jusqu'à ce que le terrible nœud coulant pendît droit au-dessus de la tête de Miki. Il était passé maître dans l'usage du wahgun, ayant attrapé de cette façon bien des renards et des loups, et même un ours. Miki, engourdi par le froid, sentit à peine la corde se poser autour de son cou. Il ne vit pas l'homme s'arquer, les pieds contre le soubassement de l'enclos.

Soudain Durant se rejeta violemment en arrière, et il sembla à Miki qu'un gigantesque piège d'acier se refermait sur sa gorge. La respiration lui fut coupée instantanément. Dans ses efforts frénétiques pour se dégager il ne pouvait proférer un son. De main en main, l'homme l'attira jusqu'aux barreaux, et là, les pieds toujours arc-boutés, il se suspendit de tout son poids pour l'étouffer, si bien que lorsque enfin il laissa aller le *wahgun*, Miki s'écroula comme mort.

En moins de dix secondes Durant nouait une muselière sur ses mâchoires fermées. Il eut soin de laisser ouverte la porte de l'enclos et revint à son traîneau, portant Miki dans ses bras. Il se disait que jamais l'esprit lent de Nanette ne devinerait la vérité. Elle croirait que la bête s'était échappée dans la forêt.

Son plan n'était pas de réduire Miki en esclavage à force de coups ; la méthode avait trop mal réussi à Le Beau, Durant était plus avisé. Malgré sa manière rude et impitoyable, il avait appris certains phénomènes de la mentalité animale. Il était loin d'être un psychologue : cependant sa brutalité ne l'avait pas complètement aveuglé. Aussi, au lieu d'attacher étroitement Miki, comme Le Beau sur son traîneau improvisé, Durant s'évertua à donner de l'aise à son captif, en le couvrant d'une chaude couverture, avant de reprendre son voyage vers l'est. Il s'assura néanmoins qu'il n'y avait pas de défaut à la muselière qui lui entourait les mâchoires, et que l'autre extrémité de la chaîne qu'il portait encore au cou était solidement fixée à la barre de direction du traîneau.

Ces précautions prises, Durant se mit en route en s'orientant vers le Fort-Dieu, et si Jacques Le Beau avait pu le voir en ce moment, il eût facilement deviné la cause de son exaltation. En vertu de son origine et de sa naissance, Durant était avant tout un joueur, et ensuite un trappeur. Il tendait des pièges pour avoir le plaisir de risquer ses bénéfices, et depuis une demi-douzaine d'années consécutives, il gagnait régulièrement au grand combat de chiens du poste. Cependant cette année il n'était qu'à demi rassuré. Ce n'est pas de Jacques Le Beau et de Nétah qu'il avait eu peur, mais du Métis relégué sur les bords du *Red Belly Lake.* Il s'appelait *Grouse Piet*, et le chien qu'il devait engager pour le combat était un demi-loup. Voilà pourquoi dans la folle ardeur de son désir, Durant était allé jusqu'à offrir deux peaux de renard croisé et dix de renard roux, c'est-à-dire le prix de cinq chiens, pour un seul animal sauvage. Maintenant qu'il le tenait pour rien, et que Nanette s'était appauvrie de douze fourrures, il se sentait heureux. Car il possédait un rival de premier choix à opposer au demi-loup de Grouse Piet, et il allait risquer son argent et son crédit jusqu'à la dernière limite.

Quand Miki recouvra ses sens, Durant, qui attendait ce moment avec anxiété, arrêta ses chiens. Il se pencha sur le traîneau et commença à lui parler, non pas à la manière brutale de Le Beau, mais d'un ton de camaraderie insouciante, et de sa main gantée il tapota la tête de son captif. Ceci était une nouveauté pour Miki ; il savait bien que cette main n'était pas celle de Nanette, mais appartenait à une bête humaine ; d'autre part, la douceur de son nid, fait d'une couverture sur laquelle Henri avait étendu une peau d'ours, lui était également insolite. Naguère il était raide et gelé ; actuellement il se sentait au chaud et à l'aise. Aussi ne fit-il pas un mouvement, et Durant s'applaudit de son adresse.

Il ne fit pas beaucoup de chemin cette nuit-là, mais s'arrêta à cinq ou six milles de la cabane de Nanette et construisit un feu, sur lequel il fit bouillir du café et rôtir de la viande ; il la fit cuire lentement, sur une broche de bois qu'il tournait sans cesse, de façon à ce que l'air ambiant fût imprégné de son arôme appétissant. Il avait attaché ses deux chiens de trait à cinquante pas de distance, mais avait laissé le traîneau près du feu, et observait l'effet que produisait sur Miki l'odeur de la grillade.

Depuis son bas âge en compagnie de Challoner, Miki ne s'était pas empli les narines de cet arôme sans pareil. Durant le vit enfin se lécher les babines et l'entendit claquer des mâchoires. Il pouffa dans sa barbe, mais attendit encore un bon quart d'heure avant de débrocher la viande, de la découper et d'en offrir la moitié à Miki, qui la dévora gloutonnement.

Henri Durant était un habile homme !

XIX

L'OUSKE-PIPOUNE

Durant les derniers jours de décembre, toutes les pistes, sur une étendue de dix mille milles carrés, convergeaient vers le poste de Fort-Dieu. On était à la veille de l'*Ouske-Pipoune*, de ce nouvel an qui pour les gens du Wild est un véritable carnaval, impatiemment attendu des femmes et des enfants autant que des hommes.

La compagne du trappeur n'a pas de voisines. La ligne de trappes de son mari est un petit royaume inviolable, et nul être humain ne vit à plusieurs milles à la ronde : aussi l'*Ouske-Pipoune* est-il pour les femmes une époque de réjouissances ; pour les enfants, il représente le « grand cirque » ; et pour les hommes, il constitue la récompense des fatigues endurées pour attraper leurs fourrures, et l'occasion de les vendre et de festoyer. Durant ces quelques jours on retrouve les anciennes connaissances et on en fait de neuves. On apprend les décès, les mariages et les naissances, les nouvelles du désert sans routes, l'histoire d'événements dont la tragique horreur appelle les larmes, d'autres qui provoquent le rire et la gaieté. Pour la première et dernière fois pendant les sept mois que dure l'hiver, la gent forestière des huttes et des cabanes, de près et de loin, « vient en ville ». Indiens et métis, Blancs et sang-mêlé prennent part à la fête sans distinction de couleur ni de croyance.

Cette année il devait y avoir grande ripaille au Fort-Dieu : on devait faire rôtir des caribous entiers. Lorsque Henri Durant arriva à une douzaine de milles du poste, il rencontra les pistes nombreuses et bien foulées d'hommes et de chiens venant de tous les points cardinaux. Cette fois, une centaine de traîneaux devaient arriver des forêts, accompagnés de trois cents hommes, femmes et enfants, et d'un demi-millier de chiens.

En retard d'un jour sur ses calculs, Durant n'avait cependant pas perdu de temps. Car Miki, toujours muselé, suivait maintenant son traîneau au bout d'une laisse de babiche. Dans l'après-midi du troisième jour après son départ de la cabane de Nanette, Durant quitta la piste la plus fréquentée et rejoignit la chaumière d'un certain André Ribon, qui fournissait de viande fraîche le Facteur et les gens du poste. André commençait à s'inquiéter du retard de son ami, mais attendait encore son retour. C'est là que l'Indien d'Henri avait laissé son chien de combat, le gros *husky*. Et c'est là qu'Henri laissa Miki, enfermé dans la hutte d'André. Puis les deux hommes se rendirent au poste, à un mille de distance au plus.

Ils ne rentrèrent pas ce soir-là, et la cabane resta vide. A la tombée de la nuit, Miki commença à percevoir un tumulte voisin mais sans cesse grandissant. C'était le bruit du carnaval, mélange fantastique de voix humaines et des hurlements d'une centaine de chiens.

Jamais il n'avait rien entendu de pareil, et il écouta longtemps sans faire un mouvement. Puis il se dressa devant la fenêtre, comme un homme, les pattes de devant appuyées au lourd châssis. La cabane était bâtie au sommet d'un monticule qui dominait le lac gelé, et, au loin, par-dessus la frange des arbrisseaux qui le bordaient, Miki vit dans le ciel le reflet d'une vingtaine de grands feux de campement. Il poussa un gémissement et retomba sur ses quatre pattes. C'était bien long d'attendre le lendemain : mais cette prison était plus confortable que la cage de Le Beau. Toute la nuit son sommeil fut troublé par des visions de Nanette et du bébé.

Il n'était pas loin de midi lorsque enfin rentrèrent Durant et Ribon. Ils apportaient de la viande fraîche, dont Miki dévora sa part avec grand appétit. Il tolérait, sans se commettre, les avances des deux hommes. Il resta seul une seconde nuit dans la cabane.

Quand Durant et Ribon revinrent aux premières lueurs du jour, ils traînaient une cage de quatre pieds carrés faite de petites perches de bouleau. Ils en placèrent la porte ouverte contre celle de la cabane et y attirèrent Miki par l'appât d'un quartier de viande fraîche. Dès qu'il y fut entré, la trappe retomba, et il se trouva emprisonné. La cage était déjà attachée sur un grand toboggan, et le soleil se levait à peine que Miki partait pour le Fort-Dieu.

C'était la grande journée du carnaval, le jour de la rôtisserie de caribou et du combat de chiens. Longtemps avant leur arrivée en vue du fort, Miki distinguait le brouhaha croissant qui l'intriguait ; il se dressa sur ses pattes dans la cage, tendu et alerte, sans faire la moindre attention aux hommes qui le traînaient. Il regardait en avant d'eux, et Durant poussa un gloussement de triomphe en l'entendant grogner et claquer des dents.

— Oui, il se battra ! Il se battrait tout de suite, dit-il en ricanant.

Ils suivaient la rive du lac. Soudain, au détour d'une pointe, l'ensemble du Fort-Dieu s'étagea devant eux sur le talus. Le grognement s'éteignit dans la gorge de Miki, et ses mâchoires se fermèrent dans un dernier claquement. Un instant son cœur sembla cesser de battre. Jusqu'à cette minute, son monde n'avait contenu qu'une demi-douzaine d'êtres humains. Or voici que, sans l'ombre d'un avertissement, il en apercevait cent, deux cents, trois cents. Dès l'apparition de Durant et de sa cage, tout un essaim s'abattait vers la grève.

Et partout aussi il y avait des loups, si nombreux qu'il les voyait comme dans un éblouissement, le regard fixe. Sa cage, pendant qu'on la traînait en remontant la pente, était le centre d'une horde criarde et gesticulante d'hommes et d'enfants, à laquelle commençaient à se joindre des femmes, dont beaucoup portaient des bébés dans les bras.

Puis il arriva au terme de son voyage. Il était près d'une autre cage, dans laquelle se trouvait une bête pareille à lui-même. A côté se tenait un grand métis au teint basané et à la tête crépue qui ressemblait à un pirate. C'était Grouse Piet, le rival de Durant.

Une moue de dédain plissa ses grosses lèvres tandis qu'il regardait Miki. Il se tourna vers le groupe environnant d'Indiens et de métis, et prononça quelques paroles qui soulevèrent un rire guttural.

La figure de Durant s'empourpra.

— Riez, bande de païens ! s'écria-t-il d'un ton de défi, mais n'oubliez pas qu'Henri Durant est ici pour recevoir vos paris !

Puis il secoua au nez de Grouse Piet les deux fourrures de renards croisés et les dix de renards roux.

— Couvre ça, Grouse Piet ! cria-t-il. Et il y en a dix fois autant à l'endroit d'où ça vient.

Miki, le museau dressé, reniflait l'air, qu'il trouvait plein d'étranges relents, alourdi par les odeurs des hommes et des chiens, et par le fumet des cinq gros caribous en train de rôtir à quinze pieds au-dessus d'immenses brasiers. Pendant dix heures ils continueraient à tourner sur leurs broches grosses comme des cuisses d'hommes. Le combat devait avoir lieu avant le festin.

Pendant une heure, le tintamarre et les vociférations se déchaînèrent autour des deux cages. Les hommes appréciaient les combattants et engageaient leurs paris, tandis que Grouse Piet et Henri Durant s'enrouaient à se lancer mutuellement les sarcasmes les plus méprisants. Au bout de ce temps la foule commença à s'éclaircir. A la place des hommes et des femmes une cinquantaine de jeunes enfants au teint plus ou moins cuivré vinrent se presser autour des cages. C'est alors seulement que Miki put entrevoir les hordes de bêtes attachées isolément, par couples ou en groupes à la lisière du terrain découvert. Ses narines finirent par saisir la distinction : c'étaient non pas des loups, mais des êtres de sa propre espèce.

Bien du temps s'écoula avant que son attention se concentrât sur l'animal enfermé dans la cage voisine. Quand ses yeux se furent fixés sur lui il s'approcha des barreaux et huma l'air. De son côté, le chien-loup pointa vers lui son museau effilé. Ce mouvement rappela à Miki l'énorme fauve qu'il avait combattu un jour au bord de la falaise : instinctivement, il montra les crocs et gronda. Le chien-loup répondit par un égal grognement. Henri Durant se frotta les mains de joie, et Grouse Piet se mit à rire sous cape.

— Oui, ils se battront, dit Henri encore une fois.

— Le loup, il se battra, oui ! répondit Grouse Piet. Mais le chien pour vous, m'sieur, lui bien malade, comme caniche, quand bataille venir !

Un peu plus tard Miki vit un Blanc arrêté tout près de sa cage. C'était Mac Donnel, le Facteur écossais. Il contemplait Miki et le chien-loup d'un regard attristé. Dix minutes après, dans la petite chambre qui lui servait de bureau, il disait à un homme plus jeune que lui :

— Je voudrais bien empêcher cela, mais je ne puis. Personne ne serait de mon côté, et nous y perdrions la moitié des fourrures de la saison. Voilà cinquante ans qu'il y a des combats pareils au Fort-Dieu, et après tout, je me dis que ce n'est pas pire que leurs assauts de boxe là-bas. Seulement, dans le cas actuel...

— C'est une lutte à mort, dit le jeune homme.

— C'est cela même. Habituellement l'un des chiens meurt.

Le jeune homme secoua la cendre de sa pipe.

— J'adore les chiens, dit-il simplement. Il n'y aura jamais de combat à mon poste, Mac, à moins que ce ne soit entre hommes. Et je n'irai pas voir ce combat-ci, parce que... J'aurais peur de tuer quelqu'un.

XX

DOUBLE TRIOMPHE DE MIKI

Il était deux heures de l'après-midi. Les caribous à rôtir prenaient une belle teinte brune. Encore deux heures et le festin commencerait : l'instant du combat était arrivé.

Au centre de la clairière, trois cents hommes, femmes et enfants, se pressaient en cercle autour d'un enclos de lattes de dix pieds carrés. Tout contre cet enclos, aux extrémités opposées, on avait traîné les deux cages : près de l'une se tenait Henri Durant, et Grouse Piet près de l'autre. Ils ne raillaient plus maintenant. Leurs faces étaient dures et sérieuses. Trois cents paires d'yeux les regardaient, et trois cents paires d'oreilles attendaient le signal passionnant.

Il fut donné par Grouse Piet.

D'un geste rapide, Durant ouvrit la porte de la cage de Miki et le piqua par-derrière avec un bâton fourchu. D'un seul bond le chien sauta dans l'enclos. Presque au même instant s'élançait le chien-loup de Grouse Piet, et les adversaires se trouvèrent face à face dans l'arène.

Pendant la demi-minute suivante la respiration de Durant ressemblait à un gémissement. La manière d'agir de Miki n'était pourtant qu'une réaction de l'ambiance. En pleine forêt, le chien-loup l'aurait intéressé à l'exclusion de toute autre chose, et il l'aurait regardé comme un second Nétah ou comme un loup sauvage. Mais dans l'entourage actuel l'idée de se battre était bien la dernière à se présenter à lui.

Fasciné par le cercle de visages rigides et attentifs qui se pressaient autour de l'enclos, il les examinait, tournant vivement la tête de part et d'autre, espérant peut-être y rencontrer celui de Nanette ou du bébé, ou même de son premier maître Challoner.

Grouse Piet avait donné à son chien-loup le nom de *Taao*, à cause de l'extraordinaire longueur de ses crocs ; et ce redoutable personnage, à l'horreur croissante de Durant, Miki semblait complètement l'oublier après le premier coup d'œil du tête-à-tête. Il trotta vers la barrière, fourra son museau entre les barreaux, et un rire gouailleur sortit de la gorge de Grouse Piet. Puis le chien fit le tour de l'enclos, les regards rivés avec acuité sur ce cercle de figures. Taao se tenait au centre de l'arène, et pas une seule fois ses yeux rougeâtres ne quittèrent Miki. Ce qui se passait hors de la cage ne l'intéressait guère. Il comprenait son affaire, et l'idée de meurtre était enracinée dans son cœur. Pendant un intervalle appréciable, la poitrine de Durant résonna comme une enclume : Taao pivotait sur place en suivant tous les mouvements de Miki, le poil hérissé tout le long de l'épine dorsale.

Puis Miki s'arrêta, et à l'instant même, Durant entrevit la fin de toutes ses espérances. Sans proférer un son le chien-loup s'était élancé sur son adversaire. Un beuglement de joie s'échappa des lèvres épaisses de Grouse Piet. Tout le cercle des spectateurs semblait haleter, et Durant sentit un frisson lui courir dans le dos jusqu'à la racine des cheveux.

Ce qui se passa durant la minute suivante était bien de nature à couper le souffle aux gens. Sous cette première ruée Miki aurait dû perdre la vie. Grouse Piet s'attendait à sa mort, et Durant aussi. Or pendant la dernière fraction de seconde où se fermaient les mâchoires du chien-loup, Miki se transforma en un éclair vivant. Jamais homme ne vit de mouvement plus rapide que celui par lequel il se retourna contre Taao. Leurs crocs s'entrechoquèrent. On entendit un bruit écœurant d'os broyés, et en un instant ils roulaient étroitement enlacés sur le sol. Ni Grouse Piet ni Durant ne pouvaient voir ce qui arrivait. Ils oubliaient même leurs paris dans l'horreur de ce combat. Jamais il n'y en avait eu de pareil au Fort-Dieu.

Le bruit en parvint aux magasins de la Compagnie. Sur la porte, regardant vers le champ de bataille, se tenait le jeune homme blanc. Il entendit les grondements, le heurt des crocs, et lui-même serra les dents tandis qu'une flamme sombre brillait dans ses yeux. Sa respiration devint haletante.

— Damnation ! proféra-t-il d'une voix contenue.

Il ferma les poings et descendit vers l'enclos. Tout était terminé quand il se fraya un chemin à travers le cercle des spectateurs. Le combat avait fini aussi vite qu'il avait commencé, et le chien-loup de Grouse

Piet gisait au centre de l'arène, la veine jugulaire ouverte. Mais Miki semblait presque mourant.

Durant, après avoir ouvert la porte, lui avait glissé une corde au cou, et l'animal se tenait en dehors de la cage, vacillant sur ses pattes, couvert de sang et à moitié aveuglé. Son corps était déchiré et ensanglanté en une douzaine d'endroits, et un ruisselet rouge lui coulait de la gueule. Un cri d'horreur échappa au jeune homme qui le regardait.

Puis, presque dans le même souffle, vint un autre cri encore plus étrange.

— Mon Dieu ! Miki ! Miki ! Miki !

Miki entendit cette voix, dont les ondes semblaient battre sa cervelle, comme lui parvenant d'une grande distance, à travers l'affaiblissement de ses blessures.

Cette voix ! c'était celle qui avait vécu avec lui dans tous ses rêves, celle qu'il avait attendue et cherchée, sachant bien qu'il la retrouverait quelque jour. C'était la voix de Challoner son maître !

Il s'affaissa sur le ventre en gémissant, essayant d'y voir à travers le sang qui lui voilait les yeux ; et là, gisant, presque blessé à mort, il battit la terre de sa queue en signe de reconnaissance. Alors, à la surprise de tous les assistants, Challoner s'agenouilla près de lui, lui entoura le cou de ses bras, tandis que Miki, de sa pauvre langue lacérée, essayait d'atteindre ses mains, sa figure, ses vêtements.

— Miki ! Miki ! Miki !

La main de Durant tomba lourdement sur l'épaule de Challoner.

Ce fut pour celui-ci comme le contact d'un fer rouge. Vif comme l'éclair il fut debout face à l'autre.

— Il est à moi, cria Challoner, s'efforçant de contenir sa colère. Il est à moi... brute infernale !

Impuissant à réfréner son désir de vengeance, il lança son poing fermé, comme un rocher, sur la lourde mâchoire de Durant. Le Français s'écroula. Challoner resta un instant penché sur lui, puis, comme l'autre ne bougeait pas, il se retourna fièrement vers Grouse Piet et la foule. Montrant le chien, qui continuait à se rouler à ses pieds, il cria d'une voix assez forte pour être entendue de tous :

— C'est mon chien. Je ne sais pas où cette brute l'a pris, mais il est à moi. Voyez vous-mêmes : regardez-le me lécher la main. Est-ce qu'il lui en ferait autant à lui ? Et regardez cette oreille. Dans tout le Nord il n'y en a pas une autre de la même coupe. Je l'ai perdu voilà près d'un an, mais à ce trait je l'aurais reconnu entre mille. Bonté divine ! si j'avais su...

Il se fraya un passage parmi les métis et les Indiens, menant Miki par la corde que Durant lui avait glissée au cou. Il alla trouver Mac Donnell et lui rapporta ce qui venait de se passer. Il lui raconta l'accident du printemps dernier, et comment Miki et l'ourson, tombés de son canot, avaient été entraînés dans la cataracte. Après avoir spécifié ses droits contre tout ce que pourrait dire Durant, il rentra à la hutte qui lui était attribuée pendant son séjour au Fort-Dieu.

Une heure après, Challoner, assis, tenait à deux mains la grosse tête de Miki, et lui parlait. Il avait lavé et pansé ses blessures, et Miki y voyait clair maintenant. Ses yeux restaient fixés sur le visage de son maître, et sa grosse queue battait le plancher. Tous deux oubliaient les bruits d'orgie du dehors, les clameurs des hommes, les cris d'enfants, les rires de femmes et l'aboiement incessant des chiens. Une lueur tendre animait les yeux de Challoner.

— Miki, mon vieux, tu n'as rien oublié, rien de rien, n'est-ce pas ? Tu n'étais alors qu'un pauvre cabot aux pattes encombrantes, mais tu n'as pas oublié. Tu te rappelles ce que je te disais, que j'allais vous amener, toi et l'ourson, à la fillette ? Tu t'en souviens ? Je t'annonçais qu'elle était un ange, et qu'elle t'aimerait jusqu'à la mort, et autres balivernes de ce genre. Eh bien ! je suis heureux qu'il soit arrivé quelque chose, et que tu n'y sois pas allé. Ce n'était plus pareil quand je suis retourné, et *elle* n'était plus la même. Miki ! Seigneur ! Elle était mariée, et *elle avait deux gosses* ! Penses-y bien, vieux coureur ! *Deux gosses* ! Comment diantre aurait-elle pu s'occuper de toi et de l'ourson, hein ? Et d'ailleurs tout était changé, mon bonhomme. Trois ans passés dans ce pays du bon Dieu, où l'on se crèverait les poumons rien que pour le plaisir d'avaler de l'air, cela m'avait bien changé, je m'en doute un peu. Au bout d'une semaine à peine, je désirais revenir, Miki. Oui, mon cher, j'en mourais d'envie. Aussi j'y suis revenu. Et nous allons y rester maintenant, Miki. Tu vas venir avec moi au nouveau poste que la Compagnie m'a donné. A dater de ce jour, nous sommes copains. Tu comprends, vieux vagabond ? Nous sommes copains !

XXI

DANS LA CABANE DE CHALLONER

Il était très tard en cette nuit de grande fête quand Mac Donnell, le Facteur, envoya chercher Challoner. Celui-ci s'apprêtait à se mettre au lit lorsqu'un garçon indien tambourina sur la porte de sa hutte et lui fit la commission. Il consulta sa montre : elle marquait onze heures. Il se demanda ce que le Facteur pouvait bien lui vouloir à pareil moment. Aplati sur le ventre près du poêle tiède, Miki regarda son maître d'un air intrigué en le voyant mettre ses souliers. Ses yeux étaient grands ouverts maintenant. Challoner l'avait nettoyé des traces sanglantes du terrible combat.

— Ceci doit avoir quelque chose à faire avec ce démon de Durant, gronda Challoner, en regardant le chien éclopé. Eh bien ! s'il compte te reprendre, Miki, il s'est trompé d'adresse. Tu es à moi.

Miki sonna sa queue dure sur le plancher et se coula vers son maître dans une muette adoration. Ensemble, ils sortirent dans la nuit.

Elle était éclairée par une lune blanche et une multitude d'étoiles. Les quatre fournaises sur lesquelles avaient rôti les caribous flambaient encore. A l'orée de la forêt se consumaient une vingtaine de feux plus petits, derrière lesquels s'estompaient les contours gris des abris et des tentes où dormaient les trois centaines d'Indiens et de Métis venus à la fête. A de rares intervalles on voyait remuer un corps. Les chiens mêmes étaient tranquilles à la suite de ces heures d'excitation et de gloutonnerie.

Après avoir dépassé les brasiers au-dessus desquels restaient dressées les énormes broches, Challoner se dirigea vers le logement du Facteur. Miki flaira au passage les os bien nettoyés, seul vestige des deux mille livres de chair qui avaient rôti là dans la journée. Hommes, femmes, enfants et chiens s'étaient gorgés et n'avaient rien laissé d'autre. Le silence étrange qui régnait sur ce poste du Fort-Dieu, à trois cents milles de toute civilisation, c'était le silence de *Mutai*, le « Dieu du ventre », qui s'empiffre tous les soirs jusqu'à tomber de sommeil.

Il y avait de la lumière dans la chambre du Facteur, et Challoner y entra avec Miki sur ses talons. Mac Donnell, l'Écossais, tirait d'un air préoccupé sur sa pipe. Sa face rude eut une expression d'ennui en regardant Miki, tandis que le jeune homme s'asseyait.

— Durant est venu ici, dit-il. Son attitude ne me dit rien de bon. J'ai peur qu'il y ait des ennuis. Si vous ne l'aviez pas frappé...

Challoner haussa les épaules en remplissant sa propre pipe avec le tabac du Facteur.

— Écoutez, vous ne comprenez pas bien la situation au Fort-Dieu, continua Mac Donnell. Voilà cinquante années qu'il y a un grand combat de chiens au nouvel an. Ça fait partie de l'histoire du Fort-Dieu, ça fait partie de l'établissement, et c'est pourquoi, depuis quinze ans que je suis là, je n'ai pas essayé d'y faire opposition. Je crois que toute autre politique amènerait une sorte de révolution. Je parie que la moitié de mes gens iraient porter leurs fourrures à un autre poste. C'est pourquoi toute la sympathie semble être du côté de Durant. Même Grouse Piet, son rival, lui reproche sa sottise de vous laisser partir comme cela avec ce chien. Durant prétend qu'il est à lui...

Mac Donnell indiqua de la tête Miki, couché aux pieds de Challoner.

— En ce cas il dit un mensonge, déclara tranquillement Challoner.

— Il affirme l'avoir acheté à Jacques Le Beau.

— En ce cas Le Beau a vendu un chien qui ne lui appartenait pas.

Mac Donnell resta un instant silencieux, et poursuivit.

— Mais ce n'est pas pour cela que je vous ai fait venir, Challoner. Durant m'a annoncé ce soir quelque chose qui m'a glacé le sang. C'est demain, n'est-ce pas, que votre équipement part pour votre poste dans le comté de Reindeer Lake ?

— Oui, demain matin.

— Alors, pourriez-vous, avec l'un de mes Indiens et un attelage, vous arranger pour faire un crochet du côté de Jackson's Knee ? Vous y perdriez une semaine, mais vous pourriez rattraper votre équipe avant qu'elle atteigne le Reindeer, et vous me rendriez un très grand service. Il y a... il s'est passé là une chose infernale.

Il regarda de nouveau Miki.

— Grand Dieu ! s'écria-t-il.

Challoner attendait. Il crut voir un frisson secouer les épaules du Facteur.

— J'irais bien moi-même... Je devrais y aller, mais cette congestion pulmonaire m'a fait tenir tranquille cet hiver, Challoner... Oui, je devrais y aller. Car... (ses yeux s'animèrent d'un éclat soudain)... J'ai connu cette Nanette Le Beau quand elle n'était pas plus haute que ça, voilà quinze ans. Je l'ai vue grandir, Challoner. Si je n'avais pas été marié, eh bien... j'en serais tombé amoureux. La connaissez-vous, Challoner ? Avez-vous jamais vu Nanette Le Beau ?

Challoner fit non de la tête.

— Si jamais Dieu a créé un ange, c'est elle, déclara Mac Donnell dans sa barbe rouge. Elle habitait avec son père au-delà du Jackson's Knee. Il fut gelé à mort en traversant le lac Red Eye, une nuit. J'ai toujours pensé que Jacques Le Beau l'avait forcée à l'épouser après cela. Ou alors elle était ignorante, ou folle, ou effrayée d'être seule. Quoi qu'il en soit, elle se maria avec lui. Je l'ai vue pour la dernière fois voilà cinq ans. De temps à autre, j'ai bien entendu raconter des choses, mais je ne les croyais pas, pas toutes. Je ne croyais pas que Jacques Le Beau la maltraitait, et la jetait par terre quand ça lui plaisait. Je ne voulais pas croire qu'un jour il l'avait traînée dans la neige par les cheveux jusqu'à ce qu'elle fût presque morte. Ce n'étaient que des rumeurs, et elles provenaient de soixante-dix milles de distance. Mais j'y crois maintenant. Durant revient de chez eux, et je sens qu'il m'a avoué bien des vérités, pour sauver ce chien.

Il regarda Miki encore une fois.

— Voyez vous, Durant me raconta que Le Beau a attrapé ce chien dans l'un de ses pièges, l'a emmené dans sa cabane, et l'a torturé pour le mettre en forme en vue du grand combat. Quand Durant y est allé, il a été à tel point séduit par le chien qu'il l'a acheté, et c'est pendant que Le Beau, pour montrer le caractère de la bête, l'affolait dans sa cage, que Nanette s'est interposée.

« Le Beau l'aurait frappée, abattue et foulée aux pieds, et il lui arrachait les cheveux et voulait l'étrangler quand le chien a sauté sur lui et lui a ouvert la gorge. Voilà l'histoire. Durant m'a dit toute la vérité craignant que je ne fasse abattre le chien s'il est prouvé qu'il a tué un homme. Et c'est pourquoi je voudrais que vous passiez par le Jackson's Knee. Je désirerais que vous fassiez une enquête, et que vous rendiez tous les services possibles à Nanette Le Beau. Mon Indien la ramènera à Fort-Dieu.

Pendant ce récit, Mac Donnell, avec son flegme écossais, avait réprimé toute marque d'émotion. Il parlait tranquillement. Mais le même curieux frisson lui secoua de nouveau les épaules. Challoner le regardait abasourdi.

— Vous voulez dire que Miki, que ce chien-là, a tué un homme ?

— Oui, il l'a tué, d'après ce que dit Durant, exactement de la même façon qu'il a tué le chien-loup de Grouse Piet dans le grand combat d'aujourd'hui. Oh !

Et comme les yeux de Challoner s'arrêtaient longuement sur Miki, le Facteur ajouta :

— D'ailleurs le chien de Grouse Piet valait mieux que cet homme-là. Si ce que j'ai entendu dire de Le Beau est vrai, il est préférable qu'il soit mort que vivant. Challoner, si cela ne vous dérange pas trop, faites ce détour, et voyez Nanette...

— J'irai, dit Challoner, laissant tomber sa main sur la tête de Miki.

Pendant une demi-heure encore, Mac Donnell le mit au courant de tout ce qu'il savait sur le compte de Nanette Le Beau. Quand Challoner se leva pour partir, le Facteur l'accompagna jusqu'à la porte.

— Ouvrez l'œil sur Durant, conclut-il en manière d'avertissement. Ce chien vaut pour lui plus que tout ce qu'il a gagné aujourd'hui, et l'on dit pourtant que ses paris étaient gros. Il a raflé une somme énorme à Grouse Piet, mais le métis est dans les meilleurs termes avec lui en ce moment. Je le sais. Aussi méfiez-vous.

En plein air, sous la clarté de la lune et des étoiles, Challoner resta debout un moment, les pattes de devant de Miki posées sur sa poitrine. La tête du chien était presque au niveau de ses épaules.

— Te rappelles-tu quand tu es tombé du canot, mon vieux ? demanda-t-il doucement. Te souviens-tu comment l'ourson et toi étiez à la proue, attachés ensemble, et comment vous vous êtes pris de querelle et avez passé par-dessus bord juste au-dessus des rapides ? Par la barbe de Jupiter ! Ces rapides-là ont bien failli me prendre moi aussi. Je vous croyais morts, pour sûr, tous les deux. Je me demande ce qu'est devenu l'ourson.

Miki répondit par un gémissement et frémit de tout son corps.

— Et depuis, tu as tué un homme, ajouta Challoner, comme s'il n'en était pas encore tout à fait convaincu. Et je dois te ramener à la veuve... Voilà le plus drôle de l'affaire. Tu retournes chez elle, et si elle déclare qu'il faut te tuer !...

Il laissa Miki retomber sur ses pattes et se dirigea vers sa cabane. Sur le seuil, un grondement profond roula dans la gorge de Miki. Challoner fit entendre un léger rire et ouvrit la porte. Le grognement du chien s'accentua en menace. Challoner avait simplement baissé sa lampe, et à sa faible clarté il aperçut Henri Durant et Grouse Piet qui l'attendaient. Il remonta la mèche et fit un signe de tête.

— Bonsoir ! Ne trouvez-vous pas qu'il est un peu tard pour une visite ?

La figure stupide de Grouse Piet ne changea pas d'expression. Challoner observa d'un coup d'œil que la conformation grotesque de sa tête et de ses épaules le faisaient ressembler à un morse. Les yeux de Durant brillaient d'un feu sournois. Sa face était enflée à l'endroit où Challoner l'avait frappé. Miki, tous les muscles tendus, et grognant toujours en dedans, s'était glissé sous la couchette de Challoner. Durant le montra du doigt.

— Nous sommes venus chercher ce chien, dit-il.

— Vous ne pouvez pas l'avoir, Durant, répondit Challoner, s'efforçant de paraître à l'aise dans une situation à donner le frisson. Tout en parlant, il se rendait compte du motif qui avait amené Grouse Piet avec Durant. Tous deux étaient des géants, pire que cela, des monstres, et, d'instinct, en leur faisant face, il avait laissé la petite table entre eux et lui.

– Je suis fâché de m'être mis en colère tantôt, continua-t-il. Je n'aurais pas dû vous frapper, Durant, il n'y avait pas de votre faute, et je m'en excuse. Mais le chien m'appartient. Je l'ai perdu dans la région du Jackson's Knee, et si Jacques Le Beau l'a pris au piège et vous l'a vendu, il a disposé d'un animal qui n'était pas à lui. Je veux bien vous rembourser la somme que vous avez payée, pour agir de façon tout à fait loyale. Combien vous a-t-il coûté ?

Grouse Piet s'était levé. Durant s'était approché du bord opposé de la table, et s'appuyait dessus. Challoner se demanda comment il avait pu, tantôt, le renverser d'un seul coup.

— Non, il n'est pas à vendre. Durant parlait d'une voix profonde, si profonde qu'elle semblait l'étouffer en sortant, et pleine de haine contenue. Challoner voyait saillir les muscles de ses mains noueuses agrippées au bord de la table.

— M'sieur, nous sommes venus chercher ce chien, voulez-vous nous le laisser prendre ?

— Je vous rendrai ce que vous avez déboursé, Durant. J'y ajouterai même un supplément.

— Non, il est à moi. Voulez-vous me le rendre, tout de suite ?

— Non !

A peine le mot était-il prononcé que Durant se lança de tout son poids et de toute sa force contre la table. Challoner ne s'attendait pas à ce mouvement, ou du moins, pas tout de suite. Durant se précipita sur lui avec un beuglement de rage et de haine, et sous le poids du géant, il s'écroula à terre. Leur chute entraîna celle de la table et de la lampe posée dessus. Il y eut un vif pétillement de flamme, puis la cabane fut plongée dans l'obscurité, sauf à l'endroit où la clarté de la lune pénétrait par la fenêtre. Challoner s'était attendu à quelque chose de tout différent. Il conjecturait que Durant lui ferait des menaces avant d'agir, et, appréciant la vigueur de ces deux hommes, il avait résolu de gagner le bord de sa couchette pendant la discussion. Son revolver était sous l'oreiller.

Il était trop tard, maintenant. Durant était sur lui, cherchant sa gorge à tâtons. Au moment où il dégageait un de ses bras pour le refermer en crochet sur le cou du Français, il entendit Grouse Piet repousser la table. Un instant après ils roulèrent sous le clair de lune, et Challoner entrevit l'énorme masse de Grouse Piet penchée sur eux. Lui-même maintenait la tête de Durant tordue sous son bras mais une des mains du géant lui avait saisi la gorge. Le métis s'en aperçut et cria quelque chose d'une voix gutturale. Challoner fit un effort terrible pour rouler avec son adversaire en dehors du carré lumineux. La nuque massive de Durant craquait. Grouse Piet posa une nouvelle question du même ton guttural. Challoner concentra toute son énergie à resserrer le crochet de son bras, et Durant ne répondit pas.

Alors le poids de Grouse Piet s'abattit sur eux, et ses mains énormes cherchaient le cou de Challoner. Ses gros doigts rencontrèrent d'abord la barbe de Durant, puis, à tâtons, trouvèrent prise sur la gorge de Challoner. Dix secondes de cette terrible étreinte auraient suffi à lui briser la nuque. Mais les doigts ne se refermèrent pas. Un effroyable cri de douleur se prolongea en hurlement. On entendit claquer une énorme mâchoire et des crocs déchirer dans l'ombre. D'une violente secousse Durant s'arracha à l'étreinte de Challoner et bondit sur ses pieds. En un clin d'œil Challoner avait gagné sa couchette et faisait face à ses ennemis, revolver en main.

Tout cela s'était passé très rapidement. Il n'y avait guère plus d'une minute que la table avait été renversée. Au moment même où la situation tournait en sa faveur, Challoner se sensit saisi d'une horreur soudaine et écœurante. Il revit l'arène et l'épilogue sanglant et formidable du combat de ce jour entre Miki et le chien-loup. Et ici, dans l'obscurité de cette cabane...

Il entendit une plainte déchirante et l'effondrement d'un corps sur le plancher.

— Miki ! Miki ! ordonna-t-il. A bas ! ici !

Laissant tomber son revolver, il s'élança vers la porte, qu'il ouvrit toute grande.

— Pour l'amour de Dieu ! cria-t-il, sortez, vous autres, sortez vite !

Une masse l'effleura et disparut dans la nuit. Il savait que c'était Durant. Lui-même bondit dans l'ombre de la chambre et se baissa. Ses deux mains rencontrèrent la peau flasque de la nuque de Miki. Il tira l'animal en arrière en l'appelant par son nom. Il vit Grouse Piet se traîner hors de la cabane puis se redresser péniblement. Sa silhouette vacillante se profila un instant sur le ciel étoilé, puis s'effaça dans l'obscurité.

Alors il sentit le poids de Miki s'affaisser sur le plancher, et les muscles du chien redevenir souples et flasques sous ses doigts. Il resta encore deux ou trois minutes agenouillé près de lui, puis ferma la porte de la cabane et ralluma une autre lampe qu'il posa sur la table relevée. Miki n'avait pas bougé. Il était aplati sur le ventre, la tête allongée entre ses pattes, regardant Challoner avec un appel muet dans les yeux.

Challoner tendit les deux bras.

— Miki !

A l'instant Miki fut debout, redressé contre lui, les pattes de devant sur sa poitrine, et Challoner, lui ayant entouré le cou de ses bras, regarda le sol et y vit des taches humides et des lambeaux de vêtements.

Ses bras se fermèrent plus étroitement.

— Miki, mon vieux camarade, je te remercie ! dit-il.

XXII

L'APPEL DE NANETTE

Le lendemain matin l'équipage de Challoner, composé de trois attelages et de quatre hommes, se mit en route vers le nord-ouest pour rejoindre son nouveau poste à l'embouchure du Cochrane dans la région de Reindeer Lake. Une heure après, Challoner lui-même conduisant un petit traîneau attelé de cinq chiens se dirigeait droit à l'ouest vers le Jackson's Knee. Derrière lui marchait un des Indiens de Mac Donnell avec l'attelage qui devait ramener Nanette au Fort-Dieu.

Il n'avait pas revu ni Durant ni Grouse Piet, et s'était rallié à l'opinion exprimée par Mac Donnell, qu'ils avaient dû quitter le poste presque tout de suite après l'avoir assailli dans sa cabane. Sans doute leur disparition avait été hâtée par le fait qu'une patrouille de la police à cheval du Royal Northwest, en route pour la factorerie d'York, était attendue à Fort-Dieu ce jour-là.

C'est seulement à la dernière minute du départ que Challoner fit sortir Miki de la cabane et l'attacha à la barre de direction de son traîneau. Miki se raidit à la vue de ses cinq congénères assis sur leurs hanches, et le grognement familier lui monta à la gorge. Mais les paroles calmantes de Challoner lui firent promptement comprendre que ce n'étaient pas là des ennemis, et sa tolérance assez méfiante ne tarda pas à se muer en une sorte d'intérêt à leurs faits et gestes. C'était un attelage de bonne composition, élevé dans le sud et dépourvu de tout mélange de loup.

Les événements s'étaient précipités si rapidement et violemment dans les dernières vingt-quatre heures de la vie de Miki que, pendant plusieurs milles après le départ de Fort-Dieu, ses sens demeuraient dans un état d'anticipation inquiète. Sa cervelle était farcie d'un étrange fouillis d'images émouvantes. A l'arrière-plan il distinguait à peine les représentations de ce qui lui était arrivé avant sa capture par Le Beau. Le souvenir de Nioua même pâlissait devant les épisodes si intensément vécus à la cabane de Nanette et au Fort-Dieu. Les peintures qui resplendissaient maintenant dans son imagination étaient celles d'hommes et de chiens et de tant d'autres choses jamais vues auparavant. Son monde s'était soudainement transformé en une légion de Durant, de Piet, de Le Beau, de bêtes à deux pattes qui l'avaient assommé de coups de bâton et presque tué, puis forcé à se battre pour défendre sa propre vie. Ayant goûté leur sang dans sa vengeance, il guettait maintenant leur apparition. Son imagination lui disait qu'il y en avait partout. Il pouvait se les représenter innombrables comme des loups, tels qu'ils les avaient vus se presser autour de l'arène.

Dans ce panorama d'excitation et de déformation il n'existait qu'un

Challoner, une seule Nanette, et un bébé unique. Tout le reste était un chaos d'incertitude et de sombre menace. A deux reprises, l'Indien s'étant rapproché par-derrière, Miki fit volte-face avec un grognement sauvage, Challoner l'observait, et le comprenait.

Parmi ses représentations mentales, une entre toutes demeurait précise et distincte, celle de Nanette, qui l'emportait même sur Challoner. En lui survivait la conscience de ses mains délicates, de sa voix douce et suave, le parfum de ses cheveux, de ses vêtements et de son corps, de tout ce qui était femme en elle ; et faisant partie de la femme, comme la main fait partie du corps, il y avait le bébé.

Or tout ce côté de Miki, Challoner ne pouvait le comprendre, et c'est ce qui l'intriguait quand ils dressèrent leur campement ce soir-là. Longtemps il resta assis près du feu, essayant de faire revivre la vieille camaraderie du premier âge. Mais il n'y réussissait qu'à moitié. Le chien était inquiet : tous les nerfs de son corps semblaient exaspérés. A maintes reprises il regarda vers l'ouest, et toutes les fois qu'il humait l'air dans cette direction, un profond gémissement naissait dans sa gorge.

Cette nuit-là, un doute au cœur, Challoner l'attacha près de la tente avec une forte corde de babiche.

Longtemps après le coucher de Challoner, Miki demeura assis près du jeune arbre auquel il était retenu. Il devait être environ dix heures, et la nuit était si calme que les crépitements du feu mourant résonnaient à ses oreilles comme des coups de fouet. Ses yeux étaient grands ouverts et alertes. Près des bûches en train de se consumer lentement il pouvait distinguer la forme immobile de l'Indien qui dormait, bien roulé dans sa couverture. Derrière lui les chiens de trait s'étaient moulé des nids dans la neige et gardaient le silence.

La lune était presque au-dessus de leurs têtes : quelque part, à un mille ou deux de distance, un loup pointa le museau vers sa clarté radieuse et se mit à hurler. Cet appel lointain apporta un nouvel aliment à la fièvre croissante de Miki. Il se tourna dans la direction d'où partait la plainte. Il eut envie d'y répondre, de dresser la tête et de lancer son cri aux forêts, à la lune et au ciel étoilé. Cependant il ne fit que claquer ses mâchoires et regarder la tente où dormait Challoner. Il se laissa tomber sur le ventre dans la neige, mais sa tête resta alerte et vigilante.

Déjà la lune commençait à décliner. Le feu brûlait de plus en plus bas et ne jetait plus que d'incertaines lueurs. La montre de Challoner devait marquer minuit passé, et toujours Miki tenait les yeux ouverts dans l'inquiétude de cet appel mystérieux naguère venu dans la nuit. A la fin, n'y tenant plus, il se mit à ronger sa corde. Il cédait à l'attrait de la femme, de Nanette et du bébé.

Une fois libre, Miki flaira le bord de la tente de Challoner, puis courba le dos et laissa pendre sa queue. Il savait qu'à cette heure il trahissait le maître attendu si longtemps et qui avait vécu avec tant d'intensité dans ses rêves. Chez lui ce n'était pas un raisonnement, mais une oppression instinctive et de fait. Il reviendrait : cette conviction couvait dans sa cervelle. Néanmoins, cette nuit, à l'instant, il était obligé de s'en aller.

Il se coula dans l'ombre, et, avec la subtilité d'un renard, se fraya un chemin entre les chiens endormis. Ce n'est qu'à un quart de mille de distance du campement qu'il se redressa et s'élança vers l'ouest comme une ombre grise et fuyante sous la lumière de la lune.

Il n'y avait plus la moindre hésitation dans sa manière de courir. Guéri de ses blessures, solide de tous ses membres, la poitrine élargie comme le plus costaud des loups de la forêt, il trottait sans relâche. Les lièvres qui lui partaient sous les pattes ne l'arrêtaient pas ; même la forte odeur d'un chat-pêcheur lui passa presque sous le nez sans le faire dévier de sa route.

Par-delà les marais et la forêt profonde, en dépit des lacs et des rivières, à travers les mornes solitudes et les terrains calcinés, il était entraîné par son instinct infaillible de l'orientation. Une seule fois il s'arrêta pour boire à une rivière bien courante et d'accès facile. Même alors il engloutit l'eau en toute hâte et reprit sa course.

La lune descendit de plus en plus et disparut dans l'oubli. Les étoiles commencèrent à s'effacer ; les petites s'éteignirent, les grosses s'alanguirent. Une grande ombre, comme la pâleur d'un suaire de neige, s'appesantit sur les forêts.

Dans les six heures écoulées entre minuit et l'aurore il couvrit une distance de trente-cinq milles.

Alors il s'arrêta. Affaissé sur le ventre à la cime d'une crête rocheuse il observa le lever du jour. Pantelant, la mâchoire baveuse, il se reposa jusqu'au moment où l'or pâle d'un soleil d'hiver commença à teinter le ciel. Puis les premiers rayons traversèrent l'espace comme les reflets d'une artillerie cachée derrière les remparts de l'orient, et Miki se dressa sur ses pattes pour mieux jouir de cette merveille matinale. Derrière lui se trouvait le Fort-Dieu à cinquante milles de distance : devant lui la cabane, à une vingtaine de milles. C'est vers la cabane qu'il descendit la crête.

A mesure que s'évanouissait la distance il sentait de nouveau peser sur lui quelque chose de l'oppression qui l'avait saisi près de la tente de Challoner. Pourtant le sentiment n'était plus tout à fait le même. Il avait fourni sa course : il avait répondu à l'appel. Maintenant, en approchant du but, il s'inquiétait de la réception qui lui était réservée. Car à cette cabane, il avait tué un homme et cet homme avait appartenu à la femme.

Sa marche devint plus hésitante. Au milieu de la matinée, il se trouvait encore à un demi-mille de la maison de Nanette et du bébé. Ses narines subtiles discernèrent la première trace de fumée dans l'air. Il ne suivit pas cette odeur, mais commença à décrire des cercles comme un loup, se rapprochant furtivement et irrésolument jusqu'à l'orée de la petite clairière où tout un monde nouveau s'était révélé à lui. Il aperçut la cage de perches où Jacques Le Beau l'avait tenu captif : la porte en était restée ouverte, telle que Durant l'avait laissée après s'être emparé de lui. Il vit la neige foulée à l'endroit où il avait bondi sur l'homme brute ; et il se mit à gémir.

Il faisait face à la porte de la cabane, ouverte en grand, et s'il ne voyait pas de traces de vie, du moins il en sentait. Une fumée montait de la cheminée. Il rampa à travers l'espace découvert. Sa démarche contenait une dose d'humilité profonde, il semblait implorer la clémence s'il avait mal fait, et supplier les créatures adorées de ne pas le repousser.

Parvenu à la porte il jeta un coup d'œil à l'intérieur. La chambre était vide. Il chercha vainement Nanette. Soudain il pointa les oreilles et tout son corps se raidit. Il écoutait, écoutait, écoutait... un faible bruit, doux comme un roucoulement, qui venait du berceau. Il ravala une ébauche de gémissement dans sa gorge sèche. Ses griffes cliquetèrent sur le plancher et il passa sa grosse tête par-dessus le bord du petit lit. Le bébé était là. De sa langue tiède il lui fit une petite lèche, une seule, puis, avec un autre profond soupir, il s'allongea sur le sol.

Il entendit des pas. Nanette entra, les bras chargés de couvertures qu'elle porta dans l'autre petite chambre ; c'est seulement en revenant qu'elle aperçut le chien. Un instant ses yeux se dilatèrent. Puis, avec un étrange petit cri, elle courut vers lui. Une fois encore il sentit ses bras autour de son cou. Il se mit à pleurnicher comme un caniche, le museau posé sur son sein, tandis que Nanette poussait des éclats de rire entrecoupés de soupirs, et que dans le berceau le bébé piaillait et lançait dans l'air ses petons chaussés de mocassins en miniature.

Ao-oo-tap-wa-meukeune (Quand le diable sort le ciel entre), disent les Indiens crees. Or, à la mort de son mari, le diable était sorti de la vie de Nanette. Sa jeunesse lui était revenue, et elle devenait plus belle que jamais. Il y avait du ciel dans le sombre et pur éclat de ses yeux. De l'esclave courbée sous le bâton et le fouet d'une brute rien ne subsistait chez cette créature superbe en pleine renaissance de son âme, libre de tout joug et de toute oppression. Elle était heureuse, heureuse de son bébé, de son indépendance au soleil, des étoiles qui recommençaient à briller pour elle ; heureuse surtout d'un renouveau d'espérance, le plus bel astre de tous.

Encore une fois, en cette soirée de retour, Miki s'insinua près d'elle pendant qu'elle brossait sa magnifique chevelure. Il se plaisait à y plonger son museau ; il en aimait le suave parfum ; il se délectait à poser sa tête sur ses genoux et à la sentir submergée par cette masse odorante.

Et Nanette le serrait contre elle, comme elle pressait son bébé, car c'était Miki qui lui avait apporté la liberté, l'espoir et la vie. Ce qui s'était passé n'était plus une tragédie, c'était l'accomplissement de la justice. Dieu avait envoyé Miki exécuter pour elle ce qu'auraient fait un père ou un frère.

Or le second soir après celui-là, quand Challoner arriva peu après la tombée de la nuit, il se trouva que Nanette avait défait ses cheveux de la même façon. Et Challoner, l'ayant vue ainsi, à la clarté de la lampe reflétée dans ses yeux, sentit que le monde tournait tout à coup sous ses pieds, et qu'à travers toutes les années écoulées il avait peiné en vue de l'heure actuelle.

XXIII

NIOUA SE RÉVEILLE

Après l'arrivée de Challoner à la cabane de Nanette Le Beau, toute ombre de tristesse s'évanouit dans le monde de Miki. Il ne raisonnait pas ce prodige et n'escomptait pas l'avenir. Il vivait uniquement dans le présent, en ces heures précieuses où toutes les créatures qu'il aimait étaient réunies. Pourtant, tout au fond de sa mémoire, à l'arrière-plan de ces choses qui avaient pris racine dans son âme, subsistait l'image de Nioua, son camarade, son frère, son compagnon de nombreux combats ; et il songeait à la froide caverne ensevelie sous la neige, où l'ours s'était plongé dans un long et mystérieux sommeil qui ressemblait tant à la mort.

Mais, encore une fois, c'est dans le présent qu'il vivait. Or, les heures s'allongeaient en jours, et Challoner était toujours là, et Nanette ne partait pas avec l'Indien pour Fort-Dieu. L'Indien s'en retourna enfin avec une lettre par laquelle Challoner avisait le Facteur que la petite fille souffrait des poumons et ne serait point en état de voyager tant que la température ne s'adoucirait pas. Il priait Mac Donnell de lui renvoyer l'Indien avec certaines provisions.

En dépit du froid terrible qui sévissait depuis la nouvelle année, Challoner avait établi sa tente à la lisière de la forêt, c'est-à-dire à une centaine de mètres de la cabane, et Miki partageait son temps de l'un à l'autre abri. C'étaient pour lui des jours magnifiques. Et quant à Challoner...

Miki se rendit compte de l'état de choses jusqu'à un certain point, bien qu'il lui fût impossible de tout comprendre. Tandis que les journées se prolongeaient en une semaine, puis cette semaine en une autre, il décelait un éclat tout neuf dans les yeux de Nanette, une nouvelle vibration dans la douceur de sa voix, et dans sa prière du soir la gratitude d'une grande joie inespérée.

Puis, un jour, Miki, levant les yeux du coin où il était couché près du berceau, vit Nanette dans les bras de son maître ; elle tournait vers celui-ci un regard rayonnant de la gloire des étoiles, et il lui disait quelque chose qu'elle écoutait avec un visage transfiguré, angélique.

Miki était intrigué : il le fut encore davantage quand il vit Challoner venir au berceau et prendre le bébé dans ses bras ; et surtout quand la jeune femme, regardant ce couple avec la même admirable expression, couvrit sa figure de ses mains et éclata en sanglots. Un demi-grognement racla le gosier de Miki ; mais à l'instant même, Challoner la prenait elle aussi dans ses bras, et Nanette, nouant les siens autour de l'homme et de l'enfant, soupirait des choses où Miki ne pouvait démêler ni queue ni tête. Il comprit pourtant qu'il ne devait ni grogner ni intervenir. Il sentit le frisson de la nouveauté merveilleuse qui venait d'entrer dans cette chaumière ; il déglutit à vide et continua d'observer.

Quelques minutes après, Nanette était à genoux près de lui et lui jetait les bras autour du cou, comme elle avait fait à Challoner. Celui-ci dansait comme un jeune homme, en faisant risette au bébé dans ses bras. Puis lui aussi s'accroupit près du chien, et cria :

— Mon Dieu ! Miki... *j'ai une famille* !

Et Miki essaya de comprendre.

Ce même soir, après souper, il vit Challoner défaire la splendide chevelure de Nanette, et la brosser. Ils riaient comme une paire d'enfants heureux. Miki faisait encore plus d'efforts pour comprendre.

Avant de s'en aller vers sa tente à l'orée du bois, Challoner embrassa Nanette et caressa ses cheveux brillants ; et Nanette, lui prenant le visage à deux mains, sourit et faillit encore pleurer de joie.

Après cela, Miki comprit enfin. Il sut que le bonheur était entré dans cette maison pour tous ceux qui l'habitaient.

Maintenant que son monde était en ordre, Miki se remit à chasser. Repris d'une belle passion pour la piste, il élargissait chaque jour son terrain de quête et s'éloignait de plus en plus de la cabane. Il suivait de nouveau la vieille ligne de trappes de Le Beau. Mais maintenant les pièges étaient détendus. Lui-même avait beaucoup perdu de son ancienne prudence. Il avait engraissé. Il ne sentait plus un danger dans la moindre bouffée d'air.

Ce fut pendant la troisième semaine du séjour de Challoner à la cabane, par une tiède journée qui marquait la fin du grand froid, que Miki tomba sur un vieux piège à assommoir dans un terrain bas à une bonne dizaine de milles de la clairière. Le Beau l'avait installé pour attraper un lynx, mais l'appât restait intact : il consistait en un gros morceau de viande de caribou, gelée et dure comme la pierre.

Miki commença par le flairer avec curiosité. Il ne craignait plus le danger : la menace était expulsée de son monde. Il mordilla l'appât, puis tira dessus... et l'énorme bûche s'abattit pour lui briser les reins. Il ne s'en fallut que de bien peu. Pendant vingt-quatre heures, elle le tint impuissant et perclus. A force de lutte prolongée, il parvint à se dégager.

L'élévation de la température avait déterminé une chute de neige molle, qui couvrait toutes les traces et pistes. Miki se traîna à travers cette couche neuve, laissant après lui un sillon pareil à celui d'une loutre dans la boue, car son arrière-train était impotent. Il n'avait pas la colonne vertébrale brisée ; mais son dos subissait une paralysie temporaire par suite du choc et du poids de la bûche.

Il prit la direction de la cabane, mais chaque pas lui causait des douleurs atroces, si bien qu'au bout d'une heure il n'avait guère progressé de plus d'un quart de mille.

Une seconde nuit le surprit à moins de deux milles du piège. Il se glissa sous des broussailles et y resta couché jusqu'à l'aurore et pendant toute la journée suivante. Le lendemain, quatrième jour depuis son départ de la cabane, le dos lui faisait un peu moins mal. Mais il ne pouvait se traîner que de quelques mètres à la fois. L'Esprit bienfaisant des forêts le favorisa encore, car dans l'après-midi il trouva la carcasse en partie dévorée d'un chevreuil abattu par des loups. La chair en était gelée, mais il la déchiqueta gloutonnement. Puis il chercha un abri sous un amas de branches tombées, et pendant dix jours il demeura là entre la vie et la mort. Il eût infailliblement péri sans le voisinage du chevreuil. Il s'arrangea pour se traîner jusqu'à la carcasse, chaque jour ou de deux jours l'un, et cela l'empêcha de mourir de faim. Ce ne fut qu'au bout de la seconde semaine qu'il réussit à se bien tenir sur ses pattes. Enfin, le quinzième jour, il retourna à la cabane.

En arrivant au bord de la clairière, il remarqua peu à peu les symptômes d'un grand changement. La cabane était là, toujours la même, aujourd'hui comme quinze jours auparavant. Mais aucune fumée ne sortait de la cheminée, et les vitres étaient couvertes de gelée blanche. Tout autour de la maison s'étendait un tapis immaculé. Miki, hésitant, traversa l'espace découvert et s'approcha de la porte. Nulle trace n'y conduisait. Le vent avait amassé sur le seuil une grande épaisseur de neige. Le chien se mit à gémir et à gratter l'huis. Il ne reçut pas de réponse et n'entendit aucun bruit.

Il retourna à la lisière de la forêt et attendit. Il attendit toute la journée, revenant de temps à autre flairer les environs de l'habitation, comme pour se convaincre qu'il ne s'était pas trompé.

Quand vint l'obscurité il se creusa un lit près de la porte et y resta toute la nuit. L'aube reparut, puis un jour terne et vide : la cheminée demeura sans fumée et la maison silencieuse. Miki acquit enfin la certitude que Challoner, Nanette et le bébé étaient partis.

Mais il restait l'espérance. Désormais, au lieu d'attendre les bruits qui pourraient provenir de la cabane, il écouta ceux qui viendraient de la forêt. Par instants, il se mettait en quête, chassant tantôt d'un côté tantôt de l'autre, flairant longuement la neige parfaitement vierge et déterminant minutieusement la direction du vent. Dans l'après-midi, il s'enfonça dans la forêt, d'une démarche lourde et affaissée, à la recherche d'un lièvre. Dès qu'il eut tué et dévoré son souper, il retourna dormir dans le même creux près de la porte.

Il resta là un troisième jour, et la nuit suivante il entendit les loups hurler sous un ciel clair et étoilé. Alors, il poussa lui-même son premier hurlement, cri de désir et de douleur qui résonna lugubrement dans la clairière, supplication lamentable adressée à son maître, à Nanette et au bébé. Ce n'était pas une réponse aux loups. Sa plainte contenait une note tremblante d'effroi et de désespoir.

Sur lui venait de s'abattre le sentiment d'une solitude plus effroyable qu'il n'en avait jamais ressentie. Quelque chose dans sa cervelle canine semblait lui suggérer que tout ce qu'il avait vu et éprouvé n'était qu'un rêve, et que maintenant il se retournait face à face avec son vieux monde, ses dangers, sa vacuité colossale, son absence déprimante d'amitié et sa lutte incessante pour l'existence. Ses instincts, un instant émoussés par le culte de ce qu'avait contenu la cabane, reprirent une vitalité aiguisée. Il recommença à sentir le frisson du danger *qui naît de la solitude*, et retrouva sa vieille prudence, si bien que le quatrième jour il s'esquivait à l'orée du bois avec des allures de loup.

La cinquième nuit, il ne dormit pas dans la clairière, mais se trouva un abattis à un mille dans la forêt. Cette nuit-là, il eut des songes étranges et inquiets. Il n'y était question ni de Challoner, de Nanette ou du bébé, ni de la bataille et des choses vues au poste. Il rêvait d'une crête haute et nue, ensevelie sous la neige, et d'une sombre et profonde caverne. Il se retrouvait avec son frère et camarade des anciens jours, avec l'ours Nioua. Il essayait de l'éveiller et croyait sentir la chaleur de son corps, entendre ses grognements de protestation ensommeillée. Un peu plus tard, il se retrouvait à la bataille dans le paradis des mûres, et voyait Nioua fuir éperdument devant l'ourse qui avait envahi leur coulée. Quand il s'éveilla en sursaut de ces visions, il tremblait, et ses muscles étaient tendus. Il gronda dans l'obscurité de l'abattis. Ses yeux inquisiteurs brillaient comme des lumignons dans cet abîme d'ombre. Il poussa un gémissement anxieux et doux, et écouta une minute ou deux, s'attendant presque à une réponse de Nioua.

Pendant un mois, il s'attarda au voisinage de la cabane. Une fois par jour au moins, et quelquefois la nuit, il revenait à la clairière. Et, de plus en plus fréquemment, il pensait à son ami.

Au début de mars vint le *Tiki-Swao*, le grand dégel. Une semaine durant, le soleil brilla dans un ciel sans nuages. L'air était tiède. La neige cédait sous les pieds, et sur les pentes ensoleillées elle fondait en ruisselets ou s'effondrait en minuscules avalanches. Le monde vibrait d'un frisson virginal : on y sentait battre le grand pouls du printemps ; et, dans l'âme de Miki, se levait lentement un nouvel espoir, expression rudimentaire et suggestion inédite d'un merveilleux instinct. *Nioua devait se réveiller maintenant* !

Miki finit par entendre cela comme une voix qu'il pouvait comprendre. C'était la musique que lui chantaient les gouttelettes des ruisseaux grossis ; il l'écoutait dans les vents tièdes où ne grondait plus la colère de l'hiver ; il la discernait dans les fraîches senteurs surgies du sol, dans le parfum humide et douceâtre du noir terreau des sous-bois. Cette voix l'excitait, l'appelait, et il *savait* ce qu'elle disait. *Nioua devait se réveiller maintenant !*

Il répondit à cet appel. Rien de moins qu'une force physique n'eût pu le retenir : c'était dans la nature des choses. Pourtant, il n'effectua pas le voyage d'une traite, comme celui du camp de Challoner à la cabane de Nanette. Alors, il avait eu un objectif bien défini : un but à remplir, exigeant un accomplissement immédiat. Tandis que la chose qui l'attirait maintenant était d'abord une impulsion, devenue irrésistible, plutôt qu'une réalité.

Pendant deux ou trois jours, sa marche vers l'ouest fut errante et indécise : puis elle s'orienta en ligne droite et, aux premières lueurs du cinquième jour, il émergea de la profonde forêt dans une plaine au-delà de laquelle il apercevait la crête.

Il contempla longtemps ce paysage avant de poursuivre son chemin. Dans sa cervelle, l'image de Nioua devenait de plus en plus claire. Après tout, il semblait que ce fût seulement hier ou l'avant-veille qu'il avait quitté cette crête. A ce moment-là, elle disparaissait sous la neige et une désolation terrible s'était appesantie sur la terre. Maintenant, il ne restait plus qu'un peu de neige, le soleil brillait et le ciel était redevenu bleu. Miki poursuivit sa marche et flaira le sol en longeant le pied de la crête : il n'avait pas oublié le chemin. Il ne se sentait pas agité, parce que le temps avait cessé d'avoir pour lui une importance définie. Hier, il était descendu de cette crête : aujourd'hui, il y revenait. Il alla droit à l'entrée de la caverne, maintenant déblayée. Il y engagea la tête et les épaules et huma l'air. Ah, mais décidément ! ce coquin d'ours était un dormeur obstiné. Il sommeillait encore. Miki pouvait le sentir, et, en écoutant bien, l'entendre.

Il franchit le petit amas de neige tassé dans le couloir et entra hardiment dans l'obscurité de la caverne. Il perçut un grognement assoupi, suivi d'un profond soupir. Il faillit culbuter par-dessus Nioua, qui avait changé son lit de place. L'ours poussa un second grognement, et Miki se mit à gémir. Il enfonça son museau dans la nouvelle fourrure de printemps du plantigrade, et flaira sa route jusqu'à son pavillon auditif. Maintenant, tout ce passé d'hier lui revenait à l'esprit. Il pinça prestement l'oreille de l'ours entre ses dents aiguës, et se mit à aboyer sur le ton grave que Nioua avait toujours compris.

— Éveille-toi, Nioua ! voulait-il dire. Lève-toi ! La neige a disparu, et il fait beau aujourd'hui. Debout !

Et Nioua, en s'étirant, poussa un bâillement formidable.

XXIV

HEUREUX AMIS !

Meshaba, le vieil Indien Cree, était assis en plein soleil sur un coteau d'où l'on découvrait la vallée d'un bout à l'autre. Meshaba que, voilà des années, l'on appelait le Géant, était très vieux, si vieux que même les livres du Facteur à Fort-Dieu ne contenaient aucune mention de sa naissance, pas plus que les « livres de bord » d'Albany House, Cumberland House, Norway-House, ou du fort Churchill. Peut-être plus au nord, au lac Labiche, au vieux fort Résolution ou au fort Pherson, aurait-on pu trouver quelques traces de son origine. Sa peau flétrie, usée par les intempéries, ressemblait à de la peau de daim desséchée, et autour de sa figure brune et émaciée, ses cheveux, d'un blanc de neige, lui tombaient sur les épaules. Ses mains étaient transparentes, son nez même amenuisé par l'âge. Mais ses yeux brillaient encore comme de sombres grenats, et au bout de près d'un siècle leur vision n'était pas affaiblie.

Il les promenait en ce moment sur la vallée. Derrière lui, à un mille sur l'autre versant du coteau, se trouvait la vieille cabane de trappeur où il vivait seul. Après un hiver long et froid, Meshaba, charmé du retour du printemps, avait franchi la crête pour prendre un bain de soleil et observer le monde changeant.

Depuis une heure, ses yeux parcouraient la vallée d'un bout à l'autre comme ceux d'un vieux faucon circonspect. Une sombre forêt de sapins et de cèdres la bordait du côté le plus éloigné. Entre cette frange et son observatoire, se déroulait une vaste étendue de prairies, encore couvertes par endroits de neige fondante, ailleurs complètement débarrassées et brillant d'une verdure sombre au soleil.

De l'endroit où il se trouvait assis, Meshaba pouvait apercevoir aussi un escarpement rocheux, sorte de prolongement du coteau projeté à une centaine de mètres dans la plaine. Mais cette butte ne l'intéressait guère, sauf que, si elle n'eût pas intercepté le champ de sa vision, celle-ci aurait pu atteindre à un mille de plus en aval.

Depuis une heure que Meshaba conservait son attitude de sphinx, tandis qu'une spirale de fumée s'élevait à regret de sa pipe noircie, il avait vu aussi des êtres vivants. A un demi-mille de là, une bande de caribous, sortant du bois, s'étaient aventurés jusqu'à un bouquet d'arbustes isolés. Ce spectacle n'avait pas allumé dans le sang de l'Indien le désir de tuer, car une carcasse fraîche pendait déjà derrière sa cabane.

Plus loin, il avait aperçu un élan sans cornes, si grotesque dans sa laideur printanière que la peau parcheminée du vieillard s'était détendue dans un sourire et qu'un grognement appréciateur lui avait échappé : car Meshaba, en dépit de l'âge, conservait le sens humoristique. Une fois, il avait entrevu un loup, à deux reprises un renard, et maintenant ses yeux étaient rivés sur un aigle planant à grande hauteur au-dessus de sa tête. Meshaba se serait bien gardé de tirer sur cet oiseau, car d'année en année il avait vieilli dans son voisinage, et chaque nouveau printemps le retrouvait là volant au soleil. Meshaba poussa un grognement de satisfaction en l'apercevant, tout joyeux qu'Upisk ne fût pas mort durant l'hiver.

— *Kata y oti sisiou*, se murmura-t-il à lui-même, et une superstitieuse lueur passa dans son regard. Nous avons vécu ensemble, et il est écrit que nous mourrons ensemble, ô Upisk. Bien des fois le printemps est revenu pour nous, et bientôt le sombre hiver nous engloutira à jamais.

Ses yeux se déplacèrent lentement, puis s'arrêtèrent sur l'escarpement qui bornait son champ visuel. Son cœur battit un grand à-coup dans sa poitrine. Sa pipe lui tomba de la bouche dans la main ; et il regarda fixement, sans remuer un muscle, comme s'il eût été changé en pierre.

Sur une plate-forme ensoleillée à quatre-vingts ou quatre-vingt-dix mètres tout au plus, se tenait un jeune ours noir dont la fourrure de printemps luisait au soleil comme du jais poli. Ce n'était pas la soudaine apparition de cet ours qui avait étonné Meshaba : c'est le fait d'apercevoir, côte à côte avec *Wakayou*, non pas un frère ours, mais un gros loup.

Lentement le vieux souleva une de ses mains diaphanes et fit le geste d'essuyer le je ne sais quoi qui sûrement l'empêchait d'y voir clair. Au cours de ses quatre-vingts et quelques années de vie il n'avait jamais rencontré un loup dans ces termes amicaux avec un ours. La nature a créé ces êtres ennemis et établi entre eux une des haines les plus profondes qui existent dans la forêt. Aussi, pendant un instant, Meshaba douta de ses yeux. Mais, peu après, il dut se rendre à l'évidence du miracle. Car la bête tourna le flanc vers lui, et c'était bien un loup, un grop loup avec des os énormes, qui arrivait à hauteur des épaules de Wakayou, l'ours ; une bête gigantesque, avec une grosse tête, et...

A ce moment, le cœur de Meshaba donna un autre à-coup, car au printemps la queue des loups est volumineuse et touffue, tandis que celle de l'animal actuel était dépourvue de poils comme le battoir d'un castor.

— *Ohne moueh* ! fit Meshaba, haletant : un chien ! Il feignit de se recroqueviller lentement sur lui-même et se glissa en arrière. Son fusil était juste hors de portée derrière le rocher où il était assis.

A l'autre bout de ces quatre-vingts ou quatre-vingt-dix mètres, Nioua et Miki se tenaient en plein soleil, les yeux clignotants, devant l'embouchure de la caverne où Nioua avait dormi tout son soûl.

Miki était intrigué. Il lui semblait toujours que c'était hier, et non à l'automne dernier, qu'il avait laissé Nioua dans cet antre. Mais maintenant qu'il revenait vers lui, après avoir lui-même subi un dur hiver dans les forêts, il demeurait surpris de le trouver si corpulent. L'explication était toute simple : Nioua avait continué sa croissance régulière pendant ses quatre mois de sommeil, et il se retrouvait maintenant moitié plus gros qu'en s'endormant.

Cependant Nioua, reniflant le vent de son museau brun, commençait à y déceler une étrange odeur. De ces trois personnages, il était le seul qui ne trouvât rien d'extraordinaire à la situation. Quand il s'était endormi voilà quatre mois et demi, Miki était à ses côtés ; aujourd'hui, en s'éveillant, il le retrouvait près de lui. Ces quatre mois et demi ne signifiaient rien pour l'ours. Bien des fois Miki et lui s'étaient endormis et réveillés ensemble. Pour tout ce qu'il concevait du temps, ça pouvait être hier soir qu'il avait fermé les yeux.

La seule chose qui le tracassait en ce moment était l'odeur anormale qu'il venait de saisir dans l'air. Instinctivement, il y avait senti une menace, ou du moins quelque chose qu'il aurait préféré ne pas sentir du tout. Aussi tourna-t-il les talons en lançant à Miki un « wouf » d'avertissement.

Quand Meshaba regarda de derrière son rocher, espérant trouver un coup de fusil facile, il entrevit à peine le couple qui disparaissait comme un éclair. Il s'empressa de tirer.

La détonation de l'arme et le sifflement de la balle au-dessus de leur tête rappelèrent bien des choses à Miki et Nioua ; l'ours prit son allure de fuite, la tête rentrée dans les épaules, les oreilles aplaties, et Miki dut tricoter dur pour le suivre pendant un mille au moins.

Puis Nioua s'arrêta, haletant d'une façon évidente. Étant donné qu'il n'avait rien pris depuis le tiers d'une année et qu'il était affaibli par son inactivité prolongée, il s'en fallut de bien peu que cette course ne l'achevât. Du moins plusieurs minutes s'écoulèrent avant qu'il retrouvât assez de souffle pour grogner. Cependant, Miki était en train de le flairer minutieusement de la croupe au museau. Il constata évidemment qu'il ne manquait rien, car, l'inspection terminée, il poussa un petit jappement de joie et, en dépit de sa taille et de sa dignité accrues par l'âge, il se mit à folâtrer autour de Nioua d'une manière qui exprimait indubitablement sa joie de revoir son camarade réveillé.

— J'ai passé un hiver diantrement solitaire, Nioua, et ça me chatouille délicieusement de te revoir sur tes pattes, disaient ses gambades. Qu'allons-nous faire maintenant ? Aller à la chasse ?

Telle semblait bien être la pensée actuelle de Nioua, car il se dirigeait droit vers la vallée et, arrivant à un terrain marécageux, se mit en quête d'un dîner de racines et d'herbes ; tout en cherchant, il grognait à sa vieille façon coutumière de camarade et d'ourson.

Et Miki, chassant avec lui, trouva encore une fois que la solitude avait déserté son monde.

XXV

L'EMBRASEMENT DE LA FORÊT

Pour Miki et Nioua, et spécialement pour celui-ci, rien ne semblait extraordinaire dans le fait de se retrouver ensemble et de renouer leur camaraderie. Bien que la taille de l'ours eût grandi pendant son hivernage, son esprit logeait toujours les mêmes souvenirs et représentations. Étranger au pêle-mêle d'événements stimulants qui avaient agité l'hiver de Miki, c'est lui qui acceptait la situation le plus flegmatiquement. Il continuait à se repaître comme si rien d'exceptionnel n'était survenu durant les quatre derniers mois, et dès que le fil de son nouvel appétit commença à s'émousser, il s'en remit à Miki, selon sa vieille habitude, de la conduite de l'association.

De son côté, le chien reprit ses anciennes manières comme si la brèche pratiquée dans leur fraternité eût été d'un jour ou d'une semaine au lieu de quatre mois. Peut-être fit-il tous ses efforts pour informer Nioua des événements survenus. Il dut certainement éprouver le désir de lui faire comprendre l'étrange façon dont il avait retrouvé leur ancien maître Challoner, pour le reperdre ensuite ; comment il avait rencontré les deux Nanettes, la grande et la petite, et vécu avec elles pendant quelque temps, les aimant plus qu'aucune chose au monde.

C'est la vieille cabane, loin dans le nord-est, qui l'attirait maintenant, la cabane jadis habitée par Nanette et le bébé ; et c'est vers cette cabane qu'il s'arrangea pour mener Nioua durant leur première quinzaine de chasse. Ils n'allaient pas vite, en conséquence surtout de l'appétit vorace de Nioua et du fait qu'il consacrait les neuf dixièmes de ses heures de veille à s'empiffrer de racines, de bourgeons et d'herbes. Durant la première semaine, Miki avait failli désespérer de ces fringales ou se dégoûter de la chasse. Un jour qu'il avait tué cinq lièvres, Nioua en avait dévoré quatre, et grognait comme un porc pour en avoir encore.

Si, dans leur jeune âge, Miki avait été parfois surpris et effrayé de l'appétit de Nioua, c'était bien autre chose maintenant, car en matière d'alimentation Nioua bayait comme un abîme sans fond. D'autre part, il se montrait plus gai que jamais, et dans leurs luttes amicales il pouvait facilement rendre des points à Miki, car il pesait deux fois plus que lui. Il acquit promptement l'habitude d'abuser de cette supériorité pondérable ; il sautait sur le chien au moment où celui-ci s'y attendait le moins, le clouait à terre, suffoqué sous l'énorme coussin de sa graisse et le maintenait de ses bras de façon à lui ôter toute chance de reprendre le dessus. De temps à autre, il refermait son étreinte et se roulait avec lui à n'en plus finir.

Bien que Miki eût littéralement le dessous dans ce jeu, il le trouvait charmant, jusqu'au jour où ils passèrent par-dessus le bord d'un profond ravin et s'y abîmèrent dans une véritable avalanche de viande de chien et d'ours. Après cela, Nioua resta longtemps sans rouler sa victime. Cependant, quand Miki avait envie de faire une partie, il lui suffisait de pincer légèrement Nioua du bout de ses longs crocs ; l'ours se déroulait instantanément et bondissait sur ses pattes comme un ressort. Il professait un respect des plus sérieux pour les dents de Miki.

Mais Miki goûtait ses meilleures joies quand Nioua se tenait debout comme un homme. C'était le moment des bousculades sérieuses. Par contre, ses pires heures de dégoût étaient celles où l'ours s'étendait sur une branche d'arbre pour faire un somme.

Ce n'est qu'au commencement de leur troisième semaine de vagabondage qu'ils arrivèrent à la cabane. Rien n'y était changé, et l'échine de Miki s'affaissa désespérément tandis qu'ils l'examinaient du bord de la clairière. Il n'y avait ni fumée ni aucun signe de vie ; mais la fenêtre avait été brisée, sans doute par quelque bête curieuse, ours ou wolvérine.

Miki s'approcha tout contre, se dressa sur le châssis et huma l'air de l'intérieur. L'odeur y persistait, si faible qu'il put à peine la déceler. La grande chambre était à peu près vide ; il n'y restait que le poêle, une table et quelques meubles rudimentaires. Tout le reste était parti. Trois ou quatre fois au cours de la demi-heure suivante, Miki se dressa à la fenêtre, et Nioua, intrigué, en fit autant. Il discerna, lui aussi, la légère odeur laissée dans la cabane, et la renifla assez longtemps. Elle ressemblait à celle qu'il avait saisie au sortir même de sa caverne, et pourtant elle en différait ; elle était plus subtile, plus évanescente et moins déplaisante.

Pendant tout un mois, Miki s'obstina à chasser dans le voisinage de la cabane, retenu par un charme qu'il ne pouvait analyser ni bien comprendre. Nioua se prêta de bonne grâce à la situation pendant un certain temps. Puis il perdit patience et se livra à une fugue de trois jours pleins pendant lesquels il vagabonda à sa guise. Miki, pour maintenir l'alliance, fut obligé de le suivre. A la saison des baies, au début de juillet, ils se trouvaient à soixante milles au nord-ouest de la cabane, et à la lisière du pays natal de Nioua.

Mais il n'y eut pas beaucoup de baies en cet été de *bebe-nak oum geda*, de sécheresse et de feu. Dès le milieu de juin, une brume grisâtre et impalpable commença à planer en vagues palpitantes au-dessus des forêts. Depuis trois semaines, il n'avait plu. Les nuits mêmes étaient brûlantes. Chaque jour les Facteurs inspectaient leurs domaines avec des yeux inquiets, et au 1er août, dans chaque poste, une vingtaine de Métis et d'Indiens parcouraient les pistes en prévision des incendies. Les habitants de la forêt qui n'étaient pas allés estiver dans les postes attendaient et veillaient dans leurs cabanes ; le matin, à midi et le soir, ils grimpaient sur de grands arbres et regardaient à travers le brouillard palpitant pour déceler le moindre indice de fumée. Pendant des semaines, le vent souffla invariablement du sud-ouest, sec comme s'il eût passé sur les sables arides d'un désert. Les mûres se desséchaient sur les ronces : le fruit du sorbier sauvage se recroquevillait sur sa tige. Les ruisseaux étaient taris, les marais transformés en fours à tourbe. Les peupliers laissaient pendre leurs feuilles étiolées et sans vie, trop flasques pour frémir à la brise. Une fois ou deux, tout au plus, au cours de sa vie, l'habitant de la forêt peut voir les feuilles de peuplier cuites de cette façon par le soleil d'été. C'est un *Kiskewahoun* ou signal de danger, présage non seulement de mort possible par l'incendie, mais encore de chasses médiocres pour l'hiver à venir.

Miki et Nioua se trouvaient dans une contrée marécageuse lorsque survint le 5 août. Dans ces parties basses, la chaleur était suffocante. Nioua laissait pendre sa langue et Miki haletait le long d'un ruisseau noir et indolent, semblable à un gros fossé plein d'une eau aussi morte que la lumière du jour même. Le ciel s'empourprait d'une lueur sinistre, mais le soleil restait invisible ; ses rayons essayaient en vain de percer le brouillard qui s'épaississait sur la terre. Miki et Nioua ne furent pas pris dans ce nuage d'obscurité croissante, parce qu'ils se trouvaient dans une poche, c'est-à-dire une étendue de terrain accidenté en contrebas des environs.

A cinq milles plus loin, ils auraient pu entendre le tonnerre des sabots fourchus et les heurts des corps pesants fuyant éperdument devant la terrible menace de l'incendie. Au lieu de cela, ils errèrent à loisir dans le marais desséché ; il était midi quand ils en atteignirent le bord, et franchissant une lisière d'arbres verts, gagnèrent le sommet d'une petite crête. Ni l'un ni l'autre n'avaient encore subi la redoutable épreuve des forêts ardentes. Ils allaient en connaître l'horreur. D'ailleurs, il n'y eut pas besoin d'initiation. Les instincts accumulés d'un millier de générations firent explosion dans leurs cervelles et dans leurs organes. Leur monde était sous la griffe d'*Iskoutao*, le démon du feu. Un drap mortuaire, sombre comme la nuit, l'enveloppait au sud, à l'est et à l'ouest ; et de l'autre côté du marécage qu'ils venaient de traverser, ils purent apercevoir les premières volutes de flammes livides.

De cette même direction, maintenant qu'ils étaient sortis de la poche de terrain, leur parvenait un vent ardent, accompagné d'un grondement sourd et monotone qui ressemblait à la plainte d'une lointaine cataracte. Ils attendaient et observaient, essayant de s'orienter, l'esprit momentanément en dérive dans la gigantesque opération par laquelle l'instinct se transforme en raisonnement et intelligence.

Nioua, comme tous les ours, avait la vue courte : il ne pouvait distinguer le noir tourbillon de fumée qui refluait vers eux, ni les flammes qui s'élançaient du terrain bas. Mais il pouvait sentir : son museau était tout plissé de rides, et il se préparait à la fuite avant Miki lui-même, qui, malgré sa vue perçante de faucon, restait comme fasciné sur place.

Le grondement devenait plus distinct et semblait provenir de toutes les directions à la fois. Mais c'est du sud que s'abattit le premier tourbillon de cendre, avant-garde silencieuse de l'incendie, puis le premier nuage de fumée. C'est alors que Miki se retourna avec un étrange gémissement ; mais, tout de suite, ce fut Nioua qui prit la tête, Nioua dont les ancêtres avaient soutenu, des milliers de fois en des milliers de siècles, cette course affolée contre la mort. Il n'éprouvait plus maintenant le besoin d'une vue perçante. Il savait à quoi s'en tenir. Il savait ce qu'il y avait derrière eux, ce qui se passait de chaque côté, et dans quelle direction se trouvait l'unique voie de salut. Il flairait dans l'air le voisinage de la mort. Deux fois le chien essaya de dévier leur course vers l'est, mais Nioua ne voulait rien savoir. Les oreilles aplaties, il poursuivait droit au nord. Trois fois Miki se retourna pour faire face au danger qui galopait sur leurs talons, mais l'ours ne s'arrêta pas un instant, allant toujours au nord où sont les hauteurs, les grandes étendues d'eau et les plaines découvertes.

Ils n'étaient pas seuls. Un caribou les dépassa avec la vitesse du vent.

— Vite, vite, vite, criait à Nioua son instinct, mais longtemps ! car le caribou, qui va plus vite que le feu, tombera bientôt d'épuisement et sera la proie des flammes. Hâte-toi mais dure !

Et tranquillement, stoïquement, Nioua menait le train de son allure furtive.

Un élan, venant de l'ouest, traversa leur route, à bout de souffle et haletant comme s'il avait la gorge coupée. Il portait de graves brûlures et courait aveuglément à la rencontre du rideau de flammes oriental.

Derrière et de chaque côté, les hordes flamboyantes précipitaient leur féroce et impitoyable invasion, et le tribut mortel qu'elles prélevaient était une réalité aussi vaste qu'effroyable. Dans les creux d'arbres, sous les abattis, parmi les hautes et épaisses branches, et jusqu'au sein de la terre, les menues créatures du Wild cherchaient un refuge et trouvaient la mort. Les lièvres devenaient des boules de feu bondissantes, puis s'affaissaient, racornis et carbonisés ; les martres rôtissaient dans leurs arbres ; les chats-pêcheurs, les loutres et les hermines rampaient au plus profond des abattis et y cuisaient à petit feu. Les hiboux s'enlevaient de leurs sommets d'arbres, battaient un instant des ailes dans l'air enflammé, puis retombaient au cœur du brasier. Aucune créature ne faisait entendre le moindre son, sauf les porcs-épics, qui en mourant criaient comme des petits enfants.

Dans la haute futaie, parmi les sapins et les cèdres dont l'épaisse ramure chargée de résine prenait feu comme une masse explosive, l'incendie se propageait avec un rugissement terrible. Nul homme ni animal n'y pouvait échapper en droite ligne. De ce monde en conflagration un seul cri, une prière unique aurait pu monter vers le ciel : *De l'eau ! de l'eau ! de l'eau !* Partout où il y avait de l'eau il restait de l'espoir et de la vie. Les antipathies de race et les inimitiés de la vie sauvage étaient oubliées en cette heure de grand péril. Tout lac devenait un havre.

C'est à l'un de ces refuges que parvint Nioua, guidé par un instinct infaillible et par un odorat que surexcitaient les grondements et rugissements de la tempête de feu déchaînée derrière lui. Miki était complètement perdu ; ses sens étaient émoussés ; ses narines ne percevaient plus d'autre odeur que celle d'un monde en flammes ; aussi suivait-il aveuglément son camarade.

Le lac était enveloppé de feu sur sa rive occidentale, et ses eaux étaient déjà occupées par une population compacte. C'était un lac de peu d'étendue ; de forme presque ronde, il ne mesurait guère plus de deux cents mètres de diamètre. A quelque distance du bord se trouvaient une vingtaine de caribous et d'élans, dont quelques-uns nageaient, mais dont la plupart gardaient pied, la tête seule hors de l'eau. Nombre d'autres créatures, plus courtes de pattes, dérivaient sans but de côté et d'autre, remuant les membres juste assez pour se maintenir à flot. Sur la rive, près de l'endroit où s'étaient arrêtés Nioua et Miki, se tenait un gros porc-épic, qui bavardait et gloussait de façon stupide, et semblait s'en prendre au monde entier d'avoir été dérangé dans son dîner. Il finit par se mettre à l'eau. Un peu plus loin, un chat-pêcheur et un renard se pressaient tout contre la ligne d'eau, hésitant à mouiller leur précieuse fourrure avant d'avoir la mort sur les talons ; et, comme pour leur signaler l'approche du danger, un autre renard se traîna épuisé sur la rive, amolli comme un chiffon par sa fuite à la nage du rivage opposé, où déjà les flammes se dressaient comme un mur. Et tandis que ce renard émergeait du lac pour se mettre en sûreté, un vieil ours, deux fois gros comme Nioua, sortant à grand fracas et tout haletant du sous-bois, plongeait et nageait vers le large. D'autres créatures plus petites se glissaient et s'esquivaient sur le bord : de fluettes hermines aux yeux rouges, des martres, des loutres, des lièvres, des écureuils et des gophers [1] babillards, et tout un peuple de souris. Et, en fin de compte, Nioua entra lentement dans l'élément liquide au milieu de toutes ces bêtes qu'il eût si gloutonnement dévorées en d'autres circonstances.

Miki le suivit jusqu'à ce que l'eau lui parvînt à la hauteur des épaules, puis il s'arrêta. Le feu était maintenant tout près et avançait à l'allure d'un cheval de course. Des nuages de fumée et de cendre se rabattaient par-dessus la ceinture de grands arbres qui protégeait le lac. Celui-ci ne tarda pas à être atteint et transformé en un chaos de noirceur, de fumée et de chaleur d'où s'élevaient des cris étranges et vibrants : le bêlement d'un jeune élan condamné à mort, et le mugissement terrifié par lequel répondait sa mère ; le hurlement d'agonie d'un loup ; l'aboi éperdu d'un renard et, par-dessus tout, l'horrible piaillement d'un couple de plongeons dont la demeure avait été transformée en fournaise.

A travers la fumée épaissie et la chaleur grandissante, Nioua lança son appel ordinaire à Miki, au moment où il perdait pied, et Miki, répondant par un gémissement, plongea à sa suite et se mit à nager si près de son gros frère noir que son museau lui touchait le flanc. Au milieu du lac, Nioua fit comme les autres bêtes qui s'y étaient réfugiées, pédalant juste assez pour se maintenir à flot ; mais Miki, doué de gros os et dépourvu d'une bouée de graisse, trouvait la tâche moins facile. Obligé de nager pour rester à la surface, il fit une douzaine de fois le tour de Nioua, puis, semblant saisir tout à coup la solution du problème, s'approcha de l'ours et lui posa tranquillement ses pattes sur les épaules.

Le lac était maintenant encerclé d'une muraille solide de feu. Des flambées embrasaient de bas en haut les arbres résineux et bondissaient à cinquante pieds dans l'air irrespirable. Le grondement de cette conflagration était assourdissant, et noyait les cris d'agonie de tous les êtres vivants. Et la chaleur était effroyable. Pendant quelques terrifiantes minutes, Miki crut respirer du feu. Régulièrement, à quelques secondes d'intervalle, Nioua plongeait la tête sous l'eau ; mais Miki n'avait pas l'instinct d'en faire autant. Comme le loup, le renard, le chat-pêcheur et le lynx, il était dans sa nature de préférer la mort à une submersion complète.

L'embrasement passa aussi vite qu'il était venu : à la place des murailles de verdure de naguère se dressaient des moignons racornis et carbonisés. Le bruit décrût avec la flamme et se réduisit bientôt à un sourd et profond murmure.

Les créatures vivantes se rapprochèrent lentement du rivage noirci et brûlant. De toutes celles qui s'étaient réfugiées dans le lac un grand nombre avaient péri. Les porcs-épics, entre autres, s'étaient tous noyés.

---

1. Petite marmotte qui ressemble à un piquet de tente. *Gopher* est le nom du bois dont était faite l'arche de Noé.

A peu de distance du rivage, la chaleur était encore intense, et pendant plusieurs jours le feu couva sur le sol. Tout le reste de cette journée et la nuit suivante, nul être vivant ne quitta l'eau peu profonde ; cependant aucun animal ne songea à faire sa proie de son voisin. Le grand péril avait uni toutes les bêtes en une vaste famille.

Un peu avant l'aurore se consomma la défaite du feu. Il tomba une averse diluvienne. Quand parut le jour et que le soleil brilla dans un ciel sale, il ne restait aucun vestige des scènes animées auxquelles le lac avait servi de théâtre, sauf les carcasses animales flottant à sa surface ou gisant sur ses rives. Les acteurs et parmi eux Nioua et Miki étaient retournés dans le désert ravagé.

XXVI

EN FAMILLE

Pendant plusieurs jours après le grand incendie, ce fut Nioua qui mena le couple. Leur monde n'était plus qu'une désolation noire et inanimée, et Miki n'aurait même pas su de quel côté se diriger. S'il se fût agi d'un feu local et d'étendue restreinte, il aurait fini, à force de vagabonder, par sortir de sa route carbonisée. Mais la conflagration avait été immense. Elle avait balayé une vaste étendue de pays et, pour la moitié des créatures qui avaient réussi à se réfugier dans les lacs et les rivières, il ne restait actuellement d'autre perspective que de mourir de faim.

Mais il n'en était pas ainsi pour Nioua et ceux de sa race. De même qu'il n'y avait pas eu la moindre indécision dans l'allure et l'orientation de sa fuite devant le fléau, aussi n'hésita-t-il pas un instant sur la direction à prendre pour retrouver un être vivant.

C'est vers le nord-ouest qu'il fila droit comme une flèche. Lorsqu'ils rencontraient un lac, Nioua le contournait jusqu'en face de son point d'arrivée sur la rive opposée, puis reprenait invariablement la direction du nord-ouest. Il marchait constamment, jour et nuit, avec seulement de brefs intervalles de repos ; et l'aurore au second jour trouva Miki plus épuisé que l'ours.

Divers symptômes indiquaient qu'à partir de ce point le feu avait commencé à s'épuiser. Ils rencontraient des îlots d'arbres verts, des marais laissés intacts par les flammes, et de même des lopins de prairies verdoyantes.

Ils faisaient bombance dans ces oasis, refuges d'une multitude de proies plus faciles les unes que les autres à saisir et dévorer. Cependant, pour la première fois de sa vie, Nioua se refusait à faire halte dans un endroit où la nourriture était abondante. Le sixième jour, ils se trouvaient à une distance de cent milles du lac où ils avaient cherché refuge contre l'incendie.

C'était une contrée merveilleuse où les hautes frondaisons alternaient avec de vastes plaines et de nombreux lacs et cours d'eau, coupée par tout un réseau d'*Usavos* (petites crêtes basses) qui en faisaient le meilleur des terrains de chasse. Comme elle était bien arrosée, l'eau y courant entre les crêtes et de lac en lac, elle n'avait pas souffert de la sécheresse comme la région méridionale. Pendant un mois, Nioua et Miki chassèrent dans ce nouvel éden, et redevinrent gras et prospères.

Un jour de septembre ils rencontrèrent une étrange construction au bord d'un marais. Miki crut tout d'abord que c'était une cabane. Mais, plus petite qu'aucune hutte, à peine plus grande que la cage de perches où Le Beau l'avait tenu prisonnier, elle était construite de lourds billots, encochés de telle façon que rien ne pût les ébranler : ces billots, au lieu de se joindre, étaient séparés par des interstices de six à huit pouces ; et il y avait une porte grande ouverte. De ce bizarre édicule émanait une forte odeur de poisson avancé. Ce fumet, s'il répugnait à Miki, constituait une puissante attraction pour Nioua, qui persistait à s'attarder au voisinage en dépit des efforts du chien pour l'entraîner ailleurs. Finalement, choqué du mauvais goût de son camarade, Miki s'esquiva pour aller chasser tout seul.

Il s'écoula quelque temps avant que Nioua osât risquer sa tête et ses épaules dans l'ouverture. Le relent du poisson faisait briller ses petits yeux. Avec précaution, il s'aventura à l'intérieur de ce curieux enclos. Rien ne se produisit. Il vit le poisson, autant qu'il en pouvait manger, de l'autre côté d'une perche sur laquelle il devait faire pression pour l'atteindre. Il s'approcha résolument de la perche, s'y appuya et...

Patatras !

Il se retourna comme s'il eût reçu un coup de feu. A l'endroit par où il était entré, il n'y avait plus d'ouverture. Une porte suspendue, à laquelle la perche servait de loquet, venait de se rabattre, et Nioua se trouvait prisonnier. Il ne s'irrita pas, mais accepta la situation le plus tranquillement du monde, convaincu sans doute en son for intérieur qu'il devait y avoir quelque part entre les billots un espace assez large pour qu'il s'y glissât. Après quelques reniflements inquisiteurs, il se mit à dévorer le poisson. Il était absorbé dans son odorant festin lorsqu'un Indien surgit d'un bosquet de cèdres nains à quelques mètres puis, ayant rapidement saisi la situation, tourna le dos et disparut.

Une demi-heure après, cet Indien arrivait en courant dans une clairière où se dressaient les bâtiments récemment construits d'un nouveau poste. Il se dirigea vers le magasin de la Compagnie. Dans un bureau dont le plancher était recouvert de fourrures un Blanc se penchait amoureusement vers une femme. L'Indien les vit en entrant et rit en lui-même. *Sakewawine* (le couple d'amour) était le nom déjà attribué par les gens du poste du lac Daim à cet homme et à cette femme qui leur avaient donné un grand festin lorsque le missionnaire les avait mariés il n'y avait pas très longtemps. L'homme et la femme se redressèrent à l'entrée de l'Indien, que la dame accueillit par un sourire. Elle était belle. Ses yeux brillaient et ses joues étaient en fleurs. L'Indien se sentit le cœur réchauffé d'une sorte d'adoration pour elle.

— Oui, nous avons pris l'ours, dit-il. Mais c'est un *na-pao* (un mâle). Il n'y a pas d'ourson, *Iskwao* Nanette.

L'homme blanc se mit à rire.

— N'aurons-nous pas la veine de te trouver un ourson en guise de joujou, Nanette ? demanda-t-il. J'aurais juré que cette mère et son petit étaient faciles à prendre... Un ours mâle ? Il faudra que nous le relâchions, *Moutag*. Sa fourrure n'est bonne à rien. Veux-tu venir avec nous voir l'opération, Nanette ?

Elle fit un signe de tête, accompagné d'un petit rire qui contenait toutes les joies de l'amour et de la vie.

— Oui, ce sera drôle de le voir partir.

Challoner prit les devants, tenant une hache d'une main et donnant l'autre à Nanette. Moutag suivait avec son fusil, prêt à toute éventualité. Derrière l'épais rideau de cèdres, Challoner s'arrêta pour observer, puis il fit un trou dans les branches afin que Nanette pût voir la cage et le prisonnier. Pendant une minute ou deux elle retint son souffle, regardant Nioua qui se promenait de long en large, très excité maintenant. Soudain, elle poussa un léger cri, et Challoner se sentit pincé dur par ses petits doigts. Avant qu'il pût prévoir ce qu'elle allait faire, elle s'était précipitée à travers l'écran de cèdres.

Tout contre la prison de billots, fidèle à son camarade à l'heure du péril, était couché Miki. Épuisé d'avoir creusé le sol en dessous du billot de base, il n'avait rien senti ni entendu des survenants jusqu'au moment où il aperçut Nanette debout à moins de vingt pas. Son cœur bondit dans sa gorge pantelante. Il fit un effort comme pour avaler un gros morceau. Un instant, il regarda fixement. Puis, avec un gémissement soudain, plein de désir contenu, il s'élança vers elle. Laissant échapper un hurlement d'angoisse, Challoner bondit du bosquet, la hache levée. Mais déjà le chien était dans les bras de Nanette. Challoner laissa tomber son arme avec un hoquet de surprise et proféra ce seul mot : *« Miki ! »*

Moutag, d'un air hébété, vit l'homme et la femme s'empresser autour d'une bête d'aspect étrange et sauvage qui lui faisait l'effet de n'être bonne qu'à tuer. Ils avaient oublié l'ours. Miki, fou de joie d'avoir retrouvé son maître et sa maîtresse bien-aimée, n'y pensait pas non plus. Ce fut un prodigieux « whouf ! » émis par Nioua lui-même qui ramena sur lui leur attention. Comme un éclair, Miki revint à la cage et se mit à flairer le museau de l'ours entre deux billots, se démenant de la queue pour essayer de lui faire comprendre ce qui était arrivé.

Challoner s'approcha lentement du piège. Dans son cerveau naissait une pensée qui lui faisait oublier toute autre chose que ce gros monstre noir enfermé là. Il était impossible que Miki se fût lié d'amitié avec un autre fauve que l'ourson de jadis. Tout à coup l'observateur retint son souffle. Nioua venait de fourrer le bout de son nez brun entre deux billots, et *Miki le lui léchait* ! Challoner étendit la main vers Nanette, et quand elle fut près de lui, il montra la scène pendant quelques instants sans pouvoir prononcer une parole.

Puis il dit :

— C'est l'ourson, Nanette, tu sais, l'ourson dont je t'ai parlé. Ils ont tenu bon ensemble pendant tout ce temps, depuis que j'ai tué la mère ourse voilà un an et demi, et que je les ai attachés tous deux au même bout de corde. Je comprends maintenant pourquoi Miki nous a fait faux bond à la cabane. Il était retourné vers l'ours.

Aujourd'hui, si, partant du Pas [1], vous allez droit au nord et que vous mettiez à flot votre pirogue sur la rivière du Rat ou sur le réseau de la Glassberry, vous pourrez pagayer ou vous laisser porter par le courant, en descendant la rivière du Caribou et en longeant la côte orientale du lac de ce nom, jusqu'à ce que vous arriviez au Cochrane et au poste du lac Bain. C'est l'une des régions les plus merveilleuses de tout le pays du Nord. Trois centaines d'Indiens, de métis et de Français y viennent vendre leurs fourrures. Et parmi eux il n'existe pas un homme, une femme ou un enfant qui ne connaisse l'histoire de *l'ours apprivoisé du lac Bain*, le favori de l'*ange blanc*, de la femme du Facteur.

L'ours porte un collier bien fourbi et vagabonde à son gré en compagnie d'un grand chien ; cependant, comme il est devenu gros et gras, il ne s'éloigne jamais beaucoup du poste. C'est une loi non formulée mais respectée dans tout le pays qu'il ne faut pas lui faire de mal, et qu'aucun piège à ours ne doit être établi à moins de cinq milles des bâtiments de la Compagnie.

L'ours ne s'éloigne jamais au-delà de cette distance. Quand vient l'hiver et le moment de son sommeil prolongé, il se glisse dans une caverne profonde et tiède qui a été creusée pour lui sous le magasin de la Compagnie.

Mais toujours, à la tombée de la nuit, Miki, le chien, va dormir près de lui.

1. Actuellement embranchement important du chemin de fer de la baie d'Hudson.

RAPIDE-ÉCLAIR

Swift Lightning, 1926

Roman traduit de l'américain
par Louis Postif

© Bureau littéraire international, pour le texte original et la traduction.

PRÉFACE

par André Demaison

Rapide-Éclair est l'histoire d'un loup mâtiné de chien ; et c'est la raison pour laquelle j'éprouve personnellement un grand plaisir à présenter ce nouveau roman de James Oliver Curwood.

Tout a été dit sur les chiens, tout semble avoir été écrit sur ces braves bêtes qui sont venues à l'homme depuis des centaines de siècles, lui proposant une association, un pacte à deux, un pacte de chasse. Ce pacte ne comportait pas que des avantages, tels que de manger les entrailles et les déchets du gibier et de se chauffer aux premiers feux de bois ; il comprenait aussi l'obligation de rabattre le gros gibier et de veiller sur le sommeil de l'homme. Ce pacte a été profitable au chien comme à l'homme, pour la raison majeure que le premier couple de chiens n'avait pas fait œuvre privée, mais avait engagé sa descendance.

Rapide-Éclair est le produit d'une infidélité d'un membre du clan domestique. Le sang des loups s'est mêlé au sang d'un chien, faisant remonter ce dernier à ses origines. La bête sauvage s'est révélée dans l'animal que l'on pouvait supposer être encore un simple serviteur de l'homme. Voilà pourquoi je me suis intéressé tout spécialement à ce métis, véritable personnage de ce roman qui est le dernier livre de J.O. Curwood sur les chiens. [...]

Donc, Rapide-Éclair subit la prépondérance du sang de loup qui coule dans ses veines, quitte les hommes et se met à la tête d'une harde de ses demi-frères qui ravage tout un district. Son sang de chien lui permet de déceler les moyens des hommes et même leurs ruses. C'est le chef rêvé pour ces infatigables vagabonds qui, par leurs poursuites et leurs déprédations, écartent des hommes les bêtes à viande et des pièges les bêtes à fourrure. Tout irait bien dans ce royaume de l'aventure, si l'amour ne se présentait à Rapide-Éclair sous la forme d'une chienne, dont l'influence ramènera le métis dans la maison des hommes...

Voilà un très beau sujet, fort bien traduit comme toujours par Louis Postif qui met en action ce proverbe : « On ne fait bien que ce qu'on aime. »

Ce qui l'embellit encore, c'est qu'il participe de la grande qualité de l'œuvre de J.O. Curwood, qui est d'être vécue. Curwood a partagé l'existence de tous les êtres qu'il dépeint, parcouru les paysages qu'il décrit. Chaque année, il passait plusieurs mois dans les solitudes de la baie d'Hudson, poussant des pointes jusqu'à la côte arctique. Il était le seul citoyen américain que le gouvernement canadien chargeât de missions spéciales, afin d'explorer et de décrire les grandes régions qu'habitent les Esquimaux.

La nature était sa sublime inspiratrice. « Je suis certain, déclarait-il, que si je me risquais à écrire un roman qui n'eût point pour théâtre les vastes décors de la nature, je ne tarderais pas à échouer. Elle est le grand médecin de l'humanité, et, lorqu'on le lui demande, je suis persuadé qu'elle est susceptible de guérir plus de maladies que les plus réputés docteurs de la Terre. Mon devoir, mon ambition, le grand but que je souhaite d'atteindre est d'entraîner mes lecteurs vers elle. Je l'aime, et il me semble qu'ils doivent l'aimer. »

Comme chacun pourra le constater une fois de plus, le célèbre romancier aurait eu tort d'abandonner les cadres qui lui sont familiers et qui mettent en valeur, avec une singulière puissance, cette histoire qui eut pour témoins les forêts impassibles d'un monde dont il renouvelait la découverte.

André DEMAISON.

I

LE FANTÔME DE SKAGEN

Les murmures mystérieux de la nuit flottaient dans l'air. C'était le crépuscule des longs mois gris et mélancoliques descendant à toute allure sur cette contrée glacée jusqu'au cœur qui domine la partie arctique du continent américain. On foulait une couche de quatre-vingt-cinq pieds d'une neige dure et fine comme du sucre cristallisé, et en dessous le sol était gelé à trente-cinq pieds de profondeur. Il régnait une température de cinquante degrés au-dessous de zéro.

Sur le sommet luisant d'un bloc de glace orienté vers la nappe blanche de la petite baie de Bathurst, Rapide-Éclair, couché sur ses hanches, essayait de scruter le monde ambiant. C'était le troisième hiver de Rapide-Éclair — sa troisième Longue Nuit — et ce crépuscule annonciateur l'agitait d'un étrange malaise. Il ne ressemblait nullement au crépuscule des pays du Sud : c'était un vaste chaos gris et désolé où l'œil portait loin, mais sans rien distinguer. La terre et le ciel, la mer et la plaine, tout se confondait. Pas de nuages ni d'horizon ; pas de lune, pas de soleil ; aucune étoile. C'était pire que la nuit. Bientôt, cependant, il partirait pour la chasse, suivi de son ombre ; mais, pour l'instant, son monde était un véritable abîme, rempli de bruits détestés qui parfois éveillaient en lui une tristesse infinie et un pénible sentiment de solitude. Il n'y avait pas de vent, mais dans la grisaille du ciel passaient des plaintes et des soupirs auxquels répondaient les petits renards blancs en d'incessants glapissements. Par-dessus tout il haïssait ces renards, dont les cris lui communiquaient un peu de leur folie morbide. Il aurait voulu les réduire au silence, les mettre en pièces, en débarrasser la Terre. Mais l'expérience lui avait appris à quel point ils étaient lestes et difficiles à capturer.

Sur son rocher de glace, Rapide-Éclair plissait les babines et découvrait des crocs blancs comme du lait. Un grognement monta de son gosier et il se remit sur ses pattes. C'était un splendide animal. Entre Kîouatine et le grand ours, on n'aurait pu trouver six de ses congénères qui lui arrivassent à l'épaule. Il n'affectait pas tout à fait l'allure d'un loup : il avait la poitrine large et carrée et son énorme tête se dressait vers le ciel. Ses mouvements étaient pour ainsi dire dépourvus de la prudence cauteleuse de ses frères. Il regardait franchement, sans la moindre crainte. Il avait le dos droit, son train de derrière ne présentait pas l'affaissement particulier aux loups, et sa fourrure était d'un gris tendre et discret, comme celui du lièvre des buissons.

Chose extraordinaire chez les loups, il possédait une tête massive, des yeux bien écartés, une lourde mâchoire, et sa queue ne balayait point la terre. Car si Rapide-Éclair était le produit d'une vingtaine de générations de loups, son ancêtre le plus éloigné était un chien, un grand danois. Pendant vingt ans, le sang du danois fut mêlé à celui des loups sauvages ; pendant vingt ans, il engendra avec eux et finit par être complètement absorbé par eux à la cinquième génération. Et, depuis quinze ans, ses ancêtres ne cessèrent d'être des loups, des loups affamés toujours en quête de viande, des loups du grand désert blanc, des loups aux échines et aux flancs fuyants, aux queues traînantes et aux yeux en fentes étroites, des loups qui, contrairement à Rapide-Éclair et à son aïeul d'il y a vingt ans, ne détestaient pas les petits renards blancs.

Mais Rapide-Éclair, debout sur son bloc de glace, ignorait autant son lien de parenté avec les chiens que la nature des mystérieuses lamentations qui montaient de l'obscurité. Un hurlement dans la gorge, ses longs crocs à nu tournés dans la direction d'où venaient les glapissements, il demeurait un véritable loup. Cependant, dans son âme farouche et sauvage, endurcie encore par la lutte pour la vie, par la bataille, la faim, le froid et la mort, la voix du gros chien danois, son ancêtre, essayait de se faire entendre.

Rapide-Éclair répondit à cet appel, comme il l'avait fait maintes fois déjà. Aveuglément, sans raisonner, comme poussé par un instinct irrésistible vers la lumière, il descendit de son glacier et se dirigea du côté de la petite anse de Bathurst, qui fait partie du golfe du Couronnement.

Rapide-Éclair tourna la tête vers le sud et huma l'air. Le grognement s'éteignit dans sa gorge en une note plaintive. Oubliant les petits renards blancs, il partit au trot, mais, à peine avait-il parcouru deux cents yards, qu'il se mit à courir et son grand corps gris fila de plus en plus vite.

A sa seconde année d'existence, il se trouva qu'un Indien cree et un Blanc, l'ayant vu détaler ventre à terre au bord d'une plaine, s'écrièrent ensemble : *Ouéïa-mékaou-souskou-ouao !...* (Il est rapide comme l'éclair !) Et, en ce moment, Rapide-Éclair détalait certes avec le même entrain. Il allait sans effort : c'était pour lui un jeu, la joie de vivre. Aucune proie ne fuyait devant lui ; il ne souffrait pas de la faim. Pourtant une émotion sauvage s'emparait de son être, l'émotion que lui causaient la prestesse de ses mouvements, l'élasticité de ses muscles, son corps superbe et infatigable obéissant à son tempérament et à ses moindres désirs comme une machine parfaite obéit à la main de l'homme. De façon primitive, Rapide-Éclair se rendait compte de cette puissance physique. Par-dessus tout, il adorait courir sous la clarté de la lune et des étoiles, s'acharnant après son ombre, la seule chose qu'il ne parvenait pas à attraper dans sa course en ligne droite à travers les solitudes.

Cette nuit-là — ou ce jour-là, car on ne pouvait affirmer si c'était l'une ou l'autre — la folie de la vitesse coulait en ses veines. Après vingt minutes d'une poursuite inutile, il s'arrêta net. Ses flancs palpitaient, mais il n'était pas essoufflé. Il dressa la tête, ses yeux scrutèrent fébrilement l'espace et il flaira l'air.

Il renifla une certaine odeur qui le fit se tourner à angle droit sur la piste et filer, sous un maigre taillis, le long du rivage. Ce taillis dévoilait en lui-même les forces prodigieuses de l'Arctique. C'était une forêt lilliputienne composée d'une végétation minuscule et rabougrie, d'arbres recourbés et contorsionnés au point qu'ils semblaient s'être pétrifiés au moment même où ils se tordaient sous d'atroces souffrances. Plusieurs fois séculaire, cette forêt n'avait pas poussé plus haut que la couche de neige protectrice. Elle pouvait avoir cent ans, cinq cents ans ou mille ans, l'arbre le plus robuste n'était pas plus gros que la jambe d'un homme et ne dépassait pas en hauteur l'épaule de Rapide-Éclair. Par endroits la forêt était touffue et servait parfois d'abri. De grands lièvres des neiges ne faisaient qu'y entrer et en sortir. Un énorme hibou blanc planait au-dessus d'elle. A deux reprises, Rapide-Éclair découvrit ses crocs en apercevant l'ombre fugitive de petits renards. Mais il demeura silencieux.

A présent, quelque chose de plus puissant que sa haine contre les renards l'oppressait, et il continua son chemin. L'odeur qui flottait dans l'air devenait plus âcre, mais Rapide-Éclair ne recula pas pour autant ; il avança carrément, sans ployer l'échine. A sept cents yards de là, il pénétra dans une étroite vallée, ou pour mieux dire une espèce de crevasse laissée par le bord rude de quelque gigantesque glacier préhistorique, et que Rapide-Éclair eût aisément franchie en une douzaine de bonds. Au fond de cette vallée, croissait un véritable bois ; chaque hiver les vents soufflant des solitudes la remplissaient de neige et les arbres se trouvaient protégés par une couche de dix à douze yards. En dessous, ils étaient noirs et serrés. Rapide-Éclair savait qu'il y trouverait de la vie s'il se mettait en chasse.

Il longea prestement la crête de cette crevasse. Ce n'était plus qu'une ombre grise se confondant avec la nuit environnante, mais dans cet abîme luisaient de nombreuses prunelles habituées aux ténèbres, et qui l'épiaient cruellement.

Bientôt de gros hiboux des neiges déployèrent au-dessus de lui leurs immenses ailes, en produisant un sourd bruissement. Il entendit le claquement de leurs becs meurtriers, leva la tête et aperçut les oiseaux de proie, mais n'interrompit pas sa course. Un renard aurait fui pour se mettre à l'abri, un loup ordinaire eût même gagné les solitudes en poussant des hurlements de frayeur. Mais Rapide-Éclair ne s'en inquiétait pas le moins du monde. Les hiboux ne lui faisaient pas peur, ni même les ours blancs. Il se savait incapable de tuer Ouapousk, le monstre des glaces, et n'ignorait pas qu'Ouapousk pouvait l'écraser d'un coup de ses formidables pattes. Néanmoins, il ne le redoutait pas. Dans tout son monde, une seule chose lui inspirait de la terreur, et voici que soudain elle se dressait devant lui, une ombre au milieu de l'obscurité.

C'était une cabane bâtie avec de jeunes sapins, et de sa cheminée montait une légère fumée. Rapide-Éclair en avait senti le goût âpre à plus d'un demi-mille de distance. Il demeura figé sur place pendant plusieurs minutes, puis il fit lentement le tour de la cabane et arriva devant la fenêtre.

Trois fois en six mois, il était venu jusque-là et, assis sur son derrière, avait regardé cette fenêtre toujours éclairée de l'intérieur. Aux yeux de Rapide-Éclair, c'était un carré de soleil rougeoyant qui projetait dans la nuit *quelque chose* de jaune pâle. Rapide-Éclair connaissait le feu, mais il n'en avait jamais vu comme celui-là : un feu sans flamme. Le monde entier lui semblait obscurci parce que le soleil s'était caché dans cette cabane.

Son cœur battait à tout rompre dans sa vaste poitrine et ses prunelles jetaient une étrange lueur. Malgré vingt générations de loups, le reste de sang qu'il avait hérité du chien revenait en lui avec la hâte du pigeon regagnant son colombier. Il le ramenait aux anciens jours du grand danois qui s'était allongé près du feu de l'homme et avait senti la caresse de sa main ; il évoquait chez lui le soleil, la vie, la chaleur et l'amour contenus dans la voix du maître. Le fantôme de Skagen, le grand danois, s'asseyait à ses côtés tandis qu'il regardait la fenêtre à la clarté jaune. L'esprit de Skagen revivait en lui ; il l'avait accompagné dans sa course à travers les ténèbres et aidé à chercher l'odeur de la fumée de l'homme blanc.

Rapide-Éclair ignorait tout cela. Assis sur son train de derrière, il observait fixement la cabane, le cœur chargé d'un immense désir et d'un sentiment de solitude, mais sans comprendre le phénomène qui s'opérait en lui.

A l'intérieur de la cabane, le dos tourné au poêle rouge, le caporal Pelletier, de la police royale montée du Nord-Ouest, lisait à haute voix au constable Sandy O'Connor un supplément à son rapport officiel qui devait partir pour Fort-Churchill, dans quelques heures, par un traîneau esquimau. Les dernières phrases de Pelletier s'adressaient à l'inspecteur Starnes, commandant la division M à Churchill, et étaient ainsi conçues :

Je me permets d'ajouter, pour appuyer mon rapport, les quelques renseignements suivants au sujet des caribous et des loups, pour bien vous faire comprendre le danger de famine qui menace la terre du Nord cet hiver. De grands troupeaux de caribous fuient au sud et à l'ouest, et vers le milieu de l'hiver ils auront tous disparu. Non qu'ils manquent de pâture : les lichens et la mousse abondent encore sous un pied de neige. Je suis convaincu que les loups les poursuivent. Les loups ne chassent point isolément, mais se rassemblent en hardes monstrueuses. A cinq reprises, le constable O'Connor et moi en avons vu passer par bandes de cinquante à trois cents. Sur une seule piste, nous avons dénombré les squelettes de deux cents caribous tués sur une distance de six milles. Ailleurs, nous en avons compté plus de cent sur un parcours de huit milles. Il n'est pas rare d'en trouver trente ou quarante massacrés par de plus petites bandes de loups. Un vieil Esquimau m'a appris qu'une fois par génération les loups, devenus « affolés de sang », se réunissent en immenses troupes et détruisent tout le gibier sur leur passage. En ces années funestes, les vieux Esquimaux croient dur comme fer que leurs « démons » triomphent des bons esprits du pays, et cette superstition profondément ancrée nous empêche d'obtenir leur concours dans les grandes battues que nous pourrions organiser en vue de nous débarrasser des loups. Néanmoins, j'espère qu'il nous sera possible de convaincre les jeunes Esquimaux, et tous nos efforts, au constable O'Connor et à moi-même, tendent vers ce but.

J'ai l'honneur d'être, Monsieur, votre dévoué serviteur.

François PELLETIER.

Pelletier et O'Connor étaient assis à une table construite en planches de jeunes sapins. Au-dessus d'eux, pendait la lampe à huile en fer-blanc qui éclairait la fenêtre. Depuis sept mois, ils occupaient ce poste au bout de la terre, et pour eux le rasoir était chose oubliée et la civilisation un souvenir du passé. Sur la carte du monde, figurait un autre endroit, l'île Herschel, où la loi était représentée plus au nord ; mais l'île Herschel, avec sa caserne, son confort et son luxe, ne ressemblait en rien à cette misérable hutte qu'ils habitaient tous deux.

Ces deux hommes faisaient partie de la contrée sauvage qu'ils surveillaient. O'Connor, aux épaules de géant, à la tignasse et à la barbe rousses, posa ses énormes poings au milieu de la table et grimaça un sourire en regardant son camarade Pelletier, dont les cheveux et la barbe étaient noirs comme du jais. Pelletier lui renvoya son sourire avec une nuance d'excuse. Sept mois de cet enfer avec une perspective de cinq autres mois à passer dans ce pays n'avaient pas réussi à altérer leur bonne camaraderie.

— C'est très bien tourné, fit O'Connor, ses yeux bleus pleins d'admiration. Si je pouvais tenir une plume comme toi, je vivrais dans le Sud, et non ici... et Catherine m'eût épousé voilà belle lurette. Mais tu oublies un important détail, Pelly : pourquoi ne dis-tu pas un mot de ce que je t'ai raconté au sujet des conducteurs de hardes ?

Pelletier hocha la tête.

— Cela me paraît un peu trop fort... et pas du tout raisonnable.

O'Connor se mit sur pied et s'étira les membres.

— Au diable la raison ! protesta-t-il. Dis-moi, Pelly, connais-tu quelque chose de raisonnable dans ce fichu pays ? Je t'assure que les Esquimaux, avec leur caquetage de pintades, ne se trompent pas. Si le diable en personne ne mène pas les bandes de loups, je suis un nègre et non un Blanc, et je ne m'appelle plus O'Connor ! Voilà ce que je déclarerais à l'inspecteur. Si nous pouvions au moins attraper les chefs de bande...

Il s'interrompit et jeta un regard vers la fenêtre. Pelletier se raidit sur son siège et prêta également l'oreille.

C'était encore Skagen — l'esprit de Skagen et non Rapide-Éclair — qui hurlait devant la cabane des Blancs. Le cri sortait de son énorme gueule, une lamentation funèbre qui se répercutait au loin et montait droit vers la grisaille du ciel, appelant, parmi ces vingt générations passées, des maîtres depuis longtemps oubliés ou morts. Aucun loup des grandes meutes ne possédait, comme Rapide-Éclair, une voix sortant d'une poitrine aussi vaste et portant à si longue distance. Elle commençait sur une note basse, lugubre, empreinte d'une profonde mélancolie, augmentait peu à peu de volume, puis éclatait en fanfare. La majesté du cri vous glaçait le sang et réduisait le monde au silence. Il portait avec lui un message de mort, et aussi de vie, qui voyageait sur les ailes du vent, à travers la tempête et l'obscurité, semant partout l'horreur et la crainte.

Rapide-Éclair venait de pousser son hurlement à quelques pas de la cabane. Avant que les échos s'en fussent évanouis dans le Wild, la porte s'ouvrit et, sur le seuil éclairé, apparut un homme. C'était O'Connor. Son œil fouilla les ténèbres et d'un geste de ses bras il amena un long objet contre son épaule. Deux fois déjà, Rapide-Éclair avait vu l'étincelle rouge et entendu l'étrange coup de tonnerre qui avaient suivi des mouvements semblables à ceux d'O'Connor. La deuxième fois, quelque chose comme un feu brûlant lui avait creusé un sillon dans l'épaule. L'instinct l'avertissait qu'en cet instant la mort planait au-dessus de sa tête. Il rebroussa chemin et l'obscurité l'engloutit. Mais il ne courait pas : il n'avait pas peur. Une force autre que la crainte de la mort se débattait dans son âme sauvage et avide de meurtre : c'était l'esprit de Skagen, le grand danois, qui luttait pour survivre et venait enfin d'être vaincu.

Quand Rapide-Éclair fila comme une ombre dans la nuit, le spectre de Skagen ne courait plus à ses côtés.

*
* *

Après ce coup de feu, le sang rouge et ardent du loup afflua de nouveau dans les veines de Rapide-Éclair. L'esprit de Skagen s'était enfui ; de même, l'attraction de l'homme. Le peu qui subsistait en lui du chien fut noyé dans un flot de sauvagerie. Soustrait pendant quelques heures à l'influence de son clan, il y revenait à toute vitesse. Une fois de plus, il redevenait l'intrépide, magnifique et invincible pirate des solitudes, le flibustier des grandes neiges, le *kakéa iskoutao*, le démon déchaîné parmi les bêtes sauvages. Un instant avait suffi à O'Connor — O'Connor et son fusil — pour opérer ce changement.

La plaine blanche s'allongeait à perte de vue derrière Rapide-Éclair. Voilà une heure, il souhaitait, plus que tout au monde, aller à la cabane des hommes blancs, boire dans l'air l'odeur de son mystère, regarder la fenêtre éclairée par la lueur du soleil jaune. A présent, ce désir s'était entièrement évanoui. Dans son cerveau, il n'existait aucun processus de raisonnement ni fil conducteur de pensée. Seul le plus fort de tous ses instincts, l'instinct de conservation, lui indiquait que le léger sifflement de tout à l'heure contenait un chant de mort. Non que la mort le fît courir : il aimait la mort, il l'affrontait parce qu'il en vivait, et jamais il n'en avait redouté le frisson. Néanmoins, ses instincts avaient infailliblement saisi le but de la balle d'O'Connor. Il ne pouvait se mesurer avec cette mort traîtresse et il ressentait une haine innée contre tout ce qui lui paraissait déloyal. Car Skagen, le danois, s'était comporté dignement envers hommes et bêtes jusqu'à ce que s'éteignît son grand cœur. Et Rapide-Éclair avait hérité de lui ce noble caractère.

Il subit une autre impulsion : le sentiment de solitude qui l'avait poussé vers la cabane et l'appel d'une race depuis longtemps oubliée firent bientôt place à un nouveau désir, plus impérieux celui-là : rejoindre son clan. Le charme était rompu. Une fois de plus il redevenait loup, tout à fait loup.

Il fila en ligne droite à travers le désert glacé, comme s'il obéissait aux indications d'une boussole, et parcourut d'un trait quatre, cinq, presque six milles. Puis il s'arrêta et, les oreilles pointées au vent, écouta.

Par trois fois il fit de même au cours des trois milles suivants. La troisième fois, il perçut la voix faible et lointaine de Balou poussant son cri de chasse, Balou le tueur, Balou au long souffle, auquel sa taille et sa rapidité, ainsi que sa force de géant, avaient conféré le commandement des hardes.

Rapide-Éclair s'assit sur son train de derrière et répondit. D'autres voix se joignirent à la sienne ; du sud, de l'est, de l'ouest et du nord arrivaient les échos du cri du clan, dont Balou était le centre. Sa note était plus longue, plus fréquente, plus significative, et ceux parmi les loups gris qui étaient avides de sang jeune et de viande fraîche se tournaient dans sa direction. Par groupes de deux ou trois, ou isolément, ils trottaient dans la solitude glacée. Depuis sept jours et sept nuits, il n'y avait pas eu de grande tuerie et les bêtes aux longs crocs, aux yeux injectés de sang, soupiraient ce soir après la vue et le goût du gibier.

Cette fringale avait surgi en Rapide-Éclair comme chez le plus féroce des loups. Déjà de nombreux membres de la harde s'étaient rassemblés et se mettaient en marche quand il se glissa parmi eux. Maintenant ils couraient en silence, masse compacte d'ombres grises défilant, épaules contre épaules, évocation spectrale de la sauvagerie, force prodigieuse de mâchoires, de crocs et de muscles résolus au carnage. Ils étaient peut-être cinquante, et ce nombre augmenta constamment jusqu'à soixante, quatre-vingts et cent. Balou courait en tête.

Dans toute la harde, il n'existait qu'un autre loup qu'on pût lui comparer pour la taille et la force : c'était Rapide-Éclair. Aussi Balou le haïssait-il. Tyran et maître suprême de tous ses congénères, il voyait en Rapide-Éclair une atteinte à sa souveraineté. Pourtant ils ne s'étaient jamais battus ensemble. Et cela grâce à l'esprit du grand danois. A l'encontre de tous les autres loups, Rapide-Éclair ne convoitait pas la puissance du chef. Il trouvait la joie, le frisson et le but de vivre dans sa jeunesse, sa bravoure et sa faculté de tuer. Pendant des jours, des semaines entières, il lui arrivait de se tenir à l'écart de la meute et de rester sourd à son appel. Il partait à l'aventure et chassait seul, sauf quand le fantôme de Skagen courait à ses côtés. Lorsqu'il rejoignait ses compagnons, Balou le regardait de travers de ses yeux rouges et sanguinaires, et ses mâchoires se découvraient en une menace jalouse.

Malgré la magnifique jeunesse de ses trois ans, Rapide-Éclair ne ressentait nullement l'envie de se battre avec ceux de son espèce. Certes, il répondait à leurs attaques, mais sans aucun désir d'opprimer et il ne massacrait pas le vaincu, ainsi que l'eût fait Balou. Il portait quantité de balafres reçues de loups plus petits et plus faibles que lui, mais il n'assouvissait jamais la vengeance qu'auraient pu exiger ses formidables crocs. Cependant, au fond de son cœur, palpitait une rouge envie de meurtre.

Jamais encore cette soif de tuer ne s'était manifestée si fort en lui qu'en ce moment. Sans se préoccuper de Balou, il trottait presque en tête de la harde.

Dans la région arctique, la lutte pour l'existence pèse lourdement sur tous les êtres. Balou et sa bande ne chassaient pas de la même façon que les loups ordinaires des forêts. Malgré leur joie prête à déborder, ils retenaient jusqu'à leur souffle dès qu'ils flairaient la moindre piste. Cette harde sinistre et fantomatique glissait dans les ténèbres comme les monstres de Brobdingnag [1] mus par les battements d'un seul cœur. Son silence ressemblait à celui qui accompagne la Longue Nuit. De loin, on aurait pu distinguer son passage au piétinement feutré d'une multitude de pattes, à sa respiration pantelante, au claquement de ses mâchoires, à un gémissement étouffé et horrible.

Rapide-Éclair ne prêtait aucune attention à la jeune louve qui courait à côté de lui. C'était une superbe bête aux formes élancées, et toute l'agilité de son jeune corps tendait à se tenir tout près de Rapide-Éclair. L'entendant haleter à proximité de son cou, il se tourna légèrement et de son museau effleura le dos de sa compagne. Le frisson de la maternité avait déferlé en elle, en même temps qu'un instinct plus fort que celui de tuer. Mais cette émotion ne trouvait pas d'écho chez Rapide-Éclair, dont l'heure n'était pas encore venue. Une passion unique le possédait actuellement : le désir farouche de rattraper la proie qui fuyait devant lui, d'enfoncer ses crocs dans de la chair vivante, dans du sang chaud et rouge.

Le premier de toute la meute, Rapide-Éclair saisit dans l'air ce que cherchaient une centaine de mufles gris : l'odeur d'un troupeau de caribous. A trois cents yards plus loin, elle parvenait plus forte dans le vent ; aussi Balou, suivi des autres loups, bifurqua dans la direction du sud-ouest. La harde redoubla de vitesse, puis, peu à peu, l'ombre monstrueuse composée d'une centaine de corps commença de se

1. Brobdingnag : Pays imaginaire peuplé de géants dans lequel Swift fait voyager son héros, Gulliver.

désagréger et les bêtes de se disperser. Aucun signal n'avait été donné. Balou, le chef, n'avait proféré aucun bruit. On eût dit cependant qu'un ordre, transmis de cerveau en cerveau, avait été perçu par chacun des cent loups et qu'ils y avaient obéi.

La pleine lumière du jour eût révélé un spectacle grandiose et l'imminence d'une tragédie. Après avoir brisé leurs rangs, les chasseurs s'égaillèrent sur un front de deux cents yards. Les plus vigoureux et les plus lestes, devinant instinctivement le rôle le plus difficile qui leur incombait, se placèrent aux extrémités du front d'attaque, qui ne cessait d'avancer. Les caribous paissaient à moins d'un mille de là.

Une obscurité épaisse protégeait la marche de la harde et le vent soufflait contre le troupeau de bêtes aux cornes et aux sabots fourchus. Sans avertissements ni cris, Rapide-Éclair bondit en tête. L'instinct de la meute, la loi du chef, la présence de la jeune louve qui trottait à ses côtés, rien ne compta plus pour lui. Il dépassa Balou et bientôt se trouva seul.

L'odeur de la viande fraîche parvenait chaude à ses narines. Des formes grises se projetaient dans l'ombre devant lui et il s'élança sur elles, droit comme une flèche. Au même instant, retentit la clameur sauvage de la harde, qu'on aurait pu entendre à six milles à la ronde. Comme une armée de Huns, les loups s'abattirent, impitoyables, sur les caribous.

Dispersés, les caribous s'occupaient à creuser la neige de leurs andouillers en forme de palettes, pour y découvrir la mousse verte et gelée. L'arrivée soudaine de Rapide-Éclair fut le premier signal d'alarme. Eût-il été seul, ils auraient fui sans panique, mais la frayeur les saisit à l'apparition de la harde, et sur la plaine glacée résonna, comme un coup de tonnerre lointain, le martèlement des sabots. Le danger commun rassembla les caribous les uns contre les autres.

Les bonds de Rapide-Éclair l'amenèrent en plein dans le troupeau et déjà il enfonçait ses crocs dans la gorge d'un jeune mâle, quand les autres bêtes, terrifiées, l'encerclèrent de leur masse épaisse. De ses cent quarante livres de chair et d'os, il s'agrippa à la mâchoire inférieure du caribou. Autour de lui, il entendait le choc furieux des corps, le tumulte des sabots, les hurlements de la harde, mais aucun son ne s'échappait de sa gueule. Ses frères se mettaient à l'œuvre : deux, trois, voire quatre contre un seul animal, mais Rapide-Éclair préférait tuer lui-même sa proie.

L'énorme troupeau commençait à s'ébranler. Au milieu de la bousculade, Rapide-Éclair et sa victime roulèrent à terre ; cependant il ne lâcha pas prise. Une vague de corps déferla sur eux : des sabots les piétinèrent, tandis qu'au-dessus d'eux les cornes s'entrechoquaient et se brisaient. Rapide-Éclair enfonça ses crocs plus profondément encore ; il retint son souffle pour concentrer ses forces en un ultime effort. Raidissant les deux pattes de devant, il se comprima comme un puissant ressort, puis se rejeta en arrière ; le sang du jeune caribou jaillit en un ruisseau sur la neige foulée.

Une vingtaine de cadavres étaient étendus lorsque Rapide-Éclair se leva de dessus sa proie. L'arrière-garde venait de disparaître. Le gros de la troupe, se composant d'un millier de têtes au moins, se ruait sauvagement vers le sud et l'ouest. De nouveau, ce fut comme un long roulement de tonnerre. La faim la plus tenace n'arrêtait pas la harde de loups dans son désir de meurtre : laissant sur place leurs victimes, les hors-la-loi du Wild pourchassaient le troupeau. Seul l'épuisement mit fin au carnage. Lorsque leurs mâchoires et leurs pattes ne purent plus fonctionner, ils renoncèrent alors à leur poursuite et, quand les derniers loups rejoignirent leurs compagnons, soixante caribous gisaient, morts, sur une piste rouge de trois milles de longueur.

Le festin débuta par les carcasses des derniers tués. Rapide-Éclair n'avait pas abattu seul sa seconde victime. Au cours de ce rude combat, son corps avait reçu une volée de coups de pieds et de cornes, et il eût été fort mal en point si une autre paire de mâchoires n'était venue à son aide. Dans l'angoisse de la bataille, Rapide-Éclair vit bondir près de lui une forme grise et svelte ; il perçut un grognement féroce et vengeur, puis le choc d'autres dents, et, quand l'œuvre de la mort fut enfin accomplie, il reconnut la jeune louve, couverte de blessures, les mâchoires sanguinolentes, la respiration saccadée. Elle vint se placer près de lui, pour partager son triomphe et sa joie.

Ils avaient tué ! Rapide-Éclair et elle avaient tué ! Sur ce champ de carnage, un étrange sentiment s'éveilla pour la première fois, chez Rapide-Éclair, envers Mouhekoune, la jeune louve, et celle-ci comprit d'instinct qu'elle venait de remporter la victoire.

Rapide-Éclair se tailla un trou dans le flanc du caribou et Mouhekoune attendit qu'il fût assez grand pour se joindre à lui. Alors, côte à côte, allongés sur le ventre, ils commencèrent leur ripaille. La louve pressait son corps tiède contre Rapide-Éclair, qui débordait de satisfaction. Il ne mangeait pas avec voracité, mais déchiquetait des quartiers de chair pour que sa compagne pût s'en saisir plus aisément. Lorsque d'autres loups passaient près d'eux ou qu'elle percevait le bruit de leurs mâchoires et de leurs grognements, Mouhekoune lançait à droite et à gauche des regards mauvais. La première, elle remarqua une longue forme grise qui s'approchait de leur caribou, s'arrêtait près d'eux et l'observait de ses prunelles brillantes de convoitise. Rapide-Éclair, la gueule pleine de viande, entendit le grognement avertisseur de la louve. N'étant point d'humeur querelleuse, il n'y prêta pas attention : une douzaine de loups auraient pu partager son repas sans susciter sa colère.

Mais ce n'était point la crainte de se voir dépossédée d'une partie de la viande qui éveillait la méfiance de Mouhekoune. Un instinct plus impérieux surgissait en elle : l'instinct de la femelle heureuse de s'attacher tout entière au compagnon de son choix. Balou, le grand chef, s'approchait en intrus. A l'instant même où il mordait dans le caribou, Mouhekoune s'élança vers lui, éclair gris et vengeur ; ses crocs d'ivoire pénétrèrent dans l'épaule de Balou, qui se retourna sur elle en rugissant de douleur et de rage.

D'un seul élan, Rapide-Éclair bondit sur l'intrus, dont les dents s'enfonçaient déjà dans la gorge de Mouhekoune, et les deux bêtes roulèrent sur le sol. Rapide-Éclair se releva le premier et vit ramper vers lui Mouhekoune, le sang coulant à flots de sa gorge ouverte. Un gémissement étouffé soulevait sa poitrine. A ce moment, surgit en Rapide-Éclair, plus puissant que jamais, l'esprit de Skagen, le grand danois. Par-delà les brumes du passé, le cœur d'un chien réclamait non seulement vengeance, mais justice. Ce sentiment chevaleresque — la défense du faible et la protection de la femelle — n'existant pas chez le loup, peu importait à Balou de s'attaquer à une louve, mais Rapide-Éclair sentit naître en lui, pour la première fois de sa vie, un désir aveugle d'appliquer la loi du talion.

Les deux adversaires se mirent à tourner en rond. Les loups qui se trouvaient à proximité abandonnèrent leur festin et se réunirent autour des combattants ; leurs prunelles formaient un cercle rouge : *Outchou-Nipouhouine* (le cercle de la Mort), hors duquel un seul des rivaux sortirait vivant. Balou, le véritable loup, marchait avec prudence. Son corps se ramassait comme s'il allait prendre son élan, mais ses oreilles demeuraient alertes et sa queue traînait sur la neige. Rapide-Éclair affectait une allure toute différente : ses muscles se bandaient, prêts à une lutte sans merci. Plus jeune de moitié que Balou, il possédait sur lui l'avantage de la force et de la résistance. Toutefois, son adversaire avait été toute sa vie un lutteur ; rusé comme un renard, il connaissait plus d'un tour. Soudain, tout en feignant de fuir, il bondit à l'intérieur du cercle. Cette tactique prit Rapide-Éclair au dépourvu et, avant qu'il eût le temps d'éviter son ennemi ou de lui faire face, Balou lui enfonçait ses crocs dans la croupe et y laissait une entaille longue de six pouces.

Si habile qu'eût été l'attaque brusquée du vieux lutteur, son mouvement de retraite le fut davantage encore. A peine venait-il de frapper son coup que Rapide-Éclair se dressait devant lui de toute sa force gigantesque, et Balou, au lieu de sauter à droite et à gauche, s'aplatit si adroitement que l'autre passa à moitié au-dessus de lui. Prompt comme un boxeur de profession, Balou paralysa l'élan de l'adversaire et, levant brusquement la tête, enfonça ses crocs aigus dans le ventre de Rapide-Éclair, d'où le sang se mit à couler en abondance. Un pouce de plus et il était étripé.

Le combat durait depuis vingt secondes. Avec un de ses frères de pure race, Balou eût remporté la victoire, car un loup blessé deux fois de suite abandonne toute action offensive pour prendre la défensive, tactique très hasardeuse, comme on le sait. Mais le courage hérité du vieux Skagen mit en échec la stratégie de Balou. Une seconde fois, il fondit sur son ennemi, puis une troisième. Un coup de dents de Rapide-Éclair lui ayant entaillé l'épaule, il tomba par terre, mais se releva peu après. Rapide-Éclair se précipita sur lui et leurs mâchoires se heurtèrent violemment. Un rugissement gronda dans la gorge de Rapide-Éclair, dont les crocs se refermèrent. Balou, terrassé, se tordait en hurlant. Au bout d'un quart de minute, il réussit cependant à se dégager. Alors, il lança sournoisement la tête de côté et décocha dans la poitrine de son ennemi un coup de crocs terrible, qui y laissa une plaie profonde.

Le sang de Rapide-Éclair rougissait déjà l'arène et une odeur âcre emplissait l'air. Balou saignait des mâchoires. Trente ou quarante loups s'étaient déjà rassemblés autour de ce sinistre spectacle et d'autres accouraient, attirés par les émanations du carnage et le bruit de la bataille. Depuis son dernier effort pour se traîner vers Rapide-Éclair, Mouhekoune demeurait immobile. Une mare écarlate s'élargissait sous sa gorge et ses yeux devenaient troubles. Toutefois, elle regarda fixement les deux combattants aussi longtemps qu'elle put tenir ses paupières ouvertes.

Rapide-Éclair ne distinguait plus son adversaire qu'à travers une flamme de haine. Il ne sentait pas ses blessures. L'âme de Skagen, le grand danois, s'emparait du corps de son descendant. Il ne tournoyait plus à la façon des loups : tête baissée et oreilles aplaties, il fonçait sur Balou de ses puissantes épaules, et son gosier ne proférait aucun son.

Dans toute la contrée arctique, il n'avait pas existé deux loups capables de résister à l'attaque de Skagen, et en cet instant Rapide-Éclair redevenait Skagen. Insouciant des entailles que lui prodiguait Balou, il cherchait à porter le coup mortel ; à deux reprises, il faillit réussir et, à la troisième, il saisit son adversaire à la nuque. Un chien ne s'y fût pas mieux pris. Ses mâchoires se fermèrent lentement et, tandis que le cercle de prunelles rouges se rapprochait, le cou de Balou se brisa en un bruit sec. Le combat était terminé. Après une bonne minute, Rapide-Éclair lâcha sa prise et s'éloigna en chancelant. Aussitôt, la harde impatiente se rua sur le cadavre de Balou et se mit à le déchiqueter, selon la loi de la meute, l'instinct primitif des loups qui les pousse à se repaître du vaincu.

Rapide-Éclair se tenait à l'écart, à côté de la jeune louve. Mouhekoune essayait en vain de lever la tête. Ses yeux mourants se fermèrent ; par deux fois, elle les rouvrit, et Rapide-Éclair lui caressa le museau en poussant un léger gémissement. Mouhekoune tenta d'y répondre, mais seul un sanglot étouffé sortit de sa gorge ; puis un tremblement secoua son corps superbe et elle exhala son dernier soupir.

Rapide-Éclair se pencha sur sa compagne. Il comprit que la mort venait de passer. Au bout d'un instant, il se coucha sur ses hanches et pointa la tête vers le ciel. Les loups qui s'acharnaient sur la dépouille de Balou prêtèrent l'oreille et saisirent le sens du hurlement poussé par Rapide-Éclair : de sa gorge sortait le cri de triomphe du chef de la meute... et ce cri, se répercutant au loin sur le désert blanc et glacé, contenait une note de souffrance.

Après vingt années, l'esprit de Skagen revenait sur Terre pour régner sur les loups.

II

LA HARDE AFFAMÉE

Oukénanis — la lumière des sept étoiles, ou plutôt des sept constellations — venait de se lever. Le sombre crépuscule avait disparu et la contrée de l'Arctique s'étendait mollement au sein de la Longue Nuit.

A l'endroit du firmament où le soleil de midi aurait resplendi sous un ciel méridional flottait une clarté argentée, faible rayonnement du cœur nacré de la nuit elle-même. Les étoiles, immobiles, sans soleil ni lune pour en atténuer l'éclat, scintillaient sur ce monde glacé, épiant comme autant d'yeux jaloux l'apparition de l'aube, cette magicienne aux toilettes multicolores.

Depuis deux heures, *Késik Mounitouhoui*, la déesse du ciel, comme si elle voulait désavouer sa parenté avec le pôle, étalait à l'horizon ses charmes mystérieux et sa splendeur phosphorescente ; depuis deux heures, elle déployait ses oriflammes de toutes les couleurs de l'arc-en-ciel ; folâtrant dans une apothéose de feu, elle avait fait surgir dix mille danseuses aux grâces serpentines et strié la voûte céleste de sillons dorés, écarlates, orange et bleus. Maintenant, lasse de ses fantaisies compliquées, elle répandait sur l'ensemble une teinte rouge uniforme.

A deux milles plus au sud, les habitants des villes et des villages contemplaient, de leurs yeux émerveillés, ce tableau féerique au-dessus du pôle ; mais, ici même, les gens tremblaient et la glace d'un monde gelé reflétait une lueur empourprée vers les étoiles et le ciel livide.

Sur cet univers blanc, insensible et calme, régnait un froid terrible, si intense que, dans l'air d'une immobilité absolue, on percevait à intervalles des craquements métalliques. De temps à autre, de la chaîne de montagnes du golfe du Couronnement, arrivait un bruit semblable au grondement prolongé d'un canon, lorsqu'un glacier se brisait, en formant une crevasse. Les échos de ces explosions se répercutaient en un long gémissement jusque sur les falaises de la baie de Bathurst, car les effets de cette froidure étaient aussi bizarres que ceux de l'aurore. Parfois, on eût dit qu'une bande de patineuses fendaient l'air sur une piste d'acier, et l'on s'imaginait entendre dans le lointain le frou-frou de leurs jupes, l'éclat de leurs voix et de leurs rires. Cependant, en l'absence du vent, on ne ressentait pas l'acuité mortelle du froid si l'on était bien encapuchonné et emmitouflé dans d'épaisses fourrures.

Devant une petite cabane construite de rondins, se tenaient le caporal Pelletier et le constable O'Connor, de la police royale montée du Nord-Ouest, et, près d'eux, un Esquimau couvert de chaudes fourrures, avec un traîneau et un attelage de six chiens.

Un mois et demi s'était écoulé depuis que Pelletier avait envoyé son dernier rapport à l'inspecteur de la division M, à Fort-Churchill, pour le prévenir des fléaux qui menaçaient de s'abattre sur la contrée : la faim, la mort et les loups.

Pelletier, observant l'épanouissement écarlate de l'aurore, prit la parole :

— O'Connor, voici *Mikou-Hao,* la première « nuit rouge » de l'hiver, comme disent les Indiens. La chance nous favorise. Cette teinte rouge au ciel est un présage de sang pour les Esquimaux, et je parie bien que tous les sorciers des tribus, d'ici à la baie de Franklin, s'occupent en ce moment d'éloigner les mauvais esprits par leurs incantations. Comme un seul homme, les chasseurs doivent accourir vers nous.

O'Connor, sceptique, haussa ses larges épaules. Plein de confiance envers Pelletier, il affectionnait ce Français original, endurci par les intempéries, et qui avait passé la moitié de son existence aux confins du cercle polaire. Mais il professait une opinion personnelle sur cette gigantesque chasse aux loups qu'avec dévouement il avait aidé Pelletier à organiser. Deux semaines durant, il avait, de ses doigts maladroits, roulé de la strychnine dans des boulettes de graisse de caribou. Il se fiait à ces appâts empoisonnés qui, répandus dans les immenses solitudes, provoqueraient la mort... de certains êtres. Quant à la battue...

— C'est notre seule ressource, disait Pelletier, les yeux toujours levés vers le ciel empourpré. Si nous parvenons à rassembler la grande meute dans un cul-de-sac et à en détruire la moitié, nous sauverons cinq mille caribous. Si Olie John obéit et fait marcher ses rennes, le succès de notre tactique est certain : nous opérerons d'immenses battues tout le long de la côte pendant l'hiver, et si après cela nous ne montons pas en grade...

Il ricana joyeusement en regardant O'Connor.

— Du moins, nous nous serons divertis, conclut l'Irlandais. Pressons-nous, Pelly. En ce moment, le thermomètre doit marquer quinze degrés au-dessous de zéro. Hé ! là-bas, Oume Gluck ! En route ! Trace la piste ! Nous partons !

L'Esquimau sembla sortir d'un rêve. Il vociféra des ordres à ses chiens, son long fouet leur cingla le dos, et les malemutes bondirent droit devant eux, avec force aboiements, et firent claquer leurs mâchoires dans leur joie de courir sous le ciel rougeoyant.

Cette nuit-là, le long du golfe du Couronnement et sur le rivage dentelé de la baie de Bathurst, régna une animation inaccoutumée. La famine étendait ses griffes menaçantes sur le pays, et cette agitation était produite par le réveil des habitants des *iglous* répondant à l'appel de Pelletier, le « roi blanc » qui devait, grâce à sa magie suprême, chasser les démons des hardes dévastatrices de loups acharnés à la poursuite du gibier dans les solitudes.

Le campement de Topek était désigné comme lieu de rassemblement. Topek dépêcha ses messagers sur tout le littoral, pour annoncer la grande battue et avertir les gens que, si les loups n'étaient pas délogés ou exterminés, la famine et la mort s'abattraient impitoyablement sur le pays. Fidèlement, il répéta le mot d'ordre de la police, représentée par le caporal Pelletier et le constable O'Connor dans la petite cabane du glacier.

Sous le ciel écarlate, parvinrent les réponses empressées des tribus. Depuis d'innombrables générations, les riverains du golfe du Couronnement, plongés dans les ténèbres de l'ignorance, vivaient en proie à la superstition. Ils croyaient que les démons entraient pendant l'hiver dans le corps des loups avides de sang. Les plus jeunes et les plus braves des Esquimaux accoururent les premiers à la voix de Topek. Cette fois, il ne s'agissait pas de livrer bataille aux grands ours blancs, mais de combattre l'esprit du mal. Cependant, deux cents chasseurs, armés jusqu'aux dents et protégés de nombreux fétiches, se dirigèrent vers le village de Topek.

Certains portaient des fusils achetés aux baleiniers dans les temps d'abondance ; quelques-uns, des harpons, et d'autres, des espèces de lances qui leur servaient pour chasser le phoque.

De la partie la plus occidentale de l'Arctique, vint Olie John, un Esquimau qui avait pris femme à la manière des Blancs. Il amenait à sa suite dix des plus courageux chasseurs de son village et un troupeau de cinquante rennes.

Comme une lampe qui s'éteint, l'aurore s'évanouissait à l'horizon au moment où Pelletier et O'Connor atteignaient le terme de leur voyage, lequel avait duré six heures. Ils serrèrent la main de Topek et se jetèrent presque au cou d'Olie John.

Pendant les six heures suivantes, les chasseurs affluèrent de toutes parts à la fois. Lorsque les derniers arrivèrent, un vent terrible souffla des champs de glace, accompagné de pluie et de grésil, balayant le Wild, comblant et effaçant toutes les pistes. Trois jours et trois nuits durant, d'après la montre de Pelletier, une activité fiévreuse anima le campement de Topek. On avait découvert un excellent terrain, terminé en cul-de-sac, pour y attirer les loups, et tout le monde se mit à la besogne. Par cinq fois, on lança le troupeau de rennes guidés par Topek, Olie John et ses dix hommes ; chaque fois, hommes et bêtes revinrent épuisés de fatigue. Cependant, aucun hurlement ne se fit entendre sur la piste des rennes et l'on ne vit aucune harde de loups. Des centaines d'appâts empoisonnés furent parsemés sur les traces du troupeau, mais on ne trouva nul cadavre de loup.

Une frayeur mystique apparut sur les visages stupéfaits des jeunes chasseurs esquimaux. Les sorciers et les vieux durs à cuire de la tribu avaient raison : des mauvais génies habitaient les corps des loups ; autant vouloir dominer la tempête ! Topek et Olie John perdaient eux-mêmes confiance et dans le cœur de Pelletier croissait l'inquiétude, car, si son stratagème échouait, le prestige de la police, acquis au prix de tant d'efforts, tomberait à tout jamais.

Pour la sixième et dernière fois, Topek et Olie John se mirent en route avec le troupeau de rennes. Dans le village de Topek, les gens murmuraient que les dieux outragés et les démons allaient jeter leur malédiction sur la terre et l'océan.

*
* *

Maigres et efflanqués, l'échine affaissée, pourchassant jour et nuit une proie insaisissable, Rapide-Éclair et sa meute de loups blancs se dirigeaient vers le nord.

Ils ne trottaient pas en bande compacte comme le mois précédent, alors que les troupeaux de caribous rôdaient dans les solitudes, mais ils allaient dispersés, tels les soldats d'une armée en retraite. Depuis cette nuit où Rapide-Éclair avait tué son rival Balou et gagné ainsi le titre de chef de meute, les loups n'avaient opéré qu'une grande tuerie.

Pendant une semaine, la tempête avait fait rage et éloigné les caribous. Dans cette étendue infinie et sans piste, l'odeur de leurs sabots avait totalement disparu. Rapide-Éclair eût découvert ces ruminants à quarante milles à l'ouest, blottis dans les dépressions des plateaux bordant la côte, et toute la harde se serait repue aux dépens des traînards si, après la tourmente de neige, les loups affamés n'avaient bifurqué à l'est et au sud.

Si les gens de Topek avaient assisté au retour de la meute sur ses anciens terrains de chasse, ils eussent imploré la protection de tous les dieux esquimaux. Ce n'était plus une superstition de croire que les démons habitaient les corps des loups : les loups étaient devenus de véritables démons. La folie de la faim se déchaînait dans leurs cœurs et flamboyait dans leurs yeux rouges et à demi aveugles. Chez les autres bêtes, le manque de nourriture agit d'une façon normale : l'animal épuisé se traîne et meurt d'inanition ; mais, sur le loup, la faim produit l'effet d'un poison. La harde de Rapide-Éclair, forte de cent cinquante têtes, trottait sous la lueur argentée de la voûte céleste. Chacun se méfiait de son voisin. En réalité, ils étaient devenus des pirates, des pirates déchus, prêts à se jeter les uns sur les autres. Privés de sommeil, les yeux injectés de sang, les mâchoires dégouttantes de bave, ils dressaient parfois l'oreille au bruit de crocs qui s'entrechoquaient : un cri d'agonie leur annonçait peu après une nouvelle victime dans leurs rangs. Harde spectrale d'ombres décharnées et aux côtes saillantes, ils traversaient en silence les solitudes, sous la clarté de millions d'étoiles.

Grâce à son ascendance de chien — de Skagen, le grand danois — Rapide-Éclair échappa seul à la folie commune. Lui aussi souffrait de la faim ; son corps de géant avait maigri, ses prunelles étaient rouges, un feu intérieur le consumait ; cependant l'atavisme avait fortement ancré en lui l'horreur de dévorer son semblable. A vingt reprises, il avait vu la meute se livrer bataille et se repaître monstrueusement du vaincu. Lui se tenait à l'écart ; dans sa gorge, au lieu du grognement de la bête avide de carnage, montait parfois un gémissement plaintif, et, lorsque ses compagnons rejoignirent ses premiers terrains de chasse, reparut en lui l'attrait de la cabane des hommes blancs située au bord du glacier. Il n'avait point oublié l'engin meurtrier qui avait passé en sifflant au-dessus de sa tête : la balle du fusil d'O'Connor. Mais, chez lui, l'instinct dominait la peur. De nouveau, il redevenait Skagen, le chien de voilà vingt ans, qui se laissait attirer par la lueur du soleil jaune à l'intérieur de la cabane, par l'odeur de la fumée et par *quelque chose* que Rapide-Éclair, le loup, ne pouvait comprendre.

La gorge encore frémissante, Rapide-Éclair reprenait sa place parmi les autres. Au sein de ces ombres, il faisait figure de géant. Il avançait sans mouvements furtifs. Il entendait les claquements de mâchoires, et des grognements sauvages l'accueillaient lorsqu'il frôlait de trop près un des membres du clan. Il percevait ces menaces de mort, mais n'y répondait point et dirigeait toujours sa harde vers l'est : de ce côté se dressait la cabane.

Aucun raisonnement ne guidait ses pas. De la cabane, il ne connaissait que l'odeur de fumée et la lueur jaune ; la mort en était sortie pour venir siffler à son oreille. Cependant, son corps suivait machinalement l'impulsion de son cerveau.

Il s'arrêta et regarda fuir devant lui les dernières ombres faméliques, puis, courant de plus belle, il fila vers le nord-est. Ce n'était plus la vive allure de Rapide-Éclair qui, voilà quelques semaines, rivalisait avec le vent sur la surface glacée de la baie de Bathurst, joyeux d'avaler l'espace. Ses muscles ne se tendaient plus comme autant de ressorts vivants sous la volupté de l'action, ses pattes étaient meurtries, une douleur aiguë lui torturait les flancs, le bruit de ses mâchoires ne se faisait plus entendre, sa vue se troublait et, tous les demi-milles, il devait reprendre haleine. Il s'arrêtait, l'oreille alertée. Bien que tourmenté par la faim, il levait continuellement la tête et ses prunelles brillaient à la lueur des étoiles.

Rapide-Éclair poussa un profond soupir et ses narines frémirent. Il observait avec méfiance la direction prise par les loups affamés. Désireux de ne point les rejoindre, il craignait d'être suivi par eux. La bande partie, il respira de nouveau, heureux de se retrouver libre.

L'ambiance n'était plus souillée par l'haleine chaude des bêtes sauvages. Devant lui, à l'infini, s'étendait la nuit pleine de promesses. Que lui réservait-elle ? Il l'ignorait. Avant tout, il souhaitait satisfaire sa faim. Or, la cabane ne lui avait offert que de la fumée, la vue d'une clarté jaune et la menace d'une mort foudroyante. Pourtant, il y revenait de plein gré.

Pendant un quart d'heure, il avança dans cette direction et, à deux reprises, il s'arrêta pour flairer le vent ; la troisième fois, il fit une plus longue pause. Il décelait une faible odeur, celle du loup, et un grognement monta dans sa gorge. Un demi-mille plus loin, cette odeur devint plus forte, et pourtant il n'avait cessé de s'écarter de la meute. Il redoubla de vitesse. Le vent lui apportait un message de mauvais augure : un être marchait à ses trousses dans la nuit.

Il fit halte une quatrième fois et poussa un grognement sinistre. Son poursuivant gagnait du terrain. Rapide-Éclair attendit, les poils hérissés, les muscles tendus, prêt à la bataille.

Presque au même instant, il aperçut une forme confuse qui se glissait lentement vers lui. A vingt yards de là, elle ralentit son allure et avança, hésitante. Se ramassant sur lui-même, Rapide-Éclair allait bondir, lorsqu'il remarqua que son adversaire n'était pas un loup blanc, mais le grand loup gris des bois qui avait rejoint la meute aux confins des solitudes, à la lisière de la forêt naine.

Mistik, le loup égaré des hautes futaies, avait la taille de Rapide-Éclair et le même pelage sombre. Né dans le Sud, il connaissait les pièges des hommes blancs et portait les cicatrices de mainte bataille. Mistik, le nomade, avait suivi la meute blanche jusqu'au Nord.

Les deux puissantes bêtes s'observèrent sous la froide lumière du ciel. Les crocs de Rapide-Éclair étincelaient ; ses babines se retroussèrent et lentement il commença de tourner autour de Mistik, qui ne broncha pas. Le regard fixe et les mâchoires serrées, il étudiait les mouvements de Rapide-Éclair. Superbe et impavide, il demeurait immobile et silencieux au centre du cercle de plus en plus étroit que décrivait l'autre. Lentement, le grognement mourut dans la gorge de Rapide-Éclair. Il ferma la gueule et ses oreilles se redressèrent. Du fond de la gorge de Mistik monta un sourd gémissement, une invite amicale.

Loin de la futaie protectrice, le pauvre loup essayait de faire comprendre au chien que, las de suivre la bande affamée et démente, il venait chasser en sa compagnie ; il voulait non pas se battre, mais devenir son compagnon. Rapide-Éclair renifla. Raidissant l'épaule et encore soupçonneux, il allongea le cou. De nouveau il entendit le gémissement de Mistik, et il y répondit. Pied par pied, tournant avec lenteur, les deux bêtes se rapprochèrent et enfin se touchèrent le museau.

Un profond soupir de soulagement s'échappa de la poitrine de Rapide-Éclair. Poussant un léger cri de joie, Mistik se frotta contre l'épaule du chien, et ensemble ils scrutèrent la nuit.

Rapide-Éclair guida leur marche vers le nord-est. Il relevait la tête, ses yeux brillaient d'un nouvel éclat et son sang courait plus vite dans ses veines. Un élément inconnu entrait dans son existence : l'amitié d'un loup qui n'appartenait pas au désert de glace. Mistik n'était pas un traître ; il ne cherchait point à se battre ; le contact de son mufle exprimait un désir de camaraderie, et Rapide-Éclair lui témoigna sa satisfaction tandis qu'ils couraient côte à côte.

Mistik n'avait pas l'allure furtive de ses frères du clan. Né dans les forêts, il était plus vigilant et ne se contentait pas de regarder devant lui comme Rapide-Éclair : il épiait de tous les côtés à la fois. De temps à autre, Rapide-Éclair s'arrêtait brusquement pour flairer la piste qu'il venait de parcourir ; Mistik, lui, tournait vivement la tête de côté et humait le vent derrière lui, tout en trottant. Avec son instinct de forestier, il se croyait toujours environné de trappes et de pièges. Pour Rapide-Éclair, les espaces libres n'offraient ni danger ni traîtrise. Il ne craignait que la harde meurtrière. Seul sous le ciel étoilé, il s'imaginait libre et en parfaite sûreté.

Si Aou, le sorcier du village de Topek, avait rencontré ces deux formes hirsutes, il eût juré ses grands dieux qu'il venait de voir les plus redoutables démons du Nord allant remplir une mission diabolique.

Les épaules des deux puissantes bêtes arrivaient à la même hauteur ; Mistik dépassait l'autre en longueur, mais Rapide-Éclair présentait des mâchoires et une poitrine plus fortes, de sorte que, lors d'un combat, les parieurs eussent été embarrassés dans leur choix. Cependant, la tête de Mistik contenait une expérience plus étendue que celle de Rapide-Éclair. Pour avoir trop vécu à proximité des hommes blancs, Mistik avait la patte droite de devant déformée par la morsure d'un piège, et il conservait le cuisant souvenir d'un appât empoisonné qui avait failli le faire périr. Par-dessus tout, il redoutait l'homme.

Lorsque les deux nouveaux camarades approchèrent de la cabane et en perçurent l'odeur, Mistik recula avec un claquement avertisseur des mâchoires ; son échine se hérissa, ses oreilles s'aplatirent ; il décrivit de larges cercles, son grand corps se glissant, furtif et sinueux, avec la prudence du chasseur ou de la bête traquée. Rapide-Éclair ne quittait pas des yeux la fenêtre. Cette nuit-là, aucune lumière à l'intérieur ni aucune fumée dans l'air. Il s'approcha davantage et entendit derrière lui la plainte angoissée de Mistik. Avec mille précautions, il contourna la cabane et renifla le vent dans toutes les directions : l'odeur étant froide, il en déduisit confusément que la vie, la lumière et la fumée avaient disparu. La cabane devait être vide. Toute crainte évanouie de son esprit, il courut hardiment vers la fenêtre, plus près qu'il n'avait encore osé s'y aventurer. Il s'assit sur son derrière et fixa son regard à l'endroit où naguère avait lui la lumière jaune. A une centaine de yards de distance, Mistik prit la même attitude ; mais, pendant ces quelques secondes de silence, un abîme, immense comme le désert de glace, sépara les deux animaux. Rapide-Éclair rejeta la tête en arrière et poussa un hurlement devant cette fenêtre sombre, comme il avait fait quand elle était éclairée. Mistik recula encore : il venait de découvrir, dans ce cri, une note troublante qui lui rappelait les aboiements des chiens, là-bas, dans le Sud. Il louvoya jusqu'à ce qu'il eût atteint le rebord de la crevasse de l'ancien glacier, et c'est là que Rapide-Éclair vint le rejoindre.

Des semaines durant, la neige, chassée par le vent, s'était amassée dans la crevasse et la remplissait presque jusqu'au bord. En cet endroit, les cimes noueuses et tordues des arbres nains rampaient à la surface comme des mains torturées de monstres étouffant sous l'épaisse couche blanche. Les caprices de la tourmente avaient laissé intacts certains coins, et dans ces obscurs repaires les yeux de Mistik flamboyaient comme des braises. C'était là, et non dans le désert blanc, qu'il espérait trouver de la viande ; silencieux et fuyant, le loup des forêts se glissait dans les trous les plus profonds et les plus noirs.

Rapide-Éclair l'y suivit. Il sentait au-dessus de sa tête le linceul formé par les faîtes des arbres qui s'enchevêtraient et à travers lequel la clarté des étoiles ne pénétrait plus. Il avançait dans les ténèbres hostiles où les yeux de Mistik brillaient comme des points rouges et verts. A deux reprises, il entendit non loin d'eux le claquement des becs puissants des hiboux des neiges. Une fois, Mistik fit un bond formidable : une ombre venait de passer si près de leurs têtes qu'ils avaient perçu le bruissement de ses ailes.

Sortis de cet entonnoir, ils escaladèrent un monticule de neige et descendirent dans une autre cavité, où ils ne décelèrent pas davantage l'odeur de viande. Alors, Rapide-Éclair dirigea leur marche, remonta sur le terrain découvert, et Mistik le suivit vers la forêt naine où il avait vu de gros lièvres blancs quelques semaines auparavant.

A présent, ni l'un ni l'autre ne courait. Leur épuisement trahissait une grande faiblesse : depuis des heures, ils subissaient le supplice de la faim. Les effets de l'inanition outrepassaient les limites de leur douleur physique : cette torture, qui leur rongeait les flancs, avait disparu et fait place à un besoin croissant et presque irrésistible de se coucher par terre.

Tout à l'heure, la cabane attirait Rapide-Éclair ; maintenant, il s'enfonçait vers la forêt de genévriers et de cèdres rabougris où il voyait, en imagination, bondir une sarabande d'énormes lièvres blancs.

Ils y arrivèrent bientôt. La majeure partie disparaissait sous la neige et le vent avait balayé certains endroits. Mistik, qui avait passé son existence dans les terres basses du Sud, n'avait rien vu de semblable à ces arbres difformes et grotesques du monde arctique. La plupart d'entre eux, plusieurs fois centenaires, ressemblaient à des pieuvres allongeant leurs tentacules.

Ils n'y découvrirent aucun gibier ; les petits renards blancs eux-mêmes avaient fui. La famine pesait aussi lourdement sur cette forêt du Petit Poucet que sur le grand désert de neige.

Chez Rapide-Éclair subsistait un dernier instinct de race, l'instinct qui guidait la meute affamée. Sur les pistes des anciens terrains de chasse gisaient des ossements. Maintenant que sa vision des lièvres s'était évanouie, il ne songeait plus à la viande, mais revoyait les os, là où naguère le sang chaud des caribous avait rougi la neige sous le ciel étoilé.

Il se mit à courir, et Mistik, plein de confiance, malgré son extrême faiblesse, suivit son compagnon épaule contre épaule.

Une heure plus tard, ils atteignaient le large chemin battu où, pour la sixième et dernière fois, Topek et Olie John avaient passé avec le troupeau de rennes. L'air exhalait encore l'odeur, tiède et fumante, de la chair. Le cœur de Rapide-Éclair bondit dans sa poitrine. Lui et Mistik se mirent à trembler. Les affres de la faim se ravivèrent en eux, terribles et douloureuses, comme le désir de boire torture l'homme qui meurt de soif et aperçoit, dans un mirage, l'eau clapotante d'une source. Ils respirèrent profondément et demeurèrent immobiles, tandis que leurs nerfs se tendaient pour donner un dernier effort. Leur sang circulait plus vite ; ils dressaient la tête ; les muscles endoloris de leurs épaules et de leurs pattes se raidissaient et une nouvelle ardeur prenait possession d'eux. Non seulement ils venaient de flairer le passage d'un troupeau, mais ce troupeau errait à peu de distance et, instinctivement, ils prêtèrent l'oreille pour surprendre le bruit des sabots.

Rapide-Éclair s'assit au milieu de la piste et, son museau gris levé vers les étoiles, il poussa le cri de la faim, le cri douloureux de la meute affamée. Mistik, accroupi à ses côtés, ouvrit ses grandes mâchoires et ensemble ils lancèrent au loin, sur les plaines glacées, l'appel de la chasse. A un demi-mille de là, une gorge répondit, puis, de plus loin, une autre. De distance en distance, les cris se propageaient et, bientôt, sous les millions d'étoiles, le monde blanc tressaillit à cette bonne nouvelle ; des ombres accoururent comme des fantômes de la nuit : hardes sauvages et avides, impitoyables et maudites, Huns dévastateurs des hautes terres, chasseurs féroces en quête de viande.

Cette fois, les tiraillements de leurs estomacs creux les conduisaient tout droit à un piège de l'homme blanc.

*
* *

Le cul-de-sac se trouvait sur un promontoire situé entre le détroit de l'Arctique et la baie de Bathurst, que les premières tourmentes de l'hiver avaient transformé en véritable glacier. C'était une crevasse d'un demi-mille de long, un ravin n'ayant qu'une seule ouverture, une trappe qui, à l'entrée, mesurait cent yards de largeur et, à l'extrémité, seulement vingt.

Pour la sixième fois, Topek et Olie John menaient leur troupeau de rennes dans ce piège et ils l'avaient parqué à l'intérieur d'un cercle construit de blocs de glace, à mi-chemin de l'entrée et du fond du cul-de-sac. La tactique de Pelletier paraissait fort simple et, si tout fonctionnait selon ses prévisions, le succès en serait foudroyant. La bande de loups s'élancerait sur la piste chaude des rennes et, dissimulés près de l'ouverture, une centaine de chasseurs se précipiteraient derrière eux ; d'autres hommes protégeraient le troupeau d'Olie John tandis que les loups seraient pourchassés jusqu'au fond de la trappe. Là aurait lieu le massacre.

Topek, découvrant ses oreilles encapuchonnées pour mieux entendre, fut le premier à percevoir le coup de feu lointain qui signalait le rassemblement des loups. Quelques secondes après, une nouvelle détonation retentit, puis une troisième, à moins d'un demi-mille de distance. Avant que les échos se fussent évanouis, les voix de Topek et d'Olie John répétaient les ordres brefs donnés par Pelletier et O'Connor.

Topek et Pelletier se postèrent aussitôt à l'entrée de la crevasse, Olie John et O'Connor à l'enclos où étaient enfermés les rennes.

Pendant trois ou quatre minutes, un remue-ménage se produisit à l'ouverture et au milieu de la trappe : voix excitées des Esquimaux, bruits de pas, craquements de la glace brisée, cliquetis d'armes, tandis que les chasseurs prenaient place dans leurs cachettes.

Un profond et tragique silence suivit. Pelletier frissonnait malgré l'épaisseur de son vêtement de fourrure. De loin lui parvint, faible comme un soupir apporté par le vent, une longue plainte, un cri de famine, le cri de la harde. L'espace d'un éclair, son cœur fut touché par ce gémissement et il ressentit comme un remords. Toute sa vie, ce Français avait lui-même lutté comme un loup contre les rigueurs du Nord. « C'est un combat de loups », se disait-il souvent quand un devoir pénible et périlleux s'imposait à lui. Et, maintenant que l'heure de sa victoire approchait, il songeait à la déloyauté de son plan. Ce n'était plus une bataille, mais une tuerie d'êtres affamés, de ventres creux, de créatures en quête de subsistance. Plus d'une fois, Pelletier avait dû, pour ne point mourir de faim, s'attaquer à ce monde sauvage, et il se demandait, tout en préparant l'hécatombe, si, après tout, ces Esquimaux et leurs dieux perfides avaient un plus grand droit à la vie que ces loups poussés là par leur pur instinct.

*
* *

En tête de la harde blanche, couraient Rapide-Éclair et Mistik, le loup des bois. Une fois de plus, la meute avançait en formation de chasse. Elle n'était plus silencieuse comme le jour où elle se lançait à l'attaque des caribous. L'odeur du renne, chaude et pénétrante, excitait les narines. Cent cinquante loups hurlaient en même temps. Leurs cris montaient jusqu'aux étoiles, se répercutaient sur des milles de solitude. Dans le village de Topek, femmes, enfants et vieillards en furent glacés d'effroi.

Bientôt, la distance qui séparait les loups du cul-de-sac se réduisit à trois, deux et enfin un mille. Les hurlements se turent et de cent cinquante poitrines monta un soupir haletant. Les muscles de ces bêtes au pelage blanc se tendirent pour le suprême effort. Les plus vigoureux d'entre les loups prirent la tête et les plus faibles restèrent en arrière. Tout en queue, une bande de traînards épuisés luttaient desespérément pour ne pas manquer le festin. A une douzaine de bonds en avant, Rapide-Éclair et Mistik menaient le train. La montagne de glace se profilait devant eux, et mille hommes se fussent trouvés de chaque côté de la piste qu'ils n'auraient pas arrêté l'élan des loups. Aveugles et sourdes, insensibles à tout, sauf à l'odeur de viande dont elles humaient déjà le goût, les brutes forcenées se jetèrent dans l'ouverture béante de la crevasse.

Toujours à la même allure, Rapide-Éclair et Mistik, avec la meute sur leurs talons, passèrent devant les cent tueurs humains prêts à les acculer au fond de la trappe, devant les yeux brillants des chasseurs qui les guettaient, dissimulés dans les fissures des parois. La bande fonça tout droit sur le corral, formé de blocs de glace, où les rennes se tenaient tapis.

Sous la clarté des étoiles se déchaîna un véritable enfer. Un cri perçant s'éleva, celui d'Olie John ; un autre suivit, celui d'O'Connor ; puis on entendit des vociférations, des détonations d'armes à feu, le bruit sourd des harpons et le sifflement des lances dans l'air.

La voix d'Olie John dominait ce vacarme. Il venait de s'apercevoir que la manœuvre des Blancs avait échoué. Au milieu des coups de fusil, et tandis que les chasseurs s'approchaient pour livrer combat, les loups s'élancèrent en des bonds prodigieux par-dessus la clôture qui les séparait des rennes. Semblables à des hommes assoiffés qui affronteraient la mort pour une goutte d'eau, les loups oubliaient tout en présence de la viande, et de l'enclos montaient un tonnerre de sabots, le choc des corps et le beuglement des bêtes à cornes.

La mort rouge décimait rapidement la meute des loups. Vingt fusils faisaient pleuvoir sur elle une grêle de balles. Les revolvers automatiques lançaient sans discontinuer des traits de feu, les lances sillonnaient l'air avec une précision meurtrière. Néanmoins, les formes blanches des loups s'élançaient dans le corral en un flot irrésistible.

A l'intérieur de l'enclos, la mort sévissait aussi sanglante qu'au-dehors. Les rennes d'Olie John, apeurés comme un troupeau de moutons, succombèrent tous. Rapide-Éclair et Mistik sautaient à la gorge des bêtes. Les loups, enivrés par l'odeur du sang, se repaissaient de chair.

A la tête des chasseurs fous de rage et de désespoir, Olie John hurlait ses lamentations en esquimau : les Blancs mentaient, les démons habitaient le corps des loups, les dieux des missionnaires n'étaient que des charlatans, car ils livraient son troupeau au massacre sous ses propres yeux !

Dans sa détresse, il perdit la notion de la peur et, armé d'un gourdin, il bondit sur les bêtes blessées. Une trentaine de loups gisaient à terre, dont quelques-uns encore vivants. Une gueule baveuse claqua dans le vide au moment où O'Connor s'élançait vers les blocs de glace pour jeter un coup d'œil dans le corral. Une masse grouillante d'animaux se débattait dans ce sinistre enclos. A bout de ressources, O'Connor déchargea une volée de balles sur cette mêlée et appela de toutes ses forces les hommes armés de lances et de fusils. Le troupeau d'Olie John était condamné, et cent vingt mâchoires déchiraient à belles dents la chair des rennes ; mais O'Connor décida que, comme prix de ce sacrifice, les loups seraient abattus en cet endroit même.

Il se retourna pour lancer des ordres et demeura atterré en voyant fuir les Esquimaux. Les plus braves d'entre eux s'écriaient que jamais de véritables loups n'eussent osé tuer et festoyer sous les coups de fusil et de lance de cent chasseurs. C'étaient bien des démons ! Des brutes hantées par les âmes noires de monstres ! Et les Esquimaux se sauvaient avant que ces êtres diaboliques abandonnassent la chair du troupeau pour se repaître de celle des hommes.

O'Connor les rappela en vain. Seul Olie John hésita une seconde, puis rejoignit les autres. Alors, la peur étreignit O'Connor. Il ne redoutait pas les démons, mais les loups, qui, après avoir exterminé les rennes, se jetteraient sur lui. O'Connor abandonna cet endroit maudit : le constable O'Connor, un des hommes les plus braves qui eussent foulé la terre du Nord au-delà du soixante-sixième degré ! Olie John, l'apercevant, hurla d'une voix encore plus forte ses malédictions contre les Blancs et leurs dieux et se précipita en avant pour prendre la tête des fuyards. A mi-chemin entre l'entrée de la crevasse et le corral, ceux-ci rencontrèrent Topek et Pelletier qui arrivaient avec leur groupe de chasseurs. Des voix retentissaient dans l'obscurité, annonçant la vengeance démoniaque des loups et exhortant les chasseurs à s'en aller.

Bientôt, la seconde ligne de chasseurs fléchit et se disloqua. Topek essaya de retenir les hommes, mais sa voix et celle de Pelletier se perdirent dans le tumulte. Olie John arriva, l'air farouche et hurlant des imprécations. Le brave Topek lui-même fit demi-tour dans la direction de son village. Puis vint O'Connor, haletant et pestant tout bas. Lorsqu'il ne resta plus un Esquimau en vue, les deux Blancs suivirent tristement la piste des fuyards jusqu'au village de Topek.

Cette nuit-là, les loups firent bombance au corral de la trappe des hommes blancs. Et, tout comme il avait philosophé à l'heure où il croyait son triomphe certain, François Pelletier, dans sa défaite, demeurait songeur devant le résultat inattendu de son stratagème : le sort avait voulu qu'Olie John eût amené à cinquante milles de chez lui son troupeau de rennes juste à temps pour sauver la vie d'un clan affamé de loups blancs.

III

RAPIDE-ÉCLAIR COURT SEUL

La longue nuit polaire semble vouloir priver tous les êtres de vie et de lumière. Cette déplorable erreur du ciel, ce phénomène à la fois redoutable et magnifique offre à certains moments un des spectacles les plus sublimes de l'univers. Pendant des mois de ténèbres, l'homme et les animaux perdent la tramontane. Les crépuscules hâtifs en sont les précurseurs. Bientôt les pires démons s'abattent sur toute la contrée. De même que, dans les huttes des lointaines forêts du Sud, les descendants d'explorateurs français croient encore aux légendes des feux follets et des loups-garous et racontent à leurs enfants la fabuleuse histoire du *chasse-galère* fantôme et des esprits « sans chair ni os » entonnant le *Chant du voyageur*, de même, dans la nuit arctique, les Esquimaux se répètent les uns aux autres que les mauvais esprits sont déchaînés et voilent la face du soleil par la puissance de leur magie.

Seuls les plus forts résistent à ces mois de froidure et de misère. Les millions d'étoiles, la lune et l'aurore boréale contemplent, impassibles, la lutte de la vie contre la mort ; sous la voûte céleste peinte de couleurs fulgurantes, hommes et bêtes chassent, souffrent et meurent. Sous le dais du ciel d'une majesté infinie se livre une guerre sans merci. La mer demeure toujours glacée ; la faim règne partout ; et cette tragédie qui se déroule non loin du cercle polaire prendra fin lorsque les esprits malins auront fui et que cette partie du monde se réchauffera aux rayons du soleil nouveau. Alors viendra le printemps, puis l'été, et les vainqueurs connaîtront l'abondance.

Cependant, à de rares intervalles, paraît le *pekou-ouao* — l'éclaircie. On dirait que les puissances supérieures, lasses de la monotonie du combat, s'offrent une diversion. Subitement la température s'élève et, comparée au froid précédent, l'atmosphère semble tiède. A la faveur de ce phénomène, différents événements peuvent se produire.

Le *pekou-ouao* fit son apparition sur le golfe du Couronnement la troisième nuit après le massacre du troupeau de rennes d'Olie John par Rapide-Éclair et sa bande de loups blancs de l'Arctique. L'air vibra d'un long frisson, une espèce de magie anima toutes choses. Les étoiles scintillaient comme d'innombrables points blancs. L'aurore boréale, pareille à une sorcière géante, lançait à travers le firmament des décharges électriques qui prenaient la forme d'un immense parapluie s'ouvrant et se refermant tour à tour.

Sous ce déploiement féerique soufflait une bise terrible dont le gémissement remplissait ce monde glacé ; à certains moments elle s'enflait comme un cyclone. Toutefois, cette tempête se passait si haut dans l'espace que pas un souffle n'en frôlait la terre et, phénomène incroyable, on ne voyait aucun nuage au ciel. Pour ceux qui, d'en bas, écoutaient et observaient, cette « tempête fantôme » déversait en leurs cœurs de sinistres pressentiments.

Une émotion semblable s'empara de Rapide-Éclair. Trois nuits auparavant, il avait conduit sa meute de loups vers les rennes d'Olie John. Depuis lors, les Esquimaux, s'imaginant que les diables avaient pris possession des âmes de la harde, n'avaient osé les attaquer, et les loups s'étaient gorgés de viande fraîche. Ils festoyaient encore. Avant une semaine, ils ne quitteraient pas l'orgie, broyant jusqu'au dernier os pour en extraire la moelle.

Seul de toute la bande, Rapide-Éclair erra loin de ces agapes. La goutte de sang que lui avait léguée son ancêtre Skagen le poussait à courir seul en cette nuit où le mugissement de la tempête, la vive lueur du firmament, l'air chargé de fluides électriques, produisaient sur ses nerfs l'effet d'un vin capiteux. Durant un moment, il cessa complètement d'être loup. L'esprit de Skagen, le grand danois, animait son corps. Une transformation s'opérait en lui : il ressentait une aspiration incompréhensible vers un bonheur perdu... un bonheur qui lui semblait même tout nouveau... l'appel du chien lui parvenant à travers le temps.

Après avoir quitté la crevasse du glacier, il arriva seul sur un sol gelé et stérile. Si on l'avait vu à cet instant, on l'aurait pris non pour un loup, mais pour un chien d'une taille et d'une force extraordinaires.

Son poil n'était pas blanc comme celui des loups arctiques ; il avait hérité le pelage gris de son ancêtre Skagen et il affectait l'attitude d'un chien en écoutant la plainte du vent bien haut au-dessus de sa tête. Le vent, plus que la clarté des astres ou l'éclat de l'aurore, suscitait en lui une bizarre agitation. Il se sentait l'envie de courir, comme un chien, pour le seul plaisir de faire jouer ses muscles, de courir *seul* sous le vent. Son instinct de chef de clan paraissait ne plus exister ; pour l'instant, il quittait sa personnalité de loup. Pourtant il n'était point un chien : dans ses veines coulait le sang rouge de la meute sauvage. A vingt ans de distance, les fantômes de chiens qui avaient vécu à l'ombre des chenils et s'étaient rassemblés aux foyers des hommes blancs le rappelaient à eux... fantômes d'animaux qui aboyaient mais ne hurlaient pas.

Rapide-Éclair répondait à cette invite, sans savoir pourquoi, sans se rendre compte qu'à ce moment il était un paria dans son propre monde.

Il filait droit dans la direction du vent. La prudence du loup eût désapprouvé pareille insouciance, mais, cette nuit-là, Rapide-Éclair négligeait toute précaution : il ne chassait pas et ne redoutait aucun danger. D'ordinaire, le loup adulte ne joue pas ; il passe une existence morne et mélancolique. Soudain, Rapide-Éclair sentit naître en lui l'envie de jouer. Ce nouveau désir constituait pour lui un mystère : tel un homme qui n'a jamais connu d'enfance, il ne savait comment s'y prendre pour s'amuser. Le fantôme du chien lui chuchotait un étrange langage qu'il cherchait à comprendre. A cette invitation, sa seule réponse fut de courir. Comme il ne pouvait partager sa joie avec un camarade de son espèce, il se mit à la poursuite du vent. Il luttait de vitesse avec la bise qui sifflait et mugissait au-dessus de sa tête. Il fit son jouet de cette chose mouvante et invisible qui le poussait, le narguait, riait avec lui et qu'il ne parvenait point à dépasser. Parfois, le vent soufflait si haut dans le ciel que Rapide-Éclair se croyait abandonné de son compagnon ; puis, soudain, il descendait si bas qu'il lui frôlait l'échine, l'incitant à une course encore plus folle. A ce moment-là, montait dans la gorge de Rapide-Éclair un son rauque que n'auraient su proférer le loup et le malemute. C'était presque un aboiement, un défi aux voix du vent.

A cette allure, il avalait les milles. Haletant et la langue pendante, il s'arrêta pour reprendre haleine. Maintenant, plus que jamais, on l'aurait pris pour un chien. Il *riait.* Non seulement il riait de toutes ses babines, mais il avait une façon cocasse de rabattre ses oreilles qui ne rappelait en rien l'attitude du loup. Il s'avouait vaincu par le vent. Ce camarade l'avait tellement dépassé qu'il ne l'entendait plus. Rapide-Éclair interrogea du regard les étoiles et l'aurore boréale, laquelle, inlassablement, ouvrait et fermait son gigantesque parapluie. Pendant quelques minutes régna un calme menaçant ; Rapide-Éclair, prêtant l'oreille, attendit. Bientôt, le vent se remit à mugir derrière lui. Rapide-Éclair referma sa gueule et ses oreilles s'aplatirent davantage. Le vent l'avait non seulement vaincu, mais, décrivant un immense cercle, il revenait le surprendre par-derrière et le pourchassait de nouveau.

Son grand corps gris s'élança comme une flèche. De sa vie, il n'avait couru aussi vite. Quand il s'arrêta pour la seconde fois, Rapide-Éclair avait parcouru une dizaine de milles. Il ne ressentait aucune fatigue ; il était simplement essoufflé. Son corps demeurait chargé de l'électricité nocturne ; cependant, il ne reprit pas sa course vertigineuse avec le vent. Le superflu de son énergie vitale épuisé, il trottait à présent, flairant autour de lui, essayant de découvrir du nouveau... Quoi ? Il n'en possédait aucune notion exacte. Il n'éprouvait point le désir de chasser ; il errait comme errent les chiens au clair de lune dans les pays des hommes blancs. Ainsi les ancêtres de Rapide-Éclair avaient-ils autrefois parcouru les grandes routes, les sentiers et les champs, pour la seule joie de vivre. Tout comme eux, Rapide-Éclair allait à l'aventure, au-devant d'un mystère qui l'attirait dans la nuit.

Il courait depuis deux heures, lorsque le capricieux *pekou-ouao* jeta sur son chemin Mistapouse, le grand lièvre arctique, un vieux grison assagi par l'âge. Sur une légère dépression de la plaine où la mousse demeurait verte sous la couche de neige, Mistapouse et une vingtaine de ses camarades s'étaient rassemblés pour humer le vent. Durant les tempêtes, les grands lièvres de l'Arctique procèdent toujours de cette façon : ils se placent face au vent, ferment les yeux, reniflent l'air et dressent l'oreille. L'instinct les avertit du danger que dissimulent le tumulte et la fureur aveugle des éléments : le loup, le renard ou l'hermine peuvent surgir à l'improviste.

Cette nuit-là, Mistapouse et sa bande, grands philosophes à l'occasion, mais stupides cette fois-ci, redoutaient l'imminence de l'orage. En vérité, ils ne le *sentaient* pas, mais il devait éclater quelque part, puisque leurs longues oreilles en percevaient les mugissements, les plaintes et les sanglots. Pendant fort longtemps, ils demeurèrent stoïquement assis sur leur train de derrière, les paupières closes, les moustaches raides, les oreilles inclinées, les narines frémissantes. On eût dit de gros coussins blancs, bien bourrés, disséminés sur une surface de dix yards carrés. Mistapouse devait peser dans les quinze livres ; sa chair et celle de ses compagnons, en dépit de leur âge, constituaient le régal le plus tendre et le plus succulent qu'on eût trouvé sur tout le désert de glace.

La dernière étape de sa course folle amena Rapide-Éclair à cet endroit de la plaine. Il n'avait pu lutter de vitesse avec les rafales déchaînées dans les hauteurs de l'atmosphère, mais à présent il dépassait le vent qui effleurait le sol et il devançait ainsi sa propre odeur. Il filait si vite que Mistapouse et ses congénères entendirent le bruit de ses pattes avant de flairer sa présence. Les yeux écarquillés, ils virent avec surprise Rapide-Éclair qui fonçait sur eux.

A cet instant même, Rapide-Éclair aperçut Mistapouse et sa bande. Effarées, les vingt grosses bêtes sautèrent en l'air comme lancées par des ressorts subitement détendus. Mistapouse fit un bond formidable, avec l'intention de passer par-dessus Rapide-Éclair ; mais, retenu par le poids de sa graisse et celui de ses ans, il frappa en plein la poitrine du chien-loup. Celui-ci en perdit l'équilibre et roula à terre. Mistapouse retomba sur ses pattes avec un bruit sourd. Fier de ce succès inespéré, il raidit ses pattes de derrière et recommença la manœuvre, sans perdre un temps précieux à supputer la folie de cette attaque. Cette fois, il arriva, la tête la première, dans le flanc de Rapide-Éclair, et le plus robuste des chiens-loups roula comme une quille touchée par une boule. Avec un grognement de dépit, Rapide-Éclair se releva pour affronter son outrecuidant ennemi. Mais Mistapouse avait disparu dans la nuit et il arpentait à présent la plaine immense par bonds de dix yards. Tous ses camarades s'étaient également dispersés à la ronde.

Battu par le vent et renversé par un vulgaire lièvre, Rapide-Éclair demeura tout pantois pendant un moment. Accroupi sur le sol imprégné de l'odeur de Mistapouse et de ses frères, il interrogeait l'univers tout entier. La queue basse et l'échine fuyante, il se décida enfin à filer, comme s'il avait craint qu'un de ses amis, témoin de sa défaite, ne se fût empressé de colporter au loin cette nouvelle infamante.

Rapide-Éclair comprit alors qu'il ne fallait pas se fier aux apparences. Qui sait ? Peut-être ces boules blanches qu'il avait prises pour des lièvres n'étaient-elles rien moins que des ours polaires ! Sûrement, ce ne pouvait être Mistapouse, le lièvre, qui l'avait suffoqué et mis les quatre pattes en l'air !

Bientôt, son optimisme naturel reprit le dessus. Durant l'heure qui suivit, la nuit changea encore d'aspect. Le vent tomba. Pour la dernière fois, l'aurore boréale ferma son vaste parapluie et, réunissant toutes les couleurs de sa palette, se fondit en une mer aux reflets de topaze. Un profond silence remplaça le tumulte de naguère ; la brise qui effleurait à peine le sol prit une autre direction et souffla bientôt vers le nord-ouest.

La course de Rapide-Éclair l'avait entraîné au cœur de la solitude, à quinze milles de son clan, et le poussait maintenant vers la côte. Sa gaieté débordante à présent calmée, de nouveau se réveillait en lui l'instinct du Wild. Son odorat flairait la nuit dans laquelle il avançait avec prudence. Pourtant rien ne frappait encore ses sens en alerte. Sur un ou deux milles, il suivit le rivage bordé d'une fine couche de glace. En cette région inconnue, il s'arrêtait tous les trois ou quatre cents yards pour écouter les bruits évocateurs et renifler l'air.

Soudain, il arriva devant une dépression de la plaine qui descendait tout droit au niveau de la rive. Il tendit le museau : il y avait là, en bas, quelque chose que ses yeux ne distinguaient pas encore. Son corps frémit d'émotion. Immobile comme un rocher, il demeura figé sur place, essayant en vain de traduire, en une image mentale, l'impression reçue par son odorat.

Alors, il commença de descendre lentement, avec d'infinies précautions ; il lui fallut un quart d'heure pour gagner l'étroite plaine en bordure de la mer, et il découvrit la chose dissimulée dans la brume.

C'était une hutte d'Esquimaux. Il connaissait ce genre d'habitations humaines, mais il les évitait toujours : pour lui, l'igloo évoquait l'idée de chiens sauvages et d'hommes prêts à l'attaque. Contrairement à la cabane des hommes blancs aperçue au bord du glacier, l'igloo n'exerçait aucun attrait sur lui. Cependant, cette nuit, il se sentait poussé par une émotion nouvelle. Était-ce le silence et l'entière désolation de cette bande de terre ?... De plus en plus, Rapide-Éclair s'approchait de l'igloo.

Cette petite hutte, construite de blocs de glace, de neige durcie et de morceaux de bois flotté, ressemblait à un morne tas de neige ou à une ruche géante peinte en blanc. Une sorte de tunnel d'environ cinq yards de long et un de large, dans lequel on ne pouvait que ramper, donnait accès à l'unique pièce de cette demeure. Semblable disposition isolait du froid l'intérieur de l'igloo et permettait d'y conserver les calories fournies par les corps humains et les mèches de mousse brûlant dans de l'huile de phoque. Il y avait dix degrés au-dessus de zéro dans cette espèce de bouteille isolante et, le rideau de la porte bien tendu, la température ne variait pas pendant plusieurs heures... surtout s'il s'y trouvait quelques personnes pour y ajouter leur chaleur naturelle.

En ce moment, le rideau en peaux de phoque brutes bouchait hermétiquement l'entrée de l'igloo. L'instinct de Rapide-Éclair ne lui révélait la présence d'aucun être vivant à l'intérieur. Il ne humait dans l'air nulle odeur d'homme ou de chien. De nombreuses empreintes marquaient la neige, mais elles étaient froides. Rapide-Éclair se risqua davantage. Négligeant toute précaution, il fit le tour de l'igloo, trois, quatre, cinq fois... une douzaine de fois. Enfin il s'arrêta, le nez touchant presque la porte fermée du tunnel ; il tendit le cou et renifla sous le rideau. Un lourd effluve animal lui parvint en même temps qu'un cri. La tête levée, les yeux brillants, il recula et poussa un gémissement. Sur une centaine de yards, il suivit les dernières traces laissées par les Esquimaux, puis retourna vers l'igloo...

Un nouveau cri le fit trembler de tous ses membres et ses grandes mâchoires se mirent à claquer dans le vide. A travers vingt générations de loups, une voix appelait Rapide-Éclair, la voix d'une créature confiante qui avait joué avec lui et l'avait aimé depuis un temps infini, bien avant la naissance du Christ... la voix d'un être vivant que, de tout temps, des chiens avaient adoré et protégé. Dans cette sombre hutte, à l'autre bout du tunnel, un bébé vagissait !

Rapide-Éclair connaissait les gémissements des louveteaux, mais la plainte qui, en ce moment, frappait ses oreilles différait de ce qu'il avait entendu jusqu'alors, et tous les nerfs de son corps répondaient à cet appel. Tout d'abord, il en demeura interdit, puis il sentit un étrange malaise et trotta sur une centaine de yards, humant l'air pour essayer de découvrir le mystère qui l'environnait. Une troisième fois, il revint sur ses pas et s'arrêta encore à l'entrée de l'igloo, à présent silencieux. Pendant une minute, il tendit l'oreille et soudain le cri retentit de nouveau. Toutes les mères du monde, aux poitrines blanches, brunes ou noires, eussent reconnu ce cri de l'enfant qui réclame de la nourriture. Dans cet abri sauvage de la contrée la plus désolée du globe et dans les palais des milliardaires à deux mille milles de là, les nourrissons exhalaient la même plainte, vieille comme le monde, immuable à travers les siècles et semblable sur tous les coins de la planète. Ce cri, intelligible à tous les cœurs humains, portait en lui un message de maternité et d'amour.

Rapide-Éclair, chez lequel s'éveillait l'âme du chien, l'héritage de son ancêtre Skagen, répondit par un gémissement. Si Skagen se fût trouvé là, le grand danois ami des enfants eût forcé l'entrée de l'igloo et, dans l'obscurité, eût allongé son grand corps auprès de la mignonne créature vagissante ; il eût frissonné en sentant les petits doigts du bébé tirer les poils de sa fourrure, et l'enfant, agréablement étonné par ce chaud contact, eût transformé ses pleurs en un doux gazouillement.

En Rapide-Éclair, l'esprit de Skagen se débattait pour le faire pénétrer dans l'igloo. Il soupirait après les caresses des menottes enfantines, il désirait entendre le murmure suave de ses lèvres et s'étendre une fois de plus auprès de cette frêle créature que le Grand Arbitre du monde avait créée pour devenir son maître et son dieu.

En vain, l'âme du grand danois essayait-elle d'animer le corps de ce descendant de vingt générations de loups ! Déchirer le rideau de peaux de phoque et entrer dans cet igloo comme l'eût fait Skagen eût signifié, pour Rapide-Éclair, renaître à une nouvelle vie. Tandis que l'esprit du chien, s'imposant en lui, le poussait vers l'intérieur de la hutte, le sang et l'instinct du loup, qui guidaient tous ses mouvements, le retenaient au-dehors et s'opposaient au miracle de cette réincarnation.

Il tournoyait sans cesse dans l'étroite plaine au centre de laquelle se dressait l'igloo et, à intervalles, revenait vers l'entrée. Bientôt, il n'entendit plus les pleurs du bébé et perdit l'envie de reprendre sa course aventureuse. Une force impérieuse le clouait à cet endroit : à présent, l'igloo exerçait sur lui une fascination bien plus grande que ne l'avait fait la hutte des hommes blancs au bord du glacier ; le souvenir du cri échappé de l'habitation des Esquimaux occupait sa solitude et le remplissait d'une émotion jusque-là inconnue. N'ayant jamais vu d'enfant, il ne pouvait s'imaginer l'aspect de l'être qui gémissait tout à l'heure derrière les peaux de phoque, ni même identifier ce cri, mystère aussi inexplicable pour lui que les lamentations presque humaines qui, cette nuit-là, l'avaient poursuivi dans sa course folle avec le vent. Cependant, le mystère de l'igloo agissait sur lui à la manière d'un aimant et le tenait à l'écart de la harde sauvage.

Il errait sans but sur la petite plaine blanche sillonnée de nombreuses empreintes ne dégageant plus d'odeur. Un homme eût facilement deviné la tragédie qui se déroulait sur ce coin de terre : dans l'igloo, malgré l'épaisseur des parois et la porte bien close, la température descendait au-dessous de zéro et le bébé se mourait d'inanition.

Rapide-Éclair pressentait l'imminence d'un dénouement, sans toutefois en discerner la nature. Il devenait de plus en plus vigilant, dressait l'oreille à tout instant, humait l'air en cent points différents, suivait du nez les pistes froides, soupirait, retournait inlassablement à l'igloo, puis attendait.

L'igloo constituait pour lui une réalité concrète, un fait bien défini, et il éprouvait une satisfaction croissante à s'allonger tout près de la porte, non pour se reposer, mais pour garder *son* igloo. Il comprenait vaguement le danger de sa situation et souhaitait qu'un événement quelconque le dégageât de cette responsabilité. Il se préparait à fuir... ou à se battre.

Il s'aventura un peu plus loin, au bord d'un énorme bloc de glace qui surplombait la mer. Un instinct confus l'avertissait que la menace surgirait de ce côté, et ses yeux scrutaient avec méfiance la pénombre. Le vent, soufflant de l'ouest, lui était contraire et, par deux fois, il surprit le mouvement d'une forme confuse, sans pouvoir discerner aucune odeur dans l'air. Son corps trembla lorsqu'il essaya une troisième fois de reconnaître la nature du péril ; mais il ne vit plus rien et retourna vers la hutte.

Dix minutes plus tard, l'ombre parut au haut du promontoire de glace où s'était posté Rapide-Éclair, puis descendit dans la petite plaine et se dirigea du côté de l'igloo. Rapide-Éclair la revit à cent yards de lui et il se dressa, tous les muscles tendus comme de l'acier. L'ombre avançait, devenait de plus en plus blanche dans la demi-obscurité, et bientôt Rapide-Éclair distingua le balancement lent de la tête du « monsieur en habit blanc », autrement dit Ouapousk, l'ours polaire.

Ouapousk s'arrêta à cinquante yards de Rapide-Éclair. Son énorme tête ballait de côté et d'autre avec la régularité d'un pendule et ses petits yeux brillaient comme des braises. La chasse lui avait été défavorable et la faim tenaillait ses entrailles. Ce n'était pas la première fois qu'il pénétrait dans un igloo ; à deux reprises, durant cette année de famine, il s'était rassasié de chair humaine. Il était vieux, terrible, et ignorait la pitié. A la vue de Rapide-Éclair debout contre la paroi de la hutte qu'il allait profaner, un grognement sourd, si faible qu'on eût cru le roulement lointain d'un champ de glace en mouvement, monta de la profonde poitrine d'Ouapousk.

Cet avertissement eût suffi pour faire battre en retraite n'importe quel loup ; mais, cette nuit-là, une transformation venait de s'opérer dans l'âme de Rapide-Éclair. Il ne chercha nullement à fuir. De sa gorge sortit un rugissement féroce comme celui du tigre. Depuis quelques minutes, il redoutait un danger et voici qu'Ouapousk surgissait à ses yeux ! Ouapousk était donc l'envahisseur mystérieux que pressentait son instinct. Rapide-Éclair ignorait les intentions meurtrières du grand ours blanc, mais il savait qu'Ouapousk, son ennemi le plus mortel, convoitait son bien : l'igloo et ce qu'il contenait. Ses longs crocs découverts, il hurla son défi et se plaça devant le tunnel de glace, le dos tourné du côté de l'entrée.

Ouapousk approchait lentement. Ses énormes pattes écrasaient la neige gelée et sa monstrueuse tête oscillait toujours sur ses épaules affaissées. Ce balancement de la tête d'Ouapousk remplissait d'horreur les autres créatures du Wild. Rapide-Éclair recula encore contre la fermeture de peaux de phoque. Une cheville se déplaça et le rideau s'écarta légèrement. Rapide-Éclair entendit alors distinctement le cri qui venait de l'igloo. Le bébé se remettait à gémir. Ouapousk, à vingt pas de distance, perçut ce bruit et la tête de l'ours sembla cesser tout mouvement. Le grondement de sa gorge se mua en un rugissement, puis cette énorme masse avança lentement vers Rapide-Éclair.

Rapide-Éclair avait senti une des peaux de phoque céder derrière lui et, lorsque Ouapousk arriva sur lui, il recula dans le boyau. Là, il se trouvait à son avantage. La monstrueuse tête et les puissantes épaules d'Ouapousk emplissaient l'ouverture, ce qui ne laissait à l'animal aucune liberté d'action. A cet instant, Rapide-Éclair saisit la chance qui s'offrait à lui et s'élança sur son ennemi. Ses crocs, tranchants comme des lames de couteau, s'acharnèrent sur le nez du gros ours, dont les grognements de colère faisaient trembler la cabane de neige. Dans cette position, Ouapousk ne pouvait se défendre ; il ne lui restait qu'à affronter les terribles crocs de son adversaire et à pousser de l'avant. En effet, l'ours ne combat point à coups de mâchoires, comme le loup, mais avec ses griffes. Dans cet étroit couloir, il subit l'assaut meurtrier de Rapide-Éclair pendant une minute. Soudain, Ouapousk se souleva d'un bond, et la partie du tunnel qui le retenait prisonnier céda et s'émietta autour de lui. Il venait de diminuer d'un tiers l'entrée de l'igloo.

Rapide-Éclair se trouva presque englouti dans la partie démolie. Il s'enfonça davantage dans le tunnel et Ouapousk fourra une seconde fois sa tête dans l'ouverture. Rapide-Éclair, fou de rage, déchirait le nez et la gueule de l'intrus. Il lui arracha la moitié d'une oreille, saisit entre ses mâchoires une des pattes que l'ours lançait vers lui et trancha net un des orteils. On aurait pu entendre les rugissements du plantigrade à un mille de distance.

De nouveau, son corps se souleva et un autre tiers du tunnel s'effrita. Le sol était inondé de son sang, mais Ouapousk gagnait la partie. Encore un bond semblable, et il pénétrerait à l'intérieur de l'igloo.

Les pattes de devant dans le tunnel et la moitié du corps dans l'igloo, Rapide-Éclair attendit la dernière attaque triomphante d'Ouapousk. Il pressentait l'issue du combat ; il savait que, dans le mystérieux espace qui s'ouvrait derrière lui, il ne serait pas de taille à lutter contre son puissant ennemi. Cependant, il ne songeait point à fuir. Non seulement il tenait tête à Ouapousk, mais il le provoquait ; et, devant ses crocs sauvages, Ouapousk hésita un moment, balançant la tête et grognant. Ses petits yeux, habitués à l'obscurité, lui apprirent qu'il arrivait presque à l'intérieur de la hutte. Encore un effort, et la bataille serait terminée. Néanmoins, il hésitait à affronter les crocs meurtriers du loup.

Pendant ces précieuses secondes, un coup de théâtre se préparait. Là-bas, sur la plaine éclairée, couraient trois personnages vêtus et encapuchonnés de fourrures : Népa, l'Esquimau, sa femme et leur fils.

Retardés à la pêche aux phoques, ils regagnaient l'igloo et avaient perçu de loin le rugissement d'Ouapousk.

L'ours ne les entendit point venir et ne les flaira pas davantage ; une seule pensée occupait son esprit et, une troisième fois, il força son chemin dans ce qui restait du tunnel. L'imminence de la mort impressionne vivement les animaux, et Rapide-Éclair comprit d'instinct que le moment d'agir était venu : en un effort suprême, il rassembla toute la force de ses nerfs et de ses muscles. Durant quelques secondes, son attaque fut si terrible qu'Ouapousk ne réussit pas du premier coup à ébranler les parois de glace. Rapide-Éclair avait peut-être ainsi retardé d'une demi-minute l'assaut victorieux de l'ours. Sous le choc de ses robustes épaules, les murs s'écroulèrent, et cette fois l'igloo demeura ouvert.

A l'instant précis où les blocs de glace se disloquaient, un cri humain perça la nuit et l'éclair d'un harpon brilla dans l'air. La pointe s'enfonça sous l'omoplate d'Ouapousk. Effrayé par les cris démoniaques que poussaient les créatures encapuchonnées, Rapide-Éclair bondit de dessous l'avalanche sous laquelle la dernière attaque d'Ouapousk l'avait presque enseveli.

Alors il se trouva face à face avec la femme... la femme dont il venait de sauver l'enfant au prix d'une lutte horrible, et pour lequel il aurait sacrifié sa vie. Elle tenait en main un harpon et, avec un hurlement de fureur, elle le lança sur le loup et l'atteignit au flanc. Il sentit la morsure d'une pointe d'acier et, comme il fuyait, entraînant le harpon après lui, l'hameçon sortit en déchirant sa chair.

Ouapousk courait également... Il se dirigeait tout droit vers sa plaine de glace.

Épuisé et perdant son sang, Rapide-Éclair s'arrêta un moment au haut de la crête d'où il avait d'abord regardé la petite plaine basse au milieu de laquelle se dressait l'igloo. Un étrange gémissement s'échappa de sa poitrine tandis qu'il respirait fortement pour reprendre haleine. Enfin le mystère de la nuit s'était dévoilé à ses yeux. Rapide-Éclair poursuivit sa course à travers les solitudes glacées. L'esprit de Skagen ne l'accompagnait plus pendant que, dans la nuit, il rejoignait sa meute de loups et les rennes massacrés du troupeau d'Olie John.

La blessure qui le faisait le plus souffrir lui avait été infligée par une main humaine.

IV

LA BATAILLE DES CLANS

Dans les toundras du grand désert arctique qui descend jusqu'à la mer polaire, tous les sept ou neuf ans apparaît le fléau nommé par les indigènes *Nout-Akou-Tao* (la grande famine). Par tous les dieux et démons qu'enfantent leurs esprits superstitieux, les Esquimaux et les Indiens proclament la véracité de ce fait. Une fois tous les sept ans, les lièvres, principal gibier des bêtes et des hommes de l'Arctique, sont frappés de la peste et périssent par millions. Privés de leur pâture habituelle, les lynx affamés se dévorent entre eux ; les martres et autres animaux à fourrure se raréfient de plus en plus, et la calamité s'étend sur toutes les lignes de pièges du trappeur.

Les immenses troupeaux de caribous désertent les terrains de chasse des Esquimaux ; le bœuf musqué disparaît dans la nuit mystérieuse du pôle ; les grands ours se dispersent et même les petits renards blancs, innombrables comme les moineaux lorsque les lièvres abondent, semblent avoir été enlevés par un gigantesque filet qui aurait balayé tout le Wild.

Au cours de la Longue Nuit, les caribous fuyaient depuis un mois vers le sud et l'ouest ; de fortes tempêtes avaient couvert leur retraite et les loups, aux instincts migrateurs moins développés, perdaient les pistes qui les eussent conduits sur de véritables terres d'abondance. Ils se battaient, souffraient et mouraient ; des rives du Keewatin à la baie de Franklin, la loi du plus apte et le cannibalisme marchaient de pair chez toutes les bêtes se nourrissant de chair et de sang.

Rapide-Éclair, jadis le maître incontesté d'une puissante meute de loups blancs, n'était plus qu'une ombre aux flancs amaigris, en quête de gibier. Depuis cette nuit où, trois mois auparavant, il avait conduit ses loups au massacre des rennes d'Olie John, la faim le talonnait sans relâche. Mistik et lui entretenaient la vie dans leurs corps en mangeant de la mousse verte et glacée qu'ils découvraient sous la neige. Mistik, le grand loup des bois qui avait rejoint la meute blanche à l'extrémité sud du désert, suivait maintenant comme un frère Rapide-Éclair, le descendant de Skagen, le grand danois.

Cette goutte de sang, héritée de chien, qui coulait dans les veines de Rapide-Éclair, le retenait tout près de la côte et des habitations primitives des Esquimaux, le long du golfe du Couronnement. Son clan, fort de cent cinquante bêtes le jour où il l'emmena loin de la forêt rabougrie, s'était dispersé en ces jours de privations et de mort. Isolés ou par groupes de deux, les loups erraient aux quatre vents. La harde blanche, disloquée, ne courait plus à présent « avec les démons », sous la conduite de son grand chef. Le cri de chasse ne retentissait plus dans les solitudes, car, si un loup capturait par hasard une proie, il la gardait jalousement pour lui seul, jusqu'au dernier os.

Depuis une semaine, Rapide-Éclair et le grand loup des bois n'avaient rien tué ; depuis trois jours, ils n'avaient avalé autre pitance que cette mousse verte et gelée dont se repaissent les caribous. Pourtant ils n'avaient jamais autant chassé le long de la côte et sur les champs de glace. Plusieurs fois, ils aperçurent des renards, mais ces petits feux follets blancs du Wild s'éclipsent aisément dans le chaos nocturne. Une fois, Rapide-Éclair fondit sur un phoque, mais, faute d'expérience pour attaquer ce nouveau gibier, il le laissa échapper. A deux reprises, les deux camarades virent de gros ours blancs, trop redoutables pour qu'ils songeassent à se mesurer avec eux. Mais pas une seule fois ils ne rencontrèrent un méchant lièvre, dans cette contrée où ils pullulaient en temps normal. Au cœur de la tempête, il leur arriva de flairer la piste d'un bœuf musqué, qu'ils suivirent longtemps, quand soudain une tourmente de neige l'effaça complètement.

Allongés sur l'étroit rebord d'un glacier, en face d'un monticule rocheux, Rapide-Éclair et Mistik épiaient en ce moment une ombre aperçue par deux fois dans la blanche lueur de la nuit. Depuis un quart d'heure, ils demeuraient immobiles, comme pétrifiés. Pas un de leurs muscles ne bougeait ; le mouvement de leurs oreilles même ne les eût point trahis. Une troisième fois, cette ombre surgit de derrière le rocher, passa devant leurs yeux avides et disparut.

Ouapinou, le hibou, ne les avait pas vus. Lui aussi souffrait de la faim. La fuite des gros lièvres blancs le privait de son ordinaire et maintenant il songeait à dévorer ses propres frères. D'une taille monstrueuse — il mesurait plus de cinq pieds d'envergure —, ses serres, semblables à des lames, étaient suffisamment longues pour éventrer un loup, mais il leur manquait la force pour déchirer les chairs ; de son bec puissant, il aurait pu briser le crâne d'un renard.

Ouapinou, lui aussi, montait la garde. Mais ses prunelles, éblouies par les affres de la faim, ne se tournaient pas vers le rebord où Rapide-Éclair et Mistik se tenaient allongés. Il vrillait son regard sur un point où il avait déjà aperçu une proie et, plein de prudence, il attendait le moment propice pour frapper.

Devant le monticule rocheux, décrivant des cercles de plus en plus étroits, une autre forme blanche approchait, également en quête de gibier. Ouapinou ignorait la peur ; jamais il n'avait été battu par un autre hibou. Fort de sa supériorité, il chassait impitoyablement ou tuait les braconniers qui se risquaient sur ses terrains réservés ; il avait même, dans un accès de colère, égorgé sa propre famille pendant la saison précédente, et en cet instant la faim le rendait plus intraitable encore. Il retardait son attaque, non pour mesurer sa victime, mais pour saisir le moment opportun de se lancer contre elle. Il ne se rendait pas compte que Nizpak, l'intrus, était aussi grand que lui, et il ignorait que celui-ci, ayant tué et mangé à lui seul, deux jours auparavant, un renard presque adulte, se trouvait plus en forme. De surcroît, Nizpak, sur son propre terrain de chasse, était encore plus féroce et plus sanguinaire que Ouapinou.

La quatrième fois que Nizpak survola le rocher, Ouapinou bondit hors de sa cachette et fendit l'air ainsi qu'un grand trait blanc. Au lieu d'attaquer avec ses serres et son bec, il vint se placer au-dessus de son ennemi et, fonçant obliquement sur celui-ci, il lui assena un formidable coup. Nizpak perdit l'équilibre et chancela un instant dans le vide. Ouapinou en profita pour revenir à l'assaut, et, dans un fracas d'ailes monstrueuses, les deux vieux assassins s'abattirent sur la plaine neigeuse.

Un hibou de taille ordinaire eût rapidement succombé sous les coups de Ouapinou. Il cognait de sa grande aile Nizpak étourdi et, avec un cri guttural de rage et de triomphe, enfonçait ses serres dans le matelas de plumes qui protégeait la poitrine de son adversaire, tandis que de son bec il lui martelait le crâne.

Cependant, Nizpak était lui-même un vétéran endurci par mainte bataille. Revenu à lui, de son aile libre il rendait coup pour coup, et jamais Ouapinou, dans tous ses combats antérieurs, n'avait rencontré pareille résistance. L'aile de Nizpak le renversant de côté, il dut renoncer au crâne de son ennemi. En revanche, ses serres s'enfoncèrent davantage à travers la plume, la peau et les os et refusaient de lâcher prise, bien que Nizpak l'eût renversé sur le dos. A son tour, le bec de Nizpak frappa et pénétra ainsi qu'une pointe d'acier dans la tête de Ouapinou. Il lui arracha les yeux et, par les orbites, attaqua la cervelle.

Nizpak continuait encore son œuvre meurtrière que Ouapinou avait cessé de vivre, et il eut mille peines à se libérer des serres du vaincu enfouies dans sa poitrine.

Silencieux comme des ombres, Mistik et Rapide-Éclair s'étaient approchés, en rampant, de la scène du combat. Ils se trouvaient à une vingtaine de yards des hiboux lorsque Nizpak se dégagea des serres de son ennemi. A cet instant précis, deux grands corps gris bondirent en avant. Nizpak, les ayant vus, reprit son vol d'un rapide coup d'ailes. Affaibli par la blessure de sa poitrine, il s'élevait lourdement. A peine venait-il de monter à deux yards en l'air que Rapide-Éclair fit un saut prodigieux et ses mâchoires se refermèrent sur une masse de plumes.

Une deuxième fois, Nizpak s'abattit sur le sol. Poussant un grognement, Rapide-Éclair lâcha les plumes et saisit dans sa gueule la tête du hibou. Un broiement d'os se fit entendre... Nizpak avait cessé de vivre.

Mistik déchira aussitôt la chair coriace de Ouapinou et, avant même que les ailes de Nizpak eussent cessé de battre, Rapide-Éclair s'attaquait à son propre repas. Tous deux arrachaient à pleine gueule les plumes de leurs proies. En dépit de leur férocité et de leur force, les deux hibous ne pesaient probablement pas plus de trois à quatre livres de chair et d'os, et les neuf dixièmes de leur masse se composaient de plumes. Pour Rapide-Éclair et Mistik affamés, cette viande dure comme cuir était plus savoureuse que le foie du caribou en temps d'abondance, et ils la dévorèrent jusqu'à la dernière parcelle, terminant par les têtes des hiboux, triomphe final de mastication.

Comme la nourriture ramène la vie et l'espoir chez l'homme mourant d'inanition, de même ce repas engendrait une force nouvelle dans le corps de Rapide-Éclair et de son compagnon. Ils en déduisirent, si toutefois un processus mental s'opéra dans leur cerveau, que la famine touchait à son terme. Ils avaient mangé ! Leur souci du lendemain ne les tracassait plus. Leur sang se remit à circuler chaud et rapide dans leurs veines, et d'instinct ils reprirent la chasse avec un regain d'ardeur, car leur appétit, modérément apaisé, n'était nullement satisfait.

A plusieurs reprises, le grand loup des bois avait tenté d'attirer Rapide-Éclair vers le Sud, région de magnifiques forêts et de terres basses giboyeuses, qu'il avait imprudemment quittées pour se joindre à la harde blanche. Stimulé par la nourriture qu'il venait d'absorber et poussé vers de nouvelles aventures plus émouvantes que la chasse au hibou, cette fois Rapide-Éclair suivit son camarade sans protestation.

Jamais les astres n'avaient brillé au-dessus de leurs têtes avec autant d'éclat. Dans une atmosphère purifiée par la tempête et le vent, les étoiles se multipliaient et leurs constellations ornaient le ciel comme des broderies d'or sur un immense fond de tapisserie d'un bleu pourpre. L'aurore boréale, ramenée à plus de modestie devant ce grandiose spectacle, avait cessé ses jeux flamboyants et projetait maintenant une douce clarté d'argent. Sur cette étendue infinie, Rapide-Éclair et Mistik eussent aisément distingué le mouvement d'une ombre à un demi-mille de distance. Mais tout, sauf leurs fourrures grises, était blanc dans cette région arctique ; les grands ours étaient blancs, blancs les hiboux, les lièvres, les loups et les renards ; le caribou et le bœuf musqué eux-mêmes, d'ordinaire plus sombres parce qu'à l'heure du danger ils se réunissent en troupeaux, devenaient invisibles dans cette nuit spectrale.

Accoutumé aux marais et aux bois, Mistik tenait ses yeux et ses oreilles en éveil. L'expérience avait appris à Rapide-Éclair qu'il fallait humer l'air pour découvrir la présence du gibier ; Mistik, lui, entendait et voyait à une plus grande distance que son compagnon, mais, plus rapidement que l'ouïe et la vue, le vent apportait son message à Rapide-Éclair.

Chacune des deux bêtes mettait à profit ses qualités propres. Leur sang coulait plus chaud à mesure que leur digestion répandait à travers leurs corps sa rouge source de vie. Ils filaient droit vers le sud, d'où soufflait un vent léger. La température avait légèrement monté depuis la tempête ; partout planait un silence de mort ; dans ce calme absolu, on aurait pu entendre le hurlement de Rapide-Éclair à vingt milles à la ronde. Fait extraordinaire, on ne percevait même pas le glapissement d'un renard : toute vie semblait effacée de la Terre.

Néanmoins, aucun des deux chasseurs n'entrevoyait la menace de la faim. Leur appétit calmé une fois de plus, ils fondaient leurs espoirs sur une prochaine aubaine. Sans perdre une seconde, ils avançaient d'un pas régulier, tous leurs instincts en alerte.

Quand ils eurent franchi les six premiers milles, Rapide-Éclair s'arrêta net, émit un faible grognement avertisseur, et Mistik demeura cloué sur place. Dans le vent, Rapide-Éclair venait de flairer une odeur de renard. Avant qu'il eût pu la repérer, elle s'était évanouie.

Ils se remirent à courir droit devant eux et, au bout de six autres milles, ils firent halte auprès d'un monstrueux soulèvement de terrain où sans doute, dans les siècles passés, d'énormes glaciers avaient bouleversé l'écorce terrestre, y laissant partout des monticules, des dépressions et des précipices. Rarement les loups et les renards fréquentaient cet endroit ; cependant Mistik et Rapide-Éclair s'y aventurèrent. Aux yeux de Mistik, c'était la terre promise. Finie la plaine longue et monotone : ici se trouvaient des cachettes pour les êtres vivants, des ravins, des cavernes, des abris de neige, de glace ou de rocher. Son instinct l'avertissait qu'il avançait du côté de ses forêts, et il était bien résolu à poursuivre sa course dans cette direction. Une fois de retour sur son domaine de chasse, il dirait adieu à jamais aux loups blancs efflanqués, aux étendues désertiques où ne croissent ni arbres ni buissons.

Ils avaient parcouru deux ou trois milles sur cette toundra déchiquetée, quand Rapide-Éclair poussa un nouveau gémissement d'alerte. Les deux bêtes se tenaient au haut d'une crête et, une fois de plus, Rapide-Éclair flaira une odeur dans l'air. Ce n'était ni un renard, ni un lièvre, ni même un hibou, mais un gros gibier, et Rapide-Éclair frémit d'émotion lorsqu'une bouffée de vent plus forte parvint à ses narines ; Mistik la sentait également : c'était l'odeur âcre et laineuse de Yapao, le bœuf musqué.

Mistik reniflait cette chose inconnue, étrangère à ses forêts du Sud. Quant à Rapide-Éclair, il en frissonnait jusqu'à la moelle des os. Ses narines signalaient à son cerveau la présence du plus gros gibier que pourchassent les loups blancs ; le tremblement de son corps et le halètement de ses poumons indiquaient à Mistik que, quelle que fût la nature de l'animal en cause, c'était certainement de la viande savoureuse.

Rapide-Éclair conduisit son compagnon au bas de la colline et, dans une dépression, son corps prit l'allure fuyante du loup.

Cette fois encore, l'instinct et l'expérience l'empêchèrent de s'égarer d'un côté quelconque du vent ; il filait aussi droit qu'il était possible vers l'endroit d'où provenait l'odeur, car Yapao est, de toutes les bêtes du Wild, celle qui décèle le plus vite un danger.

Au moment même où Rapide-Éclair et Mistik glissaient comme deux ombres entre les monticules de neige et les masses de rocher, un vieux mâle, la tête dressée, se tenait au centre d'une petite plaine légèrement déclive, telle une soucoupe. Comme les deux loups passaient à l'ouest de Yapao, celui-ci décela leur odeur. Trois cents yards plus loin vers le sud, en ligne droite avec la piste suivie par les loups, les compagnons de Yapao, disséminés sur un large plateau, formaient d'énormes taches sombres, presque immobiles, et broutaient la mousse qu'ils trouvaient sous la neige.

Yapao était le plus grand et le plus vieux d'un troupeau de douze bœufs musqués. Ses formes monstrueuses et grotesques se détachaient sous la clarté stellaire. Il n'avait guère plus de cinq pieds de hauteur à l'épaule, mais il mesurait près de dix pieds de long, et sa tête ressemblait à un gigantesque bélier. La nature l'avait créé pour vivre à l'extrême nord, et le cercle arctique représentait la limite méridionale de ses pâturages. Il avait le corps rond et trapu, les jambes courtes et solides, le poil si long qu'il traînait dans la neige sous son ventre.

Sous cette fourrure, une couche de laine épaisse de deux pouces le protégeait contre le froid. Le poil l'envahissait jusque sous les sabots, où il formait une sorte de semelle feutrée ; le seul point nu de tout son corps était le bout de son museau. Son énorme tête était recouverte d'une espèce de bouclier composé d'un large os plat recourbé gracieusement derrière les yeux et terminé de chaque côté par une corne pointue comme une baïonnette. Derrière cette rondache, Yapao résistait à l'attaque de ses adversaires. Rarement il prenait l'offensive, il se contentait de fatiguer son ennemi, parfois même de le laisser s'écraser contre sa redoutable armure.

Au bout de quelques secondes, un beuglement sinistre roula dans la gorge de Yapao, si profond qu'il paraissait provenir des entrailles de l'animal plutôt que de sa poitrine. Dans le silence majestueux du Wild, il se répercuta comme un roulement de tambour. Immédiatement après, un bruit de sabots ébranla le sol.

En cas de danger, la couleur sombre du bœuf musqué devient pour lui un facteur de vie et de mort. De vue courte, il peut néanmoins distinguer la masse brune de son plus proche voisin dans la blancheur environnante.

Les bœufs ne s'enfuirent point, mais ils coururent pour se rassembler ; un second cri d'alarme de Yapao amena le troupeau dans sa direction et lui-même alla à sa rencontre.

De même que jadis les pionniers des plaines d'Amérique disposaient leurs chariots en un cercle fermé pour tenir tête à l'attaque des Indiens, de même Yapao et sa bande, lentement mais avec une précision presque humaine, formèrent un cercle de défense. Leurs dos tournés vers un centre commun, ils regardaient au loin, laissant entre eux, d'épaule à épaule, un espace régulier ; on eût juré que chacun des douze bœufs avait été spécialement entraîné à cet exercice. Têtes baissées, ils demeuraient dans l'expectative.

Rapide-Éclair et Mistik marchaient maintenant à une dizaine de pas des énormes bêtes. Le grand loup des bois, impressionné par ce rassemblement de créatures inconnues, attendait avec inquiétude la décision de son camarade. Rapide-Éclair fit trois fois le tour du cercle et arriva à moins de trois yards des têtes baissées. Les muscles tendus, il se préparait à bondir.

Au commencement du quatrième tour, il se déclencha comme un ressort et sauta à la gorge de Yapao. Celui-ci, malgré sa vue basse, avait deviné la tactique du loup ; adroitement, il releva la tête et Rapide-Éclair alla heurter le bouclier osseux du vieux guerrier avec une telle force qu'il poussa un hurlement et fut projeté sur la neige.

Au même instant, on perçut un autre cri : Mistik s'essayait, pour la première fois, contre le crâne d'un bœuf musqué. Rapide-Éclair se releva en grognant, puis renouvela son attaque ; le loup des bois suivit loyalement son exemple. Pendant deux ou trois minutes, le bruit mat de leur chute sur la neige se fit entendre comme le roulement assourdi d'un tambour voilé. Si Yapao et ses compagnons avaient possédé quelque peu le sens de l'humour, cette offensive des deux loups les aurait fort divertis. Mais Yapao et sa bande aux têtes blindées demeuraient aussi graves que des moines en prière.

Essoufflés, meurtris, la langue pendante, Rapide-Éclair et Mistik reculèrent de quelques pas pour examiner la situation. Ils se remirent à tourner autour des bœufs, mais pas une tête ne bougea.

Rapide-Éclair comprit enfin la nécessité d'appeler la meute des loups qu'il avait conduite au massacre des caribous et plus tard à celui des rennes d'Olie John. Son intelligence animale le pressait de faire venir immédiatement les tueurs à son aide.

Après avoir parcouru cent yards, il se remit à hurler, comme jamais il ne l'avait fait auparavant. Mistik, saisissant l'importance de cette manœuvre, continua sans relâche à occuper l'attention des bœufs. Tant que le grand loup décrivait des cercles autour d'eux, Yapao et ses frères ne songeraient point à rompre leur front de bataille.

A un mille vers l'ouest, l'étroite plaine qui traversait la toundra déchiquetée débouchait dans l'immense solitude. Rapide-Éclair s'y dirigea tout droit. Tous les trois cents ou quatre cents yards, il s'arrêtait pour pousser ses hurlements. Depuis longtemps, le cri de chasse des loups n'avait retenti dans le Wild ; cependant, à un demi-mille de là, une forme blanche, en quête de nourriture, fit halte soudain, puis repartit dans la direction d'où venait l'appel.

Plus loin, un second loup perçut le signal, puis un troisième, et aussi loin qu'il y eut des oreilles pour l'entendre et des gorges pour y répondre, ce cri se répercuta dans la nuit. A la saison des caribous, cet hallali eût rassemblé une centaine de loups ; cette nuit-là, douze seulement vinrent se joindre à Rapide-Éclair. Maigres, efflanqués et les yeux injectés de sang, ils arrivaient un par un. Rapide-Éclair les guida vers la toundra et bientôt ils humèrent l'odeur des bœufs musqués. Mistik continuait sa garde ; Yapao et son troupeau attendaient stoïquement, lorsque la meute, sortant de l'obscurité, se précipita pour livrer bataille.

Alors, à la lueur des étoiles se déroula un terrible combat. Inférieurs en nombre, Yapao et ses compagnons abandonnèrent leur attitude impassible. Quatorze bêtes affolées par la famine s'élançaient sur eux en bonds rapides ; les plus farouches d'entre eux étaient Rapide-Éclair et Mistik. Sans relâche, les loups chargeaient les têtes armées des bœufs. Bientôt éclata le premier cri de douleur : un des meurtriers blancs venait de se faire transpercer par la corne de Yapao lui-même. L'attaque ne ralentit point pour autant : avant que le vieux mâle eût pu se débarrasser de ce loup, un second lui enfonçait ses crocs dans le museau.

A ce moment se produisit un de ces revirements brefs et imprévus qui tranchent le sort d'une bataille. Un troisième loup, en train de sauter par-dessus le cou baissé de Yapao, s'accrocha sur la corne d'un bœuf voisin et, dans cette position, pliant sous le poids de leurs ennemis éventrés, les deux ruminants devinrent incapables de défendre la partie du cercle dont ils gardaient l'entrée.

Saisissant cet avantage, une demi-douzaine de loups se précipitèrent sur la brèche. D'un énorme bond, l'un d'eux s'élança par-dessus les têtes et tomba au centre du troupeau. Un second le suivit. Alors les bœufs, jusque-là immobiles comme des sphinx, piétinèrent de leurs lourds sabots les corps des deux loups blancs ; en moins de deux minutes, les audacieux perdaient la vie, mais leur sacrifice avait servi à rompre le cercle, et maintenant la meute se ruait à la gorge et aux naseaux des monstrueuses bêtes, qui s'affolèrent.

Yapao lui-même ployait les genoux, tandis qu'un grand loup blanc s'attaquait à son museau et Mistik à sa gorge. Rapide-Éclair et deux autres de ses congénères s'acharnaient contre un autre bœuf.

Groupés en formation de défense, les bœufs étaient presque invincibles, mais, une fois livrés à eux-mêmes, ces animaux gigantesques abandonnaient tout esprit de combativité et se montraient maladroits comme des moutons.

Cependant, leurs longs poils et leur laine épaisse rendaient la tâche des loups difficile, et ce ne fut qu'après une demi-heure d'efforts qu'ils vinrent à bout de Yapao et de deux autres membres du troupeau. De la meute de Rapide-Éclair, cinq sur quatorze demeuraient sur le champ de bataille ; les neuf autres entamèrent un festin suffisant pour emplir les estomacs vides d'une cinquantaine de loups.

Les mystérieux signaux qui portent à tous les carnassiers munis de griffes ou d'ailes l'annonce d'un « massacre » fonctionnaient déjà. Les chasseurs expérimentés demeurent tous confondus devant la promptitude avec laquelle se transmettent ces messages. Dans ce paysage blanc et glacé où Rapide-Éclair et Mistik n'avaient découvert aucune trace de vie une heure auparavant, des êtres surgissaient de partout. D'abord un renard affamé s'aventura avec précaution au bord d'une crevasse ; puis un hibou plana silencieusement dans l'air et disparut ; bientôt un second renard, puis un troisième, approchèrent, suivis d'une petite hermine assoiffée de sang qui, à chaque bond, se pliait en deux et se détendait comme un ressort.

L'odeur chaude de la viande parvenue aux narines de ces menues bêtes les avertissait de la tuerie, mais la nouvelle se propagea bien plus loin. Les créatures vivantes, rencontrant les pistes des bœufs en fuite, furent prévenues par leur instinct que ces énormes bêtes venaient d'échapper à la mort. Tous les animaux affamés du Wild évitent le loup, mais tous suivent ses traces dans l'espoir de recueillir les reliefs du festin de ce tueur incomparable.

Le renard, l'hermine, voire le hibou, devinent la présence du loup à la poursuite d'une proie et accourent lorsqu'il hurle sa victoire, tout comme le corbeau, ce charognard des forêts, survole le bois ou le marais d'où vient de partir le coup de fusil du chasseur. Et, cette nuit-là, se croisaient sur la toundra les pistes de douze loups convergeant vers le lieu du massacre et celle des neuf bœufs qui avaient réussi à se sauver ; de surcroît, le vent portait au loin l'odeur de la viande et du sang chaud.

La vie surgissait là où, naguère encore, tout était désert. Des différents points de la plaine, s'élevaient des glapissements. Quittant leurs cachettes, les hiboux, soudain alertés, tournoyaient en l'air : le bruit de leur bec, perceptible à cent yards de distance, réveilla les petites hermines aux prunelles rouges. De tous côtés, les bêtes affluaient pour prendre leur part des miettes abandonnées par les loups.

Mais, ce soir-là, les neuf loups, mis en garde par cette longue menace de mort que la famine avait fait peser sur eux, s'apprêtaient à livrer bataille à tous les audacieux qui approcheraient de leur festin, y compris leurs frères de race. Ces associés de fortune se reconnaissaient mutuellement des droits égaux à la curée, mais, si un loup d'un autre clan s'était permis d'y toucher, ils l'auraient tué sans pitié.

Repus de viande rouge pour la première fois depuis des semaines, ils ne se dispersèrent point comme d'habitude en pareil cas, mais ils se creusèrent des terriers dans la neige à proximité de leur proie. Le premier hibou qui s'abattit sur une des carcasses fut mis en pièces par un loup avant que son bec eût mordu la chair du bœuf. Des grognements rauques et des bonds sauvages éloignèrent les renards qui se hasardaient trop près.

Bientôt Mistik sentit se réveiller en lui un désir plus fort que celui de garder la viande : il voulait « retourner chez lui », vers les forêts profondes et les terrains marécageux du Sud, et il désirait emmener avec lui Rapide-Éclair. Plusieurs fois, il avait essayé de l'attirer à sa suite et croyait y avoir réussi au début de la nuit, avant la rencontre de Yapao. Maintenant que sa faim était apaisée et que le sang rouge coulait généreusement dans ses veines, il voulait repartir. Une douzaine de fois, il courut sur l'étroite plaine et attendit que son compagnon le suivît. Enfin Rapide-Éclair quitta le groupe des loups et rejoignit Mistik.

Ensemble ils se dirigèrent au sud. Mistik menait le train. Il trottait, les oreilles inclinées, ne songeant plus à chercher des traces de gibier. Arrivé à l'extrémité de la toundra, devant la grande solitude, Rapide-Éclair commença de comprendre. Tourné à demi vers l'endroit d'où ils venaient, il s'arrêta et poussa quelques gémissements. Mistik lui répondit, mais en regardant le sud, où une force l'attirait.

Mistik désirait ardemment revoir les forêts, les marécages et les lignes des trappeurs, et Rapide-Éclair sentait sourdre en lui le mystérieux appel de Skagen, le grand danois, qui, plus d'une fois, l'avait conduit vers la cabane des hommes blancs, au bord du glacier.

Une fois de plus, il marcha derrière Mistik, mais avec une lenteur hésitante, si bien qu'au bout d'une heure les deux bêtes avaient à peine parcouru trois milles. Mais bientôt l'indécision de Rapide-Éclair diminua et, une heure après, le chien Skagen remportait la victoire. Rapide-Éclair retournait au pays des forêts où chaque jour brillait le soleil, au pays du long été où poussaient les arbres et les fleurs sauvages des bois tièdes et des rivières étincelantes. A ce moment même, l'esprit qui erre sous les étoiles blanches de la nuit polaire pénétra en lui, et sa voix, traversant la plaine, l'invita à rebrousser chemin.

Se tournant de nouveau vers le nord, Rapide-Éclair et Mistik dressèrent l'oreille. C'était le cri d'une bande de loups, l'ancien cri de chasse et de meurtre, le cri des loups aux longs crocs blancs, les conviant à de prodigieuses ripailles. Très faible, cet appel leur parvenait du nord et de l'ouest.

Et il n'était point poussé par les sept loups qui, dans la plaine étroite de la toundra, montaient la garde auprès de la viande. Longtemps avant Mistik et Rapide-Éclair, les sept loups avaient perçu ce cri, mais ils ne reconnaissaient plus la voix de leurs frères. La menace d'une mort imminente consécutive à plusieurs semaines de famine avait aboli chez eux cet instinct de socialisme grossier qu'ils pratiquaient en temps d'abondance. Maintenant ils se moquaient de la vie en commun ; ils devenaient des individualistes forcenés en possession d'un bien qu'ils défendraient, jusqu'à la mort même, contre ceux qu'ils traitaient naguère en camarades.

Les crocs luisants, des grondements dans la gorge et les yeux allumés du feu de la bataille, ils se groupèrent autour des trois carcasses déchiquetées, lorsque la meute arriva à l'entrée de la plaine. Le nombre des nouveaux venus était double de celui des défenseurs, mais cet avantage se trouvait fort amoindri du fait que les sept loups avaient l'estomac bien garni.

Les vieux guerriers de Rapide-Éclair attendaient sans broncher. Les autres firent halte à cent yards, s'écartèrent l'un de l'autre, puis avancèrent lentement, gémissant de faim et faisant claquer leurs mâchoires. Ils comptaient recevoir l'hospitalité de leurs frères, mais, si on la leur refusait, ils ne reculeraient pas devant le meurtre.

Les sept animaux, toujours silencieux, n'adressèrent aucun signe de bienvenue. Immobiles comme des sphinx blancs, ils se souciaient peu de la supériorité numérique des assaillants ; eussent-ils été cinquante au lieu de quatorze, cette menace ne les eût pas intimidés.

Ils poussèrent leur cri d'alarme dès qu'ils virent les envahisseurs se rapprocher du butin, sous la conduite d'Ouyou, le hurleur. Après avoir décrit plusieurs cercles, Ouyou se lança résolument sur une des carcasses de bœuf musqué. Une des sentinelles bondit sur lui et les treize autres loups, déchaînés, se précipitèrent à sa suite.

Les six loups qui restaient les accueillirent à coups de crocs. Dans la fureur de la bataille, ils oubliaient la garde de la viande, et chez les bêtes affamées une haine meurtrière remplaça la faim. Sur les cadavres des bœufs musqués, s'engagea une lutte sans merci. Ouyou succomba le premier ; de sa veine jugulaire béante, le sang coula à flots et se répandit sur les yeux vitreux de Yapao, l'ancien chef du troupeau.

Tout d'abord, les sept gardiens, bien repus et plus vigoureux que leurs ennemis éprouvés par la faim, eurent l'avantage. Un contre un, les assaillants eussent été rapidement vaincus ; mais bientôt la force du nombre commença de se faire sentir. Lorsqu'un des sept loups enfonçait ses crocs dans la gorge d'un étranger, d'autres crocs l'attaquaient par derrière. Six loups tombèrent sur Yapao et leurs corps le recouvrirent comme un blanc linceul.

Six du clan d'Ouyou et trois des autres avaient cessé de vivre quand la défense se tourna en défaite.

A présent, on n'en comptait plus que quatre contre huit luttant pied à pied, et bientôt les gardiens durent battre en retraite. Si l'esprit de Yapao avait pu ranimer sa dépouille, le grand bœuf eût contemplé cette scène avec l'air triomphant de celui qui se sent pleinement vengé, car, sous la brillante clarté des étoiles, le champ de bataille était rouge de sang et jonché de cadavres.

Au moment où la proie qu'eux-mêmes avaient découverte et abattue risquait de leur échapper, Rapide-Éclair et Mistik arrivèrent au bord de l'étroite plaine. En entendant le hurlement lointain de leur clan, ils avaient pressenti une bataille et ils accouraient ventre à terre pour prendre part au dernier acte de la tragédie. Les deux géants gris tombèrent avec la rapidité de bolides sur la masse grouillante des douze loups qui s'entre-déchiraient. D'un seul coup de ses énormes mâchoires, Rapide-Éclair brisa le cou d'un maigrelet dont les dents mordaient la chair d'un autre loup. Mistik, de ses crocs tranchants, coupa la gorge d'un second. Une minute plus tôt, ils eussent sauvé la vie des quatre braves qui avaient lutté jusqu'au bout. Deux malheureux venaient de succomber et, de la gorge d'un troisième qui combattait encore, s'échappait un flot de sang.

Les rangs des envahisseurs étaient bien éprouvés : il n'en restait plus que cinq lorsque Rapide-Éclair dut tenir tête à deux d'entre eux. Il refermait ses mâchoires sur la gorge d'un des loups, quand l'autre sauta sur lui. Agrippés dans un combat à mort, tous trois roulèrent dans la neige.

Mistik venait d'abattre un second loup et, avec le dernier survivant des sept, il engageait un combat mortel contre les deux autres de la bande d'Ouyou.

Rapide-Éclair, perdant son sang et hors d'haleine, se voyait sur le point de faiblir. Tandis qu'il s'accrochait à la gorge d'un de ses deux adversaires, l'autre lui déchira les flancs et le saisit à la nuque. Il ne cherchait pas à l'étrangler ni à lui couper la veine jugulaire, mais il pratiquait l'*ouéitip,* coup deux fois plus redoutable quand les crocs parviennent à leur but. Il semblait à Rapide-Éclair qu'une lame de couteau s'enfonçait dans sa tête, et bientôt la paralysie lui ferma les yeux et lui détendit les mâchoires. Le loup qui se trouvait sous lui, sentant se relâcher l'étau qui le serrait à la gorge, se dégagea vivement et s'attaqua à la mâchoire inférieure de Rapide-Éclair. Alors, celui-ci rassembla ses dernières forces pour se libérer. Il roula à terre, son grand corps se tordit, battant l'air ; mais ses mâchoires n'avaient plus de ressort et son cerveau s'obscurcissait. Les deux loups s'acharnèrent de plus belle l'un contre l'autre. Les crocs s'enfonçaient encore plus profondément dans le cou de Rapide-Éclair et la mort était imminente, quand un grognement parvint à ses oreilles. Il sentit le contact d'un corps géant, et la douleur paralysante à la base de son cerveau disparut.

De nouveau, l'air remplissait ses poumons, la vision revenait à ses yeux, la force renaissait dans ses mâchoires. Il entendit le cri de victoire de Mistik : le loup des bois venait de tuer l'ennemi qu'il avait arraché au cou de Rapide-Éclair. En ce moment, Mistik, le loup errant venu des grandes forêts du Sud, dominait tous les loups qui jamais combattirent dans le désert blanc. Sans attendre que sa victime eût rendu le dernier soupir, il enfonçait ses crocs rouges de sang dans les entrailles du loup qui tout à l'heure s'accrochait à la mâchoire de Rapide-Éclair.

Quelques instants plus tard, lorsque Rapide-Éclair se releva sur ses jambes chancelantes, Mistik et le dernier survivant des sept gardiens de la viande restaient seuls pour lui tenir compagnie.

Yapao, le chef du troupeau de bœufs musqués, était vengé : du clan de quatorze loups et de l'autre meute de neuf, tous avaient péri, sauf trois.

Mistik soupirait doucement contre l'épaule de Rapide-Éclair et, dans cette arène sanglante, leurs museaux se touchèrent. L'esprit mystérieux qui court sous les étoiles leur fit comprendre les bienfaits de la camaraderie.

V

LA RENCONTRE DE LUCIOLE

Une tempête effrayante, soufflant de l'océan Arctique, se déchaîna jusqu'aux confins de la terre. Elle passa au-dessus du pôle, ravagea les côtes du golfe du Couronnement, pour vomir sa fureur sur les solitudes qui couvrent l'extrémité septentrionale du continent américain.

Des semaines durant, ce monde gelé demeura plongé dans des ténèbres sans fin. Le soleil n'apparaissait plus et seule la clarté de la lune, des étoiles et de l'aurore boréale se répandait sur cette Longue Nuit. Les heures les plus sombres étaient venues et on se serait cru en enfer.

Le vent, d'une violence inouïe, hurlait par-dessus les plaines, soulevait les particules de neige et les projetait dans l'espace, tels des projectiles. Tous les êtres vivants se cachaient. Affronter la fureur de cet ouragan et le froid brusquement tombé à quarante-cinq degrés au-dessous de zéro eût été aller au-devant de la mort.

Les Esquimaux s'entassaient dans leurs igloos, les renards se terraient sous la couche glacée, les loups regagnaient leur repaire, les bœufs musqués et les caribous se serraient les uns contre les autres pour se protéger mutuellement, les grands hiboux blancs eux-mêmes, malgré leur chaud duvet, cherchaient refuge parmi les dunes et les aspérités de ces étendues sans arbres.

Rapide-Éclair, lui, ne souffrait guère de cette tempête. Plusieurs heures après la rouge saturnale qui s'était déroulée dans l'étroite plaine, il demeura allongé à l'abri d'un rocher recouvert de neige. Son grand corps gris, lacéré par les crocs des loups blancs, n'avait plus la force de se tenir debout.

Il portait à la base du crâne une blessure qui lui causait une fièvre intense. Les yeux fermés, il croyait encore assister à la lutte contre la meute qui avait attaqué ses frères après la tuerie des bœufs musqués. Pour lui, les gémissements du blizzard redevenaient les cris de rage et de douleur des brutes affamées, et tandis que le vent balayait les crêtes et s'engouffrait dans les anfractuosités du sol avec des hurlements stridents, Rapide-Éclair revivait la terrible bataille.

Ensuite, il s'imaginait courir avec Mistik, le grand loup gris des bois qui avait rejoint la bande des loups arctiques plus au sud. Compagnons d'adversité, ensemble ils dévoraient les grands hiboux blancs pour apaiser leur faim... Puis, avec son propre clan, et Mistik courant toujours à ses côtés, il sautait à la gorge des bœufs musqués. Après quoi, c'était l'arrivée de la meute rivale, le combat épique contre un nombre supérieur d'adversaires et d'où seuls lui, Mistik et un autre loup sortaient vivants et victorieux.

Dans les visions qui frappaient le cerveau malade de Rapide-Éclair, cette prouesse héroïque revenait sans cesse ; il claquait faiblement des mâchoires et des grognements s'étouffaient dans sa gorge. Son corps tremblait, ses muscles se raidissaient et il n'entendait rien de la tempête qui faisait rage dans la nuit obscure et sinistre, s'abattant sur la terre boréale de toute sa fureur destructive.

Mistik était étendu près de lui, Mistik, le grand loup gris qui, à l'issue du combat, lui avait sauvé la vie. Tous deux se trouvaient abrités dans une petite caverne, à vingt pas à peine du champ de bataille. S'il avait fait jour, Mistik aurait pu voir les cadavres raidis et glacés : trois bœufs musqués égorgés et vingt-six loups aux gorges béantes. Le vent, dans son tourbillonnement, emportait au loin l'odeur du carnage.

Entre Rapide-Éclair et Mistik naissait une fraternité plus forte que la camaraderie ordinaire des loups. Chez le premier, on pouvait attribuer cette inclination à l'hérédité de son ancêtre, le grand danois. Parfois, cette influence éveillait en Rapide-Éclair des désirs mystérieux et le sentiment de sa solitude le poussait vers l'habitation des hommes. A ces moments-là, l'ombre de Skagen courait à ses côtés, l'ombre de ce Skagen qui, vingt ans auparavant, s'était prosterné dans une adoration muette aux pieds de ses maîtres et endormi à la chaleur de leurs foyers.

Mais pas une goutte de sang de chien ne coulait dans les veines de Mistik, le loup gris. Au début de cette famine, qui sévissait sur toute la région du Nord, lorsque la monstrueuse harde de loups blancs s'était disloquée, Mistik avait suivi le chef parce que, des cinquante bêtes de la meute, celui-ci seul était gris. Par la couleur de son poil, il lui rappelait ses frères des forêts du Sud. Et Mistik soupirait après eux, tout comme l'esprit de Skagen, animant le corps de Rapide-Éclair, soupirait après les feux des hommes blancs.

Mais les forêts de Mistik constituaient une réalité toute proche. Il les avait quittées depuis un mois seulement et à peine deux cents milles de solitude l'en séparaient. Maintenant qu'il se sentait la panse bien garnie, l'envie de rejoindre ses plaines basses et ses bois reprenait possession de lui. Il voulait partir malgré l'ouragan. Cependant, l'instinct l'avertissait que cette tempête ne ressemblait en rien à celles qu'il avait bravées autrefois, et il resta dans l'abri, prêtant l'oreille aux hurlements du vent qui, dans sa course dévastatrice, semait partout la mort.

A maintes reprises, Mistik essaya d'arracher Rapide-Éclair à sa torpeur apparente. Du museau, il secouait son camarade et poussait de petits gémissements. Enfin il se leva et scruta la nuit noire et tourmentée, tout surpris que l'autre n'en fît point autant. Mais ces pressantes sollicitations n'éveillèrent aucun écho chez Rapide-Éclair, et Mistik dut veiller seul durant de longues heures.

Enfin la tempête s'apaisa. Le rugissement de la bise se perdit au-dessus des immenses champs de neige et bientôt on n'entendit plus qu'un faible murmure dans la nuit. Une à une, les étoiles apparurent au ciel, et leur éclat dissipa les ténèbres.

L'aurore boréale, joyeuse, eût-on dit, de triompher de l'orage, envahit le firmament de toute sa splendeur. Semblable à une danseuse qui fait admirer au monde son étincelant costume, elle déployait ses grâces sinueuses parmi les astres et lançait en tous sens de longues écharpes aux couleurs d'or, d'orange et de feu.

Témoin de cette miraculeuse métamorphose, Mistik gémit de plus belle pour appeler Rapide-Éclair et, de guerre lasse, quitta seul l'abri de roc et de neige.

Rapide-Éclair s'obstinant à ne pas suivre Mistik, celui-ci se dirigea vers la carcasse d'un bœuf musqué et mordit à pleines dents la chair glacée. Le troisième loup, seul survivant des quatorze qui composaient le clan de Rapide-Éclair, festoyait avec Mistik dans le calme qui suit la tempête. Mais ce loup, comme tous ceux de l'Arctique, était blanc, et Mistik, méfiant, découvrait ses crocs dès que l'autre se risquait de trop près. Plus que jamais, il haïssait les loups blancs.

Une fois rassasié, il retourna vers Rapide-Éclair, lui donna de petits coups de son museau et le persuada de se lever.

Sortant lentement de l'obscurité où, durant des heures, l'avaient plongé ses blessures, Rapide-Éclair eut enfin conscience que Mistik l'appelait. Mais Mistik ne pouvait deviner l'effort de son compagnon pour répondre à son appel, ni percevoir le léger mouvement de son corps, la contraction de ses oreilles et sa tentative infructueuse pour redresser la tête. De nouveau, il quitta l'abri.

Sous la pâleur de la nuit, il lui semblait humer le parfum de ses forêts et les voir surgir au bord de l'horizon. Dans son cerveau, la distance ne se mesurait point par des bornes. Qu'importaient dix, cent, mille milles ? Son instinct le poussait à quitter cette terre inhospitalière des loups blancs affamés et à regagner ses vastes forêts, ses marais giboyeux, où ses frères au poil gris couraient épaule contre épaule.

Lentement, il traversa l'étroite bande de plaine et, par deux fois sur ce court trajet de trois cents yards, il s'arrêta pour appeler Rapide-Éclair. Deux fois encore dans la toundra, il poussa des gémissements et attendit. Arrivé au bord de l'immense solitude qui s'étendait sur deux cents milles, Mistik s'assit sur son train de derrière et lança un dernier appel suppliant vers Rapide-Éclair. Il dressa l'oreille, puis, une plainte dans la gorge, il se détourna et fila droit vers le sud.

Inconscient de ces deux cents milles à parcourir, mais guidé par l'unique pensée que ses forêts se dressaient quelque part au-delà de cette étendue blanche et mystérieuse, Mistik revenait chez lui.

Une demi-journée après le départ de Mistik, la fièvre cessa d'obscurcir les yeux de Rapide-Éclair et, une fois de plus, il leva la tête pour affronter les réalités de la vie. Toutefois, il ne comprit pas tout de suite sa situation. Il ressentait toujours une douleur lancinante à la base du crâne, là où s'étaient enfoncés les crocs du loup blanc, et son corps raidi était glacé. Peu à peu autour de lui les choses reprirent leur aspect normal. Tout d'abord, il remarqua l'absence du grand loup gris et son premier gémissement s'adressa à Mistik... Une réponse lui arriva, mais elle émanait du loup blanc solitaire qui gardait la viande. Rapide-Éclair flaira la place où son camarade s'était étendu à son côté : elle était froide... froide depuis plusieurs heures.

Au bout d'un moment, Rapide-Éclair se leva. Très faible et boitant, il sortit de son abri pour se rendre à l'arène où gisaient les nombreux cadavres. Il aperçut le loup blanc : les crocs découverts, celui-ci bondissait vers les créatures affamées qui, autour de lui, convoitaient sa proie. Rapide-Éclair ne s'intéressait guère à ces maraudeurs. L'air indifférent, il considéra les hiboux des neiges tournoyant comme des fantômes au-dessus des bœufs musqués, puis il entendit les claquements de leurs becs ; il vit les petites hermines aux yeux rouges se sauver en bondissant et perçut les jappements rauques des renards fugitifs. Le loup blanc s'était épuisé dans une lutte vaine contre ces bêtes avides. Haletant, la langue pendante, il tourna vers Rapide-Éclair un regard suppliant pour lui demander assistance. Il ne lui venait pas à l'esprit que les carcasses de trois bœufs et de vingt-six loups constituaient une nourriture abondante pour tous.

Quelques heures auparavant, Rapide-Éclair eût essayé de défendre sa viande, mais actuellement il s'en souciait fort peu. La fièvre et la souffrance avaient effectué en lui une grande transformation, et plus que jamais il se sentait seul. Pendant plusieurs minutes, ses yeux inquiets interrogèrent la nuit blanche, à la recherche de Mistik, le loup des bois.

Il regagna son abri et se coucha dans la place marquée par son corps. Jamais l'hérédité de Skagen ne s'était imposée avec une telle insistance qu'à cette heure de faiblesse et d'esseulement. Le gémissement de Rapide-Éclair était celui d'un chien. Il désirait une société et le loup gris lui avait fait faux bond. La goutte de sang de chien qui coulait dans ses veines agissait à la façon d'un puissant antidote sur la sauvagerie de sa nature. Peu lui importait que renards, hermines et hiboux se repussent de son butin ; quand l'esprit de Skagen habitait en lui, les renards eux-mêmes eussent pu devenir ses amis. Il ne les pourchassait que lorsque la faim lui tenaillait les entrailles.

Ayant découvert la dernière piste de Mistik, il la suivit jusqu'à l'extrémité de la toundra. Là, il s'arrêta pour renifler l'air. Il ne hurla point, car les traces étaient froides et il comprit qu'il ne pourrait rattraper Mistik.

Il réintégra son trou et n'en bougea plus pendant quarante-huit heures. De la caverne jusqu'au bœuf musqué dont il s'alimenta, il laissa un sentier battu. Il erra seulement dans la petite plaine, pour flairer le vent, en quête de quelque effluve lui annonçant le retour de son camarade.

Bientôt ses blessures guérirent, ses pattes perdirent de leur raideur et sa tête cessa de le faire souffrir. Le troisième jour, le vent se leva et dispersa aux quatre coins du barren les faibles odeurs de Mistik. Alors, Rapide-Éclair ne déambula plus sur la toundra, mais dirigea ses vaines recherches vers la côte. Chaque fois que l'appétit le reprenait, il allait se gorger de viande et il finit par oublier jusqu'au souvenir de la récente famine.

De nouveau, la chair recouvrit ses flancs et il récupéra bientôt sa force magnifique. Cependant, le sentiment de sa solitude ne le quittait point et il courait toujours en quête d'un être introuvable et mystérieux.

L'esprit qui préside aux destinées du désert blanc s'intéressa alors à Rapide-Éclair et il advint un événement étrange. Dans une de ses randonnées, il venait de parcourir une vingtaine de milles et revenait à la toundra au centre de laquelle gisait sa réserve de viande gelée, quand une brusque saute de vent le fit s'arrêter net, immobile comme un roc. La bise lui apportait à la fois une odeur et du bruit : il frissonna et une chaleur inconnue inonda son corps. Il humait l'odeur de l'homme et entendait dans le lointain des aboiements de chiens.

Instinctivement, il pressentit le grand danger. De nouveau, circulait dans ses veines le sang rouge des loups ; les poils de son cou se hérissèrent et un sourd grognement roula dans sa gorge. Le son et l'odeur arrivaient, en effet, du coin où se trouvait la viande dont il se repaissait depuis une semaine et grâce à laquelle il avait recouvré ses forces.

Il courut contre le vent qui lui apportait les effluves humains et fit halte sur un monticule au bord de la toundra, puis plongea son regard dans l'étroite plaine.

Le loup blanc, les renards et les hiboux avaient abandonné la place. A la lueur des étoiles, Rapide-Éclair aperçut tout près de l'endroit où Yapao, le bœuf musqué, était tombé, un attelage de chiens attachés à un long traîneau et, un peu plus loin, un second traîneau. Entre les deux véhicules, des êtres enveloppés de fourrures et encapuchonnés se hâtaient à l'ouvrage, et leurs langues claquaient en un incessant bavardage.

Des chasseurs esquimaux avaient découvert les dépouilles des bœufs et des loups. En ce terrible hiver, la grande famine pesait sur l'homme autant que sur les animaux, et jamais chasseurs ne se réjouirent d'une aussi belle aubaine : il restait encore la moitié de la chair des trois bœufs et sur les vingt-six loups, douze demeuraient encore intacts. Upi, le grand chasseur de son village, poussait des cris de triomphe en découpant la viande gelée et les cinq Esquimaux qui l'accompagnaient se démenaient comme des démons : ils chargeaient sur les traîneaux les carcasses des loups et, à l'aide d'une hache qu'Upi avait, au début de l'hiver, obtenue d'un capitaine de baleinier en échange de sa femme, ils débitaient les quartiers de bœuf. De temps à autre, un des hommes interrompait sa besogne pour cingler de la longue lanière d'un fouet le dos des chiens affamés et excités par la vue de cette viande.

Allongé sur le ventre et en sûreté dans le vent qui soufflait vers lui, Rapide-Éclair, retenant sa respiration, regardait ces intrus enlever le butin pour lequel il avait sacrifié ses camarades et presque sa vie. Le loup blanc avait fui, ainsi que les hiboux et les renards. Seuls les hommes et les chiens occupaient la plaine.

Le travail fut expédié en moins d'une demi-heure. Tout, jusqu'aux entrailles des bêtes, fut entassé sur les deux traîneaux. Ensuite les voleurs, vociférant et faisant claquer leurs fouets, firent avancer les attelages. Longtemps après qu'ils eurent disparu, Rapide-Éclair, toujours à plat ventre, continua de les entendre. Lorsque le bruit des fouets s'éteignit dans le lointain, lui parvenaient encore leurs cris de joie sauvage et leurs chants délirants.

Rapide-Éclair revint vers l'ancien champ de bataille une fois le dernier éclat de voix évanoui dans la distance. Le loup blanc le rejoignit, les renards arrivèrent en bondissant au bord de la plaine et les gros hiboux survolèrent la toundra. Il ne restait sur la place que des miettes de viande éparpillées par les coups de hache. Rapide-Éclair et le loup blanc cherchèrent leur dernier repas. Quand ils se retirèrent, rien ne demeurait plus, pour les hiboux et les renards, que de la neige teintée de sang.

Avec d'infinies précautions, Rapide-Éclair suivit la piste des chasseurs esquimaux. Il n'appela pas le loup blanc et celui-ci ne l'accompagna point. Ni le désir ni la raison ne dirigeaient les mouvements de Rapide-Éclair. La perte de la viande ne lui inspirait pas la rage du loup et les empreintes des chiens n'éveillaient en lui aucune hostilité. Il ne songeait point à reconquérir son bien et nulle idée de vengeance contre les hommes ou les animaux n'entrait dans son cerveau.

La piste exerçait sur lui un attrait irrésistible. Son mystère l'hypnotisait au point de contrarier l'instinct l'avertissant qu'il jouait avec le feu. Son esprit était tiraillé par des courants contraires, mais les forces qui le poussaient en avant dominaient celles qui le retenaient. Pendant vingt années, le sang de Skagen, le grand danois, avait dormi dans les veines des loups, mais l'heure allait sonner où Rapide-Éclair verrait renaître en lui, définitivement, ses instincts ancestraux.

En ce moment même, Rapide-Éclair n'était ni loup ni chien. Tout comme certains hommes « mal nés », il représentait une anomalie dans le monde dont il faisait partie. Naguère encore, il courait allègre : à présent, il n'éprouvait plus cette joie sauvage et il eût évité la harde blanche avec la même prudence qu'il se tenait à l'écart du danger menaçant des Esquimaux et de leurs chiens. Sa psychologie animale demeurait incapable de lui dévoiler le but mystérieux de sa course ; mais un homme blanc qui, au courant de sa naissance, l'eût observé maintenant, eût aisément résolu le problème. L'hérédité de Skagen le chien reprenait le dessus chez Rapide-Éclair, et son âme soupirait après ce bonheur qu'il n'avait pas connu et ne pouvait comprendre.

Rapide-Éclair regardait toujours devant lui, l'oreille en alerte. Parfois, il s'approchait suffisamment du groupe des Esquimaux pour entendre les aboiements des chiens et les cris des chasseurs.

Upi voyagea de longues heures avec son butin vers le nord-ouest. Le soleil se lèverait et se coucherait avant qu'il eût atteint son village.

Monté sur une crête glacée, Rapide-Éclair perçut enfin, à huit cents yards de distance, les acclamations triomphales qui accueillirent l'arrivée d'Upi parmi les siens. Le vent lui apportait, en même temps que ces bruits de voix, l'odeur des habitants, qui lui déplut souverainement ; ce mélange d'exhalaisons infestait l'air de façon désagréable. Cette odeur ne ressemblait point à celle qui émanait de la cabane des hommes blancs, au bord du glacier. Rapide-Éclair contourna le village et s'enfuit vers la mer.

Ayant gagné la côte, il poursuivit sa route vers l'ouest. Sa vision portait à un demi-mille sur la glace polaire. Sous la clarté de la lune et des étoiles, les immenses étendues glacées renvoyaient au ciel une blanche réverbération, de sorte qu'entre la mer et le firmament flottait un léger brouillard argenté. Dans le calme ambiant, les pattes de Rapide-Éclair produisaient en trottant un léger bruit de castagnettes. Il s'arrêtait fréquemment, étonné par la variété des effluves qui lui arrivaient aux narines.

Au bout d'un certain temps, las de courir face au vent, il se détourna et sa vision perçut soudain un objet qu'il n'avait pas flairé jusque-là. A six milles du village d'Upi et à un demi-mille de la côte, un fantôme se dressait dans la nuit. Il se confondait si bien avec la brume argentée que Rapide-Éclair le distingua seulement lorsqu'il eut presque le nez dessus. Il s'arrêta en claquant des mâchoires.

C'était un bateau pris dans les glaces et qui levait au ciel de grands bras squelettiques. Rapide-Éclair n'avait jamais rien vu de semblable. Devant cet objet immobile, Rapide-Éclair recula et, tournant sur lui-même, huma le vent. Un feu étrange brilla dans ses prunelles : il venait de déceler l'odeur de la cabane des hommes blancs près du glacier ! Pourtant, ce n'était point une cabane !

Autre merveille : il y avait de la lumière à bord. Rapide-Éclair vit de nouveau le soleil jaune, pareil à celui qu'il avait contemplé naguère dans l'habitation des Blancs. Ensuite lui parvinrent des sons : une voix d'homme et le cri d'un chien battu. Puis tout retomba dans le silence.

Sur le bateau, l'existence se trouvait réglée comme les aiguilles d'une montre. La nuit était venue et tout le monde dormait, sauf l'homme qui avait frappé le chien, et lui-même se taisait à présent.

A trois reprises, Rapide-Éclair fit le tour du bateau, s'approchant chaque fois davantage. Il se coucha sur ses hanches, rejeta la tête en arrière, puis il poussa un gémissement plaintif et interrogateur. Dans cette nuit calme, son cri semblait monter jusqu'aux plus lointaines étoiles. Aussitôt, se déchaîna un vacarme de tous les diables. Une vingtaine de chiens malemutes répondirent à l'appel de Rapide-Éclair et leurs aboiements réveillèrent les marins. De nouveau, la voix de l'homme se fit entendre, dominant le tumulte des chiens ; leurs abois se changèrent bientôt en gémissements de douleur sous les coups du fouet, dont les claquements déchiraient la nuit comme des coups de pistolet.

Prudent comme un renard, Rapide-Éclair battit en retraite. Ces bruits contenaient une menace. Il se mit à fuir en décrivant de larges cercles et bientôt son museau découvrit une piste. Il s'arrêta brusquement. L'odeur qui montait à ses narines était caractéristique : ce n'était pas celle d'un renard, ni celle d'un loup, pas plus que celle d'un chien esquimau. Cependant, elle provenait d'un chien ! Pendant plusieurs minutes, Rapide-Éclair demeura immobile, flaira longuement, le nez touchant les empreintes laissées sur le sol. Tout son corps frémit d'une délicieuse émotion, inconnue jusque-là. Devant lui, seule sous le ciel froid et les étoiles, courait une créature dont l'existence éveillait en lui un désir nouveau et impérieux.

Rapide-Éclair suivit la piste, qui le ramena vers la terre. Là, à un demi-mille du bateau, s'élevait un monument bizarre construit de rochers superposés, avec une inscription gravée sur une plaque de métal. Si Rapide-Éclair avait pu comprendre ces quelques lignes, il aurait lu :

A LA MÉMOIRE DE JOHN BRAINE,
de l'Institut Smithson,
décédé le 4 janvier 1915.

« Ainsi, a dit l'Éternel des armées, considérez attentivement vos voies. »
(Aggée, chap. 1er 5, 7).

Mais le monument et son inscription ne signifiaient rien pour Rapide-Éclair. S'ils semblaient l'impressionner, c'était simplement parce qu'en cet endroit les empreintes se trouvaient très nombreuses et l'odeur plus forte. La neige foulée se tassait en certaines places, là où Luciole, la chienne collie, s'était étendue auprès de la tombe de son maître.

Seul ce maître adoré aurait pu dire toute la tendresse contenue dans ce cœur de chien et tout ce que lui rappelait ce nom de Luciole. Une femme avait donné à la chienne ce joli nom, une femme qui, à des centaines de milles de là, attendait leur retour en priant pour eux. Hélas ! l'un était mort et l'autre privée de maître !

Rapide-Éclair poussa des gémissements. Décrivant à son tour des cercles autour du monument funèbre, il renifla les pierres et, s'aidant de ses pattes, toucha de son museau la plaque de plomb. La chienne en avait fait autant. Plusieurs fois, elle s'était dressée jusqu'à l'épitaphe et ses griffes avaient laissé des marques sur les pierres. Rapide-Éclair retrouva l'endroit où la chienne s'était couchée la dernière fois. On y voyait quelques poils jaunes et l'odeur était fraîche, comparée à celle des autres traces.

S'éloignant de la tombe, Rapide-Éclair reprit la piste. Elle ne rejoignait pas le bateau, mais montait plus haut sur la côte. Après avoir parcouru cinq cents yards, il rencontra un rond-point où la neige était encore battue. Luciole, hésitante, s'y était attardée plusieurs minutes. Deux fois, elle s'était remise en route pour regagner le bateau, mais en définitive elle avait pris une autre direction.

Pendant une heure, Rapide-Éclair courut sur ses traces. Il ne s'efforçait point de rattraper la chienne, mais il avait conscience de s'en rapprocher. Le sentier, comme celui d'un animal errant, louvoyait parmi les blocs de glace et les amas de neige, puis il filait tout droit en espace découvert, toujours vers l'ouest. Fréquemment, on y découvrait des places piétinées, indiquant nettement l'indécision de Luciole. Un chasseur, identifiant les empreintes d'un chien, aurait tout de suite reconnu que la bête était égarée et cherchait son maître ou sa maison.

A deux ou trois milles kilomètres de la tombe, la plaine se terminait au pied d'un gigantesque amoncellement de glace. La prudence de Rapide-Éclair et sa répulsion instinctive de la mer l'eussent poussé à revenir à l'intérieur des terres, mais la piste de Luciole, continuant dans une direction opposée, l'amena tout au bord de l'océan.

Maintenant, les traces de la chienne étaient chaudes et Rapide-Éclair les suivit en poussant de petits gémissements. Soudain, il vit la chienne sur le sommet d'un monticule de glace, à cinquante pas de lui à peine. Il s'arrêta. La clarté de la lune et des étoiles semblait se concentrer sur Luciole et l'éclairer comme des projecteurs dont la lumière était rendue plus vive encore par la transparence de la glace. La chienne se tenait de profil, créature superbe, au long poil fauve et soyeux. Découpée comme un camée sur l'horizon, sa tête se dressait face à la mer.

Rapide-Éclair demeurait immobile. Il n'avait rien vu de semblable à cette chienne venue de la maison lointaine d'une femme. Brusquement, Luciole tourna la tête. De nouveau, il poussa un gémissement, avança d'une allure hésitante, comme s'il quémandait une invitation. De son piédestal de glace, Luciole ne répondit point. Ses yeux brillaient et sa fourrure jetait des reflets d'or. Elle attendait, l'attirait, sans toutefois proférer un son.

Dix secondes après, Rapide-Éclair arrivait au pied du bloc cristallin. Il sentait sourdre en lui tous ses instincts amoureux et relevait la tête.

La splendide allure de Rapide-Éclair ne laissait pas Luciole indifférente. Captivée, elle suivait du regard chacun de ses mouvements. Puis elle exhala un faible gémissement, où elle disait toute sa solitude et lui offrait son amitié.

Le cœur de Rapide-Éclair battait joyeusement dans sa poitrine. Une pente de glace lisse le séparait de Luciole et il fit un héroïque effort pour la gravir. Farouchement, il enfonça ses griffes et se mit à grimper. Arrivé presque au sommet, il glissa, perdit l'équilibre et culbuta au bas, en laissant échapper un grognement. Tout honteux, il se releva et, affectant un air détaché, il tourna le dos à Luciole, puis regarda au loin. Au bout d'un instant, il contourna le monticule et découvrit le sentier par où la chienne avait monté. Rapide-Éclair en fit aisément l'ascension et arriva près de Luciole, qui l'accueillit, allongée sur le ventre, la tête entre ses pattes. Pendant près d'une minute, Rapide-Éclair se tint debout près d'elle, sans baisser les yeux.

Il promena son regard sur la mer, mais en réalité il ne voyait rien ; il savourait son triomphe, et un soupir s'échappa de sa gorge. Il conservait avec peine sa dignité. Il eût voulu sauter, aboyer, faire le fou ; mais, durant un moment, il garda la même attitude, puis, lentement, il baissa la tête. Luciole dardait sur lui ses yeux étincelants qui ne ressemblaient en rien à ceux des loups. Ils ne fuyaient pas, mais le considéraient bien en face, globes lumineux où se reflétait la clarté de la lune. Ces prunelles-là semblaient parler et Rapide-Éclair comprit leur message. Il frôla du museau le long poil soyeux du cou, puis le bout du nez de Luciole. En réponse, un long murmure monta du gosier de la chienne.

*
* *

Quelques heures plus tard, après avoir repris leur marche vers l'ouest, Rapide-Éclair et Luciole atteignirent l'extrémité du plateau glacé. Ils avançaient d'un pas modéré et Rapide-Éclair avait abandonné toute idée de commandement. Luciole l'avait dépossédé de cette prérogative. Dès le début, la chienne s'était arrogé le droit de guider son camarade. Rapide-Éclair, tout fier et tout heureux d'avoir enfin rencontré une compagne, sentait qu'il ne devait pas gâter la joie de leur lune de miel et se comportait en galant chevalier. Docile, il se contentait d'accompagner Luciole partout où elle allait.

Il appréciait ce changement, mais d'instinct il en pressentait les dangers. En effet, Luciole était aussi novice dans ce monde sauvage qu'il l'eût été dans les avenues d'une grande ville. Tendrement soignée et bien nourrie, elle n'avait jamais connu les affres de la faim et elle ignorait que, pour vivre dans cette région polaire, il fallait déployer à chaque pas la prudence du chasseur. A bord du bateau, elle ne connaissait que deux redoutables menaces : les crocs sauvages des chiens malemutes et les « messieurs en habit blanc », autrement dit les ours. Un ours blessé l'avait une fois à demi tuée et depuis elle craignait ces monstres comme la peste. Mais cet ours était sorti de la mer et ici elle dominait à présent sur la terre ferme.

Luciole s'engagea dans une crevasse taillée comme un ravin étroit au cœur même de la montagne de glace. Rapide-Éclair essaya de la retenir : une voix intérieure l'avertissait d'éviter ces pièges. Mais Luciole, après une seconde d'indécision, lui fit comprendre que, s'il refusait de la suivre, elle continuerait seule. Tout guilleret, il courut après elle. Cependant, il pressentait un danger et sa prudence demeurait constamment en éveil.

Le sol de la crevasse rappelait un sentier de montagne. Les deux bêtes grimpèrent deux ou trois cents yards et attendirent. La clarté lunaire, semblable à un pâle soleil, éclairait le ravin dont les parois étincelaient comme des diamants. La beauté de ce spectacle laissait Rapide-Éclair insensible. Oppressé par une terrible appréhension, il flairait l'imminence d'un désastre. Au moment où Luciole allait continuer, il poussa un gémissement ; dans la voix de Rapide-Éclair perçait une note si étrange que la chienne, prise elle aussi de méfiance, s'arrêta net, la tête dressée.

Pendant une minute, ils demeurèrent immobiles, puis ils perçurent un bruit : on eût dit une baguette métallique frappant la glace à coups réguliers. Aussitôt après, apparut Ouapousk, le gros ours polaire. Ouapousk dégageait une odeur spéciale que Rapide-Éclair n'avait pas oubliée, l'odeur forte et musquée de l'ours contre qui il avait lutté quelques jours auparavant dans l'igloo des Esquimaux. Et Luciole reconnut en Ouapousk l'être qu'elle redoutait le plus au monde.

Ouapousk, sentant sa proie toute proche, avait fait halte. Ce mangeur de chair humaine débordait de rage. La pointe d'un harpon était restée enfoncée dans son épaule et en vain il avait essayé de s'en débarrasser. Il boitait et la souffrance décuplait sa fureur.

Rapide-Éclair entendit de nouveau le grondement sinistre monter de la gorge du monstre. Il répondit par un grognement, auquel se mêla le gémissement de frayeur de Luciole. Toute tremblante, elle vint se blottir contre Rapide-Éclair, son protecteur et son maître.

Tout comme à l'igloo, Rapide-Éclair comprit qu'il serait désastreux de vouloir livrer bataille ouverte contre un pareil ennemi. Il n'avait d'autre choix que de fuir en remontant le ravin qui se rétrécissait de plus en plus. Il reprit sa course. D'un coup d'épaule, il avertit Luciole, et celle-ci se mit à trotter, puis à courir à ses côtés. Au bruit des longues griffes d'Ouapousk sur le sol glacé, Luciole ne demanda pas son reste : elle fila comme un trait sous la clarté lunaire.

De tous côtés, les murs blancs se dressaient à une centaine de pieds de hauteur. Rapide-Éclair jugea aussitôt la situation. Sans perdre courage, comprenant qu'il affrontait la mort en cet instant, il chercha une fissure dans la muraille, un endroit d'où il pourrait se défendre et protéger sa compagne. Il aperçut une ligne sombre sur une des parois. Luciole le suivit vers cette partie de la muraille : l'ombre y était produite par une large saillie, à sept pieds du sol. C'était un suprême refuge, un ultime espoir.

Reculant de quelques pas, il s'élança et atteignit la saillie. Ensuite, il appela Luciole, la supplia de le rejoindre avant qu'il fût trop tard. Les pas d'Ouapousk se rapprochaient et la chienne fit des efforts inouïs pour sauter. Elle heurta la paroi à vingt pouces au-dessous de la plate-forme et retomba en poussant un cri de terreur et de souffrance. Elle s'y reprit une deuxième fois et toucha le rebord, où elle se cramponna une seconde ou deux, essayant de se soulever jusqu'à la surface plate. Elle glissa en arrière, et Rapide-Éclair accueillit d'un grognement de rage l'énorme masse d'Ouapousk qui s'avançait vers eux.

Rapide-Éclair tendit tous ses muscles. Encore vingt secondes et il s'élançait contre l'ours. La crainte de la mort imminente communiqua à Luciole une énergie farouche, et elle bondit sur la plate-forme. Les deux tiers de son corps s'y trouvaient déjà et Rapide-Éclair, d'un brusque coup de mâchoires dans le poil jaune de la chienne, l'aida à se hisser complètement.

Il était temps ! Une patte monstrueuse s'abattit à l'endroit que venait de quitter Luciole, puis Ouapousk grimpa sans peine. Rapide-Éclair mordit le museau de l'ours, dont les rugissements de douleur et de rage retentirent, répétés par les cent échos des murailles et des cavernes de la montagne de glace.

Aplatie contre la paroi à quelques pas des combattants, Luciole observait son seigneur et son maître. Une flamme nouvelle éclairait ses yeux, semblables à des diamants. Jusque-là protégée par l'homme, elle ignorait la lutte ; cependant, dans ses veines courait le sang batailleur du collie. En ce moment, Rapide-Éclair remplissait à lui seul son univers. Elle vit les membres antérieurs d'Ouapousk s'allonger comme des bras humains, et l'un d'eux frappa Rapide-Éclair, qui s'écroula sous le coup ; puis la patte de l'ours se courba sur le corps de son compagnon. Alors, sans proférer un cri, Luciole se rua comme un démon. Ses dents pointues comme des aiguilles s'enfoncèrent jusqu'aux gencives dans la patte feutrée d'Ouapousk, qui se raidit soudain. De la poitrine de l'ours monta un horrible rugissement. Aveugle de fureur, la chienne avait touché l'endroit le plus vulnérable de l'énorme plantigrade.

Couvert de sang et à demi étouffé, Rapide-Éclair fit un saut en arrière et Luciole, libérant ses crocs, suivit son exemple. Pendant qu'Ouapousk se relevait péniblement, tous deux coururent vers l'extrémité de la plate-forme. Par bonheur, une crevasse large d'un yard s'ouvrait au flanc de la montagne. Rapide-Éclair y poussa Luciole devant lui. Les deux compagnons avaient déjà parcouru quelques yards à l'intérieur lorsque Ouapousk se présenta à l'orifice. Mais cette fissure se rétrécissait si brusquement que l'ours, au bout de vingt pas, dut renoncer à la poursuite : son corps de mastodonte ne pouvait avancer davantage. Ses rugissements de rage se répercutèrent jusqu'au cœur de la montagne de glace.

Luciole et Rapide-Éclair continuèrent à gravir la crevasse et enfin débouchèrent sur un vaste plateau d'où ils dominaient l'océan et la plaine. A cet endroit, la pente du plateau descendait vers les terres. Poussant un soupir qui eût pu être un hymne de gratitude, Rapide-Éclair s'allongea à plat ventre au bord du précipice et considéra l'étendue de neige baignée de la clarté de la lune et des étoiles.

Sur son passage, il avait laissé des traînées écarlates. Ses blessures saignaient abondamment. A l'odeur âcre du sang, Luciole se mit à trembler. Son âme de chienne comprit la douleur de son compagnon. Elle vint vers lui et appuya son corps doux et chaud contre le sien. Une tendre plainte monta de sa gorge et, de sa langue tiède, elle se mit lentement à lécher l'épaule de Rapide-Éclair.

Rapide-Éclair, les yeux fixés sur le Wild, oublia sa solitude, le vide et le froid de ce monde désolé. A travers vingt générations de loups, il entrait en possession de son droit héréditaire. L'esprit de Skagen, le grand danois, triomphait enfin. Le miracle s'accomplissait, et sa vie en était à jamais transformée.

VI

RAPIDE-ÉCLAIR RÉPOND A L'APPEL

Plus puissants que l'inondation et la tempête, les *Outche Miskouame,* ou glaciers, ces excavateurs de vallées et niveleurs de montagnes, ont sculpté la surface des continents. Leur tâche est accomplie à présent. Dans les âges reculés, ils ont rampé sur la Terre ; lents et implacables, ils ont façonné le globe avant l'apparition de la race humaine, creusé le lit des lacs et des fleuves et présidé aux formations des couches géologiques. A jamais ils ont tracé le cours des eaux et, dernières forces agissantes de la nature, ils ont magnifiquement rempli leur rôle. Maintenant, leur besogne achevée — *sisikoute-eup-inao !* — ils sont en train de mourir.

Au bord de l'océan Glacial Arctique, la mission du glacier se borne à déverser, chaque été, dans la mer des millions de tonnes d'icebergs. Aussi loin que se reporte la mémoire du plus vieil Esquimau, ce morne glacier solitaire s'est toujours appelé *Oussioui* (le Ciseau de Glace). Peut-être, cinquante mille ans plus tôt, l'eût-on surnommé le Terrassier. A présent, cette gigantesque montagne, au sommet plat, se mourait lentement et livrait à contrecœur ses derniers dépôts à l'océan : les monstrueuses carcasses des mastodontes préhistoriques.

La partie d'Oussioui tournée face à la mer présentait de grandes cavernes et de profondes fissures. Pendant les tempêtes estivales, les vagues s'y engouffraient avec un fracas de tonnerre ; des blocs de glace se détachaient, en produisant de formidables explosions, et le reflux les emportait au large. Mais, derrière cette extrémité battue des flots, la crête d'Oussioui se dressait, unie comme le dessus d'une table.

Cette nuit-là, l'immense plateau étincelait à la clarté stellaire. L'aurore boréale s'était évanouie et la voûte nacrée du ciel se reflétait sur le vaste champ de glace. La température s'adoucissait : il y avait environ vingt-cinq degrés au-dessous de zéro.

Au centre du plateau se tenait Rapide-Éclair et, à ses côtés, Luciole, la chienne collie qui avait fui le bateau immobilisé dans les glaces à maints milles de là.

Depuis plusieurs heures, une transformation miraculeuse s'opérait chez Rapide-Éclair... depuis qu'il avait suivi la piste de Luciole, pour la sauver juste à temps des attaques d'Ouapousk, l'ours polaire. Ses blessures ne saignaient plus et, tout au plaisir d'avoir rencontré une compagne, Rapide-Éclair oubliait leur cuisante douleur. Une vie nouvelle animait son superbe corps gris, réchauffait son sang et allumait la flamme du désir dans ses prunelles. Luciole ne se rendait pas pleinement compte de la métamorphose de Rapide-Éclair ; néanmoins, elle comprenait qu'en ce monde glacé elle aussi venait de trouver un camarade, et elle l'observait en poussant de petits gémissements.

En réponse, Rapide-Éclair caressa de son museau le poil soyeux et épais qui protégeait le cou de la chienne. Ensuite, il promena son regard au loin, par-dessus Oussioui, le glacier moribond. Vers la mer, s'étalait un interminable champ de glace ; du côté de la terre, les solitudes s'étendaient jusqu'aux immenses toundras. Depuis sa naissance, trois ans auparavant, Rapide-Éclair ne connaissait que ce monde-là ; il y avait vécu, grandi, acquis une force splendide ; mais la vision d'une *autre* vie mystérieuse — souvenirs ataviques à lui transmis par Skagen, le chien de l'homme blanc — n'avait pas cessé de le poursuivre.

Et cette chienne étendue auprès de lui au sommet d'Oussioui appartenait à une femme blanche. Svelte, vive, possédant dans chaque ligne de son corps le raffinement de sa race, Luciole était l'incarnation vivante des rêves et des désirs étranges qui établissaient un contraste si frappant entre lui et ses frères de la harde des loups blancs.

Luciole se rappelait encore, vivace comme si elle datait d'hier, la douce caresse d'une main féminine. Sa maîtresse, le visage triste et fier à la fois, avait dit adieu à l'homme qui allait partir au loin sur le grand navire. La chienne et son maître étaient venus dans le Nord et le maître avait baptisé la chienne Luciole, petit nom d'amitié qu'il donnait autrefois à l'épouse bien-aimée. Hélas ! à quelque distance du rivage, se dressait maintenant un amas de rocs recouvrant la dépouille de l'homme, et l'épouse, à des milliers de milles, attendait celui qui ne reviendrait jamais plus et priait pour lui.

Luciole pensait à la femme, simplement, comme on songe à un objet ardemment désiré. Mais elle savait que son maître, qu'elle chérissait plus que tout au monde, était mort et ne se relèverait jamais de dessous le monument funèbre. Jamais plus elle n'entendrait sa voix.

Cependant, le souvenir du danger auquel Rapide-Éclair et elle venaient d'échapper, moins de deux heures auparavant, effrayait Luciole. Ils n'avaient eu la vie sauve que grâce à l'étroite crevasse débouchant vers le sommet d'Oussioui. L'épaule appuyée contre celle de son compagnon, elle tremblait encore et, d'une voix plaintive, elle cherchait à interroger Rapide-Éclair.

Ces petits aboiements de Luciole ranimaient sa bravoure de mâle. Il comprenait ce monde qui était le sien : pour lui, vivre c'était lutter, et sa vie n'avait été qu'un long combat. Dans son sang, grondait de nouveau le désir de se battre. Il se sentait stimulé comme un amoureux qui escorte une timide et jolie fille à travers une foule hostile. Dans le débordement de sa joie, il voulait faire étalage de sa force. Sa défense contre Ouapousk ne suffisait point à son orgueil. La tête droite, le poil hérissé, l'air provocant, il paradait à quelques pas de Luciole.

— Regarde-moi bien, semblait-il dire. Rien ne me fait peur... pas même Ouapousk ! Je suis prêt à me mesurer, s'il le faut, contre n'importe quel adversaire. Je cours plus vite qu'aucun autre loup... Si tu le désires, je retourne rosser Ouapousk à l'instant même...

Fascinée par cette bête sauvage et magnifique, Luciole poussa des jappements approbateurs, courut vers lui et tous deux tournèrent leurs regards vers le désert glacé. Les veines de Rapide-Éclair se gonflaient, prêtes à se rompre. Pourquoi, diantre, un ennemi ne se présentait-il pas sur-le-champ ? Il rejoignit la crevasse par laquelle ils étaient arrivés et un grognement menaçant roula dans la gorge du loup : à ce moment il eût accueilli avec joie l'apparition de Ouapousk.

Cependant, en cet instant précis, le gros ours était en proie à d'autres soucis. Rapide-Éclair et Luciole entendirent un vacarme infernal venant de l'autre extrémité du glacier : hurlements de chiens, cris humains et rugissements de Ouapousk.

Rapide-Éclair écouta, puis, les oreilles aplaties, il fila dans la direction d'où montait ce tumulte, invitant par de petits gémissements sa compagne à le suivre. A peine avaient-ils parcouru cent ou deux cents yards que la surface glacée descendait en pente abrupte vers la mer. Marchant avec d'infinies précautions, Rapide-Éclair arriva au bord d'un précipice d'une soixantaine de pieds de profondeur. Luciole serrée contre lui, ensemble ils regardèrent ce qui se passait au-dessous d'eux.

Une horrible bataille se déroulait dans une sorte de cuvette qu'éclairait la lune. Ils distinguaient l'énorme silhouette blanche de Ouapousk, une douzaine de chiens et les ombres mouvantes des chasseurs esquimaux.

Oubliant momentanément ses instincts belliqueux, Rapide-Éclair se coucha sur le ventre. Luciole, paralysée par ce spectacle, restait debout, sa forme nettement détachée sur l'horizon. En bas, trois hommes criaient, hurlaient, se précipitaient parmi les chiens malemutes, les pointes de leurs longs harpons brillant comme des flèches d'argent. Ouapousk, le dos tourné contre la muraille de glace, soutenait une rude bataille. Un des chiens était déjà éventré, un autre broyé sous ses énormes pattes de devant. Rapide-Éclair et Luciole virent l'ours attraper un troisième chien, dont le hurlement figea le sang dans les veines de la chienne.

Au même instant, un des chasseurs vêtu de fourrures s'élança et enfonça son harpon dans la poitrine de Ouapousk. Poussant un rugissement de terreur, l'ours bondit sur son ennemi ; mais un autre homme se précipita et frappa l'épaule du géant d'un coup mortel. Ouapousk s'écroula. Les neuf chiens survivants foncèrent sur lui, et le troisième chasseur, de si près qu'il dut se servir de ses deux mains, plongea sa lance dans le corps du plantigrade.

Le vieil ours se releva et se jeta sur les chiens. Il ne rugissait plus ; les cris s'étouffaient dans sa poitrine. Tueur durant toute sa vie nomade, l'heure du châtiment avait enfin sonné pour ce mangeur de chair humaine. Armés de nouveaux harpons, les Esquimaux se rapprochèrent de Ouapousk, qui ne se défendait plus que faiblement. Puis vint l'instant où ses forces ne lui permirent même plus d'éloigner les chiens. Il roula sur lui-même, les râles s'éteignirent dans sa gorge. Se servant du manche de leurs harpons comme de matraques, les chasseurs écartèrent les chiens, meurtris et ensanglantés. Ouapousk était mort.

Durant cette lutte épique, Luciole respira à peine. Les souvenirs d'un autre monde s'effaçaient devant l'affreuse réalité du présent. Sur le bateau, elle s'était trouvée à l'abri et choyée. Maintenant, elle assistait à un spectacle de mort au fond de ce précipice écarlate, et l'odeur du sang chaud frappait ses narines. Rapidement, elle devint plus forte. Armés de couteaux, les trois chasseurs s'affairaient autour de Ouapousk et le dépouillèrent avant que la chaleur vitale eût quitté sa carcasse. Ensuite, ils le découpèrent, entassèrent les quartiers de viande et jetèrent aux chiens affamés des morceaux en récompense de leur bravoure.

Un des chasseurs ayant levé les yeux aperçut la silhouette de Luciole. Dans l'excitation de la bataille, les chiens eux-mêmes n'avaient pas remarqué sa présence. L'Esquimau se baissa, se releva, un bras en arrière, puis il se pencha en avant et une flèche siffla dans l'air. La pointe se ficha dans la glace, à un pied et demi devant Luciole ; un peu plus, elle pénétrait dans le corps de la bête. Le bruit de l'acier et l'agitation des hommes éveillèrent immédiatement chez Luciole la notion du danger. Elle bondit en arrière, Rapide-Éclair la rejoignit aussitôt et ils s'éloignèrent de la scène du carnage.

Le spectacle dont ils venaient d'être témoins ne présentait rien d'une tragédie aux yeux de Rapide-Éclair ; il le considérait tout bonnement comme une tuerie, incident très commun dans son existence. Il ne partageait point la frayeur de sa compagne et il ressentait plutôt une cruelle déception. Malgré tout son désir de se battre, il venait d'assister à un combat contre son ennemi sans pouvoir y prendre part. Voilà ce qui le chagrinait au plus haut point.

Ils quittèrent le flanc de la montagne de glace tourné vers la mer. Chez Rapide-Éclair, croissait l'envie de déployer devant Luciole des prouesses de force et de courage. En réalité, il voulait se « faire valoir ».

Tout comme le vin émoustille l'esprit, le bonheur rendait Rapide-Éclair orgueilleux.

En quête d'une occasion où il pourrait étaler ses exploits, il conduisit Luciole de l'autre côté de la montagne. Seul, il eût pris mille précautions pour suivre la pente raide et humide qui, sur une centaine de yards, déclivait vers les terres stériles. Mais ce soir, méprisant tout danger, il se pavanait sur le bord traître du glacier, comme si Oussioui n'eût osé lui jouer un vilain tour. Luciole ne s'alarmait point. Le flanc de la montagne, baigné de lumière, lui paraissait facile à descendre.

Alors, l'inévitable se produisit : Rapide-Éclair glissa par-devant et, durant quelques secondes, se cramponna sur ses pattes de derrière. Puis, pouce par pouce, il céda du terrain. Sous les regards étonnés et inquiets de la chienne, il fut emporté par son propre poids. Sur une centaine de pieds, il fila comme un traîneau, quand, soudain, une aspérité dans la glace le fit pirouetter sur lui-même ; il perdit complètement l'équilibre, ainsi que la notion des choses. Son dernier coup d'œil fut pour Luciole, qui l'observait d'en haut.

Gagnant toujours de la vitesse, il roulait et culbutait tantôt sur le dos, tantôt sur le nez et rebondissait en l'air. Arrivé au bas, il ressemblait à un sac de blé informe. Il se releva, abasourdi, avec une étrange sensation dans l'estomac. Mais il voyait parfaitement clair et ce qu'il aperçut le ramena instantanément à la réalité. Dans sa chute, il était tombé au beau milieu d'une compagnie de lièvres de l'Arctique. Devant cette brusque apparition, les grosses bêtes blanches demeurèrent paralysées d'effroi. Sans doute prirent-elles Rapide-Éclair pour un bloc de glace. Avant même que les lièvres fussent remis de leur émotion, Rapide-Éclair tenait l'un d'eux dans ses mâchoires. Il le tua, puis se coucha sur le ventre, avec sa proie entre ses pattes de devant, et reprit haleine.

Il avait étranglé ce lièvre instinctivement ; son corps, habitué à certains actes, avait agi à l'instar d'une machine. Ses idées une fois éclaircies, la vue de ce gibier déclencha en son esprit une inspiration : il déposerait l'animal aux pieds de Luciole en manière d'excuse pour sa piteuse descente. Il rejoindrait Luciole et lui ferait comprendre qu'il n'avait pas hésité à se donner en spectacle pour lui ramener cette inestimable capture. Il se disposait à remonter la pente glacée, quand il s'arrêta net. De nouveau, ses plans s'écroulaient. Des jappements empreints de terreur parvenaient à ses oreilles.

Il lâcha le lièvre et demeura cloué sur place. Avant de l'avoir vue, il percevait les cris de frayeur de Luciole et le bruit de son corps qui rebondissait sur la glace. Semblable à une énorme boule, elle roula jusqu'au bas et, lorsqu'elle passa devant lui, Rapide-Éclair ramassa le lièvre et courut vers la chienne, au moment même où elle se remettait sur ses pattes en décrivant plusieurs cercles. Rapide-Éclair, bouffi d'orgueil, paradait à quelques pas d'elle.

— Regarde, Luciole, semblait-il lui dire. Voilà pourquoi je suis descendu ; j'ai attrapé ce fin morceau pour toi !

Tandis que Luciole reprenait son équilibre, le regard fixé sur Rapide-Éclair, celui-ci s'approcha d'elle en sautillant. Sans prendre le temps d'envisager la situation, Luciole bondit sur lui, avec toute l'inconséquence de son sexe. Trente secondes durant, Rapide-Éclair eut l'impression qu'elle en voulait à sa vie. Cependant, il n'était guère blessé : quelques poils en moins, c'était tout. La fureur de Luciole s'était traduite en majeure partie par des aboiements, de sorte qu'une fois la tourmente passée, Rapide-Éclair en conclut qu'il avait, somme toute, reçu une correction salutaire ; mais il n'en ressentait aucune douleur.

Pas une fois, il ne riposta. Dans sa surprise, il n'avait pas même lâché sa proie. Satisfaite de sa conduite, Luciole recula et leva les yeux sur lui. Rapide-Éclair, le gros lièvre toujours entre les mâchoires, attendait avec patience. Le grognement s'apaisa dans le gosier de Luciole ; elle porta les yeux au loin, puis les ramena sur lui. Rapide-Éclair frétillait de tous ses membres ; Luciole daigna remuer légèrement sa queue. Puis, d'un bond, elle courut à lui et frotta son museau contre le cou de son compagnon. Avec un soupir de joie, Rapide-Éclair déposa son offrande aux pieds de Luciole et, oubliant leur petite querelle, ensemble ils festoyèrent de la chair de Ouapouse, le lièvre.

*
* *

Pendant les premières heures de leur lune de miel, Rapide-Éclair et Luciole, avides de bonheur, errèrent sans aucun plan défini. Lorsqu'elle ressentit de la fatigue, la chienne songea seulement à s'orienter. Elle avait suivi Rapide-Éclair très loin, jusqu'aux confins des mauvaises terres. Les grands espaces découverts la troublaient, et lorsqu'elle s'arrêtait pour scruter l'horizon, elle ne se tournait pas face à la mer, mais toujours vers le sud, dans la direction des forêts et du soleil, où elle espérait trouver chaleur et lumière... et une maison. Cependant, l'épuisement la guidait du côté opposé, réveillait en elle l'amour d'un foyer plus proche, représenté à ses yeux par la tombe de son maître et le bateau.

Elle n'eut pas plus tôt pris ce chemin que Rapide-Éclair vit son bonheur menacé. Il comprenait que ce monument primitif et ce bateau tenaient une grande place dans la vie de Luciole et expliquaient sa présence dans cette contrée, et il les détestait. Un instinct sûr l'avertissait que là-bas existait pour lui un péril aussi redoutable que Ouapousk, l'ours polaire.

La crainte du danger ne le retenait pas, mais une pensée confuse le prévenait qu'il perdrait Luciole si elle retournait au bateau.

Luciole considérait la situation d'un point de vue tout différent. Sur le bateau, certaines choses lui déplaisaient ; elle les haïssait davantage depuis la disparition de son maître, en particulier les chiens malemutes. Néanmoins, depuis nombre de mois, le bateau avait été son foyer ; elle y avait trouvé la nourriture, la chaleur, un coin confortable pour dormir et de longues heures de sommeil. Elle ne voyait pas pourquoi

Rapide-Éclair ne profiterait pas avec elle de ces multiples avantages. Elle n'avait nulle intention de l'abandonner et elle usait de tous ses moyens pour le persuader.

Lorsque Rapide-Éclair demeurait en arrière, elle gémissait et l'appelait jusqu'à ce qu'il se remît en marche. D'autres fois, quand ses supplications restaient sans effet, elle continuait seule, comme si elle le lâchait pour de bon ; alors, Rapide-Éclair, pris de panique, la rattrapait en courant.

De cette façon, ils revinrent enfin au monument funèbre, et là, sur une des nombreuses empreintes laissées par son corps, Luciole s'allongea. De sa gorge montait un gémissement de douleur. Maintes fois, elle avait appelé son maître devant ce tas de pierres, et il lui avait fallu longtemps pour saisir la signification de cette chose mystérieuse : la mort. A présent, elle savait que jamais plus son maître ne se lèverait et ne répondrait à son appel, que les rochers le retenaient éternellement captif, et sa plainte exhalait toute la souffrance que lui inspirait cette certitude.

Le langage, tel que nous l'entendons, peut ne pas exister chez les animaux ; néanmoins, il y a entre eux une espèce de compréhension grâce à laquelle s'imposa à l'esprit de Rapide-Éclair le sens de cet amas de pierres. Il ne tarda pas à deviner la réalité d'un lien entre le bateau, Luciole et cette tombe, et à sentir la présence du mort invisible.

Il se coucha près de Luciole. Elle semblait prêter l'oreille, comme si elle s'attendait qu'un son montât de dessous la terre ; Rapide-Éclair, lui aussi, écouta. Pendant quelques minutes, la chienne conserva cette attitude expectative. Puis elle se leva et courut vers la mer ; Rapide-Éclair la suivit jusqu'au bord de la glace et là il s'arrêta. La chienne le pressait de continuer, et graduellement il céda à son invite. Mais Rapide-Éclair n'était plus le même ; il ne relevait plus la tête d'un air arrogant ; l'élasticité de sa démarche s'en était allée et il avançait d'un pas hésitant.

Luciole retournait chez elle, au bateau, et il le comprenait. Elle le quittait ! Accablé d'une oppression insurmontable, il fit halte de nouveau. Il flaira les effluves du bateau et l'odeur des chiens ; des voix d'hommes parvenaient à ses oreilles. Dans un dernier effort, il essaya de dire à Luciole qu'il avait atteint la limite au-delà de laquelle il ne pouvait poursuivre sa route. Luciole, rebelle à saisir le sens de cette obstination, le suppliait de la suivre. Par trois fois, elle trotta en avant et revint vers Rapide-Éclair, couché dans la neige, immobile comme une statue, et le museau posé sur ses pattes de devant. Une dernière fois, elle disparut pour ne plus revenir.

Rapide-Éclair attendit... et, quand son corps se fut raidi sous l'action du froid et une fois sa dernière illusion envolée, lentement il s'éloigna du rivage.

Il se retrouvait dans son vieux monde. La beauté émouvante de la nuit s'était effacée ; de nouveau, s'étendait devant lui un chaos de grisaille et de ténèbres, vaste désert rempli d'une hallucinante solitude.

Jamais la tristesse de ces grands espaces ne l'avait tourmenté à ce point ; elle pesait sur son âme comme un fardeau, le dépouillant de tout désir et de tout espoir.

L'Indien cree, assagi par l'existence tragique des régions polaires, rend grâces à Dieu de n'avoir point accordé la raison aux bêtes, car autrement elles eussent depuis longtemps exterminé l'homme de la surface de la Terre. Rapide-Éclair, incapable de longue réflexion, souffrait en ce moment : demain, après-demain et le jour suivant ne représentaient rien à son esprit ; pour lui, le présent seul existait. Et le présent était sombre et désespérant.

Il retourna vers la tombe et s'allongea à la place encore tiède du corps de Luciole. Il était las ; pourtant, malgré sa longue course, il n'avait ressenti aucune fatigue tant qu'il courait aux côtés de la chienne. Ses muscles avaient fonctionné sans répit pendant un jour et une nuit, et maintenant l'épuisement s'abattait sur lui.

Il luttait contre la somnolence pour épier le retour éventuel de Luciole. Une douzaine de fois, il secoua sa torpeur et tomba dans un sommeil fiévreux, agité, hanté de cauchemars. Il se revoyait, à la tête du clan de loups blancs aux longs crocs, à la poursuite des rennes d'Olie John ; puis au bord de la crevasse, où se dressait la cabane des hommes blancs ; ensuite, il filait avec le vent sous la lune et les étoiles, puis au sein de la tempête et des ténèbres.

Ces images successives traversaient son cerveau en un défilé fantasmagorique. Si John Braine s'était réveillé de dessous ces pierres, il eût entendu les plaintes de Rapide-Éclair, car la bête, incapable de concevoir aucun espoir, éprouvait une solitude plus douloureuse que celle dont cet homme avait jamais souffert.

Après plusieurs heures de sommeil, Rapide-Éclair ne vit plus autour de lui qu'une épaisse obscurité. Les étoiles s'étaient cachées et l'aurore évanouie ; la transparence nacrée du ciel s'était transformée en un abîme d'une noirceur d'encre.

Au sommet du monument funèbre, gémissait le vent, faible comme un sanglot étouffé. On eût dit que l'âme de la femme pleurait son cher disparu. La présence du mort, loin de repousser Rapide-Éclair, l'attirait. Sous cet amas de pierres, gisait l'être à qui avait appartenu Luciole. Rapide-Éclair poussait de petits soupirs.

L'épaule appuyée contre les rocs noirs, le cœur palpitant, Rapide-Éclair écoutait et, de ses yeux luisants, essayait de scruter la nuit. Et une main glacée, la main du maître, froide et rigide, sembla sortir de la tombe et toucher le cœur de Rapide-Éclair. Rejetant au loin les vingt générations de loups, il redevenait le chien d'un homme blanc. En proie à l'émotion, il s'assit sur son train de derrière et lança vers le ciel une note lugubre. Il hurla deux fois avant de quitter le tas de rochers.

De nouveau, il se dirigea vers le bateau. Le vent qui balayait l'étendue glacée le mordait cruellement et lui lançait des paquets de neige dans les yeux et les narines, l'empêchant ainsi de voir et de flairer. Impossible de chercher une piste ou de chasser ! Cependant, Rapide-Éclair considérait ce vent comme son ami. L'instinct l'avertissait qu'il pouvait en toute confiance s'approcher du bateau. Pour l'animal, un danger n'existe que s'il le perçoit par les sens de la vue, de l'ouïe ou de l'odorat. Rapide-Éclair n'était qu'à deux yards du monstre pris dans les glaces quand il en aperçut la silhouette se profilant dans l'obscurité.

A pas lents, s'arrêtant à tout moment pour renifler et tendre l'oreille, il contourna le bateau et arriva au « pont » de glace qui montait du niveau de la mer à bord du bâtiment. Tous les occupants de la baleinière, hommes et bêtes, circulaient sur ce pont ; on y traînait les peaux ainsi que la chair des ours et des phoques tués à la chasse. Chasseurs et trafiquants empruntaient ce passage.

Les vents nocturnes avaient beau balayer ce pont, ils ne dispersaient pas complètement l'odeur, qui arrivait aux narines de Rapide-Éclair. Dans son âme de brute, tiraillée entre l'instinct du loup et celui du chien, s'opérait une métamorphose. Il désirait monter, suivre le chemin pris par Luciole, gravir cette piste tout comme naguère il avait voulu regarder à l'intérieur de la cabane des hommes blancs au bord du ravin.

A l'instant précis où il allait s'aventurer un peu plus loin, le vent tomba, avec un soupir de lassitude, les nuages se dissipèrent et la lune, démasquée, éclaira la mer de façon si soudaine qu'on eût dit le rayonnement d'un gigantesque brasier. Aussitôt, Rapide-Éclair vit ce que les tourbillons de neige avaient dissimulé à ses regards : la grande carcasse sombre, les mâts et les vergues glacés, les haubans à l'aspect fantomatique et, si près de lui que tous deux furent saisis d'étonnement, un être vivant, un bipède !

A deux bonds de Rapide-Éclair, debout au haut du pont, le visage pâle, Bronson observait l'animal. Préposé à la garde des chiens à bord du navire, Bronson, âgé de quarante ans, en avait passé vingt dans l'Arctique, et pour cette raison on le surnommait « l'Esquimau blanc ». Malgré la couleur de Rapide-Éclair, il reconnut sans hésiter le vrai loup. Cependant, sur la glace de la mer polaire, il n'avait pas encore rencontré de loup qui ne fût point blanc. Bronson, par atavisme aussi bien que par sa longue expérience, possédait la curiosité du savant et du chasseur. Il disparut prestement et courut, à l'autre bout du navire, vers les chenils couverts de neige où étaient attachés les chiens dressés pour la chasse à l'ours.

En s'éloignant, Rapide-Éclair entendit un faible crissement d'acier. L'odeur et le bruit lui parvinrent ensuite très distinctement ; il flairait les chiens et les hommes et percevait le cliquetis des chaînes. Mais il ne s'enfuit pas, car il ne craignait ni loups ni chiens ; pourtant, il sentait sourdre en lui une haine farouche contre les bêtes qui produisaient tout ce tintamarre.

En lui étaient ancrés l'instinct de la possession et le désir d'abattre le rival qui tenterait de lui enlever sa femelle. Dans les effluves qui lui arrivaient de la meute, il crut saisir pourquoi Luciole l'avait abandonné, et sa fureur s'en accrut. Il se mit à trotter et s'arrêta à deux cents yards du bateau ; puis il fit un long détour à la manière des loups et attendit.

Au raclement de leurs griffes sur la glace, il savait que ses ennemis approchaient ; mais bientôt on n'entendit plus les chiens de chasse de Bronson. Cependant, derrière eux, leur maître les pressait et les excitait à la poursuite.

Rapide-Éclair fit demi-tour et fila comme une ombre. Les poils se hérissaient sur son dos et, entre ses crocs, montait un sourd grognement. Il ne cherchait point à fuir, mais il choisissait un champ de bataille propice. Détestant la glace unie et la neige durcie, il s'arrêta à un endroit où il sentit une surface molle sous ses pattes.

Les chiens étaient au nombre de huit, huit airedales au corps souple, aux longues pattes et aux épaisses mâchoires, dressés à se taire et à écouter sans proférer un son. En moins de douze secondes, ils décelèrent l'odeur de Rapide-Éclair et comprirent la besogne qu'on attendait d'eux.

Au pied d'un amas de neige, Rapide-Éclair se coucha sur le ventre. Lorsque la meute arriva à cinq ou six yards de lui, il s'élança avec la rapidité d'une flèche et se jeta sur le premier chien, comme il se serait attaqué à un caribou. Avec une force de cent cinquante livres, il culbuta l'airedale qui en pesait à peine quatre-vingts, et au même instant ses mâchoires se refermèrent : le meilleur lutteur de Bronson poussa un léger soupir, le cou brisé sous le terrible étau de Rapide-Éclair.

Comme sa jalousie l'avait poussé autrefois dans un combat mortel contre Balou, le vieux chef du clan, aujourd'hui son instinct de mordre et de tuer se réveillait à l'idée de ne point garder Luciole tout à lui. Elle avait rejoint cette bande de chiens, qui à présent la retenaient loin de lui. Dans son obscur cerveau, il faisait abstraction des individus, mais en voulait à l'ensemble des chiens de spolier ses droits imprescriptibles de propriété, et, pour obtenir réparation, il combattrait de toutes ses forces.

Quinze secondes après la mort du premier chien, il fut entouré d'une bande furieuse. Au lieu de l'attaquer comme les chiens esquimaux ou même les loups, les molosses s'élancèrent tous sur lui à la fois. Le poids et le nombre le terrassèrent ; mais ces sept corps qui cherchaient aveuglément à le détruire laissaient à Rapide-Éclair un immense avantage. Ses mâchoires se refermaient sur des pattes, qui se brisaient comme des baguettes, et ses longues dents éventraient tous les ennemis à sa portée. Il se roulait et se tortillait comme un ver et, dans toutes ses positions, il trouvait de la chair et du sang pour assouvir sa haine.

Le bruit de la bataille parvint au bateau. Bronson, armé d'un harpon, accourait vers le lieu du combat. Le hublot d'une cabine s'éclaira. D'autres chiens donnèrent de la gueule et une vingtaine de malemutes qui, quelques minutes auparavant, dormaient profondément dans leurs trous de neige détalèrent pour prendre part à la mêlée.

Tout le bateau s'intéressait à ce combat entre les chiens et le loup, mais Rapide-Éclair n'en avait cure. Oublieux des hommes et du bateau, toujours sous le tas de chiens, il se défendait comme un vrai démon. Il n'entendait que des grognements et des claquements de mâchoires.

Dissimulé sous ces corps chauds, il enfonçait ses crocs dans la chair et sentait la morsure d'autres dents qui déchiraient ses flancs et, par deux fois, pénétrèrent dans son cou.

La glace recouverte de neige était ensanglantée et une légère vapeur s'exhalait des corps tièdes. Bronson perdit un second chien, les autres étaient plus ou moins estropiés, et Rapide-Éclair en tenait un troisième à la poitrine, quand les chiens de traîneaux malemutes se précipitèrent joyeusement dans la bataille.

Le malemute aime à se battre comme l'enfant aime à jouer. Nul besoin de l'encourager : il attaquerait son propre frère, son meilleur camarade et sa famille entière. Aussi, lorsque les chiens de traîneaux arrivèrent, la scène changea-t-elle complètement d'aspect. Ignorant qu'un ennemi se démenait sous cette confusion de ventres et de pattes, ils se ruèrent sur les airedales et, en moins de trente secondes, tous les chiens se battaient, sans distinction de sexe ni de race.

Au-dessus du vacarme, Rapide-Éclair entendit la voix de Bronson qui hurlait à tue-tête en brandissant son harpon. D'autres hommes accouraient du bateau, et, au moment où Rapide-Éclair s'échappait de la mêlée, une demi-douzaine de fouets s'abattirent sur la masse mouvante. Le bout d'une lanière cingla le nez de Rapide-Éclair ; une seconde lanière s'entortilla autour de lui, mais il parvint à se glisser entre deux hommes et disparut dans la nuit.

Pendant quelque temps encore, il entendit les vociférations accompagnées de coups de fouet ; mais, lorsqu'il atteignit la tombe et s'allongea face à la mer, le tumulte avait complètement cessé et partout régnait un profond silence.

Le sang coulait de ses blessures et gelait à mesure dans la neige. Rapide-Éclair ne s'avouait pas vaincu, et le nombre excessif de ses assaillants ne l'effrayait point, mais sa colère vindicative ne le tenaillait plus. Son rêve brisé, il avait abandonné tout l'espoir qui le soutenait dans la lutte. A deux ou trois reprises, il fit le tour du monument, flairant les empreintes de Luciole ; puis il se tourna vers le sud.

Maintes fois attiré dans cette direction, il avait toujours résisté à l'appel mystérieux qui lui venait de ce côté de l'horizon. Mais, cette nuit, l'instinct du loup ne le retenait plus auprès de la meute sauvage. Seul, le sang de Skagen, le grand danois, coulait dans ses veines. Écrasé par la douleur et la solitude, il se remémorait d'étranges visions d'un autre monde ensoleillé. Lentement, il se remit à trotter ; au bout d'un instant, il s'arrêta pour jeter un regard en arrière, puis se tourna vers la toundra et repartit d'une allure assurée.

Il fit une nouvelle halte à l'endroit où Luciole, lasse de vagabonder, avait rejoint le bateau. Le hasard et aussi le désir de revoir sa compagne entraînèrent Rapide-Éclair vers le coin abrité où la tempête n'avait pas entièrement effacé ses empreintes. Il les renifla, puis dressa l'oreille. Son cœur tressaillit d'un ultime espoir, l'espoir irraisonné de la bête. Cependant, il avait vaincu l'envie de rebrousser chemin et, plus que jamais, le sud l'appelait à lui.

Il grimpa au sommet de la pente et, avant de reprendre sa route, il regarda une dernière fois la vallée où subsistaient encore les traces de Luciole. Soudain, une forme vivante surgit à l'autre extrémité de la cuvette et se profila un instant sur la grisaille du ciel. Rapide-Éclair, immobile comme une statue, observa l'animal qui suivait sa piste ; il le vit descendre sur la toundra, puis remonter vers lui. Ce n'était ni un renard, ni un loup, ni un des chiens du bateau, mais Luciole, sa compagne !

La lune et les étoiles l'inondaient de clarté, allumaient ses yeux interrogateurs et donnaient à son corps superbe un reflet doré. Cependant, lorsqu'elle appuya son museau soyeux contre l'épaule broussailleuse de Rapide-Éclair, l'attitude de la chienne ne trahissait aucun repentir : elle se montrait simplement câline et satisfaite. Si elle avait pu parler, peut-être lui aurait-elle appris qu'elle avait dormi longtemps sur le bateau, que le bruit de la bataille l'avait réveillée et que maintenant elle était prête à le suivre où il lui plairait. Un roucoulement bizarre montait de la gorge de Rapide-Éclair. L'instant d'après, il se retournait droit vers le sud.

Et Luciole, sans plus d'hésitation, trotta à son côté.

VII

LE DÉLUGE

L'*Outoutine,* cette période qui sème l'effroi dans le cœur des hommes, était revenue. Durant ces jours néfastes, les plus intrépides des chasseurs se claquemuraient dans leurs igloos comme si l'air extérieur contenait des émanations mortelles, et chuchotaient entre eux : *Nésoua kou tche wouk* (tous les trois sont gelés), désignant ainsi la terre, le ciel et l'air. Ils faisaient des incantations à voix basse et brûlaient des mèches de cheveux à la mince flamme du feu de mousse imprégnée d'huile de phoque, espérant ainsi apaiser le courroux des dieux et revoir sains et saufs leurs amis surpris dans ce froid mortel.

Cette atmosphère renfermait une menace plus effrayante que le plus traître des poisons. Un thermomètre n'eût peut-être pas signalé le danger, car on ne meurt pas nécessairement par une température de quarante ou cinquante degrés au-dessous de zéro, et le mercure ne peut enregistrer les phénomènes inhérents au froid de l'Arctique. L'air immobile était si sec et si froid que si, par imprudence, on exposait au-dehors un doigt mouillé, celui-ci gelait instantanément et de tous côtés à la fois.

L'homme était mis en garde par le sens de l'ouïe. Dans le calme surnaturel qui régnait, les milles devenaient des centaines de yards pour l'acuité des sons. Le piétinement de sabots de caribous sur la neige durcie et la toux d'un trappeur se percevaient à un mille de distance. On suivait distinctement une conversation à deux cent cinquante yards, et un coup de fusil se répercutait jusqu'à dix milles de l'endroit où il était parti.

La nuit polaire, longue de cinq mois, commençait à décroître sur l'immense toundra qui borne la mer Arctique au sud. Ce n'était pas ce qu'on appelle communément la nuit, mais l'absence de soleil et de lumière du jour. La Terre devait encore tourner longtemps sur son axe avant que parussent à l'horizon les premiers rayons solaires. Cependant, au ciel brillaient la lune et les étoiles, et le centre de la voûte céleste s'illuminait d'un feu mystique à la clarté duquel on pouvait lire des caractères d'imprimerie.

Impossible à un être humain de vivre hors d'un abri. Les Esquimaux avaient soigneusement calfeutré les interstices de leurs igloos. A l'intérieur de ces habitations de neige et de glace construites en forme de dômes, brûlaient de petits brasiers de mousse et d'huile de phoque ; les gens mangeaient s'ils avaient de quoi se mettre sous la dent et adressaient à leurs dieux de bizarres offrandes, en attendant le retour des absents.

En effet, plusieurs trappeurs manquaient à l'appel. L'Outoutine s'était subitement abattue sur la contrée comme un oiseau de proie. Surpris loin de leur demeure, les hommes creusaient des abris dans la neige, ou bien, s'ils se trouvaient sur la mer, ils brisaient la glace et édifiaient de minuscules cavernes hermétiques à l'air, dans lesquelles ils s'enterraient vivants pour protéger leurs poumons : les organes respiratoires étaient les premiers atteints, et le plus expérimenté des chasseurs ne s'apercevait de son état qu'aux approches de la mort. L'Outoutine vous mordait sournoisement, sans douleur ; mais, au bout d'un certain temps, la victime « crachait ses poumons » et ne tardait pas à succomber.

Cependant, à la différence des êtres humains, les animaux vivaient et se mouvaient dans cette froidure impitoyable. Le moineau triomphe de la plus glaciale nuit d'hiver, parce que son cœur bat très vite, et le sang d'une hirondelle planant à trois cents pieds au-dessus de la terre atteint un degré de température qui serait mortel pour nous.

Le caribou et le bœuf musqué, le renard et le loup et les gros lièvres blancs erraient, en quête de leur proie, sans redouter le froid, car leurs poumons sont protégés de deux manières : outre que la température de leur corps est plus élevée que celle des Esquimaux, la radiation calorique de leurs naseaux constitue une protection très efficace, surtout chez les animaux de grande taille. Ils respirent un air chargé d'oxygène capable de tuer un homme, mais cet air n'arrive à leurs poumons qu'une fois échauffé par leurs profondes narines.

Rapide-Éclair et Luciole s'étaient mis en route trente-six heures avant l'apparition de l'Outoutine. Ils filaient tout droit au cœur des solitudes sans arbres qui s'étendent, sur plusieurs centaines de milles, entre les toundras déchiquetées de la côte arctique et les premières terres boisées du Sud.

Ils avaient déjà parcouru près de soixante milles et la fragile Luciole tombait presque de fatigue. De temps à autre, elle se couchait pour se reposer et gémissait à l'idée du bateau, de sa chaude couchette et de la nourriture qu'elle avait abandonnée pour suivre son farouche compagnon.

En revanche, Rapide-Éclair sentait naître en lui la joie et l'orgueil de la possession, et son corps magnifique ne souffrait d'aucune lassitude. Il ne regrettait rien de sa vie récente ; il ne souhaitait plus courir avec les loups, ni conduire les grandes meutes blanches. Le souvenir de sa suprématie sur ses frères ne suscitait plus chez lui aucun frisson. Il lui semblait fuir une ambiance malsaine. Plus que jamais, il se sentait attiré vers le Sud, vers la terre de ses ancêtres, habitants des chenils, vers le pays de Skagen, le grand danois que les vicissitudes de l'existence avaient envoyé au Nord, parmi les loups.

Si Luciole avait pu le suivre, au lieu de soixante mille, il en eût parcouru cent et eût continué à mener ce train jusqu'à ce que ses côtes fussent efflanquées et ses yeux injectés de sang. Mais Luciole retenait son élan. A chacun de ses soupirs, Rapide-Éclair se tournait vers elle avec un gémissement dans la gorge.

Les tendres pattes de Luciole, inaccoutumées à la glace et à la neige durcie, se mirent à saigner dès le début du voyage. A chaque étape, Rapide-Éclair les léchait de sa langue rouge et tiède et frôlait de son museau la chienne, comme autrefois elle-même, à des milliers de milles de là, avait souvent caressé la main blanche de sa maîtresse. Luciole n'oubliait pas cette femme si douce, ni l'homme qui l'avait emmenée avec lui dans le Nord. Ces deux êtres faisaient partie de son existence. Sous sa froide tombe de pierres grises, là-bas, au bord de la mer, le maître demeurait à jamais étendu. A présent, la maîtresse semblait l'appeler, la maîtresse qui se morfondait en attendant le retour du bien-aimé. Par un miracle de l'instinct, Luciole devinait que Rapide-Éclair la conduisait vers elle.

Depuis plusieurs heures, ils avaient quitté les dernières toundras et pénétraient en ce moment au sein d'une vaste contrée grise et monotone. De leurs corps échauffés par la course, montait une vapeur ténue qu'ils déroulaient derrière eux, sur au moins cinq cents yards, comme un voile. Par ce froid intense, ce bizarre phénomène se produisait également chez les troupeaux de caribous, dont l'odeur persistait à deux milles, alors qu'en temps normal on ne la perçoit qu'à trois cents ou quatre cents yards.

Les narines frémissantes, Rapide-Éclair s'arrêta et se tourna du côté d'où lui arrivaient les effluves. Luciole était talonnée par la faim : depuis quinze heures, elle avait mangé le dernier morceau du lièvre tué par son compagnon ; mais l'odeur flottant dans l'air, semblable à celle d'un bœuf ou d'un cheval, n'évoquait nullement en elle une promesse de nourriture. En proie à une forte émotion, Rapide-Éclair tendit le museau vers l'ouest et fila dans cette direction.

Luciole le suivit, devinant que cette odeur renfermait, pour son compagnon, un mystérieux message. Les caribous se tenaient à un ou deux milles à l'ouest, derrière une colline basse au milieu du barren. En plein jour, on eût aperçu un mince brouillard produit par la vapeur s'exhalant des animaux.

Bientôt, Luciole et Rapide-Éclair surprirent un bruit et dressèrent l'oreille. Les caribous grattaient la neige gelée du bout de leurs andouillers, pour déceler la mousse verte ; on entendait le piétinement de leurs sabots comme s'ils n'étaient qu'à une portée de fusil. Rapide-Éclair avançait lentement et avec d'infinies précautions. Il mit une demi-heure pour atteindre le pied de la petite crête. Il y grimpa, Luciole toujours à ses talons. Arrivé au sommet, il s'aplatit sur le ventre, et la chienne, rapide à saisir les désirs de son compagnon, se coucha à ses côtés.

En bas, ils voyaient une cinquantaine de caribous, pour la plupart des femelles et leurs petits. Un de ceux-ci se trouvait presque au-dessous de Rapide-Éclair : il mesura du regard la distance qui les séparait et sauta sur sa proie. L'attaque fut si soudaine que Luciole en demeura paralysée d'étonnement.

A la pâle lueur de la lune et des étoiles, elle assistait à une scène nouvelle : naguère, elle avait vu Rapide-Éclair aux prises avec Ouapousk, l'ours polaire, mais, ce jour-là, il s'agissait pour le chien-loup d'une lutte purement défensive, alors qu'aujourd'hui il déployait devant Luciole un courage dénué de ruse. Elle le vit bondir à la gorge d'un animal trois fois plus gros que lui, et tous deux roulèrent ensemble sur le sol. Le sang de Luciole se glaça d'effroi lorsqu'elle entendit le tonnerre d'une centaine de sabots ébranler la terre. Mais les grandes formes sombres des caribous n'attaquaient pas comme Ouapousk : elles fuyaient !

La chienne leva la tête. Rapide-Éclair et le jeune caribou se débattaient toujours sur la neige piétinée. Un frisson courut dans les veines de Luciole lorsque lui parvint le grognement de Rapide-Éclair. Ses lippes se retroussèrent, ses crocs d'une blancheur laiteuse étincelèrent sous la lumière céleste et dans ses yeux brilla une flamme étrange. Soudain, son corps jaune fila comme un trait au bas de la pente.

Mais elle arriva trop tard : le caribou était à demi mort. Au bout de quelques instants, il cessa de remuer et Rapide-Éclair se redressa. Les prunelles luisantes, Luciole le contemplait. Sans doute ressentait-elle le frisson d'orgueil de la femelle qui a envoyé son mâle au combat et le voit revenir victorieux. Pendant une minute ou deux, elle appuya sa tête soyeuse contre l'épaule de son compagnon, qui, ensuite, éventra sa victime. Ensemble, ils festoyèrent. Après quoi, Luciole, épuisée de fatigue, s'allongea auprès de la carcasse encore chaude et tomba dans un profond sommeil. Bientôt, Rapide-Éclair somnola à côté d'elle. Au bout d'une heure, il se releva et essaya de mordre à la viande du caribou ;

elle était gelée et dure comme roc. Il éveilla Luciole : la chienne se dressa sur ses pattes, tout engourdie et courbatue. Sous sa mâchoire, son haleine, en se congelant, avait formé un glaçon qu'elle détacha avec ses pattes.

Rapide-Éclair marchait en avant. D'instinct, il comprenait qu'il s'était éveillé juste à point pour échapper à la griffe de cette température mortelle. Dès qu'elle voulut trotter, Luciole se sentit lourde et maladroite. Le froid devenait plus âpre encore que quelques heures auparavant. L'air exhalé par leurs poumons se muait en un blanc frimas au sortir de leurs gueules. Après un moment, leurs corps se réchauffèrent et le sang circula plus vite dans leurs veines. Au bout d'un quart d'heure, ils trottaient allégrement vers le sud.

Bien que Luciole, l'estomac repu et les membres délassés, se sentît plus alerte, Rapide-Éclair n'accéléra pas pour autant son allure. Dans son simple cerveau, il n'essayait nullement de résoudre les problèmes ardus de la vie et de la mort ; mais une force aveugle le guidait, une force plus sûre que l'intelligence de l'homme. Non seulement son instinct lui indiquait la direction du sud, mais il lui interdisait de dépasser une certaine vitesse ; car s'il courait à perdre haleine, baigné de sueur et la langue pendante, il s'arrêterait à bout de forces et deviendrait la proie d'Outoutine, le froid mortel.

Ils continuèrent ainsi pendant plusieurs heures, faisant de courtes haltes de temps à autre. A trois reprises, Luciole dut se coucher sur la neige ; mais Rapide-Éclair, debout à côté d'elle, la pressait bientôt de poursuivre son chemin.

Quarante heures après leur départ du rivage, le froid commença de décroître. La température s'éleva lentement, puis soudain on eût pu presque voir le mercure se dilater dans un thermomètre : en deux heures, il monta de dix degrés, et seulement alors Rapide-Éclair permit à Luciole de prendre le long repos qu'elle réclamait. A l'abri d'un monticule de neige, ils se creusèrent une niche, s'y allongèrent et dormirent de longues heures.

Ni Rapide-Éclair ni Luciole ne remarquèrent la métamorphose qui, lentement, s'opérait autour d'eux, lorsqu'ils se remirent en marche. Les étoiles semblaient reculer, perdre de leur dimension et de leur clarté. Peu à peu, s'évanouissait l'illumination mystique de la voûte céleste. Les deux bêtes ne distinguaient plus aussi nettement les objets et leur vision ne portait plus très loin. Ils pénétraient dans ce monde « intermédiaire », cette bande de terre mystérieuse où la Longue Nuit se fond dans le jour blafard de l'Extrême Nord. D'heure en heure, cette transformation bizarre se confirmait : une à une, les étoiles s'éteignaient ; bientôt, aucune d'elles ne brilla au ciel et toute cette région se trouva plongée dans un chaos crépusculaire.

Après un jour et une nuit, Rapide-Éclair et Luciole contemplèrent à leur réveil un phénomène merveilleux : le soleil pointait à l'horizon vers le sud. Ce n'était qu'une lueur, un éclaboussement rouge pâle, comme si un brasier situé derrière une montagne, à plusieurs milles de distance, incendiait ce coin du ciel.

Tremblants, leur cœur battant à tout rompre, Luciole et Rapide-Éclair, les yeux étonnés, regardaient comme cloués sur place.

La lueur écarlate s'intensifia, puis, aussi vivement qu'elle était apparue, elle mourut, après avoir éclairé le firmament une dizaine de minutes. En proie à une profonde émotion, les deux camarades oublièrent leur fatigue, la faim et la douleur cuisante de leurs pattes. Ils venaient de contempler le soleil ! Depuis de longs mois, ils ne l'avaient pas revu, et leurs âmes primitives exultaient, comme l'aveugle dont les yeux s'ouvrent brusquement à la lumière. C'était le premier jour qu'ils entrevoyaient ensemble, un jour de dix minutes seulement, succédant à une nuit de vingt-trois heures et cinquante minutes !

D'un pas régulier, ils trottèrent vers l'endroit où avait disparu cette clarté magique. Chemin faisant, Luciole tua elle-même un gros lièvre blanc. Peu après, Rapide-Éclair en attrapa un autre. Ils dévorèrent leur gibier, mais ne s'attardèrent point pour dormir. Ils coururent une grande partie de cette nuit-là, si différente de celles qui régnaient sur les bords de la mer glaciale ; les étoiles semblaient plus petites et moins rapprochées les unes des autres, et la lune, dix fois plus lointaine, se cachait la plupart du temps derrière les nuages.

Après une course de trente-cinq milles, Luciole, terrassée par la fatigue, s'écroula sur la neige. La température était assez douce : il n'y avait plus guère que vingt degrés au-dessous de zéro. Pour la cinquième fois, les deux bêtes s'endormirent.

Luciole fut éveillée par le hurlement de Rapide-Éclair. Jamais un cri semblable n'était sorti de la gorge de son compagnon, et la chienne, surprise, leva la tête. Le soleil brillait en plein devant ses yeux. Cette fois, c'était vraiment le soleil, mais il ne rayonnait aucune chaleur. Sauf celle qu'il transmettait dans le sang des êtres à la simple vision de sa splendeur embrasée. Il ressemblait à une énorme boule de feu sombre. Jamais Luciole et Rapide-Éclair n'avaient vu un astre aussi monstrueux. Il ne s'éleva pas entièrement au-dessus de l'horizon, mais, pendant près d'une demi-heure, il demeura en partie visible. Lorsque ce globe lumineux eut disparu, la lueur persista dans le firmament et la durée du second jour fut d'une heure trente minutes.

Il se produisit un nouveau phénomène. A cet endroit, le barren présentait un aspect tout autre qu'au bord de la côte. On rencontrait çà et là des buissons nains et bientôt les genévriers et les mélèzes des toundras firent place aux premiers sapins noirs et blancs, au milieu desquels apparurent plus loin des trembles, des pins et des bosquets de bouleaux et de balsamiers. Quand, pour la troisième fois, Rapide-Éclair et Luciole s'arrêtèrent pour se reposer et dormir, ils s'installèrent à l'abri d'un hallier d'épaisse verdure.

Par la suite, chaque nuit devint plus courte et chaque jour plus long. Les petits buissons se transformèrent en ce que les Indiens appellent *mistikouse,* ou forêts rabougries, dont les arbres montaient de plus en plus haut. Rapide-Éclair comprit enfin qu'il pénétrait dans un monde inconnu et qu'une partie de son rêve se réalisait.

Dans cette contrée boisée, ce fut au tour de Luciole d'apprivoiser son compagnon. Créature des grands espaces glacés, sans plaines basses ni forêts pour en rompre la monotonie, Rapide-Éclair se méfiait de cette ambiance nouvelle, où tout le remplissait d'étonnement. A Luciole, au contraire, la présence des arbres rappelait un paysage familier.

A l'improviste, ils tombèrent sur un élan, un énorme mâle aux andouillers massifs, qui ne mesurait pas moins de cinq pieds de la tête à la queue. Lorsqu'ils virent ce monstre à six yards d'eux, la chienne n'en fut pas moins épouvantée que son compagnon. Rapide-Éclair eût attaqué le bœuf musqué, malgré ses redoutables cornes, mais Moushoua, le vieil élan, le tint à distance, et, pour la première fois de sa vie, Rapide-Éclair esquiva la lutte avec une bête à sabots.

Ensuite, ils voyagèrent sans hâte. Plus rien n'attirait Rapide-Éclair en avant. Les jours s'ajoutaient aux jours et se transformaient en semaines. Ils arrivèrent dans la région des hautes futaies, traversèrent des rivières, des lacs et de grands marais.

Rapide-Éclair savourait cette nouvelle existence. Plus d'une fois, il avait entendu la voix de ses frères de race ; mais ici les loups étaient gris et la nourriture abondante. Les terres basses regorgeaient de gibier et les traces des lièvres sillonnaient la neige.

Dans ce pays, où les deux bêtes s'attardèrent une dizaine de jours, c'était l'*ouapouse ou skao,* autrement dit la « grande année des lièvres », lesquels pullulaient par centaines de milliers. En certains endroits, leurs piétinements avaient durci la neige au point de la rendre solide comme de la glace. La nuit, ils percevaient le bruit sourd et régulier de ces piétinements comme un léger battement de tambour. Les lièvres foisonnaient à tel point que leur donner la chasse ne présentait plus aucun charme. Et, tandis que chaque jour le soleil montait plus haut à l'horizon, Rapide-Éclair et Luciole s'engraissaient et prospéraient dans leur paradis terrestre.

Luciole elle-même ne tenait plus à quitter ce pays de cocagne. Elle ne désirait qu'une chose au monde : demeurer auprès de son compagnon, et lorsque, une fois, le hasard l'entraîna loin de lui, Rapide-Éclair poussa un hurlement de douleur dont l'écho se répercuta à tous les coins de la forêt.

En route, ils rencontrèrent trois cabanes habitées et très fréquemment ils croisèrent des pistes tracées par des raquettes et des mocassins. Les deux premières fois, Luciole témoigna l'envie de s'approcher des cabanes, mais Rapide-Éclair la retint. La troisième fois, devinant à la méfiance de son compagnon la proximité d'un danger, elle n'hésita pas à le suivre dans l'épaisseur des taillis.

A cette époque, Luciole, devenue une vraie créature du Wild, avait une fourrure longue et broussailleuse. A maintes reprises, elle avait dû tuer pour manger, et l'instinct ancestral de la chasse avait repris possession d'elle. Ces trois mois en compagnie de Rapide-Éclair représentaient pour elle trois années d'expérience. Elle n'oubliait pas son maître décédé, mais elle le revoyait à travers un long passé. A présent, Rapide-Éclair remplissait tout son monde. Cependant, des souvenirs peuplaient parfois ses rêves : elle songeait à l'homme et à la femme qu'elle avait aimés. En ces moments-là, elle gémissait, et Rapide-Éclair, comme s'il devinait son chagrin, la caressait affectueusement de son museau.

Quelques jours avant la saison des pluies, Rapide-Éclair et Luciole chassaient au sud-ouest du lac du Grand-Esclave, dans cette région presque inexplorée située au confluent du fleuve du Rocher et d'une rivière anonyme venant de l'est. En amont de ce cours d'eau relevé uniquement par un pointillé sur les cartes officielles, ils découvrirent de magnifiques terrains giboyeux.

Rapide-Éclair n'avait pas encore vu de pays aussi accidenté, couvert de forêts, de collines, de majestueuses montagnes, sillonné de gorges, de lacs et de nombreux ruisseaux qui se déversaient dans la rivière sans nom coulant vers l'ouest. Jamais il n'avait foulé d'herbe si douce et si épaisse ni respiré de si subtiles odeurs.

De tous côtés, la nature chantait l'hymne du renouveau. La neige avait disparu des endroits les plus ombragés. Les sapins, les cèdres et les balsamiers prenaient une splendeur nouvelle. Les premières fleurs ouvraient leurs corolles. Les bourgeons des peupliers éclataient pour laisser sortir leurs tendres feuilles. Partout on percevait le bourdonnement, le parfum et la joie du printemps.

Sur les pentes verdoyantes des montagnes, qui, les premières, recevaient la chaude caresse du soleil, les ours noirs et leurs petits venaient querir leur pâture. Dans les prairies basses, erraient les élans et les caribous. Les lacs foisonnaient de poissons, et les cris d'amour des oiseaux montaient des buissons et des marécages ; dans l'air, bruissait un harmonieux murmure qui ne cessait ni la nuit ni le jour : le gazouillis d'un millier de ruisseaux qui couraient au flanc des collines et au fond des vallées.

Rapide-Éclair et Luciole aimaient à vagabonder le long de cette rivière sans nom, au lit très large et aux nombreux bancs de sable. Sauvage et pittoresque, elle promettait une chasse abondante. Ses deux berges, composées de sable et de petits cailloux, descendaient en pente douce comme les bords d'un lac. Ces larges rives plates et ces bancs de sable retenaient depuis des années les bois en dérive formant, en certains endroits, des dépôts qui atteignaient une hauteur de dix à treize pieds et que le temps finissait par blanchir.

Avant la saison pluvieuse, cette rivière était peu profonde, et plus d'une fois Luciole et Rapide-Éclair la traversèrent d'un bord à l'autre, en nageant entre les bancs de sable. Les énormes tas de bois flotté exerçaient sur eux une véritable fascination. Ils grimpaient au sommet pour en explorer les mystères.

A un certain point où le lit de la rivière s'élargissait et n'offrait qu'une faible profondeur, se dressait Kouahou, le « grand bois flotté ». C'est ainsi que depuis dix ans les chasseurs indiens désignaient ce monceau de troncs d'arbres. Ancré sur un fond de sable au milieu du courant, il bravait depuis longtemps la force des inondations. Il mesurait cent pieds de long sur deux cents de large et semblait être l'œuvre d'une armée de charpentiers géants qui l'auraient édifié pour se moquer de la puissance des eaux. Des centaines et des milliers de rondins entassés et enchevêtrés entraient dans sa construction et ils étaient aussi blancs que les ossements d'un squelette abandonné dans le désert.

Kouahou, le monstre de bois, se réchauffait aux derniers rayons du soleil, lorsque Rapide-Éclair et Luciole s'aventurèrent de son côté. A cet endroit, l'eau était si peu profonde que les deux bêtes se mouillèrent à peine jusqu'aux épaules. Le sommet de Kouahou, à sept pieds environ au-dessus du niveau de la rivière, s'annonçait encore plus attrayant que la partie visible du rivage. Les bûches se trouvaient si bien assemblées qu'elles formaient comme un plancher, et pendant la journée elles avaient absorbé la chaleur solaire. A une extrémité, un certain nombre de rondins s'étaient enfoncés tout droit dans le lit de la rivière et constituaient un abri aussi confortable qu'eussent pu le souhaiter Rapide-Éclair et Luciole. Un tas de roseaux entraînés là par les inondations de l'année précédente offrait une couchette tiède et moelleuse. C'était un agréable refuge pour la nuit, et Luciole exprima toute sa satisfaction en reniflant longuement les roseaux et en y fourrant ses pattes pour montrer à son compagnon qu'elle s'y allongerait volontiers.

Jusqu'à la tombée du jour, ils se promenèrent sur le plancher de Kouahou. Ce soir-là, le soleil disparut brusquement à l'horizon. A peine s'était-il couché que leur parvint à l'ouest un roulement de tonnerre suivi presque aussitôt d'une lueur rouge. Rapide-Éclair tendit le museau et décela l'approche d'un orage. Bien qu'il fût né au bord d'une mer glacée, il comprenait d'instinct qu'il fallait sans plus tarder regagner la rive, mais, dès le premier coup de tonnerre, Luciole s'était terrée au fond de son trou.

Six fois de suite, Rapide-Éclair retourna près d'elle pour la presser de le suivre. Dans les ténèbres croissantes, Luciole, les prunelles luisantes, ne remuait pas d'un pouce. De guerre lasse, Rapide-Éclair pénétra sous l'abri et s'allongea auprès d'elle, avec un gémissement d'inquiétude dans la gorge. Luciole, en réponse, poussa un profond soupir de soulagement et appuya son museau sur l'épaule du chien-loup.

L'orage s'abattit brusquement sur cette région forestière ; il arrivait, précédé d'un grondement formidable et d'éclairs déchirant le ciel sombre. Bientôt, la pluie tomba à torrents, avec un bruit semblable au rugissement de la tempête, et balaya le plancher de bois. Quand Luciole aperçut les ossements fantomatiques de Kouahou sous ce déluge et ce feu du ciel, elle se blottit encore plus étroitement contre son compagnon et cacha sa tête derrière lui.

La trombe transforma les dix mille ruisselets des montagnes en autant de torrents ; ils dévalèrent le long des gorges et allèrent grossir les petits cours d'eau bouillonnante qui se jetaient dans la rivière sans nom. Pendant une heure, la pluie redoubla de violence, puis se calma et se mua en une fine ondée qui dura toute la nuit. Au matin, elle continuait encore, avec une monotonie désespérante, sous un ciel uniformément gris.

Rapide-Éclair et Luciole sortirent de bonne heure dans la bruine et s'aventurèrent sur le plancher glissant de Kouahou pour examiner la rivière. Ce n'était plus le doux murmure de la veille qui frappait leurs oreilles, mais le rugissement menaçant des eaux gonflées et tourbillonnantes. Les bancs de sable jaune et tiède sur lesquels ils se promenaient les jours précédents avaient disparu. Entre les deux bêtes et le rivage, bondissait un torrent tumultueux. Rapide-Éclair et Luciole firent le tour du tas de bois ; de tous côtés, le même spectacle s'offrait à leur vue. Ils se trouvaient prisonniers, dès le début de l'inondation, sur Kouahou, leur seul refuge.

D'heure en heure, le flot montait. Deux fois durant la matinée, l'averse les surprit et, au milieu de l'après-midi, le niveau de la rivière faillit atteindre, à deux pieds près, le sommet du tas de bois. Le rugissement des eaux devenait assourdissant. Sous leur poussée gigantesque, Kouahou oscillait et tremblait sur ses bases ; mais celles-ci, profondes et mystérieuses, continuaient à le maintenir en place.

Rapide-Éclair et Luciole considéraient d'un œil inquiet mais non effaré l'horrible spectacle. Les forêts, les marécages et les bancs de sable abandonnaient au gré des flots des monceaux de bois de toutes dimensions, et ces épaves, emportées par le courant, allaient buter contre Kouahou, qui s'ébranlait à tout instant. Mais il tenait ferme et les relançait dans le torrent. Un arbre les frôla et, sur cette arche en dérive, s'agrippait un porc-épic. Un autre choc se produisit à l'une des extrémités de Kouahou ; cette fois, Luciole et Rapide-Éclair virent le cadavre gonflé d'un élan ballotté à la surface de l'eau, comme un monstrueux sac de fourrure. Le crépuscule, puis la nuit revinrent, et, pendant ces heures sombres, la pluie ne cessa de tomber. Le déluge augmentait en force et en vacarme. Kouahou frémissait et son armature grinçait, craquait ; mais il résistait toujours. Incapables de fermer l'œil, Luciole et Rapide-Éclair, réfugiés sous leur abri, suivaient les méfaits de la tempête, en attendant le jour. Quand la lumière reparut, les deux bêtes firent le tour de ce qui restait du géant de bois. Des morceaux en avaient été arrachés, l'eau envahissait les bords, mais le cœur de la grande épave demeurait intact et mesurait encore une trentaine de yards carrés.

En amont, le flot avait enrichi Kouahou d'un nouvel amas de bois flotté. Luciole et Rapide-Éclair s'en approchèrent. Ils ne s'étaient rien mis sous la dent depuis quarante heures et une faim terrible les tenaillait. L'instinct de la chasse les avertit qu'un gibier était peut-être échoué de ce côté.

En effet, une grosse bête, au corps recouvert d'un magnifique pelage et aux yeux étincelants comme des diamants, allongée à plat ventre, la tête appuyée sur ses pattes de devant, les observait. Plusieurs fois, depuis son arrivée dans les forêts du Nord, Rapide-Éclair avait rencontré des lynx, mais jamais de la taille de ce chat énorme, qui lui-même était tourmenté par la faim. Pisiou, le lynx, jeûnait depuis plus longtemps encore que Rapide-Éclair et Luciole.

Rapide-Éclair, un grognement menaçant dans la gorge, tourna autour du lynx avec d'infinies précautions. Pisiou ne répondit pas, mais son nez se plissa, ses lèvres se retroussèrent et ses moustaches frémirent. Luciole, effrayée, courut auprès de son compagnon, le pressant de regagner leur refuge.

A cet instant, un événement imprévu se produisit si brusquement que les trois bêtes en demeurèrent figées sur place. Au milieu du torrent tumultueux, flottait l'objet le plus fragile qui jusque-là avait abordé Kouahou : c'était une pirogue d'écorce de bouleau, dans laquelle se trouvaient un homme et une femme serrant un jeune enfant dans ses bras. Le visage de la femme, d'une pâleur mortelle, paraissait encore plus blême sous ses épais cheveux noirs, dont les mèches mouillées se collaient sur ses joues. Si sa barbe ne l'avait dissimulée, la figure de Gaston Rouget eût semblé aussi livide que celle de son épouse. Ils venaient d'affronter la mort pendant une interminable demi-heure, depuis l'instant où, leur cabane détruite par l'inondation, ils avaient dû fuir dans leur embarcation. En vain Rouget avait essayé de gagner la rive : il avait tout juste réussi à tenir l'avant de son bateau bien droit dans le courant rapide. A présent, au beau milieu de sa route, se dressait l'énorme tas de bois.

— Jeanne, ma chérie, ne crains rien ! s'écria-t-il pour redonner courage à la femme assise devant lui. Voici Kouahou et l'eau l'inonde presque jusqu'au sommet. Je file droit dessus. Cramponne-toi bien avec Jeannette...

Rapide-Éclair, Luciole et Pisiou, le gros lynx, furent témoins de la scène qui suivit. La pirogue s'élança sur la partie submergée de Kouahou ; le choc la fit rebondir, et la femme, étreignant toujours la petite fille, fut projetée hors de l'embarcation. Gaston Rouget sauta également et s'empressa auprès d'elles. La pirogue, délestée de son fardeau humain, fut emportée par le courant, avec la nourriture, le fusil de Rouget et les couvertures. Tout était perdu pour eux !

Frappé d'horreur, Gaston serra davantage ses bien-aimées contre sa poitrine. Qu'allaient-ils devenir désormais ? Sans barque, ils ne pourraient descendre au rivage avant la fin de l'inondation, et toutes leurs provisions, pain et viande, s'en étaient allées au fil de l'eau.

Lorsqu'il se redressa, Rouget aperçut le gros chat allongé sur un rondin et, derrière lui, les formes alertes et souples de Luciole et de Rapide-Éclair. Instinctivement, sa main saisit le couteau passé dans sa ceinture, l'unique arme qu'il possédât à présent. Il reprit son sang-froid : dans ces trois bêtes qui les avaient précédés, il trouverait de quoi manger et vivre pour plusieurs jours.

— Dieu soit loué ! dit-il à sa femme sans quitter des yeux le lynx, la chienne et le loup. Nous avons eu la veine d'échouer sur Kouahou ! Une sacrée veine !

*
* *

Un miracle de compréhension s'opéra aussitôt chez les occupants du grand radeau de bois flotté. Pour Rapide-Éclair et Luciole, le caprice du hasard venait de transformer une aventure émouvante en une menace tragique, plus émouvante encore.

En Pisiou, le lynx, ils avaient immédiatement deviné un ennemi mortel, et le gros chat, brûlant d'envie de se jeter à la gorge de Luciole, ne les quittait pas des yeux. La faim dévorait les trois animaux, mais elle se montrait plus impérieuse chez le lynx efflanqué.

Pour Rapide-Éclair, Pisiou ne présentait pas de la viande dont il pût se repaître ; cependant, l'appel du ventre le poussait vers lui au moment même où Luciole essayait de le retenir. Un obscur instinct l'incitait à livrer bataille à tout être vivant, l'homme excepté.

Le lynx, accroupi sur un tronc d'arbre, attendait que la distance diminuât entre eux pour bondir. Sur ces entrefaites, l'homme apparut.

La présence du roi de la création éveilla chez les trois animaux une crainte ancestrale. Pisiou s'aplatit davantage pour ne point se faire voir. Rapide-Éclair, l'oreille basse, recula en grognant. Seule, Luciole ne bougea pas et, les yeux pleins d'étonnement, considéra l'homme, la femme et l'enfant cramponné à la main de sa mère. Gaston Rouget regarda Luciole avec autant de surprise.

— Jamais loup n'a donné naissance à une bête semblable ! murmura-t-il à l'oreille de sa femme, tout en serrant davantage le manche de son couteau de chasse. C'est un chien !

Il s'approcha de quelques pas, tendit la main et appela la chienne en langage cree, en français et en anglais. Pisiou se glissa entre les épaves de bois et Rouget se trouvait à quelques pas de Luciole, lorsqu'elle sauta en arrière et courut rejoindre Rapide-Éclair. Elle se blottit contre lui. Il tremblait de tous ses membres, découvrait ses crocs, et dans sa gorge roulait un grognement.

L'attitude de Rapide-Éclair fit entrevoir à Luciole la notion du danger ; cependant, elle voulait aller vers l'homme et surtout vers la femme. Elle se sentait attirée auprès d'eux comme auprès des êtres qu'elle avait tant aimés : son maître, sa maîtresse et les autres enfants avec qui elle avait joué autrefois. Il lui semblait les revoir ; pourtant, ce n'étaient pas les mêmes personnages.

L'homme comprit aussitôt la situation. Un éclair de joie illumina son visage. Il adorait sa femme aux longs cheveux brillants et son cœur débordait de tendresse envers sa petite Jeannette. Tous trois avaient ensemble affronté la mort ; à présent, la vie s'offrait à lui de nouveau sous la forme de cette chienne au pelage jaune ! Il chercherait des morceaux de bois secs parmi les rondins ; à sa ceinture, pendait son couteau, et il trouverait des allumettes dans sa poche. Cet animal jaune qui avait erré en compagnie du loup se laisserait aisément attirer et tuer ensuite... Dans sa bonté, Dieu permettait à ces trois naufragés de vivre sur Kouahou jusqu'à la fin de l'inondation, et, les eaux redevenues assez basses, ils traverseraient la rivière à gué.

Sous la pluie fine et incessante, l'homme, tenant sa femme par la main, s'aventura au milieu du tas de bois. Arrivé aux rondins qui formaient l'abri de Rapide-Éclair et de Luciole, il poussa un cri de triomphe. A quelque distance de là, la chienne et son compagnon observaient les intrus qui violaient leur retraite. Un sourd grognement de colère monta de la gorge de Rapide-Éclair.

A l'intérieur, l'homme débarrassa l'enfant de ses vêtements mouillés, tandis que la jeune femme tordait sa chevelure à pleines mains pour en exprimer l'eau. Soudain, elle se baissa et entoura de ses bras l'homme et l'enfant. Gaston Rouget la remercia d'un sourire. Peu après, il tailla avec son couteau des morceaux de sapin sec et, quelques instants plus tard, Luciole et son compagnon virent un léger nuage gris s'échapper de leur chenil profané. Pisiou le lynx renifla l'odeur âcre de la fumée dans l'air humide.

Pendant toute la journée, Kouahou continua de trembler sous la poussée de l'inondation ; mais l'ancre mystérieuse qui le retenait par le fond ne lâchait toujours pas. De temps à autre, l'homme sortait de l'abri et s'approchait autant qu'il était possible de Luciole. Par trois fois, la femme l'accompagna, et la chienne lui permit de venir si près qu'elle aurait pu presque la toucher.

La voix de la femme ne trahissait aucun mauvais présage, car elle ignorait les intentions de son mari. Les yeux de Jeanne brillaient, pleins de douceur, et d'un ton câlin elle invitait Luciole à se laisser caresser par une main amie. Cependant, Luciole, avertie par les grognements de Rapide-Éclair, se tenait toujours hors d'atteinte. Pour fuir les usurpateurs, à plusieurs reprises, les bêtes reculèrent jusqu'au coin où se terrait le lynx. Pisiou les dévorait de ses yeux avides, et chaque fois Rapide-Éclair se préparait à la bataille.

La nuit revint, noire comme de l'encre, mais la pluie avait cessé. Pisiou avança de quelques pas ; tenaillé par la faim, il aiguisait ses longues griffes dans le bois. Rapide-Éclair, ses prunelles vertes lançant des étincelles, épiait le moment propice et flairait l'air avec méfiance. Dans l'abri, la femme et l'enfant dormaient. L'homme, les yeux grands ouverts, tenait à la main un gourdin qu'il avait ramassé sur le tas de bois. La petite Jeannette sanglotait et délirait parfois dans son sommeil. Le cœur du père s'émut : l'enfant souffrait de la faim !

Rouget pencha sa tête au-dehors et écouta. Le tumulte des eaux couvrait tous les autres sons. Cependant, il perçut un bruit semblable au grincement de griffes dans le bois et surprit l'éclair de deux yeux verts.

Il sortit, armé de son bâton, puis il se retira. Quelques secondes plus tard, dans sa nouvelle niche entre deux troncs d'arbres, Luciole poussait de petits cris : en elle croissait le désir de revoir la femme.

Aux premières heures du matin, il faisait encore noir comme à minuit. Luciole se risqua aux alentours de l'abri. A trois yards, l'homme perçut le bruit de ses griffes. Il posa son gourdin à côté de lui, tira son couteau et se coucha, dans l'expectative. Luciole approchait de plus en plus. A dix pas derrière elle, Rapide-Éclair la rappelait par des gémissements. Ces minutes d'angoisse parurent des heures à Gaston Rouget.

Luciole arriva enfin devant l'ouverture, y passa la tête et l'homme l'entendit renifler. La chienne avança les épaules. Malgré l'obscurité, Gaston savait qu'elle se trouvait à mi-corps à l'intérieur. Pouce par pouce, il avança. Il leva son couteau et, aussi vif que Pisiou lui-même, il bondit et saisit Luciole par une touffe de poils. La lame frappa dans les ténèbres, glissa dans la chair jusqu'à l'omoplate.

Le hurlement de douleur de la chienne fut suivi d'un claquement de mâchoires : Rapide-Éclair se précipitait à l'intérieur. La femme se réveilla en poussant un cri aigu et Gaston donna deux autres coups à l'aveuglette. Mais Luciole s'était sauvée, lui abandonnant une poignée de poils. De sa blessure coulait un ruisseau de sang, et elle courut vers l'autre extrémité de Kouahou, avec Rapide-Éclair contre son épaule.

Pisiou surgit peu après sur cette traînée de sang. Son grand corps frissonnant, il suivit lentement cette piste tiède dans les ténèbres, jusqu'au moment où, après avoir contourné les confins de l'îlot de bois, il aperçut les prunelles luisantes de Rapide-Éclair. Ce fut le chef de meute qui déclencha l'attaque.

Gaston Rouget, en quête de la chienne qu'il espérait avoir blessée à mort, entendit le tumulte de la bataille dominant le bruit du torrent. Croyant que le loup et le lynx se disputaient le cadavre de la chienne, il se dirigea avec mille précautions vers l'endroit d'où venait le vacarme. Armé de son bâton, il frappa deux coups dans l'ombre. De ses yeux perçants, le lynx le vit venir et bondit à l'autre bout de Kouahou. Un troisième coup atteignit Rapide-Éclair à l'épaule, et il disparut à son tour. Alors, Gaston se mit à genoux et fouilla à tâtons parmi les morceaux de bois. Ses doigts touchaient du sang chaud, mais Luciole ne se trouvait point là. Elle s'était réfugiée, avec Rapide-Éclair, sur le côté le plus bas du monceau de bois.

L'homme regagna l'abri où Jeanne et la petite Jeannette, effrayées, l'attendaient. Pisiou quitta de nouveau son repaire de bois mouillé et, affamé, huma les traces sanglantes laissées par Luciole. Rapide-Éclair, les flancs déchirés par les longues griffes du félin, dirigeait ses prunelles à droite et à gauche comme des projecteurs aux lumières verdâtres. En ce moment, il se sentait guidé par un instinct plus impérieux que celui de la faim : l'instinct qui pousse l'animal à défendre et à protéger sa femelle. Luciole gémissait de douleur. Il la caressait doucement de son museau ; cependant, ses muscles redevenaient rigides comme de l'acier. Une douzaine de fois avant l'aube, il surprit l'éclair des yeux de Pisiou sur les troncs blanchis de Kouahou.

Cette nouvelle journée s'annonçait plus sereine. La pluie ne tombait plus, mais Gaston Rouget savait que la rivière ne baisserait pas avant plusieurs jours. Le cœur lui manqua lorsqu'il constata que Luciole était vivante et ne boitait que légèrement en suivant Rapide-Éclair. A présent, la femme elle-même ne pouvait approcher de la chienne, qui ne quittait plus d'un pas son compagnon.

La faim agrandissait les yeux noirs de Jeanne, et l'enfant pleurait plus fréquemment, en réclamant de la nourriture. A ces moments-là, Gaston les serrait toutes deux dans ses bras et feignait de plaisanter pour leur redonner du courage.

Pendant toute la journée, il se tint à l'affût, muni de sa trique. Puis, dans la soirée, une inspiration lui vint, lorsqu'il eut remarqué les trois issues par où Pisiou entrait dans son repaire et en sortait.

Quand Gaston lui eut exposé son projet, Jeanne dénoua ses longs cheveux, pleine d'espérance dans le résultat qu'il entrevoyait. Il chérissait toutes ces belles mèches noires ; néanmoins, il en coupa un certain nombre pour confectionner trois pièges plus solides que la corde ou l'acier. Et, avant le crépuscule, il les tendit sur le passage de Pisiou.

L'obscurité venue, il guetta, son bâton à la main. La femme fredonnait une berceuse pour endormir la fillette. Incapable de fermer les yeux, elle-même demeura assise, la tête appuyée contre l'épaule de son mari, adressant au ciel une fervente prière pour la réussite de leur plan.

Pisiou, vieux de quelques années, connaissait l'odeur de l'homme et redoutait sa menace. Aussi quand, dans cette nuit sans lune ni étoiles, il arriva devant le premier piège de cheveux soyeux, le parfum qui s'en dégageait l'arrêta net. Le lynx décelait l'annonce d'un danger. Il l'évita avec prudence et se fraya un nouveau chemin pour sortir de la cachette dans laquelle il s'était retiré, au milieu d'un enchevêtrement de troncs d'arbres.

Pisiou maigrissait à vue d'œil et la faim lui obscurcissait le cerveau. A pas étouffés, il avança sur les rondins jusqu'à ce que le vent lui apportât l'odeur de Luciole. Pendant une demi-heure, il resta étendu à plat ventre. Le jeûne lui insufflait une témérité insensée. Deux ou trois loups de la taille de Rapide-Éclair ne l'eussent point effrayé. N'avait-il pas, de ses longues griffes, éventré maint caribou et tué un loup à l'âge de deux ans ? Un géant de son espèce ne reculerait devant rien pour calmer la faim qui lui rongeait les entrailles.

Rapide-Éclair ne décela aucun effluve dans l'air, car le vent ne soufflait pas vers lui ; mais, au bout d'un moment, il surprit des lueurs vertes dans l'ombre. Si Pisiou avait pu raisonner, il eût fermé les paupières et ne les aurait rouvertes qu'à un bond de distance du loup. Les deux prunelles lumineuses de Rapide-Éclair ne l'avertissaient point que ses propres yeux demeuraient visibles et que l'autre guettait son approche. Le lynx chasse habituellement à l'affût dans le vent, et, pour Pisiou, c'était l'unique condition de succès.

Rapide-Éclair ne tenta aucun effort pour retarder le dénouement de la tragédie qu'il pressentait imminente. Les gémissements plaintifs de Luciole, qui, elle aussi, avait vu luire les yeux du lynx, l'affermissaient dans sa résolution. Un instinct mystérieux l'encourageait à lutter pour sa compagne. Il ne bougeait pas d'un pouce, mais, à mesure que les feux verts avançaient, Luciole battait prudemment en retraite.

De l'ouverture de leur abri, Gaston Rouget et Jeanne scrutaient l'obscurité et prêtaient l'oreille. Eux aussi avaient vu briller les prunelles du lynx et, à voix basse, l'homme expliqua à sa femme ce qui allait se passer et comment ils pourraient tirer parti de cette lutte à mort. Leur sang courut plus vite dans leurs veines au premier choc du duel tragique qui se livrait dans la nuit sur Kouahou. Jeanne couvrit les oreilles de sa fillette, afin que cet infernal vacarme ne l'éveillât point.

Luciole elle-même ne put voir la première phase du combat, tant Rapide-Éclair déploya d'agilité. Il fondit comme une flèche sur le lynx et Pisiou eut à peine le temps de se renverser sur le dos, dans sa position de combat, que la gueule du loup se refermait sur sa gorge. Pendant deux ou trois minutes, l'invisible corps à corps se poursuivit. Soudain, la peur quitta le cœur de Luciole et elle se lança dans la bataille, avec l'intrépidité du chien collie. Ses dents, moins longues que celles de Rapide-Éclair, étaient plus aiguës. Elles s'enfonçaient dans les reins du gros félin, déchirant les chairs avec fureur. Elle délivra ainsi Rapide-Éclair des griffes de Pisiou, tout comme il l'avait sauvée de Ouapousk, l'ours polaire. Car Rapide-Éclair se battait dans l'obscurité contre un ennemi dont il ignorait les ruses guerrières. Blessé en plusieurs endroits, les flancs lacérés presque jusqu'aux entrailles, il put, grâce à l'attaque brusquée de Luciole, broyer dans sa gueule la gorge de Pisiou, qui, deux minutes après, avait passé de vie à trépas.

A ce moment, surgit l'homme armé de son bâton. Rapide-Éclair et Luciole, abandonnant le cadavre de leur ennemi, se réfugièrent au sommet de Kouahou. Luciole, de sa douce langue rouge, lécha longuement les blessures de son compagnon.

Quand parurent les premières lueurs du jour, la femme aux cheveux soyeux vint à quelques pas d'eux et leur lança des morceaux de viande crue, que seule Luciole toucha. L'homme, se signant avec dévotion, jura que, quoi qu'il advînt, il ne ferait aucun mal à ces deux animaux qui leur avaient sauvé la vie sur Kouahou.

Le jour suivant, Rapide-Éclair goûta de cette viande manipulée par des humains. Pendant trois jours encore, la chair du lynx fut partagée entre l'homme et les bêtes.

Le septième jour, Luciole et Rapide-Éclair nagèrent jusqu'au rivage. Gaston Rouget et sa femme les regardèrent s'éloigner et décidèrent que, le lendemain, eux aussi s'en iraient. Les yeux noirs de la femme s'emplirent de tendresse... puis de larmes.

VIII

DANS LA VIE DES BÊTES

Trésor ne connaissait qu'un maître. Ce maître ne possédait qu'un chien et n'en désirait point d'autre. Gaston Rouget était ce maître ; Jeanne, la femme aux longs cheveux noirs, la maîtresse, et la petite Jeannette, au quatrième printemps de sa vie, était la déesse aux pieds de laquelle Trésor venait se prosterner.

Après l'épouvantable inondation qui balaya la cabane d'où ils s'étaient sauvés, ils vécurent des jours mêlés de joie et de tristesse dans la nouvelle hutte de rondins que Gaston avait construite au sein des terres stériles situées à l'est du lac du Grand-Esclave.

Au moment de leur départ précipité, leur chien n'avait pu trouver place dans la pirogue et ils le croyaient noyé dans les flots. Mais Trésor n'avait pas si aisément rendu son âme de chien, et, à peine la cabane était-elle achevée, qu'un jour, en entendant les coups de hache de son maître, il rappliqua tout joyeux mais à demi mort d'inanition.

Trésor comptait surtout des mâtins parmi ses ancêtres. Doué d'une force remarquable, il rendait à la famille Rouget d'immenses services. Cinq ans auparavant, au début de l'hiver, Gaston et Jeanne avaient dû fuir une contrée ravagée par la peste. L'infatigable Trésor tira leur traîneau chargé de tout leur attirail jusqu'à la rivière du Rocher. Là, aux premiers jours du printemps, était née la petite Jeannette.

Trésor, ce chien d'un seul maître, différait des autres chiens de cette région forestière. La sauvagerie ambiante n'avait pas engendré chez lui la cruauté. Il tuait, mais non par plaisir. Il ne courait pas avec les loups et ne disparaissait pas à la saison des amours. Gaston Rouget en demeurait tout surpris. Pendant cette période, le chien se morfondait, en proie à une profonde solitude, et de tous ses vœux semblait appeler une compagne. Gaston lui caressait alors la tête et lui disait, dans l'anglais doux et imagé qu'il parlait lorsqu'il ne se servait pas du dialecte franco-canadien :

— Tu es un chien de Montréal, Trésor ! Et Montréal est fichtre loin d'ici ! A quoi bon rêver de la chienne de Montréal, qui ne viendra jamais ? Voyons, pourquoi ne choisis-tu pas la louve ? Elle hurle ! Elle appelle ! Elle te supplie de venir près d'elle, pour avoir des petits de toi ! Tu reviendras ensuite comme un bon chien que tu es ! Tous les chiens sauvages en font autant. A défaut de chiennes, ils prennent des louves. Inutile d'attendre la chienne de Montréal. Tu ne la reverras pas. Je te le répète : nous sommes trop loin !

Et Gaston donnait de petites tapes dans le dos de l'animal, comme il l'aurait fait sur l'épaule d'un homme, souriant à l'idée des reproches que ne manquerait pas de lui adresser Jeanne, si elle l'entendait inspirer à Trésor des désirs aussi monstrueux.

Mais Trésor, dédaignant les conseils de son maître, errait seul à l'aventure durant les longues nuits éclairées par la lune. Lorsque lui parvenait le hurlement du loup, il dressait l'oreille, immobile, un petit gémissement dans la gorge, mais ne répondait jamais au cri de l'ennemi héréditaire. Depuis cinq ans, il continuait d'attendre une compagne dans ce pays où la plus proche cabane se trouvait à trente-cinq milles de celle de Gaston Rouget. De plus, les chiens qu'il y avait vus ressemblaient à des loups et hurlaient comme eux. Leur société ne plaisait guère à Trésor.

— Tu te montres vraiment trop difficile, lui disait Gaston sur un ton de confidence. La louve est aussi jolie qu'une chienne. Je t'aime bien, Trésor, mais tu n'es qu'un grand sot !

Ensuite, Gaston Rouget, qui savait cacher son jeu et garder pour lui seul ses intentions envers Trésor, racontait une tout autre histoire à Jeanne, sa femme :

— Je ne connais pas de meilleur chien que Trésor, ma chérie ! Vois donc comme je l'ai bien dressé ! Il ne songe jamais à nous quitter pour aller flirter avec les louves ou les chiennes efflanquées de Leduc, de l'autre côté de la montagne.

Jeanne serrait affectueusement dans ses bras la grosse tête du chien, car elle aussi rêvait parfois des pays du Sud, où elle avait laissé parents et amis. Malgré le bonheur de posséder auprès d'elle son mari et son enfant, elle se sentait par moments un peu mélancolique dans ces terres de silence.

Par une nuit étoilée, Trésor perçut un cri qu'il n'avait pas encore entendu dans le Wild. Ce n'était ni le cri du lynx, ni celui du plongeon, ni le beuglement de l'élan, ni le hurlement du loup, mais l'aboiement d'un véritable chien.

A plus d'un demi-mille de là, sur la crête d'une montagne, Luciole regardait passer un élan à ses pieds, dans la pâle clarté de la plaine. Auprès d'elle, se tenait Rapide-Éclair. En dépit de l'expérience acquise par la chienne depuis qu'elle avait quitté le bateau, les hommes et les chiens pour devenir la compagne de ce splendide chef de la meute des loups blancs, Luciole ne cessait d'aboyer dès qu'elle apercevait d'autres créatures des solitudes, lorsque la faim ne l'incitait pas à la chasse. Pour Rapide-Éclair, ce descendant de Skagen né parmi les loups du Nord, le cri de Luciole semblait une délicieuse musique qui ne manquait jamais de l'émouvoir. Cette musique le reportait aux chenils de ses ancêtres, vers des scènes qui, pour lui, n'avaient jusque-là existé qu'en imagination ; mais elles devenaient de plus en plus réelles à mesure que s'écoulaient les semaines et les mois au sein de cette région boisée.

A présent, Rapide-Éclair et Luciole se trouvaient à plusieurs centaines de milles des solitudes de l'Arctique où était né le grand chien-loup. Ils traversaient une contrée de forêts, de rivières et de lacs magnifiques, de hautes montagnes et de vastes plaines, un pays de cocagne, entre le lac du Grand-Esclave et la rivière du Rocher.

Du sommet de la montagne, uni comme une table et presque aussi éclairé qu'en plein jour, Luciole et Rapide-Éclair observaient la plaine, où les rayons de la lune et le scintillement des étoiles répandaient une lumière vaporeuse. Un élan, énorme et grotesque, venait de passer. Luciole aboyait et tous ses poils se hérissaient sur son dos. Rapide-Éclair contemplait, ravi, cette splendide créature qui représentait pour lui l'être le plus parfait au monde.

Rapide-Éclair n'était plus le tueur de jadis, le chef incontesté des grandes meutes de loups blancs ; il ne grognait plus contre le vent qui le battait à la course et ne luttait plus pour conserver sa suprématie. Il tombait de hauteurs vertigineuses, mais dans sa chute il avait rencontré le bonheur. Autrefois, il commandait ; maintenant, il obéissait, sauf quand il fallait lutter pour vivre. Tout comme un gaillard aux muscles puissants se laisse mener par un brin de femme qu'il adore, Rapide-Éclair devint bientôt l'esclave de Luciole.

Luciole, avec toute la finesse propre à son sexe, connaissait l'étendue de son pouvoir. Aux temps de paix et d'abondance, elle en usait sans réserve et le chien devait se soumettre à toutes ses volontés et à ses caprices. Voulait-elle passer un ruisseau à la nage alors que Rapide-Éclair s'y opposait ? Ils le traversaient tout de même. Désirait-elle dormir tandis que son compagnon préférait marcher ? Ils dormaient. Si elle tenait à aller à l'est et lui à l'ouest, ils se dirigeaient vers l'est.

Somme toute, c'était là pour Rapide-Éclair une douce servitude et il savait qu'il ne tarderait pas à prendre sa revanche. En effet, quand la faim les tenaillait, Luciole trottait docile à son côté ou derrière lui, épiant chacun de ses mouvements. Lorsque éclatait l'orage, Luciole, qu'effrayaient l'éclair et le tonnerre, se blottissait contre lui et cachait sa tête sous le cou de Rapide-Éclair. Avant de s'assoupir, elle s'allongeait près de lui, rassurée par sa présence. Mais, si le danger menaçait Rapide-Éclair, comme en cette nuit où il avait attaqué Pisiou, le grand lynx, Luciole, rejetant toute prudence, se battait comme un démon pour défendre son compagnon. Ces mêmes crocs qui avaient éventré le lynx quelques semaines auparavant mordillaient en ce moment l'épaule de Rapide-Éclair, pour le punir d'avoir conduit Luciole dans un buisson où un gros scarabée lui avait pincé le nez.

A la grande joie de Rapide-Éclair, Luciole ne quitta pas, cette nuit-là, le plateau situé au sommet de la montagne. En une douzaine de bonds, il franchissait cet étroit espace où une herbe épaisse croissait grâce au voisinage d'une source. A la fin des chaudes journées, ils venaient fréquemment se reposer auprès de cette eau limpide et respirer l'air frais qui montait des forêts.

Jusqu'à cette nuit-là, Luciole n'avait pas aboyé du haut de la crête, et jamais ils ne s'étaient aventurés dans la direction de la nouvelle cabane construite par Gaston Rouget. Ils ignoraient même son existence, n'ayant pas encore flairé l'odeur de la fumée qui s'échappait du toit, ni rencontré une piste humaine. Pendant ces jours d'été, Gaston n'accomplissait pas de longs trajets. Il partageait en paix, avec sa femme et sa petite fille, les joies du foyer dans ce petit coin de terre que tous deux chérissaient.

Bien qu'il ne coulât dans ses veines aucune goutte de sang de loup, Luciole s'acclimatait parfaitement à ce pays sauvage. Elle aimait à chasser aux côtés de son compagnon. Elle adorait les sombres forêts, les marais profonds, les lacs cachés et les rivières sinueuses, avec leurs mystères, leurs aventures et leurs surprises toujours captivantes.

Longtemps après le passage d'Eyapao, l'élan, Luciole aboya à la lune, savourant le bonheur de vivre. Quant à Rapide-Éclair, il sentait son cœur battre dans sa poitrine avec des transports de joie.

Trésor, le mâtin géant, accourut au cri de la chienne de Montréal. Ce n'était pas l'époque des amours, mais Trésor attendait depuis trop longtemps cette minute : sans s'inquiéter de la saison, il répondait au message que lui apportait le vent. Il s'enfonça dans l'épaisseur des forêts et, pour arriver plus vite, se fraya un chemin à travers un marécage presque impénétrable. Ses maîtres eussent pu le rappeler, il eût fait la sourde oreille ; si la distance qui le séparait de la chienne eût été cinquante fois plus grande et la voix de Luciole encore perceptible, il fût tout de même allé la rejoindre.

Arrivé enfin au pied de la montagne, il s'arrêta, prêta l'oreille et poussa un faible gémissement. En vain ! Luciole n'aboyait plus à la lune. Trésor se mit à grimper la pente, reniflant l'air pour découvrir par l'odorat l'être qu'il n'entendait plus. Il suivit le sentier tracé par Kak, le porc-épic gros et gras qui, deux fois par jour, venait s'abreuver à la source arrosant la prairie minuscule.

Luciole sentit la première l'approche du chien. Laissant Rapide-Éclair allongé au bord du plateau dominant la plaine, elle courut de l'autre côté, près de la source, là où aboutissait la piste du porc-épic. Le vent venait frapper le flanc de la montagne et remontait chargé d'effluves trop subtils pour Rapide-Éclair, mais qui remplissaient les narines de sa compagne. Ce n'était point l'odeur du loup, ni celle des chiens à demi sauvages et fleurant le poisson qu'elle ne pouvait souffrir à bord de la baleinière, mais l'odeur de sa mère et de ses frères, depuis si longtemps disparus dans les brumes du passé.

Elle se mit à trembler, tout comme si son maître, gisant là-bas sous l'amas de pierres, reparaissait devant elle. Elle s'allongea sur le ventre et, immobile, attendit. Rapide-Éclair, les yeux fixés au loin sur la plaine, ne se rendit pas compte de ce qui se passait auprès de lui. Trésor, les muscles tendus, arriva au sommet de la montagne, à dix pas de Luciole, qui se leva. Lentement, Trésor s'approcha. Ils ne faisaient aucun bruit, mais leurs yeux étincelaient, et, si Gaston avait assisté à cette scène, il se fût sûrement écrié : « Sacrebleu ! Je ne me trompais pas ! C'est bien la chienne de Montréal ! »

Au soupir de joie poussé par Trésor, Rapide-Éclair détourna la tête.

Une énorme bête se trouvait près de Luciole ; la chienne au poil luisant caressait de son museau cet intrus, à la fois sinistre et grotesque, et folâtrait autour de lui ! Rapide-Éclair sentit son sang se glacer dans ses veines et, pendant une minute, il demeura pétrifié. Puis, lentement, il se releva. Ses yeux ressemblaient à des boules de feu vert, et de son gosier montait un grognement sourd et lugubre contenant une menace de mort.

Luciole et Trésor l'entendirent. La queue basse, elle courut entre les deux mâles et ne bougea plus. Le cœur battant comme un marteau dans sa poitrine, Rapide-Éclair avança pas à pas, les muscles bandés comme le soir mémorable de son combat contre Balou, le chef de clan.

Rapide-Éclair et Trésor approchèrent en même temps, de sorte qu'en trente secondes il ne restait plus entre eux que la distance d'un bond. Au milieu, se tenait Luciole, frémissante d'inquiétude ; mais elle ne tarda pas à se ressaisir. Déployant tous les artifices de son sexe, elle balança la tête comme si elle les invitait à jouer, remua sa queue touffue sous les rayons de la lune et, brusquement, vint s'aplatir entre les deux rivaux... L'attention de Trésor et de Rapide-Éclair se reporta sur elle. Puis elle se releva, courut vers Rapide-Éclair et lui mordilla le cou d'un air câlin, et tout aussi vivement reprit sa place de tout à l'heure.

Rapide-Éclair ne comprenait rien au manège de la chienne. De nouveau, il regarda Trésor et ne décela chez lui aucune intention agressive. Pourtant ce monstrueux mâtin paraissait plus fort que Rapide-Éclair, avec sa large poitrine, sa tête massive et ses mâchoires semblables à celles d'un lion, capables de briser le cou d'un bœuf. Cependant, ses yeux ne lançaient pas le moindre défi, mais ils exprimaient plutôt une amère déception. Malgré ses airs féroces, Trésor n'était pas belliqueux : il était le chien d'une femme, d'un seul maître, et il adorait une frêle petite fille !

Rapide-Éclair, prêt à bondir sur son adversaire, demeura interdit devant le calme de Trésor. Mistik, le grand loup des bois, avait également refusé de se battre avec lui ; mais, si une femelle s'était interposée entre eux, ils se seraient sans doute entre-déchirés. Son sang bouillonnait dans ses veines et le grognement persistait dans sa gorge ; cependant il commençait à comprendre : cette fois, il n'avait pas affaire à un loup ni à l'un de ces chiens rencontrés sur la côte de la mer Arctique. L'odeur de cet animal ressemblait à celle de Luciole, sa compagne !

La colère de Rapide-Éclair s'apaisa bientôt et la flamme verte s'éteignit dans son regard. Un miracle de l'instinct s'opéra en lui : oubliant momentanément Luciole, il ne vit plus que Trésor, le gros mâtin. Une fois de plus s'empara de lui l'esprit de Skagen, le chien de l'homme blanc, l'intrépide danois qui avait procréé parmi les loups. Puis revinrent en foule dans l'âme de Rapide-Éclair les désirs ataviques et les réminiscences secrètes d'un passé lointain. Dans sa poitrine, battait maintenant le cœur d'un chien d'homme blanc, et Trésor, le mâtin, appartenait à cette même race.

Sur cette étroite prairie qui surplombait les deux plaines, Rapide-Éclair quitta un instant sa personnalité de loup pour redevenir le Skagen de jadis. Un nouveau cri monta de sa gorge ; peu à peu, les deux énormes bêtes se rapprochèrent ; bientôt, elles se touchèrent épaule contre épaule sous la clarté de la lune et des étoiles. Luciole, les yeux brillants de joie, les contemplait, ravie.

*
* *

Cette nuit-là, Trésor ne s'attarda point sur le plateau. Dressé suivant des principes différents de ceux qui guidaient les actes de Rapide-Éclair, et aussi parce qu'il était né dans un milieu où des barrières limitent la propriété, il se rendit compte qu'en prolongeant son séjour sur la crête de la montagne il outrepassait ses droits. Rapide-Éclair était le maître incontesté de ce petit domaine verdoyant et Luciole lui appartenait en propre.

Le loup se choisit une compagne pour la vie, tandis que le chien est polygame. Cependant, après plusieurs années passées dans le Wild, Trésor avait fini par comprendre ce monde sauvage, tout comme Luciole, en quelques mois de vie commune avec Rapide-Éclair, s'était adaptée à un genre de vie tout à fait nouveau. Trésor eût-il possédé une femelle, il se serait battu pour elle jusqu'à la mort ; mais il ne tenait nullement à conquérir par la force la compagne d'un autre et il se conformait à la loi de la monogamie, non par hérédité, mais en raison de sa nature paisible.

En proie au découragement, il reprit le chemin de la cabane de Rouget, mais il conservait l'heureux souvenir de sa découverte. Rapide-Éclair et Luciole le suivirent en bas de la montagne et l'accompagnèrent jusqu'à une certaine distance dans la plaine. Arrivé là, Rapide-Éclair refusa d'aller plus loin, et Luciole s'arrêta de même. Avec force soupirs, elle le supplia de continuer ; inflexible comme un roc, il regarda Trésor s'en aller. Contrairement à son habitude, la chienne n'obéit pas à son caprice, car elle comprenait la situation.

Dans le cerveau de Rapide-Éclair, se poursuivait un processus de rééducation ; aux profondeurs de son être se livrait une bataille entre le loup et le grand danois. Pour la seconde fois, il ne désirait point se battre et le départ de Trésor lui laissait un vide au cœur, semblable au chagrin déjà ressenti lorsque Mistik, le grand loup des bois, l'avait quitté après plusieurs semaines de franche camaraderie.

En ce moment, un trouble indéfinissable agitait son âme de chien, une inquiétude à l'évocation de ce jour où le bateau pris dans les glaces et habité par des hommes lui avait ravi Luciole. Se fût-il agi d'une rivalité entre Trésor et lui, il eût bien vite réglé la question par une bataille, tout comme il l'avait fait pour Balou et les chiens du bateau. Mais il devinait la présence d'un autre adversaire qu'il ne pourrait vaincre avec ses crocs et il avait flairé sur Trésor les effluves de la cabane de l'homme blanc, l'odeur de mains humaines.

Pendant le reste de la nuit, il tenta d'éloigner Luciole de la montagne et de la piste du mâtin. Il n'y parvint qu'à demi : Luciole avait si adroitement dirigé leurs pas qu'à l'aube ils se trouvaient à peine à un demi-mille de la cabane.

Rapide-Éclair ne tarda pas à s'apercevoir du changement survenu chez sa compagne. Elle voulait obstinément retourner vers le chien. Parfois, elle s'arrêtait et regardait en arrière comme si elle se fût attendue à voir Trésor la suivre.

D'ordinaire, après une nuit sans sommeil, le couple recherchait un coin exposé au soleil matinal et dormait selon la coutume des loups, à laquelle la chienne s'était rapidement habituée. Ce matin-là, ils s'allongèrent au pied d'un gros rocher et presque aussitôt Luciole se roula et enfouit son museau dans sa queue touffue. Elle n'éprouvait nulle envie de dormir. Un projet germait dans son cerveau bien éveillé et elle eût voulu ouvrir les yeux tout grands. Mais elle les tenait clos, dans une immobilité absolue. Bientôt, Rapide-Éclair la crut assoupie. Rasséréné pour un instant, il poussa un profond soupir et posa sa grosse tête entre ses pattes. Le soleil le réconforta de sa douce chaleur et sécha son corps mouillé par l'abondante rosée nocturne. Peu après, il glissait dans le sommeil.

Au bout de deux heures, il s'éveilla. Vivement, il tourna la tête : Luciole était partie ! Il chercha autour de lui et renifla la place où elle s'était reposée. Il releva tout à coup le museau, les yeux pleins d'inquiétude. Le lit de Luciole était froid et exhalait à peine l'odeur de son corps : elle n'y était donc pas demeurée longtemps !

Rapide-Éclair gémit et ses mâchoires claquèrent à vide. Après l'avoir retrouvée, il suivit la piste de la chienne : elle n'était plus sinueuse ni embrouillée, mais conduisait tout droit à la petite prairie au sommet de la montagne.

Tandis qu'il gravissait la pente, une crainte envahit Rapide-Éclair, en même temps que l'espoir de revoir sa compagne. Hélas ! il ne rencontra que Kak, le porc-épic, qui, ce matin-là, retournait chez lui, tout guilleret, après s'être gorgé d'eau. Mais le flair de Rapide-Éclair lui permit de faire une découverte étonnante : Trésor était venu là peu de temps auparavant ; l'empreinte de ses grosses pattes était encore chaude, de même la piste de Luciole. Le chien et la chienne avaient quitté la montagne en même temps.

A cette pensée, les muscles de Rapide-Éclair se raidirent comme de l'acier et il fit entendre un grognement. Lentement, il suivit le chemin des deux coupables, méditant un châtiment. Ils avaient pris le sentier tracé par Kak, contourné la montagne et étaient descendus dans un petit marécage. A l'extrémité du marais s'élevait un monticule de terre et, là, Luciole avait hésité quelques minutes ; ensuite, elle s'était fréquemment arrêtée, indécise. Mais, chaque fois, Trésor avait vaincu sa résistance.

Il ne subsistait plus de doute dans l'esprit de Rapide-Éclair : le mâtin lui volait sa compagne ! Assoiffé de vengeance, il marcha avec précaution sur la trace des fuyards. Fait caractéristique de l'instinct animal, Rapide-Éclair n'éprouvait nulle rancœur contre Luciole ; il ne la rendait même pas responsable de son infidélité ; Trésor seul était coupable et Rapide-Éclair se disposait à régler son compte avec lui.

De nouveau, ses plans s'écroulèrent comme un château de cartes. Le vent lui soufflant en poupe, Rapide-Éclair arriva au bord de la clairière sans pouvoir flairer ce qui se passait aux alentours. Au sommet d'une petite plaine verdoyante qui déclivait vers le fleuve, Gaston Rouget achevait la construction de sa nouvelle cabane. Rapide-Éclair, debout sur une légère éminence, aperçut Luciole à trois cents ou quatre cents yards de là, et, un peu plus loin, Trésor. Devant la porte de la cabane, Gaston Rouget, sa femme et Jeannette assistaient avec étonnement au petit drame qui se déroulait sous leurs yeux.

Une fois de plus, Rapide-Éclair, abandonnant sa colère, se mit à trembler de tous ses membres. Dans ses prunelles, parut une lueur de compréhension, de crainte et de désespoir. A l'endroit de cette hutte, il voyait le bateau pris dans les glaces, le tombeau de pierres grises, et il songea à la toute-puissance de l'homme, qui lui avait déjà enlevé Luciole. Trésor, le mâtin, vivait en compagnie des occupants de la cabane ; il participait à leur existence. Chez Rapide-Éclair, la haine fit place à une grande frayeur.

Il reconnut la voix de la jeune femme aux longs cheveux, de cette femme qui, sur l'îlot de bois, leur avait lancé, à lui et à Luciole, des morceaux de la chair de Pisiou, le lynx. Impossible de s'y méprendre : c'était bien elle !

Son cœur cessa de battre et sa gorge se contracta. Luciole, précédée de Trésor, allait vers la femme qui approchait les bras tendus et appelait d'un ton si bas que Rapide-Éclair l'entendait à peine. De nouveau, Luciole s'arrêta et Trésor la rejoignit, la pressant de le suivre. Alors, se produisit un phénomène bizarre : la petite fille courut devant sa mère et vint caresser Trésor. Luciole ne s'enfuyait point. Immobile, elle dévorait l'enfant du regard. A ce moment, l'homme apparut derrière la femme, les mains tendues comme elle et appelant d'une voix amicale. Rapide-Éclair n'avait point oublié que Gaston Rouget, aux jours de famine, avait tenté de tuer Luciole sur le gros tas de bois flotté. Luciole s'en souvenait également. La lame du couteau de Gaston Rouget avait laissé une profonde cicatrice dans son épaule. Rapide-Éclair patienta un moment, puis il leva la tête et dans sa gorge éclata un hurlement.

Luciole parut sortir d'un rêve. En un clin d'œil, elle fit demi-tour et, semblable à un trait jaune, elle fila dans la direction de son compagnon. Gaston, tout surpris, se retourna vers la femme et lui cria, à demi terrifié :

— Vois-tu, là-bas, ma chérie ! Le loup ! Le loup qui a tué le lynx sur Kouahou ! Le loup avec la chienne de Montréal !

Laissant l'homme et la femme les regarder, Trésor se mit à trotter après Luciole et Rapide-Éclair, qui disparaissaient à la lisière du bois.

Une fois à l'abri des arbres, la frayeur de Rapide-Éclair se transforma en une joie exubérante. Luciole, comme pour se faire pardonner ce vilain tour, jappait et sautillait autour de lui. Conciliant, il la caressa du museau. Soudain, à sa stupéfaction, il leva la tête et vit Trésor à quelques pas d'eux.

L'attitude de l'énorme chien n'annonçait aucune animosité. L'air plutôt affable, il agitait sa longue queue mince, fait extraordinaire pour un mâtin. Rapide-Éclair, qui l'observait, sentait revivre en son cœur l'ancienne camaraderie qui existait autrefois entre lui et Mistik, le loup gris. Il se rapprocha de Trésor et le flaira de l'épaule à la hanche. Trésor, toujours calme, ne témoignait ni crainte ni méfiance. Pour la seconde fois, les deux énormes bêtes se tinrent, épaule contre épaule, en face de Luciole.

Dans les jours qui suivirent, malgré son amitié pour Trésor, Rapide-Éclair fut en proie à une tristesse de plus en plus profonde. Il ne parvenait pas à éloigner Luciole de la cabane des Rouget et, chaque jour, le gros mâtin vagabondait avec eux à travers forêts et marécages. Rapide-Éclair constatait que Luciole recherchait la compagnie de Trésor ; elle semblait toujours l'épier et assez fréquemment, lorsqu'il leur arrivait de passer à proximité de la clairière et que Rapide-Éclair refusait d'approcher de la cabane, la chienne le quittait pour rejoindre Trésor.

La jalousie est impitoyable chez les animaux. Mais, dans l'âme de Rapide-Éclair, ce poison n'existait encore qu'à l'état latent. Un danger plus redoutable que les crocs d'un rival menaçait son bonheur : la cabane et ses occupants. Trésor eût-il été un loup, l'affaire se fût réglée dans un duel à mort. Non seulement ce chien faisait partie de la cabane, mais il appartenait à la même race que Luciole : c'était un chien. Rapide-Éclair se considérait parfois comme un intrus dans leur société, surtout depuis le jour où Luciole permit à Jeanne et à sa petite fille de la caresser et qu'il flaira sur son pelage l'odeur de leurs mains. Était-ce simplement l'effet du hasard ou la subtilité d'esprit de la chienne qui l'aida à démêler la situation ? Toujours est-il qu'elle finit par adopter Jeanne, la fillette, Trésor et la cabane. Somme toute, il n'existait pas une notable différence entre cette femme brune, à la voix douce et aux yeux noirs, et la femme blonde que Luciole avait adorée dans une ville du Sud, pas plus qu'entre cette Jeannette et les autres enfants du même âge en compagnie desquels elle s'était amusée jadis. Trésor, le mâtin, ressemblait assez aux chiens qu'elle voyait flâner dans la rue. Impossible de faire comprendre toutes ces choses à Rapide-Éclair ! Spontanément, elle avait accepté de partager avec lui sa vie sauvage, mais elle ne parvenait point à l'attirer près des hommes.

Si Rapide-Éclair avait pu analyser la nature de l'amitié entre Luciole et Trésor, il n'en eût point souffert. Lorsque Trésor se trouvait avec eux, Luciole, par son attitude, le tenait à l'écart. Jamais elle ne gambadait autour de lui, comme elle se plaisait à le faire aux côtés de Rapide-Éclair. Quand il s'allongeait pour se reposer, elle se pelotonnait toujours dans son ancienne place auprès de Rapide-Éclair, et Trésor s'éloignait à quelque distance. Par deux fois, ses crocs blancs avaient mordu l'épaule de Trésor, et celui-ci discernait de plus en plus clairement que Luciole appartenait tout entière à Rapide-Éclair.

Environ une semaine après la première visite de Luciole à la cabane des Rouget, Rapide-Éclair s'enfonça une grosse épine dans la patte. Pendant deux ou trois jours, il boita, puis, en proie à une douleur aiguë, dévoré par la fièvre, il se coucha dans un endroit ombragé, au bord d'un étang. La patte enfla et atteignit bientôt le double de sa dimension normale. La première journée de sa maladie, Luciole demeura constamment près de lui, le regardant de ses yeux brillants et léchant sa patte endolorie.

Trésor vint les voir et se coucha quelques instants dans l'ombre, en leur société. Quand il s'en alla, Luciole ne témoigna nulle envie de le suivre. Le second jour, elle l'accompagna, mais revint au bout d'une demi-heure ; et cette même nuit, ce fut Trésor qui chassa avec elle, sous la clarté de la lune.

Le quatrième jour de sa fièvre, Rapide-Éclair se réveilla au début de l'après-midi, pour constater le départ de Luciole. Il se releva avec peine, l'appela de ses gémissements et se rendit clopin-clopant jusqu'à l'étang. De sa langue sèche, il lapa quelques gorgées d'eau, puis prêta l'oreille. Il se coucha, accablé par sa solitude, mais n'éprouva aucun grief contre Trésor.

Une heure passa, puis soudain il perçut un bruit de pattes. Il dressa la tête : Trésor se tenait devant lui. Dans les yeux des deux bêtes se lisait la même question : où est Luciole ? Rapide-Éclair portait ses regards dans le lointain ; Trésor humait l'air et s'attendait à la voir reparaître ou à l'entendre. Enfin, au bout d'une minute, tous deux semblèrent comprendre : Luciole n'était pas allée rejoindre Trésor et elle ne se trouvait pas à côté de Rapide-Éclair. Au soupir interrogateur de Rapide-Éclair répondit un gémissement du chien.

Trésor se mit à flairer les buissons, mais il y découvrit tant de pistes de Luciole qu'il essaya en vain de reconnaître la dernière. Il revint vers Rapide-Éclair, allongea son grand corps près de lui et, pendant une demi-heure, ils attendirent, immobiles.

Désappointé, Trésor se leva, adressa un soupir à Rapide-Éclair et repartit sans empressement vers la cabane.

Un mille plus loin, à l'endroit où l'un des affluents de la rivière du Rocher descend du nord, Luciole, aplatie sur le ventre derrière un buisson, les yeux brillants d'émotion, observait à une trentaine de pas devant elle le feu de campement d'un Indien de la tribu des Côtes-de-Chien. Une heure auparavant, Mieha, l'Indien, avait débarqué de sa pirogue et allumé ce feu, pour y cuire un poisson. La créature vivante qui lui tenait compagnie ayant tenté de lui dérober son maigre repas, il l'avait rouée de coups au point qu'elle avait failli perdre la vie.

Effrayée par ses hurlements, Luciole s'était glissée dans le buisson, d'où elle avait vu Ouaps pour la première fois. Ouaps appartenait naguère à un homme blanc.

Une année auparavant, on l'avait volée à son maître et, tout récemment, elle était tombée entre les mains de l'Indien. Mieha détestait cette chienne fort laide et venait de lui administrer une cuisante raclée, pour lui apprendre à vivre. Puis, son déjeuner terminé, il s'était roulé dans ses couvertures pour faire un somme.

Luciole demeura immobile plusieurs minutes après que le Peau-Rouge eut commencé sa sieste. Une idée prenait lentement forme dans son cerveau de chienne, et chaque bouffée de vent qui lui parvenait de la cabane l'incitait davantage à attirer l'attention de cette chienne inconnue.

Ouaps était une airedale, au poil dru, couleur de rouille. Moins grosse de moitié que Luciole, elle était maigre et anguleuse et avait la tête disproportionnée au reste de son corps. Bien qu'âgée de deux ans, elle conservait encore les formes grotesques et les manières gauches du chiot. Sa tête se hérissait de poils longs et presque aussi rigides que les piquants du porc-épic et, dessous cette broussaille, ses petits yeux vifs observaient son impitoyable maître endormi et se portaient de temps à autre aux alentours.

Soudain, non loin d'elle, Ouaps aperçut Luciole, agitant son panache avec une mimique sur laquelle aucun chien digne de ce nom ne pouvait se méprendre. Deux minutes plus tard, les deux bêtes se frottaient le museau et la queue noueuse de l'airedale battait l'air avec frénésie, en réponse aux avances de Luciole, qui semblait lui dire : « Viens avec moi, je vais te montrer quelque chose ! » Et Ouaps, les côtes meurtries, la suivit sans hésitation.

Une heure après, Jeanne Rouget, entrebâillant la porte de sa cabane, vit une scène étonnante. Tout bas, elle appela son mari. Gaston Rouget, occupé à confectionner des raquettes pour le prochain hiver, s'approcha et jeta un coup d'œil par-dessus l'épaule de sa femme. Il étouffa dans sa gorge un cri de surprise : trois chiens se tenaient à quelques pas de là, et parmi eux il chercha en vain Rapide-Éclair. Gaston, les yeux fixés sur Ouaps, murmura :

— Tonnerre ! ce chien à la barbe en brousse vient sûrement de Montréal. Je n'en ai pas encore vu de semblable par ici. Je t'affirme que...

— Chut ! fit Jeanne.

Trésor reniflait Ouaps et tous les poils raides de la chienne airedale semblaient frémir. Gaston vit pour la première fois la queue de Trésor battre la charge, et aussitôt le sympathique mâtin se mit à gambader et à folâtrer autour de sa nouvelle amie.

Luciole, heureuse du succès de sa mission, regagna la forêt, où elle courut rejoindre Rapide-Éclair.

Ouaps ne songea point à la suivre, cette fois. Trésor, lui, ne remarqua même point son départ. Fier comme un roi, il conduisait Ouaps à la porte de la cabane d'où Jeanne et Gaston Rouget avaient assisté, remplis d'admiration, à l'un des innombrables miracles de la vie des bêtes qui venait de s'accomplir sous leurs propres yeux.

IX

LE RETOUR A L'HOMME

Le somptueux printemps de la terre du Nord, débordant de vie et d'allégresse, avait fait place à l'été, qui lui-même touchait à sa fin. Le rouge automne approchait à grands pas.

Les deux premières saisons s'étaient écoulées comme un enchantement sur les vastes régions inexplorées entre le lac du Grand-Esclave et la rivière du Rocher, à mille milles de tout pays civilisé. Aux neiges épaisses de l'hiver avait succédé un printemps tel que, de mémoire d'homme, les rares habitants des forêts n'en connaissaient de pareil, et l'été avait amplement tenu ses promesses. Pendant trois longs mois, les dieux avaient déversé une abondance de lait et de miel. Les buissons ployaient sous le poids des baies succulentes. Sous l'herbe tendre, dans les terres basses et même sur les arbres, des fruits de toutes sortes se multipliaient à l'infini. Les fraises des bois poussaient si nombreuses qu'elles teignaient de rouge les chaussures de Gaston Rouget et de Jeanne, sa jolie épouse, lorsqu'ils se rendaient à la cueillette. Les cassis, gros comme le bout du doigt, pendaient en festons de jais brillant ; par endroits, les framboises couvraient le sol et les sorbiers, chargés de délicieuses baies, ressemblaient au loin, sous le soleil, à d'énormes taches écarlates.

En cette saison, la nature déployait une telle prodigalité qu'on se demandait si ce ne serait point au détriment des années suivantes ; car non seulement elle donnait bonne mesure, mais ses richesses se répandaient partout à profusion.

Les forestiers ramassaient des provisions pour le proche hiver et les animaux, soucieux avant tout du présent, se gorgeaient de cette manne inespérée. Cet été-là, les petits ours s'étaient arrondis comme des tonnelets, tellement ils prospéraient. Toutes les bêtes à sabots, à griffes ou à plumes croissaient et multipliaient à l'envi dans ce pays de cocagne.

Les premières nuits fraîches, annonciatrices de l'automne, stimulaient toutes les créatures vivantes à l'instar d'un tonique, après cette longue période d'oisiveté et de bombance. Les forêts se couvraient de teintes exquises, qui bientôt éclateraient en des tons plus vifs proclamant le triomphe de septembre, « cette lune où les rennes se frottent les cornes ». Août s'achevait à peine que les vertes frondaisons se parsemaient de teintes jaunes et or, dont la flamme s'accentuait chaque jour.

Certain soir, Gaston Rouget et sa femme, assis sous la clarté des étoiles, devant leur cabane de rondins, entendirent le cri des oies sauvages au-dessus de leurs têtes. Puis, soudain, du cœur de la forêt, leur parvint un hurlement plaintif. Gaston, saisissant la main de Jeanne, lui dit, d'une voix mélancolique :

— C'est le cri du chien-loup, chérie. La belle saison va prendre fin. Bientôt, il nous quittera pour rejoindre à jamais ses frères du Wild. Quand les meutes de loups s'ébranleront, il ira courir avec elles. Tout de même, quelque chose m'attriste dans son départ !

A deux milles de là, Rapide-Éclair avait levé une seule fois son museau vers les étoiles pour exhaler longuement sa détresse. Au bord d'une petite plaine à l'herbe jaunie, il scrutait les environs, l'oreille droite, en proie à une immense tristesse qui le minait depuis quelque temps. A l'encontre des autres animaux, il avait passé un été lamentable, malgré la profusion de nourriture, les jours ensoleillés et les nuits baignées de lune. Pendant tous ces mois splendides, un cancer lui rongeait le cœur.

Non qu'il regrettât son Northland natal où il était devenu le maître incontesté de la harde des loups blancs ; il ne soupirait pas davantage après les toundras et les plaines sauvages de la côte arctique où, une vingtaine d'années auparavant, le destin avait amené son ancêtre Skagen, le grand danois. Les hospitalières forêts du Sud effaçaient en lui maint souvenir. Il ne songeait plus aux bandes efflanquées dévalant sous l'éclatante aurore boréale, aux rudes combats marqués de sang sur la neige et la glace, ni aux impitoyables duels livrés par lui durant cette partie de son existence. Disparue également de son esprit, l'image de Balou, le chef magnifique qu'il avait tué et remplacé en tête de la meute. Il ne se rappelait plus le monstrueux massacre des rennes d'Olie John dans le cul-de-sac, ni les longs mois de famine et de lutte pour la vie.

A ce point de vue, la nature se montre plutôt compatissante envers les bêtes. Elle n'annihile pas entièrement chez elles les facultés de la mémoire, mais elle les laisse s'assoupir jusqu'à ce qu'un fait brutal les réveille. Par exemple, Rapide-Éclair avait oublié sa haine des chiens esquimaux ; cependant, si leur odeur lui était revenue aux narines, il l'eût identifiée et ses anciennes rancunes se seraient rallumées aussitôt. Pour lui, l'ours polaire errait à présent dans le royaume des ombres ; mais eût-il aperçu Ouapousk dans les forêts du Sud, leur terrible bataille du glacier se serait déroulée comme un film dans son cerveau.

Pour le moment, Luciole concentrait toutes les pensées de Rapide-Éclair vers un seul objet, sans lui accorder une minute de répit : sa rencontre avec l'homme. Toutes les émotions vraiment palpitantes du chien-loup tenaient dans cette brève période où l'homme avait pénétré dans sa vie grâce à la belle chienne colley. Ce phénomène s'expliquait dans une certaine mesure par le fait que le sang de Skagen coulait dans ses veines avec une force nouvelle. Rapide-Éclair possédait une âme de chien et, comme Skagen, il désirait ardemment la caresse de l'homme, de la femme et de l'enfant ; mais, en raison même de sa naissance parmi les loups, il portait, innée en lui, la crainte de l'homme, son mortel ennemi.

Luciole, sa compagne, ne pouvait lui démontrer son erreur et la nature demeurait également impuissante à le faire raisonner. Autrement, bien des points se seraient éclaircis dans son cerveau. Entre autres choses, il eût compris que Luciole appartenait à une femme blanche qui l'avait envoyée pour protéger son maître sur ce bateau pris dans les glaces. Le maître mort, ses camarades l'avaient enterré, à la mode indienne, sous un monument de pierres, où Luciole venait fréquemment s'allonger dans la neige et donner libre cours à sa douleur. Ensuite, Luciole l'avait attiré de plus en plus vers le sud, loin du bateau et des chiens esquimaux qu'elle haïssait, loin de cette atmosphère hostile, pour le conduire vers une région remplie de forêts où le printemps régnait, magnifique. Rapide-Éclair avait vécu là quelques semaines dans l'extase d'un bonheur sans mélange.

Puis l'événement fatal, cause de toute sa douleur présente, était survenu : Luciole avait découvert la cabane de Gaston Rouget et fait connaissance avec la jeune femme et Jeannette. La présence de Trésor et d'Ouaps, la chienne airedale, attirait également Luciole vers cette demeure pleine de gaieté et de bonheur. Car Luciole recherchait les douces caresses d'une main féminine et aimait à partager les rires et les chagrins d'un enfant.

Malgré toute cette félicité que lui procuraient ses séjours chez les Rouget, elle demeurait la compagne loyale et fidèle de Rapide-Éclair. De la porte de la cabane, elle l'appelait et courait le rejoindre dans la forêt. Mais Rapide-Éclair, en lutte contre l'instinct de sauvagerie hérité du loup, ne parvenait pas à comprendre la complexité des sentiments contraires qui se disputaient le cœur de la chienne.

L'homme ! Voilà le venin ! L'homme, le destructeur redoutable et aussi le... fascinateur ! Car la nature plaçait Rapide-Éclair dans une situation inextricable. Il ne pouvait rester indifférent en présence de l'homme. Il enregistrait dans sa mémoire tous les faits passés entre lui et ce maître omnipotent. Son instinct de loup l'incitait à fuir ce dieu mauvais, alors que l'esprit de Skagen le poussait à rechercher son amitié. Mais, chaque fois que Rapide-Éclair s'était avancé près des humains, on l'avait reçu en ennemi. O'Connor l'avait frappé d'une balle à l'épaule le jour où il s'était risqué trop près de la cabane au bord du glacier. Un autre homme l'avait blessé d'un coup de harpon et avait lancé sur lui la meute des chiens du bateau. A présent, un homme, une femme et un enfant étaient en train d'écrire la dernière page de son histoire.

Jusqu'ici, aucun des personnages aperçus par Rapide-Éclair n'avait deviné l'origine de ce loup. Seul, Gaston Rouget entrevoyait la vérité.

Cependant, par un autre miracle de la nature, Luciole semblait comprendre le lien existant entre son compagnon et l'homme : durant tout l'été, elle s'était efforcée d'attirer Rapide-Éclair vers la cabane de Gaston Rouget, mais sans pouvoir le décider à dépasser le bord de la clairière. Plus d'une fois, retenant leur souffle, l'homme et la femme l'avaient observé, se demandant si Rapide-Éclair les rejoindrait enfin. Émerveillés de cette fidélité de la chienne colley envers l'énorme bête grise, ils ressentaient pour Rapide-Éclair une immense sympathie.

Si Rapide-Éclair avait pu comprendre...

*
* *

Chaque jour, Luciole revenait vers lui, suivie de Trésor, le mâtin, et d'Ouaps, l'airedale. Tous quatre vagabondaient de conserve dans les forêts, ou couraient sous la lune, mais toujours, à la fin de leur promenade, les trois chiens regagnaient la cabane et Rapide-Éclair demeurait seul.

Au début de l'automne, pendant ses nuits de solitude, le mal qui le rongeait reprit possession de lui avec une violence accrue. Ses instincts de loup se réveillèrent, plus impérieux que jamais. Rapide-Éclair écouta avec une nouvelle ferveur le hurlement de la meute, et, lorsque les nuits devinrent plus longues et plus froides, que le plongeon fit entendre son cri aigu, que l'élan lança son défi et que les clans de loups se rassemblèrent, Rapide-Éclair, hésitant, fut bien près de céder à l'appel de la sauvagerie.

Ce soir-là, au bord de la petite plaine, il poussa un unique hurlement. Luciole, déjà en route pour le rejoindre, s'arrêta net et dressa l'oreille. Elle avait saisi, dans ce cri farouche, une tristesse infinie qui lui arracha un gémissement et remua en elle une nouvelle crainte.

Elle était partie seule, laissant Trésor en compagnie de la petite chienne airedale. Après s'être assuré que les deux autres ne la suivaient pas, Rapide-Éclair lui frôla le cou de son museau et soupira de plaisir. Mais ses narines perçurent dans les poils soyeux de Luciole cette odeur qui empoisonnait sa vie. Ce même jour, la femme avait caressé Luciole, l'enfant avait folâtré avec la chienne et, après le dîner, tout en fumant sa grosse pipe, Gaston Rouget avait retiré des épines mêlées au pelage fauve de la chienne colley.

Cette odeur de mains humaines, ce relent de tabac peuplaient de cauchemars diaboliques le cerveau de Rapide-Éclair. Ils l'attiraient et le repoussaient à la fois. Bien souvent, il avait répondu à cette force mystérieuse, mais n'en avait récolté que des coups de matraque et de fusil. Enfin, depuis la découverte de la cabane de Gaston Rouget, Rapide-Éclair sentait que la présence de l'homme, plus perfide que jamais, lui dérobait sa compagne.

De sa gorge montait un grognement de colère tandis qu'il flairait Luciole. La chienne se rendait pleinement compte qu'il ne s'adressait pas à elle : toute la rancœur de Rapide-Éclair allait vers la cabane. Allongée sur le ventre, Luciole l'observait d'un œil inquiet. De même que Rapide-Éclair discernait le changement survenu chez elle depuis quelque temps, Luciole constatait la transformation qui s'opérait rapidement en lui-même. Depuis plusieurs semaines, il ne s'éloignait plus dans la forêt comme auparavant : chaque fois qu'elle le cherchait, elle le trouvait invariablement à proximité de la cabane. Afin de demeurer près d'elle, il maîtrisait ses instincts sauvages.

Mais, à l'approche de l'automne, une lueur rouge allumait ses prunelles et son regard se perdait au loin. Peu à peu, Luciole s'en aperçut. Elle ne pouvait comprendre que sa rivalité avec les habitants de la cabane suffisait à repousser son farouche compagnon vers la barbarie de vingt générations de loups ; mais la crainte instinctive de voir disparaître à jamais ce vaillant camarade qui avait vécu et lutté pour elle la plongeait dans une indicible angoisse.

Elle non plus n'était plus la même. Depuis une semaine, elle ne jouait ni ne gambadait plus autour de Rapide-Éclair. Cependant, chaque soir, elle revenait à la cabane et s'efforçait d'entraîner Rapide-Éclair à sa suite.

Une fois, tandis qu'elle considérait son compagnon dans cette bizarre attitude qu'il affectait en sa présence, elle perçut le hurlement lointain d'un loup. Voyant Rapide-Éclair prêt à bondir, elle poussa un faible gémissement. Cet appel éveilla en son âme un sentiment de jalousie. Elle rampa vers le chien-loup, avec des plaintes dans la gorge. Bientôt, les membres de Rapide-Éclair se détendirent et il la caressa du museau, comme naguère, oubliant ses préoccupations actuelles.

Rapide-Éclair dirigea lui-même leur course nocturne, loin de la cabane. D'ordinaire, Luciole s'arrêtait aux confins de la plaine et refusait de s'éloigner davantage. Mais, lorsque Rapide-Éclair eut franchi cette limite, elle le suivit sans protester.

Rapide-Éclair constatait une certaine bizarrerie dans les manières de la chienne. Un mystère semblait planer sur elle. Elle avait perdu sa légèreté de jadis et ralentissait souvent le pas. Lui-même courait moins vite et faisait halte à la moindre hésitation de sa compagne. Quand il la vit partir résolument avec lui, il releva orgueilleusement la tête comme aux jours où il régnait entièrement sur elle. Il dédaigna dès lors les hurlements qui se succédèrent toutes les nuits. Après deux heures de marche, coupées de nombreuses pauses, Luciole s'allongea au bord d'un amoncellement d'arbres déracinés par la tempête, et Rapide-Éclair ne la pressa point de continuer sa route.

Aux premières lueurs du jour, Luciole s'aventura jusqu'à la berge d'un petit ruisseau, à quelques pas de là, et, sous les troncs d'arbres morts, découvrit un abri où elle se réfugia. Rapide-Éclair demeurait intrigué et mal à l'aise devant cette énigme. Mais il avait retrouvé le bonheur d'autrefois. Maintenant, il possédait Luciole bien à lui !

La seconde nuit elle ne tenta point de rentrer à la cabane de la petite clairière. Indifférent aux hurlements prolongés des loups, Rapide-Éclair partit seul pour la chasse et rapporta deux lièvres, qu'il déposa aux pieds de Luciole.

Le troisième jour, à travers la grisaille de l'aube, il poursuivit le gibier dans les buissons voisins. Pendant sa courte absence, un miracle s'était produit. Les prunelles luisantes et le corps frémissant d'émotion, il pénétra sous l'abri de Luciole : de l'obscurité de son nid, Luciole regarda son compagnon avec tendresse et sa gorge vibra de joie. Rapide-Éclair, émerveillé, se tint immobile pendant un long moment.

Luciole, fière de sa maternité, venait de mettre au monde les petits dont Rapide-Éclair était le père.

*
* *

Le murmure du vent au faîte des arbres célèbre la maternité des bêtes de l'obscure forêt ; le gazouillis de l'eau qui court se joint à cette allégresse, et les cœurs invisibles de la nature exaltent sa gloire.

Tout alentour, les êtres semblaient connaître l'événement survenu dans le voisinage. Une petite grive des bois chantait avec tant d'ardeur l'aube de cette vie nouvelle que sa gorge faillit en éclater. A l'extrémité d'une branche surplombant la retraite de Luciole, un écureuil, en quête de provende, s'arrêta pour saluer le jour naissant ; à l'est, le soleil déployait ses oriflammes écarlates et dorées, et l'univers entier prenait part à cette fête.

Sous l'abri de branchages, le cœur de Luciole battait triomphalement. C'était sa première maternité. Toutes les fibres de son corps vibraient d'un frisson joyeux. Rapide-Éclair demeura un instant ébloui, puis se sentit gauche et embarrassé. Il allait et venait devant l'abattis de bois : à quatre ou cinq reprises, il s'approcha de la chienne et flaira les petits êtres vagissants qu'il ne distinguait pas encore. A chaque visite, il relevait la tête, accélérait le pas, et ses yeux brillaient d'une flamme plus ardente.

Rapide-Éclair s'enorgueillissait de sa paternité. Elle prenait à ses yeux une signification importante : la nature a décidé que le loup ne choisît qu'une seule femelle dans l'année et ces menues créatures étaient la chair de sa chair et le sang de son sang ! Pour elles, il lutterait jusqu'au dernier souffle, tout comme il était prêt à défendre leur mère. Rapide-Éclair, le loup, était donc moralement supérieur au chien.

Bientôt, il comprit que le refuge de Luciole était un endroit sacré entre tous et auprès duquel il devait monter la garde. L'air arrogant, il fit le tour de l'abattis d'arbres, souhaitant que quelqu'un osât lui contester son droit de premier occupant. Il le revendiquerait au prix de sa vie même. Sans doute ne raisonnait-il pas de façon aussi subtile, mais il ressentait une telle envie de se battre qu'il épiait la moindre occasion.

Aucun adversaire ne se présentait. Allait-il provoquer l'écureuil babillard ? Après un ou deux grognements, il y renonça. Depuis cette nuit mémorable où il avait conquis le cœur de Luciole, jamais il n'avait autant éprouvé le besoin ridicule d'accomplir quelque prouesse. Enfin, son énergie trouva un exutoire. Il battit les proches buissons, à la recherche d'une proie, et, avant la fin de la journée, il apporta trois gros lièvres à sa compagne. En cela, il se comportait comme un véritable loup, et Luciole, encore qu'elle ne touchât point à cette nourriture, lui témoigna sa reconnaissance en lui caressant le museau du bout de sa langue. Cette chienne, étrangère aux mœurs des loups, savait tout de même gré à Rapide-Éclair de son dévouement et de ses façons chevaleresques. Elle ne grognait pas à son adresse comme le font habituellement les chiennes lorsqu'un chien pénètre en intrus dans leur niche. Elle l'accueillait avec bienveillance ; son corps jaune frissonnait de plaisir et une note joyeuse montait de sa gorge.

Et, chaque fois, Rapide-Éclair cherchait à voir de plus près. Il avait bien entendu les petites voix faibles, mais, en raison de l'obscurité et du corps protecteur de la mère, il ne parvenait pas à discerner la nichée.

Avec de petits gestes mesurés, il se risqua enfin à toucher du bout de son museau froid les menues boules de chair blotties dans la fourrure de Luciole. Il recula d'un bond comme s'il venait de se brûler au contact d'un fer rouge. Pris d'un nouvel accès de zèle, il sortit de la tanière, chassa jusqu'à ce qu'il eût tué un quatrième lièvre et le déposa à côté des autres, que Luciole n'avait pas même goûtés.

Ce fut seulement à la fin de l'après-midi que Luciole s'aventura hors de son abri, mais elle ne dépassa pas le petit ruisseau, où elle se désaltéra. A la tombée de la nuit, elle se risqua encore un peu plus loin. Quant à Rapide-Éclair, il demeura aux environs de l'abattis et, le lendemain matin, il opéra une nouvelle battue. Les lièvres pullulaient à tel point qu'ils venaient pour ainsi dire se jeter sous sa gueule, et il ajouta deux nouvelles pièces à son tableau de chasse.

Ce jour-là, Luciole mangea un des lièvres que venait de lui apporter son galant compagnon. Otez un de cinq, il reste encore quatre. Rapide-Éclair possédait-il quelques notions d'arithmétique ? Quoi qu'il en fût, son enthousiasme ne se relâcha point pour si peu. Une fois de plus, sa coupe de bonheur était pleine à déborder. Luciole ne pouvant jouer ou courir avec lui, il dépensait le surplus de son énergie dans la chasse.

Les cadavres s'amoncelaient sans cesse autour de Luciole, et, lorsque Rapide-Éclair s'approchait, elle le regardait par-dessus une véritable barricade de lièvres. L'inévitable se produisit : une odeur nauséabonde infecta la retraite de Luciole. La chienne recouvrait peu à peu ses forces, et, le cinquième jour, quand Rapide-Éclair revint avec un nouveau gibier dans sa gueule, il surprit Luciole procédant au nettoyage de l'abri. Durant l'absence de son compagnon, elle avait emporté les lièvres l'un après l'autre à vingt ou trente yards de là, puis recouvert le tout d'une couche de feuilles et de mousse. Pour la première fois, elle s'allongea au-dehors et mangea de bon appétit la dernière victime de Rapide-Éclair.

Quelques jours plus tard, elle réserva une autre surprise au chien-loup. Dans un endroit réchauffé par le soleil, elle avait installé ses petits et, là, Rapide-Éclair, retour de la chasse, put enfin les contempler à loisir. Quatre chiots se culbutaient autour de leur mère. Émerveillé à la vue de ce spectacle, Rapide-Éclair éprouvait une joie toute nouvelle, et son cœur battait à l'unisson de celui de Luciole. La nature n'avait montré, en cette occasion, aucune préférence : il y avait deux petites Luciole, au pelage fauve, et deux minuscules Rapide-Éclair, au poil gris et argenté.

Pendant les jours suivants, la chienne n'eut guère le temps de songer à la cabane de Gaston Rouget et à ses amis : ses petits, pleins de vie et de santé, ne lui laissaient aucun répit, et Luciole, avec l'extrême dévouement de la première maternité, se consacrait tout entière aux soins de sa nichée, qu'elle ne quittait point. De sa vie, elle n'éprouva plus de fierté que le jour où ses quatre chiots la suivirent d'un pas incertain jusqu'au ruisseau. Rapide-Éclair ne se tenait plus d'orgueil lorsque, pour la première fois, les petits voraces se jetèrent tous ensemble sur le lièvre qu'il leur apportait. Ils ne déchiquetaient pas la chair, mais s'amusaient follement à arracher le poil du gibier.

Dans la cabane de Gaston Rouget, on crut que Luciole et Rapide-Éclair étaient partis pour toujours. Trésor, le grand mâtin, et Ouaps, la petite airedale, n'errèrent plus si souvent à travers la forêt. Ils restèrent à la maison et Ouaps commença de prendre quelque embonpoint.

Chez Luciole, en dépit de sa félicité présente, l'attrait de la cabane n'était qu'endormi. Peu à peu, il se réveilla et en elle prit forme l'idée d'emmener sa petite famille dans la clairière. Maintenant, les nuits devenaient plus fraîches ; à l'aube, la gelée couvrait le sol et l'instinct pressait la chienne de découvrir pour ses chiots une demeure plus confortable et plus chaude que l'abri d'arbres morts.

Que serait-il advenu par la suite ? Sans doute que... Inutile de conjecturer ce qu'aurait pu être l'avenir si tel ou tel fait ne s'était produit. Dans le cas actuel, le destin se chargea de tout diriger et, pour arriver à ses fins, il envoya *Youtine Ouétikou.*

Youtine Ouétikou n'est ni rouge, ni blanc, ni de chair, ni d'os : c'est le vent transformé en démon. Il ne sévit pas souvent, au plus une fois tous les cinq ou six ans. Mais, quand il souffle, on jurerait que tous les diables de l'enfer sont déchaînés pour venir bouleverser l'univers. Aux yeux de l'homme blanc, ce phénomène ne présente rien de mystérieux : c'est une tornade qui prend naissance dans les montagnes Rocheuses et s'abat sur les forêts, dévastant tout sur son passage.

Cette année-là, encore qu'elle se produisît à la fin de septembre, la tornade débuta par un violent orage. A l'heure du crépuscule éclata le premier roulement du tonnerre. La température s'abaissa brusquement. Toute la journée, il avait fait chaud et, par moments, dans l'atmosphère lourde, passait une rafale de vent semblable au rugissement de gros canons vomissant la foudre.

Une demi-heure après, le cataclysme atteignit l'abattis où Luciole avait élu domicile, en attendant mieux. Le ciel s'embrasa d'éclairs et la terre trembla sous l'effet des décharges électriques. Luciole se tapit dans son nid et ses petits vinrent se blottir contre elle en gémissant. Rapide-Éclair, comme pour protéger les siens contre les méfaits de la tempête, s'étendit à l'entrée de l'abri, les yeux grands ouverts et reflétant la lueur du ciel.

Pendant un quart d'heure à peine, les nuages crevèrent en trombe sur la forêt, puis brusquement le tonnerre, les éclairs et la pluie prirent la direction de l'est, et le bruit de l'orage se perdit au loin. Dans le silence angoissant qui suivit, Rapide-Éclair entendit distinctement le tumulte du ruisseau transformé en torrent et la chute des gouttes d'eau qui tombaient des branches.

Tout à coup, il perçut un mugissement sinistre et continu qui, peu à peu, augmenta de force à mesure qu'il approchait. Bientôt, on eût dit le vacarme d'une cataracte. Avec la rapidité d'une avalanche, le vent furieux arrivait au-dessus de la forêt. Rapide-Éclair ne voyait rien, mais il entendait le tumulte d'une épouvantable tempête.

L'espace où sévissait la tornade mesurait à peine un mille de large, mais, à cinq milles de là, Gaston Rouget et sa jeune femme écoutaient les rugissements de cet ouragan qui déracinait les cèdres et les sapins comme s'ils eussent été des brins d'herbe, effaçait toutes pistes sur son passage et emplissait les clairières de débris.

De temps à autre, une main géante semblait descendre sur la terre et disperser tout ce qui se trouvait à sa portée, en produisant un tel bruit qu'on n'eût pu entendre un coup de fusil tiré près de l'oreille. C'était à croire que la fin du monde arrivait !

L'orage atteignit son paroxysme juste au-dessus de l'abattis. Le vent tourbillonna et vint frapper comme d'un coup de poing l'endroit où se tenait Rapide-Éclair. Les troncs d'arbres craquèrent et se brisèrent, l'extrémité du tas de bois fut dispersée et vola en pièces. Soudain, de l'obscurité, un arbre énorme tomba sur le chien-loup. A cinq yards de là, le nid de Luciole demeurait pour ainsi dire indemne. La pauvre bête tremblait en léchant ses petits pendant que la tempête faisait rage au-dessus de leurs têtes.

Tout comme il était venu, le vent s'éloigna à la vitesse d'un express. A bref intervalle, un nouveau déluge y succéda. Une demi-heure plus tard, le silence, à peine troublé par un souffle de brise, planait sur les forêts dévastées.

Lorsque le calme régna de nouveau, Luciole perçut un bruit étrange provenant de la gorge de Rapide-Éclair. Ce n'était ni un aboiement, ni un hurlement, pas davantage le cri de douleur d'un chien. Rapide-Éclair, dans la souffrance, se comportait en loup et en ce moment il émettait un sourd grognement. Luciole y répondit par un gémissement. Trente secondes plus tard, elle réussit à le rejoindre après s'être frayé un chemin à travers un enchevêtrement de débris. Rapide-Éclair avait été projeté à quelque distance de leur abri et un tronc d'arbre, mesurant deux fois la taille d'un homme, s'était abattu sur lui.

La fine tête dorée de Luciole renfermait le cerveau du colley, doué d'une intelligence parfois comparable à l'esprit humain. Des heures durant, Luciole creusa le sol pour délivrer son compagnon. Le sentant aux prises avec la mort, elle s'adonnait furieusement à sa tâche.

Après la tempête, les cieux s'éclaircirent, la lune et les étoiles se montrèrent. La chienne creusait toujours, sans prêter attention aux constants appels de ses petits. Des dents et des griffes, elle enleva la terre jusqu'à ce que ses membres fussent épuisés et ses pattes écorchées à vif. Elle ne parvenait pas à sauver Rapide-Éclair, écrasé sous le poids de l'arbre. De plus, il avait une patte brisée et lentement sa vie s'évanouissait.

A l'aube, Luciole interrompit son travail. Une suprême ressource se présente toujours à l'esprit de la chienne colley réduite aux pires nécessités : l'homme. La courageuse bête parcourut aussi vite que possible les quatre ou cinq milles qui les séparaient de la cabane de Gaston Rouget. Arrivée à la porte, elle aboya et gratta jusqu'à ce que Gaston et Jeanne sortissent de leur lit pour aller voir la cause de ce vacarme.

Le jour se levait et, à l'est, le soleil teintait le ciel d'une nuance rose. Jeanne et Gaston poussèrent un cri à la vue de la pauvre Luciole, dont les pattes laissaient des traînées rouges sur le plancher de la cabane. Les yeux hagards et injectés de sang, elle haletait, prête à tomber de faiblesse. Elle repartit dans la clairière et courut jusqu'à mi-chemin de la forêt, aboyant une fois, deux fois, trois fois... pour appeler Gaston Rouget. Enfin, comprenant qu'il se passait quelque événement mystérieux là-bas, Gaston s'habilla en hâte, prit son fusil et suivit la chienne.

Le soleil montait à l'horizon et la dernière flamme vitale s'éloignait lentement dans les yeux de Rapide-Éclair, quand une apparition surgit devant lui : un homme se tenait là, en compagnie de Luciole. Il n'en vit pas davantage ; il perçut encore quelques sons indistincts, puis les ténèbres envahirent son cerveau.

Gaston Rouget prit un sapin abattu par la tempête et s'en servit comme d'un levier pour soulever le gros arbre qui emprisonnait le corps de Rapide-Éclair. Deux heures plus tard, il rentrait chez lui, portant dans ses bras un étrange fardeau.

Bientôt, Rapide-Éclair revint à lui. Ses paupières s'entrouvrirent et il fut témoin de choses étonnantes. Mais il demeurait incapable de se mouvoir. L'homme allongeait la patte blessée sur une planchette de bois, la femme ligaturait le tout au moyen de longues bandes de toile, et Rapide-Éclair n'avait pas la force de les mordre. Ils lui parlaient doucement et, quand tout fut terminé, la main de Jeanne lui caressa la tête. Derrière ses parents, la petite Jeannette regardait de ses grands yeux, tandis que Trésor et Ouaps, tenus en respect par la voix sévère de Gaston, restaient à la porte. Ensuite, on le coucha sur une moelleuse couverture, dans un coin de la cabane, et l'homme sortit, emmenant Ouaps et Trésor avec lui.

De son coin, Rapide-Éclair distinguait vaguement la femme qui vaquait dans la pièce et la petite fille qui, enhardie, s'approchait de lui de plus en plus. Souvent, la femme venait le flatter de la main et plaçait presque sous son museau un bol d'eau et de la viande fraîche.

Au bout d'un long moment, l'homme reparut et, cette fois, Luciole entra avec lui. En dépit de sa fatigue, elle sauta vers le grand panier qu'il portait à la main. Gaston Rouget ouvrit ce panier, en retira l'un après l'autre les deux fils et les deux filles de Rapide-Éclair et les déposa près de leur père, sur la couverture, à la grande joie de sa femme et de sa fillette. Après avoir gambadé dans la pièce, Luciole vint s'allonger auprès de Rapide-Éclair, qui, ébloui par ce miracle, ferma les yeux et poussa un long soupir.

Ainsi eût soupiré Skagen, le grand danois. Le chien de l'homme blanc, après vingt années, reprenait ses droits et le rêve de Rapide-Éclair se réalisait enfin. Désormais, il ne redoutait plus le contact ou l'odeur de la main humaine.

Gaston haussa les épaules en répondant à la question qu'il sentait prête à sortir des lèvres de Jeanne :

— Mais oui, ma chérie, il vivra. Plusieurs semaines s'écouleront avant qu'il puisse trotter, et il boitera peut-être ; mais il vivra et ne s'éloignera pas de notre cabane. A son regard, je devine qu'il a du sang de chien dans les veines, et il t'aimera, Jeanne. Pas moi, bien sûr, le grand Gaston, noir et hirsute ; mais toi, il t'aimera à la folie ! Vois comme il te regarde ! Ne discernes-tu pas la fidélité du chien dans ses prunelles ? Pour moi, c'est un chien qui retrouve sa maison... après une longue absence et, maintenant, il ne la quittera plus !

LES CHASSEURS DE LOUPS

(The Wolf Hunters, 1908)

Roman traduit de l'américain
par Paul Gruyer et Louis Postif

A mes camarades du Grand Désert du Nord, à ces compagnons fidèles avec qui j'ai partagé les joies et les peines des longues pistes silencieuses, et spécialement à Mukoki, mon guide peau-rouge et ami bien-aimé, en témoignage de ma reconnaissance, je dédie ce livre.

JAMES OLIVER CURWOOD.

© Bureau littéraire international, pour la traduction.

I

LE COMBAT DANS LES MÉLÈZES

Le lourd et froid hiver étendait son premier manteau sur le Grand Désert canadien. La lune se levait, boule rouge mouvante, éclairant d'une faible lueur le vaste silence blanc. Pas un bruit n'en brisait la calme désolation. La vie diurne s'était éteinte et il était trop tôt pour que s'éveillassent les voix errantes des créatures nocturnes.

Au premier plan s'estompait sous la lueur lunaire et à la clarté diffuse de millions d'étoiles, un grand amphithéâtre de rochers, au fond duquel dormait un lac gelé. Sur la pente de la montagne s'élevait la forêt de sapins, noire et sinistre. Un peu plus bas, des mélèzes bordaient le lac de leur muraille, à demi courbés sous le fardeau de neige et de glace qui les écrasait, dans les impénétrables ténèbres. Du côté opposé aux mélèzes, aux sapins et à la montagne, le cirque rocheux s'échancrait vers une plaine blanche infinie, découverte et sans arbres.

Un énorme hibou blanc émergea de l'obscurité, en dépliant son vol. Puis il jeta, d'une voix chevrotante, un ululement doux qui semblait annoncer que bientôt allait s'ouvrir l'heure mystique des hôtes de la nuit.

La neige, qui avait chu en abondance durant la journée, avait cessé de tomber. Pas un souffle ne passait dans l'air, et ses flocons étaient restés accrochés aux plus petites brindilles des ramures. Quoiqu'il ne fît pas de vent, le froid était intense. Un homme qui serait demeuré immobile fût, en une heure, tombé gelé sous sa morsure.

Soudain le silence se rompit. Un cri s'éleva, sonore et lugubre, quelque chose comme une plainte inexprimable, une plainte non humaine, qui, si un homme l'eût entendue, aurait fait battre plus vite le sang dans ses veines et se crisper ses doigts sur la crosse de son fusil. Le cri venait de la plaine blanche et se répercutait dans la nuit. Il se tut ensuite et le silence qui lui succéda de nouveau en parut plus profond. Le hibou, blanc comme un gros flocon de neige, s'envola sans un cri, à tire-d'aile, par-dessus le lac gelé.

Puis, au bout de quelques instants, le cri plaintif recommença mais plus faible. Un habitué du Grand Désert blanc, dressant l'oreille et scrutant les ténèbres, n'eût pas hésité à reconnaître la clameur sauvage, de souffrance et d'agonie, d'une bête blessée et à demi conquise.

Lentement, en effet, avec la prudence qui doit suivre l'angoisse des longues heures d'une journée de chasse, un magnifique élan mâle s'avançait dans la lumière de la lune. Sa tête superbe, pliant sous le poids de sa massive ramure, se tournait vers le bois de mélèzes qui était de l'autre côté du lac. L'animal reniflait l'air dans cette direction et ses narines se dilataient. Derrière lui, il laissait une coulée de sang. Blessé à mort sans doute et se traînant à grand-peine sur la neige molle qui couvrait la glace, il espérait visiblement trouver dans l'abri des arbres un ultime refuge.

Comme il était près d'atteindre son but, il s'arrêta et rejeta sa tête en arrière, le museau levé vers le ciel, en pointant en avant ses longues oreilles. C'est l'attitude familière aux élans lorsqu'ils écoutent. Et leur ouïe est si fine qu'ils perçoivent, à un mille de distance, le clapotis d'une truite faisant des soubresauts dans l'eau vive. Mais aucun bruit ne troublait le silence, semblait-il, que, de temps à autre, les ululements funèbres du hibou blanc, qui ne s'était pas éloigné. Le puissant animal demeurait cependant immobile et, tandis qu'une petite mare de sang s'élargissait dans la neige, sous son poitrail, il écoutait toujours. Quels sons mystérieux, imperceptibles à l'ouïe humaine, parvenaient donc à ses oreilles effilées ? Quel danger se tenait en embuscade dans la noire forêt de sapins qu'elles interrogeaient ? Les reniflements avaient repris. Aspirant l'ombre, ils allaient maintenant de l'est à l'ouest, mais se dirigeaient surtout vers le nord.

Ce que l'élan seul, d'abord, entendait, on ne tarda pas à le distinguer. Une lointaine rumeur, à la fois lamentable et féroce, croissait, puis s'évanouissait, puis croissait encore, se faisant de minute en minute plus précise. C'était le hurlement des loups !

Ce que le nœud coulant du bourreau est à l'assassin condamné à mort, ce que les fusils en joue sont à l'espion qui s'est fait prendre, ce cri des loups l'est à la bête blessée, dans le Grand Désert canadien. Le vieil élan rabaissa sa tête aux larges cornes et ranimant toutes ses forces, il se mit à trotter doucement vers la forêt de sapins. Plus éloignée de lui, mais plus dense aussi que le petit bois de mélèzes, il comprenait instinctivement, sous son crâne épais, qu'elle lui serait, s'il pouvait l'atteindre, une plus sûre retraite.

Mais alors.... Oui, alors, tandis qu'il cheminait, il s'arrêta de nouveau. Si brusquement que ses pattes de devant fléchirent sous lui et qu'il s'écroula dans la neige. La détonation d'un fusil avait, cette fois, retenti !

Le coup avait dû partir à un mille au moins, à deux milles peut-être. Mais son éloignement n'enlevait rien à la crainte qui avait fait tressaillir le roi du Nord agonisant. Le matin de ce même jour, il avait entendu le même bruit qui lui avait apporté, dans ses parties vitales, une inconnue et profonde blessure. Tant bien que mal, il se remit debout. Il renifla au nord, à l'est, à l'ouest. Puis, retournant sur ses pas, il vint s'enfouir dans la masse glacée des mélèzes.

Après le coup de fusil, le silence était retombé. Il durait depuis dix minutes environ lorsqu'un glapissement rapide déchira l'air, plus proche cette fois. Un autre lui répondit, puis un second, puis un troisième, et ce fut bientôt un chœur à pleine gorge de toute la bande des loups.

Une silhouette d'homme, presque aussitôt, émergea du bois de mélèzes.

Le teint de son visage était cuivré comme celui d'un Indien.

Il avança de quelques mètres. Puis, se retournant vers l'obscure muraille :

« Venez, Rod, cria-t-il. Nous sommes dans le bon chemin, et le campement n'est plus loin. »

Une voix répondit : « J'arrive, Wabi. »

Quelques minutes se passèrent et un autre jeune homme, de sang blanc, apparut. Il avait dix-huit ans au plus. De sa main gauche, il s'appuyait sur un gros gourdin. Son bras droit, qui semblait gravement blessé, était enveloppé dans un grand foulard, servant de bandage improvisé. Sa figure était tout égratignée et saignait. L'ensemble de sa démarche indiquait qu'il en était arrivé au dernier degré de l'épuisement.

Il fit encore quelques pas, en chancelant, respirant par saccades. Puis le gourdin glissa de ses doigts sans nerfs, et il ne tenta même pas de le ramasser. Conscient de sa faiblesse, il plia les genoux et s'affaissa dans la neige.

Wabi lui tendit la main pour l'aider à se relever.

« Croyez-vous pouvoir continuer, Rod ? »

Le jeune homme se remit sur ses pieds.

« J'ai bien peur que non, murmura-t-il. Je suis à bout. »

Et il retomba sur le sol.

Wabi déposa son fusil et s'agenouilla près de son compagnon.

« Nous aurions pu facilement, dit-il, camper ici, en attendant le jour, s'il nous était resté plus de trois cartouches.

— Trois seulement ? interrogea Rod.

— Pas une de plus. C'est de quoi abattre deux ou trois loups. Je ne pensais pas, en partant vous chercher, vous trouver si loin. »

Devant Roderick il se plia en deux, comme un couteau de poche que l'on referme.

« Passez vos bras autour de mon cou, dit-il, et tenez-moi bien. »

Wabi se releva avec son fardeau, portant Rod sur ses puissantes épaules.

Il allait se remettre en marche lorsque résonna le cri de chasse des loups, tellement près qu'il s'arrêta, hésitant.

« Ils ont découvert notre piste ! déclara-t-il. Nous ne pouvons songer à les gagner de vitesse. Avant cinq minutes ils seront ici. »

Une vision terrible traversa son cerveau, celle d'un autre adolescent mis en pièces devant ses yeux par les *outlaws* [1] du Nord. Et il frémit.

1. *Outlaw*, hors-la-loi.

Tel allait donc être le sort de son compagnon, et le sien propre... A moins que... En laissant tomber le blessé de ses épaules et en l'abandonnant, il pouvait fuir encore. A cette pensée, sa face se crispa et il eut un ricanement farouche. Abandonner Roderick ! Ce matin même, n'avaient-ils pas, en une première échauffourée avec les outlaws, fait le coup de feu côte à côte ? Près de lui Roderick n'était-il pas tombé dans la bataille, le bras déchiré ? S'ils devaient, dans un instant, affronter la mort, ce serait encore de compagnie. Ensemble ils mourraient.

Le parti de Wabi fut rapidement pris. Il regagna, portant Rod, le bois de mélèzes. La seule chance de salut qui s'offrait à eux était de se hisser sur un des arbres et d'y attendre que les loups se fussent dispersés avec le jour. Ils courraient le risque, à vrai dire, de mourir de froid durant ce temps. Ce serait, entre les loups et eux, une lutte d'endurance.

Wabi s'arrêta au pied d'un gros mélèze, dont les branches chargées de neige pendaient jusqu'à terre, et déposa Rod sur le sol. A la lumière de la lune, qui maintenant était haute dans le ciel et brillante, il regarda le jeune Blanc qui, les yeux mi-clos et les membres flasques, avait à demi perdu connaissance. Sa figure était d'une pâleur mortelle, et, devant ce visage spectral, le cœur fidèle de Wabi se serra d'angoisse.

Mais, avant même qu'il eût songé comment il pourrait monter le blessé dans son refuge aérien, son oreille, exercée aux bruits du désert, avait tressailli. Les loups arrivaient.

Il les avait devinés, plus qu'il ne les avait entendus. Car, en approchant, les féroces chasseurs avaient tu leurs glapissements. Sans les attendre, témérairement, avec un grand cri, il bondit au-devant d'eux.

Ils n'étaient plus qu'à quelques pieds du bois lorsqu'il arriva pour leur barrer la route. Ils ne formaient qu'un petit groupe, l'avant-garde sans doute. Sans perdre un instant, Wabi mit en joue et tira. Un hurlement de douleur lui apprit que le coup avait porté. Il épaula, une deuxième fois, et visa si bien qu'il vit le second loup sauter en l'air, comme mû par un ressort, et retomber à plat dans la neige, sans même un cri. Les autres alors se dispersèrent, non sans emporter avec eux le cadavre du mort, pour l'aller dévorer un peu plus loin.

Revenu vers Rod, Wabi vit avec satisfaction que celui-ci, surmontant son immense faiblesse, avait repris un peu de vie. Il grimpa dans le mélèze et le tira après lui.

« C'est la seconde fois, dit Rod, que vous me sauvez. La première fois c'était d'une noyade bien réussie. Cette fois, c'est des loups. Je vous dois une fière chandelle ! »

Affectueusement il posa sa main sur l'épaule de son ami.

« Vous me l'avez bien rendu ce matin, répondit Wabi. Si vous êtes ainsi estropié, c'est pour moi. La blessure m'était destinée. Nous sommes quittes. »

Et les regards des deux jeunes gens se croisèrent en une confiance amie.

Le concert des hurlements avait recommencé. Wabi se hissa jusqu'au faîte de l'arbre pour observer. La horde sortait justement de la forêt de sapins, un peu plus haut sur la montagne, et dévalait sur ses pentes, à toute vitesse, se répandant parmi la neige en multiples points noirs pareils à des fourmis.

D'autres hurlements répondaient à ceux-ci, du côté du lac, qu'une autre bande traversait en courant. Les deux troupes voraces semblaient avoir pour objectif commun le bois de mélèzes et vouloir s'y réunir. Il y avait bien, au total, près de soixante bêtes.

Wabi tira Rod, non sans peine, un peu plus haut dans l'arbre. Les deux hommes, avec l'unique cartouche qui restait, attendirent. Rod avait, dans la bagarre du matin, perdu son fusil et ses munitions.

Wabi, cependant, était remonté à son poste d'observation. Il vit bientôt que les deux bandes de loups s'étaient rejointes en effet et encerclaient le bois. Les animaux semblaient en proie à une vive exaltation. Ils venaient de rencontrer la petite mare de sang laissée par l'élan agonisant et relevaient la piste qui lui faisait suite.

« Que se passe-t-il ? » demanda Rod, à mi-voix.

Les yeux noirs de Wabi se dilatèrent et se mirent à briller d'une flamme ardente. Le sang palpitait dans ses veines et son cœur battait à se rompre.

« Ce n'est pas à nous qu'ils en veulent, répondit-il, après un moment de silence. Ils ne nous ont pas pistés, ni flairés, mais une autre proie. C'est notre chance. »

A peine avait-il parlé que les buissons et les branches craquaient à quelques pieds du mélèze et, droit au-dessous d'eux, les deux hommes purent voir une grosse masse d'ombre qui passait au triple galop. Wabi eut le temps de reconnaître un élan mâle, et il ignorait que c'était le même auquel il avait, au cours de la journée, envoyé une balle qui ne l'avait pas immédiatement abattu. Les loups serraient de près la bête, la tête au ras du sol, sur la piste empourprée, avec des cris rauques et des grognements affamés qui sortaient, par instants, de leurs mâchoires béantes.

Ce n'était pas pour Wabi un spectacle nouveau, mais il s'offrait pour la première fois aux yeux de Rod, et, quoiqu'il n'eût duré que le temps d'un éclair, il y devait demeurer longtemps gravé. Longtemps Roderick revit dans ses rêves la bête monstrueuse, qui se savait condamnée, fuyant dans la nuit neigeuse en jetant son lourd beuglement d'agonie, et la horde diabolique des outlaws du désert attachée à ses trousses, corps agiles et puissants, corps squelettiques, dont la peau collait sur les os, mais qui demeuraient indomptables et qu'affolait la proximité de leur proie.

Car il était certain que l'élan succomberait, dans ce duel inégal, et que les loups se gaveraient de lui, jusqu'à la dernière parcelle.

« Et maintenant, dit tranquillement Wabi, nous pouvons redescendre à terre et continuer sans crainte notre chemin. Ils sont trop absorbés pour s'occuper de nous ! »

Il aida Rod à glisser jusqu'au sol, en lui maintenant les pieds. Puis il se courba devant lui, comme il l'avait déjà fait, et le chargea sur son dos.

Ils sortirent du bois de mélèzes et allèrent ainsi durant un mille, jusqu'à un petit torrent, dont la surface était gelée.

« Wabi, dit Rod, reposez-vous et laissez-moi marcher. Je sens que mes forces reviennent. Vous me soutiendrez seulement un peu. »

Tous deux continuèrent à cheminer. Wabi avait passé son bras autour de la taille du blessé. Ils parcoururent ainsi un autre mille.

Ils aperçurent alors, à un tournant de la vallée, une flamme qui brillait, joyeuse, près d'un boqueteau de sapins. Elle était encore distante d'un bon mille, mais il leur semblait qu'ils la touchaient de la main. Ils la saluèrent d'un cri d'allégresse. Wabi, posant son fusil et délaçant son bras de la taille de Rod, joignit ses deux mains devant sa bouche, pour s'en faire un porte-voix, et lança son signal habituel :

« Oua, ou, ou, ou, ou, ou, ou ! Oua, ou, ou, ou, ou, ou, ou ! »

L'appel s'en alla, dans la nuit tranquille, jusqu'au feu. Une ombre apparut dans la lueur de la flamme et renvoya le cri.

« C'est Mukoki ! dit Wabi.

— Mukoki ! » fit Rod en riant, tout heureux de voir que la rude épreuve tirait à sa fin.

Mais, presque aussitôt, Wabi l'aperçut qui chancelait, pris de vertige. Il dut le maintenir de nouveau pour qu'il ne tombât pas dans la neige.

Si, ce soir-là, les regards des jeunes chasseurs, couchés devant le feu de leur campement, sur l'Ombakika gelé, avaient pu percer l'avenir et prévoir toutes les tragiques émotions qu'il leur réservait, alors peut-être auraient-ils reculé et, faisant route en arrière, seraient-ils revenus, sans plus, vers la civilisation. Peut-être aussi le terme heureux qui devait couronner leur longue randonnée les eût-il, en dépit de tout, entraînés en avant. Car l'amour des vibrations fortes est ancré dans le cœur de la robuste jeunesse.

Mais ils n'avaient pas à choisir entre cette alternative, l'avenir demeurant fermé pour eux. Plus tard seulement, après bien des années écoulées, ils devaient, devant les bûches ronflantes du foyer familial, revoir dans son ensemble le tableau complet des aventures vécues par eux et, les revivant en imagination, y trouver de chers et ineffaçables souvenirs, auxquels ils n'auraient pas voulu désormais renoncer pour tout l'or du monde.

II

COMMENT WABIGOON LE FILS PRIT GOÛT A LA CIVILISATION

Un peu moins de trente ans avant l'époque où se déroule ce récit, un jeune homme, nommé John Newsome, quittait pour le Nouveau Monde la grande ville de Londres. Le sort lui avait été cruel. Après qu'il eût perdu père et mère, il s'était vu ruiné et, du petit héritage familial, rien ne lui était demeuré.

Il débarqua à Montréal et, comme c'était un garçon bien éduqué, actif et entreprenant, il se fit rapidement une situation. Le patron qui l'employait lui accorda sa confiance et l'expédia, comme agent, ou *factor,* à sa factorerie de Wabinosh House, fort loin vers le nord, dans la région désertique du lac Nipigon, vers la baie d'Hudson.

Un chef de factorerie est roi de fait, dans son domaine. Au cours de la seconde année de son gouvernement, John Newsome reçut la visite d'un chef peau-rouge, nommé Wabigoon. Il était accompagné de sa fille, Minnetaki, dont une ville devait prendre un jour le nom, en hommage à sa beauté et à sa vertu. Minnetaki était alors dans l'éclat naissant de sa jeunesse. Rarement, parmi les jeunes filles indiennes, on en avait vu une aussi belle.

Ce fut le coup de foudre pour John Newsome, qui s'éprit sur-le-champ de la divine princesse. Ses visites furent dès lors fréquentes au village indien où commandait Wabigoon, à trente milles de Wabinosh House, dans les profondeurs du Grand Désert blanc.

Minnetaki ne resta pas insensible à l'amour du jeune factor. Mais leur mariage, rapidement décidé, trouva dès l'abord, devant lui, un gros obstacle.

Un jeune chef indien, nommé Woonga, s'était épris lui aussi de Minnetaki. Celle-ci le détestait dans son cœur. Mais Woonga était puissant, plus puissant que Wabigoon, qui se trouvait sous sa dépendance directe pour les territoires de chasse qu'il avait coutume de fréquenter. D'où nécessité de le ménager. Minnetaki n'osait pas se marier avec celui qu'elle aimait.

Une violente rivalité s'établit entre les deux soupirants. Un double attentat en résulta contre la vie de Newsome, et Woonga expédia à Wabigoon un ultimatum, lui faisant savoir qu'il eût à lui accorder sa fille. Minnetaki répondit en personne, par un net refus, à cette sommation, et le feu de la haine en devint plus fébrile dans la poitrine de Woonga.

Durant une nuit noire, à la tête d'une troupe d'hommes de sa tribu, il tomba à l'improviste sur le campement de Wabigoon. Le vieux chef fut égorgé, ainsi qu'une vingtaine de ses gens, mais le but principal de l'attaque, qui était l'enlèvement de Minnetaki, échoua. Woonga fut repoussé avant d'avoir pu s'emparer de la jeune fille.

Un messager fut expédié en toute hâte à Wabinosh House, afin d'apporter à Newsome la nouvelle de l'assaut qui avait eu lieu et de la mort de Wabigoon. Le jeune factor, avec une douzaine d'hommes déterminés, vola au secours de sa fiancée. Une seconde attaque de Woonga tourna nettement à son désavantage et il fut reconduit dans le désert, tambour battant, avec de lourdes pertes pour les siens.

Trois jours après, Newsome épousait Minnetaki.

A partir de ce moment s'ouvrit une ère sanglante, dont le souvenir devait demeurer longtemps vivace dans les annales de la factorerie. Haine née de l'amour, devenue haine de race, inexpiable et sans fin.

Woonga se mit délibérément hors la loi, avec sa tribu entière, et il commença à exterminer, à peu près jusqu'au dernier, tous les anciens sujets de Wabigoon. Ceux qui purent échapper abandonnèrent leur ancien territoire et vinrent se réfugier aux alentours de la factorerie. Ce fut ensuite au tour des trappeurs engagés au service du factor d'être perpétuellement traqués et massacrés dans des embuscades.

Haine pour haine, menace pour menace furent rendues à Woonga et aux hommes de son clan. Et bientôt tous les Indiens, quels qu'ils pussent être, furent, à Wabinosh House, considérés comme des ennemis. On les tint pour autant d'autres Woonga et, dans la conversation courante, on ne les appela désormais que les *Woongas.* Ils furent décrétés une bonne cible pour n'importe quel fusil.

Deux enfants, cependant, avaient sanctifié l'union de Newsome et de sa belle Peau-Rouge. L'aîné était un garçon qu'en l'honneur du vieux chef, son grand-père, on baptisa Wabigoon et, par abréviation, Wabi. L'autre était une fille, de quatre ans plus jeune, que Newsome avait tenu à nommer, comme sa mère, Minnetaki.

Chose curieuse, le sang indien semblait couler, presque pur, dans les veines de Wabi. L'enfant était indien d'aspect, de la semelle de ses mocassins jusqu'au sommet du crâne. Il était cuivré et musculeux, aussi souple et agile qu'un lynx, rusé comme un renard, et tout en lui criait qu'il était né pour la vie du désert. Son intelligence cependant était grande et surprenait le factor lui-même.

Minnetaki, au contraire, à mesure qu'elle grandissait, tenait moins de la beauté sauvage de sa mère et se rapprochait davantage des allures et de la grâce de la femme blanche. Si ses cheveux étaient noirs comme du jais, et noirs ses grands yeux, elle avait la finesse de peau de la race à laquelle appartenait son père.

Ç'avait été un des meilleurs plaisirs de Newsome de s'adonner à l'éducation de sa femme sauvage. Et tous deux n'avaient qu'un but commun, élever à la mode des enfants blancs la petite Minnetaki et son frère. Ils commencèrent par fréquenter, à Wabinosh House, l'école de la factorerie. Ils furent ensuite envoyés, deux hivers durant, à celle, plus moderne et mieux organisée, de Port-Arthur, le centre civilisé le plus proche. Les deux enfants s'y montrèrent des élèves brillants.

Wabi atteignit ainsi sa seizième année et Minnetaki sa douzième. Rien, dans leur habituel langage, ne trahissait leur part d'origine indienne. Mais ils s'étaient, sur le désir de leurs parents, familiarisés également avec le langage ancestral du vieux Wabigoon.

Vers cette époque de leur jeune existence, les Woongas se firent plus audacieux encore dans leurs déprédations et leurs crimes. Ils renoncèrent complètement à tout travail honnête et ne vécurent plus que de leurs pillages et de leurs vols. Les petits enfants mêmes avaient sucé avec le lait la haine héréditaire contre les hôtes de Wabinosh House, haine dont maintenant Woonga était presque seul à se rappeler l'origine. Si bien que le gouvernement canadien finit par mettre à prix la tête du chef peau-rouge et celle de ses principaux partisans. Une expédition en règle fut organisée, qui refoula les hors-la-loi vers des territoires plus lointains, sans que Woonga lui-même pût être capturé.

Lorsque Wabi eut dix-sept ans, il fut résolu qu'il s'en irait aux États-Unis, pendant une année, dans quelque grande école. Contre ce projet, le jeune Indien (presque tous le considéraient en effet comme tel et il en était fier) lutta avec énergie, mettant en avant mille arguments. Il avait, disait-il, pour le Grand Désert blanc toute la passion de sa race maternelle. Toute sa nature se révoltait contre la prison qu'est une grande ville, contre ses rumeurs, son tumulte et sa boue. Non, non, il ne saurait jamais se faire à cette existence.

Alors intervint sa sœur Minnetaki. Elle lui demanda, elle le supplia de partir, d'aller là-bas pour une année, pas plus. Il reviendrait ensuite et lui raconterait tout ce qu'il aurait vu, il lui apprendrait à son tour tout ce qu'il aurait appris. Wabi aimait sa gentille petite sœur plus que tout au monde. Elle fit plus pour le décider que n'avaient fait les parents, et il partit.

Il se rendit à Detroit [1], dans l'État de Michigan, et trois mois durant, il s'appliqua au travail, avec conscience. Mais chaque semaine qui s'écoulait ajoutait au chagrin de son isolement, à ses regrets lancinants d'avoir perdu Minnetaki, de n'avoir plus devant lui le Grand Désert blanc, son libre espace et ses forêts. Chaque journée était pour lui un poids pesant, et sa seule consolation était d'écrire, trois fois par semaine, à sa sœur aimée. Trois fois par semaine, encore que le courrier postal ne circulât que deux fois par mois, Minnetaki lui écrivait aussi des lettres non moins longues, où elle le soutenait et l'encourageait.

C'est au cours de sa vie solitaire d'écolier que le jeune Wabigoon lia connaissance avec Roderick Drew.

Comme Newsome, Roderick était un enfant du malheur. Lorsque son père mourut, il n'en avait même pas gardé le souvenir. Sa mère l'avait élevé, et le petit capital qu'ils possédaient avait fondu peu à peu. Jusqu'au dernier moment elle avait lutté contre la gêne, afin de

1. Detroit, ville de l'État de Michigan, à 700 kilomètres au nord-ouest de Washington, est situé à la frontière du Canada et des États-Unis, sur la rivière du même nom, qui fait communiquer ensemble les lacs Huron et Erié.

maintenir son fils au collège. Maintenant toutes leurs ressources étaient épuisées et Roderick se préparait à abandonner ses études au terme de la semaine en cours. La nécessité devenait son maître farouche, et c'est pour vivre qu'il allait falloir travailler.

Le *boy* décrivit sa peine au jeune Indien, qui s'était agrippé à lui, comme le naufragé à une bouée, et était devenu son inséparable. Et, lorsque Roderick fut rentré chez lui, Wabi alla lui rendre visite.

Mme Drew était une femme fort distinguée, qui reçut Wabi avec amitié et ne tarda pas à lui porter une affection quasi maternelle. Sous cette influence réconfortante, il trouva moins pénible cette odieuse civilisation, et son exil lui parut moins amer. Ce changement dans son esprit se refléta dans ses lettres à Minnetaki et il lui fit de la maison amie une description enthousiaste. Mme Drew reçut de la mère de Wabi d'affectueux remerciements, et une correspondance régulière s'établit entre les deux familles.

Dès que Wabi, qui ne connut plus dès lors la solitude, avait terminé sa journée au collège, il venait retrouver son ami, qui rentrait, de son côté, de la maison de commerce où il travaillait. Durant les longues soirées d'hiver, les deux *boys* s'asseyaient l'un à côté de l'autre, devant le feu, et le jeune Indien commençait à narrer l'existence idéale que l'on mène dans le Grand Désert blanc. Rod écoutait de ses deux oreilles et, peu à peu, naissait et se développait en lui un irrésistible désir de connaître cette vie. Des plans s'échafaudaient, une foule d'aventures étaient imaginées. Mme Drew écoutait, en souriant ou en riant, et ne disait pas non à tous ces projets mirifiques.

Mais un jour arrive où tout prend fin. Wabi s'en retourna au Grand Désert blanc, près de sa mère peau-rouge et de sa sœur Minnetaki. Les yeux des jeunes gens s'emplirent de larmes lorsqu'ils se séparèrent, et Mme Drew pleura aussi, en voyant partir le jeune Indien.

Le temps qui suivit fut douloureux à l'extrême pour Roderick. Huit mois d'amitié avec Wabi avaient fait surgir en lui comme une seconde nature, et il lui sembla, lorsque partit son camarade, que quelque chose de lui-même s'en allait. Le printemps vint, puis l'été. Chaque courrier postal apportait de Wabinosh House un paquet de lettres pour les Drew et en remportait un de Detroit.

L'automne arriva, et les gelées de septembre commençaient à tourner à l'or et au rouge les feuillages de la Terre du Nord, quand une longue lettre de Wabi suscita, dans le petit *home* des Drew, une grosse émotion, mêlée à la fois de joie et d'appréhension. Elle était accompagnée d'une seconde lettre du factor en personne, d'une troisième de la mère peau-rouge, et d'un petit post-scriptum de la jeune Minnetaki. Les quatre messages demandaient instamment à Roderick et à Mme Drew de venir passer l'hiver à Wabinosh House.

Ne craignez pas, écrivait Wabi, *qu'une perte d'argent résulte pour vous de l'abandon momentané de votre place. Nous gagnerons ici, durant cet hiver, plus de dollars que vous n'en pourriez, en trois ans, récolter à Detroit. Nous chasserons les loups. La région en pullule et le gouvernement donne une prime de quinze dollars pour chaque scalp présenté. Au cours de chacun des deux derniers hivers, j'en ai tué quarante. Et j'estime que la chasse n'a pas été bonne. J'ai un loup apprivoisé qui sert d'appât. Quant aux fusils et au reste de l'équipement, ne vous en tourmentez point. Nous avons ici tout le nécessaire.*

Mme Drew et son fils délibérèrent durant quelques jours sur cette proposition, avant d'envoyer une réponse à Wabinosh House. Roderick suppliait d'accepter l'invitation. Il dépeignait la splendeur heureuse du séjour qui leur était offert, la belle santé qu'ils en rapporteraient. De cent façons différentes il présentait ses arguments et plaidait sa cause. La mère était moins enthousiaste. Dans la situation précaire où ils se trouvaient, n'était-il pas imprudent de quitter une situation modeste encore, mais assurée, et qui leur permettait une vie et un confort acceptables en somme. Les appointements de Roderick iraient en augmentant et, cet hiver même, seraient élevés à dix dollars par semaine.

Finalement, Mme Drew céda. Elle consentait au départ de Rod, tandis qu'elle-même, qui redoutait quelque peu ce lointain déplacement, resterait pour garder le logis. Une lettre en ce sens fut expédiée à Wabinosh House, en demandant des précisions sur l'itinéraire à suivre.

La réponse arriva trois semaines après. Le 10 octobre, Wabi se rencontrerait avec Rod à Sprucewood, sur la rivière de l'Esturgeon, qu'ils remonteraient ensuite en canot jusqu'au lac du même nom. Là ils prendraient un billet pour le bateau du lac Nipigon et ils arriveraient à Wabinosh House avant que la glace naissante de l'hiver se refermât sur eux.

Les délais étaient courts pour les préparatifs nécessaires et, quatre jours après, Rod quittait sa mère pour monter dans le train qui l'amènerait à Sprucewood. Il y trouva, en débarquant, Wabi qui l'attendait, accompagné par un des Indiens de la factorerie. L'après-midi du même jour, ils commençaient à remonter la rivière de l'Esturgeon.

III

RODERICK TUE SON PREMIER OURS

Pour la première fois, Roderick s'enfonçait en plein cœur du Grand Désert du Nord.

Assis à l'avant du canot d'écorce de bouleau, avec Wabi tout près de lui, il buvait ardemment la sauvage beauté des forêts aux essences variées, et des marais miroitants, devant lesquels ils glissaient sur l'eau comme des ombres, au claquement étouffé des rames. Son cœur palpitait d'une émotion joyeuse et ses yeux, sans cesse aux aguets, étaient à l'affût de voir paraître le gros gibier que Wabi lui avait dit fréquenter en grand nombre les rives de l'Esturgeon.

Sur ses genoux était posé le fusil à répétition de Wabi. L'air était vif et piquant du froid de la nuit, au cours de laquelle il avait gelé. Par moments, des forêts de hêtres, au manteau d'or et d'incarnat, refermaient sur eux leurs masses compactes. D'autres forêts leur succédaient, de noirs sapins, qui descendaient jusqu'aux rives du fleuve. De l'eau des marécages surgissaient des bois de mélèzes.

Cette vaste et solitaire désolation n'allait pas sans une quiétude reposante, dans son mystère. Le silence n'en était troublé que par des bruits épars de la vie du désert. Des perdrix, en gloussant, s'enfuyaient dans les buissons. Presque à chaque tournant de la rivière, des bandes de canards s'élevaient de l'eau, avec de grands battements d'ailes.

A un moment, Rod, sursautant, entendit parmi les arbustes riverains, à un jet de pierre du canot, un craquement singulier. Il vit leurs branches s'écarter et se plier.

« Un élan ! » murmura Wabi, derrière lui.

A ce mot, un tremblement le saisit et tout son corps frissonna d'émotion attentive. Il n'avait pas encore le sang-froid blasé des vieux chasseurs, ni l'indifférence stoïque avec laquelle les hommes de la Terre du Nord entendent autour d'eux ces multiples bruits des créatures sauvages. Rod, pour le gros gibier, en était à son début.

Il n'allait pas tarder à faire connaissance de plus près avec lui.

Dans l'après-midi du même jour, au-delà d'un coude de la rivière, que contournait légèrement le canot, une grosse masse de bois mort qui s'en était allée à la dérive, puis s'était butée contre le rivage, apparut tout à coup. Le soleil se couchait, derrière la forêt, dans une lumière jaune ardente, et sur le bois flottant, que ses rayons obliques venaient friser de leur lumière, une bête était posée.

Un cri aigu fusa, malgré lui, des lèvres de Roderick. C'était un ours qui, comme ses congénères aiment à le faire à l'approche des longues nuits d'hiver, chauffait ses membres velus aux feux ultimes de l'astre du jour.

L'animal était pris à l'improviste, et de tout près. Rapide comme l'éclair et se rendant compte à peine de ce qu'il faisait, Rod épaula, visa et tira.

L'ours, non moins prompt, avait déjà commencé à grimper sur la rive. Il s'arrêta un instant, comme s'il allait tomber, puis continua sa retraite.

« Vous l'avez touché ! cria Wabi. Vite, envoyez-lui une seconde balle ! »

Rod tira un second coup, qui parut ne produire aucun effet.

Alors, hors de lui, oubliant qu'il était sur un frêle canot, il sauta sur ses pieds, en un mouvement brusque, et tira un dernier coup sur la bête noirâtre qui allait disparaître parmi les arbres.

Wabi et l'Indien se portèrent précipitamment à l'extrémité opposée du canot, afin de faire contrepoids. Mais leurs efforts furent vains. Déjà, perdant l'équilibre et ébranlé, par surcroît, par le recul du fusil, Rod avait culbuté dans la rivière.

Avant qu'il eût disparu sous l'eau, Wabi avait saisi le fusil que Rod tenait encore.

« Ne faites pas de mouvements inutiles, s'exclama-t-il, et cramponnez-vous à votre fusil ! N'essayez pas surtout de remonter dans le canot ! Nous passerions tous par-dessus bord.... »

L'Indien, sur son ordre, ramena lentement l'embarcation vers la rive.

Durant ce temps, Wabi avait peine à réprimer son envie de rire, en voyant émerger la tête ruisselante de son ami et sa mine déconfite.

« Par saint George ! Ce coup était élégant pour un néophyte. Vous l'avez eu, votre ours ! »

Rod, en dépit de sa position fâcheuse, se rasséréna à cette bonne nouvelle. Dès qu'il eut atteint la terre ferme, il échappa à l'étreinte de Wabi qui, tout ému encore, prétendait le serrer dans ses bras, et il courut, sous les arbres, après son ours.

Il le trouva sur le sommet du coteau, bien mort, d'une balle qui lui avait traversé les côtes, et d'une autre qu'il avait reçue en pleine tête.

Alors, devant la première grosse pièce qu'il avait abattue, dégouttant d'eau et grelottant de tous ses membres, il jeta vers ses deux compagnons, qui étaient occupés à amarrer le canot, une série de cris de triomphe, qu'on aurait pu entendre à un demi-mille de distance. Wabi accourut.

« L'endroit, dit-il, est excellent pour camper cette nuit. La chance nous a bien servis. Nous aurons, grâce à vous, un glorieux festin, et le bois ne manquera pas pour le faire cuire et établir notre abri. Voilà qui vous prouve que la vie vaut la peine d'être vécue sur la Terre du Nord ! »

Puis il appela le vieil Indien :

« Holà, Muki ! »

Cet Indien était un proche cousin du vieux Wabigoon. Il s'appelait de son vrai nom Mukoki, et on l'appelait, par abréviation, Muki. Il avait été, depuis la tendre enfance de Wabi, son fidèle compagnon.

« Tu vas, Muki, me découper comme il convient ce gaillard-là. Tu veux bien, n'est-ce pas ? Pendant ce temps, je vais préparer le campement.

— Pouvons-nous conserver la peau ? interrogea Rod. C'est mon premier trophée, et dame....

— Certainement que nous le pouvons ! répondit Wabi. En attendant, donnez-moi un coup de main pour préparer le feu. Cela vous empêchera de prendre froid. »

Roderick en effet, dans la joie de ce premier campement, en avait oublié presque qu'il était trempé jusqu'aux os et que la nuit commençait à tomber.

Bientôt une longue flamme crépitante se dégageait de la fumée et jetait, à trente pieds à la ronde, sa chaleur et sa lumière. Wabi apporta du canot le paquet de couvertures et, après avoir fait déshabiller Roderick, l'y enveloppa chaudement, tandis que ses vêtements mouillés étaient suspendus près du feu, pour y sécher.

Wabi se mit ensuite à confectionner, au grand émerveillement de Rod, un abri pour la nuit qui promettait d'être froide. Tout en sifflant allégrement, le *boy*, ayant pris une hache du canot, se dirigea vers un bouquet de cèdres et commença à couper des brassées de leurs ramures. Rod ne voulut pas demeurer inutile et, liant autour de lui ses couvertures, il alla, silhouette carnavalesque et trébuchante, rejoindre Wabi.

Deux grandes branches fourchues furent d'abord plantées verticalement dans le sol, à huit pieds d'écartement l'une de l'autre. Sur les deux fourches un petit arbre fut posé horizontalement, afin de former l'arête du toit. A droite et à gauche, une demi-douzaine d'autres grosses branches s'inclinèrent vers le sol, en guise de charpente, et sur elles s'empilèrent les ramures de cèdre. Au bout d'une demi-heure de travail, la cabane avait déjà pris forme.

Elle se terminait en même temps que Muki achevait de dépouiller et de dépecer son ours. D'autres ramures furent étendues sur le sol, pour servir de lits, tout odorantes de résine. Et, tandis que luisait devant lui le grand feu et qu'autour du campement la nuit déserte se faisait plus épaisse et plus noire, Rod songeait que nulle description ni aucune image d'un livre n'égalaient la présente réalité.

Bientôt de larges tranches d'ours furent mises à rôtir au-dessus des braises rouges, l'arôme du café, dans sa bouillotte, se mêla à la bonne odeur des gâteaux de farine dont le feu faisait grésiller la graisse sur un petit fourneau, et Rod connut alors que ses plus beaux rêves se réalisaient.

Au cours de la nuit, le jeune citadin se plut à écouter, dans la lueur du feu, les palpitantes histoires que contaient, à tour de rôle, Wabi et le vieil Indien. Et l'aube le trouva encore éveillé, prêtant l'oreille au hurlement lointain d'un loup, aux clapotis mystérieux qui montaient de la rivière et à la note perçante du cri des oiseaux de nuit.

Pendant les trois jours qui suivirent, en cours de route, Roderick continua ses expériences.

Par un beau matin glacé, avant que ses compagnons se fussent réveillés, il quitta sans rien dire le campement, armé du fusil de Wabi. Il envoya deux coups de feu à un daim rouge, qu'il manqua, les deux fois. Il s'essouffla ensuite, sans plus de résultat, à la poursuite d'un caribou qui lui échappa en se jetant à la nage dans le lac de l'Esturgeon, et sur lequel il tira sans effet trois coups à longue distance.

IV

RODERICK SAUVE MINNETAKI

Ce fut par un magnifique après-midi que, sur le bateau où ils avaient pris place et qui fendait l'eau calme du lac Nipigon, le regard perçant de Wabi découvrit le premier les maisons faites de bûches de Wabinosh House, blotties sur la lisière d'une immense forêt, dont on ne voyait pas la fin.

A mesure qu'ils approchaient, il désignait joyeusement du doigt, à Rod, les magasins de la factorerie, le petit groupe des maisons des employés, et celle du factor, qui allait s'ouvrir devant lui et l'accueillir.

Lorsque le rivage ne fut plus très éloigné, un canot s'en détacha et vint au-devant du bateau. Les deux *boys* virent un mouchoir blanc s'agiter, pour les saluer. Wabi répondit par un cri d'allégresse et tira en l'air un coup de fusil.

« C'est Minnetaki ! cria-t-il. Elle m'avait bien promis d'épier notre arrivée et de venir elle-même à notre rencontre. »

Minnetaki ! Un petit frisson nerveux courut sur la peau de Rod. Mille fois, Wabi, au cours des soirées passées devant le foyer de Mme Drew, lui avait dépeint la jeune fille. Toujours il avait associé sa sœur à la conversation, aux projets ébauchés et, peu à peu, sans même s'en rendre compte, Roderick s'était pris d'un amour de rêve pour celle qu'il n'avait jamais vue.

Les deux jeunes gens et Mukoki la rejoignirent aussitôt, dans un canot du bord. Avec un petit cri de joie, et toute rieuse, Minnetaki se pencha vers son frère, pour l'embrasser. En même temps, ses yeux noirs jetèrent, vers celui dont elle avait tant ouï parler, un regard curieux.

Elle avait alors quinze ans et, comme à cet âge toutes les filles de sa race, elle était svelte et élancée, et avait presque, déjà, la taille d'une femme. D'une vraie femme elle avait, inconsciemment, la grâce et les gestes. Un flot de cheveux noirs, légèrement ondulés, encadrait un gentil minois que Rod estima, à part lui, être un des plus séduisants qu'il eût jamais rencontrés. Une lourde tresse retombait sur les épaules de Minnetaki, entrelacée de rouges feuilles automnales.

Elle se dressa dans son canot et sourit à Rod. Il se leva lui aussi, pour lui répondre avec politesse en retirant sa casquette, à la mode des gens civilisés. Un coup de vent, juste à cet instant, emporta la coiffure dans le lac.

Ce fut une explosion de rires, de la part des deux *boys* et de la jeune fille, et le vieil Indien ne se priva pas de les imiter.

La glace, dès lors, était rompue et, tout en riant au nez de Rod, Minnetaki poussa son canot vers la casquette qui flottait.

Elle la repêcha et la tendit au jeune homme, du bout de sa rame.

« Pourquoi, dit-elle, vous couvrir ainsi la tête avant les grands froids ? Wabi en a l'habitude. Moi pas.

— Alors, moi non plus, je ne le ferai pas ! » répliqua Rod, galamment.

Et tous deux, sans cesser de rire, se mirent à rougir.

Un équipement de chasse complet attendait le jeune Blanc dans la chambre de Wabinosh House qui lui avait été réservée : un fusil Remington, à cinq coups, d'aspect redoutable, tout pareil à celui de Wabi ; un revolver de gros calibre ; des raquettes à neige, et une douzaine d'autres accessoires, indispensables à quiconque se prépare à entreprendre une longue expédition dans le Grand Désert blanc. Rod, dès la première nuit, essaya son équipement.

Wabi avait pareillement préparé leur itinéraire sur une carte et délimité leur terrain de chasse. Les loups, sans cesse pourchassés dans les environs immédiats de la factorerie, y étaient devenus rares et prudents. Mais, à une centaine de milles au nord et à l'est, sur les terres à peu près vierges, ils pullulaient, exterminant sans relâche élans, rennes et caribous.

C'est là qu'il fallait aller, là que Wabi avait projeté d'établir ses quartiers d'hiver. Il était nécessaire de se mettre en route sans tarder et, au centre des pistes, après les avoir relevées, de bâtir en toute hâte, avant les grosses chutes de neige, la cabane de bûches, où les chasseurs s'abriteraient durant les grands froids.

Il fut en conséquence décidé que les jeunes chasseurs, accompagnés de Mukoki, partiraient dans une semaine pour leur expédition.

Roderick employa de son mieux le temps qui lui restait à passer à Wabinosh House et, tandis que Wabi suppléait, pour les affaires commerciales, à une courte absence de son père, il reçut de la jolie Minnetaki ses premières leçons de vie sauvage.

En canot, le fusil à la main, en apprenant à lire en sa compagnie les signes mystérieux de la vie des forêts, le jeune homme était en perpétuelle admiration à son égard.

Lorsqu'il la voyait se pencher sur une piste fraîche, toute palpitante, ses yeux étincelant soudain et luisant comme des braises, son abondante chevelure, emplie des chauds reflets du soleil, venant balayer le sol autour d'elle, elle semblait un adorable et vivant tableau, bien propre à soulever le cœur d'un jouvenceau de dix-huit ans. Cent fois, il prit le Ciel à témoin que, de la pointe de ses jolis pieds, chaussés de mocassins, au faîte de sa tête, elle n'avait pas sa pareille en ce monde.

A maintes reprises, il fit part de son sentiment à Wabi, qui acquiesçait avec enthousiasme. Si bien que la semaine n'était pas encore achevée, et déjà Minnetaki et Rod étaient devenus d'inséparables camarades. Ce n'était pas sans quelques regrets que le jeune chasseur voyait poindre l'aurore du jour où il allait s'enfoncer plus avant dans le Grand Désert blanc.

Minnetaki était d'ordinaire une des premières levées à Wabinosh House. Mais Rod, le plus souvent, était debout avant elle encore.

Certain matin, pourtant, il se trouvait en retard, et tandis qu'il s'habillait et procédait à sa toilette, il entendait, dehors, Minnetaki qui sifflait. Car la jeune fille savait siffler avec une perfection qui excitait son envie.

Lorsqu'il descendit de sa chambre et sortit, Minnetaki n'était plus là. Elle avait disparu dans la direction de la forêt. Il trouva simplement Wabi qui, en compagnie de Mukoki, était en train de lier par paquets, provisions et équipements.

C'était un matin radieux, clair et froid, et Rod remarqua qu'une fine couche de glace s'était formée sur le lac, durant la nuit. Une ou deux fois, Wabi se tourna vers l'orée de la forêt et jeta vers elle un cri connu, à l'adresse de Minnetaki. Personne ne répondit.

« Je me demande, dit-il, tout en bouclant une courroie autour d'un ballot, pourquoi elle ne revient pas. Le déjeuner va être bientôt prêt. Rod, allez donc la chercher, voulez-vous ? »

Roderick ne se le fit pas dire deux fois. Rapidement il courut sur le petit sentier qu'il savait être la promenade habituelle de Minnetaki et qui, avant d'entrer sous bois, longeait tout d'abord la grève caillouteuse du lac. Il arriva ainsi à l'endroit où elle amarrait son canot de bouleau et il put constater qu'elle était certainement passée là, il n'y avait pas bien longtemps. La glace, en effet, avait été brisée autour de l'embarcation, que la jeune fille avait dégagée sur une longueur de quelques pieds.

De ce point, le sentier, où des traces de petits pieds avaient laissé leur empreinte, remontait la pente du rivage et gagnait la forêt.

Rod le suivit et, avant de s'engager sous les arbres, il cria, à plusieurs reprises :

« Holà, oh ! Minnetaki !... Minnetaki ! »

Il recommença encore à appeler, cette fois de toute la force de ses poumons.

L'écho resta muet.

L'inquiétude, et un vague pressentiment, mal formulé, lui firent reprendre sa course à travers la forêt, où se continuait l'étroit sentier.

Cinq minutes, dix minutes, il alla, puis appela de nouveau. Même silence. Alors il songea que peut-être la jeune fille avait pris un autre sentier et que lui-même était sans doute allé trop loin dans l'épaisse forêt. Il poursuivit cependant, quelques instants encore, et ne tarda pas à atteindre un endroit où un énorme tronc d'arbre, renversé en travers du sentier, avait lentement pourri et laissé sur le sol un humus mou, épais et noirâtre. Les mocassins de Minnetaki y étaient imprimés comme dans une cire.

Rod fit une pause et devint perplexe. Il écouta, sans faire de bruit ; mais le vent ne lui apporta aucun son particulier. Une seule chose était certaine, c'est qu'il se trouvait maintenant à plus d'un mille de la factorerie et que ni lui ni Minnetaki ne pourraient plus être rentrés pour l'heure coutumière du déjeuner. Malgré son tourment, il ne put s'empêcher, en examinant dans l'humus la marque des pieds de la jeune fille, d'admirer combien ils étaient menus. Il put aussi constater que les mocassins, à l'encontre de l'usage habituel, étaient munis de petits talons.

Il en était là de ses réflexions lorsqu'il sursauta brusquement. N'était-ce pas un cri qu'il venait d'entendre, assez loin devant lui ? Son cœur s'arrêta de battre, son sang devint brûlant et, dans la seconde même, il reprit sa course, avec la rapidité d'un renne.

Il ne tarda pas à atteindre une clairière, qu'un incendie avait trouée dans la forêt.

Au milieu de cette clairière, un spectacle s'offrait à lui, qui le glaça jusqu'à la moelle des os. Minnetaki était là, sa longue chevelure éparse sur ses épaules, les yeux bandés et la bouche bâillonnée, qui marchait dans le sentier, encadrée à droite et à gauche, de deux Indiens, qui l'entraînaient à toute vitesse.

Rod demeura, pendant un court instant, figé d'horreur. Mais rapidement il redevint maître de lui et chaque muscle de son corps se tendit vers l'action.

Depuis une semaine, il s'était exercé avec son revolver, qui maintenant ne le quittait pas. Il le sortit de l'étui. Mais lui était-il possible de tirer sur les deux coquins sans risquer d'atteindre Minnetaki ?

La prudence lui interdisait de courir un pareil risque. Une grosse branche se trouvait par terre, à portée de sa main. Il la ramassa, pour s'en faire un gourdin, et courut de l'avant. Le sol humide amortissait le bruit de ses pas.

Il n'était plus qu'à une douzaine de pieds du groupe tragique, lorsque Minnetaki, en un sursaut désespéré, tenta de se libérer. Un des Peaux-Rouges, dans l'effort qu'il fit pour la maintenir, se tourna à demi et vit le *boy* qui, plus furieux qu'un démon, fonçait, le gourdin levé. Un rugissement de Rod, un cri de l'Indien, qui avertissait son compagnon, et la bataille commença.

Déjà le gourdin de Rod s'était abattu, comme une massue, sur l'épaule du second Indien, qui s'écrasa sur le sol. Mais, avant que le jeune homme se fût remis en garde, son autre adversaire l'avait saisi par-derrière, en une étouffante et mortelle étreinte.

L'attaque improvisée avait laissé libre Minnetaki, qui se hâta d'arracher le linge qui l'aveuglait et la bâillonnait. Plus prompte que l'éclair, elle s'adapta à la situation. Rod et son partenaire avaient roulé par terre et luttaient, en un terrible corps à corps. Le premier Indien, revenu de son étourdissement, commençait à se relever et se traînait vers les deux combattants, afin d'apporter son aide à son camarade.

Minnetaki comprit que c'était, pour son sauveteur, la mort assurée. Sa face blêmit et ses yeux se dilatèrent étrangement. Ramassant prestement le gourdin lâché par Roderick, elle le leva à son tour et, de toutes ses forces, en asséna un coup sur la tête du Peau-Rouge qui luttait avec Rod. Une fois, deux fois, trois fois, le bâton se leva et retomba, et l'homme desserra son étreinte.

Le jeune *boy*, à demi étouffé, respira.

Le combat, pourtant, n'était pas terminé. L'autre Indien avait réussi à se remettre sur ses pieds et, comme la vaillante jeune fille levait, une quatrième fois, le gourdin, une poigne puissante la retint en arrière, et elle sentit qu'elle était prise à la gorge.

Le répit qu'elle avait procuré à Rod n'avait pas été inutile. Il avait pu atteindre l'étui de son revolver et prendre son arme. A bout portant, il le déchargea dans la poitrine de son adversaire. Il y eut une sourde détonation, un cri de douleur, et l'Indien bascula à la renverse. Ce que voyant, le Peau-Rouge survivant relâcha Minnetaki et, sans demander son reste, déguerpit dans la forêt.

Minnetaki, toute brisée, tant par l'épouvante et l'angoisse que par l'effort surhumain accompli par elle, se laissa tomber sur le sol, comme une masse, en pleurant à chaudes larmes. Rod, s'oubliant lui-même, courut vers elle, lissa ses cheveux en désordre, et la rassura aussi bien qu'il pouvait le faire.

Wabi et Mukoki les retrouvèrent à la même place. Ils avaient perçu le cri d'attaque de Roderick et s'étaient aussitôt mis en route. D'autres cris, échappés à Minnetaki au cours de la bataille, avaient servi de point de repère à leur course. Deux autres employés de la factorerie, en tournée de ronde, ne tardèrent pas à les rejoindre.

L'homme mort fut reconnu pour être des gens de Woonga. Minnetaki conta qu'elle était encore peu éloignée de Wabinosh House et que son appel aurait pu facilement être entendu, si les deux Indiens, se jetant sur elle à l'improviste, ne l'avaient pas aussitôt bâillonnée. Par une ruse infernale, ils l'avaient contrainte ensuite à cheminer seule dans l'étroit sentier, chacun d'eux l'y maintenant à bout de bras, et marchant, à droite et à gauche, sur la mousse. Seuls, ses pas s'étaient imprimés sur le sentier, là où le terrain s'amollissait, et quiconque aurait suivi, comme le fit Rod, la piste de la jeune fille, devait fatalement penser qu'elle n'avait aucun ennemi avec elle et se promenait en sécurité.

Cette tentative d'enlèvement, l'héroïque intervention de Roderick, la mort d'un des ravisseurs, causèrent à la factorerie une émotion considérable. Il était évident que Woonga en personne devait rôder aux alentours.

La douzaine de familles blanches, installées à Wabinosh House, résolut d'organiser des battues à vingt milles à la ronde, ce rayon paraissant suffisant pour assurer la tranquillité future de Minnetaki et des autres jeunes filles. Quatre des plus habiles pisteurs de la colonie eurent pour fonction spéciale de relever les traces des hors-la-loi. Wabi, Rod et une vingtaine d'hommes passèrent des jours entiers à fouiller forêts et marais. Le départ des jeunes chasseurs se trouva, de ce fait, momentanément retardé.

Mais les Woongas avaient disparu aussi vite qu'ils s'étaient montrés. On reparla du départ. Pas avant, toutefois, que Minnetaki n'eût promis à Rod et à Wabi d'être désormais plus prudente et de ne plus s'aventurer seule dans la forêt.

V

EN CONTACT AVEC LE DÉSERT

Le 4 novembre, un lundi, Rod, Wabi et leur vieux guide Mukoki quittèrent enfin la factorerie et firent face aux aventures qui les attendaient dans le Grand Désert blanc.

Le froid, maintenant, était devenu plus mordant. Lacs et rivières s'étaient pris profondément et la neige mettait sur le sol son mince premier voile.

Les jeunes chasseurs, qui se trouvaient en retard de deux semaines sur le plan primitif, gagnèrent, à marches forcées avec leur compagnon, l'extrémité nord du lac Nipigon et, au bout de six jours, atteignirent le fleuve Ombakika. Là, ils furent arrêtés par une violente tourmente de neige.

Un campement provisoire fut établi. Au cours de cette opération, Mukoki découvrit les premières traces de loups. Alors on décida de rester à cette place, un jour ou deux, afin de tâter le terrain.

Au cours du second jour, Rod et Wabi, se séparant de Mukoki, résolurent d'entreprendre, jusqu'à la nuit, une grande tournée, pour explorer le pays un peu loin et à loisir, avant les grosses chutes de neige.

Le vieil Indien demeura seul au campement. Depuis six jours, nous l'avons dit, la petite troupe avait marché sans arrêt, et sa seule nourriture avait été du lard fumé et de la venaison en conserve. Mukoki, dont le prodigieux appétit n'avait d'égal que l'habileté qu'il savait déployer pour le satisfaire, résolut d'améliorer le garde-manger, s'il était possible, en l'absence de ses amis. Outre son fusil, il chargea sur ses épaules deux pièges à loups et partit pour une heure ou deux. Précautionneusement, il glissa le long du fleuve, les yeux et les oreilles alertés à tout gibier éventuel.

Soudain, il rencontra la carcasse gelée d'un cerf à demi dévoré. Il était évident que la bête avait été tuée par les loups, ce jour même ou la nuit précédente. Les traces de pattes, marquées dans la neige, firent conclure à l'Indien que quatre loups avaient pris part au meurtre et au festin. Il ne douta pas, avec sa vieille expérience de chasseur, que les loups ne dussent revenir, la nuit suivante, afin d'achever leur ripaille. Il en profita pour poser ses pièges et les recouvrit de trois ou quatre pouces de neige.

Reprenant son chemin, Mukoki découvrit la trace fraîche d'un renne. Pensant bien que l'animal ne couvrirait pas une bien grande distance dans la neige molle, il se mit à suivre sa piste, le plus rapidement qu'il put. Un demi-mille plus loin, il s'arrêtait brusquement, avec un grognement de surprise infinie. Un autre chasseur s'était, lui aussi, mis sur la piste de la bête !

Avec un redoublement de prudence, Mukoki continua à avancer. Deux cents pieds plus loin, une seconde paire de mocassins s'était jointe à la première et, un peu plus loin, une troisième.

Conduit plutôt par la curiosité que par l'espoir de trouver encore sa part de la proie, l'Indien allait toujours de l'avant, silençieux parmi les arbres. Comme il sortait d'un bosquet de jeunes sapins, il fut régalé d'une nouvelle surprise, en trébuchant presque dans la carcasse du renne qu'il pistait.

Un bref examen lui apprit que l'animal avait été tué, il n'y avait pas plus de deux heures. Les trois chasseurs l'avaient éventré, lui enlevant le cœur et le foie, ainsi que la langue, et avaient sectionné et emporté tout le train de derrière, en laissant là le reste du corps et la peau. Pourquoi s'étaient-ils contentés de cette part minime du butin ?

Mukoki se reprit à examiner, au-delà, les empreintes des mocassins. Il constata la hâte visible de pas pressés. Les chasseurs inconnus, après avoir prélevé les morceaux les plus délicats, n'avaient pas voulu s'attarder davantage et étaient repartis en courant.

Second objet d'étonnement, et nouveau grognement de l'Indien qui, revenant à la carcasse, dépouilla rapidement de sa peau le train de devant, y enveloppa le meilleur de la chair restante, et, ainsi chargé, s'en retourna au campement.

Rod et Wabi n'étaient pas encore revenus. Il construisit à loisir un grand feu, installa devant, sur une broche, un morceau de rôti, et attendit. Il attendit longuement et la nuit s'était enténébrée depuis longtemps que les deux *boys* n'avaient pas encore reparu.

L'anxiété s'était emparée de Mukoki et il commençait à craindre un irréparable malheur, lorsqu'il entendit l'appel de Wabi. Il courut, et trouva celui-ci tenant dans ses bras, comme nous l'avons conté au premier chapitre, Rod presque inanimé.

Le blessé fut aussitôt transporté au campement. Ce ne fut que quand il fut installé dans des couvertures, sous la hutte de branchages, en face du feu joyeux qui le ranimait, que Wabi commença à donner quelques explications au vieil Indien.

« Je crains fort, dit-il, qu'il n'ait un bras cassé. Muki, as-tu de l'eau chaude ?

— Est-ce un coup de fusil qu'il a reçu ? » interrogea Mukoki, sans répondre à la demande qui lui était faite.

Et il s'agenouilla à côté de Rod, ses longs doigts bruns se tendant vers le jeune homme.

« Un coup de fusil ? » répéta-t-il.

Wabi secoua la tête.

« Non ! Un coup de gourdin. Nous avons rencontré trois Indiens qui campaient. Ils nous ont invités à partager leur repas. Tandis que nous mangions, sans défiance, ils nous ont attaqués par-derrière. Rod a attrapé ce coup et il a, en outre, perdu son fusil. »

Déjà Mukoki avait déshabillé le *boy* et l'examinait. Le bras gauche était très enflé et presque noir. Du même côté, un peu au-dessus de la taille, une large meurtrissure était apparente. Le vieux guide était un chirurgien de fortune, mais non sans habileté, comme on en trouve dans le Grand Désert blanc, où l'on n'a d'autre maître que l'observation de la nature. Il établit son diagnostic en pinçant et pressant la chair, en appuyant sur les os, tant et si bien que Rod se mit à pousser les hauts cris. Mais l'examen avait été favorable.

« Pas d'os brisé ! finit par s'exclamer triomphalement Mukoki. Ici (et il désignait la meurtrissure) la plus grande blessure. Presque une côte cassée. Mais pas tout à fait. Ce coup-là avoir coupé à lui la respiration et rendu lui si malade. A besoin d'un bon souper, de café chaud, et le frotter avec graisse d'ours. Alors lui aller mieux. »

Rod, les yeux encore mi-clos, sourit faiblement et Wabi eut un soupir de soulagement.

« Voyez, Rod, dit-il, il y a moins de mal que nous ne pensions. Vous ne donnerez pas tort à Mukoki. S'il affirme que le bras n'est pas brisé, c'est qu'il ne l'est pas, voilà tout. Laissez-moi vous border dans vos couvertures. Puis hâtons-nous de souper. Ce sera pour vos souffrances le meilleur remède. Je sens le fumet de la viande. Et de viande fraîche ! »

Mukoki avait sauté sur ses pieds, avec un gloussement de joie, et était retourné en hâte à son rôti. Déjà celui-ci avait pris une belle couleur dorée et le jus qui coulait emplissait les narines de son odeur appétissante. Wabi, selon les prescriptions du vieil Indien, s'occupa de bander les parties blessées du corps de son ami.

A peine avait-il terminé que le festin était prêt. Il apporta à Rod une part de rôti, copieusement servie et accompagnée d'un gâteau de farine de blé, ainsi que d'une tasse de café fumant. Rod se prit gaiement à rire.

« Je suis honteux de me faire servir ainsi, dit-il. Quel tracas je vous donne à tous les deux, tel qu'un gosse impuissant. Et dire que, pour m'excuser, je n'ai même pas le prétexte d'un bras cassé ! En réalité, j'ai une faim d'ours. J'ai manqué de courage, n'est-ce pas, Wabi ? Et j'ai pris peur comme si j'allais mourir ! J'en arrive à regretter que mon bras ne soit pas réellement brisé. »

Mukoki était occupé avec un gros morceau de viande grasse, dans laquelle il avait enfoncé ses dents. Il s'arrêta de manger, la figure luisante, et, d'une voix à demi étouffée :

« Oui, il faut lui beaucoup malade ! Encore beaucoup malade, énormément malade ! Lui plus malade qu'il ne croit.

— C'est cela même, cria Wabi. Excellente chose, la maladie ! »

Et la gaieté commune se répercuta au loin, en grands éclats de rire.

Mais, brusquement, le jeune homme redevint sérieux. Il jeta un regard soupçonneux vers les ténèbres, au-delà du cercle de lumière de feu.

« Supposez-vous, interrogea Rod, qu'ils soient capables de nous pourchasser jusqu'ici ? »

Wabi, pour toute réponse, mit un doigt sur sa bouche et les voix baissèrent de ton, prudemment.

Puis Wabi raconta au vieux guide les événements de la journée. Il redit comment, en pleine forêt, à plusieurs milles au-delà du lac, Rod et lui avaient accepté d'être les convives des trois Indiens, et l'attaque traîtresse dont ils avaient ensuite été victimes. L'agression avait été si prompte et si imprévue qu'un des Indiens avait pu, dès l'abord, et sans être inquiété, s'enfuir avec le fusil de Rod, sa cartouchière et son revolver. Au cours du combat qui suivit, Wabi avait été terrassé par les deux autres hommes, et c'est en lui portant secours que Rod avait été frappé de deux coups violents, soit par un gourdin, soit par une crosse de fusil. Le but des assaillants était de s'emparer du fusil de Wabi, comme ils l'avaient fait de celui de Rod. Mais le *boy* avait tenu bon et rien n'avait pu lui faire lâcher son arme. Ce que voyant, et après une courte lutte, les deux Indiens s'étaient rapidement défilés dans les fourrés.

« Ce sont, je pense, des gens de Woonga, conclut Wabi. Mais je me demande pourquoi ils n'ont pas commencé par nous tuer, ce qui leur eût été facile. Ils ne semblaient pas y tenir autrement ! Peut-être craignaient-ils des représailles des nôtres.... »

Wabi se tut et ses yeux reflétèrent le doute qui était en lui.

Ce fut alors au tour de Mukoki de narrer ce qui lui était à lui-même advenu et l'abandon, par des chasseurs inconnus, d'une partie du renne qu'ils avaient tué.

« Cela aussi est curieux, dit Wabi. Je ne crois pas qu'il s'agisse des mêmes Indiens que ceux rencontrés par nous. Mais je parierais qu'ils appartiennent à la même bande. Woonga doit avoir, dans ces parages, une de ses retraites coutumières. Nous sommes tombés dans le guêpier. Le mieux qui nous reste à faire est de décamper le plus tôt possible de cette région. »

Un léger bruit se fit entendre sur ces entrefaites, comme si quelqu'un avait frôlé extérieurement les ramures de la hutte. Il fut suivi d'un reniflement étrange, puis d'un sourd gémissement.

« Silence et écoutez ! » ordonna Wabi d'une voix blanche.

Et il écarta les branches de sapin, afin d'y pratiquer une étroite ouverture, à travers laquelle il coula sa tête.

« Holà, Loup ! murmura-t-il, imperceptiblement. Qu'y a-t-il donc ? »

A quelques pieds de la hutte, près d'un buisson, un animal efflanqué était attaché, qui ressemblait vaguement à un chien.

Il était droit sur ses pattes raides, et les oreilles en arrêt.

En l'examinant bien, on reconnaissait que ce n'était pas un chien, mais un loup adulte, un loup authentique. Capturé jeune, il avait reçu l'éducation d'un vrai chien, mais l'instinct sauvage ne l'avait jamais quitté. Que se rompît le lien qui l'attachait, que son collier lui glissât du cou, et Loup n'aurait fait qu'un bond dans la forêt, afin de rejoindre à jamais les hardes de ses frères.

Pour le quart d'heure, Loup était là, tirant sur sa corde, la gueule entrouverte, levée en l'air, écoutant, et des râles intermittents dans la gorge.

« Il se passe assurément quelque chose non loin de nous, dit Wabi en rentrant sa tête dans la hutte. Qu'en penses-tu, Muki ? »

Un long et lugubre hurlement du loup captif lui coupa la parole. Mukoki s'était levé, avec l'agilité d'un chat, et, son fusil à la main, se glissa dehors. Roderick, sans s'effrayer, resta couché et Wabi, avec l'autre fusil, suivit Mukoki.

« Restez-là, dans vos couvertures, dit-il à voix basse. Votre lit est dans l'ombre et un coup de feu ne peut vous y atteindre. Ce n'est sans doute qu'une bête quelconque qui est tombée par hasard sur notre campement. La prudence commande cependant de s'en assurer. »

Dix minutes après, Wabi reparut.

« Fausse alerte ! dit-il en riant gaiement. C'est la première carcasse, rencontrée hier par Muki, qui a, comme il le supposait, ramené à la curée un certain nombre de loups. Loup a senti ses frères et de là vient son émoi. Les pièges posés par Muki nous fourniront, sans doute, notre premier scalp.

— Et où est Muki ?

— Pour plus de sécurité, il monte la garde dehors, et le fera jusqu'à minuit. Ensuite j'irai le relayer. Il faut se défier des Woongas. »

Rod se retourna, non sans efforts, sur sa couche.

« Et demain ? interrogea-t-il.

— Demain, nous nous en irons ailleurs, cher ami. Si du moins vous êtes en état de voyager.... Pendant deux ou trois jours encore nous remonterons le cours de l'Ombakika, et seulement alors nous établirons un campement un peu moins provisoire. Vous pourrez, dès le point du jour, vous mettre en marche dans cette direction avec Muki.

— Et vous ? fit Rod alarmé.

— Oh ! moi, je reviendrai d'abord en arrière et j'irai ramasser les scalps des loups que nous avons tués. Il y a là pour un mois de vos appointements ! Maintenant, bonne nuit, Rod, et dormez à poings fermés ! Il faudra, demain, vous éveiller de bonne heure. »

Les deux *boys*, épuisés par les événements de cette longue et dramatique journée, ne tardèrent pas à s'endormir profondément. Et, lorsque minuit sonna, le fidèle Mukoki se garda bien d'éveiller Wabi, pour qu'il vînt prendre son tour de garde. Il laissa les heures succéder aux heures et ne se départit point un instant de sa surveillance. Puis, aux premières lueurs du jour, il attisa la flamme du foyer, jusqu'à ce qu'elle fût ranimée, et, recueillant les braises ardentes, il se mit en devoir de préparer le déjeuner.

Wabi, lorsqu'il s'éveilla, le surprit dans cette opération.

« Je n'aurais jamais pensé, dit-il, et sa bonne figure se prit à rougir d'un peu de honte, que tu me jouerais un pareil tour, Muki ! Ta gentillesse est extrême, mais quand renonceras-tu, mon vieil ami, à me traiter en petit garçon ? »

Sa main se posa affectueusement sur l'épaule de Mukoki et le vieux chasseur, tournant vers lui la tête, le regarda, tout heureux. Une grimace de satisfaction se dessina sur sa rude figure ridée, ravagée par les intempéries, et tannée comme un cuir par les longues années vécues dans le Grand Désert blanc. Le premier, il avait, sur ses épaules, promené le petit Wabi à travers bois et forêts. Il l'avait fait jouer et en avait pris soin, lorsqu'il n'était encore qu'un enfantelet, et il l'avait initié aux mœurs du désert. Lorsque Wabi avait été envoyé au collège, nul autant que le vieil Indien, sinon la petite Minnetaki, n'avait souffert de cette séparation. Pour les deux enfants, il était comme un second père, un gardien à la fois et un camarade, attentif et muet. Le contact de la main de Wabi fut pour lui une ample récompense de sa longue veillée et il exprima sa joie par deux ou trois grognements.

« Vous avoir eu, dit-il, mauvaise journée. Beaucoup fatigué. Moi me porter bien. Veiller, pour moi, meilleur que dormir ! »

Il se redressa sur ses jambes et tendit à Wabi la longue fourchette avec laquelle il triturait la viande sur les broches.

« Occupez-vous de cela, ajouta-t-il. Moi aller voir les pièges. »

Rod s'était éveillé, lui aussi. Il avait entendu la fin de la conversation. De la hutte, il cria :

« Attends-moi une minute, Mukoki. Je t'accompagne. Si tu as pris un loup, je veux le voir.

— Sûrement que j'en ai pris un », ricana Mukoki.

Roderick ne tarda pas à se présenter, complètement habillé et avec une bien meilleure mine que lorsqu'il s'était couché. Il s'étira devant le feu, étendit un bras, puis l'autre, esquissa une grimace de douleur, et annonça à ses compagnons qu'il se sentait aussi dispos que jamais, sauf la souffrance qu'il éprouvait au bras gauche et qui était encore vive. Bref, il se retrouvait à peu près lui-même, comme dit Wabi.

Il partit donc, en compagnie de Mukoki, le long du fleuve, en marchant avec lenteur et précaution.

Les pièges de Mukoki étaient peu éloignés et un formidable grognement de contentement ne tarda pas à s'échapper de la poitrine de l'Indien, qui pressa le pas.

Rod l'eut bientôt rejoint. Devant lui une masse noire gisait sur la neige.

« Ah ! » s'exclama l'Indien.

En les voyant arriver, la masse noire s'était animée. Elle se démenait et haletait, en des spasmes d'agonie.

Mukoki examina sa prise.

« Louve ! » expliqua-t-il.

Il prit dans sa main la hache qu'il avait apportée avec lui et s'approcha de l'animal étalé devant lui.

Rod put constater que l'une des grosses pinces d'acier avait happé la bête par une patte de devant, et que la seconde avait enfoncé ses dents dans une patte de derrière. Appréhendé ainsi, le captif ne pouvait rien pour se défendre et il gisait, calme et sombre, découvrant l'éclat luisant de ses dents blanches, silencieux et apeuré. Ses yeux brillaient de souffrance fiévreuse et de fureur impuissante, et lorsque l'Indien leva le bras pour frapper, il fut secoué d'un tremblement d'angoisse.

C'était un cruel spectacle, et Rod eût senti la pitié monter en lui, s'il ne se fût souvenu, à ce moment, du danger qu'il avait couru la veille et de sa fuite précipitée devant la bande de loups.

En deux ou trois coups rapides, Mukoki acheva l'animal. Puis, avec une habileté spéciale à sa race, il tira son couteau et sectionna lestement la peau, tout autour de la tête de la louve, en passant juste au-dessous des oreilles. Une petite secousse de haut en bas, une autre de bas en haut, une à droite et une à gauche, et le scalp se détacha.

Ce fut si dextrement fait que, sans réfléchir à ce qu'il disait, Rod ne put s'empêcher de s'exclamer :

« Est-ce ainsi, Muki, que tu scalpes les gens ? »

Le vieil Indien leva les yeux vers lui, le regarda pendant un instant, et il ouvrit toute grande sa mâchoire. Quelque chose en jaillit, qui était ce que Rod avait encore entendu, chez Mukoki, de plus proche du rire, tel du moins que le pratiquent les autres hommes. Lorsque Mukoki, en effet, voulait rire, il émettait d'ordinaire un son indéterminé, une sorte de gloussement, que ni Rod ni Wabi n'eussent été capables d'imiter, quand ils s'y seraient évertués un mois durant. Mais, cette fois, sa rate se dilatait en plein.

« Jamais scalpé Blancs ! Mon père avoir fait cela quand il était jeune. Jamais plus depuis. Moi jamais ! »

Dix minutes, pas plus, furent consacrées à la préparation et à l'absorption du déjeuner léger. La neige commençait à tomber sérieusement et, en se mettant immédiatement en route, ils étaient assurés que leurs traces seraient bientôt effacées. C'était ce qui pouvait leur arriver de mieux, quant à la poursuite possible des Woongas. Il n'y avait pas à craindre, d'autre part, que Wabi ne pût les rejoindre, puisqu'il avait été convenu qu'ils ne cesseraient de suivre le cours glacé de l'Ombakika. Il les aurait rattrapés avant la chute de la nuit.

Wabi, en effet, n'avait pas, de son côté, perdu de temps. Armé de son fusil, de son revolver et de son couteau de chasse, une hache à la ceinture, il avait gagné l'extrémité du lac, là où s'était déroulé, dans les mélèzes, le duel inégal entre le vieil élan et les loups. Il en trouva le dénouement un peu plus loin, sur la neige, où étaient épars les débris d'un grand squelette, près d'une paire énorme de cornes.

Debout sur ce champ de bataille prodigieux, Wabi eût beaucoup donné pour que Rod pût le contempler avec lui. Du vieil élan héroïque, ces quelques os étaient tout ce qui restait. Mais la tête et les cornes qui la surmontaient étaient intactes. C'étaient les bois les plus magnifiques que le jeune homme eût jamais trouvés dans le Grand Désert blanc. Et la pensée lui vint que si ce splendide trophée pouvait être conservé, puis rapporté plus tard en pays civilisé, il lui serait payé cent dollars, si ce n'est plus.

Il était loisible de voir que la lutte avait été chaude. Près du squelette de l'élan était une carcasse de loup, à demi dévorée par les autres loups, et quinze pieds plus loin, il y en avait une seconde, dans le même état.

Les deux têtes étaient entières et Wabi les scalpa. Puis il continua la piste.

Là où il se souvenait avoir tiré ses deux dernières cartouches, deux autres carcasses gisaient. A l'orée du bois de mélèzes, il en découvrit une troisième. Sans doute ce dernier loup avait-il été, dans la journée, blessé par lui ou par Rod, et était-il venu mourir en cet endroit, achevé vraisemblablement par ses frères. Un demi-mille au-delà, là où la fusillade avait battu son plein, une sixième et une septième carcasses complétaient la collection. Il prit tous ces scalps et s'en revint vers les restes du vieil élan.

Mais comment conserver cette tête jusqu'au retour, c'est-à-dire dans plusieurs mois ? Si Wabi la suspendait à une branche d'arbre, il y avait à craindre que les premiers jours tièdes du printemps futur ne la corrompissent. Un autre risque était qu'elle ne fût volée par quelque autre chasseur, qui viendrait à passer.

Wabi n'ignorait pas que les Indiens ont coutume de garder, fort longtemps parfois, dans ce qu'ils appellent des « trous de glace », des têtes gelées de caribous et d'élans. Il était préférable de prendre modèle sur eux. Il traîna donc, non sans peine, l'énorme tête et ses ramures au plus touffu du bois de mélèzes, là où pénétraient rarement les rayons du soleil, et, prenant sa hache, il se mit au travail.

Durant une heure et demie, il brisa sans relâche la terre glacée et y pratiqua une fosse suffisante pour recevoir son précieux trophée. Il tassa au fond, avec ses pieds et avec la crosse de son fusil, une bonne couche de neige. Puis, ayant posé dessus la tête monstrueuse, il remplit la fosse avec de la terre, dont il brisa les mottes, le mieux qu'il put. Il termina l'opération en recouvrant et dissimulant le tout sous une dernière couche neigeuse, écota deux arbres voisins, d'un coup de hache, et reprit le chemin du campement.

« Ce sol, se disait-il à lui-même tout en marchant, ne dégèlera pas avant juin. Sept scalps de loups, à quinze dollars, font cent cinq dollars. Et cent dollars pour la tête, font deux cent cinq au total. C'est, en chiffres ronds, soixante-dix dollars pour chacun de nous trois. Hé, hé ! mon vieux Rod, cela constitue, en vingt-quatre heures, un gain honorable ! »

Cette excursion en arrière avait duré trois heures. La neige floconnait abondamment lorsque Wabi retrouva le campement abandonné et la piste déjà à demi recouverte, laissée derrière eux par Roderick et par Mukoki, celui-ci tirant le petit toboggan sur lequel était chargé le bagage commun.

Courbant la tête sous la blanche et silencieuse avalanche, le *boy* entreprit de rejoindre au plus vite ses deux compagnons. Si épaisse était la rafale qu'il ne pouvait voir à dix arbres devant lui. La rive opposée du fleuve avait complètement disparu. « Temps fait à souhait, pensait-il, pour fuir les Woongas ! »

Pendant deux heures, il alla de la sorte, infatigable. La trace des pas de ceux qui le précédaient, et dont la marche était plus lente que la sienne, apparaissait de plus en plus fraîche.

Après la troisième heure, et pensant avoir parcouru au moins dix milles, Wabi s'assit pour se reposer un peu et restaurer ses forces, en mangeant les provisions dont, le matin, il s'était muni. L'endurance de Rod le surprenait. Il estimait que trois ou quatre milles le séparaient encore de Mukoki et du jeune Blanc, à moins qu'eux aussi eussent fait halte pour manger. Cette supposition était très probable.

La solitude était, autour de lui, immensément calme. Rien ne troublait le silence. Pas même ne résonnait le gazouillement d'un oiseau-de-la-neige [1].

Assez longtemps, il demeura ainsi, aussi immobile que la souche d'arbre sur laquelle il était assis. Il délassait ses jambes et écoutait. Ce silence exerçait sur lui une fascination étrange. On eût dit que le monde entier s'était évanoui, que même les hôtes sauvages de la forêt n'osaient sortir de leur retraite, à cette heure où le ciel semait, comme avec une main, les flocons inépuisables, dont sans doute, jusqu'à la baie d'Hudson, le manteau couvrait la terre.

VI

MYSTÉRIEUX COUPS DE FEU DANS LE SILENCE

Comme Wabi était là, prêtant l'oreille à ce mutisme universel, un bruit, tout à coup, claqua dans l'air, qui arracha à ses lèvres un cri inarticulé. C'était la détonation, claire et retentissante, d'un fusil. Une autre suivit, puis une autre encore, et une troisième. Il en compta cinq, successivement.

Que signifiait ceci ? Il sauta sur ses pieds, le cœur battant. La détonation ressemblait à celle du fusil de Mukoki. Et pourtant le vieil Indien n'aurait pas tiré sur du gibier ! Cela avait été expressément convenu.

Rod et Mukoki avaient-ils été attaqués ? L'instant n'était point aux réflexions superflues et Wabi reprit sa course.

Si ses compagnons étaient en danger, il comprenait qu'il n'avait pas une minute à perdre. Mais sans doute arriverait-il trop tard. Aux cinq coups tirés avait succédé de nouveau l'absolu silence, et c'était pour lui une angoisse de plus. S'il y avait eu embuscade, tout maintenant devait être fini. Et, tandis qu'il courait, aveuglé par la neige, le doigt en arrêt sur la détente de son fusil, prêt à tirer, il épiait si d'autres bruits de la bataille ne parviendraient pas jusqu'à lui, coups de fusil ou de revolver, ou chant de triomphe du vainqueur.

Il arriva à un endroit où la vallée s'étranglait au point que l'Ombakika gelé, qui n'était plus maintenant qu'un simple torrent, disparaissait

1. *Snow bird*, espèce de gélinotte ou de poule sauvage.

complètement sous de grands cèdres, serrés et touffus, qui rejoignaient leurs branches au-dessus de lui.

A l'étroitesse de ce couloir rocheux s'ajoutait l'aspect sinistre de l'obscurité des cèdres qui s'y tassaient et de la grise pâleur crépusculaire du ciel du Nord où, déjà en novembre, se mourait le jour.

Instinctivement, avant de s'engager dans ce traquenard, Wabi s'arrêta, pour mieux écouter.

Il n'entendit rien que les battements de son cœur, qui frappait contre sa poitrine, comme un marteau. Ce n'était point la peur qui le retenait, puisque nul danger ne se manifestait, mais l'incertitude même de ce danger, inconnu et possible.

D'un mouvement instinctif et irraisonné, comme l'eût fait un animal, il s'aplatit le ventre sur le sol, pareil à un loup à l'affût, qui cherche à se rendre invisible. Le canon de son fusil était fébrilement braqué vers l'étranglement obscur et mystérieux. A pas de loup aussi, lentement, le péril n'approchait-il pas ? Et, davantage encore, il s'écrasa dans la neige.

Les minutes succédaient aux minutes. Il n'entendait toujours rien. Puis, soudain, résonna, comme un indubitable avertissement, le babillage d'un oiseau des élans [1]. Peut-être était-ce simplement un renard errant qui avait dérangé l'oiseau et lui avait fait prendre son vol, ou un renne, ou un caribou, ou un élan même qui l'avait effrayé. Mais ce chant, aux notes douces et rapides, pouvait aussi, et Wabi ne douta point que ce ne fût le cas, annoncer l'homme !

Reprenant son sang-froid, Wabi se releva cependant et s'engagea sous les cèdres, le long du torrent gelé. Il traversa leur ombre sans encombre, avec d'infinies précautions, et observa, caché derrière une souche, l'espace découvert qui s'étendait au-delà. La neige tombait un peu moins serrée et son regard percevait les objets assez loin devant lui.

Son émotion était à son comble. Le caquetage d'un écureuil rouge, en partant à l'improviste, tout près de lui, le fit sursauter. Un peu plus loin, il pensa entendre un frottement, dans l'ombre, comme si un fusil avait accidentellement raclé une branche d'arbre.

Tout à coup, il crut apercevoir deux ombres, à peine distinctes, qui émergeaient des ténèbres. De l'une de ses mains, gantées de mitaines, il s'essuya les yeux, humides de la neige qui lui fondait sur le visage, et regarda fixement, avec acuité. Aucun doute, cette fois, n'était possible. Les deux ombres qui avaient fait s'envoler l'oiseau des élans approchaient, silencieuses.

Leur silhouette ne tarda pas à se dessiner plus nettement. Il reconnut que c'étaient deux hommes. Ils avançaient avec une précaution extrême, yard par yard, rampant à demi sur le sol, comme lui-même tout à l'heure, et semblant s'attendre pareillement à rencontrer un ennemi.

1. *Moose bird* : ces oiseaux ont l'habitude de venir, lorsque les élans sont au repos, se poser sur leur dos et débarrasser ces animaux de leurs parasites, comme font chez nous les sansonnets avec les bœufs et les moutons.

Wabi amena son fusil à hauteur de son épaule. Il n'avait pas été vu et la chance était pour lui. Il tenait les deux ombres au bout de son fusil. La mort hésitante dépendait d'une pression de son doigt sur la détente.

Son imagination affolée lui dépeignait Rod et Mukoki tombés dans une embuscade et assassinés par les deux Woongas (car il ne doutait plus de l'identité des deux ombres), qui maintenant revenaient en arrière sur la piste, afin de le massacrer lui-même. Oui, oui, c'était bien cela... Et son doigt, imperceptiblement, commençait à presser la détente.

Il allait tirer, lorsque les deux ombres qui n'étaient plus qu'à une vingtaine de yards s'arrêtèrent et, se rapprochant l'une de l'autre, semblèrent se concerter. Wabi rabaissa son fusil et tendit l'oreille, afin d'écouter ce qu'elles disaient.

Les ombres se parlaient à voix basse. Mais tel était le silence que le marmottement de leurs paroles parvenait jusqu'à lui. A un moment, le ton d'une des voix se haussa légèrement, et il entendit :

« *All right* ! »

Ce n'était certes pas un Woonga qui s'exprimait ainsi. L'inflexion était très pure.

Alors, à son tour, il appela doucement :

« Rod, est-ce vous ? Ho ! Muki... Rod... Muki ? »

Une seconde après, les trois amis étaient réunis, se serrant la main, en silence, à se la briser. La pâleur mortelle de Rod, la tension des traits bronzés de Wabi et de Mukoki disaient suffisamment l'angoisse mutuelle qui venait de les étreindre.

« Vous, tout à l'heure, tirer ? murmura Mukoki.

— Non, je n'ai pas tiré, répondit Wabi, dont les yeux se dilataient d'étonnement. Et vous ?

— Non ! »

Ce seul mot tomba des lèvres du vieil Indien. Mais il contenait en soi tout un monde d'interrogations et d'inquiétudes nouvelles. Les cinq coups de fusil, qui donc les avait tirés ?

Rod et Mukoki avaient supposé que c'était Wabi, comme lui-même avait cru que c'était eux, et ils étaient revenus au-devant de lui, afin de lui porter secours, s'il était nécessaire.

« Moi penser, dit Mukoki, l'ennemi être embusqué là ! »

Et il désigna du doigt le bois de cèdres. Wabi se contenta de secouer la tête.

Ne sachant que conclure, ils demeuraient tous trois à la même place. Un unique cri de loup se fit entendre, à un demi-mille environ vers l'arrière.

« L'animal, dit Wabi, a dû rencontrer une piste d'hommes. Je ne pense pas que ce soit la mienne, car la direction du son n'y est pas. »

Aucun autre bruit ne rompit plus, ensuite, le calme de la nuit tombante. Mukoki se remit en marche et les deux *boys* le suivirent.

Ils allèrent ainsi, durant un quart de mille. La vallée s'étranglait de plus en plus et le lit glacé du torrent s'était engagé entre de grandes masses de rochers, qui s'amoncelaient en de farouches entassements et formaient comme autant de montagnes escarpées. Il disparaissait peu après entre ces rocs cyclopéens et plongeait sous terre. Il n'y avait pas moyen de passer outre.

Abandonnant le fond de la vallée, les trois compagnons grimpèrent, parmi des blocs erratiques, jusqu'à une crête où, sous l'abri d'un gros rocher, excellente protection contre le vent qui soufflait à l'opposé, et contre la neige, les restes d'un feu brûlaient encore.

C'était à ce point que s'étaient arrêtés Rod et Mukoki, et d'où ils avaient rebroussé vers Wabi, à la suite des cinq mystérieuses détonations.

L'endroit était confortable à souhait et idéal pour camper, après la marche du jour, si fatigante dans la neige molle. Mukoki avait déjà disposé une odorante paroi de ramures de sapin et, près du feu, un gros morceau de venaison, tout embroché, avait été abandonné par le vieil Indien, dans la précipitation de l'alerte.

Les deux *boys* semblaient ravis et se regardaient, tout heureux, malgré le danger persistant qui pesait sur eux. Ils s'apprêtaient à s'installer pour la nuit dans leur *home* et commençaient à attiser le foyer. Mais, ayant levé les yeux vers Mukoki, ils furent surpris de son attitude.

Dans une désapprobation muette de la besogne à laquelle ils se livraient, le vieux guide était demeuré debout, appuyé sur son fusil, sans un mouvement.

Wabi, un genou en terre, l'interrogea du regard.

« Pas faire de feu, murmura le vieil Indien en secouant la tête. Pas rester ici. Continuer au-dessus de la montagne. »

Et il tendit son bras vers le nord.

« Fleuve, dit-il, contourner montagne à travers rochers, puis faire cascades et après grands marais, bon refuge aux élans. Ensuite devenir large et uni de nouveau. Nous, passer par-dessus montagne. Neiger toute la nuit. Matin venir et point de piste pour Woongas. Si rester ici, faire belle piste au matin. Woongas suivre comme diables. Très clair à voir ! »

Wabi se redressa et un amer désappointement se marqua sur son visage. Depuis le matin, de bonne heure, il avait marché, couru même, plus d'une fois. Il ressentait une fatigue suffisante pour risquer, sans regrets, un peu de péril, afin de pouvoir souper et dormir.

Le cas de Rod était pire encore que le sien, quoique sa course eût été moindre. Pendant quelques instants, les deux *boys* se dévisagèrent, silencieux et tout marris, s'essayant à dissimuler de leur mieux le dépit qu'ils ressentaient de la suggestion de Mukoki. Mais Wabi était trop raisonnable pour s'opposer délibérément à l'avis du vieil Indien. Si celui-ci affirmait qu'il était dangereux de passer la nuit en ce gîte, eh bien, il fallait l'en croire, et dire non eût été folie.

Alors, avec une figure mi-contrite, mi-riante, et réconfortant de son mieux Rod qui en avait grand besoin, Wabi commença à rajuster sur ses épaules son paquet, qu'il avait, en arrivant, jeté sur le sol. Mukoki, de son côté, encourageait le pauvre *boy*.

« Grimper montagne. Pas très loin marcher. Deux ou trois milles. Aller lentement. Alors campement et bon souper. »

Les quelques bagages qui avaient été déchargés furent remballés sur le toboggan et les trois compagnons reprirent leur course, se traçant une nouvelle piste sur la cime pittoresque et sauvage de la montagne. Wabi marchait devant, portant son paquet, ce qui allégeait d'autant le traîneau, et choisissant, pour que passât celui-ci, les meilleurs endroits. Du tranchant de sa hache, il rognait les buissons et les arbrisseaux importuns.

A une douzaine de pieds derrière lui suivait Mukoki, tirant le toboggan auquel Loup était solidement attaché avec une babiche [1]. Roderick, chargé d'un léger paquet, fermait la marche.

Il était à bout de forces et complètement démoralisé. C'est à peine si, dans les ténèbres, il pouvait, de temps à autre, distinguer de Wabi une silhouette fugitive. Mukoki, plié en deux sous son harnais, n'était guère plus perceptible. Seul, Loup était assez près de lui pour servir de société.

L'enthousiasme du départ avait été long à se refroidir. Mais maintenant, en cette nuit lamentable, la pensée de Rod se reportait à Wabinosh House, où il souhaitait mentalement d'être encore à côté de Minnetaki lui contant, sur une bête ou un oiseau rencontré dans la journée, quelque jolie légende.

Mais la vision de la douce jeune fille, où se noyait son rêve, fut soudainement interrompue, de façon désagréable. Mukoki s'étant, pour souffler, un instant arrêté, Roderick n'y prit point garde et continua à avancer. Si bien qu'il vint se jeter dans le traîneau et s'y étala de tout son long. En voulant se retenir, il empoigna le harnais de l'Indien qui, ne s'attendant pas à cette brusque secousse, perdit l'équilibre et culbuta à son tour, par-dessus lui.

Wabi, entendant du bruit, vint voir ce qui advenait et les trouva tous deux dans cette posture comique. Ce fut un heureux accident, car le *boy* se mit à rire de bon cœur, tout en aidant Mukoki à se dépêtrer de son harnais. Rod se releva ensuite et, secouant la neige qui lui emplissait les yeux, les oreilles et même le cou, joignit son rire à celui de Wabi, et ses idées noires s'envolèrent.

La crête devenait de plus en plus étroite. A leur gauche, tout en cheminant, les trois hommes écoutaient, en dessous d'eux, la course tumultueuse du torrent, dont le gel n'avait pas encore immobilisé le courant trop rapide. Un précipice était là, qu'ils devinaient sans le voir.

La clameur du torrent augmentait d'intensité à mesure qu'ils marchaient, tandis que Rod voyait se dessiner, à sa droite, une ombre énorme, confuse encore, qui montait dans le ciel, au-dessus d'eux. Un moment arriva où Mukoki et Wabi alternèrent leurs rôles.

« Muki a déjà passé ici, cria Wabi à l'oreille de Rod. Je lui laisse

1. Lanière très solide, faite avec de la peau d'élan ou de caribou.

l'emploi de chef de file, car le passage n'est pas sans danger. Au-dessous de nous, le torrent se précipite en une haute cataracte. Écoutez-le. »

Le tumulte de l'eau était devenu si fort, en effet, que la voix de Wabi en était presque étouffée.

L'émotion de Rod était à son comble et il en oubliait sa lassitude. Jamais, dans ses rêves de folles aventures, il n'avait prévu pareille heure. Il écarquillait ses yeux et ses oreilles, et tâchait de percer le paysage, qu'il entendait et sentait autour de lui.

Soudain, dans l'éclair d'une brève accalmie neigeuse, il vit la grande ombre qui, à sa droite, montait dans la nuit s'estomper nettement, et il se rendit compte de leur situation à tous trois. L'ombre était une montagne gigantesque, dont ils n'occupaient nullement le faîte, mais au flanc de laquelle courait le chaînon rocheux qu'ils suivaient. A gauche, le précipice ouvert tombait à pic dans les ténèbres bouillonnantes. Et, comme il heurtait du pied un morceau de bois mort, Rod le ramassa et le lança dans le vide. Il écouta ensuite, pendant une ou deux minutes, mais il n'entendit rien que la clameur titanesque qui grondait sans trêve. Un frisson lui courut sur l'échine.

Le chaînon rocheux continuait à s'élever. Le jarret, à défaut de la vue, en donnait la perception. Wabi surtout peinait à tirer le toboggan. En dépit de sa fatigue et de sa blessure, Rod voulut lui donner un coup de main et il poussa, à l'arrière.

Une demi-heure durant, l'ascension se continua et le bruit de la cascade diminua d'intensité, puis s'éteignit.

« Halte ! » cria Mukoki.

La caravane était arrivée au faîte de la montagne qui, pour être d'une hauteur respectable, n'était point aussi formidable qu'elle avait d'abord paru à Rod. Wabi jeta à terre son harnais avec un « ouf ! » de satisfaction, et Roderick poussa une exclamation de joie. Quant à Mukoki, toujours infatigable, il s'enquit aussitôt d'un endroit propice pour camper.

Cette fois encore, un volumineux rocher fournit son abri. Rod et Wabi aidèrent l'Indien à couper des bourrées de sapin, pour confectionner la hutte et les lits, après que la neige du sol eût été soigneusement balayée. Une heure après, tout était terminé et la flamme folâtre crépitait. Des peupliers morts, renversés sur le sol, le meilleur combustible qui se puisse trouver, avaient fourni le bois en abondance.

Les trois compagnons s'aperçurent alors qu'ils étaient affamés, et Mukoki fut délégué aux soins de la cuisine. Café et venaison furent bientôt prêts.

La paroi du rocher, faisant office de réflecteur, renvoyait, en la décuplant, la chaleur bienfaisante du feu et sa lueur incandescente. Dans ce rayonnement brûlant, Rod sentit, dès qu'il eut fini de manger, un invincible sommeil s'emparer de lui. Sans pouvoir davantage lutter contre, il se traîna, dormant déjà, vers la hutte, et s'enveloppa dans une couverture, sur son lit de sapin odorant. Quelques minutes après, rien n'existait plus pour lui.

VII

LA DANSE DES CARIBOUS

C'est une fois couché et ses nerfs se détendant, que Roderick Drew éprouva la répercussion de l'effort excessif accompli par lui, malgré sa blessure, au cours de la journée écoulée.

Des rêves agités et dénués d'agrément vinrent troubler la fièvre de son sommeil. Tandis que Wabi et le vieil Indien, plus cuirassés contre la fatigue et les émotions du désert, reposaient en paix et dormaient à poings fermés, notre citadin, à plusieurs reprises, se réveilla en sursaut, avec un soupir sourd ou un cri aigu, en s'imaginant qu'il courait un grand danger. Ce n'était qu'en passant sa main sur ses yeux, à demi levé sur son coude, qu'il se rendait compte que l'aventure où il se débattait n'était qu'un cauchemar.

Dans un de ces sursauts, et comme il se redressait sur sa couche, pour la dixième fois, il lui sembla entendre des pas. Il s'étira les membres, il se frotta les paupières, regarda les formes sombres et immobiles de ses compagnons endormis, et, convaincu qu'il avait rêvé, il se plongea de nouveau dans les ramures de sapin.

Il lui parut que l'imperceptible bruit recommençait, et, comme mû par un ressort, il se dressa d'un coup sur son séant. Pas de doute possible. Il eût mis sa tête à couper qu'il entendait bien, tout contre la hutte, craquer la neige sous un pas prudent et doux. Il retint son haleine et prêta l'oreille. Pas un bruit ne rompait le silence, que les éclatements d'un tison dans le feu. Il avait décidément rêvé et il tirait sa couverture, lorsque...

Son cœur cessa de battre. Qui était là ?

Complètement réveillé maintenant, les yeux grands ouverts, tous les sens tendus vers l'action éventuelle, lentement, avec précaution, il se leva. Les pas et les craquements de la neige étaient devenus très distincts. On marchait derrière la hutte. On s'éloignait. Puis on s'arrêtait. La lueur vacillante du feu, à demi éteint, mettait encore son reflet rougeâtre sur le pan du grand rocher.

A cette indécise lumière, Rod vit quelque chose remuer. Une forme obscure rampait sournoisement vers la hutte endormie.

De sa découverte, le *boy* demeura tout d'abord comme figé. Mais rapidement il songea que les Woongas les avaient suivis ! Ils allaient tomber à l'improviste sur les dormeurs ! Presque en même temps, une de ses mains rencontra le canon du fusil de Wabi. Le froid de l'acier le fit tressaillir.

Il n'avait pas le loisir de réveiller ses compagnons. Le temps même qu'il tirât à lui le fusil, la forme avait déjà grandi, près du rocher, jusqu'à ce qu'elle s'abaissât, prête à bondir. Un halètement de Rod, une détonation qui retentit comme un tonnerre, un cri de douleur, et toute la hutte était sur pied.

« Nous sommes attaqués ! cria Rod. Vite ! Wabi ! Mukoki ! »

Le jeune Blanc, à présent, était à genoux, le fusil fumant toujours en joue dans la direction du rocher. Là, dans l'ombre ténébreuse, un peu au-delà du feu, un corps se tordait, en soubresauts, dans l'agonie de la mort.

La forme efflanquée du vieil Indien était venue s'agenouiller à côté de Rod, le fusil à l'épaule, et, par-dessus leurs deux têtes, Wabi, le bras tendu, braquait son gros revolver, dont le canon étincelait à la lueur du feu. Après un moment d'attente Wabi chuchota : « Ils sont partis. »

Rod, dont la voix tremblait d'émotion, répondit :

« J'en ai un. »

Mukoki, écartant les branchages qui formaient la hutte, se risqua dehors, toujours sur le qui-vive. Les deux *boys* le virent qui contournait le rocher, dissimulé dans son ombre, et qui s'avançait vers la victime de Rod. Lorsqu'il fut près du corps, maintenant immobile, il se courba, puis se redressa, avec un grognement, et lança la dépouille mortelle de leur ennemi dans la clarté du feu.

« Woongas ! Ah ! Ah ! Rod tuer lynx beau et gras ! » cria-t-il.

Rod eut un recul, un peu honteux, et rentra dans la hutte, tandis que Wabi, jetant un long cri, qui se répercuta dans la nuit, allait rejoindre Mukoki.

« Woongas ! Ah ! Ah ! gloussait le vieil Indien. Lynx beau et gras, tiré en plein dans la face. »

Rod émergea de sa retraite, et rejoignit ses compagnons, avec une grimace que Wabi compara à celle d'un mouton qui bêle.

« Cela vous va bien, protesta Rod, de vous moquer de moi ! Mais que serait-il advenu si ç'avait été réellement des Woongas ? Par saint George ! Si jamais nous sommes de nouveau attaqués, je ne bougerai plus et vous laisserai le soin de les chasser. »

Quoiqu'on le raillât, Roderick était excessivement fier de son lynx. C'était une bête de grosse taille, que la faim avait attirée vers les reliefs du repas et qui, prudemment, inspectait les lieux lorsque le *boy* avait tiré. Quant à Loup, il s'était prudemment tenu coi, en voyant qu'il ne s'agissait pas d'un homme, mais seulement d'un lynx, qui est, par surcroît, un ennemi-né de sa race.

Mukoki se hâta de dépouiller l'animal, pendant que celui-ci était encore chaud.

« Vous, aller vous coucher, dit-il aux deux jeunes gens. Moi rallumer le feu, puis dormir aussi. »

Cet incident tragi-comique libéra Rod de ses autres cauchemars et il s'endormit, plus calme désormais.

Tard, le lendemain matin, il se réveilla. La neige ne tombait plus et un soleil magnifique brillait au ciel. Wabi et le vieil Indien étaient déjà dehors, en train de préparer le déjeuner, et le gai sifflement de son camarade rappela à Rod que la crainte des Woongas s'était évanouie. Sans s'attarder davantage au lit, il se leva à son tour.

Tout autour du campement, qui était à l'extrême sommet de la montagne, se déroulait un immense et merveilleux panorama : les arbres, les rochers, toute la montagne elle-même, étaient couverts de deux pieds de neige, blanche et resplendissante sous le soleil. Le Wilderness [1] lui apparaissait dans toute sa grandeur. Aussi loin que pouvait porter la vue, la blanche étendue, mille après mille, se dépliait vers le nord, jusqu'à la baie d'Hudson. En un éblouissement béat, Rod embrassait du regard, au-dessous de lui, la ligne des forêts noires, puis plaines, vallonnements et collines, qui se succédaient sans fin, entrecoupées de lacs scintillants, encadrés de sapins, et d'un grand fleuve déroulant son cours glacé. Ce n'était pas le désert sinistre et morne, comme il l'avait cru d'après ses lectures. C'était une splendeur magnifique et variée, dans un décor immaculé.

Son cœur palpitait de plaisir, tandis qu'il planait sur cet immense horizon, et le sang lui empourprait la face.

Mukoki était venu le rejoindre dans sa contemplation, et, de sa voix gutturale, il lui disait :

« Beaucoup caribous, là, en bas ! Beaucoup caribous ! Plus d'hommes du tout ! Plus de maisons ! Pendant vingt mille milles ! »

Roderick plongea ses yeux dans ceux du vieil Indien qui, lui aussi, paraissait tout ému. On eût dit que ses ardentes prunelles cherchaient à percer cet infini, à aller loin, plus loin encore, jusqu'aux postes extrêmes de l'immense baie d'Hudson.

Wabi s'était joint à eux et avait posé sa main sur l'épaule de Rod.

« Muki, dit-il, est né tout là-bas, au-delà de notre vision. Là-bas, lorsqu'il était jeune garçon, il a fait son apprentissage de chasseur. »

Puis, il attira l'attention de son ami sur l'extraordinaire transparence de l'atmosphère et la suppression apparente des distances qui en résultait.

« Voyez-vous cette montagne, pareille à un gros nuage, et que l'on pourrait, semble-t-il, toucher de la main ? Elle est à trente milles d'ici ! Et ce lac, de ce côté, qui vous paraît sans doute à une portée de fusil ? Cinq milles nous en séparent. Cependant, si un élan, un caribou ou un loup venait à le traverser, nous le distinguerions nettement. »

Pendant quelques instants encore, les trois hommes demeurèrent à regarder, silencieux. Puis Wabi et le vieil Indien retournèrent au feu et à la préparation du déjeuner, laissant Rod à son enchantement.

1. Le *wilderness* est un terme générique, intraduisible, qui, comme le causse, la brousse, le maquis, la pampa, la steppe, désigne une région particulière et l'ensemble des éléments types qui la constituent. Le *Wilderness*, dit aussi le *Wild*, ou le Grand Désert blanc, s'étend dans le Nord canadien, jusqu'au cercle Arctique et à la mer Polaire. C'est une région aux vastes solitudes, qui, à mesure qu'elle s'avance vers le nord, se fait plus rude et plus désolée. La partie sud, où évoluent les personnages de ce roman, est pittoresque et accidentée, avec une faune et une flore variées, qui disparaissent, elles aussi, peu à peu, pour faire place ensuite à une terre à peu près morte.

Quels mystères non résolus, songeait-il, quelles tragédies non écrites, quels romans insoupçonnés, quels trésors de dollars et d'or, devait enclore ce vaste Nord ! Pendant un millier, un million de siècles peut-être, il était demeuré inviolé, dans l'étreinte sauvage de la nature. Bien peu d'hommes blancs avaient pénétré ces solitudes, et les races autochtones, qui par endroits les parcouraient encore, y vivaient de la même existence que l'homme préhistorique.

Ce fut presque avec regret que Roderick s'entendit appeler pour déjeuner. Mais il ne bouda point son appétit, et ses rêves romanesques ne l'empêchèrent pas de faire honneur au repas.

Il demanda si l'on allait bientôt se mettre en route. Mais Wabi et Mukoki avaient déjà décidé de ne point prendre la piste ce jour-là et de demeurer au campement jusqu'au lendemain matin. Pour plusieurs raisons :

« Après la neige qui est tombée, lui exposa Wabi, nous ne pouvons plus voyager maintenant que sur nos raquettes. Il vous faut bien cette journée pour apprendre à vous en servir. En outre, la neige a recouvert toutes les traces existantes des animaux que nous chassons. Or, élans, rennes, caribous et, plus encore, les loups et les animaux à fourrure, ne vont pas se mettre en mouvement avant l'après-midi, ou même la soirée. Prendre la piste à cette heure ne nous servirait de rien. Demain, au contraire, nous nous rendrons compte, à loisir, des empreintes que nous rencontrerons et du genre de gibier qu'elles nous annoncent. Si le pays nous semble propice au but que nous poursuivons, alors nous y ferons halte et établirons notre campement d'hiver.

— Et les Woongas ? interrogea Rod. Vous pensez que nous en sommes suffisamment éloignés ? »

Mukoki émit un grognement : « Woongas ne pas monter sur montagne. Derrière, beaucoup bons pays et giboyeux. Rester là. »

Cent autres questions furent posées par le jeune garçon, au cours du déjeuner, sur les blanches solitudes qu'ils dominaient et où ils s'enfonceraient bientôt. Et chaque réponse ne faisait qu'augmenter son enthousiasme.

Sitôt le repas terminé, il manifesta son désir de commencer son apprentissage des raquettes. Une heure durant, Wabi et Mukoki le pilotèrent dans un sens et dans l'autre, le long de la crête de la montagne, s'arrêtant aux moindres détails, battant des mains lorsqu'il avait réussi un saut exceptionnellement bon, et s'amusant beaucoup aussi lorsqu'il trébuchait dans la neige. A midi, Rod, fort satisfait de lui, trouva que tout allait pour le mieux.

La journée s'écoula fort agréablement. Roderick cependant ne laissa pas de remarquer que, par moment, Wabi semblait sous le coup d'un souci inconnu. Par deux fois, il le découvrit seul, assis sous la hutte, et silencieusement pensif. Il finit par s'en inquiéter.

« Pourrais-je savoir la cause de votre ennui ? interrogea-t-il. Qu'est-ce qui ne va pas ? »

Wabi se redressa et eut un petit rire.

« Avez-vous jamais eu, Rod, un rêve qui survive à la nuit et continue à vous importuner, une fois éveillé ? J'en ai fait un de ce genre, plus tenace que vos cauchemars imaginaires, car, depuis lors, je ne puis m'empêcher d'être inquiet des êtres chers que nous avons laissés derrière nous. Et plus spécialement de Minnetaki. Rien d'autre que cela. C'est se tracasser pour rien, me direz-vous ? Je suis de votre avis. Écoutez ! N'est-ce pas le sifflement de Mukoki ? » Le vieil Indien, en effet, arrivait en courant.

« Venir voir chose plaisante ! s'exclama-t-il. Vite ! Venir voir vite ! »

Rapidement, il emmena les deux *boys* sur le rebord le plus escarpé de la montagne. Il semblait très excité.

« Caribous ! dit-il. Caribous en train de s'amuser ! »

Et son doigt se tendit vers la pente neigeuse qui dévalait au-dessous d'eux.

A la distance d'un mille environ, qui semblait à Rod beaucoup moindre, sur une petite plate-forme située à mi-côte de la montagne, et qui devait être, en été, une prairie, une demi-douzaine de gros mammifères se comportaient de façon bizarre.

Les bêtes étaient des caribous, ces animaux merveilleux de la Terre du Nord aussi communs que le renne au-delà du 60e degré de latitude, et dont Roderick avait lu, dans ses livres, tant de mirifiques descriptions. Pour la première fois, il les surprenait dans leur ambiance et dans leur vie réelle.

Et, juste à ce moment-là, les animaux s'adonnaient à leur curieux jeu favori, connu, dans les parages de la baie d'Hudson, sous le nom de « danse du caribou ».

« Que diable font-ils là ? demanda Rod, tout aguiché. Qu'est-ce qui leur prend ?

— Eux, s'amuser follement », gloussa Mukoki.

Et il tira Rod un peu plus en avant, derrière un rocher qui les dissimulait.

Wabi avait mouillé dans sa bouche un de ses doigts, puis l'avait levé en l'air, au-dessus de sa tête. C'est un procédé commode pour se rendre exactement compte de la direction du vent. Le côté du doigt opposé au vent demeure humide, tandis que l'autre sèche rapidement.

« Le vent, annonça-t-il, est bon pour nous, Muki, et ils ne peuvent nous sentir. La chance est propice à un coup de fusil. Rod et moi nous resterons ici à vous regarder. »

Tandis que Mukoki s'en retournait en rampant vers la hutte, pour y prendre son fusil, Roderick continuait à se divertir de la vue du spectacle qui se déroulait au-dessous de lui.

Deux nouveaux animaux avaient rejoint les autres, sur leur plate-forme, et le soleil illuminait les ramures de leurs grandes cornes, tandis qu'ils secouaient leurs têtes, au cours de leurs bouffonnes évolutions. Trois ou quatre d'entre eux, se séparant du reste de la troupe, commençaient par se sauver avec la vitesse du vent, comme s'ils avaient eu à leurs trousses leur plus mortel ennemi. A deux ou trois cents yards, ils s'arrêtaient soudainement et, s'alignant en cercle, faisaient volte-face, comme si la fuite leur avait été partout coupée. Puis ils se disloquaient et, en une course non moins échevelée, rejoignaient leurs compagnons.

Un autre jeu retenait les regards de Rod, si imprévu et si étonnant qu'il en demeurait tout pantois, un jeu à ce point comique que Wabi, derrière lui, en riait en sourdine. Une de ces agiles créatures, se détachant seule de la troupe, se mettait à tourbillonner tout autour, sautant et lançant ses ruades, jusqu'à ce que finalement, après un dernier bond, elle retombât droit sur ses pattes, sans plus bouger, comme une danseuse de ballet qui a terminé sa figure.

Après quoi, le caribou simulait une nouvelle fuite, avec la troupe entière à ses talons.

« Ce sont, dit Wabi, les animaux les plus matois, les plus rapides et les plus amusants du Nord. Si le vent leur est favorable, ils vous flairent du haut en bas d'une montagne, et ils sont capables de vous entendre parler et marcher à un mille de distance... Mais regardez par ici ! »

Il appuya son doigt sur l'épaule de Rod et lui désigna Mukoki qui se trouvait déjà assez loin et se glissait en tapinois vers les caribous, parmi les rochers et les buissons.

Chaque minute le rapprochait davantage de son gibier et Roderick palpitait, admirant l'ensemble du tableau que formaient les muets et folâtres ébats des enfants du désert, l'avance précautionneuse du vieil Indien, et chaque arbre, chaque rocher du paysage, qui jouaient leur rôle dans le petit drame dont pas une phase ne lui échappait.

Cinq, dix, quinze minutes passèrent ; les deux *boys* virent Mukoki s'arrêter et lever le doigt en l'air, pour l'épreuve du vent.

Il s'aplatit ensuite sur la neige et, pied par pied, yard par yard, il rampa sur les mains et les genoux.

« Bon vieux Muki ! » murmurait Wabi, tandis que Rod s'impatientait, les mains crispées, se demandant quand Mukoki se déciderait à tirer. Car, maintenant, il n'était plus, semblait-il, qu'à un jet de pierre de la troupe.

« A quelle distance est-il donc encore ? interrogea Rod.

— A trois ou quatre cents yards, dit Wabi. C'est trop loin pour tirer. »

Mukoki finit par n'être plus qu'un point noir sur la neige blanche. A ce moment, la troupe joyeuse eut la conscience qu'un danger la menaçait. Elle cessa soudain ses ébats et demeura pendant quelques instants, comme paralysée. La détonation du fusil de l'Indien monta vers les deux *boys*.

« Raté ! » cria Wabi.

Déjà les huit caribous fuyaient ventre à terre.

Un autre coup, puis un second et un troisième se succédèrent rapidement. Un des fuyards s'abattit sur les genoux, puis se releva et reprit sa course. Un coup encore, le dernier dans le fusil de Mukoki, et la bête blessée tomba de nouveau, tenta une fois de plus de se remettre sur ses pattes, puis s'écroula sur le sol.

« Bonne besogne ! s'exclama Wabi. C'est de la viande fraîche pour le dîner ! »

Mukoki, après avoir déchargé son fusil, s'avança sur l'espace libre maintenant rouge de sang, où quelques instants avant, s'ébattaient les caribous. Il tira son couteau de sa gaine et s'agenouilla près de la gorge de l'animal abattu.

« Je vais, dit Wabi, descendre vers lui, pour l'aider un peu. Vous, Rod, restez ici. Vous avez encore les jambes faibles et vous ne pourriez plus ensuite regrimper. Allez un peu aviver le feu, Mukoki et moi nous rapporterons la viande. »

Roderick, resté seul, s'occupa de ramasser du bois pour la nuit et s'exerça sur ses raquettes. Il s'étonnait lui-même de ses progrès, et qu'il pût, avec cette étrange et encombrante chaussure, arriver à marcher ainsi, tout naturellement.

VIII

MUKOKI DÉRANGE LES SQUELETTES

Le crépuscule commençait à tomber lorsque Wabi et Mukoki reparurent, chargés de la viande du caribou. On hâta les préparatifs du dîner, car, le lendemain et les jours suivants, on devait se mettre en route avant l'aurore, marcher sans doute jusqu'à la nuit, et il était urgent de se mettre au lit.

Les trois compagnons étaient également impatients de commencer leurs exploits cynégétiques. Même Loup, étirant son corps efflanqué, humait l'air à plein museau, comme s'il eût langui après les émotions des drames où il devait jouer son rôle.

« Si vous en avez la force, dit Wabi à Rod, par-dessus sa tranche de caribou, nous couvrirons dès demain vingt-cinq à trente milles, au cas où cela serait nécessaire. Nous pouvons avoir rencontré notre terrain de chasse à midi, comme il est possible que nous le cherchions deux ou trois jours durant. Dans ce cas comme dans l'autre, ne gaspillons plus notre temps. Hurrah ! L'heure du grand jeu n'est pas loin ! »

Il semblait à Rod qu'il venait à peine de s'endormir, lorsqu'il sentit que quelqu'un le secouait sur sa couche. Il ouvrit les yeux et trouva devant lui la figure rieuse de Wabi, qu'éclairait le reflet d'un bon feu.

« Allons, Rod ! Il est l'heure ! lui dit son camarade. Le déjeuner du matin est chaud, tout notre paquetage est déjà sur le traîneau. Et vous êtes encore là à rêver. A quoi ou à qui ?

« A Minnetaki ! » répondit Rod, avec une franchise dénuée d'artifice. Il se leva, défripa ses vêtements et lissa ses cheveux ébouriffés. La nuit était noire encore et, ayant consulté sa montre, il vit qu'il était quatre heures du matin. Mukoki avait déjà installé le déjeuner sur une pierre plate, auprès du feu.

Le repas fut bref et la caravane se remit en route. Rod était désolé de la perte de son fusil. Un paradis de chasse allait s'ouvrir à lui et il était désarmé ! Comme il se lamentait de son malheureux sort, Wabi lui offrit l'usage de son propre fusil, un jour sur deux. Le gros revolver passerait de même, respectivement d'une main à l'autre, et chacun d'eux, en cas de besoin, l'utiliserait de son mieux. Roderick fut tout joyeux de cette solution et Wabi insista pour que ce fût Rod qui eût la première jouissance de l'arme bienheureuse.

Au-delà des rochers qui jonchaient le faîte de la montagne et une fois sur la pente lisse de la descente, les deux boys s'attelèrent ensemble au traîneau, tandis que Mukoki marchait en avant pour tracer la piste. Roderick assistait, pour la première fois, à l'établissement d'une piste, et il admirait fort, dans l'aube naissante, l'habileté du vieil Indien. Mukoki, qui était un « pisteur » habile entre tous, effectuait, avec ses raquettes, d'énormes enjambées et, à chacune d'elles, faisait voler en l'air un feu d'artifice neigeux. Le sol, ainsi débarrassé de la neige molle, n'offrait plus qu'un large sentier, à la surface ferme, que pouvaient suivre sans peine Rod et Wabi.

Dès qu'ils furent arrivés à la base de la montagne, et comme ils suivaient, depuis un demi-mille environ, le bas-fond où ils se trouvaient, Mukoki s'arrêta. Lorsque les deux *boys* l'eurent rejoint, il désigna du doigt une empreinte marquée curieusement dans la neige.

« Élan ! » dit-il.

Rod se pencha pour regarder.

« La trace n'est pas vieille, dit Wabi. L'empreinte n'est pas encore gelée et la neige vient à peine d'y reprendre son équilibre. Les petites mottes glissent encore les unes sur les autres, voyez, Rod ! C'est un gros mâle, un rude compagnon, et il n'y a pas une heure qu'il est passé par ici. »

A mesure que les chasseurs avançaient, les traces d'animaux devenaient de plus en plus fréquentes, trahissant les va-et-vient et l'agitation sauvage de la nuit. Ce fut d'abord la piste d'un renard, qu'ils croisèrent à plusieurs reprises. Ils constatèrent que le petit bandit des ténèbres avait finalement égorgé un gros lapin. La neige était couverte de sang et de poils, et une partie du corps n'avait pas encore été dévorée.

Wabi était demeuré pensif et examinait de près les empreintes.

« L'important, dit-il, serait de savoir de quelle catégorie de renard il s'agit. Cela, nous l'ignorons. C'est un renard, et voilà tout. Toutes les traces de ces animaux se ressemblent, quelle que soit l'espèce. Pécuniairement parlant, la question cependant est capitale. Le renard qui a passé ici représente peut-être une fortune... »

Mukoki gloussa comme si cette heureuse perspective l'avait déjà rempli d'allégresse.

« Expliquez-vous, Wabi, dit Rod.

— Eh bien, expliqua Wabi, le camarade est peut-être un renard rouge ordinaire. Il ne vaut alors pas plus de dix à quinze dollars. Si c'est un renard noir, il en vaut de quarante à soixante. De soixante-quinze à cent, si c'est ce que nous appelons un “croisé”, c'est-à-dire s'il est mélangé de noir et d'argent. Et si c'est...

— Un énorme gris argent..., gloussa Mukoki.

— Alors, poursuivit Wabi, sa parure vaut deux cents dollars, si le sujet est ordinaire. De cinq cents à mille, si c'est une bête hors ligne ! Et maintenant, Rod, comprenez-vous pourquoi nous aimerions à être fixés sur son identité ? Un argent, un noir ou un croisé mériterait la peine que nous le suivions. Mais il est bien probable que ce n'est qu'un rouge et nous gâcherions notre temps. »

L'éducation de Rod continua à se parfaire. Il vit des traces de loups, qu'on aurait crues celles de gros chiens. Puis celles, légères, de sabots de cerfs, et celles aussi très larges, griffes écartées, d'un lynx errant. Mais rien ne le frappa autant que les trous, gros comme sa tête, laissés dans la neige par l'élan. Quelle bête formidable ce devait être ! Il apprit également à distinguer, malgré leur similitude apparente, l'empreinte du sabot d'un petit élan et celle d'un caribou.

Une demi-douzaine de fois, au cours de la matinée, les trois compagnons s'arrêtèrent pour se reposer. A midi, Wabi calcula qu'ils devaient avoir couvert une vingtaine de milles. Rod, quoiqu'il commençât à sentir la fatigue, déclara qu'il était encore bon pour une dizaine d'autres. On dîna.

Puis l'aspect du pays se modifia, et celui-ci redevint très accidenté. Une petite rivière, qu'ils suivaient, devint un torrent tumultueux entre ses rives gelées. Les blocs erratiques et les masses rocheuses reparurent, encadrés de collines boisées. A chaque pas, le pittoresque augmentait. Un autre chaînon de montagnes, escarpées et sauvages, apparut vers l'est. Les petits lacs se faisaient aussi plus nombreux.

Mais ce qui réjouissait surtout le cœur de nos chasseurs, c'était la fréquence des empreintes probantes de gibier et d'animaux à fourrure. Les endroits faits à souhait pour établir le campement d'hiver abondaient. Il n'y avait que l'embarras du choix, et les trois compagnons ralentirent leur marche.

Après la dernière ascension, dirigée par Mukoki, d'une colline assez haute qui leur barrait la route, ils firent halte, en poussant un cri joyeux. Le site était idéal et sa beauté retirée tout à fait inattendue. Au fond d'une cuvette rocheuse, couronnée par l'amphithéâtre majestueux d'une forêt de cèdres, de sapins et de bouleaux, dormait un lac minuscule et charmant. A l'une de ses extrémités, s'étendait une petite surface plane qui, en été, devait être une prairie. Mukoki, sans mot dire, jeta à terre le lourd paquet dont il s'était chargé. Rod fit de même avec le sien et Wabi se déharnacha des courroies avec lesquelles il tirait le toboggan. Il n'y eut pas jusqu'à Loup qui, tirant sur sa lanière, ne plongeât, lui aussi, dans le vallon, ses yeux avides, comme s'il eût compris, à l'instar de ses maîtres, que le home d'hiver était trouvé.

Ce fut Wabi qui, le premier, rompit le silence.

« Comment trouves-tu l'endroit, Muki ? » interrogea-t-il.

Muki gloussa, avec une satisfaction évidente et sans bornes.

« Très joli et bon. Nous avoir là excellent hiver. Beaucoup de bois pour feu. Aucun voisin ! »

Laissant là leurs bagages et Loup attaché au traîneau, les trois hommes descendirent vers le lac.

A peine en avaient-ils atteint les bords que Wabi, s'étant arrêté, tressaillit. Et, montrant du doigt, à ses compagnons, la forêt qui s'étendait sur la rive opposée, il s'exclama : « Regardez ceci ! »

A demi cachée dans les sapins, était une cabane. On pouvait se rendre compte, même à distance, qu'elle était abandonnée. La neige s'était amoncelée autour d'elle. Aucune fumée ne fusait de son toit. Pas un signe n'y annonçait la vie.

Contournant le lac, les chasseurs se dirigèrent vers cette cabane. S'en étant prudemment approchés, ils constatèrent qu'elle était déjà ancienne. Les bûches dont elle était bâtie commençaient à s'effriter. Sur sa toiture, des arbustes, semés par le vent, avaient pris racine. Sa construction remontait, sans nul doute, à plusieurs années. La porte, qui était faite de bûches fendues par leur milieu, et qui regardait du côté du lac, était hermétiquement close. Close aussi l'unique fenêtre, qui était orientée de même et que barraient extérieurement des traverses faites avec de jeunes arbres.

Mukoki essaya d'ouvrir la porte en pesant dessus. Mais elle résista à ses efforts. Il était évident qu'elle était solidement verrouillée à l'intérieur.

Il y avait là matière à s'étonner. Comment cette porte pouvait-elle avoir été ainsi bloquée par en dedans, sans qu'il y eût personne dans la cabane ?

Pendant quelques instants, les trois hommes en demeurèrent tout interloqués, prêtant vainement l'oreille.

« Voilà qui paraît étrange, n'est-ce pas ton avis, Muki ? » dit Wabi à voix basse.

Mukoki, agenouillé contre la porte, continuait à écouter, l'oreille collée aux fentes du bois. Comme il n'entendait toujours quoi que ce fût, il se releva et, détachant ses raquettes, les envoya danser en l'air, de deux coups de jarrets. Puis, empoignant sa hache, à sa ceinture, il alla vers la fenêtre.

Après une douzaine de coups, il avait pratiqué dans le volet une petite ouverture. Par elle, le vieil Indien écouta encore, avec méfiance. Aucun bruit, toujours. Il renifla. Une atmosphère à la fois moisie et raréfiée, presque suffocante, parvint à ses narines. Il éternua. Puis il recommença à faire, morceau par morceau, sauter le volet. Quand l'ouverture fut assez grande, il y passa sa tête et ses épaules, et regarda. Mais, dans l'obscurité de la cabane, il ne put d'abord rien distinguer.

« Eh bien, Muki ? » interrogea avec impatience Wabi, qui se tenait derrière lui.

Mukoki demeurait toujours muet. Il était en train d'adapter ses yeux à l'obscurité et il ne bougeait pas plus qu'une pierre, il était aussi silencieux qu'un mort.

Très lentement enfin, avec mille précautions, comme s'il craignait de réveiller quelqu'un qui dormait, il se tira en arrière et reprit pied sur le sol. Lorsqu'il se retourna vers ses deux compagnons, l'expression de sa figure était telle qu'ils ne la lui avaient jamais encore vue.

« Qu'y a-t-il, Mukoki ? » demandèrent-ils.

Le vieil Indien aspira fortement une bouffée d'air frais.

« Cabane..., balbutia-t-il. Cabane... Il y a dedans une armée de morts ! »

IX

CE QUE RENFERMAIT LE PETIT SAC EN PEAU DE DAIM

Rod et Wabi s'interrogeaient du regard, ne sachant d'abord ce qu'ils devaient croire de cette stupéfiante assertion. Le vieil Indien, cependant, continuait à refléter sur son visage frémissant une émotion peu coutumière.

« Une armée de morts, oui ! » répétait le vieux trappeur.

Et, comme il élevait la main, tant pour donner plus de force à ses paroles que pour se débarrasser des toiles d'araignée qui lui emplissaient la figure, les deux jeunes gens virent que cette main tremblait.

Quelques instants après, Wabi passait à son tour sa tête et ses épaules à travers le volet, et regardait comme l'avait fait Mukoki. Les retirant ensuite, il se retourna vers Rod, avec un ricanement étrange et la mine bouleversée. Moins bouleversée cependant que ne l'avait été celle du vieil Indien qui, comme un coup de fusil imprévu en pleine poitrine, avait, le premier, reçu le choc de l'effrayant spectacle.

« Vous aussi, Rod, regardez ! » dit-il.

Retenant sa respiration, Roderick s'approcha de l'obscure ouverture. Son cœur palpitait, non de crainte, mais d'une émotion mystérieuse et mal formulée. Son appréhension n'en était pas moins si forte qu'il eut comme un recul, au moment d'introduire sa tête à travers le volet.

Lorsque cela fut fait, lui non plus, tout d'abord, ne vit rien. Il n'y avait que du noir dans la cabane. Puis il lui sembla que l'ombre se dissipait et il commença à distinguer le mur opposé. Une table dessina ensuite, au milieu de la cabane, sa masse mal équarrie. Et, près de la table, il y avait quelque chose en tas, de mal défini. Sur ce quelque chose était une chaise renversée, qu'une espèce de loque recouvrait à demi.

Les yeux de Rod continuaient à explorer la cabane. Dehors, Wabi et Mukoki l'entendirent qui poussait, puis réprimait un cri d'effroi. Ils le virent qui se cramponnait des mains à la brèche ouverte dans le volet. Il regardait, comme fasciné.

Presque à portée de son bras, s'appuyait contre le mur intérieur, ce qui, voilà quelque cinquante ans, semblait-il, avait été un homme vivant. Ce n'était plus, maintenant, qu'un simple squelette, un objet à la fois terrible et risible, dont les orbites vides s'éclairaient tristement du rai de lumière qui filtrait dans la cabane et dont la bouche semblait grimacer comme tordue par un rictus, et tournée vers Rod à travers l'ombre.

Roderick se laissa retomber. Il était tremblant et pâle.

« Je n'en ai vu qu'un... », murmura-t-il, allusion à l'exclamation de Mukoki.

Wabi, qui était redevenu maître de lui, donna, en riant, deux ou trois tapes dans le dos de Rod, pour lui réconforter les esprits, tandis que Mukoki se contentait de grogner.

« Vous avez mal vu, Rod ! dit Wabi, d'un ton moqueur. Vos nerfs vous auront empêché de regarder assez longtemps. Par saint George ! Il n'y a pas un d'entre nous qui n'en ait frissonné. Allons, je vais ouvrir. »

Le jeune Indien s'infiltra à travers le volet et Roderick, qui avait pareillement repris son sang-froid, se hâta de le suivre. Tandis qu'extérieurement Mukoki pesait de nouveau sur la porte, de tout son poids, Wabi, de l'intérieur, attaqua le bois avec sa hache. La porte céda tout à coup, et si soudainement que le vieil Indien culbuta à sa suite et s'aplatit sur le sol.

Un flot de lumière pénétra dans la cabane. Instinctivement, les yeux de Rod se portèrent vers le squelette qu'il avait aperçu du dehors. Il était appuyé contre le mur, dans l'attitude ancienne d'un homme qui dormirait. A côté de ce premier et funèbre occupant, un second squelette était, tout de son long, étendu sur le plancher. Près de la table et de la chaise renversée, un petit tas d'ossements paraissait provenir de quelque animal.

Rod et Wabi s'approchèrent un peu plus près du squelette qui était adossé au mur et se mirent à l'examiner, tandis que Mukoki, agenouillé, se penchait sur le second squelette.

Soudain, le vieux trappeur poussa une exclamation de surprise et les deux jeunes gens s'étant tournés vers lui, le virent qui leur désignait, de l'index, un objet, par terre, parmi les os.

« Couteau ! dit-il. Lui, tué. »

Le manche pourri par le temps, le tranchant rongé par la rouille, mais toujours droit là où son possesseur l'avait planté dans la chair et dans les os de sa victime, un long couteau, à forte lame, était plongé jusqu'à la garde dans la poitrine de ce qui avait été jadis un être humain.

Rod s'était agenouillé près de Mukoki et était redevenu livide. Ses dents se desserrèrent, pour demander :

« Qui... a fait cela ?

Mukoki eut un gloussement amusé et indiqua, d'un signe de tête, la chose lugubre adossée au mur.

« Lui ! »

D'un même mouvement, les trois hommes revinrent vers le premier squelette. Un de ses longs bras était appuyé sur ce qui avait été un seau, et avait passé à travers les cercles de fer qui en avaient seuls subsisté. La main de ce même bras crispait les os de ses doigts sur une écorce enroulée, qui semblait provenir d'une ancienne bûche de bouleau. L'autre bras s'était détaché et était tombé du squelette, que Mukoki, de ce même côté, inspecta avec soin.

Sa curiosité ne tarda pas à être contentée par la découverte qu'il fit d'une courte entaille, qui avait pénétré de biais dans les côtes.

« Celui-ci, mort à cette place, expliqua-t-il. Un coup de couteau dans les côtes. Mauvaise façon de mourir. Beaucoup souffrir et mourir lentement. Mauvaise façon d'être frappé.

— Brr... dit Rod, en frémissant. Sortons d'ici. On est asphyxié. On dirait que l'air de cette cabane n'a pas été renouvelé depuis un siècle. »

Mukoki, en s'en allant, ramassa un crâne, parmi le tas d'ossements qui était près de la chaise.

« Chien, grogna-t-il. Porte verrouillée, fenêtre fermée. Les hommes luttent. Tués tous deux. Chien mourir de faim. »

Tandis que les trois chasseurs remontaient vers l'endroit où Loup gardait le toboggan, Rod, laissant trotter son imagination, reconstituait la terrible tragédie qui, voilà bien longtemps, s'était déroulée dans la vieille cabane. Il revoyait les deux hommes vivant cette heure mortelle, où tous deux se livrèrent ce combat sauvage. Il croyait les voir lutter, les entendre se provoquer, à chaque reprise. Il croyait assister au double coup qui, simultanément, avait tué l'un, tout net, et envoyé l'autre, le vainqueur, comme un bolide, agoniser contre le mur. Et le chien ? Quel avait été son rôle dans la bataille ? Puis, qu'était-il devenu, solitaire et affolé, souffrant la faim et la soif, bondissant contre les parois de son tombeau muré, jusqu'à ce qu'il se tordît lui aussi, sur le sol, et mourût à son tour ? Cet atroce tableau brûlait le cerveau de Roderick. Élevé dans la convention d'une ville, il n'en avait jamais conçu la possibilité même. C'était l'émotion majeure qu'il eût encore vécue, exception faite de l'agression contre Minnetaki, à Wabinosh House.

Pour Mukoki et Wabi, au contraire, la bataille des squelettes, si elle les avait d'abord fortement troublés, n'était déjà plus qu'un incident comme un autre de leur existence aventureuse.

Mais ce qui, surtout, tracassait Rod, c'était de savoir le pourquoi de la tragédie. Pourquoi, oui, ces deux êtres s'étaient-ils ainsi entre-tués, dans la cabane close ? Quelle était la clef du mystère ? Il l'aurait, en vérité, payée un bon prix. L'ascension terminée, Rod se réveilla à des réalités plus précises. Wabi était déjà en train de s'atteler au toboggan. Il était d'excellente humeur.

« Cette cabane, s'exclama-t-il comme Rod le rejoignait, nous tombe du ciel à point nommé ! Nous aurions eu cinq semaines au moins de travail pour en construire une. C'est ce qu'on appelle avoir de la chance !

— Comment, demanda Rod, nous allons vivre là-dedans ?

— Vivre là-dedans ? Je le pense bien. La cabane est trois fois grande comme celle que nous aurions bâtie. Je me demande même pourquoi les deux camarades l'ont faite d'une pareille dimension. Qu'en penses-tu, Mukoki ? »

Mukoki hocha la tête. Les tenants et aboutissants de cette histoire dépassaient évidemment sa compréhension.

Équipements et provisions furent bientôt amenés à la porte de la cabane.

« Procédons d'abord au nettoyage, annonça gaiement Wabi. Donne-moi un coup de main, Muki, veux-tu, pour ramasser tous ces os. Rod, durant ce temps, pourra s'amuser à flairer dans les coins et peut-être découvrira-t-il quelque chose d'intéressant. »

Roderick accepta volontiers le rôle qui lui incombait, car sa curiosité inassouvie n'avait fait que croître.

« Pourquoi ? Oui, pourquoi se sont-ils tués ? » mâchonnait-il entre ses dents.

Il commença donc ses recherches. Sous la chaise renversée, qui était faite de petits sapins cloués ensemble, il y avait un tas innommable et poussiéreux, qui s'effrita sous ses doigts. Mais, un peu plus loin, il découvrit deux fusils. Ils étaient d'un modèle très ancien et aussi longs que Rod lui-même.

« Ces fusils proviennent de la baie d'Hudson, dit Wabi. On s'en servait avant que mon père fût né. »

Roderick, le cœur battant, continuait son exploration. Accrochés à l'un des murs, il trouva les restes de ce qui avait été des vêtements : un fragment de chapeau, qui tomba en pièces sitôt qu'il y eut porté la main ; des loques poudreuses et informes, véritables guenilles. Sur la table, il y avait des casseroles rouillées, un seau en fer-blanc, une bouilloire de fer battu et des restes d'anciens couteaux, des fourchettes et des cuillères. Puis encore, à l'un des bouts, un objet qu'il prit dans sa main et qui offrait une résistance suffisante pour s'être conservé et ne point s'émietter lorsqu'il y toucha.

Rod reconnut que c'était un petit sac en peau de daim, ficelé à l'un de ses bouts, et fort lourd. Les doigts tremblants d'émotion, il dénoua la ficelle, à demi décomposée, et une poignée de quelque chose qui ressemblait à des cailloux noirâtres tinta sur la table. Il poussa un cri aigu, en appelant ses compagnons.

Wabi et Mukoki venaient d'aller décharger dehors une brassée d'ossements. Ils arrivèrent près de lui.

« Voyez ceci, dit-il.

— On dirait du plomb, opina Wabi.

— Du plomb... A moins que ce ne soit de l'or ! »

Les cœurs se mirent à battre.

Wabi, prenant un des cailloux, l'emporta sur le seuil de la porte, à la lumière du grand jour. Puis, sortant son couteau de poche, il s'efforça d'entamer l'énigmatique objet. Avant même que Rod se fût penché sur l'entaille, la voix du jeune Indien s'éleva, claironnante.

« C'est une pépite d'or ! s'exclama-t-il.

— Et c'est pour elle qu'ils se sont battus ! » cria Rod, tout heureux de savoir.

Le plaisir d'avoir enfin percé le mystère qui le lancinait l'emporta tout d'abord pour lui sur l'intérêt de la découverte, considérée en elle-même.

Mais Wabi et Mukoki étaient dans une excitation sans pareille. On eût dit qu'ils étaient devenus fous. Le petit sac fut complètement retourné. Puis la table fut débarrassée de tout ce qui l'encombrait. Les coins et recoins de la cabane furent scrutés de nouveau, avec une ardeur délirante. Rod, aiguillonné par l'exemple, se mit de la partie. Sans proférer une parole, les trois hommes, debout, agenouillés, ou à plat ventre, cherchaient, cherchaient, cherchaient encore. Telle est l'attirance de l'or vierge. Telles sont les étincelles qu'il fait jaillir du feu latent et fébrile qui brûle pour lui dans le cœur de tout homme. Chaque guenille, chaque tas de poussière, chaque débris méconnaissable fut examiné, trié, tamisé, éparpillé.

Les trois chercheurs ne s'arrêtèrent qu'au bout d'une heure, sans avoir rien trouvé, âprement désappointés.

« C'est tout ce qu'il y a ! » dit Wabi, en se décidant à desserrer les lèvres.

Il reprit, après un silence :

« Nous allons vider entièrement la cabane et, demain, nous arracherons le plancher ! On ne sait pas ce qu'il peut y avoir dessous. De toute façon, il nous faut un plancher neuf. La nuit commence et, si nous voulons nous aménager un gîte décent, il faut nous remuer. »

Tous les détritus furent, sans perdre une minute, balayés et sortis. Lorsque la nuit fut complètement tombée, les couvertures étaient déjà déroulées, les divers paquets et les provisions empilés dans un des coins de la cabane, en aussi bon ordre que sur un bateau. Ce fut l'expression même dont se servit Rod.

Un énorme feu fut aménagé extérieurement, devant la porte restée ouverte, et, quand il flamba, sa chaleur et sa lumière emplirent l'intérieur du home, devenu tout à fait confortable. Une paire de chandelles compléta la fête et acheva de donner l'impression d'un chez-soi idéal. Le souper, servi par Mukoki, prit une allure de festin. Au menu : caribou rôti ; haricots froids, que le vieil Indien avait cuits au dernier campement ; gâteau de farine et café chaud. Nos trois chasseurs s'en pourléchèrent, comme s'ils n'avaient pas mangé depuis huit jours.

La journée avait été remplie de trop d'émotions pour que, le repas terminé, ils se retirassent immédiatement sous leurs couvertures, comme ils en avaient l'habitude. N'étaient-ils pas, d'ailleurs, arrivés au terme de leur longue marche ? Le plus fatigant était accompli. Il n'y avait plus devant soi, pour le lendemain, de pénible randonnée. Leur expédition s'annonçait sous d'heureux auspices et ils allaient pouvoir se livrer en paix au plaisir des sports d'hiver. Il leur était désormais permis, dans une bonne cabane, de bavarder le soir à leur aise.

Rod, Wabi et Mukoki ne s'en firent pas faute, cette nuit-là. Pendant de longues heures, ils causèrent, assis sur le seuil de la porte, devant le feu crépitant qu'ils attisaient. A vingt reprises, la conversation fut ramenée sur la tragédie de la vieille cabane. Vingt fois, les trois amis soupesèrent, dans la paume de leur main, les petites pépites, dont l'ensemble pouvait bien représenter une demi-livre environ. L'aventure était maintenant facile à reconstituer. Les deux squelettes avaient été jadis des prospecteurs d'or, qui s'étaient aventurés dans ces solitudes glacées, alors interdites aux Blancs. Ils avaient découvert les pépites, qu'ils avaient ensuite soigneusement renfermées dans le sac de peau de daim. Puis, l'heure du partage venue, tous deux prétendant peut-être à leur unique possession, ils s'étaient disputés, et une altercation violente avait suivi, qui avait abouti à la bataille des couteaux. Mais où et comment avaient-ils découvert cet or ? La question était plus malaisée à résoudre. Il n'y avait dans la cabane aucun outil de mineur, ni pic, ni pelle, ni creuset. Les trois amis en discutèrent jusqu'à minuit. Ils finirent par tomber d'accord que les constructeurs de la cabane n'étaient point des prospecteurs de métier, et qu'ils avaient, par simple hasard, découvert le petit trésor pour lequel ils s'étaient entre-tués.

Dès les premières lueurs de l'aube, les trois hommes, après avoir absorbé le léger déjeuner du matin, entreprirent d'arracher le vieux plancher de la cabane. Une par une, les lattes de sapin furent enlevées et placées en pile, comme bois à brûler. Lorsque le terrain fut mis à nu, on le retourna avec une petite pelle, prise dans les bagages. Toutes les mousses parasites furent grattées. Si bien qu'à midi il ne restait pas un pouce de sol à explorer. Décidément, il n'y avait plus d'or.

Une détente s'ensuivit dans les esprits. L'idée de trouver une fortune cachée fut abandonnée. C'était déjà, au surplus, une gentille aubaine que les quelque deux cents dollars que représentaient les pépites.

Rod et Wabi ne songèrent plus qu'aux joies saines et variées que leur permettait la chasse, et aux trophées qui viendraient s'ajouter bientôt aux huit scalps de loups et aux lynx. Mukoki commença à couper des rondins de cèdre vert, pour renouveler le plancher, et à les écoter.

Tout en les alignant sur le sol, en clouant et en bouchant, à force, les interstices du bois avec de la mousse, Rod sifflait joyeusement, et tant siffla-t-il qu'il en prit mal à la gorge. Wabi fredonnait les bribes d'une chanson peau-rouge, à l'allure sauvage. Mukoki se parlait à lui-même, ou élevait la voix avec volubilité. Le plancher fut terminé aux chandelles et un poêle de fer, apporté sur le toboggan, fut incontinent monté dans la cabane, à la place de l'ancien foyer en pierres plates, à moitié écroulé, que les hommes-squelettes y avaient laissé. Le souper y fut cuit, ce soir-là, et, le repas terminé, Mukoki installa sur le feu une grande marmite, qu'il remplit de graisse et d'os de caribou.

Rod lui demanda quelle sorte de soupe il cuisait. Pour toute réponse, il ramassa une demi-douzaine de pièges d'acier et les laissa tomber dans la marmite.

« Il faut, dit-il, pièges sentir bon, pour renard, loup, chat pêcheur, et aussi martre... Tous venir quand piège sent bon.

— Si vous ne trempez pas les pièges, expliqua Wabi, neuf bêtes sur dix, et le loup plus qu'aucune autre, se méfieront et dédaigneront l'appât. L'odeur que l'homme laisse à l'acier, en le manipulant, les écarte. Après le trempage, au contraire, ils ne sentent plus que la graisse, qui les attire. »

Le home des trois chasseurs, dès cette seconde nuit, avait pris bon aspect. Il ne restait plus qu'à établir, à l'aide de cloisons, trois chambres, une pour chacun d'eux. C'était un travail que l'on exécuterait à temps perdu. Il fut convenu qu'ils se mettraient en route au point du jour, chargés des pièges, à la recherche d'une piste, en ouvrant l'œil principalement sur les traces de loups.

X

POURQUOI LOUP ET MUKOKI HAÏSSAIENT LES LOUPS

Par deux fois, au cours de la nuit, Roderick fut réveillé par un léger bruit. C'était Mukoki qui allait ouvrir la porte de la cabane.

La seconde fois, il se souleva dans ses couvertures et, s'appuyant sur ses coudes, il observa le vieil Indien.

La nuit était resplendissante et un flux de clair de lune ruisselait sur le campement. Rod pouvait entendre Mukoki glousser et grogner, comme se parlant à lui-même. A la fin, sa curiosité l'emporta et, s'enroulant dans ses couvertures, pour ne point avoir froid, il alla rejoindre l'Indien sur le seuil de la porte.

Le regard levé de Mukoki semblait perdu dans l'espace. Le globe lunaire se trouvait au zénith, juste au-dessus de la cabane, et, comme le ciel était sans nuage, il faisait clair à ce point que l'on distinguait nettement tous les objets sur l'autre rive du lac.

Le froid était non moins vif, et Rod en sentait déjà les picotements sur sa figure. Il se demandait ce que pouvait fixer ainsi, sur l'empyrée, la vue de Mukoki, à moins que ce ne fût la magnificence même de la nuit.

« Qu'est-ce qu'il y a, Mukoki ? » interrogea-t-il.

Le vieil Indien rabaissa vers lui son regard et demeura un instant sans rien dire. Il était visible qu'une sorte de joie mystérieuse l'absorbait tout entier. Elle se peignait sur tous ses traits.

« Nuit de loups ! » murmura-t-il.

Il se retourna vers Wabi, qui dormait toujours.

« Nuit de loups ! » répéta-t-il.

Et il se glissa comme une ombre vers le jeune chasseur.

Rod observait ses mouvements avec un étonnement croissant. Il le vit qui se penchait sur Wabi, le secouait par les épaules, pour le réveiller, et il l'entendit qui répétait une fois de plus :

« Nuit de loups ! Nuit de loups ! »

Wabi s'éveilla et s'assit, tandis que Mukoki s'en retournait vers la porte. Il s'était complètement vêtu et équipé, et déjà, armé de son fusil, il sortait et se glissait dans la nuit.

Wabi avait rejoint Roderick et ils aperçurent tous deux la forme sombre de Mukoki qui filait à toute allure sur la glace du lac, puis gravissait la colline opposée et se perdait au-delà, dans le blanc désert du Wilderness.

Rod, ayant sur ces entrefaites regardé Wabi, vit que les yeux de son camarade étaient étrangement dilatés et que, devenus fixes comme ceux, tout à l'heure, du vieil Indien, ils reflétaient un trouble intérieur intense. Puis, en silence, Wabi alla vers la table, alluma une chandelle et s'habilla.

Il revint alors vers la porte ouverte, encore mal remis de ce trouble mystérieux, et siffla haut. A ce sifflement, Loup, qui avait à peu de distance de la cabane son abri, répondit par un hurlement gémissant.

Dix fois, vingt fois, Wabi recommença à siffler, sans que fît écho le sifflement de Mukoki. Voyant que son attente était vaine, il s'élança sur le lac, le traversa avec une rapidité égale à celle du vieil Indien, gravit la colline, sur une autre rive, et interrogea du regard la blanche et brillante immensité du Wilderness, qui se déployait sous ses pieds. Mukoki avait complètement disparu.

Il s'en revint vers la cabane, où ronflait le poêle que Rod avait rallumé. Il s'assit à côté, en tendant vers la chaleur ses deux mains bleuies par le froid.

« Brr..., dit-il, tout grelottant, c'est une nuit qui n'est pas bénigne ! »

Il s'était mis à rire, en regardant Roderick, qui ne savait quelle contenance tenir, mais dont la physionomie demeurait quelque peu effarée devant ce qui se passait.

« Dites-moi, Rod, interrogea Wabi, est-ce que Minnetaki ne vous a jamais conté, au sujet de notre vieux guide, une singulière histoire ?

— Non. Rien de particulier. Rien de plus que ce que j'en sais par vous-même.

— En ce cas, écoutez-moi. Une fois, il y a longtemps de cela, Mukoki a été en proie, je ne dirai pas absolument à un accès de folie, mais à quelque chose qui y ressemblait fort. Je n'ai jamais pu me faire, sur ce point, une opinion nette. Quand il s'agit de loups, prétendent les Indiens, Mukoki, parfois, perd la raison.

— Quand il s'agit de loups ?

— Oui. Et il a pour cela un sérieux motif. C'était au temps où vous et moi nous venions au monde. Mukoki possédait alors une femme et un enfant. Ma mère et les gens de la factorerie content que, pour cet enfant surtout, sa passion était grande. Il en abandonnait la chasse, le plus souvent, aux autres Indiens, et, durant des jours entiers, il demeurait dans sa hutte, à jouer avec le *popoose* [1], à lui apprendre mille choses. Si, par hasard, il s'en allait chasser, emportant ficelé sur son dos le marmot piaillant et déjà grand, c'était un des Indiens les plus heureux parmi ceux qui venaient à la factorerie, quoique certainement un des plus pauvres.

« Un jour, comme il s'était présenté avec un petit ballot de fourrures, qu'il avait presque exclusivement échangées contre des objets destinés à l'enfant (c'est ma mère qui me l'a raconté), il décida, car il était tard, de passer la nuit près de nous. Je ne sais quoi le retarda et il remit de vingt-quatre heures son départ. Ne le voyant pas revenir, sa femme s'inquiéta. Elle prit sur son dos le popoose et partit avec lui à sa rencontre. »

Un hurlement lugubre du loup captif coupa la parole à Wabi, durant un moment. Puis il reprit :

« Elle marcha ainsi, assez longtemps, sans le voir venir. Que se passa-t-il exactement ? Sans doute, disent les gens de la factorerie, elle glissa, tomba et, dans sa chute, se blessa. Toujours est-il que, le lendemain, lorsque Mukoki se remit en route à son tour, il rencontra sur la piste son cadavre et celui de l'enfant, à demi dévorés par les loups. A compter de cette date tragique, Mukoki ne fut plus le même. Oubliant son ancienne paresse, il devint le plus renommé chasseur de loups de la région. Il quitta sa tribu, vint s'installer à la factorerie et dès lors ne nous quitta plus, Minnetaki et moi. Parfois, à intervalles assez éloignés, lorsque la lune brille comme aujourd'hui, dans la nuit claire, et que le froid mord, sa raison semble vaciller. C'est, dit-il, une "nuit de loups". Personne alors ne peut l'empêcher de sortir, ni tirer de lui une parole. A personne, lorsqu'il est dans cet état d'esprit, il ne permet de l'accompagner. Ce soir, il va de la sorte parcourir des milles et des milles. Il ira droit devant lui, sans rebrousser chemin, jusqu'au terme inconnu de cette course folle. Puis, quand il sera de retour, il semblera aussi sain d'esprit que vous et moi. Si vous lui demandez d'où il vient, il vous répondra vaguement qu'il est sorti pour voir s'il n'y avait pas quelque coup de fusil à tirer...

« Son habileté à chasser les loups, continua Wabi, confine à la sorcellerie. Chaque jour de sa vie, depuis près de vingt ans, il a fixé sur eux sa pensée. Il les a étudiés à fond et il en connaît plus, à lui tout seul, sur cette bête, que tous les chasseurs réunis du Wilderness. Chaque piège qu'il pose capture un loup. Personne n'en saurait faire autant. Rien qu'aux traces laissées par tel animal, il peut vous apprendre mille choses curieuses, dont vous ne vous douteriez jamais. Un instinct presque surnaturel l'avertit si la nuit qui vient est une "nuit à loups". Un effluve qui passe dans l'air du soir, un je ne sais quoi qui est dans le ciel ou dans la lune, l'aspect même du Wilderness, toute une ambiance à peine perceptible lui enseigne que des loups, dispersés par monts et par vaux, se réuniront en bandes, cette nuit-là, et que le soleil, à son

1. Nom que les Indiens donnent aux jeunes enfants.

lever, les trouvera se chauffant à ses clairs rayons, sur la pente des collines. Si Muki nous a rejoints, vous verrez, demain, commencer pour nous un sport peu banal et comment Loup, lui aussi, s'acquitte du travail qui lui est dévolu. »

Il y eut quelques minutes de silence, tandis que la flamme ronflait dans le poêle, chauffé au rouge. Les deux *boys* étaient assis l'un près de l'autre, regardant et écoutant le feu. Rod tira sa montre. Il était à peine minuit. Pourtant aucun des deux ne songeait à reprendre son sommeil interrompu.

« Loup est une bête tout à fait curieuse, disait Wabi. Sans doute, Rod, vous devez penser qu'il n'est qu'un dégénéré, un être servile et traître à sa race, digne de tous les mépris, lorsqu'il se retourne vers ses anciens frères et les attire à la mort. Il ne mérite point ces reproches. Il a, comme Mukoki, ses raisons, et qui sont bonnes, pour agir comme il le fait. Les animaux, comme les hommes, ont leurs rancœurs et leurs vengeances. Avez-vous remarqué qu'il lui manque la moitié d'une oreille ? Si vous lui renversiez la tête et lui tâtiez la gorge, vous y trouveriez la marque d'une profonde cicatrice. Et si, promenant la main sur son train de derrière, vous palpiez la chair, sous le poil, vous constateriez qu'en arrière de la cuisse gauche il y a un trou gros comme le poing. Mukoki et moi, avons capturé Loup dans un piège à lynx. Ce n'était alors qu'un menu louveteau, que Mukoki jugea devoir être âgé de six mois environ. Il était, le pauvre, en triste état ! Tandis qu'il était pris dans le piège et impuissant à se défendre, trois ou quatre membres de son aimable tribu s'étaient jetés sur lui et avaient tenté de s'en faire un petit lunch. Nous étions arrivés juste à temps pour mettre en fuite ces fratricides. Nous recueillîmes et gardâmes le louveteau, après lui avoir recousu la cuisse et la gorge, et nous l'avons apprivoisé. Vous verrez demain soir comment Muki lui a appris à s'acquitter de sa dette envers les hommes. »

Après avoir encore bavardé deux heures durant, Rod et Wabi soufflèrent la chandelle et retournèrent à leurs couvertures.

Rod fut une bonne heure à se rendormir. Il se demandait où était Mukoki, ce qu'il faisait et comment, dans son accès de demi-folie, il retrouverait sa route dans le Grand Désert blanc.

Puis des rêves agitèrent son sommeil. Il revoyait la mère indienne dévorée par les loups, avec son enfant. Et, tout à coup, cette image avait fait place à celle de Minnetaki, tandis que les loups s'étaient mués en Woongas, qui se jetaient sur la jeune fille.

Il fut tiré de son cauchemar par une série de coups de poing que Wabi lui donnait dans le côté. Il ouvrit les yeux, regarda Wabi dans ses couvertures, qui lui montrait quelque chose du doigt et, au bout du doigt, il vit... Mukoki, qui était paisiblement en train de peler des pommes de terre.

« Hello, Muki ! » cria-t-il.

Le vieil Indien releva les yeux et regarda Rod, avec sa bonne grimace coutumière. Ses traits ne portaient aucune trace de sa folle équipée nocturne. Mais, gaiement, il dodelinait de la tête, et, aussi tranquille que s'il venait de sortir du lit, après une bonne nuit de repos, il préparait le déjeuner du matin.

« Il faut se lever, conseilla-t-il. Grand jour de chasse ! Beaucoup de beau soleil aujourd'hui. Nous trouver loups sur montagnes, beaucoup de loups ! »

Les deux *boys* culbutèrent de leurs couvertures et commencèrent à s'habiller.

« A quelle heure es-tu rentré ? demanda Wabi.

— Maintenant, répondit Mukoki, en montrant le poêle et les pommes de terre épluchées. Juste pour rallumer le feu. »

Wabi regarda Rod en clignant de l'œil et, comme Mukoki se penchait sur le fricot :

« Qu'as-tu fait cette nuit, Muki ? » interrogea-t-il.

Mukoki grogna :

« Grosse lune. Temps clair. Aurais pu tirer. Voir lynx sur colline. Voir trace loups sur piste en foule. Mais pas tiré. »

Ce furent toutes les explications que les deux *boys* purent obtenir de l'Indien sur l'emploi de sa nuit.

On se mit à table et, à un moment, tandis que Mukoki était allé fermer la porte du poêle, dont la chaleur était excessive, Wabi, poussant Rod du coude, lui dit à mi-voix :

« Vous voyez si j'avais raison. Il a bien flairé les pistes ! »

Puis à voix basse :

« Ne penses-tu pas, Muki, que nous devrions nous partager l'ouvrage de cette matinée ? Il me semble qu'il y a, sauf avis contraire, deux directions dans lesquelles nous pourrions aller poser nos pièges. L'une qui suit vers l'est le chaînon rocheux qui surplombe le vallon ; l'autre qui va vers le nord à travers les ondulations de la plaine. Est-ce ton opinion ?

— Bon ! approuva le vieux trappeur. Vous deux aller au nord. Moi suivre la crête. »

Mais Roderick s'exclama vivement :

« Non, non ! Je suivrai la crête avec toi et Wabi prendra la plaine. C'est toi que j'accompagne, Mukoki ! »

Flatté de cette préférence du jeune Blanc, Mukoki grimaça, gloussa et se mit à parler, avec plus de volubilité, des divers projets qui avaient germé dans sa tête. Il fut finalement convenu que l'on se retrouverait dans la cabane, assez tôt dans l'après-midi pour pouvoir se reposer avant la nuit, au cours de laquelle l'Indien paraissait persuadé que s'ouvrirait la chasse aux loups.

Rod remarqua que le loup captif n'avait pas eu à manger, ce matin-là, et il en devina facilement la raison.

Les chasseurs se partagèrent les pièges, qui étaient de trois dimensions différentes. Il y en avait cinquante petits pour les visons, martres et autres bestioles à fourrure ; quinze, un peu plus forts, pour les renards, et autant, de grande taille, à l'usage des lynx et des loups. Wabi prit dans son équipement vingt petits pièges, quatre à renards et quatre grands. Rod et Mukoki se chargèrent des autres. Ce qui restait de viande de caribou fut pareillement réparti entre les trois chasseurs, pour servir d'appât.

Tous ces préparatifs étaient terminés avant l'aube, et le soleil émergeait seulement de l'horizon, sur le Wilderness, lorsqu'on se mit en route.

Lorsqu'ils furent au sommet de la colline qui faisait face à leur cabane, les trois hommes s'arrêtèrent pendant quelques instants, et Rod contempla au loin, muet d'admiration, l'immense paysage étincelant. Puis on se sépara.

Rod et Mukoki n'avaient pas marché pendant cinq minutes que l'Indien indiqua à son compagnon un tronc d'arbre mort, qui était tombé en travers d'un petit torrent. Sur ce pont improvisé, la neige était battue de menues empreintes. Mukoki les examina, et, tout de suite, déchargea son ballot.

« Vison ! » dit-il.

Puis, ayant suivi la piste jusqu'à une jonchée d'autres arbres abattus par le vent :

« Toute une famille vivre ici. Trois, peut-être quatre, peut-être cinq. Bâtir ici “maison de trappes”. »

Jamais encore Rod n'avait vu disposer de pièges à la mode du vieil Indien. Sur la piste, un peu au-delà du torrent, il construisit, avec des branches, un petit abri, pareil à une maisonnette. Il y plaça ensuite un morceau de viande de caribou et, un peu en avant, il installa son piège, soigneusement dissimulé avec un peu de neige et des brindilles de bois. En vingt minutes, Mukoki avait édifié deux de ces abris et posé deux pièges.

Comme ils se remettaient en route, Rod demanda :

« Pourquoi construis-tu ces petites maisons, Muki ? »

L'Indien expliqua :

« Beaucoup de neige souvent tomber en cette saison. Bâtir petite maison pour préserver pièges de la neige. Si pas faire cela, falloir toujours surveiller pièges et dégager eux de la neige. Quand vison sentir viande, lui entrer dans maison et forcé de passer sur trappe. Bon pour petits animaux. Pas bon pour lynx. Quand lui voir maison, tourner autour, autour, autour, et puis partir. Lynx intelligent et rusé coquin. Loup et renard aussi. »

Au cours du mille suivant, six autres pièges semblables furent posés. La crête rocheuse que suivaient les deux chasseurs s'élevait de plus en plus et le regard de Mukoki s'allumait d'un feu qui trahissait une autre préoccupation que celle des petites bêtes à fourrure. Sa marche se faisait lente et prudente, et, quand il parlait à Rod, ce n'était qu'un simple murmure qui filtrait de ses lèvres. Rod lui répondait dans la même gamme.

Tous deux s'arrêtaient de temps à autre, fouillant du regard les vastes espaces. Chemin faisant, ils posèrent deux pièges à renard, dans deux coulées qui trahissaient ostensiblement le passage de ces animaux.

Un peu plus loin, dans un ravin sauvage encombré d'arbres écroulés et de masses rocheuses, ils rencontrèrent une piste de lynx, et deux pièges furent installés, l'un à l'entrée du ravin, l'autre à son issue. Mais il était visible que, même au cours de ces opérations, l'esprit de Mukoki était ailleurs.

Ils avançaient de front, à une cinquantaine de yards l'un de l'autre, Rod se tenant avec soin sur la même ligne que Mukoki et imitant sa circonspection. Soudain, le jeune homme entendit un appel sourd de son compagnon et vit celui-ci l'appelant par de grands gestes, qui trahissaient un frénétique enthousiasme. Il se hâta de le rejoindre.

« Loup ! » murmura Mukoki.

Rod aperçut dans la neige un certain nombre d'empreintes, assez semblables à celles d'un chien.

« Trois loups ! » continua l'Indien, dont la jubilation était extrême. « Sortis de bonne heure, ce matin, de leur retraite. Venus se chauffer quelque part, au soleil, sur la montagne. »

Maintenant, ils suivaient la piste des loups. Ils ne tardèrent pas à y rencontrer le reste d'une carcasse de lapin. Des empreintes de renard se mêlaient, alentour, à celles des loups. Mukoki posa encore un piège. Puis ce furent des marques de chat pêcheur et l'Indien y alla d'un nouveau piège.

Des pistes de cerfs et de caribous se croisaient en tous sens, mais Mukoki n'y prêtait point attention.

Bientôt les empreintes d'un quatrième loup se mêlèrent aux précédentes, puis celles d'un cinquième, qui avait rejoint la bande. Une demi-heure après, une autre piste de trois loups coupait à angle droit celle que suivaient les deux chasseurs, et se dirigeait vers la plaine et ses bois. La figure de Mukoki en était toute convulsée de joie.

« Multitude de loups ! s'exclama-t-il. Ici, là, partout ! Bon endroit pour chasse de la nuit ! »

La crête rocheuse s'abaissa ensuite vers un bas-fond où serpentait un ruisseau gelé ; les traces de vie abondaient, faisant battre le cœur de Rod et bouillir son sang. La neige, par places, était littéralement hachée de sabots de rennes. Des pistes couraient en tous sens et des poils étaient accrochés à l'écorce d'une vingtaine de petits sapins, contre lesquels les bêtes s'étaient frottées.

Le glissement de Mukoki sur la neige était étrange, impressionnant presque. Les brindilles mêmes des buissons qu'il traversait se courbaient sans bruit sur son passage et Rod, ayant par mégarde heurté d'une de ses raquettes une petite souche d'arbre, le vieil Indien en leva les mains au ciel, de réprobation et d'horreur pour une telle maladresse.

Un bref arrêt de Mukoki et un signe à Rod, qui le suivait, apprirent au jeune homme qu'un gibier était en vue.

L'Indien s'accroupit sur ses raquettes et, lorsque Rod l'eut rejoint, il lui passa son fusil. Puis ses lèvres, presque muettement ébauchèrent ce seul mot :

« Tirez ! »

Rod avait pris le fusil d'une main fiévreuse. Avec un tremblement émotif, il vit, à une centaine de yards devant lui, un daim mâle, magnifique, qui broutait, aux branches d'un noisetier, quelques feuilles épargnées par l'hiver et à demi desséchées. Un peu plus loin étaient deux femelles.

Le jeune *boy* prit son aplomb. Le daim se présentait de flanc, le cou tendu et la tête levée, en une position idéale pour un beau coup de fusil, à l'arrière de la patte de devant, point vital entre tous ; Rod visa et tira. En un bond spasmodique, l'animal tomba mort.

Tandis que Roderick en était encore à constater l'heureux effet de sa balle, Mukoki avait rapidement couru vers le gibier abattu. Le *boy*, lorsqu'il le rejoignit, le trouva agenouillé devant la victime encore palpitante, et tenant en main un bidon de whisky, de la contenance d'un quart environ. Le vieil Indien, sans autre explication, enfonça son coutelas dans la gorge de l'animal et remplit le bidon de sang fumant.

Ce ne fut que quand il eut terminé qu'il souleva le bidon, d'un air de grande satisfaction, et dit :

« Sang pour loups ! Loups aimer sang. Grosse chasse ce soir. Pas de sang, pas d'appât véritable ! Et pas de loups abattus ! »

Mukoki semblait s'être départi maintenant de sa précédente gravité. Il était évident qu'il considérait comme accomplie la besogne de la matinée.

Il éventra le daim, il prit le cœur et le foie, découpa un quartier de viande. Tirant ensuite de son équipement une longue lanière, il en lia l'extrémité au cou de l'animal, jeta en l'air l'autre bout, par-dessus une branche d'arbre, et, avec l'aide de son compagnon, hissa ce qui restait du daim à plusieurs pieds du sol.

« Si nous empêchés de venir ce soir, lui garanti des loups », expliqua-t-il.

Une dernière exploration du bas-fond amena les deux chasseurs à l'endroit où le sol se relevait, vers une pente couverte de gros blocs, et clairsemée de grands sapins et de bouleaux. Ils arrivèrent ainsi devant un énorme rocher qui attira aussitôt l'attention de Mukoki. Se hisser à son sommet était impossible sur presque toutes ses faces. D'un côté seulement, on pouvait tenter l'ascension, en s'aidant des branches d'un sapin qui était voisin. Le rocher se terminait par une petite plate-forme, comme on pouvait le voir d'en bas, et Mukoki gloussa, tout heureux :

« Bon endroit pour poser appât ! Ce soir attirer ici les loups. »

La montre de Rod marquait près de midi. Les deux chasseurs s'assirent pour manger les sandwiches qu'ils avaient apportés. Après quoi, ils reprirent le chemin du retour. Au-delà du bas-fond, ils atteignirent la route qu'ils avaient faite à l'aller, en coupant droit vers la cabane. Le terrain était terriblement accidenté et chaotique. Par endroits, une muraille abrupte, semblable à un rempart, surplombait à pic des précipices vertigineux.

Comme ils passaient ainsi au-dessus d'une faille, profonde de près de cinq cents pieds, où bondissait, l'été, un petit torrent, gouffre obscur et sinistre où ne pénétraient point les rayons du soleil, Mukoki s'arrêta à plusieurs reprises. S'accrochant prudemment à un arbuste, il se pencha au-dessus de ce ravin apocalyptique, le scruta du regard et, quand il se releva, expliqua : « Au printemps, abondance d'ours, là-dedans. »

Mais ce n'était point aux ours que Rod était en train de songer. L'idée de l'or avait de nouveau surgi dans son cerveau. Ce ravin mystérieux ne détenait-il pas le secret emporté dans la tombe, il y avait cinquante ans, par les deux squelettes de la cabane ?

Le noir silence enclos entre les parois de ce puits de l'abîme, cette désolation, qui évoquait celle d'un paysage lunaire, les obscures retraites de ce ravin où plongeaient ses yeux avides, tout, dans ce lieu maudit, semblait se rapporter à la tragédie du passé et lui avoir servi de théâtre. Le mot du secret qui le tourmentait, Rod en était convaincu, se trouvait là.

Cette idée ne le quitta plus, tandis qu'il suivait Mukoki. Sous l'empire de cette obsession, qu'il était impuissant à chasser, il alla prendre le bras du vieil Indien et lui dit :

« C'est dans ce ravin, Mukoki, que les pépites d'or ont été découvertes ! »

XI

COMMENT LOUP ATTIRA SES FRÈRES À LA MORT

De cette heure, était né dans la poitrine de Roderick Drew un imprescriptible désir. Volontiers, il eût désormais abandonné, durant tout l'hiver, les joies et les profits de la chasse, pour se mettre à la poursuite de cet *ignis fatuus* [1], ce « feu dément » qui dévore l'homme à tous les âges, et qui est la soif de l'or. Les squelettes de la cabane, lorsqu'ils étaient des hommes, avaient découvert une mine d'or, et cette mine n'était pas loin. Pour le premier or qu'ils avaient trouvé, fruit de quelques jours de travail, ils s'étaient battus et entre-tués. Voilà ce que ne cessait de se répéter Roderick Drew.

Mukoki avait eu une grimace significative, accompagnée d'un haussement d'épaules prodigieux, lorsque Rod avait émis l'idée que le gisement d'or était situé dans le fond du ravin diabolique. Aussi gardait-il ses réflexions pour lui même, et le retour fut silencieux.

Taciturne comme tous les hommes de sa race, Mukoki ne parlait

1. En latin dans le texte.

guère, si on n'entamait la conversation. Rod, de son côté, se demandait par où il pourrait réussir à descendre, dès qu'il en aurait l'occasion, dans l'abîme sinistre, afin de l'explorer en détail. Il ne doutait point que Wabi ne fût prêt à l'accompagner dans cette aventure. Au besoin, il la tenterait seul. Une brèche quelconque devait forcément exister dans l'abrupte muraille.

Lorsque les deux compagnons arrivèrent à la cabane, ils y trouvèrent Wabi déjà rentré. Le jeune *boy* avait posé dix-huit trappes et tué deux perdrix des sapins. Les oiseaux étaient vidés pour le dîner, et le menu s'augmenta d'une tranche de daim.

Pendant les préparatifs du repas, Rod raconta la découverte du ravin mystérieux et le projet qu'il avait ébauché. Mais Wabi l'écoutait d'une oreille distraite. Ses préoccupations semblaient être ailleurs. Par moments, il demeurait immobile, les mains enfoncées dans la profondeur de ses poches, et paraissait ruminer, soucieux.

Finalement, tandis que Rod et Mukoki vaquaient aux menues occupations de la table ou du poêle, il sembla se réveiller de sa rêverie, tira de sa poche une douille de cuivre jaune et la tendit au vieil Indien.

« Vois ceci, Muki, dit-il. Mon intention n'est pas de provoquer parmi nous quoi que ce soit qui ressemble à une inutile panique. Mais voici ce qu'aujourd'hui j'ai rencontré sur ma piste. »

Mukoki se saisit de la douille, d'un geste aussi brusque que si elle eût été une autre pépite d'or, récemment découverte. La douille était vide. En bordure du cuivre, on lisait très distinctement, et il lut :

« 35 Rem. »

Il ajouta : « Eh bien, ceci être...

— Une douille de cartouche du fusil de Rod ! » acheva Wabi.

Mukoki avait froncé le sourcil.

« Aucun doute n'est possible, reprit Wabi. C'est une douille pour Remington du calibre 35, à chargement automatique. Il n'y a, dans toute cette région, que trois fusils de ce type. J'en ai un, Mukoki a l'autre. Vous avez, Rod, perdu le troisième dans votre bataille avec les Woongas. »

La venaison, durant ce dialogue, commençait à brûler et Mukoki se hâta de la retirer du feu, pour la servir sur la table.

« Alors, déclara Rod, après un silence, cela veut dire que les Woongas sont sur nos traces ?

— C'est la question que je me suis posée toute la journée, répliqua Wabi. La preuve est faite qu'ils ont, contrairement aux prévisions de Mukoki, passé de ce côté de la montagne. Je ne pense pas cependant qu'ils connaissent le lieu où nous sommes. La piste était à peu près à cinq milles de cette cabane. Elle était vieille de deux jours au moins. Trois Indiens, chaussés de raquettes, l'avaient tracée, et elle se dirigeait vers le nord. J'en déduis qu'ils étaient, sans doute, en simple expédition de chasse et qu'après avoir décrit un cercle vers le sud, ils s'en sont retournés à leur campement coutumier. »

Wabi expliqua comment il avait constaté que la piste, à un moment donné, revenait sur elle-même et ce fut un soulagement évident pour Mukoki. Secouant la tête en signe d'approbation, il en conclut, lui aussi, que leurs ennemis n'iraient pas plus loin.

L'humeur des trois compagnons n'en fut pas moins assombrie et leur gaieté se refroidit. Et pourtant l'éventualité de ce péril possible ajoutait un intérêt nouveau, qui n'était point sans agrément, aux émotions prévues de leur expédition.

Lorsque le repas fut terminé, une sorte de plan de campagne fut aussitôt ébauché. Il fut convenu qu'on ne s'en tiendrait pas à une défensive, toujours désavantageuse. Si, un jour ou l'autre, une piste fraîche de Woongas se présentait, on se lancerait à leur poursuite et les trois amis commenceraient eux-mêmes la chasse à l'homme.

Le soleil venait de disparaître vers le sud-ouest, derrière le lointain, lorsque les deux *boys* et Mukoki quittèrent de nouveau la cabane.

Loup n'avait rien eu à manger depuis la nuit précédente. La férocité de la faim augmentait la flamme de ses yeux et la nervosité de ses mouvements. Mukoki eut soin de le faire remarquer à Rod et à Wabi. Il semblait couver la bête du regard.

La nuit rapide avait, de ses ténèbres, complètement enveloppé le Wilderness, lorsque tous trois atteignirent le bas-fond où ils retrouvèrent le daim suspendu à son arbre.

Rod fut commis à la garde des armes et du bagage, tandis que Wabi et le vieil Indien se mettaient en demeure de hisser le daim sur le gros rocher et sa plate-forme. Ils y parvinrent non sans peine, et le jeune citadin commença à comprendre le plan de Mukoki.

La longue lanière, toujours attachée au cadavre de l'animal, fut jetée du rocher vers un bouquet de cèdres qui lui faisait face, et sur deux desquels trois plates-formes furent aussitôt aménagées à l'usage des trois chasseurs. Ceux-ci pouvaient y installer commodément leur embuscade, et même s'asseoir, sans danger aucun et bien cachés par les branches. Ce travail accompli, une autre préparation suivit, que Rod observa avec un vif intérêt.

Mukoki avait sorti de son vêtement, où il le tenait bien au chaud contre son corps, le bidon rempli de sang. Il en répandit un tiers environ, tant sur la neige qui était au pied du rocher que sur la paroi même du gros bloc. Il en versa le reste, goutte à goutte, sur diverses pistes, qu'il fit rayonner dans plusieurs directions.

Loup avait accompagné ses maîtres au cours de cette opération et, comme la lune ne devait pas se lever avant trois heures encore, les trois chasseurs établirent un feu à l'abri du rocher. Ils y firent quelques grillades, afin de passer le temps, puis bavardèrent quelque peu.

Il était neuf heures lorsque l'astre des nuits émergea du Grand Désert blanc. Cette grande aube de la nuit septentrionale exerçait sur Rod une fascination chaque soir renouvelée.

Lorsque cet instant fut arrivé, Mukoki fit signe aux deux *boys* de le suivre, et ils regagnèrent, avec Loup, leur embuscade.

Le loup captif fut alors attaché, avec une forte lanière, à un petit sapin, au pied du gros rocher qui portait à son sommet le cadavre du daim. En l'air, il huma l'odeur du daim ; sous ses pattes, il flaira les caillots du sang répandu par Mukoki dans la neige. Ses mâchoires s'ouvrirent et se refermèrent, dans un grognement.

Rod et Wabi qui l'observaient, cachés près de là, derrière un tronc d'arbre, le virent qui se démenait ensuite, dans une agitation toujours croissante. Raide sur ses pattes, les narines pointées en avant, il semblait recueillir le vent en tous sens.

Son dos était hérissé et son nez s'élargissait. Ce sang dans la neige, cette bête morte sur le rocher, ce n'était plus la nourriture habituelle que lui offraient les hommes. L'instinct sauvage de Loup se réveillait et il se croyait retourné en pleine chasse, comme ses ancêtres.

A un moment donné, il parut faire un retour sur lui-même et, se souvenant de ses maîtres, se remémorant sa domesticité coutumière, il regarda en arrière vers les cèdres. Mais ses maîtres avaient disparu. Il ne les voyait, ni ne les entendait plus. Il renifla vers eux. Puis, bientôt, il reporta son attention passionnée vers le sang et l'odeur du daim.

Allant et venant au bout de sa longue lanière, il rencontra sur la neige, qui craquait sous ses pattes, d'autres taches de sang, et il tenta de suivre plus loin la piste rouge tracée par Mukoki. Furieusement, il tirait sur la lanière qui le retenait captif et, comme un chien irrité, il tentait vainement de la ronger, oubliant qu'elle était assez solide pour résister à l'emprise de ses dents. Les chasseurs entendaient ses gémissements qui se terminaient en une brève et hurlante chanson.

Et, tout autour du petit sapin auquel il était attaché, il courait, de plus en plus excité, avalant des gorgées de neige sanglante, qui lui dégouttait des mâchoires. Il se retournait ensuite vers le rocher et vers son gibier, dont il ignorait s'il était mort ou vivant, tout assoiffé de carnage et frémissant du désir atavique de tuer, tuer, tuer !

En un dernier effort pour se libérer, briser son lien, et reprendre sa liberté joyeuse et sauvage, il fit un bond frénétique. Puis, voyant son impuissance, il retomba sur la neige, pantelant et pleurant désespérément.

Il s'assit ensuite sur son derrière, au bout de sa lanière, et vers le ciel il tourna sa tête éclairée par la lune. Son museau se balança, à angle droit avec ses épaules hérissées, et peu à peu, comme un chien d'Esquimau, il commença sa « hurle à la mort ».

Puis, le sourd et lamentable gémissement se mit à croître en durée, en volume et en force, jusqu'à ce qu'il éclatât en un long appel sinistre, qui s'élevait par-dessus plaines et montagnes, et s'en allait au loin faire retentir les échos. C'était maintenant le cri de ralliement du loup, la grande clameur de chasse qui, comme la sonnerie de bataille du clairon, appelle à la proie les maigres et gris bandits du Wilderness, les éternels affamés du Grand Désert blanc.

Par trois fois, cet appel monta dans la gorge du loup captif, et déjà les trois chasseurs s'étaient hâtés d'aller se percher dans les cèdres.

Dans son émotion, Rod en oubliait la morsure du froid, devenu intense. Ses nerfs se tendaient, et son regard interrogateur se promenait sur l'immensité blanche et mystérieusement belle, qui s'étalait sous le ciel, toute baignée de clair de lune. Plus calme était Wabi, mieux renseigné que lui sur ce qui allait arriver.

L'appel féroce, en effet, avait été entendu de tout le Wilderness. Ici, au bord d'un lac silencieux dans son hivernale prison de glace, c'était un daim qui se mettait à trembler d'effroi. Ailleurs, par-delà les montagnes, c'était un formidable élan mâle qui dressait sa tête branchue, et dont les yeux jetaient déjà des éclairs de bataille. Un peu plus loin, un renard, à l'affût d'un lapin, interrompait momentanément son guet. Et, partout, les frères de race de Loup s'étaient arrêtés sur leurs pistes, tournant la tête et tendant les oreilles vers le signal connu, venu jusqu'à eux.

Une première réponse perça le silence qui, lorsque Loup s'était tu, était retombé, lugubre, et comme anxieux. Le cri était parti à un mille environ. La bête, captive au bout de sa lanière, s'assit de nouveau sur son derrière et renvoya un autre appel, dont l'intonation particulière disait qu'il y avait du sang sur la neige et une bête blessée à achever.

Les trois chasseurs demeuraient toujours immobiles et muets. Mukoki avait épaulé son fusil et semblait pétrifié. Wabi, après s'être solidement arc-bouté, le pied contre le tronc de son arbre, avait posé son fusil sur son genou, prêt à le mettre en joue. Rod avait, à son tour, pris le gros revolver et, pour mieux viser, en avait appuyé le canon sur la fourche d'une branche, où reposait son bras.

Une autre voix, qui arrivait de l'est, ne tarda pas à répondre à la précédente, qui avait retenti vers le nord. Rod et Wabi entendirent Mukoki émettre sur son arbre un gloussement de concupiscence. Loup, de son côté, sans plus se perdre en de vains efforts de délivrance, mettait toute sa frénésie inassouvie dans les appels réitérés qu'il lançait aux quatre coins de l'horizon. Et de plus en plus nombreuses arrivaient les réponses. De plus en plus proches aussi.

Soudain, il y eut un glapissement tellement rapproché que Wabi saisit Rod par le bras.

« Il n'y a plus longtemps à attendre... », murmura-t-il.

A peine avait-il parlé qu'une forme efflanquée apparut, suivant une des pistes rouges et courant rapidement vers Loup.

Les deux animaux réunis se turent pendant un instant, et le nouvel arrivant, ayant humé l'odeur du daim, vint buter contre le rocher. Alors il joignit ses hurlements à ceux de Loup, comme pour appeler à son secours la meute de ses frères.

Ceux-ci surgissaient de partout, du sommet des collines et des arbres du bas-fond. Une horde glapissante et affolée de faim, d'une vingtaine de têtes, entoura le rocher où se trouvait, hors de sa portée, la proie tant désirée. Les loups se bousculaient entre eux, sautaient en l'air, puis retombaient sur le sol, essayant en vain de grimper vers le gibier, si proche cependant.

L'attitude de Loup s'était, peu à peu, étrangement modifiée. Couché sur le ventre, haletant et comme prêt à joindre ses bonds à ceux de ses frères, il s'était graduellement calmé devant l'évidence et l'inutilité de ses efforts. L'homme avait repris sur lui son emprise et il s'était souvenu de ce qui s'était passé dans de semblables circonstances. La haine de sa race l'avait de nouveau envahi et il attendait placidement le drame inévitable qui allait se dérouler devant lui.

Ce fut Mukoki qui fit entendre, en guise d'avertissement, un premier et faible sifflement, et Wabi se hâta d'épauler.

Lentement, le vieil Indien, sans quitter son fusil, tira sur la lanière dont l'extrémité était attachée au cadavre du daim, qu'il amena de la sorte jusqu'au rebord du rocher.

Un mouvement de plus, et le daim culbutait au milieu de la horde.

Comme des mouches qui s'abattent sur un morceau de sucre, les bêtes affamées se ruèrent sur leur proie, s'écrasant et se battant entre elles, pour y mieux mordre. Alors Mukoki, d'un sifflement strident, donna le signal de tirer dans le tas.

Quelques secondes durant, les ramures des cèdres flamboyèrent d'une auréole d'éclairs qui semaient la mort au-dessous d'eux, et les détonations assourdissantes des deux fusils et du gros colt étouffèrent les cris de douleur des loups.

En cinq secondes, un total de plus de quinze coups avaient été tirés, et cinq autres secondes ne s'étaient pas écoulées que le grand et beau silence blanc de la nuit était retombé sur le Wilderness. Tandis que les survivants s'étaient enfuis, la mort muette était au pied du rocher, à peine interrompue par le faible râle des loups blessés, gisant sur la neige.

Dans les cèdres, résonna le déclic métallique des armes que l'on rechargeait. Puis Wabi prononça :

« Je crois que nous avons fait de la belle besogne, Mukoki ! »

Mukoki répondit en descendant de son arbre, et les deux *boys* l'imitèrent.

Devant le rocher, cinq corps étaient immobiles. Un sixième se traînait encore, à quelques pas. Mukoki l'abattit d'un coup de hache. Un septième loup avait fui un peu plus loin, en laissant derrière lui une traînée de sang. Lorsque Rod et Wabi le rejoignirent, l'animal en était à ses dernières convulsions.

« Sept ! s'exclama Wabi. C'est un des meilleurs tirs que j'aie jamais réussis. Cent cinq dollars en une nuit. N'est-ce pas, Rod, que ce n'est point mal ? »

Ils revinrent en tirant le loup derrière eux.

Ils retrouvèrent Mukoki debout dans le clair de lune, le regard braqué vers le nord, et aussi raide qu'une statue.

En les voyant, il pointa son bras vers l'horizon et, sans tourner la tête :

« Voyez ! » dit-il.

Dans la direction indiquée, les deux *boys* aperçurent une flamme fuligineuse et rougeâtre qui, sous la clarté blafarde du clair de lune, étendait au loin sa sombre lueur sur le Wilderness. On la voyait monter et grandir, et son intensité augmenter, comme un sinistre incendie qui eût déversé des torrents de feu sur plaines et forêts.

« C'est un sapin qui brûle ! » dit Wabi.

— Un sapin qui brûle ! » acquiesça le vieux trappeur.

Et il ajouta :

« Le signal de feu des Woongas ! »

XII

RODERICK EXPLORE LE MYSTÉRIEUX RAVIN

Wabi et Mukoki contemplaient sans mot dire le sapin enflammé, qui ne paraissait pas, à Rod, être éloigné de plus d'un mille. Le silence de ses deux compagnons parut au jeune homme un mauvais présage.

Dans le regard de Mukoki une lueur étrange brillait, semblable à celle qui darde au fond de la prunelle des fauves, lorsque leur fureur est prête à éclater. Le visage de Wabi s'était empourpré de sang et, par trois fois, Rod le vit tourner, vers les yeux de Mukoki, des yeux dont la flamme ne pronostiquait non plus rien de bon.

De même que dans le cerveau de brute du loup captif, les anciens instincts de chasse et de liberté sauvage s'étaient tout à l'heure réveillés, de même aussi, dans l'âme du vieil Indien et dans celle, plus jeune, de Wabi, qui n'avait dans ses veines qu'une moitié de sang blanc, remontait lentement l'atavisme de la race. A travers la peau cuivrée de leurs visages, Rod lisait jusqu'au plus profond de leurs cœurs. Il comprenait que la haine de l'antique ennemi, le Woonga, longtemps comprimée, avait resurgi en eux. L'occasion se présentait de l'assouvir et ils ne la laisseraient pas échapper.

Pendant cinq minutes encore, le grand sapin continua à projeter des gerbes d'étincelles. Puis la flamme tomba et la carcasse de l'arbre ne fut plus qu'une tour de braise. Mukoki regardait toujours, muet et farouche. A la fin, Wabi rompit le silence.

« A quelle distance est-il de nous, Muki ?

— A trois milles, répondit sans hésiter le vieil Indien.

— En quarante minutes, nous pouvons couvrir cette distance.

— Oui. »

Wabi, alors, se tourna vers Rod.

« Vous pourrez, n'est-ce pas, retrouver seul votre chemin jusqu'à la cabane ?

— Je ne dis pas non. Mais si vous partez en expédition, je vous accompagne. »

Mukoki éclata d'un rire rauque et il prit un air désappointé.

« Non ! dit-il avec gravité en remuant la tête. Non pas aller là-bas ! Le sapin éteint dans cinq minutes. Nous pas trouver le campement des Woongas. Mais faire, en marchant par là, bonne piste à voir par eux au matin. Meilleur attendre. Nous trouver un jour leur piste, et alors tirer ! »

Cette décision de Mukoki, de ne pas, ce soir-là, pousser plus loin l'aventure, fut pour Rod un immense soulagement. Ce n'était pas qu'il craignît la bataille et il n'eût point été fâché d'ouvrir le feu sur les hors-la-loi qui lui avaient volé son fusil. Mais la froide réflexion des hommes de sa race lui représentait aussi que les Woongas pouvaient être évités, avec quelque prudence, et qu'il était plus sage, en poussant au contraire vers le nord, de continuer en paix à poser des pièges. Mieux valait, pour l'instant, sacrifier son fusil. Et surtout cette diversion de la chasse à l'homme contrecarrait les plans qu'il ne cessait de mijoter, pour découvrir de l'or.

La « mine des squelettes », comme il l'avait lui-même baptisée, absorbait uniquement sa pensée. Un combat avec les Woongas, c'était la fuite éventuelle vers une autre région. Wabi lui-même en convenait, car l'ennemi pouvait être supérieur en nombre. C'était là ce que Rod ne voulait à aucun prix.

Wabi et Mukoki se mirent à scalper les sept loups et ce qui restait de la carcasse du daim fut abandonné à Loup, pour qu'il s'en rassasiât.

Il était deux heures de la nuit lorsque les trois compagnons rentrèrent à la cabane. Le poêle fut allumé et, comme de coutume, on parla des événements du jour écoulé, de ceux aussi qui se préparaient peut-être pour les jours suivants.

Rod ne put s'empêcher de faire un retour en arrière et de songer à la joie paisible avec laquelle ils s'étaient installés ici, il y avait si peu de temps ! Le site était idéal et ils croyaient fermement que nul péril des Woongas ne les menaçait plus. Maintenant, au contraire, ils savaient qu'ils pouvaient être exposés, d'un moment à l'autre, à lutter pour leur vie, à abandonner cette calme retraite.

La conversation fut une sorte de petit conseil de guerre. Il fut décidé que la vieille cabane serait, dès le lendemain, aménagée pour supporter un siège, que des meurtrières seraient percées sur toutes ses faces, que les barres de fermeture de la porte et des volets seraient remplacées par de plus fortes, qui permettraient de se barricader solidement en cas d'attaque. Il fut convenu, en outre, qu'un des trois chasseurs resterait toujours à monter la garde, tandis que les deux autres iraient poser et relever les trappes.

Le lendemain, ce fut Rod qui fut laissé de garde. Le temps, qui était toujours splendidement ensoleillé, avait quelque peu dissipé les appréhensions de la nuit. Le jeune *boy* eut la bonne fortune de tuer un bel élan, qui grimpait sur la colline neigeuse, de l'autre côté du petit lac. Puis, en attendant le retour de ses compagnons, il se remit à ruminer ses projets personnels.

Les grosses neiges d'hiver ne s'étaient pas encore accumulées, ainsi qu'il avait pu le constater, dans le gouffre sombre qu'il s'était promis d'explorer. Il était prudent de ne pas attendre les grandes tempêtes, qui ne manqueraient pas d'y entasser les blancs flocons et le rendraient inaccessible. Il avait, d'autre part, tiré de la cachette où on l'avait déposé, dans le mur de bûches, le petit sac de peau de daim, et il en avait sorti les pépites d'or.

Il remarqua qu'un frottement quelconque les avait admirablement polies, et en avait adouci et arrondi tous les points saillants. Lorsqu'il était au collège, Rod avait toujours eu un faible pour l'étude de la minéralogie et de la géologie. Il savait que l'eau courante avait seule été capable de donner aux pépites ce beau poli, et il en conclut qu'elles avaient certainement été trouvées dans le lit d'une rivière, ou sur ses bords. Cette rivière devait être le torrent du ravin mystérieux. Il en était fermement persuadé.

Lorsque Mukoki et Wabi rentrèrent, le soir, ils apportaient avec eux, le premier un renard rouge et un vison, le second un chat pêcheur, dont l'aspect rappela plutôt à Rod celui d'un chien à peine adolescent. Malheureusement, de nouvelles pistes suspectes avaient été de nouveau découvertes par Mukoki. Le vieil Indien avait retrouvé les débris du sapin brûlé et, tout autour, il avait relevé les traces de raquettes de trois Indiens, que le signal de feu semblait avoir réunis. Leur piste s'en allait ensuite, avec de nombreux crochets, vers une destination inconnue et, à un endroit, avait croisé la ligne des pièges.

La conclusion fut que, pour la relève des pièges, les chasseurs désormais ne se sépareraient plus, mais seraient toujours deux.

La semaine qui suivit fut plus calme et fort fructueuse. Plus de traces de Woongas. Les fourrures recueillies, ajoutées aux scalps de loups, commençaient à représenter une petite fortune qui serait, si nul accident n'arrivait, rapportée à Wabinosh House au printemps.

Il en fut de même durant une quinzaine encore et Rod songeait avec bonheur au petit home où, à des centaines de milles de là, sa mère l'attendait et, chaque jour, priait pour lui. Il rêvait aussi, plus d'une fois, aux jours et aux nuits, dont il faisait le décompte, et qui le séparaient du retour à la factorerie, près de Minnetaki.

L'heure arriva cependant où Rod put mettre à exécution son projet, qui lui tenait au cœur, d'explorer le ravin. Mukoki et Wabi n'étaient pas partisans de cette tentative, qu'ils estimaient chimérique. Aussi Roderick décida-t-il d'agir seul.

Ce fut à la fin de décembre. C'était le jour de garde de Wabi, et Mukoki, qui semblait avoir oublié les Woongas, était parti à la relève des pièges. Rod se munit de vivres, prit le fusil de Wabi et une double provision de cartouches, s'arma en outre d'un couteau, passa une hache à sa ceinture, et joignit à son ballot une bonne couverture.

Ainsi équipé, il se mit en route, et Wabi riait, du seuil de la cabane, en le regardant s'en aller.

« Je vous souhaite bonne chance, Rod ! cria-t-il gaiement, en lui faisant de la maison un dernier signe d'adieu.

— Si je ne suis pas de retour ce soir, répondit Roderick, ne vous tournez pas le sang à mon sujet, vous autres ! Si l'affaire s'emmanche bien, je camperai sur les lieux, afin de reprendre mes recherches dès demain matin. »

Rod, lorsqu'il fut sur place, passa sans tarder sur la crête opposée du ravin. Il avait constaté en effet, la première fois, qu'aucune descente dans le gouffre n'était possible du côté où il avait cheminé. En suivant cette crête, encore inexplorée, il ne courait d'ailleurs aucun danger de se perdre. Le ravin lui serait un guide constant.

A son grand désappointement, il trouva que les murailles méridionales de l'abîme étaient aussi abruptes que celles du nord et, deux heures durant, il chercha en vain la plus petite fissure par où s'insinuer et pouvoir descendre.

La crête commençait à se boiser et Rod rencontrait, presque à chaque pas, des traces de gibier. Mais il n'y prêtait guère d'attention. Ce qui l'intéressa davantage, ce fut de constater que les arbres se rapprochaient de plus en plus du précipice, qu'ils finirent par surplomber. Le jeune homme vit qu'en s'attachant à une branche, avec les longues lanières de ses raquettes, et en s'aidant des mains, il pouvait tenter la descente. Son espoir, cette fois, ne fut point déçu et, après un difficultueux quart d'heure, essoufflé mais triomphant, il était au fond du ravin.

Au-dessus de lui, il était dominé d'un côté par la forêt, de l'autre, par de noires murailles. A ses pieds coulait le petit torrent auquel son rêve de l'or avait assigné un rôle prépondérant. Le torrent était gelé par endroits ; dans d'autres, la rapidité de son cours l'avait dégagé de la glace.

Roderick, allant de l'avant, s'avança vers la partie la plus serrée du gouffre, celle où, d'en haut, il avait si avidement plongé ses regards. Là, ne descendait plus le soleil, là, tout était sombre, sinistre et silencieux, comme un sépulcre. Il sembla au *boy*, dont le regard était intensément alerté, que l'esprit des deux morts gardait le seuil de ce monde enchanté, et le trésor qu'il recelait.

Il continua pourtant à avancer. Le couloir qu'il suivait devenait de plus en plus étroit. Les hautes murailles se resserraient encore au-dessus de sa tête et l'obscurité s'épaississait autour de lui. Nul autre bruit que celui, monotone, du torrent qui éclaboussait les rochers de son écume. Pas un bruissement d'arbre ou de buisson, pas un chant d'oiseau, pas un caquetage d'écureuil. Tout était ici profondément mort. Par moments seulement, Rod entendait, tout là-haut, passer un souffle de vent, dont pas une bouffée ne descendait jusqu'à lui. La neige amortissait le bruit même de ses pas. Il avait, sur son dos, accroché ses raquettes.

Tout à coup il sursauta. Une dégringolade de pierrailles tomba près de lui, avec un bruit qui, dans le silence ambiant, ressemblait à celui d'une avalanche, et un grand coup de vent lui souffleta la figure. Il s'arrêta, fit le geste d'épauler. Mais ce n'était qu'un gros hibou, qu'il avait dérangé dans son trou.

Roderick se remit à suivre le cours du torrent. A chaque instant, il s'arrêtait pour ramasser, dans son lit ou sur la rive, des poignées de cailloux ou des galets. Il les examinait, le cœur battant, dès qu'un rayon de lumière, venu d'en haut, le lui permettait. Et, s'il croyait voir luire dans la pierre une autre lueur, il palpitait... Il ne trouvait toujours rien, cependant. Mais sa foi ne sombrait pas. Sa conviction ne faisait que croître, au contraire. L'or était ici, quelque part !

C'était un je ne sais quoi, invisible, inexplicable et mystérieux qui, flottant dans l'air, le conduisait. Et sa marche était si légère, si impalpable même, comme s'il eût craint d'éveiller sous ses pas son plus mortel ennemi, qu'il aperçut à l'improviste devant lui, tout près, une chose vivante qui, ne l'ayant pas encore entendu, ne paraissait pas effrayée. C'était un renard. Avant que la bête eût découvert sa présence, il avait visé et tiré.

Le coup fut répercuté, comme un tonnerre, par tous les échos de l'abîme. Un grondement formidable roula dans les ténèbres spectrales, renvoyé de muraille en muraille, et reprenant à mesure qu'il s'éteignait. C'était terrible à ce point que Rod en frissonna par deux fois et qu'il demeura comme cloué au sol jusqu'à ce que le dernier écho se fût évanoui.

Alors seulement, il s'approcha du renard gisant sur la neige. Ses yeux, qui s'étaient habitués peu à peu à l'obscurité de cet enfer et avaient fini par y trouver comme une vague lumière, purent voir que le renard n'était pas rouge. Qu'il n'était pas gris non plus. Il était...

Non, Roderick ne se trompait pas. Son cœur donna dans sa poitrine un coup de tampon. L'épaisse et splendide fourrure de la bête sanglante sur laquelle il se penchait avait des reflets gris et comme métalliques. Et, dans l'abîme solitaire, s'éleva une joyeuse clameur humaine : « Un renard argenté ! »

Pendant plusieurs minutes, Rod contempla sa proie qui remuait encore. Puis il lui donna le coup de grâce et la ramassa. D'après ce que lui avaient dit Wabi et Mukoki, la soyeuse fourrure de cet animal valait plus, à elle seule, que toutes celles qui s'étaient entassées déjà dans la cabane.

Sans le dépouiller, de crainte d'abîmer la peau, il joignit le renard à son ballot et reprit son exploration.

Les murs de rochers qui l'emprisonnaient se rejoignaient presque au-dessus de sa tête, formant, par moments, comme un tunnel peuplé d'ombres. Fasciné par l'indéniable grandeur du site, Rod en oubliait la fuite du temps. Mille après mille, il poursuivait sa piste, infatigable. Il ne pensait pas à manger. Une fois seulement, il s'arrêta pour se désaltérer. Et, quand il regarda sa montre, il fut étonné de s'apercevoir qu'il était trois heures de l'après-midi.

Il était maintenant trop tard pour songer à retourner au campement. Dans une heure, la nuit viendrait ajouter ses ténèbres à celles du ravin. Au premier endroit propice, Rod fit halte, jeta à terre son ballot et s'installa un abri sous un creux de roches. Il ramassa des branches mortes, en quantité suffisante pour alimenter son feu jusqu'au jour, puis s'occupa de son souper. Il avait apporté avec lui une petite bouillotte, et bientôt l'appétissant parfum d'un café brûlant se mêla à celui d'un aloyau d'élan, en train de rôtir.

XIII

LE SONGE DE RODERICK

Sous le ciel étoilé, dont une bande mince apparaissait au-dessus de l'étroit ravin, une froide solitude enveloppait le jeune aventurier, tandis qu'il mangeait.

Le bruit d'un rôdeur sauvage de la nuit, qui passait sur le rebord du précipice, lui crispa les nerfs sous la peau. Ce n'était pas qu'il eût peur. Il ne voulait pas avoir peur. Mais, dans ces lieux que personne avant lui n'avait foulés, sinon peut-être un demi-siècle avant, bien d'autres que lui eussent senti frissonner leur âme.

Afin de chasser ses pensées moroses, il se mit à rire tout haut. Mais son rire lui fut renvoyé par l'écho, comme une moquerie amère qui s'égrenait de rocher en rocher.

Le jeune homme n'avait pas dans le surnaturel une croyance exagérée. Mais surnaturel, tout ne l'était-il pas ici et, en dépit de sa fatigue, Rod ne pouvait trouver le sommeil. De ses yeux, vainement, il s'efforçait de chasser la vision des deux squelettes, tels qu'il les avait découverts dans la vieille cabane.

L'angoisse qui étreignait la gorge de Rod devint à ce point douloureuse que si, d'un coup de baguette magique, il avait pu se trouver transporté soudain, sain et sauf, près de ses deux compagnons, il n'aurait pas eu le courage, maintenant, de dire non.

Comme il continuait à écouter, il entendit, bien loin derrière lui, un cri plaintif, quelque chose comme un appel suppliant :

« Allo... Allo... Allo ! »

On eût dit une voix humaine qui le hélait. Mais Rod n'ignorait pas que c'était le cri de réveil nocturne du « hibou-homme », comme le nommait Wabi.

Le *boy*, déconcerté, prit son fusil et le posa sur ses genoux. C'était là un réconfort sans pareil. Il le caressait de la main, et l'envie lui prenait de parler au canon d'acier. Ceux-là seuls qui se sont enfoncés dans les solitudes désertiques du Wilderness peuvent savoir tout ce qu'est pour l'homme un bon fusil. Il est l'ami fidèle, de chaque heure du jour et de la nuit, toujours obéissant à celui qui lui commande, lui procurant sa nourriture, et expédiant la mort à ses ennemis. C'est un chien de garde qui ne trahit jamais. C'est la sécurité au chevet du dormeur. Tel était pour Rod son fusil. Il le cajolait amicalement, avec sa mitaine, de la gueule à la crosse, et, quoiqu'il eût décidé de veiller toute la nuit, il finit par s'endormir en le serrant dans ses bras.

Il était fort mal posé pour dormir, à moitié assis, à moitié replié sur lui-même, les pieds tournés vers le feu, la tête penchée sur sa poitrine et l'estomac comprimé. Aussi son sommeil était-il singulièrement agité, ses craintes prenant corps dans ses rêves.

Ses visions parurent prendre ensuite une forme plus définie. Il se retrouvait sur la piste du retour et arrivait à la vieille cabane. Il était seul. La fenêtre était grande ouverte, mais la porte demeurait hermétiquement close, comme le jour où ses deux camarades et lui avaient débouché en face d'elle, pour la première fois.

Prudemment, il s'approchait. Lorsqu'il était près de la fenêtre, il entendait à l'intérieur de la cabane un bruit... un bruit étrange. On eût dit un cliquetis d'ossements.

Pas à pas, il s'avançait et regardait. Le spectacle qui s'offrait à lui le glaçait d'épouvante ! Deux énormes squelettes luttaient, en une étreinte mortelle. Il écoutait le bruit, clic, clic, clic, de leurs os qui s'entrechoquaient. Il voyait luire, entre les phalanges de leurs doigts, la lame de leurs couteaux, et il comprenait qu'ils se battaient pour la possession d'un objet posé sur la table. Ils l'atteignaient, l'un ou l'autre, alternativement, mais aucun d'eux ne parvenait à s'en emparer.

Le cliquetis des os devenait plus violent, le combat plus féroce. Sans trêve, les couteaux se levaient et retombaient. Alors un moment arrivait où l'un des deux squelettes titubait en arrière et s'écroulait lourdement sur le sol.

Le squelette vainqueur se balançait sur ses tibias, en un équilibre instable, et, tout en chancelant, parvenait à la table, où il agrippait, entre les os de sa main, le mystérieux objet.

Tout trébuchant, il allait ensuite s'appuyer contre le mur de la cabane, en élevant en l'air, d'un geste victorieux, ledit objet, et Rod pouvait voir que c'était un rouleau d'écorce de bouleau.

A cet instant, un tison du feu de Rod éclata, avec un bruit pareil à la détonation d'un petit revolver, et le jeune homme se dressa, comme mû par un ressort, ouvrant tout grands ses yeux, et tremblant.

Quel songe affreux avait été le sien ! Il ramena vers lui ses jambes ankylosées et rechargea le feu, en tenant toujours d'une main son fusil.

Un songe affreux, oui, vraiment ! Il regarda, autour de lui, sa prison de nuit et de rocher, mais la pensée de son cauchemar ne cessait de le hanter. Toujours il se répétait à lui-même :

« Quel effroyable songe ! Effroyable... Effroyable... »

Lorsque son esprit se fut un peu calmé, il s'arrêta de nouveau devant le foyer et regarda la flamme joyeuse qui se ranimait. Sa chaleur et sa clarté le ragaillardirent. Il constata qu'il était trempé de sueur.

Puis, plus froidement, il tenta de rappeler dans sa mémoire les différentes phases de son rêve.

Elles ne lui apparurent pas une à une, comme cela se produit d'ordinaire. Mais, tout de suite, la souvenance lui revint, aussi soudaine qu'un coup de fusil, du rouleau de bouleau que la main levée d'un des squelettes tenait dans ses doigts sans chair.

Et, presque aussitôt, une seconde réminiscence lui revint. Lorsque ses compagnons et lui avaient enterré les deux squelettes, l'un de ceux-ci tenait effectivement dans sa main un morceau d'écorce de bouleau !

Ce rouleau d'écorce ne contenait-il pas le secret de la mine perdue ?

N'était-ce pas aussi pour la possession de ce rouleau, et non pour celle du petit sac de peau de daim, que les deux hommes avaient combattu et trouvé la mort ?

Roderick avait oublié, en une seconde, et sa solitude et sa peur nerveuse. Il ne songeait plus qu'à la « clef » imprévue que lui avait apportée son rêve. Wabi et Mukoki avaient vu, comme lui, l'écorce de bouleau dans la main du squelette. Mais ils n'y avaient pas, non plus, prêté autrement attention. Tous trois avaient pensé que ce n'était là qu'un simple copeau, ramassé dans la lutte par la main crispée d'un des deux combattants, lorsqu'ils avaient roulé à terre, dans leur corps à corps.

Rod se souvenait à présent qu'ils n'avaient trouvé dans la cabane aucune autre écorce de bouleau, ce qui n'aurait pas manqué si les deux hommes avaient fait, pour allumer leur poêle, une provision de ce genre de bois. Son rêve ne semblait point le tromper.

Il continua à entretenir son feu, en attendant avec impatience le lever du jour. A quatre heures du matin, dans la nuit noire, il fit cuire son déjeuner et prépara son ballot, en vue du retour. Puis il attendit qu'une étroite bande de lumière apparût au faîte du ravin, où elle s'infiltra faiblement, dessinant à peine, dans l'ombre, les contours des objets.

Rod ne tarda pas davantage et il reprit, à rebours, sa piste de la veille. Il la suivit avec la même prudence qu'à l'aller.

Le jour grandissait rapidement, mettant un vague clair-obscur dans les ténèbres du ravin. La marche de Rod s'en accéléra. Il calculait qu'en ne s'attardant pas pour le moment à d'autres investigations, il arriverait au camp vers midi. Immédiatement il pourrait, avec ses compagnons, déterrer le squelette. Si réellement le rouleau de bouleau contenait le secret de l'or ignoré, il leur serait loisible de revenir au ravin avant que des chutes de neige plus importantes l'eussent rempli et rendu inaccessible.

A l'endroit où il avait tué le renard argenté, Rod s'arrêta un instant. Il se demandait si les renards avaient coutume de voyager par couples et il regrettait de ne s'être point mieux documenté sur ce sujet, auprès de Wabi ou de Mukoki. Il vit distinctement, à quelque distance de lui, le trou du rocher d'où la bête était sortie, et la curiosité le poussa à faire un crochet jusqu'à cet endroit.

Quelle ne fut point sa surprise en apercevant, sur la piste même de l'animal, l'empreinte d'une paire de raquettes !

Quiconque avait passé là l'avait fait depuis son passage à lui et depuis celui du renard. La marque des pattes de la bête était en effet recouverte par celle des raquettes. Quel était cet inconnu ? Était-ce Wabi ou

Mukoki, venus au-devant de lui ? Mais comment alors ne les avait-il pas rencontrés ?

Il examina de plus près les empreintes. Elles différaient, en long comme en large, de celles de Wabi et de Mukoki, autant que des siennes propres. Elles ne pouvaient provenir que d'un étranger.

Mais cet étranger avait-il découvert sa présence ? Le *boy* demeurait les yeux et le fusil en arrêt. Il continua à suivre cette nouvelle piste durant une centaine de yards. Là, l'inconnu s'était arrêté, ainsi que Rod s'en aperçut au piétinement de la neige. Sans doute était-ce pour écouter et épier lui-même... Toujours est-il qu'à partir de cet endroit la piste revenait dans la direction de celle du jeune Blanc, qu'elle rejoignait bientôt et avec laquelle elle se confondait désormais.

Rod ne doutait plus qu'un de ces Woongas de malheur ne fût encore passé par là. Peut-être l'Indien était-il en embuscade, derrière quelque rocher, prêt à tirer sur lui.

Il n'y avait pourtant d'autre solution possible que de continuer à avancer. C'est le parti auquel il se résolut.

Les empreintes bifurquaient de nouveau. Les raquettes de l'inconnu s'étaient orientées vers la gauche, dans la direction d'une fissure étroite, ouverte dans la muraille. Le fusil en arrêt, Rod fit de même. Son étonnement fut grand de constater que cette fissure se prolongeait dans la roche, comme une véritable brèche, large à peine de quatre pieds, et qui se relevait, en pente rude, jusqu'au sommet de la crête qui bordait le ravin. L'inconnu avait passé par là et escaladé la brèche, après avoir enlevé ses raquettes.

Ce fut un soulagement pour Rod.

Mais toutes ces allées et venues des hors-la-loi, dans un aussi proche rayon du campement, ne laissaient pas, à la fin, d'être inquiétantes. En dépit de l'optimisme revenu de Wabi et de Mukoki, Rod ne pouvait s'empêcher de trouver inexplicables tous ces mouvements sournois et dérobés.

Il ne pouvait y avoir pour lui aucun doute. Les hommes à peau rouge connaissaient leur présence, à tous trois, dans la vieille cabane. Et, s'ils ne s'étaient jamais montrés, s'ils n'avaient jamais dérangé ni levé une trappe, ce n'était qu'une raison de plus de se méfier.

Rod, cependant, était résolu, peut-être à tort, de garder pour lui ses soupçons. Il croyait sincèrement que Wabi et Mukoki, par leur éducation même, étaient plus aptes que lui à voir clair en toutes ces choses et plus compétents sur les lois, les mœurs et les périls du Wilderness.

XIV

LE SECRET DE LA MAIN DU SQUELETTE

Un peu avant midi, Roderick arrivait au-dessus de la dépression de terrain où se trouvait, au bord du petit lac, la vieille cabane.

Il avait joyeuse mine, car, à défaut de l'or, il rapportait du ravin, dans son ballot, une palpable petite fortune, qui était la peau du renard argenté. Le fardeau en paraissait plus léger à ses épaules et il s'amusait d'avance de la surprise de Mukoki et de Wabi.

Comme il s'approchait de la cabane, il prit la contenance d'un homme las et une figure désappointée. Il y réussit fort bien, en dépit de sa secrète envie de rire.

« Ah ! Ah ! cria Wabi, en feignant de le toiser de la tête aux pieds, voici Rod ! Voulez-vous, cher ami, nous montrer au plus vite ce fameux trésor ? »

Rod jeta à terre son ballot, d'un mouvement découragé, et se laissa tomber lourdement sur une chaise, comme s'il était au dernier degré de l'épuisement.

« Il faut, Wabi, dit-il, que vous ayez l'obligeance de me défaire ce paquet. Je suis trop las quant à moi, et je meurs d'inanition. »

Wabi, croyant que c'était sérieux, de railleur devint pitoyable.

« Je vous crois sans peine, Rod. La fatigue se lit sur vos traits et vous semblez vraiment à demi mort de faim. Hé ! Muki ! Veux-tu, en toute hâte, mettre à cuire le bifteck du dîner ? »

Mukoki s'empressa de bousculer bouillottes, grils et casseroles. Tandis que Rod s'asseyait devant la table, Wabi lui donna dans le dos une tape affectueuse et se mit gaiement à fredonner une bribe de chanson, tout en découpant des tranches de pain.

« Oui, vraiment, dit-il, il me plaît de vous voir de retour. Je commençais à m'inquiéter. En votre absence, nous avons eu, Mukoki et moi, une abondante récolte de nos pièges. Nous avons rapporté ici un renard croisé — cela fait le second — et trois visons. Et vous, avez-vous tiré quelque chose ?

— Pourquoi ne regardez-vous pas dans mon ballot ? »

Wabi se tourna vers le paquet.

« Il y a quelque chose là-dedans ? demanda-t-il, à la fois curieux et méfiant.

— Mais voyez donc vous-mêmes, mes petits ! s'exclama Rod, oubliant, dans son enthousiasme, la comédie qu'il jouait. Je vous ai toujours affirmé que le ravin contenait un trésor ! Eh bien, il y était. Et je l'ai trouvé. »

Wabi laissa choir son couteau et alla vers le ballot. Il le toucha du bout du pied, le soupesa de la main et regarda Rod de nouveau.

« Ce n'est pas une plaisanterie ? interrogea-t-il.

— Pas le moins du monde. »

Et, tournant le dos à la scène, Rod commença à enlever son veston de chasse, aussi froidement que si c'eût été pour lui l'acte le plus ordinaire d'apporter au camp des renards d'argent.

Il se retourna seulement lorsque Wabi poussa un cri aigu, à moitié étouffé, et il le vit qui tendait la bête aux regards ébahis de Mukoki.

« Est-ce un bon ? demanda Rod.

— Une splendeur ! » murmura Wabi.

Wabi fit un pas vers Rod et, lui tendant la main :

« Serrez-moi ça ! » dit-il.

Et, tandis que tous deux se donnaient une solide poignée de main, il vira vers Mukoki :

« Vous êtes témoin, Muki, proclama-t-il, que ce jeune gentleman n'a plus rien d'un apprenti. Il a tué un renard d'argent. Il a, faisant cela, accompli en un jour la besogne de tout un hiver. Je tire mon chapeau bien bas devant vous, monsieur Drew ! »

Un afflux de sang au visage de Roderick témoigna de son plaisir.

« Et ce n'est pas tout, Wabi ! » ajouta-t-il.

Ses yeux brillaient intensément, tandis que Wabi lui serrait toujours la main dans la sienne.

« Vous ne voulez pas dire, j'imagine, interrogea le *boy*, que vous avez trouvé... »

Rod lui coupa la parole.

« Non, je n'ai pas trouvé d'or. Il y en a cependant là-bas, je le sais. Mais je possède désormais la clef du secret. Vous vous souvenez comme moi que celui des deux squelettes qui était ici, accoté contre le mur, tenait dans les os de ses doigts une écorce de bouleau ? Eh bien, c'est cette écorce qui nous donnera, j'en ai la foi, la clef de la mine d'or. »

Mukoki s'était approché et écoutait Rod avidement. Wabi semblait moitié sceptique, moitié convaincu.

« C'est possible, après tout ! dit-il. On peut toujours voir. »

Il alla vers la poêle et en retira le bifteck à moitié cuit. Rod renfila sa grosse veste, reprit sa casquette, et Mukoki s'arma de sa bêche et d'une pelle.

Les squelettes n'avaient été enfouis qu'à une faible profondeur, dans la terre gelée, à l'orée du bois de cèdres, et Mukoki les ramena rapidement au jour. Un des premiers débris qui apparut fut la main crispée sur le rouleau de bouleau. Ce fut Rod qui s'agenouilla pour le dégager.

Avec un frisson au contact des froids ossements, il brisa les doigts. Un de ceux-ci craqua, avec un bruit sec, et lorsqu'il se releva, ayant accompli sa tâche macabre, en tenant le rouleau d'écorce, Rod était livide. Les squelettes furent aussitôt recouverts de terre et les trois compagnons revinrent à la cabane.

Ils se rassirent autour de la table, toujours silencieux, tant était grande leur émotion, et commencèrent à dérouler l'écorce. Celle-ci avait séché et s'était recroquevillée avec le temps ; elle était presque aussi mince et dure qu'un rouleau d'acier. Pouce à pouce elle fut dépliée, avec de petits craquements intermittents qui semblaient une timide protestation contre le sort qu'on lui faisait subir. Elle formait une bande ininterrompue d'environ dix pouces de long, sur six de large.

Cette bande, au début, demeurait blanche. Après avoir cédé, elle résista.

« Attention ! » murmura Wabi.

Et, de la pointe de son couteau, il décolla les parties encore adhérentes.

« Il n'y a rien, il me semble... », dit timidement Roderick.

Deux ou trois pouces furent encore déroulés et une marque noire apparut, dont il était difficile de comprendre la signification et d'où partait une ligne, qui se continuait dans la partie roulée.

A ce moment, le reste de l'écorce céda brusquement et la fameuse clef se déploya tout de son long sur la table, sous l'aspect d'une carte-plan ou du moins ce que les trois chasseurs supposèrent en être une.

C'était plutôt une sorte de diagramme, assez grossier, composé de lignes droites ou crochues, avec çà et là, un mot en partie effacé, qui lui servait de commentaire. D'autres mots étaient devenus complètement illisibles.

Mais ce qui frappa le plus, tout d'abord, l'attention du trio, ce furent plusieurs mots, tracés d'une écriture cursive sur le croquis, et qui étaient nettement distincts.

Roderick lut tout haut :

« John Ball, Henri Langlois, Pierre Plante. »

En travers du mot *John Ball,* un large trait noir avait été tiré, qui l'avait presque entièrement biffé, et, à l'extrémité de la ligne formée par les trois signatures, un autre mot français était écrit, entre parenthèses. Mot que Wabi traduisit aussitôt :

« Mort. »

Et il ajouta, avec un soupir indigné : « John Ball mort. Les deux Français l'auront tué ! »

Sans répondre, Roderick s'était penché sur la bande et y promenait son doigt tremblant. Le premier mot qui accompagnait le diagramme était totalement inintelligible. Du suivant on ne distinguait qu'une lettre, qui n'en apprenait pas plus long.

Rod continua son examen. Arrivé au point où un trait transversal, plus large et crochu, sectionnait le trait principal, deux mots étaient demeurés très distincts :

« Deuxième cascade. »

Puis, un demi-pouce plus loin, en lettres dispersées, on lisait :

« T........ c..c..e. »

« Cela, dit Rod, signifie : *Troisième cascade !* »

Là cessaient les traits du dessin. Au même endroit, entre celui-ci et les trois signatures, plusieurs lignes d'écriture se devinaient. Mais il était impossible d'en rien déchiffrer, tellement l'encre en avait pâli. Ces lignes, cependant, donnaient, à n'en pas douter, la clef même du mystère de l'or perdu.

Rod releva les yeux, et l'excès du désappointement se peignit sur son visage. Il savait maintenant que, dans ces lignes annihilées par le temps, était enclos le secret d'un grand trésor. Mais il n'en était toujours pas plus avancé. Tout ce qu'il lui était donné de connaître, néanmoins, c'est que, quelque part dans les vastes solitudes du Wilderness, il y avait trois cascades.

En un endroit imprécis, entre la seconde et la troisième, l'Anglais et les deux Français avaient découvert de l'or.

Où cela ? Et où étaient les cascades ? Rod n'en avait pas rencontré dans le ravin et il n'y en avait point non plus dans les environs de la vieille cabane. Le terrain avait été maintes fois exploré en tous sens par les trois compagnons, au cours de leurs randonnées de chasse et de la pose de leurs pièges.

Tout à coup Wabi, qui regardait Rod et semblait réfléchir, prit la bande de bouleau dans ses mains et la considéra de plus près. A un moment sa figure s'anima :

« Par saint George, s'écria-t-il, il nous faut peler cette écorce ! Regarde un peu, Muki. Rien n'est plus facile, n'est-ce pas ? »

Et il tendit la bande au vieil Indien. Puis il expliqua à Rod :

« L'écorce de bouleau est composée de couches successives, chacune d'elles aussi fine que le plus fin papier. L'encre a dû pénétrer plusieurs de ces pelures. Si nous parvenons à enlever la couche supérieure, celle qui est au-dessous nous apparaîtra, j'imagine, avec une écriture aussi fraîche qu'il y a cinquante ans. »

Déjà Mukoki, s'étant rapproché de la lumière de la porte, s'était mis au travail, et avec sa bonne grimace, les deux *boys* l'entendirent qui criait :

« Bien peler ! »

Une pellicule, infiniment ténue, commençait en effet à se soulever. Une demi-heure durant, il s'appliqua à son travail délicat, tandis que Rod et Wabi le contemplaient avec admiration. Lorsqu'il se redressa, sa tâche était terminée.

Rod et Wabi, ayant reçu la bande de ses mains, poussèrent un long cri de joie. Les mots incomplets pouvaient maintenant se lire à merveille. Là où il n'y avait auparavant que quatre lettres, apparaissait, comme Rod l'avait deviné : *Troisième cascade.* Tout à côté était le mot *cabane.* Et plusieurs lignes d'écriture l'avoisinaient, que Rod lut à haute voix :

Nous, John Ball, Henri Langlois et Pierre Plante, ayant trouvé de l'or à la troisième cascade, nous décidons, par le présent acte, de nous associer pour l'exploitation de cet or. Nous nous engageons à oublier nos querelles passées et à travailler de compagnie, avec une bonne volonté et une honnêteté mutuelles, avec l'aide de Dieu.

Signé : JOHN BALL, HENRI LANGLOIS, PIERRE PLANTE.

Dans la partie supérieure du graphique, il y avait encore d'autres mots, moins distincts, mais que Rod parvint cependant à déchiffrer. C'est là, du coup, que son émotion fut à son comble. La parole s'étrangla dans sa gorge, et ce fut Wabi, dont le souffle haletant lui brûlait la joue, qui lut :

« *Ici, cabane et extrémité du ravin.* »

Mukoki, après avoir entendu, à demi étourdi de tant d'imprévu merveilleux, s'était repris à songer au dîner et avait remis sur le feu la poêle et le bifteck d'élan.

« Eh bien, reprit Wabi, au bout d'un instant, vous avez, Rod, trouvé votre mine d'or ! C'est bien du petit torrent qui est dans le ravin qu'il s'agit. Vous voilà maintenant un homme riche !

— Notre mine d'or, voulez-vous dire, corrigea vivement le jeune homme. Nous sommes trois, nous aussi, et nous prendrons tout naturellement, dans notre association, les places respectives de John Ball, de Henri Langlois, de Pierre Plante. »

Wabi s'était remis à examiner la carte de bouleau.

« Il me paraît réellement impossible, dit-il, que nous ne trouvions pas l'endroit. Les indications fournies sont aussi claires que la lumière du jour. On suit le ravin et,. à une distance donnée, on rencontre une première cascade. Puis le torrent, devenu plus important, fait un second saut. Une cabane est là, et l'or n'est pas loin. »

Il revint vers la porte, avec l'écorce, et Rod le rejoignit.

« J'ai beau chercher, dit Wabi, je ne trouve aucun renseignement concernant la distance. Combien de milles, Rod, estimez-vous avoir parcourus dans le ravin ?

— Une dizaine au moins.

— Et vous n'avez vu aucune cascade ?

— Aucune. »

A l'aide d'une brindille de bois, Wabi repéra la longueur relative séparant les divers points indiqués sur le graphique.

« Je ne doute pas, dit-il, que cette carte n'ait été tracée par John Ball. Vous remarquerez que tout ce qu'il y a d'écrit l'a été par la même main, sauf les signatures de Langlois et de Plante, qui ne sont qu'un affreux griffonnage. Ball, au contraire, écrivait bien et paraît avoir été un homme de bonne éducation. N'est-ce pas votre avis ? Il serait étonnant, dès lors, qu'il n'ait point, dans son tracé, tenu compte des distances. Or, l'espace qui est entre la première et la seconde cascade est la moitié de celui qui sépare celle-ci de la troisième. Ceci est voulu, évidemment. »

Rod approuva.

« D'où nous conclurons, dit-il, qu'une fois trouvée la première cascade, nous pourrons évaluer, approximativement, les autres distances.

— Parfaitement, reprit Wabi.

— J'ai parcouru le ravin durant dix milles. Admettons que nous trouvions la première cascade à quinze milles. La seconde, d'après notre graphique, serait à vingt milles au-delà, la troisième à quarante milles plus loin. Ce qui nous donne un total de soixante-quinze milles environ. »

Wabi estima que c'était bien raisonné. Puis il se gratta la tête, d'un air perplexe.

« Admettons vos chiffres, dit-il. Troisième cascade, cabane et gisement d'or à soixante-quinze milles d'ici. Mais alors, par saint George ! pourquoi les trois hommes étaient-ils dans cette cabane où nous sommes, avec seulement une poignée de pépites en leur possession ? L'or ne leur aurait-il pas joué un méchant tour et n'auraient-ils donc trouvé, en tout et pour tout que le contenu du petit sac de peau de daim ?

— C'est une objection, avoua Rod, qui a sa valeur... »

A ce moment, Mukoki, qui retournait le bifteck dans la poêle, éleva la voix :

« Peut-être, dit-il, eux aller factorerie pour ravitaillement. »

Wabi tressauta.

« Tu as trouvé l'explication du problème, Muki ! Tout finit, à la longue, par se débrouiller. »

Il se tut une minute et reprit :

« Je puis certainement me tromper, mais voici, à mon sens, comment l'aventure peut, dans son ensemble, se reconstituer. Ball et les deux Français ont, *primo,* découvert, par hasard ou autrement, le gisement d'or. Et ils ont travaillé le sol jusqu'à épuisement de leurs vivres. *Secundo,* un petit ou un gros trésor, nous l'ignorons exactement, a été réuni par eux. Comme les vivres font défaut, il est convenu que les deux Français iront se ravitailler à la factorerie. Wabinosh House était, à cette époque, le poste le plus rapproché auquel ils pouvaient s'adresser. Avant de partir, ils assassinent Ball, afin de s'approprier ultérieurement sa part. *Tertio,* ils partent en n'emportant avec eux que juste assez d'or pour payer les marchandises dont ils ont besoin. Il pouvait être imprudent, en effet, d'exciter la convoitise d'autres aventuriers qui se rencontreraient avec eux à la factorerie. Quelques pépites passeraient inaperçues. Arrivés à cette cabane, ils y font halte. Plante ou Langlois, l'un des deux, médite alors de se débarrasser de son compagnon, comme il avait été fait de Ball, et de s'approprier, à lui seul, et le graphique, et la mine, et le sac de pépites, et la possession finale du trésor mis en réserve. Ils se battent et se tuent mutuellement. Et voilà !

— Bravo ! fit Rod. Vous avez, Wabi, un esprit admirable.

— Et le trésor amassé par eux, nous le trouverons aussi, enterré sans doute quelque part près de la troisième cascade ! »

Les deux *boys* furent interrompus dans la construction de leurs châteaux en Espagne par Mukoki.

« Dîner prêt ! » appela-t-il.

XV

SOUS L'AVALANCHE NEIGEUSE

Rod, jusque-là, n'avait pas encore parlé de la piste mystérieuse, rencontrée par lui dans le ravin. Le rouleau de bouleau avait accaparé tout l'intérêt des trois compagnons.

Cette fièvre une fois calmée, et tout en mangeant, le jeune homme conta les étranges allées et venues du Woonga, quelque espion, pensait-il. Mais il n'insista pas sur ce chapitre. Autant valait laisser Wabi et Mukoki l'expliquer. Le fait que les Woongas, dans un but qui paraissait énigmatique, semblaient avoir autant qu'eux trois au moins, le désir d'éviter une rencontre, de ne se trouver jamais sur leur piste, et ne les avaient jamais attaqués de face ou dans quelque embuscade, si souvent facile à dresser ; toute cette passivité apparente de l'ennemi, qui pourtant rôdait autour d'eux, était anormale au premier chef. Cependant la quiétude présente semblait suffisante à Wabi et à Mukoki.

Le récit de Rod ne souleva pas une émotion particulière, et des préparatifs immédiats furent envisagés, pour aller à la découverte des trois cascades. Il fut convenu que ce voyage d'exploration serait confié à Mukoki, dont l'endurance était supérieure à celle des deux *boys* et la marche plus rapide. Dès le lendemain matin, il partirait, avec une provision de vivres. Rod et Wabi, en son absence, s'occuperaient des pièges.

« Il nous faut tout au moins, déclara Wabi, trouver la première cascade, avant de revenir à la factorerie. Nous aurons ainsi une quasi-certitude de la réalité de nos déductions. Mais si, réellement, soixante-quinze milles nous séparent du but, nous devons renoncer à aller querir notre or en cette saison. Nous retournerons tranquillement à Wabinosh House et y préparerons tout à loisir une nouvelle expédition, avec des provisions renouvelées et des outils convenables. Cela ne pourra se faire qu'au printemps prochain, après la fonte des neiges et les inondations qui la suivent.

— C'est bien ce que je me suis dit, répliqua Rod. Mais je ne serai plus, alors, près de vous. Vous savez que j'ai une mère, Wabi, et qu'elle est seule ! » Et ses yeux se mouillèrent légèrement.

— Oui, je comprends, dit Wabi, en posant sa main sur le bras de son camarade.

— Ses fonds doivent être en baisse, à cette heure. Peut-être est-elle ou a-t-elle été malade. Il faut tout prévoir...

— Et vous devez retourner près d'elle, après avoir réalisé le prix de vos fourrures, acheva affectueusement Wabi, en formulant pour Rod sa pensée. Je pourrai même vous accompagner dans ce petit voyage. Croyez-vous qu'il lui serait agréable de me revoir ?

— Si je le crois ! s'exclama Rod. Mais elle vous aime autant que moi, Wabi ! Elle battrait des mains en vous apercevant ! Mais parlez-vous sérieusement ?

— Je ne promets rien d'une façon ferme. Ce que je veux seulement vous dire, c'est que j'irai, si je le peux.

— Et toi, Mukoki ? Veux-tu venir aussi ? »

L'Indien grimaça, gloussa et grogna, mais ne souffla mot.

Wabi répondit pour lui.

« Il tient trop, dit-il, à rester près de Minnetaki. Il est son authentique esclave, vous le savez, Rod. Non, non, Mukoki n'ira pas, je le parierais. Il demeurera à la factorerie pour veiller sur ma sœur, pour avoir soin qu'elle ne se perde pas, ne se blesse pas, ou ne soit pas de nouveau enlevée par les Woongas. Eh ! Mukoki ? »

Mukoki remua sa tête de haut en bas, avec une grimace heureuse. Puis il alla vers la porte de la cabane, l'ouvrit et regarda dehors.

« Neige ! cria-t-il. Neige comme vingt-cinq mille diables ! »

C'était le plus énergique des jurons qu'avait l'habitude de proférer le vieil Indien. Rod et Wabi firent chorus avec lui. Jamais encore le jeune citadin n'avait vu une tempête de neige pareille à celle qui se préparait. L'heure était arrivée de la grande chute annuelle du Nord, qui ne manque jamais aux pays arctiques. Elle avait été, cette année, en sensible retard.

Rod étendit la paume de la main et, en un instant, elle fut recouverte d'un épais coussin. Il avança un peu, et ce n'était déjà plus qu'une ombre spectrale, à peine perceptible à ses compagnons. Lorsqu'il rentra dans la cabane, au bout d'une minute, il apportait sur lui toute une charge de neige.

L'avalanche neigeuse continua sans interruption durant l'après-midi, et pendant la nuit pareillement. Vers le matin, Rod entendit le vent, qui s'était élevé, siffler et hurler dans les arbres voisins et contre les murs de la vieille cabane. Il se leva et ranima le poêle, tandis que Wabi et Mukoki dormaient encore.

Il tenta d'ouvrir la porte. Elle était bloquée. Il poussa les volets de la fenêtre et un plein baril de neige s'abattit sur lui. Aucune lueur de jour n'était encore visible.

En se retournant, il aperçut Wabi assis sur ses couvertures et qui riait sous cape à l'aspect de son camarade ahuri et consterné.

« Qu'est-ce qui se passe donc en notre pauvre monde ? demanda Wabi, avec un gros soupir. Serions-nous ensevelis sous la neige ?

— J'espère que non », répondit Rod en jetant vers le poêle qui ronflait un regard inquiet.

Mukoki s'éveilla à son tour et s'étira les membres. Et, comme un rugissement formidable passait sur la cabane : « Vent souffler fort ! dit-il. Tout à l'heure souffler plus fort ! »

Rod repoussa dans un coin, avec une pelle, la neige introduite par lui et barricada de nouveau les volets, tandis que ses compagnons s'habillaient.

« En voilà pour une semaine, après cela, à déterrer nos pièges, déclara Wabi. Mais le Grand Esprit qu'adore Mukoki et qui envoie à son pays toutes sortes de bénédictions — celle-ci en est une —, sait seul quand cessera la tourmente. Elle peut durer une semaine. Ce n'est pas le moment d'aller chercher notre cascade !

— Il nous reste la ressource de jouer aux dominos, suggéra Rod, dont le front s'était rasséréné. Mais croyez-vous sincèrement qu'il n'a pas neigé suffisamment, hier après-midi et cette nuit, pour recouvrir cette cabane ?

— Ce serait déjà fait, expliqua Wabi, si la cabane ne se trouvait, avec le lac qui lui fait face, dans une dépression du terrain, ouverte à ses deux bouts, et où souffle un courant d'air perpétuel qui empêche la neige de s'accumuler. Mais si l'avalanche continue, nous serons, dès ce soir, sous une petite montagne.

— Et nous ne serons point étouffés là-dessous ? » balbutia Rod.

Wabi se prit à rire joyeusement, devant la naïve frayeur du jeune citadin, et une salve de gloussements de Mukoki, en train de découper des tranches de caribou, lui fit écho.

« Neige, très bonne chose vivre dessous ! » affirma sentencieusement le vieil Indien.

Et Wabi donna des explications plus circonstanciées.

« Fussiez-vous, Rod, sous une véritable montagne de neige qu'il vous serait possible de vivre. A moins, bien entendu, que vous ne fussiez écrasé sous son poids. La neige est amalgamée d'air respirable. Elle a un autre avantage : c'est de tenir chaud. Nous n'allons plus avoir besoin de brûler beaucoup de bois. »

Après le déjeuner, les deux *boys* rouvrirent le volet, et Wabi fit, avec sa pelle, dégringoler peu à peu la neige qui obstruait la fenêtre. A la troisième ou quatrième pelletée, un gros bloc céda tout d'un coup, et, par cette cheminée artificielle, la clarté du jour apparut. Les deux *boys* avaient de la neige jusqu'à la taille. En levant les yeux, ils virent la tempête tourbillonner toujours dans le ciel.

« La neige arrive à hauteur du toit..., dit Rod, qui continuait à n'être qu'à moitié rassuré. Dieu bon, quelle tourmente !

— Et maintenant, dit Wabi, nous allons rire. »

En parlant ainsi, il avait rampé à travers la fenêtre, dans la cavité neigeuse, et tentait de se hisser dehors. Une nouvelle masse de neige céda brusquement, laquelle tomba en plein sur Rod.

Rod en fléchit les genoux. Il se débattit, pour se dégager, et ne put retenir un cri. Wabi, qui était arrivé à l'air libre, se pencha sur le trou et se mit à s'esclaffer. Son ami était tout à fait grotesque, avec ses yeux clignotants, ses oreilles et sa bouche pleines de neige, et ses habits enfarinés.

« Hum ! Hum ! Hum ! » lui cria Wabi, qui riait aux larmes.

Rod, cependant, s'était secoué et, en se tortillant de droite et de gauche, comme un poisson, il s'était remis à grimper. Wabi lui saisit le bras et le tira dehors. Mukoki suivit. Profitant d'une accalmie dans la tempête, les trois compagnons s'avancèrent dans la neige molle. En se retournant, ils virent le monticule que formait la cabane et d'où pointait un bout de cheminée fumante.

Rod fut stupéfait du spectacle qui se déroulait autour de lui. La neige avait tout nivelé. Les menus plis du sol avaient disparu. Plus un rocher n'émergeait. Seuls, les arbres, entièrement emmitouflés d'une blanche carapace, bosselaient encore, çà et là, l'immensité blanche.

Il en fut comme anéanti. Maintenant seulement le Grand Désert blanc lui apparaissait. Qu'allaient-ils devenir désormais ? Où trouveraient-ils même une bête à tuer et à manger ? Lorsque le trio eut réintégré la cabane, Wabi rassura son camarade.

« Dans toute la zone, dit-il, où sévit la tempête, vous ne trouveriez pas, à cette heure, une seule créature en train de circuler. Tous les élans, tous les rennes, tous les caribous, les renards et les loups sont ensevelis sous la neige. Et, plus la neige est épaisse sur eux, plus ils auront chaud et s'en trouveront bien. C'est une aimable pensée qu'a eue le Créateur de faire, pour eux, naître le bien de l'excès du mal. Dès que cette crise atmosphérique aura cessé, le Wilderness s'éveillera de nouveau à la vie. L'élan, le renne et le caribou se lèveront de leurs lits de neige et recommenceront à grignoter les branches de sapins. Une croûte dure se formera sur la neige molle et, comme les renards, les lynx et les loups, les plus petites bestioles se remettront à trottiner et à se dévorer entre elles. Si les derniers torrents sont gelés, tous ces animaux lècheront la glace ou mangeront de la neige, en guise d'eau. Dans la neige encore ils se creuseront, avec leurs pattes, de chaudes cavernes, qui remplaceront pour eux la mousse estivale des bas-fonds, l'abri des buissons et des feuilles mortes. Enfin, les gros quadrupèdes, élans, rennes et caribous, en piétinant et en tassant sous leurs sabots de grandes surfaces de neige, s'établiront à eux-mêmes des sortes de corrals, où ils se rassembleront en grands troupeaux et se battront de compagnie contre les loups, en attendant le printemps. Croyez-moi, Rod, la vie pour toutes ces bêtes ne sera pas si mauvaise que vous le pensez. »

Jusqu'à midi, les trois chasseurs travaillèrent à creuser devant la porte une tranchée. Mais la tempête reprit, dans l'après-midi, interrompant la besogne et la rendant inutile. Il n'y eut ainsi, pendant trois jours, que d'intermittentes accalmies.

Avec l'aurore du quatrième jour, tout s'apaisa, le ciel s'éclaircit et le soleil apparut.

Tellement aveuglant fut son éclat, que Rod, comme tous ceux qui ne sont point accoutumés au Wilderness, en put craindre une ophtalmie.

Les cristaux de neige scintillaient comme autant de points électriques, lui brûlant douloureusement les prunelles.

Tandis qu'il s'aguerrissait, en compagnie de Wabi, Mukoki, le second jour, quitta la cabane pour se mettre en quête de la première cascade. Rod lui avait indiqué l'étroite fissure, qui permettait de parvenir sans peine au fond du ravin.

Les deux *boys*, durant ce temps, s'occupèrent de repérer les pièges et de les déterrer. C'était un travail ardu et la perte était, en moyenne, d'un piège sur quatre.

Deux journées y furent employées et, lorsqu'à la fin de la deuxième, Wabi et Rod s'en revinrent à la cabane, à l'heure du crépuscule, ils comptaient bien retrouver Mukoki les attendant.

Mais le vieil Indien n'était pas de retour. Une journée encore passa, puis une autre, qui était la quatrième depuis son départ. En quatre jours, Mukoki pouvait parcourir près de cent milles. Rien ne lui était-il arrivé ? Rod songea plusieurs fois aux Woongas, embusqués peut-être dans le ravin. Mais, comme de coutume, il garda pour lui ses réflexions.

Leur crainte était vaine. A la tombée du jour, ils aperçurent une forme qui apparaissait de l'autre côté du lac, sur le sommet de la colline. C'était Mukoki. Ils lui envoyèrent leur joyeux salut et, sans prendre même le temps de chausser leurs raquettes, ils coururent à sa rencontre. Quelques minutes après, tout le monde était réuni. Le vieil Indien souriait d'un air bonhomme, et à l'ardeur interrogative des yeux des deux *boys* il répondit :

« Trouvé cascade. Cinquante milles d'ici. »

On s'en revint à la cabane et Mukoki s'effondra sur un siège, épuisé de fatigue. Rod et Wabi l'aidèrent à se déchausser et à enlever ses vêtements de route. Une pincée supplémentaire de café fut jetée dans la bouillotte.

« Cinquante milles ! répétait Wabi. La randonnée a été rude, mon pauvre Mukoki ! »

Un peu reposé, Mukoki expliqua :

« Oui, beaucoup trompé pour distance. Cinquante milles avant première cascade. Beaucoup moins de neige tombée par là. Petite cascade, pas plus haute que cabane. »

Rod avait repris le diagramme de bouleau.

« En ce cas, dit-il, en tenant compte des distances relatives de cette carte, nous ne sommes pas à moins de deux cent cinquante milles de la troisième cascade. »

Mukoki gloussa : « Baie d'Hudson ! »

Wabi sursauta.

« Alors, le ravin ne continue pas vers l'est ? dit-il.

— Non, répliqua Mukoki, faire coude et tourner droit vers le nord.

— Écoutez-moi, mes petits ! déclara Wabi. Si le ravin et le torrent se dirigent au septentrion, ils aboutissent fatalement à la rivière Albany. Or cette rivière se déverse dans la baie de Jacques, qui n'est elle-même qu'une des échancrures profondes de la baie d'Hudson. Cela revient à dire que notre mine d'or nous attend au cœur même du Wilderness, dans sa partie la plus inhospitalière et la plus rude, vers l'extrême Nord canadien. Toutes nos autres suppositions tombent du coup. Atteindre ce point est l'affaire d'une toute autre expédition, longue et aventureuse, la plus hardie que nous puissions tenter.

— Hourra ! cria Rod. Hourra ! Voilà qui n'est pas pour nous effrayer. Ce sera pour le printemps prochain, n'est-ce pas, Wabi ?

— Topez là ! C'est entendu.

— Ravin s'élargir au-delà des premières cascades, intervint Mukoki, et torrent devenir navigable. Faire canot d'écorce de bouleau et naviguer dedans.

— Encore mieux, alors ! conclut Wabi. Ce sera un voyage magnifique [1]. »

XVI

LA CATASTROPHE

Au cours des deux semaines qui suivirent, les soins du *trapping* absorbèrent entièrement le temps et la pensée des deux chasseurs. Le temps était redevenu idéal.

Cela faisait plus de deux mois écoulés depuis le départ de Wabinosh House, et Rod commençait à compter les jours qui le séparaient encore de la piste du retour. Wabi avait calculé qu'ils possédaient une valeur totale de seize cents dollars en fourrures et en scalps de loups, et deux cents dollars en or. Le jeune citadin était donc assuré de s'en revenir près de sa mère avec une part de six cents dollars, qui équivalaient au salaire d'une année de son ancienne place.

Il ne cacha pas non plus à Wabi son ardent désir de retrouver Minnetaki. Wabi était heureux de voir ce penchant pour sa sœur se développer chez Rod, et il s'amusait fréquemment à l'en taquiner. Rod, en réalité, caressait le secret espoir que Minnetaki mère, l'Indienne, autoriserait sa fille à l'accompagner avec Wabi, à Detroit, où il savait que sa mère à lui prendrait rapidement en affection la belle petite fille du Nord.

Une troisième semaine s'écoula encore. Il avait été décidé qu'elle serait la dernière et que, dans huit jours, ils reprendraient la direction de Wabinosh House, où ils arriveraient vers le 1er février. Roderick ne contenait plus sa joie.

Un des derniers jours, Rod et Mukoki étaient partis en chasse, en laissant Wabi au campement. Rod s'était levé, dès son départ, sur le

1. Cette expédition vers la mine d'or est contée dans un autre roman de l'auteur, intitulé : *Les Chasseurs d'or*, voir p. 705.

sommet d'une des crêtes voisines, tandis que Mukoki se tenait à mi-côte, sur le versant opposé.

Au faîte de la crête, Rod s'arrêta, regardant autour de lui le paysage, qu'il dominait. Il distinguait nettement Mukoki, qui allait sur la neige pareil à un petit point noir. Vers le nord, le Wilderness infini s'étendait à perte de vue, avec son ordinaire fascination. Vers l'est, à deux milles environ, quelque chose remuait, qu'il supposa être un élan ou un caribou. A l'ouest, était ou plutôt devait être la vieille cabane.

Un cri d'horreur involontaire s'échappa soudain de sa poitrine, et un second suivit.

Là où il pensait trouver la cabane s'élevait une épaisse colonne de fumée. Le ciel en était obscurci. Il lui sembla, en même temps, percevoir des coups de fusil.

Quoiqu'il sût bien que l'Indien n'était pas à portée de l'entendre, il hurla de toutes ses forces :

« Mukoki ! Mukoki ! »

Rod, alors, se souvint des signaux convenus au début de leur expédition et par lesquels ils s'appelleraient mutuellement au secours.

Deux coups de son fusil retentirent ; puis, après un instant d'intervalle, trois autres, aussi précipités qu'il le put.

Il vit l'Indien, qu'il suivait des yeux, s'arrêter et se retourner, en paraissant écouter.

Il répéta son signal. Mukoki avait compris et, se balançant sur ses raquettes, prenait sa course dans la direction indiquée, en s'élevant, avec toute la rapidité possible, sur la pente neigeuse.

Rod continuait à tirer de temps à autre. Un quart d'heure après, Mukoki, haletant, l'avait rejoint sur la crête.

« Les Woongas ! cria Rod. Ils ont attaqué le campement ! Voyez ! J'ai entendu aussi des coups de fusil ! »

Mukoki regarda le nuage de fumée. Pendant une seconde, le vieux trappeur considéra la cabane qui brûlait. Puis, sans rien dire, il se mit à dévaler les pentes neigeuses, à une vitesse vertigineuse.

Rod, emboîtant sa piste, arrivait à grand-peine à le suivre, mais une surexcitation folle était pareillement en lui. Sa figure était écorchée et saignait, au fouettement des branches de sapins, à travers lesquels Mukoki coupait en ligne droite.

Le vieil Indien l'avait précédé seulement de quelques minutes, lorsqu'il atteignit comme lui la petite colline qui dominait le lac et le campement. Devant eux, la cabane écroulée dans les flammes n'était plus qu'une masse fumante. Et point de Wabi !

Mais, à peu de distance de cette ruine, une forme humaine était couchée dans la neige. Rod saisit le bras de Mukoki et, sans que sa bouche convulsée pût articuler une parole, il la lui montra.

Le vieil Indien avait vu, lui aussi. Avec un inexprimable regard, il détourna ses yeux vers le jeune Blanc. Si c'était Wabi ! Oui, si c'était lui ! voilà ce que disait ce regard... Ce n'était plus un homme que Rod avait devant lui, mais une bête sauvage, affolée de haine.

Tous deux ne firent qu'un plongeon vers le lac et vers ce qui avait été la cabane. Sur la forme humaine écroulée dans la neige, Mukoki s'agenouilla. Il la retourna, puis se redressa.

Ce n'était pas Wabi.

C'était un cadavre horrible, celui d'un Indien gigantesque, dont la tête avait été écrabouillée de balles.

Rod frissonna, mais respira un peu. Et ses forces alors l'abandonnèrent. Épuisé par sa course et par l'émotion, il tomba dans la neige, près du cadavre.

Mukoki, cependant, s'était mis à remuer les cendres chaudes de la cabane, avec son pied et avec la crosse de son fusil, nerveusement. Rod comprit que, ce qu'il cherchait là, c'étaient peut-être les restes de Wabi calciné et enseveli, qui sait, dans les flammes et sous les décombres ? Chaque fois qu'il voyait le vieil Indien se pencher sur un bout d'objet et l'examiner, il se sentait pâlir d'effroi.

Mukoki remuait infatigablement les bûches encore brûlantes et les charbons ardents, et l'odeur de ses mocassins roussis venait jusqu'à Rod.

A un moment, il jeta près du *boy* quelques cailloux, qui étaient les pépites d'or. Que lui importait, à lui, ce brillant trésor ! Il ne songeait qu'à son Wabi bien-aimé, que les Woongas avaient dû surprendre comme des lâches qu'ils étaient, comme des coquins, sur lesquels il assouvirait bientôt sa vengeance. Wabi et Minnetaki, toute la vie, pour lui, était là.

A demi calciné lui-même, la figure toute noire, il revint finalement vers Roderick.

« Lui pas là ! » dit-il, parlant pour la première fois.

Sur le cadavre il s'inclina de nouveau et, avec un ricanement triomphant :

« Beaucoup mort, celui-là ! » cria-t-il.

Il se mit alors à examiner les empreintes laissées dans la neige. Il constata facilement que les Woongas avaient tourné la cabane, par le bois de cèdres, et s'étaient, de ce côté, rués à l'attaque. D'autres empreintes indiquaient la direction dans laquelle ils étaient repartis. Cinq hommes avaient donné l'assaut. Quatre seulement s'en étaient allés. Le compte était bon.

Mais cela ne disait toujours pas ce qu'était devenu Wabi. S'il avait été capturé par les Woongas et emmené avec eux, il y aurait eu cinq pistes. Rod le comprenait aussi bien que son compagnon.

Pensif, Mukoki renouvela ses recherches dans le bûcher qui commençait à s'éteindre. Mais elles demeurèrent pareillement infructueuses. Wabi n'était pas mort dans les flammes, et les Woongas ne l'y avaient pas jeté après l'avoir tué. La seule conclusion qui en résultait était que le jeune homme avait lutté, tué un de ses assaillants au cours de la bataille, et que, blessé sans doute, il avait été emporté par les quatre autres. Il fallait, à tout prix, par une poursuite rapide, rejoindre les ravisseurs. Peut-être leur avance n'était-elle que de quelques milles. Si oui, en une heure, ils pouvaient être rattrapés.

Mukoki était revenu vers Rod, qui avait machinalement ramassé et mis dans une de ses poches les pépites, et semblait toujours singulièrement abattu.

« Moi suivre et tuer ! dit-il. Suivre et tuer beaucoup d'eux ! Vous rester. »

Roderick s'était soudain redressé.

« Tu veux dire, Muki, que nous allons les suivre et les tuer ! Car tu penses bien que je serai de la partie. Montre-moi le chemin ! J'emboîterai le pas derrière toi. »

Tous deux armèrent leurs fusils et partirent.

La piste des Woongas suivait le fond boisé qui continuait vers le nord. Au bout d'une centaine de yards, Mukoki s'arrêta et montra à Rod une des pistes d'hommes qui était plus marquée que les autres.

« Celui-là, dit-il, porter Wabi ! Eux ne pas marcher très vite. Perdre beaucoup de temps ! »

Et ses yeux s'allumèrent d'une joie sauvage.

Rod constata en effet que les enjambées des Woongas étaient plus courtes que les leurs, ce qui signifiait que leur marche était moins rapide. Mais pourquoi musaient-ils ainsi ? Pensaient-ils qu'ils ne seraient pas poursuivis ? C'était invraisemblable. Était-ce bravade de leur part, car ils avaient le nombre ? Ou projetaient-ils quelque embuscade ? A toute éventualité, Rod et Mukoki tenaient droit devant eux les canons de leurs fusils, prêts à épauler.

Un bruit guttural, émis par Mukoki, alerta Roderick. Le pas d'un cinquième homme était marqué sur la piste. Il comprit que Wabi avait été remis sur ses pieds et marchait maintenant en compagnie de ses ravisseurs. Il avait toujours ses raquettes et ses pas étaient aussi réguliers que les autres. Il n'était donc pas sérieusement blessé.

Les deux compagnons traversèrent un boqueteau de cèdres, où de vieilles souches entremêlées formaient d'inextricables réseaux. C'était, pour tendre une embuscade, un endroit idéal. Le vieil Indien n'hésita pas cependant à avancer. La piste, au demeurant, empruntée par les Woongas à un élan, était nette et facile.

Moins aguerri que son compagnon, Rod s'attendait, à tout moment, à entendre claquer un fusil et à voir, devant lui, Mukoki tomber, la face sur la neige. Lui-même, il s'imaginait sentir la piqûre brûlante d'une balle, qui apportait la mort avec elle. Comment Mukoki, songeait-il, ne ralentissait-il point sa marche, dans un passage aussi dangereux ? Aveuglé par le danger de Wabi, en oubliait-il le sien propre ?

Le vieil Indien, dont la froide résolution était inébranlable, avait, au contraire, profitant de l'excellence de la piste, encore accéléré sa vitesse. D'un geste, il montra à Rod que les empreintes devenaient plus fraîches. A peine la neige avait-elle, autour d'elles, repris son équilibre.

« Près, très près ! » murmura-t-il.

La piste se relevait sur une petite colline. En approchant du faîte, Mukoki, et Rod après lui, se courbèrent sur leurs raquettes et se mirent presque à ramper, le fusil à l'épaule.

Arrivés au sommet, ils virent — et en dépit du silence que lui avait prescrit Mukoki, Rod ne put retenir une exclamation arrachée à ses lèvres par l'effroi — ils virent, sur la pente de la colline qui s'éployait devant eux, les bandits woongas marchant à la file, avec Wabi, les mains liées derrière le dos, qui suivait le chef de la troupe.

Ce n'était pas tout. A un mille au-delà montait la fumée d'un feu de campement, autour duquel on distinguait une vingtaine de formes allant et venant. C'était là, sans nul doute, le gros de l'expédition, qui attendait le retour des ravisseurs.

La situation était terrible. Comment affronter, à deux, des ennemis dont la supériorité numérique était telle ? D'autre part, laisser Wabi prisonnier... Comment y songer une minute ? Le sort qui lui était réservé se devinait trop facilement.

Rod se perdait dans ces pensées. Mais déjà Mukoki avait arrêté son plan.

Décrivant, suivi de Rod et, à une allure vertigineuse, un mouvement tournant, le vieil Indien s'était résolu à attaquer de flanc, tout d'abord, les quatre Woongas qui emmenaient Wabi. Moins de dix minutes après, les deux compagnons, qui étaient arrivés à se dissimuler dans des touffes de sapins, se trouvaient embusqués sur la piste suivie par l'ennemi, qu'ils avaient réussi à gagner de vitesse.

Un éclair de joie passa sur la face cuivrée de Mukoki.

« Les voici ! » murmura-t-il à Rod.

Les Woongas approchaient, inconscients du péril.

Mukoki posa sa main crispée sur le bras de Rod.

« Vous, dit-il, point trembler. Point manquer. Vous tirer premier homme, chef ! devant Wabi. Moi prendre les autres.

— C'est compris, Muki ! Celui que tu me désignes, je l'abattrai raide, d'un seul coup. »

Et, dans sa main, il pressa celle de Mukoki.

Les brigands du Wilderness apparurent. La figure de Wabi était couverte de sang.

Presque à bout portant, Rod appuya sur la détente de son fusil. A moins d'une seconde d'intervalle, l'arme de Mukoki crépitait à coups redoublés.

Lorsque la fumée de la poudre fut dissipée, il ne restait debout qu'un seul Woonga. Celui qu'avait visé Rod gisait dans la neige, mort. Deux autres avaient été atteints par le chapelet de balles de Mukoki. L'un d'eux gisait aussi sans un mouvement ; le second titubait, les mains sur sa poitrine, prêt à tomber.

Le Woonga demeuré indemne avait poussé une clameur formidable, à laquelle répondit au loin un long hurlement, qui venait du camp où ses compagnons l'attendaient. Puis, avant que Mukoki eût rechargé son fusil et que Rod eût épaulé, il avait disparu.

De deux coups de son couteau, Mukoki trancha les liens qui retenaient captives les mains de Wabi.

« Vous blessé mauvais ? » demanda-t-il.

Wabi secoua la tête et fit jouer ses mains raidies.

« Non ! Non ! Ce n'est rien, répondit-il. Je savais bien que vous viendriez... chers amis ! »

Rod alla vers le chef de la troupe, lui prit son fusil et son revolver.

« Le coquin ! dit-il. C'est là mon propre fusil et c'est mon propre revolver, que j'avais perdus, il y a trois mois. A chacun son bien ! »

Quant à Mukoki, il avait repéré le ballot que portait un des Woongas.

« Ce sont nos fourrures, dit Wabi. Les bandits n'ont pas manqué de faire main basse sur elles, avant de mettre le feu à la cabane. Ils avaient sans doute attendu si longtemps, pour nous attaquer, à seule fin que la provision fût complète. Ce sont de fameux scélérats. »

Mukoki avait déjà chargé le ballot sur son dos.

« Et maintenant, mes petits, dit Wabi, il faut nous trotter ! Toute la bande sera bientôt à nos trousses. Dommage que la cabane soit détruite ! Nous aurions pu nous y défendre avec avantage.

— Il y a le ravin ! cria Rod. La lutte peut y être bonne pour nous. Le tout est de l'atteindre ! »

XVII

LA POURSUITE

« Le ravin, oui ! » avait répondu Wabi.

Mukoki approuva d'un signe de tête.

Et Wabi prit la direction du trio, Rod au milieu, le vieil Indien fermant la marche, avec son ballot.

Tout en filant sur ses raquettes, Wabi demanda à Rod combien il avait sur lui de cartouches.

« Quarante-neuf, répondit le *boy*.

— Tout va bien. Passez-m'en une douzaine. Avec les huit que j'ai ramassées sur notre homme, je suis muni pour l'instant. »

Ils atteignirent ainsi, sans avoir été rejoints, la dépression où, ce matin encore, s'élevait la vieille cabane.

Soudain, il sembla à Rod que son cœur lui tombait dans la poitrine, comme un bloc inerte. Son pouvoir d'endurance était à bout. Sa première course derrière Mukoki, lorsqu'était apparue la fumée de la cabane qui brûlait, l'autre ensuite pour rejoindre Wabi, la dernière enfin, avaient épuisé ses forces. Ses muscles étaient brisés et il sentait qu'il lui serait impossible de continuer du même train jusqu'au ravin. C'étaient trois milles encore à parcourir !

Il tenta cependant un dernier effort. Mais il perdait visiblement de la distance sur Wabi, qui le précédait, tandis que derrière lui les raquettes de Mukoki heurtaient presque les siennes. Il pouvait entendre à ses oreilles le souffle rauque et infatigable du vieil Indien.

Le pauvre *boy* était d'une pâleur mortelle, la sueur lui perlait aux tempes et la respiration lui manquait. Ses genoux fléchirent et il s'affaissa sur la neige. Presque au même moment, les Woongas apparaissaient.

Ils n'étaient plus qu'à une portée de fusil. Une balle siffla :

Bzzzzz-ingggg !

A deux reprises, Rod entendit passer près de sa tête cette chanson de la mort. Il vit la neige jaillir en l'air, sous l'effet des deux balles.

Mais la riposte n'avait pas tardé. Sous les balles de Wabi et de Mukoki, deux des poursuivants s'écroulaient.

Les Woongas, par bonheur, étaient à ce moment en terrain découvert, tandis qu'un boqueteau de cèdres, à proximité immédiate des trois compagnons, leur offrait un abri, au moins momentané.

D'une main vigoureuse, Wabi empoigna son camarade et l'entraîna, le traîna plutôt, sur la neige.

Une grêle de balles siffla de nouveau, avant que les trois compagnons eussent atteint les larges troncs protecteurs des cèdres et se fussent dissimulés derrière eux. Un cri de souffrance de Mukoki indiqua qu'il était touché.

Le vieux trappeur jeta à terre son ballot.

« Est-ce sérieux, Muki ? haleta Wabi. Où la balle a-t-elle porté ? »

« Balle dans l'épaule gauche. Pas grave. Ballot fourrures avoir amorti coup. Nous très bien ici. Leur donner le diable. »

Les Woongas, en effet, s'étaient arrêtés. Ils n'étaient qu'une demi-douzaine. Le reste de la bande s'échelonnait sur la neige, à des distances diverses. Dans la hâte de leur poursuite, ils n'avaient point pris le temps de chausser tous leurs raquettes et ceux qui n'en étaient point munis traînaient à l'arrière.

Les fusils de Wabi et de Mukoki recommencèrent à crépiter. Deux autres Woongas tombèrent, tués ou grièvement blessés. Le reliquat esquissa prudemment un mouvement de retraite, en attendant du renfort. Rod eut la force d'épauler et un troisième ennemi pirouetta sur lui-même, une jambe cassée.

« Hourra ! cria Wabi. On va pouvoir souffler un peu. »

Mais la tache de sang s'élargissait à l'épaule de Mukoki, et Rod, qui s'était remis sur pied, déclara qu'il pouvait marcher, si l'on n'allait pas trop vite.

Le parti de Wabi fut bientôt pris.

« Tous deux, partez devant ! dit-il. Je les tiendrai en respect, quelque temps encore, et je reculerai ensuite, en tiraillant sous les arbres. Si Dieu le veut, je vous rejoindrai au ravin. Votre piste me conduira. Rod, redonnez-moi quelques balles. »

Les secondes étaient précieuses. Mukoki reprit sur son dos le précieux ballot, qu'il ne prétendait pas abandonner, et, tout en clopinant, il se mit en marche, accompagné de Rod qui n'était guère plus solide sur ses pieds.

Wabi, qui avait fait héroïquement le sacrifice éventuel de sa vie, demeura seul à l'affût.

Mais un flottement inexplicable parut se produire chez les Woongas. La bande, qui s'était réunie hors de la portée des balles, semblait partagée entre deux résolutions opposées. Les uns paraissaient ne vouloir, à aucun prix, laisser échapper leur proie et gesticulaient comme des possédés. Les autres se retournaient dans la direction du campement et, avec des gestes non moins expressifs, manifestaient leur désir de rebrousser chemin. Finalement, ils s'assirent par terre, dans la neige, et un émissaire, se détachant du groupe, parut s'en aller chercher des ordres.

Wabi, ne sachant que penser, laissa s'écouler une dizaine de minutes. Après quoi, songeant, tout heureux, que Rod et Mukoki avaient pu, durant ce temps, prendre une avance appréciable, il recula, d'arbre en arbre, puis s'élança à toute vitesse sur la trace de ses deux compagnons.

Ils n'étaient plus qu'à un quart de mille du ravin et de la fissure par où ils comptaient y pénétrer, lorsqu'il les rejoignit.

Mukoki, de plus en plus affaibli par le sang qu'il perdait, fléchissait sous le poids des pelleteries.

C'était au tour de Rod de l'encourager de son mieux.

La vue de Wabi, qui arrivait indemne, leur fut un réconfort. Un dernier effort les amena au ravin.

Comme ils allaient s'engouffrer tous trois dans l'étroite fissure, qui leur serait un sûr abri, une volée de balles siffla à leurs oreilles. Les Woongas, qui avaient repris la poursuite, les avaient rejoints. Il était temps !

Mais déjà les trois amis s'étaient postés chacun, le fusil à l'épaule, derrière un pan de rocher, dans l'étroit couloir.

Ivres de fureur, et oubliant toute prudence, les Woongas se précipitèrent, tête baissée, dans la souricière qui leur était tendue. « Pan ! pan ! — Pan ! pan ! — Pan ! pan ! » A chacun des coups d'une triple décharge, un d'eux tomba, foudroyé. Le reste, singulièrement diminué, reflua en hâte.

« J'ai comme une idée, dit Wabi, qu'ils ne recommenceront pas de sitôt à tenter l'aventure. »

Six hommes étaient abattus.

Le sang de Mukoki avait cessé de couler, mais la faiblesse du vieil Indien était si grande qu'il faillit s'évanouir.

« Il faudrait, dit Rod, lui faire prendre quelque chose de chaud. Cela le ravigoterait. »

Et, tandis que Wabi montait la garde, il ramassa des brindilles de bois mort, entraînées, au printemps précédent, par la fonte des neiges, dans le couloir rocheux. Il en forma un petit feu.

Puis il déballa le menu paquet de provisions qu'il avait, au début de cette tragique journée, emporté avec lui, comme de coutume.

« Ce sont là, dit-il, toutes nos ressources. Deux poignées de café, une pincée de thé, du sel et quelques biscuits. C'est peu pour trois personnes. Mais c'en est assez pour rendre ses forces à Mukoki. Quant aux allumettes, j'en ai toute une boîte ! »

Le feu joyeux commença à flamber. Dans la minuscule casserole qui était jointe au paquet, Rod ramassa un peu de neige et, lorsque l'eau qu'elle produisit fut bouillante, il y jeta son café, dont le fumet ne tarda pas à embaumer l'air.

Mukoki avança la tasse qui pendait à sa ceinture et absorba lentement la boisson bienfaisante. Deux autres fois, l'opération se répéta, et les deux *boys* imitèrent Mukoki. Chacun d'eux mangea ensuite un biscuit, et le vieil Indien fut amicalement contraint d'accepter double part. La souffrance qui était empreinte sur ses traits commença à se détendre.

Les fourrures furent ensuite déballées et servirent à aménager pour la nuit, dans une anfractuosité du rocher, deux lits chauds et moelleux. L'un d'eux était réservé à Mukoki ; l'autre servirait à Rod et à Wabi qui, alternativement, se reposeraient et monteraient la garde.

« A propos, demanda Rod, où est Loup ? »

Wabi se mit à rire.

« Retourné vers les siens ! Il hurlera ce soir, dans le Wilderness, à l'unisson de ses frères de race. Vieux bon Loup ! »

Le rire fit place, chez Wabi, à un geste de regret, et une tristesse émue passa dans sa voix.

« Il s'est laissé surprendre comme moi-même, dit-il. Les Woongas sont arrivés sans bruit, à contre-vent, derrière la cabane. Son flair n'a pu l'avertir. Moi-même, je ne les ai vus qu'à l'instant où ils allaient s'élancer sur moi. Je me trouvais à côté de lui, en train de lier des fagots. Rapidement, j'ai coupé avec mon couteau la lanière qui l'attachait.

— A-t-il combattu ?

— Pendant une minute ou deux. Mais un des bandits ayant tiré sur lui un coup de fusil, qu'il esquiva d'ailleurs, il fila dans les bois. »

Il y eut un silence. Les Woongas, en haut, ne donnaient plus signe de vie.

« Ce que je ne m'explique pas, reprit Rod, c'est qu'ils n'aient tendu d'embûche qu'à vous seul. Pourquoi, Mukoki et moi, nous ont-ils laissés tranquilles ? Cachés derrière un buisson, ils pouvaient aussi bien nous guetter et tirer sur nous.

— Parce qu'ils n'avaient que faire de vous deux. C'est à moi seul qu'ils en voulaient. Une fois que j'eusse été en leur pouvoir, ils seraient revenus vers vous, en parlementaires, et vous auraient envoyés à la factorerie, pour traiter de ma rançon. Ils auraient saigné mon père jusqu'au dernier dollar. Puis... ils m'auraient tué. Oh ! ils ne me l'ont pas caché, tandis qu'ils m'emmenaient ! »

A ce moment, une petite pierre ronde roula, en bondissant dans le couloir rocheux.

« Ils sont toujours là-haut ! ricana Wabi. Ils nous attendent à notre sortie. Ils ont dû faire rouler cette pierre par mégarde... C'est un avertissement. »

Et, pour changer la conversation :

« Et nos belles pépites d'or ! s'exclama-t-il. Qui sait ce qu'elles sont devenues ?

— Je l'ignore comme vous », répondit Rod.

Puis, tâtant une de ses poches :

« Je les ai là-dedans, dit-il. Je l'avais oublié. Mukoki les a trouvées dans la cendre. »

L'obscurité était tombée peu à peu.

« Attendons demain, murmura Rod. Ce n'est pas tout d'être arrivés ici. Ce qu'il faudra demain, ce sera en sortir... »

La nuit s'écoula sans incident. Tandis que Mukoki reposait, Rod et Wabi se relayaient de faction.

Vers minuit, le ciel parut s'empourprer.

Rod, qui veillait, tira le bras de son camarade.

« Regardez ! » dit-il.

Wabi se frotta les yeux.

« On dirait, Rod, cette fois encore, un sapin qui brûle. Que se passe-t-il donc chez nos ennemis ? »

Un long hurlement de loup retentit, peu après, solitaire et pleurard.

« Qui sait ? murmura Wabi. C'est peut-être... Loup ! Il haïssait ses congénères, en compagnie de qui il lui faudra vivre désormais. A la longue il s'y fera. Il nous regrette, pour le moment... »

XVIII

LE RETOUR A WABINOSH HOUSE

Dès que parut l'aube, les trois compagnons absorbèrent chacun une dernière tasse de café et se partagèrent les trois biscuits qui restaient. Le repos de la nuit avait été favorable à Mukoki, et sa nature de fer reprenait le dessus. Un lapin blanc, qui s'était aventuré dans le couloir rocheux et trottinait paisiblement, fut au passage assommé d'un coup de crosse, par Wabi. Il fut dépouillé encore chaud et fournit à point un rôti réparateur.

Il s'agissait maintenant de sortir du ravin et de regagner Wabinosh House au plus vite. La suprême bataille allait se livrer avec les Woongas, demeurés sans doute à l'affût.

Rod s'offrit à aller observer ce qui se passait en haut du couloir.

Avec une prudence infinie, le fusil à l'épaule, il monta. Il savait qu'une balle pouvait l'abattre, à l'instant même où il risquerait un pied dehors. Il le fallait pourtant.

Il s'avança d'un pas, puis de deux. Sur la blancheur neigeuse qui bordait la crête du ravin, il n'y avait personne. Les Woongas avaient disparu ! Un reste de feu s'éteignait et, sur une piste différente de celle de la veille, des pas, tournés à l'opposé du ravin, s'en étaient allés.

Roderick revint en hâte prévenir Wabi et Mukoki. Le vieil Indien opina que ce pouvait être une feinte et que les Woongas avaient dû s'embusquer plus loin. Wabi demeura silencieux. Il se souvint du flottement qui s'était, la veille, déjà produit dans la poursuite de leurs ennemis. Qui sait si quelque fait, inconnu d'eux trois, n'était pas intervenu ?

Il était, de toute façon, impossible de demeurer là. Pour plus de sûreté, il fut convenu qu'au lieu de sortir par la même issue, les trois chasseurs gagneraient l'endroit où Rod était, une première fois, descendu dans le ravin.

Le ciel s'était assombri et le vent avait tourné au sud. De gros flocons de neige commençaient à voltiger dans l'air.

« Bon, bon, cela ! dit Mukoki. La neige recouvrir nos pas ! »

Et il rechargea sur son dos le ballot de peaux, qui avaient été ficelées de nouveau.

Ce ne fut pas sans peine que Roderick retrouva la place où la muraille opposée pouvait être escaladée. Rod et Wabi se firent mutuellement, de rocher en rocher, la courte échelle. Mais plus difficultueusement Mukoki parvint à se hisser, gêné par sa blessure et par son lourd paquet. La neige tombait toujours, et point de Woongas.

C'est le vieil Indien qui fut ensuite promu chef de file. Il s'agissait, en effet, de regagner la factorerie par une piste toute différente de celle suivie au début du voyage, et en décrivant un cercle vers le sud, afin de s'éloigner le plus possible de l'ennemi.

Là où tout autre aurait hésité, ou se serait mille fois perdu, l'Indien allait sans se tromper. A plusieurs reprises, Rod et Wabi lui demandèrent dans quelle direction se trouvait Wabinosh House et, chaque fois, son bras se tendit, comme si son regard, à travers forêts, monts et plaines, voyait effectivement la factorerie devant lui.

Au bout de quinze milles, on fit halte pour se reposer et un petit feu fut allumé près d'une vieille souche. On déjeuna avec les restes du lapin. Puis on se remit en route.

Tout le jour, on marcha ainsi, en terrain difficile. Tantôt il fallait escalader de nombreuses crêtes, tantôt on suivait des bas-fonds, où il était nécessaire de se frayer un chemin à travers des fourrés touffus. Lorsque le soleil descendit à l'horizon, on campa pour la nuit, près d'un bois de sapins. La pincée de thé de Rod fut utilisée pour trois tasses et constitua le souper. Aucun gibier n'avait été rencontré.

Le jeune citadin, qui éprouvait des tiraillements d'estomac, n'osait pas se plaindre.

Mukoki parut deviner sa pensée.

« Demain, dit-il, tirer pour le déjeuner perdrix de sapins. »

Rod demanda :

« Et comment le sais-tu, Muki ? »

L'Indien lui montra le petit bois :

« Beaux sapins épais. Perdrix hiverner dedans à l'abri. »

Wabi avait déballé les fourrures, qui furent partagées en trois tas.

Seules, trois larges peaux de loups en furent distraites. Tendues sur des branches de sapin, elles formèrent trois petits toits, sous lesquels les dormeurs s'étendirent de leur mieux.

Roderick, rompu de fatigue, ne tarda pas à reposer profondément. Mais Wabi et Mukoki ne prirent que des bribes de sommeil, s'éveillant de temps à autre pour recharger le feu et s'assurer que rien d'anormal ne se produisait.

Rod dormait encore, entre ses chaudes fourrures, lorsqu'il fut réveillé par trois coups de feu. Un instant après, Mukoki apparaissait tenant à la main trois perdrix.

Le *boy* battit des mains. Jamais déjeuner ne lui parut meilleur. Les oiseaux furent mangés jusqu'à la carcasse.

La neige avait, durant la nuit, cessé de tomber. Avec le jour, ses rafales recommencèrent. A demi aveuglée, la petite caravane marcha jusqu'à midi. Elle dut, alors, faire halte. On était maintenant assez loin de la région où évoluaient les Woongas pour n'avoir plus rien à redouter d'eux, et un confortable abri fut construit, tout à loisir, avec des branches et des rameaux de sapin.

« Nous ne devons plus être, observa Wabi, beaucoup distants de la piste de Kenogami House. La piste en question, expliqua-t-il à Rod, est une piste pour traîneaux qui, du lac Nipigon, conduit à la factorerie de Kenogami House, dont l'agent est un de nos meilleurs amis. »

Plusieurs lapins furent tués et alimentèrent le déjeuner. Le reste de l'après-midi se passa presque entièrement à dormir, car les trois compagnons étaient harassés. Aucun incident ne troubla non plus la nuit qui suivit.

Le lendemain, le temps s'était éclairci. Mais la blessure de Mukoki s'était rouverte. Il importait de tuer quelque animal, autre qu'un lapin, pour en avoir la graisse et panser la plaie. Le vieil Indien fut donc contraint, bien malgré lui, de rester au campement, tandis que les deux *boys* s'en iraient en chasse, chacun de son côté.

Roderick marcha, une heure durant, sans rencontrer bête qui vive, en dépit de nombreuses traces de rennes ou de caribous. Il se désolait, lorsqu'il croisa, à sa vive surprise, une piste bien battue qui, de biais, coupait la sienne. Deux traîneaux, attelés de chiens, avaient passé là, depuis la neige de la veille, et, de chaque côté des traîneaux, des raquettes d'hommes avaient laissé leur empreinte. Roderick reconnut que les hommes étaient au nombre de trois et les chiens une douzaine. Il ne douta point que ce fût la piste de Kenogami House et, poussé par la curiosité, il se mit à la suivre.

Un demi-mille plus loin, il constata que la petite troupe s'était arrêtée, pour cuire son repas. Une grosse bûche achevait de se consumer parmi les cendres et, tout autour du foyer, étaient éparpillés des os et des restes de pain.

Mais ce qui surtout attira l'attention de Rod, ce fut d'autres empreintes moindres. Elles ne pouvaient provenir que de pieds de femme.

Une de ces empreintes surtout était si étonnamment petite que, soudain, le cœur du jeune homme se souleva d'émotion. Le mocassin, en outre, dont le dessin était nettement marqué dans la neige, était muni d'un léger talon.

La pensée de Rod s'envola aussitôt vers Minnetaki. C'était la seule femme, à la factorerie, qui possédât un pied aussi minuscule. Elle était la seule qui portât des talons ! La coïncidence, tout au moins, était bizarre.

Était-ce bien elle, ou était-ce une autre, qui avait passé par là ? Si c'était une autre, elle devait lui ressembler. Cette inconnue était-elle aussi jolie qu'elle ?

Voilà ce que se disait Rod, en revenant vers le campement, l'imagination envolée dans le rêve.

Wabi l'avait précédé. Il avait rapporté un jeune daim et ce fut l'occasion d'un véritable festin. Mais si Roderick n'avait pas été aussi heureux dans sa chasse, la nouvelle qu'il annonçait de la proximité de la piste qui reliait Wabinosh House à Kenogami House était d'importance et valait bien un beau coup de fusil.

Après des semaines d'isolement dans les solitudes sauvages du Wilderness, c'était un joyeux événement que de se savoir si près d'autres hommes, qui étaient des civilisés et non des bandits du désert. Rod, en revanche, n'insista pas outre mesure sur les jolis petits pieds, qui avaient fait circuler plus vite le sang de ses veines. C'était s'exposer, il le savait, vingt-quatre heures durant, aux quolibets de Wabi. Il se contenta de mentionner le fait, en ajoutant, d'un air indifférent, que les pieds en question étaient dignes de Minnetaki.

Cette journée encore s'écoula à manger, se reposer, dormir, et à panser la blessure de Mukoki. Mais, dès l'aurore du lendemain, les trois compagnons, cessant de marcher vers le sud pour se diriger désormais vers l'ouest, entamèrent les dernières étapes du retour.

Deux jours après, vers midi, d'une haute crête de montagne, le lac Nipigon apparut au loin, à une centaine de milles environ.

Colomb, lorsqu'il posa le pied, pour la première fois, sur le continent qu'il venait de découvrir, ne fut pas d'une once plus heureux que Roderick Drew, lorsqu'il aperçut le terme de son long voyage. Là-bas, c'était la factorerie, d'où il était parti, et Minnetaki retrouvée !

Tout l'après-midi, il s'emplit l'esprit de visions dorées. Ce serait d'abord Minnetaki qu'il rencontrerait. Serait-elle contente de le revoir ? Oui, sans doute. Mais sa joie à elle égalerait-elle son bonheur à lui ? Puis, dans trois semaines, il serait rentré dans son home familial, à Detroit, et c'est Mme Drew, sa mère bien-aimée, qui lui ouvrirait ses bras. Et il aurait emmené Wabi avec lui ! La fatigue ne semblait plus compter pour ses muscles, et sa bonne humeur ne tarissait pas.

Deux autres jours de marche furent nécessaires pour atteindre le lac Nipigon et en contourner ou traverser sur la glace une partie.

Le soir de ce deuxième jour, comme le soleil, en un dernier adieu, descendait à l'horizon, rouge et froid dans sa gloire, sur la blanche froidure du Wilderness, les trois chasseurs atteignirent la petite colline boisée à laquelle s'adossait Wabinosh House.

Ils s'engagèrent sous les arbres et, au moment où l'astre, au terme de sa course, disparaissait dans les noires ramures, les notes imprévues d'un clairon parvinrent, claires et sonores, jusqu'à eux.

Wabi avait dressé l'oreille et écoutait. Son front joyeux s'était assombri.

« Que signifie ceci ? » dit-il.

Rod s'exclama : « Un clairon ! »

Le clairon se tut et, quelques secondes après, retentissait le « boum » lourd d'un gros canon.

« Si je ne me trompe, dit Rod, c'est la retraite militaire. Vous avez donc des soldats à la factorerie ?

— Je n'en ai jamais vu, par saint George, répondit Wabi. Qu'est-ce que tout cela signifie ? »

Les raquettes dévalèrent à toute vitesse et, un quart d'heure après, les trois compagnons étaient devant Wabinosh House. Les alentours de la factorerie avaient complètement changé d'aspect. Sur le terrain libre s'étaient élevées une demi-douzaine de maisons près desquelles allaient et venaient des groupes de soldats, portant l'uniforme de S.M. le roi d'Angleterre.

Tandis que Mukoki regagnait discrètement le logis des employés de la factorerie et que Wabi se précipitait vers le home du factor, Rod continuait jusqu'aux magasins qui étaient en bordure du lac, et où il se souvenait que Minnetaki aimait à s'isoler et à rêver.

Mais son espoir fut déçu. La jeune fille ne s'y trouvait pas. Il revint vers la maison du factor. Wabi l'attendait en haut des marches, à côté de son père et de sa mère, la Minnetaki indienne, qui lui souhaitèrent la bienvenue.

« Rod, écoutez cela ! lui dit Wabi, lorsqu'ils furent restés seuls ensemble, en attendant le dîner. Durant notre absence, les Woongas ont redoublé d'audace, mis presque en état de siège la factorerie, et tout le monde a vécu ici des heures tragiques. Devant leurs assassinats et leurs vols, le gouvernement leur a officiellement déclaré la guerre et a expédié des soldats, avec ordre de les traquer et de les exterminer sans merci ! »

Les yeux de Wabi étincelaient. Après un instant, il reprit :

« Les battues et les reconnaissances ont commencé, il y a quelques jours. S'ils ont fléchi dans notre poursuite et s'ils ont finalement abandonné dans le ravin la proie tant convoitée que nous étions pour eux, c'est, je n'en doute pas, qu'ils ont été, à ce moment, alertés sur leurs arrières. Mais tout ceci n'est encore qu'escarmouches. Demain, les soldats se mettront en marche pour le grand nettoyage ! Vous demeurez, Rod, n'est-il pas vrai ? Et vous vous enrôlez avec moi pour toute la durée de la campagne...

— Je ne le puis, Wabi ! Non, vous le savez bien, ma mère m'attend, et c'est vous qui m'accompagnez. Les soldats de Sa Majesté peuvent marcher sans vous. Venez à Detroit et persuadez votre mère de nous laisser emmener Minnetaki ! »

Wabi prit affectueusement les mains de Rod et les serra. Mais il répondit d'une voix rauque :

« C'est impossible. Mon devoir est ici ! Minnetaki non plus ne saurait vous accompagner. Elle n'est plus en ces lieux... »

Roderick chancela et devint tout pâle.

« Elle est en sûreté, rassurez-vous ! reprit Wabi. Mais ses nerfs et sa santé avaient été tellement ébranlés par les terribles épreuves subies durant ces deux derniers mois, que mon père a décidé de l'éloigner momentanément, jusqu'au terme des opérations en cours.

— Minnetaki est loin d'ici ? balbutia Rod.

— Elle est partie pour Kenogami House, il y a quatre jours, en compagnie d'une femme de confiance et de deux guides. Ce sont leurs empreintes que vous avez vues marquées sur la piste.

— Alors, les petits pieds étaient bien les siens ?

— Vous l'avez dit, cher ami ! Restez-vous, décidément ? Vous serez ainsi le premier à la saluer à son retour.

— Je ne le puis pas. Ma mère avant tout... »

Minnetaki ne s'était point éloignée cependant sans remettre à sa mère indienne une petite lettre, destinée à Roderick. Wabi vint la lui apporter dans sa chambre, pour le consoler.

La jeune fille y avait écrit qu'elle serait sans doute revenue avant le retour du jeune chasseur. Si le contraire avait lieu et si Rod était reparti chez lui, elle le priait de ne pas oublier le chemin de la factorerie et, une autre fois, d'amener Mme Drew avec lui.

Au dîner, Minnetaki mère appuya plusieurs fois sur cette invitation, qu'elle déclara reprendre à son compte. Elle ajouta, pour la grande joie de Rod, qu'elle avait personnellement, à plusieurs reprises, correspondu avec Mme Drew, qui était toujours en bonne santé, et que, déjà, elle la considérait comme une amie.

Dans la soirée eut lieu le partage des fourrures, que le factor acquit au nom de la Compagnie. La part de Rod, en comprenant le tiers de la valeur des pépites d'or, s'élevait à près de sept cents dollars.

Le lendemain matin, il écrivit à Minnetaki une longue lettre, que le fidèle Mukoki se chargea de porter à la jeune fille. Puis il monta dans le traîneau qui lui avait été préparé.

Les deux *boys* se serrèrent la main.

« Nous vous attendrons au printemps prochain, dit Wabi. C'est bien convenu, n'est-ce pas ? Dès que la glace se brisera.

— Oui, si je vis ! répondit Rod.

— Cette fois, ce sera pour la mine d'or.

— Pour la mine d'or.

— Et Minnetaki sera ici ! » ajouta Wabi, tandis que rougissait Roderick et que l'attelage s'ébranlait.

Bientôt le traîneau filait à toute vitesse sur l'étendue blanche. Rod, le regard fixé devant lui, songeait aux caresses maternelles qui l'attendaient. A un moment pourtant, il détourna la tête et sa pensée se reporta sur la piste de Kenogami House, où de petits pieds aimés s'étaient empreints. Le printemps était loin encore... Et des yeux du pauvre *boy* deux grosses larmes roulèrent...

LES CHASSEURS D'OR

(The Gold Hunters, 1909)

Roman traduit de l'américain
par Paul Gruyer et Louis Postif

A la petite jeune fille, demi-Peau-Rouge, du lac Bain, à la voix douce et aux yeux sombres, qui est la Minnetaki de cette histoire, et à Teddy Brown, guide et trappeur, mon sûr compagnon dans tant de mes randonnées, en témoignage d'affection je dédie ce livre.

JAMES OLIVER CURWOOD

© Bureau littéraire international, pour la traduction.

PRÉFACE DES TRADUCTEURS

Ce roman est la suite des *Chasseurs de loups,* du même auteur. En ce dernier volume, nous a été présenté Roderick Drew qui, tandis qu'il terminait ses études au collège de Detroit (capitale de l'État de Michigan), se lia de grande amitié avec un de ses camarades, le jeune Wabigoon ; celui-ci, un « sang-mêlé », était le fils du chef d'une importante factorerie, située sur le territoire canadien, et d'une ancienne princesse indienne. Lorsque Wabigoon (par abréviation : Wabi), ses études terminées, s'en retourna vers la Terre du Nord — le Northland — il fit promettre à son ami civilisé, curieux de connaître la vie sauvage et les émotions fortes du « Grand Désert blanc », de venir passer près de lui le proche hiver. Tous deux, sous la conduite du fidèle et vieux guide indien, Mukoki, entreprendraient ensemble une longue randonnée, à la chasse des loups et des bêtes à fourrure.

Ce sont ces aventures que nous a contées l'auteur dans *Les Chasseurs de loups.* Accessoirement, l'auteur nous a présenté la jeune sœur de Wabi, la charmante Minnetaki, pour laquelle Roderick Drew a rapidement senti poindre un sentiment, qui n'est encore qu'une très vive amitié, mais qui est appelé à se transformer un jour en une affection plus tendre.

Parmi les principales aventures que coururent les deux jeunes gens, une surtout est pour eux une source de palpitantes émotions. Dans une vieille cabane de bûches, abandonnée en plein désert blanc, et complètement close, ils rencontrent, en ayant forcé la porte, les deux squelettes de deux hommes qui s'y sont, jadis, battus et entre-tués. Des pépites d'or, cause probable de la meurtrière querelle, sont encore enfermées dans un petit sac de peau de daim. D'autre part, un plan grossier, tracé sur une écorce enroulée de bouleau, indique l'itinéraire à suivre, pour parvenir, plus avant vers le Nord, jusqu'au gisement aurifère d'où proviennent les précieuses pépites.

Les deux hommes, devenus deux squelettes, étaient autrefois deux Français, Henri Langlois et Pierre Plante. Un troisième, un Anglais, nommé John Ball, avait été auparavant, dans des circonstances et pour des causes ignorées, assassiné par ses deux associés. Il est convenu, entre

Roderick Drew et Wabi, que la recherche de la mine d'or fera l'objet, au printemps suivant, d'une seconde expédition.

Entre-temps, des Peaux-Rouges révoltés, les féroces Woongas, ont tenté de s'emparer des deux jeunes gens ou de les tuer. Woonga, leur chef, avait jadis été épris de la mère de Wabi, l'ancienne princesse indienne, et n'a jamais pardonné à l'homme blanc qui la lui a ravie.

Rod et Wabi sont contraints de hâter leur retour à la factorerie, qu'ils trouvent en état de siège. La jeune Minnetaki a été, par prudence, envoyée sous escorte à la factorerie de Kenogami House, située dans une région plus calme, et c'est sans pouvoir dire adieu à son aimable amie que Roderick Drew, le cœur un peu gros, a dû reprendre momentanément le chemin de la civilisation, pour aller rejoindre, à Détroit, sa mère qui le réclamait.

Plus que jamais, toutefois, il a été convenu entre lui et Wabi que, sitôt le printemps revenu et la contrée pacifiée, tous deux reprendraient, avec Mukoki, la chasse à l'or.

C'est à ce point, exactement, que commencent *Les Chasseurs d'or*, dont maint lecteur des *Chasseurs de loups* nous a, pour satisfaire sa curiosité éveillée, réclamé la publication.

Comme dans le précédent, on trouvera dans ce volume, parmi d'ingénieuses péripéties, d'intéressantes descriptions de l'Extrême Nord canadien, de ses paysages magnifiques et sauvages, et de la vie aventureuse menée par les hommes hardis qui, les premiers, s'avancent à la découverte de ces régions à peu près inexplorées.

Paul GRUYER et Louis POSTIF

I

A LA POURSUITE DE RODERICK DREW

Le calme engourdissement de midi planait au-dessus des vastes solitudes de la forêt, de la plaine et des lacs canadiens. L'élan et le caribou, occupés à se repaître dès l'aube naissante, étaient maintenant au repos, immobiles sous la précoce chaleur du soleil de février.

Le lynx, roulé en boule dans sa tanière, en quelque chaos rocheux, attendait, pour reprendre sa maraude, que, dans le ciel du Nord, le soleil s'inclinât peu à peu vers l'occident. Le renard faisait, lui aussi, sa sieste coutumière. Les oiseaux-des-élans, tout heureux, gonflaient voluptueusement leurs plumes, sous la tiède clarté qui commençait à fondre les dernières neiges de l'hiver.

C'est l'heure où, sur la piste du gibier, le chasseur averti dépose à terre son paquetage, pour ramasser sans bruit le bois mort dont il fera son feu, puis, ayant absorbé son déjeuner, allume et fume sa pipe, l'œil et l'oreille aux aguets.

Alors, si vous tentez d'élever la voix, il posera son doigt sur ses lèvres et rapidement murmurera :

— Ch-h-h-h ! Taisez-vous ! Peut-être y a-t-il, à deux pas de nous, en dépit du silence qui semble régner, un gibier tout proche. Toutes les bêtes, repues, somnolent en ce moment. Si nous ne les dérangeons point, elles demeureront ainsi, durant encore une heure ou deux. Élans et caribous sont peut-être à une portée de fusil de nous. Impossible de le savoir...

Bientôt, cependant, quelque chose bougea, dans le désert immobile et muet.

Ce ne fut à l'œil, tout d'abord, qu'un petit point noir, sur le flanc ensoleillé d'une crête neigeuse. Puis cela grossit, s'étira et s'allongea, étendant ses pattes de devant et aplatissant ses épaules.

C'était un loup.

Le loup, d'ordinaire, son festin terminé, s'endort profondément. Un chasseur expérimenté n'eût pas craint d'affirmer que, si la bête secouait ainsi sa torpeur, c'est que quelque chose l'avait alarmée.

Cet outlaw de la solitude venait, en effet, de sentir imperceptiblement dans l'air ce qui, plus que tout, inquiète les hôtes du Wild [1]. L'odeur de l'homme.

Le loup descendait lentement la pente blanche, lourd encore de nourriture et de sommeil, alerté pourtant par son vieil et atavique instinct de défense.

Comme il trottinait parmi la neige fondante d'une clairière, il s'arrêta soudain. La perception de l'odeur humaine s'était faite plus forte.

Si bien que, levant son museau, droit vers le ciel, il se prit à lancer à ses frères de la forêt et de la plaine le signal avertisseur coutumier.

A cela, quand il est grand jour, se borne le loup. La nuit, il prendra immédiatement la chasse de l'homme, et d'autres loups se joindront à lui, à son appel. Mais, sous le soleil de midi, il se contentera de jeter son cri d'alarme, pour, presque aussitôt, se défiler peureusement, dans une direction opposée.

Ce loup, cependant, ne prit point la fuite. Il continuait à humer l'air et ses effluves mystérieuses. En face de lui, courait au loin la piste, largement battue, d'un traîneau et de ses chiens.

Ce traîneau était celui qui, parti de la factorerie du lac Nipigon, emmenait le jeune Roderick Drew vers la civilisation lointaine.

Mais ce n'était point ce traîneau, et l'homme qu'il portait, qui tenaient le loup alerté, les membres raides, à la fois apeuré et hésitant à fuir. L'objet de son inquiétude était derrière lui, du côté du Nord, d'où soufflait le vent.

A l'odeur qu'il avait flairée s'ajouta bientôt la perception nette d'un son. L'un et l'autre ne tardèrent pas à se conjuguer, et le loup, abandonnant décidément le terrain, prit sa course, à toute allure, sur la côte ensoleillée, vers un boqueteau où il disparut.

Du côté d'où venait l'alarme, s'étendait un petit lac glacé et, sur sa rive la plus éloignée, distante d'un quart de mille, émergea soudain, de la lisière d'une vaste forêt de baumiers [2], un étrange pêle-mêle de chiens enchevêtrés, tirant un autre traîneau, accompagné d'un autre homme.

Pendant un instant, le chaos des bêtes, dont les harnais s'étaient sans doute emmêlés en pleine vitesse, ou qui étaient engagées dans un de ces féroces combats, fréquents chez les chiens à demi sauvages du Northland, parut inextricable.

Mais les commandements aigus de la voix de l'homme retentirent, un fouet claqua, sous le cinglement duquel jappèrent plaintivement les huskies [3]. L'attelage tout entier, remis sur pied comme par enchantement, et raidissant ses traits, fila, pareil à une lueur jaunâtre, sur la surface lisse du lac.

---

1. Le *wild* est un terme générique, intraduisible, qui, comme le causse, le maquis, la brousse, la pampa, la steppe, la jungle, désigne une région particulière et l'ensemble des éléments types qui la constituent. Le Wild comprend, dans l'Amérique du Nord, la région traversée par le cercle arctique et celle qui l'avoisine, qui ne sont plus la terre normalement habitable sans être encore la glace éternelle et la région morte du pôle.

2. Arbres résineux, très odoriférants.

3. Nom d'une race de chiens de traîneaux.

L'homme, qui était à pied, courait à côté du traîneau. Il était grand et bien découplé, et facilement, à son aspect rude, on reconnaissait en lui un Indien.

Le groupe n'avait pas parcouru le quart du lac que d'autres cris retentirent à sa suite et qu'un second traîneau surgit, à son tour, de la forêt de baumiers. Il allait également à une folle allure, et son conducteur, lui aussi, courait à pied.

Lorsque fut atteinte la glace du lac, l'homme bondit rapidement sur son véhicule, ses cris d'encouragement aux chiens s'élevèrent plus stridents, son fouet tourbillonna sur leurs têtes, puis claqua sur leurs dos. Si bien que le second attelage avait presque rejoint le premier, lorsque tous deux atteignirent l'extrémité du lac, non loin de l'endroit où le loup, après avoir lancé son cri d'alarme, avait disparu.

Les vingt-quatre huskies des deux traîneaux étaient exténués et hors d'haleine. Leur course avait commencé déjà à se ralentir, lorsque, brusquement, les deux chiens de flèche s'arrêtèrent net.

Une seconde après, toutes les bêtes se jetaient par terre, à plat ventre, dans leurs harnais, la gueule ouverte et la langue pendante, en rougissant la neige de leurs pattes ensanglantées.

Les deux hommes ne paraissaient pas moins harassés. L'un d'eux, le plus âgé, était, nous venons de le dire, un Indien de pure race, des solitudes du Grand Nord. Son compagnon ne comptait pas encore vingt ans.

Il était svelte et mince, mais bien membré, et ses muscles étaient à la fois souples et robustes, comme ceux d'un jeune animal du Wild. Son beau visage était légèrement bronzé, tant par l'habitude du grand air que par ce qu'il y avait de sang indien, abondamment mêlé au sang blanc, qui coulait dans les veines du jeune homme.

En ces deux compagnons, nous avons reconnu déjà nos deux amis : Mukoki et Wabigoon. Mukoki, le vieux guerrier fidèle, le guide sûr et l'infatigable traceur de pistes ; Wabigoon, le fils ardent de John Newsome, directeur de la factorerie de Wabinosh House, et de la belle princesse peau-rouge, qui tous deux avaient mis en lui le meilleur de leurs races.

Les deux hommes semblaient en proie à une vive préoccupation. Ils demeurèrent un instant à se regarder fixement, sans rien dire, tandis qu'ils reprenaient haleine.

— Je commence à craindre, dit le plus jeune d'une voix saccadée, que nous ne puissions réussir à les rejoindre... Qu'en penses-tu, Muki ?

Pour toute réponse, Mukoki s'était jeté à genoux dans la neige, sur la piste laissée en avant d'eux par le traîneau qu'ils poursuivaient.

Durant une bonne minute, il examina la neige avec attention, les empreintes laissées par les pattes des chiens, le sillage marqué par les patins du traîneau. Puis il releva la tête et, avec un de ces gloussements satisfaits, inimitables, qui étaient sa spécialité, il prononça :

— Nous les rattraper, pour sûr ! Traîneau à eux, creuser profond dans la neige. Deux sur même traîneau. Conducteur et lui. Plus lourd pour chiens que traîneaux à nous. Aller moins vite. Les rattraper pour sûr !

Wabi, pourtant, continuait à hocher la tête, la mine peu rassurée.

— Nos chiens, dit-il, sont en marmelade. Regarde, Muki, comme ils saignent ! Mon chien de flèche boite affreusement.

Les grands chiens-loups étaient effectivement dans un état lamentable. La tiédeur du soleil avait, sans la faire fondre, amorti la résistance de la neige glacée. A chaque bond, elle s'était brisée sous leurs pattes, qu'elle avait déchiquetées de ses mille petits couteaux.

Mukoki examina d'un peu près les deux attelages, et sa figure s'en assombrit.

— Mauvais, très mauvais ! grogna-t-il. Nous fous, fous...

Wabi s'exclama :

— C'est de notre faute ! Pourquoi ne nous être pas munis, en quantité suffisante, de chaussons à chiens ? J'en ai, je crois, pour tout potage, une douzaine sur mon traîneau. C'en est assez pour trois bêtes. Par Jupiter ! il ne sera pas dit...

Il s'élança vers son toboggan, prit les chaussons en question et, se retournant vers le vieil Indien, qui était en proie à une profonde émotion :

— Il nous reste une seule chance, Muki ! cria-t-il. Choisir les trois meilleures bêtes, et un seul de nous continuera avec elles.

Les commandements aigus des deux hommes et les claquements de fouet de Mukoki firent se lever les bêtes fourbues et blessées.

Trois des chiens-loups, pris parmi les plus grands et les plus forts, furent attelés au traîneau de Wabi, et leurs pattes furent chaussées des petits mocassins de peau de daim. Six autres bêtes, qui semblaient avoir conservé encore quelque ressort, leur furent adjointes.

Quelques instants après, la longue file de l'attelage s'élançait à toute vitesse sur la piste de Roderick Drew. A côté du traîneau, pour l'alléger aussi longtemps qu'il se pourrait, courait Wabi.

L'émouvante randonnée avait commencé un peu après minuit, dix-huit heures environ après le départ de Roderick de Wabinosh House. En une demi-nuit, et en cette seule matinée, presque tout le terrain qui séparait le poursuivi des poursuivants avait été regagné.

Homme ni bêtes ne s'étaient jamais reposés plus de quelques minutes à la fois. A travers lacs et montagnes, sombres forêts et plaines nues, hommes et bêtes, les yeux toujours rivés à la piste fraîche du traîneau qui fuyait, avaient toujours couru, sans boire ni manger, absorbant seulement, de temps à autre, quelques bouchées de neige, pour s'en rafraîchir la gorge.

Les féroces huskies eux-mêmes semblaient comprendre l'impérieuse nécessité qui les lançait en avant, et qu'ils devaient, jusqu'au bout : dévorer, sans faiblir, la piste fatidique sur laquelle les poussaient leurs maîtres.

Ils sentaient, devant eux, arriver de plus en plus nettes à leurs narines l'odeur de l'homme, et celle d'autres chiens, qu'ils devaient rejoindre.

Même en ce suprême effort, tout saignants et trébuchants, ils s'animaient instinctivement, au plus haut degré, de la lutte qu'on leur imposait et que chacun d'entre eux faisait sienne. A chaque bouffée de l'odeur qui leur arrivait, ils découvraient férocement leurs crocs blancs, et leur acharnement à vaincre n'était pas moindre que celui du jeune homme qui les harcelait.

L'instinct subtil du Wild leur indiquait la route à suivre et ils n'avaient nul besoin d'être dirigés. Obstinés jusqu'à la mort, ils traînaient leur fardeau, en tirant une langue de plus en plus longue, le cœur de plus en plus faible, leurs yeux s'injectant de sang au point de ressembler à de rouges boules de feu.

Parfois, quand il était à bout de forces, Wabi se jetait sur le traîneau, pour y reprendre souffle et détendre un peu ses membres las. Et les chiens, alors, tiraient plus fort, ralentissant à peine leur allure sous le poids accru.

Un énorme élan traversa la piste, avec grand fracas de ses cornes dans les ramures des arbres, à une centaine de pas devant l'attelage. Les chiens-loups ne lui prêtèrent aucune attention.

Un peu plus loin, ce fut un lynx, réveillé alors qu'il prenait sur un rocher son bain de soleil, qui passa rapidement devant eux, pareil à une grosse boule grise. Le temps d'un éclair, à la vue de leur mortel ennemi, les huskies contractèrent leurs muscles. Puis ils continuèrent.

La marche, cependant, commençait à se ralentir. Le chien d'arrière, incapable de lutter davantage, ne pouvait plus que se laisser traîner par les autres. A l'aide d'un couteau bien effilé, Wabi, se penchant à l'avant du traîneau, coupa la courroie de poitrine du chien, qui, libéré, roula sur le côté de la piste.

Deux autres animaux ne tiraient plus guère que la valeur d'une livre de charge. Un troisième clopinait tout en courant. Et, de plus en plus, la piste se maculait de taches de sang.

Chaque seconde, maintenant, ajoutait à l'angoisse qui contractait le visage de Wabi. Ses yeux, comme ceux de sa meute fidèle, rougissaient sous l'effort terrible qu'il fournissait. Ses lèvres s'entrouvraient malgré lui. Ses jambes, aussi infatigables que celles du cerf, fléchissaient sous lui.

A intervalles de plus en plus rapprochés, il se jetait sur le traîneau, et plus courte, entre ces moments de repos, se faisait sa course. Allait-il falloir abandonner la partie ?

Comme l'attelage sortait de l'épaisse forêt qu'il venait de traverser, et comme Wabi venait de remettre pied à terre, en lançant aux chiens un cri d'encouragement désespéré, voilà qu'apparut une immense surface blanche, éblouissante.

Et, dans l'étincellement du soleil, les yeux à demi aveuglés de Wabi distinguèrent un point noir sur la nappe immaculée.

C'était le traîneau qui emportait Rod.

Il tenta de crier. Mais si faible était le son émis par sa bouche, qu'on ne l'eût point entendu à cent pas. Ses jambes flageolèrent. Ses pied lui parurent, soudain, transformés en plomb, et il s'écroula, impuissant, dans la neige.

Les chiens, qui avaient fait halte en même temps que lui, l'entourèrent, lui léchant le visage et les mains. Leur chaude haleine fusait, entre leurs mâchoires, semblable à un jet sifflant de vapeur.

Pendant quelques instants, il parut au jeune demi-sang que le jour faisait subitement place à la nuit. Ses yeux se fermèrent malgré lui. De plus en plus faiblement il percevait le halètement affectueux des chiens, comme si ceux-ci se fussent éloignés de lui. Et il se sentit doucement sombrer dans une nuit complète.

Son subconscient luttait cependant et faisait effort pour ramener le jeune homme à la réalité. Il songea qu'une chance encore lui demeurait. Et il lui sembla entendre à nouveau le halètement des chiens, sentir derechef leur langue qui passait sur sa figure et sur ses mains.

Péniblement il entrouvrit ses paupières. Il ne distinguait même plus le point noir sur la neige blanche.

Il se releva à demi, se traîna sur ses genoux, en tâtonnant des mains, comme un aveugle. A grand-peine, parmi le désordre et l'enchevêtrement de l'attelage, il rampa jusqu'au traîneau, qui n'était qu'à quelques pieds de lui.

Ses doigts s'agrippèrent, convulsivement, à l'acier glacé de son fusil. La chance, la dernière chance était là ! Son cerveau bourdonnait de ces mots et de cette pensée. Par un effort surhumain de sa volonté, il éleva le fusil à la hauteur de son épaule, puis, afin de ne pas blesser les chiens, il en pointa le canon vers le ciel.

Alors, il tira. Une fois, deux fois, cinq fois. Et, après le cinquième coup, il sortit de sa ceinture de nouvelles cartouches, et fit feu encore, encore et encore... Jusqu'au moment où le point noir qu'il percevait à nouveau, dans le désert de neige et de glace, eut ralenti sa marche, se fut arrêté, et eut fait route en arrière.

Et Wabi continua à tirer ainsi, tandis que son fusil lui brûlait les mains, jusqu'à ce que sa ceinture fût vide de cartouches.

La tête lui tournait. Il entendit un cri près de lui et, se redressant, tout chancelant, appela :

— Rod... Rod, est-ce toi ?

Roderick Drew sauta de son traîneau, courut vers lui et le saisit dans ses bras, au moment où il s'effondrait, une fois de plus, sur la neige.

— Wabi, qu'y a-t-il ? Qu'y a-t-il, au nom du ciel ? interrogea Roderick. Es-tu blessé ?

Wabi tenta de surmonter sa faiblesse.

— Rod... murmura-t-il enfin. Rod... Ma sœur... Minnetaki...

Il n'eut pas la force d'achever et s'affaissa lourdement dans les bras de Roderick, qui avait pâli soudain et cria, avec un tremblement dans la voix :

— Voyons, Wabi, je t'en prie... Achève, je t'en supplie ! Qu'est-il advenu à Minnetaki ?

Wabi murmura :

— Capturée par les Woongas...

Cet effort l'avait épuisé. La respiration lui manqua et il retomba, raide comme un mort.

II

COMMENT MINNETAKI TOMBA ENTRE LES MAINS DES INDIENS WOONGAS

Durant plusieurs longues minutes, Roderick crut que la vie avait effectivement abandonné le corps de son jeune ami.

Wabi restait immobile, et si terrifiante était la pâleur de son visage que Rod, presque aussi pâle, se prit à l'appeler désespérément, d'une voix étranglée de sanglots.

L'homme qui conduisait le traîneau de Roderick s'agenouilla près des deux jeunes gens. Glissant sa main sous l'épaisse chemise de Wabi, il l'y laissa un instant, puis déclara :

— Le cœur continue à battre.

Il tira vivement, d'une de ses poches, un petit flacon métallique, le déboucha et, en insinuant le goulot entre les lèvres serrées, il fit couler dans la gorge du patient quelques gouttes de son contenu. L'effet de ce cordial fut immédiat. Wabi ouvrit les yeux, fixa la rude figure penchée sur la sienne, puis les referma à nouveau.

Le conducteur parut définitivement rassuré. Il se prit à considérer l'attelage exténué, les chiens-loups toujours allongés dans la neige, la tête affalée sur leurs pattes de devant.

La présence même d'un attelage étranger ne réussissait pas à les tirer de leur léthargie. N'eussent été leurs flancs haletants et la palpitation de leurs langues tirées, on aurait pu croire que la mort les avait, eux aussi, saisis soudainement sur la piste.

— Ils ont tous couru, dit-il, homme et bêtes, jusqu'à ce qu'ils se soient écroulés...

Ce diagnostic n'apporta à Rod qu'un médiocre réconfort. S'il sentait le frisson de la vie revenir peu à peu dans le corps de son ami, il se demandait, avec effroi, devant son épuisement et devant celui des chiens saignants, si une catastrophe, pire encore que la capture de Minnetaki, n'était pas survenue. La gentille et jolie sœur de Wabi était-elle morte ? Les sauvages Woongas l'avaient-ils tuée ?

Il implorait plus d'explications de son ami, et le suppliait de parler. Mais le conducteur du traîneau, le repoussant en arrière, lui commanda :

— Laissez-le tranquille ! Il est déjà assez mal en point. Tandis que je vais le rouler et le frictionner dans ses fourrures, occupez-vous de ramasser du bois mort et de construire un feu. Il est nécessaire que nous lui fassions absorber quelque chose de chaud.

Rod fit ainsi qu'il lui était ordonné. Il réunit une brassée d'écorces et des brindilles de bouleau, et un feu joyeux ne tarda pas à pétiller sur la neige. Il en aviva la flamme avec des branches plus grosses ; un chaud rayonnement se répandit à une douzaine de pas à la ronde.

L'homme apporta Wabi près de la flamme et l'étendit sur une épaisse peau d'ours. Puis il plaça sur les tisons ardents un pot de neige glacée, qui rapidement y fondit, et où il vida une boîte de soupe condensée.

La pâleur mortelle de Wabi disparut et, tout heureux, Rod agenouillé épiait le souffle de son ami, qui plus régulièrement sortait de ses lèvres. Mais toujours, et de plus en plus, l'angoissait le sort de Minnetaki.

En une rapide vision, repassaient devant ses yeux les événements des derniers mois. Son arrivée de Detroit à Wabinosh House, en société de Wabi, son jeune camarade de collège, qui l'avait entraîné chez lui, près de ses parents, si loin de la civilisation, en plein Northland. Puis les longs mois d'hiver passés ensemble, durant lesquels leur amitié commune s'était fortifiée, tandis qu'ils affrontaient de compagnie, dans les vastes solitudes du Wild, avec le vieux Mukoki, aventures et périls.

Et plus émouvante encore apparaissait dans ses prunelles l'image de la sœur de Wabi, de Minnetaki, venue en pirogue au-devant du jeune Blanc, quand il débarqua à Wabinosh House, devant les maisons de bûches de la factorerie. Il se souvint de sa casquette emportée à l'eau, sur le lac Nipigon, par un brusque coup de vent, et que la rieuse jeune fille, aux yeux noirs comme du jais, aux dents étincelantes, avait repêchée avec sa rame.

Puis c'était la vieille cabane abandonnée, dans les solitudes glacées, où Wabi et lui avaient si tragiquement trouvé deux squelettes enclos ; deux hommes qui s'étaient jadis entre-tués pour la possession d'une carte mystérieuse, tracée sur une écorce de bouleau, une carte grossière, mais infiniment précieuse, qui portait en elle le secret d'une mine d'or inconnue.

L'heure du retour avait ensuite sonné, et les événements s'étaient précipités. La factorerie de Wabinosh House avait été attaquée par les Indiens Woongas et Roderick, avant de reprendre, sur son traîneau, la route de la civilisation, n'avait pu faire ses adieux à la jolie Minnetaki, que, par prudence, ses parents avaient envoyée en lieu sûr. En lieu sûr... Il n'en doutait pas, du moins.

Et, par un foudroyant retour des choses, moins de vingt-quatre heures après son départ de Wabinosh House, Wabi, son cher Wabi, qu'il avait quitté la veille en pleine santé, était là, pantelant, devant lui. Et les seules paroles qu'il en avait pu encore tirer avaient été pour lui apprendre le ravissement de Minnetaki, la capture de la jeune fille par les sauvages Woongas !

Tandis que toutes ces images, se pressant dans ses prunelles, envahissaient son cerveau bouleversé, Wabi eut un tremblement convulsif qui, brusquement, rappela Rod à la réalité présente.

Doucement, Roderick souleva son ami et le conducteur du traîneau présenta aux lèvres du jeune homme une tasse de soupe chaude.

Wabi, qui était affamé, sourit, et ses traits contractés se détendirent. Il absorba la soupe, lentement d'abord, puis avec une sorte de frénésie et, quand la tasse fut vide, il se redressa un peu, en murmurant :

— J'en prendrais bien une seconde... C'était bon...

Son désir fut exaucé, et cette autre tasse lui parut meilleure encore que la première.

Puis il se releva debout, tout d'un coup, étendit les bras, comme pour maintenir son équilibre chancelant, et, les yeux toujours injectés de sang, regarda Roderick haletant.

— Rod... dit-il. J'avais peur de ne point te rejoindre...

— Explique-toi maintenant, si tu le peux... Minnetaki, m'as-tu dit...

— A été enlevée par les Woongas... Leur chef, oui, Woonga en personne, a procédé à l'opération. J'ai voulu te prévenir... tout d'abord pour la grande affection que tu portes à Minnetaki... puis aussi, afin que tu viennes nous aider à retrouver la trace de ses ravisseurs. Ton aide, en cette conjoncture, peut être décisive... oui, décisive.

Wabi, fatigué, fit une pause. Il vacilla et crut que la tête allait derechef lui tourner. Rod et l'homme l'aidèrent à s'asseoir sur un des traîneaux.

Il reprit, une poussée de sueur lui perlant sur le front, et en serrant nerveusement le bras de Rod :

— Écoute, Roderick, ce qui s'est passé. Tu sais comme moi qu'en revenant, ces jours derniers, de notre expédition hivernale, surpris par un parti de Woongas et fuyant devant eux, après avoir failli périr, nous avons fait, pour regagner Wabinosh House et les dépister, un long détour vers le sud... Tu sais également qu'un certain matin, tandis que Mukoki blessé demeurait seul au campement, toi et moi nous partîmes en chasse, chacun de notre côté, afin de tuer quelque gibier... Au bout d'une heure, nous as-tu raconté ensuite, tu rencontras une piste fraîche qui, de biais, coupait la tienne. Elle portait, nettement marquées, des empreintes de traîneaux et de pattes de chiens, et de raquettes d'hommes... Un peu plus outre, près d'un feu qui achevait de se consumer, tu trouvas, mêlées à celles-là, d'autres empreintes, celles d'un petit pied que tu jugeas ne pouvoir appartenir qu'à Minnetaki...

Rod écoutait, les nerfs tendus, en frémissant. Il eût voulu arracher les mots rapides des lèvres de Wabi, qui s'exprimait trop lentement à son gré.

— Oui, oui, je sais... Ensuite ?

Le conducteur du traîneau tendit à Wabi une troisième tasse de soupe, que le jeune homme ingurgita d'un trait. Puis il continua, d'une voix affermie :

— Lorsque nous rejoignîmes ensuite la factorerie, que nous trouvâmes en état de siège, nous apprîmes de mon père que Minnetaki avait été justement expédiée vers le Sud, loin du danger, à Kenogami House, et personne ne douta que ce ne fût sa piste, et celle de son escorte, que tu avais rencontrée.

— Eh bien ?

— Eh bien, à ce moment, Minnetaki était déjà, sans doute, la proie de ses ravisseurs. L'escorte qui l'accompagnait avait été surprise et massacrée, et Woonga lui-même qui, vainement dans sa jeunesse, avait à l'amour de mon père disputé la mère, prenant sa revanche sur la fille, l'avait emportée ! Emportée, Dieu sait où...

Et, tandis que Rod, horrifié, crispait ses poings impuissants, Wabi acheva :

— Nous avons connu le détail de la catastrophe, une heure à peine après ton départ, par un des hommes de l'escorte, qui échappa à grand-peine. Grièvement blessé, et laissé pour mort, il parvint, le lendemain, ayant repris ses sens, à se traîner jusqu'à la factorerie. C'est lui qui a tout conté. Il y a peu de chance qu'il survive, malgré les soins qui lui furent prodigués, et peut-être n'est-il plus déjà... Tandis qu'une partie des troupes campées à Wabinosh House continuait à assurer, contre un coup de main éventuel, la garde de la factorerie, des soldats étaient envoyés en hâte, dans toutes les directions, accompagnés de nos meilleurs trappeurs, chargés de relever la piste des bandits et de leur donner la chasse. Mukoki et moi, nous nous joignîmes à eux. Mais un léger dégel, bien rare en cette saison, avait suffi pour brouiller la neige et il fut bientôt évident qu'on ne trouverait rien. Alors...

— Alors ?

— Alors je pensai, Roderick, que si, tous deux, nous reprenions à rebours l'itinéraire qui nous avait, avec Mukoki, ramené ces jours derniers à la factorerie, nous retrouverions la place où nous avions campé, celle d'où tu es parti en chasse... De là, si tu as conservé des choses ambiantes un souvenir assez précis, tu pourrais aller reconnaître l'endroit où tu vis empreint dans la neige le petit pied de Minnetaki. Ce serait, tout au moins, une indication utile. Le fatal dégel n'a été que partiel et, une fois dans la bonne direction, peut-être découvrirons-nous une piste non effacée...

« Comprends-tu, maintenant, pourquoi, depuis le milieu de la nuit, Mukoki et moi nous te poursuivons à toute volée ; pourquoi j'ai abandonné Muki, qui est à une douzaine de milles en arrière, avec un de nos traîneaux et les chiens à demi crevés, tandis que je continuais quand même avec les derniers chiens restés debout ; pourquoi, quand tu as enfin entendu mes coups de fusil sur la plaine glacée, mon ultime espoir allait s'évanouir, et moi-même tomber d'épuisement, pour ne plus me relever peut-être ? Oh ! Rod, s'il reste un suprême espoir de rejoindre jamais Minnetaki, entraînée dans l'inconnu du Grand Désert blanc, cet espoir est en toi...

Les yeux de Rod flamboyaient. Il prit nerveusement les mains de son ami dans les siennes.

— Oui, Wabi, cria-t-il, je retrouverai cette piste... J'y ferai du moins l'impossible ! Et nous irons, s'il le faut, quérir Minnetaki jusqu'au pôle Nord... Nous la chercherons jusqu'au jour du jugement dernier !

Des profondeurs de la forêt arrivèrent, à ce moment, des bruits de claquements de fouet, pareils à des coups de pistolet et la clameur d'une voix.

Les jeunes gens firent silence, en prêtant l'oreille. Les sons se rapprochaient.

— C'est Mukoki, dit Wabi. C'est lui qui vient nous rejoindre.

III

SUR LA PISTE DES WOONGAS

C'était Mukoki, en effet, qui, tant bien que mal, avait remis d'aplomb les chiens restés avec lui.

Le vieux trappeur n'était pas dans un état beaucoup plus brillant que Wabi. Ses traits tirés, et sa figure contractée, indiquaient l'épuisement auquel il était en proie.

On le fit s'étendre à son tour, sur la peau d'ours, auprès du feu, et le conducteur du traîneau de Rod lui prépara une nouvelle soupe.

— Wabi attraper vous... gloussait l'Indien, en grimaçant un sourire. Beau, cela, très beau !

L'heure n'était point aux effusions sentimentales.

— Les minutes sont précieuses, déclara Wabi. Nous devons aussitôt rebrousser chemin. Un jour d'avance ou de retard, dans la poursuite des Woongas, peut tout gagner ou tout compromettre.

— Prenez mes chiens, dit le conducteur du traîneau de Rod. Il y en a six, tous bonnes et solides bêtes, et point surmenées, car nous suivions paisiblement notre route... Ce qui d'ailleurs vous a permis de nous rejoindre. Vous pourrez leur accoler trois ou quatre des vôtres, parmi les meilleurs. Il serait bon, toutefois, d'accorder, aux uns et aux autres, une bonne heure de repos et de leur servir une nourriture substantielle. Vous en profiterez pour vous restaurer sérieusement et vous reposer vous-mêmes. Sinon, vous n'irez pas loin... Vos forces vous trahiront.

Mukoki gloussa son approbation et ce fut à qui se hâterait d'amasser à nouveau du bois, pour alimenter le foyer et en allonger la flamme.

Un campement provisoire fut installé et le conducteur du traîneau de Rod déballa ses provisions. Les chiens venus de Wabinosh House étaient terriblement affamés. A la vue et à l'odeur du gros quartier de viande que l'homme se mit à découper, ils jetèrent un grondement de concupiscence, leurs mâchoires claquèrent et une furieuse mêlée s'ensuivit.

A grand-peine furent-ils séparés par leurs compagnons humains. Et, quand le tumulte se fut apaisé, chaque bête reçut une livre entière de viande. D'autres morceaux furent, pour les quatre hommes, installés à rôtir sur les braises du foyer. De la neige, aussi, fut mise à fondre, pour le café.

Quand chacun fut bien repu, les chiens furent triés. Quatre furent adjoints aux six qui étaient en bonne forme, et ce total de dix fut partagé entre le traîneau de Wabi et celui de Mukoki. L'homme qui avait conduit Rod attacherait le reliquat à son traîneau et, en petite vitesse, regagnerait Wabinosh House.

On se partagea également provisions et munitions, dont Muki et les deux jeunes gens prirent la meilleure part.

Car il avait été décidé que, une fois atteint le lac Nipigon, les trois chasseurs de Woongas ne s'attarderaient point à rallier la factorerie. Mais ils regagneraient de biais, immédiatement, leur ancienne piste.

On se mit en marche, à rebours, à travers forêts, bois et plaines, et quand apparut la vaste surface glacée du lac Nipigon, le soleil commençait à baisser sur l'horizon désertique. Il ne donnait plus aucune chaleur et, d'instant en instant, la température se refroidissait.

En moins d'une demi-heure, son globe rouge aurait complètement disparu, et brusquement, comme il arrive dans le Northland, la nuit aurait, sur la terre, étendu ses ailes rapides.

Elle vous enveloppe, cette nuit du Nord, comme une chose palpable et mouvante, comme un rideau de ténèbres, que l'on pourrait presque toucher et palper de la main.

Telle elle était, lorsque les trois hommes arrivèrent au bord du lac Nipigon, sur lequel Mukoki, qui allait en avant, lança le premier les chiens.

Le vieil Indien, qui avait repris toute son énergie, courait à côté de son traîneau, qui ouvrait la piste. Wabi, encore las, était couché dans des fourrures, sur le second traîneau, que Rod, qui était le plus dispos des trois hommes, suivait à toutes jambes.

Mais, tout en courant, Roderick resongeait à tant d'événements imprévus, qui, en l'espace de deux jours, s'étaient déroulés. Il pensait à sa mère aimée qui, à Détroit, attendrait vainement son retour. Et, par-dessus tout, le hantait le fantôme de Minnetaki, de la fillette de quinze ans, pour qui son cœur d'éphèbe avait si doucement battu ; de Minnetaki qu'il avait, six mois avant, une première fois délivrée, et qui maintenant se retrouvait captive des hors-la-loi.

Avant qu'il ne l'eût rejointe, s'il la rejoignait jamais, qu'est-ce que Woonga aurait fait d'elle ? Quel sort affreux, en cet instant même, était le sien ?

La course hâtive, mais savamment rythmée, se poursuivait sur le lac Nipigon, tandis qu'au-delà des forêts s'éteignait la rouge lueur solaire. Semblable à un immense linceul, la surface blafarde de neige et de glace du lac allait se perdre au loin, dans les ténèbres.

Wabi, maintenant, s'était relevé de ses fourrures, et les trois hommes faisaient alterner chacun, de dix minutes en dix minutes, leur repos sur un des traîneaux et leur course.

Rien ne semblait pouvoir guider Mukoki, qui continuait à diriger la marche. Pas une minute cependant, il n'hésita. Car le ciel n'avait pas tardé à s'illuminer d'étoiles. Puis ce fut au tour de la lune, de rouler à l'orient, sur les noirs horizons, son énorme boule de feu, toute palpitante, en un indicible spectacle, tel qu'en offrent parfois les nuits radieuses du Grand Nord.

A mesure que cette boule montait vers le zénith, sa couleur rouge sang fit place à la teinte incarnat de la fleur-des-élans. Puis elle s'argenta merveilleusement, pour devenir ensuite un grand disque d'or pâle, suspendu dans l'éther, d'où il fit ruisseler, sur l'immensité neigeuse, sa splendeur étincelante.

Pas un bruit ne troublait cette vaste sérénité, que le crissement doux des patins des traîneaux, le craquement léger de la neige sous les pattes des chiens, et quelques mots entrecoupés que, de temps à autre, échangeaient Rod et ses compagnons.

Il était, à la montre de Rod, un peu plus de huit heures du soir, lorsque Wabi, se retournant vers le jeune Blanc, lui cria, en désignant de la main une longue ligne sombre, qui tranchait nettement sur la surface blanche du lac :

— Voilà la forêt ! La traversée est achevée...

Les chiens las parurent comprendre ce que signifiaient ces paroles, et y retrouver un renouveau de vigueur. Le chien de flèche huma l'odeur des sapins et des baumiers, et lança un aboiement, à la fois plaintif et joyeux.

A mesure qu'avançaient les traîneaux, les cimes aiguës et élancées des arbres de la forêt se découpèrent plus nettement, sur la nuit lunaire. Cinq minutes après, les deux attelages faisaient halte à l'extrémité sud-ouest du lac Nipigon, et les chiens haletants se couchaient sur le sol, confusément mêlés. Soixante milles avaient été parcourus depuis l'après-midi.

— Nous allons camper ici ! dit Wabi. Je ne tiens plus debout... Ce n'est qu'au jour, d'ailleurs, que nous pourrons reconnaître notre ancienne piste.

Mukoki, déjà, avait pris une hache et commençait à abattre les ramures qui se trouvaient à sa portée.

— Toi, Rod, reprit Wabi, occupe-toi du feu ! Muki et moi, nous allons construire un abri.

En moins d'une demi-heure, une hutte, faite de branches de baumiers, était terminée et, devant elle, ronflait un beau feu, tout pétillant d'étincelles. Il fut chargé de bûchettes et Mukoki, s'enfonçant avec Wabi sous l'abri aux senteurs résineuses, tous deux s'y enveloppèrent dans leurs fourrures, pour s'endormir presque aussitôt.

Rod, qui avait fatigué moins qu'eux, et moins qu'eux était épuisé, demeura à veiller. Il s'assit devant le foyer, en continuant à l'alimenter et en regardant, dans l'obscurité, danser la flamme, aux formes fantastiques. Les chiens s'étaient aplatis autour du feu, la vie semblait les avoir abandonnés.

Des profondeurs de la forêt arrivait, par moments, le hurlement solitaire d'un loup. Un gros hibou blanc vint voleter au-dessus du campement, en faisant retentir son cri stupide, presque humain : « Hello ! Hello ! Hello ! » Les arbres craquaient sous la gelée.

Mais ni le hurlement du loup, ni le craquement des arbres, ni le cri de fou du visiteur ailé ne réveillaient, sous la hutte, les dormeurs.

Une heure s'écoula de la sorte. Rod était toujours assis auprès du feu, son fusil posé sur ses genoux. Son esprit continuait à travailler, et l'image de Minnetaki captive à le hanter. Il avait l'impression bizarre, très nette cependant, qu'en ce même moment elle aussi veillait et pensait à ses sauveurs.

Tout à coup, par une de ces télépathies mystérieuses qui, parfois, agissent si puissamment en nous, il lui sembla voir la jeune fille, non plus en idée, mais en chair et en os. Elle était, comme lui, assise dans la nuit, près d'un feu qui flambait.

Ses beaux cheveux noirs luisaient aux reflets de la flamme et, sur son dos, pendaient en lourdes tresses. Ses yeux fixaient sauvagement le foyer ardent, comme si, pour une suprême délivrance, elle eût été prête à s'y élancer.

Et, derrière elle, si près d'elle qu'il n'aurait eu qu'à allonger la main pour la toucher, un homme se tenait debout, à l'aspect duquel Roderick sentit un frisson d'horreur le saisir. C'était, avec sa face diabolique de Peau-Rouge, Woonga, le chef bandit, le hors-la-loi en personne. Il parlait, avec volubilité, à Minnetaki et, soudain, vers elle étendait la main...

Avec un cri inconscient, qui fit sursauter les chiens, Rod se leva d'un bond. Avait-il été la proie d'un rêve ? Ou ce quelque chose, qu'il avait vu, était-il plus qu'un rêve ?

Vainement il essaya de secouer l'effroi qui était en lui et de retrouver son calme. Pourquoi, dans quel but, Woonga avait-il tendu le bras vers sa captive ? Cette question écrasait Rod de son poids. Il alla vers le feu, le tisonna et le rechargea de combustible, jusqu'à ce qu'une véritable colonne de flammes et d'étincelles montât dans la nuit, illuminant les arbres autour de lui.

Roderick fut un peu rassuré par cette grande clarté. Il se rassit auprès du feu et tenta de sommeiller.

Mais, une fois encore, le fantôme de Minnetaki vint se dresser devant lui. Woonga l'avait saisie dans ses bras puissants, et elle se débattait sous son étreinte. Courageusement elle luttait. Mais le sauvage était le plus fort et, s'en étant saisi, il disparaissait avec elle aux profondeurs de la forêt.

De nouveau Rod sursauta, en se frottant les yeux ; une sueur froide lui baignait les membres. Mais, cette fois, il ne tenta plus de se rendormir. Sa montre, qu'il tira et approcha de la flamme, marquait plus de minuit. Dans une heure, il devait réveiller ses compagnons.

Il se mit donc à préparer le petit déjeuner et donna à manger aux chiens. A une heure et demie précise, il entra dans la hutte, alla vers Wabi et le secoua par l'épaule.

— Lève-toi ! lui cria-t-il dans l'oreille. Il est temps de se remettre en route !

Le jeune homme se dressa sur son séant, en étirant ses bras, et, peu après, il vint, suivi de Mukoki, rejoindre Rod près du feu.

Rod s'efforça de paraître calme. Il ne souffla mot de sa double vision. La situation était, par elle-même, suffisamment triste. Mais, tant qu'il put, il pressa ses compagnons et, le premier, avala son déjeuner.

Mukoki se mit bientôt en devoir de repérer leur ancienne piste, celle qu'en revenant à Wabinosh House, de leur grande randonnée vers le Nord, ils avaient tracée la semaine précédente.

Elle suivait, tout d'abord, une longue coulée, pratiquée dans la forêt par un cours d'eau, gelé en hiver, et dont il suffisait de remonter le lit.

On se mit donc immédiatement en marche, sous la lumière de la lune, qui commençait à redescendre dans le ciel et à allonger les ombres sur le sol. Puis elle disparut derrière les arbres et il n'y eut plus, pour éclairer les ténèbres, que la lueur des étoiles.

Les deux traîneaux avançaient lentement, sur le sol cahoteux, et la pente que suivait le lit du torrent, toujours plus étroit, se faisait aussi de plus en plus rude. Finalement, après plus de quatre heures d'une marche fatigante, la forêt s'éclaircit et, comme les trois hommes étaient parvenus au faîte d'une crête abrupte, Mukoki commanda :

— Halte !

Sur l'autre versant de la montagne s'étendait, à peine distinct dans la nuit, un chaos de rochers, d'arbres rabougris, puis de bois, de vallons et de ravins. Il était de toute nécessité d'attendre le jour, avant d'aller plus loin.

Un petit feu fut construit, autour duquel la caravane fit cercle. Ce ne fut qu'après un assez long temps, qui parut interminable à la hâte fébrile des trois hommes, qu'aux étoiles enfin éteintes succéda la lueur pâle de l'aube, suivie bientôt d'une rapide aurore.

Rien, à partir de ce point, ne subsistait de l'ancienne piste. Mais le vieux trappeur qu'était Mukoki eut vite fait de repérer jusqu'aux moindres buissons et, avec un gloussement de satisfaction, déclara qu'on était dans la bonne voie.

On marcha tout le jour, sauf une halte d'une heure pour le déjeuner et pour l'indispensable repos, Rod et Wabi admirant la sûreté avec laquelle le vieil Indien dirigeait les traîneaux.

Ses yeux étaient constamment en éveil. Parfois, il arrêtait les chiens et s'écartait, à droite ou à gauche. Il ne disait rien, et Rod ni Wabi ne soufflaient mot non plus. Ils laissaient agir Mukoki, comme le chasseur expérimenté ne fait ni geste ni bruit, tandis que son chien est occupé à flairer et à relever une piste indécise.

De temps à autre, eux aussi reconnaissaient bien, pour être passés auprès, quelque bouquet d'arbres, quelque rocher, particulier de forme, qu'ils avaient déjà contourné, quelque ravin qu'ils avaient suivi.

Il arrivait même, là où l'ombre plus opaque avait entravé le dégel, que reparussent momentanément leurs anciens pas, signe certain que l'on était dans la bonne route.

Mais comment Mukoki parvenait-il, sans autre indice que ceux qui avaient pu se graver dans l'étonnante mémoire de ses prunelles, à relier entre eux tous ces points ? Wabi lui-même en était stupéfait.

Quant à Rod, il se demandait, avec une croissante inquiétude, comment, quand il serait livré à lui-même, il arriverait à se débrouiller et à se tirer d'affaire. Seule, la pensée de Minnetaki, qui l'appelait dans l'inconnu et vers lui tendait ses bras suppliants, de Minnetaki qu'il *fallait* délivrer, empêchait son courage de défaillir.

On campa dès que baissa la lumière du soleil. Comme le soir précédent, une hutte de feuillage fut construite, près d'un grand feu. Alternativement, Rod, Wabi et Mukoki veillèrent sous la lune et sous les étoiles, jusqu'au lendemain matin.

Dans l'après-midi du second jour, Mukoki, qui toujours allait en tête, en scrutant le terrain et jusqu'aux plus imperceptibles signes qui le guidaient, poussa soudain un cri aigu.

— Hutte ! dit-il, en étendant le bras. Regardez !

Une expression de triomphe se peignait sur son visage.

C'était bien, en effet, l'ancien campement, la hutte encore intacte, faite de ramures de pins et de baumiers, sous laquelle, en s'en revenant à Wabinosh House, les trois hommes avaient dormi.

Wabi posa sa main frémissante sur le bras de Rod, qui n'était pas moins ému.

— Maintenant, dit-il, ton heure est venue... C'est maintenant, Roderick, que ton intervention sera décisive.

IV

L'HOMME AUX PIEDS D'OURS

Roderick Drew se sentait défaillir. Quelle responsabilité redoutable était désormais la sienne !

Quelle route avait-il suivie, ce jour où il s'était séparé momentanément de ses compagnons, pour s'en aller à l'aventure, à la poursuite d'un gibier ?

Devant la hutte abandonnée, s'étendait une large clairière ensoleillée, où la neige de surface avait complètement fondu. Rien, aucune trace ne subsistait.

Et on lui disait :

— Va devant toi !

Les chiens, heureux de se reposer, s'étaient étalés sur la neige. Un silence angoissant régnait entre les trois hommes. Muettement, Roderick murmurait vers le ciel une ardente prière.

Il se souvenait bien avoir marché vers le sud, et c'est dans cette direction qu'un peu au hasard il s'avança, son fusil sous le bras, suivi, à quelque distance, par Wabi et par Mukoki, qui ne voulaient point le troubler.

A son grand étonnement, il reconnut quelques buissons, qui lui parurent plus familiers que les autres. Six mois auparavant, quand il ignorait tout encore du Northland, il ne les eût pas ainsi remarqués.

Mais, dans sa longue randonnée hivernale, à la chasse des loups, puis de la mine d'or, il avait, sans qu'il s'en rendît compte exactement, fait lui aussi l'éducation de ses yeux.

Éducation incomplète qui, à chaque minute, le laissait perplexe et hésitant.

Il savait aussi qu'il était descendu dans une large vallée, qu'il repéra sans peine, dans son ensemble tout au moins, et il se remémorait en avoir remonté la pente opposée. Mais à quel point exactement ? Il n'aurait su le dire.

Il s'arrêta longuement, en interrogeant, de toutes ses prunelles, de tout son esprit, le paysage chaotique qui s'étendait devant lui.

Sa perplexité ne fit qu'augmenter. Il se retourna et vit, à une trentaine de pas derrière lui, Wabi et Mukoki, qui l'observaient. Son trouble s'en accrut encore.

Le sentiment de sa décisive impuissance monta en lui. Sa gorge se serra et des larmes désespérées humectèrent ses prunelles. Minnetaki était-elle donc à jamais perdue ?

Il serait demeuré là, jusqu'à la nuit, aussi pétrifié qu'une statue, si, tout à coup, un éclair fulgurant, traversant l'espace, n'était venu éblouir son regard.

La lueur éblouissante partait du versant opposé. Elle était émise par un énorme bloc de glace, placé en équilibre sur un rocher, où quelque avalanche, en un jeu bizarre de la nature, l'avait déposé.

C'est ce bloc, aussi transparent et pur que du cristal, qui, faisant la fonction d'un prisme, réfractait un rayon solaire et envoyait au jeune homme son message.

Roderick, en effet, se souvint aussitôt qu'il était passé près de ce bloc. Il pâlit de joie et, avec un cri étouffé, fonça de l'avant, aussi rapide qu'un chevreuil.

Ses compagnons, auxquels il n'avait même pas pris la peine d'expliquer ce qui advenait, et qui se demandaient s'il n'était pas devenu fou, pouvaient à peine le suivre avec les traîneaux, tandis qu'il dévalait dans la neige les pentes de la vallée, puis en remontait l'autre versant, les yeux toujours fixés sur le signal miraculeux.

Quand il fut auprès du bloc bleuâtre, il dut s'arrêter, essoufflé et n'en pouvant plus. Ce ne fut qu'au bout de quelques instants qu'il put, en quelques mots brefs, mettre au courant de cette intervention quasi divine Wabi et Mukoki.

Les éloges qu'il reçut lui furent une légitime fierté et, dès qu'il eut retrouvé sa respiration, il reprit sa route vers la crête de la montagne.

Quand il l'atteignit, le soleil commençait à décliner sur le froid horizon. Mais, avec un instinct alerté, de plus en plus sûr, il retrouvait maintenant tous ses souvenirs.

Dans d'autres circonstances, et n'eût été le tragique de la situation, Wabi et Mukoki se fussent fort amusés à voir le jeune Blanc se baisser, se relever, regarder autour de lui, puis se baisser et se relever encore, et suivre la piste invisible avec l'assurance d'un vieux trappeur.

Et, comme la nuit enténébrait le ciel, Rod tomba juste sur une minuscule clairière, où des bûches à moitié consumées étaient celles-là même qu'il avait rencontrées à cette place, la semaine précédente. Celles qu'avaient laissées derrière eux les ravisseurs de Minnetaki !

Alors sa poitrine se gonfla d'espoir, son cœur battit à se rompre. Les mêmes os, les mêmes débris de repas étaient éparpillés autour du foyer mort. Rod se reconnut tout à fait.

Mais vainement il chercha sur le sol l'empreinte du pied menu qu'il y avait alors trouvée. Vainement Mukoki, remuant la neige, chercha celles des hommes qui avaient passé là, avec leurs raquettes, celles aussi des traîneaux et des pattes des chiens. Le dégel d'un jour avait, comme ailleurs, tout unifié.

— Il faut, dit Wabi, passer la nuit ici. Nous examinerons les lieux quand on verra clair...

En dépit de la joie délirante de Rod, qui claquait des mains comme un enfant, le front de Wabi demeurait soucieux, et celui du vieil Indien ne l'était pas moins.

Une nuit encore ! pensaient-ils. Une nuit de perdue ! L'avance, de plusieurs jours, des Woongas, était telle, à cette heure, qu'en admettant même que leur piste fût repérée, il devenait singulièrement chanceux de les rejoindre en temps utile. A moins qu'un événement imprévu...

Les deux hommes évitèrent de communiquer leurs appréhensions à Roderick, et de l'attrister. Une hutte de bouleau fut construite, un feu fut allumé et, une fois de plus, la petite caravane s'endormit jusqu'au lendemain.

Ce fut Mukoki qui, plus résistant, monta la garde toute la nuit. Rod et Wabi, qui étaient en un état aigu de surmenage, dormaient si profondément qu'il n'eut pas le courage de les réveiller, ni l'un ni l'autre, pour la relève coutumière.

Le soleil était déjà levé lorsque les jeunes gens sortirent de la hutte, en s'étirant les membres. Et, tout de suite, la honte les prit de leur mollesse. Mukoki n'était point là.

Le vieil Indien n'avait point, dès l'aube, perdu son temps et, quand il reparut, au bout d'une bonne demi-heure, sa figure cuivrée exprimait une indubitable satisfaction.

— Eh bien ? demanda Wabi.

Mukoki étendit le bras dans la direction du nord-ouest.

— Ils sont partis par là... glousssa-t-il.

Le vieux trappeur avait, par un juste raisonnement, conclu tout d'abord que les hors-la-loi, s'ils avaient, au début, paru se diriger vers le sud, qui était pour eux sans issue, n'avaient pas dû tarder à redresser leur marche vers le nord, afin d'aller se perdre aux solitudes inexplorées du Grand Désert blanc.

Observant avec soin le terrain et les plissements du sol, Mukoki avait été amené à l'amorce d'un vallon, orienté vers le nord-ouest, et qu'il avait suivi.

Ce vallon était fort étroit, ses parois rocheuses escarpées et, en beaucoup d'endroits, le soleil n'y pénétrait qu'imparfaitement.

Bientôt le sagace Indien avait reconnu, sur la neige, des marques certaines de foulage, auxquelles avaient succédé des taches de sang, signe qu'il y avait des blessés parmi les Woongas.

Puis, à un tournant du vallon, où un gros cèdre étendait son ombre impénétrable, nettement avaient apparu, cette fois, les empreintes de deux traîneaux, de leurs chiens et d'une douzaine d'hommes.

Les yeux de Mukoki étincelaient d'une flamme brûlante, la flamme de la bataille.

Les deux traîneaux, expliqua-t-il, étaient, sans aucun doute, ceux qui emmenaient Minnetaki à Kenogami House, avec son escorte, et que les Woongas avaient capturés, après avoir tué ceux qui les conduisaient.

Les chiens furent rapidement attelés et les trois hommes s'engagèrent, avec eux, dans le vallon. Poussant l'attelage, à qui deux nuits de repos consécutives avaient rendu toute sa vigueur, ils dépassèrent les traces de sang relevées par Mukoki, puis, une heure après, en retrouvèrent d'autres, plus larges et plus pressées.

Soudain, Mukoki, qui allait en tête, fit halte. Un cadavre, raidi par la gelée, était étendu en travers de la piste, la face sur la neige.

L'Indien alla vers le corps, le retourna, et il lui fut facile, ainsi qu'à Wabi, de reconnaître un des hommes de Wabinosh House. Il avait dû être fait prisonnier, au cours de la lutte, et avait été emmené par les Woongas. Sans doute avait-il tenté de s'échapper. Peut-être aussi, était-il déjà gravement blessé et, pour s'en débarrasser, les Woongas l'avaient abattu, d'un coup de hache. L'entaille terrible, faite par l'acier, dans son crâne, était béante.

Rod regardait, horrifié. Wabi et Mukoki prirent le cadavre par les pieds et le tirèrent sur un des côtés de la piste, puis, en guise de tombe, le recouvrirent de neige. Après quoi, on se remit fébrilement en marche.

Le vallon, qui se continuait toujours et dont les pentes devenaient de plus en plus inaccessibles, était un guide sûr. A chaque instant, d'ailleurs, reparaissaient la piste des ravisseurs et celle de leurs traîneaux. Car le soleil, qui était, en cette saison, encore bas sur l'horizon, ne descendait guère jusqu'au fond, très creux, du vallon.

Les taches rouges étaient toujours aussi nombreuses et, parallèlement, Mukoki remarqua que plus profondes se faisaient les empreintes des patins des traîneaux ; elles atteignaient, à tout moment, les couches inférieures de la neige.

Les Woongas avaient dû, sans perdre de temps à les panser, charger leurs blessés sur les traîneaux, ce qui, nécessairement, en avait ralenti la marche.

— Bon... Bon cela... grogna-t-il, à plusieurs reprises.

La journée, coupée de très courts repos, s'écoula ainsi tout entière. La course était devenue aussi folle que celle qui avait eu lieu, trois jours avant, à la poursuite de Rod.

Comme la nuit commençait à assombrir le ciel, les trois chasseurs d'hommes tombèrent sur d'autres débris d'un feu de campement, près duquel deux huttes avaient été construites, avec des branches de cèdre.

Ici encore, les faits parlaient d'eux-mêmes. Il apparaissait évident que l'une d'elles, la plus spacieuse, avait été réservée à Woonga en personne, tandis que ses Indiens avaient occupé l'autre.

Vers cette hutte, de petits pas, menus, menus, s'étaient aussi dirigés, qui ne pouvaient être autres que ceux de Minnetaki. Rod, et ses compagnons comme lui, sentirent, à cette découverte, un frisson leur courir dans le corps.

Et plus intense encore fut leur émotion quand, à l'intérieur de la hutte,. ils trouvèrent derechef de larges taches rouges, qui voisinaient avec des linges ensanglantés.

Était-ce Minnetaki, qui était ainsi grièvement blessée ? Ou Woonga lui-même ?

Dans la seconde hutte, deux corps d'Indiens étaient étendus. L'un d'eux était déjà froid. L'autre était tiède encore. Tous deux portaient dans la peau des trous de balles. Blessés dans la lutte qui avait eu lieu avec les hommes de Wabinosh House, ils étaient venus expirer là.

Tandis que Rod et Wabi étaient restés à les considérer, avec une joie sauvage, Mukoki avait été vers les débris du feu et en avait soulevé les cendres avec ses mains. Une braise encore chaude y était enfouie.

Il grogna à nouveau :

— Bon... Très bon cela...

Rod et Wabi étaient venus le rejoindre. A la vue du tison sur lequel, gonflant ses joues parcheminées, soufflait Mukoki agenouillé, pour en faire rejaillir les étincelles et allumer leur propre feu, les deux jeunes gens comprirent aussitôt qu'on se rapprochait de l'ennemi. Les hors-la-loi avaient eu leur marche entravée par leurs blessés. On regagnait sur eux.

Mais leur joie demeurait grave et angoissée. Les taches de sang de la hutte étaient toujours présentes à leurs yeux.

Le repas du soir fut promptement cuit et absorbé, et, les chiens harassés, dont les pattes recommençaient à saigner, ayant reçu double ration, il fut décidé que l'on continuerait à marcher une partie de la nuit.

Les traces, plus fraîches maintenant, des ravisseurs étaient nettement visibles, sous la lune oblique et sous les étoiles, et de nombreux milles purent encore être parcourus.

Deux heures de repos seulement furent prises, un peu avant l'aube, à l'abri d'un rocher qui formait avec un autre, sur lequel il s'appuyait, une cavité bien abritée. Et, quand le jour se leva, les empreintes, laissées derrière eux par les Woongas, étaient à ce point récentes que Mukoki, avec sa science infaillible de vieux trappeur, déclara, sans hésiter :

— Eux passer ici, il y a quatre heures seulement !

L'heure décisive approchait.

Les trois hommes tinrent un court conseil, à la suite duquel il fut résolu que les chiens et les deux traîneaux seraient momentanément laissés en arrière, sous l'abri du rocher, quelque ancienne tanière abandonnée, qui s'enfonçait assez profondément sous le sol pour les contenir et dissimuler. Les trois chasseurs, bien approvisionnés de munitions, continueraient seuls, avec une hâte qui, désormais, ne devait pas exclure la prudence.

Il était dix heures environ lorsque les trois hommes, qui avaient l'impression d'être sur les talons des Woongas, atteignirent l'extrémité de la vallée. Là, celle-ci, après s'être élargie, bifurquait en deux branches, complètement divergentes.

Une surprise, tant soit peu troublante, les attendait. La piste bifurquait, elle aussi. Les Woongas s'étaient partagés en deux groupes. Un des traîneaux avait suivi la branche nord-est, tandis que l'autre avait pris la direction du nord-ouest. Sur lequel des deux traîneaux étaient Woonga et Minnetaki ?

Les trois compagnons s'interrogèrent muettement du regard. Rod, le premier, n'y pouvant tenir plus longtemps, prit sa course, à tout hasard, sur la piste nord-est, afin de chercher si quelque indice n'éclairerait point la situation.

Il n'avait pas parcouru cent yards que, à l'aspect d'un groupe de buissons épineux qui bordait la droite de la piste, il s'arrêta brusquement, et un grand cri d'émotion, qu'il ne put contenir, s'échappa de ses lèvres.

A l'une des branches, qui faisaient saillie sur la piste, était accrochée une longue mèche tressée, de cheveux noirs et soyeux, qui brillait sous le soleil.

Wabi et Mukoki, entendant le cri poussé par Rod, l'avaient aussitôt rejoint. Ils virent, comme lui, sans oser y toucher tout d'abord, la tresse noire superbe, et nul d'entre eux ne douta, une seule seconde, qu'elle n'eût été prise à la chevelure de Minnetaki. Et ils frémissaient en songeant à son épaisseur.

Ce fut Mukoki qui tira la branche à lui et en fit doucement tomber la tresse brillante. Après quoi il poussa un long sifflement, qui était chez lui le signe du pire dégoût, pour l'expression duquel le peu qu'il savait de mots anglais était, à son sens, insuffisant.

Puis il prononça :

— Minnetaki sur l'autre traîneau !

Il montra la mèche à ses deux compagnons.

— Regardez... Cheveux coupés et non arrachés par épines... Woonga les placer là pour tromper nous.

Et, sur-le-champ, il rebroussa chemin, pour s'engager sur l'autre piste. Rod et Wabi le suivirent.

Au bout d'un quart de mille, le vieux trappeur s'arrêta et, sans souffler mot (ce qui voulait beaucoup dire), désigna du doigt, tout contre le sillage du traîneau, l'empreinte d'un petit pied.

A partir de ce moment, l'empreinte du mocassin de Minnetaki apparaissait, à intervalles presque réguliers. Il semblait bien que la jeune fille avait demandé à mettre pied à terre, afin de laisser derrière elle, à ceux qui viendraient éventuellement la secourir, une trace indubitable de son passage.

Telle était du moins la pensée, non douteuse, de Mukoki, et Wabi s'y ralliait entièrement.

Il n'en était point de même pour Rod. A mesure que l'on s'éloignait vers le nord-ouest, un malaise indéfinissable s'emparait de lui. Si Mukoki se trompait ?

Sa confiance dans le jugement et dans la sagacité du vieil Indien était, d'ordinaire, absolue. Mais il ne pouvait s'empêcher de songer que si les Woongas avaient été capables de couper une mèche des cheveux de Minnetaki, pour la suspendre aux épines d'un buisson, ils étaient tout aussi bien susceptibles de lui avoir enlevé ses mocassins, pour en fabriquer des empreintes imaginaires.

Le coup de la mèche n'était-il pas lui-même une contre-ruse, dans laquelle les hors-la-loi comptaient bien faire tomber leurs poursuivants ? Ceux-ci se croiraient très fins en refusant d'y croire, alors qu'en réalité ils ne feraient que s'enferrer, en s'engageant sur la piste opposée.

Un instinct secret, qu'il n'arrivait pas à se formuler, à lui-même, mais qui, à chaque pas, s'imposait davantage, à sa pensée, semblait avertir Rod. Une voix intérieure, étrangement impérieuse, lui criait :

— Minnetaki n'est pas ici !

Il n'osait cependant, de peur qu'on se raillât de lui, faire part de ses soupçons à ses deux compagnons, dont l'assurance le démontait.

A la fin, cependant, n'y pouvant plus tenir, il se hasarda à dire, avec quelque embarras :

— Écoute, Wabi, je retourne sur mes pas et vais suivre l'autre piste. Si je ne trouve rien, au bout d'une heure, je reviendrai vous rejoindre.

Vainement Wabi tenta de le dissuader, lui représentant le danger qu'il y avait, pour leur faible troupe, à se couper en deux tronçons. Mukoki, pris à témoin par Wabi, se contenta, pour toute réponse, d'un geste vague.

Rod tint bon et, refoulant en arrière, à toute vitesse, il se retrouva à l'énigmatique bifurcation. Là, il emboîta la piste nord-est et, le cœur battant, repassa devant le buisson où il avait découvert la tresse soyeuse.

Ce lui fut un renfort nouveau de ses intimes pensées et il fila droit devant lui.

Au bout d'une heure, il n'avait rien découvert d'intéressant. La piste continuait à fuir dans la neige. Il ne s'arrêta point cependant, ni ne revint sur ses pas.

Quel était donc ce quelque chose d'inconnu, qui, dans le tréfonds de son âme, continuait à le pousser en avant ? Et, plus il allait, plus il se persuadait qu'il était dans la bonne voie, que Wabi et Mukoki faisaient fausse route. C'était comme un invincible aimant qui l'attirait. Quoiqu'il ne fût pas superstitieux, il en était tout bouleversé.

Une seconde heure passa.

Le pays devenait de plus en plus âpre et sauvage. Ce n'étaient que crêtes rocheuses déchiquetées, crevasses et ravins où devaient, au printemps, se précipiter, en écumant, maints torrents.

Instinctivement, Rod avait ralenti son allure. Il tenait sous le bras son fusil, prêt à tirer. A chaque instant, d'énormes rochers, placés en travers de la piste, qui les avait contournés, semblaient posés là tout exprès, pour faciliter quelque embuscade.

Comme il venait de dépasser l'un d'eux, qui était aussi gros qu'une maison, le jeune homme sentit son sang se glacer dans ses veines. Pour la seconde fois, un cadavre était jeté en travers de la piste.

C'était un Indien. Il était étendu sur la neige, les bras ouverts, la figure tordue par l'agonie. Il avait dans le dos, entre les deux épaules, une large blessure, faite avec un coutelas, et la neige était autour de lui, sous le soleil, toute empourprée d'un sang frais. Il n'y avait pas trace de lutte et la mort ne devait pas remonter à plus d'une heure.

Rod demeura, quelques instants, à contempler ce spectacle d'horreur. Qui avait tué cet homme ? Était-ce Minnetaki, qui avait ainsi frappé dans le dos un de ses ravisseurs ? Puis, sans s'attarder plus longtemps, il reprit sa course, tout en redoublant de prudence.

La piste du traîneau continuait, en un terrain tellement bousculé qu'il en semblait presque impraticable. Il avait certainement fallu toute l'habileté du conducteur pour trouver, en ce chaos, où passer.

Soudain Rod, qui continuait à observer le sol avec attention, fit halte. La piste d'un grand ours, dont les larges pattes étaient fortement empreintes sur la neige, coupait celle du traîneau.

Roderick ne douta point que la bête, réveillée de son sommeil hivernal par la tiédeur du soleil, n'eût profité du beau temps précoce pour excursionner un peu hors de son repaire.

Poussé par une curiosité mal définie, et avec toutes les précautions nécessaires, il suivit, pendant une cinquantaine de mètres, la trace du plantigrade. Elle descendait vers l'amorce d'un étroit ravin, que ne tardait pas à obstruer complètement un de ces vastes blocs erratiques, semés là par quelque cataclysme préhistorique, et semblable à ceux dont il avait déjà, sur sa route, rencontré tant de spécimens.

Ici, sans doute, l'ours avait sa tanière, dans une fissure du rocher, où il s'était infiltré.

Rod continua également à avancer et, à son grand étonnement, il s'aperçut que la fissure traversait le rocher de part en part, pour donner accès à la suite du ravin.

Celui-ci, qu'écrasaient, à droite et à gauche, deux murs de falaises, taillées à pic, et qui par moments se rejoignaient presque, rappelait par son aspect, quoiqu'en plus petit, le fameux ravin où Rod et Wabi avaient, dans le passé, vécu tant d'heures angoissantes, celui qui, avait déclaré Rod, enfermait le secret de la mystérieuse mine d'or.

Roderick suivit, durant encore une centaine de mètres, le couloir rocheux, affreusement sinistre, et il se préparait à revenir en arrière, quand cessèrent brusquement les empreintes des pattes de l'ours.

C'étaient des pas d'homme qui les remplaçaient !

V

CORPS A CORPS AVEC WOONGA

La stupéfaction de Roderick était à son comble.

Il lui fallut plusieurs minutes pour rassembler ses idées et remettre d'aplomb sa raison. Plus que jamais, il sentait qu'il avait besoin de tout son calme.

L'ours, évidemment, n'était pas un ours, mais un homme. Plus tard, il éclaircirait à loisir cette énigme. Mais cet homme n'était-il point, justement, celui qui avait capturé Minnetaki, puis l'avait entraînée avec lui dans cette thébaïde désertique et solitaire ?

Rod avait l'impression de toucher au but.

La marche, dans l'étranglement de ce boyau rocheux, au sol inégal, était difficultueuse. Rod, toutefois, n'avait qu'à suivre la trace de l'homme-ours, qui semblait fort à son aise dans son repaire et y avait, sans hésiter, trouvé partout les meilleurs passages.

A un endroit, un arbre écroulé d'une des falaises latérales, où il s'était longtemps accroché à quelque anfractuosité du roc, était tombé en travers du ravin, qu'il obstruait. L'homme avait franchi l'obstacle, balayant en partie la neige sur son passage, et, un peu sur le côté, là où la blanche couche était, sur le tronc de l'arbre, demeurée intacte, une main humaine s'était appuyée.

Rod en demeura comme halluciné. Les cinq doigts avaient laissé leur empreinte avec une netteté saisissante. Ils étaient longs et minces, et la paume de la main étroite. Ce ne pouvait être qu'une main de femme, la main de Minnetaki.

L'homme-ours, qui jusque-là avait porté dans ses bras la jeune fille, avait visiblement déposé son fardeau, pour franchir l'obstacle, et Minnetaki avait passé à sa suite.

Au-delà, elle avait maintenant continué à marcher. Ses petits pieds, après avoir été dépouillés de leurs mocassins (ceux-ci destinés, comme Rod l'avait bien deviné, à imprimer sur l'autre piste de fausses empreintes), avaient été, semblait-il, pour les garer du froid et les empêcher de geler, enveloppés grossièrement dans des morceaux de fourrures. D'où l'aspect irrégulier qu'offrait leur marque, qui, pour l'œil le moins exercé, ne se différenciait pas moins de celle des pieds de l'homme-ours.

Rod comprit qu'il allait, avant peu, risquer sa vie pour la sœur aimée de Wabi. Était-ce en embuscade, ou dans un corps à corps, qu'il aurait à affronter son ennemi ? Quel que dût être le mode de combat, il était résolu à le risquer, à le risquer seul.

Il passa en revue tous les organismes de son fusil, sortit de sa gaine son gros revolver, s'assura que son couteau de chasse glissait bien dans son fourreau.

Il marcha durant encore un mille environ. Puis il lui sembla ouïr un son confus, qu'il ne pouvait préciser, mais dont la source ne devait pas être éloignée. Il s'arrêta et écouta, en étouffant sa respiration. Mais il n'entendit plus rien. Un renard peut-être, ou un oiseau, avait fait rouler quelque pierre.

Il reprit sa marche, lentement, l'œil et l'oreille aux aguets.

Quelques minutes après, il s'arrêta encore. Il y avait, flottant dans l'air, une faible et suspecte odeur.

Une bouffée de vent la précisa. C'était bien l'âcre odeur d'une fumée, mêlée au résineux et odorant parfum du cèdre pétillant. Un feu était sûrement à proximité, à une simple portée de fusil, peut-être.

Rod, silencieux comme une ombre, contourna un bloc de rocher qui lui bouchait la vue. Sa résolution était prise. Le vent était pour lui et, s'il pouvait surprendre son ennemi, il l'abattrait comme un chien, d'un coup de fusil. Ni avertissement, ni pourparlers, ni quartier.

Pouce par pouce, son fusil à l'épaule, il déboucha de l'abri du rocher et son champ visuel s'élargit soudain.

A vingt pas de lui, parmi les éboulis entassés où se terminait le ravin, s'élevait une cabane de bûches, du toit de laquelle montait, fantomatique, une spirale de fumée.

Roderick s'aplatit comme un loup, derrière une touffe de buissons, son doigt, qui tremblait malgré lui, posé sur la gâchette de son fusil, et observa. Si le hors-la-loi était dans la cabane, il l'attendrait là, aussi longtemps qu'il faudrait.

Rien ne parut, rien ne vint jusqu'à lui, qu'un faible sanglot, qui semblait issu de la porte ouverte de la cabane.

Ce sanglot le fit tressaillir jusqu'au fond de l'âme et, risquant le tout pour le tout, il s'élança jusqu'à la cabane, d'un bond désespéré.

Sur le sol, y était accroupie Minnetaki, ses admirables cheveux noirs retombant, dénoués, autour d'elle, sur ses épaules et sur ses genoux. Elle était pâle comme la mort, et fixait étrangement du regard le jeune homme qui, telle une apparition surnaturelle, surgissait devant elle.

Elle était seule, ou du moins il le semblait. En un instant, Rod se trouva agenouillé près de la douce sœur de Wabi. Il avait oublié toute précaution.

Un cri terrible de Minnetaki le fit se tourner, à demi relevé, vers la porte de la cabane.

Debout, prêt à sauter sur lui, était l'homme le plus effrayant qu'il eût jamais vu.

En un bref éclair, Rod aperçut l'énorme carrure d'un Indien, sa face atroce, la lueur d'un couteau levé.

En de semblables conjonctures, l'action salvatrice est automatique chez la créature humaine. Les gestes nécessaires se déclenchent d'eux-mêmes, comme si la vie, qui ne tient plus qu'à un fil, trouvait en soi, sans passer par un tardif raisonnement de la pensée, sa suprême ressource.

Rod, ainsi, ne pensa, ni ne raisonna. Instantanément, et sans savoir pourquoi, il se jeta la face contre terre. Cela le sauva.

Avec un cri guttural, l'Indien s'était élancé sur lui, en frappant de son couteau. Il ne trouva que le vide et, dans son élan, trébuchant sur le corps du jeune homme, il chut à côté de lui.

Après sa rude expérience du Wild, Roderick était devenu aussi souple que le chat sauvage. Ses muscles avaient durci comme l'acier. Sans se relever, il bondit sur son ennemi, élevant son propre couteau au-dessus de la poitrine du Woonga.

Mais non moins vif était le Woonga. Aussi prestement, il détourna le coup qui lui était destiné, et qui alla frapper la terre, avec force.

La seconde d'après, de son bras libre, il entourait le cou de Rod, et tous deux demeurèrent un instant immobilisés, dans une farouche étreinte.

De la même main qui tenait son couteau, Roderick maintenait celle de l'Indien, pareillement armée, et qui agissait de même. Aucun d'eux ne pouvait lâcher, pour frapper, la main ennemie, sans donner en même temps à son adversaire un dangereux et peut-être mortel avantage.

Voilà ce que se disait Rod, en ces courts instants où la bataille était suspendue. Mais il n'ignorait pas que le Woonga était le plus fort. De la seconde où il serait contraint de relâcher un peu de son étreinte, le coutelas de son ennemi s'enfouirait dans sa poitrine et, pour toujours, Minnetaki deviendrait la proie du sauvage.

Comme le jeune homme tournait légèrement sa tête vers son revolver sauveur, qu'il ne pouvait atteindre, il aperçut près de lui Minnetaki, qui s'était levée. Alors seulement, il vit que les mains de la jeune fille étaient liées derrière son dos.

Elle regardait, angoissée, les deux combattants, et tentait de se rendre compte comment, paralysée des mains comme elle l'était, elle pourrait bien porter secours à son ami.

Soudain, poussant un grand cri, elle bondit, les pieds joints, sur le bras étendu du Woonga, en l'écrasant de tout son poids.

— Vite, Rod ! cria-t-elle. Vite ! Frappez ! Frappez-le !

Déjà l'Indien, par une suprême contraction de ses muscles, dégageait, avec un hurlement, son bras et sa main, un moment immobilisés. Mais, plus rapide encore, Rod avait frappé, enfonçant sa lame, jusqu'au manche, dans la poitrine de son ennemi.

Le coup pénétra dans la chair avec un bruit sourd et l'Indien lâcha son coutelas, non sans qu'il en eût, auparavant, déchiré le flanc de Rod.

Le jeune homme jeta un cri aigu, de triomphe, à la fois, et de douleur et, par un énergique effort, se releva, en chancelant. Puis il tira de la poitrine du vaincu son arme ensanglantée, en coupa les liens qui attachaient les mains de Minnetaki et, pris de faiblesse, retomba sur le sol.

Les tempes lui battaient et il sentait chavirer sa tête. Mais il sentait aussi que deux bras doux lui cerclaient le cou, et il entendait une voix connue, qui semblait venir de très loin, l'appeler par son nom. Finalement, il perdit tout à fait connaissance.

Lorsqu'il revint à lui, la main de Minnetaki lui caressait le visage. Il vit, penchée sur lui, la figure de la jeune fille. Par la porte ouverte de la cabane, il apercevait, dehors, la neige blanche qui étincelait au soleil.

— Rod... disait Minnetaki.

Et sa voix était plutôt un murmure, qui tremblait d'inquiétude et de joie.

Roderick leva faiblement une main, dont il toucha la pâle figure inclinée. Il soupira :

— Je suis bien heureux de vous revoir, Minnetaki...

La jeune fille tendit à ses lèvres une tasse d'eau froide.

— Il ne faut pas, dit-elle, ses yeux brillant comme deux étoiles, que vous bougiez. Votre blessure n'est pas trop mauvaise, je l'espère du moins, et je l'ai pansée de mon mieux. Mais ne remuez point, surtout, ou le sang se remettrait à couler.

— Laissez-moi vous dire, cependant, insista Rod, quel fut mon chagrin, quand je dus quitter Wabinosh House sans vous avoir revue... Puis mon angoisse quand j'appris votre enlèvement... Maintenant je vous ai retrouvée... Tout le reste n'est rien...

— Chut ! Chut ! Chut !

Et Minnetaki posa sa main sur la bouche de Rod.

— Je suis, dit-elle en souriant, non moins curieuse de savoir comment vous êtes ici, comment j'ai, par vous, été délivrée. Mais je ne vous le demande pas... en ce moment du moins. Ne vous fatiguez pas à parler, je vous en prie !

Roderick vit que, sous son regard, les yeux de Minnetaki se détournaient, non sans quelque trouble ; lui-même détourna la tête. Dans ce mouvement, sa vue tomba sur une masse confuse, étendue sur le sol de la cabane, et que recouvrait une couverture de fourrure.

Il eut un frémissement et sentit que la main de Minnetaki tremblait dans la sienne.

— C'est Woonga, murmura-t-elle, Woonga lui-même, et il est mort.

VI

ROD EN PÉRIL DE MORT

En dépit de sa faiblesse, Rod eut un sursaut.

Ainsi le chef redoutable, le vieil ennemi de Wabinosh House, celui qui avait jadis convoité la mère de Minnetaki, et juré de se venger du père de Wabi, qui la lui avait enlevée, le hors-la-loi insaisissable, qui avait rêvé d'assouvir sur la fille sa passion et sa haine, était mort ! Et c'était lui, Roderick Drew, lui qui l'avait tué !

Malgré la souffrance à laquelle il était en proie, et la fièvre qui redoublait, le jeune homme sourit, d'un légitime orgueil.

— Combien je suis heureux, Minnetaki... heureux d'avoir...

Avant qu'il n'eût achevé sa phrase, deux nouveaux venus, qui s'étaient approchés d'un pas furtif, faisaient leur entrée dans la cabane. C'étaient Wabi et Mukoki, qui, ne voyant pas reparaître Rod, étaient revenus sur leurs pas, à sa recherche.

L'émotion, du coup, fut si forte, que Rod eut une syncope et perdit complètement connaissance.

Il lui sembla, quand, une demi-heure après, il reprit connaissance, qu'un temps infini s'était écoulé entre le présent et le drame terrible, où il venait d'être acteur.

Tandis que Minnetaki lui caressait le visage et les cheveux, comme une mère qui calme et endort son enfant, Mukoki, le vieux trappeur, était à ses pieds, accroupi comme un lynx, le fixant de ses yeux noirs, luisants comme des braises.

Il y avait, dans l'expression de ce regard, une étrange fascination. Rod l'avait déjà vu luire, dès que le vieil Indien pouvait craindre qu'un malheur ne fût arrivé à ceux qu'il chérissait. Et Roderick comprit qu'entre l'ancien sauvage et lui un lien existait, plus solide et plus profond que celui d'une simple camaraderie.

Il en fut tout remué et péniblement articula :

— Ohé ! Muki !

A sa voix, Mukoki rampa en silence le long de lui, et lui prit les mains, tout tremblant, une grimace de joie sur sa rude figure.

— Vous avoir raison... disait-il au jeune homme. Et moi, grand sot, avoir tort... Vous sauver Minnetaki et tuer Woonga... Vous brave, très brave, énormément brave !

Quant à Wabi, c'est à peine si Minnetaki, par des « Chut ! » répétés, parvenait à contenir l'expression de son enthousiasme.

Elle ne put, pourtant, l'empêcher de s'écrier, avec des larmes dans les yeux :

— Rod, tu es un héros ! Un héros, tout simplement ! Que Dieu te garde à jamais !

Tandis que Minnetaki bordait Roderick dans ses fourrures, lui soulevait délicatement la tête et tendait derechef un peu d'eau froide à ses lèvres brûlantes, Wabi et Mukoki, après avoir tiré dehors le corps de Woonga, s'en allèrent chercher les traîneaux et les chiens.

A son retour, le vieil Indien entreprit de panser plus utilement la blessure du jeune homme, qui était profonde et le faisait de plus en plus souffrir. Il fut décidé que, dès le lendemain, Rod serait couché sur un des traîneaux et que la petite troupe regagnerait, le plus rapidement possible, Wabinosh House, où le blessé pourrait recevoir les soins d'un médecin et d'un chirurgien.

Puis, tandis qu'un feu joyeux, de sapin et de peuplier, flambait dans la cheminée en pierres sèches de la cabane, Minnetaki conta brièvement les diverses péripéties de son enlèvement, et le guet-apens dont elle et son escorte avaient été victimes.

Si tous ses défenseurs, sauf un, celui-là même qui avait été porter la tragique nouvelle à Wabinosh House, et y expirer, étaient restés sur le terrain, les pertes de l'ennemi n'avaient pas été moins cruelles.

Woonga, en personne, avait reçu à la cuisse un coup de feu, qui avait déterminé une abondante hémorragie. D'où les taches de sang, semées par lui, tout le long de sa piste. Il avait été contraint, pour laisser se fermer sa plaie et donner aussi quelque repos à ses hommes, qui étaient plus ou moins grièvement blessés, de s'arrêter, trois jours durant, sous la hutte rencontrée en cours de route par ses trois poursuivants. Ce n'est qu'à cette unique circonstance que ceux-ci avaient dû de pouvoir rejoindre les fuyards.

Il était non moins certain que le sang, ainsi perdu par le sauvage, avait contribué à l'affaiblir sensiblement et que cela seul avait permis à Rod de lutter victorieusement contre le terrible colosse.

Et, si Woonga, trop occupé de fuir, avait, jusque-là, respecté Minnetaki, la jeune fille n'avait aucune illusion sur le triste sort qui, dans la cabane de bûches, évidemment une des retraites coutumières du brigand, lui était réservé.

Rod demanda pourquoi l'Indien, trouvé mort sur la piste, un couteau dans le dos, avait été tué, et par qui ?

Minnetaki répondit qu'une discussion violente, dont elle était l'objet, quoiqu'elle ne pût comprendre exactement ce qui se disait, s'était, à un certain moment, élevée entre les deux hommes, le second prétendant sans doute à avoir sa part de la captive. Et c'était Woonga qui, tandis que celui-ci lui tournait le dos, avait tué l'Indien.

Rod s'informa encore du mystère des pattes de l'ours empreintes dans la neige.

Minnetaki ne put s'empêcher de rire en expliquant que Woonga avait, à l'amorce du ravin, en quittant la piste suivie par les traîneaux et par le reste de ses hommes, enfourné ses mocassins dans des pieds d'ours, préparés à cet effet, persuadé que ces empreintes ne le trahiraient pas.

Il avait, à partir de cet endroit, pris la jeune fille dans ses bras, et ce n'est qu'après un assez long temps qu'il l'avait remise à terre, après lui avoir lié les mains, lui-même abandonnant son grossier stratagème et recommençant à marcher comme une personne naturelle.

Mukoki s'esclaffa en une série de gloussements, et battit des mains, à l'adresse de Rod.

— Lui pas bête ! Lui avoir quand même suivi l'ours !

La conversation se poursuivit tard dans la soirée, tandis que la flamme du foyer faisait danser les ombres sur les murs de la cabane de bûches. A son tour, Wabi conta à sa petite sœur par quelles angoisses leurs parents et lui avaient passé, comment Rod avait été rejoint sur la route de la civilisation, comment, grâce à Rod, elle avait été retrouvée.

Il lui raconta encore quelques-unes des aventures qui lui étaient advenues, en compagnie de Rod et de Mukoki, au cours de l'hiver écoulé, dans la grande expédition du trio à la chasse des scalps de loups et des fourrures. Il lui décrivit la vieille cabane abandonnée, où les squelettes de deux hommes, qui s'étaient jadis entre-tués, leur avaient livré le secret d'une lointaine mine d'or, à la recherche de laquelle une expédition nouvelle avait été projetée pour le printemps prochain.

Et Minnetaki, à son tour, frémit d'émotion à la pensée de l'or mystérieux.

Depuis longtemps Roderick était assoupi que ses compagnons et la jeune fille devisaient encore autour de la flamme prête à s'éteindre.

Le sort semblait avoir détendu son étreinte. Wabinosh House serait avant peu rallié et Minnetaki serait rendue, saine et sauve, à son père et à sa mère. Dès le lendemain...

Mais, le lendemain, il apparut, hélas ! que l'état de Rod avait, au cours de la nuit, gravement empiré. Le couteau de l'Indien avait pénétré dans l'aine, et qui sait si quelque organe vital n'avait pas été atteint ? Peut-être aussi y avait-il, dans la fièvre intense qui dévorait le jeune Blanc, une part due au surmenage physique et à l'épuisement des derniers jours, ainsi qu'à leurs rudes émotions successives.

Toujours est-il que Roderick était en proie à une sorte de prostration, dont il était impossible de le tirer. Il fut, avec mille précautions, chargé sur l'un des traîneaux et ce fut en ce piteux état que, sous les yeux humides de larmes de Minnetaki, il fut ramené à Wabinosh House.

Des jours et des nuits de délire suivirent, où la mort parut bien près de s'abattre sur Roderick Drew. Sans cesse il rêvait qu'il brûlait et rôtissait, dans un brasier dévorant. Et toujours, lorsqu'il rouvrait les yeux et revenait momentanément à lui, il apercevait, penché sur le sien, le visage délicat de Minnetaki, qui sans cesse lui rafraîchissait le front avec des compresses d'eau froide.

La blessure, cependant, marquait une tendance à s'améliorer, car la vie est solidement ancrée dans un jeune corps. L'inflammation diminuait et, au bout d'un mois, Rod fut déclaré hors de danger.

Un autre mois fut nécessaire à sa convalescence, au cours duquel Minnetaki vint, un jour, annoncer au jeune homme qu'une grande surprise l'attendait. Sa mère, Mrs. Drew, était arrivée. Un traîneau spécial avait été la quérir à Detroit et l'avait amenée près de son fils.

La question de la mine d'or commençait à revenir sur le tapis, dans les entretiens de Rod et de Wabi. La saison avait marché et l'instant favorable approchait, où il serait loisible de se mettre en route.

Comme il causait, un après-midi, avec Minnetaki, Rod demanda à la jeune fille si elle ne voudrait pas, elle aussi, prendre part à l'expédition. Et, comme les yeux de Minnetaki étincelaient à cette proposition :

— Obtenez-en l'autorisation, dit-il, de vos parents. Employez à cela toutes vos séductions ! Faites intervenir votre frère...

Mais Minnetaki, redevenue soudain sérieuse, secoua la tête.

— Mon père et ma mère, répondit-elle, n'y consentiront jamais. Oui, certes, je serais heureuse, très heureuse, de vous accompagner... Et, comme vous, je chasserais l'ours, le loup, l'élan et le caribou. Comme vous je chercherais l'or brillant... Mais, mettez-vous un instant à la place de mes parents. Vous savez combien ils m'aiment et quelles angoisses, à mon sujet, ont été les leurs. Tout cela est trop récent encore. Si la mort de Woonga, sans doute, a découragé ses partisans, qui ont disparu comme par enchantement de toute la région, combien d'autres dangers, dans une aussi aventureuse randonnée, peuvent me menacer !

« Personnellement, je ne les crains pas. Mais mon père et ma mère seraient moins rassurés que moi. Mon devoir est de ne point leur faire ce chagrin, de ne pas leur donner tout au moins ce souci. Je demeurerai auprès d'eux et tiendrai, en même temps, compagnie à votre mère, qui m'aime déjà comme si j'étais sa propre fille... Vous, allez, et que la chance soit avec vous !

VII

SOUS LA GLACE DU LAC NIPIGON

Le soleil, maintenant, se levait très tôt, chaque matin, les jours étaient plus longs et l'air plus tiède.

Sous les effluves printanières montait le doux parfum de la terre bourgeonnante. La forêt profonde, pleine d'invisible vie, s'éveillait, avec mille bruits, de son long sommeil dans son lit de neige.

Partout les oiseaux-des-élans gazouillaient, dans les buissons, leur chant d'amour, ou flirtaient par couples, en volant dans l'air.

Les geais et les corbeaux s'ébrouaient. Les oiseaux des neiges, lueurs tachetées, blanches et noires, qui partout voletaient, étincelant au soleil comme autant de pierres précieuses, commençaient à émigrer vers le nord. Puis ils disparurent complètement avec la dernière neige.

Les peupliers gonflaient de sève heureuse leurs bourgeons, gros comme des pois, qui en éclataient les uns après les autres, pour le grand régal des perdrix.

C'est l'heure où la maman ourse sort de sa caverne hivernale, accompagnée de ses petits oursons, nés depuis deux mois déjà, et leur enseigne comment il sied de courber vers eux les jeunes arbres, afin d'en atteindre les tendres pousses nouvelles.

L'heure où les élans descendent des hautes crêtes montagneuses, où ils ont été sagement chercher un refuge, pourchassés par les loups, acharnés à dévorer ceux d'entre eux qui étaient malades ou affaiblis par l'âge.

La glace mourante craquait et s'effritait sur le sol terrestre comme sur les lacs, sur les rochers comme sur les arbres. Chaque nuit, la lueur froide et pâlissante de l'aurore boréale se retirait peu à peu vers le pôle, dans sa gloire évanouie.

Un calme complet était revenu à Wabinosh House, qu'avaient quitté les soldats envoyés par le gouvernement canadien pour la défense de la factorerie.

Le départ des chasseurs d'or eut lieu un matin d'avril. Rod, Wabi et Mukoki avaient, la veille au soir, terminé leurs préparatifs et jeté à leur équipement respectif un dernier coup d'œil. Rien n'avait été oublié et, vingt fois dans la nuit, Rod, que l'idée de cette nouvelle et passionnante randonnée dans l'extrême Northland empêchait de dormir, avait serré nerveusement dans sa main l'écorce de bouleau qui devait les conduire [1].

Les étoiles n'étaient pas encore éteintes au ciel que tout le monde, dans la factorerie, était debout. On s'était réuni dans la grande salle à manger, où tous les « factors », depuis deux siècles, prenaient leurs repas.

Un déjeuner d'adieu avait été préparé, à l'intention de ceux qui partaient, pour des semaines, pour des mois peut-être. Une inévitable tristesse planait sur l'assemblée et le factor, affectant une bruyante gaieté, faisait effort pour remonter le courage des femmes.

Mrs. Drew et la mère de Minnetaki, l'ancienne princesse indienne, cachaient leur trouble de leur mieux. Mais les yeux rouges de Minnetaki laissaient voir à tous qu'elle avait pleuré.

Ce fut pour Rod, qui avait bien envie d'en faire autant, un grand soulagement lorsque, le déjeuner terminé, on sortit dans l'air frais du matin.

Tout le monde, accompagnant les trois voyageurs, descendit avec eux jusqu'au bord du lac Nipigon où, sur l'eau libre, une pirogue attendait.

Les deux mères firent, à leurs deux fils, leur dernier adieu. Lorsque Wabi embrassa sur les deux joues sa sœur Minnetaki, celle-ci, n'y pouvant plus tenir, éclata en sanglots. Rod, qui tenait pressée dans ses mains la main de la jeune fille, sentit sa gorge se contracter.

— Au revoir, Minnetaki ! cria-t-il, tandis qu'il prenait place dans

1. Allusion au plan, tracé sur une écorce de bouleau, trouvée par les jeunes gens, au cours de l'hiver précédent, et qui indiquait grossièrement l'itinéraire à suivre pour arriver à la mine d'or.

la pirogue, où était installé déjà le vieux Mukoki, et que Wabi poussait au large.

L'embarcation s'éloigna et disparut bientôt dans l'obscurité.

Durant un long moment, on n'entendit plus rien que le plongeon rythmé des trois pagaies. Puis, une ultime fois, arriva faiblement, jusqu'aux trois hommes, la voix de Minnetaki leur souhaitant un heureux voyage. Et ce fut tout.

Rod, le premier, rompit le silence.

— Par Jupiter ! dit-il, le plus dur, en ces sortes d'affaires, est l'instant de la séparation !

Le charme pesant était rompu.

— Évidemment... répondit Wabi. Chaque fois que je quitte ma sœur, c'est pour moi une mortelle tristesse. Mais un jour viendra, je n'en doute pas, où nous obtiendrons de mes parents qu'elle vienne avec nous. Rod, qu'en dis-tu ?

— Ce que j'en dis ? balbutia Rod, en rougissant. Je dis... je dis qu'elle ferait une audacieuse compagne !

— Oui, elle brave, elle tirer, elle chasser comme nous... Cela être bien, tout à fait bien ! approuva Mukoki avec une telle conviction que Rod et Wabi en éclatèrent de rire.

Wabi gratta une allumette et, à sa lumière, consulta la boussole.

— Nous allons, dit-il, au lieu de contourner son rivage, traverser de biais le lac. Ce sera, pour nous, une avance considérable. Qu'en penses-tu, Muki ?

Le vieux trappeur ne répondit point. Étonné, Wabi, cessant de pagayer, réitéra sa question.

— Estimes-tu, demanda-t-il, que ce serait imprudent ?

Mukoki mouilla sa main, par-dessus bord, puis l'éleva au-dessus de sa tête.

— Vent du sud... dit-il. Peut-être pas devenir plus fort. Mais si devenir plus fort...

Roderick considéra combien la pirogue était lourdement chargée et observa :

— Évidemment, si le vent augmentait, il pourrait n'être pas très prudent...

Wabi parut hésiter, puis rétorqua :

— Courons-en la chance ! Nous en aurions, à contourner le lac, pour toute la journée d'aujourd'hui et pour la moitié de celle de demain. En coupant, c'est un jour entier de gagné. Nous serons à terre dans l'après-midi.

Mukoki fit entendre un grognement, qui pouvait être aussi bien une désapprobation qu'un acquiescement. Quant à Rod, il ne vit pas sans un peu d'effroi la frêle embarcation s'élancer hardiment sur l'immense et clapoteuse surface liquide.

Le battement régulier des pagaies emportait la pirogue à une vitesse de quatre milles à l'heure et, quand le jour se fut complètement fait, le rivage boisé de Wabinosh House n'était déjà plus qu'une ligne brumeuse.

Le soleil s'était levé, chaud et splendide, sur le lac étincelant, chassant le froid de l'atmosphère, où la brise apportait la senteur des forêts lointaines. Rod en fut tout à fait rassuré.

Il pagayait joyeusement, de toute la vigueur de ses jeunes muscles. Wabi sifflait et chantait, entremêlant à ses chansons des couplets indiens. Rod joignit sa voix à la sienne, pour entonner *Yankee Doodle* [1] et *The Star Spangled Banner* [2]. Le taciturne Mukoki lui-même donnait de temps à autre un coup de voix, pour bien montrer qu'il partageait la gaieté de ses deux compagnons.

Quel attirant et merveilleux roman, en effet, les deux jeunes gens ne s'apprêtaient-ils pas à vivre ? Le Nord infini, désertique et silencieux, avec son mystère inviolé, s'ouvrait devant eux. Le vent leur apportait son appel. Et, ce qui valait encore mieux que tout, la fortune était peut-être pour eux au bout de l'aventure. Comment, dans ces conditions, auraient-ils pu être tristes ?

De grandes bandes de canards sauvages, au plumage noir et au bec bleu, animaient les eaux du lac. Ils s'envolaient, en sifflant, sur le passage de la pirogue, et c'eût été, pour Rod et pour Wabi, un joli jeu de les abattre par dizaines. Mais, au bout d'une demi-douzaine de coups, Mukoki intervint.

— Nous pas perdre coups de fusil sur canards, conseilla-t-il. Nous avoir ensuite beaucoup besoin de munitions.

A midi, les pagaies furent mises au repos, pour une bonne heure, et les trois compagnons absorbèrent le copieux repas qui leur avait été préparé à Wabinosh House. Puis, avec des forces renouvelées, ils poussèrent de l'avant.

La rive opposée du lac, vers laquelle ils allaient, devenait nettement visible, et leur regard y cherchait l'embouchure du fleuve Ombakika qui, au début de l'hiver, et alors gelé, avait été le point de départ de leur première randonnée.

Soudain, l'attention de Wabi fut attirée par une longue bande blanche qui, dans cette direction, semblait border le rivage et le précédait.

— Cela semble bouger, dit-il au bout d'un instant, en se tournant vers Mukoki. Serait-ce... Serait-ce vraiment...

— Quoi donc ? interrogea Rod.

— ... Des cygnes ?

— Des cygnes ! s'exclama Rod. Ils seraient assez nombreux pour couvrir une pareille surface ?

— Cela se voit, répondit Wabi. Ils sont parfois des milliers.

— Oui, appuya Mukoki. Plus nombreux alors que vous pouvoir en compter en vingt mille ans...

Puis, au bout d'un instant, il ajouta :

---

1. Chanson populaire aux États-Unis.
2. *La Bannière étoilée,* hymne national américain.

— Aujourd'hui, pas cygnes. Glace !

Il semblait peu ravi de sa découverte et la figure de Wabi se plissa, pareillement, d'une vive inquiétude.

Rod ne tarda pas à en saisir le motif quand, une demi-heure après, la pirogue vint se heurter à une sorte de banquise qui s'étendait de droite et de gauche, à perte de vue, et qui barrait complètement, à un quart de mille en avant, l'accès du rivage.

Force fut bien de s'arrêter. Wabi semblait consterné. Mukoki, sa pagaie sur les genoux, ne soufflait mot.

— Nous allons, je pense, demanda Rod, traverser cette glace ?

— Certainement... répondit Wabi. Quand nous le pourrons ! Demain ou après-demain...

— Tu crois cela impossible ?

— Impossible. Ou à peu près.

La pirogue longea le bord de la banquise. Mukoki, de sa pagaie, tentait de se rendre compte de l'épaisseur et de la solidité de la couche glacée.

Sur une largeur de plusieurs pieds, la glace était friable et se brisait au moindre choc. Ensuite, elle paraissait plus ferme.

— Il me semble, opina Rod, que si nous parvenions à pratiquer, dans la glace molle, une ouverture suffisante pour livrer passage à notre pirogue, nous pourrions facilement aborder à la glace dure, puis gagner à pied le rivage.

Wabi avait déjà saisi une hache.

— C'est ma pensée, dit-il. Allons-y !

Mukoki ne semblait pas aussi convaincu de l'excellence de l'entreprise et secouait la tête.

La première glace fut donc brisée à coups de hache et la frêle embarcation s'engagea dans l'étroit chenal qui lui était ouvert.

Dès que l'on fut parvenu à la glace dure, Wabi y sauta, avec précaution, de l'avant de la pirogue. Puis il s'écria, triomphalement :

— Et voilà ! A toi Rod... Fais attention de ne point choir à l'eau...

En un instant, Roderick l'eut rejoint.

Ce qui se passa ensuite fut comme un bref et terrible cauchemar. Un léger craquement de la glace se fit d'abord entendre sous les pieds des deux jeunes gens. Et Wabi se mit à rire de la mine effarée de son ami.

— Ce n'est rien, dit-il. Rien ne bouge déjà plus...

Mais la glace molle n'avait pas été assez profondément entamée. Wabi avait à peine achevé, qu'avec un bruit de tonnerre un énorme bloc s'effondra sous eux, et ils culbutèrent dans l'eau sombre du lac.

Durant un centième de seconde, Rod aperçut le visage horrifié de son ami, qui coulait avec lui. Il entendit le cri aigu de Mukoki. Puis il ne vit ni ne perçut plus rien, et il comprit que l'eau froide, où il se débattait, venait de l'engloutir.

Farouchement, il lança ses bras et ses jambes, en un effort désespéré pour remonter à la surface. Et il songea, non sans terreur, à la nappe de glace qui s'étendait au-dessus de lui.

Dans quel sens devait-il nager pour trouver une issue ? Il ouvrit un instant les yeux. Mais il ne vit que du noir autour de lui. Il ouvrit machinalement la bouche, pour respirer. Mais aussitôt il dut la refermer, en sentant l'eau y pénétrer.

Les secondes étaient des siècles. En quelques brasses, il remonta. Mais il se heurta la tête à quelque chose de dur. La glace était sur lui. Il était emmuré dans une prison sans issue !

Il redescendit un peu, puis se remit à nager, en aveugle, à tout hasard. La respiration commençait à lui manquer. Il allait falloir rouvrir la bouche...

Sa dernière sensation fut qu'il essayait de crier, pour appeler à l'aide, et que l'eau se précipitait, en gargouillant, dans son gosier.

Il ne vit pas le long bras qui, dans l'eau, descendait vers lui, pour l'empoigner. Il ne sentit pas la main robuste qui, parmi les bulles d'air, le ramenait à la surface. Il sentit seulement, quelque temps après, qu'on le frictionnait énergiquement, et tapotait avec les poings, puis qu'on le roulait, comme s'il était devenu le joujou d'un ours.

Il rouvrit les yeux et vit, penchés sur lui, Wabi ruisselant et Mukoki.

— Vous l'échapper belle ! prononça Mukoki. Gagner maintenant le rivage au plus vite...

La glace, heureusement, au-delà du lieu de la catastrophe, s'affermissait.

La pirogue fut halée jusque-là et Wabi en sortit un paquet de couvertures. Mukoki passa son bras sous les épaules de Rod, pour l'aider à se relever, puis à marcher, et les trois hommes se dirigèrent vers le rivage.

— Mais, demanda Rod, qui nous a tirés de l'eau ?

— C'est Muki, parbleu ! répondit Wabi. Toi, il a bien fait... Mais, moi, je ne l'avais vraiment pas mérité ! Et, par une injustice flagrante, c'est toi qui as failli surtout y rester.

— Brave Muki !

Pour toute réponse, Mukoki se mit à grogner et à glousser de façon si comique que les deux amis, tout gelés qu'ils fussent, ne purent s'empêcher d'éclater de rire.

Après quoi Wabi prit sa course en avant, pour allumer un feu.

VIII

LE GRAND ESPRIT ET LES SEPT BELLES FILLES

Lorsque Rod parvint au rivage, conduit par Mukoki, un énorme brasier flambait déjà.

Le vieil Indien se hâta de construire un abri, avec des branches de baumiers. Dès qu'il fut terminé, Rod et Wabi, dépouillant leurs vêtements, vinrent s'y coucher, enveloppés dans les couvertures, tandis que Mukoki faisait sécher à la flamme pétillante leur défroque.

Deux heures y furent nécessaires. Les deux jeunes gens, au bout de ce temps, purent se rhabiller et la gaieté reprit ses droits.

S'étant éloigné un instant, Wabi reparut en brandissant dans sa main une branche de bouleau, de grosseur respectable, mais souple à souhait.

— Tu vois cette trique, dit-il à Rod, en la lui tendant. C'est pour que tu m'administres la correction que j'ai méritée, plutôt deux fois qu'une, par mon imprudence.

— Cela, je le reconnais volontiers, répondit en riant Roderick.

— Regarde ce gros tronc d'arbre, tombé là, près du feu. Tu vas t'y placer à plat ventre, la tête en bas et le derrière en l'air.

— Qui ? Moi ? demanda Rod.

— Parfaitement ! C'est pour te montrer. Tu sauras mieux, ensuite, comment tu dois opérer avec moi.

— C'est entendu !

Roderick alla prendre position sur le tronc d'arbre et Wabi leva la branche de bouleau.

— N'y vas pas trop fort... implora Rod, en feignant l'effroi.

— Y es-tu ?

Et Wabi se mit à frapper, à tour de bras.

— Vlan ! Vlan ! Vlan !

Roderick protesta :

— Tu me fais vraiment mal, sais-tu ? Arrête, au nom du ciel !

— Ce n'est rien. Cela te réchauffera et ramènera chez toi la circulation du sang. Il faut savoir, en homme, supporter la douleur.

Et Wabi de taper à coups renforcés, jusqu'à ce que la branche lui tombât des mains.

— Maintenant, dit-il, c'est à mon tour. C'est à moi de t'implorer et de te demander d'y mettre quelque mesure.

Et il se coucha sur le tronc d'arbre.

— C'est bien, c'est bien... grommela Rod, en relevant sa manche. Je ferai à ton exemple !

Et la souple trique retomba sur le derrière de Wabi.

Roderick y allait de tout son cœur et, en dépit de son stoïcisme, Wabi commençait à n'y plus pouvoir tenir, lorsque son ami, le bras rompu, frappa son dernier coup.

Il jeta la branche et, tendant les bras à Wabi :

— Maintenant, dit-il en riant, je crois que nous sommes quittes ! Si la peau te brûle autant que la mienne, je crois que la réaction est complète et nous ne courons plus risque de nous enrhumer.

Et les deux amis, bien séchés et réchauffés, se précipitèrent avec effusion dans les bras l'un de l'autre.

— Sais-tu, dit Wabi, que tu as couru un réel danger ? Muki et moi, qui étais déjà tiré d'affaire, nous ne savions où te chercher dans l'eau. Heureusement un remous se produisit, lorsque tu commençais à couler au fond, et pour jamais. Mukoki allongea le bras dans cette direction, se penchant à en faire chavirer la pirogue, et ce sont tes cheveux dont il se saisit tout d'abord. Le reliquat vint ensuite.

— Brr... dit Rod, en frissonnant. Tu recommences à me congeler. J'en rêverai sûrement, cette nuit. Parlons de sujets moins tristes.

Mukoki, durant ce temps, était retourné à la pirogue. Il en avait rapporté une partie du chargement, notamment les ustensiles de cuisine et les canards tués par Rod et par Wabi.

Le foyer fut rechargé avec des branches de peuplier. Dans le jour qui déclinait, elles flambèrent en un feu d'artifice merveilleux. Rod battit des mains.

— Elles éclairer mieux que vingt mille bougies ! acquiesça Mukoki.

On s'assit autour du brasier, en attendant l'heure du dîner.

— Il y avait une fois, dit Wabi, il y a de cela très longtemps, un grand chef en ce pays, qui avait sept filles très belles. Si belles étaient-elles, que le Grand Esprit en personne en tomba amoureux. Pour la première fois, depuis un nombre incalculable de lunes, il apparut sur la terre et s'en alla trouver le chef en question.

— Si tu consens, dit-il, à me donner tes sept filles, je t'accorderai la réalisation de sept vœux que tu pourras faire.

Le chef donna ses filles. Après quoi il demanda que lui fussent accordés, d'abord une nuit sans jour, puis un jour sans nuit. Il eut satisfaction. Comme troisième, quatrième et cinquième vœux, il demanda : que la terre abondât toujours en gibier et en poisson ; que les forêts fussent toujours vertes (c'est pourquoi cèdres, sapins et baumiers conservent, même l'hiver, leur verte parure) ; que le feu fût donné à lui et à son peuple. Son sixième souhait fut de posséder un combustible qui brûlât, même mouillé, et le Grand Esprit lui donna le bouleau. Son dernier vœu fut d'avoir un autre combustible qui brûlerait sans donner de fumée et dont la flamme mettrait la joie aux cœurs les plus tristes. Et le peuplier surgit du sol. C'est donc à ce chef et à ses sept filles que nous devons, aujourd'hui encore, tous ces bienfaits. Est-ce vrai, Muki ?

Le vieux trappeur fit signe que oui.

— Mais que sont devenus ensuite, et le Grand Esprit, et les sept belles filles ? interrogea Rod, d'un air narquois.

Ce qui fit se lever Mukoki, qui s'éloigna du feu.

— Il croit, glissa Wabi à l'oreille de Rod, à toutes ces vieilles légendes, comme au soleil et à la lune. Mais il sait que tu n'as pas la foi et que, comme toi, s'en moquent tous les Blancs.

« Il pourrait te conter, s'il osait, de bien pittoresques histoires, concernant la création de ces forêts, de ces monts et de tous les êtres qui les peuplent. Mais ton incrédulité l'en empêche et il craindrait tes railleries.

— Nous allons voir ! dit Rod.

Se levant aussitôt, il appela :

— Mukoki ! Mukoki !

Le vieil Indien fit demi-tour et revint lentement vers le jeune homme, qui alla vers lui, en souriant, la moitié du chemin.

— Mukoki... dit-il doucement, en prenant dans la sienne la main parcheminée du Peau-Rouge, Mukoki, écoute-moi. J'aime beaucoup le Grand Esprit. Je vénère, comme toi, celui qui créa ces glorieuses forêts, les montagnes, les lacs, les fleuves et les rivières, et cette superbe lune, qui est là-haut. Je désirerais m'instruire sur lui. Veux-tu consentir à m'en parler un peu, afin que je puisse le reconnaître, quand il trahit sa présence autour de moi, dans les vents du ciel, dans les étoiles et dans les forêts ? Le veux-tu, Mukoki ?

Mukoki détendit ses traits renfrognés et desserra ses lèvres minces. Puis il regarda Rod avec attention, comme s'il essayait de lire sur son visage la véracité de ses paroles.

Roderick continua :

— Ce sera moi, ensuite, qui te parlerai du Grand Esprit des Blancs. Car, nous aussi, Muki, nous en avons un, qui a créé pour nous le monde des Blancs, comme le tien a créé le vôtre, pour toi et ta race. En six jours, il a fait le ciel, la terre et la mer, et s'est reposé le septième. C'est ce septième jour que nous appelons le dimanche. Lui aussi, a créé pour nous nos forêts. Mais ce n'est pas pour l'amour de sept belles jeunes filles ; c'est tout simplement par bonté envers l'homme. Je t'enseignerai, à son sujet, mille choses admirables, si tu veux, de ton côté, me faire confiance et me parler du tien ? C'est entendu ?

— Oui... Peut-être... répondit, d'un air embarrassé, mais radouci, le vieil Indien.

— Tout de suite, alors ?

— Non, un autre jour...

La fâcherie n'en était pas moins terminée. Rod comprit qu'il avait touché la corde sensible de son vieux camarade rouge, de son sauveur de tout à l'heure.

Les canards furent plumés, vidés et rôtis. Mukoki choisit le plus gras des « becs-bleus », qui était cuit et doré à point, et l'offrit à Rod. Il en tendit un autre à Wabi et, un troisième en main, s'assit par terre à le déguster.

— C'est un festin de roi ! ne put s'empêcher de s'exclamer Rod, en brandissant son « bec-bleu » au bout de sa fourchette.

La nuit se passa sans incident. Quand, à l'aube, Rod et Wabi rouvrirent les yeux, ils aperçurent, devant la hutte, la pirogue sur laquelle ils avaient traversé le lac Nipigon.

— Ah ça ! s'écria Rod, comment est-elle arrivée ici ?

— Moi travailler, pendant que vous dormir .. répondit, en s'avançant, Mukoki.

Et il ajouta, avec un gloussement :

— Moi avoir tiré sur la glace bateau et restant de son contenu.

— Bravo, Muki !

— Mukoki, dit Wabi, a fait la moitié de la besogne. C'est à nous trois, maintenant, à transporter pirogue et chargement jusqu'à l'embouchure du fleuve Ombakika, qui se trouve un peu plus vers le nord, à une heure d'ici, environ. Écoute, Rod... En prêtant bien l'oreille, on l'entend gronder.

— En effet... Ce doit être, en cette saison, un impétueux torrent.

— Oui, oui, acquiesça Mukoki. De l'eau, beaucoup d'eau très rapide. Fleuve courir plus vite que vingt mille caribous !

— Et il va falloir que nous le remontions avec notre bateau ? demanda Rod.

— Parfaitement ! répondit Wabi, en riant de la mine déconfite du jeune Blanc. Et nous en viendrons bien à bout !

Les trois hommes se partagèrent le chargement de la pirogue, que Wabi et Mukoki revinrent ensuite chercher, et transportèrent facilement sur leurs épaules.

A l'aspect de l'Ombakika, qui apparaissait dans la lumière du matin, Rod fut stupéfié.

Le lit du fleuve, qu'ils avaient, au cours de leur dernière expédition hivernale, trouvé gelé et remonté sur la glace, ne mesurait pas alors plus de vingt mètres de large. C'était maintenant une véritable Amazone, dont les eaux brunes et sales roulaient en tourbillonnant, se tordant lentement, comme un liquide épais, en ébullition sur un feu. Ces vastes eaux, à la sourde et profonde rumeur, n'avaient rien de frénétique, rien de la folie d'un torrent. Elles étaient majestueuses et puissantes.

Mais cette sorte de paresseuse placidité n'était qu'à demi rassurante. On sentait sous elle, sous ses lourds gargouillements de bouillie d'avoine, des milliers de courants invisibles, de traîtrises et d'embûches. Des tourbillons, en forme d'entonnoirs, apparaissaient çà et là, pareils à des cratères de volcans, dont l'eau épaisse était la lave.

Des aspirations sournoises donnaient l'impression de mains de géants, qui opéraient sous les flots boueux, attendant celui qui se risquerait sur cette vaste marmite, pour le tirer à fond.

Rod, tout éberlué, sentait instinctivement, dans ce large fleuve, à la louche allure, et dans tous ses petits maelströms, plus de dangers redoutables que dans le rugissement de vingt torrents réunis.

Son visage trahissait ses secrètes pensées et c'est avec quelque émotion qu'il demanda :

— Alors, c'est là-dessus que nous allons naviguer ?

— Nous longer le bord, répondit Muki. Nous arriver sans danger.

La pirogue était, l'instant d'après, remise à l'eau, dans une calme petite crique où se mourait le courant, et, quand elle eut reçu derechef tout son chargement, les trois chasseurs d'or y prirent place.

Mukoki était à l'arrière, dirigeant de sa pagaie le frêle esquif, et le maintenant à une douzaine de mètres de la rive. Devant lui, les deux jeunes gens pagayaient également, de toute leur vigueur, et Rod s'étonnait de la facilité relative avec laquelle ils avançaient.

IX

LA BALLE JAUNE

De temps à autre, un tourbillon se saisissait de la pirogue et, à la voir tanguer et virer presque sur elle-même, Roderick pouvait facilement se rendre compte des périls qu'ils eussent courus au milieu du fleuve.

Dans des cas pareils, Mukoki et Wabi avaient fort à faire, et promptement, pour empêcher une catastrophe. Wabi, qui était placé à la proue, avait l'œil sans cesse en alerte.

Mais rien ne pouvait faire prévoir ces soudaines attaques des forces invisibles. L'eau semblait, souvent, calme comme une nappe d'huile. Deux minutes après, y montait une énorme bulle d'air, pareille à la respiration d'un gros poisson, et un cratère liquide s'ouvrait devant la pirogue.

A coups redoublés de pagaies, celle-ci s'en tirait saine et sauve, non sans que Rod ne la vît s'enfoncer de plusieurs pouces. Il y avait là quelque chose de vraiment terrifiant.

D'autres dangers menaçaient constamment. Des bois flottants, des touffes de broussailles et autres débris végétaux étaient entraînés par le courant et Wabi ne cessait de crier :

— Pare à droite !

Puis, l'instant d'après :

— Pare à gauche !

Et réciproquement.

Rod avait les bras moulus de suivre les indications de Wabi.

Parfois, le bouillonnement de l'eau était à ce point redoutable que Mukoki dirigeait l'embarcation vers le rivage et que les trois hommes, mettant pied à terre, devaient transporter plus loin la pirogue et son chargement.

Il y eut, au cours de la journée, cinq semblables portages et, en comptant le temps perdu à ces opérations, il ne fallait pas tabler sur une avance de plus de deux milles à l'heure.

On campa, tard dans l'après-midi. Le lendemain, l'Ombakika qui, en se rapprochant de sa source, se faisait plus étroit, était plus rapide encore, plus encombré que jamais de bûches et de troncs d'arbres, qui suivaient, avec une vitesse effrayante, le fil de l'eau. Sans la perpétuelle attention de Wabi, l'incomparable virtuosité de Mukoki et la souple docilité de Rod à obéir en tout à ses deux compagnons, la barque fragile eût été engloutie dix fois pour une. Mais les trois hommes agissaient de concert, comme une machine bien réglée, sans une faiblesse du regard ou des muscles.

Puis le lit de l'Ombakika s'étrangla de plus en plus, le large fleuve de la veille ne fut plus qu'un simple torrent, bondissant sur des rochers, et, au coup de midi, Mukoki déclara que la navigation était momentanément terminée.

— Long portage maintenant, dit-il. Tout porter.

Il s'agissait, en effet, de franchir à pied la ligne de partage des eaux qui, d'un côté, s'inclinait vers le lac Nipigon, et descendait de l'autre vers les vastes solitudes où les trois compagnons avaient, l'hiver précédent, pour chasser les loups, établi leur campement dans la fameuse cabane aux squelettes, brûlée ensuite par les Woongas.

Le contenu de la pirogue, divisé en trois lourds paquets, fut d'abord hissé au faîte de la crête rocheuse, puis ce fut au tour de la pirogue.

La cascade par où se précipitait l'Ombakika, dans une brèche de la montagne, et dont la force de projection bravait le gel de l'hiver, écumait toujours entre des entassements de rocs cyclopéens. Rod en reconnut aussitôt la clameur formidable.

Le campement fut installé, le soir, sur le sommet de la montagne, sous le même gros rocher où les trois hommes avaient déjà dormi, et Wabi se fit un malin plaisir de rappeler à Rod son mirobolant exploit, quand, novice encore dans le Wilderness, il avait, au cours de la nuit, abattu un gros lynx, pris par lui pour un Woonga.

La redescente de la montagne, dont les pentes s'inclinaient plus doucement sur cette face, fut singulièrement moins dure que son ascension, moins épuisante surtout que la navigation, à contre-courant, sur l'Ombakika. Mais, comme le transport du paquetage et celui de la pirogue nécessitaient un double trajet, ce ne fut qu'à la fin du jour que les chasseurs d'or arrivèrent au petit lac, situé dans une dépression du terrain, et sur le bord duquel s'était dressée l'ancienne cabane.

Au lieu d'immenses nappes de neige, c'étaient de vertes prairies qui encerclaient le joli lac, aujourd'hui complètement dégelé. Cèdres et sapins se miraient dans ses eaux calmes.

Tandis que Mukoki se hâtait de construire une hutte, Rod et Wabi remuèrent mélancoliquement du pied des charbons noircis. Ils étaient, sur l'herbe verte, les seuls restes de la cabane qui leur avait livré le secret de l'or.

Des ossements blancs gisaient, dans les hautes herbes, une cinquantaine de pas plus loin. Les Woongas, qui avaient attaqué l'ancienne cabane, n'étaient point, après leur déroute, revenus pour enterrer leurs morts. Ces os étaient ceux des hors-la-loi que Wabi avait tués, et que les petites bêtes du Wild avaient proprement nettoyés.

La première partie du voyage était accomplie. Dans vingt-quatre heures, les trois compagnons seraient au fameux ravin et l'expédition commencerait à prendre tout son intérêt.

— Une chose est indubitable, déclara Rod, en tirant de son sac, et en déroulant sur son genou l'écorce de bouleau destinée à leur servir de fil d'Ariane, c'est que trois hommes ont, avant nous, à une époque incertaine, très éloignée, connu l'existence de la mine d'or, et ont tracé sur cette bande, miraculeusement parvenue entre nos mains, l'itinéraire à suivre pour arriver jusqu'à elle.

Ces trois hommes, associés ensemble, étaient un Anglais, nommé John Ball, et deux Français, Henri Langlois et Pierre Plante. John Ball a d'abord été assassiné par Henri Langlois et par Pierre Plante. Puis ceux-ci se sont entre-tués. Nous sommes bien d'accord sur ce point.

— D'accord, si tu veux... répondit Wabi, avec un sourire railleur au coin de la lèvre. Car enfin rien ne prouve que nous n'avons pas, de toutes pièces, inventé ce roman.

Rod sursauta.

— Inventé de toutes pièces ? s'exclama-t-il. Et les pépites d'or trouvées par nous, dans la vieille cabane, enfermées dans un petit sac de peau de daim ? Toi-même as reconnu que, jusqu'ici, tous mes pressentiments, toutes mes déductions s'étaient vérifiés. Tu ne vas pas prétendre maintenant...

— Oh ! je ne prétends rien, riposta Wabi, tout heureux de taquiner un peu son ami et de railler sa foi inébranlable. Je dis seulement... que tu as beaucoup d'imagination naturelle. Après tout, si nous ne trouvons rien, cette fantastique histoire aura toujours été pour nous l'occasion d'une magnifique randonnée printanière, d'une excursion pittoresque dans un pays inexploré.

Et il se mit à siffloter, d'un air indifférent.

Rod était outré et Mukoki arriva fort à point pour calmer sa mauvaise humeur.

— Nous d'abord aller au ravin, prononça-t-il philosophiquement. Nous voir après.

Mais Rod était à ce point vexé des doutes émis par son ami que, prenant son fusil, il s'éloignait, quelques minutes après, en laissant Wabi et Mukoki préparer ensemble le dîner.

— Je vais faire un tour de chasse, dit-il d'un air bougon. Peut-être trouverai-je quelque gibier à tuer, pour corser notre menu.

— Bonne promenade ! lui cria Wabi. Et si tu rencontres, chemin faisant, quelques pépites, n'oublie pas de les ramasser...

Roderick, s'étant éloigné, ne tarda pas à disparaître en terrain accidenté.

Il marcha, pendant un bon mille, sans apercevoir aucun gibier. Puis, comme il débouchait d'un boqueteau de sapins, il n'eut que le temps d'épauler et de faire feu sur un ours énorme, qui trottinait auprès d'un gros rocher.

— Manqué ! cria-t-il, en voyant, derrière le rocher, disparaître la bête.

L'ours était un animal vraiment formidable, le plus imposant que Rod eût encore jamais vu. Il n'hésita pas et, n'eût-ce été que pour trouver un dérivatif à sa mauvaise humeur, s'élança à sa poursuite.

Il suivit, sans trop de peine, la piste du monstre et, comme le terrain se découvrait, il l'aperçut, à quatre cents mètres devant lui, qui gravissait le flanc d'une petite montagne et fuyait rapidement.

Quoique la distance fût assez considérable, Rod épaula, et tira à deux reprises.

L'ours avait été certainement atteint, car il culbuta sur le sol. Mais, se relevant presque aussitôt, il reprit sa course, plus vite encore qu'auparavant. Puis, ayant atteint la crête de la montagne, il disparut sur l'autre versant.

Pas un instant, Rod ne songea à laisser échapper une si belle pièce. Il courut, lui aussi. Mais, quand il eut atteint à son tour le faîte de la montagne, il vit, avec désappointement, que l'ours avait gagné du terrain et se trouvait bien, maintenant, à sept ou huit cents mètres de lui.

Il constata, néanmoins, au bout de quelques instants, que la bête ralentissait sa course. Le sang qu'elle perdait par sa blessure l'affaiblissait.

Roderick détala, de toute la vigueur de ses jambes. L'ours s'arrêtait, de temps à autre, comme pour reprendre haleine. Sept cents mètres, six cents mètres, cinq cents mètres... L'animal allait disparaître dans d'épais fourrés, où sans doute il serait impossible de le rejoindre.

Malgré la longue portée du coup, Rod résolut de le risquer. Il profita d'un instant où l'ours était immobile et tira.

Le monstre, atteint à la tête, tournoya sur lui-même et, la minute d'après, il s'effondrait sur le sol.

Lorsque le jeune Blanc l'eut rejoint et eut vérifié sa magnifique victoire, il se hâta de revenir sur ses pas, afin d'en avertir ses deux compagnons, car il ne pouvait songer à ramener seul, au campement, un pareil gibier.

— Grand ours ! s'exclama Mukoki, quand il fut en présence du plantigrade. Très grand ours !

Et il y avait, dans son intonation, une expression admirative si sincère que Rod sentit son visage s'empourprer de plaisir.

— Mes compliments ! dit Wabi. L'animal doit peser dans les cinq cents livres. Il mesure bien quatre pieds d'une épaule à l'autre. Quelle carrure !

— Fera superbe tapis... gloussa Mukoki.

— Un tapis de huit pieds de long, de six de large, acquiesça Wabi. Si tu n'as pas trouvé la mine d'or...

Mukoki avait commencé à examiner d'un peu plus près l'animal.

— Coup, dit-il, frappé sous l'oreille droite. Bon, très bon, cela.

Il découvrit ensuite, dans l'épaisse fourrure, les deux autres blessures, provenant des deux premiers coups tirés par Rod. Puis il fit, soudain, entendre un grognement de surprise.

— Lui blessé avant... Il y a longtemps... Vieille blessure... Balle restée sous la peau.

Il palpait, entre ses doigts, la peau lâche d'une des pattes arrière. La cicatrice d'une blessure ancienne y était clairement visible. La main de Rod et celle de Wabi, guidées par Mukoki, sentirent la balle rouler, sous leur pression, entre cuir et chair.

Il y a toujours, pour le chasseur, en ces vastes solitudes désertiques du Northland, une indicible émotion à rencontrer, sur la bête abattue par lui, la marque d'une blessure faite par un autre homme. Il pense, malgré lui, avec une invincible fascination : « Quel était cet homme ? D'où venait-il et où allait-il ? Quel était ce rare frère inconnu ? »

Avec son couteau, Mukoki s'était mis en devoir d'extraire la balle. Quand il l'eut sortie, il émit un nouveau grognement, qui indiquait chez lui une extrême surprise.

La balle offrait, en effet, un aspect peu coutumier. Elle était douce au toucher et aplatie de façon curieuse.

— Balle étrange, murmura-t-il. Jamais vu balle comme celle-là. Pas balle de plomb...

De la pointe de son couteau, il entama légèrement le métal et en enleva une mince parcelle. Cela fait, il tendit sa main au soleil couchant. Une chaude lueur jaune apparut sur l'entaille de la balle et sur le fragment qu'il en avait séparé.

— Balle en or ! chuchota-t-il. Plomb jamais jaune ainsi... Balle être de l'or... du bel or pur !

X

POURQUOI TOUS LES INDIENS SONT HONNÊTES

Un grand silence se fit, chez les trois hommes. Wabi, qui ne songeait plus à plaisanter Rod, écarquillait ses yeux, comme s'il ne pouvait se rendre à l'évidence. Roderick revivait ses anciennes émotions, éprouvées par lui dans l'ancienne cabane, lors de la découverte des squelettes et du petit sac de daim, renfermant les précieuses pépites.

Quant à Mukoki, extraordinaire était sa physionomie. Il semblait impossible de préciser les sentiments qui se bousculaient en lui. Sa main, qui tenait la balle d'or, tremblait d'émotion, ce qui n'arrivait pour ainsi dire jamais, et il allongeait ses doigts longs et maigres, tout frémissants.

Ce fut lui qui, le premier, rompit le silence. Le premier, il formula les deux questions qui étreignaient leurs trois cerveaux.

— Qui tirer sur ours balle en or ?

Il était bien évident que cette question demeurerait, pour l'instant, sans réponse.

Secondement :

— Pourquoi lui s'être servi de balle en or ?

Là encore, le mystère semblait impénétrable.

Wabi avait pris la balle et la soupesait.

— Elle pèse bien une once... déclara-t-il.

— Cela fait la valeur de vingt dollars ! s'exclama Rod. Mais qui diable a jamais, ici-bas, tiré les ours avec des balles en or ? J'en suis estomaqué.

A son tour, il soupesa la balle jaune. L'admiration le disputait, sur son visage, à l'ébahissement.

Mais la figure balafrée du vieil Indien avait déjà repris ce masque impassible, coutumier aux gens de sa race, et qui ne se départ de son indifférence qu'en de rares et soudaines occasions.

Sous cette indifférence affectée, l'esprit n'en travaillait pas moins, un esprit aiguisé, accoutumé à percer tous les étonnants secrets du Northland. Rod et Wabi, qui l'observaient avidement, comprenaient qu'il était occupé à suivre la piste de l'ours jusqu'au fusil qui l'avait, une première fois, frappé.

— Eh bien, qu'en penses-tu ? interrogea Wabi.

— Homme avoir tiré avec vieux, très vieux fusil, prononça-t-il lentement. Tiré avec balle et poudre, sans cartouche. Bizarre. Bizarre tout à fait.

— Tu veux dire un fusil qui se charge par le canon ?

L'Indien acquiesça de la tête.

— L'homme avoir poudre, mais pas plomb. Avoir faim. Alors se servir de l'or.

Le mystère, sur ce point, semblait avoir été éclairci par la sagacité du vieux trappeur. Mais la première question demeurait obscure. Qui avait tiré cette balle et, troisième interrogation, qui n'était pas la moindre, d'où provenait cet or ?

— L'homme, dit Wabi, a dû avoir en sa possession un riche filon. Sans quoi il n'eût pas gâché ainsi un métal aussi précieux. D'autant que cette balle est énorme.

— Pas d'or dans cette région, prononça Mukoki. Lui venir de loin, de beaucoup plus loin.

— Serait-ce... dit Rod, et sa voix tremblait, comme si le souffle allait lui manquer, serait-ce que cet homme aurait, avant nous, trouvé... *notre or* ?

Wabi n'était pas moins haletant. Mukoki ne soufflait mot.

Rod tira, d'une de ses poches intérieures, un objet menu, soigneusement enveloppé dans un bout d'étoffe, qu'il déplia.

— J'avais, sur ma part du petit sac de peau de daim, conservé cette pépite, que je comptais, une fois de retour en pays civilisé, faire monter en épingle de cravate. Je l'ai toujours portée sur moi. Je possède quelques notions de géologie et de minéralogie, apprises au collège. Je sais ainsi qu'une dizaine de spécimens d'or, comparés les uns aux autres, offrent, presque toujours, un aspect légèrement dissemblable. La teinte de chacun n'est point pareille. Ce n'est qu'une nuance, évidemment, mais nettement perceptible à l'observateur attentif.

Il prit son couteau, entailla la pépite, comme avait fait Mukoki avec la balle, et compara les deux surfaces fraîches.

L'œil le moins exercé eût été aussitôt renseigné par cet examen. Les deux ors étaient identiques.

Wabi eut un recul et, les yeux allumés d'une sombre lueur, marmotta quelques paroles indistinctes. Le visage de Rod avait soudain pâli. Seul

Mukoki demeurait stoïque devant la minéralogie et les mystères dévoilés par elle.

— Quelqu'un aurait donc trouvé notre or ? grommela Wabi, d'une voix rauque.

— C'est possible... répondit Rod, qui reprenait empire sur lui-même. Ce n'est point certain, cependant. La formation rocheuse de toute cette contrée est géologiquement la même, et sans doute se prolonge-t-elle fort loin vers le nord. Il ne serait donc point surprenant qu'une pépite, trouvée dans ces parages, offrît le même aspect que d'autres, rencontrées à deux cents milles d'ici. Tout dépend de la nature du terrain. L'affaire n'en est pas moins suspecte.

— Homme avoir tiré balle en or, puis mourir peut-être... proposa Mukoki, en manière de consolation. Plus d'autre balle ensuite pour tirer gibier, et mourir de faim.

Une ombre passa sur le front de Wabi.

— Évidemment, dit-il, le pauvre diable devait être singulièrement affamé, pour se servir d'une balle en or. Et il n'a pas tué l'ours. Par Jupiter, nous devrions bien plutôt plaindre le malheureux !

Rod ne put s'empêcher de rougir de leur commun égoïsme.

— J'eusse souhaité pour lui qu'il eût tué l'ours... dit-il simplement.

Et, tout à coup, passa devant les yeux des deux jeunes gens la vision mentale de cette tragédie probable du Wild. L'homme famélique, aux entrailles vides, moulant une balle en or, en un suprême effort pour sauver sa vie ; l'apparition de l'ours monstrueux et le coup vainement tiré ; puis la désespérance de l'homme, suivie de son agonie.

— Il eût mieux valu qu'il eût la bête, répéta Rod. Nous ne sommes pas à court de nourriture.

Mukoki était déjà à l'œuvre et dépeçait l'ours. Rod et Wabi, dégainant leurs coutelas, vinrent l'aider.

— Blessure vieille de six mois... opina Mukoki, sans cesser sa besogne. Blessure faite début hiver... Puis mauvais temps arriver...

— L'infortuné ! soupira Rod. Peut-être connaîtrons-nous un jour toute la vérité.

Une heure après, les trois hommes regagnaient le petit lac et leur campement de la nuit, chargés des meilleurs morceaux de l'animal et de sa peau, qui fut sans retard tendue entre deux arbres, hors de l'atteinte des animaux pillards.

Rod contemplait, avec orgueil, cette magnifique dépouille.

— Alors, demanda-t-il, nous allons la laisser ici, derrière nous ? Sommes-nous bien certains de la retrouver en place, à notre retour ?

— Absolument certains ! répondit Wabi.

— Tu l'affirmes ?

— Je l'affirme. Elle est là, aussi en sûreté que dans les magasins de la factorerie.

— Et si un passant nous la chipe ?

Wabi, qui préparait le dîner, s'arrêta de son occupation, pour regarder Rod fixement.

— Si quelqu'un la vole, veux-tu dire ?

Mukoki, qui avait ouï la conversation, ne semblait pas moins surpris de la supposition du jeune Blanc.

— Sache, Roderick, continua Wabi avec tranquillité, que dans notre Nord, immense et merveilleux, le vol est inconnu. Je ne parle pas, bien entendu, des Woongas et de leurs pareils, qui sont ce qu'on pourrait appeler des bandits de profession. En dehors de ces hors-la-loi, le Wild ignore les voleurs.

« Si un trappeur blanc passait ici demain, et jugeait que cette précieuse fourrure est pendue trop bas, lui-même il l'attacherait plus haut, pour la protéger des animaux sauvages. Si un Indien établissait son feu à proximité, il veillerait à ce que la flamme du foyer, ni ses étincelles, ne puissent l'atteindre. Rod, vois-tu, la civilisation n'a pas, ici, gâté les hommes. Ils sont honnêtes, tout naturellement, comme ils respirent.

— Tous les Indiens ne sont pas aussi honnêtes ! rétorqua Rod. Ceux qui descendent vers le Sud sont, pour la plupart, de fieffés voleurs.

Il avait parlé sans réfléchir et, presque aussitôt, il regretta ses paroles. Mukoki avait pris un air vexé et se pinçait les lèvres. Et Wabi, le demi-sang, ne semblait pas beaucoup plus flatté. Il répondit vivement, avec un éclair dans ses yeux sombres :

— Ce sont les Blancs, les soi-disant civilisés, qui ont perverti leur bon naturel. Le mauvais exemple est venu d'eux, aux fils du Wild. Mais, quand les Blancs émigrent au Northland, ils prennent les qualités des Indiens, comme ceux-ci, là-bas, prennent leurs tares. Le Grand Nord assainit tout ce qu'il touche. L'air qu'on y respire est pur et loyal.

« Évidemment, je le répète, il y a des exceptions. Mais les Indiens, en grande majorité, sont honnêtes. Mukoki, que voici, ne déroberait pas une peau qui appartient à un autre, même pour s'en couvrir, s'il était à demi gelé. Un homme plus vulgaire prendrait la peau, mais, en échange, il laisserait à sa place son fusil.

— Il faut me pardonner, dit Rod, en tendant une main à Wabi, l'autre à Mukoki. J'ai parlé comme un étourneau. Je suis nouveau venu parmi vous. C'est à peine si je suis encore des vôtres.

— Tu es des nôtres ! prononça Wabi. N'en parlons plus.

Le soir, après le dîner, devant les restes du feu, Wabi dit à Roderick :

— Ce n'est pas pour te reprocher tes paroles de tantôt. Mais, s'il le voulait, Muki pourrait te conter encore une de ces poétiques légendes, qui t'expliquerait pourquoi les Indiens du Northland sont honnêtes. Comme il est certain, toutefois, qu'il ne te la dira pas, je vais parler pour lui.

— J'écoute.

— Sache donc qu'autrefois, sur la terre ancestrale de Mukoki, dans le pays qui longe la rivière Makoki, affluent elle-même du fleuve Albany, vivait une tribu de grands voleurs, qui passaient leur temps à se piller les uns les autres.

« Ils n'avaient aucun respect pour les pièges de leurs voisins. Batailles et tueries étaient, chez eux, choses quotidiennes. Le chef de la tribu était le pire voleur de tous et, comme il était le maître de la loi, aucun châtiment, bien entendu, ne s'abattait jamais sur lui.

« Mais, s'il pillait volontiers le bien des autres, il n'aimait point qu'on lui rendît la pareille. Il ne laissait à personne le soin de tendre ses pièges et, un beau jour, il entra dans une grande colère, en s'apercevant qu'un de ses sujets avait eu l'audace de placer une trappe tout à côté de la sienne, sur la piste du même animal. Il résolut de l'en punir sévèrement, se cacha et attendit.

« Tandis qu'il était là, un lièvre blanc s'élança dans la trappe adverse. Le chef, s'armant d'un gourdin, s'avança pour assommer la bête et se l'approprier. A ce moment, il lui sembla soudain qu'un nuage passait devant ses yeux. Quand celui-ci se fut dissipé, il n'y avait plus de lièvre, mais la plus belle créature humaine que notre homme eût jamais vue.

« Il comprit que c'était le Grand Esprit et tomba la face contre terre.

« Alors il entendit tonner une grande voix, qui semblait venir, dans le ciel, des montagnes lointaines. Et elle lui disait que les rivières et les forêts du Paradis des hommes rouges lui seraient à jamais interdites, car, sur les terrains de chasse de l'au-delà, il n'y avait point place pour les voleurs. Elle ajouta :

« — Va-t'en annoncer cela à ton peuple. Dis-lui qu'à compter de ce jour, lune après lune, tous devront vivre en frères, plaçant leurs pièges côte à côte, et sans se battre, afin d'échapper à la punition éternelle, suspendue sur leurs têtes.

« Le chef répéta ces paroles à son peuple, termina Wabi, parmi lequel, dès lors, il n'y eut plus de voleurs. Et, parce que le Grand Esprit avait choisi, pour se manifester, l'apparence d'un lièvre blanc, cet animal est, depuis, la bête sacrée des Crees et des Chippewayans [1]. Partout, chez eux, dès que tombe la neige, les hommes tendent leurs pièges côte à côte, et ne volent plus.

— Admirable ! répondit Rod. C'est même si beau, cette universelle honnêteté, que j'en doute encore, cher Wabi.

— Il n'en faut point douter et tu peux m'en croire. Sur toute la surface de cet immense pays, qui s'étend d'ici jusqu'aux terres stériles où vit le bœuf musqué, on ne trouverait pas un Indien sur cent pour dérober le piège d'un de ses frères, ni le gibier qui a su s'y prendre.

« C'est une des lois les plus universellement reconnues dans le Northland, que tout chasseur doit avoir sa ligne, sa "course" de trappes, comme on dit, et elle ne saurait être, sans déloyauté, usurpée par un autre. Eh bien, même si cet autre ne respectait pas les distances voulues, ce ne serait pas enfreindre la loi, car la loi du Grand Esprit est plus large que celle de l'homme.

« Tu l'as pu constater toi-même, l'hiver dernier. Durant toute notre campagne de chasse, les Woongas hors-la-loi, s'ils ont tout fait pour

1. Noms de diverses variétés d'Indiens. On prononce *Crêz*.

s'emparer de nous et nous massacrer, n'ont pas, une seule fois, pillé nos pièges.

— Je m'avoue vaincu, répondit Rod. Le Northland est décidément quelque chose d'extraordinaire et, plus je vais, plus j'apprends à le mieux connaître. Et, pour participer à tant de belles qualités de ta race, je souhaiterais avoir, comme toi, du sang indien dans les veines !

Puis la conversation revint à l'énigmatique balle d'or. Signifiait-elle que le trésor, après lequel couraient les deux jeunes gens, avait été découvert par un tiers larron, qui se l'était approprié ?

— A la réflexion, je ne puis le croire, dit Wabi. Le gisement se trouve dans une région à peu près vierge. Il est, d'ailleurs, bien improbable que, si une aussi riche découverte avait eu lieu, nous n'en eussions rien su à Wabinosh House, qui est la factorerie la plus avancée en cette région. C'est à elle que les heureux prospecteurs de la mine fussent, nécessairement, venus se ravitailler.

— Ou, si un homme a fait la merveilleuse trouvaille, conclut Rod, cet homme est mort depuis.

— C'est également mon avis.

Les deux amis en retrouvèrent, du coup, toute leur belle confiance.

Mais Rod, demeuré hors de la hutte, fut quelque temps encore avant de s'endormir. La grande lune printanière, qui s'était levée, flottait mollement dans l'éther, qu'elle inondait de sa clarté.

Roderick Drew songeait combien était magnifique cette terre sauvage, et combien elle était ignorée de toutes ces populations civilisées, qui grouillent dans les villes. Et, tout en contemplant cette lune immense, ou en regardant, à l'opposé du ciel, scintiller, en tremblotant, les constellations du Nord, il ne pouvait s'empêcher de songer que Dieu était, ici, plus proche de la terre qu'en aucun autre point du monde.

Il sentait naître, en son âme, comme une vague adoration pour le Grand Esprit des Peaux-Rouges. Il devenait son Dieu à lui. Et Rod ne s'étonnait plus que ce monde solitaire et silencieux, à la fois triste et beau, qui s'étendait jusqu'aux rives lointaines de la baie d'Hudson, fût comme la Bible de l'Indien, qui y lisait sa loi, et y entendait lui parler directement la voix du Créateur.

Un vent doux s'était levé, qui faisait passer, sur les plaines et sur les montagnes, la large et profonde rumeur des sapins et des baumiers, comme le bruissement léger des feuilles des peupliers. Parfois, un hibou hululait d'amour.

Rod, qui s'était assis sur une grosse pierre, sentait ses yeux se fermer malgré lui, sous la tiédeur nocturne.

Soudain, un long hurlement, qui déchirait l'air, le fit sursauter.

Il songea à Loup, le loup apprivoisé qu'ils avaient emmené avec eux, l'hiver dernier, qui avait effectué en leur compagnie une partie du voyage, et qui, par son appel, attirait ses frères à la mort. Puis Wabi lui avait rendu la liberté, lors de l'attaque de la cabane par les Woongas, et il s'en était retourné dans le Wilderness, parmi ses frères sauvages.

N'était-ce pas lui qui regrettait maintenant ses anciens amis-hommes et les appelait ?

XI

UN CRI DANS LA NUIT

Le lendemain, dès le point du jour, les trois chasseurs se mirent en devoir de gagner le ravin mystérieux et la rivière qui y coulait, laquelle, selon Rod et d'après le plan d'écorce de bouleau, devait, de cascade en cascade, les conduire infailliblement à la mine d'or.

Comme le chemin, jusque-là, était uni et peu difficultueux, il fut décidé que la plus grande partie du paquetage serait laissée dans la pirogue. Celle-ci, ainsi chargée, serait portée sur les épaules de Mukoki et sur celles de Wabi, que Rod relaierait de temps à autre, en lui repassant son propre paquet. Ainsi serait évité tout va-et-vient inutile.

Le magique printemps étincelait partout et sa joie donnait du courage aux porteurs, dont la charge était lourde.

A midi, on fit, comme de coutume, halte pour déjeuner. Brusquement, Rod mit une main sur le bras de Wabi. Il lui désigna, de l'autre, deux points, distants d'un mille environ, et qui avançaient lentement dans l'espace découvert.

C'étaient deux bêtes qui, à cette distance, ne semblaient pas beaucoup plus grosses que des chiens.

— Des loups ! dit Rod.

Puis, après un instant de réflexion, il reprit :

— Non... Des élans !

— Un élan femelle, précisa Wabi, et son petit.

— Comment, d'ici, le sais-tu ? demanda Roderick.

— Rien n'est plus simple... Observe avec moi. La mère marche la première, et pas à pas. L'élan, sans raison majeure, ne trotte ni ne galope jamais, comme fait le daim ou le chevreuil. Mais, posément, il va l'amble, faisant aller en même temps ses deux pattes du même côté. Le petit, en revanche, gambade autour de sa mère. Ce qui me renseigne sur son âge. Jamais un vieil élan ne se livrerait à de semblables cabrioles.

Rod semblait douter de l'affirmation de son ami.

— Il semble bien cependant, dit-il, qu'ils soient tous deux de la même taille.

— C'est un jeune, de deux ans. Il est, en effet, presque aussi grand que sa mère. Ce n'est plus un veau, en réalité. Mais, comme les jeunes élans continuent, à cet âge, à suivre encore leur mère, on les appelle couramment, ici, des veaux... J'en ai connus qui ne prenaient leur liberté qu'au bout de trois années.

— Ils viennent dans notre direction, murmura Rod.

— Oui, mais cachons-nous.

Wabi tira son ami derrière une touffe de buissons, qui dissimulait pareillement Mukoki.

— Ils viennent, reprit-il, manger des bourgeons de peupliers, à ce bouquet d'arbres que tu vois entre eux et nous. Il est à craindre, toutefois, que le vent ne leur décèle notre présence.

Wabi mouilla, de sa salive, un de ses doigts et le tint levé au-dessus de sa tête. C'est l'infaillible méthode, employée par le trappeur, pour connaître d'où vient le vent. Si faible que soit le déplacement de l'air, un côté du doigt sèche en un instant, tandis que l'autre demeure humide et se refroidit. C'est de ce dernier côté que souffle le vent.

— Le vent nous est contraire, dit Wabi. Il souffle vers eux, et nettement. Ils vont, sans aucun doute, s'arrêter bientôt.

Rod épaula son fusil.

— Alors, dit-il, risquons le coup ! Ils sont un peu loin encore, mais à portée.

Wabi tira le bras de Roderick.

— A portée, oui... dit-il. Mais nous ne les tuerons pas. Nous n'avons que faire de viande.

Il n'avait pas achevé que la mère élan s'arrêtait soudain.

— C'était prévu ! s'exclama Wabi. Elle nous a sentis, à un quart de mille. Rod, regarde-moi l'animal, avec ses grandes oreilles qui pointent de l'avant, comme des cornets acoustiques, avec son nez levé vers le ciel, pour aspirer l'air et ses odeurs. Il a compris qu'il y avait un danger latent.

Mais déjà la mère élan avait fait volte-face et, mettant son corps entre son veau et le péril, prenait rapidement sa course dans la direction opposée. Cette fois, le petit courait devant, et c'était elle qui fermait la marche.

— J'aime l'élan, reprit Wabi. As-tu observé, Roderick, que je n'en tue jamais ?

— Je ne l'avais pas remarqué. Mais je me rends compte, à la réflexion, que c'est exact. Pourquoi ?

— Pourquoi ? Je vais te le dire... Vous autres civilisés, vous appelez le lion le roi des animaux. Eh bien, non ! L'élan est leur vrai monarque. Tu as vu par toi-même comment a agi la mère.

« Elle précédait son petit, tout à l'heure, prête à affronter, la première, un danger éventuel, et à l'en garder. Quand le péril s'est précisé et lui a imposé la retraite, elle a poussé son veau devant elle, afin d'être, s'il y avait lieu, frappée à sa place.

« Cet admirable amour maternel, toujours prêt à se sacrifier, ne s'apparente-t-il pas directement à l'amour maternel humain ?

« Et l'élan mâle ! A la saison des amours, il tiendrait tête à une douzaine d'hommes, pour défendre sa femelle. Si elle tombe la première, il défendra encore son corps, bravant les fusils des chasseurs, en piaffant sur place, les yeux brillants de défi, jusqu'à ce qu'il succombe à son tour, criblé de balles.

« J'ai vu, une fois, une femelle blessée, mais non mortellement, prendre la fuite, en clopinant et trébuchant. Le gros élan qui était avec elle ne l'abandonna pas. Il vint se placer entre elle et les balles, encaissant, sans faiblir, chaque coup de fusil. Il ne broncha point, et personne ne se douta qu'il fût atteint, jusqu'au moment où, littéralement haché, il s'affaissa sur le sol.

« Cette abnégation a quelque chose de sublime. Et, depuis lors, j'ai juré de ne jamais tuer un élan, mâle ou femelle. J'ai tenu ma parole, à moins d'être absolument forcé à l'enfreindre, pour me procurer, n'en ayant point d'autre, la viande nécessaire.

— Et tu as eu grandement raison, répondit Rod. Que veux-tu ? J'ignore encore bien des choses du Wild. Mais, comme toi, je respecterai désormais la vie des élans.

On déjeuna de délicieuses tranches d'ours, de café et de biscuits, rissolés sur des pierres chaudes.

La conversation fut ramenée, par Wabi, sur les mœurs des hôtes du Wild. Roderick raconta que, la veille au soir, il avait entendu dans la nuit un long hurlement plaintif, et qu'il avait pensé, à part lui, que cette plainte pouvait bien venir de leur ancien loup apprivoisé. Sans doute, les avait-il flairés et, un jour ou l'autre, on le verrait reparaître.

— On m'a, dit-il en manière de conclusion, conté beaucoup de cas similaires, où la bête était toujours fidèlement revenue près de ses anciens maîtres.

Wabi avait écouté avec courtoisie. Quand Rod eut terminé, il répondit :

— On colporte, au sujet des animaux sauvages, mille fables plus fausses les unes que les autres. J'ai lu, comme toi, quand nous étions ensemble au collège de Detroit, des volumes entiers où elles sont consignées.

« Mais pas un sur cent, de tous les gens qui écrivent sur ces contrées, n'y est réellement venu. En ce qui concerne, notamment, les us et coutumes des bêtes sauvages, que d'erreurs ont été imprimées !

— Alors, tu ne penses pas que Loup...

— Loup, qui avait été capturé jeune et avait grandi dans la société des hommes, était demeuré avec nous parce qu'il ignorait qu'il pût y avoir, pour ses semblables, une autre existence. Mais, bien souvent, Mukoki et moi, nous avions remarqué que fermentaient sourdement ses instincts ataviques. La reconnaissance intégrale est un sentiment humain et, si intelligentes que soient les bêtes sauvages, elles demeurent des bêtes...

— C'est-à-dire que Loup, selon toi...

— A rejoint le troupeau de ses frères carnassiers et que nous ne le reverrons jamais ! N'est-ce pas, Muki ?

Le vieux trappeur mâchonna entre ses dents :

— Loup apprivoisé... Loup dressé... Maintenant Loup redevenu sauvage. Le Grand Esprit vouloir cela, et cela être bien ainsi.

Les trois compagnons se remirent en marche, bien reposés, et ne tardèrent pas à rencontrer, scintillant dans l'herbe, le menu ruisseau qu'ils devaient suivre.

A mesure qu'ils avançaient, le petit cours d'eau grossissait, toujours davantage, gonflé de tous les ruisselets provenant de la fonte des neiges, qu'il recevait.

Il prit bientôt l'allure d'une véritable rivière ; puis, à mesure que s'inclinait la pente du sol, celle d'un véritable torrent, qui finalement se précipitait, en bondissant, dans le fameux ravin, but de cette dernière étape.

De la fantastique gorge rocheuse, qui devait conduire jusqu'à l'or les trois aventuriers, arrivait un tonnerre assourdissant d'eaux tumultueuses, semblable à l'explosion d'énormes canons, renvoyée et répercutée par l'écho des cavernes souterraines.

Entraînant Rod avec lui, Wabi vint se percher sur le précipice. Étourdi à demi, et se cramponnant à un rocher, le jeune Blanc demeura comme fasciné.

Les eaux bouillonnantes, prises entre les deux murs à pic du ravin, s'entrechoquaient avec une rage folle, en un flot d'écumes laiteuses. Çà et là, quelques gros rocs noirs pointaient, pareils à la tête ruisselante de monstres aquatiques. C'était, dans le jour qui tombait, superbe et terrible.

Les trois hommes longèrent, avec leur chargement, le bord du précipice. Ils constatèrent avec satisfaction que la rivière, qui coulait entre les abruptes murailles, calmait peu à peu sa furie et, tout en conservant une allure torrentueuse, semblait devenir navigable.

Ils poussèrent, ce soir-là, jusqu'à la brèche qu'ils connaissaient bien, et qui leur avait permis déjà d'accéder à l'intérieur du ravin. Le campement fut dressé en cet endroit.

Ainsi que les jours précédents, la nuit fut belle et pure. Rod, encore, demeura éveillé le dernier. Tard dans la soirée, la lune se leva, rouge et splendide, éclairant le faîte du ravin et laissant dans un gouffre d'ombre ses sombres profondeurs.

Rod était là, avec son fusil, assis près des braises à demi éteintes du foyer, quand soudain, derrière un proche rocher, un cri terrible retentit, qui le fit frissonner jusqu'à la moelle des os.

Il se dressa, tout d'une pièce, en tremblant de tous ses membres. Il essaya de crier, lui aussi, mais sa langue restait collée à son palais.

Presque aussitôt, il vit, devant lui, se mouvoir une forme longue et flexible, qui semblait, sous la lumière de la lune, d'un gris argenté.

Rod ne douta point que ce ne fût un lynx. Il épaula et, avant qu'il n'eût tiré, un second cri se fit entendre, aussi effrayant que le premier, une sorte de râle d'agonie, qui de nouveau lui glaça le sang dans les veines.

Il tira, et courut vers le rocher. Pas de lynx ! Rod avait raté son coup et la bête s'était échappée. Mais le cri, le cri affreux qu'il avait entendu ? Ce n'était pas un cri de bête... Qu'est-ce que tout cela signifiait ? La scène n'avait duré que quelques secondes.

Le jeune Blanc était demeuré figé sur place et c'est là que Wabi et Mukoki, réveillés en sursaut par la détonation, le retrouvèrent, quelques instants après.

— Qu'y a-t-il ? demanda vivement Wabi.

— Il y a... Il y a... que j'ai dû rêver tout éveillé. J'ai cru entendre deux cris terribles et voir, en même temps, un lynx... Je l'ai tiré, et l'ai manqué.

Mukoki se mit à glousser, en hochant la tête, et Wabi éclata franchement de rire.

— Encore, dit-il, le coup du lynx ! L'hiver dernier, tu as pris un des gros chats du Wild pour un Woonga. Cette fois, tu l'as entendu crier des choses effrayantes... Allons, allons, les nuits du Wild ne te valent rien ! Si tu te couchais en même temps que moi et que Mukoki...

— Non, je n'ai pas eu la berlue ! interrompit Roderick.

Et il affirma, avec énergie :

— J'ai cru, le premier, que j'avais rêvé. Mais je suis bien sûr, maintenant, d'avoir entendu crier. Était-ce bien un lynx ? Ou, si c'était... un homme ?

Devant l'assurance de leur compagnon, qui était encore tout palpitant, Wabi et Mukoki ne savaient trop que penser. Pour parer à toute éventualité, il fut résolu que l'un d'eux veillerait, alternativement, jusqu'au jour.

Rien d'anormal ne se passa jusqu'au lendemain matin.

Mais l'aube naissante, ni la clarté du jour ne furent capables de rasséréner complètement le cœur de Roderick. Ces deux cris terribles, il lui semblait les entendre encore vibrer dans son oreille. Non, non, il n'avait pas rêvé ! N'était-ce pas l'esprit du ravin, qui avait voulu interdire aux nouveaux venus l'accès de son trésor ? N'était-ce pas lui qui leur avait clamé :

— Vous n'irez pas plus outre !

Rod, cependant, garda pour lui ses sombres réflexions. La pirogue fut descendue jusqu'au fond du ravin, et les trois hommes y prirent place. Wabi à l'avant, comme de coutume, Mukoki à la poupe, et Roderick entre les deux.

Le courant se saisit du frêle esquif et la descente vers l'or commença.

Aucun incident n'eut lieu au cours de cette journée. La pirogue filait rapidement, tantôt accélérée et tantôt ralentie par les pagaies. Si étroit était le lit de la rivière, que tous les rocs de fond étaient submergés par la masse liquide, et nul récif n'en émergeait.

Mille après mille, défilaient les hautes parois rocheuses qui, de droite et de gauche, encadraient le ravin de leurs falaises. Rod, en passant, reconnut l'endroit où il avait tué le renard argenté.

Par prudence, on fit halte, dès que le jour baissa, dans une petite crique où il était loisible de tirer la pirogue à terre et de camper.

Le ravin, à cet endroit, s'élargissait légèrement et une de ses parois découpait sur le ciel une profonde échancrure.

En outre, la roche, plus friable, avait été, au cours des siècles, dégradée par les intempéries et la paroi, au lieu d'offrir une surface lisse, présentait une foule d'aspérités, où avaient crû quelques touffes d'herbes, des buissons et quelques arbres rabougris.

A peine débarqués, Rod et Wabi, afin de se dégourdir les jambes, se hâtèrent de tenter l'escalade de la falaise et, sans trop de difficultés, parvinrent effectivement à son sommet.

Ce leur fut un soulagement d'être délivrés, pour quelques instants, de l'étreinte sauvage du ravin.

Ils crièrent un gai bonjour à Mukoki qui, en dessous d'eux, ne semblait pas plus gros qu'une mouche. Le vieil Indien, qui était fort occupé à préparer le souper, leur rendit de la main leur salut.

Puis, quoique là-haut il fît encore grand jour, les deux jeunes gens se hâtèrent de redescendre à la petite crique, où ils devaient passer la nuit, et qui était, déjà, complètement dans l'ombre.

Le vieil Indien paraissait préoccupé et son masque cuivré trahissait une agitation intérieure insolite.

Visiblement, avec l'obscurité qui s'épaississait, il songeait au cri mystérieux entendu, la nuit précédente, par Rod.

Il songeait aussi à Loup, à leur vieux camarade fidèle, qui attirait jadis ses frères à la mort. Ces frères tant exécrés par Mukoki, qui jadis lui avaient dévoré sa femme et son enfant, et à qui il avait voué une haine éternelle.

Loup, maintenant, n'était plus là pour l'aider à assouvir sa vengeance. Il n'était plus là... Qui sait ? Peut-être Rod avait-il eu raison d'affirmer, en dépit de Wabi, que l'animal ne les avait pas oubliés. Peut-être Loup rôdait-il bien autour d'eux ?

XII

QUI A TIRÉ ?

Dès que Rod et Wabi se furent endormis, dans la confortable anfractuosité d'un rocher où, sur un lit de sable fin, avaient été étendues les couvertures de fourrure, toujours est-il que Mukoki se releva sans bruit et entreprit, à son tour, l'escalade de la falaise.

L'entreprise était périlleuse, dans l'obscurité, et le vieil Indien risqua vingt fois de se rompre le cou. Accroché aux buissons et aux arbustes, il grimpait sans trêve cependant, comme hanté par une idée fixe et obéissant à une force intérieure, irrésistible.

Il atteignit sain et sauf le faîte de la falaise et, l'œil hagard, il se prit là, à regarder fixement devant lui.

Où était Loup ? Quelque part, évidemment, dans ces vastes solitudes qui s'étendaient, à l'ouest, jusqu'à la baie d'Hudson, au nord jusqu'à l'océan Arctique.

Mukoki demeura ainsi une bonne heure, sous le ciel étoilé, jusqu'à ce que surgît de l'horizon la lune décroissante, pareille à un vaisseau qui chavire.

Alors il se courba vers le sol, comme pour y chercher des empreintes. Des empreintes de loup. Et, comme il n'en trouvait point, il semblait tout désappointé. Il marcha ainsi, quelque temps.

Comme il venait d'arriver près d'un arbre mort, dont l'écorce était tombée, et qui se dressait, fantomatique, comme un blanc squelette, Mukoki perçut, à quelques mètres de lui, un léger bruit.

Puis, tandis qu'il s'efforçait, de ses yeux ardents, à scruter la pénombre, il vit briller, comme un éclair, une lueur rapide, aussitôt suivie de la détonation d'un fusil.

Instinctivement, Mukoki s'était aplati sur le sol, et il ne s'était pas encore redressé qu'il entendit retentir un cri horrible. Un cri humain, qui pourtant n'avait rien d'humain. Un tel cri, qu'il s'en écrasa davantage encore sur la terre, en poussant lui-même un inexprimable hurlement.

Il lui semblait que son sang s'était caillé dans ses veines et il demeurait étendu, comme mort, bien que le coup ne l'eût pas atteint.

Puis il risqua quelques mouvements et, instinctivement, attira son propre fusil près de son épaule. Rien ne bougeait autour de lui.

Mais un second cri, non moins atroce, déchira l'air. Le vieil Indien savait bien que ce cri ne pouvait être celui d'aucune des bêtes habituelles du Wild. Cette clameur, un homme seul avait pu l'émettre. Mais elle dépassait en horreur tout ce qu'il avait, dans sa vie, jamais entendu. Il recommença à s'aplatir sur le sol, en tremblant et claquant des dents, tandis que le cri résonnait à nouveau, mais plus éloigné. Une fois encore, la clameur d'épouvante fit retentir les échos, apeurant toutes les créatures de la nuit, arrachant de la gorge et de la poitrine de Mukoki des soupirs profonds comme des sanglots.

Le vieux trappeur ne reprit un peu sa maîtrise de lui qu'après que le silence se fut derechef étendu sur la nature et qu'il n'entendit plus que le murmure du vent dans les feuillages.

Si Mukoki avait été un homme de race blanche, il aurait cherché à analyser cette étrange clameur. Mais le Wild et ses hôtes sauvages étaient son unique univers. Et jamais, dans cet univers, il n'avait connu homme ou bête capables d'émettre un semblable son.

Aussi resta-t-il accroupi à la même place, une bonne heure durant, frémissant toujours d'une peur irraisonnée.

A la longue seulement, il tenta de se rendre compte de ce qui lui était advenu. La fréquentation des Blancs, à la factorerie, lui avait tant soit peu éduqué l'esprit, contrebalançant les instincts superstitieux de sa race. Il tenta donc de réfléchir sur cette extraordinaire aventure. Il y avait eu un coup de feu dirigé contre lui. Il avait entendu la balle siffler d'abord au-dessus de sa tête, puis frapper derrière lui l'arbre mort. Un homme avait tiré. C'était donc, pareillement, un homme qui avait crié. Mais quelle sorte d'homme ?

Il se remémora toute la gamme des anciens cris de guerre de sa tribu, puis de ceux des ennemis de sa tribu. Ce n'était point cela. Alors, qu'était-ce donc ?

Si bien que le raisonnement ne fit qu'aggraver l'effroi qui l'envahissait de plus en plus, comme il arrive à une bête traquée. Il rebroussa chemin et, redescendant dans le ravin, il s'en vint rejoindre ses deux compagnons.

L'Indien, d'ordinaire, dissimule sa frayeur, comme un Blanc cache la faute qu'il a commise. Mais, dans la circonstance présente, telle était son émotion qu'il réveilla Rod et Wabi, et, la voix encore toute brouillée, leur fit le récit de son aventure.

Rod avait immédiatement sursauté. Ces cris affreux ne provenaient-ils pas de la même source mystérieuse que ceux qu'il avait lui-même entendus, deux nuits avant, quand il avait tiré sur le lynx fantomatique ?

— Peut-être, opina Wabi, s'agit-il tout simplement de quelque Woonga solitaire, qui nous a épiés et crie ainsi pour nous effrayer...

— Non ! Pas Woonga ! s'exclama aussitôt Mukoki. Woongas pas crier ainsi ! Et pas seulement crié, avoir aussi tiré sur moi.

Ce qui, au total, semblait certain, c'est qu'un homme, un être inconnu, suivait à la piste les trois chercheurs d'or ou, plus exactement, effectuait, sur la crête du ravin, un trajet parallèle au leur.

Cette fois encore, il fut décidé que, pour parer à tout danger, l'un des trois compagnons monterait alternativement la garde, durant le reste de la nuit.

Les heures s'écoulèrent lentement, pour chacun des trois hommes, et aucun d'eux ne reposa tranquille. Ce péril imprécis, qui flottait autour d'eux, leur travaillait et angoissait le cerveau. Qui avait tiré sur Mukoki ?

Aussi, le lendemain matin, Rod et Wabi résolurent-ils de se rendre, conduits par Mukoki, sur le terrain où l'alerte avait eu lieu. Peut-être y découvrirait-on quelque indice utile.

La falaise fut derechef escaladée et le vieil Indien, suivi des deux jeunes gens, reprit silencieusement sa piste nocturne.

Si profondément, si bizarrement apeurée était son allure, que Rod et Wabi en avaient, par contagion, la chair de poule.

Bien des fois déjà, Wabi, au cours de leur vie commune, avait vu son vieux camarade en danger de mort. Jamais, en aucune occasion, il ne lui avait paru aussi déprimé. Toujours le péril n'avait fait que tendre à l'excès sa rude énergie.

Son fusil prêt à tirer, Mukoki s'avançait lentement, évitant de faire craquer sous ses mocassins la moindre brindille. Le vol d'un oiseau, le moindre bruissement de feuilles, la fuite d'un lièvre blanc, le faisaient s'arrêter net.

On arriva ainsi à l'arbre mort, aux branches décharnées et au tronc pelé.

— Ici ! dit à mi-voix Mukoki. Ici tiré sur moi.

— Il ne t'a pas raté de beaucoup ! s'écria soudain Wabi. Regarde ceci.

Un trou rond apparaissait, à hauteur d'homme, dans la blancheur squelettique de l'arbre mort.

Déjà Rod avait saisi son couteau et fouillait dans le trou, pour en extraire la balle, qui devait s'y trouver encore.

— Elle n'est pas loin... dit-il, au bout d'un instant. Je la sens... Elle n'est pas à plus de deux pouces de profondeur.

— C'est surprenant ! observa Wabi, en s'approchant. Dans un bois aussi vermoulu, elle aurait dû traverser au moins la moitié de l'épaisseur de l'arbre. Qu'en penses-tu, Muki ?

Mais Rod venait de se retourner, avec un cri de surprise. Il tenait d'une main son couteau, la pointe en l'air, et, de l'autre main, montrait à ses compagnons l'extrémité de la lame.

Wabi et Mukoki regardèrent, et leur étonnement ne fut pas moindre que celui de Rod. Adhérente à l'acier, brillait au soleil une petite tache jaune.

— Une autre balle... cria Wabi, haletant... une autre balle d'or !

Il y eut, parmi les trois hommes, comme une stupeur.

Rapidement, Rod s'était remis à tarauder dans l'arbre et, au bout de quelques instants, il en extirpait la balle ensorcelée.

— Par César ! grommela Wabi, qu'est-ce que tout cela signifie ?

Le visage de Mukoki s'était tout à coup détendu.

— Homme tué ours... répondit-il sans hésiter. Lui pas mort... Lui avoir tiré... Même or... Même fusil...

L'évidence même avait parlé par la bouche du vieux trappeur. Il s'agissait, sans nul doute possible, du même être mystérieux.

Mukoki s'était dirigé, presque aussitôt, vers la place où avait dû, pour tirer, se tenir l'inconnu.

Le terrain fut, tout alentour, soigneusement exploré, par lui et par les deux jeunes gens.

— Des poils de lynx ! s'exclama Rod. Un lynx a passé par là.

Wabi vint le rejoindre et regarda les poils, dont une touffe s'était accrochée aux branches d'un arbuste.

— Oui, un lynx... dit-il, d'un ton à la fois grave et railleur. Un lynx de quatre pieds de haut... Je n'en ai jamais rencontré beaucoup de cette taille !

— Alors, c'est...

Rod n'osa pas achever sa pensée.

— De la fourrure de lynx... prononça Wabi. L'homme qui, cette nuit, a tiré sur Mukoki, était vêtu d'une de ces peaux.

Mukoki approuvait de la tête.

Les recherches se poursuivirent, mais ne donnèrent rien d'autre. La piste laissée par l'inconnu, qui devait marcher pieds nus, était si faiblement tracée qu'elle était à peine perceptible.

Au lieu de s'attarder à une poursuite sans doute inutile, et risquer, le cas échéant, de recevoir dans la peau une nouvelle balle d'or, il était préférable de regagner au plus tôt le ravin. L'avenir seul pourrait éclaircir l'énigme du cri tragique et celle des balles.

La pirogue, une heure après, était remise à l'eau et les trois chasseurs d'or reprenaient leur navigation interrompue.

XIII

UN MAUVAIS PAS

L'esquif filait rapidement, au fil de l'eau, et il suffisait à Mukoki de le maintenir dans le courant, à l'aide de sa pagaie, faisant office de gouvernail.

Le vieil Indien était redevenu taciturne et songeur. Trop de choses obscures flottaient dans l'air, autour de lui.

Vers midi, on aborda, pour un déjeuner froid, à un endroit propice, et Wabi en profita pour tirer Rod à l'écart.

— La tête de Muki, lui dit-il, travaille fortement. Sa croyance au surnaturel ajoute, pour lui, à nos inquiétudes communes.

— Que pense-t-il, à ton avis ?

— Il existe, dans sa tribu, une vieille légende, d'après laquelle, à des périodes éloignées, ladite tribu est visitée par un guerrier redoutable, envoyé par le Grand Esprit, qui, en réparation de fautes anciennes, exige un sacrifice humain, ou, si tu préfères, la mort d'un homme...

« Ce fantastique guerrier est invisible. Il possède une voix terrible, qui fait trembler d'effroi les montagnes et arrête le cours des fleuves. Il est armé d'un grand arc et de flèches d'or, dont il frappe la victime désignée.

« De là à conclure, pour Mukoki, que c'est à ce guerrier invisible qu'il a eu affaire, la nuit dernière, et que c'est lui que le Grand Esprit a choisi pour mourir, il n'y a qu'un pas, tu le comprends. Espérons que cette bizarre histoire sera bientôt tirée au clair, car elle finirait par annihiler complètement toutes les facultés de notre vieux camarade.

— Je suis, répliqua Rod, quoique pour des raisons différentes, non moins désireux de percer à jour le mystère. Mais nous n'avons, pour l'instant, qu'à aller de l'avant.

— C'est aussi mon avis.

A ce même moment, une clameur roula sur une des crêtes du ravin. Une clameur profonde et sinistre, pareille à la lamentation du vent d'hiver sur le faîte des noirs sapins.

Elle s'enflait et s'approchait, répercutée par les échos du ravin, sans que l'on pût voir d'en bas qui la proférait. Puis elle éclata en un cri perçant, pour s'éteindre ensuite en un gémissement douloureux, qui glaça le sang des trois hommes, dressés pour écouter.

Tous trois s'étaient, en même temps, accroupis et dissimulés derrière un pan de rocher, craignant qu'une nouvelle balle d'or ne s'abattît sur eux.

Eux-mêmes avaient armé et épaulé leurs fusils, prêts à tirer sur l'être inconnu et cauchemardesque, s'il apparaissait en haut du ravin.

Et voilà que, tout à coup, une révélation se fit dans l'esprit de

Roderick Drew Plus prompte que l'éclair, sa pensée s'était soudain retournée vers ce monde civilisé, où il avait vécu jusque-là. Il y avait, dans ses tares morbides, trouvé la clef de l'énigme.

Il se tut, en frissonnant d'horreur, jusqu'à l'instant où, ne voyant paraître sur le ciel aucune silhouette humaine, ses deux compagnons lui firent signe de quitter comme eux son abri, pour regagner la pirogue.

Alors il s'approcha de Wabi et de Mukoki et, à mi-voix, à demi étranglé d'émotion, il murmura :

— L'homme qui tire sur nous...

— Eh bien ? demanda Wabi.

— Eh bien... C'est un fou !

Les ongles des doigts de Wabi s'enfoncèrent dans son bras, comme les griffes d'un ours.

— Un quoi, dis-tu ?

— Un fou.

« Oui, reprit Rod, en baissant encore la voix. L'homme qui a tiré sur l'ours et sur Mukoki, l'homme que, le premier, j'ai entrevu et entendu crier dans la nuit, l'homme qui arme son fusil avec des balles en or est un fou... un fou furieux ! Des cris semblables, j'en ai entendu déjà, à l'asile des aliénés qui est installé près de Detroit.

Tel un commentaire vivant de ses paroles, la clameur sinistre retentit, une fois de plus, toute proche, semblait-il.

— Un fou furieux... répétait Wabi, abasourdi.

Quant à Mukoki, cette explication, donnée par le jeune Blanc, semblait l'avoir beaucoup rassuré. Il avait, de nouveau, épaulé son fusil.

— Ne tire pas, Muki ! commanda Rod, avec autorité. Si, aujourd'hui ou demain, tu vois ce malheureux au bout de ton arme, il faut l'épargner... C'est un homme, sais-tu ? qui a souffert, qui a été affamé, affamé à en devenir fou. Le tuer serait le pire des crimes.

Mukoki abaissa son arme.

— Oui, je comprends... gloussa-t-il. Lui faim... Lui pas manger... Lui devenu mauvais chien.

— C'est cela même, appuya Wabi. Rod a raison. L'homme est devenu mauvais chien, tout comme ce chien husky, qui était devenu méchant parce qu'il avait avalé une arête de poisson. Les hommes blancs, eux aussi, deviennent parfois mauvais chiens, quand ils souffrent trop.

— Notre Grand Esprit, déclara Rod, nous commande de ne point faire de mal aux fous. Nous les enfermons seulement dans de grandes maisons, plus vastes que toutes les maisons réunies de Wabinosh House. Là, nous les habillons décemment, nous les nourrissons et nous prenons soin d'eux, toute leur vie.

Mukoki ne semblait pas convaincu.

— Mauvais chiens, protesta-t-il, mordre profond, quelquefois. Mauvais chiens dangereux. Prudent de les tuer.

Ici, Wabi intervint encore, afin de venir au secours de Rod.

— Oui, certainement, mais seulement quand on ne peut s'en

dispenser. N'avons-nous pas sauvé la vie à notre husky, et mis un terme à sa méchanceté, en lui retirant l'arête du gosier ? Notre devoir est, si nous le pouvons, de sauver ce mauvais chien. Il croit que tous les hommes sont ses ennemis. Tâchons d'éviter qu'il ne nous tire dessus. Mais, nous non plus, ne le tuons pas !

Tout en regagnant la pirogue, Rod s'approcha de Wabi et lui chuchota à l'oreille :

— Muki a compris. Il ne tuera pas l'homme sans nécessité. Mais peut-être faudra-t-il tout de même en venir là. Notre vie, hélas ! est en jeu... Peut-être, en cet instant, est-il là-haut, à nous épier. Il y a fort à craindre, car les fous sont têtus dans leur folie, qu'il ne nous lâche pas de sitôt.

— Brr... répondit Wabi. Tu n'es pas rassurant ! Embarquons. C'est tout ce que nous avons à faire pour le quart d'heure.

La pirogue fut bientôt reprise par le courant et recommença à filer sur les eaux écumeuses.

Rod, malgré l'humanité de son intervention, était le seul, en réalité, qui connût toute l'amplitude du danger qui les menaçait.

Wabi était peu au courant des mœurs des aliénés. Mais il n'ignorait pas, quant à lui, que rien n'est plus dangereux qu'un fou en liberté.

L'homme pouvait, pendant des jours et des nuits, durant des semaines, épier leurs pas, avec une ténacité que rien ne rebuterait, franchir en courant, comme une bête sauvage, d'incalculables distances et, à tout moment, se dresser soudain sur leur route, avec son vieux fusil et ses balles d'or, ou ramper silencieusement vers eux dans les ténèbres, pour se jeter à leur gorge. L'endurance de leur inconscient ennemi dépasserait toujours la leur.

A chaque mille parcouru, le volume d'eau de la rivière, qui recevait, à droite et à gauche, une multitude de ruisseaux et de petits torrents, devenait plus considérable, et son courant plus rapide.

La journée tirait à sa fin lorsque Wabi, qui veillait à l'avant de la pirogue, poussa un bref cri d'alarme. Un semis de rochers avait soudain surgi de l'eau.

Mukoki donna un coup de pagaie, pour en détourner la pirogue. Mais sa pagaie, ayant heurté l'un d'eux, se brisa net. Rod, vivement, lui passa la sienne.

Cette minute avait suffi cependant pour que le fragile esquif perdît sa direction. En même temps le courant, dont la force semblait décuplée, avait saisi comme une griffe la pirogue et l'entraînait à une vitesse vertigineuse, contre laquelle toute lutte devenait impossible.

Un sourd grondement ne tarda pas à parvenir aux oreilles des trois hommes, qui comprirent aussitôt que c'était celui d'une chute d'eau.

— La première cascade... gloussa Mukoki.

Nul doute n'était possible. On était bien arrivé à cette première cascade, indiquée dans le plan tracé sur l'écorce de bouleau, et jusqu'à laquelle Mukoki, l'hiver précédent, s'était avancé.

Ce n'était alors qu'une petite chute d'eau, devenue aujourd'hui, à en juger par le vacarme assourdissant qui emplissait l'air et l'aspiration formidable qui entraînait la pirogue, une véritable cataracte.

Les trois chasseurs d'or regardaient, impuissants, leur embarcation affolée les entraîner avec elle à la culbute et à la mort. Les coups de pagaie, qu'ils tentaient de donner pour aller accoster à l'une des deux rives, ne faisaient pas dévier d'un pouce la pirogue.

Déjà apparaissaient la cataracte et les blanches écumes impalpables qui, au-dessus d'elle, pareilles à une légère mousseline, montaient dans l'air.

La catastrophe semblait inévitable, quand un remous violent, qui coupait le courant en son plein milieu, se saisit soudain de la pirogue et se mit à la faire tourniquer sur elle-même.

En un clin d'œil elle chavira et les trois hommes, perdant l'équilibre, furent projetés à l'eau.

— Tenir pirogue ! cria Mukoki. Point la lâcher.

Il s'était déjà cramponné au fragile esquif, qui n'était plus qu'une écorce flottante, et Rod et Wabi, à demi immergés, l'imitèrent.

Les trois compagnons se sentirent, quelques instants, tournoyer comme des fétus de paille. Mais la force du petit maelström, où ils étaient pris, contrariait celle du courant, dont elle brisait la direction, et de cette bataille de l'élément liquide ceci résulta, qu'hommes et pirogue furent finalement projetés sur le rivage.

La chance avait servi les trois chasseurs d'or. Haletants et trempés, ils sortirent de l'eau, et tirèrent après eux, jusque sur un petit promontoire rocheux, leur embarcation, complètement retournée.

Fort heureusement, les courroies qui liaient à la pirogue leurs paquetages n'avaient point cédé, eux-mêmes n'avaient pas lâché leurs fusils, et le moindre mal, au total, était advenu.

— Voilà, s'écria Wabi, en mettant pied à terre, ce qui s'appelle aller aux portes du Paradis, et en revenir vivement. Nous l'avons échappé belle !

Tandis que Rod, ruisselant, demeurait abasourdi dc la catastrophe courue et évitée, Wabi se hâta d'aider Mukoki à arrimer la pirogue.

Puis les trois hommes sortirent de leurs paquetages des vêtements secs, qu'ils se hâtèrent de revêtir, et mirent leur défroque à égoutter aux rayons obliques du soleil couchant.

Il leur faudrait, de toute nécessité, passer la fin de la journée, et la nuit suivante, sur l'étroit espace qui, baigné par les eaux écumeuses, leur servait de refuge. Le lendemain matin, on verrait à se tirer de ce mauvais pas et à franchir la cataracte.

— Si le fou, ne put s'empêcher d'observer Rod, d'un ton mi-gai, mi-contrit, nous découvrait dans cette position, il aurait beau jeu de nous tirer dessus !

— Oui... répondit Wabi. En revanche, nous n'avons pas à craindre que personne ne vienne nous dévaliser, ni que les bêtes sauvages ne nous fassent un mauvais parti. Tout, ici-bas, a ses avantages !

Faute de quoi que ce fût, qui permît d'allumer un feu, les trois hommes se contentèrent d'un repas froid, puis s'enveloppèrent dans leurs couvertures de fourrure, jusqu'au lendemain matin.

Ils ne dormirent que d'un œil, par suite de l'exiguïté du terrain, où ils avaient tout juste de quoi s'étendre, et du vacarme assourdissant de la cataracte, qui, dans l'obscurité, semblait vouloir les happer. Et Rod se demandait, sans oser formuler tout haut son inquiétude, s'il allait falloir demeurer là, captifs, jusqu'à la baisse des grandes eaux. Car, de droite et de gauche, la falaise dressait à pic ses murailles vertigineuses.

Mais, dès l'aube, Mukoki s'était mis à examiner de près la situation et quelles voies d'issue seraient possibles.

Revenu de son exploration vers les deux amis, qui s'étiraient encore, les côtes moulues par la dureté du roc qui leur avait servi de lit, il leur parut tout ragaillardi.

Il leur désigna de la main un autre îlot rocheux, plus proche de la cataracte que celui sur lequel ils se trouvaient, et qu'il venait de gagner à la nage.

— Nous, dit-il, aller là, d'abord. Nager le long du rivage et tirer avec nous la pirogue.

Quelques instants après, Rod et Wabi s'étant déshabillés, comme avait fait le vieil Indien, et ayant déposé leurs vêtements dans la pirogue, nageaient avec entrain vers l'îlot, comme trois poissons, s'agrippant au rivage lorsque le courant, plus fort, menaçait de les entraîner.

Une longue lanière de peau de caribou avait été fixée à l'avant de la pirogue, et ils la halaient ainsi après eux.

L'îlot désigné par Mukoki fut atteint sans encombre. Tout éclaboussé d'écume, il était situé au pied de la falaise, en bordure même de la cascade qui, au-delà de lui, effectuait son plongeon liquide.

Un chapelet de rochers, que l'eau ne recouvrait pas entièrement, se continuait tout le long de la cataracte.

— Bon, cela, dit Mukoki, en gloussant. Nous descendre par là.

La voie à suivre était scabreuse et Rod sentait la tête lui tourner, à l'aspect de ces rocs empilés qui, mouillés et glissants, dégringolaient les uns sur les autres, côte à côte avec la chute d'eau.

— Ne crains rien, dit Wabi, qui voyait pâlir son ami. Nous nous attacherons ensemble et, si l'un de nous deux culbute, les deux autres le retiendront. Il est inutile de nous attarder ici plus longtemps. Faisons vite !

Les trois hommes se lièrent mutuellement à la ceinture, à l'aide d'une seconde lanière, et Mukoki se laissa filer sur le premier palier. Rod et Wabi firent glisser vers lui la pirogue, puis descendirent à sa suite.

La même opération se répéta, à cinq reprises successives, sur les rocs luisants, non sans que Rod qui vacillait, étourdi par le fracas des grandes eaux, n'eût été contraint d'attraper sa casquette et, l'ayant coiffée, de l'enfoncer sur ses oreilles.

Le pauvre garçon était vert, lorsque la descente prit fin. Mais tout s'était passé sans encombre. Les trois compagnons se hâtèrent de revêtir à nouveau leurs vêtements, la pirogue fut remise à flot et la navigation reprit sur la rivière apaisée.

— Ouf ! dit Wabi, avec une détente de ses nerfs.

— Mauvais pas, très mauvais pas... confirma Mukoki, impassible.

— Un fou, un naufrage, un Niagara en miniature... s'exclama Rod. Notre or se défend bien !

Tout le jour, la pirogue continua à descendre au fil de l'eau, plus ou moins rapidement, et l'aspect varié du paysage, qui se découpait dans les brèches de la double falaise où s'encastrait le ravin, était pour Rod et pour Wabi un perpétuel sujet d'admiration.

Vers la fin de l'après-midi, la rivière changea de direction. Du nord-est, elle coulait désormais, très nettement, vers le nord.

Le coude que formait là le ravin offrait un endroit favorable, entre tous, pour le campement de la nuit.

Sur une surface d'un acre environ, s'étendait une vaste arène de sable fin, très blanc, en bordure de laquelle se trouvaient de grands amas de bois mort.

— Curieux endroit ! dit Wabi, tandis qu'aidé de Rod et de Mukoki il tirait la pirogue sur le sable. On dirait d'un ancien...

— Oui, ancien lac... grogna l'Indien. Ici, autrefois, être sûrement un lac.

— Le sable, ajouta Rod, qui emplit aujourd'hui cette dépression, a dû être, peu à peu, apporté par la rivière, et le coude que fait le ravin l'a retenu. La couche en est très épaisse... De même, le bois mort a été charrié par l'eau et bloqué ici.

Quelques instants après, Wabi, qui s'était un peu écarté, poussa un cri et, comme ses compagnons s'étaient retournés vers lui, il leur fit signe, avec de grands gestes, de venir le rejoindre.

Rod et Mukoki arrivèrent en courant et Wabi, sans mot dire, leur montra du doigt quelque chose sur le sable.

Sur le sable était fortement marquée l'empreinte d'un pied humain. D'un pied que ne chaussait ni soulier ni mocassin, mais qui, quand il avait laissé sa trace sur la blanche arêne, était nu, aussi nu que la main frémissante, pointée vers lui par Wabi.

L'empreinte se répétait à l'infini, comme si toute une tribu de sauvages avait, quelques heures auparavant, dansé à cet endroit.

Ce n'était pas tout. Près des amas de bois flotté, montait une légère spirale de fumée.

XIV

LA TROISIÈME CASCADE

Rod l'aperçut le premier et, tandis qu'il s'avançait dans cette direction, il entendit derrière lui le léger déclic du revolver de Wabi, qui l'armait, et celui, plus brutal, du cran de sûreté du fusil de Mukoki.

Lui-même, il tira de sa gaine son revolver et chuchota :

— Qui peut être là ? On ne voit personne.

Mukoki mit un doigt sur ses lèvres.

— Pas pouvoir dire, répondit-il. Pas savoir. Mais nous bien ouvrir les yeux.

— Rien ne bouge, dit Wabi. On nous a sans doute entendus.

Il n'y avait personne.

La fumée s'élevait d'une bûche carbonisée, qui était à moitié recouverte de terre et de cendres. On ne pouvait s'y tromper. Le feu avait été mis en veilleuse. Celui ou ceux qui l'avaient construit, étaient partis, mais avec l'intention de revenir.

Autour du feu, nombreuses étaient les empreintes de pieds, et des os étaient éparpillés.

Mukoki en ramassa quelques-uns, qu'il se mit à soigneusement examiner, tandis que Rod et Wabi, tout décontenancés, regardaient de droite et de gauche, avec étonnement, s'attendant à l'attaque soudaine d'une horde de sauvages.

Mais le vieil Indien, secouant la tête, et désignant du doigt les traces imprimées sur le sable :

— Mêmes pieds ! dit-il. Un seul homme avoir fait toutes les empreintes.

— C'est impossible ! protesta Wabi. Il y en a des milliers.

Mukoki s'était agenouillé.

— Lui avoir, continua-t-il, gros orteil du pied droit cassé. Toujours même pied. Facile à constater.

Wabi se pencha, à son tour, sur le sable. L'Indien avait raison. La jointure du gros orteil du pied droit était déviée, d'un demi-pouce, de sa position naturelle et cette difformité se répétait, dans la proportion d'un pied sur deux, dans toutes les empreintes.

Rod, lui aussi, s'inclina et constata. Mais il n'était pas au bout de ses étonnements, et Wabi pas davantage.

Mukoki tendit, vers les deux jeunes gens, sa main qui était pleine d'os.

— Viande pas cuite... dit-il. Homme manger cru.

— Est-ce possible ? s'exclama Rod.

Un éclair passa dans ses yeux, et un autre dans ceux de Wabi.

Presque simultanément, les deux amis s'écrièrent :

— Le fou ! Encore lui !

Mukoki approuva :

— Oui...

— Et il était là, dit Rod, pas plus tard qu'hier !

Wabi se tourna vers l'Indien.

— Mais pourquoi l'homme, interrogea-t-il, a-t-il eu besoin de feu, si ce n'était pour cuire sa viande ?

Mukoki secoua les épaules et ne répondit pas.

Rod avait ramassé d'autres os.

— Ce qui est certain, dit-il, c'est qu'elle n'est pas cuite. En voici des morceaux entièrement crus, encore attenants à l'os. Sans doute l'homme se contente-t-il de la faire, en la tenant dans ses mains, superficiellement griller au-dessus du feu.

Mukoki approuva cette suggestion et se prit à fouiller le feu.

A l'extrémité de la bûche, deux pierres étaient posées l'une sur l'autre, formant une sorte de petit foyer. L'une d'elles était plate. L'autre, ronde et unie, ressemblait à un gros galet.

Tout à coup, l'Indien poussa une vive exclamation, ce qui était contraire à toutes ses habitudes. Car, il avait, d'ordinaire, l'étonnement muet.

— Qu'y a-t-il ? demandèrent en chœur Rod et Wabi.

— L'homme mauvais chien...

— Eh bien ?

— Lui faire balles ici... sur pierres... Regardez... Or, or !

Les deux amis écarquillèrent leurs yeux vers la pierre plate, que le vieux trappeur avait prise dans ses mains.

— Or, or, or ! répétait-il, tout excité.

Au centre de la pierre, on voyait luire effectivement une trace jaune brillante.

Rod et Wabi comprirent aussitôt ce dont il s'agissait. Se servant de la pierre ronde pour frapper, le chasseur fou avait martelé ses balles d'or sur la pierre plate !

Ils étaient à l'endroit du dernier campement de cette étrange créature de la solitude. Voyageant, sans doute, de nuit comme de jour, un peu avant eux il avait passé ici. Son feu, qui couvait sous la cendre, indiquait qu'il avait l'intention de revenir. Mais quand ?

— Un fou, dit Rod, court avec la vitesse d'un animal sauvage. On ne sait jamais où il est.

La nuit s'écoula tranquillement. Mukoki, cependant, veilla. Il avait abandonné, vis-à-vis de l'énigmatique créature, toutes ses craintes superstitieuses. La découverte des os à demi rongés, des empreintes de pieds, du feu et des pierres qui servaient à confectionner les balles d'or, l'avaient rassuré.

Il comprenait maintenant que c'était bien à un homme qu'il avait affaire, à un homme devenu « mauvais chien », et la curiosité l'emportait désormais en lui sur la frayeur.

Le lendemain matin, la pirogue fut repoussée à l'eau. En dépit du fou, qui se cramponnait décidément à leur piste, les trois aventuriers sentaient l'espoir palpiter en eux. Le but poursuivi n'approchait-il pas ? S'il fallait subir, jusqu'au bout, le mystérieux et intermittent compagnon que le sort leur avait donné, on le subirait. Ce n'était presque plus, déjà, un étranger. Qui sait si cet être bizarre ne leur apporterait pas, à un moment donné, une aide inconsciente dans leurs recherches ?

La topographie du pays ne tarda pas à se modifier du tout au tout. Les murs abrupts du ravin s'abaissèrent et s'élargirent, pour faire place à des pentes verdoyantes qui, par endroits, se muaient elles-mêmes en de larges espaces plats, de plus d'un mille d'amplitude.

Le long des rives apparaissaient, quand par hasard on abordait, des traces fréquentes de gibier. Des élans et des caribous se montrèrent plusieurs fois, à bonne distance pour les tirer.

Mais là n'étaient pas les préoccupations des trois hommes. Ils comptaient atteindre, avant la nuit, la seconde cascade et ne virent pas sans dépit le courant torrentueux de la rivière se transformer en un large fleuve, régulier et lent.

Si la carte de bouleau était juste, ils trouveraient la seconde cascade à cinquante milles au-delà du campement de l'homme fou. Mais la nuit tomba avant qu'ils l'eussent rencontrée.

Il en fut de même durant la matinée du lendemain.

Perpétuellement, Rod et Wabi tendaient l'oreille, espérant entendre le bruit lointain de la chute d'eau. C'était en vain.

Les heures s'écoulèrent ainsi, après les heures, jusqu'à midi. Les cinquante milles prévus avaient été, sans aucun doute, largement dépassés.

Le déjeuner manqua d'entrain et, quand on se remit en marche, quelque vague inquiétude pouvait se lire dans les yeux de Rod et dans ceux de Wabi. Mukoki, plus maître de lui, quoique l'or exerçât sur son esprit sa coutumière attirance, dissimulait son sentiment intérieur.

A tout moment, Rod déroulait sur ses genoux l'écorce de bouleau, y mesurait et vérifiait les distances comparatives. La deuxième cascade ne pouvait être loin maintenant !

Cependant les milles continuaient à glisser derrière les trois chasseurs d'or et quand, au crépuscule, il fallut s'arrêter pour dîner et camper, plus du double de la distance prévue avait été certainement parcouru.

Le dîner s'en ressentit et, plus encore que le déjeuner, fut mélancolique. Chacun se posait, à part soi, la même question : la carte de bouleau, livrée par les vieux squelettes, était-elle juste ? Et l'erreur, indéniable désormais, qu'elle comportait pour la seconde cascade était-elle ou non volontaire ? Se reproduirait-elle pour le reliquat de l'itinéraire ?

Le repas terminé, tandis que Rod et Wabi demeuraient à discuter auprès du feu, Mukoki, prenant son fusil, s'était éloigné et avait disparu le long du fleuve.

Il était absent depuis plus d'une heure quand les deux jeunes gens perçurent soudain, dans la nuit calme, la détonation d'un fusil. Deux autres suivirent, coup sur coup. Puis trois coups tirés à intervalles plus espacés, auxquels succédèrent deux autres, très rapprochés.

— Le signal ! s'écria Rod. Mukoki nous appelle !

Wabi fut sur pied, instantanément, et tira en l'air les cinq coups de son magasin.

— Écoute, Rod ! dit-il.

A peine les échos du fusil de Wabi s'étaient-ils tus que reprit l'appel de Mukoki. Le son venait de la direction aval du fleuve.

Sans en dire plus, les deux jeunes gens sautèrent dans la pirogue et en larguèrent l'amarre.

— Muki doit être, dit Wabi en démarrant, à une distance de deux milles environ. Que peut-il bien lui être arrivé ?

— J'imagine, répondit Rod, qu'il a trouvé la seconde cascade.

Cette pensée rendit des forces aux bras fatigués des deux amis et, saisissant chacun leur pagaie, ils accélérèrent la marche de l'embarcation, qui se mit à filer, à toute vitesse.

Un quart d'heure après, une nouvelle détonation, toute proche, claqua dans l'air et Wabi y répondit par un grand cri.

La voix de Mukoki riposta par un « Hallo ! » sonore.

Mais, en même temps, le bruit d'une chute d'eau était parvenu aux oreilles de Rod et de Wabi.

Ils se rapprochèrent du rivage, où ils aperçurent, dans la nuit, la silhouette de Mukoki, qui les attendait. Ils débarquèrent.

— Grosse cascade... dit le vieil Indien. Faire grand bruit. Beaucoup eau couler vite !

C'était, en effet, un véritable rugissement qui montait sous les étoiles.

Rod et Wabi sautaient de joie, comme de grands enfants, en poussant d'interminables hourras. Mukoki gloussait, grimaçait et, tout radieux, frottait l'une contre l'autre ses mains calleuses.

— Par saint George ! finit par dire Wabi, l'erreur, sur la carte, était de taille. S'il en est de même pour la troisième cascade, nous ne sommes pas au bout de nos peines !

Vivement, Rod répondit :

— Il n'est pas prouvé que l'erreur se répète ! Bien au contraire, j'estime, quant à moi, que la distance qui sépare la première cascade de la troisième a été mal coupée, tout simplement. Et de cette troisième et dernière cascade nous sommes peut-être beaucoup plus proches que nous ne le croyons. Si ma supposition est juste, ce n'est pas cent milles qui nous restent à parcourir, pour toucher au but, mais seulement vingt-cinq.

— Je le souhaite comme toi, reprit Wabi. En attendant, campons où nous sommes. Nous saurons demain ce qu'il en est.

Le départ eut lieu, le lendemain matin, avant le jour. Les trois hommes absorbèrent leur petit déjeuner à la lueur du feu du campement et, quand l'aube se leva, ils étaient en route depuis plus d'une heure. Leur joie d'atteindre bientôt à la fameuse mine d'or leur avait fait oublier presque le fou et ses balles.

La seconde cascade avait été facilement contournée et c'était à qui fournirait, avec sa pagaie, le meilleur effort, afin de remédier à la lenteur désespérante du courant.

Un jeune élan fut surpris, comme il buvait, à moins de cent mètres de la pirogue. Ce superbe gibier fut dédaigné. Le dépecer eût été perdre inutilement une bonne heure, et il restait suffisamment encore de tranches d'ours, pour qu'on pût s'en passer.

Au bout de deux heures de navigation, le paysage se transforma à nouveau, brusquement. Les montagnes s'étaient rapprochées et encastraient derechef le cours d'eau entre les murailles vertigineuses d'un étroit, silencieux et noir ravin, plus sinistre encore que celui qui avait été traversé les premiers jours.

A mille pieds au-dessus d'eux, les chasseurs d'or voyaient se découper sur le ciel de denses forêts de pins rouges, qui entrecroisaient presque leurs rameaux sur la sombre cassure où bouillonnait la rivière torrentueuse.

C'était presque, en plein jour, dans la gorge farouche, l'obscurité de la nuit. La mort semblait y régner, angoissante et solitaire.

Rod et Wabi avaient abandonné leur pagaie et Mukoki, de la sienne, avait repris la direction de l'esquif. Dans la lueur crépusculaire qui les baignait, les visages des trois hommes, même ceux, plus bronzés, de Wabi et de Mukoki, apparaissaient blêmes et livides.

Puis un murmure vint doucement jusqu'à eux. On eût dit le léger chuchotement, dans les ramures, du vent qui approche, un soupir qui eût fait, au sommet du ravin, frissonner les pins.

Mais le souffle du vent dans les arbres s'enfle, puis s'éteint, telle une harpe dont on a, un instant, pincé les cordes. Le son, au contraire, qui courait dans l'air, persistait et ne s'éteignait point. Si, par moments, il semblait décroître, il reprenait bientôt, monotone et régulier, et plus distinct d'instant en instant.

Aucun des trois hommes ne disait mot, mais la même pensée était en eux.

Mukoki rompit le silence profond.

— Cela être, dit-il, la troisième cascade.

Rod et Wabi, dont les deux cœurs battaient comme deux tambours, approuvèrent de la tête. Il n'y eut pas de vains hourrahs, d'inutiles cris de joie. L'heure était, pour cela, trop solennelle.

Si les prévisions de Rod étaient justes, si la carte de bouleau, ravie aux anciens squelettes, n'avait point menti, si l'erreur de distance indiquée entre les trois cascades était la seule, le secret de l'or, perdu depuis près d'un siècle, allait se révéler d'un instant à l'autre.

L'étrangeté terrible du site et la demi-nuit ambiante ajoutaient encore à l'angoisse des cœurs. Chacun regardait et écoutait, en retenant son souffle. Près d'ici, sans doute, songeait Rod, John Dall, l'Anglais, avait été tué par ses deux associés, et n'allait-on pas, en mettant pied à terre, trébucher dans un troisième squelette, qui serait le sien ?

N'était-ce pas ici, également, que l'homme fou avait son repaire ?

Était-ce de ce même gisement d'or, découvert par lui, qu'il tirait la précieuse matière de ses balles ?

Comme le bruit de la cascade se rapprochait, Wabi mit pied à terre et, sautant de rocher en rocher, le long du torrent, courut en avant, dans l'eau jusqu'à mi-jambe, afin d'explorer le terrain. La pirogue le suivait, avec prudence, au ralenti.

Bientôt l'écume blanche qui jaillissait de la cataracte, et la survolait, devint visible. La pirogue ayant été arrimée à un gros bloc rocheux, Rod et Mukoki mirent, à leur tour, pied à terre.

La chute n'était pas considérable, une quarantaine de pieds tout au plus, selon l'estimation approximative de Wabi. Mais le bruit de l'eau s'enflait démesurément dans l'étroit ravin, qui en répercutait l'écho.

Une petite crique, où poussaient, semés par le vent, quelques cèdres et quelques pins rabougris, s'élargissait en dessous de la cascade. Puis le ravin recommençait à s'étrangler et l'eau furieuse, s'y précipitant, reprenait sa course folle.

Quelque part dans cette crique devait se trouver le secret de l'or.

Soudain Rod tendit le bras et un grand cri d'émotion jaillit de son gosier.

— La cabane ! clama-t-il. La cabane construite par John Ball et par les deux Français ! La carte a dit vrai !

XV

LE VIEUX PAPIER DANS LA CABANE

Wabi et Mukoki avaient, presque en même temps que Rod, découvert dans l'ombre du ravin, parmi les cèdres et les pins de la petite crique, la vieille cabane de bûches, construite jadis par John Ball, par Pierre Plante et par Henri Langlois ; la cabane qui avait, avant l'assassinat de John Ball, servi de gîte aux trois prospecteurs d'or.

Du coup, Rod et Wabi ne purent retenir l'explosion de leurs cris joyeux, scandés par les gloussements coutumiers de Mukoki.

La vieille hutte étant placée au-delà de la cascade, il faudrait franchir celle-ci pour arriver jusqu'à elle et l'opération semblait malaisée. Sans doute serait-il nécessaire d'escalader une des falaises du ravin, pour redescendre ensuite vers la petite crique. A moins que...

Un gigantesque tronc d'arbre, complètement dépouillé de son écorce et à demi ébranché, était jeté par-dessus la cascade. Il avait dû, dans une tempête, rouler là du haut du ravin et formait, au-dessus de l'eau écumeuse, une sorte de pont vertigineux.

— Nous, peut-être, descendre par là... suggéra Mukoki, avec quelque hésitation dans la voix.

En même temps, il haussait les épaules, ce qui signifiait, dans sa pensée, que l'expérience pouvait présenter quelque péril.

Il avait à peine dit que Rod, jetant sur son épaule la bretelle de son fusil, s'élançait sur le tronc d'arbre.

Tel un acrobate, s'accrochant au bois, des mains et des pieds, pour ne point perdre son équilibre, il rampa lentement, et à reculons, sur l'aventureuse passerelle, vers laquelle crachaient les écumes.

Ses deux compagnons le regardaient faire, haletants, redoutant que l'arbre, mal équilibré, ne virât sur lui-même et ne précipitât au gouffre l'imprudent. Mais il n'en fut rien et Rod arriva, sain et sauf, en bas de la cascade.

Avec les mêmes précautions, Wabi et Mukoki successivement l'imitèrent, et les trois hommes se trouvèrent réunis dans la petite crique, à une vingtaine de pas de l'antique cabane.

Il y eut, pendant quelques minutes, un flottement parmi eux. Machinalement, Mukoki, dont étincelaient les yeux noirs, arma son fusil et le leva vers son épaule.

La cabane était vieille, si vieille que Rod se demandait, à part lui, comment elle avait pu, si longtemps, résister aux tempêtes des hivers.

De petits sapins avaient pris racine sur son toit pourri, et les rondins dont elle était construite en étaient arrivés au dernier degré du délabrement.

Il n'y avait point de fenêtre et, là où avait été jadis la porte, un arbre avait poussé, d'un pied de diamètre. En sorte qu'il obstruait presque complètement l'ouverture étroite, qui donnait autrefois passage aux hôtes du logis.

Les trois hommes se dirigèrent vers la cabane et, à mi-chemin, Mukoki posa sa main sèche sur l'épaule de Wabi. Un inexprimable malaise semblait être en lui.

Il désigna du doigt, à Rod et à Wabi, la pourriture des bûches, puis l'arbre qui bouchait la porte :

— Pin rouge... dit-il, avec une sorte de terreur dans la voix. Arbre très vieux, très vieille cabane, énormément vieille.

Sans doute songeait-il à l'autre cabane, à celle qui avait été découverte au cours de l'hiver précédent, et qui enfermait les squelettes de Pierre Plante et d'Henri Langlois, qui s'y étaient entre-tués. Celle-ci semblait beaucoup plus ancienne et il eût été vain de chercher à la réparer. Plusieurs siècles semblaient avoir passé sur elle.

Tandis que continuait à veiller le vieil Indien, Rod et Wabi introduisirent leurs têtes par la fente étroite, qu'à droite et à gauche, l'arbre laissait dans l'embrasure de la porte.

L'obscurité les empêcha, d'abord, de rien distinguer. Puis leurs yeux s'accoutumèrent à elle et les murs intérieurs de la cabane prirent forme.

La cabane était vide. Ni table, ni chaise, ni tabouret. Les anciens habitants n'avaient laissé, derrière eux, aucune trace de leur passage.

Mukoki se contenta de faire, avec défiance et les yeux rivés au sol, le tour extérieur de la vieille hutte.

Puis il s'en retourna vers la cascade et vers l'arbre mort qui l'enjambait, et qu'il se prit à examiner avec une grande attention.

— Je me demande, dit Wabi à Rod, en quoi cet arbre peut ainsi l'intéresser. Il semble avoir une idée en tête.

Rod, cependant, qui semblait aussi chercher quelque chose, avait jeté son dévolu sur une branche de pin, brisée par le vent, et qu'il ramassa. Le bois était enduit d'une épaisse couche de résine. Le jeune homme en approcha une allumette et la branche aussitôt flamba, formant une superbe torche.

Tandis que Wabi, intrigué de l'allure bizarre de Mukoki, allait le rejoindre, Rod, muni de son luminaire, s'insinua dans la vieille cabane, où régnait une obscurité glacée.

Rien par terre ni sur les murs, sauf, accrochée à l'un de ceux-ci, une sorte de petite étagère, d'un pied de long. Rod s'en approcha, et aperçut, à la lueur vacillante de la torche, une boîte de fer, noirâtre et rongée par la rouille, qui s'y trouvait posée.

Le jeune homme s'en saisit, de ses doigts tremblants. La boîte, très légère, était vide sans doute. Peut-être enfermait-elle, tout bonnement, la poussière du dernier tabac de John Ball. Peut-être aussi...

Roderick, éteignant sa torche, revint vers la lumière du jour, en tenant précieusement dans sa main le dernier débris que lui avait légué le lointain passé de la cabane. Si vermoulue était la boîte que c'est à peine si elle ne s'écrasait pas entre ses doigts.

Délicatement il en détacha le couvercle, et un petit rouleau de papier, presque aussi dévasté que le vieux fer qui l'enfermait, apparut.

Avec des soins infinis, aussi minutieux que ceux avec lesquels il avait, l'hiver précédent, détendu l'écorce de bouleau, il déroula ce papier. Les bords s'en émiettèrent et se brisèrent sous ses doigts. Mais l'intérieur du rouleau était encore en assez bon état. Il y porta les yeux, puis, se retournant vers Wabi et vers Mukoki :

— L'or ! cria-t-il. L'or ! Venez vite !

Il sanglotait presque et pleurait de joie.

Il tendit le papier à ses deux compagnons accourus.

— Je l'ai, dit-il, trouvé... dans la cabane... où, dans une vieille boîte de fer... Regardez... C'est l'écriture... l'écriture de John Ball... la même que sur... l'écorce de bouleau...

Non moins ému, Wabi se saisit du papier et lut, à haute voix :

Comptes de John Ball, Henri Langlois et Pierre Plante, au 30 juin 1859.

Puis, au-dessous :

Travail de Plante : Pépites, 7 livres, 9 onces ; poussière, 1 livre et 3 onces. — Travail de Langlois : Pépites, 9 livres, 13 onces ; poussière, néant. — Travail de Ball : Pépites, 6 livres, 4 onces ; poussière, 2 livres, 3 onces.

Total : 27 livres.

Part de Plante : 6 livres.

Part de Langlois : 8 livres.

Part de Ball : 13 livres.

Répartition faite [1].

Ce papier levait tous les doutes sur l'existence de la mine d'or et sur sa probable proximité.

— Je crois, dit Rod, que cette fois nous y sommes bien !

— Je le crois comme toi... approuva Wabi.

Quant à Mukoki, il semblait littéralement médusé. Tant d'étonnants événements le stupéfiaient.

Comme s'il s'attendait à voir le jaune trésor s'empiler automatiquement devant lui, il tournait alternativement ses yeux avides vers la chute d'eau, vers les murs abrupts du ravin et vers les obscures cavernes qui s'y creusaient, vers le sable du torrent et vers la vieille cabane ruinée.

A mon avis, dit Rod, au bout d'un instant, l'or doit se trouver dans le lit du torrent. C'est la supposition la plus vraisemblable. Presque toujours, la poussière d'or se rencontre dans les sables des cours d'eau. Les pépites ne peuvent, non plus, provenir de la roche vive.

— En tout cas, répondit Wabi, les recherches, de ce côté, seront faciles. Je ne crois pas qu'en son milieu même le torrent mesure plus de quatre pieds de profondeur. Nous pourrions nous mettre immédiatement au travail... Mais retournons d'abord à la pirogue, pour y prendre les battées [2] que nous avons apportées avec nous.

Les trois hommes se dirigèrent vers le tronc d'arbre, pour y regrimper et repasser, avec son aide, la cataracte.

L'aspect que présentait ce pont improvisé était on ne peut plus bizarre. Non seulement l'énorme tronc était entièrement dépouillé de son écorce, mais la surface en était lisse et polie, brillante comme si on l'eût passée à l'encaustique.

— Diablement lisse ! prononça Mukoki en désignant l'arbre, et en fronçant ses sourcils.

— Oui, diablement lisse ! répéta Wabi, d'un ton grave, qui surprit Rod. Un vrai mât de cocagne.

— Que veux-tu dire ? interrogea Rod.

— Je veux dire, répondit Wabi, et c'est également la pensée de Mukoki, que ce n'est pas d'aujourd'hui que cet arbre a été employé comme passerelle, pour traverser de haut en bas, et de bas en haut, la cataracte. S'il était à l'usage des ours, nous y verrions marquée la trace de leurs griffes. Quant aux lynx, en s'y cramponnant, ils en eussent lacéré, en longueur, toute la surface. N'importe quel animal l'eût plus ou moins déchiqueté. Mais ce n'est pas cela du tout. Nous sommes en présence d'un parfait polissage.

Mukoki approuvait, en faisant aller sa tête avec frénésie, et Wabi se mit à siffloter.

— Alors, demanda Rod, ce serait, selon toi...

— Un homme... qui en est l'usager habituel.

---

1. La livre anglaise vaut 453 grammes.
2. La battée est une écuelle en bois, destinée au lavage des sables aurifères.

« Seuls, les mains et les genoux d'un être humain ont pu, en glissant dessus, et en répétant des centaines de fois la même opération, lisser ainsi ce vieux tronc. Toute la question, maintenant, est de savoir qui est cet homme. Et il n'y a pas, sans doute, à aller chercher bien loin. Qu'en penses-tu, Roderick ?

— Le chasseur fou !

— Oui.

La constatation était désobligeante, assurément. Mais il fallait bien se rendre à l'évidence.

— Or des balles venir d'ici, prononça Mukoki. Homme mauvais chien avoir habitude de passer là.

— En tout état de cause, proposa Wabi, nous ferions bien de descendre vers la vieille cabane toutes nos provisions, nos ustensiles de ménage et notre pirogue elle-même. Nous laisserons venir ensuite, tout en nous gardant soigneusement, les événements.

Ce ne fut pas une mince opération de faire passer sur le tronc d'arbre tout le contenu de la pirogue, et celle-ci, finalement. Il s'en fallut de peu que Roderick, à deux reprises, ne piquât une tête dans la cascade.

L'heure du déjeuner était arrivée. Mais Rod protesta, quoiqu'il eût grand faim, que rien ne pressait.

— Tâchons, dit-il, de savoir tout d'abord, si l'or est bien dans le torrent.

Prenant donc en main une battée, il se dirigea vers un endroit où le courant avait amassé un dépôt de sable et de gravier. Wabi ne tarda pas à le rejoindre, avec une seconde battée, tandis que Mukoki se chargerait de préparer seul le déjeuner.

Roderick n'avait, dans sa vie, jamais lavé d'or. Mais il savait comment se pratiquait ce travail et il se sentait envahi par ce frisson de joie, coutumier aux chasseurs de trésors, quand ils croient avoir découvert le précieux limon qui les paiera de leurs peines.

Ramassant dans sa battée une certaine quantité de sable et de gravier, il acheva de la remplir avec de l'eau. Puis il la secoua, d'avant en arrière et d'arrière en avant, en un mouvement régulier de va-et-vient, lançant par moments, par-dessus bord, une partie de l'eau de lavage, qui était toute boueuse.

L'eau épuisée, il recommençait ensuite, avec de l'eau fraîche, et il continua cette opération, une quinzaine de minutes durant, jusqu'à ce qu'il ne restât plus, au fond de la battée, sous la transparence d'un cristal limpide, que quelques poignées de sable et de gravier.

Il se mit alors à fouiller ce résidu, regardant, de tous ses yeux, s'il n'apercevait pas le jaune rayon de l'or.

Un léger scintillement lui fit, une fois, pousser un petit cri. Mais, quand il eut, de la pointe de son couteau, tiré à lui la parcelle brillante, il s'aperçut que ce n'était que du mica.

A une dizaine de mètres de lui, Wabi, accroupi pareillement sur le sable, secouait aussi, rythmiquement, sa battée, dont l'eau faisait : *souich... souich... souich...*

— Dis-donc, Rod, demanda-t-il à mi-voix, sans se distraire de son travail, trouves-tu quelque chose ?

— Non. Et toi ?

— Moi non plus. C'est-à-dire... Je rencontre, de temps à autre, des lamelles luisantes, qui ont comme un reflet d'acier.

— C'est du mica ! Moi aussi... Le torrent en est plein.

Et les deux amis se remirent à leur inutile labeur, avec un sérieux et une componction qui eussent bien fait rire un professionnel.

— Rod, dit Wabi, viens voir un peu. J'aperçois encore quelque chose qui brille. Quelque chose, même, d'assez gros...

— Toujours du mica ?

— Non, je ne crois pas. Les reflets, autant que j'en puis juger, sont différents... C'est une petite boule, grosse comme un pois.

Rod sursauta, comme si quelqu'un lui eût enfoncé, dans le dos, une épingle.

Il posa à terre sa battée et se redressa debout, en disant :

— Le mica est toujours en lamelles, jamais en boule. Montre un peu, Wabi !

Il courut vers son camarade et se pencha sur lui.

Dans la battée que tenait Wabi, et dont il faisait miroiter sous le ciel le contenu, apparaissait une petite boule, jaune et lisse.

— Le mica, répéta Rod, en haletant, ne se présente jamais sous cet aspect. Il est très léger, également, et ceci...

De la pointe de son couteau, Roderick dégagea l'énigmatique gravier, qu'il soupesa.

— Et ceci est lourd, très lourd.

— Alors ce serait ?

— Et que veux-tu que ce soit, si ce n'était pas de l'or ?

— Déjeuner prêt ! criait en même temps Mukoki.

XVI

QUI ÉTAIT L'HOMME FOU

— Oui, oui, nous arrivons ! répondit Rod.

Et, se retournant vers Wabi :

— Il y en a, dit-il, un quart d'once.

Les deux amis étaient encore à scruter du regard la battée de Wabi, lorsque Mukoki vint les rejoindre.

— Tiens, regarde, Muki, dit Rod, en tendant la pépite au vieil Indien. Vois si nous avons bien travaillé... Je propose trois hourrahs ! Un pour ceci ; le second pour la vieille carte de bouleau, qui ne nous a point trompés ; le troisième et le meilleur, pour John Ball et pour son petit papier !

— Oui... répondit Wabi, et mets une sourdine à tes hourrahs. L'écho résonne ici, terriblement. Je parierais qu'il répercute à plus d'un mille le bruit de nos voix. Peut-être n'est-il pas autrement utile d'attirer sur nous l'attention de qui tu sais.

— Tu as raison...

Le campement avait été établi, par Mukoki, près de la vieille cabane, dans le boqueteau de cèdres qui l'avoisinait, et sous le couvert d'un grand rocher plat.

La petite pépite jaune avait été placée près du feu, sur une bûche mise debout, et elle scintillait aux reflets de la flamme. Elle était un admirable excitant de l'appétit.

— Cet or, songeait Rod, tout en dévorant sa tranche d'ours, toute fumante, nous le tenons ! L'or, dans notre civilisation, est la loi suprême et toute-puissante. Il est le feu brillant qui luit sur toutes les nations et vers lequel elles tendent sans cesse leur regard. Et cet or magique, je l'ai là, sous la main, en quantité innombrable ! La nature avait cru cacher ici sa richesse. Le charme est rompu. L'or est, dans ce ravin, partout autour de nous. Quel rêve nous vivons, tout éveillés ! En un mois, John Ball et ses associés avaient trouvé vingt-sept livres d'or, près de sept mille dollars en valeur marchande, toute une fortune !

Le déjeuner fut rapidement expédié et, après quelques instants de repos, qui suivirent un excellent café, Rod et Wabi, reprenant leurs battées, se hâtèrent de retourner au torrent. Mukoki, cette fois, fit comme eux.

Penchés sur leurs écuelles, qu'ils secouaient, les trois hommes ne disaient mot. Qui allait, le premier, pousser le cri triomphal d'une heureuse découverte ?

Un quart d'heure, une demi-heure, une heure passèrent, sans que personne soufflât mot. Vainement les battées succédaient aux battées. Mukoki s'était avancé dans le torrent, jusqu'à la ceinture, pour y puiser sable et gravier. Mais ses recherches n'avaient pas plus abouti que celles de Rod et de Wabi. Un grand désappointement, que personne n'osait formuler, commençait à poindre chez les trois hommes.

Enfin Mukoki annonça qu'il avait trouvé un petit morceau d'or, de la grosseur d'une tête d'épingle. Les courages défaillants en furent soudain ranimés, Rod et Wabi, enlevant leurs chaussures et relevant leurs pantalons, vinrent rejoindre le vieil Indien au milieu du torrent.

Leurs battées successives ne fournirent rien d'autre, cependant, et le découragement les reprit.

Il n'y avait plus à espérer de découvrir, d'un seul coup et tout d'une pièce, les belles piles jaunes du trésor escompté. Un labeur méthodique, fort long peut-être, y serait nécessaire.

— Il faudra chercher ailleurs, dit Wabi, plus loin dans le ravin, ou au-dessus de la chute d'eau.

— Je n'y comprends rien, déclara Rod. Là où se trouve une pépite, il doit fatalement s'en trouver d'autres. Sans doute n'avons-nous pas fouillé assez profondément. Cet or est ici, depuis des siècles et des siècles, et il s'est vraisemblablement déposé, par son propre poids, à plusieurs pieds au-dessous du lit superficiel du torrent.

— Tu crois ? interrogea Wabi, avec quelque septicisme.

— J'en suis certain. John Ball et les deux Français ont trouvé leur vingt-sept livres au mois de juin, c'est-à-dire à une époque où le torrent doit être presque entièrement à sec. Les plus riches découvertes de gisements aurifères, en Alaska, dans la vallée du Yukon et de ses affluents, ont toujours eu lieu en été, à une profondeur de trois à douze pieds.

« Et, lorsqu'un prospecteur trouve, à la surface du sable, seulement quelques traces d'or, il peut être assuré que le sous-sol est riche en jaune métal. L'endroit est bon, j'en ai l'absolue conviction. Nous attendrons tout le temps nécessaire.

— Les eaux, dit Wabi, ne peuvent tarder à baisser. Les dernières neiges sont maintenant fondues aux flancs des montagnes, et aucun lac ne me paraît alimenter le torrent. Ou je me trompe fort, ou sa décroissance sera rapide et, dans huit jours peut-être, n'y demeurera-t-il que quelques pouces d'eau.

— Alors tout ira bien ! Patientons un peu jusque-là, tout en poursuivant nos recherches.

La journée tirait à sa fin. Dans le ravin, les ombres devenaient plus longues et plus profondes. Au-dessus des trois hommes, le dais épais des pins rouges interceptait les dernières lueurs du soleil couchant. L'obscurité, qui s'amassait peu à peu entre les hautes murailles rocheuses, annonçait que dans ce coin de monde mystérieux, où s'estompait vaguement la vieille cabane, la nuit ténébreuse était proche.

Trempés jusqu'à la ceinture, éreintés, et leur beau rêve du matin un peu ébréché, les trois amis vinrent rejoindre leur campement, dans le boqueteau de cèdres.

Une pensée, malgré la confiance qu'il affectait, tourmentait Rod. Les anciens aventuriers n'avaient-ils pas découvert ce qu'on appelait une « poche d'or », c'est-à-dire un gisement isolé, qu'ils avaient complètement épuisé ? Le fait n'était pas impossible. Mais Rod jugea préférable de garder pour lui ses appréhensions.

Mukoki semblait le moins affecté. L'or, en réalité, n'avait à ses yeux qu'une valeur trompeuse et fugitive, et le plaisir de percer une énigme irritante avait pour lui plus d'attrait que le prix même de ses efforts.

A la lueur de la flamme le vieux papier, bruni par l'âge, trouvé dans la cabane, dans la petite boîte de fer rouillé, fut à nouveau déplié par Rod.

Il était la vénérable relique d'un obscur et romanesque passé, le lien qui réunissait au présent un temps lointain, le témoin de la tragédie farouche qui s'était déroulée entre les noires murailles du ravin. Drame obscur qui, sans doute, garderait à jamais son secret.

— Vingt-sept livres ! ne cessait de répéter Rod. Et un tel résultat pour un mois de travail !

— Presque une livre par jour ! commentait Wabi, émerveillé, quoiqu'il en eût.

— Je me demande, poursuivait Rod, pourquoi la part de John Ball fut deux fois plus forte que celle de ses associés. Ce fut, à mon sens, parce que, le premier sans doute, il avait découvert la mine d'or.

— C'est probable. Et ce fut, là aussi, la cause apparente de sa mort. Les Français s'estimèrent lésés et le tuèrent, pour récupérer son or.

— 1859, reprit Rod, en parcourant des yeux le papier. Il y a donc quarante-neuf ans que ces événements se sont déroulés. Quarante-neuf ans ! Ce n'est pas, relativement, très éloigné. Et pourtant ce chiffre nous apparaît, en ce désert, avec un recul énorme.

Longtemps après que les deux jeunes gens se furent enroulés dans leurs couvertures et endormis, Mukoki demeura éveillé.

Les mains agrippées à son fusil, qui était posé sur ses genoux, il était assis près du feu, la tête légèrement inclinée sur sa poitrine, immobile dans une de ces attitudes sculpturales, si caractéristiques, qui sont fréquentes chez l'Indien.

Il semblait absorbé dans ce passé, évoqué tout à l'heure devant lui, et se reportait au temps contemporain de sa jeunesse.

Il n'avait pas encore rencontré la jolie petite Indienne qu'il épousa par la suite, et qui fut si tragiquement dévorée par les loups, avec son enfant.

Il possédait alors un chien, qui était son plus cher trésor. Un hiver, il l'emmena avec lui, durant toute une lune, aux régions de chasse du Nord lointain. En cours de route, il perdit, un jour, son fidèle compagnon, et il s'en trouva inconsolable.

L'affection d'un Indien, même pour une bête, est quelque chose de solide et de durable, que le temps ne saurait émousser. Il se désolait, lorsque Wholdaïa, la bête aimée, reparut soudain.

Elle avait, à la longue, retrouvé son chemin, et était venue le rejoindre. Elle aboyait, et bondissait de joie, autour de lui, sur trois pattes.

La patte qui manquait disait que l'animal avait été attaqué, sans doute, par quelque bête sauvage, un lynx ou un loup, et, blessée dans la bataille, n'avait pu, le soir, revenir vers son maître.

Deux ans comptent dans la vie d'un chien, et des poils gris, qui se mêlaient au pelage de Wholdaïa, témoignaient de sa vieillesse prématurée et de ses souffrances.

Et, par comparaison, la pensée de Mukoki se reportait, de son ancien compagnon, au chasseur fou, que la souffrance avait rendu mauvais chien, qui tirait des balles d'or sur les gens qu'il rencontrait, et hurlait comme un lynx. Quel pouvait bien être le passé de cet homme, qui avait, soudain, resurgi devant eux ? Si c'était... Oui, si c'était...

Mukoki n'acheva pas de se formuler à lui-même sa pensée et, gagnant son lit de feuillage, s'endormit à son tour.

Le lendemain matin (la jeunesse est aussi prompte à recouvrer l'espoir qu'à le perdre), Rod et Wabi avaient repris toute leur bonne humeur.

Wabi avait commencé par faire culbuter Roderick d'un gros rocher, sur lequel celui-ci était grimpé, en déclarant gaiement :

— Nous nous sommes montrés hier, il faut l'avouer, des gens terriblement pressés. Nous avons tout le printemps devant nous, et tout l'été. Et, si nous n'avons rien trouvé, quand mourront les mouches, eh bien ! nous reviendrons l'année prochaine, et recommencerons. Rod, qu'en dis-tu ?

— Tu parles... d'or ! riposta Roderick, qui s'était remis sur ses pieds. Et nous amènerons avec nous Minnetaki ! Cela me plaît, pardieu !

Et il fit en l'air un grand saut, en claquant ses talons l'un contre l'autre.

Wabi en profita pour lui lancer dans les côtes une bonne bourrade. La minute d'après, les deux amis, riant aux éclats, haletaient dans une de ces luttes pleines d'entrain, où ils se complaisaient, et où la souplesse féline de Wabi, le demi-sang, laissait volontairement la victoire au jeune Blanc.

Après quoi, Mukoki, qui avait, avec amusement, regardé les gais ébats de ses deux compagnons, déclara qu'il prenait son fusil et allait descendre le ravin, afin de tirer, si possible, quelque gibier frais pour le déjeuner.

Pendant ce temps, Rod et Wabi reprendraient, à la base même de la cascade, l'exploration du torrent, chacun longeant lentement une de ses rives et y prélevant des échantillons successifs de sable et de gravier.

A midi, lorsque revint Mukoki, avec deux ou trois perdrix qu'il avait tuées, Rod n'avait découvert qu'un petit débris d'or, qui pouvait valoir un dollar tout au plus. Wabi, dans d'innombrables battées, scrupuleusement lavées, n'avait rien trouvé du tout.

Roderick émit sa crainte secrète d'une unique poche d'or, complètement épuisée lorsque John Ball et ses deux associés se partagèrent leur butin.

— C'est impossible ! s'écria aussitôt Wabi. Car alors, où le chasseur fou se procurerait-il ses balles ? Il y a de l'or, quelque part par ici, et, si nous ignorons où, il le sait, lui !

— Oui, grogna Mukoki. Lui savoir où est or. Lui revenir bientôt, nous le surveiller et trouver or.

Il se tut soudain et tendit l'oreille, son oreille exercée, depuis l'enfance, à saisir dans les solitudes du Nord le moindre bruit, imperceptible à d'autres.

— Écouter... dit-il, en tendant le bras.

Une rumeur, encore lointaine, mais qui s'avançait rapidement, roulait dans la partie supérieure du ravin, qui précédait la cataracte. Elle s'enflait et tonitruait, puis chevrotait et s'éteignait, pour reprendre bientôt, plus sonore. C'était la clameur du fou !

Mukoki était demeuré figé, le bras toujours tendu, ses yeux noirs dardant des flammes sombres. Rod et Wabi n'étaient pas moins émus et pétrifiés. L'ancienne et inexprimable terreur était derechef en eux.

Sous sa peau bronzée, Wabi avait pâli. Tout son être semblait tendu à se briser. Il voulait parler, et les mots lui demeuraient au gosier.

— Rod... dit-il enfin, en un suprême effort pour matérialiser sa pensée. Rod... Écoute-le... C'est John Ball qui revient vers son or !

La chose, oui, oui, semblait raisonnablement impossible. Mais cette pensée, qui depuis la veille le hantait, avait, de son cerveau, jailli malgré lui.

A peine eut-il parlé qu'un flot de sang lui monta au visage, dont la pâleur s'empourpra. Ce qu'il disait était insensé, et pourtant...

C'était Rod qui, maintenant, avait pâli.

— John Ball... répétait-il, comme médusé. John Ball...

Puis, tout à coup :

— Évidemment, Wabi... Et qui pourrait-ce être que John Ball ? John Ball ressuscité, qui revient exprès sur la terre, pour nous conter la lointaine et mystérieuse tragédie où il trouva la mort, pour nous montrer où est son or.

Le cri terrifiant se rapprochait de plus en plus.

— Cacher nous, dit Mukoki. Cacher tout cela.

Et il désignait tous les objets épars du campement.

Rod et Wabi avaient compris. Il ne fallait pas que le fou, en arrivant à la cataracte, découvrît tout d'abord, dans la petite crique, la présence des trois hommes. En un instant, tous les ustensiles de cuisine furent emportés dans le boqueteau de cèdres, la pirogue fut tirée sur la grève et dissimulée derrière la vieille cabane, et l'abri de branchages, sous lequel avaient dormi les trois chasseurs, démoli.

Ce travail était à peine achevé, à peine les trois hommes s'étaient-ils cachés eux-mêmes derrière les troncs des cèdres, que le cri se fit entendre, à moins d'une portée de fusil de la cascade. Ce n'était plus une clameur furieuse et perçante. C'était un cri plaintif, une plainte basse, qui n'avait plus rien de terrifiant ni d'horrible, mais faisait palpiter les cœurs de ceux qui l'écoutaient, d'une immense, d'une incommensurable pitié.

Une irrésistible envie prenait Rod de courir au-devant du fou, de tendre les mains, des mains amies, à cette créature bizarre et sauvage. Mais ses compagnons le retinrent. La prudence était, à tous les points de vue, nécessaire.

Quand il fut arrivé à la cascade, au faîte de l'arbre incliné qui servait, au-dessus des eaux bouillonnantes, de vertigineuse passerelle, le fou s'arrêta.

C'était un vieillard, grand et maigre, mais aussi droit qu'un jeune arbre. Son visage et sa poitrine disparaissaient sous un buisson de barbe et de poils.

Il tenait un fusil dans sa main, ce même fusil qui avait tiré les balles d'or. Malgré la distance, les trois hommes reconnurent une vieille arme à barillet, semblable en tout aux deux fusils jadis trouvés par eux auprès du squelette des deux hommes qui s'étaient entre-tués.

Ils observaient et attendaient, sans faire un geste.

Le vieillard s'avança plus près encore de la cascade et parut hésiter à s'engager sur le tronc lisse qui la surplombait. Il tendait les bras en avant, en pleurant doucement, comme s'il attendait qu'on vînt le chercher.

Rod, cette fois, n'y put tenir. Ses yeux s'humectèrent de larmes. Il lui semblait que cette âme perdue appelait la sienne, la suppliait de venir à elle.

Il s'avança donc en avant de ses compagnons, pas à pas, dans l'espace découvert, vers la falote créature, qui le regardait, épouvantée.

Quand il en fut suffisamment proche, il leva vers elle son visage pâle, jeta en l'air sa casquette, en signe d'amitié, puis continua à avancer, les mains tendues, en appelant doucement, très doucement :

— John Ball... John Ball... John Ball !

Brusquement le chasseur fou, qui s'était penché d'abord sur la cascade, pour mieux voir celui qui venait à lui et lui parlait, s'était redressé, et avait esquissé, pour fuir, un mouvement en arrière.

Mais Rod recommença à appeler « John Ball... », avec des sanglots dans la voix et une telle émotion de tout son être, que l'homme fou se reprit, lui aussi, à sangloter et tomba à genoux, en jetant vers le ciel sa déchirante lamentation. Un trouble profond se lisait dans ses yeux égarés.

Roderick lui faisait signe de descendre sur le tronc d'arbre, de venir le rejoindre. Le fou semblait hésiter.

Mais le jeune homme vit soudain se modifier l'expression du visage de l'homme fou, ses traits se durcir et luire dans ses yeux une flamme sauvage.

Le vieillard avait aperçu, par-delà Rod, Wabi et Mukoki, qui apparaissaient à leur tour, en avant de la vieille cabane.

Il se redressa, comme mû par un ressort. Puis, poussant un grand cri, il s'élança dans le tourbillon de la cataracte.

On le vit, un instant, qui déboulait avec la nappe d'eau, puis il disparut dans le bassin où se précipitait la cataracte.

Pendant des siècles, l'eau avait, sous sa chute, creusé ce bassin qui, s'il n'avait guère plus de trente pieds de large, était, en revanche, fort profond.

Devant le saut inattendu et désespéré du fou, Rod était demeuré horrifié. Mais Wabi, qui était accouru avec Mukoki, s'écria :

— Rod, attention ! Il va se noyer, si nous ne l'aidons pas à sortir de là !

Les trois hommes s'approchèrent le plus près possible du bassin, prêts à saisir la main qui émergerait de l'onde glacée et que leur tendrait le vieillard. Eux-mêmes, s'il était nécessaire, se précipiteraient dans l'eau, à son secours. Tous leurs muscles se tendaient pour l'action.

Une seconde, puis deux, puis trois, puis cinq s'écoulèrent. Rien ne parut. L'angoisse gagnait Rod.

Dix secondes encore, puis quinze... un quart de minute !

Mais déjà Wabi avait enlevé sa veste de peau de caribou.

— Je vais à son secours ! dit-il simplement.

Et il piqua une tête dans le bassin.

Mukoki avait, lui aussi, retiré sa veste, prêt à tout événement.

Au bout d'une quinzaine de secondes, la tête de Wabi reparut au-dessus de l'eau.

— Je n'ai rien trouvé, dit-il.

— Bon. Moi venir... déclara Mukoki.

Et le vieil Indien s'élança dans le bassin, où il disparut, dans un grand éclaboussement d'eau.

Rod était resté à terre, en proie à une mortelle inquiétude. Il regardait, anxieux, les remous de l'eau, sous laquelle Wabi et Mukoki nageaient, en tâtonnant autour d'eux.

Lorsque Wabi reparut, le premier, pour reprendre sa respiration, suivi bientôt de Mukoki, il lui sembla qu'un siècle s'était écoulé.

Aucun des deux plongeurs n'avait rien découvert. John Ball, noyé, avait dû couler à fond. Le vieillard était mort !

Par acquit de conscience, trois fois encore, Wabi et Mukoki réitérèrent leurs tentatives. Sans plus de succès. Épuisés, ils remontèrent péniblement sur les rochers qui entouraient le bassin.

Mukoki, sans mot dire, courut rapidement vers le campement, y secoua les braises qui dormaient sous la cendre et, pour s'y sécher, jeta sur la flamme réveillée une brassée de bois mort.

Wabi, haletant, était resté au bord de l'eau, tout grelottant. Ses mains étaient fermées et tenaient encore des poignées de sable et de gravier. Machinalement il les rouvrit et regarda ce qu'elles contenaient. Puis, stupéfait, il poussa un petit cri, qui fit sursauter Rod.

Il tendit sa main droite vers son ami. Au milieu des cailloux brillait une pépite d'or pur, si grosse et si magnifique que Rod, à son tour, jeta un cri perçant et, pour un instant, en oublia John Ball.

XVII

OÙ LE MYSTÈRE SE DÉCOUVRE

Mukoki, alerté, vint rejoindre les deux jeunes gens.

Mais, tandis que Rod, émerveillé, tendait vers le vieil Indien le jaune métal, Wabi avait plongé de nouveau. Il s'était ressouvenu du malheureux fou et avait voulu achever d'explorer le fond du bassin.

Il demeura sous l'eau plusieurs minutes et, quand il reparut au jour, ses yeux avaient une expression si bizarre que Rod, tout d'abord, pensa qu'il avait retrouvé le cadavre du vieillard.

Mais, devinant la pensée de Rod, il secoua sa tête ruisselante.

— Il... dit-il à demi suffoqué, il... n'est pas... dans le bassin !

Mukoki ne comprit pas ce que voulait dire Wabi.

— Mort ? grogna-t-il.

— Ni mort... ni vif ! reprit Wabi. Il n'est pas dans le bassin !

Les yeux surpris de Mukoki se reportèrent instinctivement vers le torrent, qui faisait suite à la cascade et où l'eau ne montait pas plus haut qu'à une demi-taille d'homme.

— Lui, dit-il, pas aller par là.

— Certes non ! répliqua Wabi.

— Alors... où est-il ? interrogea Rod, ahuri.

— Oui, où ? répéta Wabi.

Mukoki haussa les épaules.

— Gros rocher, dit-il, supporter cascade. Corps glissé sous lui, dans grand trou.

— Crois-tu ? demanda Wabi. Eh bien ! recommence l'expérience, si tu es un peu réchauffé. Moi, je suis glacé jusqu'aux os.

Et le jeune homme courut vers le feu, en battant des bras.

Le vieux trappeur s'était élancé dans le bassin.

— Parti ! dit-il, en remontant à la surface, au bout d'une longue plongée. Homme chien enragé n'être plus là !

Il avait profité de l'occasion pour ramasser sous la cascade, comme avait fait Wabi, une poignée de gravier.

— Balle or ! cria-t-il, en tendant vers Rod son bras qui dégoulinait.

Dans la paume de sa main brillait une seconde pépite d'or, grosse, celle-là, comme une noisette.

— Je l'avais bien dit, observa Wabi, que l'homme fou était John Ball, John Ball qui est revenu vers son trésor. L'or est dans le bassin !

Mais si l'or était dans le bassin, où était John Ball ?

Mort ou vivant, il fallait bien qu'il fût quelque part. Il ne pouvait s'être évaporé.

En d'autres circonstances, les trois aventuriers eussent fait bruyamment éclater leur triomphe. Le véritable gisement d'or était trouvé. La vieille carte de bouleau leur avait fidèlement livré son secret. La fortune était à portée de leur main.

Tous trois, cependant, se taisaient.

La fin tragique du fou, de cette malheureuse créature qui, durant un demi-siècle, avait vécu solitaire dans le Wild, en l'unique compagnie des bêtes sauvages, les attristait profondément. Involontairement, ils avaient été cause de sa mort. Et, pour racheter sa vie, ils eussent volontiers sacrifié le riche trésor qui venait de tomber en leur pouvoir.

Les trois hommes étaient autour du feu, devant lequel Wabi et Mukoki se déshabillaient, afin de changer de vêtements.

— Mort ! soupira Rod. Il semble pourtant que nous aurions eu tant de choses à lui demander, et lui tant de choses à nous dire !

— Mort... répondit Wabi. C'est facile à dire. Notre supposition n'est pas prouvée. Si John Ball est mort, pourquoi son corps n'est-il pas dans le bassin ? Par saint George ! voilà qui est étrange et les vieilles superstitions de Mukoki vont y retrouver leur compte.

— Il est dans le bassin, déclara Rod. Vous aurez mal cherché.

— Va donc y voir toi-même !

Après l'échec de Wabi et de l'Indien, qui nageaient et plongeaient comme des loutres, l'invitation était, pour Rod, peu tentante. Il se garda bien de la réitérer à son compte.

Mukoki, une fois séché, attacha une des battées à l'extrémité d'une grande perche, taillée par lui dans un jeune arbre, et, sans perdre de temps, se mit à fouiller le fond du bassin.

Rod et Wabi le suivirent. Du premier coup de sa drague improvisée, l'Indien ramena un énorme paquet de sable et de gravier, qu'il déversa sur un rocher plat. Les deux jeunes gens se précipitèrent pour trier, en les ratissant des doigts, sable et cailloux, rejetant rapidement tous les déchets sans intérêt.

Mais ce procédé ne valait rien. Pas une parcelle d'or n'apparaissait.

— Le lavage pur et simple est préférable, déclara Rod.

Et il courut au campement, pour y prendre les autres battées.

Comme il revenait, il trouva Mukoki qui achevait de déverser sur le rocher un second tas, sur lequel Wabi se pencha puis se releva soudain, pour entamer une danse joviale et grotesque, tandis que le vieil Indien, encore debout au bord de l'eau, demeurait, sa drague en main, silencieux et grimaçant.

— Qu'y a-t-il ? demanda Rod.

— Ce qu'il y a ? Moins que rien... Que penses-tu de ceci, dis-moi ?

Et il tendit vers Rod sa main ouverte, où resplendissait une mirifique pépite jaune.

— Admirable ! s'écria Rod. Le bassin, assurément, en est plein !

Prenant une des battées, Roderick la plongea, un peu plus loin, dans l'eau où il s'avança jusqu'à mi-jambe. Quand il l'en retira et qu'il l'eut secouée, une quatrième grosse pépite d'or s'y trouvait.

— Regarde, Wabi ! cria-t-il à son tour. Nous tenons le bon bout ! Notre fortune est faite ! Finie l'âpre lutte pour l'existence ! Terminés, pour ma bonne mère, les âpres et perpétuels soucis de la vie. Nous triomphons sur toute la ligne !

Wabi avait, dans ses doigts, délicatement cueilli la pépite.

— Ce n'est pas tout, poursuivit Rod, en secouant sa battée et en y faisant miroiter mille parcelles scintillantes. Voici, également, de la poussière d'or... Le sable en est plein.

Une série de battées successives donnèrent alternativement aux trois hommes une série de pépites, de tailles différentes, et une innombrable poussière d'or.

Lorsque la journée tira à sa fin et que l'obscurité qui tombait ne permit plus de fouiller utilement le bassin, on regagna le campement et Roderick sortit de son paquetage une petite balance de précision, apportée de Wabinosh House.

La récolte du jour y fut soigneusement pesée. Elle donnait un total de sept onces pour les pépites, d'un peu plus de douze onces pour la poussière d'or, défalcation faite du sable attenant encore aux parcelles de métal.

— Cela fait en tout, déclara Rod, dix-neuf onces un quart. A vingt dollars l'once, c'est, en chiffres ronds, trois cent quatre-vingts dollars !

— Trois cent quatre-vingts dollars ! riposta Wabi. Pour une demi-journée de travail ! C'est presque trop beau. Et, multiplié par trente jours, ce chiffre nous donne... vingt-deux mille huit cents dollars par mois. J'en demeure anéanti.

— Et combien cela faire dans vingt mille heures ? questionna Mukoki, en gloussant et en grimaçant à tel point que son visage cuivré en était tout bosselé, et sillonné de plus de rides que ne l'est de montagnes et de rivières une carte géographique en relief.

C'était bien la première fois que Wabi, depuis qu'il était au monde, entendait le vieil Indien émettre un trait d'esprit.

En guise de réponse, il s'élança sur Mukoki, le fit dégringoler du rocher où il était assis et, avec l'aide de Rod, accouru joyeusement à la rescousse, le roula sur le sol, comme une barrique.

La question de Mukoki, comme on va le voir, n'était pas si sotte, au demeurant.

Les trois hommes continuèrent, plusieurs jours durant, leur fructueuse besogne. L'or s'entassait dans de petits sacs de peau de daim, soigneusement ficelés, qui devenaient de plus en plus lourds.

La récolte atteignit son maximum le septième jour, où Rod, à lui seul, trouva, mélangées à de la poussière d'or, dix-sept pépites, dont l'une était aussi grosse que le bout de son pouce.

Mais, le neuvième jour, un changement inattendu se produisit. Mukoki était occupé à draguer le bassin et à approvisionner les deux jeunes gens, qui la lavaient, de la « boue-qui-paie [1] ».

Sa battée ne ramenait plus que des quantités insignifiantes de sable et de gravier, et, à la fin du jour, ne raclait plus que le roc nu.

Le trésor enclos dans le bassin était épuisé.

Nos trois compagnons en furent un peu marris et désappointés. Mais sans excès. Ils ne doutèrent pas que la source de l'or, entraînée par le torrent et accumulée dans le bassin, ne fût proche.

Ils la chercheraient et découvriraient. Leur récolte actuelle était, d'ailleurs, fort honorable et consolante, et représentait, pour chacun d'eux, la bagatelle de deux mille dollars.

Le lendemain, comme le temps plus chaud avait achevé de corrompre la réserve de viande, Wabi et Mukoki, afin de rapporter du gibier frais, décidèrent de remonter ensemble le ravin, jusqu'au point où il s'élargissait et faisait place à la plaine. Rod garderait le campement.

L'épais brouillard, qui avait coutume de s'amasser au-dessus du ravin, un peu avant la chute du jour, commençait à descendre sur Roderick, dans la petite crique, où il s'occupait des préparatifs du souper.

Il savait que ses compagnons n'allaient pas tarder à rentrer, en grand appétit, et il commença à mélanger eau et farine, pour la confection

1. Terme par lequel les prospecteurs d'or du Klondike désignent le sable et le gravier amalgamés, qui contiennent les pépites et la poussière d'or.

habituelle des petites galettes, qu'il ferait cuire ensuite entre deux pierres chaudes.

Il était si absorbé dans son travail qu'il n'aperçut point, tout d'abord, une forme fantomatique, qui glissait vers lui, pied par pied, entre les rochers.

Il ne vit pas, non plus, l'éclair de deux yeux, qui brillaient comme des charbons ardents, dans la pénombre crépusculaire qui s'étendait entre la chute d'eau et lui.

Il ne prit conscience de la proximité d'un autre être qu'en entendant une sorte de cri plaintif, si faible que ce n'était presque qu'un murmure.

Rod se redressa, en proie à la même émotion qu'il avait ressentie le jour où, pour la première fois, il avait parlé à l'homme fou.

A douze mètres de lui, pas plus, il vit un visage, un visage long et livide, pareil à celui d'un spectre, et qui, dans les poils broussailleux qui le couvraient, dardait vers lui ses prunelles.

Devant cette apparition surnaturelle, qui semblait surgir de l'au-delà, Roderick Drew remercia Dieu, qui lui donnait assez de force morale et de maîtrise de lui pour ne point trembler.

Debout dans la lumière du feu, il tendit ses bras, comme il avait déjà fait, vers la forme rampante de cette étrange créature. Doucement, à nouveau, comme une prière presque, il prononça le nom de John Ball.

En guise de réponse, l'homme sauvage fit entendre un son, faible et sourd, dont frissonna le jeune homme. Ce son, en effet, ressemblait singulièrement à celui que lui-même proférait :

— John Ball... John Ball... John Ball !

Roderick fit un pas en avant, puis deux, et il s'aperçut qu'un des bras du chasseur fou était tendu vers lui. Et, dans sa main, l'homme tenait un poisson.

Il fit un pas encore, et la créature étrange cessa d'avancer. Elle s'affaissa vers le sol, à demi pelotonnée sur elle-même, comme un chien qui craint d'être battu.

— John Ball... John Ball... répétait Rod, en avançant.

Il lui semblait ne pouvoir trouver d'autres mots pour parler à l'inconnu.

Il n'était plus maintenant qu'à dix pieds du vieillard. Une minute après, il n'était qu'à huit et aurait pu l'atteindre d'un seul bond. Alors il s'arrêta.

Devant le jeune homme le chasseur fou déposa son poisson. Puis il se prit à lentement reculer, en émettant dans sa barbe des sons incohérents. Après quoi, il se redressa debout et s'en fut vers le bassin, avec un cri plaintif.

Rapidement, Rod le suivit.

Il vit l'homme sauter de rocher en rocher, entendit un lourd plongeon, et tout redevint calme et silencieux.

Rod, ébahi, s'était arrêté au bord du bassin, si près de la cataracte qu'il recevait en plein visage les gouttelettes d'eau qui en jaillissaient.

Mais le plongeon du fou aux profondeurs liquides qui s'étendaient sous ses pieds, s'il avait surpris Rod, n'avait pas déterminé la même angoisse horrible qu'il avait éprouvée quand, pour la première fois, l'homme s'était, du faîte de la cataracte, précipité au gouffre glauque.

Il apparaissait clairement maintenant que, quelque part dans le bassin, le vieillard avait un refuge !

Les yeux de Rod scrutaient, dans l'obscurité grandissante, la nappe d'eau argentée qui, retombant de la partie supérieure du ravin, formait une sorte de voile devant le rocher qui la supportait.

— Qu'y avait-il donc derrière cette chute tumultueuse ? Était-il vraiment possible qu'en arrière de la cataracte se trouvât, dans la muraille rocheuse, un endroit où John Ball s'abritait ?

Rod, tout en remuant ces pensées, s'en retourna vers le campement. Aucun doute n'était maintenant admissible. Le chasseur fou était bien John Ball. Il avait trop visiblement tressailli à ce nom. Il l'avait lui-même articulé. Et il gîtait derrière la cascade.

Le jeune homme tenait toujours en main le poisson, l'offrande de paix du fou.

Une dernière fois, il se retourna vers le noir bassin où se déversait l'eau bouillonnante et, dans un sanglot, de plus en plus haut, jusqu'à ce que tous les échos du ravin en eussent retenti, il appela :

— John Ball ! John Ball ! John Ball ! John Ball ! John Ball !

John Ball ne répondit pas.

Roderick s'assit près du feu et se remit à considérer le poisson. John Ball avait voulu qu'ils fussent désormais amis et, pour prouver son amitié, avait apporté ce cadeau.

Le poisson, quand on l'examinait de près, était fort curieux. Il était de couleur sombre, avec de petites écailles presque noires. Sa taille était celle d'une truite ; mais ce n'était pas une truite. Sa tête était épaisse et large, comme celle d'un rémora ; mais ce n'était pas un rémora [1]. Autre étrangeté ! Cette tête, considérée de près, n'avait pas d'yeux !

Les choses s'éclaircissaient d'elles-mêmes. Roderick tenait dans ses mains une créature aveugle, un être d'un autre monde, caché dans les entrailles de la terre.

Il existait, derrière la chute d'eau, une vaste caverne, pleine de mystère, habitée par des créatures qui y vivaient dans l'éternelle nuit.

Et, dans cette caverne, John Ball avait, en même temps, trouvé sa nourriture et établi sa demeure.

1. Le rémora est un bizarre poisson, dont le faîte de la tête est muni d'une sorte de disque plat, adhésif comme une ventouse, et qui lui sert à se fixer aux corps flottants, notamment aux navires, qui l'entraînent ainsi avec eux.

XVIII
DANS LES TÉNÈBRES SOUTERRAINES

Quand Wabi et Mukoki reparurent, un quart d'heure plus tard, les galettes n'étaient pas cuites, le feu n'était qu'un amas charbonneux, et Rod méditait à côté, avec le poisson posé par terre à ses pieds.

Avant que Mukoki se fût déchargé du jeune élan qu'il avait tué, Rod avait déjà montré aux deux hommes le fantastique poisson. Puis, brièvement, il leur raconta ce qui s'était passé.

John Ball avait sa retraite derrière le rideau de la cataracte, dans une grande caverne, où, selon lui, ils ne trouveraient pas seulement l'homme fou, mais le gisement aurifère, dont une partie seulement avait été entraînée dans le bassin fouillé par eux.

La veillée se prolongea tard dans la nuit. Rod décrivit, en détail, la visite du fou, la lueur qui s'était allumée dans son regard, quand il l'avait appelé par son nom, ensuite balbutié par lui.

John Ball ne portait plus son fusil. Il ne cherchait donc plus à leur ravir la vie. Quelque chose de nouveau et de merveilleux avait germé dans son esprit égaré. Quelque chose qui l'attirait vers ses frères les hommes, avec la même crainte qu'eût éprouvée une bête sauvage, mais aussi avec une confiance grandissante.

Il demandait amitié et compagnie, et Rod sentait instinctivement, au plus profond de son cœur, que la raison n'était pas complètement éteinte chez le vieillard.

Lorsque les trois hommes s'enroulèrent enfin dans leurs couvertures, la pensée de l'or s'était, en eux, une fois de plus obnubilée, pour faire place, même chez Mukoki, le plus sceptique, à cette autre et prépondérante idée : sauver John Ball.

Ils furent debout avec l'aube et se préparèrent à leur exploration. Dans une enveloppe de caoutchouc furent placés un fusil et, en guise de torches, une demi-douzaine de branches résineuses de pin. Une portion de viande cuite y fut jointe.

Wabi, le premier, enleva, au bord du bassin, sa veste et sa casquette, et déclara qu'il allait tenter l'aventure.

— Attendez mon retour... dit-il.

Et il plongea.

Plusieurs minutes s'écoulèrent sans qu'il reparût. Rod était en proie à une mortelle inquiétude. Mais Mukoki gloussait, plein de confiance.

— Lui avoir trouvé, répondit-il au regard inquiet et interrogateur du jeune homme.

Wabi, là-dessus, émergea de la nappe d'eau. Rod lui tendit la main, pour l'aider à regrimper sur un proche rocher.

— Eh bien ? interrogea Rod, lorsque son ami eut un peu repris haleine.

— Nos suppositions étaient justes, répondit Wabi. Après avoir plongé, j'ai gagné, entre deux eaux, la muraille rocheuse qui porte la cataracte. Là, j'ai pu me redresser, en arrière de la nappe liquide, et, grimpant assez facilement sur quelques gros blocs, j'ai trouvé devant moi un énorme trou, qui est l'entrée de la caverne. En route, maintenant !

Rod et Mukoki s'apprêtaient à plonger.

— Aller doucement... conseilla au jeune Blanc le vieux trappeur. Sinon, vous cogner tête contre rochers.

Wabi les arrêta.

— Il est inutile de plonger, dit-il. En partant du rivage et en suivant, sous la nappe d'eau, la base de la muraille, nous arriverons au but, tout aussi bien. Nous serons, par cette voie, mouillés moins haut que la ceinture.

Ouvrant la marche, il s'engagea sous la cataracte. Rod et Mukoki le suivirent.

Le début de l'opération se présentait, à vrai dire, assez scabreux, car il était impossible d'éviter complètement la douche bouillonnante, qui se précipitait dans le vide, en rugissant.

Rod, pour passer, dut se courber sous l'averse, qui lui cinglait rudement les épaules. Il était, en outre, assourdi par le vacarme de la cataracte, qui lui brisait les oreilles. Peut-être se fût-il arrêté, dès les premiers pas, et eût-il renâclé, si Mukoki, qui venait derrière lui, ne l'avait, d'une main énergique, entraîné en avant.

Un peu plus loin, la nappe d'eau, sous la violente poussée qu'elle subissait dans sa chute, s'écartait sensiblement de la muraille rocheuse, laissant, entre le roc et elle, une sorte de couloir où, avec quelques éclaboussures, il était loisible de circuler.

Quand Roderick fut arrivé en face du trou noir, qui s'ouvrait un peu au-dessus de sa tête, Wabi lui tendit la main, pour l'aider à se hisser jusqu'à l'entrée de la caverne.

Les trois compagnons, une fois réunis, se préparaient, avant de s'enfoncer sous la terre, à allumer une de leurs torches, lorsque Wabi saisit soudain le bras de Roderick.

— Regarde ! dit-il, d'une voix à demi couverte par le bruit de la cataracte.

Rod, les yeux encore mouillés par les giclures de l'eau, ne vit rien, tout d'abord. Puis, dans l'obscur couloir qui s'ouvrait devant les trois hommes, il distingua, au loin, le rayonnement d'une lumière, qui brillait comme une étoile.

Il put constater bientôt que cette lumière s'élevait lentement, comme fait un feu follet dans la nuit. Puis elle se mit à redescendre au ras du sol, et disparut tout à coup.

— Nous suivre la lumière... dit Mukoki.

Et il s'engagea dans le ténébreux couloir.

— Nous pourrions peut-être allumer une torche... observa Rod, qui éprouvait quelque répugnance à s'engouffrer dans cette ombre épaisse.

— Inutile ! répondit vivement Wabi. Mukoki a raison. C'est John Ball, sans nul doute, qui brandissait cette lumière. S'il ne nous a pas entendus, il est inutile de l'alerter. S'il a perçu notre présence, il nous fait signe, ainsi, de le suivre. Avançons sans crainte.

Mukoki prit la tête du groupe et, se tenant tous trois par la ceinture, les trois hommes s'avancèrent hardiment dans l'obscurité, dont la densité leur pesait sur les prunelles.

Tout en avançant avec lenteur, ils tâtaient le sol du pied, à chaque pas. Et, à mesure qu'ils avançaient, le bruit de la chute d'eau décroissait derrière eux, jusqu'à ce qu'il devînt à peine perceptible, pour, finalement, s'éteindre tout à fait.

Où John Ball les conduisait-il ?

Un moment arriva où les trois chasseurs d'or s'aperçurent qu'ils ne marchaient plus, comme ils l'avaient fait depuis le début, sur un terrain uni et sablé, mais sur un sol rocheux, qui s'élevait insensiblement, comme avait fait la lumière.

Mukoki fit halte, pendant quelques minutes, et écouta. Aucun bruit ne vibrait dans le silence de ce monde de ténèbres.

Il allait se remettre en marche, quand l'écho d'un faible sanglot courut dans l'air. Puis le cri s'apaisa et le silence redevint angoissant, pour être déchiré, derechef, par une de ces lamentations coutumières à John Ball, sauvages à la fois et pitoyables.

Les deux jeunes gens en frissonnèrent. Mais, avant que la clameur se fût perdue dans la profondeur de la caverne, Mukoki les entraînait.

Les trois hommes n'ignoraient point que, arrivés au faîte de la pente qu'ils gravissaient, ils retrouveraient devant eux la lumière.

Ils n'étaient point préparés, cependant, au brusque spectacle qui s'offrit à eux et les cloua au sol.

Comme si un rideau de théâtre avait été soudain tiré, ils découvrirent, à cent pas d'eux, dans un vaste élargissement de la caverne, une grosse torche de résine, d'un mètre de long, qui brûlait, plantée droit dans le sable.

Leur tournant le dos et prosterné dans la lueur fuligineuse, les bras étalés en croix, comme un suppliant, était John Ball.

Devant lui s'étendait un petit lac souterrain, dont les eaux, d'un noir d'encre, scintillaient faiblement, à leur surface, sous les reflets rouges de la torche.

Sans paraître prêter attention aux trois hommes, le fou s'était remis à sangloter sourdement, comme un enfant au cœur brisé.

Muettement, sans que fût perceptible le bruit de ses mocassins sur le sable, Rod s'approcha précautionneusement de la triste créature. Puis, s'étant arrêté, il appela doucement, comme il avait déjà fait :

— Hello, John Ball !

Et il demeura immobile, dans la clarté vacillante de la torche.

L'homme fou se tut, mais demeura sans bouger, prostré sur le sol.

Rod parla à nouveau :

— Est-ce toi, John Ball ?

La forme spectrale se mit sur ses genoux et se retourna vers Rod, qui vit, dans ses yeux hagards, se refléter la lumière de la torche. Et il lui parut que le regard de ces yeux s'était soudain adouci.

Mais, tout à coup, le vieillard, s'étant remis debout avec l'agilité d'un chat, courut vers le petit lac, où il entra, comme pour s'y réfugier, et y demeura dans l'eau jusqu'à la taille.

Une fois encore, Rod appela :

— John Ball !

La bouche du fou s'entrouvrit dans la barbe broussailleuse, et Rod comprit qu'elle tentait d'articuler quelque chose, il ne savait quoi.

— Eh bien, John Ball... dit-il. Parle... Qu'y a-t-il ?

Il s'approcha du bord de l'eau noire et y marcha, en répétant :

— Parle, John Ball... Dis-moi ton chagrin...

Le fou parut étrangement ému. Il plaça ses mains en entonnoir, devant sa bouche, comme quand on hèle quelqu'un qui se trouve au loin.

— Do...lo...rès-s-s ! Do...lo...rès-s-s ! cria-t-il.

Rod sursauta. C'était un nom de femme que le fou avait clamé et que répercutaient à l'infini les échos de la caverne.

— Dolorès ! Dolorès ! Dolorès ! cria-t-il à son tour, en guise de réponse.

D'un bond, John Ball fut à ses pieds, étreignant ses genoux et sanglotant, et répétant :

— Dolorès !

Rod entoura des bras les épaules du vieillard, dont la tête hirsute se pressa contre lui. Il le tira, insensiblement, hors de l'eau, et le corps décharné vint s'abattre sur le sable, tandis que se rapprochaient Wabi et Mukoki.

John Ball, évanoui, ne bougeait plus. Les trois hommes le couchèrent sur le dos, près de la torche.

Ses yeux étaient clos, et ses doigts, dont les ongles ressemblaient à des griffes, étaient nerveusement crispés sur sa poitrine.

Mukoki plaça sa main contre le cœur du vieillard.

— Point mort, dit-il. Cœur battre toujours.

— Tirons-le d'ici, déclara Wabi, et portons-le au campement. Toi, Rod, va devant, avec la torche.

Wabi et Mukoki prirent sous les bras et par les pieds le sauvage vieillard, qui ne pesait guère, et le portèrent aisément jusqu'à l'issue de la caverne. Arrivés là, ils lui enveloppèrent la tête dans la couverture caoutchoutée et le firent passer, sans encombre, sous la chute d'eau.

Au bout d'une heure seulement, John Ball, qu'on avait confortablement installé près d'un bon feu, rouvrit les yeux.

Rod était près de lui et, durant une ou deux minutes, le fou le regarda ardemment. Puis il retomba, comme il l'avait fait dans la caverne, dans une sorte de léthargie.

— Je crois, dit le jeune homme, tout pâle, qu'il va mourir.

Wabi eut un geste vague, indiquant par là qu'il n'était pas plus renseigné que son ami. Mais Mukoki, se levant, alla quérir un pot de soupe, qu'il mit à chauffer sur le feu.

— D'abord lui donner à boire, dit-il.

Tandis que Wabi relevait le haut du corps du vieillard, Rod prit une tasse qu'il remplit d'eau, puis la tendit aux lèvres hideusement desséchées.

John Ball but le contenu de la tasse. Après quoi, Mukoki lui offrit des cuillerées de la soupe chaude, qu'il absorba.

Au cours de la journée qui suivit, John Ball ne reprit connaissance qu'à de rares intervalles, pour, chaque fois, retomber dans un sommeil qui ressemblait à la mort.

Wabi profita d'une de ces périodes d'inconscience pour couper court les cheveux et la barbe embroussaillés du vieillard. Pour la première fois, leur apparut, dans toute sa maigreur, la figure émaciée et spectrale de l'homme qui, un demi-siècle auparavant, avait tracé la carte de bouleau et le fil d'Ariane de la mine d'or.

La nuit de John Ball fut agitée. De temps à autre il marmottait des sons incohérents, auquel se mêlait le nom de Dolorès.

Au bout de trois jours, la situation demeurait toujours la même. Mukoki avait épuisé sur le vieillard toute sa science médicale et commençait à désespérer de le sauver.

John Ball, semblait-il, n'avait point de fièvre. Mais, le plus souvent, il semblait mort. On ne pouvait rien lui faire prendre que de la soupe.

Entre-temps, Wabi était retourné dans la caverne. Là se trouvait bien la source de l'or.

Le sable fin, sur lequel les trois hommes avaient marché, en suivant la mystérieuse lumière, était riche à foison en pépites et en poussière d'or.

Durant les inondations printanières, l'eau devait, par quelque fissure extérieure, pénétrer dans la caverne, et se déverser de là, en véhiculant avec elle le précieux métal, dans le bassin où tombait la cataracte.

La joie intense de cette découverte était malheureusement attristée, chez les trois hommes, par la triste pensée de John Ball, à qui ils devaient cette fortune, et qui agonisait entre leurs mains impuissantes.

— Nous avons, dit Rod, contracté, envers ce malheureux, une dette qui doit d'abord être payée. Ultérieurement nous reviendrons exploiter à fond notre trésor. Pour l'instant, notre devoir est de tout faire pour tenter de sauver John Ball. C'est-à-dire, le ramener le plus tôt possible à Wabinosh House, où il pourra seulement recevoir les soins nécessaires. Nous l'installerons dans la pirogue et remonterons avec lui le cours d'eau. En une quinzaine de jours, nous serons, je pense, à la factorerie.

Mukoki hochait la tête.

— Nous ne pourrons, dit Wabi, formulant la pensée du vieil Indien, pagayer contre le courant. Il est, sur la majeure partie du parcours, trop rapide.

— Eh bien, insista Rod, nous mettrons John Ball dans la pirogue et ce sera à nous de la remorquer. Évidemment ce sera plus long, et fatigant. Mais notre devoir est d'agir ainsi.

Wabi parut réfléchir. Puis, au bout d'un instant :

— C'est une rude besogne, qui risque d'être inutile. Car John Ball vivra-t-il jusqu'au terme du voyage ? Pourtant, Rod, tu as raison. Notre devoir est là. Plus tard, nous reviendrons à l'or. Nous emportons toujours avec nous, au demeurant, une gentille fortune !

Il fut décidé qu'on partirait le lendemain.

XIX

L'HISTOIRE DE JOHN BALL

Pendant l'après-midi, John Ball s'éveilla, comme de coutume, de son long sommeil. Et, comme Rod se penchait affectueusement vers lui, il murmura, plus distinctement qu'il ne l'avait jamais fait :

— Dolorès... Où est Dolorès ?

— Qui est Dolorès ? interrogea le jeune Blanc. Oui, qui est-elle ?

John Ball souleva une de ses maigres mains, la porta vers sa tête, et un gémissement tomba de ses lèvres, après lequel il parut se répéter à lui-même :

— Dolorès... Qui est Dolorès ?

On ne put tirer de lui autre chose. Il avala quelques cuillerées de soupe, qu'on lui tendit, puis retomba dans sa léthargie.

— Qui peut être cette femme ? dit Wabi. Y aurait-il quelqu'un d'autre dans la caverne ? Qu'en penses-tu, Rod ?

— A mon avis, répondit le jeune Blanc, il doit parler de quelqu'un qu'il a connu autrefois ; il y a quarante ou cinquante ans. Dolorès est un nom de femme ou de jeune fille... Si nous parvenons à sauver John Ball, peut-être connaîtrons-nous enfin son secret.

Le jour suivant, tous les objets et ustensiles qu'il n'était pas nécessaire de remporter furent mis à l'abri dans la vieille cabane, sommairement réparée. Puis la pirogue fut hissée à nouveau, à l'aide d'une corde, jusqu'à la partie supérieure du ravin, et John Ball transporté à sa suite, avec mille difficultés, sur le tronc d'arbre qui, tant de fois, lui avait jadis servi de pont.

Le niveau du torrent avait, durant les derniers jours, considérablement baissé et, jusqu'au soir, les trois hommes, marchant dans l'eau jusqu'à mi-jambe, remorquèrent après eux la pirogue de bouleau et son inconscient fardeau.

Durant la nuit, John Ball fut veillé alternativement par un de ses trois compagnons. Mukoki prit la première tranche de garde et fut, à onze heures, remplacé par Wabi.

Un peu après minuit, Roderick fut, par son ami, brusquement tiré de son lit de branchages.

— Lève-toi, au nom du ciel ! murmurait Wabi à son oreille. Il parle... Il parle, comme toujours, de Dolorès, et aussi d'une certaine grosse bête... Écoute !

John Ball, conversant avec lui-même, disait distinctement :

— N'aie pas peur, Dolorès... J'ai tué la bête... Je l'ai tuée... tuée...

Puis il s'écriait, d'une voix rauque :

— Où est Dolorès ? Où est-elle ?

Et il laissa lourdement retomber sa tête sur sa poitrine.

— Quelle bête ? demanda Rod.

Mais il fut impossible d'en tirer plus long du vieillard.

— Écoute, Rod, dit Wabi. Quelque événement dramatique s'est passé, je pense, dans cette caverne. John Ball, sans doute, a toute une histoire. Son aventure avec ses deux associés pour l'or, Henri Langlois et Pierre Plante, qui, avant de s'entre-tuer, ont tenté de l'assassiner, ne doit tenir dans sa vie qu'une place incomplète. Une autre partie, non moins terrible, a dû se jouer entre John Ball et sa Dolorès... Va te recoucher. Je te rappellerai, dans deux heures, pour prendre ma place.

Des journées harassantes se succédèrent, en ce retour brusqué vers Wabinosh House.

L'état de John Ball paraissait s'empirer. La fièvre s'était emparée de lui, empourprant ses joues squelettiques, et il tomba, au bout de huit jours, dans le délire.

Les trois hommes accélérèrent leur marche, qui fut désormais continuée pendant une partie des nuits.

Le fou ne cessait de balbutier le nom de Dolorès, de parler de bêtes énormes dans l'obscurité de la caverne. Dans d'autres moments, ce n'étaient plus des bêtes, mais des hommes, dont les yeux brillaient dans des masses de fourrures et qui, de leurs mains emmitouflées, lançaient des harpons.

Le douzième jour après le départ, la petite caravane atteignit les bords du lac Nipigon, à trente milles de Wabinosh House.

Rod et Mukoki furent expédiés en avant, pour aller quérir de l'aide à la factorerie, tandis que Wabi demeurerait avec John Ball.

Ils embarquèrent de nuit, dans la pirogue, et le soleil se levait juste derrière la forêt voisine, quand ils prirent pied à peu de distance de Wabinosh House.

Comme il sautait à terre, Rod aperçut une fine silhouette qui, à un quart de mille de lui, sortait de la forêt. Malgré la distance, il reconnut aussitôt Minnetaki.

Se tournant vers Mukoki, dont les yeux perçants avaient, eux aussi, reconnu la jeune fille :

— Écoute-moi, Muki... dit-il hardiment. Je vais longer la grève, en bordure de la forêt, afin de la surprendre. Veux-tu m'attendre ici ?

Mukoki grimaça son consentement et le jeune homme, s'enfonçant sous bois, partit comme une flèche.

Il était fort essoufflé quand il arriva, caché par les arbres, à une cinquantaine de mètres de Minnetaki.

Il siffla, d'un sifflement particulier, que lui avait enseigné la jeune fille, et qu'en dehors d'elle et de lui-même personne, dans le Wild, ne connaissait.

En entendant résonner la note aiguë, Minnetaki tourna la tête dans la direction d'où le son lui arrivait.

Rod, sans se montrer, réitéra, plus fort que la première fois, et Minnetaki fit quelques pas en avant.

Au troisième sifflement, il l'entendit qui disait, sous les baumiers, avec quelque hésitation dans la voix :

— Rod... Est-ce vous ?

Roderick continua à siffler, tout en reculant, et amena ainsi la jeune fille jusqu'à la grève.

Il la vit soudain émerger de la forêt, la surprise empreinte sur son visage et une flamme anxieuse dans ses beaux yeux noirs.

Presque aussitôt elle l'aperçut et, avec un petit cri de joie, les mains tendues, courut à sa rencontre.

Une heure après, une grande pirogue, expédiée de la factorerie, traversait le lac Nipigon, vers Wabi et vers John Ball.

Pendant ce temps, Rod s'empressait à satisfaire de son mieux aux mille questions qui lui étaient posées, sur son retour inopiné.

Il raconta, le plus simplement possible, les émouvants événements auxquels il avait pris part, en compagnie de Wabi et de Mukoki, et la course folle du retour, dans l'espoir de ramener à la factorerie John Ball encore vivant.

L'abattement de ses traits, ses yeux cernés, ses mains couvertes d'égratignures et de meurtrissures, et ses vêtements en loques, disaient assez les fatigues subies.

Il n'alla se coucher que tard dans la soirée, et il était midi, le lendemain, quand il sortit de son lourd sommeil.

La pirogue de secours était revenue et John Ball avait reçu déjà les premiers soins du médecin.

Au déjeuner, les questions recommencèrent à pleuvoir sur Rod et sur Wabi. Mukoki lui-même, qui était du repas et avait pris place à la table de famille, ne pouvait esquiver les perpétuelles interrogations de Minnetaki.

Rod était assis entre sa mère et la jeune fille et, plusieurs fois, au cours du déjeuner, il sentit la main de son amie, qui gentiment lui pressait le bras.

Quand le factor parla d'une nouvelle expédition à la mine d'or, Roderick ne put s'empêcher de sursauter légèrement, tellement fort les doigts de Minnetaki l'avaient pincé.

Et, l'ayant regardée dans les yeux, il comprit que cela signifiait le désir ardent de la jeune fille de prendre part, avec lui, à cette seconde randonnée.

Après le déjeuner, les deux jeunes gens s'étant, un instant, trouvés seuls, Minnetaki, à brûle-pourpoint, dit à Rod, d'une voix nette et décidée :

— C'est entendu, n'est-ce pas ? Je repars avec vous. Pourquoi, tout à l'heure, avez-vous eu l'air aussi stupide, quand je vous ai fait comprendre ma volonté ?

— Mais, balbutia Rod, j'ignorais si je devais... Je ne savais pas...

— Vous n'allez tout de même pas, reprit Minnetaki, vous et Wabi, me laisser toujours seule au logis, comme une petite fille ! J'ai, en votre absence, plaidé et gagné ma cause. Ma mère est consentante, et votre mère pareillement. Mahalla, notre vieille servante indienne, m'accompagnera et me servira de femme de chambre... Mon père n'a pas encore dit oui, mais maman se charge d'obtenir son consentement. Elle l'a prévenu déjà qu'elle le mettrait sous clef jusqu'à ce qu'il cède. Oh ! le beau voyage, en société de mon frère et de vous ! Quelle fête !

— Évidemment... Évidemment... approuva Rod, que la joie rendait muet.

— Ce sera, reprit Minnetaki, un vrai voyage d'amoureux... pour Mahalla et Mukoki.

— Que voulez-vous dire ?

— Je veux dire que, de l'avis de cette bonne vieille Mahalla, Mukoki est le plus aimable Indien qu'elle ait jamais vu. Ce n'est pas d'aujourd'hui que lui aussi, en dépit de son deuil du passé tragique, semble la trouver à son goût. Ils sont aussi ridés et parcheminés, aussi cuivrés l'un que l'autre. Jamais union ne saurait être mieux assortie... C'est beaucoup de rencontrer, ici-bas, quelqu'un qui doit faire votre bonheur et, quand l'occasion s'en présente, il faut se garder de la laisser échapper ! N'est-ce pas votre avis ?

— Mais, certainement... répondit Rod, en rougissant jusqu'aux oreilles. Écoutez-moi, Minnetaki...

Mais il ne put achever sa phrase, car déjà l'espiègle jeune fille s'était sauvée, en riant aux éclats.

Pendant toute une semaine, John Ball demeura entre la vie et la mort. Puis un mieux, lent mais suivi, se fit sentir. Chaque jour, un peu de force revenait à son corps squelettique, un peu de flamme de raison reparaissait dans ses yeux creux.

Au bout de quinze jours, sa guérison, physique tout au moins, parut assurée.

L'esprit fut plus tardif à se remettre. Le vieillard commença par reconnaître ceux qui se penchaient sur son lit. Chaque fois, surtout, que Rod venait lui rendre visite, il insistait pour garder, le plus longtemps possible, dans ses mains, la main que lui tendait le jeune homme.

Lorsqu'il voyait arriver, soit Minnetaki, soit sa mère, soit la mère de Roderick, son émotion était à son comble. Ce nom de Dolorès, qu'il avait, pour la première fois, jeté à Rod, dans la caverne, revenait aussitôt sur ses lèvres, dans un gémissement douloureux. Et il se cachait les yeux avec son bras, comme s'il n'eût pu supporter l'aspect des trois femmes, qui le rendait heureux et le faisait souffrir à la fois.

Puis, par petites étapes, le langage humain, qu'il entendait parler autour de lui, lui redevint familier. La parole lui revint, bien imparfaite encore, et ce ne fut que bribe à bribe que ceux qui le veillaient apprirent, en fragments tout au moins, l'histoire de John Ball.

Il n'était pas toujours facile de recoudre ensemble les lambeaux du récit du vieillard. Des lacunes y subsistaient, qui semblaient sans intérêt pour lui, et qu'il était impossible de remplir.

La notion du temps n'existait pas, en ce qui le concernait, et il contait, comme d'hier, des faits en réalité très anciens.

C'est ainsi qu'il lui était impossible de se remémorer la date à laquelle, encore jeune, il avait quitté la factorerie d'York, située sur la baie d'Hudson, pour aller, comme tous les ans, étudier au collège de Montréal. Le factor était son père.

Il était parti, pour ce voyage d'un millier de milles, en compagnie des deux Français, Henri Langlois et Pierre Plante. Ce fut bien lui qui découvrit le gisement d'or, dans le ravin. Il ne se souvenait, là-dessus, d'aucun détail.

Tout ce qu'il pouvait dire, c'est que, lors du premier partage de l'or, la plus grosse part lui en avait été attribuée, tant parce que sa découverte lui était due, que parce qu'il était le fils d'un des lords tout-puissants de la baie d'Hudson.

Il se remémorait vaguement qu'une querelle avait suivi, entre lui et ses deux compagnons, et que, le lendemain, il avait vu, à son réveil, les deux hommes s'incliner sur lui, pour l'assassiner.

Tout, ensuite, redevenait obscur. Quand il était revenu à la vie, il se trouvait chez un peuple étranger, parmi des hommes si petits qu'ils lui atteignaient à peine l'épaule. Ils étaient habillés de fourrures et étaient munis de harpons.

Et, malgré le défaut d'autres renseignements, ceux qui écoutaient John Ball comprirent qu'il avait été recueilli, mourant, par des Esquimaux, descendus sans doute vers le sud, pour chasser l'élan et le caribou.

Ils l'avaient traité avec bienveillance et il avait vécu longtemps en leur société, chassant et pêchant comme eux, et dormant dans des huttes de neige et de glace.

Puis John Ball se revoyait parmi les Blancs. Il s'en était retourné (comment ?) à la factorerie d'York. Son père et sa mère étaient morts, et un autre factor avait pris possession de l'établissement.

Il semblait, à cette époque, posséder encore toute sa raison et il se souvenait d'avoir dirigé vers la mine d'or plusieurs fructueuses expéditions.

Il s'était ensuite, envoyé par la Compagnie de la baie d'Hudson, rendu dans une grande ville de la civilisation, qui devait être Montréal. Là, il avait rencontré une jeune fille, nommée Dolorès, qu'il épousa.

Dès qu'il parlait de cette femme, les yeux de John Ball s'enfiévraient, et il sanglotait, en répétant son nom.

La raison, à demi revenue, ne lui avait pas rendu le sens des années écoulées et l'on eût dit qu'il venait de quitter, quelques heures avant, la jeune épousée qu'il pleurait.

Quand on le pressait de questions, il contait, avec un effort de mémoire, qu'il était, de Montréal, où il avait vécu heureux, retourné un jour, avec sa femme, dans le Northland.

Avec elle, il s'était embarqué sur une pirogue et avait, derechef, gagné la mine d'or.

Après cela, rien ne demeurait en lui qu'un chaos de cauchemardesques visions. Ils s'étaient enfoncés tous deux dans un vaste monde souterrain, où il n'y avait ni soleil, ni lune, ni étoiles. Ils y avaient retrouvé de l'or, qu'ils récoltaient à la lueur d'une torche.

Dolorès s'était, un jour, seule, avancée plus avant dans ce ténébreux univers, et elle n'en était jamais revenue !

A ce souvenir atroce, la folie semblait s'emparer à nouveau de John Ball. Il disait qu'il s'était, à son tour, enfoncé dans l'immense caverne, qu'il y avait rencontré des êtres fantastiques, d'énormes bêtes, plus grosses que les plus gros élans du Wilderness, contre lesquelles il s'était battu.

Il parlait encore de torrents rugissants et de tonnantes cataractes, enfouis dans les entrailles de la terre.

Le père de Wabi, Georges Newsome, écrivit, sans tarder, à Montréal, pour s'enquérir de John Ball. Il lui fut confirmé que quelqu'un de ce nom y avait bien résidé, en qualité d'inspecteur des fourrures, au cours des années 1877 et 1878. Il était reparti vers le Northland, il y avait environ trente ans.

Tout le monde, à Wabinosh House, fut d'accord pour penser que ce fut après la disparition de sa femme, dans la tragique caverne, que John Ball perdit la raison. Il avait ensuite, durant plus d'un quart de siècle, vécu, d'une vie sauvage, dans les solitudes du Grand Nord [1].

Rod était persuadé qu'en fouillant avec soin la caverne, on y retrouverait les restes de Dolorès.

La convalescence de John Ball avait été longue et le temps avait marché. Le court été du Wild penchait vers son déclin. Bientôt les jours allaient rapidement décroître, et passer dans le ciel les premiers souffles de l'automne. Il fut décidé que la seconde expédition vers l'or serait remise au printemps suivant.

Quoiqu'elle fût affectueusement pressée de passer l'hiver à Wabinosh House, Mrs. Drew s'effraya des froidures excessives du Northland et affirma qu'elle préférait rejoindre, à Detroit, son home coutumier.

---

1. Curwood, au cours de ses voyages d'exploration dans le Wilderness, a rencontré, diverses fois, de ces êtres étranges demeurés seuls, pour des causes diverses, dans ces régions désertiques. Ils y étaient retournés à l'état sauvage et le manque de société les avait rendus fous. Dans plusieurs de ses romans, il a mis en scène de ces personnages.

Roderick ne voulut pas laisser sa mère partir seule et déclara qu'il l'accompagnerait.

Une grande pirogue les emporta tous deux, au matin d'un beau jour, sur les eaux calmes du lac Nipigon.

Il y eut d'interminables serrements de mains de Rod, avec Wabi et avec Mukoki, bien des larmes dans les beaux yeux de Minnetaki.

Mais elle savait, comme Roderick, désormais enrichi par l'or de John Ball, que cette séparation serait la dernière. L'expédition printanière, à laquelle il avait été arrêté qu'elle prendrait part, serait son voyage de fiançailles.

Car il avait été résolu aussi que, avant qu'une autre année fût révolue, un lien plus tendre que celui de l'amitié unirait à jamais Roderick Drew et la sœur de Wabi, la jolie fille, aux yeux de jais et aux cheveux noirs, du factor et de l'ancienne princesse indienne, Minnetaki.

L'HONNEUR DES GRANDES NEIGES

(The Honour of the Big Snows, 1911)

Suivi de

LE CAS D'ANDRÉ BEAUVAIS LE VIOLONEUX

Romans traduits de l'américain
par Louis Postif

© Bureau littéraire international, pour la traduction.

I

LA MUSIQUE

— Écoute, John, j'entends de la musique... murmura une voix de femme.

Sa main blanche et fine se leva jusqu'au rude visage de l'homme agenouillé à son chevet et ses grands yeux noirs brillèrent un instant tandis qu'elle répétait :

— John, écoute... J'entends de la musique...

Elle poussa un soupir. L'homme baissa la tête et l'appuya sur la poitrine de la femme. Il sentit frissonner la main contre sa joue et devina que la fin était proche.

— Oui, c'est une jolie musique, mon Élise, fit-il tout bas, refoulant ses sanglots. C'est la jolie musique du ciel.

— Ce n'est pas la musique du ciel, John. C'est de la vraie musique que j'entends.

— C'est la musique céleste, ma chérie ! Veux-tu que j'ouvre la porte pour que nous l'entendions mieux ?

Cummins releva la tête, considéra le visage pâle d'où disparaissait la rougeur de la fièvre.

Il étendit ses grands bras vers le toit de la cabane et, pour la première fois de sa vie, il pria Dieu, créateur de ce monde de neige, de glace et d'immenses forêts qui lui avait donné cette compagne et qui la lui reprenait.

Lorsque John Cummins reporta ses regards vers sa femme, il vit dans ses yeux grands ouverts les dernières étincelles d'un profond amour. Elle lui tendit les lèvres pour recevoir un baiser.

— Ma petite Élise !

Il pressa son visage contre le sien, puis étouffa ses sanglots dans la masse soyeuse de sa chevelure. Elle leva péniblement les bras pour enlacer le cou de son mari, parvint à balbutier :

— C'est... de la musique... de chez nous !

— C'est la musique des anges au ciel, mon Élise chérie ! C'est notre musique. Je vais ouvrir la porte.

Les bras de la malade glissèrent des épaules de Cummins. De ses doigts rudes, il effleura son visage aussi tendrement qu'il eût caressé la joue d'un enfant endormi.

John traversa sans bruit la petite cabane. A la porte, il s'arrêta et prêta l'oreille, puis il ouvrit et une lumière blanche l'inonda. Il demeura là un moment à contempler les lueurs de l'aube là-bas, vers le pôle. Alors il perçut la chanson mélancolique de l'aurore boréale, la plainte des solitudes infinies qu'Élise et lui désignaient sous le nom de musique du ciel.

La respiration haletante, Cummins s'éloigna dans la nuit pour que sa femme ne l'entendît point.

Il était une heure du matin au poste, aux confins des Terres stériles. D'ordinaire, tout le monde dormait à cette heure, mais, cette nuit-là, personne ne fermait l'œil. Des lumières scintillaient aux fenêtres des grossières cabanes en rondins. La factorerie était éclairée et le bureau de l'agent, refuge des hommes du Wild, dardait sa clarté jaunâtre sur la blancheur environnante. Le poste veillait. Il attendait, alerté.

Au moment où s'ouvrait la porte d'Élise, la porte d'une des autres cabanes s'ouvrit également, puis une autre et, dans la nuit, tels des spectres, des hommes chaussés de mocassins sortirent du bureau de l'agent et attendirent la nouvelle que leur apportait John Cummins. Ces hommes, qui, à leur insu, vivaient selon la loi divine, exhalèrent une prière muette vers les cieux constellés pour que leur fût conservée la plus belle créature du monde.

Deux étés auparavant, Élise était entrée dans la vie de Cummins et, par suite, dans celle du poste. John Cummins, ce chasseur aux cheveux roux, souple comme un chat, et au cœur vaste comme les éternelles montagnes des Crees, avait amené dans ce pays sa jeune épouse. Dix-sept hommes rudes et loyaux y avaient accueilli Élise. Muets d'adoration, ils s'étaient rassemblés autour de la petite cabane, leurs bonnets de fourrure à la main.

Muki, le métis, à six cents kilomètres de toute vie civilisée, n'avait pas encore vu de femme blanche : même l'épouse de l'agent de la factorerie avait dans les veines du sang chippeway et aucun de ses compagnons ne descendait vers le sud, au-delà des solitudes, plus d'une fois l'an.

Élise avait les cheveux soyeux d'une nuance châtain clair aux reflets dorés. Ces hommes n'en avaient vu de semblables que dans leurs rêves. Ses yeux étaient aussi bleus que les premières fleurs sauvages qui poussent au printemps après la fonte des neiges et jamais ils n'avaient entendu de voix aussi suave. Telle était l'image qu'ils se formèrent d'Élise le jour où Cummins l'amena parmi eux et, depuis lors, les semaines et les mois ajoutèrent à la perfection du tableau.

Ils lui vouaient une profonde affection dénuée de toute pensée mauvaise. Cummins et sa femme formaient le couple le plus heureux sur cette terre du Nord.

La jeune femme, encore une enfant, s'adapta aisément à son nouveau genre de vie. Elle ne faisait rien d'extraordinaire, se bornant aux occupations de toute honnête épouse, élevée dans l'amour de Dieu et du foyer. A ses heures de loisir, elle apprenait à lire et à écrire aux cinq ou six bambins à demi sauvages du poste et, le dimanche, elle leur racontait de merveilleuses histoires tirées de la Bible. Elle soignait les malades. Partout elle apportait son bienveillant sourire et son aimable empressement afin d'égayer la triste et solitaire existence de ces hommes silencieux du Nord.

Quelques jours auparavant, un événement miraculeux s'était produit au poste. Un nouvel être était né dans la petite cabane des Cummins. L'adoration muette de leurs compagnons se transformait en un culte émouvant. La femme de Cummins venait d'être maman ! Désormais, elle faisait partie intégrante de leur monde, aussi réellement que les innombrables étoiles qui, la nuit, brillent au ciel, les forêts infinies, l'aurore boréale et les neiges éternelles !

Puis était survenu un changement subit : la morne tristesse qui accompagne l'ombre de la mort s'était appesantie comme un suaire sur le poste, en étouffant la vie et apportant à ses habitants une douleur inconnue.

Sans mot dire, Cummins demeura un instant devant sa porte éclairée, puis il rentra et les autres chuchotèrent entre eux. La plus précieuse créature du monde continuait de vivre doucement dans la petite cabane au fond de la clairière.

— Entends-tu maintenant la musique du ciel, Élise chérie ? murmura l'homme agenouillé de nouveau près d'elle. Elle est bien jolie cette nuit !

— Ce n'était pas celle-là que j'entendais, répéta sa femme.

Cummins ne vit point la douce lumière déclinante dans les grands yeux aimants : les siens étaient aveuglés de larmes qui échappèrent aux regards d'Élise. Ainsi une torture morale leur fut épargnée à tous deux. Soudain la femme tressaillit et Cummins perçut un son vibrant.

— C'est la musique, soupira-t-elle. John, John, c'est... la musique... de... chez nous !

L'homme se redressa et tourna son visage vers la porte ouverte. A présent, il l'entendait ! Était-ce le chœur des anges venus chercher sa chère Élise ? Il se leva, un sanglot dans la gorge, et, les bras tendus, s'avança à leur rencontre. Jamais il n'avait entendu pareille mélodie dans ces solitudes infinies.

Il franchit le seuil de la cabane et, pas à pas, s'éloigna dans la nuit vers la sombre lisière de la forêt de sapins.

— Mon Élise ! Mon Élise ! soupirait-il.

Une silhouette surgit des ténèbres, et avec elle une musique suave. John Cummins s'arrêta et leva les yeux au ciel.

La musique s'interrompit. Quand John abaissa son regard, l'homme le rejoignit d'un pas chancelant. Son visage émacié était celui d'un enfant.

— Pour ma musique... donnez-moi à manger ! dit le nouveau venu en tombant presque dans les bras de Cummins.

La faible voix reprit :

— C'est Yan... Yan Thoreau... et son violon !

Quand ils entrèrent dans la cabane, la femme au visage exsangue les accueillit de ses grands yeux noirs au regard fixe. Comme son mari s'agenouillait de nouveau près d'elle et lui pressait la tête sur sa poitrine, Élise murmura :

— C'est... la musique... de... chez nous... Du violon !

John Cummins tourna la tête.

— Joue ! supplia-t-il.

— Ah ! l'ange blanc est malade..., très malade, soupira Yan, caressant doucement de l'archet les cordes de son violon.

De l'instrument s'échappait un air si doux que John Cummins ferma les yeux pour l'écouter, serrant toujours sa femme contre lui. Lorsqu'il les rouvrit, il sentit un froid étrange contre sa joue. Il comprit alors que l'âme de sa bien-aimée l'avait quittée pour s'envoler sur les ondes musicales du violon de Yan Thoreau.

II

L'HISTOIRE DE MUKI

Quelques minutes après qu'Élise eut rendu son dernier soupir, Yan Thoreau joua doucement un air de violon. Les sanglots de John Cummins l'arrêtèrent. Aussi tendrement que si elle se fût endormie et qu'il eût craint de l'éveiller, l'homme dénoua son étreinte et reposa la tête de sa femme sur l'oreiller. Ouvrant tout grands ses yeux noirs, Yan serra son violon contre son vêtement en guenilles et regarda John Cummins caresser les cheveux de la morte et poser sur le visage livide un long regard d'amour.

Cummins se tourna ensuite vers lui et, sous la faible clarté de la lampe, leurs yeux se croisèrent. Yan comprit alors ce qui s'était passé. Oubliant les tortures de la faim, il serra son violon plus étroitement et murmura d'une voix à peine perceptible :

— L'ange blanc... est parti !

Cummins se leva du chevet de la morte et se dirigea vers la porte du pas lent d'un homme brusquement vieilli. Il trébucha sur le seuil et sortit sous la pâle clarté de la nuit étoilée.

Yan, chancelant de faiblesse, car il avait épuisé le reste de ses forces à jouer du violon, s'avança au milieu de la pièce et considéra la femme de Cummins, aussi belle morte que vivante. Sur ses traits se reflétait encore la sérénité d'une vie paisible. Autrefois, voilà bien longtemps, il avait connu un visage semblable rayonnant de tendresse.

Cummins avait tiré la porte derrière lui, mais les veilleurs l'avaient vu sortir. D'autres portes s'entrebâillèrent et des rais de lumière jaune s'allongèrent sur la neige battue, tandis que les ombres s'avançaient pour recevoir le message que l'homme apportait de la petite cabane.

Le calme complet régnait autour du poste. Les sombres silhouettes demeuraient immobiles. Dix paires d'yeux observaient Cummins qui avançait sur la neige et les cœurs loyaux et rudes de ses camarades se crispaient dans l'attente craintive de l'horrible nouvelle qu'il pouvait leur apporter. Les amis de Cummins attendaient, muets de chagrin, le fatal dénouement. Quand enfin John leur apprit la mort d'Élise, leurs visages s'assombrirent, les portes se refermèrent, les lumières s'éteignirent l'une après l'autre et bientôt il ne resta plus que la lueur jaune de la factorerie et la faible clarté de la cabane où John Cummins, agenouillé, sanglotait au chevet de sa femme.

Personne ne remarqua la présence de Yan Thoreau, qui venait de franchir le seuil de la factorerie. Sa veste de peau de caribou était en lambeaux. Ses pieds sortaient de ses mocassins troués. Sa figure maigre, encadrée de longs cheveux noirs, avait la pâleur de la mort. Ses yeux étincelaient comme deux diamants noirs. Il était en proie aux affres de la faim. Il s'affaissa comme une masse à côté du poêle allumé, promena autour de lui des regards enfiévrés. La mendicité n'existe point parmi ces hommes de l'Extrême Nord, à l'âme solidement trempée, et les lèvres de Yan ne suppliaient pas. Il entrouvrit la peau d'ours et murmura :

— Pour la musique de mon violon... quelque chose à manger !

Tout en parlant, il se mit à jouer, mais seulement un instant, car l'archet glissa de ses doigts et sa tête s'inclina sur sa poitrine.

Le métis Muki, dont les yeux reflétaient la même beauté que ceux de Yan, s'avança vers lui. Il souleva dans ses bras le corps frêle du musicien et l'emporta dans sa cabane à la lisière de la forêt de sapins.

Le lendemain, personne ne s'occupa de Yan, sauf Muki. Le métis le restaura et réchauffa ses membres glacés. A mesure qu'il revenait à la vie, Yan prenait conscience du grand malheur qui avait frappé ces gens. Il avait lui-même vu la femme vivante, et lui aussi l'avait aimée et souffrait de sa mort. Il ne parlait point, ne demandait rien, mais il discernait le profond chagrin sur les visages tendus de ces hommes.

Yan comprit très facilement la situation. Lui aussi se souvenait d'un doux et blanc visage comme celui qu'il avait vu dans la cabane. Et il reconnaissait la pureté des sentiments de ces hommes du lac Bain, car il professait pour l'honneur des grandes neiges une véritable religion, la religion de ceux qui vivent à plus de six cents kilomètres de toute grande agglomération.

Un an après que Cummins avait amené sa femme dans le Grand Nord, un homme était arrivé au poste, venant de Fort Churchill, sur la baie d'Hudson. C'était un Anglais, appartenant au siège de la Compagnie de la baie d'Hudson, à Londres. Tout comme Élise, il apportait dans ce pays un élément nouveau. Mais, en la circonstance, c'était quelque chose d'incompréhensible pour les camarades de Cummins.

Dès le début, les hommes du poste flairèrent le drame. Pour l'Anglais, cela représentait un simple incident, une aventure passagère. Là encore s'affirmait le contraste des conceptions, l'abîme séparant le milieu et le bout du monde.

Cummins s'était absenté un mois pour visiter une ligne de trappes qui s'enfonçait dans les solitudes. Tacitement, en pareil cas, ceux qui restaient au poste prenaient soin de la jeune femme et veillaient sur elle. Toutefois, l'homme le plus avisé n'aurait pu s'en rendre compte.

Cummins parti, le drame atteignit vite son dénouement. L'Anglais venait d'un pays où abondaient les femmes et depuis des mois il souffrait d'en être privé.

Pendant les jours et les semaines qui suivirent, il parla beaucoup, stimulé par la chaleur du poêle et son propre désir. Il ignorait encore la loyauté des amis de Cummins. Comme Élise ne savait rien de ce qui se racontait autour du poêle de la factorerie, elle continuait à mener sa vie droite, accueillant innocemment les amabilités du nouveau venu, mais le tentant à son insu par cette gentillesse qu'elle témoignait à tous sans distinction.

Son âme ne concevait encore aucun soupçon. Elle acceptait l'amitié de l'Anglais parce que cet homme était un étranger, mais elle ne discernait pas la note discordante de ses propos. Seuls les hommes du poste entendaient, voyaient et comprenaient.

Comme des chiens fidèles, ils étaient prêts à s'élancer pour mettre en pièces celui qui menaçait de profaner tout ce qui était beau et pur à leurs yeux. Pourtant, muets dans leur dévouement et leur foi en Élise, ils attendaient un signe d'elle pour agir.

Le regard de ses yeux bleus et les mots tombés de ses lèvres faisaient la loi dans le poste. Si elle souriait à l'étranger et lui parlait d'un air satisfait, c'était simplement une loi de plus qu'ils devaient respecter. Aussi se tenaient-ils cois, évitaient autant que possible l'Anglais, tout en continuant leur surveillance.

Mais un jour, comme la jeune femme de Cummins entrait dans le magasin de la factorerie, une vive rougeur colora ses joues et ses yeux bleus scintillèrent lorsqu'elle aperçut l'étranger. La face rouge de l'homme s'empourpra davantage et il détourna le regard. En passant près de lui, Élise se redressa. Elle sortit avec le port fier d'une reine, la tête auréolée de la gloire de l'épouse, symbole vivant de la beauté et de l'honneur des grandes neiges.

Cette nuit-là, Muki, le métis, se glissa le long de la lisière de la forêt pour s'assurer si tout allait bien dans la petite maison de Cummins. Une fois, Muki avait été mordu grièvement par un lynx et Élise lui avait sauvé la vie. Depuis lors, ce sauvage s'était attaché à elle comme un esclave.

Il rampa quelques minutes dans la neige, épiant la faible lumière qui filtrait par la fente des rideaux. Soudain une silhouette s'insinua entre lui et la fenêtre. Contre la cabane il discerna une forme humaine. Vif comme l'éclair, aussi rapide que le daim, Muki s'élança dans l'ombre et arriva derrière la cabane : l'Anglais se tenait là et regardait par la fente des rideaux.

Muki s'approcha de l'étranger à pas feutrés et lui posa doucement la main sur le bras.

— Vous ne respectez pas l'honneur de nos grandes neiges, murmura-t-il. Suivez-moi !

Muki parlait à voix basse et sans colère. L'Anglais se laissa entraîner, un sourire aux lèvres. Les dents de Muki étincelaient. L'étranger ricana.

Brusquement, les mains de Muki empoignèrent à la gorge le civilisé et, sans bruit, les deux hommes roulèrent sur la neige.

Le lendemain, un homme derrière six chiens de traîneau partit pour Fort Churchill porteur d'un message destiné au siège social de la Compagnie, informant Londres que l'Anglais avait péri dans les grandes neiges..., ce qui était vrai.

Muki raconta l'histoire à Yan pour qui il éprouvait de la sympathie. En écoutant ce récit d'amour et de pureté, Yan Thoreau, du fond de son cœur simple, remercia Dieu de lui avoir permis d'assister aux derniers instants de cette femme. Les accents de sa douce musique avaient accompagné l'envol de cette belle âme vers le ciel.

III

LA PETITE ÉLISE

La mort d'Élise fut aussi discrète que sa venue au poste du lac Bain. La tête nue, leurs cheveux hirsutes retombant sur leurs fronts, les lèvres serrées, les quelques hommes du poste refoulant leur chagrin entrèrent, un par un, dans la petite cabane et contemplèrent pour la dernière fois le visage de la défunte. A part le bruit feutré des mocassins, on ne percevait que les gémissements contenus de Williams, le vieil agent à barbe grise.

Ensuite, ils transportèrent la dépouille d'Élise dans une clairière aménagée au bord de la forêt. Ils la déposèrent dans la terre glacée au pied d'un haut sapin dont la cime semblait toucher le ciel.

A l'instant où l'on jetait les pelletées de terre sur le cercueil, de l'orée du bois montèrent les doux accents du violon de Yan Thoreau. Il joua jusqu'au moment où seul John Cummins demeura appuyé contre le grand sapin près de la tombe solitaire. Tous deux regagnèrent ensemble la cabane où avait vécu la défunte.

Dans l'humble maisonnette, ils trouvèrent un petit être frêle dont une Indienne prenait soin. Tout tremblant, le jeune garçon, debout près de Cummins, regardait le bébé et murmurait :

— Ah ! Voici le petit ange blanc !

— C'est la petite Élise, annonça l'homme.

John s'agenouilla auprès du berceau de l'enfant qui devait prendre la place de la disparue. Yan, en proie à une émotion violente, s'agenouilla lui aussi dans cette première adoration de la petite Élise. De cette communion étroite entre les deux hommes naquit une amitié indissoluble. Au bout d'une minute, Yan leva les yeux et prononça en regardant Cummins le mot qui, en langage cree, signifie « père ».

Ce soir-là, lorsque Yan reprit son violon pour se rendre à la cabane de Muki, Cummins lui posa ses larges mains sur les épaules et lui demanda :

— Yan, qui es-tu, et d'où viens-tu ?

D'un geste vague, Yan désigna le nord.

— Je suis Yan Thoreau, répondit-il simplement. Voici mon violon. Nous sommes venus seuls à travers les grandes neiges.

Cummins le regarda fixement comme s'il découvrait une belle image dans les yeux du garçon. Il laissa tomber ses mains et marcha vers la porte. Quand tous deux furent dehors, John Cummins montra du doigt les étoiles et le voile argenté que l'aurore naissante déployait à l'horizon.

— Rassemble tes souvenirs, Yan, et dis-moi d'où tu viens !

Sans hésitation, le garçon tendit sa main vers le nord.

— Pendant sept jours, j'ai souffert de la faim dans les neiges. Mon violon tenait les loups à distance pendant la nuit.

— Essaie de te rappeler, Yan. Viens-tu d'ici, de là ou de là-bas ?

Cummins se retourna lentement, faisant d'abord face à la baie d'Hudson à l'est, puis au sud et enfin à l'ouest. Le visage qui se tendait vers Yan Thoreau exprimait plus que de la curiosité.

Le garçon haussa les épaules et une flamme illumina son regard.

— Ce n'est pas un mensonge. Yan Thoreau est venu à travers les grandes neiges, répondit-il avec calme. Yan Thoreau ne ment pas.

D'un geste plein de bienveillance, Cummins entraîna son jeune compagnon à l'intérieur de la cabane. Sans comprendre, Yan se laissa emmener, et Cummins lui posa de nouveau les deux mains sur les épaules.

— Il y a de la place ici... maintenant, dit Cummins d'une voix rauque. Veux-tu demeurer avec moi et la petite Élise ?

— Avec la petite Élise ! murmura le garçon.

Il s'agenouilla auprès du berceau, soupira de bonheur.

— Je... Je resterai toujours avec le petit ange blanc, toujours ! Yan Thoreau restera, oui... et aussi son violon. Je te le donne... avec la musique !

Et il déposa son précieux instrument au pied du berceau.

IV

UN PROBLÈME INQUIÉTANT

Les jours suivants se produisirent d'autres événements incompréhensibles pour Yan et il n'essaya même pas de les approfondir. Il parlait peu, même à Cummins. Aux âmes simples du poste, le corps émacié de l'adolescent en disait long sur les conditions d'existence dans les solitudes inconnues.

A aucun des hommes Yan ne révéla rien de plus sur lui-même qu'il n'en avait appris à Cummins. Même à Muki, il répéta sa courte histoire : il venait du nord, c'est-à-dire des Terres stériles, où nul ne saurait vivre. Personne, à leur connaissance, ne les avait franchies. A une autre époque et en d'autres circonstances, Cummins et ses compagnons auraient traité Yan de fou.

Mais plusieurs d'entre eux avaient entendu cette musique suave et étrange qui arrivait des forêts la nuit de la mort d'Élise. Pour eux, Yan Thoreau était un messager céleste et l'âme de la femme était allée à sa rencontre. Ils l'acceptèrent en souvenir d'elle, sans s'inquiéter davantage de son origine.

Yan fit de son mieux pour les consoler de leur deuil. Yan connut des heures de triomphe dans le bureau de la factorerie. Perché sur une caisse, la tête rejetée en arrière, ses yeux noirs étincelant comme des diamants, ses longs cheveux prêtant à ses traits une beauté sauvage, il était plus qu'un roi devant ces hommes aux rudes visages.

Mais il préférait jouer pour les occupants de la petite cabane et, surtout, pour la petite Élise toute seule. A l'époque de la chasse de printemps, lorsque les pistes des trappeurs crees et chippeways s'entrecroisaient dans les solitudes sur une centaine de kilomètres autour du poste, Cummins s'absentait plusieurs jours de suite pour s'occuper des intérêts de la Compagnie et marchander les fourrures qui arriveraient sur le marché deux mois plus tard.

Cette année-là, la concurrence était très forte, car la maison Révillon, rivale de la Compagnie de la baie d'Hudson, avait fondé un poste à trois cents kilomètres à l'ouest. Le bruit courait que les Français offraient soixante livres de farine alors que la Compagnie n'en donnait que quarante, et un mètre vingt d'étoffe au lieu d'un mètre. Williams et ses gens durent déployer une grande activité et le facteur lui-même s'en aller très loin dans les solitudes.

Cet exode laissa le lac Bain désert et sans vie. Les fenêtres des cabanes sans feu se couvraient de givre. Aucun mouvement dans le bureau de l'agent. Après le départ des derniers chiens, les loups et les lynx se risquèrent chaque nuit plus près des cabanes. Angoissés par l'isolement, les enfants indiens et métis ne quittaient plus leurs demeures et l'épouse de Williams, une Chippeway, grosse et paresseuse, ferma à double tour le magasin de la Compagnie.

Dans ce morne silence, Yan Thoreau ressentait un bonheur nouveau et croissant. Il goûtait pleinement le calme de la solitude.

Souvent il envoyait Maballa, la nourrice indienne d'Élise, bavarder auprès de la femme de Williams, afin de rester seul en compagnie du bébé. La porte verrouillée le protégeant du monde extérieur, Yan Thoreau se transformait. Il s'agenouillait auprès du berceau de l'enfant, ses beaux yeux luisaient d'une flamme sombre et il fredonnait des berceuses en s'accompagnant sur son violon, penchant très bas la tête pour permettre à la petite Élise de plonger ses menottes dans ses cheveux.

— Ah ! joli petit ange blanc ! s'écriait-il comme elle lui tirait sur les cheveux. Je t'aime tant ! Je resterai près de toi et je te jouerai toujours du violon. Plus tard tu deviendras un gr-r-rand ange blanc... comme elle !

Il se mettait à rire et à la câliner telle une maman.

Parfois, Élise prêtait l'oreille comme si elle comprenait les merveilleuses histoires qu'il lui racontait. Alors il adoucissait la voix et un léger brouillard obscurcissait son regard, tandis qu'il apprenait à l'enfant des choses que John Cummins eût bien aimé connaître.

— Un jour, petite Élise, tu comprendras ce qui est arrivé, murmurait-il... Alors, tu aimeras Yan Thoreau.

Au cours de cette quinzaine où le poste demeura dans une complète désolation, Yan découvrit le grave problème qui se posait pour lui et John Cummins. A la fin de la seconde semaine, Yan passa la majeure partie de son temps à chasser le caribou à la lisière des Barrens, afin de constituer une provision de viande pour le retour prochain des hommes et des chiens.

Un après-midi, il rentra chargé de quartiers de bœuf musqué. Il ployait sous le faix en débouchant de la forêt, lorsqu'un spectacle terrifiant s'offrit à sa vue.

Dans la petite clairière du poste, agenouillée devant leur cabane, Maballa roulait consciencieusement dans la neige la petite Élise, presque nue. Poussant un cri, Yan laissa échapper son fardeau et, furieux, s'élança vers la squaw.

— Idiote ! Tu es en train de tuer la petite Élise ! s'exclama-t-il en arrachant des mains de la femme l'enfant à demi gelée. Ce n'est pas une *papoose*, mais une civilisée !

Il emporta aussitôt le bébé dans la cabane.

Maballa comprit. Désormais, elle ne devrait plus porter Élise dehors pour la rouler dans la neige ; elle amena donc de la neige à l'intérieur de la cabane et y roula l'enfant !

Lorsque Yan découvrit cette nouvelle façon d'opérer, il poussa de tels cris de colère et sa face se crispa en de si horribles grimaces que l'innocente Maballa finit par deviner qu'il ne fallait plus employer de neige du tout, pas plus à l'intérieur qu'à l'extérieur de la cabane, pour le développement physique de la jeune Élise.

Ce n'était là que le premier point d'un problème qui se compliqua encore la veille du retour de Cummins au poste.

Pendant toute une semaine, Maballa avait fait des allusions à une surprise qu'elle préparait pour le bébé. Yan entrevoyait un somptueux vêtement orné de perles et de passementeries aux couleurs vives qui transporterait de joie l'enfant. Ce jour-là, Yan, revenant de couper du bois, trouva le berceau vide. Maballa n'était pas dans la cabane. Une frayeur soudaine s'empara du garçon, qui bondit vers la porte pour appeler l'Indienne.

Il s'arrêta net. Le son le plus suave pour Yan Thoreau avait frappé ses oreilles. Se retournant vivement, il aperçut Élise souriante qui lui faisait des petits signes d'amitié par-dessus la table. Elle se tenait debout, coincée dans un étui rigide en forme de cercueil, d'où sortait seulement sa petite figure blanche tournée vers lui. Yan comprit qu'il s'agissait de la fameuse surprise de Maballa ! La squaw avait emmaillotté l'enfant à la façon des mères indiennes qui portent leurs bébés sur le dos, le posent à côté d'elles ou l'accrochent au mur de leur cabane.

— Élise, tu ne seras pas papoose ! s'écria-t-il, courant vers la table. Tu es une civilisée ! Tu ne seras point papoose, même si mille diables devaient venir enlever Yan Thoreau !

Et il l'arracha de sa prison, lança le chef-d'œuvre de Maballa dans la neige et attendit impatiemment le retour de John Cummins.

V

LES PREMIERS PAS D'ÉLISE

Cummins rentra le lendemain. Sa mission chez les trappeurs indigènes n'était point achevée, mais il avait fait une chute sur un rocher glissant. Yan fut soulagé d'apprendre que Cummins n'avait qu'une légère blessure à une jambe et il bénit le Ciel de lui ramener le père d'Élise à ce moment où il se débattait dans un dilemme angoissant.

Ayant renvoyé Maballa chez la femme de l'agent, il révéla ses craintes à Cummins :

— C'est une civilisée et non une papoose ! protesta Yan vivement. Elle doit ressembler... à elle ! Maballa va élever Élise à la mode indienne. Elle grandira dans l'ignorance, comme les petites papooses.

— Certes, il faut qu'elle ressemble à sa mère, Yan, qu'elle soit bonne, douce et belle comme elle !

Et ce soir-là, à la faible lueur d'une lampe à huile, John Cummins et Yan Thoreau se mirent sérieusement à discuter le grave problème qui se posait à eux. Ils prenaient la chose à cœur ; rien jusque-là ne les avait préparés à cette œuvre éducatrice. Si elle avait pu les voir, la mère eût souri de leur perplexité et leur eût gentiment exposé toutes les merveilles que la nature tient en secret entre la maman et son enfant. Mais elle s'en était allée, leur abandonnant le soin d'une frêle créature vivante, et pleine de mystère.

Si le destin avait voulu que Maballa fût la mère de la petite Élise, le problème n'eût offert aucune difficulté. L'enfant aurait poussé comme un louveteau ou un petit lynx, souffle de vie sauvage dans un monde farouche. Mais Élise ressemblait à sa mère, et ces deux hommes rêvaient d'en faire une réincarnation de la disparue.

Il fallait se rendre à Fort Churchill, soit à trois cents kilomètres du lac Bain, pour voir une femme blanche. Et dans cette région Cummins ne connaissait que deux hommes de pure race blanche : Williams et lui-même. La petite Élise était donc égarée dans un monde sauvage, honnête, loyal et bon... mais tout de même sauvage.

Tard dans la nuit, ils étudièrent la question sous tous ses angles sans parvenir à trancher la difficulté.

Les deux hommes prirent alors une décision draconienne. Ils surveilleraient tous les faits et gestes de Maballa et ne permettraient pas aux enfants indiens d'approcher d'Élise.

Gravement, Cummins compta sur ses doigts. La petite Élise avait maintenant quatre mois et dix-huit jours !

— Demain, nous lui fabriquerons une voiture avec des roues, comme en ont les enfants dans le Sud, déclara-t-il. Pour rien au monde je ne veux la voir dans un de ces infâmes berceaux indiens !

— Et moi je lui apprendrai la musique, murmura Yan, les yeux étincelants. Ça, c'est de la civilisation !

Soudain le visage de Cummins s'éclaira et il désigna une caisse voilée de cretonne et posée dans un coin de la pièce.

— Ce sont ses livres..., les livres d'Élise, Yan, dit-il d'une voix douce et tremblante d'émotion.

D'une démarche vacillante, il traversa la cabane, s'agenouilla devant la caisse et souleva l'étoffe. Yan s'agenouilla près de lui.

— C'étaient ses livres, répéta Cummins, un sanglot dans la gorge et la tête affaissée sur sa poitrine. Nous les donnerons à la petite.

Il retira les volumes, un par un. Yan fouilla le fond de la caisse et ramena quelques revues illustrées. Il y vit des gravures de la vie civilisée, trop merveilleuses pour son entendement. Les yeux ardents, il tendit à John Cummins un journal de mode à la couverture chatoyante.

— Ces images sont pour Élise, murmura-t-il. Nous l'instruirons, nous lui expliquerons et nous lui ferons connaître les habitudes des gens civilisés.

Cummins replaça les livres l'un après l'autre, les essuyant avec soin pour enlever la poussière. Il conserva dans la main le dernier d'entre eux : c'était une petite bible, celle de sa femme, pathétique dans sa vétusté. L'homme poussa un profond soupir.

— Elle chérissait particulièrement celui-ci, et la petite Élise devra l'aimer à son tour. Élise sera chrétienne.

— Ah ! oui. Élise aimera de tout son cœur le Dieu tout-puissant ! prononça Yan d'une voix douce.

Cummins se leva et contempla un instant le bébé endormi.

— Un missionnaire doit venir ici de Fort Churchill lorsque les trappeurs seront de retour. Nous en profiterons pour faire baptiser Élise.

Agile comme un chat, Yan fut aussitôt sur pied, les yeux flamboyants, ses longs doigts crispés, tout son corps vibrant d'émoi.

— Non ! Non ! Elle ne sera pas baptisée par un missionnaire ! s'écria-t-il. Elle sera bonne et aimera le bon Dieu, mais elle ne sera pas baptisée par un missionnaire ! Non ! Non ! Non !

Tout surpris, Cummins se tourna vers lui. Yan Thoreau semblait pris de démence, tout son être frémissait de colère. Malgré sa haute stature et son courage, Cummins recula instinctivement d'un pas et leva la main comme pour se protéger.

Yan remarqua ce recul et cette main levée. Poussant un cri de douleur, il enfouit son visage dans ses mains. L'instant d'après, il avait fait demi-tour et, avant que Cummins, revenu de son étonnement, eût pu le rappeler, il avait ouvert la porte et s'enfuyait dans la nuit. Le voyant disparaître du côté de la forêt, Cummins le rappela, mais en vain...

Le lendemain matin, il n'y songeait plus. Ce genre de vie laisse peu de place pour l'analyse des sentiments. John Cummins oublia ce qui s'était passé, comme il eût oublié la fugue d'un chien de traîneau et son retour le lendemain. Il ne discernait rien de dramatique dans la saute d'humeur de son jeune compagnon.

Du reste, Yan ne renouvela point ce coup de tête. Il n'en laissa rien paraître dans ses paroles et ses actes et aucun des deux n'y fit aucune allusion.

Aussitôt commença l'éducation de la petite Élise, alors que le poste était encore désert. Maballa reçut d'abord une leçon. Ouvrant de grands yeux, elle écoutait avec méfiance les deux hommes qui lui racontaient des choses étonnantes sur la façon d'élever un enfant...

Muette, elle les regarda quand, une peau d'ours étalée entre eux, les deux éducateurs essayèrent vainement de persuader la petite Élise de faire ses premiers pas.

Élise s'amusait énormément à ce nouveau jeu. Les jours s'écoulaient et le poste demeurait toujours vide. John Cummins et Yan Thoreau passaient la majeure partie de leur temps à genoux. A leurs yeux, l'enfant faisait des progrès remarquables !

Les semaines passèrent et Williams rentra des forêts du Sud. Muki revint ensuite de la lisière des Barrens, et Perri de la tribu esquimaude, mourant presque de faim après s'être fait voler la moitié de ses chiens. Des quatre points cardinaux reparurent les trappeurs. De nouveau, le poste s'anima. Le soleil répandait une plus forte chaleur. Le renouveau approchait et, au début du printemps, John Cummins et Yan Thoreau, seuls parmi les gens de la factorerie, portaient de larges pièces à leurs genoux.

VI

JOURS DE TRIOMPHE

Un après-midi, au début de la fonte des neiges, un long attelage de chiens malemutes, conduit par un Canadien français d'Athabasca, arriva à toute allure dans la clairière du poste. Un concert d'aboiements et le claquement d'un fouet en boyau de caribou, long de dix mètres, annoncèrent l'imminence d'un événement important : le Wild s'éveillait et la vie reprenait son cours normal.

Tous les habitants du poste sortirent à la rencontre du traîneau lourdement chargé.

Le trappeur se rendit au bureau de la Compagnie. Jean de Gravois, le plus habile chasseur du pays de Fond-du-Lac, apportait ses fourrures au lac Bain. Le volume de ses ballots et sa démarche conquérante indiquaient suffisamment qu'il avait cette fois battu son propre record.

D'ordinaire, Gravois apparaissait un des derniers à la réunion annuelle des vendeurs de fourrures. S'il était de petite taille, sa réputation était très grande. Il se plaisait d'ordinaire à faire une bruyante et pittoresque entrée en scène alors que tous les autres nomades de la forêt se tenaient déjà là pour l'envier ou l'admirer. Phénomène assez rare dans cette contrée, il possédait une personnalité très marquée, une certaine vanité jointe à une clairvoyance instinctive des choses du Wild. Sympathique à tous, Gravois avait un grand cœur et se montrait aussi audacieux qu'un lynx ; en outre, il aimait tout le monde, y compris lui-même.

Pour expliquer son arrivée inopinée, il annonça d'un ton nonchalant qu'après avoir accordé à ses chiens-loups une journée de repos il poursuivrait sa route jusqu'à fort Churchill d'où il ramènerait une épouse. Il insinua, en ponctuant sa phrase d'un claquement de son fouet, qu'il ferait une seconde visite, plus intéressante, lorsque tous les trappeurs seraient rassemblés au poste.

Yan Thoreau l'écouta, haussant légèrement les épaules devant les airs fanfarons de l'homme. De son côté, le Canadien français observa Yan sans malice. Celui-ci était loin de soupçonner le rôle que Jean de Gravois devait jouer dans son existence.

A partir de ce jour, le poste prit un aspect plus vivant. Pendant six mois, il était demeuré plongé dans la solitude. Pendant ces six mois de jours brefs et de longues nuits, on avait sans répit ramassé les fourrures. Le poste, réduit au silence, végétait. A présent, le grand changement était imminent. Les gens de la forêt se déplaçaient.

Abandonnant leurs pièges et leurs cabanes, ils attelaient leurs chiens aux traîneaux.

Le jour du départ de Jean de Gravois pour la baie d'Hudson, les provisions de la Compagnie arrivèrent de Fort Churchill : sept toboggans, tirés par des chiens esquimaux, chargés de farine et d'étoffe, de cinquante livres de perles, de munitions et d'une multitude d'autres articles destinés à être troqués contre des fourrures qui ne tarderaient pas à gagner les marchés de Londres et de Paris.

Plein d'appréhension, Yan Thoreau sortit à la rencontre des traîneaux, conduits par sept Indiens et un Blanc. Yan s'approcha pour regarder de près l'homme blanc. Celui-ci portait deux étuis à revolver et un automatique. Sans aucun doute, ce n'était pas un missionnaire, mais un agent de la Compagnie accoutumé à protéger les trésors confiés à sa garde.

Yan revint à la cabane, le cœur battant d'une joie étrange.

— Il n'y a pas de missionnaire, Élise ! s'écria-t-il d'un ton triomphal, se laissant tomber à côté du bébé, et ravi de lui annoncer cette bonne nouvelle. Tu seras bonne et belle comme elle, mais le missionnaire ne te baptisera point. Il n'est pas venu !

Quelques minutes après Cummins entrait, une de ses mains déchirée et couverte de sang.

— Ces chiens esquimaux sont de vrais démons, grogna-t-il. S'ils pouvaient se tenir debout sur leurs pattes, ils dévoreraient nos huskies tout vivants. Veux-tu m'aider à panser ma blessure ?

Yan se mit aussitôt à l'œuvre et noua un bandage autour de la main de John.

— Ce n'est pas profond, dit-il ; puis, sans lever les yeux, il ajouta : le missionnaire n'est pas venu.

— Non, trancha Cummins. Ni le courrier non plus. Ils arrivent d'ordinaire ensemble.

Yan lia le pansement sans trahir son émotion, puis, en compagnie de Cummins, il retourna au magasin de la Compagnie...

A partir de ce moment, Cummins ne trouva que peu de temps à consacrer à sa fillette. La neige fondait à vue d'œil et la chaleur croissante du soleil favorisait les allées et venues des trappeurs.

De l'est, de l'ouest et du sud, toutes les pistes menaient à présent au poste. A la fin du troisième jour après la réception des provisions de la Compagnie, un tumulte de batailles, de cris et de disputes avait chassé la sérénité et le calme qui régnaient au poste le soir de la mort de Mme Cummins. Les luttes se livraient entre chiens, à l'accompagnement indispensable des vociférations des hommes. Une cinquantaine d'attelages de chiens, aussi farouches et sauvages que les loups dont descendaient la moitié d'entre eux, se trouvèrent brusquement jetés dans une mêlée inextricable. Des chiens du Labrador, que seule la mort pouvait vaincre, accouraient des environs de la baie d'Hudson. L'un après l'autre, les attelages des petits chiens esquimaux, aux nuances grises et jaunes, aussi prompts à se servir de leurs crocs que leurs maîtres à peau noire de leurs mains et de leurs pieds, se mesurèrent avec les gros malemutes de l'Athabasca, au pelage sombre. Ennemis de tous, luttant, mordant, grognant, avec la volupté du sang héritée de leurs ancêtres loups, des bandes de huskies affluaient de toutes parts.

Aucun répit dans cette bataille des crocs. La neige était teintée de sang dont l'âcre odeur décuplait la férocité des chiens-loups. Les chiens lourds du Mackenzie succombèrent en grand nombre.

Malgré ces luttes sanglantes, les hommes goûtaient une joie immense : une franche camaraderie unissait tous ces pionniers sous la froide grisaille des cieux nordiques. Si les crocs d'un husky de la baie d'Hudson arrachaient la vie d'un mackenzie à gorge tendre, c'était une affaire entre les chiens et non entre leurs propriétaires. Ceux-ci ne se querellaient donc point.

Les sentiers qui menaient à sa cabane étaient foulés par les hommes de la forêt qui, nombreux, venaient admirer la petite Élise.

Ce furent des jours de prospérité et de triomphe pour le bébé, ainsi que pour la Compagnie. La cabane s'emplissait d'objets étranges, car chaque visiteur offrait un présent à Élise. On y voyait des dents d'ours polaires apportées par les petits hommes noirs qui les tenaient des gens de la côte, de bizarres idoles sculptées dans du bois, des morceaux de fourrure, des queues de renards broussailleuses, des griffes de lynx, des fruits séchés, des bonbons achetés à prix d'or au magasin et du musc présenté par les gens de la tribu de Muki.

Ces hommages à la petite Élise comblèrent de joie le brave Yan et formèrent un lien entre lui et les compagnons de Cummins. Vivement touché, il les fréquenta sans crainte et s'en fit des amis.

VII

LE GRAND FESTIN

Yan n'avait pas touché à son violon depuis l'arrivée de Jean de Gravois, mais un soir, après avoir accordé son instrument, il dit à Élise :

— Ils ont été très gentils envers toi, Élise. Je vais leur jouer un air de violon.

Ce soir-là, on célébrait au poste la grande fête connue de l'Athabasca à la baie d'Hudson sous le nom de « Nuit du rôti de caribou ». Une semaine s'était écoulée et il ne restait plus de fourrures à vendre. Dans le grand livre de la Compagnie, chaque homme avait une somme à son crédit et au magasin les ballots de pelleteries s'entassaient jusqu'au plafond. Perri et ses chasseurs avaient tué trois caribous. Ce même soir, lorsque Yan décrocha son violon d'un clou fixé au mur, un immense feu flamboyait dehors et sur des broches de dix centimètres de diamètre rôtissaient les caribous.

Chippeways, Crees, Esquimaux et hommes de toutes les tribus se groupaient dans le cercle rougeâtre. Les employés de la factorerie vociféraient et chantaient à tue-tête en ce jour de réjouissance qui, une fois l'an, ramenait les mêmes hommes au poste à la fin d'une saison de chasse.

D'énormes caisses de pain blanc étaient placées près du brasier. Un baquet de vrai beurre, expédié pour la circonstance de huit mille kilomètres au-delà des mers, exposait ses flancs arrondis à la chaleur du foyer. Dans une gigantesque casserole en cuivre, sur un feu plus petit, bouillonnait et fumait un demi-baril de café.

Les riches odeurs répandues dans l'atmosphère attiraient les chiens ; assis sur leur derrière au-delà du cercle formé par leurs maîtres, ils découvraient leurs crocs, la bave aux lèvres et l'œil luisant de convoitise. Au ciel, brillaient des myriades d'étoiles.

Yan se mit à jouer.

Son instrument n'émettait pas à présent les sons doux qu'affectionnaient Cummins et la petite Élise, mais la plainte sauvage des vents d'automne. Empreinte d'une farouche beauté et réduisant au silence tout autre son, elle domina le pétillement des flammes et le tumulte des hommes et des chiens. La tête baissée, Yan ne voyait point les visages émerveillés des petits hommes assis en cercle à trois pas de lui, ni l'étonnement des témoins du miracle qu'il accomplissait pour leur agrément. Il se rendait seulement compte du silence profond qui l'environnait.

Soudain Yan fut interrompu par un fredonnement semblable au gémissement du vent, et une mélopée d'une tristesse infinie s'éleva des gosiers d'une centaine de chiens-loups. Yan y reconnut le chant de la vie. Troublé au plus profond de son être, il mêla sa voix au concert des animaux. Mais les autres hommes, incapables de comprendre ce mystère, demeuraient atterrés et s'abandonnèrent à l'enchantement de la musique.

Cummins remarqua les changements survenus sur les traits de ses compagnons et vit le cercle se resserrer autour du musicien tandis que les hommes se retournaient pour regarder les chiens installés sur leur derrière et pointant leur museau vers les étoiles.

Alors il se fraya un chemin entre les Esquimaux assis à croupetons et s'approcha de Yan :

— Pour l'amour de Dieu ! joue-nous quelque chose de plus gai ! dit-il à l'oreille du jeune garçon.

Yan leva la tête. Sortant de son rêve, il constata l'étrange effet produit par sa musique et son archet courut sur les cordes du violon dans un rythme endiablé. Sa voix entonna la *Chanson du caribou*, célèbre dans tout l'Extrême-Nord.

Bondissant dans le cercle de lumière et poussant un cri, Cummins agita les bras et joignit sa voix à celle de Yan. Le charme était rompu. Williams et Muki, ainsi que le reste des hommes de la Compagnie, chantèrent en chœur...

Puis, poussant des cris qui étouffèrent les dernières strophes de la chanson, Muki et ses Crees, au moyen de leurs perches, enlevèrent les caribous rôtis et les déposèrent sur la neige. Yan recula d'un pas. Son violon sous le bras, il observa les joyeux lurons qui, leurs couteaux à la main, s'apprêtaient à prendre part au festin. Williams, l'agent, las de ses exercices vocaux, s'approcha du musicien.

— Ne dirait-on pas un combat, Yan ? J'ai vu une fois une bataille rangée autour d'un rôti de caribou.

— Moi aussi, répondit Yan, qui ne quittait pas des yeux la foule en liesse.

— Cela se passait là-bas, au nord-ouest, poursuivit Williams, au-delà de la région du Grand-Esclave.

— Bien plus loin, dit Yan, levant les yeux. C'était tout près du Grand-Ours.

L'agent le regarda, tout surpris.

— Tu y assistais ! s'exclama-t-il.

Yan se détourna comme s'il n'avait rien entendu et, passant derrière la meute des chiens avides, il alla raccrocher son précieux violon au mur de la cabane. Les paroles de l'agent avaient éveillé en lui de profonds souvenirs.

L'homme qui revint auprès du grand feu n'était plus le même Yan Thoreau. Brandissant son long couteau de chasse au-dessus de sa tête, il se faufila parmi les hommes réunis autour du caribou. Cummins était là, agenouillé, près du gigantesque rôti, les manches relevées et les mains pleines de graisse. Yan Thoreau avait cessé de rire et de chanter, mais il faisait entendre des cris plus sauvages que ceux des métis et ses grands yeux brillaient farouchement lorsqu'ils se posèrent un instant sur Cummins.

A côté de celui-ci se tenait Williams. Yan l'aperçut et laissa échapper son couteau. Puis, si vivement que l'agent, surpris, recula d'un pas, Yan bondit vers lui.

— La bataille du Grand-Ours ! s'exclama-t-il. Pour qui combattiez-vous ?

L'agent ne répondit point et les muscles de ses bras se durcirent comme de l'acier lorsqu'il remarqua l'expression de démence sur la face du garçon. Brusquement, il le saisit au poignet. Yan ne lui opposa aucune résistance.

— Pour qui vous battiez-vous ? répéta-t-il. Pour qui vous battiez-vous au Grand-Ours ?

— Nous voulions tuer un homme, mais il s'est enfui, dit Williams d'une voix si basse que seul Yan l'entendit. C'était...

L'agent s'interrompit.

— Le missionnaire ! acheva Yan.

L'expression farouche s'éteignit sur ses traits, il considéra longuement Williams, et la douce lueur qui éclaira ses prunelles contraignit l'agent à relâcher son étreinte sur le poignet du jeune garçon.

— Oui, le missionnaire.

Yan se retira et, détournant les yeux pour éviter le regard de Cummins, pénétra dans la cabane d'Élise.

Là, il se jeta à genoux, saisit le bébé dans ses bras et le serra contre sa poitrine en lui murmurant à travers ses sanglots :

— Lorsque je l'aurai retrouvé, je le tuerai et reviendrai près de toi, mon ange. Alors, tu aimeras Yan Thoreau qui aura puni le méchant missionnaire.

Il replaça l'enfant dans son petit lit, l'embrassa de nouveau, décrocha son violon et se dirigea vers la porte.

VIII

LE COMBAT A L'AURORE

Pendant quelques instants, Yan demeura debout sur le seuil de la cabane, le dos tourné à Élise et les yeux fixés sur le festin autour du grand feu. La multitude des chiens se précipitait sur les carcasses abandonnées.

Yan tressaillit lorsqu'un cri, accompagné du gémissement d'un chien blessé, domina le tumulte. Pour compléter le tableau évoqué dans son esprit, il manquait une scène qui avait laissé une trace indélébile sur son existence. Il s'attendait à la revivre. Il lui semblait déjà entendre l'appel d'une voix d'adolescent et, après un bref silence, la menace sourde d'une vengeance, puis la bataille.

Vivement, son cerveau surexcité reconstruisait le drame. De nouveau, il percevait le cri sorti de sa propre gorge ; il revoyait comme en un rêve la ruée des hommes et l'éclair de leurs couteaux. Il se revit foulé aux pieds et sanglant sur la neige, tandis qu'un long attelage de maigres huskies emportait dans une course folle celui dont la vie était en péril.

Williams s'était trouvé là ; il avait assisté à la bagarre. Son couteau avait brillé parmi les autres. Et pourtant lui, Yan Thoreau, n'avait pas été reconnu par l'agent auprès du rôti du caribou...

Un attelage de chiens débouchait lentement de la forêt. A l'ombre du grand sapin, dissimulé aux yeux des bâfreurs, le traîneau fit halte. Yan perçut un murmure de voix masculines et une silhouette se détacha de l'obscurité, marchant à pas lents dans la direction du festin.

Cet attelage inconnu arrivait de l'est. Le cœur de Yan battit plus fort à la pensée du missionnaire que l'on attendait avec le courrier en retard. D'abord, le garçon songea à intercepter au passage l'homme qui traversait la clairière, mais, sans raison apparente, il changea d'avis et se rendit au traîneau.

Il remarqua une seconde silhouette qui se leva de derrière les chiens pour venir à sa rencontre et s'immobilisa à une douzaine de pas du véhicule.

— Nos chiens sont tellement épuisés que je n'ose les faire avancer. Les autres les mettraient en pièces.

Cette voix fit tressaillir Yan, qui regarda de plus près son interlocuteur.

— Vous venez de Churchill ? lui demanda-t-il.

Il posait cette question afin d'examiner l'homme à loisir.

— Oui, nous sommes partis d'Etawney voilà une semaine aujourd'hui.

Yan se trouvait à présent tout près de l'inconnu. Celui-ci se tut pour étudier le visage farouche et émacié. Poussant un cri de surprise, il recula d'un pas et le violon de Yan tomba dans la neige.

Il y eut un bref instant de silence. L'homme se retira dans l'ombre, suivi par le jeune garçon. Des lèvres de Yan s'échappa un nom et la lame de son couteau brilla contre la poitrine de l'autre.

Mais l'étranger l'avait devancé. D'un geste brusque, il para le coup et, comme la pointe d'acier déchirait la manche de son vêtement, il décrocha un puissant coup de poing qui envoya Yan rouler au sol.

Étourdi et ensanglanté, Yan se releva péniblement sur ses genoux, vit les chiens faire demi-tour et entendit une voix basse leur donner l'ordre de se remettre en marche. Le traîneau s'enfonça dans la forêt. Enfin, Yan se remit sur pied, chancelant de faiblesse. Puis il courut après le fugitif.

Il oublia son couteau dans la neige et ne songea plus aux autres chiens et aux hommes restés autour du feu. Il se souvenait seulement d'avoir vu autrefois un traîneau disparaître dans la solitude, le laissant plein d'amertume et de haine, une soif de vengeance au cœur. Et c'était le même personnage qui ce soir fuyait devant lui.

A demi inconscient sous l'effet de sa chute, il suivit les traces, mais peu à peu ses forces lui revenaient. Il entendait les crissements du traîneau et les coups de fouet sur l'échine des huskies harassés de fatigue. Il essuya le filet de sang tiède qui lui coulait sur la joue et se mit à courir, d'abord péniblement, puis, les coudes au corps, il prit l'allure fuyante des coureurs de la forêt, fou du désir de rattraper le traîneau, d'en arracher l'homme qui l'avait frappé, et de tuer celui dont la face grimaçante et moqueuse hantait le monde de ses rêves et assombrissait la vision pure et radieuse de la femme dont il gardait toujours le souvenir.

Cette image lui revenait à présent de plus en plus vive, l'image de sa mère dont les grands yeux brillaient dans son visage torturé par la souffrance qu'il y avait discernée à ses derniers instants.

Yan Thoreau ne sentait plus la neige ramollie sous ses pas, ni les coups cinglants des branches basses qui le frappaient au visage. Ses poumons réclamaient de l'air et, pour respirer plus à l'aise, il ouvrait la bouche et haletait.

Il ne possédait aucune arme. Comme il portait la main à la gaine vide de sa ceinture, il se souvint de quelle façon Muki avait vengé l'honneur de Mme Cummins.

Dans une clairière, à la lueur des étoiles, il découvrit des traces de sang dans les empreintes du chien de flèche. Un peu plus loin, il remarqua l'endroit où ce chien s'était jeté hors de la piste et où le reste de la meute, lancée sur lui, avait été obligée de reprendre sa marche sous les coups de fouet de son maître. D'autres indices de fatigue chez les chiens se montrèrent à plusieurs reprises.

Bientôt les étoiles pâlirent au ciel. Les ombres de la forêt s'épaissirent et, sur l'horizon, s'étala le voile gris précédant de trois heures le lever du jour.

Yan suivait la piste d'un pas de plus en plus lent. Cette course effrénée épuisait ses forces. Il trébuchait dans la neige, ses jambes le torturaient de la cuisse au genou, ces symptômes de la « crampe du coureur » provoquaient en lui une terreur poignante.

Les chiens auraient-ils raison de lui ?

Cette peur le talonnait et l'incitait à un plus gros effort. Il fit appel à toute son énergie, parvint au flanc stérile et rocheux d'une haute montagne, rampa lentement sur la piste ; il reprenait vigueur. Au bout d'un certain temps, il se dressa tout debout et, comme un animal, renifla le vent qui, passant par-dessus la crête, soufflait du sud. Ses narines décelèrent une âcre odeur de fumée de sapin vert. Le missionnaire faisait cuire son déjeuner sur un petit feu parmi les rochers.

Yan soupira de joie et recouvra subitement toute sa force. Au sommet de la crête, il ramassa un gourdin court et noueux. Avec précaution, il regarda par-dessus les rochers et sur le plateau encore couvert d'une neige épaisse, entassée à certains endroits par les vents d'hiver. Yan aperçut le feu, l'homme et les chiens à quelques mètres de lui, auprès d'un buisson.

Ses larges épaules penchées en avant, le missionnaire équilibrait une casserole sur la flamme du foyer. Non loin, les chiens, blottis à l'abri du traîneau, gisaient à demi morts de fatigue.

Yan se traîna sur les rochers. Un des chiens remua et ses narines frémirent en humant l'air. Yan s'aplatit dans la neige. Alors le chien abaissa le museau entre ses pattes et le jeune garçon continua d'avancer pouce par pouce. Le missionnaire n'avait pas changé d'attitude.

La folie illuminant son regard, Yan se releva d'abord sur les mains, puis sur les genoux et enfin sur les pieds. Le chien agité dressa de nouveau la tête. Il flairait un danger imminent et poussa un hurlement qui éveilla l'attention de l'homme auprès du feu. Yan bondit comme l'éclair et sa massue s'abattit sur la tête du missionnaire. Celui-ci s'effondra comme une souche et le garçon le saisit à la gorge.

— Je suis Yan Thoreau ! hurla-t-il, et je suis venu pour te tuer !

Il lâcha son bâton et, les genoux sur la poitrine de son ennemi, de ses doigts émaciés il resserra son étreinte sur la gorge épaisse de l'homme.

— Je vais te tuer..., te tuer à petit feu ! lui cria-t-il, comme le missionnaire se débattait faiblement.

Le grand corps massif se soulevait sous le garçon, qui reçut des coups au visage, mais il ne ressentait aucune douleur et, lorsque la main du missionnaire l'empoigna aux cheveux, Yan ne vit que sa face tuméfiée, dont les yeux fixes reflétaient une souffrance atroce.

— Je suis Yan Thoreau, ne cessait-il de répéter, Yan Thoreau ! Je veux te tuer..., te tuer !

La figure ensanglantée, Yan ne discernait même plus celui qu'il était en train d'étouffer. Il baissait la tête pour échapper aux coups. Le corps de l'homme se soulevait de plus en plus et bientôt se retourna ; le garçon se trouva presque sous lui, toujours accroché à sa gorge, tel le putois opiniâtrement pendu à la veine jugulaire de sa proie.

A présent, le missionnaire l'écrasait de tout son poids. Ses énormes mains lui labourèrent la tête et le visage, puis se refermèrent sur son cou. Yan faisait un effort surhumain pour respirer, mais il ne lâchait pas son étreinte. Enfonçant toujours ses doigts dans la gorge du missionnaire, il essaya d'exhaler son cri de triomphe. Aucun son ne sortit de sa poitrine, sauf un soupir semblable à celui de l'homme qu'il cherchait à étrangler.

La mort rôdait autour des deux adversaires, mais le missionnaire était le plus fort et son cou plus épais et plus dur. Au bout d'un moment, il se releva avec peine. Yan demeura étendu sur le dos, la face rougie par le sang, les yeux grands ouverts et déjà vitreux. Le missionnaire, saisi d'horreur, regarda sa victime. Comme la vie qui l'avait presque abandonné se ranimait en lui, d'un pas chancelant, il s'approcha des chiens, les attacha au traîneau et les lança sur la piste le long de la montagne jusqu'à la plaine.

D'un buisson, à quelque douze pas de là, un oiseau-des-élans, étonné, avait suivi l'horrible lutte. Maintenant il sautillait sans crainte sur le corps inerte de Yan et, d'un air curieux, examina l'étrange visage couvert de sang et tordu de douleur.

Le voile gris de l'aurore se fondit dans la lueur blanchâtre du jour naissant. Là-bas, au sud, un coin du disque rouge montait lentement vers le monde septentrional.

IX

JEAN ET YAN

A cinq cents mètres du pied de la montagne, au sortir de la forêt et des marécages, un attelage de puissants malemutes tirait un traîneau sur lequel se trouvait une jeune femme de sang demi-cree. Tantôt à côté du véhicule, tantôt devant les chiens, Jean de Gravois courait en faisant claquer son fouet et en poussant des cris joyeux.

— N'est-ce pas que c'est beau, ma Iowaka ? criait-il pour la centième fois en dialecte cree. Il grimpa sur le rocher et ajouta, plein d'enthousiasme : N'est-ce pas un pays magnifique au soleil levant ? Le printemps va paraître dans quelques jours. Que dis-tu de ton Jean de Gravois et de son pays, maintenant ? Regrettes-tu Churchill ?

Jean ramenait avec lui une belle jeune femme aux grands yeux brillants et à la chevelure luisante comme l'aile de corbeau au soleil. Elle riait, toute fière, tandis qu'il dansait et bondissait à côté d'elle, et lui répondait dans le doux dialecte cree.

Jean, le visage épanoui, chantait en faisant claquer son long fouet de caribou. Au moment où Iowaka lui disait de s'arrêter pour reprendre haleine, les malemutes s'assirent sur leur derrière à l'endroit où gisait Yan Thoreau, tout ensanglanté sur la neige.

— Qu'est ceci ? s'écria Jean.

Il souleva la tête inerte de Yan.

— C'est le violoneux dont je t'ai parlé et qui vit avec Williams au poste du lac Bain ! expliqua-t-il. On l'a assassiné ! Il a été étouffé et son visage est mutilé comme s'il avait été mordu par un animal !

Jean promena son regard autour de lui tandis que Iowaka s'agenouillait auprès de Yan.

— Quel combat ! s'exclama-t-il. Regarde les traces de pas... Le meurtrier s'est enfui en traîneau !

— Le corps est encore chaud, murmura Iowaka. Il n'est peut-être pas mort ?

Jean de Gravois se releva d'un bond, une flamme de colère dans ses yeux noirs. En un clin d'œil, il était près du traîneau, lançant de tous côtés fourrures et ballots, et tous autres objets, à l'exception de son fusil.

— Il est mort, Iowaka. Vois donc la couleur de son visage. Mais Jean de Gravois rattrapera l'assassin, et tu resteras ici. Dresse la tente. Hi-o-o-o-o ! cria-t-il à ses malemutes.

L'attelage s'engagea rapidement sur la piste. A genoux sur le toboggan et son fusil devant lui, Jean lança des ordres d'une voix contenue et les chiens allongèrent leurs pattes à la poursuite du missionnaire et de ses huskies. La piste débouchait en terrain découvert et conduisait à la surface lisse d'un lac. Sur cette étendue gelée fuyait le missionnaire.

Soudain quelque chose brilla au soleil.

— Tiens ! fit Jean lorsqu'une balle passa au-dessus de sa tête. Le voilà maintenant qui tire sur Jean de Gravois ! Il posa son fouet et une lueur joyeuse éclaira son petit visage noir tandis qu'il épaulait son fusil. Ah ! il tire sur Jean de Gravois, mais il ne sait pas que Jean peut abattre un caribou en pleine course à trois cents mètres !

Après le coup de tonnerre de son fusil, un corps roula du traîneau à l'avant et s'affaissa sur la neige. A cent mètres plus loin, les huskies s'arrêtèrent dans une confusion indescriptible et se retournèrent pour observer les chiens qui approchaient.

Jean s'arrêta et, à la vue de l'homme qui le regardait fixement, il empoigna ses longs cheveux noirs et s'écria, rempli d'horreur et de surprise :

— Saints du Ciel ! C'est le missionnaire de Churchill !

Il retourna le corps et vit l'endroit par où la balle avait pénétré sous le bras pour ressortir de l'autre côté. Plus une étincelle de vie : le missionnaire était déjà mort.

— Le missionnaire de Churchill ! répéta Jean.

Il leva les yeux vers le soleil et secoua la neige fondante sous ses mocassins.

— Le dégel s'annonce, observa-t-il en regardant le cadavre. Eh bien ! le lac lui servira de tombeau.

Il conduisit ses malemutes vers la forêt. Puis il revint sur ses pas, coupa les traits des huskies épuisés et d'un coup de fouet les remit en liberté sur la glace.

— Retournez chez les loups ! hurla-t-il. Ne revenez jamais au poste, sans quoi Jean de Gravois vous écorchera tout vifs !

Lorsqu'il remonta au sommet de la montagne, Jean trouva Iowaka en train de faire bouillir du café. Auparavant, elle avait enveloppé Yan dans les fourrures devant le feu.

— Je te le disais bien ! s'écria-t-elle. Il vit encore !

Le retour de Jean de Gravois au poste du lac Bain fut encore plus théâtral qu'il ne l'avait prévu, car il ramenait avec lui non seulement une jolie épouse de Churchill, mais aussi Yan Thoreau à demi mort après cette bataille sur la montagne.

En lui-même, il exultait. Jean de Gravois ne souffla mot au sujet du cadavre abandonné sur le lac et les huskies ne reparurent point pour éveiller des soupçons sur le sort du missionnaire.

X

LES FLEURS ROUGES

Après la Fête du caribou, les trappeurs commencèrent à quitter le poste par petits groupes, s'enfoncèrent dans les solitudes du Sud et de l'Est.

Une douzaine remirent leur départ jusqu'à la chasse du printemps, et parmi ceux-ci Jean de Gravois et son épouse. Trois jours après son arrivée, Jean alla voir Yan. Il le trouva assis sur sa couchette, la tête soutenue par des oreillers. Cummins tenait en équilibre la petite Élise sur le bord du lit.

Les yeux de Yan exprimèrent sa gratitude mieux que ses paroles. Il n'ignorait pas que Jean l'avait ramené vivant au poste.

Pendant quelques instants, son menton dans la paume de sa main et un sourire bizarre aux lèvres, Jean considéra le jeune homme. Puis il exécuta une douzaine de grimaces expressives et haussa les épaules en ricanant.

— Ah ! quelle admirable bataille, Yan Thoreau, tu es un brave ! dit Jean à voix basse.

— Tu n'as rien vu ? s'enquit Yan qui, inconsciemment, parlait en français.

Jean lui prit les mains, tout joyeux, car il demeurait français jusqu'au fond de l'âme.

— Si je n'ai rien vu ? Ni moi ni Iowaka n'avons assisté à la lutte, mais il suffisait de regarder la neige pour comprendre. Ensuite, j'ai suivi la piste qui redescendait la montagne tandis qu'Iowaka te ramenait à l'existence. Arrivé au bord du lac, j'ai aperçu un point noir sur la glace. Devine qui c'était ? Le cadavre du missionnaire de Churchill. Hé ! Yan Thoreau, que dis-tu de cela ?

Yan se redressa sur sa couche et poussa un cri.

— Chut ! chut ! murmura Jean. Inutile de raconter ce qui s'est passé sur le lac. Seule la Sainte Vierge m'a inspiré l'idée que tu voudrais constater de tes propres yeux que le bonhomme est bien mort. Le dégel libérera le lac d'ici quelques jours et le cadavre coulera au fond. Et... (Jean baissa davantage la voix) si par hasard la disparition du missionnaire t'intrigue, souviens-toi de Jean de Gravois.

Il se pencha vers le garçon au visage pâle :

— Aujourd'hui, je me rends du côté d'Athabasca. Yan Thoreau, peut-être comprendras-tu, au bout d'un certain temps, qu'il vaudrait mieux, pour Jean de Gravois, ne pas remettre les pieds au poste du lac Bain. En ce cas, viens le prévenir. Tu le trouveras entre Fond-du-Lac et la rivière du Castor. Tu peux t'y rendre en quatre jours en longeant la lisière des Barrens, toujours vers le nord.

Tourné du côté de la porte, Jean hésita un moment, haussa les épaules et murmura avant de partir :

— J'espère que tu m'as bien compris, Yan Thoreau !

Lorsque Cummins rentra, il vit le garçon les joues rouges de fièvre.

— Que le diable emporte Jean de Gravois ! grommela-t-il.

— Il s'est conduit envers moi comme un frère, dit Yan simplement. Je l'aime bien.

Deux jours après le départ du Canadien-Français, Yan se leva de son lit, délivré de la fièvre, et, au cours de l'après-midi, il attela les chiens de Cummins. Dans la matinée, les derniers trappeurs avaient quitté le poste. Yan prit la piste empruntée par l'agent de la Compagnie à son retour à fort Churchill et gagna le bord du lac. Là, il constata que le Canadien français lui avait dit la vérité. Le cadavre de son ennemi apparut à ses yeux, la face enfouie dans la neige fondante.

Il devina alors le sens des paroles de Jean. Le trou laissé par la balle était trop large pour échapper aux yeux du jeune homme. Au plus profond de son cœur, il garda une place pour le courageux petit homme qui, accompagné de son épouse, gagnait en ce moment le pays de l'Athabasca.

Yan laissa ses chiens marcher tranquillement sur le chemin du retour et n'arriva qu'à la tombée de la nuit. Maballa avait préparé le dîner et Cummins l'attendait. Il observa le garçon avec curiosité ; le sourire de Yan et l'expression de son regard étonnèrent l'homme. Désormais, il n'y discerna plus les lueurs étranges qu'il avait prises jusque-là pour des indices de démence. Leur expression méfiante avait cédé la place à une gaieté de bon aloi.

Le jeune garçon prit son instrument. Il en joua jusqu'à ce que toutes les lumières du poste fussent éteintes et Cummins et Élise plongés dans le sommeil. Alors le musicien s'arrêta. Il détendit les cordes du violon et l'approcha de la lampe à huile pour en examiner l'intérieur.

A l'aide du fil de fer recourbé qu'il employait pour nettoyer son revolver, Yan fouilla le fond de la caisse et après ramena par un des trous en forme de *f* un petit rouleau enveloppé de drap rouge fané. Il déroula l'étoffe et étala devant lui quelques minces feuilles de papier couvertes d'une écriture serrée. Ce texte était en langue française. Plusieurs de ces pages avaient été écrites par un homme. Yan pencha la tête sur les autres et de ses lèvres s'échappa un long soupir.

De ces dernières pages écrites d'une main féminine, se dégageait un faible parfum d'héliotrope. Yan les lut lentement jusqu'à la dernière ligne.

Cummins se retournait dans son sommeil. Silencieusement, Yan traversa la pièce sur la pointe des pieds, ouvrit la porte sans déranger le dormeur et sortit dans la nuit. Au sud-ouest une grosse lune de printemps montait dans le ciel, au-dessus de la forêt. Comme Yan se tournait vers l'astre nocturne, un désir violent embrasa son âme. Il étendit les bras, serrant toujours dans ses mains les papiers et son violon. On eût dit qu'il répondait à l'appel d'un être invisible.

Pour la première fois dans sa vie solitaire, il entendait l'appel du vaste monde au-delà des solitudes. Soudain il porta la lettre de la femme à ses lèvres et il murmura doucement :

— Je reviendrai... un jour... avec la petite Élise !

Il enroula les pages, les enveloppa dans le tissu rouge et les replaça dans la caisse de son violon avant de rentrer dans la cabane.

Le lendemain matin, Cummins, debout sur le seuil de la porte, s'exclamait :

— Que le soleil est chaud ! La neige et la glace vont fondre ! Voici le printemps ! Nous allons remiser les traîneaux et nourrir les chiens de poisson.

Chaque jour, le soleil se levait de meilleure heure, les journées s'allongeaient et l'air devenait plus tiède. Dans la forêt, des milliers d'animaux enfouis sous la neige s'éveillaient de leur long sommeil hivernal. Les oiseaux des neiges, jolies petites créatures au vol rapide, étincelantes comme des pierres précieuses, changeaient de couleur de jour en jour pour devenir des êtres nouveaux dans un monde transformé. La mère ourse, accompagnée de ses oursons nés la semaine précédente, quittait sa tanière et apprenait à sa progéniture l'art d'abattre les jeunes arbres pour en manger les bourgeons.

De toutes parts coulaient des torrents de neige fondue ; on entendait le craquement des blocs de glace.

Le poste reprit ses anciennes habitudes.

Yan démolit la barrière de bois autour de la tombe. De midi au coucher du soleil, il longea le flanc ensoleillé d'une grande montagne au sud. A son retour, il rapportait un plein panier de fleurs rouges poussées sous la neige, leurs racines encore chargées de terre. Il planta ces fleurs sur le tertre au pied du sapin et décora les bords de jeunes pousses de thé du Labrador.

Les mois suivants, au cours de l'été, il emmena Élise faire de petites promenades dans la forêt et il cueillait des fleurs et des fougères. La tombe n'était jamais défleurie.

Yan et Élise vivaient heureux et leur joie enchantait les habitants du poste, comme autrefois la présence de la femme les avait comblés de bonheur. Seul Cummins ressentait un profond chagrin. La venue du printemps, puis de l'été, répandant sur ce monde solitaire chaleur et beauté, aggravait sa douleur comme si sa bien-aimée était morte seulement la veille.

Quand pour la première fois il aperçut les fleurs rouges sur la tombe, il enfouit sa tête entre ses mains et sanglota comme un enfant. Sa femme avait aimé ces rouges corolles. Des centaines de fois il l'avait accompagnée pour en chercher et il avait piqué la première fleur dans sa soyeuse chevelure. C'était l'époque où, tels de joyeux enfants, ils jouaient en riant derrière les sombres sapins. Souvent il la soulevait dans ses bras vigoureux et l'emportait, lasse mais ivre de bonheur, jusqu'à leur petite cabane dans la clairière, où, assise, elle riait en le regardant préparer maladroitement leur souper.

Ces réminiscences lui serraient le cœur. Il s'enfonçait alors au loin dans l'épaisseur de la forêt et suivait les sentiers que tous deux avaient foulés ensemble naguère. A chaque tournant, un nouveau souvenir surgissait devant lui et, hanté par l'image de sa chère Élise, il eût souhaité s'étendre là pour mourir.

A cette époque, il était loin de songer qu'un jour Yan et Élise chériraient les mêmes promenades, que des joies mortes renaîtraient d'autres joies et que celles-ci, tout comme les siennes, se flétriraient, du moins pour un temps. Son intense chagrin l'empêchant de songer à l'avenir, il abandonna la petite Élise aux soins affectueux de Yan.

Enfin, son grand corps amaigri par l'insomnie et la souffrance, il annonça que les affaires de la Compagnie l'appelaient à Churchill et, aux premiers jours du mois d'août, il partit pour la baie d'Hudson.

XI

POUR ELLE

Yan assuma dès lors une lourde responsabilité. Élise lui appartenait. Jour et nuit il gardait l'enfant, et, dès qu'il devait s'absenter un court instant, Élise, pour la plus grande joie de Yan, le réclamait à cor et à cri. C'est du moins ce que lui assurait Maballa, et le bébé semblait confirmer ses dires en manifestant une gaieté exubérante à chacun de ses retours.

Lorsque à l'automne Cummins revint de Fort Churchill, il rapporta avec lui un paquet rempli de présents pour Élise, entre autres des livres neufs et des revues, qui avaient écorné une partie de ses bénéfices de la saison. Tandis qu'il retirait ces trésors de leur enveloppe de peau de caribou, sous les yeux émerveillés de Yan et d'Élise, il s'interrompit et leva les yeux vers le garçon.

— A Churchill on se demande ce qu'est devenu le missionnaire parti en même temps que le courrier. On l'a vu, paraît-il, pour la dernière fois à Etawney.

— Et pas ici ? s'empressa d'interroger Yan.

— Pas que l'on sache, dit Cummins, les yeux toujours sur le jeune garçon. L'homme qui le conduisait n'est jamais revenu à Churchill. On s'inquiète également du sort de cet individu. Un détective de la Compagnie s'est rendu à Etawney et il est possible qu'il vienne au lac Bain. Je ne crois pas qu'il retrouvera le missionnaire.

— Moi non plus, répondit Yan d'une voix calme. Sans doute est-il mort. Les loups et les renards l'ont déjà dévoré... ou peut-être les poissons !

Cummins se remit à défaire le paquet et, parmi les livres, il en retira deux qu'il tendit à Yan.

— Le navire de Londres est arrivé à Churchill pendant mon séjour et a apporté ceci, expliqua-t-il. Ce sont des livres de classe. L'hiver prochain, on fera l'école à Churchill et l'année suivante à York Factory. (Il s'assit sur ses talons et considéra Yan.) C'est la première école qui ait fonctionné à moins de six cents kilomètres du poste du lac Bain. La plus proche se trouve à Prince Albert.

Très souvent, au cours des jours qui suivirent, Yan fit de longues promenades solitaires dans les sentiers de la forêt. Deux questions le hantaient depuis le retour de Cummins. D'abord, avertirait-il Jean de Gravois qu'un détective de la Compagnie menait une enquête sur la disparition du missionnaire ?

Sa première impulsion fut d'aller en hâte retrouver le Canadien français. Mais, à supposer que le détective arrivât au poste du lac Bain, comment devinerait-il que le missionnaire gisait au fond du lac et que

Jean de Gravois était le coupable ? Yan comprit que ce serait stupide d'éveiller les craintes du petit chasseur.

La seconde question le laissait plus perplexe. L'allusion de Cummins concernant l'école à Churchill lui fournit matière à réflexion, car il s'agissait de l'avenir d'Élise. Cette année-là, l'école se tiendrait à Churchill et la suivante à York Factory. Ensuite il n'y en aurait peut-être plus et, lorsque Élise aurait grandi, elle devrait aller au bout du monde pour s'instruire. Pourquoi ne fréquenterait-il pas lui-même les cours pour le compte d'Élise ? Il emmagasinerait des trésors et, en temps voulu, les déverserait dans l'esprit de la fillette.

Ce projet était pour le moins extravagant. Comment Yan Thoreau acquerrait-il les connaissances des gens du Sud et les transmettrait-il à l'enfant confiée à ses soins pour qu'elle ressemblât à l'être qui dormait son dernier sommeil sous le haut sapin ? Ému jusqu'au fond de l'âme d'une crainte mêlée d'espoir et d'ambition, il mûrit son plan et, dès qu'apparurent les premières bises annonciatrices de l'hiver, il en fit part à Cummins.

Une fois bien décidé, Yan mit son idée à exécution. Muki connaissait la piste conduisant à Churchill. Il accepta de l'accompagner dans trois jours, ce qui donna à la femme de Williams le temps nécessaire pour confectionner au jeune garçon un nouvel habit en peau de caribou.

Le second soir, pour la dernière fois, il joua du violon dans la petite cabane et, Élise s'étant endormie, il la prit doucement entre ses bras sous l'œil paternel de Cummins. Lorsqu'il la remit dans son petit lit contre la muraille, Cummins lui passa le bras sur les épaules et le conduisit jusqu'au seuil.

Devant eux la forêt noire et silencieuse se détachait sur le ciel étoilé. Dominant les autres sapins, se balançait le panache de celui qui gardait la tombe. Cummins y porta son regard.

— Elle t'a entendu approcher ce soir-là, Yan, dit-il d'une voix douce. Depuis longtemps elle savait que tu allais venir, alors que je ne distinguais que le craquement de l'aurore boréale. Je crois... qu'elle sait... à présent...

Cummins serra davantage son bras autour des épaules du jeune garçon et sa joue rugueuse s'appuya sur la tête de Yan. Pour répondre à ce geste affectueux, Yan prit la main qui pendait sur son épaule.

— Mon petit, me diras-tu enfin qui tu es et d'où tu venais cette nuit-là ?

— Je vais vous le dire, maintenant. Je viens du Grand-Ours, je suis Yan Thoreau et c'est le Dieu tout-puissant qui m'a conduit ici cette nuit-là parce que... (son cœur frémit d'une soudaine inspiration et il leva les yeux vers le visage de son compagnon...) parce que la petite Élise était ici, conclut-il.

Cummins demeura un instant immobile et silencieux. Puis il ramena le jeune garçon dans la cabane et, de la caisse recouverte de cretonne placée dans le coin de la pièce, il retira un sac en peau de daim.

— Tu te rends à Churchill pour Élise et pour elle, dit-il tout bas pour ne pas éveiller l'enfant. Prends ceci.

Yan recula d'un pas.

— Non, je trouverai à m'occuper à la Compagnie à Churchill. Cet or reviendra à Élise quand elle sera grande. Yan Thoreau n'est pas... Comment appelez-vous cela ?

Un instant ses yeux s'éclairèrent dans un sourire. Mais le visage de Cummins s'assombrit et il saisit le bras du garçon d'une main presque brutale.

— Alors Yan Thoreau ne reviendra jamais plus auprès d'Élise ! s'exclama Cummins. Tu vas à Churchill pour fréquenter l'école et non pour travailler de tes mains. On t'envoie là-bas, comprends-tu, mon petit ? Que décides-tu ? Acceptes-tu ce sac, ou renonces-tu à revenir au lac Bain ?

Sans mot dire, les joues enflammées, Yan tendit la main et prit le sachet. Cummins, étonné, considéra la lueur étrange de son regard.

— Je vous rendrai, à Élise et à vous, cet or au centuple, s'écria-t-il. Je le jure et Yan ne sait pas mentir !

Le lendemain, il quittait le poste.

XII

UNE RUMEUR MONTE DU SUD

L'hiver parut long à Cummins et à Élise... et plus long encore à Yan. L'agent du lac Bain avait remis à celui-ci une lettre pour son collègue de Churchill et le jeune garçon fut logé au poste. Il partagea la chambre du commis de magasin, Mac Donald, un joyeux adolescent au visage rouge fraîchement débarqué d'Angleterre. Apprenant que son nouveau camarade était venu à pied des Barrens pour suivre les cours de l'école, il s'offrit à lui servir de répétiteur. Il le corrigea d'abord de son mauvais accent et, au bout d'une semaine de constants efforts, l'élève faisait déjà honneur à son précepteur bénévole.

L'école ouvrit en novembre et Yan se trouva parmi une vingtaine d'élèves venus de tous les coins du Wild. Il emmagasinait avec obstination les moindres notions nouvelles afin de les transmettre à Élise.

Ses pensées allaient vers le lac Bain et plusieurs fois durant l'hiver il retira du violon le petit rouleau de papier, dont il lut et relut les pages.

« Un jour j'irai là-bas, lorsque Élise sera plus grande et pourra m'accompagner », se promettait-il à lui-même.

La société du jeune garçon du lac Bain aidait Mac Donald à supporter son exil. L'Écossais souffrait de nostalgie et, à mesure que les mois s'écoulaient, il déversait dans l'oreille attentive de Yan les souvenirs de sa lointaine patrie...

Au printemps, Yan retourna au lac Bain sur le traîneau apportant au poste les provisions de la Compagnie. L'automne suivant, il fréquenta l'école de York Factory et, la troisième année, celle de Nelson House. A cette époque, l'instituteur de la Compagnie mourut et personne ne vint le remplacer.

Au milieu de l'hiver de cette troisième année, Yan regagna le lac Bain et, serrant étroitement Élise dans ses bras, il lui promit de ne plus jamais s'éloigner sans elle. Le prenant par le cou, la petite lui tendit sa bouche fraîche comme un bouton de rose. Il l'embrassa et scella ainsi son serment. Plus tard, poussé par une pensée qui l'obsédait depuis quelque temps, il demanda à Cummins :

— Lorsque Élise sera un peu plus âgée, ne serait-il pas sage que nous nous rendions avec elle dans le Sud ? Elle ne saurait vivre éternellement dans ce pays-ci !

Cummins parut ne pas comprendre. Enfin, quand il saisit le sens des paroles de Yan, son regard se durcit et sa voix, d'habitude très calme, vibra d'indignation :

— Sa mère reposera sous le vieux sapin jusqu'à la fin des temps, dit-il lentement, et nous ne la quitterons jamais, à moins qu'un jour Élise ne s'en aille toute seule.

A dater de ce moment, Yan ne regarda plus dans la caisse de son instrument. Il lutta pour réprimer le désir qui avait grandi chez lui avec les années jusqu'à ce qu'il s'en crût débarrassé à tout jamais. Élise constituait tout son univers. Elle emplissait son cœur au point que, devant elle, toute autre vision s'effaçait.

Chaque jour ajoutait à sa joie. Il appelait Élise « ma petite sœur », elle lui rendait pleinement son affection et de sa douce voix le nommait « frère Yan ». Il remarqua chez la fillette le lent changement de nuance de sa chevelure qui passa de la couleur du lin à celle de l'or fondu, puis, plusieurs mois après, cet or prit des reflets mordorés. Elle ressemblerait à sa mère ! Yan était transporté de joie et, en silence, Cummins offrait au Ciel des actions de grâces.

Telle était la situation au poste du lac Bain au début de la neuvième année d'Élise, quand, du sud, monta une rumeur qui s'étendit comme un suaire sur les habitants des forêts. De l'est, du sud et de l'ouest, cette rumeur s'enfla et bientôt de partout arriva la nouvelle que la Terreur rouge avançait à grands pas. Le frisson d'une épouvantable peur se répandit comme un vent glacé des dernières régions civilisées à la baie d'Hudson.

XIII

LA TERREUR ROUGE

Vingt ans plus tôt, de semblables rumeurs étaient arrivées du sud et la terrible épidémie s'était abattue sur le pays. Les gens des forêts en gardaient encore l'affreux souvenir, car des milliers de tombes anonymes, disséminées de James Bay au pays de l'Athabasca, témoignaient du lourd tribut infligé à cette région.

De Dubrochet, au bord du lac du Renne, des nouvelles parvinrent au lac Bain au début de l'hiver, transmises par Henderson, le facteur, qui les tenait de son confrère de Nelson House.

— La petite vérole sévit au poste de Nelson, chez les Crees du lac Wollaston, annonça le messager à Williams. Je m'en vais à l'ouest prévenir les gens de Révillon. Au revoir !

Trois jours plus tard, un message venu de Churchill invitait tout le personnel de la Compagnie à prendre les dispositions nécessaires en vue de l'apparition de la Terreur rouge. L'épaisse figure de Williams blêmit.

— Cela signifie que nous allons creuser des tombes, dit-il après avoir pris connaissance du papier. Ce sont les seuls préparatifs que nous puissions faire.

Il lut à haute voix la note de service aux employés du lac Bain et tout homme disponible reçut l'ordre de porter la nouvelle sur tout le territoire du poste. Vivement on harnacha les chiens et chaque traîneau emporta un rouleau de coton rouge.

Yan prit la piste de Churchill et bifurqua vers le sud le long de la rivière Hasabala, dans une région où s'entrecroisaient les lignes de pièges des chasseurs métis et canadiens français. Sur sa route se trouvait la cabane de Croisset et sa femme, où il laissa le quart de sa provision d'étoffe rouge. Il reprit la piste de l'ouest, tandis que Croisset attelait ses chiens pour se rendre au sud. A soixante kilomètres au sud, quelque part sur le Porc-Épic, Henry Langlois, le plus grand chasseur de renards du poste, posait ses pièges. Le matin du troisième jour, Yan partit à la recherche de Langlois et, vers la fin de l'après-midi, il tomba sur un sentier tracé par des raquettes. Là, il campa jusqu'au matin, puis il se mit à suivre cette piste.

Il passa devant une demi-douzaine de cachettes appartenant à Langlois, où le chasseur déposait ses engins. Tous ses pièges étaient désamorcés. Près d'un piège, le long de la piste, il trouva le squelette décapité d'un renard et, dans un autre, une hermine décapitée. Perplexe, Yan accéléra l'allure de ses chiens et ne les arrêta qu'au bord d'une clairière en pleine forêt.

Non loin se dressait la cabane du trappeur. Sur le toit, attaché à une branche de sapin, flottait le sinistre drapeau écarlate.

Lançant un ordre à ses chiens d'une voix terrifiée, Yan rebroussa chemin, puis fit halte. Aucune fumée ne montait de la cheminée d'argile de la petite cabane. Son unique fenêtre était blanche de givre. Yan lança plusieurs appels, qui demeurèrent sans réponse. Il tira deux coups de fusil et attendit, couvrant sa bouche et ses narines de sa main protégée d'une moufle. Aucun signe de vie. Abandonnant tout espoir, il revint dans la direction du nord.

Son attelage arriva à moitié crevé de fatigue. Cummins et Williams se précipitèrent à sa rencontre.

— Le drapeau rouge flotte sur la cabane de Langlois ! cria-t-il. Langlois est mort !

— Grand Dieu ! gémit Williams.

Sa face rougeaude blêmit et il serra les poings, tandis que Cummins s'occupait des chiens et que Yan entrait dans le magasin pour manger un morceau.

Muki et Perri regagnèrent le poste le lendemain. Le jeune Williams les suivait de près, l'air épouvanté : la mort rouge sévissait chez les Crees de la Waterfound.

Chaque jour augmentait la tristesse des gens du lac Bain. Yan fut quelque temps avant de comprendre l'étendue du désastre. Il n'était pas né lors de la peste rouge qui avait sévi dans ce pays vingt ans auparavant, alors que la plupart des autres, même Muki le plus jeune de tous, en avaient souffert. Mais il ne tarda pas à constater les méfaits de la petite vérole. En février, les Crees vivant le long du lac Wollaston furent pour ainsi dire anéantis. Des oriflammes rouges marquaient la piste de Nelson. La mort bondissait de cabane en cabane vers l'ouest. Au milieu du mois, le lac Bain se trouvait cerné de tous les côtés, sauf vers le nord, par le fléau envahisseur.

Bientôt la grande lutte s'organisa. Williams rassembla ses hommes et leur expliqua comment avait été mené le même combat deux décennies auparavant. A cent kilomètres à la ronde, chaque cabane et chaque tente arborant un drapeau rouge devait être visitée et brûlée si les occupants étaient morts. Le danger menaçait les braves qui avaient pour mission de s'assurer si la vie existait encore dans ces demeures. Les plus audacieux frémissaient aux récits du vieil agent ; cependant, tous répondirent à l'appel comme un seul homme.

Cummins et Yan prirent ensemble leur dernier repas. Élise, assise entre eux, s'étonnait de leur silence. Le dîner terminé, les deux hommes sortirent.

— Muki n'était pas au magasin, dit Cummins d'une voix basse lorsqu'ils arrivèrent dans les ténèbres derrière la cabane. Williams le croyait parti avec ses chiens vers le sud, mais tel n'est pas le cas. Je l'ai vu se traîner dans sa cabane comme un chien malade une heure avant la tombée de la nuit. Un drapeau rouge flottera sur le lac Bain demain matin.

Yan réprima une exclamation d'horreur.

— Ah ! il y a une lumière chez lui ! s'écria Cummins. Une torche de résine brûle devant sa porte.

Un cri aigu et tremblotant arriva de la cabane de Muki, un cri inarticulé s'enflant et décroissant comme le gémissement d'un chien, et les deux hommes identifièrent la voix du père du métis. Soudain des lumières brillèrent dans la nuit, comme des années auparavant lorsque Cummins, d'un pas chancelant, sortait de sa demeure où sa femme était morte. En un spasme de frayeur, il agrippa le bras de Yan.

— On a planté le drapeau ! murmura-t-il d'une voix rauque. Retourne auprès d'Élise. Il y a pour un mois de vivres dans la cabane et tu pourras rentrer le bois ce soir. Barre la porte. Ouvre seulement la fenêtre de derrière pour l'aération. Reste à l'intérieur avec elle, jusqu'à ce que tout danger soit écarté. Va !

— Je pars, mais c'est vers les drapeaux rouges ! protesta le jeune homme, dégageant son bras. Votre place est auprès d'Élise !

— Ma place est avec les hommes !

— Et la mienne ? protesta Yan, se redressant.

— Un de nous deux doit s'enfermer avec elle, allégua Cummins, et c'est toi. Tu es venu ici, cette nuit-là, à cause de la petite Élise. Quelque chose t'a envoyé vers elle. Ne comprends-tu pas ? Depuis lors, jamais elle n'a été en aussi grand péril. Tu dois rester près d'Élise... avec ton violon.

— Élise tranchera elle-même la question, répliqua Yan. Nous entrerons ensemble dans la cabane et le premier à qui elle adressera la parole partira vers les drapeaux rouges. L'autre s'enfermera avec elle dans la cabane tant que subsistera l'épidémie.

Vivement, il se retourna vers la porte. Comme il l'ouvrait, il se rangea pour laisser Cummins entrer le premier et, derrière le large dos de l'autre, il bondit de côté, une flamme dans les yeux et le sourire aux lèvres. Sans se faire voir de Cummins, il tendit ses bras vers Élise qui, près de la table, faisait vibrer les cordes du violon.

Élise sauta de son tabouret et courut vers lui. D'un air de triomphe, Yan regarda Cummins.

— En l'air ! Yan ! Prends-moi ! cria Élise.

Il la lança si haut qu'elle fit presque un saut périlleux. Puis il l'embrassa en la retenant entre ses bras et la reposa, rayonnante de plaisir, sur le bord de la table.

— Je me rends chez les Crees à la place de Cummins, annonça Yan à Williams une demi-heure plus tard. A présent que la Terreur rouge sévit au lac Bain, il faut qu'il demeure près d'Élise.

XIV

UNE LONGUE ATTENTE

Le lendemain matin, Yan reprit la vieille piste vers l'Hasabala. Les Crees n'y étaient plus. Il passa une journée à errer à l'est et à l'ouest et découvrit une piste conduisant au nord.

— Ils sont partis chez les Esquimaux. Qu'en dis-tu, Kinous ? dit-il, s'adressant à son chien de flèche.

Yan dirigea alors sa course vers le sud-ouest pour brûler Langlois avec sa cabane. L'oriflamme écarlate flottait encore à l'endroit où il l'avait aperçue deux semaines auparavant. Une épaisse couche de gel masquait les fenêtres. Yan appela de toutes ses forces, frappa sur la porte avec la crosse de son fusil et brisa les vitres. Silence. Plus de doute : Langlois était mort.

Yan amena des broussailles sèches de la forêt et les empila contre les rondins. Assis sur son traîneau, il observa le feu jusqu'à ce que la cabane ne fût plus qu'un brasier.

Il poursuivit sa route vers l'ouest. A la source du Porc-Épic, il découvrit les cendres de trois wigwams consumés et en retira des ossements calcinés. Lentement, il descendit le cours du Porc-Épic, fouillant à l'est et à l'ouest. A l'endroit où ses eaux reçoivent celles de la Loutre-Grise, il rencontra un Cree qui lui apprit qu'à trente kilomètres plus loin se trouvait un village de six tipis, entièrement déserté. Yan fila dans cette direction, il conservait l'espoir que l'ange gardien d'Élise l'avait préservée de tout malheur au poste du lac Bain.

Croisset y arriva quarante-huit heures après avoir vu Yan.

— Partout on aperçoit des drapeaux rouges ! s'écria-t-il, lorsqu'il vit le signal sur la cabane de Muki. A l'est et à l'ouest de l'Hasabala, ils sont aussi nombreux que les geais au printemps.

Le Cree, venu des bords de la Loutre-Grise, passa au poste en se rendant plus au nord.

— Il y a six wigwams pleins de morts, raconta-t-il à Williams dans son dialecte. Un homme de la Compagnie, avec un chien de flèche borgne et quatre chiens-loups, a quitté la rivière de la Loutre-Grise pour aller les brûler.

Williams décrocha sa trompe en écorce de bouleau et lança un appel à Cummins, qui entrouvrit sa porte pour l'écouter. Élise se tenait tout près de lui ;

— Thoreau est là-bas au sud où l'épidémie bat son plein. C'en est trop pour lui seul. Je cours le rejoindre avec mes chiens. Croisset gardera le magasin.

Élise entendit ces paroles. Lorsque son père se retourna, après avoir verrouillé la porte, il vit les yeux de l'enfant agrandis par la peur. La fillette comprenait que Yan affrontait un immense danger. Les lois implacables de ce monde sauvage commençaient déjà à exercer sur elle leur influence, développant son instinct et sa raison, tout comme elles mûrissaient les enfants indiens et en faisaient des hommes et des femmes avant qu'ils eussent atteint leur quinzième année. Tout autour d'eux régnait un mal invisible que son père appelait la peste ; Yan était parti pour combattre ce mal et peut-être en mourir.

A son insu, Cummins ajoutait aux frayeurs de la petite de plus d'une façon, et ses réponses franches faisaient travailler davantage encore l'imagination de la fillette. Elle ne cessait de penser à Yan.

Un matin, la trompe du poste appela Cummins à sa porte. Williams était parti depuis cinq jours vers le sud.

— Je n'ai pas vu de fumée ce matin et j'ai regardé par la fenêtre, cria Croisset. Muki et le vieux sont morts tous les deux. Je vais mettre le feu à la cabane.

Un grognement d'angoisse tomba des lèvres de Cummins. Comme un homme ivre, il alla vers sa couchette et s'y laissa tomber, la face enfouie dans les couvertures.

Élise vit son grand corps trembler. Son père pleurait comme un enfant. Lui entourant le cou de ses petits bras, elle sanglota de douleur et appuya sa joue contre celle de son père. Elle ignorait le rôle joué par Muki dans la vie de la douce créature qui avait vécu autrefois dans la cabane ; elle savait seulement que le métis était mort, victime du terrible fléau. Après son père et Yan, Muki tenait la plus grande place dans son cœur.

Un bruit étrange l'attira vers la fenêtre. La cabane de Muki flambait. Les yeux effarés et secs à présent, elle regarda les flammes qui jaillissaient des fenêtres brisées et montaient vers le ciel parmi les sapins noirs. Dans cet enfer brûlait Muki ! Élise poussa des cris. Son père bondit vers elle et la ramena dans sa petite chambre.

Le lendemain matin, lorsqu'il alla l'éveiller, Cummins devint blême. Élise ne dormait point ; les joues rouges de fièvre, elle le fixait de ses yeux grands ouverts.

— Tu es malade, Élise, murmura-t-il. Qu'as-tu donc ?

— Je veux voir Yan, suppliait Élise. Je veux qu'il revienne près de moi !

— Je l'enverrai chercher, ma chérie. Il sera bientôt de retour. Je vais aller dire à Croisset de le ramener.

Se cachant le visage, il sortit.

— Croisset, pour l'amour de Dieu, prends un attelage et cours à la recherche de Yan Thoreau, cria-t-il. Dis-lui qu'Élise est en train de mourir de la peste. Dépêche-toi !

— Je voyagerai nuit et jour ! répondit Croisset.

Vingt minutes plus tard, de la fenêtre de la cabane, Cummins le regarda s'éloigner.

— Yan reviendra bientôt, ma petite Élise, lui dit son père, lui caressant les cheveux.

Vers le soir, survint un changement. La fièvre tomba. Élise ferma les paupières et s'endormit. Toute la nuit, Cummins demeura assis près de la porte, mais à l'aube, épuisé par cette longue veille, il laissa tomber sa tête sur sa poitrine et somnola.

Lorsqu'il se réveilla, le soleil pénétrait à flots dans la cabane. Un bruit le fit tressaillir et il se leva d'un bond. Élise allumait le feu dans le poêle.

— Je me sens mieux ce matin, père. Pourquoi ne t'es-tu pas couché ?

Cummins la regarda fixement et poussa un cri. Il se précipita tout joyeux vers elle et, la soulevant dans ses bras, dansa dans la cabane comme un gros ours, renversant les chaises, tandis que la pièce se remplissait de fumée.

— C'est ce que tu as vu par la fenêtre qui t'a rendue malade, Élise ! s'écria-t-il.

Enfin il déposa sa fille à terre et reprit d'une voix tremblante :

— Je craignais de te voir rester malade de longs jours.

A son retour, Croisset ne vit point d'oriflamme rouge sur la cabane de Cummins. Il ne rapportait pas de nouvelles de Yan. Pendant trois jours, il avait suivi la piste vers le sud sans rencontrer le jeune garçon, mais il apprit aux gens du lac Bain que Williams était atteint de la peste rouge et alité dans un wigwam cree sur le bord du Porc-Épic. Dès lors, on n'entendit plus parler de l'agent avant le mois de mars. Il était mort et les Crees avaient brûlé son cadavre.

Croisset reprit la piste de Churchill. Sa femme l'accueillit à bras ouverts. Après quoi, il rejoignit Perri qui arrivait du nord où lui aussi était allé rechercher Yan Thoreau. Ils ne relevèrent aucune trace du garçon au-delà de la rivière de la Loutre-Grise et Cummins abandonna tout espoir.

Ils ne purent longtemps dissimuler leurs craintes à Élise. Ce premier gros chagrin de la fillette s'abattit sur elle avec une telle violence que Cummins, alarmé, en ressentit lui-même une profonde tristesse. Élise ne jouait plus. Des jours entiers se passaient sans qu'elle ouvrît les livres rapportés par Yan de Churchill et dans lesquels il lui avait appris à lire. Plus rien ne l'intéressait de ce qui, quelques semaines auparavant, emplissait sa vie.

Désespéré, Cummins vit échouer ses efforts. Élise se mit alors à fréquenter de plus en plus les enfants indiens et métis. Elle passait la plus grande partie de son temps au magasin de la Compagnie, écoutant les conversations des hommes, sans y prendre part. Muette et indifférente à leurs gentillesses, rien ne parvenait à la dérider.

Yan lui avait tenu lieu de mère, de frère et de tout ce qui était tendre et aimable... et il était parti ! De même Muki et Williams, qu'elle aimait beaucoup. Le monde avait brusquement changé à ses yeux et la souffrance mûrissait son jugement.

A mesure que les semaines s'écoulaient et que la neige fondait sous les rayons du soleil printanier, Élise ressemblait davantage aux enfants sauvages du lac Bain et de la forêt. Pour Yan, elle avait soigné sa chevelure qu'il se plaisait à admirer. A présent, elle la laissait pendre en désordre sur ses épaules...

Le père et la fille déjeunaient un jour dans la cabane inondée de soleil lorsqu'un pas rapide et sourd éveilla l'attention d'Élise, qui tourna les yeux vers la porte demeurée ouverte. Une étrange silhouette se tenait là, la face exsangue, les yeux fixes, les vêtements en guenilles. Ce visiteur tendait les bras comme il les avait tendus mille fois auparavant à la fillette qui se leva et, poussant un cri de joie, s'élança vers lui.

— Yan ! Yan ! mon Yan !

Les paroles s'arrêtèrent dans la gorge de Cummins lorsqu'il vit le jeune homme serrer Élise contre sa poitrine. Il lui tendit également les bras et étreignit les deux jeunes gens dans son geste.

Pendant un instant, Yan leva le visage vers la lumière. Cummins le regarda et comprit.

— Tu as été malade, lui dit-il, mais il n'en reste aucune trace.

— Dieu soit loué ! soupira Yan.

Élise lui caressa les joues de ses deux mains. Ce soir-là, elle se rappela sa prière et la termina par ces paroles :

— Notre Père qui êtes aux cieux, je vous remercie de nous avoir renvoyé Yan !

XV

PRESQUE UNE FEMME

De nouveau la paix revint sur les pistes de la Terreur rouge et le monde des forêts respira sans crainte. Mais de la baie d'Hudson à l'Athabasca et dans le sud, arrosé par les milliers de cours d'eau du pays du Renne, les vents racontaient l'histoire effrayante.

Pendant des mois, les Crees firent entendre leurs funèbres lamentations en recueillant les ossements de leurs morts. La peste rouge avait causé de terribles ravages, et pourtant le monde civilisé n'en eut que quelques échos.

Des postes du Nord, celui du lac Bain fut le moins frappé, à l'exception de Churchill, où les vents glacés soufflant de l'Arctique avaient poussé l'épidémie vers l'ouest.

Aux dernières neiges, on apprit que Cummins devait prendre la place de Williams comme agent. Perri se mit en route immédiatement pour Fond-du-Lac et en ramena Jean de Gravois, qui remplaça Cummins dans ses fonctions de chef du magasin, et Croisset abandonna la chasse aux renards pour remplir l'emploi laissé vacant par Muki.

Tous ces changements procurèrent un nouveau bonheur à Élise. L'épouse de Croisset était une excellente femme qui avait passé son enfance à Montréal. A présent mère d'un turbulent petit Jean et d'une ravissante fillette, Iowaka était une jeune Vénus à la voix douce dont la beauté et la gentillesse croissaient avec les années, fait assez rare chez les métisses.

Élise goûtait pleinement la société de ces gens aimables, sans toutefois négliger Yan. Plus que jamais, leur amitié se resserrait. La terrible épreuve qu'ils avaient subie au cours de ces derniers mois les avait transformés tous deux et leur avait apporté, chacun suivant son âge, les fruits qui mûrissent plutôt dans les sombres jours de malheur que dans la prospérité ensoleillée.

Élise voyait sous un jour insoupçonné les choses existant autour d'elle. Elle ne considéra plus Yan comme un simple compagnon de jeux qui n'avait pour raison d'être que de l'aimer et de la divertir. Il était devenu un homme et, aux yeux de la fillette, un héros qui avait lutté contre une mort horrible dont chacun parlait encore tout bas. Maintenant aussi grand que Croisset, Yan dépassait de la tête Jean de Gravois et d'un seul bras soulevait Élise comme une plume.

Ensemble, ils reprirent leurs études, y consacrant chaque jour plusieurs heures. Tous deux continuèrent à puiser la science dans les livres jusqu'au moment où maître et élève furent aussi savants l'un que l'autre.

Maintenant Élise jouait plus souvent du violon et Yan l'écoutait, ravi des progrès de la jeune musicienne, dont les doigts agiles dansaient sur les cordes. Un jour, elle jeta un regard de curiosité dans les trous en *f* de l'instrument et sa jolie bouche s'arrondit d'étonnement lorsque Yan lui arracha le violon des mains.

— Excuse-moi, ma petite Élise, lui dit-il en riant. Je vais te jouer un air nouveau :

Ce jour même, il retira de la caisse du violon le petit rouleau enveloppé d'étoffe et le cacha ailleurs. Les feuillets qu'il renfermait réveillaient en lui les souvenirs mystérieux qui l'avaient hanté à Fort Churchill et poursuivi un moment au lac Bain. Il avait réussi à les chasser. Le temps avait tiré un voile sur le passé et Yan avait retrouvé la sérénité de son âme.

Le Wild devenait plus beau aux yeux de Yan à mesure que grandissait Élise. Chaque été et chaque hiver ne faisaient qu'accroître son bonheur. Tout son être se réjouissait à la vue de la jeune fille qui, insensiblement, passait de l'enfance à l'adolescence.

Peu communicatif, il gardait ses émotions au fond de son cœur. A ses yeux, Élise représentait l'idéal de la beauté, son unique raison de vivre.

A sa treizième année, l'enfant pouvait passer sous son bras tendu. L'année suivante, la chose devint impossible. Bientôt Élise serait une femme et au lac Bain rien ne s'interposerait entre eux.

C'était le quinzième anniversaire de la jeune fille. Ils étaient montés sur la crête de la montagne où Yan s'était battu contre le missionnaire et cherchaient des fleurs pour la fête qui, le soir même, devait avoir lieu dans la cabane des Cummins. Au sommet d'un rocher déchiqueté,

Yan aperçut une branche de la plante grimpante aux fleurs écarlates qui s'avançait en plein soleil. Il grimpa pour la cueillir tandis qu'Élise, d'en bas, l'encourageait en riant. Il la lui lança.

— C'est la dernière ! lui cria-t-elle, profitant de la situation, et je rentre à la maison. Essaie de me rattraper !

Elle courut à toutes jambes le long de la pente couverte de neige, se moquant de Yan qui, avec prudence, descendait du rocher. Il la poursuivit, la rappela en français, en cree et en anglais. L'écho de leurs voix se répercutait au loin.

Yan ralentit son allure. Il prenait plaisir à voir Élise bondir d'un rocher à l'autre et s'élancer dans les petites clairières, sa chevelure défaite flottant au soleil, sa mince silhouette filant avec la légèreté des ombres du pâle soleil au flanc de la montagne. Il n'eût pas essayé de la rattraper, mais bientôt Élise abandonna la partie. Elle revint vers lui, pantelante et rieuse, frémissante comme une naïade sous le voile étincelant de sa chevelure en désordre. Son visage rayonnait de plaisir ; ses yeux, pleins de lumière, éblouissaient Yan dans leur défi moqueur. Jamais il ne l'avait vue aussi belle. Lui tendant les bras, il s'écria :

— Élise, tu es belle... Tu es presque une femme !

La rougeur s'aviva sur les joues de la jeune fille et la lueur malicieuse s'éteignit dans son regard. Elle ne fit aucun effort pour s'échapper lorsqu'il s'approcha d'elle.

— Tu crois, frère Yan ?

— Si tu relevais tes cheveux comme les dames dans les images des livres, tu serais une femme, lui répondit-il tendrement. Mais tu es beaucoup plus belle qu'elles !

Il recula d'un pas et l'espièglerie reparut dans les yeux d'Élise.

— Tu dis que je suis jolie et presque une femme, dit-elle d'un air boudeur. Et pourtant... (Elle haussa les épaules, simulant le dédain.) Yan Thoreau, voilà trois fois en une semaine que tu triches au jeu. Je ne joue plus avec toi.

En un clin d'œil, il fut près d'elle, lui prit le visage entre les mains et, inclinant la tête, lui appliqua un baiser sur la joue.

— Voilà ! s'écria-t-elle lorsqu'il la relâcha. N'est-ce pas ainsi que nous avons toujours joué ? Chaque fois que tu m'attrapes, tu as droit à un baiser !

— Non, Élise ! Tu deviens si grande et si jolie que je n'ose plus maintenant !

— Tu n'oses plus ! Un frère qui n'ose plus embrasser sa sœur ! Et que feras-tu lorsque je serai une femme, Yan..., ce qui, d'après toi, ne va pas tarder ?

— Je ne sais pas, Élise.

Elle lui tourna le dos et secoua sa chevelure. Ainsi qu'il l'avait fait maintes fois, Yan sépara la masse soyeuse en trois mèches et en fit une tresse.

— Tu ne m'aimes plus comme avant, Yan. Je voudrais être une femme et savoir si alors tu me délaisseras complètement !

Les épaules de la fillette tremblaient. Sa tâche terminée, Yan s'aperçut qu'elle riait et il découvrit dans ses yeux une flamme malicieuse qu'elle essayait de lui cacher.

Lorsqu'ils atteignirent le poste, ils se séparèrent ; Élise rentra à la cabane chargée de son bouquet, Yan au magasin de la Compagnie.

Posant les fleurs sur la table, Élise courut à la porte et suivit Yan des yeux. Toute rouge d'émotion et les lèvres entrouvertes, dès qu'il eut disparu à sa vue, elle traversa la clairière pour aller faire une visite à Iowaka.

Trois quarts d'heure plus tard, Yan vit Élise regagner sa propre cabane, la tête recouverte du fichu rouge de Iowaka. Elle marchait lentement et d'une allure majestueuse.

« Aurait-elle mal aux oreilles ? » se demanda Yan en l'observant avec curiosité.

— Ma parole, c'est le fichu d'Iowaka ! ajouta-t-il à haute voix.

— C'est un objet de prix..., la meilleure laine de Londres, expliqua la voix joyeuse de Jean de Gravois. (Du pas feutré de ses mocassins, il arrivait derrière Yan et lui parlait en français, selon son habitude.) Il n'y a qu'une personne au monde qui le porte plus élégamment que ton Élise. C'est ma Iowaka. Saints du Ciel ! Elle devient plus jolie de jour en jour.

— Oui, dit Yan. Elle sera bientôt une femme.

— Une femme ! s'exclama Gravois, qui à présent, privé de son fouet de caribou, bondissait à droite et à gauche pour donner plus de force à ses paroles. Tu dis qu'elle sera bientôt une femme ? Si elle n'est pas femme à trente ans, avec deux enfants !... Que Dieu en donne d'autres aussi beaux ! Que te faut-il ?

— Je parlais d'Élise, rectifia Yan, éclatant de rire.

— Et moi d'Iowaka ! Tiens, la voilà ! Elle vient voir si je rentre à la maison avec le sucre qu'elle m'a envoyé chercher il y a une heure, car tu sais que c'est elle le cordon-bleu pour le dîner de ce soir. Ah ! elle ne m'aperçoit pas et s'en retourne déçue. Regarde-la marcher de son pas de princesse ! As-tu vu des cheveux comme les siens ? On dirait des plumes de corbeau en plein soleil. Ah ! je me presse pour la rejoindre, car elle attend son sucre.

L'heureux Jean s'éloigna en sautillant comme un grillon débordant de vie. Il appela sa femme à grands cris et elle vint à sa rencontre.

Quelques minutes plus tard, Yan passa la tête dans l'entrebâillement de leur porte.

— Je savais bien qu'on me punirait pour avoir tardé à rapporter le sucre ! s'écria le petit Français en montrant ses bras nus. Yan ! Yan ! Je pétris la pâte..., la pâte pour le pain..., pour les gâteaux..., pour les pâtés... Moi, Jean de Gravois, chef du magasin au poste du lac Bain, je pétris la pâte ! Ma Iowaka est aussi belle qu'un ange et plus douce que le sucre, mais elle a plus de muscles que moi et m'oblige à pétrir la pâte, mon ami. Iowaka, chérie, répète à Yan ce que tu me racontais tout à l'heure au sujet d'Élise...

— Ch... chut ! fit Iowaka. Laisse Yan deviner lui-même.

— Comme tu voudras, concéda son mari, replongeant jusqu'aux coudes ses bras dans le pétrin. Retourne vite à la cabane, Yan, et tu verras le présent qu'Élise te réserve pour son anniversaire.

XVI

ANNIVERSAIRE

La grande pièce était vide lorsque Yan y pénétra sans bruit. Il prêta l'oreille et de l'autre pièce lui parvint un rire étouffé. Pour avertir de sa présence, il toussa fortement et remua une chaise sur le plancher. Un silence suivit. Puis la porte du fond s'ouvrit et Élise parut.

— Maintenant que penses-tu de moi, frère Yan ?

Elle se tenait devant la fenêtre par où entrait à flots le soleil de l'après-midi, sa chevelure enroulée au sommet de sa tête comme dans les gravures des vieux livres, les joues empourprées, le regard interrogateur.

— Est-ce bien ainsi que tu t'attendais à me voir ? insista-t-elle, perplexe devant son mutisme.

Elle se retourna et il put admirer les boucles soyeuses entremêlées de fleurs écarlates qui retombaient sur ses épaules.

— Réponds, Yan !

— Je ne t'ai jamais vue aussi belle, Élise, dit-il simplement.

Au ton grave de sa voix, la jeune fille, reprenant brusquement sa spontanéité enfantine, courut vers lui, lui posa les mains sur les épaules et attendit qu'il la soulevât de terre comme autrefois.

— Si tu me trouves belle et si tu m'aimes toujours, pourquoi ne pas... ?

Elle termina par une petite moue et Yan, avec un cri de joie, la souleva, et déposa un gros baiser sur la joue qu'elle lui tendait. Les joues brûlantes, il la déposa sur le sol et la lâcha.

— Mon grand frère, dit-elle en ramassant les fleurs sur la table, j'aime bien que tu m'embrasses et maintenant tu te fais prier ! Papa, lui, m'embrasse chaque matin avant de se rendre au magasin. Je me souviens que naguère tu ne manquais pas de le faire lorsque tu rentrais à la maison. Les frères aiment-ils moins leurs sœurs quand elles grandissent ?

— Souvent ils préfèrent la jeune fille à la sœur, ma gentille Élise, prononça une voix à la porte, et Jean de Gravois bondit devant eux comme un chat folâtre. Saints du Ciel, Yan Thoreau, Élise est maintenant une vraie femme ! Iowaka me l'avait bien dit ! Et les gâteaux, le pain, les pâtés ! Ma petite, je te préviens, il faudra retarder l'heure du dîner, car, Dieu me pardonne, j'ai renversé la pâte sur le plancher.

Quel gâchis ! Heureusement, ma Iowaka n'a fait qu'en rire en me traitant de gros bêta chéri !

— Tu es diablement amoureux, Jean ! s'exclama Élise, riant aux larmes. Tu me rappelles les personnages des livres que nous lisons, Yan et moi.

— Et je le resterai toute ma vie, ma chère !

Toujours rieuse, Élise se recouvrit la tête du châle rouge.

— Je cours lui donner un coup de main, Jean !

— Mon Dieu ! soupira Gravois. Dois-je t'offrir mes félicitations, Yan Thoreau ? demanda-t-il dès qu'Élise se fut éloignée. Dois-je interpréter...

— Interpréter quoi ?

Les yeux du petit Français pétillèrent.

— Eh bien, lorsqu'une petite Cree devient fiancée, elle relève ses cheveux pour la première fois, voilà tout le mystère, mon cher Yan ! Quand j'ai demandé la main de mon adorée Iowaka, elle a répondu en me fuyant d'un air moqueur, me laissant là désespéré. J'allais mourir de chagrin, mais je la vis bientôt revenir, ses tresses arrangées sur le haut de sa tête !

Il s'interrompit, réduit au silence par l'étrange expression qui apparut sur le visage de son compagnon. Pendant une bonne minute, Yan demeura muet, les joues pâles et l'œil fixe. Comme si les mots lui étaient arrachés de la bouche, il prononça enfin :

— Non..., cela... ne signifie rien.

Il s'affaissa sur une chaise, poussa un soupir, presque un sanglot, et se cacha la tête entre ses bras.

— Yan Thoreau, murmura Gravois, as-tu oublié que j'ai tué le missionnaire pour ton compte et qu'au cours de toutes ces années je ne t'ai jamais posé de questions à ce sujet ? (Sa voix douce vibrait de l'accent d'une amitié sincère.) As-tu oublié, Yan Thoreau ? Aujourd'hui, Jean de Gravois peut-il t'aider en quoi que ce soit ?

Il s'assit en face de Yan, son visage maigre entre ses mains, et attendit que l'autre levât la tête. Leurs regards se croisèrent et ils se comprirent. Pour eux, l'honneur des grandes neiges n'était pas un vain mot !

Toujours silencieux, Yan fouilla dans la poche intérieure de sa veste, en retira le petit rouleau qu'il avait enlevé de la caisse de son violon et tendit les feuillets à Jean de Gravois.

— Mon Dieu ! s'exclama celui-ci, sa lecture terminée.

Il n'en dit pas davantage. Le visage blême, les deux hommes se regardèrent. Jean tenait nerveusement les feuilles de papier.

— Voilà pourquoi je voulais tuer le missionnaire, expliqua enfin Yan. Et voilà pourquoi, si Élise a relevé ses cheveux, je ne puis l'appeler ma fiancée. Comprends-tu maintenant ?

Il se leva et ramassa les feuillets qu'il réunit de nouveau.

— Je comprends, répondit Jean à voix basse, mais ses prunelles dansaient comme des libellules et il leva les bras au-dessus de sa tête. Je comprends fort bien, Yan Thoreau, et je remercie la Sainte Vierge d'avoir permis à moi, Jean de Gravois, de tuer le missionnaire sur la glace du lac Bain.

— Mais l'autre, insista Yan, il dit que je...

— Suffit ! s'écria Jean d'une voix aiguë.

Prenant la main de son ami, il ajouta :

— N'y pense plus ! Cela n'a aucune espèce d'importance, aucune..., Yan Thoreau ! A part moi, en as-tu parlé à quelqu'un ?

— Non, à personne. J'avais l'intention de révéler un jour ce secret à Élise et à son père. Mais j'ai attendu trop longtemps. Maintenant, j'ai peur. J'ai essayé de n'y plus songer jusqu'à aujourd'hui... sur la montagne...

— Et aujourd'hui, dans cette cabane, tu l'oublieras encore, et pour toujours. Je suis fier de toi, Yan Thoreau. Je t'aime comme un frère. C'est la première fois que Jean de Gravois parle ainsi à un homme. Chut ! Les voici !

Avec une burlesque révérence dans la direction des voix rieuses qui parvenaient à son oreille, le Français, d'un geste théâtral, poussa Yan vers la porte. Au milieu de la clairière, Élise et Iowaka avançaient, portant un large panier indien entre elles. Dès qu'elles aperçurent Gravois et Thoreau, elles déposèrent leur fardeau et firent signe aux deux hommes de venir les aider.

— Après moi, tu devrais être l'homme le plus heureux sur terre, Yan ! s'exclama Jean.

Il fila comme un trait vers les femmes et, avant que Yan l'eût rejoint, il avait hissé la corbeille sur ses épaules.

— Est-ce que par hasard tu vieillirais ? demanda Élise à Yan d'une voix railleuse. Tu marches si lentement ! Quel âge as-tu maintenant ?

— Vingt-neuf ans, je crois.

— Tu crois ? (Elle leva vers lui des yeux pétillant de malice.) Pourquoi, Yan ?

Il n'avait jamais parlé sur ce ton à Élise.

— Je suis né, comme toi, un jour d'hiver, Élise. Peut-être était-ce hier, peut-être demain. Je ne connais pas la date de ma naissance.

Il la regarda longuement, un pli amer au coin de sa bouche.

La gaieté disparut du visage d'Élise. Il devina aussitôt qu'elle le comprenait et il se reprocha d'avoir parlé. Lui prenant le bras, elle l'arrêta et le regarda, les yeux humides de larmes.

— Pardonne-moi, murmura-t-elle, la voix brisée. Mon cher Yan, pardonne-moi !

Elle lui prit une de ses mains et la tint serrée contre son cœur, puis :

— Aujourd'hui sera le jour de ton anniversaire, Yan..., le tien et le mien, le mien et le tien... Nous le fêterons toujours ainsi..., toujours... N'est-ce pas, Yan ?

XVII

RENONCEMENT

Yan fut heureux, le soir venu, de se retrouver seul. Lorsque Jean de Gravois et Iowaka eurent souhaité le bonsoir et emmené Croisset et sa femme, que Cummins et Élise se furent couchés, Yan se sentit soulagé de l'expression de gêne qu'il avait ressentie au cours de cette soirée de réjouissances.

Pour dissimuler son trouble pendant cette réunion cordiale, il avait joué du violon avec un entrain inaccoutumé et mêlé sa voix à celles de Jean de Gravois et Croisset, qui entonnèrent des chants de forestiers. Cependant, son expression ne trahissait aucune joie et il ne lançait point vers Élise des regards de tendresse.

La jeune fille ne laissa pas d'en être surprise. Dès que les autres ne la regardaient pas, elle interrogeait Yan du regard. Mais les traits du jeune homme conservaient une gravité empreinte de tristesse. Ce n'était plus le Yan qui l'avait poursuivie ce jour même au sommet de la montagne.

Yan, un faible sourire aux lèvres, admirait le velouté des joues d'Élise, l'éclat de ses cheveux enroulés et la profondeur de ses yeux clairs. Néanmoins, il ne parvenait pas à se mettre à l'unisson des convives.

Le repas terminé, Cummins se mit au lit. A présent, Yan avait sa chambre au magasin de la Compagnie. Il se leva, prit sa casquette et son manteau, ouvrit la porte doucement afin de ne pas réveiller Élise, qui s'était retirée une demi-heure plus tôt.

Il allait sortir lorsque lui parvint un murmure de voix étouffée.

— Yan !

Il se retourna. Élise se tenait debout sur le seuil de sa porte. Elle ne s'était pas déshabillée et, sa chevelure toujours relevée, conservait encore les fleurs écarlates dont elle s'était parée. Elle s'approcha de lui d'un pas hésitant, posa ses deux mains sur le bras de Yan et leva sur lui un regard toujours interrogateur.

— Yan ! Tu n'étais pas content de moi, ce soir. Dis-moi pour quelle raison ?

— Mais si, Élise, j'étais content de toi.

Il prit une de ses mains appuyées sur son bras et tourna son visage vers le dehors. Une multitude d'étoiles brillaient au firmament comme voilà quinze ans en une pareille nuit. Ensemble, les deux jeunes gens contemplèrent la pâle lumière de l'aurore boréale décochant ses flèches tremblotantes par-delà le pôle, accompagnées par le même chant mélancolique entendu à la mort de la femme. Le grand sapin solitaire se détachait sur le ciel argenté. Un cri sourd échappa aux lèvres de Yan Thoreau.

— Élise, il y a juste quinze ans, j'arrivais de la forêt, épuisé de faim et de fatigue, je jouais du violon au chevet de ta mère mourante. Alors tu étais bien petite et, depuis ce soir-là, jamais tu ne m'as fait autant plaisir qu'en ce moment.

Il lui lâcha la main et se tourna carrément vers la porte pour cacher son visage. Il entendit un léger sanglot derrière lui.

— Yan, mon cher Yan !

Élise se jeta dans ses bras et lui tendit la joue. Dans ses yeux étincelait le reflet de leur profonde amitié. Élise retrouvait son grand camarade aux bras forts et au rire joyeux. Il la serra et l'embrassa tendrement.

— Bonne nuit, frère Yan !

Yan traversa la clairière et s'enfonça dans la forêt, les derniers mots d'Élise bourdonnant encore à ses oreilles.

Quinze années s'étaient écoulées ! Il s'arrêta et leva la tête pour admirer les étoiles. Aucun changement au ciel. Cette nuit ressemblait à celle d'alors. Il poursuivit son chemin et arriva à la piste battue passant près d'un marécage. Aussi nettement que si la scène datait d'hier, il se souvenait de s'être traîné, sanglant et affamé, sur ce terrain boueux, serrant son violon contre sa poitrine, guidé par la voix des chiens, qui semblait provenir d'une distance incalculable. Il s'engagea sur cette piste, choisit son chemin et gravit le flanc d'une montagne. Il s'arrêta au sommet pour regarder, sous la clarté blanchâtre du firmament, les Barrens infinis.

Il avait marché sur ces terres désolées, affrontant mille morts entre les cabanes de trappeurs et les wigwams des Indiens, mourant de faim et de froid, construisant des feux pour écarter les loups et jouant du violon afin de ranimer son courage, jusqu'à ce qu'il eût trouvé Élise. Quinze ans s'étaient écoulés depuis et le bébé était maintenant une jeune fille. Ce n'était plus la petite Élise, qu'il considérait jusque-là comme sa sœur. Et pourtant...

Il répéta presque tout haut les derniers mots d'Élise :

— Bonne nuit, frère Yan !

Ce soir-là, elle était venue l'embrasser comme d'habitude. Mais il lui avait rendu son baiser dans un sentiment différent. Même à présent, le sang lui montait au visage à ce souvenir. Il se faisait de l'honneur une idée autre que celle des êtres qui n'écoutent que leurs instincts. Il s'accusait d'avoir trompé la confiance de la jeune fille.

Plongeant sa main dans sa poche, Yan retira les papiers qu'il avait fait lire à Jean de Gravois. Un long moment, il les serra entre ses doigts, le regard perdu dans la plaine dénudée.

Des yeux, il chercha un endroit où cacher son secret.

Son regard alla de roc en roc, d'arbre en arbre, et bientôt se posa sur un sapin géant qui surplombait la muraille à pic, et dont le panache était agité par le vent.

Muki avait raconté à Yan l'histoire de cet arbre étrange, au tronc élancé et nu jusqu'à une hauteur de trente mètres. Les trappeurs qui voyageaient, solitaires, sur les Barrens de l'est à l'ouest reconnaissaient en ce conifère géant l'œuvre de l'homme. En effet, au premier automne passé par la femme de Cummins au lac Bain, Muki et Perri avaient grimpé jusqu'au faîte de l'arbre, coupant les branches et ne laissant qu'une seule touffe au sommet. Dans leur candeur, ils l'avaient dénommé le « totem de Mme Cummins », pour qui tous ces gens d'honneur professaient une affection dévouée.

Yan s'y rendit, ses papiers toujours à la main. Il se souvenait d'avoir vu un couple d'oiseaux-des-élans emmagasiner leurs provisions dans le tronc de l'arbre deux ou trois étés auparavant. Ses doigts tâtonnèrent pour découvrir l'orifice de la cachette. Lorsqu'il l'eut trouvé, il y fourra les papiers et boucha le trou à l'aide de morceaux d'écorce.

« Élise sera toujours la sœur de Yan Thoreau et rien d'autre, murmura-t-il en français, comme s'il s'adressait à l'esprit du vieil arbre. Voilà ce que signifie l'honneur des grandes neiges ! C'est la volonté de Dieu ! »

Levant les yeux vers le panache solitaire, témoin de son serment, il tendit les bras au ciel et dit :

— Je jure que Yan Thoreau respectera toujours l'honneur de la petite Élise.

Le visage pâle et résolu, il s'éloigna lentement de l'arbre. Au loin, à travers le marécage, montait le gémissement plaintif d'un loup, cri de bête affamée dont l'écho se répercuta avec une infinie tristesse. On eût dit le hurlement d'un chien à la porte de la cabane où son maître vient de mourir. Yan ressentit une impression d'immense solitude : cette nuit-là il abandonnait tout espoir de bonheur.

Il prêta l'oreille et de nouveau perçut le cri lugubre du loup. Lorsque le gémissement atteignit son apogée, Yan entendit un autre aboiement plus aigu, comme l'aboiement d'un chien que l'on bat. L'instant d'après, la forêt retentissait de l'appel du loup poursuivant une proie. A peine les échos s'en étaient-ils évanouis que, de toutes parts, des profondeurs du marais jusqu'au sommet des montagnes répondirent les cris de la meute dispersée.

Tous les cris se ressemblaient et trahissaient la même mélancolie, sauf celui de l'animal qui avait poussé le premier appel à la viande. En quelques minutes le hurlement sinistre se mua en un féroce hallali qui se répandit à des lieues à la ronde.

« Un caribou ! se dit Yan. Un caribou égaré dans les Barrens. Il est perdu ! »

Appuyé contre le tronc du grand sapin, Yan scrutait la plaine étendue à ses pieds. La meute se dirigea à l'ouest et bientôt son cri de chasse devint de plus en plus faible. Puis, lentement, il s'enfla, monta vers le nord, tourna à l'est et s'approcha de Yan, qui distingua une tache sombre se mouvant rapidement dans la pénombre.

Le caribou passa à moins d'une portée du fusil de lui, suivi de près de la bande de loups affamés, déployée en éventail. Les chefs, de chaque côté, couraient presque à hauteur du caribou.

A présent, plus de bruit. En bas, Yan remarqua le pâle reflet de la glace à l'endroit où, en été, se trouvait un petit lac. Les loups approchaient. Le demi-cercle de grands corps gris peu à peu se refermait. Du côté de la plaine, le premier fila en avant jusqu'à ce qu'il eût atteint les pattes de devant de sa proie ; sur l'autre flanc, le loup de tête imita son exemple. Et ce fut le dénouement, rapide et décisif.

Au bout de quelques minutes, on entendit le claquement des mâchoires et le craquement des os. Déchiré, sanglant, le caribou, encore frémissant de vie, faisait les frais du festin.

Yan se détourna de ce spectacle. Le cœur ulcéré, il retourna au lac Bain.

XVIII

FRÈRE YAN

Lorsque Yan reparut à la cabane ce matin-là pour déjeuner, son visage portait les traces des souffrances qu'il avait endurées au cours de la nuit. Cummins avait terminé son repas et Élise se trouvait seule. Elle avait les cheveux peignés en arrière, comme d'habitude. Lorsqu'elle entendit le pas de Yan, elle ramena sa longue tresse sur son épaule afin qu'il pût la voir. Il surprit le geste de la jeune fille et l'en remercia d'un sourire.

— Tu as l'air malade, ce matin, Yan, lui dit-elle d'un air inquiet. Tu as la figure pâle et les yeux fatigués.

— Je ne me sens pas très bien, en effet, admit-il, essayant de paraître gai, mais ce café va me remettre d'aplomb. Élise, tu fais le meilleur café qui soit au monde.

— Comment le sais-tu, grand frère ? En aurais-tu goûté d'autre que le mien depuis ton retour de Churchill et de York Factory ?

— Seulement celui de Iowaka. Mais je préfère encore le tien. Quant à celui de la baie...

— Il y a bien longtemps de cela, n'est-ce pas ? La nuit dernière, j'ai rêvé de cette époque, bien que je ne me souvienne point de ton voyage à Churchill. Je devais être trop petite. Mais je me rappelle très bien ton départ pour Nelson House. Alors, j'ai souffert de la solitude. Cette nuit, dans mon rêve, nous nous trouvions ensemble devant la baie de Churchill où les flots viennent se briser sur les caissons qui servent de cercueils. Je voyais le bateau dont tu m'as parlé ; nous voulions nous y rendre, mais nous ne pouvions l'atteindre. Crois-tu qu'un jour nous irons ensemble là-bas dans un beau navire comme celui-là ?

— Peut-être, Élise.

— Ensuite, j'ai rêvé que tu étais parti, me laissant seule. Un inconnu très antipathique essayait de me persuader de le suivre jusqu'au bateau. N'est-ce point bizarre ? (Elle riait doucement en lui versant une seconde tasse de café.) Dis-moi, Yan Thoreau, pour quelle raison me fuyais-tu ainsi ?

— Je voulais te rendre la pareille. Toi-même ne m'as-tu pas abandonné hier sur la montagne ? répliqua-t-il vivement.

Elle s'arrêta de verser le café pour regarder Yan et ses yeux exprimaient une surprise feinte.

— Tu m'en voulais donc de t'avoir quitté ?

Le rouge envahit les joues du jeune homme.

— Tu le crois ? répliqua-t-il.

— Dame..., on le dirait, fit-elle en finissant de remplir la tasse de Yan. Que fais-tu aujourd'hui, Yan ?

— Je prends la piste de Churchill. Ledoq a besoin de provisions, et il est trop occupé pour venir les chercher au magasin.

— Veux-tu de ma compagnie ?

— Excuse-moi, mais je dois parcourir près de vingt kilomètres avec un lourd chargement.

— Entendu. Je cours me préparer.

Elle se leva prestement de table et courut vers sa chambre en lançant à Yan un regard espiègle.

— C'est trop loin, Élise, lui cria Yan, et le traîneau sera très chargé.

— Voyons ! Est-ce que je n'ai pas fait avec toi cette course de trente kilomètres pour nous rendre à... Oh ! Yan ! je ne t'ai pas montré mon nouveau manteau en peau de lynx.

— Il est ici, pendu au mur, plaisanta Yan malgré lui. Mais, dis-moi, Élise...

— Les chiens sont-ils attelés ? Sinon, je serai prête avant eux.

— Ils seront ici dans un quart d'heure, répondit-il, cédant à son caprice.

Élise le regardait par la porte entrebâillée. Son visage rayonnant de joie eut raison des dernières hésitations du jeune homme. Sa bonne humeur revenue, il la quitta et, sifflotant un gai refrain forestier, il se hâta vers le magasin.

Quand il reparut avec l'attelage, Élise l'attendait. Elle portait un superbe manteau de lynx argenté et ses grandes bottes en cuir souple de caribou lui montaient aux genoux.

Ses joues étaient rouges de plaisir et ses yeux brillaient sous son capuchon orné d'une touffe de fleurs écarlates.

— Je t'ai fait de la place ! lui annonça Yan en montrant le traîneau.

— Merci, mais je ne monterai pas avant d'avoir parcouru au moins huit kilomètres, déclara Élise. Quelle adorable matinée, Yan ! Je me sens de force à courir jusqu'à la cabane de Ledoq.

D'un coup de fouet accompagné d'un cri, Yan lança son attelage à travers la clairière. Élise courait près de lui. Du seuil de leur cabane, Jean et Iowaka leur dirent au revoir.

— Le jour approche où ces deux tourtereaux seront unis comme toi et moi, ma chère Iowaka, dit Jean de Gravois. Je te parie qu'ils seront mariés avant le prochain anniversaire de la petite.

De son côté, Élise murmurait à Yan :

— Je me demande s'il existe beaucoup de couples aussi heureux que Jean et sa femme ?

Elle s'arrêta pour reprendre haleine. Yan fit claquer son fouet au-dessus des chiens et l'attelage fila, laissant la jeune fille haletante, loin derrière le traîneau. Poussant un farouche « Halloo ! » Yan arrêta ses chiens et attendit.

— Ce n'est pas de jeu, Yan ! protesta Élise. Maintenant, il va falloir que tu m'installes sur le traîneau.

Il la fit asseoir parmi les fourrures et les chiens tirèrent sur les traits, stimulés par les claquements du fouet sur leurs échines. Yan rejoignit le chien de flèche, et ses pieds chaussés de mocassins prirent l'allure légère et rapide des coureurs de la forêt. Le buste incliné un peu en avant, son œil fixait la piste sinueuse.

Les yeux d'Élise pétillaient de joie. Elle frissonnait de plaisir à la vue des magnifiques animaux au pelage jaune-gris qui filaient en avant. Elle observait le jeu musculaire de leurs flancs et de leurs pattes, leurs têtes tendues et leurs mâchoires entrouvertes. Puis son regard se reporta vers Yan. Il courait sans effort apparent. Ses joues, habituellement pâles, s'empourpraient et ses cheveux noirs, sortant de dessous sa casquette grise, brillaient au soleil. Ses mouvements harmonieux dénotaient chez lui la force, l'endurance et la virilité de l'homme des forêts.

Après un trajet de plusieurs kilomètres, lorsqu'ils eurent atteint le pied de la montagne où Yan s'était battu avec le missionnaire, le jeune homme ralentit l'allure des chiens. Élise sauta à bas du traîneau et courut près de Yan.

— J'arriverai avant toi au sommet de la montagne ! lui cria-t-elle d'un ton de défi. Attrape-moi si tu peux !

Elle grimpa à toutes jambes le flanc de la montagne. Haletant et essoufflé, Yan la poursuivait à la tête de ses chiens. Élise avait trop pris d'avance pour qu'il pût la battre à la course. Du sommet, elle le regardait en riant.

— Tu es jolie comme une fée ! s'exclama Yan, les yeux pleins d'admiration. Plus ravissante que la fée de notre livre !

— Merci du compliment, grand frère ! Tu veux parler de la fée aux cheveux d'or ?

— De toutes !

— A quoi ressemble une jeune fille avec des cheveux d'or ? Et toi, Yan, en as-tu déjà vu à Churchill ou à York Factory ?

— Je n'en ai vu aucune comparable à toi, Élise.

— Encore merci, grand frère. Je vois que tu m'aimes toujours un peu.

— Plus que jamais ! répondit Yan vivement, bien qu'il s'efforçât de tenir sa langue.

A mesure qu'ils approchaient de la cabane, la joie du jeune homme cédait la place à une profonde tristesse. « Frère Yan ! grand frère Yan ! » Ces mots lui martelaient le cerveau et marquaient le rythme de sa course auprès des chiens. Ils le ramenaient à ses pensées de la veille. Yan éprouva un vif soulagement lorsqu'ils atteignirent la cabane du trappeur.

Ledoq dégraissait une peau de renard quand l'attelage s'arrêta devant sa cabane. Lorsqu'il aperçut la fille de l'agent du lac Bain en compagnie de Yan, il lança sa casquette par la porte entrouverte et leur fit mille révérences. Dans la région du lac Bain on savait que, des années auparavant, Jean de Gravois avait perdu un jeune frère, disparu un jour dans les bois. Certains insinuaient que Ledoq était ce frère égaré, car Jean et lui avaient la langue également bien pendue ; tous deux avaient la même taille et la même vivacité de gestes.

Élise riait de bon cœur devant les compliments extravagants que lui prodiguait en français le petit homme.

— Toutes mes félicitations, mademoiselle Élise, conclut-il en saluant toujours.

Il se redressa comme un ressort et demanda à Yan :

— As-tu rencontré un attelage en route ?

— Non. Aucun !

Étonné, Ledoq désigna du doigt une crête couverte de neige, à un kilomètre de là.

— Il y a une heure, j'ai vu filer vers l'ouest le long de cette crête... trois hommes et six chiens. Qui est parti du lac Bain ?

— Personne, répondit Yan. C'est sans doute le nouvel agent de Churchill. Nous l'attendons au début de l'hiver. Élise, si nous retournions tout de suite pour voir s'il nous a apporté des livres et des cordes à violon ?

Il lança le dernier paquet hors du traîneau, fit claquer son fouet sur le dos de ses bêtes et tous deux dirent au revoir au petit Français. Yan sauta sur le véhicule en marche et s'agenouilla derrière Élise.

— Inutile de venir trop près de moi si cela te gêne, tu sais ! lui dit-elle avec une moue gracieuse.

Yan fut près de céder à cet aimable défi. Penché en avant, il enfouit son visage dans la douce fourrure de lynx et sa joue frôla un instant celle de la jeune fille. Subitement, il cria un ordre aux chiens et son fouet claqua de nouveau à cinq mètres au-dessus de leurs têtes.

Sautant à bas du traîneau, il se remit à courir avec l'attelage. De la voix, il excita ses chiens à la course jusqu'à ce que, haletants, il arrivent à la crête sur laquelle, deux heures auparavant, Ledoq avait vu les inconnus se diriger vers le lac Bain.

— Arrête ! cria Élise, profitant de l'occasion pour descendre. Tu es sans pitié envers ces chiens, Yan ! Regarde leurs mâchoires. Ils n'en peuvent plus ! Jamais je ne t'ai vu conduire de cette façon depuis cette nuit où nous avons fui devant les loups !

— Et m'as-tu déjà vu courir aussi vite ? (Il tomba, épuisé, sur le traîneau.) Je me souviens de l'avoir fait une seule fois.

Il poussa un long soupir et lança les bras au-dessus de sa tête pour emmagasiner plus d'air dans ses poumons.

— N'était-ce pas la nuit où des loups nous poursuivaient ? demanda Élise.

— Non, c'était voilà plusieurs années, lorsque là-bas, au sud, j'appris que ma petite Élise se mourait de la peste rouge.

Élise s'assit près de lui sans mot dire et, timidement, blottit une de ses petites mains dans la large paume de son compagnon.

— Raconte-moi cela, Yan.

— J'ai couru très vite..., voilà tout !

— Referais-tu cela pour moi maintenant ?

Il la regarda en face et remarqua que les joues d'Élise avaient pâli.

— Je viens de courir pour te faire plaisir... et tu ne l'as pas apprécié, répliqua-t-il.

— Ce n'est pas ce que je veux dire. (Le regardant à son tour, elle lui serra les doigts.) Voilà bien longtemps, tu es parti pour combattre l'épidémie, et tu as failli mourir pour moi. Recommencerais-tu ?

— Je ferais bien davantage encore, Élise.

Incrédule, elle le considéra, essayant de découvrir sur ses traits ce qu'elle ne trouvait pas dans ses paroles. Lentement, Yan se leva. Puis il prit le visage d'Élise entre ses deux mains et la regarda dans les yeux.

— Un jour, je ferai beaucoup plus pour toi, Élise. Alors...

— Quoi ? lui demanda-t-elle, devant son hésitation.

— Alors tu verras si je t'aime autant qu'autrefois, acheva-t-il.

Quelque chose dans la voix du jeune homme réduisit Élise au silence. Il remit les chiens dans leurs traits et installa confortablement sa compagne sur le traîneau. Elle lui murmura :

— Je t'en supplie, ne tarde pas à me le prouver, frère Yan !

XIX

LE NOUVEL INSPECTEUR ET SON FILS

Ils ne s'arrêtèrent pas pour déjeuner sur la piste, mais regagnèrent le poste à temps pour le dîner. Jean de Gravois et Croisset sortirent du magasin à leur rencontre.

— Il y a de la compagnie chez toi, ma chère, cria Jean à Élise. Deux messieurs fraîchement débarqués de Londres par le dernier paquebot, et l'un d'eux plus jeune et plus beau que ton Yan Thoreau. Ils t'attendent à la cabane où ton père leur a préparé à dîner.

— Deux hommes ! s'exclama Yan lorsque Élise les eut quittés. Qui sont-ils ?

— Le nouvel inspecteur, M. Thimothy Dixon, rouge comme une écrevisse et gras comme une taupe, et son fils, qui l'accompagne pour son agrément, du moins d'après ses dires. Et, ma foi, je crois qu'il aura ce qu'il cherche s'il demeure longtemps par ici, car il reluquait un peu trop ma Iowaka lorsqu'elle est entrée au magasin tout à l'heure !

— Mon Dieu ! comme tu es susceptible, Jean ! Tu as tort d'en vouloir à ce garçon ! Pour ma part, je tombe en admiration devant Iowaka chaque fois que j'en ai l'occasion.

— Et elle le mérite ! s'écria Jean avec enthousiasme. Je t'autorise à la regarder quand il te plaira, Yan Thoreau. Quant à ce freluquet..., je l'écorcherai tout vivant et je lui mangerai les foies s'il ose lui décocher encore une œillade !

Croisset prit alors la parole :

— Autrefois, un inconnu est venu au poste, t'en souviens-tu, Yan ?

— Oui, je m'en souviens.

Yan se tourna vers la croix blanche qui marquait la tombe de Muki à la lisière de la forêt, où l'ombre du grand sapin se projetait à la fin des après-midi d'été.

— Et... il mourut ! dit Jean de Gravois, les poings serrés. Dieu me pardonne, mais je déteste ces individus à la nuque rouge qui arrivent d'au-delà des mers.

Croisset haussa les épaules.

— De vrais vautours ! s'exclama-t-il d'un ton farouche. Il y en a deux à Nelson House, deux autres sur la Wholdaia, et un...

Un cri aigu s'échappa des lèvres de Yan. Lorsque Croisset se tourna vers lui, il se tenait debout parmi ses chiens, blême comme la mort, ses yeux noirs flamboyant comme s'il voyait un objet d'horreur.

Effrayé, Jean de Gravois bondit à côté de Thoreau.

— Saints du Ciel, ayez pitié de nous ! La prochaine fois, Yan, ne tire pas ainsi sur les brides quand tes chiens sont encore attelés.

Puis, faisant semblant de regarder la main de Yan, il lui chuchota à l'oreille :

— Bon sang ! Tu ne vas pas lui raconter l'histoire !

Yan feignit de ricaner lorsque Croisset s'approcha pour voir ce qui se passait.

— Henri, dit Jean de Gravois, veux-tu t'occuper des chiens ? Ce n'est qu'une foulure du poignet et Iowaka le guérira avec son liniment.

Comme ils s'éloignaient, Yan avait toujours le visage pâle et Gravois lui dit :

— Yan Thoreau, tu parles comme un étourdi. Il y a du monde à la cabane, aussi je te retiens ce soir à dîner.

— J'en veux à mort à ces oiseaux de proie !

Jean le prit par le bras.

— Il ne faut pas y attacher trop d'importance. Tu es un homme, Yan. Maîtrise tes nerfs et tâche d'oublier ! Personne n'est au courant, sauf toi et moi.

— Tu ne révéleras jamais ce que tu as lu dans mes papiers ? s'écria Yan. Jure-le-moi !

— Je le jure, par la Sainte Vierge !

— Ainsi, dit Yan tout bas, Élise ne le saura jamais !

— Jamais ! répéta Jean. (Un éclair de joie apparut sur son visage sombre lorsque leur parvint la douce voix d'Iowaka, qui chantait une berceuse cree dans leur maisonnette.) Quelque jour, Élise chantera comme Iowaka, et ce sera pour toi, Yan Thoreau !

Une heure plus tard, Yan se rendit à la cabane de Cummins, de l'autre côté de la clairière. Arrivé à la porte, il perçut un rire qui ne lui était pas familier et, lorsqu'il entra, il demeura perplexe sur le seuil. Élise s'était levée à sa vue. Les yeux de Yan allèrent du visage empourpré de la jeune fille au jeune homme assis en face d'elle. Il surprit une certaine nervosité dans le ton de sa voix lorsqu'elle le présenta :

— Monsieur Dixon, voici mon frère Yan.

L'étranger se leva et tendit la main au nouveau venu.

— Yan Thoreau, rectifia Yan en prenant la main de l'autre.

— Je vous demande pardon, mais j'avais cru...

L'homme se tourna vers Élise d'un air interrogateur. La jeune fille rougit davantage et se mit à débarrasser la table.

— Nous ne sommes nullement parents, expliqua Yan, s'efforçant de garder son calme. Nous vivons sous le même toit depuis sa naissance, et nous avons fini par nous croire frère et sœur.

— Miss Élise m'a raconté votre exploit de ce matin ! s'exclama le jeune Anglais, qui piqua un fard devant l'embarras de la jeune fille. J'aurais bien voulu y assister !

— Vous serez bientôt servi à souhait, déclara Yan, séduit par la franchise du jeune Anglais. Dans une quinzaine, nos coureurs iront à la rencontre des trappeurs.

— Et me permettront-ils de les accompagner ?

— Oui, si vous avez de bonnes jambes. Quant à moi, je pars après-demain.

— Merci, fit Dixon, se dirigeant vers la porte.

Élise ne leva pas la tête pour le regarder partir. Elle dit d'une voix faible :

— J'ai gardé ton dîner au chaud, Yan. Pourquoi n'es-tu pas venu plus tôt ?

— J'ai dîné chez Gravois. Jean pensait que tu aurais eu trop de tracas avec cinq personnes à table, aussi ai-je accepté son invitation.

Il décrocha de la muraille son manteau de fourrure dans lequel Élise avait réparé un accroc un ou deux jours auparavant, le jeta sur son bras, puis se tourna vers la porte.

Il la regarda en face, se rendant compte qu'elle ne comprenait pas l'étrangeté de son attitude.

— Pourquoi t'en vas-tu après-demain..., deux semaines avant les autres ? Tu ne m'en as pas parlé jusqu'ici.

— Je vais parcourir cent cinquante kilomètres dans la direction du sud.

— Sur la piste de Nelson House ?

— Oui.

— Oh !

Elle le regarda, les lèvres tremblantes. Puis elle éclata de rire, une rougeur subite inondant ses joues.

— Je comprends, grand frère. Excuse-moi de t'interroger ainsi. J'oubliais que la fille de MacVeigh habite de ce côté. Iowaka prétend qu'elle est aussi jolie qu'une fleur sauvage. Invite-la à venir un jour nous voir, Yan.

Yan rougit, puis pâlit, mais Élise ne s'aperçut que du premier effet de son coup lancé au hasard, et ramassa nerveusement le couvert. « Je me rendrai dans la région du lac Cree avant d'arriver chez les MacVeigh », allait-il expliquer, mais les mots s'arrêtèrent sur ses lèvres et il se tut.

Quelques minutes après, il s'entretenait avec Jean de Gravois. Le visage sombre, le petit Français tira furieusement sur sa pipe, lorsque l'autre lui apprit qu'il s'en allait sur l'heure vers le sud.

— Alors, tu prends la fuite ! répéta-t-il plusieurs fois. Je regrette bien de t'avoir donné ma parole, Yan Thoreau, sans quoi j'irais tout droit raconter à Élise ce que j'ai lu dans tes papiers. Bah ! Tu ne peux donc pas oublier ?

— J'oublierai peut-être... plus tard ! Voilà pourquoi je m'éloigne deux semaines plus tôt pour ne revenir qu'après la Fête du caribou. Si je restais ici une semaine de plus, je parlerais à Élise, et alors...

Il haussa les épaules en désespoir de cause.

— Et alors... qu'arriverait-il ?

— Je devrais m'en aller pour tout de bon.

Jean fit claquer ses doigts et ricana :

— En ce cas, reste encore une semaine, Yan Thoreau, et, si les choses tournent comme tu le prévois, je jure d'abandonner ma femme et mes deux gosses aux loups !

— Mon départ est fixé pour après-demain.

Le lendemain matin, Iowaka confia à Élise que Gravois était aussi maussade qu'un ours.

— Un changement incompréhensible s'est opéré en lui, expliqua-t-elle. Il ne cesse de répéter en haussant les épaules : « Diable ! quel idiot ! »

Élise ne revit guère Yan Thoreau au cours de la journée. A midi, le jeune Dixon lui apprit qu'il avait renoncé à accompagner Thoreau dans son voyage vers le sud.

Le lendemain matin, avant qu'elle fût debout, Yan était parti. Élise était profondément vexée. Jamais encore Yan n'avait entrepris une de ces longues randonnées sans venir passer près d'elle les derniers instants avant de quitter le poste...

Malgré son tourment au sujet de Yan, les jours qui suivirent s'écoulèrent assez agréablement pour Élise. Le nouvel inspecteur, aussi joyeux que gras, témoignait d'une vive amitié pour la jeune fille. Quant au jeune Dixon, beau garçon débordant de vie, il passait auprès d'Élise la plus grande partie de son temps. Pendant des heures entières, il lui racontait des histoires sur le monde merveilleux par-delà l'océan. Tout comme Mac Donald, à Fort Churchill, avait décrit cette existence à Yan, Dixon la dépeignit à Élise avec un luxe de détails impressionnants, et elle l'écoutait les yeux émerveillés, les joues empourprées et l'imagination en éveil.

Une semaine après le départ de Yan, Dixon parla des femmes vivant dans ce paradis enchanteur.

— Sont-elles toutes jolies là-bas ? demanda Élise.

— Nombre d'entre elles sont certes très jolies, mais aucune n'est aussi belle que vous, Élise, répondit-il galamment, penché vers elle et les yeux brillants. Savez-vous que vous êtes très jolie ?

Ces paroles l'effarèrent à tel point qu'elle baissa la tête pour ne point laisser voir son trouble. Yan avait maintes fois répété les mêmes paroles, mais ce compliment ne lui avait jamais produit une émotion aussi forte.

Iowaka et sa jeune amie se confiaient leurs petits secrets, et, le lendemain de cette conversation, Élise la rapporta à l'épouse de Jean. Pour la première fois, Iowaka trahit la confiance d'Élise et répéta le compliment que Dixon avait adressé à la jeune fille.

— Ah ! Diable ! grommela Jean, son visage s'assombrissant davantage.

Il n'en dit pas davantage jusqu'au soir, une fois les enfants couchés. Alors, il s'assit auprès de sa femme sur un banc devant le poêle et lui demanda, d'un ton indifférent :

— Dis-moi, mon ange, si on viole un serment fait à la Vierge Marie, qu'arrive-t-il ?

Il évita le regard étonné de sa femme et continua :

— Celui qui trahit son serment sera damné, à moins qu'il ne se confesse à un prêtre tout de suite, n'est-ce pas, chérie ? Et si le curé se trouve à six cents kilomètres, on court un grand risque, qu'en penses-tu ?

Sans attendre la réponse, il poursuivit naïvement :

— Mais si on ne viole pas soi-même le serment et qu'on s'arrange pour révéler un secret, que se passe-t-il ?

— Je ne sais pas, se contenta de dire Iowaka, de plus en plus étonnée.

— Moi non plus, fit Jean, allumant sa pipe. Mais Jean de Gravois est assez malin pour briser mille serments s'il s'agit du bonheur de sa femme, ma Iowaka !

Un féroce grognement de chiens amena Jean de Gravois sur le seuil de sa porte. Il entendit la voix rauque de Croisset et le claquement de son long fouet.

— A tout à l'heure, Iowaka ! dit Jean en refermant la porte derrière lui.

Mais, au lieu d'aller rejoindre Croisset et les chiens, Jean se dirigea vers la cabane de Cummins.

« Au diable mon serment ! » marmonnait-il.

Il grinça des dents en entendant le rire du jeune Dixon dans la cabane de ses amis.

« Ce sont tous des imbéciles, Cummins aussi bien que Yan Thoreau ! »

XX

LES CONSÉQUENCES D'UN BAISER

Au cours de la semaine suivante, de ses petits yeux noirs, Jean de Gravois surveilla la cabane de Cummins. Sans en avoir l'air, il épia Élise et Dixon, mais s'abstint de parler, même à Iowaka, de ses soupçons croissants. Le jeune Dixon savait se rendre sympathique à tous les hommes du poste. Ses manières franches, sa voix agréable et sa parfaite gentillesse lui gagnèrent tous les cœurs, sauf celui de Jean.

Les trappeurs quittèrent le lac Bain à la fin de la seconde semaine, et le jeune Anglais se trouva presque toujours en compagnie d'Élise. Dixon ne montra aucune envie de suivre les traîneaux et, les trappeurs partis, Élise et lui firent de longues promenades dans la forêt pendant les heures chaudes et ensoleillées.

Par une de ces belles journées, Jean se rendit sur la lisière du marécage des caribous, entre les Barrens et la haute forêt. Comme il s'arrêtait pour examiner une piste de lynx toute fraîche qui traversait le sentier foulé par les chiens et les traîneaux, il perçut un bruit de voix. Il reconnut celles d'Élise et de Dixon. Son visage se renfrogna et ses yeux lancèrent des éclairs.

« Ah ! si seulement j'étais Yan Thoreau..., un Yan Thoreau avec le cœur de Jean de Gravois..., quelle surprise je réserverais à ce godelureau ! » souffla-t-il, sautant vivement dans le fourré.

De sa cachette, il les guetta. Son cœur loyal se mit à battre à coups précipités lorsqu'il vit Dixon poser la main sur le bras de la jeune fille. Ils marchaient à pas lents, l'Anglais penché sur la tête inclinée d'Élise, lui parlant d'un ton passionné. Soudain il fit halte et, avant que Jean eût compris ce qui se passait, il embrassa Élise.

La jeune fille poussa un léger cri et se dégagea vivement. Pendant un instant, elle considéra Dixon qui riait de sa colère. Élise lui tourna le dos et se sauva sur le sentier.

Un second cri s'échappa de ses lèvres lorsqu'elle se trouva face à face avec Jean de Gravois. Le petit Français souriait, les yeux brillants comme des diamants noirs.

— Jean, Jean ! sanglotait-elle en courant vers lui.

— Il t'a insultée, hein ? dit-il d'un ton indigné. Retourne vite au poste, ma petite Élise.

Il la regarda partir et disparaître dans un tournant de la piste, cent mètres plus loin. Puis il affronta Dixon.

— C'est la première fois que notre Élise a essuyé une insulte, prononça-t-il d'une voix calme, comme s'il s'adressait à un enfant. Si Yan Thoreau était ici, il vous tuerait. En son absence, c'est moi qui vais vous régler votre compte.

Il avança, ses dents blanches découvertes en un sourire. Le voyant bondir sur lui comme un chat, Dixon comprit ses intentions meurtrières. En un éclair, l'Anglais se jeta de côté, assena un coup terrible sur la tête de Jean et l'envoya rouler à terre.

A demi étourdi, Gravois se remit sur pied. Il n'entendit point le cri aigu provenant du tournant de la piste où se tenait Élise. Mais Dixon avait perçu le cri et vu la jeune fille. Avec un ricanement moqueur, il regarda le petit Français revenir vers lui avec précaution.

Pour la première fois de sa vie, Jean se mesurait avec un vrai pugiliste. Il se précipita de nouveau, avec son agilité féline, et reçut un second coup qui l'éblouit.

— Bah ! autant lutter avec un enfant ! s'exclama Dixon. Pourquoi vous battez-vous, Gravois ? Est-ce un crime dans ce pays d'embrasser une jolie fille ?

— Je vais vous tuer ! répéta Jean de sa voix toujours impassible.

Maître de lui-même, Jean ne tremblait pas. Il ne porta point la main à la gaine de son couteau. Bientôt le sourire s'effaça sur les traits de Dixon et un pli sévère se dessina au coin de sa bouche lorsque Jean tourna en cercle autour de lui.

— Allons, pas d'histoire ! Je regrette infiniment... d'avoir déplu à Élise.

— Je vais vous tuer ! insista Jean, une confiance téméraire dans le regard.

Dixon recula. Jean ricana doucement, puis bondit sur l'Anglais qui lui décocha un coup de poing et... le manqua.

Cette fois, la science de l'homme des forêts l'emportait sur celle du civilisé. A maintes reprises, Jean avait pris plaisir à lutter contre des lynx blessés. Il possédait la sûreté du coup d'œil et l'infaillibilité de l'instinct.

Quatre fois de suite, il vint à portée des coups de son adversaire, mais les évita. Il tira à demi son couteau. Souriant, Dixon sauta en arrière. Gravois sortit la lame et la lança au loin sur la piste. Son regard devint froid et ses muscles rigides comme un ressort d'acier prêt à se détendre.

Dixon commençait à se rendre compte que Jean avait plus d'un tour dans son sac. Laissant tomber ses bras à ses côtés, il attendit. Brusquement, le petit Français se redressa. Son regard perçant scruta les buissons derrière l'Anglais et il poussa un cri aigu. Involontairement, Dixon sursauta et détourna la tête. Sans lui donner le temps de se ressaisir, Jean se jeta de tout son poids contre les genoux de son antagoniste.

Tous deux roulèrent sur le sentier. A ce moment prévalait la science de l'homme des forêts. Les doigts bruns, capables d'étrangler un lynx, se resserrèrent sur la gorge de Dixon qui émit un gargouillement pénible.

— Je vous tuerai ! répéta Jean.

Les bras de Dixon retombaient inertes, ses yeux sortaient de leurs orbites, sa bouche demeurait ouverte, mais Jean n'y prêtait pas attention. La face contre l'épaule de l'autre, tout à son effort meurtrier, il n'eût relevé la tête qu'au bout d'une minute, si le cri d'effroi lancé par Élise, qui essayait de lui desserrer les doigts, ne l'avait interrompu.

— Il est mort ! cria-t-elle. Tu l'as tué, Jean !

Il relâcha son étreinte et se redressa. Élise recula d'horreur, les mains crispées sur sa poitrine et le visage aussi blanc que la neige.

— Tu l'as tué !

Jean regarda les yeux de Dixon.

— Non, il n'est pas mort, dit-il. Ma petite Élise, retourne vite près d'Iowaka. (Tout son corps fragile était secoué de sanglots tandis que Jean la reconduisait au tournant de la piste.) Cours chez Iowaka, répéta-t-il doucement. Ne crains rien, Élise, je ne le tuerai pas.

Il retourna près de Dixon et lui frotta de la neige sur la figure.

— Mon Dieu ! Il l'a échappé belle ! s'exclama-t-il, observant la lueur de vie qui reparaissait dans les yeux de l'Anglais. Un peu plus, il serait allé rejoindre le missionnaire.

Il traîna le blessé sur le côté de la piste et l'adossa contre un arbre. Dès qu'il vit son adversaire respirer plus librement, il reprit le chemin derrière Élise.

Sans se faire voir, il se glissa dans le magasin, lava le sang de son visage et gloussa de plaisir en se regardant dans le petit miroir accroché au mur au-dessus du lavabo.

— Ah ! ma douce Iowaka, que dirais-tu si tu apprenais que ton Jean de Gravois a reçu sur le coin de la figure deux gifles qui ont failli l'envoyer au paradis ! Pour rien au monde je ne voudrais que tu le saches !

Un peu plus tard, il entra dans la cabane. Sa femme et ses enfants étant chez les Croisset, il s'assit pour fumer une pipe. A peine avait-il envoyé au plafond quelques nuages de fumée, la porte s'ouvrit et Élise entra.

— Bonjour, ma chère Élise, la salua-t-il gaiement.

Aussitôt, elle lança au loin le châle qui lui couvrait la tête et se jeta à ses genoux, son visage pâle levé vers lui. D'une voix suppliante et entremêlée de sanglots, elle murmura :

— Jean, Jean ! Je t'en prie, promets-moi de ne jamais raconter à Yan ce qui s'est passé... Jamais !

— Je te le promets, Élise.

— C'est bien sûr, tu n'en parleras jamais, Jean ?

— Jamais !

Elle laissa tomber sa tête sur les genoux de Jean. Puis, soudain, elle attira vers elle le visage de l'homme et l'embrassa.

— Merci, Jean ! Merci pour tout ce que tu viens de faire !

— Mon Dieu ! balbutia Jean lorsque Élise fut partie. Et si ma Iowaka s'était trouvée là ?

XXI

UN CŒUR BRISÉ

Le lendemain de cette rixe dans la forêt, Dixon, voyant Jean de Gravois seul, s'avança vers lui.

— Gravois, voulez-vous me serrer la main ? dit-il. Je vous remercie de la leçon que vous m'avez donnée. Je la méritais. Élise a bien voulu m'accorder son pardon et je voudrais me réconcilier avec vous.

Jean demeura interdit. Jamais il n'avait rencontré un homme de cette trempe.

— Que diable ! s'exclama-t-il, une fois revenu de sa surprise. Mais oui, je veux vous serrer la main !

Pendant les jours suivants, Jean remarqua qu'Élise le fuyait. Elle évitait de venir voir Iowaka lorsqu'elle le savait dans la cabane. Jamais plus Dixon et elle ne renouvelèrent leurs sorties dans la forêt. Le jeune Anglais passait la plus grande partie de son temps au magasin et, un peu avant la rentrée des trappeurs, il accompagna Croisset dans un voyage de trois jours en traîneau.

Un des premiers trappeurs qui amena ses fourrures au lac Bain fut MacVeigh. Il leur apprit que Yan était allé vers le sud pour passer ses vacances annuelles à Nelson House. Cummins révéla cette nouvelle à sa fille, ne remarqua point l'ombre qui voilait le visage d'Élise et poursuivit :

— Je ne comprends pas cette décision de Yan. Il sait très bien qu'on a besoin de lui ici pour la Fête du caribou. T'a-t-il prévenue de ce voyage à Nelson House ?

Élise hocha la tête.

— MacVeigh affirme qu'on a proposé à Yan un emploi de chef de poste, reprit l'agent. Pourquoi ne m'envoie-t-il aucune explication ?

Une semaine s'était écoulée depuis le festin du caribou, lorsque Yan reparut au lac Bain. Élise le vit déboucher sur la piste de Churchill. Bien que son cœur battît à tout rompre, elle s'efforça de lui témoigner la même indifférence dont il avait fait preuve lorsqu'il l'avait quittée six semaines auparavant. Elle songeait encore avec amertume à la froideur de ses adieux. Il ne l'avait pas embrassée et n'avait pas même passé avec elle sa dernière soirée.

Mais elle ne s'attendait guère à voir Yan Thoreau en l'état où il lui apparut. Sa barbe couvrait ses joues d'ordinaire rasées de près et une lueur mélancolique brillait dans ses yeux qui avaient perdu leur éclat. Il semblait embarrassé en pénétrant dans la cabane. Avant qu'aucun d'eux eût pris la parole, Élise sentit sa belle assurance l'abandonner. Hésitante, les mains tendues, elle fit quelques pas vers Yan.

— Yan ! s'écria-t-elle, toute frémissante de tendresse.

Yan inclina sa tête aux cheveux en désordre et lui serra les mains. Un long silence s'écoula avant que Yan prît la parole :

— Je suis heureux de te revoir, Élise. Il me semble qu'il y a un siècle que nous sommes séparés !

Il leva la tête et la jeune fille recula.

Dans le regard morne de Yan, elle ne retrouvait nulle trace de leur vieille amitié. Insondables, indifférents, les yeux du jeune homme se portèrent vers son violon accroché au mur.

— Il y a si longtemps que je n'en ai joué que je dois avoir tout oublié.

Les doigts se promenèrent maladroitement sur les cordes de l'instrument. Le sourire aux lèvres, il dit à Élise :

— Il faut que tu joues pour moi, Élise, car je ne sais plus rien à présent !

Il lui tendit le violon.

— Pas maintenant, Yan..., ce soir.

Elle alla vers la porte de sa chambre et lui dit :

— Tu dîneras avec nous, Yan ?

— Évidemment, Élise, si cela te fait plaisir.

Il raccrocha le violon comme elle refermait sa porte, puis sortit de la cabane. Jean de Gravois et Iowaka l'attendaient. Jean courut à sa rencontre.

— Je viens t'offrir mon rasoir, lui dit-il gaiement. Iowaka prétend que les trappeurs vont te prendre pour un ours.

— La barbe éloigne les moustiques, déclara Yan. Voici bientôt l'été et ces maudites bestioles ont une prédilection marquée pour mon épiderme. Allons un peu plus loin, Jean, j'ai un mot à te dire.

Ils s'assirent sur deux souches d'arbres l'une en face de l'autre et Yan s'exprima en français.

— J'ai beaucoup voyagé depuis mon départ du lac Bain. D'abord, je suis allé à Nelson House, puis à Wholdaia. Je les ai trouvés à Nelson House, mais pas à Wholdaia.

— Qui ? demanda Jean de Gravois, bien qu'il sût pertinemment de qui l'autre voulait parler.

— Mes frères, Jean de Gravois !

— Au diable cet imbécile de Croisset ! De quoi se mêle-t-il ? marmotta Jean entre ses dents.

– J'en ai vu deux à Nelson House, reprit Yan. L'un d'eux est un faible d'esprit et l'autre est pire. Quant à Pétro, celui de la Wholdaia, il a été tué par un Cree pour avoir déshonoré sa fille. L'autre a disparu.

Jean demeurait silencieux, la tête penchée en avant, le menton appuyé sur ses mains.

— Tu voix maintenant à quelle triste famille appartient ton Yan Thoreau !

Gravois leva la tête et regarda l'autre en face.

— Je constate que tu es encore plus bête qu'avant. Yan Thoreau, si je trahissais mon serment... et révélais ton secret à Élise ?

Une lueur sombre parut dans les prunelles de Yan. D'un mouvement lent, il dégaina son couteau et le posa sur la neige entre ses pieds, la pointe de la lame tournée vers Gravois. Celui-ci se leva en poussant un cri.

— Qu'est-ce qui te prend, Yan Thoreau ? Tu menaces du couteau celui qui a risqué sa vie pour toi et qui t'aime comme un frère ?

— Oui, répondit Yan, résolu. Je t'aime, Jean, plus qu'aucun autre homme au monde, cependant je te tuerai si tu me trahis auprès d'Élise.

Il se leva et tendit la main au petit Français.

— Jean, à ma place, ne ferais-tu pas comme moi ? N'agirais-tu pas de même pour Iowaka ?

Jean de Gravois demeura un instant silencieux.

— Je n'aurais pas accepté son amour sans lui avouer la vérité, répondit-il. Toi et moi, nous sommes des hommes d'honneur, Yan Thoreau. Je serais allé tout lui expliquer d'abord, et elle m'aurait ouvert ses bras. Voilà comment je me comporterais à ta place.

— Eh bien, moi, je ne le ferai jamais ! dit Yan d'un ton ferme en se tournant vers le poste. Il m'en coûterait moins de me supprimer. Voilà ce que je tenais à te dire, Jean. Nul autre que moi et toi ne doit connaître la vérité.

— Je voudrais tordre le cou de cet imbécile de Croisset pour t'avoir envoyé à Nelson House et à Wholdaia ! grogna Jean.

— Moi, je lui en suis reconnaissant.

En débouchant de la forêt, ils aperçurent Élise sortant de la cabane d'Iowaka. Ils la saluèrent d'un geste et Yan traversa la clairière pour se rendre au magasin.

Jean pénétra dans la cabane des Cummins lorsqu'il fut certain de n'être vu par personne. Il y trouva Élise, qui lui parut gênée.

Une rougeur sous ses yeux annonçait qu'elle avait pleuré.

— Élise, lui dit-il, le regard fixé sur sa casquette qu'il tordait entre ses mains, Yan me semble tout à fait changé.

— Oui. Pour ma part, je suppose qu'on lui a brisé le cœur sur la piste de Nelson House.

Gravois devina le sens des paroles de la jeune fille, dont les lèvres tremblaient. Laissant tomber sa casquette sur le plancher, Jean courut vers Élise et la prit par les bras.

— Oui ! le cœur de Yan Thoreau est brisé ! s'exclama-t-il. Mais ce n'est pas à cause de la fille de MacVeigh, c'est... à cause de toi !

Élise recula vivement :

— A cause de moi ? Je lui ai brisé...

— Je n'ai pas dit cela, interrompit Jean de Gravois. Je dis simplement qu'il a le cœur brisé à cause de toi. Mon Dieu ! si seulement je pouvais dire ce que je sais !

— Parle, je t'en prie ! Parle, Jean ! (Elle lui posa la main sur l'épaule et son regard l'implorait.) Lui aurais-je fait du mal sans le savoir ? Comment le consoler ?

— Je puis t'apprendre ceci, rien de plus : un grand chagrin ronge le cœur de Yan. J'en connais la nature, mais je me suis engagé à en garder le secret. A toi de deviner. En attendant, qu'il sache bien que tu l'aimes. Fais-le-lui comprendre.

La couleur remonta aux joues de la jeune fille.

— Que je l'aime ?

— Oui, non plus comme une sœur, Élise, mais comme une fiancée.

XXII

LES ADIEUX

Gravois sortit sans attendre l'effet produit par ses dernières paroles, regrettant d'avoir eu la langue trop longue.

A l'heure du dîner, Cummins et Yan revinrent ensemble à la cabane. L'agent paraissait de joyeuse humeur : le retour de Yan le comblait de satisfaction.

A table, Élise s'assit en face de Yan. Pour lui plaire, elle portait des fleurs rouges à son corsage et dans sa chevelure. Yan feignit de ne point s'en apercevoir. Il lui sourit, mais conservait une froideur dans le regard qui réprimait tout élan de la part de la jeune fille.

— MacVeigh a-t-il posé ses pièges ? demanda Cummins après avoir fait à Yan maintes questions sur son voyage.

— Je l'ignore, répondit Yan. Je n'ai pas été chez les MacVeigh.

De propos délibéré, il détourna ses yeux d'Élise. Elle comprit sa contrainte et une rougeur subite colora ses joues.

— Je l'ai rencontré dans la région des Trois Lacs, ajouta Yan, mais il ne m'a point parlé de ses pièges.

Il se leva en même temps que Cummins et allait le suivre au-dehors, lorsque Élise lui posa la main sur le bras.

— Yan, reste un peu avec moi, dit-elle en souriant. Tu m'aideras à essuyer la vaisselle, et ensuite nous jouerons du violon.

Lorsque Cummins fut sorti, elle attira Yan vers une chaise et lui noua un tablier autour du cou.

— Ferme les yeux et ne bouge plus ! ordonna-t-elle en riant.

Elle courut dans sa chambre. L'instant d'après, elle revint, une main cachée derrière le dos.

Yan sentit bientôt les doigts d'Élise courir dans ses cheveux trop longs, puis il entendit le bruit des ciseaux.

— Ils sont vraiment trop longs, Yan !

Puis sa main légère effleura les joues envahies par la barbe.

— Il faut aussi couper tout cela. Sans quoi...

Elle baissa la tête et appuya sa joue contre celle de Yan.

— On dirait des piquants ! murmura-t-elle.

Devant le mutisme du jeune homme, Élise s'empourpra et s'appliqua entièrement à sa tâche. Puis elle dénoua le tablier et lui montra le résultat de son travail. Il regarda Élise en souriant.

— Merci.

Alors Élise se mit à laver la vaisselle. Elle avait terminé son ouvrage avant qu'il se fût rasé. Elle dépendit le violon et, s'accompagnant, elle chanta de sa voix douce un air cree que lui avait appris Iowaka pendant le voyage de Yan à Nelson House et à Wholdaia.

Surpris, il la considéra longuement. Élise modulait la plainte infiniment triste d'une jeune Indienne au cœur brisé. Yan connaissait cette romance sentimentale. Il l'avait déjà entendue mais jamais comme à présent. Elle lui parvenait en accents pathétiques dans les notes basses du violon et la voix vibrante d'Élise. Yan l'écouta jusqu'au bout sans dire un mot et, lorsque Élise leva la tête vers lui, il remarqua, à la clarté de la lampe, ses longs cils humides de larmes.

— C'est merveilleux, Élise ! Tu accompagnes cette chanson comme une artiste.

— Merci de ton compliment, Yan.

Il se leva et reprit sa casquette. Élise lui demanda, étonnée :

— Tu t'en vas déjà, Yan ?

— Oui, je suis fatigué, dit-il en manière d'excuse. Voilà deux jours que je ne dors pas, Élise. Bonne nuit !

De la porte il lui adressa un sourire, mais elle lui répondit d'une voix sans timbre :

— Bonne nuit !

Yan frissonna sous les froides étoiles. Il serrait les poings, se rendant compte qu'il avait quitté la cabane juste à temps.

Refoulant son chagrin, il rentra dans le magasin.

Cummins ne revint que très tard à la cabane ce soir-là. Élise l'attendait. Il la regarda longuement par-dessus son épaule, tout en accrochant à une patère son manteau et sa casquette.

— S'est-il passé quelque chose entre toi et Yan ? demanda-t-il. Pourquoi as-tu pleuré ?

— Parfois, je me mets à pleurer en jouant du violon, père. Je ne crois pas qu'il y ait quelque chose entre Yan et moi..., du moins, je ne comprends pas...

Elle s'interrompit pour réprimer les sanglots qui lui montaient à la gorge.

— Moi, pas davantage ! s'exclama l'agent, allant vers le poêle pour allumer sa pipe. Tout à l'heure, il m'a remis sa démission d'employé de la Compagnie.

— Il ne va... pas... quitter le poste ? balbutia Élise.

— Il quitte son emploi, répéta Cummins. Il ne restera donc plus longtemps au lac Bain. Il a l'intention d'aller dans les forêts..., peut-être au pays de Gravois, sur les bords de l'Athabasca. T'en a-t-il appris davantage ?

— Non.

Agenouillée devant sa caisse de livres, les yeux voilés de larmes, Élise retint son souffle et domina son émotion avant de regarder de nouveau son père. Un peu plus tard, l'agent rentra dans sa chambre et sa fille saisit cette occasion pour lui souhaiter bonne nuit par la porte entrouverte...

Le lendemain, Yan, en pénétrant dans la cabane, avait le regard sombre et les traits crispés.

— Je viens te dire au revoir, Élise, je vais chasser dans les Barrens.

— Je te souhaite bonne chance, Yan.

La voix d'Élise avait un timbre métallique. Pour la première fois, Yan lui tendit la main. Elle sursauta et se mit à rougir. Puis elle lui prit la main et le regarda droit dans les yeux.

— Dis-moi, Yan, m'aimes-tu encore ?

— Oui, Élise, j'aimerai toujours ma petite sœur. Jamais je ne l'oublierai.

Il se retourna vivement et sortit sans la regarder.

Les bras tendus vers lui, Élise murmura :

— Au revoir, Yan.

Les mots s'échappèrent de ses lèvres en un sanglot, mais il était déjà trop loin pour l'entendre. Par la fenêtre, Élise le vit serrer les mains de Cummins devant le magasin du poste. Ensuite il passa à la cabane d'Iowaka et de Jean de Gravois. Puis il chargea son paquetage sur ses épaules et, la tête baissée, disparut lentement dans les profondeurs de la forêt.

XXIII

LE RETOUR DE YAN

Yan passa tout le printemps et l'été dans les marécages peuplés de caribous et sur les collines qui longent les Barrens. Pendant tout ce temps, il fit seulement une brève apparition au poste pour se ravitailler.

Durant son absence, Élise avait souffert silencieusement. Elle ne se plaignait même pas à Iowaka de sa grande solitude. Malgré son profond chagrin, elle nourrissait dans son cœur un espoir tenace. Jusqu'à la dernière visite de Yan, deux mois auparavant, elle se complaisait dans des rêves d'avenir.

Le soir de son retour des marécages, Yan vint à la cabane. Sa barbe avait repoussé, ses cheveux longs retombaient en désordre sur ses épaules. La beauté expressive de ses grands yeux, naguère si tendres et si enjoués, s'était évanouie.

Cette fois, Élise comprit qu'elle devait abandonner tout espoir. Yan disparaissait pour toujours de sa vie, lui laissant, en souvenir de leur amitié, le vieux violon accroché au mur de la cabane.

Ce violon devint pour elle ce qu'il avait autrefois représenté au cœur du jeune homme. Dans son esseulement, elle jouait, lui confiait ses peines et ses angoisses, le serrant contre sa poitrine et lui parlant comme l'avait fait Yan des années auparavant...

— Si seulement tu pouvais tout me raconter, cher violon! soupirait-elle un jour, à l'approche de l'automne. Si tu pouvais me parler de lui et me donner un conseil...

Yan, pourtant, revit Élise six mois plus tard, lors du festin du caribou. Il revenait au poste, chargé de fourrures. Il apprit qu'Élise avait reçu une lettre de Dixon lui annonçant qu'il regagnait Londres au lieu de venir au lac Bain.

Le lendemain de la fête des trappeurs, Yan retourna dans la région de l'Athabasca. On ne le revit pas au lac Bain au printemps suivant. Au début de l'été on était toujours sans nouvelles de lui. Au moment de la crue produite par la fonte des neiges, Jean de Gravois s'en alla par voie d'eau rejoindre l'Athabasca. Il trouva la cabane de Yan abandonnée. Les Indiens l'informèrent qu'ils n'avaient pas revu Thoreau depuis la débâcle des glaces sur le fleuve. Un métis rencontré à Fond-du-Lac dit à Jean qu'il avait découvert sur le lac Castor les ossements d'un Blanc ; à côté gisaient un fusil et un couteau à manche de corne.

Jean de Gravois revint au lac Bain, le cœur gros.

— Aucun doute, il est mort, dit Jean à Iowaka. Je ne crois pas que cette nouvelle affligera beaucoup Élise.

Dans les premiers jours de septembre, vers l'heure de midi, alors que tous étaient en train de déjeuner, un homme efflanqué parut au poste du lac Bain. Il portait un ballot et six chiens le suivaient.

C'était Yan Thoreau.

— Je suis allé jusqu'en pays civilisé, expliqua-t-il, et je reviens passer l'hiver au lac Bain.

XXIV

LE SAUVETAGE

Dès les premières neiges, le jeune Dixon arriva à Fort Churchill. Jean de Gravois le croisa sur la piste près de la cabane de Ledoq. Lorsque l'Anglais reconnut le petit Français, il sauta à bas de son traîneau et vint vers lui la main tendue, le visage rayonnant de plaisir.

— Tiens ! mon vieil ami, Jean de Gravois ! s'écria-t-il. Je pensais justement à vous, en me rappelant la fameuse rossée que vous m'avez infligée voilà deux ans. J'ai appris à apprécier les gens qui vivent dans les grandes neiges du Nord, et je ne retomberai jamais dans la même erreur. (Il éclata d'un rire franc et serra la main de Jean.) Comment vont Mme de Gravois et les enfants... et Élise ?

— Tous vont bien, monsieur Dixon. Mais les petits Gravois ont beaucoup grandi.

Une heure plus tard, Jean disait à sa femme :

— C'est plus fort que moi, je n'aime pas ce jeune Dixon. Pourquoi ? je me le demande.

— C'est parce que tu crains de voir Élise en devenir amoureuse ? insinua sa femme avec un sourire.

— Saints du Ciel ! je crois que tu es dans le vrai. Je déteste les étrangers... et Élise sera la femme de Yan.

— Elle en nourrissait l'espoir il y a longtemps, mais à présent...

— Oh ! rien n'est moins sûr, ma chérie. Si Yan lui parlait en toute franchise...

— Une femme ne peut attendre un homme éternellement. Et Yan Thoreau se fait trop désirer.

Un jour de la semaine suivante, comme Iowaka et son mari se tenaient sur le pas de leur porte, ils virent Dixon et Élise se promener à la lisière de la forêt. La figure de Jean s'assombrit. En outre, il en voulait à Yan d'accepter sans réagir la nouvelle situation. Il se rendit au magasin.

— Dixon et Élise se baladent ensemble matin et soir. On ne voit qu'eux dans le paysage. Il y aura bientôt une noce au lac Bain.

— Élise mérite un honnête garçon, déclara Yan, très calme. Ce jeune Dixon ne me déplaît pas du tout.

Au fond de son âme, Yan pressentait que chaque jour voyait approcher la fin de son bonheur. Il n'avait pas confié à Élise la raison de son retour au lac Bain : il était revenu afin de se trouver de nouveau près d'elle. Il pensait bien qu'avant la fin de l'hiver lui était réservée une surprise amère, mais il n'avait pas songé à Dixon, et la perspective de renoncer à Élise lui causait une douleur intolérable.

Dixon ne cachait point son amour pour Élise. Un jour, il s'en ouvrit à Jean de Gravois sur la piste de Churchill. L'Anglais s'expliqua en toute loyauté et Jean dut chasser ses préjugés et admettre que cet étranger différait de ceux qu'il avait connus jusque-là.

— Diable ! j'aime bien ce garçon ! Néanmoins, je préférerais le sentir dans l'autre monde plutôt que de le voir enlever Élise à Yan Thoreau.

Les grandes neiges tranchèrent la question.

Cela se passait au début de décembre.

De très bonne heure, ce matin-là, Dixon partit seul pour la cabane de Ledoq. Le ciel était d'un gris de plomb et un peu plus tard la brume empêchait de voir à douze pas devant soi. Le jeune Anglais ne rentra pas au poste ce soir-là. Le lendemain, il était toujours absent. Gravois grimpa au sommet de la montagne pour retrouver ses traces. Ledoq lui apprit que Dixon était reparti pour le lac Bain l'après-midi du jour précédent. Gravois rapporta cette nouvelle au poste et alla trouver Élise.

— C'est chercher la mort que de partir à son secours, lui expliqua-t-il. Nos chiens ne tiennent plus debout. Nos raquettes s'enfonceront dans la neige molle comme des morceaux de plomb, et celui qui oserait s'aventurer à quinze kilomètres du poste y laisserait sa carcasse aux loups et aux renards.

La nuit tombait lorsque Yan arriva à la cabane. A sa vue, Élise se leva d'un bond et poussa un petit cri. Tout blanc de neige, il portait un léger paquetage sur les épaules et son fusil en main.

— Je vais le chercher, annonça-t-il. S'il est vivant, je te le ramènerai.

Elle s'élança vers lui et Yan sentit son cœur battre à tout rompre. Oublierait-il jamais le regard de la jeune fille qui, les lèvres entrouvertes, lui tendait les bras ? Elle saisit la main rude de Yan et la serra contre sa poitrine.

— Yan, que tu es brave !

Refoulant ses émotions, il s'éloigna dans la nuit. Il entendit la voix d'Élise le rappeler, mais le gémissement des sapins et la tempête qui grondait sous son crâne noyèrent les paroles de la jeune fille. Il avait cru discerner dans son regard une flamme d'amour..., d'amour pour Dixon ! Et il retrouverait cet homme ! Il prouverait ainsi que ses sentiments demeuraient toujours aussi profonds. Ce soir, demain, les jours suivants, jusqu'à son dernier souffle, il se dévouerait au service d'Élise, selon sa promesse lors de leur course en traîneau à la cabane de Ledoq. Et ensuite...

Il se rendit chez Ledoq en suivant la crête de la montagne et atteignit la cabane au crépuscule. Le Français le regarda, tout surpris d'apprendre qu'il se mettait à la recherche de Dixon.

— Tu ne le trouveras pas, objecta le Français, mais, si tu es résolu à tenter la chance, je t'accompagne. Nous pourrons nous estimer heureux si nous en revenons !

— Ne te dérange pas, protesta Yan. Un seul suffit, à moins que chacun n'opère de son côté. Je viens ici pour te demander s'il neigeait avant le départ de Dixon.

— Une heure après qu'il m'a quitté, on ne voyait pas à un mètre devant soi, répondit Ledoq, préparant son paquetage. Il a dû faire un grand détour et s'égarer aux alentours du lac Bain. Nous ferons route ensemble jusque-là, ensuite nous nous séparerons.

Ils gravirent les montagnes et s'arrêtèrent à un endroit où l'instinct les avertit qu'ils entraient dans la forêt de sapins au bord du lac. Là, ils se séparèrent, Yan allant vers le nord-ouest et Ledoq, sans conviction, vers le sud.

Cette lutte contre les grandes neiges pour assurer le bonheur d'Élise ne représentait aux yeux de Yan qu'un léger sacrifice. Mais on ne saura jamais ce qu'elle signifia pour Ledoq. Au printemps seulement, à la fonte des dernières neiges, les gens du lac Bain découvrirent loin au sud ce que renards et loups avaient laissé de son cadavre.

Téméraire, Yan s'aventura sur la blanche étendue du lac. Il ne s'y trouvait ni rochers ni arbres pour le guider, car le lourd linceul immaculé recouvrait toute la terre du Nord. Les branches des pins ployaient sous le poids croissant de la neige. Dans ce calme impressionnant, la voix de Yan s'éleva et ses cris se répercutèrent de tous côtés. De temps à autre, il tirait un coup de fusil, puis prêtait une oreille attentive. Les échos lui revenaient sardoniques, suivis chaque fois du silence lugubre du blizzard.

Le jour apparut, à peine plus clair que la nuit. Yan traversait le lac, ses raquettes s'enfonçant à chaque pas jusqu'à la cheville. A l'autre bout du lac, Yan pénétra de nouveau dans la forêt et, dans ses vastes profondeurs, il s'époumona en vains appels...

La tourmente redoubla de fureur à l'approche de la nuit. Yan se creusa un tunnel dans la blanche épaisseur et y étendit des branchages de pin pour s'y faire un lit. Plusieurs heures après, il se réveilla, se mit debout, se hissa hors du trou ; à la surface, la neige lui arrivait aux genoux.

Comme il soulevait son paquetage pour le charger sur son dos, il poussa un cri de désespoir : ses vivres avaient disparu !

De colère, il élargit encore le trou. Il remarqua les empreintes de petites dents aiguisées comme des lames de rasoir et comprit ce qui s'était passé : tandis qu'il dormait, un vison lui avait dérobé ses provisions... Alors, découragé, il se remit en marche dans la direction du lac Bain, du moins le croyait-il.

De temps à autre, il appelait Dixon et tirait un coup de fusil. A midi, il aurait dû retrouver le lac, mais l'après-midi se passa et l'obscurité d'une seconde nuit l'enveloppa... Au matin, il recommença ses recherches. Ses premières craintes avaient cédé la place à une sorte de délire héroïque. Une seconde fois, il affrontait la mort pour l'amour d'Élise. Il éprouvait une joie sublime à la pensée que, s'il mourait en ce moment, tout sa vie Élise se souviendrait de son dévouement envers elle... Sur la crosse de son fusil, il graverait à l'adresse d'Élise ces simples mots : *Élise, je t'aime.* Il se les répéta à lui-même tandis qu'il avançait d'une allure chancelante et, ce soir-là, à côté de son feu de campement, il inscrivit le nom de sa bien-aimée.

La faim commençait à le tenailler : il ne lui restait qu'une précieuse poignée de farine au fond de sa poche.

Ses raquettes l'embarrassaient à présent ; il les abandonna, ainsi que deux couvertures qui pesaient comme du plomb sur ses épaules. Il compta ses cartouches : plus que dix ! Il en tira une en l'air.

Était-ce l'écho qu'il venait d'entendre ?

Secoué d'une vive émotion, il tendit l'oreille. Au bout d'un moment, la détonation se répéta... Cette fois, ce n'était pas l'écho.

— Ledoq ! cria-t-il.

Il tira un nouveau coup de feu.

Bientôt lui revint le bruit d'une détonation. Il marcha avec peine dans cette direction.

La neige molle lui arrivait à la ceinture. Il commença l'ascension de la colline et se traîna, s'agrippant aux branches de jeunes sapins. Il s'arrêtait presque à chaque pas et s'étendait sur la neige, haletant d'épuisement. Arrivé à la crête, il lança un nouvel appel. Un faible cri lui parvint de l'autre côté de la montagne. Guidé par lui, il se faufila entre les rochers.

— Hé ! Ledoq ! cria-t-il de toutes ses forces.

Une voix lui répondit à douze mètres de distance.

Yan distingua bientôt une forme vague dans la pénombre blanchâtre. La fumée montait lentement d'une clairière parmi des broussailles. La forme rampa vers lui à quatre pattes, comme un animal.

Yan se précipita vers elle. Elle se redressa longuement et serait tombée si la neige ne l'avait soutenue. Un cri aigu s'échappa des lèvres de Yan. Ce n'était pas Ledoq, mais Dixon, debout là devant lui, le visage pâle et émacié, les yeux dilatés.

— Mon Dieu ! Je meurs de faim... et de soif ! soupira l'Anglais, les bras tendus. Thoreau ! Quel bonheur de vous voir ici !

Il chancela et s'affaissa dans la neige. Yan le traîna jusqu'à l'abri.

— Je vais vous donner à boire et à manger... dans un instant, lui dit-il d'une voix qui semblait irréelle.

Ses yeux se voilèrent d'un brouillard et des spectres l'empêchèrent de rien discerner lorsqu'il déposa son paquetage pour ranimer le feu. Il suspendit ses deux petits seaux au-dessus des cendres d'où s'éleva une flamme. Il les remplit de neige : dans l'un d'eux il versa la poignée de farine emportée avec lui et dans l'autre il jeta le thé. Un quart d'heure plus tard, il revenait vers Dixon.

L'Anglais se redressa, le regard enfiévré. Il but avidement le thé bouillant et mangea goulûment la bouillie de farine. Yan, affamé, lui aussi, observa son compagnon jusqu'à ce que la dernière bouchée eût disparu. Il emplit une seconde fois les seaux de neige, ajouta du thé et le partagea avec Dixon. Peu à peu, la vie reparaissait dans les yeux de l'Anglais.

— Vous êtes arrivé juste à temps, dit celui-ci à Yan, lui tendant la main en un geste de gratitude. Encore une nuit et... (Soudain, il s'interrompit.) Dieu du Ciel, que se passe-t-il ?

Il remarqua les traits crispés de Yan Thoreau, dont la tête s'affaissait sur sa poitrine. Il avait les mains glacées.

— Ce n'est rien, murmura Yan. Seulement, moi aussi, je crève de faim, Dixon.

Il se ressaisit et, avec un sourire :

— Il n'y a plus rien à manger, ajouta-t-il, voyant son compagnon allonger la main vers le havresac. Je vous ai donné le reste de la farine. Plus rien que du sel et du thé... (Il roula sur les branches de pin et poussa un soupir.) Laissez-moi dormir !

Dixon s'allongea à côté de Yan. Il faisait grand jour quand il s'éveilla et appela Yan pour lui annoncer que la neige ne tombait plus.

Yan ne bougeait pas. Dixon, penché sur lui, écouta sa respiration, puis, lentement et avec peine, le traîna sous la clarté du jour. Le feu était éteint. Le firmament était d'un gris de plomb et un morne silence succédait à la tempête. Un peu au-delà des seaux suspendus sur les cendres du foyer, un oiseau-des-élans, affamé, sautillait en gazouillant.

L'homme l'observait, n'osant remuer. Lentement, il recula son pied droit, puis le gauche et, pas à pas, regagna l'abri à reculons. A l'intérieur se trouvait son fusil. Il s'en saisit, s'agenouilla dans la neige et visa. Au tonnerre de la détonation, Yan sursauta sans ouvrir les paupières. Il ne bougea même pas lorsque Dixon, tout joyeux, vint lui apprendre qu'il avait abattu de la viande. Il finit par l'entendre, mais une force plus impérieuse que sa volonté le rejeta dans l'inconscience. Il se passa une éternité avant qu'il entendît de nouveau la voix de Dixon. Il se sentit soulevé du sol et ouvrit alors les yeux.

— Buvez ceci, Thoreau, disait son compagnon, lui appuyant la tête contre son épaule. Du bouillon d'oiseau ! lui murmura Dixon. Comment le trouvez-vous ?

Tout à fait éveillé, Yan absorba de menus morceaux de viande que son compagnon lui tendait sur une assiette d'étain. Soudain, alors qu'il ne restait plus que deux ou trois bouchées, il s'arrêta :

— Sacrebleu ! s'écria-t-il. mais c'est un oiseau-des-élans ! Et je l'ai mangé tout seul !

L'autre grimaça un sourire.

— Vous m'avez donné toute la bouillie, Thoreau. N'était-il pas juste qu'à votre tour vous mangiez cet oiseau ?

Les deux hommes se serrèrent vivement les mains. Du cœur de Yan monta une prière inarticulée :

« Élise, je remercie le Dieu tout-puissant d'avoir placé cet homme sur ton chemin ! »

Yan se releva et, d'un pas chancelant, sortit sur la neige.

— Il s'agit peut-être d'une simple accalmie de la tempête, dit-il. Ne perdons pas une minute. Pendant combien de temps avez-vous marché avant de dresser ce campement ?

— Environ dix heures, répondit Dixon. A l'aide de ma boussole, je me dirigeais à l'ouest, lorsque je m'aperçus que j'avais dépassé le lac Bain et marchais vers le nord.

— Ah ! vous avez votre boussole ! s'écria Yan, un éclair d'espoir dans les yeux. Eh bien, monsieur Dixon, nous ne sommes pas loin du poste. Où se trouve le nord ?

— Par ici !

— Alors, dirigeons-nous au sud-est. Si pendant dix heures vous avez voyagé d'abord vers l'ouest et ensuite vers le nord, nous sommes ici au nord-ouest du lac Bain.

Péniblement, ils atteignirent la crête de la montagne. Dixon s'effondra dans la neige et dit à son compagnon :

— Malgré toute ma bonne volonté, jamais je ne pourrai y arriver à travers toute cette neige, Thoreau !

Les yeux de Dixon ne trahissaient nulle crainte et sa voix avait une note plutot enjouée.

Le visage de Yan s'éclaira soudain.

— Je connais cette crête. Nous ne sommes plus qu'à quinze cents mètres du lac Bain. Vous feriez mieux de laisser votre arme ici.

Aidé de Yan, Dixon se releva. Les deux hommes avancèrent lentement, faisant une pause tous les cent mètres. Les traits de Dixon se crispaient sous la douleur.

— La farine et l'eau me restent sur l'estomac, fit-il en souriant amèrement. J'ai des crampes. Aïe !

— Cela ira mieux ce soir à dîner.

Dixon s'appuya lourdement sur le bras de Yan.

— Vous devriez rentrer seul au poste, d'où vous pourrez m'envoyer du secours, Thoreau.

— J'ai promis à Élise de vous ramener si je vous trouvais, répondit Yan, détournant la tête. Si la tempête recommençait, vous seriez perdu.

— Dites-moi, dites-moi..., prononça Dixon d'une voix émue. Vous a-t-elle envoyé me chercher, Thoreau ?

Quelque chose dans la voix de l'Anglais attira l'attention de Yan. La couleur revenait sur les joues de Dixon et ses yeux brillaient.

— Vous a-t-elle envoyé ?...

Yan fit un effort pour demeurer calme.

— Elle n'a pas exprimé son souhait en paroles, monsieur Dixon, mais je sais que, si je vous ramène sain et sauf au lac Bain, elle en sera très heureuse.

Un soupir s'échappa des lèvres de Dixon, mais Yan ne l'entendit point.

Dixon s'appuya sur Yan plus lourdement et les étapes devinrent de plus en plus courtes. Vers minuit, enfin, Yan, soutenant toujours Dixon, émergea de la forêt de sapins dans la clairière du poste. Yan conduisit l'homme à moitié inconscient au magasin de la Compagnie. Il éveilla Croisset, qui les accueillit.

— Prends bien soin de Dixon, lui dit Yan, et n'éveille pas les autres. Demain, il sera temps de leur apprendre ce qui s'est passé.

Sur le poêle de sa chambre, il se fit cuire un morceau de viande et chauffer du café. Ensuite il médita un long moment. Il avait ramené Dixon. Au matin, Élise connaîtrait la vérité. Elle s'adresserait d'abord à l'Anglais, ensuite elle viendrait vers lui, Yan. Il se leva et alla vers la grossière table dans le coin de la pièce.

« Non, se dit-il à lui-même, il ne faut pas qu'Élise me revoie. Jamais plus elle ne doit jeter les yeux sur Yan Thoreau. »

Il prit un crayon et une feuille de papier et se mit à écrire.

Je te l'ai ramené, Élise, et je prie le bon Dieu pour que tu sois heureuse. Je te laisse mon vieux violon. Quand tu en joueras, il te parlera de l'amour de Yan Thoreau.

Il plia cette page et la glissa dans une enveloppe de la Compagnie. Après un court repos, il descendit sans bruit dans le magasin désert et se composa un nouveau paquetage. Il posa l'enveloppe destinée à Élise bien en évidence afin que Croisset la vît le lendemain matin. Ses chiens avaient été enfermés dans une hutte derrière le magasin. Il les appela doucement par leur nom et ils le suivirent à la lisière de la forêt, près du vieux sapin qui veillait toujours sur la tombe. Là, Yan s'arrêta et étendit les bras vers la petite cabane. De la gorge de Yan s'échappaient des sanglots semblables à ceux qu'il avait entendus à côté de la même tombe, dix-sept ans auparavant, lorsque la voix étouffée de Cummins avait murmuré une dernière prière pour sa femme.

Treize jours durant, il fit courir ses chiens à toute allure vers le sud. Le quatorzième, il atteignit le Pas, où commencent les régions civilisées. A la nuit tombante, il aperçut le scintillement des lumières au-delà de la rivière Saskatchewan.

Il arrêta ses chiens avant de traverser le cours d'eau et se tourna vers la terre désolée du Grand Nord, où l'aurore boréale éclairait faiblement le ciel.

« Dieu te bénisse et veille toujours sur toi, ma chère Élise ! » soupira-t-il.

Puis il se remit en marche à la tête de son attelage et traversa la rivière pour rentrer dans le monde des civilisés.

XXV

JACK THORNTON

On s'amusait fort au Pas, ce soir-là. Avant d'atteindre les premières maisons, Yan entendit des flonflons de la fête et les chiens dressèrent les oreilles.

Une porte s'ouvrit : un homme et une femme sortirent. L'homme proférait des jurons et sa compagne s'esclaffait d'un rire que Yan n'avait jamais entendu sortir des lèvres d'une femme. D'autres couples émergèrent de la salle de bal. Une femme, escortée de deux cavaliers, poussa un cri de folle joie en lançant un objet qui alla se fracasser contre le traîneau. C'était une bouteille. Kinous grogna. Les chiens de trait se rapprochèrent de leur chef et, d'une voix sourde, Yan leur ordonna de se remettre en marche.

Auprès de la rivière à l'endroit où la Saskatchewan forme une courbe vers le sud-ouest, Yan remarqua une bâtisse carrée et basse. Au-dessus de la porte, une lanterne éclairait une enseigne portant cette inscription fantaisiste : *Hôtel du roi Édouard.*

Les premières broussailles de la forêt commençaient à une centaine de mètres de là. Yan attacha son attelage à un tronc d'arbre et laissa son traîneau à l'abri, dans un buisson. Il ne lui était pas venu à l'idée qu'en pénétrant dans la civilisation il se trouverait dans un pays de serrures et de verrous, de voleurs et d'escrocs. La solitude et non le soupçon l'incita à détacher Kinous et à l'emmener avec lui.

Ils entrèrent dans l'auberge, Kinous plein de méfiance. Dans une vaste salle, éclairée par une lampe à pétrole mise en veilleuse, Yan aperçut un homme solitaire, assis dans un fauteuil en face d'une large baie tournée vers le nord. Sans bruit, évitant de déranger le personnage, Yan prit un siège devant cette même fenêtre. Kinous appuya sa tête contre les genoux de son maître et le regarda de son œil unique.

Jamais jusqu'ici Yan n'avait ressenti autant le poids de la solitude. Il ferma les yeux et enfouit ses doigts dans l'épaisse fourrure de Kinous. Malgré ses efforts, son esprit se reportait au-delà des espaces silencieux, des montagnes et des forêts, dans le pays du lac Bain où l'étoile Polaire scintillait dans toute sa splendeur. De nouveau, il se voyait en pensée près d'Élise, dans le cadre qu'ils affectionnaient et la jeune fille lui jouait du violon.

Enfin, il sortit de sa torpeur et remarqua l'inconnu qui, penché sur lui, l'étudiait à la lueur de la lampe à pétrole. Le jeune homme le considéra à son tour et lut sur le visage de l'autre une souffrance qui aurait pu être le reflet de la sienne. Pendant un assez long moment, les deux hommes s'entre-regardèrent tandis que le chien-loup hérissait les poils de son échine. Un instinct avertit Yan que cet individu n'était pas un homme des forêts. Il portait la marque des gens du Sud, de la civilisation.

Cependant, un fluide passa de l'un à l'autre, renversant les barrières et éveillant entre eux une sympathie spontanée. L'étranger tendit la main et Yan répondit à son geste. Dans cette poignée de main, les deux hommes exprimèrent leur besoin de société, de camaraderie.

— Vous venez d'arriver ? demanda l'inconnu. C'est votre traîneau là-bas ?

— Oui, répondit Yan.

L'homme se rassit.

— Vous arrivez des campements ?

— De quels campements ?

— Des campements de cheminots, là-bas dans les chantiers de Wekusko où l'on pose une nouvelle voie ferrée.

— Je ne connais ni chantiers ni voie ferrée, à l'exception de celle qui traverse le Pas. J'arrive du lac Bain, à la lisière des Barrens.

— C'est votre première visite dans le Sud ? s'enquit l'autre.

— J'y suis venu une fois... et n'y suis resté qu'une journée. J'ai passé toute ma vie dans le Nord.

— Et moi j'ai toujours vécu dans le Sud, répondit l'inconnu. Voilà un an, je suis venu me reposer ici pour ma santé et mon bonheur. Je les ai découverts tous deux, mais je retourne là-bas demain. Je m'appelle Jack Thornton et j'habite Chicago.

— Moi, je m'appelle Yan Thoreau. J'ai lu bien des choses sur Chicago dans des livres et j'ai vu des photos de cette ville. Est-elle plus grande que Winnipeg ?

— Oui, beaucoup plus grande, répondit l'homme en détournant la tête.

— Les administrateurs de la grande Compagnie habitent Winnipeg, n'est-ce pas ?

— Vous voulez dire ceux de la Compagnie de la baie d'Hudson ?... Oui.

— Et, pour une affaire importante, c'est à eux qu'on doit s'adresser, n'est-ce pas ?

Thornton, vivement intéressé, regarda longuement son interlocuteur.

— Il y a des bureaux beaucoup plus près, à Prince Albert, par exemple.

— En effet, ce n'est pas aussi loin ! s'exclama Yan en se levant. Et vous croyez qu'on s'en occuperait là ?

Il posa la main sur la tête broussailleuse de Kinous et se tourna vers la porte.

— Peut-être mieux qu'à Winnipeg, répondit Thornton. Tout dépend de la nature de vos affaires.

Le hurlement prolongé d'un chien-loup dans la nuit parvint aux oreilles des deux hommes.

— Ils appellent Kinous, dit Yan d'une voix calme, comme s'il n'avait pas compris la question que renfermaient les derniers mots de Thornton. Bonne nuit, monsieur.

Les chiens, assis sur leurs hanches, attendaient le retour de leur maître et de Kinous. Yan les conduisit un peu plus loin dans l'épaisseur des sapins et construisit un feu, sur lequel il chauffa son café et fit cuire un gros morceau de caribou gelé. Il lança du poisson à ses chiens affamés, puis n'eut plus qu'un désir : harnacher ses chiens et, malgré sa fatigue, se rendre au plus vite à la ville dont lui avait parlé Thornton, à Prince Albert. Là, une fois pour toutes, il se libérerait de ce secret qui l'obsédait depuis cette nuit où, voilà des années, il était arrivé au lac Bain et avait joué du violon au lit de mort de la femme de Cummins.

Plongeant sa main dans la poche intérieure de son manteau de fourrure, il palpa les papiers retirés de la cachette dans le fût du sapin. Depuis vingt ans, il les gardait précieusement. Demain, il les remettrait à la grande Compagnie, à Prince Albert. Après cela... que deviendrait Yan Thoreau ? La Compagnie lui procurerait peut-être un emploi et il demeurerait en pays civilisé. C'était la meilleure solution.

Il lutterait contre l'appel de la forêt, comme au cours des années précédentes il avait lutté contre l'attrait du monde civilisé. S'il ne regagnait pas ses forêts, il dirigerait ses pas très loin vers l'est ou l'ouest. Ceux qui avaient connu Yan Thoreau n'entendraient désormais plus parler de lui.

Kinous avait rampé jusqu'à la couverture de Yan et bientôt sa grosse tête de loup s'appuyait sur le bras de son maître. Une dizaine d'années auparavant, Yan était devenu le maître de Kinous, un chiot à demi aveugle, que lui et Élise avaient choisi dans une portée de six chiens, tous plus forts que Kinous. Il ne lui restait plus que Kinous, à présent. Certes, il aimait ses autres chiens, mais pas comme celui-ci.

Il entoura de son bras la bonne tête de l'animal. Épuisé de fatigue, il s'assoupit devant le feu et bientôt dormit à poings fermés, la tête appuyée contre un arbre.

Au bout de quelques heures, il se réveilla et s'étonna de voir le feu toujours allumé. De l'autre côté du brasier, derrière les chiens, Jack Thornton était assis. Yan leva les yeux au ciel où les étoiles pâlissaient et constata que l'aube allait poindre. Il se dressa sur son séant. Thornton, le visage souriant, l'observait en lançant de sa pipe des nuages de fumée.

— Vous étiez gelé, lui dit-il, et vous dormiez sur une souche. Je vous ai attendu à l'auberge, puis je me suis mis à votre recherche. Vous savez..., je pensais...

Il hésita et secoua la cendre de sa pipe. Puis il regarda Yan en plein dans les yeux et ajouta :

— Dites, mon vieux, si par hasard vous aviez des ennuis ou... besoin d'argent, je pourrais vous aider, si vous me le permettez.

— Merci, je ne manque pas d'argent, mais je préfère dormir à la belle étoile avec mes chiens. Grand Dieu, je serais mort de froid sans vous ! Vous avez passé toute la nuit ici ?

Thornton acquiesça.

— Et nous voici au matin ! s'exclama Yan, considérant le ciel par-dessus le faîte des sapins. Vous êtes très bon. Je voudrais bien vous rendre la pareille.

— Vous le pouvez. Où allez-vous maintenant ?

— Aux bureaux de la Compagnie, à Prince Albert. Nous partons dans une heure.

— Voulez-vous m'emmener avec vous ? demanda Thornton.

— Avec plaisir ! s'écria Yan. Mais je vous préviens, le voyage sera fatigant. Il faut que je me presse et sans doute n'avez-vous pas l'habitude de courir derrière les chiens.

Thornton se leva et tendit la main.

— J'en ai bien vu d'autres ! Je voudrais...

Il s'interrompit et Yan le regarda. De nouveau, il découvrit dans le visage de Thornton cette expression de souffrance qui l'avait tant impressionné dans la salle de l'auberge. Yan se tourna alors vers son traîneau :

— J'ai ici de la viande, du café et des biscuits. Voulez-vous partager mon petit déjeuner ?

Ce jour-là, Yan et Thornton couvrirent soixante-quinze kilomètres dans la direction de l'ouest. Au début de l'après-midi du quatrième jour, ils arrivaient à Prince Albert.

— Allons d'abord aux bureaux de la Compagnie, dit Yan. Ainsi nous ne perdrons pas de temps.

Ce fut au tour de Thornton de lui servir de guide à travers la ville, vers un très vieil édifice. Ils pénétrèrent dans un bureau rempli du cliquetis de machines à écrire devant lesquelles travaillaient de jeunes femmes. Thornton tendit un mince carré de carton blanc à un personnage aux cheveux gris assis à un bureau. L'ayant lu, celui-ci se leva, s'inclina et serra la main de Thornton. Au bout de quelques instants, une porte s'ouvrit et Yan Thoreau, le cœur palpitant d'émotion, fut introduit seul dans une autre pièce. De la main, il tâta ses papiers dans la poche intérieure de son manteau.

Une heure s'était écoulée et Thornton l'attendait toujours. L'homme assis au bureau lui lança un regard interrogateur et deux dactylographes échangèrent tout bas leur opinion. Qui donc pouvait être ce rustre venu du Nord qui se permettait d'accaparer le précieux temps du directeur ?

Enfin, Yan parut. Les épaules affaissées, les joues pâles, il semblait vieilli de cinq années. Il marcha droit devant lui. Thornton le suivit et, comme la dernière porte s'ouvrait pour les laisser sortir dans la rue, Thornton entendit les soupirs angoissés de Yan. Il lui prit le bras :

— Si vous avez échoué dans votre démarche, si vous êtes dans l'embarras, n'hésitez pas à me le dire. Je me charge de les rappeler à l'ordre, tonnerre ! Ils sauront à qui ils auront affaire. S'il faut de l'argent, je dispose d'un demi-million de dollars pour leur apprendre à vivre !

— Merci bien, dit Yan, contenant à grand-peine son émotion. Il ne s'agit point d'argent. Un demi-million suffirait à peine à payer ce que je veux leur remettre.

Il porta la main sur la poche qui contenait tout à l'heure les papiers.

XXVI

TENTATION

Ce soir-là, laissant Thornton en train de dîner dans le petit hôtel pompeusement dénommé « Hôtel de Windsor », Yan sortit avec Kinous sur ses talons. Il traversa la Saskatchewan gelée pour se rendre dans la forêt de sapins sur la rive nord. Il recherchait la solitude pour réfléchir et lutter contre le désir de se confier à son nouvel ami.

En son âme naissait pour Thornton un sentiment plus puissant que la camaraderie : il se serait battu et serait mort pour lui sauver la vie, comme il l'eût fait pour Jean de Gravois. Yan devinait chez Thornton une souffrance morale et un chagrin cachés. Cependant, il se demandait s'il était prudent de se décharger de son fardeau auprès de cet homme qu'il connaissait encore si peu.

Une semaine, peut-être une dizaine de jours, et tout serait terminé, lui avait promis le directeur à Yan. Qu'adviendrait-il de lui à la fin de ce laps de temps ?

Quand il regagna l'auberge, la ville était complètement plongée dans l'obscurité. Thornton se tenait seul, assis dans un coin de la salle non éclairée, comme à l'auberge du Pas. Jean prit place à côté de lui. La voix vibrante d'émotion, Thornton lui demanda :

— Yan, avez-vous jamais aimé une femme au point de lui sacrifier votre existence ?

A cette question posée à brûle-pourpoint, Yan répondit en toute sincérité. Il soupçonnait Thornton d'avoir deviné son secret.

— Oui.

Thornton se pencha vers Yan et, tout ému, lui narra son histoire.

— J'aime une femme... de toute mon âme. Pas une femme, mais une jeune fille, et elle appartient aux gens de votre race, Yan. Elle vit dans le Grand Nord, elle est pure comme un lis, plus belle à mes yeux que toutes les femmes de l'univers. Elle habite Oxford House. Je rentre chez moi... pour ne pas commettre une folie.

— Une folie ! s'exclama Yan. Elle ne vous aime donc pas ?

— Elle me suivrait jusqu'au bout de la terre.

— Alors ?...

Thornton se redressa et essuya son visage pâle. Soudain, il se leva et fit signe à son compagnon de le suivre au-dehors. Ensemble, ils marchèrent d'un pas rapide et bientôt franchirent les limites de la ville. Ils s'arrêtèrent alors pour contempler la ligne sombre des forêts qui se détachait au sud sous le ciel pâle.

— On appelle ce pays-là, le domaine de la civilisation, dit-il en désignant le sud. Pour moi, c'est un enfer de grandes villes, de luttes acharnées et de méchanceté. Je ne l'ai jamais si bien compris que maintenant et je serais heureux si je pouvais vivre sur cette terre bénie du Nord.

— Vous pouvez y rester puisque vous aimez cette jeune fille.

— Impossible, grogna Thornton. A moins de...

— Quoi ?

— A moins de tout perdre pour l'avoir à moi.

D'une main tremblante, Yan prit celle de son compagnon.

— Tout cela ne compte pas devant l'amour et le bonheur.

— Mais je perdrais tout, absolument tout, insista Thornton, se retournant vivement vers Yan. Pour elle, je devrais renoncer à mon propre nom et m'enterrer à jamais dans les forêts du Nord. J'abandonnerais ma fortune, mes amis et ma personnalité... pour elle. Cela est impossible !

Yan ouvrit de grands yeux. Et Thornton poursuivit :

— J'ai vécu dix années horribles dans le Sud avec une femme..., mon épouse. Je suis venu ici pour fuir cette mégère. Elle souhaite d'ailleurs ne jamais plus me revoir. Elle est heureuse de me sentir au loin... et moi, pendant ce temps, je goûte au moins la paix. Je sais à présent ce que signifie l'amour et j'éprouve une vive tentation de retourner vers ma bien-aimée.

Il s'interrompit devant le changement d'expression de Yan, qui se tenait droit comme un sapin. Seuls ses yeux paraissaient vivants et lançaient des flammes. Enfin, Yan parla d'une voix basse et frémissante.

— A quel point en sont vos relations avec elle ?

Thornton comprit aussitôt et fit un pas en avant, les mains tendues vers Yan.

— Elles n'ont cessé de demeurer très pures. J'aime cet être plein de noblesse et mon plus gros péché est de n'avoir rien fait pour l'empêcher de m'aimer. Mais c'est tout, Yan Thoreau, je le jure !

— Et vous repartez vers le Sud ?

— Oui, je repars vers le Sud.

Cependant le lendemain, Thornton ne s'en alla point, pas plus le surlendemain que les jours suivants. Chaque après-midi, Yan se rendait au bureau du directeur de la Compagnie de la baie d'Hudson, et Thornton y allait avec lui... Le neuvième jour, Yan se dirigea seul au bureau de la Compagnie. Cette fois, Thornton était resté à l'hôtel.

C'était le dernier jour que Yan Thoreau passait à Prince Albert. Le directeur lui annonça que le travail était achevé. Il faisait sombre lorsque Yan quitta l'immeuble de la Compagnie. Au-dehors, les étoiles brillaient dans un ciel de velours. Yan s'arrêta un moment au bord de la rivière. Sur la berge opposée s'étendait la forêt silencieuse et, plus au nord, l'aurore boréale projetait ses faisceaux rouges et jaunes et lui faisait signe de revenir.

Bientôt lui parvint un murmure lointain. Yan le reconnut et vit les poils se hérisser sur l'échine de Kinous. Le chien-loup poussa un grognement plaintif. Le sang du jeune homme courut plus chaud dans ses veines. Par-delà la rivière, tout là-bas, son pays le rappelait. A présent, Yan Thoreau était libre ! Cette nuit même, il s'enfoncerait dans la forêt et dormirait sous ses étoiles bien-aimées, bercé par la chanson du vent agitant le faîte des sapins.

Il allait partir sur l'heure... après avoir pris congé de Thornton. Il courut, haletant, suivi de son chien, par l'unique rue éclairée de la ville. Arrivé à l'hôtel, il trouva Thornton assis à la même place.

— Ma mission est remplie, mon ami, et je reprends la piste ce soir même.

— Ce soir ? répéta Thornton en se levant.

— Oui. Tout de suite. Je vais préparer mes affaires. Venez-vous ?

Précédant Thornton, Yan monta à la chambrette où il avait dormi pendant son séjour à l'hôtel. A la clarté de la lampe il remarqua le changement opéré dans les traits de Thornton. Les mâchoires serrées et les yeux mauvais, celui-ci regardait Yan.

— Et moi aussi, je m'en vais ce soir, lui dit-il.

— Vers le Sud ?

— Non. Vers le Nord, répondit Thornton, farouche. C'en est fini avec le Sud. Je ne retourne pas dans cet enfer ! Là-bas, on peut me considérer comme mort..., on n'entendra plus parler de moi. Qu'on me prenne ma fortune et le reste, je pars pour le Grand Nord afin de vivre parmi les gens de votre race, plus près de Dieu et... d'elle !

Yan se laissa choir sur une chaise. Thornton s'installa en face de lui.

— Je vais la retrouver. Personne n'en saura rien.

Il ne pouvait s'expliquer le regard étonné de Yan et la nervosité de ses mains fines et brunes posées sur la table. L'œil unique de Kinous et son dos hérissé lui en apprirent davantage. Thornton ne saurait jamais à quel point les doigts de Yan Thoreau le démangeaient : il avait envie de sauter à la gorge de Thornton. Cependant, il proféra, d'un ton calme :

— Vous ne ferez pas cela.

— Mais si, je le ferai ! J'y suis fermement résolu et rien ne m'arrêtera, sauf la mort.

— Autre chose peut entraver votre dessein. Moi, par exemple, je m'y oppose !

Thornton se leva lentement et planta ses yeux dans ceux du jeune homme.

— Je m'y oppose ! répéta Yan.

Il alla vers Thornton et lui posa ses deux mains sur les épaules. Dans ses prunelles reparut cette douce flamme qui le rendait sympathique.

— Thornton, je vous empêcherai de faire cela ! lui dit-il, parlant comme à un frère. Asseyez-vous. Je vais vous raconter une histoire. Quand vous l'aurez entendue, vous me serrerez la main et me direz : « Yan Thoreau, je vous suis reconnaissant de m'avoir mis au courant de ces faits et je vous promets de respecter l'honneur de celle que j'aime. »

XXVII

L'HISTOIRE DE YAN

Yan se tourna vers la faible clarté de la lampe et Thornton discerna une flamme sombre dans son regard.

— Thornton, dit-il, je vais vous révéler un secret connu seulement de deux autres personnes. Un homme venu comme vous des régions civilisées vivait dans les forêts du Nord il y a cela bien des années. Il lia connaissance avec une femme, comme vous-même avez connu la jeune fille d'Oxford House. Il l'aimait, peut-être plus que vous n'aimez cette petite. La similitude des situations est frappante. Voilà pourquoi la Sainte Vierge me donne le courage de vous parler. Cet homme laissait également une épouse et deux enfants en pays civilisé. Je prie le Tout-Puissant de lui pardonner, car il abandonnait un troisième enfant... pas encore né.

Yan se couvrit la face de sa main.

— L'amour de cet homme et de la femme qu'il rencontra dans le Nord eût été sublime si l'homme avait eu un cœur pur. En effet, il sacrifia tout pour sa bien-aimée. Elle était belle et l'adorait. Toute confiante, elle l'épousa. Elle l'eût suivi n'importe où, comme toute femme des forêts qui aime son mari. Dieu du Ciel ! savez-vous ce qui arriva ? Un enfant vint au monde !

Yan prononça ces mots d'un ton si farouche que Thornton recula comme pour éviter un soufflet.

— Un enfant vint au monde, marqué de la malédiction divine, ajouta Yan. Là-bas, dans votre monde civilisé, on en aurait fait un homme, du moins à ce que l'on m'a dit. Un enfant né en dehors des liens matrimoniaux est chose courante dans le Sud et cet être innocent n'en porte pas la honte toute sa vie. Mais ici, il en va différemment. L'opprobre le poursuit jusqu'à sa mort. Ce malheureux enfant, plus à plaindre que les bêtes sauvages, fut la victime de leur amour. Si le murmure du vent avait révélé sa tare originelle, chacun l'aurait fui comme un pestiféré, il eût été un paria, méprisé, insulté comme un chien. Voilà le sort injuste et cruel réservé à l'enfant naturel dans le pays du Nord.

Thornton demeurait silencieux et immobile.

— La malédiction ne tarda pas à produire ses effets. Tout d'abord l'homme, en proie au remords, erra d'un endroit à un autre, emmenant avec lui la femme et l'enfant. La pureté et l'affection de cette femme ajoutaient à ses souffrances et il reconnaissait la main de Dieu qui le frappait. Elle ne comprenait rien au chagrin de son mari. Miné par la douleur, l'homme mourut, sept ans après la naissance de son fils.

La lampe à pétrole vacilla, puis se mit à fumer. Yan toucha la mèche et la chambre se trouva plongée dans l'obscurité complète.

— C'est alors que la malédiction poursuivit la femme et son fils. Les péchés des pères retombent sur les enfants. Nous ne pouvons rien contre les desseins de la Providence. Un nouveau missionnaire arriva au poste, venant du Sud. Il prêchait la parole de Dieu et la femme croyait en sa sincérité. L'enfant, bien que tout jeune, voyait bien des choses qu'il ne comprenait pas. Par la suite, il devina que le missionnaire admirait la beauté de sa maman et essayait de faire sa conquête. Mais il n'y réussit point, car la femme gardait une fidélité farouche à celui à qui elle s'était donnée tout entière. Un soir que tout le poste assistait au festin des caribous, et que personne ne se trouvait à proximité de la petite cabane où vivaient la mère et son fils, le malheur se produisit. Le garçonnet jouait à côté des brasiers et il venait en courant à la maison pour apporter une tranche de viande rôtie, lorsqu'il entendit les cris de sa mère. Il entra précipitamment, mais fut renversé par le missionnaire qui sortait à cet instant. L'enfant se releva et poursuivit l'homme en criant que le missionnaire venait de tuer sa maman !... C'était la vérité. A partir de ce jour-là, elle se flétrit comme une fleur à son déclin. Elle mourut bientôt laissant son fils supporter seul tout le poids de la malédiction. Cet enfant, Thornton, était Yan Thoreau, et la femme, sa mère.

Un lourd silence tomba entre les deux hommes. Au bout d'un moment, Yan sentit la main de Thornton se poser sur son bras.

— Est-ce tout ? demanda celui-ci.

— Non, ce n'est que le début, répondit Yan doucement. Le malheur me poursuivit et je suis l'être le plus à plaindre. Aujourd'hui, j'ai accompli mon devoir. A sa mort, mon père confia à ma mère des papiers qu'elle devait me remettre à ma majorité. Lorsqu'elle succomba, ces documents devinrent ma possession. Elle ignora toujours leur contenu et je m'en félicite, car ils racontaient les faits que je viens de vous apprendre. Par-delà la tombe, mon père me demandait d'opérer certaines restitutions. Quand il vint dans le Nord, il avait emporté avec lui la plus grosse partie de sa fortune, très considérable, et l'avait placée où personne ne pouvait y toucher : en actions de la Compagnie de la baie d'Hudson. La moitié, d'après ses papiers, devait me revenir et il me priait de remettre l'autre moitié à ses enfants et à sa femme si elle vivait encore. J'ai fait bien davantage, Thornton. J'ai tout donné... car je ne considère pas cet argent comme m'appartenant. La moitié ira aux deux enfants qu'il a abandonnés et l'autre moitié à celui dont il ignorait l'existence. La mère est morte.

Au bout d'un moment, Thornton prononça :

— Vous n'avez pas fini, Yan.

— C'est vrai... Si je vous disais tout, vous comprendriez alors pourquoi Yan Thoreau est l'homme le plus infortuné du monde. Les conséquences de la faute paternelle m'ont poursuivi et dépouillé de tout ce que la vie enferme de beau. Ce spectre m'a hanté jour et nuit, détruisant tous mes espoirs, toute ma personnalité, faisant de moi un paria, sans parents, sans amis, sans... amour. Avais-je raison, Thornton ? Sans revoir celle que vous aimez, vous retournerez vers le Sud et, un jour, Dieu vous en récompensera.

Thornton se leva dans l'obscurité.

— Voulez-vous que j'allume ? demanda Yan.

— Inutile, répondit Thornton. Yan, je vous sais gré de m'avoir mis en présence de votre Dieu. Jusqu'ici, je ne le connaissais pas. Nous envoyons des missionnaires dans le Grand Nord, nous vous considérons comme des sauvages sans moralité et sans âme... Alors que nous, les civilisés, sommes des aveugles. Vous venez de m'apprendre beaucoup plus de choses qu'on m'en a enseigné et je retourne dans mon pays. Mais, un jour, je reviendrai ici pour vivre parmi les vôtres. J'irai la retrouver, la conscience pure et le cœur libre. Je n'apporterai à ma suite aucune malédiction. Si je pouvais lui faire parvenir un message, implorer son pardon, révéler la faute que j'allais commettre sans vous, et lui répéter ma confiance en elle, je partirais le cœur plein d'espoir.

— Votre désir sera exaucé, Thornton. Je me chargerai volontiers de lui transmettre votre message. Je lui dirai que le destin s'est montré favorable en vous plaçant sur mon chemin. C'est une fille de ma race, elle vous pardonnera et vous aimera encore davantage pour votre noble conduite. Le dieu des Crees lui fera comprendre que vous avez respecté l'honneur des grandes neiges. Elle vous demeurera fidèle et conservera au fond d'elle-même l'espoir de votre retour.

— Et vous, Yan, comment vous retrouverai-je ?

— En quittant Oxford House, je laisserai un mot à la jeune fille pour lui indiquer où je me rends.

— Au revoir, dit Thornton d'une voix rauque.

Yan écouta le pas de l'homme qui s'éloignait. Pendant un long moment, il demeura assis, la tête entre ses mains. Kinous, le chien-loup, se mit à geindre doucement. Dans l'obscurité, son maître pleurait.

XXVIII

L'AME DU VIOLON

Ce soir-là, Yan Thoreau reprit pour de bon le chemin de ses forêts. Il voyagea toute la nuit et, tandis que les kilomètres s'allongeaient derrière lui, il sentait renaître son courage et son énergie.

Au-dessus de sa tête, les étoiles, ses amies fidèles, scintillaient par milliers pour lui montrer son chemin. Dans le silence nocturne, sa pensée se reportait vers Élise.

Au bout d'un mois, il arriva à Oxford House et trouva la jeune fille au doux visage qu'aimait Thornton. Il remplit religieusement la mission que lui avait confiée son ami du Pas, puis il reprit sa route vers le nord-est, sans autre idée que d'errer à travers les forêts. Au début du printemps, il fit halte près des sources de la rivière Cutaway. Là, il dressa son campement, séjourna quelques jours et installa des pièges à ours. Puis il repartit dans la direction du nord et de l'est, posa des pièges pour le compte de la Compagnie. Soucieux d'accomplir sa promesse à Thornton, il donna un mot aux gens d'Oxford House afin qu'on le retrouvât aisément au cas où l'homme du Sud reparaîtrait.

Vers la fin de l'hiver, Yan rapporta ses fourrures à Oxford House. Le soir même de son arrivée au poste, on lui apprit qu'un Français, venu du Nord, avait parlé du lac Bain. Un peu plus tard, Yan suivit le Français hors du magasin et l'interpella dans un endroit où personne ne pouvait entendre leur conversation.

— Vous avez parlé du lac Bain, monsieur, dit-il en français. Vous avez donc été là-bas ?

— Oui, répondit l'autre. J'y ai passé une semaine en attendant la première neige pour repartir en traîneau.

— Je suis du pays et me demande s'il s'est produit du nouveau. Avez-vous vu Cummins, l'agent du poste ?

— Oui, il est toujours là.

— Et Jean de Gravois, le chef du magasin ?

— Il était absent. Mais qu'est-ce donc tout ce bruit ? Les chiens sont en train de se battre.

— Un moment ! implora Yan, comme le Français s'éloignait dans la direction d'où venait le vacarme. — L'agent avait une fille..., Élise...

— Elle a quitté le lac Bain il y a longtemps, monsieur, interrompit le trappeur, s'efforçant de demeurer poli, car il avait hâte d'assister à la bataille. M. Cummins m'a dit qu'il ne l'avait pas revue depuis longtemps... près d'un an. Sacrebleu ! Écoutez-moi ça ! Ils vont s'entre-déchirer ! Mais ce sont mes propres chiens. Je reconnais leurs voix.

Il s'élança dans l'obscurité et Yan s'apprêtait à le suivre. Se ravisant, il regagna le magasin de la Compagnie. Il saisit son paquetage, le porta au traîneau tout attelé à la lisière des sapins. Kinous salua son apparition d'un aboiement joyeux.

Cette nuit-là, Yan ne s'attarda point à rêver aux étoiles.

— Une année ! se répétait-il à lui-même. Ah ! Kinous ! dit-il à son chien qui venait se frotter contre ses jambes. Notre Élise est partie avec l'Anglais ! Que Dieu leur accorde le bonheur !

Après quoi, Yan ne quitta plus la forêt. Il ne retourna point à Oxford House au printemps, mais vendit ses fourrures à un Métis de passage et erra, durant tout l'été, dans la région de l'Ouest. En janvier, alors que la neige était épaisse, il regagna sa cabane et, trois jours après, alla renouveler son équipement dans un poste de la baie d'Hudson sur le lac de Dieu, au lieu de se rendre à Oxford House. En traversant le lac gelé, Kinous fit un saut de côté et ses crocs happèrent quelque chose dans la neige.

Yan remarqua ce mouvement du chien, mais n'y prêta attention qu'un moment plus tard, lorsque Kinous s'arrêta net et s'affala sur le ventre, mordillant ses traits et gémissant de souffrance. Yan se souvint alors du coup de crocs de Kinous dans la neige et poussa un cri d'horreur. Il s'agenouilla auprès du chien, qui gémissait toujours. Yan serra la bête entre ses bras, comme il aurait tenu un enfant malade. L'œil unique de Kinous regardait fixement le visage de Yan. Bientôt, cet œil se couvrit d'une brume rougeâtre semblable à celle qui voile les prunelles des renards et des loups qui ont mordu un appât empoisonné. Yan ne s'y trompa point.

Yan, le visage contre la tête de son chien, sanglotait comme un enfant. Kinous frottait son museau enfiévré sur la joue de son maître. Un long moment plus tard, lorsque Yan releva les yeux, il comprit qu'il venait de perdre le seul être qui lui montrait de l'affection sur cette terre. Kinous était mort !

Du traîneau, il tira une couverture dans laquelle il enveloppa Kinous et l'emporta à cent mètres de la piste. La tête basse, marchant derrière ses quatre chiens, Yan arriva au poste de God's House. Ses provisions faites, une demi-heure plus tard, il se plongea dans les solitudes. La nuit tombait déjà quand il revint à l'endroit où gisait le cadavre de Kinous. Il le plaça sur le traîneau et les quatre huskies se mirent à hurler en tirant le véhicule d'où leur parvenait une odeur de mort. Ils s'arrêtèrent dans la forêt au-delà du lac et Yan construisit un feu.

Les chiens s'éloignèrent du traîneau et Yan suivit des yeux le mouvement des flammes dansantes. Kinous était mort : à présent, il se trouvait seul au monde. Le feu baissa et Yan sentit le froid ankyloser ses membres. La fin de Kinous venait de rompre le dernier lien qui le rattachait à Élise.

A l'aube, il se remit en marche. Il projetait de rejoindre sa cabane ce même soir et d'enterrer son vieux camarade le lendemain. Il faisait sombre quand il déboucha dans l'étroite plaine au bord de la rivière. Le ciel était criblé d'étoiles lorsqu'il gravit lentement la crête dénudée, au pied de laquelle il avait établi son campement principal. Au sommet, il s'arrêta et s'assit sur un rocher pour contempler à ses pieds la forêt noire et silencieuse qui abritait sa cabane.

Pour la première fois, ce paysage prenait dans sa pensée un sens profond. Il allait enfouir sur ce coin de terre son brave et fidèle Kinous. De chaudes larmes aveuglèrent les yeux de Yan et il sanglota amèrement, comme ce jour où il avait appris qu'Élise, frappée de la peste route, le réclamait.

— Élise ! Élise ! soupira-t-il.

Il lui sembla alors entendre un son tendre et doux qui le remua jusqu'au plus profond de son être. Yan leva les bras au ciel, car il percevait la musique d'un violon qui lui parvenait du Nord... Élise, à des milliers de kilomètres de là, répondait à son appel.

Yan remit son traîneau en marche. La musique lui arrivait de plus en plus proche. Enfin, il arriva à sa cabane et fut surpris d'y voir de la lumière. Quelqu'un s'y trouvait et des mains humaines jouaient du violon. Ce n'était donc pas l'esprit d'Élise venu jusqu'à lui à cette heure de désespoir ? Pas à pas, il s'approcha du seuil, se demandant s'il devenait fou, si... si...

A présent, il entendait la vieille romance cree empreinte de tristesse et d'amour. Poussant un grand cri, il ouvrit la porte et entra, les bras tendus, aveuglé par le flot de lumière. Élise lança une exclamation joyeuse et se jeta au cou de l'homme qu'elle aimait et dont elle ne cessait de répéter le nom à travers ses sanglots. Ils s'embrassèrent longuement.

Au bout d'un moment, Jean de Gravois s'avança vers Yan et le prit dans ses bras. Puis un nuage obscurcit la vision du jeune homme, qui se sentit glisser dans l'inconscience et murmura :

— Kinous... est mort !

Lorsqu'il revint à lui, Élise le pressait entre ses bras.

— Yan... Yan, il y a si longtemps que nous te cherchons... Depuis ton départ du lac Bain. Mon chéri, je t'aime tant... et tu as failli me briser le cœur... Je sais pourquoi tu as fui... Je t'aime à ce point que j'en mourrais si encore une fois tu me quittais !

— Tu connais la vérité ? soupira Yan. Tu sais tout et tu es venue me chercher ?

Il prit entre ses mains le joli visage d'Élise et le regarda fixement.

— C'est parce que je t'aime ! répéta la jeune fille, l'embrassant de nouveau.

Au-dehors, Jean de Gravois, sous le ciel étoilé, exécutait une danse avec Iowaka comme spectatrice.

— A présent, que dis-tu de ton Jean de Gravois, ma jolie ? (Il étreignit sa femme contre son cœur.) N'ai-je pas eu raison de rompre mon serment à la Sainte Vierge et de prévenir Élise que son amoureux avait perdu la boule ? Je savais ce qu'elle allait faire. Elle n'aimait pas cet Anglais... Et maintenant, si Yan Thoreau continuait de s'imaginer que la fameuse malédiction le poursuit toujours ? fit-il d'un ton moqueur... Oh, oh ! J'ai tout prévu. Dans ma poche se trouve une lettre signée par le directeur de la Compagnie à Prince Albert, à qui j'ai raconté l'histoire de Yan lorsque j'ai couru sur sa piste. Voici ce que dit cette lettre. L'autre femme était morte avant que l'homme qui devait être le père de Yan Thoreau épousât la femme qui, par la suite, donna naissance à Yan. A présent, ma chérie, comprends-tu pourquoi je n'ai point parlé de cette lettre à Élise ? Cet imbécile de Yan Thoreau aura ainsi la preuve qu'Élise l'eût aimé, quelle que fût son origine. Eh bien, fille de princesse, que penses-tu de ton mari ?

— J'ai épousé le plus grand homme du monde ! s'exclama Iowaka. Rentrons, grosse bête. Je commence à geler. D'autre part, ne crois-tu pas que Yan sera content de me revoir ?

— Me traiter de grosse bête ! protesta Jean, prenant sa femme par la main. Ma bien-aimée Iowaka, me traiter de grosse bête... après ce que je viens de faire ! Mon Dieu ! quel exploit faut-il qu'un homme accomplisse pour paraître grand aux yeux de sa femme ?

LE CAS D'ANDRÉ BEAUVAIS[1]

Folie ?... Qui sait !... Pourtant, si c'était de la folie ?...

Mais il se passe tant de choses étranges en ces régions polaires ! Folie ! Ce mot est parfois difficile à définir et il existe de si nombreuses formes de démence ou de dérangement cérébral ! Il arrive fréquemment que ce que nous appelons « folie » est à la fois raisonnable et juste... Oui, il en est ainsi : un brin de raison est une excellente chose, un tantinet davantage rend les hommes sages, mais, quand notre intelligence dépasse les limites qui lui sont assignées et plonge trop loin dans l'inconnu, quelque chose se dérange dans notre cerveau et crac ! nous voilà mûrs pour le cabanon.

Mais je veux vous conter mon histoire. Je sais qu'il vous tarde de l'entendre. Vous vous attendez sans doute à ce que je cherche, pour un motif personnel, à prolonger une existence humaine ou à en abréger le cours. Je ne ferai ni l'un ni l'autre, messieurs de la Police montée ! Je place en vous une confiance presque aussi absolue que ma foi en Dieu. Depuis mon arrivée dans ces immensités sauvages, je vous ai toujours considérés comme l'incarnation de l'honneur, de l'esprit chevaleresque et de la justice. A tous mes enfants de la forêt, j'ai appris à vous obéir, à vous respecter et à avoir confiance en vous, grands constructeurs de routes, protecteurs et gardiens de peuples et d'espaces dont la civilisation n'a qu'une bien vague idée.

Or donc, messieurs, je vais vous faire un récit impartial avec toute la gratitude d'un missionnaire qui a passé quarante ans de son existence dans les solitudes.

Je suis un prêtre catholique. Il faut parcourir près de six cent cinquante kilomètres en raquettes ou en traîneau à chiens, droit vers le pôle, pour arriver à ma cabane, et voici la première fois depuis dix-neuf ans que je remets les pieds sur les confins de ce vaste monde

1. Titre original : « The Case of Beauvais », nouvelle, extraite du recueil *Back to God's Country* et traduite de l'américain par Louis Postif.

dont je ne me souviens plus guère, à présent, qu'à l'état de rêve. Mais mon devoir m'appelait là-bas, au-delà des Terres stériles. Voyez ! Mes mains sont noueuses comme un tronc tordu. La lueur de vos lanternes blesse la vue. Aujourd'hui, j'ai dû marcher au milieu de votre rue parce que mes pieds chaussés de mocassins trébuchaient sur la surface polie de vos trottoirs. Les gens écarquillaient les yeux en me voyant passer et certains même ricanaient.

Oui, j'ai vécu quarante ans dans un autre monde. Vous savez ce que je veux dire, vous surtout, messieurs, que vos patrouilles ont menés dans le Grand Nord. Si, à la longue, ses rigueurs transforment nos mains, nos yeux et nos pieds, elles confèrent également aux enfants de la forêt des âmes et des cœurs quelque peu différents de ceux des civilisés. Ils obéissent à un code du bien et du mal qui, trop fréquemment, hélas ! n'est sanctionné par aucun tribunal. Ainsi donc, messieurs de la Police montée, jugez avec équité et essayez de comprendre, si vous pouvez...

Cet hiver où sévit la mort rouge fut terrible. Tant qu'il subsistera dans la mémoire des hommes et des enfants de cette génération, ils ne l'appelleront pas autrement que l'hiver de la famine et de la mort rouge. Il s'agit de la petite vérole, messieurs ! Les gens tombaient comme des mouches. Pareille horreur ne peut se décrire. Ils mouraient partout : dans les tentes, dans les huttes, sur la piste ! De fin décembre à mars, je n'ai récité mes prières que pour des morts. Quel rapport ces détails ont-ils avec mon récit, me direz-vous ? Et si j'ajoute que les troupeaux de caribous avaient émigré vers l'ouest et que nous souffrions d'une disette complète d'aliments, vous me demanderez ce que vient faire là cette digression sur la famine, la peste rouge et cette histoire de mourants ? Je vois d'ici..., oui, avec mes yeux de vieux forestier, je vois d'ici ce que vous pensez : en quoi cela concerne-t-il Joseph Brecht et André Beauvais ? Vous songez en votre for intérieur : pourquoi ce bonhomme, ce petit prêtre des bois, prend-il tout ce temps pour nous en apprendre si peu ? Ce préambule, messieurs, est très important. Aussi, permettez-moi de vous conter mon histoire à ma manière.

Sachez, en effet, que ces souffrances, cette famine, cette pestilence et ces nombreux décès avaient laissé une terrible empreinte chez maint d'entre les survivants. Imaginez une violente tempête déchaînée sur une forêt, un ouragan semant la ruine et la désolation sur son passage, ne laissant derrière lui que des êtres aux têtes basses, aux épaules voûtées, aux cerveaux détraqués ! Oui, *détraqués* !

Depuis cet hiver de la mort rouge, je connais des yeux que n'éclairera plus le sourire, des hommes forts redevenus de petits enfants ; j'ai vu de jolis et frais visages dans le premier épanouissement de la jeunesse se rider prématurément sous l'effet de ce que mes Indiens appellent *nout'akoutaouino koskouaouino* (le démonos du froid et de la faim) !... Que Dieu protège André Beauvais !

J'arrive maintenant à mon histoire.

Cela se passait en juin, une quinzaine de jours après la fonte des dernières neiges. Les cours d'eaux étaient tous dégelés, lorsqu'on vint m'apprendre que le père Boget se mourait au vieux Fort Reliance. Le R.P. Boget était mon aîné de vingt ans et je l'appelais mon père. D'ailleurs, il s'était montré paternel pour moi dans mes jeunes ans. Je me rendis en toute hâte auprès de lui pour lui serrer la main, si possible, avant sa mort. Vous, sergent MacVeigh, qui avez passé des années dans cette région du Grand Esclave, vous savez ce que représente une telle course de la baie Christie au vieux Fort Reliance ! Il faut parcourir trois cent vingt kilomètres en suivant le cours accidenté et tortueux du Grand Esclave. On peut les réduire à cent douze kilomètres en coupant à travers bois par les ruisseaux et les petits lacs. Mais sur vos cartes cet espace de cent douze kilomètres est figuré en blanc. On n'y trouve ni voie fluviale ni cours d'eau d'importance.

Vous ne connaissez guère cette région. Moi, je puis vous en parler. C'est un pays perdu, infernal, que n'habite aucun être vivant, une contrée où il y a de l'eau mais point de poissons, de l'air mais pas d'oiseaux, des plantes sans fleurs, des buissons sans baies. Un véritable enfer, vous dis-je ! Une odeur sulfureuse y offusque vos narines, aussi, dans vos livres bleus, vous l'avez nommé le *pays du soufre.* Il est situé à égale distance entre la baie Christie et le vieux Fort Reliance. Le père Boget se mourait, et mes instants étaient comptés. Je décidai de risquer ma chance..., de couper à travers ce pays du soufre, et je cherchai quelqu'un pour m'accompagner.

Je ne trouvai personne. Pour les Indiens c'était le *Ouétikou,* le repaire du diable, et pour les métis une zone d'horreurs. A une soixantaine de kilomètres vivait un homme qui, je le savais, m'eût volontiers accompagné : un Blanc. Mais il m'eût fallu trois jours pour le rejoindre, et j'allais partir seul quand survint l'étranger en question.

En vérité, c'était un drôle de personnage. Lorsqu'il arriva à ce que j'appelais mon « château », venant de nulle part et allant Dieu sait où, il m'eût été difficile de déterminer s'il était jeune ou vieux. Mais je devinai bientôt la vérité : ce terrible hiver avait laissé sur lui ses traces. Je lui demandai son nom. Il répondit :

— Je suis un vagabond et en chemin j'ai perdu mon nom ! Appelez-moi Monsieur.

Il n'en dit pas davantage. Sans doute un long et horrible silence l'avait-il rendu sobre de paroles. Lorsque je lui eus décrit le pays où j'allais et manifesté le désir d'être accompagné, il se contenta d'un signe de tête pour indiquer qu'il acceptait de venir avec moi.

Nous partîmes dans une pirogue. Je plaçai mon personnage devant moi pour l'étudier, autant que possible. Noire était sa chevelure et noire était sa barbe. La lueur étrange de ses yeux profonds ne manqua pas de m'intriguer. Ils ne cessaient, eût-on dit, de chercher quelque chose. Cet homme mystérieux, victime peut-être d'une horrible tragédie et capable d'un mutisme quasi inhumain, était-il fou ? me demandai-je. Je vous pose la question, messieurs : était-il fou ? Et je vous laisse le soin de répondre. Pour ma part, je le crois foncièrement bon. Lorsque je lui eus dit ce que le père Boget représentait pour moi et que je lui eus exprimé le désir d'arriver à temps auprès du mourant, il ne prononça pas un mot d'espoir ou de sympathie, mais travailla comme un forcené, à s'en faire craquer les muscles. Nous mangions, nous buvions ensemble, nous couchions côte à côte ; quant à moi, il me semblait manger, boire et dormir en compagnie d'un sphinx qu'un miracle eût doué de vie.

Le second jour, nous pénétrâmes dans le pays du soufre et sa puanteur nous emplit les narines. La lune se leva ; elle nous apparut comme voilée par une fumée jaunâtre. Derrière nous, au loin, s'élevait le hurlement d'un loup et... plus rien. A l'aube, poursuivant notre route, nous franchîmes de vastes marécages d'où montaient des brumes sulfureuses. En maint endroit, l'eau était brûlante ; nous traversâmes, à la pagaie, des forêts presque aussi denses que celles des tropiques, mais où n'existait aucune vie animale. Partout régnait le calme, un calme mortel qui durait peut-être depuis des dizaines de milliers d'années. Nos aliments semblaient saturés de cette affreuse odeur de soufre ; elle pénétrait à travers nos outres d'eau potable ; notre teint avait pris la couleur du safran. Nous nous dirigions à l'aide de la boussole, et « Monsieur » ne témoignait toujours aucun signe d'appréhension.

Le troisième jour, nous fîmes, au cœur de cet immonde pays, une découverte qui arracha un cri aux lèvres de l'énigmatique « Monsieur ».

C'était, dans la boue, l'empreinte d'un pied nu, d'un pied humain.

Comment expliquer sa présence ici ? Et pourquoi ce pied était-il nu ? Telles furent les premières questions qui jaillirent en nos cerveaux stupéfiés. Quel homme pouvait vivre dans ces infernales régions ? S'agissait-il même d'un homme ? Cette trace de pas n'appartenait-elle pas plutôt à quelque créature simiesque, à quelque monstrueux survivant d'un autre âge ?

La piste menait à travers un bourbier fumant où la vase et l'eau étaient tièdes et où croissaient des roseaux jaunes et d'épais herbages qui avaient des tons de chair bouffie prête à crever sous l'effet de quelque affreuse maladie. Peut-être vos hommes de science seront-ils à même de définir l'effet du soufre sur la végétation. Le bois même que nous brûlions contenait du soufre. Nous tombâmes bientôt sur un étroit sentier que des pieds avaient foulé à travers ces roseaux et ces herbes folles et nous arrivâmes à une légère éminence abritée par un rideau d'arbres, une sorte de colline dans ce monde plat, et sur la crête de laquelle se dressait une cabane...

Oui, une cabane ! Une cabane grossièrement construite en troncs d'arbres et toute jaune de soufre. Nous entrâmes à l'intérieur et y trouvâmes l'homme que vous connaissez sous le nom de Joseph Brecht. Quand il se leva, une exclamation de surprise s'échappa de la gorge de mon compagnon. Je demeurai figé sur place, comme frappé de la foudre. Joseph Brecht était à demi vêtu et nu-pieds. Avec sa chevelure hirsute, il avait l'air d'un sauvage, mais son visage était rasé. Curieux, n'est-ce pas, qu'un homme se rasât en un tel endroit ! A tout prendre peut-être n'était-ce pas aussi étonnant que cela : les poils de la barbe, on le sait, retiennent le soufre !... L'homme s'était levé d'un lit composé d'une couche de menus branchages. Sous la lumière pénétrant par la porte ouverte, il semblait d'une effrayante maigreur, les traits émaciés, les pommettes saillant sous la peau tendue. Le premier, il prit la parole.

— Je suis heureux de vous voir, nous dit-il, l'œil hagard, le regard fixe. Je n'en ai plus pour longtemps, je crois. De l'eau, je vous prie. Il y a une source derrière la cabane.

Il parlait comme quelqu'un qui jouit de toute sa raison ; et pourtant, à peine les mots sortaient-ils de sa bouche qu'il tomba à la renverse sur son lit, roulant de gros yeux, la bouche grande ouverte et la respiration haletante.

Messieurs les représentants de la loi, cette maladie semblait étrange. Je vous ferai grâce de tous les détails. Vous brûlez d'impatience de connaître ce qui, seul, compte à vos yeux : le drame de ce pauvre diable. Il nous l'apprit peu à peu, dans le délire de sa fièvre et les courts instants de lucidité où il parvenait à se ressaisir.

Il s'appelait, nous dit-il, Joseph Brecht. Depuis deux ans, il vivait dans cet enfer. Il avait, accidentellement, découvert une source d'eau fraîche, autre miracle que je n'ai pas tenté d'expliquer. Il s'était bâti là une cabane ; deux années durant, il alla chercher, en pirogue, sur les rives du Grand Esclave, à soixante-cinq kilomètres de distance, la nourriture nécessaire à sa subsistance. Mais *pourquoi* se trouvait-il ici ? Il nous en fournit l'explication par bribes décousues, dans ses moments de fièvre ou de raison. Je vais, à ma manière, vous raconter son histoire.

Cet homme était un fonctionnaire et relevait, pour le compte du gouvernement, les derniers terrains boisés le long du grand désert de glace, lorsque le hasard d'un accident — une foulure à une jambe — lui fit faire connaissance avec André Beauvais et sa femme Marie. Rentrant chez lui après une de ses tournées de chasse au renard, André avait trouvé, enfoui dans une neige épaisse et incapable de se mouvoir, Joseph Brecht, et l'avait apporté sur ses épaules jusqu'à sa cabane.

Alors, messieurs, ce fut l'éternelle histoire — l'histoire vieille comme le monde. Dans ses instants de lucidité, Joseph Brecht nous parla de Marie. Penché sur lui, je l'observais de près tandis que « Monsieur » restait assis dans l'ombre. Cette Française, avec sa légère trace de sang indien, était une merveilleuse fleur sauvage, nous dit-il. Ses deux belles nattes noires, lustrées et douces comme le duvet d'un cygne, lui tombaient jusqu'aux genoux ; ses yeux limpides avaient des reflets liquides où s'était noyée son âme et son beau corps svelte lui avait troublé les sens. Ah !... que cette femme avait dû être belle !... André Beauvais, son mari, l'adorait passionnément et il plaçait en elle la foi d'une mère pour son enfant. C'était un amour sublime. Joseph Brecht, étendu là et se croyant à l'article de la mort, nous en parla avec un luxe de détails. Plein de confiance, André faisait, sans l'ombre d'un soupçon, ses tournées habituelles à ses pièges et à ses appâts empoisonnés. Durant ce temps, Marie et Joseph restaient de longues heures ensemble, seul à seul, parfois un jour entier, voire deux ou trois jours. Même lorsque le membre blessé fut en bonne voie de guérison, Joseph feignit d'en souffrir encore en vue de prolonger son séjour... Il lutta longuement pour vaincre les résistances de Marie, mais il finit par la conquérir, entièrement, absolument, cœur, corps et âme. C'était — ne l'oubliez pas — un homme du Sud, habile à tous les artifices du langage et de la séduction, un gaillard robuste et plein d'esprit. Il avait affaire à une femme, qui avait passé toute sa vie dans les solitudes et n'était guère de taille à se mesurer avec lui ! Elle capitula.

L'aimait-il sincèrement ?

Oui, avec la folle passion de l'animal, mais non comme vous et moi nous pourrions aimer une femme, messieurs. Non comme l'aimait André. Le cœur, l'âme de cette femme ne comptaient pas pour lui...

Une joie insensée l'enivrait lorsqu'il s'enveloppait voluptueusement la tête dans l'admirable chevelure de cette femme. La beauté de ses formes, le contact de sa main, les battements précipités de son cœur contre sa poitrine l'emplissaient d'une joie perverse. De l'amour, cela ? Oui, mais de l'amour purement bestial.

Il prolongea son séjour. Non qu'il eût la moindre idée d'enlever cette femme ! Le moment venu, il comptait bien la quitter et partir seul. Mais, de jour en jour, de semaine en semaine, il retarda son départ, sous le faux prétexte que l'os de sa jambe était attaqué ; et André Beauvais continua de le traiter comme un frère. Il nous conta toute son histoire, étendu sur son grabat dans sa cabane, en plein milieu de ce pays du soufre... Vous pouvez m'en croire : je suis un représentant de Dieu et ne mens pas.

Est-il besoin d'ajouter qu'André les surprit ? Oui, il les surprit tous deux enlacés, le visage de l'homme disparaissant dans l'admirable chevelure de la femme coupable !

Ce jour-là, André revint de sa tournée à l'improviste. Une lutte terrible s'engagea entre les deux rivaux et, malgré son extrême fatigue, André aurait tué Joseph Brecht si celui-ci n'eût, au dernier moment, tiré son revolver. Dites-moi, messieurs, une femme peut-elle, oui ou non, aimer deux hommes d'un même amour ?

Joseph Brecht fit feu. Dans ce laps de temps infinitésimal qui s'écoula entre la mise en joue de l'arme et le déclic, Marie Beauvais trouva la réponse à cette question. Aucun doute, Marie Beauvais préférait son mari à l'autre, et elle se précipita sur la poitrine d'André, le couvrant de son corps infidèle, et elle mourut là, frappée d'une balle en plein cœur !

Joseph Brecht nous raconta comment, conscient de l'horreur de son acte et harcelé par l'effroi, il s'enfuit en ne songeant qu'à sauver sa peau. André Beauvais dut rester un long moment auprès de sa chère morte, et, au bout de plusieurs heures seulement, il se mit à la poursuite de l'homme qu'il avait juré de tuer. Joseph Brecht détala tel un lièvre pourchassé et ce fut après des semaines que le chasseur de renard lui mit enfin la main dessus. André Beauvais ne voulait pas le tuer dans une embuscade, mais le faire mourir lentement en l'étranglant de ses deux mains ; ainsi fut-ce en terrain découvert et sans traîtrise qu'il l'attaqua.

Dans cette cabane où il haletait à demi suffoqué et se croyant sur le point de mourir, Joseph Brecht déclara :

— L'un de nous devait disparaître. Lui avait l'avantage sur moi. Je tirai de nouveau mon revolver... et je tuai André Beauvais comme j'avais tué Marie, sa femme !

Ici, dans ce pays du Sud, Joseph Brecht aurait pu demeurer honnête homme, messieurs. Un démon sommeille chez tout être humain, mais le méchant ne se révèle qu'une fois le démon réveillé. Or la passion coupable, la folle passion pour une femme mariée avait éveillé ce démon en l'âme de Joseph Brecht. Lorsqu'il eut fait de lui, par deux fois, un assassin, le diable retourna se cacher, et Joseph Brecht, l'homme jadis droit et intègre, ne fut plus désormais qu'une épave sans cœur, rampant de gîte en gîte pour échapper à la justice. Car vous, messieurs les membres de la Police royale, vous couriez à ses trousses. Vous l'auriez capturé depuis longtemps si l'idée vous était venue d'aller le chercher dans l'enfer du soufre. Or, depuis deux ans, il vivait là. Et, sa confession terminée, il était assis sur le bord de sa couchette et jouissait de toute sa raison, je vous assure, messieurs.

Alors, pour la première fois, « Monsieur », mon camarade, prit la parole :

— Mon père, allons chercher notre paquetage à la pirogue.

Là-dessus, il sortit de la cabane et je le suivis. Lorsque nous en fûmes à une cinquantaine de pas, il s'arrêta net :

— Ah ! dit-il, j'ai oublié quelque chose. Allez devant, je vous rattrape !

Il retourna à la cabane et je me rendis à la pirogue.

Il ne me rejoignit pas. Quand je revins avec mon fardeau, « Monsieur » parut à la porte. Son aspect me causa un véritable saisissement, me suffoqua, je l'avoue, messieurs. Je n'aurais pu imaginer une telle métamorphose. Cet homme, naguère taciturne, sombre et mystérieux, était tout souriant ; ses dents blanches brillaient, sa voix même était différente. A le voir ainsi sur le pas de la porte, il me semblait rajeuni de dix ans. Et lorsque, laissant tomber mon fardeau, j'entrai dans la pièce, il riait et me posait amicalement la main sur l'épaule...

En travers de la couchette, la tête pendant jusqu'au plancher, les yeux sortant de la tête et la mâchoire béante, gisait Joseph Brecht. Je courus à lui. Il était mort ! messieurs, mort étranglé !

— Il avait commis une légère erreur, mon père, glissa « Monsieur » à mon oreille : André Beauvais n'est pas mort..., André Beauvais, c'est moi !

Et voilà tout, messieurs de la Police montée ! Puisse la loi être miséricordieuse !

une embuscade, mais le faire mourir lentement en l'étranglant de ses deux mains ; ainsi fut-ce en terrain découvert et sans traîtrise qu'il l'attaqua.

Dans cette cabane où il haletait à demi suffoqué et se croyant sur le point de mourir, Joseph Brecht déclara :

— L'un de nous devait disparaître. Lui avait l'avantage sur moi. Je tirai de nouveau mon revolver... et je tuai André Beauvais comme j'avais tué Marie, sa femme !

Ici, dans ce pays du Sud, Joseph Brecht aurait pu demeurer honnête homme, messieurs. Un démon sommeille chez tout être humain, mais le méchant ne se révèle qu'une fois le démon réveillé. Or la passion coupable, la folle passion pour une femme mariée avait éveillé ce démon en l'âme de Joseph Brecht. Lorsqu'il eut fait de lui, par deux fois, un assassin, le diable retourna se cacher, et Joseph Brecht, l'homme jadis droit et intègre, ne fut plus désormais qu'une épave sans cœur, rampant de gîte en gîte pour échapper à la justice. Car vous, messieurs les membres de la Police royale, vous couriez à ses trousses. Vous l'auriez capturé depuis longtemps si l'idée vous était venue d'aller le chercher dans l'enfer du soufre. Or, depuis deux ans, il vivait là. Et, sa confession terminée, il était assis sur le bord de sa couchette et jouissait de toute sa raison, je vous assure, messieurs.

Alors, pour la première fois, « Monsieur », mon camarade, prit la parole :

— Mon père, allons chercher notre paquetage à la pirogue.

Là-dessus, il sortit de la cabane et je le suivis. Lorsque nous en fûmes à une cinquantaine de pas, il s'arrêta net :

— Ah ! dit-il, j'ai oublié quelque chose. Allez devant, je vous rattrape !

Il retourna à la cabane et je me rendis à la pirogue.

Il ne me rejoignit pas. Quand je revins avec mon fardeau, « Monsieur » parut à la porte. Son aspect me causa un véritable saisissement, me suffoqua, je l'avoue, messieurs. Je n'aurais pu imaginer une telle métamorphose. Cet homme, naguère taciturne, sombre et mystérieux, était tout souriant ; ses dents blanches brillaient, sa voix même était différente. À le voir ainsi sur le pas de la porte, il me semblait rajeuni de dix ans. Et lorsque, laissant tomber mon fardeau, j'entrai dans la pièce, il riait et me posait amicalement la main sur l'épaule...

En travers de la couchette, la tête pendant jusqu'au plancher, les yeux sortant de la tête et la mâchoire béante, gisait Joseph Brecht. Je courus à lui. Il était mort ! messieurs, mort étranglé !

— Il avait commis une légère erreur, mon père, glissa « Monsieur » à mon oreille : André Beauvais n'est pas mort... André Beauvais, c'est moi !

Et voilà tout, messieurs de la Police montée ! Puisse la loi être miséricordieuse !

LE VIOLONEUX [1]

La toux de Bréault faisait peine à entendre. Lorsqu'un homme a les poumons transpercés par une balle et qu'il compte en minutes, peut-être même en secondes, le temps qui lui reste à vivre, sa toux s'appelle un râle ! Malgré le sang qui s'échappait de ses lèvres à chaque accès, Bréault ne s'effrayait pas. Maintes fois il avait affronté la mort, et depuis longtemps il ne la redoutait plus. Un jour ou l'autre, la noire visiteuse l'envelopperait de son ombre — non de façon calme et paisible, mais tout d'un coup, brutalement. Ce moment était venu. Il le savait et ne s'en frappait pas. Bien mieux : en mourant il assouvirait sa vengeance. La blessure qui lui brûlait le poumon comme un fer rouge avait éveillé en son cerveau défaillant une effroyable pensée. Pour lui, l'heure du triomphe allait sonner.

Un dernier reflet du soleil couchant éclairait son visage encadré d'une barbe noire, un de ces visages qu'on oublie difficilement, et dont le souvenir, bien que désagréable, se fixe dans votre mémoire entre mille autres faits fugitifs : un visage puissant et mystérieux aux lignes dures et implacables, empreintes d'une force brutale.

Bréault était l'homme le plus connu dans toute cette partie qui va du fort MacMurray au lac Athabasca et de Fond-du-Lac au pays Wholdais. Depuis dix ans il effectuait cette randonnée deux fois l'an, emportant sur son traîneau le courrier du Nord. Dans les coins les plus reculés de la région, il n'existait pas une cabane, pas un visage qui lui fussent étrangers, pas un nom qu'il ne pût prononcer ; et pourtant, pas un homme, une femme ou un enfant ne se réjouissait de sa visite autrement que pour ce qu'elle leur apportait. Mais le gouvernement avait trouvé en Bréault un homme qui justifiait pleinement sa confiance. La police, en ses postes les plus isolés, en était venue à compter sur la régularité de ses allées et venues aussi sûrement que sur la succession

1. Titre original : « The Fiddling Man », nouvelle extraite du recueil *Back to God's Country,* traduite de l'américain par Louis Postif.

des jours et des nuits. Les policiers le bénissaient pour sa ponctualité, mais pas un seul d'entre eux ne le regrettait dès qu'il avait tourné les talons. C'était un homme étrange, en vérité, que ce Bréault !

Le dos à l'arbre contre lequel il s'était appuyé après la première surprise désagréable de se sentir une balle dans la peau, il jetait un dernier regard d'adieu à la vie avec une sereine imperturbabilité. Si le moindre indice d'émotion pouvait se déceler sur ses traits, c'était celui de la vengeance ; Bréault nourrissait en son cœur une haine tenace et le désir de l'assouvir lui donnait la force de ne pas succomber tout de suite, comme tout autre en sa place.

Il mesura des yeux la distance qui le séparait du traîneau..., une douzaine de pas, peut-être. Les chiens attendaient toujours, debout, un peu emmêlés dans leurs traits ; huit bêtes au large poitrail, au svelte arrière-train, vraie horde de loups, taillée pour la vitesse et l'endurance. Sur le traîneau s'entassaient deux cent cinquante kilos de courrier de Sa Majesté Britannique. Lentement, péniblement malgré d'horribles douleurs, Bréault se traîna vers ce véhicule. Il lui semblait qu'une main lui déchirait les tissus de son poumon, faisant gicler le sang à sa bouche. Derrière lui, une multitude de taches rouges maculaient la neige. Avec difficulté, il ouvrit un petit sac de voyage et, après y avoir fouillé un moment, en tira un crayon attaché à une longue ficelle rouge et une enveloppe maculée.

Pour la première fois, un changement se manifesta sur ses traits : un sinistre sourire éclaira sa face. Au-dessus du bruit de son haleine qui s'échappait entre ses lèvres avec un sifflement d'air comprimé passant entre les mailles d'un tamis, s'éleva un râle de joie et de triomphe. A grand-peine il griffonna quelques mots, puis le crayon tomba de ses doigts inertes. Il portait autour du cou un long cache-nez rouge retenu par une grosse épingle de laiton ; à cette épingle, il attacha solidement l'enveloppe.

Ayant ainsi révélé le mystère de sa mort pour ceux qui pourraient le trouver un jour, un homme quelconque se fût contenté de renoncer à la lutte et de s'éviter tout surcroît de souffrance. Mais Bréault sortait de l'ordinaire. Il se fit une place sur le traîneau et s'allongea doucement, non sans avoir pris soin d'attacher autour de ses cuisses deux courroies servant parfois à assurer son chargement. Il passa ensuite son bras gauche dans l'un des anneaux du solide coffre en chêne qui renfermait le courrier. Grâce à ces précautions, il était à peu près certain que, malgré le terrain accidenté sur lequel le tireraient ses chiens, son cadavre raidi par le froid ne risquerait pas de rouler hors du traîneau.

En cette conjecture il ne se trompait pas : lorsque, vingt-quatre heures plus tard, ses molosses, affamés et épuisés, parvinrent au petit poste isolé de la Police montée du Nord-Ouest à Crooked Bow, tirant derrière eux leur muet fardeau, il fallut une hache et une grosse branche d'arbre pour arracher à sa bière improvisée le bloc de glace qu'était devenu le corps de François Bréault. Cependant, avant cette opération, le sergent Fitzgerald, chef du poste, avait pris possession de l'enveloppe épinglée au cache-nez rouge du mort. Le renseignement qu'elle portait était simple, mais très explicite. Peu d'hommes, à la place de Bréault, eussent pu faciliter davantage la tâche de la police.

Sur l'enveloppe, il avait écrit :

Jan Thoreau m'a tiré dessus et laissé pour mort. Ai tout juste la force de tracer ces lignes... rien de plus. François Bréault.

Ce fait était grandiose, héroïque et bien digne de Bréault ! songeait le sergent Fitzgerald tout en aidant à dégager le cadavre raidi par la glace.

La mission de partir à la recherche de Jan Thoreau incomba au caporal Blake, tâche ingrate, certes, car les molosses affamés de Bréault et son corps gelé amenèrent avec eux la pire tempête de l'hiver. Blake se mit en route sur cette dernière injonction de son chef, qui sonnait encore à son oreille :

— Blake, ne reviens qu'avec ton homme, mort ou vif !

Brève et efficace, cette formule constitue le mot d'ordre de la Police royale montée du Nord-Ouest ; elle implique beaucoup de choses et c'est parce qu'on lui obéit toujours que des volumes ont été écrits sur les exploits passionnants des policiers à la veste rouge. A deux reprises, ces mots avaient été déjà adressés au caporal Blake. La première fois, on l'avait envoyé se perdre six mois durant dans les terres désolées entre la baie d'Hudson et le Grand Esclave... et il en était revenu avec son prisonnier ; la seconde fois, pendant près d'un an, il avait couru le long du cercle arctique... et, cette fois encore, il avait ramené son homme. Tel était Blake : un bouledogue sur la piste d'un fugitif, et — comme la plupart des hommes de cette trempe — un être dénué de cœur et de conscience. Dans les livres bleus du service de la Sûreté, il avait à son crédit les patrouilles les plus ardues et les exploits les plus extraordinaires. Quand il y avait du fil à retordre, on disait : « Mettez Blake sur cette piste-là ! » Sa valeur professionnelle était fermement établie, en haut lieu, au quartier général de la police.

Un seul individu au monde connaissait exactement ce que Blake avait dans la peau — c'était Blake lui-même. Il chassait l'homme et abattait sa proie sans merci — non pour l'amour de la loi, mais pour la raison bien simple qu'en lui sourdaient les instincts du limier, du chien de chasse. Cette comparaison est d'ailleurs injuste pour le chien de chasse, au fond, une bonne bête.

Lorsqu'il se mit en route par ce blizzard de février, Blake avait pour compagnon, il faut le croire, l'esprit implacable de Bréault, venu pour assister à l'accomplissement de sa vengeance. Dès la première nuit qu'il passa pelotonné contre son feu, à l'abri d'un épais boqueteau de pins, Blake eut en effet la sensation d'une présence invisible à son côté. La tempête atteignait son paroxysme. Il en avait vu bien d'autres, mais, cette nuit-là, les lamentations du vent semblaient apporter avec elles quelque chose de surnaturel et de diabolique.

Physiquement Blake se sentait à son aise : le bois de pins le protégeait de l'ouragan et il avait la bonne fortune de se chauffer devant un bon feu, avec abondance de combustible. Mais il ne parvenait point à chasser de sa pensée l'image de Bréault, au moment où il avait aidé à le décoller de son traîneau : il revoyait son masque glacé, ses doigts raidis par le froid, ses lèvres gelées tordues dans un rictus qui était presque un sourire, sardonique et cruel.

Blake, cet homme de fer dénué d'imagination, n'était certes pas superstitieux. Cependant, il ne réussissait pas à oublier le sourire grimaçant de Bréault. Il y avait à cela une raison : à sa dernière visite, Bréault lui avait dit, avec ce même sourire :

— Un jour, peut-être, vous devrez partir à la poursuite de l'homme qui m'aura assassiné ; ce jour-là, François Bréault vous accompagnera !

Il y avait trois mois de cela... Blake s'en souvenait tout en tirant sur sa pipe et en regardant, à demi noyées dans l'ombre, les silhouettes de ses chiens pelotonnés dans la nuit, à l'écart du feu.

Dans la cime des arbres, un soudain coup de vent mugit, telle une voix de monstre. Levé d'un bond, Blake roula sur le foyer le gros tronc d'arbre qu'il avait amené pour la durée de la nuit, et il y ajouta, avec sa longue expérience de forestier, quantité de branchages verts adroitement disposés afin d'empêcher que le feu ne s'éteignît avant le matin. Ensuite, il se glissa sous sa tente de soie réglementaire et s'enfonça dans son sac de couchage.

Il demeura longtemps les yeux grands ouverts, écoutant le crépitement des fagots sur le feu. De temps à autre, il entendait cette voix monstrueuse dont les lamentations et les clameurs emplissaient la forêt. Jamais la tempête n'avait jeté en lui un pareil émoi. A la fin, le mystère s'éclaircit : chaque coup de vent jetait un son lugubre, presque un cri d'angoisse : « Br...rr...rr...é...é...é...au...au...au... »

Blaque se sentait tout remué, et pourtant il n'était pas superstitieux, non, certes ! Tout de même, il lui déplaisait d'entendre le vent hurler au-dessus de sa tête le nom d'un homme mort... Enfoui dans son sac de couchage, le caporal Blake éclata de rire. Il se passait de drôles d'événements, songeait-il. Ce Bréault lui jouait une farce sinistre ! Il lui avait fait une promesse et la remplissait à la lettre ! Si ce n'était pas la voix réelle de Bréault qui hurlait là-haut dans le vent, c'en était une excellente imitation... De nouveau, un rire secoua le caporal Blake — un rire aussi désagréable que la toux qui avait jailli du poumon de Bréault perforé par une balle. Au bout d'un moment il s'endormit ; mais même en son sommeil il ne parvenait à chasser de sa pensée l'obsession tenace que la capture de Jan Thoreau s'accompagnait de phénomènes étranges.

Quand parut l'aube grise, rien ne marquait le passage de la tempête, à part une couche de neige fraîchement tombée, et Blake se remit en chasse avant qu'il fît assez jour pour y voir à cent pas devant soi. Tout en se moquant de son émoi stupide de la nuit, il faisait claquer son long fouet en boyau de caribou et, par ses cris, excitait le galop de ses chiens... La voix de Bréault dans le vent ! Bah ! Ce ne pouvait être qu'un moment d'égarement de sa part... Quant à ce Jan Thoreau, son arrestation serait un jeu d'enfant..., rien d'intéressant à rapporter à ses chefs, une affaire banale, un voyage rapide et sans événements... Sans doute convenait-il d'imputer ses frayeurs au plantureux plat de foie de caribou qu'il s'était préparé pour son dîner : il était gourmand de ce mets, et le foie lui avait déjà joué un ou deux de ces tours.

Trouverait-il Jan Thoreau chez lui ? Il se souvenait très bien de ce Jan. Les Indiens l'appelaient *Kitouchikoun* parce qu'il jouait du violon. Précisément, ce violon dont il ne se séparait jamais, à la chasse ou au repos, lui avait valu l'antipathie de Blake, l'homme de fer, qui l'appelait dédaigneusement le « violoneux »... un gosse, une femmelette ; il n'était pas à sa place dans le Grand Nord, ce mince et long gringalet à cheveux blonds, en dépit de son sang et de son nom français. De plus, cet individu insupportable affectait un air tranquille et froid — un air que Blake qualifiait de « fierté stupide ». Le policier se demandait comment ce violoneux avait eu assez d'estomac pour tuer Bréault ! Sans aucun doute, il l'avait pris en traître..., sans lutte. Pouvait-on attendre autre chose d'un gratteur de crin-crin ? Blake n'éprouvait pas plus de respect pour lui que s'il eût été enjuponné !

Et dire qu'il *avait* une femme, ce Jan Thoreau ! Le couple habitait à huit bonnes lieues de la piste nord-sud, sur une île, au milieu du lac de l'Ours-Noir. Blake n'avait jamais vu la femme : une pas-grand-chose, assurément, pour avoir épousé un violoneux ! Une métisse ou, peut-être, une Indienne ! En tout cas, elle ne lui inspirait aucune sympathie. Sans doute, dans le ménage, c'était elle qui posait les pièges, coupait le bois, etc. ; car à quoi pouvait-il être bon, un homme qui promenait partout un violon sur son dos ?

Le caporal Blake voyageait vite, et dès l'après-midi du second jour atteignit la dense forêt de pins qui enserrait le lac de l'Ours-Noir. Là, un incident modifia quelque peu ses plans. Il y rencontra un Indien de sa connaissance — un indigène cree qui, pour deux ou trois bonnes raisons, n'aurait garde de lui mentir. Cet Indien venait justement de la cabane des Thoreau ; il lui apprit que Jan serait absent de chez lui pendant trois jours ; il était parti voir le missionnaire français fixé sur l'un des cours d'eau du bas Wholdais.

Blake adorait les stratagèmes. Pour lui, la chasse à l'homme offrait l'attrait d'une partie d'échecs. Après avoir questionné l'Indien pendant un quart d'heure, il réquisitionna Pastomoo, le Cree, pour le service de Sa Majesté, sous la menace d'une rapide exécution précédée de tortures, s'il se comportait en traître.

Blake lui confia ses chiens et son traîneau, ses provisions et sa tente, et lui ordonna de camper au cœur d'un bouquet de cèdres, à quelques kilomètres en arrière. Il l'informa en outre qu'il reviendrait chercher ses affaires peut-être dans un jour, peut-être dans une semaine. Lorsqu'il eut assisté au départ de Pastomoo, il continua sa route vers la cabane, avec l'espoir que la femme de Jan Thoreau était une Indienne ou une sotte. Il pratiquait ce jeu depuis trop longtemps pour se laisser prendre à l'histoire que la femme de Jan avait racontée au Cree.

Jan n'était point parti chez le missionnaire français : on ne révélait pas ainsi la piste d'un meutrier ! La femme savait à quoi s'en tenir. Le caporal Blake s'y entendait à profiter de la fidélité de l'épouse pour filer son homme. Les femmes étaient pâte malléable quand on savait s'y prendre, et elles avaient mis la dernière main à plus d'un des grands succès du caporal Blake.

Arrivé au bord du lac, il joua sa comédie habituelle : il simula la faim, l'épuisement, une jambe foulée. Il restait à peine quatre cents mètres à parcourir sur le lac gelé couvert de neige pour atteindre la mince spirale de fumée qui s'élevait au-dessus des pins de l'île. Cinq fois sur cette distance il tomba, enfin il rampa comme un homme sur le point d'expirer. Il s'imposait une tâche très ardue, mais, lorsqu'il atteignit les arbres, personne ne l'avait vu ! Furieux de l'inutilité de sa ruse, il n'en continua pas moins d'avancer à pas faibles et chancelants, jusqu'à la cabane. Sans éprouver la moindre honte de son artifice pour tromper une femme, il s'abattit lourdement contre la porte, frappa du poing, puis s'affaissa dans la neige, où il demeura immobile, comme si ses dernières forces l'avaient abandonné.

Il entendit un bruit à l'intérieur, des pas rapides..., puis la porte s'ouvrit. Il resta un bon moment sans bouger. Puis, lentement, il leva la tête, les traits crispés pour simuler la souffrance. Et alors... il ouvrit de grands yeux ébahis, son corps se tendit tout d'un coup, et la feinte douleur s'éteignit soudain dans son regard. Bien qu'endurci jusqu'à la moelle des os, il lui fut impossible de retenir un petit cri de surprise.

Ce cri étouffé résonna aux oreilles de la femme de Jan Thoreau comme la supplication d'un mourant. Trop effrayée par l'inattendu de l'accident, elle ne perçut pas, dans cette exclamation, l'effarement d'un être bestial.

Blake écarquillait toujours les yeux. La femme du violoneux ! Pas possible ! Elle serrait dans sa main une brosse et se coiffait au moment où il frappa. Sa chevelure, d'un noir de jais, était merveilleuse, et ses yeux davantage encore troublaient Blake. Ce n'était ni une Indienne ni une métisse, mais une Blanche, et si belle ! Le plus joli visage qu'il eût jamais entrevu en ses rêves se penchait sur lui et le regardait.

Étouffant un second cri, il se ressaisit, son corps s'affaissa et la surprise s'effaça de son regard en même temps qu'il inclinait légèrement sa tête. Ce mouvement fit rouler sa casquette. Aussitôt la femme se précipita à son côté, s'agenouilla dans la neige et demanda :

— Vous êtes blessé, monsieur ?

Les cheveux de la femme tombèrent sur lui, lui enveloppant le cou et les épaules. Leur parfum lui montait aux narines comme celui d'une fleur rare. Un étrange émoi s'empara de lui, qu'il eût en vain essayé d'analyser ou de comprendre. Trop ignorant des vérités fondamentales de la vie, il ne savait pas que les natures grossières et endurcies résistent le moins aux coups du destin.

L'air hébété, il se remit debout, aidé de Marie Thoreau. Ils gravirent la marche du seuil, pénétrèrent dans la chambre et il s'écroula lourdement sur le lit. Une boucle de cheveux de la femme lui frôla le visage ; il ferma les yeux pendant quelques secondes. Quand il les rouvrit, Marie — c'était son nom — penchée sur le poêle, attisait le feu...

Ainsi donc, *elle* était l'épouse de Thoreau ! Dès l'instant où il l'avait vue, il avait oublié le violoneux ; mais il s'en souvenait maintenant en contemplant la femme qui, debout, lui tournait le dos. Elle avait une taille svelte et souple comme un roseau, et ses cheveux lui descendaient jusqu'aux hanches. Il poussa un profond soupir et, inconsciemment, crispa les mains... *Elle !*... la femme du violoneux ! Le fait lui semblait incroyable... Jan Thoreau, *assassin*, et cette femme... *son épouse* !

Bientôt elle lui apporta du thé chaud, qu'il but avec des mines et une hypocrisie bien jouées. Quand il eut fini, se rappelant son rôle et pour répondre à la muette interrogation qu'il lisait dans les yeux apitoyés de la femme, il dit :

— Je me suis foulé le pied, mes chiens se sont sauvés et m'ont abandonné. J'ai eu de la chance d'arriver jusqu'ici. Un peu plus et...

Avec une grimace de douleur, il retomba en arrière sur sa couche en poussant un cri aigu. Il avait cultivé ce cri dans plus d'une cabane, ainsi que les traits convulsés qui l'accompagnaient, afin de rendre plus dramatique l'ambiance qu'il s'efforçait de créer.

— Je vais bien vous gêner..., fit-il en manière d'excuse. Il n'y a rien de cassé, mais ça fait mal, et je ne serai pas en état de marcher... de sitôt. Jan est-il là ?

— Non, monsieur, il est absent.

— Absent ? répéta Blake d'un air désappointé.

Puis, soudain frappé d'une idée lumineuse, il ajouta :

— Il vous aura peut-être parlé de moi ? Je suis Jean Duval.

— Comment ?... M. Duval ?

Les yeux de Marie le contemplaient soudain avec une lueur admirative. Ses lèvres s'entrouvrirent ; elle se pencha vers lui et, joignant ses longs doigts effilés sur sa poitrine, elle s'écria, tremblante d'émotion :

— Quoi ? M. Duval... qui a si bien soigné mon Jan pendant sa maladie ? M. Duval, l'homme qui lui a sauvé la vie !

Blake avait consulté les dossiers, au quartier général de la police, et il connaissait tout le dévouement de Duval, le trappeur des plaines arides, pour Jan.

— Oui, c'est moi Jean Duval, dit-il. Aussi, comme vous voyez, je suis désolé d'apprendre que Jan n'est pas là !

— Oh ! il ne tardera pas à revenir... dans quelques jours... Vous allez rester ici... Vous l'attendrez bien, n'est-ce pas, monsieur ?

— Oh ! cette jambe !... commença Blake, continuant ses grimaces.

Il s'interrompit quelques secondes et poursuivit :

— Eh bien, oui, je reste ; d'ailleurs, je ne puis guère faire autrement.

L'expression de Marie avait changé à l'énoncé du nom de Duval.

Un éclair de joie brillait dans ses yeux tournés vers Blake, une rougeur subite empourprait ses joues et sa gorge palpitait d'émotion. Par-delà Blake, elle contemplait une vision lointaine, imaginaire : la cabane solitaire de Duval à la lisière du grand plateau nu, les sombres heures de souffrance que Jan avait vécues, et les témoignages de sincère camaraderie de cet homme qui venait de s'affaler, à demi mort, à leur porte.

Que de fois Jan lui avait parlé de ce cruel hiver où Duval lui avait prodigué des soins féminins, maternels, presque au sacrifice de sa propre vie ! Et cet homme..., ce malheureux, était Duval ! Elle se pencha de nouveau sur sa couche, les yeux brillants comme des étoiles dans l'ombre croissante. Elle ne se rendait pas compte qu'à la faveur de l'obscurité les doigts de l'homme, ayant rencontré une longue mèche de cheveux, s'y accrochaient passionnément. Au souvenir de ce Duval que Jan lui avait rendu cher, elle dit :

— Maintes fois j'ai prié le bon Dieu de pouvoir vous exprimer un jour ma gratitude, monsieur !

Il leva la main, effleura un instant la joue douce et chaude de la jeune femme, et lui caressa les cheveux. Marie ne s'en offusqua pas — un recul de sa part n'eût-il pas été une offense ? Jan lui-même eût été de cet avis — car ce Duval était l'homme auquel elle devait tout le bonheur de sa vie... et Jan l'aimait plus qu'un frère.

— Ainsi, c'est vous... Marie ? dit Blake.

— Oui, monsieur, c'est moi Marie, répondit-elle d'une voix joyeuse en s'éloignant du lit.

Avant d'allumer la lampe pendue au plafond, elle natta rapidement ses cheveux. Les yeux mi-clos, Blake suivit tous ses mouvements tandis qu'elle préparait le repas. De temps à autre, lorsqu'elle se tournait vers lui pour lui parler, il feignait une envie de dormir. Il l'épiait comme un chat, sans que rien sur ses traits trahît cette ruse perverse de vieux félin. Si extérieurement il avait recouvré son impassibilité d'homme de fer, toute sa chair et son cerveau étaient emplis d'un monstrueux désir : séduire cette femme, l'épouse du meurtrier ! Dès l'instant où il avait jeté les yeux sur ce visage féminin, il y avait succombé. A présent, le seul bruit des pas de Marie sur le plancher le plongeait dans un délicieux ravissement...

Dans le creux de sa main, lui — Blake, le chasseur d'homme — tenait le sort de cette femme..., l'épouse du violoneux..., d'un assassin.

A cette pensée, il étouffa un cri de triomphe qui vint mourir en un soupir sur ses lèvres. Marie, se méprenant sur la signification de ce souffle bruyant, se tourna vivement vers lui :

— Vous souffrez, monsieur ? s'exclama-t-elle.

— Un peu, lui répondit-il en souriant... Voulez-vous m'aider à me redresser, Marie ?

Il entrevoyait maintenant un jeu encore plus passionnant que la chasse à l'homme. Marie, sans méfiance, enlaça innocemment de ses bras les épaules du pharisien et l'aida à se lever. Ils prirent leur souper à une table étroite. S'il avait existé la moindre hésitation dans l'esprit de Blake, elle se fût dissipée au cours de cette demi-heure qu'il passa en face de Marie. Tout d'abord, la beauté étonnante de cette jeune femme avait été pour ses sens une surprise brutale qui l'avait tout bouleversé. Mais, redevenu maître de lui-même, il avait recouvré à présent toute sa ruse de vieux renard. Sans pitié, sans conscience, il faisait appel à toutes les forces sournoises de sa nature de brute pour vaincre dans cette nouvelle lutte, plus passionnante que les autres : la conquête d'une femme.

En tant que représentant de la loi, il était tenu au respect de la vertu autant qu'à celui de l'ordre ; mais son code moral n'allait pas jusque-là. Pour lui, la loi était la force, le pouvoir... Elle l'avait exalté : il lui devait ce masque de fer qui dissimulait la bestialité de ses traits. Or, en ce moment, la brute dominait les sentiments de ce policier qui lisait dans les yeux de Marie un grand amour... pour un assassin.

Certes, il n'espérait pas aliéner cet amour en sa faveur. Pour y réussir, il eût sacrifié son passé et son avenir. Rejetant cette impossibilité, il mesurait, non ses chances de succès, mais le temps qu'il lui faudrait pour arriver à ses fins. Jusque-là, jamais un homme ne l'avait battu, jamais une femme ne s'était moquée de lui. Aussi n'admettait-il pas la possibilité d'un échec. Mais... *comment* s'y prendre ? Cette question lui torturait l'esprit tandis que, souriant à la jeune femme assise en face de lui, il lui contait l'histoire des jours sombres de la maladie de Jan à la lisière du grand plateau nu...

Soudain, il trouva : Marie ne soupçonnait pas l'effet qu'elle faisait sur lui, elle se fiait pleinement à ce loyal ami de son mari.

Le cœur battant de joie, Blake retourna à sa couchette en sautillant sur un pied, appuyé sur la gracile épaule de Marie ; il lui narrait comment il avait aidé Jan à entrer dans sa cabane ; le pauvre se traînait comme lui, en ce moment, et s'était finalement écroulé... Ce disant, il s'effondrait lui-même sur le lit, emmenant la femme dans sa chute. Accidentellement, ses lèvres touchèrent la tête de Marie... Il rit.

Enivré d'une joie nouvelle, il eût parié toute sa vie contre sa chance de gagner la partie. Malgré toute sa confiance en lui, il préférait agir avec prudence. Il dit en se frottant les mains :

— Dieu ! Comme Jan va être étonné de me voir ! Je lui avais bien promis de revenir un jour ! Oui, je le lui avais promis !

Quelle plaisante surprise il réservait à Jan ! Il ne cessait d'en ricaner tandis que Marie vaquait à ses occupations ménagères ; rougissante de plaisir, elle riait tout bas de cette grande affection que Duval témoignait ainsi pour son mari... Non, disait ce bon camarade... non, la perte même de ses chiens et de son bagage ne pouvait gâter son allégresse ! Il se procurerait d'autres chiens et un autre équipement..., mais voilà trois bonnes années qu'il n'avait vu Jan Thoreau ! Quand Marie eut achevé sa tâche, il porta soudain la main à ses yeux.

— Diable ! s'exclama-t-il, hier soir l'ouragan a dû me brûler les yeux. La lumière m'aveugle, chère madame ; voudriez-vous l'éteindre ou la baisser et venir vous asseoir à mon côté près du feu, afin que je puisse vous voir et vous entendre me raconter les mésaventures survenues à Jan Thoreau pendant ces trois dernières années ?

Marie éteignit la lampe, ouvrit toute grande la porte du cendrier du poêle et, éclairée seulement par la vague lueur du feu, elle s'assit sur un tabouret à côté de la couche de Blake. Sa confiance en lui était celle d'un enfant. Elle avait vingt-deux ans, Blake comptait quinze ans de plus et elle sentait l'immense supériorité de son âge.

Cet homme, vous comprenez, s'était montré plus qu'un frère pour Jan..., il avait risqué sa vie pour lui, l'avait arraché aux griffes de la mort. Marie ne le considérait point comme un jeune homme ; songez donc : il avait trente-sept ans ! Elle lui parlait avec une nuance de respect dans la voix, comme si elle se fût adressée à un frère aîné de Jan.

Lorsque la prudence avertit Blake de ne pas pousser plus loin le récit mensonger des jours d'épidémie à la cabane de Duval, à son tour elle lui conta son histoire et celle de Jan ; elle lui confia naïvement comment ils avaient vécu durant les trois dernières années, ce qu'il leur était advenu d'important, quels projets ils formaient pour l'avenir.

Il saisit la note de joie qui vibrait dans la voix de la jeune femme, et, avec un gros rire, un rire où résonnait la franchise et la bonté, il allongea la main dans l'obscurité (car le feu était complètement tombé) et caressa les cheveux de Marie. Elle ne protesta pas. N'était-il pas heureux de leur bonheur ? Et Blake n'alla pas trop loin.

Elle poursuivit, sans rien cacher de la vie de Jan, le trahissant inconsciemment. Blake ne doutait pas de sa sincérité. Elle ignorait que Jan avait tué François Bréault et croyait ferme qu'il reviendrait... dans trois jours... Plein de tendresse, il l'avait quittée ce matin-là. Le rouge aux joues, dans l'obscurité propice, elle confia à ce grand frère indulgent la peine qu'il avait eue à la quitter ; longtemps, il l'avait serrée dans ses bras, avant de pouvoir s'arracher à elle !

S'il avait emporté son violon ? Bien sûr : jamais cet instrument ne le quittait ! Après elle, son violon était ce qu'il aimait le mieux au monde. Oh !... non, elle n'en était pas jalouse, de ce violon ! Blake riait avec elle — et quel bon rire, sain, heureux ! — avec un curieux tremblement dans la voix. De nouveau, il lui passa la main dans les cheveux, et ses doigts s'égarèrent un instant contre sa joue chaude.

Puis, sans avoir l'air de rien, il joua la seconde de ses bonnes cartes :

— On a trouvé hier un homme mort sur la piste, dit-il. Quelqu'un l'avait tué. Une balle lui avait traversé le poumon. C'était le postier, vous savez : François Bréault.

En prononçant ces paroles, Blake laissa retomber sa main sur l'épaule de Marie. Il faisait trop noir dans la cabane pour y voir. Mais il sentit le corps de la jeune femme se raidir soudain, et pendant un moment la respiration parut lui manquer. Dans l'ombre, les lèvres de Blake se plissaient d'un sourire. Il avait frappé juste, et il n'avait pas besoin de lumière pour constater l'effet de son trait :

— François... Bréault ! l'entendit-il enfin articuler en un souffle comme si elle se débattait contre quelque chose qui l'étouffait... François... Bréault... mort..., tué par quelqu'un ?

Il se leva lentement. Ses yeux suivaient dans la pénombre la silhouette de la jeune femme qui s'était levée, elle aussi, et se dirigeait vers le poêle. Il l'entendit craquer une allumette, et lorsque, éclairée de nouveau par la lampe à huile, elle se retourna de son côté, elle était blême et ouvrait de grands yeux hagards. Le pouls battant, il se hissa sur le bord du lit, en proie à la joie féroce d'un inquisiteur. Mais l'instant n'était pas encore venu pour lui de se révéler sous ses vraies couleurs... Non qu'il redoutât le moment où il allait, de pied ferme, lui apprendre qu'il n'était pas Duval, que sa blessure était simulée et qu'elle avait affaire au caporal Blake de la Police royale... Au contraire, il attendait cette minute avec impatience... mais aussi avec prudence : quand le piège se refermerait, la proie ne trouverait plus d'issue.

— Vous êtes sûr... que c'était François Bréault ? demanda-t-elle enfin.

Il répondit, avec un signe de tête affirmatif :

— Oui, le postier. Vous le connaissiez ?

Elle s'était rapprochée de la table, sur le bord de laquelle sa main se crispa. Elle demeura un instant sans parler, l'œil lointain, par-delà les murs de la cabane, là-bas, bien loin. Lui, comme un furet, l'épiait : quelle chance, le sort le favorisait !

Il vint à elle, traînant péniblement la jambe, magnifique d'hypocrisie et de dissimulation. Il saisit la main de la jeune femme et la retint dans les siennes ; elle était petite et douce, mais étrangement froide, cette main :

— Ma chère enfant, lui dit-il, qu'avez-vous ? Pourquoi cet air attristé ? En quoi la mort de François Bréault peut-elle vous affecter, vous... et Jan ?

C'était la voix d'un ami, d'un frère, une voix douce, sympathique, avec tout juste une ombre d'inquiétude. Pas plus tard que l'hiver dernier, cette voix avait gagné la confiance et ranimé les espoirs d'une autre femme : la femme de Pierrot, là-bas, sur l'Athabasca, et... l'été suivant on avait pendu Pierrot. Blake répéta sa requête. Les lèvres de Marie tremblaient ; ses grands yeux le regardaient bien en face, semblant fouiller jusqu'au fond de son âme.

Il insista, d'un ton à peine perceptible, encourageant :

— Voyons, ma chère enfant, vous pouvez bien me le confier, à moi... Ne suis-je pas Duval, l'ami de Jan ?...

Il l'attira vers le lit, avec un pénible effort, et la rassit sur son tabouret ; puis, installé à côté d'elle, il retint sa main qu'il caressa affectueusement. Les couleurs revenaient aux joues de Marie, sa lèvre se teintait de nouveau de rose ; et, tout à coup, elle eut un petit rire à la vue du regard plein de sollicitude de Blake. Sa présence commençait à dissiper la terreur qui s'était subitement emparée d'elle :

— Allons, voyons ! dites-le-moi, Marie !

Il vit tressaillir les frêles épaules de la femme :

— Ils se sont battus... ici..., dans cette cabane..., il y a trois jours, avoua-t-elle... Ce doit être... le jour... où on l'a tué.

Blake ne devinait que trop l'affreuse pensée qui venait assaillir la femme du violoneux. Les mâchoires serrées, les épaules raidies, il regarda par-dessus la tête de Marie, comme s'il essayait de voir, lui aussi, au-delà des murs de la cabane. À présent, c'était la main de Marie qui serrait convulsivement la sienne, et dans sa voix, presque pantelante, vibrait une protestation angoissée :

— Non ! Non ! gémit-elle..., ce n'est pas Jan..., ce n'est pas Jan l'assassin !

— Chut ! dit Blake.

Il regardait tout autour de lui, comme pour s'assurer que personne n'avait entendu les mots fatals qu'elle venait de prononcer. Ce stratagème, d'un magnifique effet théâtral, joué presque inconsciemment et d'autant plus efficace, frappa Marie au cœur, comme d'un coup de poignard. Ses doigts serraient plus convulsivement les mains du policier. Il n'eût pas pu lui dire plus nettement : « Alors, c'est Jan qui a tué François Bréault ? »

Mais, au lieu de l'exprimer tout haut, il insista pour la faire parler.

— Il faut tout me dire, Marie ! Comment est-ce arrivé ? Pourquoi se sont-ils battus ? Et pour quelle raison Jan est-il parti si tôt après ce meurtre ? Pour l'amour de Jan, ne me cachez rien !

Il attendit. Il lui semblait percevoir le combat qui se livrait dans la poitrine de Marie. Alors elle se mit à tout lui conter, par bribes ; de temps à autre, sa voix s'élevait à peine au-dessus d'un murmure. C'était un récit de femme, qu'elle contait comme une femme, depuis le commencement. Qui sait si, à un moment donné, cette rivalité entre Jan Thoreau et François Bréault et leur lutte pour la conquérir n'avaient pas fait battre son cœur plus vite et s'empourprer sa joue d'un orgueil féminin assez naturel ? Oui, qui sait ! Bien qu'elle eût aimé l'un et haï l'autre... En ce moment, nul sentiment de fierté ne se trahissait dans sa voix, sauf quand elle parlait de Jan :

— Oui... Jan et moi, nous nous sommes connus enfants..., nous avons grandi ensemble, là-bas, au poste de Wollaston ; j'étais toute petite, alors, et Jan me portait sur ses épaules... Déjà il jouait du violon, et j'adorais l'écouter ! J'ai toujours aimé Jan..., toujours ! Plus tard, quand j'eus dix-sept ans, apparut François Bréault...

Elle tremblait.

— Oui, Jan m'a touché un mot de cette époque-là, dit Blake, mentant effrontément... Et après, Marie ?

— Je... Je devais devenir l'épouse de Jan, je le sentais, lui aussi ; pourtant, il ne s'était pas prononcé définitivement. Et alors — comprenez-vous, monsieur Duval ? — j'ai commis une faute au début. François Bréault m'aimait. Et moi, j'ai plaisanté avec lui..., oh ! un peu seulement, monsieur..., par simple coquetterie, pour effrayer Jan à la pensée qu'il pourrait me perdre. Je ne savais pas ce que je faisais... Non, non..., je ne comprenais pas.

« Puis Jan et moi nous nous sommes mariés et, un jour où Jan était allé trouver le missionnaire — une semaine avant notre mariage — François Bréault vint me voir ; je lui avouai tout, en lui demandant de me pardonner. En entendant cela, François Bréault s'emporta comme un fou...

Elle haletait. Ses mains se crispaient :

— Si Jan n'était pas arrivé à temps et n'avait entendu mes cris... soupira-t-elle.

Elle leva sur Blake des yeux apeurés. Il fit signe qu'il avait compris.

— Et la même scène se répéta... voilà trois jours, poursuivit-elle.

« Je n'avais pas revu Bréault depuis deux ans..., depuis notre rencontre, là-bas, au poste de Wollaston. Et, comme la fois précédente, il était fou furieux. Peut-être ne venait-il pas tant pour moi que pour tuer Jan..., je ne saurais dire. En tout cas, il demanda à voir Jan... Ah ! c'est ici, dans la cabane, qu'ils se battirent...

— Et Jan l'a... châtié ? s'enquit Blake à voix basse.

Un frisson convulsif secoua de nouveau les épaules de Marie :

— Il s'est passé alors un fait étrange, monsieur. J'allais tirer sur lui..., oui, j'attendais le moment propice pour lui décocher une balle, quand, tout à coup, François Bréault bondit vers la porte en s'écriant : "Jan Thoreau, je suis fou..., fou ! Grand Dieu, qu'ai-je fait là ?"... Oui, il a dit cela, monsieur, mot pour mot. Une seconde après il avait disparu.

— Et ce même jour, un peu plus tard..., Jan a quitté la cabane et il a été longtemps absent, n'est-ce pas ? demanda tout bas Blake. N'est-ce pas, Marie ?

— Oui, il est allé inspecter ses pièges, monsieur.

Pour la première fois depuis le début de ce récit, Blake fit un mouvement. Il eut l'audace de prendre entre ses deux mains ce visage éploré et de le tourner vers lui de façon à bien regarder en face les grands yeux qui le contemplaient. Il tremblait dans toutes les fibres de son corps de la joie malsaine de son hideux triomphe :

— Ma chère enfant, il faut que je vous apprenne la vérité, commença-t-il. Votre mari, Jan, n'est pas allé visiter les pièges, il y a trois jours. Il a suivi François Bréault et l'a tué. Quant à moi, je ne suis pas Jean Duval, mais le caporal Blake, de la Police montée, chargé d'arrêter Jan, pour le faire pendre par le cou en expiation de son crime, jusqu'à ce que mort s'ensuive. Oui, *j'étais venu* pour cette raison. Mais j'ai changé d'avis. Je vous ai vue et, pour vous, je suis prêt à laisser la vie... même à un assassin. Vous comprenez ? Pour vous... vous... vous !

Tout s'arrangeait selon ses plans : stupéfiée par ces paroles, la jeune femme ne faisait aucun mouvement, n'émettait aucun son. Seuls ses grands yeux parlaient pour elle. D'un mouvement soudain, il l'enleva dans ses bras avec une brutalité toute bestiale. Combien de temps la tint-il dans ses bras, broyée contre sa poitrine, avec ses lèvres chaudes sur son visage ? Elle n'eût pu le préciser.

Pour elle, le monde avait sombré dans le noir ; elle avait perdu presque connaissance. Cependant, elle entendait la voix du policier ; ses paroles finirent par l'arracher de sa torpeur. Elle se raidit de toutes ses forces et, avec un cri de bête blessée, s'arracha de son étreinte et se précipita vers la porte de sa chambre. Blake la laissa s'enfermer dans cette pièce obscure ; il lui avait dit ce qu'il avait à dire... et elle avait compris !

Il se leva en haussant les épaules... Très calme, malgré la poussée de sang qui lui brûlait le corps, il alla vers la porte extérieure de la cabane, l'ouvrit et regarda au-dehors, dans la nuit paisible et étoilée.

La tranquillité régnait également dans la chambre de Marie — une telle tranquillité qu'on eût pu s'imaginer y entendre battre un cœur. Marie s'était précipitée dans le coin le plus éloigné de la porte, derrière le lit. Et, là, sa main avait rencontré un objet d'un froid d'acier. Elle éprouva un besoin de crier sous l'effet de la réaction qui l'ébranla tout comme une décharge électrique. Mais sa lèvre demeura muette, et sa main serra l'arme plus fortement.

L'attirant à elle tout doucement, Marie la plaça sur le lit, au niveau de la porte. C'était le fusil dont se servait Jan pour la chasse aux oies sauvages, et il était chargé de petit plomb.

Un déclic métallique se produisit quand elle releva le chien. Blake, qui, à la porte, contemplait les étoiles, ne l'entendit pas.

Marie attendait. Elle ne raisonnait pas sa conduite, à ce moment, elle songeait seulement à tuer le reptile qui se trouvait dans la pièce à côté. Elle tirerait sur lui dès que sa silhouette apparaîtrait dans l'encadrement de la porte ; puis elle partirait à la recherche de Jan et ils fuiraient ensemble. Elle ne voyait pas au-delà. Sa pensée, ses yeux, son être tout entier se concentraient sur l'étroite porte où le serpent allait apparaître... et alors...

Elle entendit se fermer la porte de la cabane et les pas de Blake s'approcher. Elle ne tremblait plus, son index reposait ferme sur la détente. Retenant son souffle, elle attendit. Blake arriva jusqu'à la ligne de tir, puis s'arrêta. Elle apercevait un de ses bras et une partie de son épaule. Mais la cible n'était pas suffisante... Un autre demi-pas..., six pouces..., quatre encore... et elle allait tirer. Son cœur battait comme un petit marteau dans sa poitrine.

Alors, la vie même sembla en suspens dans son corps.

La porte de la cabane venait de s'ouvrir, et quelqu'un était entré. A ce moment, persuadée que c'était Jan qui revenait, elle eût tiré si Blake n'avait dégagé la porte en se retournant ; et Marie, le doigt toujours sur la détente, entendit le cri de stupéfaction du policier :

— Vous ! Sergent Fitzgerald ?

— Oui. Lâchez ce revolver, caporal ! Et Jan Thoreau ? Vous l'avez ?

— Il... est parti !

— En voilà une veine pour nous ! s'exclama le sergent comme s'il s'adressait à un étranger — mais sa voix trahissait un grand soulagement. Dieu sait si j'ai fait vite pour vous rattraper !... Matao, le métis, a été poignardé au cours d'une querelle sitôt après votre départ. Avant de mourir, il a lâché le morceau : c'est lui qui a tué Bréault. Les témoignages sont concluants... Bigre !... en voilà un feu... Ah ! il fait bon ici ! Personne à la maison ?

— Si ! dit Blake lentement... Mme Thoreau... est... là, chez elle !

LE PIÈGE D'OR

(The Golden Snare, 1921)

Suivi de

LE CŒUR DE LA NATURE

Romans traduits de l'américain
par Paul Gruyer et Louis Postif

© Bureau littéraire international, pour le texte original et la traduction.

I

BRAM ET SES LOUPS

C'était, même pour le « Northland [1] », un être peu ordinaire que Bram Johnson.

Il était, avant toute chose, une créature née du monde où il vivait, issue des fatalités qui pesaient sur lui. Il semblait, à certains moments, un homme ayant une âme et, à d'autres, une effroyable brute, vomie par l'enfer. Avait-il vraiment ce qu'on est convenu d'appeler une âme ? Si oui, celle-ci demeurait bien profondément cachée. Elle était enfouie jusqu'au cœur même des forêts farouches et des solitudes sauvages qui l'avaient formée. Aussi gardons-nous, au cœur du drame que nous allons conter, de jeter sur Bram un blâme inconsidéré. L'homme doit être prudent toujours en jugeant son semblable.

Il faut, pour se rendre compte de ce qu'était Bram Johnson, remonter, dans sa généalogie, à trois générations avant lui. Si l'on met une pirogue sur le lac Athabasca [2] et si, par la rivière de la Paix, naviguant vers le nord, on atteint le Grand Lac de l'Esclave, puis, descendant le courant du fleuve Mackenzie, si l'on remonte jusqu'au cercle arctique, on remarque plusieurs variations ethniques et les types d'hommes, peuplant le monde où l'on pénètre, subissent d'importantes modifications. L'Indien Chippeway, au mince profil et à la face étroite, aux mouvements alertes et aux pirogues fortement recourbées, fait place au Cree, dont les gestes sont fortement lents, les joues plus larges, les yeux plus obliques, et dont le canot, plus bizarre, est fabriqué d'écorces de bambou. La race même du Cree n'est pas homogène et se transforme à mesure que l'on avance vers le nord. Chaque nouvelle tribu diffère de celles qui la précèdent, jusqu'à ce que le Cree en arrive à ressembler au Japonais. Alors le Chippeway reparaît et prend à nouveau sa place.

1. Le « Northland » est l'extrême nord de l'Amérique, vaste région demi-désertique, qui avoisine le cercle arctique. Ce n'est plus déjà la terre civilisée et ce n'est pas encore complètement le désert polaire.

2. Le lac Athabasca est situé au nord-ouest du Canada.

Il s'est, lui aussi, transformé avec la latitude. A mesure qu'il se rapproche du cercle arctique, sa pirogue devient un « kajak » de peau, sa figure s'épate, ses yeux se vrillent comme ceux du Chinois et les géographes le nomment Esquimau.

L'ancêtre des Johnson, dont la descendance devait aboutir à Bram, s'était mis en route, il y a quelque cent ans, d'un pays plus au sud, pour monter vers le nord. Le sang de ses enfants, puis des enfants de ses enfants, se mélangea d'abord avec celui des Chippeways, puis avec celui des Crees. Par échelons successifs, il se mêla avec le sang esquimau. Le plus curieux, c'est qu'à travers tous ces mariages ethniques le nom de Johnson eût surnagé. Mais si, sur la foi de ce nom, vous étiez entré dans le *tepee* [1] qui momentanément abritait Bram, croyant y trouver un homme blanc, vous n'eussiez pas été peu surpris du type innommé qui s'offrait à vous.

Bram Johnson, au bout d'un siècle de ces croisements, avait la peau, les cheveux et les yeux d'un Blanc. Pour le reste, il se rattachait au type physique de sa mère demi-esquimaude. De ce type il différait sur un autre point, cependant. Il mesurait six pieds de haut.

C'était un géant et un colosse de force. Les os des pommettes saillaient sur sa large face ; il avait les lèvres épaisses et le nez aplati. Et pourtant la peau de son visage était blanche. C'était là ce qui déroutait. Au lieu des plats cheveux noirs de l'Esquimau, sa chevelure était d'un blond roux. Tignasse drue et hirsute, comme une crinière de lion. Quant à ses yeux, d'un bleu étrange, ils devenaient par moments d'un gris d'yeux de chat.

On ne connaissait à Bram ni compagnon ni ami. Le mystère l'enveloppait. Jamais, dans aucun poste, il ne demeurait plus qu'il n'était nécessaire pour échanger, contre d'autres marchandises, les fourrures qu'il apportait. Des mois passaient sans qu'on le vît reparaître au même endroit. Sans cesse il errait.

Plus ou moins, la Police montée du Royal North-West le surveillait et suivait ses pistes. Dans de nombreux rapports, rédigés par les lointaines patrouilles, à leur retour au quartier général, on trouve des phrases laconiques de ce genre : *Nous avons vu Bram et ses loups, voyageant vers le nord.* Ou bien encore : *Bram et ses loups ont passé devant nous.* Son allure inquiétait. Quelque chose, semblait-il, arriverait un jour...

Et ce quelque chose effectivement arriva. Bram tua un homme. Il le fit si dextrement, l'homme, brisé entre ses mains puissantes, comme un bâton qu'on casse, eut si peu le temps de faire ouf ! ni de jeter un appel de secours, que Bram était déjà loin avant qu'on eût seulement découvert que sa victime était morte.

La nouvelle tragédie suivit de près ; de quinze jours seulement. Le caporal Lee, accompagné d'un de ses hommes, était parti de Fort Churchill pour arrêter Bram. Tous deux le rejoignirent sur la lisière

1. Tente indienne.

du *Barren* [1]. Ils se trouvaient encore distants de lui d'un quart de mille et s'avançaient pour le rejoindre, lorsqu'ils entendirent éclater un grand rire étrange. Bram ne tira pas vers eux un seul coup de fusil. Il se contenta de lâcher ses loups. Par un miracle, le caporal Lee ne mourut pas immédiatement. Il put se traîner, Bram disparu, jusqu'à la case d'un métis. Il y expira peu après et le métis alla conter l'aventure à Fort Churchill.

Après ce coup, Bram disparut complètement et le monde humain ne le revit plus.

Ah ! si la couverture d'un livre pouvait enclore le récit de l'existence qui fut la sienne, si ses pages pouvaient exprimer toute l'horreur qu'il endura, pendant les quatre ou cinq ans qui suivirent, sans doute lui serait-il beaucoup pardonné. Bram et ses loups ! Cet accouplement de mots ne suffit-il pas à donner le frisson ? Seul, songez donc ! Seul avec eux. Jamais une voix pour lui parler. Ne jamais pouvoir s'approcher d'un poste quelconque, pour s'y procurer des vivres. Un frère de loups, un homme-bête. Un *loup-garou* [2].

Au bout de trois ans écoulés, tout ce qui pouvait encore demeurer du chien-loup, parmi ses loups, avait disparu. Il n'y avait plus là que des loups sauvages, le loup intégral [3]. Bram avait soigneusement trié les portées et gardé seulement vingt des louveteaux les plus purs, qui étaient devenus des bêtes superbes et monstrueuses. Instinctivement, ils s'étaient faits ses esclaves.

Lui-même s'était penché vers eux, comme ils s'étaient penchés vers lui, et lui aussi les aimait. Ils lui tenaient lieu de famille. Avec eux il dormait, mangeait avec eux et, comme eux, souffrait de la faim, lorsque manquait la nourriture. Ils étaient sa compagnie et sa protection. Lorsque la provision de viande était épuisée, il lançait sa horde sur la piste d'un caribou [4] ou d'un élan, s'il s'en trouvait dans la région. Souvent les loups, au cours de la chasse, poussaient d'une douzaine de milles en avant. Mais il les rejoignait rapidement et il restait toujours, dans la curée, assez de viande sur les os lorsqu'il arrivait.

Quatre ans de cette existence ! Les policiers se refusaient à y croire. Et ils ricanaient, sceptiques, lorsque des rumeurs lointaines leur parvenaient que Bram avait été vu, toujours vivant, qu'on avait ouï sa grande voix dominant, durant les calmes nuits d'hiver, les hurlements de sa bande.

La police demeura convaincue que Bram était mort. Et Bram, durant ce temps, fuyant le regard des hommes, se rapprochait, de plus en plus, de ses frères loups.

Le sang blanc est cependant, dans les veines où il coule, une sève

---

1. Le *Barren* est, comme la causse, la brousse, la pampa, la steppe, le maquis, un nom générique intraduisible. Ce sont les régions les plus stériles du Northland.
2. En français dans le texte.
3. Il arrive fréquemment, dans le Northland, que des louves se croisent avec des chiens de traîneaux et une part de sang de chien se retrouve dans leurs portées. *(Idem.)*
4. Le *cariboo*, ou caribou, est une variété de renne de l'Amérique du Nord.

vivace, et toujours vacillait, dans la large poitrine de Bram, un désir ardent. Désir, pire parfois que la mort, d'entendre la voix de ses semblables. Et pourtant il n'avait jamais aimé homme ou femme.

De ce désir devait naître la crise formidable qui introduirait deux autres êtres humains, un homme et une femme, dans l'existence de Bram.

II

L'ÉTRANGE TROUVAILLE

L'homme se nommait Philip Brant.

Il était assis, ce soir-là, dans la case de Pierre Bréault, la table entre eux deux. Le poêle de tôle flamboyait, chauffé au rouge. La nuit, dehors, était tombée.

Pierre, le chasseur de renards, avait construit sa hutte à l'extrémité d'une longue et mince bande de sapins bas, qui s'avançait dans le Barren. Le vent mugissait lugubrement dans l'espace désertique et donnait des frissons à Philip. Non loin, vers l'est, était la baie d'Hudson. En ouvrant la porte de la cabane, on entendait le sourd tonnerre, incessant, des courants sous-marins, livrant bataille aux glaces pour s'ouvrir un chemin, à travers les rochers, jusqu'à l'océan Arctique. Par moments, ce grondement était couvert par un autre bruit, plus violent et retentissant. C'était celui des montagnes de glace qui craquaient et se séparaient en deux, comme si un grand couteau les eût ouvertes.

Vers l'ouest, c'était au contraire le morne Barren, mort et sans limites, qui n'a rien, pas un rocher, pas un buisson. Durant la journée, un ciel bas et épais, un ciel de granit gris, avec des traînées de pourpre, le surplombait pareil à celui que Gustave Doré a peint sur son *Inferno* [1], en un tableau célèbre que Pierre Bréault se souvenait d'avoir vu un jour. Et toujours il semblait que ce ciel allait s'écrouler en effrayantes avalanches.

— Aussi vrai que j'espère le paradis, je vous jure, *m'sieur* [2], que je l'ai vu vivant..., répétait Pierre, accoudé sur la table.

Philip Brant, qui appartenait à la patrouille détachée à Fort Churchill par la Police montée du Royal North-West, cessa de sourire, d'un air de doute. Il savait que Pierre Bréault était un homme brave, sans quoi il n'eût pas été, tout seul, planter sa hutte, au cœur du Barren, pour chasser le renard blanc. Il savait encore que Pierre n'était pas superstitieux, comme la plupart des gens de son métier ; car les cris et les sanglots qui, dans la nuit, traversent la bataille éternelle des vents l'eussent fait fuir loin du lieu où il se trouvait

1. L'enfer de Dante.
2. En français dans le texte.

— Je le jure ! répéta Pierre.

Le visage de Philip s'était animé et le sang, qui y affluait, lui brûlait les joues. Il étendit ses poings sur la table et les crispa nerveusement. C'était un homme de trente-cinq ans. Il était, comme Pierre, svelte et bien découplé. Mais ses yeux, d'un bleu d'acier, étaient aussi clairs que ceux de Pierre étaient noirs. Il avait été un temps, déjà lointain, où il portait le costume de tous les gens civilisés, dans la grande ville où il vivait. Maintenant, il était vêtu de peau de caribou, avec des manches effrangées, ses mains étaient noueuses, et, sur sa face, vents et tempêtes avaient creusé des rides.

— C'est impossible, répliqua-t-il, Bram Johnson est mort.

— Il est vivant, *m'sieur* !

La voix de Pierre eut un tremblement étrange.

— Si je vous parlais par ouï-dire, si je n'avais pas vu moi-même, alors, *m'sieu,* vous pourriez douter. J'étais ici, comme nous sommes, lorsque j'ai entendu les cris de la horde. Alors je suis allé vers la porte et, l'ayant ouverte, je suis demeuré debout, à écouter dans la nuit, en cherchant à voir. Ils n'étaient pas loin, mordieu ! et avançaient vite. J'entendis, sur la neige gelée, résonner les sabots d'un caribou. Il passa bientôt, comme une trombe, ayant à son derrière la meute hurlante des loups, que dominait une voix, forte comme celle de dix hommes. C'était celle de Bram Johnson, chassant la viande. *Mon Dieu !* [1] oui, c'est ainsi. Il est vivant. Et ce n'est pas tout. Non, non, ce n'est pas tout.

Il tordit ses doigts, en les entrecroisant les uns dans les autres. Pour la troisième ou quatrième fois depuis un quart d'heure, Philip le vit qui tentait de refouler en lui une émotion intense. Son incrédulité, à lui, maintenant s'en était allée et il commençait à croire sérieusement à ce que disait Pierre.

— Après cela ? interrogea-t-il. L'avez-vous revu ?

— Oui, répondit Pierre. Et de tout près. Ce que j'ai fait, je ne voudrais pas le recommencer, *m'sieur,* pour tous les renards qui gîtent entre le lac Athabasca et la baie d'Hudson. J'ai agi dans une sorte de folie. C'est comme une hallucination qui m'a tiré dehors, dans la nuit. J'ai suivi le cortège endiablé. Dans la neige, j'ai marché sur la piste laissée par les pattes des loups et les souliers à raquette de l'homme. Oui, j'ai suivi. Je suis arrivé à proximité de la curée et j'ai entendu les claquements de mâchoires des bêtes déchiquetant la chair, oui, oui, et le rauque ricanement humain qui se mêlait à ce bruit. J'avais, heureusement pour moi, le vent en pleine figure et cette bande d'âmes damnées ne pouvait ainsi lever mon odeur et ma présence. Mais, si le vent avait tourné, que fût-il advenu de moi, *tonnerre de Dieu !* [2]

De nouveaux frissons secouèrent Pierre Bréault. Serrant et desserrant alternativement ses doigts, il en fit claquer les jointures.

1. En français dans le texte.
2. En français dans le texte.

— Et pourtant, *m'sieur*, je suis resté, à moitié enfoui sous une dune de neige. Après un long moment, homme et loups s'éloignèrent. J'ai repris la piste ; elle m'amena à la lisière d'un bois. C'est là que Bram en personne avait fait son feu. J'ai pu le dévisager tout à loisir et, par la Sainte Vierge ! je l'ai bien reconnu. Avant son crime, il était deux fois venu à ma cabane. Ses traits étaient toujours les mêmes. Les loups l'entouraient, dans la lueur du feu, et se confondaient presque avec lui. Je pouvais le voir les caresser, voir leurs crocs luisants, entendre le bruit de leurs corps se frottant les uns contre les autres. Et il leur parlait, et, en parlant, riait dans sa longue barbe. C'est alors que la raison, soudain, me revint. Je tournai casaque et, à toute vitesse, rebroussai chemin vers ma cabane. Je courais si vite que les loups eux-mêmes n'auraient pu, je crois, me rattraper... Et ce n'est pas tout encore ! Vous me croyez, *m'sieur* ?

Philip hocha la tête.

— Et vous me croirez aussi, si je vous dis le reste ?

— Oui.

Il alla dans la chambre où il couchait, et en revint bientôt avec un petit sac en peau de caribou, où il enfermait d'ordinaire son briquet, son silex et tout le petit nécessaire qui lui servait à allumer du feu lorsqu'il était à la chasse.

— Le jour suivant, reprit-il en se rasseyant en face de Philip, je suis retourné, *m'sieur*, là où j'avais vu Bram. Lui et ses loups étaient partis.

« Il avait dormi, le reste de la nuit, sous les branches d'un sapin. Puis il s'était remis en route. J'ai partout cherché autour de moi, afin de découvrir un objet quelconque qu'il aurait oublié. Et j'ai fini par trouver ceci.

Le regard de Pierre, plus encore que le mouvement de ses longs doigts minces délaçant le petit sac en peau de caribou, aiguisa la curiosité haletante de Philip. Il attendit, sans proférer une parole.

— Voici, *m'sieur*, dit Pierre. C'est un piège à lapins, qui a dû tomber de sa poche sur la neige.

Et il le tendit à Philip.

La lampe à huile, suspendue au plafond de la cabane, éclairait la table entre eux deux. Philip, ayant un instant fixé le piège, laissa échapper un cri étonné.

Pierre s'attendait à ce cri. On avait d'abord douté de lui. Maintenant il triomphait et sa figure en était illuminée. Quant à Philip, on eût dit qu'il avait cessé de respirer. Il considérait avec une attention, qu'il tendait de toutes ses forces, l'objet mystérieux qui, sous la flamme de la lampe, scintillait dans sa main. Il n'y avait pas à en douter. C'était long d'un yard environ [1], avec la curieuse « boucle chippewyanne » à un bout et un nœud à l'autre bout. Rien d'étonnant jusque-là.

Mais le piège était fabriqué avec les cheveux dorés d'une femme !

1. Le yard vaut 91 centimètres ; 914 mm exactement.

III

BRANT PREND UNE DÉCISION

Il arrive, sous le choc d'impressions violentes, que l'esprit, sans perdre de temps à raisonner, va droit à une décision immédiate, aussi rapide que le choc a été soudain.

Après le premier cri d'étonnement qui lui avait échappé, Philip Brant demeura silencieux. Il ne dit rien à Pierre. Lentement ses yeux se levèrent des fils soyeux qu'il tenait dans sa main et se rencontrèrent avec ceux de Pierre.

La même pensée, évidemment, était dans leurs deux esprits. Si les cheveux avaient été noirs... S'ils avaient été bruns... Si même ils avaient eu la couleur grossière, d'un blond roux, de ceux de l'Esquimau du Mackenzie inférieur... Mais non, ils ressemblaient à de l'or, à de l'or en fusion !

Toujours muet, Philip tira de sa poche un couteau et coupa un des cheveux au-dessus du second nœud. Une tresse brillante se déroula sur la table, onduleuse comme un serpent. L'or n'en était pas un or rouge, avec des reflets sombres ou cuivrés, sous la lumière de la lampe. C'était un or blond, dont Philip ne se souvenait pas avoir vu d'exemple. Et il admirait la patience merveilleuse avec laquelle le piège avait été tissé.

Il regarda Pierre à nouveau.

— Ce doit être, dit Pierre, que Bram a une femme avec lui...

— Sans aucun doute, répondit Philip. Une femme vivante ou...

Il n'acheva pas. Les deux hommes s'étaient compris. La même effrayante question les angoissait. Pierre se contenta de hausser les épaules. A cette question que pouvait-on répondre ?

Il rabaissa ses yeux vers la tresse étincelante.

— Réfléchis, Pierre, reprit Philip. As-tu vu déjà des cheveux de pareille couleur ?

— Non, *m'sieur.* Jamais de ma vie. Pas une seule fois.

— Et cependant tu as rencontré maintes femmes blanches, à Fort Churchill, à la York Factory, au *lac de la Biche* [1], à Cumberland House, à Norway House et à Fort Albany.

— Ha, ha, ha ! et en beaucoup d'autres endroits, *m'sieur.* Au lac de Dieu, au *lac Seul* [2] et du côté du Mackenzie. Mais oncques je n'ai vu de chevelure de femme ayant cette couleur.

— Et, Bram, que nous sachions, n'est jamais descendu vers le sud, plus loin que Fort Chippewyan. Tout ceci brouille singulièrement l'entendement ; qu'en dis-tu, Pierre ? Voyons, parle. A quoi rêves-tu ainsi ?

---

1. En français dans le texte.
2. En français dans le texte.

Il y avait, chez Pierre, un mélange de sang français et de sang cree. La pupille de ses yeux se dilata étrangement, sous le regard fixe de Philip.

— Je songe, répondit-il d'un air embarrassé, au *chasse-galère,* au *loup-garou,* et... et... et... vous faites si bien avec vos questions que vous m'amenez presque à y croire. Je ne suis pas superstitieux, *non, non et non* [1] ! Je ne suis pas superstitieux...

Il prit un air de plus en plus gêné et sa voix s'embarbouilla davantage encore.

— Mais, que voulez-vous, on conte sur Bram et ses loups des choses si abasourdissantes. Il a, dit-on, vendu son âme au diable, en échange de quoi il peut, à sa volonté, voler à travers l'air et se métamorphoser en loup. Des gens l'ont entendu qui chantait la *Chanson du Voyageur* [2], tout là-haut dans le ciel, accompagné par le hurlement de sa horde. On me l'a dit, à moi qui vous parle. J'ai rencontré, une fois, une tribu indienne entière, en train de se livrer à toutes sortes d'incantations, parce qu'elle avait vu Bram, entouré de ses loups, occupé à se construire une maison enchantée, en plein cœur d'un nuage fulgurant d'éclairs et de tonnerre. Il n'est pas bien surprenant, en ce cas, qu'il chasse le lapin avec un piège fait des cheveux d'une femme.

— Non moins étonnant, alors, répliqua Philip, qu'il change les cheveux noirs en cheveux couleur de soleil ?

— Tout ce qu'on dit est-il vrai ? Qui le sait ?

Pierre tortillait sa langue dans sa bouche, comme si un morceau qu'il avait avalé de travers l'étouffait. Durant quelques instants, Philip le vit qui semblait lutter avec lui-même et se débattre contre les vieilles superstitions, endormies en lui, qui soudain s'étaient rallumées comme un tas de poudre. Mais, serrant les dents, il se redressa et, rejetant sa tête en arrière :

— Ce sont là des contes, *m'sieur,* à dormir debout ! dit-il en comprimant le tremblement de sa voix. C'est pourquoi je vous ai montré ce piège. Bram Johnson n'est pas mort. Il vit. Et il a une femme avec lui, à moins que...

— Oui, à moins que...

Et la même pensée, qui leur était déjà venue, passa à nouveau dans leur regard...

Philip enroula soigneusement autour de son index la tresse de cheveux et la mit ensuite dans un petit sac de cuir, qu'il tira de sa poche.

Sa décision était prise.

— On compte, dit-il, trois cents milles d'ici à Fort Churchill. A mi-chemin, à l'extrémité inférieure du lac Jésus, Mac Veigh et sa patrouille ont établi leur quartier général. Si je pars à la poursuite de Bram, j'ai besoin qu'un message de moi parvienne à Mac Veigh et qu'il le transmette ensuite à Fort Churchill. Peux-tu, Pierre, laisser là tes

1. En français dans le texte.
2. En français dans le texte.

appâts à poissons et tes pièges à bascule pour renards et porter ce message ?

Pierre hésita puis répondit :

— Je le porterai.

Jusqu'à une heure avancée de la nuit, Philip s'occupa à rédiger son rapport. On l'avait envoyé en mission de poursuivre une bande de voleurs indiens. Une affaire autrement importante s'était placée en travers de sa route et il mettait au courant de l'aventure l'inspecteur Fitzgerald, qui commandait la division de Fort Churchill. Il conta ce que Pierre Bréault lui avait dit et il donna les raisons sérieuses qu'il y avait d'ajouter foi à ses paroles. Bram Johnson, trois fois assassin, était vivant. Il terminait en demandant qu'un autre fût envoyé à sa place, à la poursuite des Indiens, et il expliquait, aussi exactement que possible, la direction où il s'engageait, pour courir après Bram.

Son rapport achevé, il le cacheta. Il était complet, sauf sur un point. Philip n'avait soufflé mot du piège et des cheveux d'or.

IV

LA HUITIÈME NUIT

Le lendemain matin, la tempête faisait rage encore sur le Barren. Philip se mit tout de même en marche.

— Bram, dit-il à Pierre, se tient sur la limite broussailleuse du Barren. C'est l'orientation que je vais prendre. Tu pourras ajouter cela à ce que j'ai écrit déjà à Mac Veigh. Mais, au sujet du piège, Pierre, pas un mot. Cela vaut mieux, tu comprends. Si vraiment Bram est un *loup-garou* et s'il tisse des cheveux d'or avec le vent...

— Je ne dirai rien, *m'sieur*, fit Pierre en tressaillant.

Ils échangèrent une poignée de main et se séparèrent en silence. Philip tourna son visage vers l'ouest, et bientôt, en se retournant, il ne voyait plus déjà Pierre.

Une heure s'était à peine écoulée qu'une oppression s'emparait de lui, celle du sentiment qu'il s'était volontairement jeté dans un risque presque désespéré. Il avait laissé à Pierre son traîneau et ses chiens, et voyageait légèrement lesté. Dans son paquetage, d'un poids total de quarante livres, confortablement fixé sur ses épaules, était pliée une tente de soie, pesant trois livres, capable de résister aux vents les plus violents. Divers ustensiles de cuisine pesaient un poids identique. Le reste de son chargement se composait de quinze livres de farine et, pour le demeurant, de rations scientifiquement comprimées, soit en poudre, soit en tablettes desséchées : quatre douzaines d'œufs en une livre de poudre d'œufs ; vingt-huit livres de pommes de terre, en quatre livres de cet article séché ; et ainsi de suite. C'était, en y ajoutant le gibier qu'il pourrait abattre, de la nourriture pour un mois. Comme armes, son fusil, son revolver Colt et une provision de munitions.

Comme il songeait à cette nourriture rudimentaire et si précieuse qu'enfermait son sac, sur son épaule, il se prit à rire, d'une sorte de rire sardonique. Une autre pensée lui était simultanément venue, celle des jours anciens qu'il avait vécus. Que diraient donc ses vieux amis, si, par un coup de baguette magique, ils pouvaient se trouver réunis avec lui, pour partager son festin ? Plus spécialement, que dirait Mignon Davenport, et que ferait-elle ? P-f-f-f ! Il voyait d'ici l'horreur au sang bleu monter sur sa face aristocratique. Ce vent, qui soufflait sur le Barren, figerait la vie dans les veines de la jeune femme qui, en hâte, ratatinerait son corps et mourrait. Il la connaissait bien, car il avait été question, jadis, qu'il l'épousât.

C'était une chose singulière qu'il pût, maintenant encore, songer à elle, alors qu'il suivait la piste mystérieuse de Bram. Mais il n'avait pu, tout d'un coup, chasser sa pensée. Il y avait fort à parier cependant que, comme ses anciens amis, elle ne l'eût oublié. L'amitié ni l'amour ne sont bien durables, dans le clan mondain. Mignon, quant à elle, s'était chargée de l'en convaincre. Il esquissa une grimace et, sous la morsure du vent, se remit à ricaner.

Le sort est un vieux type folâtre. C'était une fameuse farce qu'à tous, lui, Philip, il leur avait jouée ! Un brin de pneumonie tout d'abord, puis ses poumons s'étaient mis à siffler. Et la phtisie galopante, ou quelque chose d'approchant, qui vous creuse les joues et vous tire le sang des veines, était apparue. Alors l'effroi s'était reflété, plus grand de jour en jour, dans les gros yeux bleus de Mignon. Jusqu'à l'heure où elle était venue, avec une franchise d'enfant, lui déclarer qu'il était, pour elle, terriblement embarrassant d'annoncer à ses amies qu'elle était fiancée à un tuberculeux.

A ce souvenir, Philip se prit à éclater de rire. Et son rire explosa avec tant de force que Bram, même avec le rugissement du vent, aurait pu l'entendre à plus de cent yards de distance. Tuberculeux ! Philip, se croisant les bras, en gonfla et fit craquer les muscles durs. Profondément il aspira, s'emplissant les poumons de l'air glacé ; puis le rejeta bruyamment, comme la vapeur qui s'échappe d'une soupape. Le Nord avait fait cela pour lui ; le Nord avec ses forêts merveilleuses, ses vastes cieux, ses rivières et ses lacs, et ses neiges épaisses ; le Nord qui recrée un débris d'homme, qui en fait revivre la cosse au trois quarts morte, si une chance infime subsiste. Aussi l'aimait-il, ce Nord qui l'avait sauvé. Et, parce qu'il l'aimait, ainsi que les aventures, il s'était engagé dans la police, voilà deux ans. Quelque jour, il s'en retournerait là-bas, rien que pour s'amuser. Il se ferait, aux clubs, reconnaître de ses anciens amis et, au seul aspect de sa bonne santé, Mignon mourrait de dépit, la Mignon aux yeux bleus de baby.

Après s'être, quelque temps, abandonnée à ces réflexions, sa pensée revint à l'homme énigmatique qu'il poursuivait. Durant ses deux ans de service, il avait glané maint renseignement sur Bram, connu ses tenants et aboutissants, et toute l'histoire des Johnson.

Pour les Indiens et les métis, Bram était considéré comme le type même du monstre, pour un sorcier, par surcroît, qui tenait son pouvoir de Satan en personne. La police voyait en lui le meurtrier le plus dangereux qui évoluât dans tout le Northland. Elle n'avait qu'une idée, lui mettre la main dessus, et l'homme heureux qui le capturerait, mort ou vif, était certain d'avance de sa nomination au grade de sergent. Cette ambition et l'espoir de réussir avaient exalté maint cœur vaillant, jusqu'au jour où il fut généralement admis que Bram était mort.

Philip avait souvent discuté avec ses collègues sur le plus ou moins d'intelligence et de malfaisance de Bram, et son indulgence au sujet du maudit n'avait jamais convaincu personne.

Ce n'était pas non plus l'idée de conquérir le grade de sergent qui le poussait, à cette heure, sur la lisière du Barren. Son engagement dans la police prendrait bientôt fin et il avait d'autres plans d'avenir. Une autre force intérieure agissait en lui.

Depuis l'instant où il avait tenu dans ses doigts la tresse de cheveux d'or, il était en proie à une curieuse émotion, à des sentiments nouveaux, qu'il s'était mal formulés tout d'abord et dont, la veille, il n'avait pas fait part à Pierre Bréault. Ces pensées, maintenant, prenaient corps. Il n'était plus le chasseur d'hommes, froid calculateur, attaché à la prise et à la vie d'un autre homme. Il n'ignorait pas que son devoir était de se saisir de Bram et de le ramener prisonnier au quartier général, et il était prêt à accomplir ce qu'il devait, à moins que... Le piège d'or était un inconnu qui, sur ce point, entrait désormais en ligne de compte dans sa résolution. Les choses cessaient d'être aussi simples.

Il se disait aussi, par moments, que c'était lui qui les compliquait peut-être, par plaisir, et par un effet de son imagination. Ces cheveux, Bram avait pu se les procurer, peut-être, de mille façons différentes. Ce prétendu piège n'était-il pas, tout bonnement, une sorte de fétiche que Bram portait sur lui depuis des années, un talisman contre la maladie et le diable, cher à son esprit superstitieux ?

Philip, en dépit de lui-même, se refusait à croire qu'il en fût ainsi. Et, lorsqu'à midi il se fut arrêté, pour se construire un petit feu, y faire chauffer son thé et y tiédir sa galette d'avoine, il sortit de son portefeuille la tresse dorée, afin de recommencer à l'examiner, de plus près que la veille.

Eh bien, non ! Il n'y avait pas à s'y tromper. Elle avait été fraîchement coupée sur la tête d'une femme. Sinon, eût-elle été à ce point souple et resplendissante, dans la pâle lumière du soleil ? Il en admirait la longueur et la finesse, et la texture merveilleuse de chaque cheveu, tous homogènes et de longueur égale.

Il absorba son déjeuner et se remit en route. Trois jours de tempête avaient entièrement recouvert toute trace de la piste laissée par Bram et par ses loups. Philip n'en était pas moins persuadé que Bram ne s'écartait point du Barren, le Grand Barren du Nord, non mentionné sur les cartes, l'océan de neige où il avait, depuis si longtemps, trouvé un refuge contre les lois. Large de cinq cents milles, de l'est à l'ouest, sous le soixantième degré approximativement, l'immense désert blanc avait été pour lui ce que le large Pacifique était aux pirates de jadis.

Durant la nuit, la tourmente, qui faisait rage depuis plusieurs jours, s'épuisa et, toute une semaine, le beau temps reparut. Le froid était intense, mais la neige ne tombait point. Pendant ces huit jours, Philip parcourut cent vingt milles vers l'ouest. La huitième nuit, comme il était assis sous sa tente, devant son feu, occupé à retisser pour la centième fois la tresse dorée, l'événement escompté arriva.

V

LA RENCONTRE

Si claire était la nuit que semblaient vivantes les grandes ombres projetées sur la neige par les sapins. Le ciel, au-dessus, était criblé de milliards d'étoiles et la Grande Ourse resplendissait, comme une constellation de petits soleils. L'univers pouvait se passer de la lumière de la lune. A une distance de trois cents yards, Philip aurait pu voir marcher un caribou.

Il se chauffait donc à son feu, et veillait, en tressant les fils soyeux. Absorbé dans son travail, il écoutait distraitement la « musique des cieux », cette étrange et fantastique harmonie que l'aurore boréale fait entendre dans l'air, pour annoncer son lever. C'était tantôt un sifflement strident, tantôt un murmure doux, assez semblable au ronron d'un chat, et, par moments aussi, quelque chose comme le métallique bourdonnement d'une abeille [1].

Quand il eut terminé, Philip se redressa soudain et prêta l'oreille avec attention. D'autres sonorités se mêlaient à celles qui venaient des cieux. Le son arrivait à lui d'une distance assez considérable, un mille environ, deux peut-être. C'était le hurlement des loups !

Nombre de fois, au cours de ces deux dernières années, Philip l'avait entendu déjà. Mais jamais comme cette fois il n'en avait été secoué. Il était en plein dans la direction du son et le sang s'était mis à bondir dans ses artères. Le temps d'un éclair, et tout lui revint de ce que lui avait conté Pierre Bréault. C'était ainsi que chassaient Bram et sa horde. Bram arrivait. Il n'y avait pas à en douter.

Il se hâta de regagner sa tente et, aux dernières braises du feu, réchauffa, pendant quelques moments, la culasse frigide de son fusil.

1. Il est curieux de rapprocher de cette « musique des cieux » que produit dans l'éther l'aurore boréale le même phénomène atmosphérique qui, en Égypte, faisait, à l'aube du jour, chanter la statue de Memnon.

Puis il étouffa le feu avec de la neige, qu'il y tassa des pieds. Retournant alors sur la lisière du petit bois, il se posta près du plus haut sapin qu'il put trouver, prêt, en cas de danger, à y grimper, pour y chercher un refuge.

Le danger ne fut pas long à accourir. Il arriva en trombe. La horde, conduite par l'homme-bête, fonçait droit dans sa direction. Elle n'était plus qu'à deux ou trois cents pas lorsque Philip escalada son arbre. Tandis qu'il grimpait le long du tronc, à douze pieds de haut environ, sa respiration haletait et, dans sa poitrine, son cœur battait comme un tambour.

Une fois installé sur son perchoir, Philip plongea son regard sur le Barren, qu'éclairaient les étoiles.

Les loups s'étaient tus, signe que la chasse tirait à sa fin. On n'entendait plus que le rapide « chug, chug, chug » des sabots du caribou poursuivi, qui crevaient, dans leur galopée, la légère croûte de neige dure. La silhouette de la bête, qui fuyait pour sauver sa vie, apparut. Heureusement pour Philip, le caribou, talonné de près par les loups qui, au nombre de vingt à trente, se déployaient en éventail, fuyait maintenant parallèlement au bois, dont la horde s'efforçait de lui barrer la route. Les formes grisâtres passèrent comme un tourbillon, mâchoires béantes.

Philip redescendit pour s'accroupir dans la neige, certain qu'il allait voir Bram bientôt paraître.

Le « zip, zip, zip », bien typique, des souliers à raquette ne tarda pas en effet à se faire entendre. C'est alors que le sang de Philip se mit à battre un concert endiablé. L'homme qu'il poursuivait serait là, dans un moment. Dans le bref intervalle qui avait suivi le passage des loups, il avait réglé la conduite qu'il tiendrait. Le sort avait mis dans son jeu un atout inespéré. Tandis que la horde était occupée à la curée, Bram allait se présenter seul, et il le ferait prisonnier.

Philip se releva lentement sur ses genoux et se remit sur pied, toujours dissimulé dans l'ombre du sapin. Il se saisit de son revolver. Scrutant des yeux le clair-obscur nocturne, il attendait que Bram apparût sur la piste des loups.

Mais le son et la vue sont également trompeurs sur le Barren. Alors qu'il cherchait Bram sur la plaine blanche, Bram tout à coup se trouva là, à moins de vingt pas. Philip en demeura comme foudroyé.

Il réprima le cri prêt à s'échapper de ses lèvres et, à ce même moment, Bram s'arrêta net, debout et dressé dans la lumière des étoiles, ses larges poumons aspirant et expirant l'air, en un rythme puissant, tandis qu'il prêtait l'oreille dans la direction de ses loups. C'était vraiment un géant, un phénomène humain. Sur ses épaules retombait une tignasse désordonnée, assez semblable à une touffe d'algues marines. Sa barbe était épaisse et courte, et dans ses yeux phosphorescents, tels ceux d'un chat, Philip vit passer, comme une fulguration, le reflet des étoiles. Quant à l'expression du visage, elle était celle d'un être qui chasse à la fois et se sent chassé, d'une créature mi-bête, mi-homme. Plus jamais, désormais, Philip n'oublierait ce qu'il y avait, dans cette face, de brutal et de convulsif, de désespérance dans cette âme isolée du reste de l'humanité, de flamme ardente et inquiète dans ce regard.

Le temps d'agir était arrivé. Les doigts de Philip étreignirent plus étroitement la crosse de son revolver, et il s'avança de quelques pas, hors de l'ombre.

Bram, à ce moment, aurait pu le voir, s'il n'avait soudain rejeté sa grosse tête en arrière, pour une clameur caverneuse qu'il fit jaillir vers le ciel, de sa gorge et de sa poitrine. Ce fut d'abord un roulement de tonnerre, qui s'acheva en un gémissement aigu et plaintif, qui dut porter à plusieurs milles sur la plaine rase. Jamais Philip n'avait entendu homme ou animal proférer semblable cri. Et c'était l'appel du maître à sa meute, celui de l'homme-bête à ses frères.

Soudain le cri s'arrêta court et s'éteignit, en s'étouffant comme fait le sifflement d'une sirène de navire. Peut-être un super-instinct avait-il brusquement averti Bram Johnson qu'un danger inconnu le menaçait. Toujours est-il qu'avant même que Philip eût réagi Bram avait disparu. En même temps, la clameur poussée par lui avait fait place à ce rire étrange et fou, décrit par Pierre Bréault, dans un frisson.

Sans bouger de la place où il était, Philip appela :

— Bram ! Bram Johnson, arrête-toi ! Arrête-toi, au nom du roi !

C'était la formule séculaire, les mots fatidiques qui portaient avec eux, jusqu'à travers le Northland, la majesté et la puissance de la loi.

Bram entendit, mais ne s'arrêta pas. Il fila, au contraire, plus vite encore. De nouveau, Philip l'appela par son nom :

— Bram ! Bram Johnson !

Le ricanement lui revint, pour toute réponse, atroce et sourd, comme une moquerie.

Philip leva son revolver. Sans viser avec trop de précision, il tira, par deux fois, dans la direction du fugitif. Les balles passèrent si près de sa tête que Bram put les entendre siffler.

— Bram ! Bram Johnson ! cria Philip, une troisième fois.

Ce fut inutilement encore. Il rabaissa son bras et ses yeux se fixèrent sur la grande silhouette, qui n'était plus maintenant qu'une ombre en train de disparaître dans les ténèbres, où elle s'absorba bientôt complètement.

Une fois de plus, Philip se retrouva seul sous le ciel étoilé, cerné par un monde de néants. Et, tout à coup, il se rendit compte de la folie de son acte. Il s'était conduit comme un enfant. Sa voix avait tellement tremblé, tandis qu'il appelait Bram, que Bram s'était ri de lui. Avant peu, sans doute, il paierait son manque d'énergie dans l'action. Bram n'allait-il pas revenir sur ses pas, avec ses loups ?

Avec un froid dans le dos, il se prit à songer au sort du caporal Lee et de son compagnon. Allait-il donc finir comme eux ?

Mentalement, il soupesa les chances bonnes et les chances mauvaises qui lui restaient. Car du bon sang rouge coulait dans ses veines et jamais il n'est permis à l'homme de désespérer.

Sans doute il ne craignait pas Bram. Bien que Bram fût un colosse, il aurait allégrement engagé la lutte avec lui. Mais ce n'était pas avec Bram que la lutte s'engagerait, ce serait avec ses loups. Bram lancerait la horde, sans plus se montrer lui-même, et se contentant de ricaner de loin, pour l'exciter...

Puis une pensée soudaine lui vint. Bram n'était pas armé ! Alors il reprit courage et espoir. Grimpant sur un arbre, il pourrait livrer bataille à toute la bande et tuerait les loups, un à un. Avec son revolver et son fusil, et sa provision d'abondantes munitions, le dernier mot lui resterait. L'important était de savoir si, réellement, Bram ne possédait pas de fusil. Car alors...

Philip ramassa la chaude pelisse qu'il avait, tout à l'heure, jetée près du feu et l'endossa. Il en remplit les poches de munitions toutes dépaquetées et, s'avançant vers la lisière du Barren, jeta son dévolu sur un sapin noueux et solide, isolé des autres. C'était un observatoire excellent, un poste fait à souhait pour démolir la bande. Si, par contre, Bram avait un fusil, ce serait une cible facile qu'il lui offrirait. Bref, c'était une chance à courir, et la seule qui se présentait.

VI

OÙ LE CHASSEUR EST CHASSÉ

Philip attendit.

Ayant consulté sa montre, il vit qu'il attendait depuis une heure et qu'il était près de minuit. Le moindre son qui venait du Barren, ou des broussailles du petit bois, le faisait sursauter.

Puis une réaction se produisit et les nerfs de Philip se détendirent ; son pouls battit plus régulièrement.

Le piège d'or et son mystère recommençaient aussi à lui trotter dans le cerveau. Non, cette tresse soyeuse et brillante, qu'il portait dans sa poche, ne pouvait provenir d'un troc ancien. C'était de toute évidence ! Fraîchement elle avait été coupée sur la tête d'une femme. Mais alors, Bram n'était pas seul ! Il avait une femme avec lui. Et une femme avec une telle chevelure !

Philip descendit de son arbre.

Durant une autre heure, il arpenta, de long en large, et sans s'éloigner, la lisière du Barren. L'oreille aux aguets, il reconstruisit ensuite son feu, s'arrêtant de temps à autre de son travail pour scruter les bruits insolites. Le froid était intense. La musique des cieux n'était plus qu'un vague murmure, prêt à mourir. Les étoiles pâlissaient et l'on eût dit qu'elles reculaient dans le ciel, loin, plus loin toujours, de notre monde.

Ce spectacle de l'évanouissement des étoiles avait pour Philip un attrait toujours nouveau. Il est un des phénomènes les plus surprenants de l'univers arctique. C'est comme si des milliers de mains invisibles passaient rapidement sous le firmament, éteignant une à une toutes ces flammes, les plus faibles d'abord, puis les plus resplendissantes, et toute la splendeur des constellations. Après quoi l'obscurité devenait intense, pendant près d'une demi-heure, et c'est seulement ensuite que, sur cet ultime abîme de nuit, se levait l'aube du Nord.

L'aube grise apparut.

Philip redescendit de son perchoir, pour la troisième fois, réveilla la flamme, afin de cuire son déjeuner et de préparer son café. Il fit celui-ci très fort, en double ration. A sept heures il était prêt à se remettre en route, à reprendre la chasse de l'énigmatique chasseur. Bram avait, cette nuit écoulée, perdu une magnifique occasion de se débarrasser de lui. Bien plus : en continuant sa fuite, il l'entraînait à sa suite vers le mystère du piège d'or. Tout était pour le mieux.

Philip se fraya un chemin le long du petit bois. Au bout d'une demi-heure, il arriva au lieu où s'était livrée la bataille dernière des loups et du caribou. L'animal était tombé à une cinquantaine de yards du petit bois. Dans un rayon de vingt pieds environ, la neige avait été durement battue, par les sabots et les pattes des combattants, et l'arène était tachée de sang rouge. Des morceaux de viande et de peau, et des os brisés, éparpillés sur le sol, étaient tout ce qui restait du caribou abattu.

La neige racontait autre chose encore. Bram avait, sur un traîneau qu'il possédait, chargé ce qui demeurait de la chair du caribou. En examinant les empreintes, Philip se rendit compte que le traîneau était du type « ootapanack », mais plus long et plus large que ceux qu'il avait déjà vus. La suite se devinait sans peine. Lorsque bêtes et homme avaient été gavés, Bram avait mis les loups au harnais et, pressant la conduite du traîneau, il était parti vers le nord, droit à travers le Barren. Il ne restait plus qu'à l'y suivre.

Philip, ayant ramassé le bois, fit cuire de la nourriture pour six jours. Pendant trois jours, il suivrait Bram sur ce morne espace, inconnu des cartes même : le Grand Barren. Il n'y avait pas à songer à aller plus loin sans l'aide d'un traîneau. Trois jours pour aller, trois autres pour revenir. Même en bornant là son expédition, il jouerait un jeu émouvant avec la mort. Une menace, pire que celle de Bram, demeurerait suspendue sur sa tête, celle de la tourmente.

Au moment où il se mit en route vers le nord, en repérant son orientation avec l'aiguille de sa boussole, son cœur sombra quelque peu. Le jour était gris et sans soleil. A perte de vue devant lui, le Barren étendait sa nappe blanche, dont la ligne se confondait avec celle de l'horizon, où traînait une sorte de lueur pourprée. Au bout d'une heure de marche, Philip était entièrement encerclé par la mélancolie et le calme de la mort. Derrière lui, la mince et sombre lisière de la forêt avait disparu. Le ciel pesait sur sa tête comme une chape de plomb, de plus en plus large et lourde, à mesure qu'il avançait. Sous cette prison mouvante, il savait que d'autres hommes avant lui étaient devenus fous.

Déjà la solitude l'écrasait et, pendant l'heure qui suivit, il lui fallut toute son énergie pour lutter contre l'insurmontable désir qui le tenaillait de revenir en arrière. Pas un rocher, pas un buisson ne brisaient la monotonie du paysage.

A six reprises différentes en deux heures, Philip contrôla, à l'aide de sa boussole, la direction de la piste laissée par Bram. Elle ne s'écartait pas, si peu que ce fût, de la ligne du nord. Sans un point de repère, sans une pierre ou un arbre pour diriger sa course, Bram, guidé par son seul instinct, allait aussi droit, dans ces grises ténèbres, que pouvait le faire Philip, guidé par le sensible instrument qu'il portait sur lui.

Au cours de la troisième heure de marche, Philip constata que le traîneau s'était arrêté, sans que les loups eussent, pour cela, rompu leur ordre d'attelage. Bram était simplement descendu du traîneau, pour le suivre à pied et chausser ses raquettes. Philip mesura la longueur des enjambées de l'outlaw [1]. Elles étaient de douze à seize pouces supérieures aux siennes et il en conclut que Bram couvrait six milles durant le même temps que lui-même en couvrait quatre.

Il était une heure lorsque Philip fit halte pour préparer son déjeuner. D'après ses calculs, il avait parcouru quinze milles. Tandis qu'il mangeait, ses pensées s'assombrirent encore. Il réfléchit que si Bram avait emporté une grosse provision de viande, c'était évidemment afin de pouvoir se ravitailler, lui et sa horde, un temps suffisant pour traverser cette mer de désolation qui, par endroits, s'étend jusqu'à l'Arctique. En pressant sa marche, Bram, en trois ou quatre jours, réaliserait cent cinquante milles, tandis que lui, Philip, effectuerait à peine le tiers de cette étape.

Jusqu'à trois heures de l'après-midi, il reprit la piste de Bram, et il aurait continué à marcher pendant une heure encore, si des tourbillons de neige n'étaient pas venus l'arrêter. Pris dans la tourmente, il résolut de se construire un abri pour passer la nuit.

Par l'exemple des Esquimaux, il savait comment il convient de s'y prendre. A l'aide de la hache qu'il portait à sa ceinture, il se mit à creuser, dans un gros tas de neige dure, du côté opposé au vent, un étroit boyau, qu'il déblayait, au fur et à mesure, en se servant, comme d'une pelle, d'une de ses raquettes. Quand ce tunnel, large de deux pieds, ce qui était suffisant pour lui permettre de s'y infiltrer, fut assez profond, il pratiqua une chambre assez spacieuse pour qu'il pût y installer son lit de camp. En moins d'une heure il acheva son travail et, devant ce « home » confortable, où ni le froid ni la tourmente ne pourraient pénétrer, devant son lit qui l'attendait, il se sentit tout ragaillardi.

Il avait apporté avec lui une petite provision de bois et des allume-feu résineux, finement fendus, qu'il s'était fabriqués avec des brindilles de sapin. Puis aussi un grand bâton, qui lui servit à suspendre au-dessus de la flamme sa théière emplie de neige. En voyant pétiller les étincelles,

1. *Outlaw* ou hors-la-loi.

il commença à siffler gaiement. Dehors, l'obscurité tombait, rapide, pareille à un rideau noir, opaque à couper au couteau. Pas une étoile ne luisait au ciel. A vingt pieds de distance, on ne distinguait même pas la neige.

Lorsque Philip eut achevé de manger son lard fumé et sa galette, préalablement réchauffée, quand il eut bu son thé et allumé sa pipe, il sortit, une fois encore, le piège d'or de son enveloppe. Il le regarda luire, enroulé dans le creux de sa main, avec des éclats semblables à ceux d'un métal rare. Pas avant que la flamme ne fût complètement éteinte, il ne le remit dans sa poche.

L'obscurité chaotique s'était refermée sur lui avec l'extinction du feu. La nuit précédente, il n'avait pas dormi du tout. Aussi ne tarda-t-il pas à tomber dans un sommeil profond.

Les heures et la nuit s'écoulèrent sur lui. Il n'entendit pas le mugissement du vent, qui reprenait avec l'aube, ni d'autres sons qui vainement tintèrent à son oreille, avec le jour. Sa conscience intérieure, qui veillait sur son sommeil, lui criait cependant de s'éveiller. Elle appuyait sa petite main sur son cerveau, tant et tant, qu'il commença enfin à s'agiter dans son lit. Puis, soudain, ses yeux s'ouvrirent tout grands. La clarté du jour emplissait le boyau d'accès, qu'il avait pourtant obstrué la veille avec sa tente.

Il regarda mieux. La tente n'était plus là.

A sa place s'encadrait dans la porte une énorme tête hirsute, et ses yeux se croisèrent avec ceux de Bram Johnson.

VII

REDDITION

Au cours du métier de policier qu'il exerçait dans le Northland, Philip avait appris à ne s'étonner de rien, ou à peu près. Le choc fut rude cependant, lorsqu'il se trouva nez à nez avec l'homme qu'il chassait.

Il se reprit vite, cependant, et la première pensée qui lui vint, en voyant la face sauvage encadrée dans l'ouverture du boyau, fut que si Bram, en le surprenant ainsi dans son sommeil, avait eu l'intention arrêtée de le tuer, il l'eût déjà fait, sans grande peine. Il remarqua aussi, dès le premier instant, que son fusil, dont il s'était servi pour soutenir la tente de soie, avait disparu avec celle-ci. Bram avait déjà mis la main dessus. Il n'en fut qu'à moitié surpris.

Ce qui l'étonna davantage, ce fut l'expression bizarre de la face de l'outlaw. Ce regard intense qui le fixait ne trahissait pas la joie du vainqueur qui est maître de sa victime. La haine ne s'y peignait pas, ni même une excitation quelconque. Mais plutôt une sorte d'embarras et d'incertitude, et comme un malaise irrésolu.

Philip pouvait, trait par trait, dévisager cette face : les os saillants des pommettes, les larges bajoues, le front bas, le nez plat, les lèvres épaisses. Les yeux illuminaient ce masque terrible. De ces yeux, sans doute, Bram avait-il hérité, dans son ascendance, de quelque femme qui lui avait transmis leur beauté. Oui, ils étaient grands et beaux, et gris comme des perles, les yeux de cette créature traquée. Dans toute autre face, ils auraient suscité une admiration étonnée.

Une minute s'écoula sans qu'une parole fût échangée entre les deux hommes. Instinctivement la main de Philip s'était portée vers son revolver, mais son intention n'était pas de s'en servir. Causer lui paraissait plus simple.

— Hello, Bram ! fit-il.

— *Boujou, m'sieur*[1] ! répondit Bram.

Seules ses lèvres épaisses avaient remué. Sa voix était basse et gutturale. Presque au même instant, sa tête disparut de la porte.

Prestement, Philip sortit de son sac de couchage. Un autre bruit arrivait maintenant à ses oreilles, par le boyau d'entrée. C'était le cri ardent des loups.

En dépit de la confiance qu'il avait d'abord ressentie devant Bram, un frisson lui courut dans le dos. Tandis qu'il rampait vers la sortie, sur ses genoux et sur ses mains, dans l'étroit tunnel de neige, il se demanda si au lieu d'offrir son salut à Bram, trois fois meurtrier, il n'aurait pas mieux fait de lui envoyer d'abord un peu de plomb dans l'aile. Si Bram Johnson lâchait ses loups, il serait là comme un rat pris dans une trappe. Quel sport pour la bande et pour Bram lui-même ! Quand il aurait descendu deux ou trois bêtes, ce serait tout. Les autres s'abattraient sur lui et il en serait littéralement submergé. Pour la seconde fois il venait d'agir comme un fou, de subir la fascination diabolique du hors-la-loi.

Lorsqu'il fut à l'entrée du boyau, il s'arrêta, toujours accroupi, son revolver au poing. Il ne vit rien devant lui, par l'étroite ouverture, que la neige du sol et la marque des pas de Bram qui, à côté des siens, s'y étaient imprimés. Il entendait seulement les loups qui grognaient. La voix de Bram se fit entendre.

— *M'sieur !* le revolver — le couteau — ou je vous tue. Les loups avoir grand-faim.

Il ne voyait pas Bram, qui se tenait en dehors de son rayon visuel. La voix n'était ni forte ni menaçante. Mais on sentait en elle une volonté froide et calme, et qu'il en serait comme elle disait.

Toute lutte aurait été insensée. Avec ses féroces auxiliaires, Bram tenait une certitude de victoire. L'apparition, à trente pieds devant lui, de trois des animaux dissipa, s'il en avait, les derniers doutes de Philip. Ils étaient des géants de l'espèce. Puis, arrivant deux par deux, ils furent bientôt une vingtaine alignés en face de lui.

Philip considéra les vingt paires d'yeux, dont les fulgurantes prunelles

1. En français dans le texte.

fixaient sa retraite, et eut un recul instinctif pour se dérober à ces regards. Il savait que c'était Bram qui les empêchait d'avancer, et pourtant il n'avait entendu aucune parole, aucun ordre.

— *M'sieur !* le revolver — le couteau — ou je lâche les loups.

Les mots étaient à peine sortis des lèvres de Bram que le revolver de Philip alla voler dans la neige.

— Le voilà, mon vieux ! Et voici le couteau !

Le couteau et sa gaine rejoignirent le revolver.

— Dois-je aussi jeter mon lit dehors ? demanda Philip.

Il faisait un effort surhumain pour paraître gai. Mais il ne pouvait oublier que, la nuit précédente, il avait tiré sur Bram, et il n'était pas absurde de supposer que Bram attendait qu'il sortît la tête de son trou pour lui brûler la cervelle. Sa demande, concernant son lit, ne reçut pas de réponse. Ce qui ne contribua pas à le rassurer.

Il n'en roula pas moins ses couvertures et ricana, à part lui, en songeant au rapport qu'il écrirait à ses chefs, en admettant qu'il l'écrivît jamais. Ce serait une rare comédie à raconter.

Un instant plus tard, il jetait dehors son sac de couchage et il vit que Bram en prenait possession, ainsi que du revolver et du couteau. Profitant du moment où Bram était baissé, Philip sortit rapidement à son tour et, quand Bram se releva, il était debout devant lui, hors de la hutte, solidement planté sur ses pieds.

— Bonjour, Bram ! dit-il.

Un chœur de hurlements sauvages répondit à son bonjour. Il tenta cependant de dissimuler à Bram son émotion, quoique tous ses nerfs lui parussent autant de pointes d'épingles qui le lardaient de leurs piqûres. De la gorge de Bram jaillit un mot aigu, emprunté au langage esquimau, et le long fouet claqua à nouveau sur les gueules baveuses.

Bram ne lâchait pas des yeux son prisonnier. Philip vit le regard gris assombrir son expression et un feu brûlant s'y allumer. Les lèvres épaisses se pincèrent étroitement, le nez plat s'aplatit encore et l'énorme main nue, qui tenait le gourdin, gonfla et tendit ses veines, comme autant de cordes de boyaux. Bram était prêt à frapper et à tuer. Un mot maladroit, un geste intempestif et Philip savait la fin inéluctable.

De sa même voix épaisse et gutturale, et dans son même patois de métis qu'il employait, Bram interrogea :

— Pourquoi vous, hier soir, tirer sur moi ?

— Parce que je voulais causer avec toi, Bram, répondit Philip avec calme. Je n'ai pas tiré pour t'atteindre. J'ai visé au-dessus de ta tête.

— Vous vouliez causer ? répondit Bram, et chaque mot qu'il articulait semblait lui coûter un gros effort. Pourquoi causer ?

— Je désirais te demander comment il se fait que tu as abattu un homme dans la région du lac de Dieu.

A peine eut-il parlé que Philip regretta ses paroles. Un grognement, pareil à celui d'une bête, sortit de la poitrine de Bram. Le feu ardent qui flamboyait dans les yeux gris devint plus brillant.

— Ah ! l'homme de la police ? Celui qui est venu de Fort Churchill et que les loups ont tué ?

Bram laissa tomber le revolver et le couteau. Il ne conserva dans ses mains que le fouet et le gourdin. Les loups faisaient cercle derrière Philip et il n'osait pas se retourner, pour les regarder. Leur silence sinistre l'emplissait d'effroi. Ils attendaient un ordre de Bram, ils épiaient un geste de lui. Leur instinct leur disait que cet ordre, après lequel ils haletaient, tremblait déjà sur les lèvres épaisses du maître. L'instant était décisif et follement terrible.

Philip sortit de sa poche son portefeuille.

— Bram Johnson, dit-il, tu as perdu quelque chose, durant la nuit où tu as campé près de la case de Pierre Bréault.

Sa voix s'était comme empâtée et le timbre en semblait étrangement fêlé.

— Si je t'ai suivi, Bram Johnson, c'était pour te rendre cet objet. J'aurais pu te tuer, je le répète, lorsque j'ai tiré vers toi. Mais je voulais seulement que tu t'arrêtes, et te rendre ceci...

Et il tendit à Bram le piège d'or.

VIII

LE TERME DU VOYAGE

Pendant une bonne demi-minute, Bram parut soudain comme pétrifié.

Ses yeux, cessant de fixer Philip, s'étaient détournés vers la tresse de cheveux. Ses lèvres épaisses s'étaient décollées et sa bouche demeurait béante. On eût dit qu'il avait cessé de respirer. Ses mains lâchèrent le fouet et le gourdin, qui churent dans la neige.

Comme hypnotisé par le piège, il fit un pas en avant, puis deux, puis un autre encore, jusqu'à ce qu'il fût à portée de Philip. Il prit la tresse dorée, sans prononcer un seul mot. Mais la lueur mauvaise s'éteignit dans ses yeux gris. Les lignes de sa lourde face se détendirent et, tandis qu'il élevait en l'air les cheveux, pour en faire jouer l'éclat dans la lumière, quelque chose de sa bestialité s'adoucit un peu. C'était tout le sourire que pouvait mettre la nature dans le faciès de Bram.

Toujours énigmatique cependant, il continuait à se taire, tandis qu'il enroulait la tresse autour de ses grands doigts, puis la rangeait quelque part, sous son vêtement. Mais, redevenant tout à coup conscient de la présence de Philip, il ramassa le revolver et, avec un grognement, qui était l'écho de ses réflexions intimes, il le jeta au loin sur la plaine blanche. Et les loups, instantanément, coururent dessus, dans un élan effréné. Le couteau suivit la même route que le revolver. Lorsque ce fut le tour du fusil, le géant l'appuya sur son genou et, aussi froidement qu'il eût rompu un morceau de bois à brûler, d'un simple effort, il le brisa, près du canon.

— Le diable l'emporte ! maugréa Philip.

Une vague de colère monta en lui et, pendant un instant, il fut sur le point de s'élancer sur Bram, pour défendre son bien. Mais si, tout à l'heure, il s'était déjà senti impuissant, combien plus encore l'était-il maintenant ! Une autre idée se fit jour, presque aussitôt, dans son esprit. Si Bram détruisait ces armes, c'est qu'il avait dessein d'épargner sa vie, pour le moment tout au moins. En agissant ainsi, son but était de le mettre hors d'état de nuire.

L'inutilité de tout discours tenait ses lèvres closes. Bram, l'ayant regardé, lui montra du doigt ses raquettes. C'était une muette invitation à les chausser. Les loups étaient revenus, furtifs et alertes. Un claquement de fouet retentit et, Bram ayant levé son bras vers le nord, en faisant signe à Philip de marcher devant, la caravane se mit en chemin. Bram suivait Philip, et la bande suivait Bram. L'ordre du cortège indiquait nettement que l'outlaw emmenait avec lui un prisonnier, non un ami. Pourquoi avait-il fait grâce ? Mystère.

Au bout de deux milles, on retrouva le traîneau de Bram. Il l'avait abandonné, pour être plus libre de ses mouvements, lorsqu'il était venu dans la nuit avec ses loups, se mettre à l'affût de son poursuivant inconnu. Car il s'était bien douté que Philip allait emboîter sa piste, à la suite de leur dernière rencontre. La tactique de l'homme-loup n'avait rien laissé à désirer, ni sa prévoyance. Philip, intérieurement, s'en émerveilla.

Il observait Bram, tandis que celui-ci mettait la horde sous le harnais. Les loups lui obéissaient ainsi que des chiens. Il existait, entre eux et lui, comme une camaraderie, comme une affection même. Bram leur parlait exclusivement en esquimau ; les mots claquaient comme des paquets d'os se heurtant les uns les autres : clac-clac-clac. Ce n'était plus du tout le timbre guttural de Bram lorsqu'il s'exprimait dans le patois des métis.

Au moment de repartir avec le traîneau, Philip tenta à nouveau de rompre le silence et de tirer de Bram quelques paroles.

— Si tu crois vraiment qu'en tirant vers toi j'ai essayé de te tuer, dit-il, pourquoi ne m'as-tu pas répondu en lançant sur moi tes loups, comme tu l'as fait déjà, avec d'autres ? Pourquoi es-tu venu m'assiéger, le lendemain seulement, dans mon abri ? Et puis... où, au nom de Dieu ! où allons-nous ?

Bram tendit le bras vers le Barren.

— Là ! fit-il, sans répondre au reste du questionnaire.

Et son bras était pointé vers le nord.

Bram avait repris sa lourde face impassible. D'un geste, il indiqua à Philip qu'il devait monter sur le traîneau, tandis que lui-même prenait la tête de l'attelage. Le fouet claqua, Bram parla aux loups en langage esquimau, les loups tirèrent sur leurs traits, et l'on repartit.

L'homme-loup, tête et épaules basses, ouvrait la marche sur ses raquettes, en de formidables enjambées, qui maintenaient au trot l'attelage qui suivait. L'allure moyenne devait être de huit milles à l'heure. Philip, sur le traîneau, ne pouvait détacher ses yeux des larges épaules de Bram et du dos gris des loups. En voyant peiner de compagnie cet homme et ces bêtes, dans un fraternel effort, à travers un monde de silence et de néant, il se sentait pris de compassion pour ces parias de la vie. Une oppressante pitié l'envahissait.

Puis ses yeux retombèrent sur le traîneau et il en inspecta avec intérêt le chargement. Des peaux d'ours y étaient roulées. C'étaient les couvertures de Bram. L'une d'elles, avec sa blanche fourrure, provenait d'un ours polaire. A côté des peaux était le train de derrière du caribou. A portée de sa main étaient allongés un gourdin et un fusil. Le fusil était d'un vieux modèle, à un seul coup, et se chargeait par la culasse. Philip se demanda pourquoi, au lieu de détruire le sien, plus moderne, Bram ne se l'était pas approprié, en échange de cette vieille relique. Il songea aussi, si défectueuse que fût cette arme, au danger qu'il avait couru, perché sur son arbre, dans la pleine lumière des étoiles.

Plus encore que le fusil, le gourdin semblait usagé. Il était de bouleau et long de trois pieds. A l'endroit où s'agrippait la main de Bram, le bois était tout usé, tout lisse, et si imprégné de crasse qu'il en était noir comme de l'ébène. A l'extrémité opposée, celle qui frappait, sa surface, entamée, portait la marque des coups formidables, durement appliqués, et des macules de sang à demi décoloré en disaient long. Pas d'ustensiles de cuisine sur le traîneau, et encore moins de comestibles, sauf la chair du caribou. A l'arrière était seulement un fort fagot de branches résineuses de sapin, d'où sortait un grossier manche de hache.

La peau d'ours blanc et le fusil retenaient surtout l'attention de Philip. Un fusil ! Il n'avait qu'à se pencher un peu pour s'en saisir, et la pensée le lancinait, qu'il ne pouvait guère manquer le large dos qu'il avait devant lui. Nul doute que Bram eût oublié l'arme dans le traîneau. Peut-être aussi comptait-il sur la seule protection de ses loups, qu'il estimait être suffisante, ou bien encore... avait-il confiance en son prisonnier ? C'est à cette dernière supposition que Philip s'arrêta. Il n'avait, effectivement, nul désir de faire à Bram aucun mal. Pas plus qu'il ne songeait à s'échapper lui-même. Il avait oublié qu'il était un agent assermenté de la loi, et qu'il se devait d'amener à son quartier général la peau de Bram, mort ou vif. Bram, pour lui, n'était plus un criminel. C'était un malheureux. Et, dans cette chasse à l'homme, il ne voyait plus un simple sport, mais l'attrait troublant d'un devoir humain à remplir et le frisson de sensations inconnues.

Il y avait aussi, en effet, le piège d'or. Quand il eût accepté la tentation du fusil qui s'offrait à lui, comme placé là par la Providence, cette autre pensée aurait retenu son bras. Vers le piège d'or et son mystère Bram et les loups le conduisaient à toute vitesse. Il n'en doutait plus maintenant.

Combien de temps durerait cette course ? Il n'était pas téméraire de supposer que, passant à l'est du Grand Lac de l'Esclave, Bram, se dirigeant vers la mer polaire, l'atteindrait au-delà de la rivière de la Mine-de-Cuivre, vers le golfe du Couronnement. La peau de l'ours blanc, qui se trouvait dans le traîneau, provenait d'une bête fraîchement tuée, et ces parages abondent de cette sorte d'animaux. C'étaient cinq cents bonnes lieues jusqu'aux premières colonies d'Esquimaux ; Bram et ses loups pouvaient couvrir cette distance en dix jours, peut-être en huit.

Si cette supposition était fondée, bien des choses s'expliquaient. La jeune fille ou la jeune femme à qui avait appartenu la tresse dorée était arrivée dans cette région à bord d'un baleinier. Peut-être était-elle la femme, ou la fille, du capitaine. Le navire s'était perdu dans les glaces et l'équipage avait été sauvé par les Esquimaux. Elle était chez eux, à cette heure, en compagnie d'autres Blancs. Cela valait mieux, certes, que de penser qu'elle appartenait à Bram.

Philip faisait tout ce qu'il pouvait pour écarter cette idée hideuse et terrible qui, malgré ses efforts, s'acharnait sur lui. Car, enfin, cela pouvait être. Une femme, avec de semblables cheveux, pareils à de l'or filé, dans la possession de ce géant, de ce demi-fou !

Une heure durant, Philip contrôla, à l'aide de sa boussole, la direction suivie par Bram. Elle demeurait celle du nord. Puis Bram vint prendre place, lui aussi, sur le traîneau. Il se mit debout, derrière Philip, et de son long fouet activa la marche de l'attelage. Les loups prirent le galop, et la vitesse, autant qu'il était possible d'en juger, dépassa dix milles à l'heure.

Tandis que le traîneau filait sur la plaine gelée, Philip, une bonne douzaine de fois, tenta d'entamer la conversation. Bram ne répondit toujours pas.

Deux heures encore s'écoulèrent. Bram lança un ordre bref, et l'attelage s'arrêta net. Un second ordre suivit, énergique et brutalement impérieux, la lanière du fouet claqua, menaçante, et les loups haletants aplatirent leurs ventres dans la neige.

Philip sauta du traîneau, tandis que Bram se baissait vers le fusil. Agenouillé devant lui, il le montra du doigt à Philip. Puis, calmement, posément, sans qu'aucune folie se trahît dans sa voix :

— Vous pas toucher le fusil, *m'sieur*. Pourquoi vous pas tirer quand j'étais là, en tête des loups ?

— Pour la même raison, il me semble, que tu ne m'as pas tué pendant que je dormais ! répondit Philip.

Et, saisissant Bram par le bras :

— Pourquoi, diable, rester ainsi boutonné ? Pourquoi ne parles-tu pas ? Je ne suis plus à tes trousses, à cette heure. La police te croit mort et je n'ai nulle envie de te trahir. Pourquoi ne pas t'humaniser un peu ? Où allons-nous et pourquoi, tonnerre...

Il n'acheva pas. La tête de Bram s'était rejetée en arrière, sa large bouche s'était fendue jusqu'aux oreilles et le rire inouï en avait jailli. Mais ce n'était plus, cette fois, un rire méchant et tragique. C'était un vrai rire, tout naturel, et auquel Bram se laissait aller librement. Il prit le fusil et, sous les yeux de Philip, en ouvrit la culasse. La chambre à cartouches était vide.

Philip en demeura paralysé. Bram avait mis la tentation sous sa main, pour l'éprouver !

Le stratagème ne manquait pas de logique, ni d'ingéniosité. Il était le fait d'un homme sain d'esprit. Mais déjà les yeux de Bram Johnson étaient redevenus hagards. La folie remontait en lui, prête à le faire basculer dans ses insondables abîmes.

Ayant remis en place le fusil, Bram, à l'aide d'un grand couteau, commença à tailler en morceaux la chair du caribou. Il avait décidé, sans aucun doute, que l'heure du déjeuner commun était arrivée.

Philip, s'étant assis près de Bram, ouvrit son sac de voyage et en sortit ses vivres personnels. Il les étala, avec intention, entre lui et son compagnon, afin que celui-ci en prît sa part, s'il lui convenait.

Les mâchoires de Bram s'arrêtèrent de broyer et, lorsque Philip releva les yeux, il tressaillit. Ceux de Bram s'étaient injectés de sang. Fixement, il regardait les vivres.

L'homme-bête atteignit un morceau de galette et s'en saisit. Il était sur le point d'y mordre lorsque, lâchant tout à coup viande et galette, il se rua sur Philip, avec un rugissement de fauve. Avant que Philip eût le temps de lever un bras pour se défendre, avant même qu'il se fût rendu compte de ce qui advenait, le géant l'avait saisi à la gorge et renversé sur le sol. Sa tête alla cogner rudement sur la neige dure et il en demeura, un instant, tout étourdi.

Lorsqu'il se releva, en chancelant, et s'attendant à un nouvel assaut, Bram ne faisait plus attention à sa personne.

En jargonnant des mots incohérents, il établissait l'inventaire des provisions de Philip. Puis, toujours mâchonnant d'incompréhensibles réflexions, il amena à lui, sur le traîneau, la pile de peaux d'ours, les déroula et en soutira un sac gris, presque en lambeaux...

Bram, maintenant, enfouissait dans le sac toutes les provisions de Philip, jusqu'à la dernière bribe de galette. Quand il eut terminé, il roula le sac, à nouveau, dans les peaux d'ours, qu'il remit en place sur le traîneau. Cela fait, et sans cesser de marmotter, il se rassit et acheva paisiblement son déjeuner de viande crue.

— Le pauvre bougre ! murmura Philip.

En dépit de la rude bousculade dont il avait été victime et dont il était encore étourdi, il ne s'irritait point contre Bram Johnson. L'irrésistible attirance, la faim effrénée de cette nourriture plus humaine avaient lui dans le regard sauvage du monstre. Et pourtant il n'avait rien mangé. Tout, par ses soins, avait été mis de côté. Pourquoi ? Ce qui du moins était certain, c'est que si Philip émettait la prétention de rentrer dans son bien, il y allait pour lui de la vie.

Bram était, en apparence, redevenu indifférent. Mais, lorsqu'il vit Philip se découper une tranche de caribou, il recommença à l'observer.

Philip planta ses dents dans la chair crue et, pour bien persuader à l'homme-loup qu'il était sans rancune, affecta de prendre à ce dégoûtant festin un plaisir considérable.

Il en était encore à s'escrimer après ce rosbif primitif lorsque Bram, ayant terminé sa viande, se remit sur ses pieds et, sans plus attendre, donna, par un cri aigu, le signal du départ. Les loups s'agitèrent dans leurs traits et Philip reprit sa place dans le traîneau, avec Bram dans son dos.

La diabolique randonnée recommença et, bien des années après, Philip s'en souvenait encore. Tantôt Bram demeurait debout sur le traîneau, tantôt, et plus souvent, il courait soit en arrière, soit en tête de l'attelage. Les loups fournissaient, comme Bram, un effort au-delà de la nature. Ils déferlaient sans trêve sur le Barren neigeux, sans halte ni repos. La croûte gelée était si résistante que les raquettes étaient devenues inutiles. A six reprises différentes, Philip, quittant le traîneau, courut de concert avec l'homme-loup, épaule contre épaule, et avec la horde, jusqu'à ce qu'il perdît souffle.

Vers le milieu de l'après-midi, sa boussole lui apprit qu'ils ne se dirigeaient plus vers le nord, mais presque entièrement vers l'ouest.

Le jour grisâtre noircissait lorsque enfin ils s'arrêtèrent. L'homme-loup sembla, durant un moment, avoir une fois encore retrouvé sa raison. Il montra du doigt, à Philip, le fagot de combustible et, s'exprimant comme un homme ordinaire :

— Un feu, *m'sieur* !

Les loups s'étaient effondrés dans leurs traits et, complètement épuisés, ils étendaient entre leurs pattes de devant leurs grosses têtes hirsutes. Bram les passa rapidement en revue, adressa à chacun d'eux quelques paroles amies. Puis il retomba dans son mutisme. Avec une peau d'ours, il confectionna une bouilloire et, à l'aide d'un bâton, après l'avoir remplie de neige, il la suspendit au-dessus de la pile de fagots. Philip frotta une allumette et la flamme joyeuse pétilla.

— Combien de chemin avons-nous parcouru ? questionna Philip.

— Cinquante milles, *m'sieur* ! répondit Bram, sans hésiter.

— Et combien en avons-nous encore à parcourir ?

Un grognement fut toute la réponse de Bram, dont la face redevint stupide. Il tenait dans sa main le coutelas dont il se servait pour découper la chair du caribou, et le regardait fixement. Il leva les yeux vers Philip.

— Moi tuer l'homme, près du lac de Dieu, dit-il, parce que lui m'avoir volé mon couteau et avoir appelé moi menteur. Moi le tuer comme ça !

Et, saisissant vivement un morceau de bois, il le rompit en deux. Un accès de son rire sinistre suivit et, allant vers la viande, il en découpa plusieurs morceaux pour lui, pour Philip et pour ses frères loups. Philip redoubla d'efforts pour le tirer de son mutisme. Il riait, sifflait et tenta même de chanter quelques bribes de la populaire *Chanson du caribou,* que Bram avait certainement souventes fois entendue déjà [1]. Il était visible que Bram écoutait avec une attention soutenue tout ce qu'il disait, mais il ne répondait, de temps à autre, que par un de ses grognements coutumiers.

Le souper achevé, il leur fallut attendre une bonne heure pour que la neige achevât de fondre dans la peau d'ours et se résolût en eau. Ils s'en désaltérèrent et en donnèrent à boire aux loups. La nuit était tout à fait tombée et, à la lueur du foyer, Bram se creusa, en guise de lit, un simple trou dans la neige. Puis il renversa sur lui le traîneau, pour s'en faire un toit.

Philip s'installa de son mieux dans son sac de couchage et étendit sa tente par-dessus. La forte respiration de Bram lui apprit bientôt que l'homme-loup dormait. La flamme s'était éteinte. Il fut, quant à lui, plus long à s'assoupir, mais le sommeil finit par avoir raison de ses préoccupations et de son énervement.

Il dormait profondément lorsqu'il sentit une lourde poigne qui lui agrippait le bras. S'étant éveillé, il entendit la voix de Bram qui lui criait :

— Levez-vous, *m'sieur* !

La nuit était si noire qu'il ne pouvait voir Bram. Mais, s'étant mis debout, il l'entendit encore qui parlait à ses loups, et il comprit qu'on allait se remettre en marche.

Jusqu'à deux heures du matin, l'attelage avança en pleines ténèbres, toujours dans la direction de l'ouest. Après qu'on y eut marché huit à dix milles, l'aube, grise et morne, se leva et, soudain, une cabane apparut.

Le cœur de Philip commença à battre. Mais un désappointement l'attendait. Il n'y avait là aucune vie. Après un arrêt d'un instant, Bram fit claquer son fouet, les loups repartirent de l'avant et le rire fou de Bram fit résonner à travers la forêt son écho sinistre.

Ils laissèrent derrière eux la maison morte, étouffée sous la neige. Philip se doutait cependant que le voyage devait approcher de son terme. Les loups étaient tués de fatigue. L'homme-loup, lui aussi, traînait la patte. Philip, maintenant, regardait devant lui, avec un intérêt grandissant. Il interrogeait des yeux ce qui allait se présenter bientôt...

Il était huit heures du matin (on avait marché deux heures depuis la rencontre de la cabane abandonnée), lorsque le traîneau déboucha au bord d'une clairière, au milieu de laquelle se trouvait une seconde cabane. Du premier coup d'œil, Philip se rendit compte qu'il y avait ici de la vie. De la cheminée s'élevait une fine spirale de fumée.

---

1. Dans *Kazan,* un autre de ses romans, J. O. Curwood nous parle de la *Chanson du caribou,* célèbre, dit-il, dans tout le Northland.

Oh ! le caribou-ou-ou, le caribou-ou-ou !
Il rôtit en l'air,
Haut sous le ciel clair,
Le gros et blanc caribou-ou-ou !

De cette cabane, le toit, construit de bûches, était seul visible, car elle était enclose d'une palissade circulaire, de six pieds de haut. Bram arrêta son attelage à quelques pas de la porte de l'enclos et, passant son bras par une fente ménagée à cet effet, tira le loquet intérieur. La porte s'ouvrit.

Philip remarqua que les traits de l'homme-loup se détendaient étrangement. Sa face avait perdu sa brutale impassibilité. Ses yeux luisaient d'une clarté inconnue et ses lèvres épaisses s'entrouvraient, pour balbutier on ne sait quelles paroles. Sa respiration était haletante, non pas tant par suite de sa fatigue physique que sous l'empire d'une émotion non dissimulée.

Tout en observant Bram, Philip se taisait. Cette joie mystérieuse, qui se peignait sur la figure de Bram, lui faisait mal. Il serra les poings.

Bram ne vit pas son geste. Il regardait vers la cabane et vers la fumée qui s'en échappait. Puis, se tournant :

— *M'sieur*, vous allez à la cabane !

Il tint ouverte la porte de l'enclos et Philip y pénétra. Puis il s'arrêta, pour s'assurer des intentions de Bram.

L'homme-loup leva son bras vers la cabane.

— Dans la fosse je lâche les loups, *m'sieur* ! poursuivit-il.

Philip avait compris. L'enclos était ce que Bram appelait la fosse aux loups. C'était leur « corral », et Bram voulait dire à Philip qu'il devait gagner la cabane avant qu'il ne lâchât les bêtes.

Philip fit tout ce qu'il put pour cacher son agitation intérieure et paraître calme. De la porte de l'enclos à celle de la cabane, des multiples empreintes de pas avaient tracé sur la neige un sentier, et il était facile de reconnaître, à la petitesse des mocassins, que ces pas étaient ceux d'une femme. Philip se raidit contre son espoir. Il n'y avait là, sans doute, que quelque Indienne, qui vivait avec Bram, ou bien une jeune Esquimaude, qu'il avait amenée de la terre arctique...

Il marcha, sur le sentier, vers la porte énigmatique. Quand il fut auprès, il n'y cogna pas, mais entra, comme Bram l'avait invité à le faire, et la porte se referma sur lui.

Alors Bram Johnson, rejetant sa tête en arrière, éclata d'un rire triomphal, d'un rire si retentissant que les loups eux-mêmes, tout exténués qu'ils fussent, dressèrent, derrière lui, leurs oreilles et écoutèrent.

A ce même moment, Philip, dans la cabane, se trouvait face à face avec le mystère du piège d'or.

IX

PREMIER CONTACT AVEC L'INCONNUE

L'unique fenêtre de la cabane était orientée vers l'est. Passant par son ouverture, le pâle soleil d'hiver déversait sa clarté sur la cloison opposée. Dans cette cloison s'ouvrait une porte et, dans la porte, une jeune fille était debout.

Inondée des rayons du soleil, elle semblait nimbée dans la même chevelure merveilleuse dont une tresse étincelante avait servi à la confection du piège d'or. Cette chevelure, déployée, retombait comme une onde sur ses bras et sur sa poitrine, et jusque sur ses hanches. Allumée par les feux vivants du soleil, elle resplendissait comme une flamme, sous leurs reflets.

Telle fut la première impression de Philip. Sa seconde constatation fut qu'il avait interrompu la jeune fille dans sa toilette. Muette d'étonnement, elle le regardait fixement. Et, sous la cascade des cheveux, Philip entrevoyait la blancheur laiteuse de ses épaules nues.

Puis ce fut sur le visage que Philip reporta ses regards. Il sentit le sang se glacer dans ses veines. Une âme, sur cette figure, qui était belle, mais pâle comme la mort, trahissait ses tortures. Cette femme était jeune. Elle ne devait guère avoir plus de vingt ans. Ses yeux, tels que Philip n'en avait jamais vu, étaient mauves, comme des améthystes. La souffrance subie, à son paroxysme, et l'angoisse de celle de demain se reflétaient dans leur pur cristal. Philip comprit que l'inconnue avait traversé quelque enfer.

— Ne vous alarmez pas, dit-il, en parlant doucement. Je suis Philip Brant, de la Police montée du Royal North-West.

La jeune fille ne répondit point. Philip n'en fut pas surpris. Toute l'histoire de sa captivité se lisait dans ses yeux, aussi claire que si elle l'eût racontée. Que pouvait-elle ajouter de plus ? Il eût été heureux cependant de voir ces lèvres s'entrouvrir. En ce qui le concernait désormais, maintenant qu'il était venu jusqu'ici, tout ce qu'il savait, c'est qu'il tuerait Bram, le moment arrivé.

Il répéta les mots qu'il avait prononcés. La jeune fille poussa un profond soupir et Philip vit sa poitrine qui se soulevait sous sa chevelure. Mais les yeux demeurèrent effarés. Tout à coup, elle courut vers la fenêtre et Philip la vit y crisper ses mains, tandis qu'elle se penchait pour regarder au-dehors. Bram était en train de faire entrer les loups dans l'enclos. Son regard revint ensuite vers Philip et il était rempli d'épouvante. On eût dit une bête devant le fouet qui va la frapper. Il en fut stupéfait et effrayé lui-même. Et, comme il avançait d'un pas vers elle, elle se cabra en arrière. Elle étendit ses bras nus, comme pour l'empêcher d'approcher, et un cri strident s'échappa de ses lèvres.

Ce cri arrêta Philip, aussi net que l'eût fait un coup de feu. Elle avait parlé, et il n'avait pas compris ce qu'elle avait dit. Il ouvrit largement son manteau et un rayon de soleil tomba sur l'insigne de bronze de la police, qu'il portait accroché à sa veste. La jeune fille parut étonnée, au moins autant que jusque-là elle avait été effrayée. Philip réfléchit qu'avec sa barbe de huit jours il devait avoir un aspect aussi hirsute que celui de Bram. Comme de Bram, il était évident qu'elle avait eu peur de lui. Maintenant elle semblait se rassurer.

— Je suis, reprit-il, Philip Brant, de la Police montée du Royal North-West. Je suis venu ici, spécialement à votre secours, si vous en avez besoin. J'aurais pu m'emparer de Bram et le tuer, depuis longtemps, mais j'avais une raison pour ne point le faire, et cette raison c'était vous. Pourquoi êtes-vous ici, avec un fou et un assassin ?

Elle le considérait avec une grande attention et, dans sa figure, si blanche tout à l'heure, une rougeur soudaine était montée. Il vit l'effroi s'éteindre dans ses yeux et leurs prunelles s'allumer, éblouissantes d'émotion. Dehors on entendait Bram et ses loups. Elle se tourna vers la fenêtre. Puis elle commença à parler, rapidement et ardemment, dans une langue qui parut à Philip aussi énigmatique que le mystère de sa présence dans la cabane de Bram.

Elle n'ignorait pas qu'il ne pouvait comprendre ce qu'elle lui disait et, brusquement, elle vint tout près de lui, lui posa un doigt sur les lèvres, puis le mit sur les siennes, en hochant la tête. Philip sentit, à travers la pression du doigt, le frémissement qui l'agitait. Tout s'éclairait. Elle lui faisait comprendre que tous deux auraient eu beaucoup de choses à se dire, mais qu'ils ne pouvaient le faire, car ils ne parlaient pas le même langage. Il en demeura stupide et se prit à la regarder fixement, comme un imbécile.

A ce moment, on entendit près de la porte les pieds lourds de Bram. Immédiatement, les yeux de la jeune fille s'assombrirent à nouveau et, rapide, sa chevelure flottant autour d'elle comme un nuage d'or, elle s'élança vers la pièce voisine, d'où elle était venue apparaître à Philip.

Elle y avait disparu lorsque la porte s'ouvrit, et Bram entra. A ses talons, Philip entrevit, de l'autre côté du seuil, une partie des loups qui jetaient vers l'intérieur de la cabane leurs regards de carnassiers. Bram pliait sous la charge qu'il apportait du traîneau. Il laissa tout choir sur le plancher et, sans s'occuper de Philip, il fixa ses yeux sur le rideau qui servait de porte à l'autre chambre.

Bram était comme hypnotisé par ce rideau et Philip regardait Bram. Ni l'un ni l'autre ne bougeaient. Dans le silence on entendit, à travers le rideau, la jeune fille marcher.

Philip était en proie à des sentiments divers. S'il avait possédé une arme, il en aurait, sur-le-champ, terminé avec Bram, car l'étrange lumière qui brillait dans les yeux de l'homme-loup semblait justifier ses pires soupçons. Ses mains, sans doute, étaient nues. Mais, ayant promené son regard autour de lui, il vit, près du poêle, une pile de bois à brûler. Un solide gourdin, pris dans cette pile, pourrait rendre, le cas échéant, d'utiles services.

Le rideau se souleva et, dans l'encadrement de la porte, la jeune femme reparut. Elle souriait des yeux et des lèvres, et son sourire allait droit vers Bram ! Ce fut un coup de fouet supplémentaire aux nerfs de Philip. Vers Bram elle semblait tendre ses beaux bras, et elle se mit à lui parler.

Philip ne pouvait saisir un traître mot de ce qu'elle disait. Ce n'était pas du cree, ni du chippewyan, ni de l'esquimau. Ce n'était pas davantage du français ou de l'allemand, ou toute autre langue qu'il eût jamais entendue. La voix était douce et pure ; elle tremblait seulement un peu, car le débit en était précipité. L'horrifique regard, qui avait accueilli Philip et était tout à l'heure revenu, n'était plus. La jeune femme avait peigné et tressé ses cheveux avec soin et l'on eût dit un splendide portrait descendu de son cadre. Portrait qui ne trahissait la race d'aucune femme élevée sur la terre du Nord.

L'homme-loup était transfiguré. Ses yeux pétillaient de plaisir. Sa figure mal torchée avait pris une expression de bon gros chien caressant, ses lèvres épaisses remuaient, comme s'il eût, à part lui, répété tout ce que disait la jeune femme.

Était-il donc possible qu'il la comprît ? Son langage inconnu était-il donc connu de Bram ? Et Philip se demandait quel rôle il était, lui-même, venu jouer là. La jeune femme semblait réellement heureuse. Qu'allait-il se passer ?

Lorsqu'elle eut fini de parler, l'homme-loup mit toute sa réponse dans un cri guttural, qui était comme un « pœan » de triomphe. Il se laissa choir sur les genoux, devant le sac gris, et, sans cesser son mâchonnement, il commença à en vider le contenu sur le plancher.

Les yeux de Philip, par-dessus Bram, se croisèrent avec ceux de la jeune femme. Les mains sur sa poitrine, elle semblait le supplier de comprendre. Et il comprit. C'était un rôle qu'elle s'était imposé, et qu'elle jouait vis-à-vis de l'homme-loup. Elle se forçait à lui sourire, elle contraignait son visage et ses lèvres à lui dire qu'elle était heureuse.

Et maintenant c'était à Philip qu'elle s'adressait. Elle s'efforçait de lui dire, à lui, ce que ce jeu signifiait. Elle désigna du doigt Bram agenouillé, la tête énorme et les larges épaules courbées sur le sac, et, d'une voix basse et contractée, articula :

— *Tossi, tossi, han er tossi...*

Que voulait-elle dire ainsi ? Philip se torturait l'esprit à le deviner. En désespoir de cause, il désigna du doigt le tas de bois. Sa pantomime était claire. Bram tournait le dos. Fallait-il l'assommer sur place d'un coup bien assené ?

Mais elle secoua la tête et parut fort alarmée de cette idée. Elle se remit à murmurer des mots incompréhensibles. Puis, regardant Bram à nouveau, elle répéta :

— *Tossi, tossi, han er tossi...*

Soudain, pour se faire entendre, elle porta sa main à son front, en appuyant sur la racine de ses cheveux ses doigts fuselés. Ses yeux se dilatèrent et sa pensée en jaillit vers Philip. Elle lui disait ce qu'il savait déjà, que Bram Johnson était fou.

Après elle, il répéta : « *Tossi, tossi...* » en se frappant le front et en faisant vers Bram un signe de tête. Oui, c'était bien cela. Les traits de la jeune femme s'étaient détendus et elle parut soulagée d'un grand poids. Elle avait craint que Philip n'attaquât l'homme-loup. Maintenant il avait compris qu'il ne fallait point lui faire de mal et elle en paraissait tout heureuse.

La jalousie mordit à nouveau le cœur de Philip. L'énigme, loin de s'éclaircir, se compliquait. Qu'est-ce que cette jeune femme était donc pour Bram ? Elle semblait, par moments, redouter ce fou, ce hors-la-loi, et cependant elle désirait qu'il ne fût pas maltraité.

Bram, durant ce rapide colloque, avait déballé ses provisions et les avait alignées sur le plancher.

Vers celles-ci les yeux de la jeune femme se tournaient maintenant. Dans ses yeux il y avait la faim ! Vers ces provisions bénies tout son être s'extériorisait à cette heure. L'enfer de souffrance, par où elle avait passé, remontait en son regard. Elle avait faim. Faim de quelque chose qui ne fût point de la chair saignante, faim d'une nourriture qui ne fût pas la même que celle des loups ! Voilà pourquoi Bram s'était aventuré si loin vers le sud, pourquoi il s'était si brutalement attaqué à Philip, afin de lui ravir ses provisions. Il les destinait à la jeune femme.

Philip la voyait qui tentait de lui cacher, par fierté féminine, la folie de joie qu'elle éprouvait devant la nourriture déballée par Bram. S'il n'eût pas été là, déjà se fût-elle agenouillée à côté de Bram. Elle n'osait, devant l'étranger. Et, comme son regard rencontrait celui de Philip, sa figure s'empourpra. C'était l'aveu de son désir ardent, la trahison de son estomac, dont elle ne pouvait réprimer les contractions. N'allait-il pas trouver qu'elle était folle, elle aussi, aussi folle que Bram, et retournée pareillement à l'état animal ?

Philip fit en hâte un pas vers elle et posa une main sur son bras.

— Nous allons, n'est-ce pas, déjeuner de compagnie ? lui dit-il.

X

BRAM EST GALANT

Philip tressaillit en sentant sous sa main le chaud frisson du bras de la jeune femme. Puis la peur le prit que la familiarité de ce geste eût offusqué Bram. Il se retourna vers l'homme-loup et, tout naturellement, lui tendit son autre main.

— Allons, Bram, s'exclama-t-il, elle meurt de faim ! Je sais maintenant pourquoi tu voulais mes provisions ! Pourquoi ne pas me l'avoir dit ? Pourquoi ne parles-tu pas ? Pourquoi ne me dis-tu pas qui elle est, comment elle se trouve ici et ce que tu attends de moi ?

Il attendit vainement la réponse de Bram, qui, selon son habitude, se contenta de le regarder fixement.

— Je te répète que je suis un ami, appuya-t-il. Je...

Il n'alla pas plus loin, car la cabane s'emplit soudain du rire fou de Bram. Plus encore que dans le Barren et parmi la forêt de sapins, ce rire était terrible dans l'étroitesse de la cabane close, et Philip sentit, contre lui, frissonner la jeune femme. Il regarda le doux et blême visage, qui s'appuyait sur son épaule et qui, malgré tout, s'efforçait de sourire à Bram.

Bram continuait à rire, et, tout en riant, il s'était dirigé vers le poêle, dont il activait le feu. Pour la seconde fois, Philip reporta son regard des yeux d'améthyste, dont les profondeurs violettes semblaient l'implorer, vers l'énorme forme qui s'inclinait sur le poêle, et sentit ses muscles se durcir. L'occasion était magnifique. D'un bond, il serait à la gorge de l'outlaw, qu'il empoignerait à la nuque. Grâce à l'avantage de cette position, la lutte serait pour le moins égale.

Cette fois encore la jeune femme l'arrêta. Avant qu'il n'eût fait un mouvement, les doigts fins s'étaient accrochés à son bras, et elle le tirait loin de l'homme-loup, tout en lui parlant à mi-voix, dans son idiome incompréhensible. Bram, s'étant relevé, quitta le poêle, ramassa un seau et, sans même regarder les deux jeunes gens, sortit de la cabane.

Il y eut un instant de malaise entre Philip et sa compagne. Cette bienveillance tenace envers Bram irritait Philip, à qui ses soupçons revenaient. D'un geste nerveux, la jeune fille, le saisissant par la main, l'attira vers la petite pièce qui lui servait de chambre, de l'autre côté du rideau.

Sa mimique était claire. Elle lui montrait ce que Bram avait fait pour elle. Il lui avait constitué une chambre séparée, à l'aide d'une cloison, et, pour agrandir cette pièce, il y avait ajouté une petite annexe, accolée à la cabane. Une porte étroite faisait communiquer les deux pièces. Les bois de construction étaient encore verts, de même que ceux de la cloison intérieure de la cabane. La chambre avait pour tout mobilier une chaise grossière, une table non moins rudimentaire, fabriquée en sapin, et une demi-douzaine de peaux d'ours servaient de tapis. Quelques vêtements pendaient aux murs, dont une capeline de fourrure et un épais manteau molletonné, qui avait pour ceinture une écharpe rouge. Il y avait aussi un menu paquet, soigneusement emballé.

— Oui, oui, je comprends, monologua Philip en scrutant de ses yeux bleus les yeux d'améthyste. Vous voulez me persuader que je ne dois pas tordre le cou à Bram Johnson, ni quand il me tournera le dos, ni à aucun autre moment. Et vous prétendez que je crois qu'il ne vous a jamais touchée, qu'il n'a jamais exigé le prix des soins qu'il vous rend. Pourquoi, alors, étiez-vous tout à l'heure aussi blanche qu'un linge ? Mais, apparemment, votre peur est passée. Votre minois, maintenant, est le plus rose et le plus charmant qu'il y ait au monde. Expliquez-vous un peu, petite femme...

Les yeux d'améthyste luisaient, en l'écoutant, tandis que le corps svelte et souple se balançait voluptueusement.

— Vous vous moquez de moi, fort agréablement, continua-t-il en souriant. Pour le quart d'heure tout au moins. Peut-être, après tout, que j'ai, comme Bram, le cerveau timbré. Mon aventure, avouez-le, n'est pas banale... Vous ne me comprenez point, n'est-ce pas ? Cela ne fait rien... Je vous offre de vous délivrer de ce fou. Et vous refusez. Les bras m'en tombent ! Je paierais bien un million de dollars (si je les avais) pour avoir, en échange, le pouvoir de faire parler Bram. Il ne vous a jamais touchée, m'assurez-vous ? Mon Dieu, comme je voudrais le croire !

Le mobile visage de la jeune femme reflétait tous les sentiments qui passaient en elle. Elle s'efforçait de lire dans les yeux de Philip ce qu'il pouvait lui dire, de deviner sa pensée sur ses lèvres.

Il reprit :

— Vous êtes à quinze cents bons milles de tout être humain, avec des cheveux et des yeux tels que les vôtres... Et des cheveux de cette couleur, par-dessus le marché ! S'il prenait à Bram fantaisie de parler, sans doute m'expliquerait-il que vous êtes tombée de la lune, ou bien qu'un équipage de chasse-galère vous a apportée ici, à travers l'espace, pour que vous lui teniez sa cabane en ordre. Voyons, ne pouvez-vous pas me donner la moindre notion, ni de ce que vous êtes, ni d'où vous venez ?

Il s'arrêta, comme attendant une réponse. La réponse fut un sourire. Et le sourire était touchant et doux. Philip sentit une émotion mal définie l'étreindre au gosier. Oubliant que Bram pouvait entrer d'un moment à l'autre, il prit dans ses mains une des mains de la jeune femme et la pressa étroitement.

— A force de bavarder, nous avons oublié le principal. Déjeunons !

Il l'entraîna dans la première pièce, et commença à préparer, dans une de ses gamelles, un plat de pommes de terre sèches.

— Nous disions donc que Bram vous avait respectée... Ouf ! quel soulagement pour moi ! C'est inconcevable, le plaisir que j'en éprouve. S'il n'en avait pas été ainsi, je pense bien que vous n'auriez pas empêché que je lui fasse jaillir la cervelle hors du crâne. C'est de toute évidence.

Il quitta des yeux son fricot. Elle était délicieuse. La tresse dorée avait glissé sur l'épaule, à demi dénouée. Cette tresse était aussi épaisse que le poignet de Philip. Jamais il n'aurait cru que des cheveux de femme pouvaient luire de feux aussi chauds, offrir des tons à ce point dorés et veloutés.

Puis il eut une inspiration subite et, se frappant la poitrine :

— Je suis Philip Brant, dit-il — Philip Brant — Philip Brant — Philip Brant.

Une clarté s'épandit sur le visage de la jeune femme. Ils avaient, du coup, brisé la barrière qui les séparait.

Elle redit le nom, après lui, lentement, nettement. Elle sourit ensuite et, ses deux mains sur la poitrine :

— Célie Armin ! dit-elle.

Philip en pensa lâcher les pommes de terre qui crépitaient dans la graisse, et sauter par-dessus le poêle vers « Célie Armin ». Il ne quitta point, pourtant, sa gamelle et, tout en remuant les pommes de terre, il répéta à son tour, à plusieurs reprises :

— Célie Armin !

C'était un nom français, et il tenta d'emprunter au répertoire de Pierre Bréault quelques phrases très simples, qu'il avait retenues. Mais, pour la jeune femme, c'était toujours de l'hébreu. Alors il dit encore :

— Célie !

Presque au même instant, elle répondit :

— Philip !

Un remue-ménage extérieur annonça le retour de Bram. Hurlements et grognements de la horde, pas pesants de l'homme-loup, et Bram entra.

Philip, sans détourner la tête, continua sa cuisine, comme si rien ne s'était passé. Tout en sifflant, il remuait ses pommes de terre. Puis, s'adressant à Célie Armin, en désignant du doigt la cafetière :

— Occupez-vous du café, Célie. Le déjeuner est prêt.

Elle prit la cafetière, la tourna une ou deux fois et s'avança vers la table.

Philip regarda Bram. L'homme-loup était adossé à la porte. Sans faire un mouvement, il regardait la scène qu'il avait devant les yeux, hébété et stupide. D'une main il tenait un seau rempli de neige, dans l'autre il portait un poisson gelé.

— Trop tard pour votre poisson, monsieur Bram, dit Philip. Il était impossible de faire attendre davantage la petite lady. J'estime en outre que vous l'avez bourrée de viande et de poisson à l'en faire mourir. Venez déjeuner avec nous !

Il posa sur une assiette d'étain une portion de pommes de terre fumantes, accompagnées de petites galettes d'avoine et de riz, qu'il avait cuites avant de se mettre en marche sur le Barren, et plaça le tout devant la jeune femme. Il prépara ensuite une seconde assiette pour Bram et, pour lui, une troisième.

Bram demeurait toujours immobile, avec son seau et son poisson. Tout à coup, il posa l'un et l'autre à terre, avec un grognement issu des profondeurs de sa poitrine, et s'en vint à la table. Sa main formidable s'abaissa sur le bras de Philip et, comme un étau inquiétant, l'étreignit, au point de presque briser l'os. Il regarda la jeune femme. Puis lâchant Philip et le rejetant en arrière, d'un geste violent, il poussa devant elle les deux autres assiettes.

— Vous, mangez le poisson, *m'sieur* ! dit-il.

On eût dit, à l'entendre s'exprimer ainsi, qu'il n'avait jamais été fou. Éclair rapide de raison, qui s'évanouissait, un instant après, dans le rire dément et sonore, dont toute la cabane tremblait et auquel répondit, du dehors, le cri sauvage des loups.

Philip avait eu grand-peine à conserver son sérieux devant cet accès de galanterie. Une pointe de triomphe brillait dans les yeux de la jeune femme. Bram avait toujours été bon pour elle, et il venait de le prouver devant Philip.

Mais déjà le rire de Bram s'était éteint. Tandis que Philip préparait le poisson, l'homme-loup était allé s'accroupir contre le mur, sur ses talons, à la manière des Indiens. Et, tant que la jeune femme mangea, il ne la quitta pas du regard.

Philip, ayant fait frire le poisson, lui en apporta la moitié. Il eût pu l'offrir aussi bien à un sphinx de pierre ou de bois. Car Bram, se relevant, alla prendre ce qui restait du caribou et, emportant la viande sous son bras, s'en alla à nouveau, en se mâchonnant doucement, à lui-même, on ne sait quoi.

XI

OÙ L'ON COMMENCE A SE COMPRENDRE

A peine la porte se fut-elle refermée sur Bram que Célie Armin courut vers Philip et l'amena vers la table. Elle avait mangé seule, aux trois assiettes, pour complaire à Bram. Maintenant elle insistait pour joindre pommes de terre et galette au poisson de Philip, et lui versait une tasse de café.

Il souriait et se sentait pris d'une envie folle d'attirer à lui la tête de Célie et de la baiser.

— Vous ne voulez point, n'est-ce pas, me voir privé de déjeuner ? Mais vous ne comprenez pas la situation, petite femme. J'en ai mangé de cette sacrée galette (et il en prit un morceau pour mieux exprimer ce qu'il allait dire), j'en ai mangé le matin, à midi et le soir, au point que son aspect seul me dégoûte. Le poisson de Bram est pour moi un vrai régal, et ce café aussi, si habilement confectionné par vous.

Philip, ayant terminé son déjeuner, se leva de table et emmena Célie vers la fenêtre. Ils virent, dans l'enclos, Bram qui distribuait des morceaux de viande à la horde réunie autour de lui. Philip commença à dénouer les tresses de cheveux de la jeune femme, qui était à son côté. Il se sentait rougir sous sa barbe, tandis que ses doigts se jouaient dans la soie dorée et la dénouaient. Célie le regardait agir, étonnée. Il prit quelques fils et les retissa en un cordon léger, de la taille à peu près de celui dont était confectionné le piège de l'homme-loup, qu'il imita de son mieux. Puis il montra l'objet à Célie et dirigea son doigt vers Bram.

La jeune femme n'eut pas de peine à comprendre sa pensée. Par une mimique appropriée, elle expliqua que le piège d'or avait bien été fabriqué avec ses cheveux. D'autres tresses encore avaient été coupées, et il y avait plusieurs pièges d'or. Courbant la tête, elle montra à Philip les divers endroits où les cheveux avaient été pris.

Tendant ensuite sa main vers lui, elle cria :

— Philip Brant — Amerika !

Puis, se désignant elle-même, elle ajouta vivement :

— Célie Armin — Danmark !

— Danemark ! s'exclama Philip. Est-ce bien vrai ? Vous êtes du Danemark ? Danemark ?

Elle acquiesça de la tête.

— Kobenhavn — Danmark ! poursuivit-elle.

Il traduisit :

— Copenhague — Danemark. Dieu soit loué, Célie ! nous parlons enfin. — Célie Armin, de Copenhague, Danemark ! Mais cela ne m'explique point pourquoi je vous trouve ici.

Il montra du doigt le plancher et, d'un grand geste de ses bras, les quatre murs de la cabane.

— Comment, dit-il, êtes-vous arrivée en cet endroit ?

Elle répondit, et il en sursauta :

— Kobenhavn — Muskvas — Saint-Petersburg — Rusland — Sibirian — Amerika.

— Copenhague — Muskvas ? (je ne comprends pas, mais n'importe...) — Saint-Pétersbourg — Russie — Sibérie — Amérique, répéta-t-il en la regardant, incrédule. Célie, si vous éprouvez pour moi la moindre sympathie, ménagez ma raison. Comment croire que, partie du Danemark, vous êtes, comme cela, venue, à travers la Russie et la Sibérie, vous échouer au Canada, en plein Barren, dans cette cabane de fou, abandonnée de Dieu et des hommes ? Vous ! Il doit y avoir quelque erreur. Tenez, regardons plutôt...

Philip s'était souvenu de son atlas de poche, que l'administration de la police lui avait fourni avec le reste de son équipement. L'atlas se terminait par une petite mappemonde. Il mit la carte sous les yeux de Célie qui, de son petit doigt, toucha Copenhague. Il se pencha pour regarder, par-dessus la tête de la jeune femme, et contre ses beaux cheveux appuya sa poitrine. Il aurait, s'il avait osé, enfoui son visage dans la chevelure dorée ; il aurait, dans ses bras refermés, étreint la tête de Célie.

Pendant un moment, la question se déplaça de savoir si elle venait de Copenhague ou de la lune, et ce mystère lui parut de peu de conséquence. Il l'avait trouvée, c'était le principal. Comme l'explorateur qui a touché au but, il aurait volontiers dansé de joie. D'elle il avait pris possession, ou peu s'en faut... Mais, retenant sa respiration, il ramena ses yeux vers la carte et vers le petit doigt.

De Copenhague, le petit doigt alla à Moscou, qui devait être Muskvas. Puis, de là, il voyagea lentement jusqu'à Saint-Pétersbourg et courut ensuite à travers la Russie et la Sibérie, jusqu'à la mer de Béring.

— Skunnert..., fit-elle doucement.

Et le doigt rencontra sur la carte la tache verte qui était l'Alaska.

Là, le doigt hésita. Il était évident que Célie se demandait ensuite par où elle avait pu passer. La carte ne pouvait plus maintenant lui être d'aucun secours. Après quelque agitation, elle tira Philip vers la fenêtre et lui montra les loups. Alaska ; puis les loups, c'est-à-dire les chiens, et le traîneau.

Philip acquiesça de la tête. Il était au comble de la joie. Elle s'appelait Célie Armin, de Copenhague, Danemark, et était venue en Alaska. Ensuite elle avait voyagé dans un traîneau attelé de chiens.

Et elle tentait maintenant de lui dire pourquoi elle était venue, quels événements l'avaient livrée à Bram Johnson. Le dos tourné à la fenêtre, elle parlait et faisait des gestes, et sanglotait presque, sous le coup de l'émotion qui avait, à nouveau, bouleversé son visage. Elle contait, à n'en point douter, l'horrible tragédie devinée par Philip, dès le premier instant. Elle parlait, parlait, en se tordant les mains. Et, quand elle eut terminé, elle s'écroula dans un long sanglot, en se couvrant le visage de ses deux bras.

Dehors, dans l'enclos, on entendit le rire de Bram Johnson.

Ce rire semblait une insulte et une raillerie. Le sang de Philip ne fit qu'un tour. Il bondit vers le poêle, en tira un long tison enflammé et, courant vers la porte de la cabane, l'ouvrit et sortit en courant.

Un cri terrible, qui était une supplication désespérée, retentit presque aussitôt derrière lui. En même temps, il vit la horde des loups se ruer en masse épaisse, de l'extrémité de l'enclos. Et, cette fois, la voix de Bram Johnson ne les arrêta pas. Il regardait tranquillement la scène, tandis que Célie sentait tout son sang se glacer dans ses veines. Elle jeta un nouveau cri, auquel répondit le rire sinistre de l'homme-loup.

Philip n'avait point faibli devant le danger. Brandissant la bûche enflammée et la faisant tournoyer au-dessus de sa tête, il la lança sur la bande. Un instant de désarroi s'ensuivit parmi les loups, et Philip en profita pour se retourner et regagner précipitamment la cabane. Aussi rapide que l'éclair, il referma la porte, que Célie avait aussitôt poussée, et tira le verrou.

Il était temps ! Une seconde après, la charge des loups venait s'écraser contre cette porte. Sous le poids de leurs corps, la cabane trembla et l'on entendit les mâchoires béantes se fermer en claquant, désappointées. Philip regarda Célie. Ses traits étaient livides. Elle se détourna, pour cacher son émotion, tandis qu'un petit hoquet nerveux s'échappait de ses lèvres.

Philip comprit et son imprudence et la pensée de Célie. Si les loups l'avaient eu, il entraînait dans sa perte le suprême espoir de la jeune femme. Doucement il ramena vers lui le doux visage, qui sembla se ranimer, et le paya d'un sourire de sa folle équipée dans les mâchoires de la mort.

— Célie, dit-il d'une voix rauque en pressant dans ses mains, à les briser, les petites mains encore tremblantes, Célie, ma petite femme mystérieuse, je suis presque heureux que vous ne puissiez pas me comprendre. Car sans doute ririez-vous de mes paroles. Un jour ne s'est pas écoulé depuis que je vous ai connue. Et cependant je vous aime. Jamais, dans toute ma vie, je n'ai ressenti, devant aucune femme, ce que j'éprouve en face de vous. Jamais autant je n'en ai désiré aucune autre. Je vous aime, et vous ne devez pas le savoir. Mon désir, trop prompt, vous semblerait purement bestial et votre cœur effaré ne verrait plus en moi qu'un second Bram Johnson.

On entendit, au-dehors, Bram qui parlait à ses loups, en son idiome aigu d'esquimau. Il les chassait de la porte, où ils étaient demeurés tassés, et ils grognaient, mécontents, en se rebiffant. Philip lâcha les mains de Célie et fit glisser en arrière le verrou de bois, tandis que la main de l'homme-loup farfouillait dans la serrure.

Bram entra.

Indécis de ce qui allait advenir, Philip tendit ses muscles, prêt à toute éventualité. Mais Bram, à son grand étonnement, semblait parfaitement indifférent. Il mâchonnait et gloussait sous cape, comme amusé par ce qu'il avait vu. Les ongles de Célie s'enfoncèrent dans le bras de Philip. Son regard trahissait son effroi. Elle sortit soudain et passa dans sa chambre. Une minute s'écoula.

Célie, ayant reparu, alla droit vers l'homme-loup. Elle tenait dans sa main une mince tresse soyeuse et dorée, et l'agitait en l'air, devant Bram.

Bram cessa de mâchonner. Sa lourde face s'illumina et entra en extase. En même temps, il avança vers la tresse brillante une main énorme et difforme. Ces cheveux étaient pour lui un fétiche redoutable et redouté.

La jeune femme s'était remise à sourire. C'était grâce à ce fétiche, peut-être, pensa Philip, que le géant l'avait respectée depuis qu'elle était en son pouvoir.

Le géant, satisfait, s'était remis doucement à mâchonner. C'était presque un roucoulement. Il s'assit par terre, contre le mur, les jambes croisées, et, divisant la tresse en trois tresses plus petites, il entreprit la confection d'un nouveau piège. Célie, tout à fait rassurée, rentra dans sa chambre. De tant d'émotions successives elle sentait le besoin de se remettre, hors de la présence de tout témoin.

Philip profita de cette absence pour sortir de son sac d'équipement son nécessaire de toilette. Il se regarda dans son miroir et se fit peur à lui-même. Avec sa barbe hirsute, il était, vraiment, si peu avenant, qu'il comprit pourquoi Célie s'était tout d'abord reculée devant lui. Une demi-heure lui fut nécessaire pour qu'il se rasât de façon congrue. Quant à Bram, il était fort occupé à son travail et n'en releva les yeux qu'après l'avoir terminé. Alors il se mit debout et s'en alla sans rien dire.

Célie rentra, et la première chose qu'elle remarqua fut le changement opéré sur le visage de Philip. Elle en témoigna son plaisir et Philip se sentit rougir.

Par la fenêtre, ils observèrent Bram. Celui-ci avait rappelé ses loups et se dirigeait avec eux vers la porte du corral. Il emportait ses souliers à raquette et son long fouet. Ayant, le premier, passé la porte, il laissa sortir dix bêtes, sur les vingt, puis la referma.

Célie revint vers la table et Philip vit qu'elle avait apporté de sa chambre un crayon et un morceau de papier. Au bout d'un instant, elle lui tendit, triomphante, le papier. Le croquis grossier d'une tête de caribou y était dessiné. Cela signifiait que Bram était parti chasser. Philip se mit à rire. Le dessin était un truchement de plus pour s'expliquer et se comprendre.

Mais ce qui était moins réjouissant, c'est que Bram, en partant, avait laissé dans l'enclos la moitié de la meute. Il n'y avait pas à se faire d'illusion. Célie et lui n'étaient pas les hôtes du fou. Ils étaient ses prisonniers.

XII

SOUDAINE ET MYSTÉRIEUSE ATTAQUE

La nuit qui suivit s'écoula sans incident. C'était la première que, dans la compagnie paisible de Célie, Philip passait dans la cabane de Bram. Ce devait être aussi la dernière.

Le lendemain, avant que la jeune femme fût sortie de sa chambre, il récapitula les événements dont il venait d'être un des acteurs. Tout d'abord, Bram était-il vraiment fou ? Ou jouait-il une feinte colossale ? Si l'homme-loup l'avait en haine, sa vengeance pouvait couver longtemps avant d'éclater. Philip se souvenait de la parole qu'un de ses anciens amis, aliéniste célèbre, lui avait dite un jour : « Un fou n'oublie jamais ! » Une fois possédé par une idée, le fou n'en démordra plus. Elle est pour lui comme une obsession ; elle fait partie de son existence même.

Bram avait déjà failli le tuer, pour s'emparer, jusqu'à la dernière miette, des vivres qu'il destinait à la jeune femme. Maintenant il était parti, abandonnant vivres et prisonniers. Ce qui semblait, en tout cas, bien établi c'est qu'il n'éprouvait pour Célie aucun désir charnel. S'il l'avait le moindrement aimée, fût-ce d'une passion de brute, il ne l'aurait pas laissée derrière lui, en tête à tête avec un rival éventuel. En dépit de la flamme qui avait, plusieurs fois, traversé son regard, c'était une adoration béate et muette, respectueuse sans aucun doute, que Bram éprouvait pour Célie.

La conclusion de tout ceci n'en était pas moins qu'il fallait, en dépit des protestations de la jeune femme, abattre Bram, à la première opportunité. Il n'avait déjà que trop laissé passer d'occasions propices.

Célie étant entrée sur ces entrefaites, il sembla à Philip qu'elle devinait ses secrètes pensées. Il ne dit rien cependant, mais commença à se livrer, devant elle, à une inspection en règle du logis de Bram.

— Sans doute, Célie, avez-vous fait vous-même, avant moi, cette inspection. Mais il est de mon devoir de contrôler vos recherches.

Accompagné de la jeune femme, il se mit à explorer méthodiquement la cabane, jusqu'aux plus petits coins. Il fouilla même le plancher, en soulevant des planches disjointes. Au bout d'une demi-heure ses recherches n'avaient abouti à rien du tout, lorsqu'il poussa une exclamation de joie. Sous une vieille couverture crasseuse, il venait de trouver un revolver d'ordonnance Colt. Mais le revolver était vide et il n'y avait pas de cartouches.

Il ne restait plus qu'à explorer le petit réduit qui servait de chambre à coucher à l'homme-loup. Tout ce que Philip réussit à découvrir fut trois pièges, faits avec les cheveux de Célie.

— Nous n'y toucherons pas, dit-il, après les avoir considérés avec émotion, pendant un instant, et tout en replaçant sur eux la peau d'ours qui les cachait. L'usage interdit de déranger le lit d'un autre homme...

Puis, au bout d'un moment :

— Il n'a même pas laissé dans la cabane le couteau dont il se sert pour dépecer la viande. Je me demande s'il prenait cette même précaution lorsque vous seule étiez là. Pas une arme, en tout cas, ni rien d'approchant.

Dehors, les loups, dans l'enclos, menaient grand tapage. Deux d'entre eux se battaient. Philip alla vers la fenêtre, pour les regarder. C'étaient de redoutables gardiens que Bram avait laissés derrière lui. Et Philip se demanda, en admettant qu'il pût tuer Bram ou le faire prisonnier, comment il viendrait à bout de ces geôliers. Si Bram était entré avec son fusil dans la cabane, tout irait bien. Les loups seraient ensuite abattus un à un. Mais Bram introduirait-il jamais son fusil dans la cabane ?

Les deux loups continuaient à se battre. Les autres faisaient cercle autour d'eux, sauf un seul, qui était énorme, et qui, en dépit de l'agitation du combat, s'escrimait dans un coin, après un os.

— J'ai trouvé ! s'exclama Philip. Les loups, comme les gens, ont besoin de manger pour vivre. Une fois Bram supprimé, je les laisserai mourir de faim, dans leur enclos ! Cela demandera une semaine, un peu plus peut-être. C'est affaire de patience. Mais nous aurons le dernier mot ! Il faut que Célie le comprenne ; sacrifier Bram, d'abord, est une nécessité.

Célie, justement, l'appelait. De la fenêtre il revint vers elle. Elle avait apporté de sa chambre et étalé sur la table de petits morceaux de papier, et semblait fort émue. Philip n'eut pas de peine à comprendre que ces papiers, au nombre de huit ou dix, sur chacun desquels était figuré un dessin, devaient, dans la pensée de Célie, suppléer entre eux deux aux paroles et expliquer ce qu'elle ne pouvait dire autrement.

Elle prononça son nom : « Philip ! » à nouveau, comme un murmure de ses lèvres tendres, et en balançant son corps onduleux, ainsi qu'elle l'avait, la veille, fait déjà, lorsqu'elle lui était pour la première fois apparue dans un rayon de soleil. Et il lui semblait étrangement ineffable qu'elle l'appelât ainsi par son nom, comme une chose toute naturelle.

S'étant penché sur les papiers, Philip remarqua qu'ils étaient souillés et usés, comme s'ils avaient été déjà, pendant longtemps, manipulés. Ils contaient la propre histoire de la jeune femme.

— Ils ont, dit-il, été dessinés de votre main, à l'usage de Bram, je le devine. Bram n'en connaît, sur vous, guère plus long que moi... Oui, c'est cela, et voilà une question réglée. Des bateaux, des chiens, des hommes, des combats, beaucoup de combats... Examinons de plus près.

Célie tremblait, haletante, dans son avidité d'être comprise.

Philip, dont le cœur ne battait pas moins, continua :

— Ici, c'est « vous », au centre de ce premier croquis. C'est vous, avec vos cheveux défaits, en train de lutter contre un groupe d'hommes, qui semblent vouloir vous tuer à coups de bâton. Qu'est-ce que cela, grand Dieu ! signifie ? Et voici, en haut, dans le coin, un bateau. Le bateau, je suppose, doit venir le premier. Vous êtes descendue de ce bateau, n'est-ce pas ? du bateau, du bateau, du bateau...

— Skunnert ! s'exclama-t-elle doucement, en touchant le bateau avec son doigt. Skunnert... Sibérien !

— Schooner [1]... Sibérie ! traduisit Philip. Cela sonne bougrement ainsi, ma Célie. Regardez un peu là-dessus.

Il prit son petit atlas de poche et le rouvrit.

— Recommençons nos études, et précisons le plus possible.

Comme la veille, leurs deux corps frissonnants se frôlèrent, dans la recherche passionnée, sur la mappemonde. Dans le bras courbé de Philip, Célie inclina sa tête et les lèvres du jeune homme se posèrent presque sur le velours des cheveux dorés. Tous deux palpitèrent, à leur mutuel contact. Mais, s'écartant un peu, elle montra la carte...

Le bateau était parti de l'embouchure du fleuve Léna, en Sibérie, et avait longé la côte jusqu'à l'espace bleu indiquant l'Océan, en face de l'Alaska. Là, le petit doigt s'arrêta et avec un geste de désespoir, Célie fit comprendre à Philip qu'elle n'en savait pas plus sur la topographie de son voyage. Quelque part, sur cet espace bleu, le bateau avait touché au rivage américain.

Elle passa aux autres papiers, où étaient figurés de nombreux combats, dont Philip ne pouvait comprendre le sens exact et l'importance. En matière de conclusion, la jeune femme exécuta un dernier croquis où apparaissait un géant, accompagné d'une horde de bêtes. C'était le portrait de Bram et de ses loups. Et Philip comprit enfin pourquoi elle ne prétendait pas qu'il fût touché à un seul cheveu de l'homme-loup. Bram l'avait sauvée du sort malheureux que les petits dessins exprimaient en partie. C'était lui qui l'avait recueillie et amenée jusqu'à sa retraite cachée, et, pour une raison que les dessins étaient impuissants à expliquer, il l'y retenait captive.

1. Goélette.

Beaucoup de mystère subsistait encore dans l'histoire de Célie. Pourquoi était-elle allée en Sibérie ? Qui avait conduit son navire vers cette côte inhospitalière de l'Alaska ? Quels étaient ces ennemis inconnus, dont Bram l'avait sauvée ?

Philip ramassa une des images que Célie avait froissée. Deux personnes y étaient figurées. L'une était elle-même ; l'autre était un homme. La jeune femme s'était dessinée dans l'étroite étreinte de cet homme. Philip releva ses yeux vers Célie. Les siens s'étaient embués de larmes.

Philip sentit, tout à coup, un froid lourd lui glacer le cœur. Depuis qu'il l'avait trouvée dans la cabane de Bram Johnson, depuis que leurs deux sorts avaient paru se joindre dans la tragique aventure qui les mêlait, lui et elle, en ce lieu sinistre, dans cette solitude qui les avait si rapidement rapprochés, si étroitement unis, semblait-il, son imagination avait marché. Une flamme brûlante avait embrasé sa poitrine. Et voilà que tout son espoir tombait à plat. Sans doute elle en aimait un autre...

Philip détourna la tête. Son âme, oppressée, s'était assombrie. L'horreur de la situation présente reparut dans toute sa réalité.

A pas lents, il se dirigea vers la fenêtre, afin de cacher son trouble, et regarda dehors.

Presque aussitôt, Célie l'entendit qui poussait un cri terrible. Elle courut vers lui. Philip avait lâché le petit papier qu'il avait emporté avec lui, et ses deux mains se crispaient sur l'encadrement de la fenêtre. Il regardait, comme hébété.

— Voyez ! dit-il. Oh mon Dieu ! Voyez cela !

Sans qu'ils eussent, ni l'un ni l'autre, dans le silence pourtant immense de la cabane, perçu aucun bruit, Philip et Célie pouvaient voir, sur la neige souillée, le grand loup qui tout à l'heure rongeait son os étendu de tout son long sur le sol, raide mort. Pas un muscle de son corps ne bougeait plus. Ses lèvres, contractées, découvraient ses mâchoires béantes et, sous sa tête, s'élargissait une flaque de sang.

Mais, plus encore que la mort soudaine de la bête, c'était l'arme dont elle avait été frappée qui bouleversait ainsi Philip. Une sorte de lance avait, de part en part, transpercé le loup !

Philip n'avait pas été long à reconnaître le harpon-narval, mince et effilé, le javelot redoutable qu'emploie un seul peuple dans le Northland : la tribu meurtrière, au visage noirâtre, des Kogmollocks, qui vit sur les bords du golfe du Couronnement et de la terre Wollaston [1].

— Ôtez-vous de là, Célie ! cria-t-il.

Et il l'entraîna loin de la fenêtre.

1. Le golfe du Couronnement se trouve à l'extrême lisière nord du Canada, au-delà du cercle arctique. Il fait partie des nombreux détroits de l'océan Glacial Arctique, qui relient la mer de Béring à la mer de Baffin, le Pacifique à l'Atlantique. La terre Wollaston, immense île glacée, lui fait face, vers le pôle.

XIII

LES KOGMOLLOCKS

Les Kogmollocks ! Les petits démons les plus cruels qui existent, au cœur plus froid que les glaces où ils vivent !

— Excusez, ma chérie, dit Philip, la précipitation de mon geste et le cri qui m'a échappé... Mais, à l'autre bout de la terre, je reconnaîtrais cette arme de mort. Je les ai vus la lancer, comme ils feraient d'une flèche, à une distance de cent yards. Ils n'ont pas leurs pareils pour se battre, ni pour chasser les femmes et en trafiquer. Et j'ai dans l'idée qu'ils surveillent la fenêtre.

Mais Célie, sans comprendre ce qu'il disait, n'était pas moins effarée que lui, après avoir vu le loup mort et le javelot planté dans son corps. Saisissant vivement un des dessins qui étaient sur la table, elle le remit à Philip. C'était un de ceux où était figuré un combat.

Tout s'éclairait.

— Alors, dit-il, avec un tremblement dans la voix, c'est bien vous qu'ils veulent. Ils en crèvent de désir. Je n'avais jamais ouï dire qu'ils se soient aventurés si loin vers le sud. Il faut vraiment qu'ils vous aient en tête !

Le regard de Célie avait repris toute sa fermeté et, en voyant qu'elle était redevenue calme, Philip se sentit plus maître de lui. Les yeux de la jeune femme exprimaient toute la foi qu'elle avait mise dans son compagnon d'épreuve. Elle le savait courageux. Courageuse serait-elle aussi.

— J'aime, dit-il, à vous trouver ainsi.

Et, tout en parlant, il ne cessait d'observer la fenêtre, s'attendant à voir, d'un instant à l'autre, un javelot passer au travers, dans un fracas de vitres brisées.

— Nous sommes dans un fichu pétrin ! Je puis le dire tout haut, sans crainte de vous affoler, puisque vous ne me comprenez pas. Il y a Esquimau et Esquimau, voyez-vous. Les uns, comme les Nunatalmutes, ou mainte autre tribu, sont de bonnes gens. Mais les Kogmollocks sont de fieffés bandits. Pour leur habileté aux pièges, aux embûches et aux guets-apens, ils sont pires que les petits sauvages des Philippines. Ils vous auront suivis, vous et Bram, à la piste, depuis l'Extrême nord, et je parierais bien que Bram ne reviendra pas de sa chasse au caribou. Peut-être, à cette minute même, a-t-il déjà un javelot à travers le corps.

Célie lui souriait toujours, tandis qu'il parlait. Elle esquissa un mouvement comme si elle eût voulu s'approcher de la fenêtre. Il la retint et, au même moment, les hurlements sauvages des loups s'élevèrent dans l'enclos. Après l'avoir suppliée, par gestes, de demeurer près de la table, il s'en retourna seul à la fenêtre.

Les loups s'étaient rassemblés près de la porte à claire-voie du corral et, à qui mieux mieux, faisaient de grands sauts contre les barres en sapin qui les emprisonnaient. Entre la cabane et la palissade du corral, un second cadavre de loup gisait dans la neige. Les Esquimaux avaient certainement tendu une embuscade à Bram et ils croyaient que la jeune femme était seule dans la cabane. Comme ils redoutaient les loups du fou, les petits hommes noirâtres avaient entrepris de les exterminer un à un, à coups de javelot.

Tandis que Philip regardait, une tête et une paire d'épaules apparurent au-dessus de la palissade, un bras émergea et un javelot fila, rapide comme un rai de lumière, vers le groupe des loups. Non moins rapidement la tête et les épaules du lanceur disparurent.

Philip, s'étant retourné, vit que Célie s'était glissée auprès de lui. Elle avait été témoin, elle aussi, de ce qui venait de se passer. Elle lui saisit le bras, et il sentit que ses petits doigts l'étreignaient, tandis qu'un cri, aussitôt étouffé, s'échappait de sa poitrine palpitante. Puis elle courut dans sa chambre et en revint, quelques secondes après, avec un objet qu'elle remit à Philip.

C'était un minuscule revolver, un véritable jouet d'enfant, dont il se fût, en d'autres circonstances, beaucoup amusé. Du calibre 22, il était chargé de toutes ses cartouches, dont les balles étaient tout juste bonnes à tuer une perdrix à quinze ou vingt pas, si la perdrix voulait bien se laisser faire. Cette arme, cependant, telle qu'elle était, valait mieux que rien. A défaut d'autre résultat, elle ferait du bruit et, si la balle n'atteignait pas son Esquimau, celui-ci n'en culbuterait pas moins, ne fût-ce que d'effroi. Deux ou trois coups tirés et l'apparition de Philip avertiraient les assaillants que Célie n'était pas seule, qu'un homme était avec elle, pour la protéger, et que cet homme était armé.

Philip remercia le Seigneur de l'aide qu'il lui envoyait. Le dernier javelot de l'Esquimau avait transpercé un troisième loup, et l'animal se halait péniblement dans la neige, entraînant avec lui le trait meurtrier. Les sept loups survivants continuaient leurs gambades et leurs bonds. Philip alla se placer en observation derrière la porte de la cabane qu'il entrouvrit légèrement.

Soudain, Célie, qui était près de lui et avait paru comprendre sa tactique, le poussa du coude. Lentement, une tête noire se montrait au-dessus de la palissade.

Rapide comme le vent, Philip s'élança dehors et, à l'instant même où le bras brandissait le javelot, il poussa un rugissement de bataille si effroyable que sa gorge s'en fendit presque. En même temps, il fit détoner le revolver. Tête et bras s'éclipsèrent et l'Esquimau s'évanouit, comme un diable qui rentre dans sa boîte. Mais déjà les loups avaient retourné contre Philip leur rage impuissante. D'un autre bond, il regagna la cabane et, poussant Célie, referma la porte.

— Ah ! oui, nous sommes dans de beaux draps ! dit-il en riant, tandis que résonnait sourdement le heurt des loups.

Son bras enlaça la taille de Célie et il reprit :

— Dommage que ces imbéciles ne comprennent pas que nous avons même intérêt à détruire Bram ! S'ils voulaient un peu nous aider contre l'ennemi commun, ce serait une vraie partie du cirque. Avez-vous vu le camarade dégringoler de sa palissade ? Je suis persuadé que je ne l'ai pas touché. Et je l'espère même. Car si la bande découvrait que nos balles sont grosses comme des petits pois, et encore ! et que leur blessure est l'équivalent d'une piqûre d'insecte, ils viendraient tous s'asseoir là, comme une rangée de corneilles, et nous narguer.

Préoccupée du danger qu'ils couraient tous deux, Célie ne sentait pas l'étreinte du bras qui l'enserrait, et Philip en profitait pour faire sa pression plus ardente et plus tendre. La double exaltation du péril et de l'amour inondait sa face de sang chaud.

— L'heure est grave, prononça-t-il, avec un sérieux qui aurait impressionné Célie, si elle avait pu comprendre ses paroles. Qu'adviendra-t-il bientôt de nous ? Quand tous les loups seront tués et si Bram a été tué comme eux, ces diablotins à faces de crapaud enfonceront la porte de l'enclos et donneront l'assaut à la cabane... Je me sens assez en forme pour livrer combat à vingt d'entre eux. L'amour que j'ai pour vous et mon désir de vous sauver ont décuplé ma force. Mais je voudrais savoir, au moment où je ferai cela, quel est l'autre homme, sur l'image... Pendant les derniers instants qui nous restent, avant la grande bataille, j'ai comme une fureur de vous écraser sur mon cœur, de vous couvrir de baisers, afin que vous sachiez bien tout ce que je ressens pour vous. Je vous aime de la tête aux pieds. J'ai peur, pourtant, qu'il ne soit trop tôt et que vous ne me méprisiez...

Puis une réaction se fit en lui et son bras quitta la taille de Célie. Il ramassa le petit papier, tout à l'heure froissé par lui, et machinalement il le défripait, l'aplanissait.

— Quel peut être cet homme ? Si vous ne l'aimez pas, pourquoi l'enlacez-vous si tendrement ?

Elle comprit qu'une interrogation nouvelle était dans le regard et dans la voix de Philip. Sa pensée se tendit, afin de percer la sienne, d'analyser son âme. Une gêne visible était en lui, qu'elle n'avait pas encore remarquée.

Il lui tendit l'image. Peut-être, songeait-il, l'intuition féminine de Célie allait-elle, cette fois encore, briser la muette barrière qui était entre eux. Il la vit considérer longuement l'image, puis le bleu violacé de ses yeux s'éclairer d'une si pure et chaste lumière qu'il en fut comme submergé. Elle avait deviné en effet.

— *Min fader,* dit-elle tranquillement en posant sur l'image le bout de son petit doigt. *Min fader.*

Philip pensa presque qu'elle avait parlé anglais.

— *Your father*[1] cria t il.

Elle fit, avec la tête, un signe affirmatif.

— *Oo-ee min fader...,* affirma-t-elle.

1. « Votre père ? »

Un soupir de soulagement s'échappa de la poitrine de Philip.

— Le Seigneur en soit loué ! dit-il.

Puis, presque aussitôt :

— Nous reste-t-il encore des cartouches ? Pan ! Pan ! Pan ! Je me sens d'humeur, avec ce petit revolver, à mettre à mal le monde entier !

XIV

CE QU'APPORTA LA TEMPÊTE

Philip avait peine à contenir sa joie. Il en oubliait Bram, les loups et les Esquimaux, et l'horreur d'une situation presque désespérée. « Son père ! » Il aurait voulu crier de bonheur, danser en rond autour de la chambre, avec Célie entre ses bras.

Mais il fallait se contenir. Il redoutait de rencontrer dans ces yeux d'améthyste, au velours profond, la réprobation de son outrecuidance, s'il allait trop loin. Déjà ne s'était-il pas trahi, devant leur regard interrogateur, quand elle lui avait dit que l'image figurait son père. Elle avait paru s'étonner, et de son émotion, et de son allégresse soudaine. Sûrement elle avait compris. Et c'était pour Philip une indicible volupté de songer qu'un homme et une femme peuvent être nés aux antipodes l'un et l'autre, et n'avoir entre eux aucun langage commun, sans que cela fût capable d'empêcher leurs deux cœurs de vibrer à l'unisson et de se communiquer leurs battements. Il y avait là comme un raffinement du bonheur même.

Alors, comme un triple sot, il détourna brusquement la conversation sur les cartouches.

Célie lui expliqua, par signes, qu'elle n'en possédait point de réserve. Les quatre qui restaient encore dans le revolver étaient leur seul bien. Un solide gourdin lui serait d'ailleurs plus utile, en cas d'attaque des Esquimaux, et il se mit en quête d'en découvrir un qui fût plus maniable et mieux en main qu'une des bûches destinées au poêle. Finalement, il arracha d'un des murs de la cabane un petit sapin, transversalement cloué.

Empoignant ce solide bâton par son petit bout, il l'équilibra dans sa main et le fit tournoyer au milieu de la chambre.

— Maintenant, dit-il, nous sommes parés et prêts à les recevoir. A moins qu'ils ne mettent le feu à la maison, ils ne nous feront pas sortir d'ici. Et quant à passer cette porte, avec la grâce de Dieu, je vous assure, Célie, qu'ils n'y réussiront pas !

Il était si bien en forme et semblait si désireux de voir poindre un Esquimau à portée de sa trique, pour l'assommer, que Célie en fut prise d'un petit rire doux et saccadé. Philip, en l'entendant, cessa ses moulinets et, laissant tomber son gourdin :

— Donnons-nous, Célie, une bonne poignée de main. Nous sommes, n'est-ce pas, deux camarades ?

Sans hésitation, elle tendit sa main vers la main qu'il lui tendait. Et, quoique la mort fût là, près d'eux, en embuscade, ils se sourirent. Elle se retira ensuite dans sa chambre et, pendant une demi-heure, Philip ne la revit plus.

Il jeta un coup d'œil vers l'enclos et vers les loups. Ceux-ci s'étaient à nouveau éparpillés et semblaient plus calmes. Il en conclut que les mystérieux ennemis s'étaient éloignés. Les bêtes de Bram, dont il avait d'abord voulu se débarrasser, étaient devenues sa meilleure sauvegarde. Il en restait sept, et elles ne manqueraient pas de l'avertir dès que reparaîtraient les Esquimaux.

Sans doute les agresseurs avaient-ils été, jusqu'ici, peu nombreux. La lutte contre les loups avait été assez mollement conduite, et maintenant ils l'avaient suspendue. Philip pensa qu'il n'avait eu encore affaire qu'à une patrouille de reconnaissance, de trois ou quatre hommes.

Si Bram était réellement tombé dans une embuscade et s'il gisait, à cette heure, avec un javelot dans le corps, les Kogmollocks, croyant que Célie était seule, avaient dû expédier ces quelques estafettes pour s'emparer d'elle et la ramener en triomphe. Trouvant la cabane bien défendue, non seulement par les loups, mais par un inconnu, bien armé, ils préparaient des renforts. Le meilleur, en ce cas, aurait été une fuite immédiate. Mais, entre la cabane et la liberté, il y avait les sept bêtes !

Le monde, au-dehors, s'emplissait de ténèbres. Le ciel, devenu opaque, s'abaissait. Avant peu, la tempête éclaterait. Les Esquimaux l'avaient prévue. Ils savaient que le vent et la neige effacerait rapidement leur piste, si quelqu'un, après l'enlèvement, songeait à les poursuivre.

Les petits barbares du Nord n'en étaient pas à leur premier méfait. L'année précédente, sur la côte extrême qui borde l'océan Arctique, les Kogmollocks avaient tué une douzaine de blancs. La police avait envoyé trois patrouilles vers le golfe du Couronnement et le canal de Bathurst [1].

L'une d'elles, commandée par Olaf Anderson, le Suédois, n'avait pas encore reparu. Lorsque Philip avait quitté Fort Churchill pour les Barrens, une rumeur s'était répandue qu'Olaf et ses cinq hommes avaient été anéantis. Il n'était donc point étonnant que les sauvages petits moricauds eussent attaqué le père de Célie Armin et ceux qui avaient débarqué avec lui. Le plaisir de verser le sang des Blancs et le pillage de leurs biens les leur désignaient d'avance comme victimes. Mais l'audace et l'acharnement des Esquimaux à s'avancer dans les terres à la poursuite de Célie, aussi loin des territoires qu'ils fréquentaient d'ordinaire, étaient, plus il y réfléchissait, incompréhensibles pour Philip.

La sombre et rapide montée de la tempête le tira de ses préoccu-

1. Le canal de Bathurst fait suite, vers l'ouest, au golfe du Couronnement.

pations. Cela venait d'un point du ciel, vers le nord-est, et s'étendait comme un immense crêpe de deuil. Le calme était oppressant.

Absorbé dans sa contemplation, Philip n'entendit pas Célie, qui était sortie de sa chambre et, d'elle-même, l'avait rejoint. Il ne s'aperçut de sa présence que lorsqu'elle fut tout contre lui.

Ce déluge de nuit, qui paraissait submerger l'univers, les avait rapprochés l'un de l'autre, dans son angoisse effrayante. Sans qu'ils eussent parlé, Philip avait trouvé dans l'obscurité la main de Célie et l'avait prise dans la sienne.

Dans le silence, ils entendirent d'abord comme un murmure. Un murmure sourd et lointain, qui, comme une chose vivante, du bout du monde semblait ramper. Un murmure qui grandissait, d'instant en instant, et qui bientôt parut si vaste qu'il emplissait le ciel et la terre. C'était une plainte infinie, une lamentation déchirante. Elle s'enflait encore, lorsque le premier coup de vent passa au-dessus de la cabane.

Oh ! ces tempêtes dans les Barrens ! Nulle part sur le globe il n'en est d'autres qui leur ressemblent. En aucun lieu le tumulte de la tourmente n'est empli ainsi de voix humaines.

Philip en avait, maintes fois, connu l'épouvante. Il avait entendu déjà ces gémissements aigus, tels que l'on dirait que dix mille petits enfants pleurent et grincent des dents dans les nuages qui roulent. Il avait entendu les ténèbres s'emplir d'une armée de fous, riant et hurlant, en un charivari de démence, et ces clameurs d'hommes invisibles, ces sanglots stridents de femmes désespérées. Il y a des gens qui en avaient perdu la raison.

Maintenant la tourmente battait son plein au-dessus de la cabane, et la gorge de Célie s'était contractée en un petit hoquet. L'obscurité était tellement opaque que Philip ne distinguait plus, dans la noirceur ambiante, que le masque pâle de la figure de la jeune femme. Mais il sentait le tremblement de son corps contre le sien. Il lui semblait que leur union ne datait pas d'hier, mais de bien longtemps déjà, et que tous deux, depuis bien des mois, s'étaient, corps et âme, donnés l'un à l'autre. Les bras de Philip s'entrouvrirent.

Célie s'y laissa tomber. Défaillante et sans force de résistance, elle y demeura, baignée dans les ténèbres épaisses. L'âme de Philip se gonfla et, dans une sauvage extase, s'envola sur les ailes de la tempête.

Il attirait Célie, toujours plus près de sa poitrine, et il lui disait :

— Rien, ma chérie, ne peut rien contre nous. Rien, rien, rien...

En cette phrase si simple tout était enclos et, plusieurs fois de suite, il la répéta, resserrant son étreinte jusqu'à ce que le cœur de Célie battît contre son cœur.

Vers elle il courba sa tête. Le visage de Célie était tourné vers le sien, et soudain Philip sentit, sous ses lèvres, le frémissant contact, doux et chaud, des lèvres de la jeune femme. Longuement il l'embrassa sans qu'elle fît le moindre effort pour se dégager de lui. Le feu de leurs deux figures se mêla dans la nuit.

— Rien, ma chérie, ne peut rien contre nous... Rien, rien, rien..., répéta encore Philip en sanglotant presque de joie.

Et, comme il parlait ainsi, un coup de bélier formidable ébranla toute la cabane.

C'était le vent qui avait frappé. Presque aussitôt, un cri retentit, inouï, inexprimable, auquel, dominant le tumulte de la tempête, répondit le rauque hurlement des loups de Bram Johnson.

XV

LA CABANE EN FEU

Philip et Célie, tout d'abord, crurent que l'homme-loup en personne, revenu de son expédition, avait, devant la porte de la cabane, jeté cette clameur. La tempête seule avait crié.

Le vent tomba à plat, époumoné. Philip et Célie, dans le silence qui s'ensuivit, entendirent le toc-toc-toc de leurs deux cœurs. Puis Célie, voyant que l'alerte avait été vaine, appuya sa figure contre celle de son ami et explosa de rire.

— Oui, c'était la tempête, murmura Philip. Jamais je ne lui avais connu une pareille voix... Allumons, voulez-vous ? les chandelles de Bram.

Ils allèrent, en se tenant la main, vers la provision de chandelles en graisse d'ours, confectionnées par Bram. Célie en prit deux et les tendit à Philip, qui les alluma.

La jeune femme, maintenant, savait qu'il l'aimait. Le doute, pour elle, n'était plus possible. Et, dans ses yeux, il lisait qu'elle avait foi en lui. Il songea que le coup de bélier du vent, qui les avait fait sursauter, puis la clameur fantastique étaient arrivés juste à point. Dans l'extase où tous deux ils étaient pâmés, que serait-il advenu sans cela ?

Philip songea qu'en cédant alors à l'entraînement de ses sens il eût mal agi envers celle qui, si pleinement, s'était confiée à lui. Il remercia Dieu de l'avoir préservé de cette folie, grâce à quoi il pouvait se présenter devant sa compagne, dans la lumière des bougies, sans rougir et le front haut. Du long baiser, qui avait uni leurs lèvres, Célie ne regrettait rien. Elle ne reniait pas cet instant divin... Mais il devina, au frémissement qui tremblait encore dans tout son corps, à la légère rougeur demeurée sur son front, que la même pensée était en elle.

L'épaisse tresse d'or de ses cheveux pendait sur sa poitrine, brillante à la lueur des petites flammes vacillantes. Et, cette fois, au lieu de s'élancer vers la bouche et les yeux de Célie, Philip prit délicatement entre ses mains la tresse soyeuse, puis l'écrasa contre ses lèvres.

— Je vous aime, dit-il à mi-voix. Je vous aime !

Il resta, quelques minutes, la tête inclinée, enfouissant sa figure dans la torsade d'or, comme en prière. Célie le laissa faire et, d'une voix tremblante, lui parla... Puis, prenant sur une chaise le manteau de Philip, elle alla l'accrocher devant la fenêtre et elle montra du doigt les chandelles.

— Il n'y a rien à craindre, dit-il en secouant la tête. Les javelots ne sont pas à redouter, avec une telle tempête, et les Esquimaux ont assez à faire de s'occuper d'eux-mêmes.

La tourmente, en effet, après un court répit, avait repris de plus belle, avec tout le charivari de son orchestre diabolique et de ses voix humaines.

Philip reprit dans sa poche son petit atlas et en déplia sur la table la carte principale qui était celle du Canada.

— Je vais vous expliquer, dit-il à Célie, d'où nous vient ce vent infernal. Regardez d'abord où nous sommes. Ici est notre cabane...

Elle savait enfin où elle était et cherchait à s'orienter avec plus de précision, à reconstituer l'itinéraire qu'elle avait suivi.

— Là ! Là ! s'écria-t-elle soudain, en arrêtant les explications de Philip et en lui prenant le bras.

Elle posa son doigt sur la ligne sinueuse, nettement tracée, de la rivière de la Mine-de-Cuivre [1].

— Nous avons, dit-elle, de l'océan Arctique et du golfe du Couronnement, remonté ce fleuve. C'est à son embouchure que le navire nous avait débarqués. Nous l'avons remonté, remonté...

Plusieurs fois de suite, elle répéta le nom du fleuve : *Copper Mine* ! Philip fit un signe d'assentiment.

L'émotion de Célie allait grandissant. Sa voix était ardente et sourde. Au tiers, à peu près, du cours du fleuve, elle traça une croix. A cet endroit, ils avaient été attaqués par les Kogmollocks. Son crayon dessina le combat. Repoussés, ils avaient pris la fuite, loin du *Copper Mine*, puis étaient revenus, et un second combat avait eu lieu. C'est alors que Bram Johnson était entré en scène et l'avait emmenée. Mais, en arrière, au point qu'elle indiquait, son père était demeuré.

— *Father ! Father !*

Voilà ce qu'elle désirait surtout faire bien comprendre à Philip. Son père était toujours là, son père, vivant. C'est vers lui qu'il faudrait aller.

Philip saisit sa pensée. Mais, à part lui, sa conviction fut vite faite que le malheureux devait être mort depuis longtemps. Les petits moricauds l'avaient sans doute non seulement tué, mais coupé en menus morceaux, comme c'est leur habitude d'agir avec leurs ennemis, quand ils se sont emparés d'eux.

Cette idée de la jeune femme, de rebrousser chemin vers le nord et de regagner la rivière de la Mine-de-Cuivre, était, en outre, singulièrement fâcheuse et intempestive. En admettant qu'ils puissent tous deux s'échapper de la cabane avant le retour des Esquimaux, leur seule chance

1. La rivière de la Mine-de-Cuivre, ou *Copper Mine*, sort du lac Aymer, un peu au nord du lac de l'Esclave, et, coulant vers le nord, va se jeter dans le golfe du Couronnement.

de salut était de fuir en hâte vers le sud et de tenter de rejoindre, à travers la plus petite bande du Barren, la cabane de Pierre Bréault. S'aventurer vers le nord, sans armes, sans chien, sans traîneau, équivalait à un suicide.

Expliquer ces choses à Célie et lui faire entendre raison était difficile. Et plus douloureux encore aurait-il été d'abattre son courage en la désabusant sur le sort de son père, qu'elle paraissait, fermement, croire encore vivant. Philip en demeurait fort perplexe. A l'aide des petits dessins, Célie lui apprit qu'en compagnie de son père, Paul Armin, se trouvaient en outre deux autres Blancs.

Le temps passa. La tempête continuait à rugir et l'obscurité était toujours complète. Philip, ayant consulté sa montre, vit qu'elle marquait sept heures. Il conduisit Célie vers sa chambre et l'invita, avec insistance, à aller se coucher, pour qu'elle se reposât un peu.

Au bout d'une heure, il pensa qu'elle dormait. Il appuya son oreille contre la cloison et n'entendit, en effet, aucun bruit. Il enfonça alors sa casquette sur sa tête, enfila son manteau et se saisit du gourdin qu'il s'était fabriqué. Puis, mettant à exécution le hasardeux projet qu'il avait conçu, il se dirigea vers la porte de la cabane, l'ouvrit et, étant sorti, la tira derrière lui.

Violemment, la tempête lui souffleta la figure. Mais il eût craint plutôt une accalmie. Quelque part dans le petit cercle du corral étaient blottis les loups de Bram et son espoir était que, dans le tumulte même de la tourmente, il pourrait s'avancer sans être entendu ni flairé par eux.

Il resta immobile, quelques instants, aux écoutes, serrant le gourdin dans ses doigts crispés, chaque nerf de son corps tendu comme un ressort. Rien ne bougeait. Il fit un premier pas en avant, dans le fracas du puits de la nuit. Puis il avança, sans courir, prudemment, en balançant son gourdin, prêt à frapper si, par malchance, sur son chemin, il se heurtait aux loups. Il demeurait aussi calme, aussi maître de lui que s'il eût marché sous une douce nuit étoilée.

Il ne tarda pas à atteindre la palissade qui entourait l'enclos. En la suivant, une dizaine de pas vers la droite, il trouva, comme il l'avait calculé, la porte du corral et son cœur, soulagé, battit plus à son aise. Moins d'une minute après, la porte était ouverte et solidement calée à l'aide d'une bûche qu'il avait emportée avec lui. Il s'en retourna ensuite vers la cabane, guidé par la lueur d'une chandelle, laissée allumée, et qui éclairait le petit rectangle de la fenêtre.

Son expédition heureusement terminée, il trouva dans la cabane Célie, debout, qui l'attendait. Vêtue de sa robe de nuit, elle s'était relevée, lorsqu'il était sorti, et ses mains encore crispées sur sa poitrine disaient sa mortelle inquiétude. Elle le fixa, dans une interrogation muette.

Il fit le mouvement d'ouvrir la porte, en désignant le corral, et, par une mimique appropriée, acheva son explication.

— Les loups, s'exclama-t-il d'un air triomphant, ne seront plus là demain matin ! Par la barrière que j'ai ouverte, ils auront tous déguerpi ! A présent, notre route est libre !

Les yeux de Célie, en s'emplissant d'un éclair, indiquèrent qu'elle avait compris. Elle se confiait entièrement à lui, tout ce qu'il ferait serait bien.

Philip, se dominant et refrénant l'ardeur de sa passion, la reconduisit par la main à la porte de sa chambre.

Assez tard, il se décida à se coucher à son tour. Il bourra de bois, tant qu'il put, le poêle de Bram, puis éteignit la dernière chandelle et, aux trois quarts habillé, se jeta sur son lit.

Pendant près d'une heure, il ne réussit pas à s'endormir. Mille pensées diverses trottaient dans sa tête. Finalement, le sommeil s'empara de lui, tandis que les poings de la tempête frappaient dans la fenêtre, à la briser, et qu'une avalanche de neige et de vent s'engouffrait dans le tuyau du poêle.

Sous la pression d'un retour de flamme, la porte de fonte céda et, comme une flèche, une langue de feu vermeille traversa les ténèbres.

Philip, cependant, dormait, d'un sommeil trouble et agité de rêves, où se répercutait le bouleversement ambiant. Dans tous ces rêves, ou fragments de rêves, Célie était présente. Célie, qui était devenue sa femme. Tous deux vivaient sous un climat plus clément, loin de la neige épaisse et des noirs sapins du Northland. A travers les champs en fleurs, ils s'en allaient, enlacés, cueillant des bouquets. Et voilà qu'un orage avait soudain éclaté. Ils avaient couru, pour s'abriter, vers une vieille grange abandonnée. Célie se serrait, tremblante, contre lui et, de la main, il caressait, pour la rassurer, ses blonds cheveux dorés. Tout à coup un éclair luisait, et la foudre éclatait sur eux. Ils se retrouvaient ensuite, à l'automne, en partie de campagne, avec d'autres jeunes gens, et s'amusaient à torréfier du maïs. Philip, dont les muqueuses nasales avaient été, de tout temps, particulièrement sensibles à la fumée, éternuait, éternuait, et Célie en riait, à gorge déployée. Il se sauvait, poursuivi par la maudite fumée, éternuant et suffoquant. Célie, toujours riant, courait après lui, et lui couvrait le visage de ses mains douces. Mais la fumée était tenace comme une diablesse et, rentré au logis, Philip éternua, et s'éveilla.

La cabane, effectivement, était pleine d'une âcre fumée, à travers laquelle on pouvait voir des dards de feu qui jaillissaient vers le plafond. Une des poutres qui la formaient commençait déjà à grésiller et la flamme dévorante courait le long du bois, avec un sourd ronflement. Philip, dont les sens s'étaient rapidement adaptés à la réalité, fut aussitôt sur ses pieds. Il n'y avait plus un millième de seconde à perdre.

A demi aveuglé par la fumée et les flammes, il bondit vers la chambre de Célie, qui venait elle aussi de se réveiller. Avant même qu'elle eût exactement compris ce qui se passait, il l'avait enveloppée dans une des lourdes peaux d'ours de Bram et l'emportait dans ses bras. En un sauvage holocauste, la cabane, toute construite en sapin, brûlait comme une boîte d'allumettes. Vingt hommes réunis n'auraient pu, maintenant, maîtriser le feu. La résine, le long de la porte, dégoulinait en sifflant, tandis que Philip, à travers le voile de fumée, cherchait le loquet.

L'ayant enfin découvert, il se trouva dehors, dans la neige et la nuit, avec son fardeau.

Par la porte ouverte, la tourmente s'engouffra derrière lui dans la cabane, exaspérant encore la fureur de l'incendie. La chétive maison n'était plus qu'un brasier bouillonnant et rugissant, d'où montait une colonne de flammes, qui tendait vers le ciel ses gerbes d'étincelles. Pas avant qu'il n'eût franchi la palissade du corral et qu'il n'eût gagné, du côté opposé au vent, la forêt de sapins, Philip ne s'arrêta, ni ne détourna la tête.

Mais alors, tandis que les faîtes des arbres geignaient sous la tempête, mêlant leurs plaintes au sifflement de l'incendie, tandis que Célie, qu'il tenait pressée contre sa poitrine, sortait ses bras de la peau d'ours et, dans un sanglot, les lui nouait autour du cou, il se sentit comme assommé par l'impuisance d'un désespoir aussi sombre et noir que la nuit. Avec la cabane se consumait tout ce qui, dans ce désert d'épouvante, rendait la vie possible : vivres, abri, vêtements même.

Plus étroitement, il étreignit Célie et, dans les tragiques ténèbres, souffleté comme elle par le vent, il lui baisa la bouche, il baisa ses cheveux épars et, machinalement, il lui répéta ce qu'il savait bien, hélas ! être un mensonge, qu'elle était sauve désormais, que rien ne lui ferait mal. Contre lui, il sentit, pensée horrible à cette heure, la tiède nudité de ce corps jeune qui, pour tout vêtement, n'avait plus qu'une peau d'ours. Dans le rougeoiement des flammes, il vit de la fourrure émerger un petit pied nu.

Et pourtant, inlassablement, il répétait :

— *All right*, petite amie ! Nous en sortirons bien. J'en suis sûr et certain !

XVI

EN ATTENDANT L'AURORE

Après l'anéantissement et la désespérance des premières minutes, Philip, pliant les genoux, déposa Célie sur la neige, sous un grand sapin, auquel il l'adossa.

Il la borda soigneusement dans la peau d'ours. La pensée immédiate lui était venue de retourner vers le brasier, afin de tenter d'arracher au feu ce qu'il pourrait. Lui-même était sans veste ni coiffure, et Célie !

Les loups n'étaient plus à craindre. S'ils n'avaient pas déjà pris la fuite vers les profondeurs de la forêt, Philip savait qu'ils ne l'attaqueraient pas devant le flamboiement de la cabane, car le feu est la chose que ces animaux redoutent par-dessus tout.

Il courut donc vers la palissade du corral et repassa sa barrière. Mais, devant la ligne de mort de l'ardent foyer, il dut s'arrêter, les poings crispés. Tout s'était bien, à jamais, englouti là. Et cette misérable cabane où, tout à l'heure, emprisonné par les loups et attaqué par les Esquimaux, il maudissait le sort, lui semblait maintenant une providence bénie.

Soudain, il porta la main à sa tête nue. Le vent s'était apaisé et la neige commençait à tomber.

Philip n'ignorait pas que le froid allait croître et déjà le thermomètre devait marquer dans les vingt degrés au-dessous de zéro. Si le vent reprenait, il aurait, d'ici une heure ou deux, les oreilles gelées. Il songea, en même temps, que ses allumettes étaient restées dans la poche gauche de son veston. Elles flambaient, avec le reste. Il n'avait même plus le moyen, maintenant, d'allumer un feu.

Une décision, quoi qu'il en fût, était urgente à prendre. Il s'agissait non seulement de lui, mais de Célie, qui l'attendait sous son sapin, dans sa peau d'ours, d'où elle ne pouvait bouger. Sans son aide, elle mourrait. De son existence il était entièrement le maître. A moins d'enfoncer dans la neige ses jambes nues, l'infortunée ne pouvait faire un pas. Elle était maintenant, pour Philip, quelque chose de plus qu'une femme aimée, un tout petit enfant à porter dans les bras, à abriter de la froidure et du vent, tant qu'une goutte de sang coulerait dans ses veines d'homme.

L'action, chez Philip, reprenait le dessus. Comme il s'en revenait vers Célie, une idée soudaine lui jaillit. Il existait une autre cabane. Celle qui était vide et devant laquelle il était passé, en compagnie de Bram. Là était le salut ! L'espoir renaissait et, avec lui, la volonté de vaincre.

En approchant de Célie, Philip entendit la note joyeuse de son accueil. Elle l'appelait par son nom. Sa voix ne tremblait pas d'effroi ; tout au plus trahissait-elle le bonheur de le voir à nouveau près d'elle.

Il lui mit un doigt sur la bouche, pour qu'elle comprît qu'ils ne devaient, tous deux, faire aucun bruit. Il importait de ne pas donner l'éveil aux Esquimaux, qui ne devaient pas être loin... Philip se courba vers Célie, l'enroula confortablement dans la peau d'ours, en l'y serrant bien, et la souleva. De sa prison de fourrure, elle réussit cependant à sortir sa main et la posa sur la joue du jeune homme, pour ne plus l'en retirer. Puis, sans un mot, ils regardèrent, une dernière fois, les braises qui s'effondraient.

Le vent, pour l'instant, s'était apaisé. Les nuages s'étaient refermés et crevaient en une blanche avalanche neigeuse. Les flocons, épais et mous, allaient recouvrir toute trace de pas, et ce serait là une bonne chance d'échapper à la poursuite éventuelle des Esquimaux.

Philip marchait rapidement. Pendant un temps assez long, il chemina vers l'est et sentit à peine le poids du précieux fardeau qu'il emportait dans ses bras.

Après un peu de repos, et comme aucun danger n'apparaissait immédiat, Philip, laissant Célie, s'avança, à la découverte, jusqu'à la lisière de la forêt. Dans le clair-obscur de l'aurore arctique, il vit que leur piste s'était oblitérée déjà, sous le déluge neigeux, qui ne semblait pas, par bonheur, vouloir s'arrêter. S'il se fût agi de Blancs ou d'Indiens, il aurait été complètement rassuré. Mais les Esquimaux ont, pour repérer une piste, les sens merveilleusement aiguisés. Durant cinq mois sur douze, il leur faut lever, sous le double manteau de la neige et de la nuit, le gibier dont ils se nourrissent.

Si les Kogmollocks, attirés par le feu, étaient revenus à la cabane de Bram, bientôt, sans doute, ayant découvert leur fuite, ils les talonneraient de près, lui et Célie. Un instinct secret, qui rampait dans ses veines, lui disait qu'il eût à se tenir prêt et qu'un nouvel acte du drame allait se jouer. Une grosse branche, qu'il heurta du pied, lui fournit, à point nommé, un gourdin. Il l'empoigna sauvagement.

XVII

PHILIP GAGNE AU PREMIER « ROUND »

Le bâton dans sa main, Philip demeura aux écoutes.

Le calme était, maintenant, sur le Barren, aussi surhumain que le tintamarre auquel il avait succédé.

Dissimulé dans des sapins bas, Philip songeait à l'inquiétude que devait éprouver Célie en voyant que son absence se prolongeait. Il ne pouvait se résoudre, cependant, à quitter son poste d'observation pour retourner vers elle. Ses pressentiments étaient incapables de le tromper. Quelque chose approchait...

Or voilà que, soudain, il entendit il ne savait quoi. C'était moins qu'un bruit, une présence. Un simple frémissement traversant l'atmosphère, distinct des autres bruits qui vibraient dans l'air. Mais, dans le silence du Barren, ce frémissement infime détonait comme un coup de revolver. Philip, cependant, continuait à ne rien voir dans son axe visuel. La piste était vide. Il tourna lentement la tête, sans faire un mouvement.

A douze pas à peine, une forme encapuchonnée se tenait en équilibre, une apparition trapue, bien plantée sur le sol, aux yeux de feu, qui, au premier abord, ressemblait plus à un gnome fantastique qu'à un homme. Simultanément, la forme encapuchonnée levait son bras et une lueur rapide striait la grise lumière de l'aube.

Par cet instinct subconscient, qui veille sur nous et qui n'est pas le raisonnement, qu'il devance, Philip, en un mouvement automatique, s'accroupissait en même temps dans la neige, tandis qu'un javelot sifflait là où sa tête et ses épaules se trouvaient, un centième de seconde avant.

Si infinitésimale avait été cette parcelle de seconde que l'Esquimau crut avoir transpercé sa victime. Un cri de triomphe sortit de sa gorge, le *sakotwow* des Kogmollocks, le rauque « cri du sang », qui déchirait l'air et retentissait à plus d'un mille.

Mais, presque aussi vite, le cri s'éteignit. Détendant ses muscles comme un ressort, Philip s'était redressé. Le gourdin tourna dans l'air et, s'abattant sur l'être encapuchonné, stupéfait, le faisait crouler sur le sol.

Du premier coup, l'Esquimau avait eu une épaule en bouillie. Un second coup s'abattit en plein sur le capuchon de peau de phoque, et un troisième eut pour résultat un râle d'agonie.

Si rudement Philip avait frappé qu'il en vacilla sur ses pieds. Il n'avait pas encore repris son équilibre que deux autres formes, surgissant de l'ombre, se précipitaient sur lui, avec des cris de bêtes sauvages. Il n'eut même pas le temps de balancer son gourdin. Bondissant en l'air sur le plus proche des Kogmollocks, il saisit d'une main le javelot déjà levé, qui lui était destiné, et, de l'autre main, assena un coup de poing formidable sur la bouche de son ennemi. Au second coup de poing, l'Esquimau s'abattit, en lâchant son javelot qui demeura au pouvoir de Philip, fou de la rage de la bataille.

A ce moment, il se sentit pris au cou par une paire de bras velus. Il jeta un cri de terreur qui s'étouffa dans cet étau. Sa tête se renversa en arrière, et il fut bas.

C'était la ruse coutumière des Esquimaux, une ruse qui manquait rarement son effet, l'antique *sasaki-wechikun*, ou « prise du sacrifice », le jiu-jitsu de l'Arctique, qui se transmet de père en fils, depuis des générations. Tandis qu'un Kogmollock maintient par-derrière sa victime impuissante, un autre lui perce le cœur.

Immobilisé de la sorte, Philip entendit le commandement bref de l'Esquimau, ordonnant à son camarade d'arriver en toute hâte avec son couteau, et d'achever la besogne. Un grognement répondit.

En cet instant, Philip sentit, dans une poche voisine de sa ceinture, le petit revolver de Célie. Il le sortit vivement et, tordant son bras, à s'en démancher l'articulation du coude, il tira. Ce fut un coup de fortune. La fulguration de la poudre brûla le visage encapuchonné, aux lèvres épaisses, qui surplombait le sien. Les bras desserrèrent leur étreinte et Philip, roulant sur lui-même, sauta sur ses pieds.

L'autre Esquimau, rampant sur les mains et sur les genoux, la figure ensanglantée, n'était plus qu'à quatre pas de lui. Dans la neige, Philip aperçut son bâton. Il le ramassa et remit son revolver dans sa poche. Un simple coup, bien assené, et le combat était terminé.

Le tout n'avait pas demandé cinq minutes. Le sort avait été généreux envers Philip. Trois tas noirs gisaient sur la neige. C'était tout ce qui restait de ses ennemis, dont deux au moins étaient morts.

Il était encore à contempler ce magnifique résultat, et se tenait en garde contre une nouvelle attaque, lorsque, s'étant retourné, il poussa un cri stupéfié. Quelqu'un était debout, à dix pas de lui. C'était Célie.

En costume de nuit, ses jambes nues enfonçant dans la neige, elle tendait vers son ami ses bras nus, dans l'aube grise de l'Arctique. Elle prononça :

— Philip ! Philip !

Il fit un saut jusqu'à elle. Parce qu'elle avait pensé qu'il était en péril de mort, elle était accourue, dans cet accoutrement. Comment douter maintenant qu'elle aussi l'aimait ?

Il répondit : « Célie ! Célie ! » avec des sanglots dans la voix.

Puis il la prit dans ses bras robustes et, en courant, l'emporta vers la peau d'ours.

Presque brutalement, il l'y roula, et l'y enserra, au point de l'en étouffer. Leurs sanglots se mêlèrent dans le jour glacé. Et, comme ils étaient penchés tous deux l'un vers l'autre, ils dressèrent, en même temps, l'oreille.

Aigu et sauvage, le « cri du sang » des Kogmollocks avait retenti au loin. Il était un appel aux trois encapuchonnés qui venaient d'attaquer Philip et leur demandait une réponse.

Il avait été poussé à l'ouest, à un mille de distance environ, et, plus loin vers l'est, il fut repris et répété. Philip appuya sa figure contre celle de Célie. Son cœur murmura une prière, car il savait que la bataille venait seulement de commencer.

XVIII

SUR LA PISTE DU SANG

A l'esprit alerte de Célie Philip fit comprendre qu'il convenait, tout d'abord, de tirer parti des dépouilles de leurs ennemis. Lui faisant signe de l'attendre, il se hâta de revenir vers le champ du combat.

Les trois Esquimaux étaient bien morts. Deux avaient été assommés par le gourdin. Le troisième avait un petit trou de balle juste entre les deux yeux. Philip caressa de la main le minuscule revolver, bon à tirer des pois, dont il s'était tant gaussé ! S'agenouillant sur le corps, Philip lui enleva son capuchon en peau de phoque, puis le dépouilla de ses vêtements de fourrure et de ses mocassins en peau de caribou. Chargé de son butin, il retourna vers la jeune femme.

Une flamme de joie brilla dans les yeux de Célie et Philip continuait à admirer combien elle se laissait peu abattre par le danger. Immédiatement elle commença à s'affubler de cette défroque, tandis que Philip rebroussait chemin.

Au second Esquimau, il emprunta lui-même capuchon et habits. Les Esquimaux n'ont point de poches, mais portent à la taille une petite gibecière en peau de narval, qui en tient lieu. Philip mit de côté ces trois bourses, puis s'occupa de relever les armes.

Il trouva deux coutelas et une demi-douzaine de javelots meurtriers. Il prit le couteau qui était le plus long et le mieux affilé.

Inspectant le contenu des trois bourses, il en sortit l'inévitable cordelette roulée, en peau de caribou, et un autre petit sac, plus petit, imperméable et soigneusement fermé, qui contenait le matériel à faire du feu du Kogmollock. Cela surtout était précieux. Les Esquimaux ne portaient avec eux aucuns vivres et Philip y vit la preuve évidente que leur campement n'était pas éloigné.

Il se relevait, sa fouille terminée, lorsqu'il vit apparaître Célie.

Quoique la situation ne prêtât guère à la plaisanterie, il ne put s'empêcher de sourire. On eût dit un véritable Esquimau. Le capuchon était tellement ample, qu'il lui couvrait presque entièrement le visage et, à cinquante pas, il aurait été impossible de la reconnaître.

Philip fit entendre à Célie que d'autres ennemis étaient en chasse, sur leur piste sanglante, et qu'il fallait se remettre en route sur-le champ. La main dans la main, ils repartirent à travers la forêt...

Soudain, ils tombèrent sur des traces fraîches, laissées sur la neige par une piste qui coupait la leur à angle droit. Philip se baissa, pour l'examiner, et ne put retenir un cri. Les empreintes étaient celles de souliers à raquette.

Or, les Esquimaux ne font point usage de chaussures de cette sorte. Si le pied de l'un d'eux avait marqué cette trace, c'est qu'il portait les chaussures d'un Blanc ! Il ne tarda pas à faire une seconde constatation. Les enjambées du mystérieux passant étaient énormes. Lui-même ne pouvait les couvrir entièrement.

— Seul un homme blanc inconnu — ou Bram — a pu imprimer cette piste.

Philip était à ce point ému que Célie se courba comme lui vers le sol.

— Bram..., Bram..., répéta-t-il, avec un geste incertain.

Mais Célie secoua la tête. Elle aussi examinait la neige avec une attention ardente. Elle prit une brindille de sapin et la posa, en travers, devant une des empreintes. Philip comprit ce qu'elle voulait dire. Il se souvint que les raquettes de Bram étaient, à leur extrémité, coupées droites, et non arrondies comme des raquettes ordinaires. Cette particularité ne se retrouvait pas dans les traces qu'ils avaient devant eux. Ce n'était point Bram qui avait passé là.

Philip, devant ce fait nouveau, demeura d'abord indécis. Ce Blanc serait-il un ami ou un ennemi ? A quoi se résoudre ?

A ce moment, une immense clameur s'éleva derrière eux, une onomatopée bizarre, qui roulait comme un tambour, une sorte de huée formidable :

— *Hoûme... hoûme... hoû-oû-oû-m-m-m-m !*

Il semblait que l'écho répercutait ce cri aux quatre coins de l'horizon.

Célie eut vite compris, comme Philip, que les Esquimaux avaient découverts leurs morts et se rassemblaient, en s'appelant, autour des cadavres. Les doutes de Philip cessèrent. Il fallait tenter de rejoindre l'homme blanc et risquer cette chance.

XIX

UNE COURSE DE VITESSE

Philip se délesta de son javelot et de son gourdin, ne gardant pour toute arme que le couteau de l'Esquimau, et prestement enleva Célie dans ses bras.

— C'est maintenant, dit-il, qu'il va falloir courir et gagner de vitesse. Sinon...

Il parcourut ainsi, toujours courant, une centaine de yards, puis remit Célie sur ses pieds. C'était pour lui expliquer que la vie ou la mort dépendaient de la rapidité de leur allure. Courageusement, elle se mit à courir à côté de lui. La neige avait cessé de tomber.

Chemin faisant, Philip soupesait les bonnes et les mauvaises chances. Il savait qu'après s'être rassemblés auprès de leurs morts les Esquimaux commenceraient par tenir un jacassant conseil. Puis la poursuite qu'ils entameraient serait prudente.

En ce qui concernait l'inconnu dont Célie et lui suivaient maintenant la piste, la circonspection s'imposait.

La piste, au surplus, n'était pas ancienne. Il ne semblait pas qu'elle dût dater de plus d'une heure.

Célie, bientôt, s'essouffla. Philip l'enleva à nouveau dans ses bras et se remit à courir.

Brusquement, la piste tourna de l'est vers le nord. Philip s'en étonna. Afin de se reposer un peu, il s'assit, ainsi que Célie, sur une souche de sapin mort. L'étranger avait dû lui aussi faire halte à cet endroit. Aucune neige ne recouvrait plus ses empreintes.

— Je parierais, dit Philip, qu'à cette minute il n'est pas à plus d'une demi-heure de nous.

Et, comme il examinait le sol glacé, il aperçut, sur la neige dure, plusieurs petits points, de couleur brun foncé.

— Ici, dit-il en riant, notre homme a sorti son tabac !

Malgré les protestations de Célie qu'elle ne demandait qu'à courir, il exigea qu'elle se laissât porter. Visiblement, son courage la trahissait.

Lorsqu'il s'arrêta, il était, à son tour, hors d'haleine et il la laissa, une dernière fois, tenter de courir à son côté. Mais ses jambes flageolaient. L'éclat de ses yeux s'était éteint et ils devenaient hagards. Sans se voir elle-même, elle vit les mêmes signes paraître dans les traits exténués de Philip. Leurs deux énergies fléchissaient. Elle s'efforça cependant de sourire et offrit à Philip ses lèvres tendres que, cette fois, il baisa longuement.

Plus calmement ils reprirent leur chemin. Philip, autant qu'il en pouvait juger, estima qu'ils avaient parcouru près de cinq milles depuis la cabane en feu. Les Esquimaux ne pouvaient avoir encore regagné sur eux plus de deux milles.

Ils arrivèrent au pied d'une longue croupe neigeuse, formant dos d'âne. La piste inconnue passait par-dessus. Sans doute allait-elle vers la cabane.

Il fallut marcher pendant une demi-heure encore. Puis, inopinément, à quelque distance devant eux, la cabane apparut.

Quelqu'un devait s'y trouver, car une fine spirale de fumée montait de la cheminée.

Là était la vie ou la mort, la désespérance dernière ou le salut, pour Philip et pour la jeune femme. Philip déposa Célie à l'abri d'un buisson. Puis il retira son vêtement d'Esquimau. Il se préparait à combattre.

— Dieu soit loué ! dit Philip. Nous sommes arrivés au but avant que les Esquimaux ne nous aient rejoints. Je vais aller à la découverte. Ne bougez pas d'ici.

Elle étouffa un soupir. Mais elle savait qu'il fallait obéir.

— Philip ! murmura-t-elle.

Et il partit.

XX

BRÛLANT ACCUEIL

Philip fit le tour de la cabane. Il avait remarqué, en passant devant avec Bram, qu'elle n'avait qu'une seule fenêtre, avec un volet qui s'élevait et s'abaissait comme une trappe et qui était formé de planchettes de sapin. Prudemment, il alla vers elle.

Le volet était fermé. Il colla son oreille contre les interstices du bois et entendit, intérieurement, quelqu'un qui marchait.

Il avança vers la porte et renifla l'air, à la manière d'un chien. De la porte entrouverte sortait un arôme mixte de café et de tabac ! Un Esquimau pouvait bien avoir en sa possession du tabac, voire même du thé, et en faire usage. Mais jamais il ne boit de café.

Sans bruit, il regarda dans la cabane, par l'entrebâillement de la porte.

Dans la demi-obscurité intérieure, il distingua un foyer, d'où s'élevait, à travers le toit, le tuyau qui fumait. Puis il vit la silhouette confuse d'un homme, penché sur le feu. Il avança d'un pas et continua à observer.

L'homme s'était lentement redressé, en tirant des cendres un pot de café. Son large dos et sa stature colossale prouvèrent immédiatement à Philip que ce n'était pas un Esquimau. L'homme, s'étant retourné, fit face au jour, l'espace d'un moment. Son visage était bien celui d'un Blanc. Une barbe épaisse le cachait en partie ; et de longs cheveux, mal peignés, retombaient sur les épaules.

Presque aussitôt, l'homme aperçut Philip. Il en demeura comme pétrifié.

Philip le coucha en joue avec le petit revolver de Célie.

— Je suis Philip Brant, dit-il, de la police royale, au service de Sa Majesté. Haut les mains !

Les deux hommes se tenaient face à face, l'un droit et rigide, comme figé dans son étonnement, l'autre attendant, anxieux, ce qui allait advenir.

Philip, qui tournait le dos à la porte, pensait que l'ombre projetée par son épaule et son visage dissimulait la dimension réelle du petit revolver. De toute façon, un coup tiré d'aussi près pouvait être efficace. Il s'attendait donc à voir le mystérieux personnage élever, après réflexion, ses mains au-dessus de sa tête et ne prévoyait guère ce qui allait se passer.

Le bras qui tenait le pot de café s'éleva et rapidement envoya en avant un déluge bouillant, vers le visage de Philip. Celui-ci esquiva le jet brûlant, en baissant la tête, et tira. Mais avant qu'il pût redresser le chien du revolver et lâcher un second coup, l'homme était sur lui.

L'élan de son agresseur fut si formidable que tous deux allèrent s'écraser contre le mur intérieur de la cabane. Puis, dans une étreinte sauvage, ils roulèrent ensemble sur le plancher.

C'est alors que Philip se félicita d'avoir déposé sur la neige sa lourde houppelande d'Esquimau et de s'être mis à l'aise pour la lutte. Il poussa un cri rauque et, dans cette tragique étreinte, il songea à Bram. Son adversaire était, en taille et en force, l'égal de l'homme-loup. Contre lui il mit donc en pratique le mode de combat qu'il avait médité au cas d'un corps à corps avec Bram.

Il lui fallait se dégager, tout d'abord, de l'énorme poids qui pesait sur son corps. D'un coup de poing bien appliqué, il frappa son adversaire en pleine figure, avant que l'emprise de celui-ci fût complète. L'homme en fut ébranlé durant un instant et Philip en profita pour se relever sur ses genoux, puis pour sauter sur ses pieds. C'était un premier triomphe, dû à son sang-froid raisonné. Mais trop tôt était-il encore pour clamer victoire.

Il avait pour lui son agilité, qui était pareille à celle d'un chat. Son partenaire avait pour soi son poids et sa masse.

L'homme s'était aussi relevé, et déjà Philip revenait à la charge par un coup droit, qui l'atteignit dans la mâchoire. Un coup semblable eût mis bas, à l'état de loque, un adversaire ordinaire. Le géant encaissa et ne broncha pas. Philip réitéra et l'homme, cette fois, tituba. Il alla, en décrivant des zigzags, s'affaler sur un sac de grains.

Le poing de Philip se détentit une troisième fois, en un suprême effort musculaire. Mais c'était mal visé. Le poing fermé passa par-dessus l'épaule de l'homme et Philip, perdant à son tour l'équilibre, vint choir littéralement dans les bras de son ennemi. Presque aussitôt il se sentit pris à la gorge par une main de fer, qui tentait de l'étrangler.

D'une de ses mains, il s'agrippa à l'autre main de son adversaire, pour la tenir immobile, et, de son poing resté libre, il frappait à petits coups répétés le cou et la mâchoire du géant, qui paraissait ne rien sentir. Alors, d'un croc-en-jambe, il le fit vaciller et tous deux s'étalèrent à nouveau sur le plancher. Ni l'un ni l'autre n'aperçurent Célie qui, les yeux dilatés, se tenait debout dans l'encadrement de la porte, spectatrice épouvantée.

Ils roulèrent, enlacés, presque sous ses pieds. Elle vit la face ensanglantée et toute bosselée du géant, martelée par le poing de Philip, qui frappait et frappait toujours. Elle vit aussi les deux mains velues de l'homme qui, rouges de son propre sang, étreignaient maintenant Philip à la gorge.

Elle jeta un cri, s'élança, comme un trait, vers un gros gourdin, qui était appuyé contre une des cloisons de la cabane. Philip vit sa pâle figure, encadrée d'or, apparaître derrière le colosse qui le strangulait et le coup s'abattre sur la large nuque inclinée. Instantanément l'étau se desserra et l'homme aux raquettes, assommé, perdit connaissance.

Philip, se redressant, ouvrit tout grands ses bras, avec un rire délirant, et Célie courut s'y jeter, haletante et sanglotante.

L'homme, cependant, était devenu pour le moment une quantité négligeable. S'il n'était pas mort, il ne semblait pas qu'il valût guère mieux. Philip, à demi étranglé, commença par respirer à pleins poumons et par se refaire une provision d'air. Puis ses yeux scrutèrent autour de lui la pénombre de la cabane.

Il ne put retenir un cri de joie en apercevant, appuyé contre l'âtre qui était fait de pierres empilées, cimentées avec de la terre, un fusil ! Enroulée autour du fusil, une ceinture de cuir était munie d'un étui et, dans cet étui, était un revolver ! Voilà qui valait mieux, à l'heure présente, que des lingots d'or.

Philip se boucla immédiatement la ceinture autour du corps. Elle était toute garnie de cartouches, au nombre d'une quarantaine. Deux tiers d'entre elles pour le fusil, avec balles dum-dum, à pointe molle ; l'autre tiers pour le revolver. Le revolver, entièrement chargé, était d'un fort calibre, n° 0,303, et le fusil était de fabrication ultra-moderne. Devant Célie, il en fit jouer les chiens et la culasse. Elle aussi exultait.

Il alla vers la porte de la cabane et cria, d'une voix sonore et forte :

— Vous pouvez maintenant venir, démons ! Je ne vous crains plus. Allons, approchez ! Amenez-vous ! Le premier qui se présentera est assuré d'être, dans la minute même, un homme mort !

Un autre cri, qui ne partait pas de bien loin, retentit dans le silence. C'était la réponse au défi lancé par Philip.

XXI

BLAKE DEVIENT COMMUNICATIF

A ce cri, Philip et Célie avaient dressé l'oreille.

Il se fit entendre à nouveau, différent du précédent :

— *Ma-too-ee* [1].

C'est le long cri d'appel des Esquimaux, qu'ils lancent à un camarade. Celui-là s'adressait, sans nul doute, à l'homme de la cabane.

Philip se mit en demeure de s'assurer de leur prisonnier.

Avec la lanière de peau de caribou qu'il avait ramassée sur un des cadavres d'Esquimaux, il lui lia les mains et les pieds. Ses vêtements s'étaient écartés au cours de la lutte. Un tatouage rougeâtre, sur l'un des pectoraux, attira l'attention de Philip.

Il présentait l'image grossière d'un requin, avec d'énormes mâchoires béantes, qui luttait contre le harpon dont il avait été transpercé, et tentait de s'en dégager. Au-dessous, des lettres à demi effacées formaient un nom. Philip parvint à les déchiffrer et lut : B-L-A-K-E. L'initiale G précédait ce nom.

— Blake ! répéta Philip en se relevant. George Blake sans doute. Un matelot et un Blanc !

Blake cependant, reprenant ses sens, marmotta quelques mots incohérents, tandis que Célie, de la porte, appelait Philip. A cent cinquante yards environ était un attelage de chiens, qui approchait.

Il y avait huit chiens, de race esquimaude, à petite tête de renard, comme on en rencontre sur la côte de l'Arctique. Ils tiraient un traîneau lourdement chargé, et derrière eux venait le conducteur, une forme encapuchonnée et fourrée, trapue.

Sur ces entrefaites, un grognement s'éleva du plancher de la cabane. Philip se retourna et vit les yeux de Blake qui le fixaient. Célie, de son côté, examinait Blake avec attention et son regard trahissait un profond étonnement. L'un et l'autre semblaient se reconnaître, et Célie en était comme pétrifiée.

Mais la voix des Esquimaux, que l'on entendait toute proche, interrompit la scène. Blake regarda aussitôt vers la porte, avec un grondement joyeux, et, sous l'effort de ses muscles, la cordelette de cuir qui lui liait les poignets se brisa, comme une simple ficelle. Non moins rapide, Philip avait brandi vers lui le canon du gros revolver et, l'appuyant contre la tête de son prisonnier :

— Prononce un mot, dit-il, fais le moindre bruit, et tu es mort, Blake... Il me faut cet attelage et ce traîneau. Pour un murmure de toi, j'éparpille sur le plancher ta cervelle !

1. Se prononce : *« Mé-toû-ie ! »*

Laissant l'homme sous la garde de Célie, qui s'était, elle aussi, saisie du fusil et tenait son doigt sur la détente, prête à tirer, Philip sortit de la cabane comme les patins du traîneau crissaient sur la neige, parmi le piétinement des chiens. L'Esquimau qui conduisait l'attelage vit, avec ahurissement, l'œil noir et rond du revolver se planter devant sa figure. Les paroles étaient superflues pour lui inculquer qu'il devait entrer à reculons dans la cabane, sous la menace imminente d'une balle.

Quand il fut là, Philip lui fit signe de se tourner et lui lia fortement les mains derrière le dos. Puis il renouvela l'opération avec Blake, à l'aide de doubles liens.

Philip ayant terminé, Célie tenta d'expliquer comment elle connaissait déjà leur prisonnier.

Blake ne semblait nullement ému par la peur et ses yeux regardaient Célie avec un telle insolence d'impudicité que Philip en eut froid dans le dos. Puis, éclatant de rire :

— Tu n'y comprends rien, camarade, eh ? gloussa-t-il. Moi non plus ! Mais moi je comprends ce qu'elle tente en vain de te raconter. C'est diablement comique !

Un accès de fureur s'empara de lui. Il hurla :

— Alors tu es Philip Brant, de la Police montée, eh ? Tu as bien lu mon nom : *Blake*. Mais le G ne veut pas dire George. Si tu veux couper la corde qui me lie les pieds et les jambes, afin que je puisse me remettre debout, ou m'asseoir tout au moins, je te dirai quelque chose. Je ne puis parler, couché sur le dos, et ma pomme d'Adam m'étrangle dès que j'ouvre la bouche.

Philip prit le fusil et le remit dans les mains de Célie. Puis il coupa, aux chevilles, les entraves du prisonnier.

— Parle maintenant ! ordonna Philip, le revolver au poing, appuyé sur la poitrine de Blake. Je te donne un peu moins d'une minute pour dégorger ce que tu sais. C'est toi qui as amené jusqu'ici les Esquimaux. Pourquoi vous acharnez-vous après cette jeune fille et qu'avez-vous fait de ses parents ?

Les lèvres saignantes de Blake se plissèrent en un sourire sarcastique :

— Je ne suis pas homme à m'effrayer de rien, dit-il en prenant tout son temps. Tu bluffes avec moi, mais le bluff, ça me connaît, moi aussi. Tu mens lorsque tu dis que tu vas tirer. Non, tu ne tireras pas, et n'en as aucune envie. Je prétends parler ou me taire, comme bon me semblera. Avant que je me décide, je vais te donner tout d'abord un bon petit avis. Prends ce traîneau, qui est là dehors, et ses chiens, et pars tout seul, en grande vitesse, à travers le Barren. J'ai dit tout seul, tu m'entends bien. Laisse la jeune fille ici, sans plus t'occuper d'elle. C'est l'unique chance qui te reste d'échapper au sort de...

Il esquissa une affreuse grimace et haussa ses énormes épaules.

— Tu veux dire, acheva Philip en étouffant sa colère, au sort d'Olaf Anderson et des autres, là-bas, vers le nord, au détroit de Bathurst ?

Blake fit un signe affirmatif.

Philip avait étrangement tressailli et il lui semblait que Blake devait ouïr les battements de son cœur. Dans cet instant, il venait d'apprendre ce que la police tentait en vain de savoir depuis deux ans. L'homme qu'il avait devant lui, Blake, était ce mystérieux chef blanc des Kogmollocks, responsable des crimes croissants des petits démons errants de l'Arctique. Lui-même venait de s'avouer coupable du meurtre d'Olaf Anderson !

Son doigt frémit, durant une courte seconde, sur la détente de son revolver. Mais, redevenant maître de lui, il regarda Blake, bien dans les yeux, et abaissa lentement son arme, jusqu'à ce qu'elle pendît à son côté !

Le regard de Blake étincela de joie. Il triomphait, pensait-il, et son astuce avait réussi.

— C'est la seule chance qui te reste, appuya-t-il. La seule, je te le répète. Et tu n'as pas de temps à perdre !

Les Kogmollocks, en effet, ne pouvaient plus être loin.

— Peut-être es-tu dans le vrai, répliqua Philip, avec une hésitation feinte et un changement adouci dans sa voix. Mais laisse-moi emmener cette jeune fille. Son unique désir est, je crois, de retourner près de son père. Où est son père ?

— Il est près de la rivière de la Mine-de-Cuivre, à cent milles environ vers son embouchure. Tu l'y retrouveras vivant. Mais tu laisseras ici la jeune fille. Tire-toi des pattes et estime-toi heureux de sortir du pétrin où tu t'es mis.

— Écoute, Blake, joue franc jeu avec moi et j'agirai de même avec toi. Je n'ai pu comprendre un traître de mot de la langue que parle cette femme et ne sais rien d'elle, sinon que Bram Johnson en a pris soin, jusqu'au jour où tes petits rats ont attiré l'homme-loup dans une embuscade et l'ont, j'imagine, assassiné. Avant de la quitter, je serais curieux d'apprendre qui elle est, qui est son père et ce que tu veux faire d'elle. Réponds-moi franchement et je ne gaspillerai plus une seule minute.

Blake eut un rire effrayant et, s'avançant plus près de Philip, il lui envoya sous le nez son haleine.

— Ce que je veux d'elle ? prononça-t-il lentement. Si tu étais demeuré, cinq ans durant, sans voir une seule femme blanche, et si, un beau matin, tu avais trouvé sur ton chemin une créature angélique comme est celle-ci, qu'en ferais-tu, toi-même ? Qu'est-ce donc que tu lui demanderais ? Si je n'avais pas été une triple, une quadruple brute, je me serais fait comprendre et je fusse arrivé à mes fins, une première fois, avant que ce diable de Bram Johnson ne vînt, avec ses loups, l'arracher de mes mains et de celles des Esquimaux.

Philip fit un effort pour se contenir, tandis que Célie, inquiète, observait les deux hommes et tentait de deviner ce qu'ils se disaient.

— Oui, oui, je comprends, répondit Philip. Elle t'a échappé au bon moment. Mais savait-elle seulement que tu la désirais ? Le lui avais-tu seulement dit ? Je suis persuadé qu'à cette heure encore elle ignore l'amour que tu lui portes. Elle n'aura vu en toi qu'un simple ami. Tu te rattraperas bientôt, n'est-ce pas ?

Les yeux de Blake flamboyèrent, tandis que sa figure s'assombrissait sinistrement.

Alors Philip éclata et, avant même qu'il eût parlé, Blake s'aperçut qu'il avait été joué.

— Si jamais actions de grâce, dit Philip, sont montées vers Dieu de ma poitrine, c'est bien aujourd'hui ! Oui, je remercie Dieu que, dans son corps monstrueux, dans sa carcasse difforme et son cerveau faussé, Bram Johnson ait eu une âme. Et maintenant je vais tenir ma parole et ne gaspillerai plus une seule minute. Viens, toi !

Blake émit un rugissement caverneux.

— Que je vienne ? Que prétends-tu dire ?

— Quoi, tu n'as pas encore deviné ? Deviné que je vais partir, en compagnie de cette femme, non pas vers le sud, mais vers la rivière de la Mine-de-Cuivre, et que tu viens avec nous. Or écoute bien ceci, écoute-le de toutes tes oreilles ! Peut-être, en cours de route, faudra-t-il se battre. En ce cas, il faut bien te fourrer dans l'entendement que le premier coup tiré s'en ira droit à travers ton gésier. Est-ce clair ? A l'instant même où l'un de tes petits assassins montrera son nez sur notre piste, je te tuerai. A ce propos, tu agiras sagement en expliquant l'affaire, comme je te la dis, à cette face de hibou, qui est là à écarquiller ses yeux. Charge le bonhomme d'annoncer cette joyeuse nouvelle à ses frères, dès qu'ils arriveront. Qu'il ne manque pas de les renseigner, et congrûment. Allons, dépêche-toi... Crois-tu, coquin, que je bluffe encore ?

XXII

VERS LA RIVIÈRE DE LA MINE-DE-CUIVRE

Blake se rendit compte que l'heure de plaisanter était passée. S'adressant à l'Esquimau, il lui dit, dans sa langue, quelques brèves paroles.

Philip savait fort bien qu'il donnait au Kogmollock des instructions sur la façon dont la bande devait agir, pour tenter de venir l'arracher de ses mains. Mais il savait aussi qu'il conseillerait la prudence et avertirait que la lutte ne serait pas sans risques sérieux, le fusil et le gros revolver ayant changé de mains.

Lorsque Blake eut terminé, il lui fit passer la porte et le poussa jusqu'au traîneau, resté tout attelé. Ramassant le fouet de l'Esquimau, il le lui tendit.

— Maintenant, Blake, cours à côté des chiens et dirige-les, ordonna-t-il. Droit à la rivière de la Mine-de-Cuivre, et par le plus court ! Il s'agit de ta vie autant que de la mienne. Au premier signe suspect, tu seras un homme mort.

Blake grommela :

— Vous êtes fou. Dieu de Dieu ! un vrai fou.

Philip se contenta de répondre :

— Ferme ça ! Et en route...

Blake fit claquer son fouet et donna, en esquimau, un ordre bref et rageur. Du seuil de la cabane, l'Esquimau, les yeux étincelants, vit l'attelage rapidement disparaître.

Philip, qui, comme Blake, allait à pied, avait remis le fusil à Célie, qui le tenait sur ses genoux, prête à tirer sur Blake s'il essayait de s'échapper. Il courait à côté du traîneau et, en la voyant ainsi sérieuse et attentive, le regard fixé sur le large dos de Blake, il se mit à rire. Célie détourna, pendant un instant, ses yeux vers lui et rougit, en le voyant qui la contemplait amoureusement.

— Blake a raison, dit-il à mi-voix. Je suis fou en agissant comme je le fais. C'est pour vous faire plaisir que je risque ce voyage vers votre père. Vous et moi, nous jouons notre existence. Peut-être, ô mon adorée, vous en rendez-vous insuffisamment compte ? En partant vers le sud, nous étions bientôt sains et saufs, et les Esquimaux n'auraient pas osé nous poursuivre pendant longtemps. Alors j'étais sûr de vous posséder à jamais...

Célie souriait, sans comprendre, en l'écoutant.

Blake conduisait l'attelage dans la direction du nord-ouest et sans doute ne tarderaient-ils pas à rencontrer la rivière de la Mine-de-Cuivre, ce gros torrent, alors gelé, qui coule vers l'Arctique.

Trois quarts d'heure durant, ils allèrent, lorsque Blake, tout à coup, lança un commandement qui fit s'arrêter tous les chiens.

La caravane se trouvait alors sur une petite crête dominant une partie non boisée du Barren, au-delà de laquelle un autre petit bois dessinait sa ligne noire. Blake désigna du doigt les sapins, d'où s'élevait une sombre colonne de fumée résineuse.

— C'est à vous, dit-il froidement à Philip, de décider ce que vous voulez faire. Notre chemin traverse ces sapins, et vous voyez d'ici la fumée. Ils doivent être là une vingtaine d'Esquimaux, en train de se repaître de caribous. Si nous continuons à avancer, nous serons bientôt vus et les chiens nous auront vite éventés. Le pays où nous entrons est un vrai coupe-gorge, assoiffé de sang... Je vous préviens loyalement, car je ne veux pas recevoir dans mon gésier la balle que vous m'avez promise.

En parlant ainsi Blake paraissait sincère, et cependant il sembla à Philip qu'une arrière-pensée mauvaise passait dans son regard.

Blake se rapprocha d'un pas et poursuivit :

— Faites attention, Philip Brant ! Abandonnez-moi la jeune fille et décampez dans la direction contraire, avec le traîneau et les chiens.

Le chantage se faisait évident.

— Nous continuons à aller de l'avant, dit Philip en dévisageant Blake avec énergie et mépris. Si quelqu'un peut passer indemne à côté des Esquimaux, c'est bien toi. Tu me serviras de sauvegarde, ou je te tuerai. Peut-être, quand tu seras mort, les Esquimaux m'auront-ils. Mais tu n'auras pas la jeune fille. C'est compris ? Nous allons terminer bientôt le jeu que nous jouons tous deux. L'un de nous va perdre ou gagner, et j'ai dans l'idée que c'est toi qui paieras finalement les pots cassés.

Le regard de Blake se ternit à nouveau. Avec un grognement et un haussement d'épaules, il remit les chiens en marche, et reprit une mine soumise. Et, de fait, le bois suspect fut habilement contourné, sans encombre.

Soudain, à la sortie d'un terrain cahoteux, semé de petits monticules qui cachaient l'horizon, Blake montra du fouet un vaste espace libre et dit :

— Voici la rivière de la Mine-de-Cuivre !

XXIII

BLAKE S'ÉCHAPPE

Philip regardait la large traînée de glace que formait le fleuve, lorsqu'un cri de Célie détourna son attention. Elle lui désignait un énorme piton de rocher, qui émergeait, de façon inattendue, de la surface unie de la plaine.

Blake grogna dans sa barbe un gros rire et son regard se porta insolemment vers le visage empourpré de la jeune femme.

— Elle vous explique, dit-il à Philip, que Bram Johnson et elle sont déjà venus à cet endroit. Elle et Bram, qui est aussi fou que vous l'êtes.

Sans attendre la réponse de Philip, il poussa les chiens sur la pente du sol et, un quart d'heure après, le traîneau se trouvait sur la surface gelée du fleuve.

Philip en éprouva un soulagement. Plus de bois traîtres et de fourrés inquiétants, plus d'aspérités propices aux embûches. Seuls l'allure de Blake et son rictus railleur demeuraient inquiétants. Était-il donc décidé à risquer sa vie même, pour le plaisir de le livrer aux Esquimaux ?

Le traîneau, maintenant, filait à toute vitesse sur la rivière de la Mine-de-Cuivre dans ce désert infini du Northland où il continuait à s'enfoncer.

Comme ils couraient côte à côte, Blake se prit tout à coup à éclater de rire.

— C'est drôle, dit-il avec une ironie dans sa voix, j'arrive vraiment à vous aimer, Philip Brant. Vous m'avez à demi assommé et vous me menacez sans cesse de me tuer. Est-ce pour cela que j'ai tant d'affection envers vous et que je me sens sincèrement navré en songeant que vous marchez droit vers la gueule de l'enfer ? Les portes s'en ouvrent, toutes grandes, devant vous.

— Alors, vous y entrez avec moi ?

Le rire de Blake se fit plus rauque.

— Oh ! moi, je ne compte pas. Mais vous avez eu tort de rejeter le pacte que je vous offrais : la jeune fille pour moi ; pour vous la sécurité et la vie. De toute façon, vous vous perdez, et moi en votre compagnie. Vous vous imaginez, je parie, que je suis capable de tenir en respect la tribu entière des Kogmollocks ? Vous êtes dans l'erreur. Ils ont d'autres chefs, auxquels ils obéissent. Et nous sommes bien loin dans leur pays...

Il poussa un gros soupir et ajouta :

— En me refusant cette femme, vous avez détruit chez moi un bien beau rêve !

— Quel rêve ?

Blake cria après les chiens. Puis il reprit :

— Je possède, tout par là-bas, une jolie cabane. Elle est entièrement construite avec des côtes de baleine et du bon bois, provenant des coques de navires naufragés. C'est là que j'avais rêvé de l'avoir près de moi. Vous imaginez-vous un tel rêve, Philip Brant ? Voilà ce que vous avez détruit !

— Puisque tu me parles sincèrement, Blake, sois franc jusqu'au bout et apprends-moi le reste. En quel état est son père ? Où sont ses autres compagnons ?

Blake avait refoulé son rire guttural, comme si Philip, en parlant, avait réveillé en lui une pensée qui l'obsédait.

— Le père est sain et sauf. Ne savez-vous pas que ces païens de Kogmollocks ont la plus grande considération pour les beaux-pères ? Un beau-père est un dieu ambulant à deux jambes, le représentant sacré de la famille. Lorsque les Kogmollocks virent que mon désir était de prendre pour femme la jeune fille, ils se gardèrent donc d'infliger à son père aucun traitement fâcheux. C'est pourquoi il est encore bien vivant, dans une bonne cabane. Je n'en dirai pas autant des autres ; ils ont tous été tués. Mais réfléchissez bon Dieu ! Philip Brant, dans quels draps vous allez vous mettre, et elle avec vous. Lorsque vous m'aurez tué et quand ils vous auront, à vous-même, fait votre affaire, à qui sera la jeune fille ? Il y a dans la tribu un métis et c'est à lui qu'elle échoira sans doute. Les Esquimaux n'ont aucun goût pour les Blanches et ils ne la lui disputeront pas. C'est à lui qu'elle appartiendra.

Ce disant, il claqua du fouet et, vociférant après l'attelage, accéléra la marche.

Philip ne douta pas qu'il n'y eût une forte dose de choses vraies dans les paroles de Blake. Mais la franchise même de ces aveux était inquiétante. Pour braver ainsi le châtiment, Blake était-il donc si sûr d'y échapper ?

Pendant les heures qui suivirent, Blake ne desserra plus les dents.

A trois heures de l'après-midi, trente-cinq milles environ avaient été parcourus depuis le départ. Le Barren était morne et sans vie aucune.

Comme le crépuscule gris de la nuit arctique commençait à les envelopper, Philip sentit se marquer la fatigue de cette course effrénée. Ses jambes étaient lasses. Sur le traîneau, Célie trahissait l'abattement physique qui s'emparait d'elle. Les chiens étaient exténués. Seul Blake paraissait infatigable.

La distance parcourue depuis le matin, en neuf heures de marche, ne pouvait être moindre de cinquante milles. Philip donna l'ordre de s'arrêter.

La halte se fit au milieu du fleuve. Le premier soin de Philip fut de lier à nouveau la main droite du bandit et ses deux pieds. Après quoi il l'adossa à un petit monticule de neige glacée, à une douzaine de pas du traîneau. Blake accepta ce traitement avec une indifférence apparente.

Puis, tandis que Célie faisait les cent pas pour ramener la circulation dans ses membres engourdis, il s'éloigna rapidement vers les sapins rabougris qui bordaient le fleuve et en revint avec une brassée de bois mort. Il en construisit un petit feu, aussi discret que possible et dissimulé en partie par le traîneau.

Dix minutes suffirent à cuire la viande du souper. Aussitôt Philip éteignit la flamme en trépignant dessus. Puis il donna la pâtée aux chiens et, à l'aide des peaux d'ours, installa, pour lui et pour Célie, un nid moelleux et confortable en face de Blake.

Son revolver toujours à côté de lui, Philip attira Célie dans ses bras. Sur la poitrine de son ami elle appuya sa tête, et l'enlaça tendrement, elle aussi. Dans sa chevelure dorée, dont il délaça les tresses, il enfouit ses lèvres, sans quitter Blake du regard.

Les étoiles commencèrent à pointer au firmament et à emplir sa voûte de leur clarté. Les ténèbres se dissipèrent et la terre blanche s'éclaira de la froide splendeur de la nuit arctique. Sous la vive lumière des flambeaux célestes, Philip voyait étinceler, comme un voile d'or, les cheveux de Célie, épandus sur eux deux. A droite et à gauche, apparaissaient nettement les deux berges de la rivière de la Mine-de-Cuivre. On aurait pu discerner, à deux cents yards, un homme qui se serait approché.

Quelque temps passa. Philip remarqua que la tête de Blake s'affaissait sur sa poitrine et que sa respiration se faisait plus sonore. Il pensa qu'il s'était endormi. Célie, blottie contre lui comme un oiselet, fut bientôt assoupie. Seul, il demeurait éveillé et aux aguets. Les chiens, anéantis sur leurs ventres, étaient morts au monde.

Une heure durant, il veilla de la sorte. Blake ne remuait décidément plus. Rien de suspect, nulle part. La nuit devenait de plus en plus brillante. Il tenait dans sa main son revolver. La clarté des étoiles y faisait jouer un reflet d'acier, que Blake ne pouvait manquer de percevoir si, par hasard, il ouvrait les yeux.

Alors, lent et irrésistible, l'épuisement du corps eut raison de la volonté de Philip. Il s'endormit. Mais, dans son sommeil même, sa subconscience lui criait qu'il ne devait pas dormir, lui rappelait le danger qui veillait.

Cette voix intérieure finit par l'emporter. Ses yeux bouffis se portèrent vers Blake. Le monticule de neige était toujours à sa place. Toujours les étoiles brillaient et la nuit était immensément calme.

Mais Blake... Où était Blake ?

Le cœur de Philip fit un bond. Blake était parti !

XXIV

OLAF ANDERSON

A peine se fut-il aperçu que Blake s'était échappé, que Philip, oubliant Célie, se dressa sur ses genoux. Célie glissa sur le sol, éveillée en sursaut et sans rien comprendre tout d'abord.

Philip heurta du pied le fusil, qui gisait aux pieds de Célie, et il eut un soupir de soulagement. Blake ne l'avait pas emporté avec lui.

Laissant Célie dans ses fourrures, Philip s'approcha, avec précaution, du monticule de neige auquel était accoté le bandit. Il eut un cri d'effroi. Blake ne s'était pas échappé par ses propres moyens. Derrière le monticule s'allongeait dans la neige un creux sillon.

Philip n'ignorait pas que les Esquimaux ont coutume de creuser, en rampant, de semblables pistes, lorsqu'ils se traînent à plat ventre, pour le surprendre, vers un gibier assoupi. C'est de cette manière qu'un secours opportun était arrivé jusqu'à Blake. En rampant sur leurs mains et sur leurs genoux, les deux hommes, dont on distinguait les empreintes différentes, s'étaient éclipsés.

Baisant rapidement les lèvres tièdes de Célie, Philip l'installa sur le traîneau. Elle avait trop compris, hélas ! combien s'était aggravée leur situation. Puis il alla vers les chiens et les fit lever.

Tout las et brisés qu'ils fussent, ils obéirent à son commandement et tendirent leurs traits.

Droit sur la piste glacée filait le traîneau. Philip courait à côté des chiens. Supputant d'avance le cours des événements, il espérait arriver indemne à la cabane dont Blake avait parlé et qui abritait le père de Célie. Une fois là, il se mettrait en défense et, lorsqu'il serait attaqué, son premier coup de fusil serait pour Blake. Lui disparu, il y aurait peut-être moyen de traiter avec les Kogmollocks.

Si l'attaque avait lieu avant que la cabane fût atteinte, le traîneau renversé, derrière lequel s'abriterait Célie, servirait de barricade.

Un peu réconforté, Philip excitait les chiens. Mille après mille, le long ruban gelé de la rivière de la Mine-de-Cuivre se déroulait derrière l'attelage qui avançait, enveloppé du néant.

Philip aperçut la bande noire d'une nouvelle forêt, vers l'ouest. Près de la lisière des sapins était une cabane et, de cette cabane, une fumée élevait en l'air ses spirales.

Célie, appelant Philip, lui montra de la main la cabane et, d'une voix entrecoupée de sanglots, lui expliqua avec volubilité mille choses qu'il ne pouvait comprendre, mais dont la plus importante se devinait clairement. C'est là qu'Armin, le père de la jeune femme, devait se trouver, si comme Blake l'avait assuré, il n'était pas mort. Le but du hasardeux voyage était atteint !

Philip remit les chiens en marche et poussa droit vers la cabane. Célie sauta rapidement à terre. Agitée et nerveuse, elle frappa de ses petits poings contre la porte, en appelant quelqu'un dans son idiome étrange. Philip, qui se tenait près d'elle, entendit le bruit d'un loquet que l'on poussait, et une voix d'homme sourde et caverneuse, à laquelle répondit un cri aigu de la jeune femme.

La porte s'ouvrit et un vieillard, à la barbe et aux cheveux blancs, apparut, tendant ses bras vers Célie, qui s'y précipita.

Philip assistait, muet, à cette scène, lorsqu'un autre cri, qu'il entendit derrière lui, le fit retourner. Une seconde forme humaine, sortie de la forêt, accourait à toutes jambes vers la cabane. Philip reconnut rapidement un homme blanc et marcha vers lui, le revolver au poing. Tous deux ne tardèrent pas à se trouver en face l'un de l'autre.

L'inconnu était d'une taille au-dessus de la moyenne. Il avait de longs cheveux roux, qui pendaient autour de son visage. Il était tête nue et sa figure était inondée de sang. Tandis qu'il fixait Philip, ses yeux semblaient sortir de leurs orbites. Et Philip, laissant presque tomber son revolver, de stupéfaction, murmura, incrédule :

— Dieu du ciel ! Est-ce bien toi, Olaf Anderson ?

XXV

LE SIÈGE DE LA CABANE

L'ahurissement du gros Suédois, qui n'en pouvait croire ses yeux, n'avait pas été moindre. Mais, bientôt, un éclair de joie rayonna dans son regard à demi sauvage. Il s'accrocha à la main de Philip, il lui palpa les membres, comme pour s'assurer que ses yeux ne le trompaient point et finalement il grimaça son rire, comique entre tous.

Il n'y avait jamais eu personne comme Olaf Anderson pour ce rire et pour cette grimace. Le sang lui montait au visage et ses traits se gonflaient étrangement. C'était un tic qui lui était particulier et qui réjouissait fort ses camarades de la police.

— Vous arrivez à point, dit-il. A point et juste à temps ! Et sa figure se contorsionnait de plus belle. Tous ils sont morts, excepté moi...

Calkins, Harris et le petit Hollandais, O'Flynn. Froids et raides à cette heure, mon bon Phil. Je me doutais bien qu'une patrouille serait, un jour ou l'autre, envoyée à ma recherche. Je l'attendais avec impatience. Combien d'hommes avez-vous ?

Il regarda au-delà du traîneau, vers la plaine glacée. Alors sa joyeuse grimace s'éteignit. L'étonnante vérité s'était révélée à lui.

— Seul ? interrogea-t-il.

— Oui, seul, répondit Philip avec un signe de tête. Je n'ai avec moi que Célie Armin. Je l'ai ramenée à son père. Un drôle, du nom de Blake, est aussi dans ces parages, en compagnie d'une bande d'Esquimaux.

Olaf se reprit à rire.

— C'est tout à fait drôle, émit-il. Et que Dieu nous bénisse ! Ils vont arriver par le premier train, si j'ose dire. Tandis que la moitié de la tribu était à vos trousses, l'autre moitié me courait après. Mais le plus comique de l'histoire, c'est que vous êtes seul... Enfermons-nous dans la cabane, et les chiens avec nous. Hâtons-nous.

Une détonation suivie d'une balle, qui partit de la lisière de la forêt et siffla sur leurs têtes, fut le commentaire des paroles d'Olaf Anderson.

Tandis qu'Olaf faisait basculer la barre de bois qui fermait la porte, Philip alla vers Célie. Elle vint au-devant de lui, ses yeux brillant dans la pénombre de la cabane, et elle lui entoura le cou avec ses bras. Le Suédois, en se retournant, prit un air ébahi et le vieillard à barbe blanche ne parut pas moins étonné.

Célie embrassa Philip. Puis, se tournant vers son père, elle prononça quelques mots. Et, quittant Philip, elle rejoignit le vieillard. Olaf avait compris sans doute, car il poussa un gros soupir.

— Qu'a-t-elle dit ? interrogea Philip d'un ton suppliant.

Olaf, qui déjà avait collé son œil à une fente de la porte et s'était mis en observation, répondit :

— Elle a dit qu'elle se marierait avec vous si jamais nous sortions de cette géhenne. Ce sera tout à fait charmant, si cela arrive jamais... Mais j'en doute, à vrai dire. Et si vous ne me croyez pas, venez vous emplir les yeux de ce qui se passe là-bas !

Philip regarda par la fente. Au-delà du petit espace blanc qui entourait la cabane, la lisière du bois pullulait d'Esquimaux. Ils devaient bien être une cinquantaine et ne cherchaient pas le moins du monde à se dissimuler.

— C'est le quarantième jour, expliqua Olaf, qu'ils nous assiègent ici, le vieux et moi. De nombreuses fois déjà, nous avons repoussé leurs assauts. Avant-hier, nous avons fini d'épuiser les cartouches, sauf trois. Hier, tout était tranquille. Mais, n'ayant plus de vivres et comme nous étions condamnés à mourir de faim, je suis parti ce matin en reconnaissance à la recherche de quelque nourriture. Rencontré un couple d'Esquimaux, qui transportaient de la viande de caribou. J'ai engagé la lutte. D'autres sont arrivés à la rescousse et j'ai encore employé deux cartouches. Il m'en reste une. Ils s'en doutent et voilà pourquoi ils se montrent avec cette effronterie. Mon fusil est du calibre 35. Et le vôtre ?

— Même numéro, répondit Philip.

Le Suédois, qui, par une autre fente, observait la plaine où s'épandait la surface glacée de la rivière de la Mine-de-Cuivre, lui fit signe de regarder à son tour.

Sur la même piste qu'avait suivie Philip, un traîneau était apparu, suivi bientôt d'un second, puis d'un troisième et d'un quatrième. Derrière les traîneaux trottaient une trentaine de formes, vêtues de fourrures.

— Blake et ses hommes ! s'exclama Philip.

Les traits froids d'Olaf Anderson, contrastant avec l'émotion qui agitait ceux de son camarade, se durcirent et son visage se fit âpre comme du fer. Il étendit le bras et désigna, d'un geste circulaire, les quatre murs de la cabane.

— Ceci, dit-il, est l'enjeu de la lutte. Dans chacun de ces murs j'ai pratiqué une meurtrière, afin de pouvoir tirer dans toutes les directions. Le vieil Armin ne saurait pour l'instant nous être utile, puisque nous n'avons que deux fusils. Si nous en arrivons au corps à corps, il se battra avec un gourdin. Les murs de la cabane sont faits avec de jeunes arbres et leur épaisseur n'est pas considérable. Les balles de nos adversaires ne sont pas incapables de les traverser. Là est le péril. Il faut compter aussi avec le savoir-faire de Blake.

Après avoir transféré la moitié de ses cartouches dans la poche de l'uniforme d'Olaf, Philip s'avança vers le vieillard et le salua, les deux mains tendues. Célie se mit à sourire. Armin prit les mains et les serra. Les deux hommes se regardèrent. Si les cheveux et la barbe du père de Célie étaient blancs, si ses épaules étaient voûtées et ses mains longues et maigres, le regard, des yeux enfoncés profondément dans leurs orbites, n'avait pas vieilli.

— L'heure approche... Tenons-nous prêts !

Il se passait du nouveau. Les Esquimaux s'étaient mis en mouvement et avançaient.

Ils avançaient sans le moindre désordre, non pas en une masse compacte, mais en formation dispersée, écartés les uns des autres sur la neige, afin d'offrir aux coups de feu une surface moins vulnérable. Leur objectif était une petite crête, que Philip avait à peine remarquée jusque-là, et qui était formée par un repli du sol, entre le bois et la cabane.

— Ils grouillent, Olaf ! cria Philip. Ceux de Blake et les autres se sont rejoints. Il y en a toute une armée.

Olaf regarda.

— Ils ne sont pas un cent, répliqua-t-il avec calme. Ne t'affole pas. Mais ils sont en nombre suffisant pour que tous nos coups puissent porter, lorsqu'ils descendront de ce monticule qu'ils sont en train d'escalader.

Mais la ligne dispersée des petites silhouettes mouvantes s'était arrêtée derrière la crête neigeuse et avait soudain cessé d'avancer.

Olaf Anderson poussa un grognement de mauvais augure.

— Allons, bon ! Les voilà maintenant qui font de la stratégie. Attendons ce qu'ils vont décider. C'est un coup de Blake !

Philip était à côté de lui, leurs deux corps se frôlant.

— Écoute-moi, Olaf, l'heure que nous vivons est terrible. Nous tirerons-nous jamais de ce pas infernal ? Si je dois mourir, il y a des choses que je voudrais connaître auparavant. Tu sais que j'aime la jeune femme qui est ici. Elle m'a promis de m'épouser. Mais, sauf quelques mots, j'ignore tout de sa langue. Qui est-elle ? D'où vient-elle ? Que lui est-il advenu ? Pourquoi, lorsque je l'ai rencontrée, était-elle en compagnie de Bram Johnson ? Puisque tu te comprends avec elle, tu dois être renseigné...

— Ils prennent leurs dernières dispositions pour le combat, interrompit Olaf, sans répondre tout d'abord au questionnaire de Philip. Ils mijotent quelque projet infernal. Regarde ces petits groupes qui se forment. En voici qui arrivent avec d'énormes troncs d'arbres. Tandis qu'une partie d'entre eux demeurera à l'abri derrière la crête, les autres vont se ruer vers la cabane. Les troncs d'arbres serviront de béliers.

Il fit une pause, après un grand soupir. Puis, sans transition :

— Calkins, Harris et O'Flynn périrent dans une embuscade, que je te conterai un jour, après s'être vaillamment défendus. Durant sept jours, je m'enfuis devant la horde qui me poursuivait et je tombai sur un campement où se trouvaient Armin, sa fille et deux autres Blancs. C'étaient des Russes. Deux Kogmollocks du golfe du Couronnement leur avaient servi de guides et ils descendaient vers le sud. Mais, le lendemain, la bande des petits démons, ayant Blake à sa tête, nous avait rejoints et nous faisait prisonniers. Par le plus grand des hasards, Bram Johnson l'errant survenait sur ces entrefaites. Pour nos Esquimaux, Bram est un être surnaturel, un grand diable de diable, et chacun de ses loups un démon incarné. Les coquins s'apprêtaient à nous massacrer, les trois hommes et moi, et Blake à s'attribuer la jeune fille. Mais ces nabots furent déconcertés par la façon dont Bram s'assit en face d'eux, sur son derrière, et les fixa. Ils en demeurèrent médusés et, jusqu'au lendemain, rien ne se passa. Bram ne s'en allait toujours pas. Je remarquai qu'il avait ramassé sur la neige un des longs cheveux d'or de Célie et qu'il le contemplait avec amour. M'étant avancé, il gronda, comme une bête féroce, semblant craindre que je voulusse le lui ravir. J'eus une inspiration soudaine. Je conseillai à Célie de couper elle-même une petite tresse de ses cheveux et de les offrir à Bram. Elle les lui tendit, de sa propre main, et dès lors le fou veilla sur elle, avec la fidélité d'un chien. J'essayai de converser avec lui, mais en vain. Il semblait ne pas comprendre ce que je lui disais : à savoir que, dès qu'il se serait éloigné, nous et la jeune fille serions massacrés.

Le Suédois suspendit pendant un instant son récit et remit l'œil à l'étroit regard pratiqué entre les bûches.

— Ils ont achevé, dit-il, de combiner leur attaque. Ceux qui portent les troncs d'arbres, après avoir un peu soufflé, s'apprêtent à se remettre en marche. Veille au grain, Phil ! Nous tirerons quand ils seront à mi-chemin de la cabane. Mais pas avant. Ce sera plus sûr ainsi... Je reviens à mon histoire. Plusieurs jours s'écoulèrent. Bram et ses loups s'éloignèrent, pour aller en chasse. Pendant son absence, Blake et les Esquimaux attaquèrent. Les deux Russes furent tués. Armin et moi, nous luttions désespérément, avec la jeune fille derrière nous, lorsque Bram survint, inopiné comme un coup de tonnerre. Il ne combattit point, mais se contenta de saisir la jeune fille, qu'il porta sur son traîneau, et disparut avec elle, au triple galop de ses loups. Profitant du désarroi momentané des Kogmollocks, je tentai de fuir avec le vieillard. Mais nous ne pûmes aller loin. Par un hasard providentiel, nous rencontrâmes cette cabane. Nous nous y sommes enfermés et, quarante jours depuis, quarante nuits...

La détonation du fusil d'Olaf termina la phrase. Le coup avait porté juste et un des Esquimaux culbutait dans la neige, cul par-dessus tête.

XXVI

L'HOMMAGE DE BRAM A LA PRINCESSE

Quelques instants après, Philip lâchait à son tour son premier coup de feu dans le groupe le plus rapproché... Une seconde forme noire gisait par terre.

— Parfait ! grogna Olaf.

Cinq groupes, de huit Esquimaux, s'avançaient, portant chacun un tronc d'arbre. Les deux hommes continuèrent à viser dans le premier groupe et quatre nouveaux porteurs tombèrent. Les deux qui restaient abandonnèrent leur arbre.

Philip, à ce moment, ayant rechargé son arme, s'aperçut que Célie était à côté de lui. Elle appliqua son œil à la meurtrière et regarda où en était le combat. Dans l'acte dernier de la tragédie qui était en cours elle continuait à donner l'exemple du courage.

Philip fit signe à Célie qu'il fallait se réfugier du côté opposé aux Esquimaux. Il l'installa près de la provision de bois, ainsi que le vieil Armin, qui se tenait en faction derrière la porte, avec son gourdin.

Quelques minutes après, crépitait une volée de balles. Pit ! Pit ! Pit !

A travers la porte une première balle passa, envoyant un éclat de bois à quelques pouces de la figure de Célie. Une seconde suivit, et une troisième, qui frôla, en sifflant, la joue de Philip.

Olaf Anderson, maintenant, ne riait plus du tout. Sa figure s'était faite terrible.

— Baissez-vous ! hurla-t-il. Baissez-vous ! entendez-vous... Ils ont assez de balles pour transformer cette niche en écumoire ! Les bûches inférieures sont les plus grosses et les plus résistantes. Mettez-vous à plat ventre sur le sol jusqu'à ce qu'ils cessent le feu. Voyez, comme ceci.

Au lieu de s'aplatir immédiatement, comme l'ordonnait le Suédois, Philip voulut aller vers Célie. Une seconde balle emporta un morceau d'étoffe du col de sa veste. Côte à côte avec Célie, il s'allongea au ras du sol, en mettant son propre corps entre elle et le feu.

Le plomb, se frayant un chemin à travers le sapin, tombait goutte à goutte comme une pluie.

— Aplatissez-vous ! criait Olaf Anderson. Il n'y a plus que le dernier rang de bûches de la cabane qui nous protège...

Un chien hurla. Une balle l'avait atteint à la tête. Il fit un soubresaut et retomba mort.

Philip serrait étroitement Célie dans ses bras. Était-ce donc la fin ? Leurs lèvres se collèrent l'une à l'autre. Quoi ? ce serait là leur couche nuptiale ? Et il songea que, grâce à la protection que son corps lui offrait, il serait tué sans doute avant elle.

Tout à coup, la fusillade s'arrêta.

Les Esquimaux avaient-ils donc épuisé leurs munitions ? Ou bien n'était-ce qu'un simple répit ?

Au bout de quelques instants, Olaf s'était relevé et Philip allait faire comme lui, pour se rendre compte de ce qui advenait, lorsqu'une clameur singulière éclata. Cette voix qui retentissait n'était pas inconnue.

— Bon Dieu ! s'écria le Suédois, c'est Bram Johnson en personne !

Bram Johnson ! A ce mot, Célie s'était elle aussi relevée, et le vieil Armin. Les quatre assiégés, à travers les trous des balles, virent l'homme-loup qui sortait du bois avec ses loups. Bram et ses loups ! C'était bien eux !

La bande des bêtes redoutables se déployait en éventail sur la neige blanche. Derrière elle s'avançait le colosse, apocalyptique et formidable, brandissant, selon sa coutume, un énorme gourdin. Il prenait à revers et attaquait les Esquimaux !

Les Kogmollocks aussi avaient vu Bram. Paralysés de terreur devant le fou hurlant et devant sa horde féroce, ils ne levèrent pas contre lui un seul fusil, ils ne tirèrent pas un seul coup. Mais, le premier moment de stupeur passé, ils se mirent à fuir dans toutes les directions, comme s'ils avaient eu le diable et tous ses démons à leurs trousses.

Déjà, les loups avaient bondi sur eux, courant d'un homme à l'autre, stimulés par les cris aigus de leur maître, vers qui ils rabattaient les fuyards. Sur ceux-ci Bram, avec son gourdin, frappait à tour de bras et en assommait net les trois quarts.

Olaf Anderson fit basculer la barre qui fermait la porte de la cabane et ouvrit. En compagnie de Philip, il commença à courir sus aux Kogmollocks en déroute, et à tirer sur eux, abattant ceux qui échappaient à Bram Johnson. Bientôt le dernier Esquimau vivant avait disparu dans la forêt, où Bram et ses bêtes s'enfonçaient à leur tour, sans lâcher la poursuite.

Philip, son fusil brûlant et vide entre les mains, se tourna vers son compagnon. La bonne et joyeuse grimace d'Olaf avait reparu sur le visage du Suédois, quoi qu'il fût encore tout frissonnant.

— Nous ne les suivrons pas, dit-il en s'asseyant sur un tronc d'arbre et en s'épongeant le front. Bram et ses aides suffisent à terminer la correction. Il reviendra vers nous, j'imagine, sa besogne achevée... Et maintenant je serais d'avis que nous fassions nos préparatifs pour nous en retourner chez nous. Qu'en dis-tu, eh ? Pour ma part, j'ai assez vu cette cabane. Quarante jours et quarante nuits que j'y ai été enfermé ! Pouah ! Je n'en veux plus. As-tu un peu de tabac à me passer pour ma pipe ?... Tout en la fumant, je reprendrai le fil de l'histoire qui t'intéresse. Nous disions, je crois, que la princesse Célie et son père...

— La... La... quoi ?

— Ton tabac, je te prie.

Philip tendit sa blague au Suédois, qui bourra sa pipe et poursuivit :

— Célie est danoise d'origine. Comme elle était encore très jeune, sa mère, qui s'était mariée en Russie, à un prince authentique, mourut. Elle demeura seule avec son père, qui éleva sa première enfance. Cela se passait sous le tsar Nicolas II. A la suite d'intrigues de cour dont le détail importe peu et auxquelles fut mêlé, si j'ai bien compris, le fameux moine Raspoutine, Armin fut arrêté et enfermé, à Saint-Pétersbourg, dans la forteresse Pierre-et-Paul. On l'y logea dans un cachot souterrain, manquant totalement d'agrément, avec la Néva coulant au-dessus de sa tête. Finalement, tandis que ses ennemis se partageaient ses terres et ses millions, il fut expédié dans l'extrême Sibérie, sur la côte du Kamtchatka. Des amis dévoués et des parents, réfugiés à Londres, prirent soin de la petite Célie. Dès le début de la Révolution russe et peu après le meurtre de Raspoutine, ces exilés frétèrent un navire et, emmenant avec eux la jeune princesse, entreprirent de délivrer le proscrit et de le ramener en Europe. A l'aller, tout se passa sans encombre. Le navire fit route par la Méditerranée, le canal de Suez et la mer des Indes, pour remonter ensuite les mers de Chine. Armin fut retrouvé, vieilli avant l'âge, mais toujours vivant. Afin d'abréger le retour, et la saison paraissant favorable, un pilote américain offrit aux Russes de les reconduire en doublant l'Amérique du Nord, par le détroit de Béring et la mer Arctique. L'entreprise échoua et le navire fut pris par les glaces, dans le golfe du Couronnement. Il fallut l'abandonner et se mettre en route, avec des chiens et des traîneaux, sous la conduite d'Esquimaux. Vous savez à peu près le reste. Il y eut, avec des tribus hostiles, maint combat à livrer. Presque tous les Russes furent successivement massacrés. Lorsque, mon vieux, tu auras appris à parler sa langue, la princesse Célie te donnera des détails supplémentaires. Il ne lui reste plus, maintenant, si elle t'épouse, qu'à prendre goût à l'Amérique. Au surplus, la Russie, à l'heure actuelle, ne vaudrait guère mieux pour elle que sous le tsar.

Lady Célie était arrivée, tandis qu'Olaf achevait de parler. Elle passa son bras autour du cou de Philip, et ce n'était plus, pour la première fois, dans une atmosphère de terreur. Le sort hostile se détendait.

Il était, le lendemain, tard dans l'après-midi, et le traîneau cheminait sur la piste glacée de la rivière de la Mine-de-Cuivre, qu'il remontait, lorsque la petite caravane entendit au loin le concert de hurlements des loups de Bram Johnson.

On campa à l'orée d'un petit bois, où il y avait abondance de branches mortes, et on construisit un feu magnifique qui illumina au loin la blancheur du Barren.

Ce fut ce soir-là que Bram Johnson apparut soudain, majestueux et silencieux. Quoique chacun s'attendît à sa visite, on l'avait si peu entendu s'avancer, qu'Olaf et Philip, aussi bien que Célie et son père, en sursautèrent.

Dans sa main droite l'homme-loup portait un objet bizarre, de la grosseur d'un pavé, et qui était enroulé dans une fourrure d'Esquimau, transformée en sac.

Bram ne semblait prêter attention à personne qu'à Célie. Debout dans la lumière du feu, c'est elle seule qu'il regardait. Il alla vers elle et, avec un grognement dans sa gorge, il déposa le paquet à ses pieds. L'instant d'après il avait disparu.

Le Suédois, s'étant levé, ramassa le cadeau du fou et entrouvrit l'enveloppe. Philip vit son sourcil se froncer. Puis Olaf s'éloigna dans les sapins et revint, peu après, les mains vides. Il dit, en riant, quelques mots à Célie.

Ayant ensuite tiré à part Philip :

— Je lui ai expliqué que c'était un morceau de viande gâtée, dont Bram était venu lui faire présent. Il est inutile de lui dire la vérité ! C'était, en réalité, une tête coupée, celle de Blake, dont il lui faisait hommage. Cette charmante habitude est assez répandue parmi les Kogmollocks, tu le sais, d'offrir à quelqu'un qu'ils aiment la tête de son ennemi mort. Elle n'avait pas besoin, n'est-ce pas, de mettre le nez dans ce sac ?

De singulières histoires sont souvent rapportées dans les archives de la police royale du Northland. Celle du demi-fou Bram Johnson y est, comme les autres, soigneusement classée. Une grande enveloppe renferme toutes les pièces officielles qui y ont trait.

C'est d'abord la brève déposition du brave et loyal caporal Olaf Anderson, de Fort Churchill. Puis vient un témoignage plus circonstancié, signé de M. et Mme Philip Brant, et du père de la lady. A ces deux pièces est annexé un exemplaire de la décision officielle graciant Bram Johnson et, de criminel hors la loi, le faisant passer au rang de pupille du Dominion du Canada.

Les policiers traqueurs d'hommes en service sont invités à le laisser désormais en paix. Le texte est formel : *Laissez tranquille Bram Johnson.* Ainsi s'exprime l'arrêt, qui est sage et humain.

Le sauvage pays, où Bram est libre d'errer, est immense et, en compagnie de ses loups, il continue à chasser, sous la pâle lumière de la lune et le scintillement doré des étoiles.

LE CŒUR DE LA NATURE [1]

Première piste

MON SECRET DU BONHEUR

Ce soir, je suis seul dans une petite cabane, au sein d'une région sauvage. Au-dehors, il fait noir et j'entends le soupir du vent dans les cimes des sapins et le clapotis de la rivière d'où j'ai retiré mon dîner de truites. Le peuple de la nuit s'éveille : tout à l'heure, j'ai perçu le hurlement d'un loup, et le vieux hibou, niché dans un vieux tronc d'arbre voisin, ulule en apercevant de la lumière à ma fenêtre. L'orage semble imminent. L'atmosphère lourde et tiède recèle la promesse d'une pluie bienfaisante. En écrivant les lignes qui vont suivre, les plus étranges que j'aie jamais confiées au papier, j'éprouve une immense satisfaction. Jusqu'ici j'ai toujours reculé devant la difficulté d'exprimer les sentiments que je vais essayer de traduire. Je les conservais pour moi seul, avec la pensée qu'ils vivraient et mourraient avec moi, tout en rêvant de les communiquer à mes semblables.

Au milieu de cette nuit sombre où couve la tempête, au cœur d'une forêt déserte, à des milliers de kilomètres de ma ville natale, je me sens pleinement heureux pour plusieurs raisons. D'abord, j'ai bâti de mes propres mains cette cabane qui m'abrite. Mes paumes sont encore couvertes d'ampoules causées par le maniement de la hache. C'est moi qui suis l'architecte de ce foyer de pierre et de boue où brûle un petit feu, simplement pour égayer ma solitude, car le printemps s'avance et le souffle chaud de l'été se fait déjà sentir. J'ai fabriqué la chaise sur laquelle je suis assis et la table où j'écris, et le bâtisseur d'un palais de marbre ne pourrait goûter devant son œuvre plus d'orgueil que celui qui m'envahit lorsque je contemple le résultat de mes efforts.

Je suis heureux parce que j'ai la conviction, dans cette région sauvage et inhabitée, d'atteindre presque l'idéal poursuivi en vain par les peuples à travers les siècles.

Dans le lointain, j'entends le roulement du tonnerre et un éclair vient

1. Titre original : *God's Country : The Trail to Happiness*, nouvelle traduite de l'américain par Louis Postif.

d'illuminer ma fenêtre. Le cri d'un grand plongeon accompagne sa vive clarté. C'est étrange..., sinistre... et merveilleux. Cette nuit me semble tout à fait propice pour entreprendre cette sorte de confession que je voudrais écrire. Pendant un court laps de temps, ce coin de terre ressemblera à un monde en proie à la folie et au désespoir, à un monde aveugle qui court à sa perte et aspire au repos et à la paix, sans jamais y parvenir.

Je ne pourrais souhaiter meilleure ambiance que cette nuit tumultueuse qui représente à mes yeux, de la façon la plus intense, l'agitation des hommes, à des milliers de kilomètres de ma cabane. D'ici, j'obtiens une vision plus nette des événements, je comprends les ardentes aspirations de millions d'êtres à la recherche d'un bien spirituel qui sans cesse leur échappe et je découvre un univers déchiré par des centaines de schismes et de religions incapables de leur procurer la foi et l'espérance. Je vois les multitudes, les bras levés au ciel, demandant que soit enfin résolu le grand mystère de la vie. Les murmures précurseurs de la tempête m'apportent les questions qui torturent les âmes. Les esprits des morts reviennent-ils sur terre et peuvent-ils communiquer avec les vivants ? Le spiritualisme submergera-t-il l'humanité ? Est-ce là que réside le salut ? Que dois-je croire ? Que puis-je croire ?

La pluie commence à tambouriner sur le toit de ma cabane et, par leur nombre, les gouttes d'eau me rappellent les millions et les dizaines de millions d'hommes et de femmes qui lisent avidement, dans les revues et les livres, les « expériences » des propagateurs de la nouvelle foi et de ceux qui essaient de faire revivre les vieilles croyances depuis longtemps perdues dans les poussières du passé.

De nouveau, les esprits s'agitent et les fantômes apparaissent. Les nouvelles générations, émerveillées et indécises, se laissent prendre aux vieux artifices usés des temps reculés. Demain nous verrons reparaître la sorcellerie et, le jour suivant, de nouveaux prophètes instaureront des religions nouvelles pour remplacer les anciennes. Ainsi erre la pensée des hommes. Elle s'est égarée pendant des milliers de siècles avant la naissance du Christ et continuera ses recherches jusqu'à ce qu'elle ait enfin trouvé Dieu sous une forme si simple et si accessible à tous que l'humanité entière finira par le comprendre.

L'orage est à présent déchaîné ; un vrai déluge s'abat sur ma cabane et le tonnerre rugit avec fracas au faîte des sapins. Le tumulte et la solitude sont à tel point effrayants dans ce coin de la forêt que je déposerais ma plume à l'instant si je craignais d'écrire un blasphème. Mais le fait de traduire par des mots ce qu'on croit être la vérité ne saurait constituer un sacrilège.

Des amis m'ont maintes fois demandé de parler de cette religion que j'ai découverte au sein de la nature. D'aucuns souriront ; d'autres resteront incrédules, car, en un tel sujet, il est impossible de s'exprimer tout à fait clairement. Ayant trouvé ce qui, pour moi, représente Dieu, je ne m'attends point à étonner le monde par cette révélation qui m'est venue de la façon la plus simple... Je n'ai point réveillé les esprits des morts, ni entendu de voix d'outre-tombe, pas plus que j'ai eu recours à l'inspiration des médiums.

J'ai découvert le cœur de la nature. Elle m'a ouvert ses portes toutes grandes et enseigné son langage. Par l'aventure et le meurtre, je suis parvenu à une compréhension des choses qui m'a procuré la santé, la foi et la joie de vivre. Certain de ne nuire à personne, et nourrissant l'espoir d'apporter quelque soulagement à mes semblables, je m'efforce d'écrire l'histoire d'un Dieu grand et tout proche, que les hommes, les femmes et les enfants devraient apprendre à connaître.

Peut-être vais-je blesser nombre de personnes, mais, avant d'entrer au vif de mon sujet, je demande au lecteur de bien vouloir me concéder cette vérité : tous nous recherchons ce qui peut nous apporter le plus de réconfort et de bonheur. Pour cette raison, l'Église catholique est la seule qui voit s'accroître le nombre de ses fidèles. Seule, elle tend vers l'être humain des bras maternels et lui offre un sein où appuyer sa tête lorsqu'il souffre. Pourtant, je ne suis pas catholique, pas plus que je ne suis protestant ou mahométan. Je n'appartiens à aucune secte religieuse, aussi puis-je regarder le musulman en prière ou l'Esquimau appelant les esprits invisibles avec le même sentiment de fraternité et de compréhension que j'assisterais aux offices d'une paroisse de baptistes ou de méthodistes. Je ne plains ni ne blâme le sauvage africain et l'Indien des grandes solitudes parce qu'ils conçoivent leur dieu sous une forme différente de celui des chrétiens. Tous les chemins, dit-on, mènent à Rome. Il existe aussi bien des routes, si tortueuses et sombres qu'elles paraissent, qui conduisent à une vie meilleure dans l'au-delà.

Il serait à souhaiter qu'une puissance prestigieuse surgît et montrât à l'homme sa petitesse. Seulement alors les épines et les broussailles s'écarteront du sentier qui mène à la paix et au bonheur vers lesquels il soupire, et qu'il découvrirait s'il n'était aveuglé par sa propre importance. De toute la création, l'homme est le suprême égoïste. Sa fatuité et sa suffisance atteignent parfois au blasphème. C'est le paon humain, gonflé d'orgueil et convaincu que l'univers entier a été créé pour lui. Il considère avec mépris toute autre manifestation de vie que la sienne. Il massacre des millions de ses semblables par ses inventions scientifiques, pourtant il accuse de cruauté le tigre dévorant parfois le bipède qui lui donne la chasse. S'il supprime un homme illégalement, on le traite d'assassin, on le pend et il va en enfer, mais, si son gouvernement lui commande de tuer mille hommes, il les tue, on le proclame héros et une place de choix lui est réservée dans la mémoire des hommes. La vanité l'empêche de voir les faits. Il se figure que notre globe minuscule est la création préférée du Tout-Puissant, oubliant que la terre n'est qu'un point infime comparée aux autres mondes qui roulent dans l'espace. Pour lui, l'histoire remonte seulement à la naissance du Christ, alors que l'homme a vécu sur terre des milliers de siècles auparavant, au cours desquels se sont succédé d'innombrables religions.

Il ne prend pas la peine de songer que, comparé au nombre incalculable des êtres humains, il n'est qu'une goutte d'eau dans l'Océan.

Pour moi, tout cœur qui bat est un souffle de la divinité. Le cœur d'un rouge-gorge est aussi précieux aux yeux du Créateur que le cœur d'un avare en train de compter son argent. Je crois que chaque brin d'herbe, chaque feuille d'arbre contient une étincelle de vie. La loi universelle de l'existence exige que la vie détruise afin de subsister et quand cette destruction est inévitable elle cesse d'être un crime. Mais, en dehors du cas d'impérieuse nécessité, il faut respecter la vie !

Avant de trouver le bonheur dans la foi et la paix, l'homme doit reconnaître sa propre petitesse. Il existe un professeur, tout près de nous, accessible au pauvre comme au riche, disposé à nous montrer le peu que nous sommes et à nous faire comprendre le sens de la vie. C'est la nature..., source de repos et de paix. La nature est le Grand Docteur, capable de guérir plus de maladies physiques et morales que tous les médecins et les prédicateurs du monde.

Parbleu, m'ont objecté certains, votre religion est magnifique pour un homme placé dans des circonstances aussi favorables que vous, mais il est impossible à la multitude des gens de voyager et d'aller se retremper au sein de la nature. A ceux-là, je répondrai que point n'est besoin de parcourir trois mille kilomètres le long de la côte arctique et d'aller vivre chez les Esquimaux pour trouver la nature. Somme toute, de quoi souffrons-nous ? De nos nerfs surmenés, de nos cerveaux trop préoccupés et sans cesse en ébullition. Pour peu que nous voulions l'entendre, la voix du plus modeste champ de blé nous murmure des paroles d'apaisement et de consolation. Et mon désir le plus cher, ma grande ambition est de conduire mes lecteurs vers cette nature que j'aime et que je voudrais les voir aimer.

J'entends déjà cette réflexion de quelques-uns de mes amis :

— Beau sujet de conversation, en vérité, pour un homme dont la maison, de la cave au grenier, est garnie de fourrures et de têtes naturalisées !

C'est exact. S'il est pénible de reconnaître ses méfaits, il est encore plus difficile d'expliquer sa conversion. Pourtant, en toute franchise, je dois dès maintenant avouer qu'il fut un temps où je m'enorgueillissais du nombre et de la diversité de mes tueries. J'étais un destructeur de vie. A présent, je me réjouis seulement de ce que ces massacres m'aient amené en fin de compte à découvrir la vérité la plus sublime qu'il me sera donné de contempler pendant tout le reste de mon existence.

Chez moi, il y a vingt-sept fusils et tous ont servi. Plusieurs portent de petites entailles, qui m'aidaient à tenir le compte de mes assassinats. J'ai rougi les pistes de la baie d'Hudson à l'océan Arctique. Ne voyez pas là un hymne de triomphe, mais la constatation d'un fait que je voudrais n'avoir jamais existé. Toutefois, il se peut, et je suis porté à le croire, que mon amour de la nature et des bêtes sauvages se trouve accru de tous mes regrets pour ces années vaines de tueries. A mon cœur panthéiste ces têtes apparaissent couronnées, non plus de la gloire des trophées, mais plutôt de la noblesse des martyrs. Je les aime et je m'exalte à la pensée que je combats pour elles.

Les chuchotements de la forêt et même ses silences m'apportent des messages de paix. J'aime les arbres. Parfois, je me surprends à poser ma main sur leur tronc ou à y reposer ma tête, afin de puiser du courage dans leur grande camaraderie. Dans la cour de ma maison du Michigan se dresse un vieux chêne tordu et estropié que maintes gens m'ont conseillé d'abattre. Mais cet arbre et moi nous avons eu ensemble mainte conversation. Il m'a montré comment tenir la tête à l'adversité. Bien que rongé jusqu'au cœur, difforme entre ses frères, chaque printemps et chaque été il entreprend une lutte vaillante pour « résister de son mieux ». Alors, je devins son ami et lui prêtai une main secourable. J'arrêtai sa dégénérescence et le sauvai de la mort, si bien qu'à chaque saison le vieux chêne reprend des forces : souvent je vais m'asseoir, le dos appuyé contre son tronc, et j'écoute la voix de ce vieil ami, qui jamais ne songera à me nuire.

Avant de goûter pleinement la douceur et la paix que procure le culte de la nature, l'homme doit se débarrasser des nuages de l'égoïsme qui l'aveuglent et dire : « Le chêne est aussi noble que moi..., peut-être m'est-il supérieur. »

Il n'y a pas bien longtemps, je me trouvais en proie à une vive tristesse. Tout s'écroulait autour de moi et il me semblait que jamais je ne retrouverais la joie de vivre. Au plus profond de mon désespoir, je m'allongeai sur le sol, au bord d'un ruisseau. Soudain, au-dessus de ma tête, une fauvette se mit à chanter à gorge déployée, fait assez miraculeux, car la journée était sombre et sans soleil. Mais l'oiseau gazouillait et lançait ses trilles les plus magnifiques. Je regardai le sol tout à côté de moi et j'aperçus, m'observant entre les herbes, une violette solitaire. L'oiseau et la fleur raffermirent mon courage et rassérénèrent mes esprits bien mieux que n'auraient su le faire mes amis par des phrases compatissantes. La violette semblait me dire : « Je suis toujours là, je ne t'abandonnerai jamais », et la fauvette : « Je chanterai toujours, tant que tu vivras. » J'eus alors la conviction nette que ces êtres n'étaient, pas plus que l'homme, un accident de la création.

Je fus un jour témoin du miracle réalisé par mon Grand Docteur dans un étroit logement d'une maison surpeuplée, d'où l'on n'apercevait ni un brin d'herbe ni un arbre. Là vivaient, dans trois petites pièces, un homme, une femme et cinq enfants. Au cours d'un après-midi de dimanche, je passai une heure au milieu de ces gens et j'en retirai une leçon plus salutaire que toutes celles que m'a données la forêt. Chaque fenêtre était garnie de pots de fleurs et de caisses où poussait de la verdure. Un couple de canaris chantait tout en contemplant les toits fumeux de la grande ville. Je fus particulièrement surpris d'un procédé ingénieux utilisé par le maître du logis pour hâter la germination et la croissance de l'avoine. « Dans une semaine, me dit-il, ces infimes pousses atteindront cinq centimètres de haut. » Bientôt je vis pourquoi il cultivait cette herbe. A plusieurs reprises, pendant que je me trouvais là, un pigeon vint à la fenêtre et attendit son brin de verdure. Ce n'était pas toujours le même. On m'apprit qu'il venait ainsi une douzaine d'habitués, favoris des enfants. Un bébé dans les bras de la maman babillait en les voyant et agitait ses bras de plaisir. J'ai vu beaucoup de familles aussi pauvrement logées, mais celle-ci, je crois, était la seule qui fût heureuse. Le chant des oiseaux, la visite des pigeons, la culture des fleurs et de l'herbe leur apportaient l'inspiration, l'espoir et la promesse de rêves qui tôt ou tard se réaliseraient. A leur insu, la nature était devenue leur religion. Elle les attirait vers les libres espaces... et ils vivaient dans l'attente du jour où ils répondraient à son appel.

Parce que j'ai passé une grande partie de mon existence dans les vastes forêts et que j'ai exploré des contrées inconnues de l'homme, d'aucuns s'imaginent que mon amour pour la nature va de préférence aux solitudes lointaines et inaccessibles. Il est vrai que dans les immensités silencieuses on approche davantage des vérités fondamentales de la vie et que je me plais surtout à écrire sur le Wild et ses miracles. Mais je serais injuste envers moi-même et mon culte pour la nature si j'omettais de proclamer ce principe de base, à savoir que l'homme peut posséder les trésors de la nature, où qu'il se trouve..., même dans une cellule de prison. Je puis en citer une preuve. Dans le pénitencier de l'État de Michigan, à Jackson, un canari et un géranium rouge ont sauvé de la folie un homme que j'ai connu personnellement. Après avoir obtenu sa grâce, il est sorti de prison, régénéré, avec dans le cœur une religion nouvelle, bien meilleure que celle qu'il eût jamais rêvée.

Depuis le commencement du monde, le grand air et le ciel libre sont les dons les plus précieux du Créateur et, chaque fois qu'il est malade de corps et d'esprit, c'est là que l'homme doit chercher sa guérison. Qu'il les découvre à un kilomètre ou à des milliers de kilomètres d'une ville, peu importe ! La nature règne partout et ses pages sont ouvertes à chacun d'entre nous. Elle se livre sans mystère et vibre du désir de se faire comprendre. Le seul miracle exigé de l'homme, c'est qu'il descende des nuées de son égoïsme et remplace son amour de la destruction par le besoin d'apprendre.

Voici un exemple illustrant ce qui précède.

Un de mes amis les plus chers, un journaliste, venait de perdre sa femme. Jamais je n'ai vu un homme aussi abattu par la douleur, il maigrissait à vue d'œil et les cheveux gris de sa tempe blanchirent subitement. Les efforts de ses amis demeurèrent vains. Il s'enfermait chez lui pour pleurer celle qu'il avait adorée, et se laissait mourir à petit feu. Son cas me paraissait d'autant plus pénible que je le savais simplement tolérant en matière religieuse. Un jour me vint à l'esprit une idée toute simple qui devait assurer la guérison physique et spirituelle de mon ami. Je l'emmenai en automobile à la campagne. Après avoir franchi quatre ou cinq kilomètres, j'ouvris une barrière, je pris un petit chemin assez long et arrêtai la voiture à la lisière d'un bois de quarante acres.

— Fred, lui dis-je, je vais te montrer une cité merveilleuse. Suis-moi... sans faire de bruit.

Nous escaladâmes une haie et je le conduisis en plein bois. Là, nous nous assîmes à terre, le dos appuyé à un arbre mort.

— Maintenant, simplement pour me faire plaisir, reste tranquille. Ne bouge pas, ne parle pas..., écoute seulement.

Il pouvait être trois heures de l'après-midi... instant merveilleux de la journée d'été où la nature semble sortir de sa sieste pour emplir le monde d'une vie bourdonnante. Le soleil descendait et ses rayons obliques perçaient la voûte feuillue et formaient sur la terre fraîche des lacs et des ruissseaux d'or.

— Voici une des cités les plus merveilleuses du monde, murmurai-je, et il en existe des centaines et des milliers de semblables, dont quelques-unes à la portée de tous.

Le clapotis musical d'une source frappa nos oreilles. Puis, peu à peu, lentement d'abord, toute la magie de cette scène se dévoila à mon ami. Il comprenait... enfin. Autour de nous, l'air semblait vibrer d'une vie prestigieuse. Un grattement au-dessus de nos têtes, c'était un écureuil grignotant la coque d'une noisette de l'automne dernier. Non loin de nous, un pivert frappait du bec sur une vieille souche et de tous côtés nous parvenaient les *chip chip, chip* et *touit, touit* des petits oiseaux dans les buissons. Une fauvette lança soudain sa jolie ritournelle. A cinq cents mètres de nous, un corbeau croassa et, plus près, un écureuil-renard aboya ; plus tard, nous le vîmes grimper et folâtrer avec sa compagne du haut en bas des arbres. Mon ami me saisit le bras et me les indiqua d'un geste silencieux. Son intérêt redoubla lorsqu'une jeune et rondelette marmotte passa tout près de nous pour aller marauder dans un champ de trèfle voisin.

Nous demeurâmes une heure sans bouger et toute la cité bourdonnait. Ce frémissement de la vie produisait sur nous l'effet miraculeux d'une apaisante berceuse. Quand enfin mon ami m'adressa cette remarque : « On dirait qu'ici tout parle ! » je devinai que l'esprit de la forêt venait de prendre possession de son âme.

J'attirai alors son attention sur une colonie de grosses fourmis noires dont la forteresse se trouvait dans la vieille souche qui nous servait d'appui. Elles travaillaient et deux d'entre elles s'efforçaient de traîner une chenille morte tombée sur le genou de mon ami.

Quand nous nous levâmes pour partir, je le conduisis près d'un petit vallon où une vingtaine de merles avaient élu domicile et élevé leurs petits. Un troupiale babillard chantait sur une branche de saule flexible. Une tortue se traînait lourdement vers la mare où des grenouilles à tête verte nous fixaient de leurs yeux brillants. A l'ombre d'un buisson, des crapauds apprenaient à nager à leurs têtards. En voyant les petits drôles se cramponner au dos de leurs mères, mon ami se mit à rire... pour la première fois depuis des mois.

Comme nous rejoignions l'auto, je lui dis :

— Tu n'as pas encore vu la dix millième partie de ce que la nature tient en réserve pour toi ou tout autre être humain. Jusqu'ici, tu n'ajoutais guère foi en l'existence de Dieu. Désormais, il faut y croire. C'est lui qui se cache là, dans la forêt.

Cela se passait voilà quatre ans. Aujourd'hui, cet homme vit dans le culte de la nature, non seulement il a repris confiance en la vie, mais, de simple envoyé spécial qu'il était, il est devenu rédacteur en chef d'un grand quotidien américain. Chaque année, pendant son congé d'été, il séjourne dans les grands bois et, du début du printemps à la fin de l'automne, le jardin qui entoure sa maison éclate de vie. Ce soin qu'il prend des arbres et des fleurs ne tend pas simplement au plaisir des yeux. Non, il est descendu de son nuage d'orgueil et s'incline vers la nature pour prendre d'elle des leçons de courage et de persévérance. Il s'intéresse particulièrement au croisement des plantes et ses parterres de glaïeuls font l'admiration de tous. Chaque matin, durant la bonne saison, on peut le voir dans son jardin, puisant des milliers d'êtres autour de lui la force nécessaire pour affronter les obligations énervantes de la journée et, le soir, sa tâche finie, il y revient pour y goûter la paix que seule peut donner la nature. Pendant les mois d'hiver il se réfugie dans sa petite serre. Et dire que cet homme, pendant plus de trente ans, ignorait comment poussaient un chêne !

Cependant, il conservait un grand regret. Plus d'une fois il m'a dit, la voix assourdie par cette souffrance qui ne le quittera jamais entièrement : « Si seulement nous l'avions su plus tôt, elle serait encore là. J'en suis convaincu. C'est cette force dont elle avait besoin pour l'empêcher de s'étioler... et lui redonner du goût à la vie. Ah ! que n'a-t-elle vécu assez longtemps pour nous accompagner ce jour-là dans la forêt ! »

Des heures ont passé depuis que je me suis assis à ma table pour écrire. L'orage est terminé. La paix règne à présent autour de moi. Par ma porte et ma fenêtre ouvertes pénètre dans ma cabane le souffle embaumé de l'air rafraîchi par la pluie. J'entends l'eau s'égoutter des arbres voisins et le clapotement plus bruyant du ruisseau. La lune brille à travers les nuages floconneux qui se précipitent au sud et à l'est, vers mon pays « civilisé ».

Deuxième piste

JE DEVIENS UN TUEUR

Ce matin, le soleil brille et tout est calme après la pluie nocturne. Il semble inconcevable que le ciel bleu fut, il y a quelques heures, sillonné d'éclairs et déchiré par le vacarme du tonnerre. Je me suis levé à l'aube, éveillé par un couple d'écureuils rouges folâtrant sur le toit de ma cabane. Ensemble, nous avons contemplé le lever du soleil, et ensuite ils ont babillé autour de ma porte demeurée ouverte pendant que je préparais mon petit déjeuner. Nous sommes déjà de grands amis. J'ai baptisé le mâle « Noisette » ; je ne saurais dire pourquoi, à moins que ce ne soit parce qu'il n'y a pas de noisettes dans cette région ; et l'autre, la femelle, « Câline », parce qu'elle me regarde malicieusement, sa jolie tête penchée de côté, comme si elle voulait me conter fleurette.

Il n'est que huit heures et pourtant nous sommes debout depuis près de quatre heures. Au bord du ruisseau, entre deux sapins, j'ai installé une petite table : c'est mon studio en plein air, lorsque le temps est beau. Nombre de bêtes sauvages se sont approchées pour faire connaissance avec moi, fascinées surtout, je le crois, par le nouveau langage que représente pour elles le cliquetis de ma machine à écrire. Chaque jour je sens croître leur amitié pour moi et je m'imprègne de plus en plus de cette grande vérité : dans chacune de ces créatures bat un cœur, tout aussi précieux aux yeux de la divine nature que celui qui bat sous ma chemise de flanelle.

Je finis par reconnaître mes petits amis qui viennent de plus en plus nombreux me tenir compagnie et je comprends leur langage. Voici un rusé compère qui, en ce moment, crie au-dessus de ma tête. Dans nos moments de familiarité, je l'appelle Bill. C'est un gros geai bleu. En dépit de tout ce qu'on a dit et écrit contre lui, je l'aime comme un frère. C'est un brave, encore qu'il déjeune parfois des œufs des autres oiseaux et tue plus qu'il ne conviendrait pour sauvegarder sa réputation. C'est aussi le plus grand menteur et le plus audacieux tricheur de tout le royaume ailé. Mais à présent je connais Bill intimement et je l'aime avec tous ses défauts.

Ce pirate ne perd jamais le sens de l'humour. Il provoque des bagarres pour son propre amusement : lorsqu'il a réuni une foule autour de lui, il se défile subrepticement et d'un perchoir voisin il assiste tout heureux à la perturbation causée par lui.

En cet instant même, il s'égosille à dix mètres au-dessus de ma tête. Deux autres geais se sont joints à lui et ils font un tel vacarme que Noisette et Câline ont cessé leur babillage. Là ! je viens de leur lancer un bâton et ils sont partis. Ils ont attiré mon attention et, pour le moment, ils sont satisfaits.

Maintenant que Bill et ses frères tapageurs ont disparu, je puis de nouveau entendre le murmure mélodieux du ruisseau et ma machine à écrire ressemble à une minuscule mitrailleuse lançant des pétarades dans la forêt paisible.

Un couple d'oiseaux des élans, presque aussi gros que les geais, sautillent, çà et là, si près de moi qu'à certains moments ils viennent se percher sur le bord de ma table. Ce sont les oiseaux les plus sociables du Wild et dans un jour ou deux ils mangeront dans ma main. Tranquilles et doux, ils ne font pas de bruit comme les geais et leurs beaux yeux me regardent gentiment, presque avec sollicitude. J'aime leur compagnie et je leur trouve une sorte de philosophie. Jamais ils ne se lassent de m'observer et, parfois, je me plais à croire qu'ils brûlent du désir de parler. Je ne leur connais point de défauts ; ils ne se chamaillent point, ne se battent pas et, tandis qu'ils me dévisagent de leurs grands yeux doux, je me demande lequel d'entre nous compte le plus dans le Grand Tout.

A cinquante ou soixante mètres en amont, le ruisseau s'élargit et forme un petit étang bordé de grands arbres. Il doit faire délicieusement frais dans ce coin par les fortes chaleurs. Je l'observe de l'endroit où je suis assis, car la rivière forme un petit coude et coule droit vers moi lorsque je regarde de ce côté. Beaucoup de bêtes sauvages viennent boire à cet étang. Ce matin, j'y ai aperçu les traces d'un ours et les empreintes fraîches d'un daim et d'un faon. Hier, deux loutres nomades l'ont découvert, mais le bruit de ma machine à écrire les a chassées. Je suis certain qu'elles reviendront et que nous ferons plus ample connaissance.

En me détournant vers la mare, je viens d'étudier ce que je jugeais tout d'abord comme une note discordante dans le calme paysage qui m'entoure. Au bord de l'eau, rigide et attentif, un faucon est perché sur une branche morte d'un arbre frappé par la foudre. Il est affamé et cherche une occasion de tuer. Par deux fois, je l'ai vu foncer sur une proie sans réussir à l'abattre. Cependant, je n'éprouve nulle envie de tirer dessus. N'a-t-il pas autant que moi le droit de vivre ? Il ne tue pas pour son plaisir, comme le fait l'homme, mais simplement parce qu'il a faim.

Pour être juste envers le faucon, il me suffit de me rappeler les deux tendres perdrix que j'ai abattues hier soir et que je rôtirai pour mon dîner avec des pommes de terre et une tranche de lard fumé. Ma religion n'exige pas plus le végétarisme que le régime carné ; car le végétal, c'est encore de la vie. Ces arbres qui murmurent au-dessus de ma tête sont pour moi aussi vivants que les oiseaux des élans qui se posent au bout de ma table ; pourtant, quand la nécessité s'en fait ressentir, je les abats avec ma hache pour m'en construire une cabane ou cuire mes aliments. La nature entière proclame que la vie doit exister aux dépens de la vie elle-même. Un arbre pousse sur l'humus d'un autre et, pour chaque brin d'herbe qui sort de terre, un autre meurt. Le dieu de la nature ne s'oppose pas à une destruction sage et nécessaire, mais à la destruction inutile, le plus abominable de tous les crimes !

Voici où je veux en venir : au sein de cette paix délicieuse qui plane autour de soi, je me sens obligé d'avouer mon péché envers la nature. Je suis un tueur, un destructeur de vie pour l'amour et le frisson du massacre. Comme tous les enfants des hommes, je suis né avec un égoïsme féroce. Mes parents étaient égoïstes et, au cours de dix mille générations, mes ancêtres l'ont été avant eux. Je suis le dernier produit de leur égoïsme..., une unité entre le milliard et demi d'individus vivant aujourd'hui dans un orgueil aveugle et qui emplissent le monde de leurs schismes aussi faux et instables que les sables mouvants de la « toute-puissante » humanité sur lesquels ils ont été bâtis.

Personne n'eut besoin de me raisonner pour me convaincre que j'étais le premier de tous les êtres de la création, qu'entre toutes les vies sur la terre la mienne était sacrée. Dieu l'avait créée inviolable. Cette vérité me fut inculquée sur les bancs de l'école ; on me l'enseigna à l'église. Tout l'univers avait été élaboré pour moi. Un monde futur m'attendait après ma mort terrestre. Toutes les autres vies, purement accidentelles, n'existaient que pour mon plaisir et je pouvais en disposer à mon gré. L'école et l'Église me conseillaient, certes, de pratiquer la charité et de ne pas faire de mal aux pauvres petits oiseaux, mais on omettait de me dire que toutes les vies sur terre étaient aussi précieuses que la mienne et possédaient un droit égal à l'existence. On m'assura, il est vrai, que Dieu voit le passereau qui tombe, mais il n'en est pas moins vrai que six années durant, l'État où s'écoula mon enfance octroyait une prime de deux *cents* par tête de moineau, encourageant ainsi les enfants à tuer ces petites créatures. Jamais on ne me fit toucher du doigt cet axiome que l'étincelle vitale qui anime mon propre corps n'est en rien différente de celle qui anime tous les autres êtres vivants.

La religion et l'école m'inculquèrent l'idée que ma place venait immédiatement après Dieu. Les arbres, les fleurs, les oiseaux et autres créatures vivaient exclusivement pour moi. Seules avaient le droit de subsister celles que l'égoïsme humain en jugeait dignes. Tout cela uniquement parce que les humains sont les plus habiles et les plus forts dans l'art de la destruction.

Souvent je me demande ce qui arriverait si, pendant dix générations, on apprenait aux petits enfants et aux adultes que tout le monde sur terre a droit à la vie et qu'il existe un paradis pour les fleurs, les arbres et les papillons aussi sûrement qu'il en existe un pour l'homme !

Que se passerait-il si l'enseignement de cette grande vérité commençait dès le jardin d'enfants et se perpétuait dans les générations suivantes ? Cette pensée mérite qu'on s'y attarde. Dans notre folie à rechercher une croyance, nous faisons parfois revivre les fantômes et les voix d'outre-tombe, nous effrayons les enfants en leur disant que les esprits des morts reviennent. Cela prouve notre besoin d'un monde surnaturel. Nous aspirons à un idéal propre et salutaire, générateur de nobles actes, qui ne soit pas une insulte à cette grande force dont nous ne sommes qu'une infime partie. Il conviendrait de semer la bonne graine dès l'école et pendant toute la vie elle continuerait à croître et à se développer de génération en génération, jusqu'à ce que, enfin, l'homme, débarrassé de ses mortels ennemis, l'égoïsme et l'orgueil, trouve contentement, paix et bonheur dans la fraternité universelle.

Mais je me détourne de mon sujet. Comme je vous le disais, j'ai tué les animaux par dilettantisme parce que mes parents étaient égoïstes et mes ancêtres avant eux. Pourtant, il n'existait point de meilleure mère que la mienne et mon père valait beaucoup mieux que ne vaudra jamais son fils. Gentilhomme de la vieille école, il est mort comme il a vécu, donnant à tous l'exemple du courage, de la droiture et de l'honneur. Cependant, ces deux êtres admirables, comme tous les autres parents, ont engendré et cultivé mon égoïsme dès le début de ma vie.

Ils l'ont fait inconsciemment, aveuglément, comme des centaines de millions d'autres parents le font aujourd'hui.

Mon père raffolait de la chasse et de la pêche. Lorsque j'atteignis mes huit ans, il me fit cadeau d'un fusil. Avec quel orgueil il m'apprit à tirer et à chasser à l'affût ! Au retour de la chasse, si je rapportais quelque gibier, ma mère bien-aimée me réservait tous ses compliments.

A cette époque, nous vivions dans une ferme de l'Ohio et je devins une sorte de prodige dans l'art cynégétique. A neuf ans, j'eus la gloire de lire, dans un journal local, un compte rendu de mes exploits et je ne sais qui, de mon père ou de moi, en tira le plus de vanité. A douze ans, j'avais perdu tout respect pour la vie de ces petites victimes que les lois de notre État nous permettaient d'exterminer. Je possédais une superbe collection d'œufs d'oiseaux et ma chambre était décorée de leurs ailes.

J'éprouve un sentiment bizarre en songeant qu'à cette même époque, moi, l'enfant tueur, je pratiquais assidûment la religion. A Joppa, village situé à trois kilomètres de notre ferme, une retraite fut donnée cet hiver-là. Les enfants, en particulier, se trouvèrent pris d'une fièvre mystique qui laissa de fortes traces dans mon imagination. Les sermons enflammés du pasteur me transportèrent à tel point que, sitôt enfermé dans ma chambrette, je me croyais environné d'anges.

Un soir, au clair de lune, revenant d'un de ces sermons, je vis réellement un ange, un ange aux ailes blanches, vêtu d'une tunique retombant sur les épaules. Il m'accompagna jusqu'à mi-chemin de la maison paternelle. Le lendemain, lorsque je racontai cette histoire à l'école, insistant sur la véracité du fait, je dus me battre avec cinq de mes camarades incrédules. Ma mère, ravie de ma piété, feignit de me croire. Je m'imaginais être un héros et, un mois durant, je me colletai avec des garnements de ma classe pour défendre ma foi.

Je n'en continuai pas moins à me livrer à mes tueries. Mais j'étais si dévot et paraissais inspiré au point que notre pasteur, M. Teachout, me pria un soir de faire une petite allocution aux fidèles. Je me souviens, comme si c'était hier, en quels termes il me présenta à l'assemblée. D'une voix forte et avec de grands gestes, il annonça que j'étais le meilleur fusil de toute la région. Alors, la centaine de personnes qui assistaient à la réunion firent entendre une salve d'applaudissements et, ce soir-là, je fus le plus fier de tous les gamins de l'Ohio !

Pourquoi ?

Parce que, dans le temple, j'avais été salué comme le plus grand tueur de tout le pays ! Nul, parmi ces chrétiens, ne me conseilla de mettre un terme à mes massacres. Je devins un héros en raison de ce que j'étais passé maître dans l'art de tuer. On exaltait mon égoïsme et je n'écoutai plus les supplications de ma mère me priant de cesser de tirer sur les oiseaux pour leur arracher ensuite les ailes.

Survint alors un événement qu'à présent je qualifie de monstrueux. Cette retraite religieuse se termina par un banquet de chasseurs. Un certain jour, tous les disciples de Nemrod se mirent en route vers des emplacements assignés à chacun d'eux. Toute vie non protégée par la loi pouvait être sacrifiée : un lièvre comptait pour cinq points, un écureuil pour quatre, un faucon pour six, un geai bleu pour deux, et ainsi de suite. Le groupe qui obtiendrait le moins de points ou, en d'autres termes, rapporterait le moins de victimes devait payer les frais du festin. Avec quel acharnement je tuai ce jour-là ! Le soir, en arrivant au lieu du rassemblement, j'avais ma carnassière pleine jusqu'au bord. J'avais abattu, entre autres, dix-sept geais bleus ! Quoi d'étonnant si, ce matin, le capitaine Kidd et ses compagnons piaillent au-dessus de ma tête !

Cependant, les bons chrétiens parlent toujours avec horreur de l'époque où la Rome païenne brûlait les martyrs.

A mesure que j'avançai en âge, je faisais des progrès dans l'art de détruire. Hélas ! je n'étais pas le seul. Tout le monde détruisait, comme de nos jours. Mes parents et moi, nous revînmes habiter la petite ville d'Owosso, dans l'État du Michigan, où je suis né. On ne tarda pas à m'appeler Nemrod et « Jim le chat sauvage ». Je hantais les bords de la jolie rivière Schiawasse. Je posais des pièges, chassais et pêchais plus que je n'étudiais. Je devins bientôt la bête noire du principal de notre collège, M. Austin, devenu depuis mon excellent ami.

Arrivé à un tournant de mon existence, je dus choisir ma voie. Avec l'argent gagné pendant une saison de chasse, je m'inscrivis à un cours spécial de l'université de Michigan pour me perfectionner dans les lettres. Tout marchait à souhait et mes études, couronnées de succès, me permirent de collaborer dans des journaux de la ville de Detroit. Le plus jeune journaliste du Michigan, je m'imaginais doué d'un talent exceptionnel.

Cependant, en mon fort intérieur, je brûlais du désir de reprendre mon ancien métier de tueur, et je partis alors dans les solitudes du Grand Nord pour y mener une vie pleine d'aventures.

En ce moment, tandis qu'au plein cœur de la forêt je suis assis à ma table et frappe sur ma machine à écrire, je m'étonne qu'un colossal génie destructeur ne surgisse pour m'anéantir. En y réfléchissant bien, je devine pourquoi cette vengeance ne se réalise point. Je comprends ma petitesse comme jamais auparavant. Lentement, très lentement, mon égoïsme se désagrège. La nature me prend par la main et me conseille tout bas de répéter à mes semblables ce que j'ai découvert. Elle parle non seulement au nom des êtres vivants chez qui bat un cœur de chair, mais aussi par la voix des arbres, de la terre vivante qui palpite sous mes pieds, des fleurs, du soleil et du ciel. Toutes ces choses me témoignent une profonde amitié et j'ai l'impression que désormais la peur et le malentendu sont définitivement effacés entre nous. La nature m'invite à accepter d'elle tout ce dont j'ai besoin et à respecter ce dont je ne me sers pas. Elle m'apprend le secret de la vie, de cette vie qui bat dans ma poitrine et vibre dans tous les êtres de la création. Entre ces êtres et moi ne doit subsister aucune idée de vengeance.

Du point de vue étroit des humains, il semble que ce soit là une injustice : en effet, les lois de l'homme réclament œil pour œil, dent pour dent. Il m'est difficile d'admettre qu'après tous mes méfaits la nature m'accorde paix et amitié. La raison m'affirme que la vie est la chose la plus commune qui soit au monde. Autour de nous, il y a une quantité limitée de terre, d'eau et d'air, mais la vie est infinie. Voilà pourquoi nous continuons à détruire. Si la nature, pendant quelques générations, conservait dans son sein toute cette vie à détruire au lieu de nous la restituer bénévolement, la terre ne tarderait pas à devenir un désert et ce serait pour nous une excellente leçon.

En écrivant ces lignes, je songe à une petite forêt au fond d'une merveilleuse vallée dans les montagnes de la Colombie britannique. Je l'appelle une forêt, bien qu'elle ne mesure guère plus d'un arpent de superficie. Là croissaient des pins et des cèdres, riche verdure, dense et épaisse, formant une admirable tapisserie, vue du sommet de la chaîne de la ·Poêle-à-Frire. Nous y avions forcé un ours grizzly qui, blessé, avait refusé de se battre. Au coucher du soleil, nous n'étions point parvenus à l'en faire sortir. Nous savions qu'à la faveur des ténèbres il nous échapperait. Il nous vint alors à l'idée de mettre le feu à ce petit paradis sylvestre. Cet incendie ne présentait aucun danger pour le voisinage. C'est moi qui approchait la première allumette.

En vingt minutes, la forêt n'était qu'un lac de flammes bondissantes. Les arbres gémissaient et se ployaient comme sous l'effet d'une atroce souffrance. L'ours s'échappa et nous l'abattîmes. La lune se leva sur un amas de cendres noires et fumantes, là où quelques heures auparavant existait un éden.

Revenus au campement, nous exultions de joie. Dans notre égoïsme humain, nous exultions d'un faux triomphe. En une demi-heure, nous avions anéanti ce petit chef-d'œuvre que la nature avait mis plus d'un millier d'années à réaliser. Nous avions détruit mille fois plus de vie que n'en pouvaient contenir nos misérables corps, et pourtant la morale fallacieuse de notre race ne nous reprochait rien et nous n'éprouvions nul remords. Nous ne croyions avoir causé aucun préjudice, simplement parce que la vie anéantie par nous ne possédait pas une forme et un langage semblables aux nôtres.

J'entends certains lecteurs murmurer :

« Mais cet homme perd la raison. »

N'est-ce point plutôt un brin de raison qui me revient après un million d'années de sommeil ? Si c'est de la folie, elle appartient à un genre réconfortant et Dieu veuille que tout le monde soit aussi dément que moi ! La Vie est la Vie. C'est une étincelle de la même Puissance suprême, qu'il s'agisse de la vie d'un arbre, d'une fleur ou d'un être en chair et en os. Pour moi, telle que je l'envisage en ce moment, cette destruction impie de ce paradis de verdure est aussi tragique que la destruction de la vie portée sur deux ou quatre pattes. Ce crime est aussi abominable que celui dont je me souviens en cet instant même.

Je me trouvais alors au sein d'un pays merveilleux dans la région montagneuse du Grand Nord et j'avais pour compagnon un vieux chasseur qui, toute sa vie, avait exercé l'art de tuer. Avec nos sept chevaux chargés de nos équipements, nous nous dirigions vers le Yukon sur une piste jamais foulée encore par un homme blanc. La vallée se montrait si accueillante que, vers midi, nous décidâmes de dresser notre campement. Mon âme demeurait frappée devant l'étendue et la beauté du paysage. De toutes parts s'élevaient des sommets majestueux couronnés de neige. Le murmure des sources et des cascades remplissait l'air. Les prairies vertes exhalaient le parfum des jacinthes, des violettes et de cent autres fleurs sauvages, formant autour de nous un tapis aux couleurs chatoyantes. Sur les rochers chauffés par le soleil, des marmottes se prélassaient en une béate satisfaction et s'appelaient entre elles avec de légers sifflements. Les pentes étaient tachetées de ptarmigans ; deux aigles planaient bien au-dessus de nous et des bois voisins parvenaient le cri et le chant des oiseaux.

Adossé contre une pile de selles et de paniers, je scrutais attentivement les flancs des montagnes à travers ma longue-vue. Haut perchée sur un éperon rocheux, j'aperçus une chèvre allaitant son petit. Plus loin, sur une pente verdoyante, à environ trois kilomètres du campement, je découvris cinq mouflons allongés à terre. Promenant lentement ma longue-vue sur le paysage, j'aperçus à plus d'un kilomètre de distance une forme énorme qui se déplaçait lourdement. Je l'aurais prise pour un rocher si mes yeux n'avaient été accoutumés aux mouvements de ce gibier. C'était un grizzly.

Aussitôt, je me mis à sa poursuite, armé d'un winchester du calibre 404. Au bout d'une demi-heure, avançant seul dans la brise qui soufflait de la vallée, je me trouvai presque à portée de fusil de ma victime. Je gravis un ravin abrupt et, une fois sur le plateau verdoyant, je n'étais plus qu'à une centaine de mètres du plantigrade.

Il fouillait la terre, à la manière d'un chien, pour attraper un *gopher,* une sorte de petite marmotte fouisseuse, commune au nord de l'Amérique. Soudain, mon cœur se mit violemment à battre. A un autre endroit de la montagne, je distinguai deux autres grizzlies. Hésitant, je détournai mes regards vers le ravin, et me demandai si je devais battre en retraite ou attaquer. Alors, je pris une décision. Je tenais en main l'arme la plus meurtrière et la plus précise qui soit. Tireur excellent, je possédais des nerfs à toute épreuve. Je commençai le feu et déchargeai cinq coups en trente secondes et les trois mastodontes s'abattirent.

Un triomphateur romain regagnant sa patrie n'eût pas été plus fier que moi. Je bondissais et dansais en criant à tue-tête. Trois mille livres de chair et de sang gisaient, tout chauds encore, inertes sous mes yeux et moi, le dieu humain, à l'aide de mes seules mains et d'une arme mécanique, j'en avais supprimé la vie !

Assis sur l'une des énormes carcasses, pantelante encore sous moi, je m'essuyai le visage et mon sang courut dans mes veines avec une telle violence qu'il me brûlait comme du feu. Une pensée me vint alors à l'esprit : « Si seulement le monde pouvait me contempler à présent, au milieu de mon triomphe ! » C'était, en effet, un triomphe indiscutable pour l'homme égoïste. En trente secondes, j'avais peut-être détruit un siècle de vie palpitante, cent hivers, cent étés, un siècle de saisons d'amour et mille autres existences à venir et qui ne naîtraient jamais ! Je me levai et jetai un cri vers le campement. Bien haut dans l'azur, au-dessus de ma tête, un des aigles me répondit...

Oui, tandis qu'assis à ma table de travail je regarde en arrière, je suis saisi d'étonnement à la pensée que l'esprit de vengeance ne surgisse pas de la forêt pour m'anéantir. Ce ne serait que justice ! Mais l'explication m'apparaît clairement : je ne diffère point des millions d'autres êtres. A ma façon, j'ai supprimé des existences et tous mes semblables en font autant. Or, la sublime nature ne songe pas à se venger. Dieu pardonne et la nature est Dieu. C'est Dieu qui vit dans la rose, la violette et l'arbre, tout comme dans le cœur de l'homme. Il respire dans l'herbe qui forme un si moelleux tapis sur nos pas et vibre dans le chant des oiseaux. Il règne partout, étincelle vitale de tout être vivant.

Au lieu de nous envoyer sur terre des fantômes pour nous démontrer sa toute-puissance, il nous prodigue toutes ses beautés : il vit en elles afin de demeurer près de nous si nous voulons nous élever au-dessus de notre égoïsme.

Il me faut quitter maintenant cette piste. Je viens de vous faire lire une des pages les plus sombres de ma vie et cet aveu a été pour moi très pénible.

Demain commence une partie plus attrayante du devoir que je me suis imposé. Je vais vous expliquer comment mes yeux se sont dessillés à la lumière de la vérité, comment je me suis converti à une foi nouvelle que j'espère garder jusqu'à ma dernière heure.

Troisième piste

FRATERNITÉ

Aujourd'hui dimanche, je rentre d'une longue excursion d'une semaine en amont du mystérieux ruisseau qui coule devant ma cabane.

Qu'il me semble bon de retrouver enfin mon chez moi ! « Noisette », « Petit Câlin » et « Bec Sauvage » m'ont réservé un accueil chaleureux. On dirait que mes petits amis, les oiseaux des élans aux yeux ronds, essaient de me faire comprendre qui est venu me voler dans ma cabane pendant mon absence. Ce jour où je m'étais promis d'écrire jusqu'au soir, la soif d'aventure est venue me troubler : muni de mon équipement et d'une semaine de vivres, je me suis mis en route pour explorer les rives de mon ruisseau. Ce cours d'eau, peu banal, ne possède pas de nom. Il sort des forêts profondes et ténébreuses, et je me plais souvent à m'imaginer qu'il rapporte toutes sortes d'histoires romanesques et tragiques des régions qu'il a traversées. Si seulement il pouvait parler !

Je me suis donc décidé à remonter jusqu'à sa source pour apprendre moi-même ses secrets. Je pourrais en remplir un volume, tant ils sont intéressants. Sans doute aucun homme blanc n'a foulé les berges de ce ruisseau que j'ai baptisé le Solitaire. Pas même un Indien n'a dû en côtoyer les rives depuis au moins une génération, car je n'y ai pas relevé la moindre trace d'une hache ou d'un feu de campement, d'une trappe ou d'un piège de chasseur de fourrures.

J'ai dû m'éloigner à près de soixante kilomètres de ma cabane, dans une contrée couverte de forêts vierges très denses, et je suis presque décidé à m'y bâtir plus tard une autre cabane, ne serait-ce que pour y habiter un certain temps en compagnie des centaines de hiboux qui hantent ces parages. Nulle part dans le Northland je n'ai rencontré tant de hiboux. Cela tient sans doute à ce que les gros lièvres à raquettes s'y sont multipliés et y foisonnent par milliers depuis plusieurs années. Par endroits, le long du ruisseau, la terre a été battue par leurs pattes fourrées.

Grâce à tous ces signes, j'ai pu prédire que, dans un ou deux ans, la maladie qui tous les sept ans extermine les lièvres sévira dans le pays et en détruira quatre-vingt-dix pour cent. Alors les hiboux se disperseront, les lynx, les renards et les loups partiront en quête de nouveaux terrains de chasse, car le lièvre est l'aliment principal des rapaces et animaux carnassiers des forêts nordiques, tout comme le blé constitue la base de la nourriture des hommes.

Mais je m'écarte de mon sujet. En partant pour mon voyage d'exploration, j'avais oublié de fermer la fenêtre de ma cabane et c'est par cette ouverture que s'est introduit ce brigand dont auraient voulu me parler les oiseaux des élans. « Bec Sauvage » doit en savoir quelque chose, mais je doute qu'il trahisse un confrère, fût-il un pillard à quatre pattes et à queue. Certains signes me laissent deviner qu'il s'agit d'une wolvérine. Tout comme une certaine espèce de rat vivant là-bas dans les montagnes, cette espiègle commet des larcins pour le plaisir de voler. Avec un humour déconcertant, elle m'a enlevé un chapeau, une de mes deux poêles à frire, des boîtes en fer-blanc, une tranche de lard fumé et le couteau dont je me sers pour vider les poissons. Mais je connais les mœurs de cette drôlesse et je ne désespère point de remettre la main sur mes biens si j'ouvre l'œil et l'oreille.

Je ne tuerai pas ma wolvérine, même si je la prends en flagrant délit. Voilà quelques années, je l'aurais chassée à l'affût, armé d'un fusil. Aujourd'hui, je désire la connaître plus intimement et savoir ce qu'elle peut bien vouloir faire d'un couteau de cuisine et d'une poêle à frire.

J'estime même que je devrais plutôt la récompenser pour son acte, car elle vient d'ajouter pour moi un intérêt à la vie en piquant ma curiosité. Par de telles bizarreries, la nature prodigue constamment de nouvelles sources de joie aux chercheurs passionnés. Tout est pour moi sujet d'étude, depuis les phénomènes célestes jusqu'aux insectes qui se faufilent dans l'herbe à mes pieds. J'y découvre les merveilleux desseins de la Création. Plus je vais, plus je suis convaincu que je ne suis qu'un atome dans cette immense fraternité des êtres et j'éprouve un bonheur indicible à cette constatation.

Jusqu'alors, j'étais pour ainsi dire une étincelle de vie exilée sur une terre étrangère. Dans mon égoïsme humain, je me suis tenu à l'écart de toutes les autres existences qui n'affectaient point ma propre forme, misérable et laide. Je me considérais supérieur à tous ceux qui n'appartenaient pas à ma race et avaient une couleur différente de la mienne.

Deux faits très simples me comblent de plaisir en ce début d'après-midi et illustrent l'idée qui me vient à l'esprit. Il me suffit de pencher la tête pour les voir.

Je me suis remis à écrire entre les deux gros sapins, mais pendant mon absence d'une semaine d'autres étincelles de vie ont pris possession de ma table de travail. Entre les deux planches de sapin qui forment le dessus de cette table la violente tempête a dû apporter un petit morceau de terre et une graine, si bien qu'un tendre bourgeon vert commence à poindre. Pour le moment, ce n'est qu'un brin de couleur vert pâle, semblable au rejeton de l'asperge. On dirait qu'il palpite de vie et j'éprouve un sentiment stupide : je me plais à imaginer que la nature m'a réservé cette petite surprise pour fêter mon retour et que, si j'accorde à ma plante en miniature quelques soins fraternels, j'aurai bientôt sur ma table une fleur, non point transplantée ou cueillie, mais poussée là par une délicate attention. Cette notion, puérile en apparence, me procure un vif plaisir et me rapproche plus du Créateur qu'un long sermon prononcé du haut de la chaire ; car je n'entends pas seulement parler de Dieu, mais je contemple une manifestation physique de la divinité et j'y trouve un immense réconfort.

L'autre événement intéressant survenu durant mon absence, c'est que ma table de travail est devenue une plaine à travers laquelle court la piste d'une importante colonie de fourmis. Ces bestioles grimpent le long du pied droit de la table pour se rendre vers le haut sapin à ma gauche. Une file de travailleuses redescend de cet arbre, traverse l'espace qui les sépare de la table et remonte par le pied. Elles ne semblent porter aucun fardeau, cependant elles se meuvent avec précision et suivent un chemin bien déterminé. J'en conclus que lorsque des fourmis cheminent de cette façon, elles ont dans leur minuscule cervelle une idée bien arrêtée. Je suis persuadé qu'elles quittent leur forteresse aérienne pour regagner une autre demeure, ou que tout au moins les ouvrières de la tribu se renseignent sur quelque nouvelle trouvaille faite au sommet du conifère ou dans la direction du cours d'eau. Bientôt j'en aurai le cœur net [1].

Autrefois, j'aurais sans hésitation balayé le joli petit bourgeon et chassé la tribu de fourmis en en exterminant le plus possible. Toutefois, je tiens à vous assurer que je n'ai pas perdu la tête et que je n'applique pas avec une étroitesse d'esprit ridicule ma maxime : « Vivre et laisser vivre. » Si cette même tribu de fourmis avait envahi ma cabane et dévoré les aliments indispensables à ma subsistance, je l'aurais détruite ou chassée. La nature me donne le droit de me protéger et de protéger mon bien. C'est également le privilège de toute autre étincelle de vie. Si je me tenais debout sur leur fourmilière, ces mêmes insectes m'attaqueraient avec la rage du désespoir. Mais à présent elles ne me font aucun mal, et je ne les moleste pas.

Lorsque, voilà une heure, je me suis assis devant ma machine à écrire, j'avais l'intention de vous raconter quelques incidents qui ont amené ma conversion et m'ont fait adopter cette grande loi de la nature : « Vivre et laissez vivre. »

L'incident le plus dramatique, au cours de cette partie de mon existence, se produisit dans les montagnes de la Colombie britannique, où m'avait conduit l'amour des longs voyages et de l'aventure.

Mais une transformation s'était opérée en moi longtemps avant cette époque. Ma conscience m'adressait des reproches et je regrettais d'avoir tué tant d'animaux à la chasse. Je demeurais toujours l'égoïste suprême, me croyant l'élu de Dieu, et chaque fois que je me retenais de détruire un autre être prétendu inférieur je me flattais de ma condescendance et de ma bonté.

Je faisais alors une chasse au grizzly dans les montagnes inexplorées de la Colombie britannique. J'emmenais avec moi un homme, sept chevaux et une meute de chiens airedales dressés pour la chasse à l'ours. Nous étions tombés sur le paradis des grizzlies et des caribous et nous en avions abattu un nombre considérable quand un jour nous fîmes connaissance avec Thor, une grande bête qui me démontra la méchanceté et les mauvais instincts de l'homme.

Dans un endroit boueux, ses pattes avaient laissé des empreintes mesurant trente-cinq centimètres environ d'un bout à l'autre et si larges que je me figurais être tombé sur le roi des ours. J'étais seul, ce matin-là, car j'avais quitté le campement une heure plus tôt que mon compagnon,

1. Lors du voyage de J. O. Curwood à Paris, j'eus l'occasion de m'entretenir avec lui de l'intelligence chez les animaux. Tout en admirant le magnifique travail d'observation de l'entomologiste J.-H. Fabre, Curwood s'étonnait qu'un pareil esprit ait pu nier l'intelligence chez les insectes. Au sujet des fourmis, Curwood me rapporta le fait suivant. Dans son verger d'Owosso, afin d'éviter l'intrusion de ces bestioles sur les fûts de ses arbres, il en avait fait enduire la base, sur une certaine largeur, d'une substance gluante. Quelle ne fut pas, le lendemain, sa stupéfaction en constatant que les fourmis avaient pratiqué, au moyen de brins d'herbe savamment jetés sur la zone dangereuse, des ponts sur lesquels elles continuaient tranquillement leur chemin ! Avec un sourire malicieux, Curwood me demanda : « Comment Fabre aurait-il appelé cela : de l'instinct ou de l'intelligence ? » (note de L. P.).

qui me suivait à quatre ou cinq kilomètres en arrière, avec quatre des chevaux et les airedales. Je poursuivis mon chemin à la recherche d'un nouvel emplacement pour camper, empoigné d'un violent désir. Je voulais arracher la vie de ce monstre, roi des montagnes.

Alors survint l'imprévu. Arrivé au sommet d'un monticule, m'imaginant le plantigrade à au moins trois ou quatre kilomètres de moi, j'entendis un grognement sourd et lointain qui me glaça le sang dans les veines.

Devant moi, au bord d'une petite mare de boue, se tenait Thor. Il m'avait senti et je crois bien qu'il flairait pour la première fois l'odeur humaine. Dans l'expectative, il s'était assis sur ses hanches, comme un chien qui fait le beau, ses pattes boueuses repliées devant sa poitrine. Il mesurait bien trois mètres de haut et sa nouvelle fourrure de juin, d'un brun doré, brillait au soleil. Ses pattes de devant étaient presque aussi longues que le corps d'un homme et trois de ses cinq griffes d'acier atteignaient quinze centimètres. Gros et gras, le poil luisant, il respirait la force. Ses crocs supérieurs, aigus comme des stylets, étaient aussi longs que le pouce d'un homme, et entre ses énormes mâchoires il eût facilement broyé le cou d'un caribou.

Je n'ai pas remarqué tous ces détails en ces premières minutes d'émotion : ils me revinrent par la suite l'un après l'autre. Jamais il ne m'avait été donné de jeter les yeux sur un être aussi magnifique. Cependant, pas une seconde je ne songeai à épargner cette vie splendide.

Depuis lors, bien souvent, dans mon campement, j'ai dormi la tête appuyée sur la patte d'un grizzly bien en vie, pesant un millier de livres. L'amitié et une mutuelle compréhension existaient entre nous. Mais à cette époque je ne pensais qu'à détruire cette vie beaucoup plus puissante que la mienne. Mon fusil pendait à ma selle dans son étui en peau de daim. Je m'en saisis pour passer à l'action, mais, dans ces précieux instants, Thor s'était abaissé lentement et s'éloignait d'un pas pesant. Je tirai à deux reprises et j'aurais juré que j'avais raté ces deux coups. Un peu plus tard, je découvris qu'une de mes balles avait ouvert un sillon de cinq centimètres de large sur trente de long dans l'épaule de Thor. Pourtant, je ne le vis pas hésiter : il reprit son chemin sans se détourner.

La honte m'envahit au moment de décrire ce qui se passa les jours suivants, mais à ce sentiment se mêle une joie profonde, car ce fut le début de ma conversion. Jour et nuit, mon unique souci consistait dans la destruction du gros grizzly. Nous suivîmes ses traces, les chiens lancés sur sa piste comme des démons. Cinq fois, au cours de la première semaine, nous nous trouvâmes à portée de fusil du plantigrade, et à deux reprises nos balles le touchèrent. Mais il ne s'arrêta pas pour nous attaquer : il désirait seulement qu'on le laissât en paix.

Au cours de cette semaine, il tua quatre de nos chiens, et nous dûmes attacher les autres pour leur épargner un sort tragique. Nous poursuivîmes notre gibier à cheval et à pied sans nous attarder à abattre d'autres animaux rencontrés en chemin. Le désir de tuer Thor devenait chez moi une obsession. Il nous battit à la course, déjoua toutes nos ruses, mais je savais que nous devions triompher en fin de compte. Ses blessures l'affaiblissaient lentement et la fatigue aurait sûrement raison de lui. De nouveau, nous lâchâmes les chiens, et un autre fut tué.

Alors, vint le jour où Thor, le roi des montagnes, me montra à quel point j'étais méprisable... en dépit de ma forme et de mon âme humaines.

C'était un dimanche. Ce jour-là, j'avais gravi le flanc d'une montagne à une hauteur de neuf cents à mille mètres. Au-dessous de moi s'étendait une vallée splendide, parsemée de bouquets d'arbres et tapissée d'herbes verdoyantes, où poussaient des myosotis, des violettes, des asters et des jacinthes. Devant mes yeux se déroulait le grandiose panorama des montagnes Rocheuses canadiennes, dont les contours s'adoucissaient sous les rayons dorés du soleil de la fin juin.

Du haut en bas de la vallée, des brèches et des ravins montant jusqu'aux sommet neigeux, parvenait un murmure berceur : la chanson de l'eau courante, musique éternelle dans l'air estival ; les rivières et les ruisseaux qui s'échappent de la neige fondante là-haut près des nuages ne s'arrêtent jamais de couler.

De suaves parfums m'arrivaient en même temps que cette musique. Juin et juillet..., le dernier mois du printemps et le premier de l'été dans les montagnes du Grand Nord se rejoignaient. Toute la terre se couvrait de verdure ; sur les pentes ensoleillées et dans les prairies les fleurs jetaient leurs taches rouges, blanches et pourpres. Tous les êtres vivants clamaient leur joie, depuis les grosses marmottes et les lièvres de rocher, semblables à des écureuils, jusqu'aux énormes bourdons butinant de fleur en fleur, aux hiboux dans la vallée et aux aigles sur les pics.

La terre, semblait-il, goûtait une paix infinie.

Et moi, je contemplais cette immensité de vie, gonflé de mon importance.

Car le Créateur n'avait-il pas fait pour moi le monde et toutes ses merveilles ?

Inutile d'essayer de me prouver le contraire. J'étais le maître, parce que je pouvais penser, raisonner et tenir les rênes d'une puissance destructive illimitée. Soudain, l'idée du temps infini m'empoigna comme une chose vivante. Hier, un fait était survenu qui, aujourd'hui, m'obligeait à la réflexion. Sous un rocher surplombant, j'avais découvert un os monstrueux, lourd comme du fer, une partie d'une vertèbre gigantesque. Deux ans auparavant, j'avais mis à nu une partie du squelette d'un animal préhistorique pareil à celui-ci, et, d'après les photographies que j'en pris, les services scientifiques de l'université de Michigan et du gouvernement d'Ottawa s'accordèrent à reconnaître que ces ossements provenaient du squelette d'un mammouth qui jadis avait nagé à cet endroit où les pics des montagnes Rocheuses se dressent sur le continent.

En abaissant mon regard vers le sol, je pensai à cet os monstrueux découvert la veille dans le gisement sablonneux. Lorsque les trois Rois mages aperçurent l'étoile à l'est, cet os était tel que je l'ai trouvé. Il se trouvait à cette même place à la naissance du Christ ; il gisait là, intact, avant la fondation de Rome, avant la disparition de Troie dans les ténèbres du passé, avant les débuts de l'histoire parvenue jusqu'à nous. Il était là, il y a un million d'années, dix millions, cinquante, cent millions.

A cette pensée, je me sens infiniment petit, mon égoïsme disparaît, ces montagnes s'évanouissent et, d'un vaste océan, je vois émerger d'autres continents habités par d'autres peuples, guidés par d'autres croyances s'inspirant d'autres civilisations depuis longtemps effacées. J'entends le bruit des vagues à mes pieds, là où poussent l'herbe et les fleurs de la vallée. Et cette musique berceuse se change bientôt en de sourds murmures montant de milliards et de milliards d'hommes, de femmes et d'enfants qui ont vécu et sont morts dans ces civilisations des âges révolus.

Ces chuchotements imaginaires de mondes oubliés m'enseignèrent une grande vérité : l'Arbitre suprême de toutes choses a veillé sur ces trillions d'individus comme il veille en ce moment sur moi, misérable grain de poussière dans le vaste dessein de la nature. Mon égoïsme m'apparaît alors criminel, sacrilège et odieux. Je comprends également que l'heure viendra où la civilisation actuelle sombrera pour être remplacée par des centaines et des milliers d'autres civilisations qui, à leur tour, vivront et disparaîtront.

Ce même dimanche, dont je garde un si précieux souvenir, je me posai une vieille, très vieille question :

« Qu'est-ce que Dieu ? »

Contemplant la vallée, puis le ciel, j'ai fini par trouver la réponse : « Dieu est ici et là, il est partout ! Il est une puissance infinie : la vie. La vie a commencé il y a un nombre incalculable de siècles et elle continuera pendant un nombre de siècles aussi incalculable. »

Pendant que nous nous chamaillons à propos de religions et de façons de voir étroites et que nous vouons à la damnation ceux qui ne partagent pas nos croyances, tandis que les sectes luttent pour convertir les dissidents et que nos esprits mesquins suivent les sentiers tortueux, la Puissance infinie regarde et attend, comme elle l'a fait depuis le commencement du monde et continuera jusqu'à la consommation des siècles. J'arrête mon regard sur la vallée verdoyante, paisible et ensoleillée, d'où monte un murmure enchanteur qui semble dire :

« Si cela n'est Dieu, qui est Dieu ? »

Dans mon cerveau, pour la première fois, s'élève cette question : « Et toi, qui es-tu ? »

Je grimpai plus haut dans la montagne et je sentis toute ma superbe s'évanouir. Avec bienveillance, on venait de me montrer à quel point j'étais pitoyable. Je ne possédais aucune puissance. Dans le plan universel, je ne compte pas plus qu'un brin d'herbe. Mon égoïsme, en ce magnifique dimanche, commença de s'effriter. Et alors, par hasard, le miracle se produisit.

Je parvins à une muraille rocheuse qui s'élevait à trente mètres au-dessus de ma tête. J'avançai sur un étroit rebord. A un certain moment, le passage devint difficile et rocailleux et en franchissant un éboulis de roches, je perdis pied et tombai. J'avais emporté avec moi un léger fusil de montagne et, comme j'essayais de reprendre mon équilibre, je le balançai si violemment que la crosse frappa un coin du rocher et se brisa net. Je venais d'échapper à la mort et je conservais assez de lucidité pour me féliciter de ma bonne chance. A une quinzaine de mètres plus loin, j'arrivai à un creux dans la falaise où le rebord s'élargissait et formait une plate-forme de sept ou huit mètres carrés. Là, je me reposai, adossé contre le mur vertigineux, et j'examinai mon arme.

Je posai près de moi mon fusil désormais inutile. Derrière moi se dressait la muraille abrupte et devant moi béait un précipice au fond duquel mon corps serait allé se fracasser à trente-cinq mètres plus bas si je ne m'étais arrêté à temps. Là-bas, au fond de la vallée, la rivière ressemblait à un ruban argenté. A quatre ou cinq kilomètres de distance, je découvrais un petit lac. Sur une autre montagne, une tumultueuse cascade se précipitait pour se perdre dans la verdure veloutée d'un bois.

Pendant de longues minutes, d'étranges pensées s'emparèrent de mon imagination. Je ne scrutais point le paysage à travers ma longue-vue, car à cet instant le gibier ne m'intéressait plus et je n'éprouvais nul désir de tuer.

Tout à coup, un bruit parvint à mes oreilles et mon cœur cessa presque de battre. Je ne l'avais pas entendu avant qu'il fût tout près de moi... et il approchait le long de l'étroite saillie au flanc de la montagne.

C'était le clic, clic, clic de griffes grattant le rocher.

Immobile, je respirais à peine. Sur le bord que j'avais suivi, je vis un ours monstrueux !

Je le reconnus aussitôt : c'était Thor ! Au même instant, l'énorme plantigrade m'aperçut.

En trente secondes, je vécus toute une vie, et en ce court laps de temps mon esprit fonctionna avec une rapidité inconcevable.

Une frayeur intense me saisit. Cependant, je voyais tout ce qui se passait autour de moi dans les moindres détails. La tête et les épaules massives de Thor avançaient sur moi. Je distinguais la longue cicatrice laissée par ma balle sur son épaule. Une deuxième blessure apparaissait sur sa patte de devant encore déchirée et à vif, là où une autre de mes balles l'avait frappé.

Le gigantesque grizzly n'était plus gras et luisant comme lors de notre dernière rencontre, voilà dix jours. Pendant tout ce temps, il avait lutté pour conserver sa vie ; il était plus maigre, ses yeux étaient injectés de sang, ses poils étaient devenus ternes et broussailleux à la suite du manque de nourriture dont il avait souffert. Mais à cette distance, à moins de trois mètres de moi, il m'apparut formidable encore, aussi terrible que la montagne. Tandis que je demeurais là, stupide et immobile comme un rocher, attendant l'heure du destin, je devinai ce qui s'était passé. Thor m'avait suivi le long du rebord et, en cette heure de vengeance, c'était moi, et non le grand ours, qui allais périr.

Je crus vivre une éternité en ces dramatiques instants. Thor, tout-puissant dans sa force, m'observait sans bouger. Et ce bipède qu'il fixait du regard, recroquevillé contre le rocher, était celui-là même qui l'avait poursuivi, qui l'avait blessé, et il en était si près qu'il pouvait l'écraser d'un coup de patte. Combien cet être paraissait faible et fragile en ce moment ! Quelle créature insignifiante ! Où étaient son étrange tonnerre, son éclair brûlant ?

Pourquoi ne faisait-il aucun bruit ?

Lentement, Thor se mit à balancer son énorme tête d'un côté et de l'autre, puis il s'avança... d'un pas seulement. Et, d'un mouvement gracieux, il se dressa de toute sa hauteur. Pour moi, c'était le commencement de la fin ! En ce moment tragique, je n'éprouvai aucune pitié pour moi-même. La justice, enfin, triomphait ! J'étais condamné à mourir, moi qui avais fait périr tant d'autres êtres. Comme je me sentais impuissant, lorsque je ne tenais pas une arme à la main ! J'avais détruit sur terre plus d'animaux qu'il n'en faudrait pour nourrir un millier d'hommes et à présent j'allais moi-même subir le sort de mes victimes. Ce n'était que justice ! Soudain, la peur m'abandonna. J'aurais voulu crier mon remords devant cette splendide créature, et, si mes lèvres sèches avaient pu exprimer mon repentir, ce n'eût pas été par lâcheté... mais par sincérité.

J'ai lu de nombreux récits empreints de vérité, d'espoir et de charité. Dès ma tendre enfance, mon père s'était efforcé de me donner une bonne éducation et lui-même vivait suivant ses principes. Ma mère me racontait des histoires sur les grands hommes et les femmes vertueuses. Plus tard, lorsque je devins un homme, je compris par son exemple que les choses les plus précieuses au monde sont la charité et l'amour. Cependant, j'avais recueilli ces enseignements d'un point de vue étroit et mesquin. Seulement à cet instant impressionnant, au bord du précipice, je compris combien peut être vile l'âme de l'homme enfoui dans son égoïsme... et combien l'âme d'une bête peut parfois être noble.

Thor me reconnaissait, j'en réponds. Il revoyait en moi son ennemi le plus redoutable. Jusqu'à ma mort, rien ne m'empêchera de croire que, voyant mon impuissance, l'ours ne me haïssait plus et n'en voulait point à ma vie. Car lentement il se laissa retomber sur ses quatre pattes et, d'une démarche claudicante, il poursuivit sa route le long de la muraille rocheuse... et me laissa la vie !

Je ne serai pas assez vain pour m'imaginer que la Puissance suprême a choisi mon insignifiante personne, entre un milliard et demi d'êtres humains, pour prêcher un sermon à l'occasion de l'événement qui se produisit ce dimanche-là au flanc de la montagne. Peut-être ce ne fut là que l'effet d'un pur hasard et qu'un autre jour Thor m'eût tué, me voyant sans défense. Je ne crois cependant point qu'il s'était agi d'un simple accident heureux pour moi, car j'ai découvert depuis que l'âme de la plupart des animaux est moins haineuse et moins méchante que celle de l'homme ordinaire. Qu'on partage ou non ce point de vue, le fait ne tire pas à conséquence. Toujours est-il qu'à partir de ce jour s'opéra en moi un changement radical grâce auquel j'ai pu jouir enfin de la paix et de la joie qu'offre la fraternité universelle des êtres. La façon dont cette vérité me fut imposée compte peu : seul importe le résultat.

Je redescendis la montagne, emportant mon fusil brisé. Partout je voyais la nature sous un nouveau jour. Les marmottes siffleuses ne représentaient plus des cibles à mes yeux. Les gophers, se chauffant au soleil, prenaient plus de sens pour moi que quelques heures auparavant. Je regardai au loin sur le versant d'une autre montagne et découvris la demi-douzaine de chèvres que j'avais observées à travers ma longue-vue un peu plus tôt dans la journée. Mais mon désir de massacre avait disparu.

En cet instant-là, je ne me rendais pas tout à fait compte de la transformation effectuée en moi. Je l'acceptais vaguement, comme l'effet d'une commotion, peut-être aussi comme un remords passager et une reconnaissance éphémère pour avoir échappé de si près à la mort. Je ne me promis point de ne plus tuer de gibier sauf en cas de nécessité et pas davantage d'épargner la vie des marmottes siffleuses. Pourtant, une révolution s'effectuait en mon être. La vallée me semblait différente et son air plus doux. Je découvris une inspiration nouvelle dans la chanson de ses rivières et le murmure de sa brise. L'herbe était plus molle sous mes pas, les fleurs plus belles et la terre entière me réservait d'ineffables émotions.

Quelques jours plus tard, à la nuit tombée, assis au coin d'un petit feu en compagnie du vieux Donald, j'aiguillai la conversation sur le mystère de la Transfiguration et lui racontai ce qui s'était passé au sommet d'une montagne où le Christ s'était rendu avec Pierre, Jacques et Jean.

« Ce n'est pas le Christ qui fut transformé réellement pendant qu'il priait sur la montagne, dis-je à Donald. Le changement s'était opéré chez Pierre, Jean et Jacques qui, à ce moment, virent leur Maître avec de nouveaux yeux et un nouvel esprit. La Transfiguration fut un simple processus mental chez les disciples. Ils voyaient maintenant, alors qu'auparavant ils étaient à demi aveugles. Et je me demande si ce vieux monde où nous vivons ne se transformerait pas pour nous de la même manière si nous le considérions avec intelligence et des regards purs ? »

Aujourd'hui, à l'approche du soir, je regarde en arrière à travers les années écoulées et le souvenir de Thor me réchauffe le cœur. Grâce à lui, je me plais à croire que ce dimanche-là je suis entré dans un monde nouveau où toutes choses prennent à mes yeux une nouvelle portée.

Selon mes faibles moyens, j'ai découvert les merveilleuses ressources de l'instinct et cet instinct, provenant de la Puissance suprême qui anime la nature, me paraît bien plus étonnant que la raison même. Je comprends plus clairement pourquoi on aime toujours un bébé, si laid soit-il. C'est parce que, dénué de toute force et de toute raison, il dépend entièrement de l'instinct et nous semble plus proche de Dieu. Lorsque nous exposons notre vie pour le protéger, nous oublions que l'adulte, malgré tout son pouvoir de raisonnement, n'était à l'origine qu'une créature d'instinct. Nous oublions aussi qu'il lui a fallu des milliers de siècles pour acquérir un langage que la possession de celui-ci a seule fait de lui un être supérieur. Car le langage donne naissance à la raison et permet la communication de la pensée. Si l'homme était brusquement privé du langage et de moyens de transmettre sa pensée, au bout de plusieurs générations il redeviendrait un être guidé exclusivement par l'instinct. Il rentrerait dans la masse des autres créatures et perdrait son titre d'être élu et oint du Seigneur.

Mais la chance lui échut peut-être en ces jours lointains où il se balançait par la queue aux branches des arbres. Il décela une méthode rudimentaire d'exprimer sa pensée, méthode qui s'est perfectionnée au cours des âges. Alors la tête lui a tourné, pour ainsi dire, et pendant des dizaines de milliers d'années il a considéré avec mépris ses parents pauvres qui n'ont pas, comme lui, été favorisés par le sort.

Mais je suis en train d'apprendre qu'il ne s'est point libéré et ne se libérera jamais entièrement de ses premières origines. Les religions peuvent se succéder, jamais il ne retrouvera la paix et le contentement qui étaient son lot, à moins qu'il ne reconnaisse l'âme de cette nature qui est sa mère et, renonçant à son égoïsme monumental, il ne témoigne plus de compréhension envers l'état instinctif par lequel lui-même a passé dans sa prime enfance.

A proximité d'où je suis assis gît une vieille souche revêtue d'une vigne sauvage aux tons chauds, avivés sous les rayons du couchant. Instinctivement, cette vigne a grimpé au sommet de la souche et là, privés de support, une demi-douzaine de longues vrilles essaient d'atteindre un jeune bouleau à deux ou trois mètres plus loin. Une vrille plus forte et plus âgée que les autres est parvenue à s'enrouler sur la branche la plus proche. Ses compagnes la suivent sans se tromper, et pourtant elles n'ont pas d'yeux pour voir. Rien ne leur indique le chemin. Seul l'instinct de la vie les guide, ce même instinct qui a entraîné l'homme, peu à peu, hors du sombre chaos du passé.

Si l'homme voulait retirer le bandeau qui l'aveugle, il discernerait mille autres manifestations de cette force prestigieuse qu'est l'instinct. Je le vois comme une source inépuisable de vie, de vigueur, d'émulation et d'inspiration. Il représente à mes yeux la seule force indispensable de la Création, plus précieuse que tous les trésors de l'univers. Si seulement l'homme, oubliant sa prétendue grandeur, se penchait fraternellement sur les autres créatures !

Le crépuscule tombe. Lâchant ma plume, ici, en plein cœur de la forêt, je crois percevoir les ricanements ironiques de ceux de mes lecteurs qui s'imaginent être d'essence divine. Il me semble les entendre dire :

« Il a tort. La nature est superbe... parfois. Mais le plus souvent elle est grossière, destructrice et cruelle. Tandis que nous autres, hommes, n'avons-nous pas accompli des merveilles ? N'avons-nous pas prouvé que nous étions les élus de Dieu ? N'avons-nous pas créé les nations, édifié de grandes villes, accumulé d'immenses richesses ? N'avons-nous pas inventé le dollar ? N'entravons-nous pas la nature de mille façons, démontrant ainsi que nous sommes ses maîtres et qu'elle est notre esclave ? »

J'entends alors une autre voix murmurer dans le lointain :

« Certes, vous êtes grands à vos propres yeux. Vous avez construit des nations, des villes et des temples et vous avez créé... le dollar. Mais cessez un instant votre lutte effrénée, et vous êtes pris de peur. Oui, et vous hurlez dans votre frayeur. Vous appelez les fantômes à votre secours pour qu'ils vous apprennent ce qui se passe après la mort. Vous réclamez à cor et à cri une religion qui vous procurera une foi absolue et la paix intérieure. Mais en vain. Vous vous croyez puissants parce que vous avez bâti des gratte-ciel, que vous traversez les nuées et que vous franchissez à toute vitesse un pays plein de poussière. Mais vous oubliez vite. Vous oubliez votre petitesse d'hier. Vous n'avouez point à vous-mêmes que vous êtes malfaisants, les pires fléaux de la Création. Oui, sans doute vous êtes grands et pleins de sagesse, mais tous vos chefs-d'œuvre ne sauraient vous procurer ce que vous cherchez vainement : la satisfaction d'une foi profonde et durable. »

Quatrième piste

VERS LA FOI

Il s'est écoulé quelque temps depuis que je me suis assis à ma table de travail sous les hauts sapins. Au cours des cinq ou six derniers jours, j'ai vécu une aventure réconfortante, mais elle a tout à fait bouleversé mon emploi du temps.

En d'autres termes, j'ai lié connaissance avec des petits animaux qui me paraissent aussi dignes d'intérêt, à leur façon, que les bébés d'hommes. Et j'éprouve envers les pères et mères de ces petits plus d'affection et de respect qu'envers certains hommes et femmes. Dans l'ensemble, ils sont plus propres, plus beaux et plus sains que la moyenne des humains, encore qu'ils soient, selon les décrets humains, une méprisable engeance.

Je veux parler des ours. Voilà quelques années, un de mes sports favoris était la chasse aux ours noirs, aux grizzlies et aux ours polaires. Maintenant, je les considère comme mes frères et leur société m'amuse prodigieusement. Je m'indigne de constater que dans tous les États de l'Amérique, à deux ou trois exceptions près, la loi déclare que mes amis sont des bêtes nuisibles, tout comme les poux, les puces et les punaises. On peut donc les tuer impunément, eux et leurs petits, simplement parce que, peut-être une fois dans la vie, un ours, vivant dans les parages de la civilisation, a fait son repas d'un cochon ou d'un agneau. S'il était donné à toutes les mères des hommes de tenir dans leurs bras un petit ourson pendant cinq minutes, il s'élèverait une telle manifestation de sympathie féminine que cette loi devrait être abrogée.

Je crois que les grands mouvements vers un état meilleur, plus noble et plus beau, sont toujours déclenchés par les femmes. Aussi donnerais-je une année de ma vie pour qu'un million d'entre elles pussent être témoins du spectacle que j'ai contemplé ces jours derniers. Quelle que soit l'égalité qu'elles acquerront plus tard vis-à-vis de l'homme, jamais celui-ci ne leur enlèvera cette supériorité du cœur qu'elles ont sur lui. Et je vois venir le jour où les femmes comprendront et entreprendront la croisade pour la fraternité entre tous les êtres vivants, y compris le brin d'herbe, le chêne et les animaux.

Alors poindra l'aurore de cette religion naturelle qui glorifiera la terre. Ce jour, l'homme ne se prendra plus pour un dieu, mais reconnaîtra qu'il n'est qu'une partie infime de l'œuvre divine. Quand l'homme aura atteint ce degré de perfection, qu'il se sera débarrassé de son arrogance et de son égoïsme, alors naîtra une nouvelle foi universelle si réconfortante dans cette Puissance souveraine que nous appelons Dieu.

A mon sens, la base de cette foi reposera sur une meilleure compréhension de toute vie, si humble soit-elle. Enfin, l'homme admettra qu'il n'est pas plus une manifestation physique de la suprême Force vitale que les autres créatures autour de lui.

Je crois que la nature, mère de toutes choses, essaie de nous enseigner cette vérité par mille voies différentes, dans la fumée et le surpeuplement des grandes villes, aussi bien que dans les champs et la forêt ; aussi, je reviens à mes aventures avec les ours.

A une dizaine de kilomètres au nord de ma cabane se dresse une montagne que j'aperçois nettement d'une des branches du haut sapin choisi par moi comme observatoire. Cette crête forme une sorte de barrière entre moi et les terres plus basses qui s'étendent au-delà. Autrefois, un incendie a complètement dévasté la végétation sur ces hauteurs recouvertes à présent de jeunes bouleaux, de magnifiques peupliers et de pampres vigoureux. D'ici peu, j'y verrai une abondance de fraises, de framboises et de cassis. A l'automne, les sorbiers ploieront sous les baies mûres. Dans l'ensemble, c'est un pays de cocagne pour les bêtes sauvages à sabots, à griffes et à plume. Trois fois, j'ai franchi cette crête. Je discerne dans toutes ces richesses un témoignage superbe de la vie qui respire au-dessus et autour de moi. Je crois entendre ces feuilles vibrer de jeunesse, ces fruits se gonfler et sous mes pieds l'humus palpiter de force vitale. Il me semble que je vivrais et mourrais sur cette montagne ou toute autre semblable sans jamais me plaindre de la solitude.

La première fois que je m'y rendis, surpris par l'orage, je me construisis à très peu de distance un abri de broussailles dans un coin charmant où coulait un mince filet d'eau sortant d'une source à douze pas de là. A ma troisième et dernière visite, je revins à ce même endroit. Là, l'aventure me guettait.

Du bouquet de pins où j'avais construit mon wigwam, je découvrais le pied de la montagne où ondulaient des prairies, décorées de vigne vierge, de buissons et de berceaux de verdure d'un si merveilleux effet que l'homme, ignorant l'art exquis de la nature, aurait juré qu'un architecte paysagiste avait dessiné ce petit paradis.

Ce matin-là, je fus témoin d'un spectacle ravissant. Dans une de ces prairies à l'herbe douce et veloutée, se chauffant au soleil matinal, deux famille d'ours s'étaient confortablement installées.

Je me trouvais si près d'un des ours que je courus me cacher derrière un énorme rocher. La brise m'étant favorable, j'étais admirablement placé pour observer toute la scène. A quarante mètres de moi, je vis une mère ourse et ses trois oursons et, un peu plus haut, une autre mère et ses deux petits. Plus près de la crête se tenaient deux ours que je pris tout d'abord pour des adultes. En les étudiant de plus près, je constatai qu'ils étaient de l'année précédente et à un tiers tout au plus de leur croissance. Je n'aurais su dire à laquelle des mères ils appartenaient. Assez fréquemment, un ourson noir ne quitte pas sa mère à la seconde année et tel devait être le cas.

Durant deux heures, je demeurai dans ma cachette. Ce tableau familial en pleine nature ouvrait sous mes yeux un nouveau chapitre dans le livre de ma religion. Pour la cent millième fois peut-être, la nature m'enseignait que partout la vie est la même et que seul le langage ou le manque d'expression établit une différence dans les relations entre les êtres vivants. L'Arbitre suprême a donné la vie physique à tous les êtres qui m'entourent aussi bien qu'à moi : comme jaillies d'une même dynamo, des étincelles animent les arbres, les fleurs, les buissons, les brins d'herbe, les ours et moi-même. Encore que toutes ces vies proviennent de la même source vitale, combien différentes sont les formes qu'elles animent ! A portée de ma main poussait une magnifique violette de montagne aussi bleue que le ciel et dont les pétales s'éclaboussaient de pointes d'or. A quelques mètres de là, perchée sur une branche de bouleau, une fauvette emplissait l'air de sa mélodie ; derrière moi, les faîtes des pins murmuraient doucement et j'entendais les grognements des mères ourses et les piaillements des oursons. De la montagne elle-même s'élevait un léger bourdonnement, comme si tous les êtres cherchaient un langage et essayaient d'exprimer ce qui se passait en eux.

Je me suis souvent diverti en lisant les discussions ridicules que les prétendus savants naturalistes soulèvent entre eux sur « l'humanisation » de la vie sauvage.

L'orgueil de l'homme le possède si entièrement qu'il répugne à concéder la moindre parcelle d'humanité à ses frères inférieurs. Pour ma part, j'aime toute la vie sauvage et je suis fier et heureux de la voir libre des vertus humaines. Si je décris sincèrement mes aventures loin de toute civilisation, je dois avouer — si désagréable que soit cette affirmation pour certains — que la vie sauvage possède beaucoup de points communs avec l'existence des hommes, et que les mœurs des animaux sont étrangement, en bien des cas, semblables aux nôtres. Je ne discerne guère de différence entre les ourses sur la montagne et deux mamans avec leurs bambins, sauf dans leur aspect physique, et dans le fait que des êtres humains se montreraient plus bruyants. Les ourses étaient plus belles..., j'en demande pardon aux dames. Leur pelage luisait comme du satin noir sous le soleil et les oursons étaient si mignons que je mourais d'envie de les serrer entre mes bras. Cependant, ils donnaient beaucoup de tracas à leurs mères, particulièrement l'un d'entre eux, qui me parût être le plus turbulent de la bande. Chaque fois que sa mère de sa patte délogeait une pierre ou déracinait un jeune buisson, ce petit coquin arrivait toujours le premier pour s'emparer des fourmis et attraper la première bouchée de verdure. Une demi-douzaine de fois, la mère le frappa et l'envoya rouler comme une boule de graisse, mais les corrections n'avaient sans doute pas grand effet sur lui, car, sans perdre de temps, il revenait à la charge.

Pendant deux bonnes heures, les ours s'alimentèrent sur le flanc de la montagne. A plusieurs reprises, les deux familles se rapprochèrent au point que les oursons se mêlèrent les uns aux autres et que les mères se touchèrent presque. Mon histoire semblerait peut-être plus intéressante pour nombre de mes lecteurs si je l'enjolivais d'une haine imaginaire entre les deux mères ourses et d'une bataille sanglante entre les oursons. Évidemment, les ours se battent parfois lorsqu'ils se rencontrent, tout comme les humains..., mais pas aussi souvent. Ce jour-là, les ours mangeaient en paix et paraissaient goûter une grande joie de se trouver ensemble. Le tableau était si charmant que je me sentis pris du désir de grimper moi-même au flanc de la montagne pour me lier avec eux de camaraderie. Leur repas terminé, les oursons se mirent à folâtrer et à gambader de tous côtés. Je fus sur le point de quitter mon abri pour leur témoigner mon amitié. Mais une chose me retint..., cette chose que toute la nature réclame à cor et à cri : un langage. Je suis persuadé qu'ils m'auraient fait bon accueil si j'avais pu leur dire que j'étais un ami, que je désirais participer à leurs jeux et leur offrir un peu de sucre. Au lieu de cela, voici ce qui arriva.

En jouant, deux des oursons descendirent à cinq ou six mètres de mon rocher. L'un d'eux était le petit gourmand de tout à l'heure. Il perdit l'équilibre, roula sur lui-même et dégringola pour s'arrêter à trois mètres de moi. Lorsqu'il se releva, il m'aperçut et me regarda d'un air effaré. Pendant une bonne minute, il demeura figé sur place et, pendant ce même temps, je restai immobile comme le rocher. Son étonnement me parut si comique que malgré moi je me mis à sourire. Il poussa alors un petit grognement, tel un goret, et disparut. Il remonta le flanc de la colline comme s'il avait le diable à ses trousses. Parvenu à la hauteur de sa mère et de ses frères, il redoubla de vitesse pour gagner le sommet de la montagne. La mère le chercha, renifla l'air et se dressa tout debout. Puis, aussitôt, elle se mit à sa poursuite, les deux autres oursons se précipitant devant elle.

A cent mètres de distance, la seconde mère ourse fut prise de panique et en un rien de temps tous avaient filé de l'autre côté de la crête. Je ne m'étais pas montré et n'avais fait aucun bruit ; le vent m'était toujours favorable. Pourtant, l'ourson effrayé avait donné l'alerte à toute la bande. Seul l'homme, de tous les êtres, pouvait les faire fuir de cette façon. Même en présence d'une meute de loups, les mères se seraient retournées pour engager la lutte. L'instinct avait prévenu ces bêtes de la présence de l'homme. Cependant, l'ourson avait seul vu et senti cet homme, et sans doute n'en avait-il vu d'autre. Pourtant il savait, et toute la bande avec lui, que l'homme était leur ennemi le plus redoutable. En écrivant ces lignes, je pense que la gent animale possède un rudiment de langage universel que les siècles et les centaines de siècles ont résumé en ces mots : *l'homme est notre ennemi.* J'imagine que les vents les transportent sur leurs ailes, que les sommets des arbres les murmurent alentour, qu'ils se répètent dans le chant des ruisseaux, et que tous les êtres de la nature, à l'exception des quelques pitoyables amis de l'homme, ont appris à les connaître. D'aucuns diront que c'est là une opinion plutôt personnelle ; néanmoins, elle m'a donné à réfléchir.

On s'étonne, par exemple, que l'homme soit si exclusif. La Puissance suprême, pense-t-il, est incommensurable. Le ciel, sous quelque point que nous le considérions, est sans limites. Pourtant, il n'en conçoit l'accès que pour lui-même et ceux de sa propre race. De tout temps, il a voulu se persuader qu'il est l'être unique de la Création sur qui Dieu veille. Il essaie de se prendre pour le centre de l'univers. Il refuse d'admettre que le Dieu puissant, mais plein de tendresse, puisse aimer les fleurs, les oiseaux, les arbres et toutes ses autres créatures au même degré que les humains. C'est précisément cette étroitesse d'esprit qui empêche l'homme de s'abandonner en toute confiance à une foi réconfortante.

Je crois en discerner la raison. Dans notre siècle, bien qu'il soit encore enchaîné par son égoïsme, l'homme ne demeure pas complètement aveugle à ses propres défauts. A mesure que la civilisation progresse, il reconnaît qu'il a été un monstre dans le passé et qu'il l'est encore aujourd'hui à beaucoup de points de vue. Il voit ses semblables continuer à commettre tous les crimes connus des âges écoulés, depuis le vol jusqu'à l'assassinat en masse qui décime les nations. Partout, le fort opprime le faible. Des millions d'individus souffrent de la faim et du froid pour le profit de quelques-uns. Dans de grandes assemblées, les « hommes d'État », à qui sont confiées les destinées de tout un peuple, se comportent comme des clowns ou des gamins stupides. Tous les hommes, comme dans une salle de jeux, semblent n'avoir d'autre idéal que de ramasser le plus de dollars possible, sans se préoccuper des conséquences pour leur prochain. Des modes grotesques et écœurantes surgissent et disparaissent. Le monde n'est qu'un vaste domaine d'iniquité où sévissent partout la cupidité, l'avarice, la gloutonnerie et la guerre. De quelque côté qu'il se tourne, l'homme ne rencontre ni la stabilité, ni la dignité, ni le triomphe du bien qui devraient constituer l'apanage des « élus de Dieu ».

Enfin, il commence à se considérer lui-même comme un méprisable spécimen de la vie... en dépit de son cerveau et de ses inventions.

Il commence aussi à comprendre que l'engin le plus parfait ne pourra jamais l'élever jusqu'au ciel et qu'il existe quelque chose de plus grand que son cerveau et que le progrès mécanique.

Plus il se rend compte de son imperfection, plus sa foi s'ébranle, si bien qu'il en arrive à formuler cette pensée sacrilège : « Si je suis le chef-d'œuvre de la Création, comment puis-je approuver l'œuvre divine ? »

Ce soupçon continuant de le hanter, il veut avoir la preuve qu'il est le seul et unique enfant de Dieu. Voilà pourquoi il s'évertue à faire parler l'esprit des morts. En vain, il réclame des « révélations » capables de le satisfaire. Du bout des lèvres, il proclame : « Oui, je crois en Dieu », mais en son for intérieur il sait qu'il ment... par crainte de l'opinion de son voisin s'il disait la vérité. Il veut croire à l'existence de Dieu. Il veut savoir que Dieu existe. Cependant, il a peur.

Cette crainte est salutaire. J'y vois une promesse de salut et le fléchissement de l'égoïsme humain. De nos jours, l'homme conçoit mieux la vie que dans les siècles passés, et demain, après de plus dures épreuves, ses yeux s'ouvriront. Telle est ma foi.

Je crois que Dieu est plus grand que ne l'imagine l'humanité. Dieu est la Vie. Et tout être digne de vivre fait partie de Lui-Même. Je possède la foi de l'Indien et j'entends le joyeux appel de la Vie dans le bruit d'une cascade. J'adore Dieu dans le murmure des arbres, le buisson couvert de fleurs, le gazouillement de l'oiseau et la pluie même. J'éprouve une ineffable consolation et une immense paix à me dire que Dieu est partout et que nous pouvons le contempler une cinquantaine de fois dans la journée si, dépouillés de notre orgueil, nous comprenons que Dieu se manifeste dans toute la nature et que tous, tant que nous sommes, hommes, femmes et enfants, nous faisons partie du Grand Tout.

En ce moment le soleil m'apparaît entre les branches et sa lumière se projette sur ma page à demi remplie. Je regarde l'astre du jour et j'y reconnais la grandeur de l'Être suprême et mon infinie petitesse. Nous autres habitants de la terre, nous imaginons que notre globe nous appartient de droit et qu'il est le centre de l'univers. Or le soleil, qui me réchauffe et éclaire la page sur laquelle j'écris ces lignes, est un million de fois plus gros que notre planète et mesure plus d'un million de kilomètres de diamètre. Et, fait plus stupéfiant encore, ce soleil n'est qu'un rouage infime du mécanisme des forces puissantes de l'infini, car il existe cent millions d'autres soleils dans l'espace qui tous éclairent et réchauffent leurs propres mondes..., des mondes innombrables, chacun d'eux habité par des êtres d'un genre particulier qui tous possèdent sans doute leurs formes de civilisation et de sauvagerie.

Cette œuvre gigantesque est celle de la Force vitale qui commande l'infini et à laquelle nous avons donné le nom de Dieu.

Ici, je reviens une fois de plus à cette immuable vérité dont je suis imprégné : aussi longtemps que l'homme se considérera comme l'être choisi de Dieu et venant tout de suite après lui, il demeurera réfractaire à la foi salvatrice.

Je crois que le Christ était un remarquable professeur, un esprit curieux de son époque et qu'il a incorporé dans sa doctrine tout ce qu'il y avait de bien et de noble dans la morale de ceux qui l'ont précédé. J'ai toujours déploré que le Christ ait eu, pour biographes, des gens qui n'étaient point à la hauteur de leur tâche. Plusieurs d'entre eux font preuve d'étroitesse d'esprit et se sont laissé subjuguer par des « visions » plutôt que par des faits. Ces hommes ont cru à des miracles imaginaires, aux anges qui parlent et à l'arrêt du soleil dans sa course. Ils ont été incapables de transcrire calmement et en toute sincérité les puissants enseignements du Christ qui, s'ils nous avaient été transmis dans le même esprit qu'ils ont été formulés par le Maître, eussent été d'un si puissant secours pour le monde moderne.

Du fond du cœur, je crois que le Christ était le plus fervent amoureux de la nature dont l'Histoire nous ait révélé l'existence. Au cours de ses années de vie obscure, non seulement le Christ étudiait les leçons du passé, mais, vivant au sein de la nature, il découvrait les profondes vérités de la vie, de toute vie, qui devaient par la suite former la base de ses messages à l'humanité.

Si le Christ revenait sur terre de nos jours, il me semble qu'il dirait : « Mes biographes vous ont laissé une fausse impression de moi et ont dénaturé mes paroles. Ils ont enveloppé de superstition et de miracles ce que mon âme a été appelée à vous enseigner voilà près de deux mille ans. Et j'ai accepté une mort infamante pour que les écailles tombent de vos yeux. »

Je regrette surtout que le Christ n'ait point, en tant qu'homme, prévu la prodigieuse influence que devaient exercer ses doctrines à travers les siècles. S'il l'avait prévu, il aurait écrit ses enseignements de sa propre main au lieu de les confier à des biographes fanatiques, superstitieux et presque toujours incapables. De tous les hommes, le Christ fut indubitablement le meilleur et le plus humble. Son enseignement partait de son cœur, et il ne l'enveloppait point de figures de rhétorique. Il devait s'exprimer simplement et de façon directe, car c'est seulement de cette manière qu'il est parvenu à toucher l'âme des masses. Il nous a surtout donné une grande leçon d'humilité. Dépouillant tout orgueil, il s'est soumis au Maître de toutes choses et a ainsi découvert la vérité et une foi sublime.

Certaines personnes, pourtant intelligentes, me reprochent de placer la vie humaine sur le même plan que toute autre vie et m'accusent de blasphémer le Créateur lorsque je professe que la vie chez un bipède capable de parler est la même que celle d'une fleur, d'un arbre ou de quelque animal qui ne sait faire usage de la parole. A plusieurs reprises, j'ai démontré les avantages que possèdent sur l'homme de nombreux êtres vivants qui n'usent point du langage tel que nous le connaissons. Je pourrais remplir plusieurs volumes sur les prodiges accomplis par les créatures dépourvues de la parole. Si l'homme réalisait une minime partie de leurs exploits, on crierait au miracle. Mais l'homme est aveugle dans son ensemble. Son orgueil l'empêche de voir les prodiges de toute créature qui ne marche et ne parle pas comme lui. Lorsqu'il est mis en présence de merveilles irréfutables et de miracles apparents dans les autres espèces, l'homme se jette en dernier ressort sur cet argument vide et absurde : « Mais ces êtres dont vous parlez ne sont régis que par l'instinct. Ils ne peuvent parler ni raisonner, donc ils n'ont point d'âme. »

Un jour, une jolie femme me tint ce propos :

« Votre foi est belle et pleine d'idéal, mais je ne partage pas votre avis et vous devez m'accorder que l'être humain est la plus parfaite de toutes les créatures. »

Je lui tendis une rose exquise que je venais de cueillir dans mon jardin quelques minutes auparavant :

« Il existe, lui dis-je, en dehors des femmes et des enfants, d'innombrables choses plus parfaites que cette fleur. Malgré votre jeunesse et votre beauté, êtes-vous aussi parfaite que cette rose ? »

Je ne suis pas sans savoir que de tels arguments, si nombreux qu'ils puissent être, ne prouveront rien à l'homme et à la femme tant que ceux-ci n'auront pas le courage d'observer la nature et le désir sincère de la comprendre. Ils vous parlent alors des animaux nuisibles, tels que le serpent, les insectes venimeux, les plantes vénéneuses, et oublient qu'eux-mêmes sont des bêtes redoutables et terribles, car une loi mystérieuse de la Création veut que tout être vivant, fleur, arbre, animal et homme, porte en lui un être nuisible, qui lui-même recèle d'autres parasites. Si le monde était sur l'heure débarrassé de tous les êtres malfaisants, jugés sous notre angle, combien d'entre nous resteraient en vie ?

Chaque fois que j'ai écouté les raisonnements fournis par l'orgueil humain, je suis retourné avec joie vers la paix et le calme de la nature, soit au sein d'une forêt profonde, au milieu d'un champ de trèfle, d'un verger ou dans le petit jardin d'une maison citadine. Et, si je me trouve dans un endroit où il n'existe pas de terre fraîche où reposer mes pieds, je cherche la sérénité de mon âme dans les pages imprimées qui décrivent les beautés de la nature.

La lecture d'ouvrages glorifiant la nature, depuis les descriptions grandioses des paysages, jusqu'aux Mémoires sincères et non enjolivés d'un simple cultivateur, m'a procuré joie et consolation et inspiré le courage et la force de la terre elle-même.

Lorsque j'évoque de vulgaires arguments : « Ces êtres-là ne sont régis que par l'instinct ; ils ne peuvent parler ni raisonner ; donc ils n'ont point d'âme », mon esprit se reporte invariablement à un incident qui en est la véritable réfutation. Je pourrais prendre la défense de la fleur, de la vigne, de l'arbre, de l'herbe, mais je recours infailliblement à ce petit drame que je vais décrire parce que l'héroïne est, à mon humble avis, la créature la plus belle de son espèce.

Je ne citerai pas son nom. Elle est la fille d'un des hommes les plus célèbres des États-Unis et l'un des plus grands savants du monde. Si par hasard ces lignes lui tombent sous les yeux, je me plais à croire qu'elle jugera avec une compréhension toute nouvelle son « triomphe » des jours passés.

Elle devait avoir vingt ans lorsque mon attelage de chiens-loups rencontra celui de son père dans l'Extrême Nord. Elle se souviendra de ce début d'après-midi où nous campâmes ensemble au bord de la rivière Cochrane, dans la région du lac du Renne.

Je crois ne pas exagérer en affirmant qu'elle est la plus belle créature humaine que j'aie jamais vue. Débordante de vie et de santé, elle adorait son père, elle aimait le soleil, le ciel, le vent, les arbres, l'univers entier. La vie semblait lui avoir tout donné..., la nuance rare des plus jolies fleurs, des formes divines, une chevelure et des yeux qu'aucun artiste n'aurait pu rendre et une voix harmonieuse. Elle sait attirer l'affection des gens qui l'environnent. Elle consacre ses efforts aux œuvres sociales et passe une grande partie de son temps à soulager la misère des pauvres. Tout récemment, elle a fait construire un asile pour les enfants abandonnés.

Ce jour-là, au campement, nous eûmes une émotion soudaine. Trois Indiens avaient rabattu un élan femelle, son petit âgé d'un an et un mâle sous un couvert. Quelle occasion unique pour cette jeune chasseresse ! Je vois encore ses yeux étinceler de joie. Elle prit son fusil et se précipita, en compagnie de son père et de son frère, jusqu'au refuge de la famille d'élans. Elle se posta à l'entrée d'une clairière et les Indiens délogèrent les élans. D'abord vint le petit, puis la mère et le père. Le joli visage de la jeune fille s'empourpra. Je croyais entendre les battements rapides de son cœur, tandis qu'elle attendait, palpitante du désir de tuer.

Elle tira d'abord sur le jeune élan, puis sur la mère, et à partir de ce moment toute la noblesse et la sensibilité que je me figurais habiter cette jeune personne passèrent chez le vieil élan. Le premier coup avait atteint son petit, qui boitait à présent, et la mère le pressait d'avancer par-derrière. Pas une fois elle n'essaya de dépasser son petit. Ensuite, je fus témoin d'un fait dont la grandeur égale l'héroïsme de l'homme. Croyez, si bon vous semble, que le vieil élan était privé de raisonnement et incapable de penser. Ne lui accordez même pas la possession d'un cœur, d'une âme et de sentiments si votre orgueil doit en souffrir, mais voici ce qu'il advint.

Le vieil élan se mit à courir à côté de sa femelle et de son petit, sans jamais tenter de passer devant eux. Il ne se hâtait pas pour se mettre à l'abri, mais avec intention il demeurait en arrière, se plaçait en large, faisant ainsi de son corps magnifique un bouclier contre les balles.

J'entendis la détonation du fusil de la jeune fille. Par deux fois je vis l'élan frémir et compris qu'il était touché. Puis elle cria, affolée, qu'elle venait de tirer sa dernière balle. Vivement son frère courut vers elle et lui tendit son propre fusil.

« Tiens, petite sœur, prends-le et cette fois ne le rate pas ! »

L'énorme élan s'était retourné, puis d'un pas chancelant, il rattrapa sa femelle et son petit qui avançaient doucement. Dans mon désir de faire fuir ces vaillantes bêtes, je hurlai.

Presque aussitôt, l'élan s'arrêta. Il se mit en travers et nous regarda. Les balles de la jeune fille continuaient à pleuvoir sur lui. Je protestai, mais elle ne comprit sans doute pas le sens de mes paroles. Elle ne songeait qu'à l'achèvement de son crime, sourde et aveugle à la noblesse de cette bête courageuse qui, j'en suis certain, sacrifiait sa vie pour les siens. La soif du meurtre avait chassé du cœur de la jeune fille tout autre sentiment. Son père l'avait rejointe et tous deux poussèrent des cris de joie et de triomphe en voyant le vieil élan tituber et tomber presque sur les genoux. A quatre reprises, il avait été touché, mais il se releva.

Mon expérience m'apprit qu'il n'en avait plus pour longtemps à vivre. Cependant, il conservait tout son courage. Trois cents mètres plus loin, il fit halte et se retourna, donnant ainsi à sa femelle et au petit le temps de gagner le couvert. Lorsqu'il se remit en marche nous parvint une toux rauque et profonde. J'abandonnai tout espoir sur le sort de l'héroïque animal ; il avait dû être blessé au poumon. Je ne courus point rejoindre la jeune fille, son père et son frère sur la piste ensanglantée. Je continuai d'entendre la toux sourde pendant quelques moments, puis tout retomba dans le silence.

Quand je regagnai le groupe dans le bois, je les vis tous trois, debout et l'air triomphant, à côté du cadavre de l'élan. A vingt pas de là, le petit élan gisait, mourant. Le frère venait de l'achever d'un coup de revolver.

Ensuite, mes yeux se tournèrent vers la belle créature coupable de ce double meurtre. Plus d'une fois, il m'est arrivé de commettre pareil crime, mais, vu la cruauté et la grossièreté naturelles de l'homme, la chose me paraissait moins horrible. Un peu plus tard, les lèvres rouges, le visage enflammé, les yeux étincelants, exquise de grâce et de beauté, la jeune fille se faisait photographier, son petit pied posé sur le cou de sa victime.

Lorsque j'entends glorifier l'âme humaine, lorsque des hommes et des femmes m'affirment que seul l'homme possède une âme, mon esprit se reporte à ce jour-là. Je pourrais citer cent autres exemples aussi convaincants, mais celui-là ressort avec un éclat particulier.

J'ai l'intime conviction que l'âme d'une fleur m'a un jour sauvé la vie. Rien d'extraordinaire à cela : l'âme des fleurs a sauvé un nombre considérable de vies et redonné du courage à des millions d'individus. A notre mort, c'est encore l'âme de la fleur qui veille sur notre repos éternel. Nulle part ailleurs les fleurs ne sont si belles que dans les jardins de la mort ; elles nous consolent quand nous venons pleurer sur la tombe de nos chers disparus et nous aident à continuer à vivre. Si l'âme de la fleur était chassée de ce monde, il nous apparaîtrait cruel et sinistre.

Selon moi, l'âme est synonyme de vie et je ne puis les dissocier l'une de l'autre. A notre dernier soupir, nous rendons l'âme et la vie. Les deux, je crois, ne font qu'un. Quand nous cueillons une fleur, nous ne détruisons ni l'âme ni la vie, mais lorsque nous les arrachons par la racine, nous faisons ainsi mourir la plante et détruisons son âme.

J'ai passé des heures splendides dans ces champs de repos qu'on rencontre dans toute ville et dans tout village. Dans un cimetière, je ne vois que la beauté et la gloire de Dieu. C'est là surtout qu'on comprend la fraternité universelle. Il me semble que le calme et la sérénité de ce dernier asile nous murmure le grand secret que les êtres qui gisent là ont enfin découvert : la vie est partout la même, il n'existe de différences que dans ses formes extérieures et ses manifestations.

J'ai l'impression d'être venu dans le seul endroit où règnent la charité, la foi et la bonne volonté. Voilà pourquoi les fleurs et les arbres y sont si beaux et leur vue si réconfortante. Je me suis arrêté dans certains cimetières qui, aux yeux des passants, pouvaient paraître laids et abandonnés, où la main de l'homme n'a apporté que peu de soins. Même en ces lieux, en y regardant de plus près, je retrouve l'âme de la fleur, la même paix et la même tranquillité et peut-être même une plus grande source d'inspiration et de courage.

Je vais vous citer un exemple qui a plus fait pour modifier ma conduite que tous les sermons du monde. Je parcourais le Grand Nord lorsque je fus victime d'un accident et je ne pouvais espérer rencontrer de secours qu'à la cabane d'un Indien, à trente ou quarante kilomètres de là. Cette distance compte peu dans un pays pourvu de bonnes voies de communication, mais il en va différemment dans une région couverte de forêts et de marécages sans pistes ni poteaux indicateurs, et surtout lorsqu'on boite. Comme la plupart des amateurs d'aventures, je m'étais engagé le long d'une falaise proche d'une petite cascade. Perdant l'équilibre, je fis une chute de dix mètres avec un paquetage de soixante livres et mon fusil, et mon pied heurta violemment une saillie de rocher.

Celui qui a affronté maintes situations dangereuses finit par acquérir de la prudence. Malgré cette maladresse inexcusable, sans perdre une minute, je dressai ma petite tente de soie alors que je pouvais encore me traîner. Bien m'en prit. Pendant les dix jours suivants, il me fut impossible de poser mon pied par terre.

Grâce à la musique et à la fraîcheur de la cascade à une trentaine de mètres de ma tente et au petit ruisseau qui coulait tout près, je me trouvais, dans mon malheur, placé dans les meilleures circonstances. Le lendemain de ma chute, j'étais presque impotent ; le moindre mouvement me causait une douleur terrible. Mon pied, ma cheville et ma jambe à mi-hauteur du genou étaient enflés et avaient atteint deux fois leur grosseur normale. Le premier jour, je me dirigeai, en claudiquant, jusqu'à un jeune sapin et, couché sur le côté, je le coupai pour m'en faire une grossière béquille. Le second jour, mon membre inférieur était si enflé qu'il avait perdu tout semblant de forme et de couleur. Une terreur s'empara de moi. Je ne possédais en tout et pour tout que trente cartouches. J'en tirai dix le premier jour, dans le vain espoir que quelque voyageur, errant dans les parages, serait attiré par les détonations.

J'appelai plusieurs fois au secours. Le soir du deuxième jour, sentant monter la fièvre et affligé d'une souffrance intolérable, je me préparai au pire. Je plaçai mes provisions à portée de ma main et me traînai tant bien que mal jusqu'au ruisseau pour y puiser un seau d'eau.

Jamais je n'oublierai l'aube du troisième jour. Torturé par la douleur, le sang fiévreux, la jambe raide comme une planche jusqu'à la cuisse, malgré tout je ne restai point aveugle à la beauté du matin. Le soleil levant éclaira d'abord la cascade, puis ses rayons tombèrent dans la clairière où se dressait mon campement.

Dans le silence, interrompu seulement par la musique de l'eau, tous les bruits de la nature sauvage me parvenaient distinctement. Cette matinée féerique était capable de remettre de la gaieté et de l'espoir dans l'âme d'un moribond. Je détournai les yeux et, presque à portée de ma main, j'aperçus quelque chose qui me regardait. Pour moi, en ce moment, c'était un être vivant et sensible, et cependant ce n'était rien de plus qu'une fleur. Elle se haussait sur une tige mesurant trente centimètres et sa forme me rappelait la pensée de nos jardins. Seulement, celle-ci avait de longs pétales d'une couleur unique, d'un bleu velouté. Elle tournait la tête vers le soleil levant et, partant, vers moi..., malicieux petit visage qui semblait me demander aussi clairement que par des paroles :

« Que t'est-il donc arrivé par ce joli matin ? »

Je ne m'étendrai pas sur la psychologie et le langage de cette fleur, pas plus que je n'analyserai ce sujet. Je veux simplement raconter ce que cette fleur a fait pour moi. Vous direz peut-être que j'avais perdu la tête et que j'étais en proie à la fièvre, mais cette fleur fut mon médecin pendant les jours de souffrance et de désespoir qui suivirent. Parfois, un oiseau chantait à proximité, un animal sauvage venait me dévisager avec curiosité puis s'enfuyait, mais la fleur ne me quittait pas ; elle détournait en partie son visage aux heures du crépuscule, comme pour faire sa prière du soir, car son Dieu était le soleil.

Le matin, tout éveillée, elle le regardait en face. Dans l'après-midi, elle se retournait légèrement sur sa tige et, au soleil couchant, ses doux pétales se refermaient et elle s'endormait comme un petit enfant à la tombée de la nuit.

Jour après jour, notre amitié se resserra. Au bout du quatrième jour, pas un instant elle ne me permit de penser à la mort. Jamais elle ne perdit sa gaieté et sa confiance. Au réveil, elle me souhaitait le bonjour et, quand les ombres s'étendaient sur la terre, elle me disait bonne nuit. A longueur de journée, elle me parlait, hochant sa petite tête au murmure de la brise, et à certains moments j'avais la folie de croire qu'elle me faisait la cour. Je ne me rendis seulement compte à quel point sa société m'était précieuse que le jour où éclata une violente tempête. Je croyais que le premier coup de vent et de pluie allait massacrer ma gentille amie. Pris de panique, je me traînai de droite et de gauche, oubliant ma douleur, et construisis un abri autour de ma fleur.

Cela se passait le sixième jour. Bientôt l'enflure et la souffrance s'atténuèrent. Le dixième jour, je fus à même de m'appuyer sur mon pied. Le quinzième, je me disposai à poursuivre mon voyage. J'éprouvais un réel chagrin à abandonner cette fleur solitaire, devenue partie de moi-même, qui m'avait encouragé aux heures les plus sombres, réconforté même au milieu des ténèbres parce que je la savais présente, attendant le soleil. A mes yeux, elle dégageait une personnalité parmi ses sœurs de la forêt. Au moment du départ, je constatai que la fleur avait vécu son temps et que bientôt elle se fanerait et mourrait. Déjà ses pétales s'affaissaient et son visage ne contemplait plus le soleil ni moi-même avec autant d'ardeur. Il me semblait l'entendre me dire de sa voix imperceptible :

« Je t'en prie, emporte-moi ! »

Ce que je fis. Appelez cela de la folie et de la sentimentalité ridicule si vous voulez, mais la fleur et moi nous en allâmes ensemble et quelques temps après j'écrivis un roman que j'intitulai : *Fleur du Nord.*

Souventes fois, j'ai entendu des esprits forts s'exclamer :

« La vie est trop dure pour qu'on s'attarde à ces billevesées. »

Je partage leur avis jusqu'à un certain point. De nos jours, le sentiment n'occupe pas une grande place dans le monde. Le sentiment, tel que l'entendent des millions d'individus, reflète le cœur et l'âme de tout ce qui est noble et bon sur terre. Dépourvus de sentiment, l'homme et la femme ne goûteront jamais la plénitude de l'amour, même si la loi les a unis par les liens du mariage. Sans le sentiment, l'être humain est incapable d'une bonne action. Sans le sentiment, qui réchauffe l'âme comme le feu réchauffe une chambre froide, il n'existera jamais de foi profonde et consolante. Cette association de force et de bonté embellit le plus simple visage et son absence rend l'expression dure comme roc. L'égoïsme, l'orgueil, le besoin de tirer le plus de biens matériels de l'existence, même aux dépens d'autrui, est son antithèse.

J'ai présents à la mémoire certains faits qui démontrent que le sentiment, et par conséquent la foi, est presque mort dans le cœur des hommes. En effet, dans le monde entier les savants préparent avec frénésie l'extermination de leurs semblables ; à l'heure même où l'univers réclame une foi, voici à quoi aboutissent leurs recherches :

Des gaz mortels auprès desquels la poudre à canon et les fusils feront figure d'anachronismes, et qui, dans la prochaine guerre, détruiront des pays entiers, des hommes, des femmes et même des enfants.

En cette année 1920, on parle d'un rayon mortel qui paralysera et anéantira les êtres humains sur de vastes étendues, sans égard pour les non-combattants.

On envisage la « guerre microbienne » qui répandra la peste sur des pays entiers.

Méditez ces paroles d'un grand expert militaire de la race anglo-saxonne : « La guerre microbienne a été expérimentée sur une petite échelle lors de la Grande Guerre de 1914-1918 et ses résultats sont prometteurs. Voici les méthodes employées : on a empoisonné les sources au moyen des germes du choléra et du typhus, lâché des chiens inoculés du virus de la rage et des femmes syphilitiques dans le pays ennemi. Voici un début encourageant et dont on peut prévoir le vaste développement. »

Un début encourageant..., le vaste développement..., le typhus, la rage, l'élevage commercialisé de femmes contaminées !

Oui, le monde réclame une foi à cor et à cri, au moment où il va se fracasser sur le rocher de son propre orgueil et de son égoïsme. Mais il existe un gros défaut dans sa cuirasse : alors qu'il commet des crimes et en échafaude de plus meurtriers, il commence à comprendre sa méchanceté monumentale. Et dans sa terreur il réclame de toutes ses forces la manifestation de la Puissance suprême.

Je le répète une fois de plus, les preuves de la Divinité sont si proches de l'homme qu'il ne les voit pas. Il ne sentira la présence de Dieu que lorsque son orgueil s'écroulera. Les esprits des morts ne reviendront pas sur terre pour calmer ses folies, pas plus que les anges ne descendront du ciel. La Puissance divine est trop vaste pour cela. Dieu, le Tout-Puissant, n'est pas un prestidigitateur, ni un saltimbanque, et pas davantage un avocat défendant sa cause. Il est la Vie. Et cette Vie, qui ne meurt jamais, ne connaît aucun favoritisme. Telle est mon humble croyance.

Un long moment s'est écoulé depuis que j'ai écrit ces pages. Toute la journée la campagne demeure assoupie dans cette torpeur de la fin d'été. La nuit, le gel fait son apparition et au matin la chaleur du soleil n'en est que plus radieuse.

Je vis au milieu d'un vallon que j'affectionne particulièrement et que j'ai baptisé : le Nid Endormi. La maison de ferme, construite en bois brut, se dresse sur ses fondations de pierre depuis près d'un siècle. Le toit de la grange fléchit en son milieu ; entre celle-ci et la maison se trouve un puits creusé par un ancêtre disparu depuis longtemps, alors que le bois voisin résonnait du hurlement des loups et du cri des lynx. Derrière la vieille maison s'étend un verger planté de pommiers et de cerisiers, si vieux qu'ils pourraient raconter maintes histoires intéressantes s'ils étaient doués de la parole.

Tout autour de la ferme poussent de grands arbres, un haut peuplier, un chêne antique, d'où les Indiens ont tiré sur les écureuils, avec leurs arcs et leurs flèches, voilà deux cents ans. La fermière est clouée dans un fauteuil d'infirme depuis des années et son mari s'occupe d'elle toute la journée. Aussi les plantes sauvages ont-elles envahi la propriété. L'herbe croît sans être fauchée. Des fleurs sauvages s'épanouissent dans la cour. Des cailles viennent manger avec les poules.

Au loin, on entend le murmure des champs de blé et d'orge, le rythme de la faucheuse et le beuglement du bétail. Dans cette petite ferme du Nid Endormi, il y a une femme qui n'a pas marché depuis des années et ne marchera jamais plus : un petit homme, à la longue et rude moustache, veille tendrement sur elle et sait que sa tâche durera tant que vivra sa compagne... Pourtant dans cette maison règnent le bonheur et aussi une grande foi. Et la nature semble s'en réjouir. Les oiseaux construisent leurs nids sous les porches de la ferme et gazouillent dans les arbres. Le soir, des grillons chantent dans l'herbe sous les fenêtres ouvertes et les engoulevents viennent se percher au bord du toit, sous le sycomore.

Ici on souffre... dans la paix. Point de richesse, mais une somme illimitée de contentement et de foi. Ces deux êtres, emprisonnés jusqu'à la fin de leurs jours, ont résolu le problème du bonheur sur terre. La vieille qui demeure au fond du Nid respire la joie, malgré le destin cruel. Dans la splendeur dorée de cette fin d'été, ces deux êtres goûtent la paix et la sérénité grâce à leur compréhension de la vie qui murmure partout autour de moi.

La vie me chuchote à l'oreille : « Les hommes me recherchent et m'appellent à grands cris..., pourtant ils ne me trouvent pas. Ils regardent au loin et je suis tout près d'eux..., ils regardent si loin qu'ils ne me voient pas à leurs pieds. Quand, enfin, ils me verront et me comprendront, ils découvriront le plus précieux de tous les biens : la Foi ! »

LE FILS DES FORÊTS

(Son of the Forests)

Roman traduit de l'américain
par Louis Postif

© Bureau littéraire international, pour le texte original et la traduction.

AVANT-PROPOS

Cette nuit-là, je me trouvais avec un de mes amis dans ma cabane située en plein bois, au nord de l'État de Michigan. Au plus fort de l'hiver, je m'étais retiré dans cette solitude pour écrire un roman et vivre près de la nature, que j'aime en toute saison : elle me paraît aussi belle couverte de neige et de glace que parée des fleurs sauvages du printemps.

Par les fenêtres et la porte ouvertes de ma hutte de rondins l'air froid nous apportait le parfum des pins, des sapins et des cèdres exhalé par les vallées, les marécages et les montagnes environnantes. Dans mon humble demeure, cet encens se mêlait à la douce senteur de l'arbousier traînant, cueillit à pleines brassées.

Le firmament était criblé d'étoiles si étincelantes que la voûte céleste paraissait plus proche de nous ; et à leur aimable clarté nous avions vu, une heure auparavant, une daine et son faon traverser ma petite clairière.

Ces millions d'astres, qui depuis plusieurs nuits m'éclairaient de leur scintillement, me faisaient songer à autant de foyers pleins de lumière et de bonheur qu'aucun rideau n'interceptait à mes yeux ravis.

Une majestueuse forêt nous environnait de sa vie mystérieuse et nous invitait à pénétrer plus avant. Son énorme masse noire se dressait vers le ciel ; au-dessus de ma cabane, ses arbres se courbaient en murmurant, mais autour de nous régnait un profond silence.

Mon ami comprit, comme moi, que l'harmonie des grands bois contenait non seulement la poésie de l'espoir, mais la douce protestation du Maître suprême contre la folie et la barbarie des sectes fanatiques et des religions qui ont semé la discorde sur terre depuis la naissance de la pensée humaine. La voix divine conviait l'homme à rejeter loin de lui cet égoïsme aveugle qui le tient en esclavage et l'empêche de déchiffrer le mystère sublime de la vie et de la mort et de cette éternelle énigme que, faute d'un terme plus approprié, on appelle l'âme.

J'exprimai toutes ces pensées à mon ami et, au bout d'un instant, il posa sa main sur mon bras.

« Écrivez votre histoire, me dit-il. Vous faites vous-même partie de cette nature. Vous comprenez son langage. Son sang coule dans vos veines et votre cœur bat à l'unisson du sien. Maintes fois vous m'avez répété que si Dieu ne réservait aucune miséricorde pour les êtres qui adorent la nature, vous désespéreriez de votre salut. Selon vous, les fleurs et les arbres eux-mêmes possèdent une âme, cette même flamme immortelle qui brûle en vous. Écrivez donc votre histoire pour nous tous. Des milliers d'êtres humains accueilleront vos paroles, Jim. Vous comptez, parmi vos amis, plus de jeunes gens que tout autre écrivain vivant. Dans vos romans d'amour, dans vos histoires d'aventures et d'animaux, vous avez montré à vos lecteurs — hommes et femmes — l'âme immaculée de la nature. Il faut que les enfants, ainsi que leurs parents, connaissent vos propres aventures, sachent comment vous avez surmonté les obstacles et atteint le but.

— Ce sera l'histoire d'un homme très ordinaire, objectai-je ; cependant, je vous promets de l'écrire. »

Nous gravîmes le sommet de la montage, et, de là, nous observâmes la course de la lune dans le ciel. Les paroles nous semblaient vaines pour traduire notre simple joie de vivre dans ce monde merveilleux. La nuit elle-même paraissait légèrement lasse quand nous regagnâmes notre cabane.

J. O. C.

Note du traducteur : Bien que terminée après la mort de J. O. Curwood, l'histoire de sa vie, présentée ici, est en majeure partie l'œuvre du romancier. Lors de son décès, Mme Dorothea A. Bryant, sur la demande de Mme Curwood, prit connaissance de son manuscrit et de ses notes, qui indiquaient clairement les intentions de leur auteur. Elle en a supprimé une infime partie et ajouté au texte ce qui lui parut indispensable pour apporter plus de cohésion au récit.

I

SOUVENIRS DE TENDRE JEUNESSE

L'hérédité n'exerce qu'une influence relative sur la destinée des hommes. Mes propres observations m'ont maintes fois démontré que le milieu joue dans la vie un rôle prépondérant. Dans les annales de ma famille figurent, parmi mes ancêtres, quantité de gens simples, qui ont mené une existence dépourvue d'éclat, élevé des enfants ne sortant pas de l'ordinaire, et accompli des actes identiques à ceux de millions d'autres individus qui peuplent la planète. Cependant, je tiens à signaler dans ces souvenirs deux faits qui eurent sur moi une influence considérable.

A l'époque où la capitulation de lord Cornwallis à Yorktown subsistait encore dans la mémoire de tous mes compatriotes, un aventurier d'origine hollandaise, rompu depuis longtemps aux multiples dangers que présentent les pistes conduisant au pays des Indiens Mohawks et Onéidas, s'éprit follement d'une jolie fille d'un village mohawk situé à proximité des sources de la Canada River. Grande et svelte, elle parcourait, de ses pieds menus, les forêts du Nord avec la majestueuse démarche d'une princesse du sang. Ma mère se rappelait avoir vu dans sa jeunesse cette beauté indienne, alors âgée de quatre-vingts ans bien sonnés, et souvent je l'ai entendue dire que la chevelure de la vénérable femme conservait son lustre et une couleur noire comme des ailes de corbeau. Elle portait des chaussures si petites que ma mère, alors fillette de dix ans, ne pouvait les mettre. Jadis, cette jeune Mohawk avait dû posséder un charme ensorceleur, sans quoi mon flegmatique grand-père n'eût jamais songé à l'épouser. Les hommes qui, comme lui, hantaient les forêts en quête de fourrures, voyaient trop de femmes Peaux Rouges pour lier étourdiment leur existence avec l'une d'elles : cependant nos deux héros demeurèrent toute leur vie de fervents amoureux. Le sang indien que je tiens de mon aïeule m'a poussé continuellement à m'isoler dans le Wild et a exercé sur mes actes une influence indiscutable.

Vers l'époque où mon ancêtre blond, idolâtre des grands bois autant que les Indiens eux-mêmes, courtisait sa princesse des solitudes, naissait en la « Joyeuse Angleterre » un homme qui, par la suite, devint officier de marine et fameux conteur d'aventures palpitantes ayant pour théâtre la terre et la mer. J'ai nommé le capitaine Marryat, mon grand-oncle, dont les histoires, qu'il racontait lui-même à un adolescent appelé James, étaient si merveilleuses et évocatrices que cet intrépide garçon partit un jour sur mer et débarqua en Amérique, où il prit part à la guerre de Sécession. Plus tard, ce jeune homme fut mon père — le plus beau, le plus vaillant et le plus honorable papa qui existât au monde. Est-ce par le simple effet du hasard que, dès mon enfance, je fus tourmenté du désir d'écrire des histoires de galants chevaliers et de jolies femmes, pleins d'audace, s'aimant éperdument et mourant en braves ? Bien que je ne descende point en ligne directe du célèbre romancier anglais, je professe une opinion différente. Qui osera, sérieusement, me soutenir le contraire ?

J'ai toujours considéré Owosso, charmante petite ville de quinze mille habitants située au centre de l'État de Michigan, comme ma patrie. J'y suis né au mois de juin de l'année 1879, selon les archives municipales. Aussi loin que remontent mes souvenirs, je me vois encore en train de jouer, dans ce quartier appelé West Town, en compagnie de mon camarade Charley Miller, dont le père tenait un hôtel avec bar à quelque distance d'un vieux magasin de chaussures appartenant à mes parents. Des noyers poussaient au milieu des rues et les animaux de basse-cour s'y promenaient en toute liberté. En face de la boutique paternelle s'étendait un immense pré communal planté de sapins, et la rivière voisine offrait quelques coins d'ombre très poissonneux, ainsi que des endroits plus profonds où nous allions nous baigner.

Peu de faits saillants marquent cette époque de ma vie ou, s'il s'en produisit qui contribuèrent à ma formation actuelle, ils m'échappent pour l'instant. Je garde seulement l'impression d'avoir été un gamin turbulent comme les autres, un perpétuel tourment pour mon père, ce gentleman de la vieille école, et une source de réelle affliction pour ma mère, la plus douce et la plus exquise des femmes.

Le bon Dieu doit regarder d'un œil indulgent les gosses du type Huck Finn et Tom Sawyer, ces diablotins chers à Mark Twain, et les aimer malgré leurs visages barbouillés, leurs habits déchirés et leurs escapades. La plupart d'entre eux deviennent, en fin de compte, d'honorables citoyens chérissant des parents qu'ils ont tyrannisés jusqu'à la démence. L'amour pour les auteurs de nos jours ne s'épanouit à l'âge mûr que si, dès l'enfance, nous avons éprouvé envers eux une profonde affection basée sur l'admiration et le respect. Ayant aimé les miens avec ferveur, je crois que tout gamin animé des mêmes sentiments doit être foncièrement bon, malgré ses vêtements malpropres et son esprit d'insubordination.

A six ans, j'étais doué d'une ténacité et d'une imagination au-dessus de la moyenne. Deux de mes souhaits ambitieux demeurent fortement ancrés dans ma mémoire : je ne visais à rien de moins qu'à atteindre l'opulence afin d'acheter un régime entier de bananes ; puis je voulais à toute force monter à califourchon sur la superbe tournure que Kate Russell, la cuisinière de l'hôtel tenu par le père de mon ami Charley Miller, arborait les dimanches et jours de fête. Selon la mode d'alors, ma mère portait également une tournure, mais aucune dame du pays n'en possédait une aussi jolie que celle de Kate. Nul mustang impétueux des plaines n'exerça de plus puissants attraits sur un jeune aventurier. Aucune de ces ambitions ne se réalisa, et mon camarade Charley lui-même, lorsque je lui fis mes confidences, fut incapable de saisir l'originalité de mon idéal.

Mon père et ma mère eussent été scandalisés de connaître les pensées qui tournoyaient dans le cerveau de leur petit va-nu-pieds. Ma figure, mes mains et mes habits ne restaient pas propres bien longtemps, et mon chapeau sans fond retenait tant bien que mal une tignasse pâlie au soleil à l'époque déjà lointaine — en 1885 pour être précis — où j'allais jouer sur les berges de la Shiawassee.

Lorsqu'à notre tour nous devenons de graves chefs de famille, trop souvent nous ne comprenons plus les fredaines de la jeunesse. Nous lavons et nettoyons nos enfants dans le vain espoir de les rendre présentables en toute circonstance ; nous les menaçons des pires châtiments et les secouons d'importance pour des peccadilles que nous avons nous-mêmes commises à leur âge. Mais qu'un père se trouve posséder un petit ange de vertu, aux vêtements impeccables et d'une conduite exemplaire, je crois dur comme fer que ce malheureux homme éprouvera, en son for intérieur, un sentiment de déception et de regret devant une telle perfection. Les parents sont de braves gens dont on ne saurait se passer ; n'empêche qu'ils sont parfois bien ennuyeux.

Eussé-je continué d'habiter Owosso, on aurait peut-être fait de moi un génie, mais le sort décréta qu'un changement d'existence s'imposait à mes six ans.

Après de mauvaises affaires, mon père, honnête homme s'il en fut, paya ses dettes et, avec le peu qu'il sauva du désastre, effectua le premier versement sur ce qu'il croyait être une ferme. En plein cœur de l'hiver, il nous emmena, moi et mon frère Ed, alors âgé de seize ans, dans l'Ohio, où il avait courtisé ma mère, et choisit un champ d'une quarantaine d'arpents. A la fonte des neiges seulement, mon père s'aperçut qu'il avait acquis une carrière et nous dûmes tous les trois ramasser des pierres durant les sept années suivantes. Dès que nous en avions débarrassé la surface, la charrue nous en mettait au jour une nouvelle récolte. Nous construisîmes des murs de clôture et sur toute la propriété s'élevèrent des pyramides de pierres aussi hautes que notre maison. La municipalité nous en acheta deux mille tombereaux, à raison de dix cents chacun, pour empierrer une partie marécageuse de la grande-route ; ce travail accompli, nous revîmes des pierres partout.

Que j'étais amoureux de cette ferme ! Aucune autre période de ma vie ne remplacerait les sept années qu'elle me servit de foyer. Non seulement ce fut une délicieuse époque, mais elle eut sur moi une influence considérable. Durant ces jours de félicité parfaite, j'ignorai les affres de la pauvreté et son cortège de vicissitudes et je développai en moi ce que je considère comme mon plus précieux héritage : l'amour de la nature, qui éveilla ma soif d'aventures. Les nuits exerçaient une fascination particulière sur mon âme. Je me mis à admirer la lune et les étoiles, à frissonner au moindre murmure surpris dans la forêt voisine, lorsque tout le monde dormait. Les ombres épaisses, les formes entrelacées des arbres, les mares et les lacs d'argent déversés par le clair de lune représentaient à mes yeux une véritable féerie. Ces années passées sur ces champs caillouteux me firent participer en quelque sorte à la vie simple et rude du pionnier. Elles constituent une partie de mon existence qu'à présent je tiens pour mon âge heureux.

En ce temps-là, on ne connaissait ni l'automobile, ni le cinéma, ni la T.S.F., ni aucune de ces inventions que la jeunesse d'aujourd'hui estime indispensables. Nos routes étaient des pistes tortueuses, couvertes, l'été, d'une poussière molle et blanche et, l'hiver, d'une épaisse couche de neige. Dans notre hameau, l'achat d'une paire de chaussures était un événement local et une fillette qui venait à l'école vêtue d'une robe de calicot faisait l'envie et l'admiration de tous. Les cloches du dîner et les trompes répandaient une joyeuse musique dans la campagne et le bonheur de l'homme se résumait à manger à sa faim et à dormir au chaud.

Le « Memorial Day », ou « Decoration Day », proche de Noël et du « Thanksgiving », amenait avec lui une des scènes les plus palpitantes de l'année. De plusieurs kilomètres à la ronde, nous nous réunissions au petit village de Berlin Heights et suivions, le cœur rempli d'émoi, les soldats de la grande armée de la République qui défilaient avec, sur l'épaule, d'authentiques mousquets. Notre enthousiasme ne connaissait plus de bornes lorsque rugissait leur salut par-dessus les tombes des héros morts à la guerre.

De petits riens bouleversaient tout le pays, témoin ce jour où passa sur la route communale la première bicyclette, véhicule que la plupart d'entre nous voyaient pour la première fois. Je me souviens que notre instituteur nous autorisa à quitter l'école pour nous permettre d'aller contempler ce miracle de mécanique.

Nous habitions une maison blanche et carrée que je considérais alors comme un palais, mais ce n'était en réalité — je le compris plus tard — qu'une humble demeure. Cependant nous y passâmes des jours délicieux, nos parents, mon frère Ed, ma sœur Cora et moi-même, en dépit du fait que nous buvions du café Lion à vingt-cinq cents les deux livres et que seulement à Pâques nos poules nous fournissaient des œufs en quantité suffisante pour répondre aux besoins de notre consommation. Quoi qu'il en fût, grâce à ma mère notre table était toujours abondamment pourvue et la joie régnait dans notre modeste foyer. Pas un jour ne s'écoulait sans que nous trouvions, à certains moments, ma jolie maman assise sur les genoux de mon père. Avec de semblables parents, nous ne pouvions qu'être heureux. Nos voisins nous aimaient et nous tenaient en haute estime, encore que mon père raccommodât leurs chaussures.

Je garde un souvenir très net des sapins qui entouraient notre ferme et j'entends encore le vent siffler entre leurs branches par les nuits froides et tempétueuses. Combien j'aimais l'hiver avec ses neiges épaisses, les étoiles brillantes dans le ciel pur, le clair de lune inondant ma chambre alors que la charpente même de la maison craquait sous l'effet de la froidure et que, de mon haleine, je faisais de merveilleux dessins sur les vitres !

Quand, par les matins glacés, je revenais de visiter mes trappes, j'apercevais parfois une colonne de fumée bleue qui s'élevait de la cheminée de notre cuisine et je trouvais ma mère en train de préparer des crêpes. Que ces crêpes d'autrefois étaient savoureuses ! On les mangeait accompagnées de lard et de sauce, ou de sirop fabriqué, au début du printemps, avec la sève des érables de nos forêts.

Cependant, le tableau qui hante ma mémoire se compose de pierres, dures et brûlantes en été au point de se fendre sous l'action du soleil ; de pierres qu'on employait à construire des clôtures ou qu'on ramassait en tas pour d'autres usages ; de pierres qui entravaient continuellement la culture de nos terres ; de pierres qui, maintes fois, meurtrirent mes muscles, car c'est à moi qu'incombait la tâche de les ramasser.

Les pierres m'apprirent à réfléchir et me montrèrent la nécessité de remplir sérieusement un devoir de tous les instants, en sorte que cette corvée ingrate devint pour moi éducatrice. Le fait d'empiler des pierres exigeait un effort qui contribua pour sa part à la formation de mon caractère. J'éprouvais une plus grande satisfaction lorsque j'avais empilé trois tas plutôt que deux, et ce sentiment se mua en fierté d'un enfant constatant qu'il vient d'accomplir quelque chose d'utile en ce monde.

Je devais, dans la suite, écrire régulièrement et attendre dix années pour placer ma première nouvelle — qui, entre parenthèses, me rapporta cinq dollars — et le sort voulut que je poursuivisse ma carrière d'écrivain durant vingt années avant de pouvoir en tirer une existence confortable. Ce succès, je l'ai obtenu de haute lutte, grâce à un travail opiniâtre. Sans les pierres, ces inépuisables pierres relevées par moi dans notre propriété de l'Ohio, peut-être me serais-je avoué vaincu depuis longtemps.

A l'âge de neuf ans, la grâce me toucha. J'eus ce qu'on appelait alors la vocation religieuse, et ma transformation fut si profonde que je devins un sujet d'admiration parmi les membres de notre communauté rurale. Une grande mission religieuse fut donnée à Joppa, village situé à quinze cents mètres de notre ferme. Un soir, au moment où la ferveur des fidèles atteignait son comble, je crus que le Saint-Esprit était descendu en moi. Bondissant tout à coup sur l'estrade de la petite église paroissiale, je proclamai bien haut ma conversion. Jamais jeune garçon ne fut inspiré comme moi en cet instant. Aucun ancien prophète ne contempla, je crois, avec autant de netteté les merveilleuses visions à nous transmises par les Saintes Écritures.

Jusqu'alors je m'étais montré, en matière de croyance, comme presque tous mes jeunes camarades, c'est-à-dire d'une intolérance absolue envers ceux qui professaient une opinion différente de la mienne, persuadé qu'ils étaient des suppôts de Satan ; toutefois, je ne me sentais nullement enclin à militer pour leur faire partager mes idées. De toute évidence, un baptiste ou un méthodiste ne pouvait aller au ciel ; j'aurais nié l'omnipotence de Dieu ou la divinité du Christ plutôt que de souffrir une discussion sur ce point-là. D'ailleurs, personne ne le mettait en doute, dans notre village. Ma manière de voir sur d'autres sujets n'était pas moins radicale, mais, pour défendre mes principes, j'étais toujours disposé à me battre. De même mes amis. Le fils d'un républicain attaquait invariablement celui d'un démocrate, dès qu'il le voyait, à moins que la provocation ne présentât quelque danger, auquel cas, aussi bien en affaires politiques que religieuses, la discussion cédait la place au courage.

Le soir de ma « conversion » je retournai chez moi par un sentier de traverse, en quête de solitude. Je ne redoutais pas l'obscurité des champs ni les bois fantomatiques, car un ange m'accompagnait. Il était de haute taille et d'une beauté radieuse. Ses ailes et sa robe flottante étaient blanches comme neige et sa longue chevelure le nimbait d'or. Il me guidait et me protégeait. Pourquoi aurais-je eu peur ? Mon enthousiasme était à son comble.

Je n'ai jamais essayé d'expliquer, ni même de comprendre, comment pareille vision avait pu apparaître aux yeux d'un garçon de mon âge, et je ne tenterai pas aujourd'hui de résoudre ce problème. Je me contenterai de rapporter à mes lecteurs qu'un gamin ayant connu seulement l'intolérance et la bigoterie qui sévissaient dans nos campagnes, voilà une quarantaine d'années, sans goûter en aucune façon la poésie et la joie sublime que procure la religion, eut effectivement cette vision. Je craignais bien Dieu le Père, mais ne concevais nul amour envers cet Être austère qui, perché quelque part au-dessus des nuages, tenait dans un immense livre une comptabilité rigoureuse de nos actes. Certes, je n'ignorais point que, grâce à la mort du Christ, Il avait rendu possible mon salut, néanmoins Il me produisait l'effet d'un Dieu impitoyable. Pourtant, ne m'avait-Il pas envoyé un ange gardien ce soir-là ?

L'Église me faisait entrevoir des scènes allégoriques où, parmi des flammes rugissantes, des diables aux queues fourchues faisaient griller leurs victimes — tous ceux qui, en somme, ne partageaient pas ma foi — et d'impressionnants tableaux du Ciel, cette ville aux rues tout en or, peuplée d'anges aux blanches ailes pinçant continuellement la harpe. Ce lieu de délices était accessible seulement à ceux qui suivaient à la lettre les enseignements donnés par le pasteur. Hors de notre Église, point de salut, et si on n'était sauvé on était damné.

Avec une telle perspective, rien d'étonnant que j'aie pris ma « conversion » au sérieux. Il ne me vint pas à l'esprit de la tenir secrète. Ne venais-je pas de découvrir un trésor inestimable, dont tout le monde devait réclamer sa part ? D'abord, je me confiai à mes parents, puis je colportai la nouvelle à l'école et je déployai un zèle prodigieux à stimuler mes condisciples, ce qui, paraît-il, constituait une preuve suffisante de ma sincérité religieuse. Les sacripants se mirent à rire, et la moquerie dirigée contre moi, après l'aventure de Joppa et ma promenade avec mon bel ange gardien, se traduisait par des batailles. Chaque jour j'en livrais deux ou trois. Ainsi inspiré, avec quel entrain je me colletais ! Mais si l'esprit est fort, la chair est faible, et je finis par comprendre qu'il me serait impossible de rosser l'un après l'autre tous mes camarades dissidents pour les convertir à mes idées. Au moment où mon prosélytisme commençait à s'émousser, je reçus de plus fréquentes *peignées* qui, lentement mais sûrement, et certes à mon insu, me ramenèrent à des idées saines.

Ces diverses péripéties m'enlevèrent temporairement le goût de ramasser les pierres, mais il me fallut coûte que coûte continuer ma tâche. Oh ! l'indicible monotonie des semaines qui suivirent ! Cependant mon retour à la vie normale ne m'empêcha pas de nourrir de nouvelles chimères et je m'extasiai une fois de plus sur la béatitude dont étaient comblés ceux que mon imagination plaçait dans un monde où j'avais seul le droit de pénétrer. Mon père et ma mère eux-mêmes étaient exclus de cette terre sainte. J'essayai bien des fois de les faire entrer en fraude, mais ces efforts demeurèrent vains parce que mes pauvres parents se montraient incapables de voir le merveilleux domaine dont j'entrouvrais timidement les portes. A la petite école en brique rouge de Four Corners (plus tard dénommé Ogontz), dans le comté d'Érié, Ohio, j'offris à mes compagnons de jeux des billets gratuits pour mon pays des rêves, mais je fus si cruellement tourné en ridicule par les garçons et les filles que je leur retirai aussitôt mes invitations. Cependant, je m'accrochai à mes songes, que je partageais seulement avec mon copain Clarence Hill, surnommé « l'Échalas » pour d'évidentes raisons. Lorsque, des années plus tard, j'eus l'occasion de me rendre sur sa tombe, je me rappelai nos incursions juvéniles dans cette terre interdite aux autres, et je me sentis tout seul, abîmé de chagrin, encore que les hasards de la vie nous eussent séparés depuis fort longtemps, mon ami et moi.

Ma sœur Amy, mariée depuis peu, vint nous voir du Michigan, qui nous semblait alors très éloigné. Elle s'intéressa immédiatement à mes chimères et aux romans enfantins qu'elles engendraient sous ma plume. Je les composais laborieusement dans notre grande cuisine à l'ancienne mode, en entendant chanter la bouilloire à thé et crépiter le feu. Amy ne se bornait pas à satisfaire par bonté d'âme les fantaisies de son petit frère, mais partageait à tel point ma ferveur que je lui donnai accès dans toutes mes cités idéales, dont elle conserve encore les clefs d'or. Elle s'associa à mes travaux littéraires, devint mon guide, mon conseiller et l'excellente amie qu'elle est toujours demeurée depuis. Je lui voue une reconnaissance éternelle de ne pas s'être trop emballée pour mes premiers écrits, et de m'avoir, au contraire, laissé franchement entrevoir la rude tâche qui m'attendait si je voulais un jour atteindre le talent de mes écrivains préférés. Elle m'encouragea à persévérer et envoya même une de mes pitoyables élucubrations au directeur de la revue *Happy Hours*. Imaginez ma joie lorsque je reçus de ce puissant personnage une lettre de félicitations où il me promettait le succès si je travaillais avec suffisamment de courage et de ténacité.

Ma sœur me cita en exemple un jeune homme d'Owosso, Fred Janette, qui collaborait alors aux *Golden Days*, et fut par la suite un brillant directeur de journal. A cette époque-là, il recevait la somme fabuleuse de 300 dollars pour ses meilleurs romans destinés à la jeunesse. Qui m'empêcherait de devenir, à mon tour, un célèbre auteur, un écrivain dont les œuvres passionneraient les autres autant que me passionnaient les histoires de ce grand homme ? Lorsque ma sœur regagna son lointain Michigan, elle m'envoya chaque mois une lettre pleine d'encouragements.

Par-dessus mes piles de pierres, je construisais des châteaux uniques au monde, où vivaient et combattaient des héros d'une bravoure sans précédent dans l'histoire. Ils accomplissaient des actes de valeur surpassant de beaucoup les plus fameux exploits chantés par les troubadours.

Les mains boursouflées d'ampoules et les muscles endoloris, je continuais à empiler mes pierres, mais à présent la tâche me paraissait beaucoup plus légère. On ne saurait croire à quel point quelques mots, témoignage d'intérêt ou d'indifférence, peuvent influencer l'avenir d'un enfant. Dans ces années plastiques de ma jeune vie, les conseils et l'aide que me prodiguait ma sœur eurent pour moi une importance décisive. Je résolus alors de devenir un écrivain, et seule la mort briserait mon élan.

II

JE DEVIENS UN HORS-LA-LOI ET M'ENFUIS SUR MER

Juste en face de notre ferme, de l'autre côté de la route et sous un orme gigantesque, se dressait la maison d'Hiram Fisher. Il y habitait avec sa famille composée de sa femme, Mary, et de leur fille, Jeanne, cousine de mon camarade l'Échalas. Tout autour de leur demeure poussaient des vignes qui s'étendaient jusqu'à l'orée des bois de Bingham.

Jeanne avait de jolis yeux bleus, une lourde tresse de cheveux brun doré et un délicieux teint rose qui, plus tard, se couvrit de quelques taches de rousseur. Maintes fois j'ai entendu ma mère proclamer que Jeanne était le plus beau brin de fille de tous les environs, c'est-à-dire trois ou quatre fermes isolées et plusieurs hameaux. Tout le monde l'aimait, mais je lui vouais une affection particulière.

Dans le petit monde où j'entrais, Jeanne se distingua tout de suite à mes yeux. Elle avait onze ans lors de notre arrivée à la ferme, ce triste jour de décembre, mais avec la clairvoyance digne d'une grande personne, elle comprit le chagrin éploré de ce gamin de six ans, seul et dépourvu d'amis, désemparé par la crainte de l'inconnu, et elle m'emmena d'une maison sans confort et sans joie dans la chaude cuisine de sa mère, où elle me gava de pain et de lait.

Jeanne fut mon soutien et mon idéal pendant les heures sombres de ma tendre jeunesse. Ma mère triompha souvent de ma résistance à lui obéir grâce à l'intervention de ma petite amie. Je courais me réfugier chez elle dès que mon père voulait me punir et elle refusait de me livrer à sa juste colère tant que la paix n'était pas signée. En mainte bataille Jeanne me tira d'embarras, et c'est toujours elle qui me consolait lorsque j'étais battu par quelque écolier. Je me souviens avec quel empressement elle me prit des bras maternels et me berça pendant toute une nuit, peu de temps après notre installation à la ferme. Je souffrais d'une horrible rage de dents et croyais ma dernière heure venue. Les aînés ne sauraient imaginer toute la douleur d'un gosse de six ans. Jeanne me donna le courage de me faire arracher cette maudite dent le lendemain par le docteur Benscoter.

Partout où elle allait, Jeanne apportait avec elle le soleil et la gaieté. On l'entendait rire et chanter à tout moment dans les champs et dans la ferme et, bien que parfois elle se comportât en vrai garçon, courût, grimpât aux arbres et sût se servir d'un fusil aussi bien que le meilleur d'entre nous, elle pensait toujours aux autres. Sa constante sollicitude envers moi ne diminua pas avec les années.

Pour conserver à ce récit toute sa véracité, je dois, à ma honte, avouer que lorsque j'eus atteint mes onze ans, l'heureuse influence de Jeanne sur moi cessa brusquement. Non que ma protectrice m'eût délaissé, mais parce que je subissais alors la domination d'un mauvais sujet dont la fréquentation m'entraîna à toutes sortes de méfaits qui devaient profondément modifier le cours de ma vie.

Un jour, pendant la leçon de grammaire, je me montrai dissipé au point que Mme Bacon, notre institutrice, me menaça de me tirer les oreilles si je continuais à troubler ainsi la classe. Le jeune voyou, assis immédiatement derrière moi, me souffla à l'oreille : « Eh ! froussard ! réponds-lui donc ! » Avant même de savoir ce que je faisais, je lançai cette phrase fatale : « Eh bien, osez donc ! »

De temps immémorable, notre petite école en brique rouge avait reçu des générations hétéroclites d'élèves, mais depuis trois ou quatre années un certain nombre de garnements, venus du village de Ceylon et des environs, en avaient fort compromis la discipline. Elle comptait une quarantaine d'élèves, âgés de quatre ou cinq ans jusqu'à seize ans, garçons et filles pour la plupart très sages, à l'exception de quelques fortes têtes, parmi lesquels un nommé Jimmy Curwood. Je ne m'étonne plus, à présent, que le jeune bourru ait pu diriger tous mes actes, mais à cette époque ni Jeanne ni moi ne comprenions cette transformation dans mon attitude. Je tombais en extase devant la stature et la force de l'autre, j'admirais ses exploits, et personne ne m'ouvrit les yeux sur la lâcheté de cet individu, qui rudoyait et battait invariablement plus faible que lui.

Les facultés de jugement sur la conduite des autres étaient très restreintes. Jeanne était foncièrement bonne et droite, mais elle ne pouvait me mettre en garde pour l'excellente raison qu'elle-même ne se rendait pas compte de l'influence néfaste dont j'étais victime.

Personne ne m'avait averti du fait que rosser une fille constituait une violation aux lois rudimentaires de la chevalerie. Six parmi les écolières tenaient tête aux plus vigoureux d'entre nous ; l'une d'elle me flanqua des volées dès mes sept ans, et trois autres s'acharnèrent fréquemment contre moi. Je serais facilement arrivé à bout d'une, ou même de deux, mais je succombais sous les coups des trois ensemble.

Sans réfléchir davantage, je ne me préoccupai que de sortir vainqueur de ce tournoi et rassemblai toutes mes forces pour battre Mme Bacon qui avait accepté le défi. Le jeune voyou me pressait par-derrière. « Vas-y ! N'aie pas peur ! Tu auras le dessus ! » me conseillait-il. Hélas ! Jeanne n'était pas à l'école. Je ne saurai jamais si sa bonté lui eût fait comprendre la vilenie de mon acte, si elle m'eût retenu sur la mauvaise pente. Personne ne bronchait. Tous les regards étaient braqués sur moi. Je tenais ma destinée entre mes mains.

Ce jour-là, je commis un crime abominable. Je me livrai à des voies de fait sur la personne de Mme Bacon, cette brave femme de cinquante ans, qui était la douceur même, et dont le seul tort avait été de m'administrer un châtiment cent fois mérité. De propos délibéré, je la bombardai de coups. Non pour me venger d'une punition antérieure ou dans un effort pour me défendre. Mon acte ne comportait aucune rancœur personnelle. Sur le plancher transformé en arène eut lieu une bataille comme n'en avait jamais vu les jeunes yeux de mes camarades. L'issue faillit m'être défavorable, car j'avais affaire à un adversaire de poids : seuls mes coups de poing au ventre firent pencher la balance de mon côté et toute l'école put entendre les soupirs de la pauvre femme chaque fois que je la frappais à cet endroit sensible. Enfin elle s'affaissa par terre et fondit en larmes.

Chose étrange, le pâle voyou fut le seul à me féliciter ; les autres enfants étaient sidérés de peur, encore qu'ils ne comprissent pas l'énormité de mon acte. Cependant, mon enthousiasme ne fit pas long feu. Mon père fut mis au courant du scandale avant d'en être averti officiellement, et je ne tardai pas à considérer l'affaire sous un nouveau jour. Une correction s'abattit sur moi, non moins vigoureuse que les reproches qui s'ensuivirent. Des gens allaient en prison pour des fautes moins graves, ajouta mon père. Je dus présenter mes excuses à Mme Bacon, qui m'accorda son pardon.

Malheureusement je continuai à fréquenter le gibier de potence. Il me prit sous son aile et, en témoignage de son amitié, battit comme plâtre quelques jours plus tard un grand diable d'Allemand qui me menaçait. Mais bientôt j'allais commettre une deuxième folie qui devait faire époque dans mon existence. Dans ma cervelle d'enfant, je me considérai comme un hors-la-loi et je me décidai à m'enfuir sur mer pour échapper aux conséquences de mon mauvais coup.

La protection du jeune scélérat rehaussa énormément mon prestige aux yeux de mes camarades d'école, mais cela ne me suffisait pas : je voulais les éblouir par une intelligence et un courage supérieurs à ceux de mon jeune maître, je voulais me couronner d'une gloire impérissable.

Ma mère possédait un pistolet de petit calibre qu'elle portait sur elle lorsque, des années avant ma naissance, elle avait traversé le Texas avec mon père. Je pris cette arme en cachette, l'amenai à l'école et la tirai de ma poche, devant mes camarades émerveillés. Aucun d'eux n'osa rapporter le fait à notre institutrice.

Au cours de l'après-midi, je demandai la permission de quitter la classe pour quelques instants, sous un prétexte quelconque. A peine dehors, je fus bien embarrassé. Je cherchai en vain quelle prouesse accomplir lorsque, à ce moment-là, Gertie Smith et deux autres petites filles sortirent de l'école en courant et disparurent sous un appentis à une vingtaine de pas d'où je me trouvais. Aussitôt, mon mauvais génie m'inspira une idée abracadabrante.

Sans la moindre intention de blesser les fillettes, je me mis joyeusement à tirer dans la direction de leur retraite. Incapable de mesurer les conséquences de mon acte, je ne songeais qu'à créer une sensation extraordinaire. Je voulais, moi, le petit Jimmy Curwood, prouver au monde que le courage et l'héroïsme n'étaient pas morts. Mais je fus bientôt désillusionné.

L'école se vida avec une telle précipitation qu'on l'aurait crue en proie à un incendie. Les filles poussèrent des cris d'hystériques et mon camarade l'Échalas, qui me conservait malgré tout son amitié, s'empressa d'aller chercher le docteur Benscoter, dont la maison était visible de notre école. Bouche bée et pâle comme mes cheveux blanchis par le soleil, je fus gardé prisonnier jusqu'au moment où il fut dûment constaté que les fillettes avaient eu plus de peur que de mal. La poigne de notre institutrice lâcha mon collet et je disparus à travers champs vers la maison paternelle.

Un sombre précipice béait devant moi. Je ne discernais plus l'avenir, qui tout récemment encore s'annonçait plein de promesses. Dès ma plus tendre enfance, j'éprouvais une terreur indicible de la pendaison, et la perspective de subir pareil châtiment me donnait des ailes. Je me sentais, de surcroît, entouré d'ennemis invisibles. Personne ne m'ayant tranquillisé sur le sort des fillettes, je me croyais pourchassé ; une terreur stupide s'empara de moi et je courus comme une bête traquée.

Lorsque j'arrivai à la ferme, Cora m'apprit que ma mère rendait visite à Mme Vincent, de l'autre côté du verger, et que mon père et Ed travaillaient dans notre champ de blé. Je me pourvus rapidement de vivres, d'ustensiles pour la pêche, d'un long couteau que l'Échalas et moi avions fabriqué d'une vieille lime, et sans autre idée en tête que de m'éloigner le plus possible de mes poursuivants, je filai à travers les bois de Black dans la direction du lac Érié, que j'atteignis, avant la nuit, à l'embouchure du ruisseau de la Vieille-Femme.

Nous nous y donnions fréquemment rendez-vous, l'Échalas et moi, et en rapportions de bonnes prises à l'époque de l'année où ce méchant ruisselet mêlait ses eaux à celles du lac. Une ferme abandonnée se dressait à quelque distance. Quand nous restions la nuit à la pêche, nous garnissions les râteliers d'herbes sèches, de vieux foin, et y dormions douillettement comme dans des lits jumeaux.

Je passai la première nuit dans l'un de ces râteliers, mais à peine venais-je de m'installer que je fus envahi par la crainte d'être surpris à l'intérieur de cette grange. Je n'avais que onze ans et manquais d'expérience, partant de raisonnement : je ne songeai même pas à fuir plus loin. Immobile, en proie aux terreurs qui semblaient ramper sur moi, je frissonnais au moindre bruit. Que la nuit me paraissait noire et sinistre ! Des milliers de grenouilles coassaient dans le marécage voisin et poussaient l'outrecuidance jusqu'à pénétrer dans l'antique grange pour me narguer : « Te voilà fichu, chu, chu, chu ! » Un hibou, perché sur le toit délabré, poussa un ululement lugubre et, dans le silence absolu qui suivit, j'entendis, au-dessus de ma tête, les battements d'ailes des chauves-souris. Une sueur froide me couvrit le corps, mais par bonheur le sommeil étendit enfin sur moi le manteau de l'oubli.

Aux premières lueurs de l'aurore, je me glissai par un trou du mur. A la façon prudente d'un Indien, je risquai un œil dehors et courus à l'endroit où l'Échalas et moi cachions une embarcation très primitive, fabriquée par nous. Je la poussai à l'eau et m'y embarquai, avec l'intention de la manœuvrer à la gaffe dans les eaux peu profondes jusqu'à l'anse de Groves, mais, passant sur un bas-fonds inconnu de moi, je perdis ma gaffe et faillis chavirer.

Ma peur redoubla — et pour cause — car le vent et le courant conjugués m'entraînaient vers la surface clapoteuse du lac et au moment où apparaissait le soleil, je m'étais éloigné d'au moins huit cents mètres de la rive. Aucune langue du monde ne pourrait exprimer de façon précise le soulagement que je ressentis en apercevant, à l'horizon, un sloop aux voiles neigeuses. Je me mis à agiter les bras et à hurler, encore que les gens à bord ne pussent matériellement me voir ni m'entendre. Par bonheur, le bateau se rapprocha et je fus sauvé.

Trois jeunes gens vêtus de blanc et que je pris pour des dieux me recueillirent sur le *Sandusky*, dont je déchiffrai le nom écrit en lettres d'or. Il m'interrogèrent aussitôt, mais il s'écoula quelque temps avant que je reprisse mon courage et l'usage de la parole, mes cris désespérés de tout à l'heure m'ayant rendu complètement aphone. Nous nous éloignâmes de la rive, car un vent défavorable se levait et il était dangereux de manœuvrer le sloop en eau relativement peu profonde.

En peu de temps j'eus débité mon histoire, bien que je me fusse promis de ne dévoiler à personne mon nom ni les causes de ma fuite. Ils éclatèrent de rire en m'écoutant raconter comment j'avais subi la tutelle de la jeune gouape de l'école, battu l'institutrice et enfin mitraillé les petites filles. Et moi, Jimmy Curwood, le hors-la-loi dont la tête était peut-être mise à prix, j'eus le front de rire avec eux ! Au bout d'un moment, ces dieux vêtus de blanc, qui semblaient échappés d'un conte de fées, calmèrent mes craintes. On ne me mettrait pas en prison pas plus qu'on ne me pendrait, mais il me fallait regagner sans retard la maison paternelle. Ils me firent comprendre que mes fautes, sans gravité particulière et communes à maint écolier avant moi, me seraient pardonnées si, une fois rentré chez moi, je promettais de les racheter par une meilleure conduite. Ces jeunes gens me décrivirent l'inquiétude de mes parents et amis et me consolèrent si bien que, de nouveau, le monde m'apparut sous un jour heureux.

Ils auraient pu me mettre à terre à Huron, mais, après quelque discussion, ils préférèrent me conduire jusqu'à Sandusky, où ils avaient hâte d'arriver. Aussitôt après notre débarquement, ils envoyèrent un télégramme à Ceylon, pour être délivré par exprès à mon père, à cinq kilomètres de là. Ensuite, ces charmants sauveteurs m'emmenèrent, une heure avant midi, heureusement pour moi, dans un merveilleux restaurant. Le déjeuner terminé, l'un d'eux, touché sans doute par mon juvénile enthousiasme, me pilota dans la grande ville de dix-huit mille habitants, la plus vaste agglomération que j'eusse jamais vue.

Tant que vivront mes souvenirs, je reverrai, comme en ce merveilleux jour, la superbe avenue que nous longeâmes jusqu'à l'édifice couvrant une superficie aussi importante que notre carré de framboisier. C'était une école, d'où sortaient les princes et princesses qui habitaient les châteaux et palais devant lesquels nous venions de passer. Mon compagnon dut comprendre mon admiration, car il quitta le trottoir et me conduisit sur une pelouse d'où nous pûmes assister à tout le défilé sans gêner personne.

Depuis ce temps mémorable, la ligne de démarcation entre les écoles de la campagne et celles de la ville n'existe pour ainsi dire plus. Mais à cette époque il y avait une grande différence, surtout dans notre village, où la plupart des filles et des garçons se rendaient pieds nus en classe. Nous étions pauvrement vêtus et usions nos habits jusqu'à la corde. Quantité de mes camarades portaient des hardes taillées dans les vieux effets de leurs parents, et plusieurs passaient six mois de l'année affublés de combinaisons. Quelle éblouissante vision je venais de contempler ! Ces jolies princesses me donnaient presque l'illusion que les portes du Ciel livraient passage aux anges. Par groupes de deux ou trois, ou davantage, elles défilaient devant nous, riant et causant, fleurs délicates pour mes yeux avides, et ressemblaient si peu à mes petites condisciples que je croyais vivre un conte de fées. Et les garçons qui marchaient parmi elles me paraissaient être les frères cadets des trois jeunes dieux qui m'avaient sauvé des flots. A quelques pas de moi, j'observais des personnages en chair et en os, que j'avais seulement entrevus dans mes rêves. Il ne me vint pas à l'esprit que je formais la seule note discordante au tableau. J'en arrivai à oublier mon galurin de paille au fond crevé et au bord déchiré, mes jambes en fuseau et mes pieds nus. Je ne pensai pas non plus à mon pantalon, sale et déguenillé, retenu à la taille par une ficelle. Ces apparitions me semblaient trop belles pour être vraies.

Lorsqu'elles se furent évanouies et que j'eus repris mon souffle, mon nouvel ami remonta avec moi la large avenue et nous entrâmes dans le superbe monument qui abritait tant de beauté. Ses grandes galeries, les vastes pièces avec leurs rangées de pupitres, tout le mystère ambiant en firent pour moi un palais enchanteur. Je fus absolument stupéfait d'apprendre que tous ces hommes et ces femmes que je voyais là étaient des professeurs.

La vue de cette école éclipsa tous mes désirs. Dans ces heures les plus décisives de ma courte existence venait de naître, chez moi, la noble ambition de faire partie de ce monde merveilleux que le hasard et l'aventure m'avaient permis de contempler. A ce moment-là, j'aurais dû remercier ma bonne étoile de m'avoir poussé à braver mon institutrice et à apporter en classe le pistolet de ma mère. Mais je ne songeai pas le moins du monde à Mme Bacon ni aux ogres redoutables du Conseil d'éducation.

Confié à la surveillance du cocher, je repris le chemin de la maison. Installé seul dans le cabriolet, je fus sans cesse hanté par cette école de Sandusky pendant le long trajet de trente-cinq kilomètres.

En l'espace d'un éclair, mon idéal avait complètement changé. Je ne voulais plus être chasseur de buffles ni guerrier indien, et pas davantage capitaine d'un bateau en quête d'un trésor enfoui par les pirates. Je désirais fréquenter cette école et devenir un prince parmi les princesses. Je me promènerais en leur compagnie sous les arbres touffus, avec un joli chapeau, une chemise blanche empesée, une énorme cravate, et des souliers si brillants que je pourrais me mirer dedans. Tout un monde en dehors de mes champs pierreux et de mes bois m'avait ouvert ses portes, et mon imagination s'en était grisée.

De retour chez mes parents, je leur racontai mes étonnantes aventures ; quand j'en arrivai à ma visite à cette admirable école, que je dépeignis d'une voix tremblante de désir, je vis des larmes briller dans les yeux de ma mère.

III

LA MUSE DE L'AUTRE CÔTÉ DU CHEMIN

Jeanne et ma mère m'attendaient à la porte d'entrée lorsque, en ce fameux soir de mon retour de Sandusky, le cabriolet pénétra avec fracas dans la cour de la ferme. Mais ce fut seulement le lendemain après-midi que, revenant de faire une commission pour ma mère, je me décidai à ouvrir mon cœur à ma grande amie. Je crois qu'à ce moment-là elle lisait plus loin que moi dans l'avenir, et je n'oublierai jamais ses paroles.

Jeanne venait d'atteindre la plénitude de sa beauté virginale et tirait vanité de son opulente chevelure, qu'elle était en train de sécher au soleil et de démêler à l'aide d'une brosse. A cette époque, je restais assez indifférent à ses charmes ; cependant, si je jette un regard dans le passé, je revois nettement l'éblouissante muse qu'elle était alors.

Ce soir-là, nous étions tous deux assis sous la véranda. Glissant son bras autour de moi, elle me haussa légèrement vers elle et me fit comprendre qu'étant donné la distance — près de trente-cinq kilomètres de chez nous — je ne devais pas songer à aller en classe à Sandusky.

« Jimmy, ajouta-t-elle, pour fréquenter une telle école, il faut beaucoup d'argent. Et comment t'en procurer... ici ? »

Des années plus tard, je compris le désespoir que contenait le ton triste de sa voix. Elle-même avait dû bravement affronter cette horrible nécessité financière, et la brutalité des choses avait renversé ses projets comme des châteaux de cartes. Plus que moi-même, mon adorable Jeanne avait cherché une consolation dans le rêve. En notre village, l'argent représentait une valeur précieuse. Même les années d'abondance, chacun possédait juste de quoi joindre les deux bouts, acheter les vivres, strictement nécessaires, introuvables à la ferme, et les vêtements les plus simples. Pas un dollar à consacrer au superflu, pas un cent pour satisfaire le moindre caprice !

Quant à Jeanne, les portes du monde lui étaient fermées par des barreaux plus solides que de l'acier. La ville ne voulait pas d'elle, n'acceptait pas ses talents. Plus d'une centaine de professions accessibles maintenant aux femmes lui étaient interdites. Rien d'étonnant qu'elle se tînt hésitante, sur le seuil de la vie. Je ne m'en rendais pas compte alors, mais je conçois aujourd'hui combien elle dut souffrir devant une situation sans issue pour elle. Moi, au moins, je pouvais sortir de mon milieu et aider à la réalisation de mes rêves !

S'évertuant à ouvrir pour moi de nouveaux horizons, elle alluma mes espoirs et stimula mon zèle. Il existait d'excellentes écoles à Berlin Heights, à Florence et à Wakeman, me dit-elle, des écoles qui ne le cédaient en rien à celle de Sandusky. Wakeman était une véritable ville, et si peu éloignée de chez nous qu'en promettant à mes parents de travailler ferme et d'économiser, je pourrais peut-être les décider à m'y envoyer. Elle complota avec moi et ne perdit jamais l'occasion de plaider ma cause auprès de mon père.

Jusque-là j'ignorais la valeur de l'argent et peu m'importait d'en posséder. J'évaluais les choses au moyen de poudre et de plomb de chasse. Je savais, certes, que ma mère mettait de côté les œufs pour les échanger contre des articles d'épicerie au marchand ambulant qui passait une fois par semaine ; que nous usions parcimonieusement du beurre et que mon père enfin épargnait sou par sou afin de payer nos impôts et les intérêts de notre hypothèque. Néanmoins, je n'en souffrais pas et notre pauvreté ne m'imposait aucune privation. Je mangeais à mon appétit et j'étais toujours suffisamment habillé. Les circonstances tragiques dans lesquelles nous nous débattions me laissaient indifférent, car j'étais trop jeune pour comprendre toutes les épreuves de mes parents.

Encouragé par Jeanne et stimulé par le souvenir de cette magnifique école de Sandusky, je n'eus plus qu'une idée en tête : y aller faire mes études, et ma mère prit fait et cause pour moi. Sans relâche, elle et Jeanne s'employèrent à vaincre la résistance de mon père. Non qu'il y mît de la mauvaise volonté, mais il prévoyait des difficultés financières insurmontables. Il lui faudrait tant d'argent pour payer les frais de collège ! D'abord, de meilleurs vêtements, puis la pension et mes faux frais. Si notre verger, attaqué si souvent par la gelée, produisait seulement une bonne récolte, il réfléchirait à tout cela, mais pour l'instant il ne pouvait envisager pareille dépense.

Et puis, rien ne valait la maison paternelle pour un jeune garçon. N'étions-nous pas heureux à la ferme ? Les enfants s'en trouvaient mieux de vivre avec leurs parents jusqu'à un certain âge. Lui-même s'était enfui en mer, était devenu une espèce de paria dans la famille, et il redoutait de me livrer si jeune aux hasards de la vie. A présent, je partage le point de vue de mon père et ne l'en aime que davantage.

L'automne passa et céda sa place à l'hiver. Redoublant d'ardeur, je fis la chasse aux lièvres et les vendis dix cents la pièce à un commerçant de Florence qui les expédiait en ville. A huit cents mètres de chez nous habitait un nommé Tom Lee, le paysan le plus prospère des environs. Vers le printemps, il me chargea de ramasser des ronces dans ses bois, à raison de vingt-cinq cents l'acre, soit quarante ares. Avant l'été, j'avais réussi à épargner la somme nécessaire pour m'acheter un complet.

Au cours de cette année-là, Jeanne et ma mère conçurent l'idée ingénieuse qui devait réaliser mes rêves. Nous irions nous établir en ville et mon père monterait une boutique de cordonnier. Oui, mais comment abandonner la ferme ? qui s'occuperait, pendant tout l'hiver, de soigner notre vache, les deux chevaux, les cochons et les poules ? Mon grand frère, Ed, qui se destinait aux travaux des champs, s'offrit à rester chez nous jusqu'au printemps. Combien je lui en suis reconnaissant ! Plus tard, il devint l'un des plus fameux arboriculteurs fruitiers du nord de l'Ohio, où il demeura jusqu'à ce qu'il fût appelé en Floride par la culture des citronniers.

Après maintes discussions, qui durèrent tout l'été, nous résolûmes enfin de partir à l'automne pour Wakeman, où ma mère avait passé son enfance et où, jeune fiancée, elle avait dû se morfondre plusieurs années en attendant le retour de mon père, qui participait à la guerre de Sécession.

Jusqu'au dernier moment, il hésitait encore. Qui sait ce que je ferais à l'école de la ville ? Probablement rien que des sottises et son sacrifice demeurerait inutile. Jeanne et ma mère vainquirent ses dernières objections et le coup de grâce fut donné par une lettre de ma sœur Amy, nous proposant de me prendre chez elle à Owosso, où je continuerais mes études. A la pensée de mon éloignement, ma mère se mit à pleurer et, comme toujours en pareil cas, mon père précipita les choses. Il loua une boutique de cordonnier et fixa la date de notre départ. Je vois encore ma mère, le visage tout rouge, emballer nos meubles et tirant des plans pour l'avenir. Cet événement faisait époque dans sa vie autant que dans la mienne.

Le lendemain matin de bonne heure, nous nous mîmes en route pour Wakeman, emmenant avec nous une bonne partie du mobilier. L'Échalas se trouvait là pour me dire adieu. Nous avions le cœur si gros de nous séparer que nous dûmes faire effort pour retenir nos larmes. Jeanne embrassa ma mère et déposa un baiser sur mes joues, puis la voiture s'ébranla le long du chemin désert et poussiéreux qui me conduisit à ma Grande Aventure. Après avoir dépassé notre verger planté de pommiers et l'antique maison de Vincent, nous arrivâmes à l'orée des bois de Bingham d'où j'aperçus, au milieu de la route, l'Échalas agitant son vieux chapeau et, près de lui, Jeanne et nos voisins les Fisher.

Wakeman comptait alors un millier d'habitants et formait le centre commercial d'une vaste contrée agricole. Les trains circulaient jour et nuit sur la grande ligne de la Compagnie du Lake Shore et Michigan Southern. La rue principale déployait une activité qui m'émerveilla. Il y avait deux grands bazars où l'on trouvait de tout, depuis une once de poivre jusqu'à une charrue : des boutiques de moindre importance, épiceries, cordonneries, magasins de confection ; deux modistes, trois forgerons, un établissement de bains avec piscine, et un hôtel ; enfin une tonnellerie fondée cinquante ans auparavant par mon propre grand-père maternel et qui fabriquait encore chaque année des milliers de fûts servant à l'expédition des pommes. Mon changement de milieu était complet. Wakeman éveillait en moi un énorme intérêt cosmopolite.

Dans l'après-midi et la soirée du samedi, ce bourg campagnard prenait l'aspect d'une petite ville. Venus de kilomètres à la ronde, les fermiers attachaient leurs chevaux aux barrières et, la foire terminée, amis et connaissances se réunissaient pour échanger de joyeux propos. On ne voit plus cela de nos jours, où chaque paysan possède son automobile, et le pays ne vaut guère mieux depuis la disparition du « Samedi des fermiers ».

Les mœurs des citadins m'intéressaient beaucoup plus que les visites hebdomadaires des ruraux, dont je connaissais la vie. Mon contact avec la ville élargit mes conceptions du monde qui, jusque-là, se bornait au comté d'Érié et à l'Ouest de l'Amérique, région brumeuse seulement entrevue et où je me proposais d'aller quelque jour chasser le buffle et tuer des Indiens.

A Wakeman, je fis ma première sortie dans le monde, tiré, cette fois, à quatre épingles. Je rencontrai des garçons et des filles d'un genre tout à fait nouveau, qui m'invitèrent à jouer chez eux. Certains étaient allés jusqu'à Cleveland, quelques-uns à Buffalo et aux Chutes de Niagara, et un seul d'entre eux à l'Ouest, dont il rapportait de surprenantes histoires.

Le neveu du professeur Scott m'enseigna à jouer de l'harmonica et de la guimbarde, et me lança dans l'affolant tourbillon de la société. A l'occasion de la Saint-Valentin, je poussai l'audace jusqu'à me procurer, pour trois cents, une déclaration d'amour toute imprimée que j'envoyai à ma « bonne amie », dont la présence tangible atténuait momentanément le souvenir de Jeanne. Mes initiales figuraient, en belles majuscules, au verso de la lettre.

Observateur de nature, je remarquai bientôt que les apparences jouaient en ville un rôle considérable et pris à cœur de veiller désormais à certains détails de toilette négligés jusqu'alors. Depuis le jour où une petite fille, égalant en beauté mes princesses de Sandusky, m'envoya gentiment me débarbouiller, jamais plus ma mère n'eut à me reprocher mon cou sale. Je commençai de comprendre à quel point ses recommandations étaient justifiées, et me convainquis que des ongles propres, une cravate nette, des souliers bien cirés et un bain fréquent contribuaient à me rendre plus sympathique aux yeux de mes camarades.

Pendant notre séjour à Wakeman, un astronome vint faire des conférences armé d'une longue lunette en cuivre qui ressemblait à un petit canon. Il nous révéla les premières merveilles célestes et essaya de soulever devant nos yeux étonnés le voile de l'univers. Frappé de terreur, j'écoutais avidement les choses que je mourais d'envie d'apprendre : la géographie du ciel pendant la nuit et le nom des étoiles qui scintillaient au firmament. Ce vieillard à barbe grise, mort depuis longtemps sans doute, nous montra que notre terre n'était qu'une des milliers de sphères projetées à travers l'espace, et l'une des plus insignifiantes de l'immense système solaire qu'il nous décrivit en termes accessibles à nos jeunes esprits. Puis il nous fit regarder la lune à travers son télescope. Nous contemplâmes, en effet, les montagnes, les déserts et les grandes vallées de cet autre monde. Jamais je n'ai oublié le frisson que j'éprouvai à la vue de ce miracle.

Une nouvelle conception de Dieu s'imposa lentement à moi. Auparavant, je croyais sincèrement que toute sa création se bornait à notre machine ronde et à l'homme destiné à régner sur elle. Tous les êtres étaient exclusivement créés pour notre usage. Dieu avait choisi notre planète comme centre de l'univers, tout le reste, se limitant au soleil, à la lune et aux étoiles visibles, ne prenait aucune importance dans ce plan où la terre et les hommes constituaient l'unique souci du Créateur. Dieu avait numéroté chacun de mes cheveux et permis le vol du moineau, non point par un effet de sa prodigieuse bonté, mais simplement parce que cela faisait partie d'un vaste système suivant lequel la moindre de nos pensées, le plus petit de nos actes, inscrits à notre compte personnel, seraient réglés au terrible jour du jugement, où tous — hommes et femmes — recevions une magnifique récompense ou un châtiment éternel. Or, ce Dieu dont les décrets me paraissaient si austères et si impitoyables devenait maintenant à mes yeux non seulement un personnage intéressant, mais fascinateur. Entre nous pouvaient exister des relations amicales, voire affectueuses. Mon admiration pour Celui qui avait créé ce vaste monde contemplé par moi au télescope devait bannir à jamais chez moi la crainte que l'Église m'avait inspirée à son sujet.

Cette nouvelle manière de comprendre la divinité semblera à d'aucuns non moins étrange que la révolution opérée en mon jeune esprit. Ce fut le premier pas — indispensable — vers l'édification d'une foi profonde et durable qui m'embellit la vie et me permet de considérer la mort comme un joyeux intermède séparant une magnifique période de mon existence d'une autre plus séduisante encore. Je commençais à me libérer des ténèbres infernales.

L'hiver passa beaucoup trop rapidement, à mon gré.

Je ne sache pas avoir acquis, à l'école de Wakeman, plus de connaissance que Mme Bacon m'eût inculquées si j'étais demeuré sous sa tutelle. Cependant, dans cette imposante maison de bois de deux étages, les maîtres formèrent peu à peu mon éducation. Grâce à d'excellents principes, je finis par me rendre compte que l'instruction livresque ne comptait pas uniquement et j'essayai de penser par moi-même et de voir clair dans la vie. Jamais je n'aurais obtenu pareil résultat à l'école de Four Corners. Ici, à Wakeman, je faisais pour la première fois de réels progrès.

Au mois de mai, nous retournâmes à la ferme.

Après une semaine de préparatifs qui ramenèrent mes pensées vers les grands bois, les champs et le fond des ruisseaux, mon frère Ed vint nous chercher avec notre chariot. Lui et mon père montèrent par-dessus l'énorme chargement de meubles et je les suivis à pied malgré les objurgations de ma mère, qui insistait pour que je l'accompagnasse dans le cabriolet. Ed avait amené mon chien Jack et nous gambadâmes ensemble pendant presque tout le trajet, soit une distance d'au moins douze kilomètres.

Notre retour s'effectua par une magnifique journée. Dans le ciel d'azur erraient, çà et là, des panaches de nuages. Un parfum printanier flottait dans l'air et la brise répandait l'odeur de l'herbe naissante et des bourgeons prêts à éclater. Partout l'on voyait des flaques et de minces filets d'eau étincelant au soleil. Les grenouilles des prés coassaient en chœur, les rossignols lançaient leurs chants d'amour, les geais et les piverts nous appelaient des arbres.

Dès l'aube, l'Échalas guettait notre arrivée. A peine eut-il entendu notre voiture grincer au tournant du chemin dans le bois de Bingham qu'il courut à notre rencontre sur la grande route, en agitant son vieux chapeau de feutre.

« Bonjour, l'Échalas !

— Bonjour, le Lâcheur ! »

Nous n'en dîmes pas davantage. Sans même échanger une poignée de main, nous nous regardâmes, la face élargie d'un sourire. Puis :

« Enfin, te voilà de retour ?

— Oui, mon vieux. »

Ce fut tout. Ensuite nous marchâmes ensemble derrière la voiture et la conversation reprit un ton moins laconique.

Ma mère nous avait devancés à la maison et Jeanne lui offrait déjà son aide. Qu'elle était grandie et devenue belle depuis notre séparation de quelques mois ! Mon cœur tressaillit lorsqu'elle me prit dans ses bras et m'embrassa. Je retrouvais ma Jeanne bien changée ; c'était une vraie femme à présent.

Impression éphémère : Jeanne reprit bientôt sa place dans ma vie, mais je cessai de la taquiner et de lui jouer de vilains tours. Dès le lendemain, nous nous asseyions sous notre véranda et bavardions ensemble comme naguère. Avec quelque hésitation je lui fis part des désirs qui me tourmentaient depuis le jour où, à Wakeman, j'étais entré dans la petite boutique d'une brave vieille à cheveux blancs qui tenait tout un stock de magazines. Mon âme s'exaltait à mesure que je parcourais ces périodiques sur la longue table où ils étaient étalés. Pas un jour ne s'écoulait sans que je leur fisse une petite visite. Mon cœur battait plus fort lorsque je lisais le nom des écrivains, et leurs magnifiques histoires me laissaient rêveur. Vers la fin de cet hiver-là, j'avais pris mon courage à deux mains et écrit à quelques-uns des directeurs, qui m'avaient encouragé de deux ou trois réponses.

Jeanne me comprit tout de suite.

A mes yeux, elle était l'unique personne au monde — sans en excepter même ma jolie maman — capable de se rendre compte que le démon d'écrire s'était emparé de moi et guiderait désormais ma destinée.

Certes, je revoyais, dans mes relations, mainte jeune fille douée, comme Jeanne, de grâce et de beauté, mais nulle d'entre elles ne possédait une intelligence si pénétrante. Il est difficile de briser l'idéal d'un gamin.

Un instant la gravité de ses traits s'effaça : elle esquissa un sourire et ses yeux bleus étincelèrent tandis qu'elle levait les bras et tendait vers la chaleur du soleil sa brillante chevelure.

« Il faut travailler plus dur que jamais, Jimmy. J'espère qu'un jour tu me choisiras comme l'héroïne d'un de tes romans, n'est-ce pas ? »

Ces paroles optimistes et pleines d'encouragement tombèrent-elles sur moi aussi naturellement qu'une douce ondée d'avril, ou Jeanne, voyant très loin dans l'avenir, me pressa-t-elle, en toute connaissance de cause, de suivre la voie que j'avais délibérément choisie ? Je l'ignore. Toujours est-il que je ne saurais compter les fois où son nom figure dans les pages de mes livres.

En toute équité, la vie devait combler Jeanne de bonheur ; je souhaitais du moins qu'il en fût ainsi. Ma petite amie d'autrefois se rappelle-t-elle parfois les moments heureux de notre jeunesse où j'étais « Jimmy » pour elle et que je l'appelais « Jeanne la siffleuse » ?

IV

JOURS DE CLASSE A OWOSSO

Notre séjour en ville avait opéré en moi une transformation dynamique et allait me permettre de gagner ces régions idéales entrevues à Sandusky. Durant ces quelques mois passés à Wakeman, un nouvel instinct me poussait à quitter sans retard nos champs caillouteux et nos forêts. Non que j'eusse rougi de notre humble foyer ou que les privations inhérentes à notre vie de pionniers commençassent à me peser. Il me semble plutôt que je cherchais inconsciemment à atteindre un but confus, irréalisable, et j'étais attiré avec la même force que l'aiguille de la boussole vers le pôle magnétique.

Je ne comprenais pas ce désir qui grandissait en moi. Jamais je n'avais, auparavant, goûté à ce point les manifestations de la nature : néanmoins une ardeur constante, irrésistible, m'incitait à retourner en ville l'automne suivant pour y continuer mes études. J'eus beau m'évertuer à faire partager mon enthousiasme à l'Échalas au cours de nos vagabondages dans la campagne ; ce fut peine perdue.

Il s'animait jusqu'à l'éloquence lorsqu'il se mettait à me raconter ses aventures de chasse durant mon absence, et demeurait froid dès que j'essayais de lui faire admirer le spectacle du ciel étoilé, tel que me l'avait montré l'astronome de Wakeman. Il lui était impossible de concevoir ce besoin d'abandonner de nouveau nos balades pour aller m'enfermer dans une classe, et, à vrai dire, je n'aurais pu davantage lui expliquer ce qui se passait en moi.

Quoi qu'il en fût, cette envie ne cessait de me consumer. Comme pour exaucer mes vœux, ma sœur arriva du lointain Michigan avec l'intention de passer l'été avec nous et finit par renverser les dernières objections de ma mère à mon sujet. Il fut décidé que je retournerais avec Amy à Owosso et entrerais au collège à la réouverture des classes.

« Cette fois, on ne te reverra plus », soupira l'Échalas lorsqu'il apprit mon départ pour cette ville située à trois cents kilomètres de chez nous.

Il faillit en perdre le souffle, car en ce temps-là un kilomètre semblait long à un gosse ; de plus, Owosso se trouvait à l'autre bout des États-Unis. A mesure que s'approchait l'heure de la séparation, des larmes embuaient les yeux de ma pauvre mère, et elle tentait bravement de les refouler. Mon père, lui, prenait un visage plus grave et mon chien Jack me suivait partout, calme et silencieux comme s'il pressentait une affreuse tragédie, et ses gros yeux bruns semblaient me supplier de ne pas l'abandonner une fois de plus.

Le jour fixé et à l'heure dite, une voiture vint se ranger devant la porte. J'y pris place, vêtu d'un costume neuf confectionné à la maison et fier de porter pour la première fois un long pantalon. J'étais prêt à affronter l'un des événements qui laissèrent dans ma vie une marque indélébile.

« On me vole mon petit garçon ! » sanglotait maman, et Jeanne se mit à pleurer elle aussi.

Des larmes brûlantes emplirent mes yeux au point que je distinguais à peine mes êtres chers. Mais ma sœur Amy réconforta tout le monde de ses bonnes paroles et, au moment où le cabriolet démarrait, l'Échalas me cria, d'une voix triste :

« Au revoir. Je ne te reverrai plus ! »

Je n'essaierai pas d'expliquer comment mon camarade pouvait deviner que mon absence de quelques mois se prolongerait en années. Lorsqu'il m'arrive de jeter un regard en arrière, je comprends maintenant avec quelle mystérieuse et infaillible sûreté notre destin chevauche l'orage et monte sur les ailes du vent. Si j'avais su que le train, quittant la petite gare de Ceylon, me séparait pour toujours du berceau de mon enfance, j'eusse été incapable de supporter si allégrement le long trajet jusqu'à la vieille station du Michigan Central, située à deux pâtés de maisons du lieu de ma naissance et dans les parages duquel mon ami Charles Miller et moi jouions si souvent.

Le lendemain de notre arrivée, ma sœur me fit visiter la ville. J'eus l'impression qu'elle ouvrait devant mes yeux un ancien coffre et enlevait la poussière des images depuis longtemps oubliées. Sept ans représentent un temps considérable dans l'esprit d'un petit garçon !

Notre vieille maison s'était transformée en auberge et dans la chambre qui m'avait vu naître se divertissait un groupe de commis voyageurs. Plus de noyers dans les rues, et sur le pré communal, à la place des grands sapins, se dressaient à présent des magasins et des maisons d'habitation. Personne ne savait ce qu'était devenu Charles Miller après la mort de son père. L'usine Wood, qui fabriquait des manches pour instruments aratoires, n'avait pas changé un brin : je la retrouvai, toujours entourée d'énormes piles de rondins de chêne, à l'extrémité desquels la résine suintait et se coagulait comme autrefois. Kate Russell, dont la tournure extravagante m'incitait à grimper à cheval, m'apporta une tarte le tout premier jour de mon arrivée. La magnifique Shiawassee, cette rivière qui hanta mes rêves bien des années plus tard, traversait toujours la ville en courbes gracieuses, et ses eaux miroitantes m'invitaient plus que jamais à la nage et à la pêche.

Owosso est maintenant une coquette petite ville de plus de huit mille habitants. Je l'ai toujours considérée comme ma patrie, de nombreux liens m'y rattachent et je ne manque jamais d'y revenir de temps à autres, en quelque lieu éloigné que je me trouve. A Owosso, j'accomplirai le terme de mon voyage [1].

Malgré la pauvreté et les privations que peuvent évoquer le pays natal, on lui conserve toute la vie une petite place dans son cœur. J'éprouvai quelque solitude au début ; mais peu à peu notre vieille ferme de l'Ohio,

1. Curwood est mort, en effet, à Owosso, en 1927.

mon camarade l'Échalas et Jeanne s'estompèrent dans mon esprit. De l'époque où j'empilais bravement mes pierres sous la chaleur insupportable se dégagea au bout d'un certain temps comme un parfum de lavande ou le charme d'une antique dentelle.

La plus tenace de mes affections d'enfant me ramena irrésistiblement vers les berges de la Shiawassee. La rivière s'empara de tout mon être. Mes souvenirs d'autrefois affluèrent comme une volée d'oiseaux. Je retrouvais le cours d'eau qui s'était déroulé tel un fil d'argent à travers ma vie subconsciente. Il allait devenir mon fidèle compagnon dans la joie et dans la peine, il dirigerait mes pas vers l'Aventure et me pousserait à tenter de grandes choses. Sans plus tarder, je composai un conte sur ma rivière et j'avertis l'Échalas, dans une de nos lettres, que nous nous y embarquerions quand le jour viendrait pour nous de partir à la conquête de la renommée et de la fortune.

Rien ne révèle mieux à l'homme le caractère sublime de la vie et ne lui inspire plus de courage et de foi qu'une rivière sautillant au soleil, chantant dans les rapides, contournant des obstacles insurmontables, et calme à travers les solitudes. Tel était la Shiawassee, qui coulait, fraîche et limpide, avec toute la noblesse d'un grand fleuve. Plût à Dieu que la rapacité et l'égoïsme du commerce moderne l'eussent épargnée ! Car rien n'est sacré aux seigneurs de la mercante ! Néanmoins, le doux souvenir de la Shiawassee de mon enfance me réconforte à certaines heures. Quand je m'évanouirai dans le crépuscule de la mort, l'esprit de ma rivière emportera mon âme vers cette existence magnifique où, selon mes croyances, j'entrerai avec allégresse.

Peu de temps après, ma sœur me conduisit chez Fred Janette, ce jeune auteur qui avait examiné avec quelque intérêt mes premières élucubrations littéraires, et dont je dévorais tous les romans publiés par lui dans le magazine. Arrivé devant sa porte, je tremblais d'émoi à la pensée de voir un de ces surhommes qui écrivaient des histoires, imprimées ensuite dans les journaux. Sa maisonnette de plain-pied, à l'ancienne mode, me fit l'aspect d'un palais. La porte fut ouverte par un grand Français barbu, que je devais considérer plus tard presque comme un père, puis une femme rondelette, aux cheveux blancs, qui maintenant tient une place dans mon cœur tout à côté de celle de ma mère, vint nous saluer.

Pendant que ma sœur, nullement effrayée en présence de si augustes personnages, riait et bavardait, j'entendais le rapide tic-tac d'une machine à écrire qui sortait d'une pièce située au fond du vestibule. Depuis, j'ai rencontré dans le monde bien des savants et sommités littéraires, des princes et même des rois, mais si je les voyais en ce moment agenouillés devant moi, mon hommage ne serait rien comparé à celui que je me préparais à déposer aux pieds de mon grand homme.

« Fred est en train de terminer un chapitre de son roman. Il vous prie d'attendre un peu », nous annonça sa mère au bout d'un instant.

Quelques minutes après, le bruit de la machine à écrire cessa, la porte s'ouvrit et le fameux écrivain apparut à mes yeux. D'une phrase il renversa toutes les barrières entre nous et dissipa instantanément mes craintes. S'avançant de cette allure nerveuse et rapide qui lui est caractéristique, il sourit, me saisit les mains et s'écria :

« Ah ! voici notre jeune auteur ! »

Fred me conduisit ensuite dans son bureau, encombré de livres, de papiers et de pages dactylographiées. Il m'y garda une heure, me montra un chèque de trois cents dollars que le directeur des *Jours dorés* venait de lui envoyer, m'expliqua son travail actuel et comment il procédait.

Songez donc ! On le payait trois cents dollars pour des mots — de simples mots — qu'il sortait de sa tête sans débourser un cent ! Il m'avait appelé « jeune auteur » et assuré maintes et maintes fois que j'atteindrais sûrement le succès si je m'appliquais de tout mon cœur au métier d'écrivain. Le prodigieux avenir qu'il déploya devant mes yeux émerveillés fit courir pendant des mois mon sang dans mes veines.

Le grand homme eut le tact de ne pas me traiter en petit garçon. Dès notre première entrevue, il m'accepta comme camarade, me pria de revenir souvent le voir et me témoigna une amitié que j'apprécie depuis de nombreuses années.

Est-il possible que moi-même, à mon tour, j'éveille pareil enthousiasme chez les jeunes gens qui, poussés par quelque mystérieuse raison, me rendent visite ? Se peut-il vraiment que je fasse vibrer leurs cordes sensibles comme cet écrivain fit vibrer les miennes ? Dieu me garde de leur refuser l'aide et les encouragements nécessaires, s'il est en mon pouvoir de leur accorder cette faveur.

Bien que ne perdant pas de vue la nécessité d'étudier pour devenir un grand auteur, je vis arriver trop tôt la rentrée. Je ne parviens pas encore à m'expliquer mon ardent désir d'entrer à l'école, alors que je la trouvais si ennuyeuse une fois installé à mon pupitre. Suivant mes progrès accomplis sous la férule de Mme Bacon et à Wakeman, je fus placé en sixième et montai petit à petit jusqu'en première, mais tout en comprenant l'importance des études, je n'ai jamais pu surmonter mon aversion pour le collège.

Je fis le désespoir de Miss Curliss, mon professeur d'algèbre. Le petit M. Chaffee déclara un jour que ma tête vide constituait le phénomène de l'École secondaire d'Owosso. Miss Needles me considérait comme un cancre. Mes aventures scolaires furent à ce point horribles qu'aujourd'hui encore je les revois dans mes cauchemars. Sans la présence de Miss Boyce, délicieusement jolie, et de Miss Bartrem, qui montrait à mon égard une patience angélique, mon séjour au collège d'Owosso eût été un véritable enfer.

Je dois à la bonne humeur de ces deux charmantes femmes, à l'intérêt qu'elles me témoignèrent, le peu que j'appris à Owosso. Le professeur Austin, le principal, s'amusait volontiers de mes escapades le long de la rivière ; néanmoins il me dit, un jour, que si l'on donnait un prix de bêtise, il me l'octroirait sans balancer.

Dès le début, la Shiawassee se révéla comme mon véritable professeur et l'ange gardien de ma destinée. Par beau ou mauvais temps, en n'importe quelle saison, je me levais à l'aube pour aller visiter sur les berges mes trappes à rats musqués et à martres, dont je prenais des vingtaines entre les ponts de Washington et d'Oliver Streets, soit une distance d'environ huit cents mètres du centre de la ville. A ma seconde année de classe à Owosso, la rivière m'avait entièrement accaparé. Je possédais tout un attirail de trappes, un fusil et une pirogue indienne creusée dans un tronc d'arbre.

Sous mon épiderme blanc, j'étais moi-même presque un Indien. En dehors des heures de classe, j'écrivais des récits d'aventures et, sans nul intention mauvaise de ma part, je compliquais singulièrement la tâche de mes professeurs. Fréquemment j'étais appelé au bureau directorial pour justifier mes absences ou retards en classe, et le fait que j'étais debout avant le réveil et prêt pour l'école, alors que la plupart de mes compagnons dormaient encore, ne suffisait pas à me disculper. Je me rappelle qu'une fois je regagnai mon banc sur la pointe des pieds au milieu d'une prière récitée par le professeur Austin ; celui-ci, en m'apercevant, termina ainsi son invocation : « Mon Dieu, je te rends grâce d'avoir daigné nous rendre, ce matin, notre Nemrod sain et sauf. » A partir de ce jour-là, on me donna ce sobriquet.

Mon beau-frère m'ayant offert le choix entre un voyage à l'Exposition universelle de Chicago ou un fusil de chasse, j'acceptai sans hésitation le fusil, après quoi j'explorai les bois bien loin en amont de la Shiawassee. Nous nous trouvions alors au cœur d'une magnifique contrée primitive. D'immenses étendues de forêts s'avançaient presque jusqu'à nos portes, et à l'endroit où s'élève actuellement la raffinerie, avec ses cheminées vomissant la fumée dans le ciel, commençaient mes terrains de chasse préférés. Les lièvres et les écureuils y abondaient et de même les perdrix, presque comme à l'époque des pionniers, et toutes sortes de petits animaux à fourrure vivaient dans la forêt et au bord des petits ruisseaux, affluents de notre rivière. En face de chez nous, pour ainsi dire, on découvrait une réplique du séduisant « pays du Nord » ce paradis de mes rêves, car les bois devenaient plus sauvages à mesure que j'y pénétrais et ils m'attiraient irrésistiblement vers la grande aventure.

J'allai passer mes vacances à la maison paternelle, en compagnie de ma sœur Amy. Vers la fin de l'hiver, ma mère, se morfondant loin de son Jimmy, mon père prévint Amy qu'on attendait mon retour prochain à la ferme, à moins que lui-même ne trouvât un moyen quelconque de réunir la famille à Owosso, et il se promettait de mettre tout en œuvre pour s'installer cette fois définitivement dans cette ville. Pauvre vieux papa ! Sans récriminer il avait dû, sept années auparavant, contraint par les événements, quitter ses vieux amis d'Owosso et se plier à un terrible sacrifice !

Ma sœur pleura de joie et je joignis mes larmes aux siennes, sans trop comprendre pourquoi. Tiraillé entre la rivière et la ferme, je ne savais au juste si je préférais poursuivre ma nouvelle vie ou retourner vers l'Échalas, Jeanne et mon vieux chien Jack. La question fut tranchée par ma mère et Amy. Au printemps, mes parents et ma sœur Cora arrivèrent avec armes et bagages, et père monta une échoppe de savetier, qu'il fit peindre en rouge, entre le vieil hôtel de ville et l'antique et pittoresque armurerie Merrick Blair. Mon frère Ed restait à la ferme, et comme je m'étonnais de l'absence de Jack, ma mère dut m'avouer la vérité : mon pauvre chien était mort un mois après mon départ et on l'avait enterré sous le gros pommier.

Des années durant, mon père raccommoda les chaussures à l'ancienne mode, c'est-à-dire avec une alène, du ligneul et des formes en bois. Il ne rechignait jamais à la besogne, qu'il accomplissait de son mieux, et se montrait critique impitoyable envers lui-même. Malgré son humble situation, il sut toujours gagner l'estime de ses concitoyens. Souvent je l'ai vu s'écarter, chapeau en main, pour céder la place aux femmes, et pas une fois je ne l'ai entendu jurer ou tenir des propos grossiers.

Il blanchit sous le harnais, mais il resta toujours droit comme un « i », tenant la tête haute et supportant ses maux en patience. Je ne crois pas qu'il soit possible, pour un fils, d'avoir quotidiennement un meilleur exemple sous les yeux.

Toute cette tranche de mon existence s'écoula sans événements marquants. Bien entendu, ma rivière occupait toujours la première place ; en dehors de cela, je suivais les exercices physiques au patronage de l'École du dimanche ; je m'entraînais à la boxe dans la grange des Bigelow et prenais part aux fréquentes batailles qui mettaient aux prises les garçons de l'Est de la ville avec ceux du quartier Ouest, pour des motifs dont l'origine se perd dans la nuit des temps. Comme la plupart de mes camarades, je faisais de petites corvées habituelles à la maison, et chaque samedi Fred Crowe m'employait dans son magasin pour un salaire de cinquante cents.

J'adorais la chasse, la pêche, le football, le patinage, le tobogan et en général tous les sports réclamant une grande activité corporelle. Ajoutez à cela « ma rivière » et le temps consacré à la littérature, et vous comprendrez que je ne connaissais pas l'ennui.

Les petites filles jouèrent un rôle insignifiant dans ma vie. Une fois pourtant, je pris mon courage à deux mains et priai ma jeune voisine, Nell Carpenter, de m'accompagner à une soirée enfantine chez Véra Haskell. D'un commun accord, nous nous séparâmes à quelques pâtés de maisons plus loin, chacun allant de son côté, et à l'heure du départ nous filâmes à l'anglaise pour nous retrouver à l'endroit où nous nous étions quittés précédemment. Tout cela afin qu'on ne remarquât point notre grande amitié. Une autre fois, mon copain Ernie Gould et moi poussâmes l'audace jusqu'à nous rendre à la demeure de Florence Ayers ; mais celle-ci, dès qu'elle nous aperçut, rentra chez elle et nous ferma la porte au nez. A cette époque de Don Juan et de Dulcinée en herbe, ma gaucherie paraîtra sans doute incompréhensible à mes jeunes lecteurs, mais je ne différais guère de mes autres camarades. Les intrigues amoureuses et les amusements frivoles étaient le dernier de nos soucis.

Peu après le retour de mes parents à Owosso, mon père acheta une petite maison modeste sur la courbe de la rivière qui entoure ma propriété actuelle. Maman m'y prépara une chambre où elle mit une table et une chaise. Mon père m'acheta une machine à écrire d'occasion, la plaça sur le châssis d'une vieille machine à coudre hors d'usage, et recouvrit le tout d'une toile cirée jaune.

Enfin ils commençaient à voir le pays de mes rêves, dont je leur avais timidement entrouvert la porte cinq ans auparavant ! Je les y accueillis avec empressement. A partir de ce jour-là, ils prirent eux-mêmes plaisir à monter dans mon sanctuaire où je leur lisais les histoires que je composais. Mon père hochait gravement la tête en me disant : « Bien Jimmy, c'est bien ! » Chaque fois que je pénètre dans cette pièce il me semble entendre ses réflexions et voir encore les larmes de joie sur le visage de ma mère. Ils m'écoutaient avec ferveur tandis que, d'une voix frémissante d'émotion, je leur présentais les personnages enfantins issus de mon cerveau et que la magie des mots essayait de rendre vivants.

L'intérêt qu'ils prirent à mon travail de prédilection ne se démentit jamais et ils me prodiguèrent leurs encouragements sans se lasser pendant toutes ces années d'apprentissage. Même lorsque je me fus taillé une place parmi les auteurs les plus connus des États-Unis, mon père continua de se montrer un camarade envers moi et ma mère demeura la précieuse conseillère à qui je confiais mes soucis, mes joies et tous mes plans d'avenir.

Fréquemment je lui ouvrais mon cœur et lui dévoilais mes pensées les plus intimes. Elle m'aidait à échafauder mes romans, souvent ses critiques et ses suggestions m'aidaient à sortir de difficultés inextricables. Les liens qui m'unissaient à ma mère étaient à toute épreuve ; lorsqu'elle mourut, bien que depuis des mois l'ange sinistre rôdât dans nos parages, il me sembla que soudain les ténèbres recouvraient un monde sur lequel le soleil ne brillerait plus jamais. Après la publication de mon roman *L'Homme de l'Alaska* (*The Alaskan*), mes nouvelles œuvres comportèrent certaines lacunes qui échappèrent aux critiques littéraires. Le jour où ma pauvre mère descendit dans la tombe, elle emporta avec elle une partie de mon cœur.

Avant que mes parents m'eussent aménagé ce petit bureau dans notre vieille demeure de John Street, j'écrivais ma prose au crayon sur tout le papier me tombant sous la main, le plus souvent du papier d'emballage que je découpais en feuilles. Voilà quelques années, je détruisis une grande partie de mes anciens manuscrits, mais il m'en reste encore une pleine caisse. Agé de quinze ans à peine, j'avais composé plus de cent nouvelles d'une longueur de cinq cents à vingt mille mots. Quand de jeunes auteurs, l'âme découragée, se lamentent devant moi sur leur demi-douzaine de contes partout refusés, je voudrais leur faire descendre l'escalier en colimaçon qui mène dans les caves de ma demeure et leur montrer les témoins muets de mes années difficiles, avant le jour mémorable où je reçus un chèque de cinq dollars pour ma première nouvelle, intitulée « La défaite de Shako ».

Elle parut dans notre journal local *L'Argus* et me fut inspirée au cours d'excursions que je fis, en compagnie de mon beau-frère, dans les environs de Chesaning, où subsiste encore le fond desséché d'une ancienne rivière. A cet endroit, appelé les « Bancs de sable de Shako », la tradition veut qu'un chef indien dénommé Shako ait été annihilé avec toute son armée après une sanglante bataille. George Campbell, alors propriétaire et directeur de *L'Argus*, publia la nouvelle précédée de mon nom James Curwood, en grosses capitales. Il ne songeait guère qu'elle susciterait à Owosso une sensation presque égale à celle que créa Sullivan, un cruel assassin, le jour où la population l'enleva de sa prison à Corunna, à cinq kilomètres de là, pour le lyncher.

Depuis quelque temps, un certain Joplin, vétérinaire et loueur de chevaux à Owosso, nourrissait une haine tenace contre mon père. Un de nos voisins, Dave Blair, lui demanda, histoire de rire, son opinion sur « la nouvelle du vieux Curwood parue dans *L'Argus* ». Comme je porte le même prénom que mon père, le vétérinaire en conclut naturellement que James Curwood père était le responsable de cette prose insipide. Il s'assit aussitôt à sa table et se mit à attaquer mon père, sa malheureuse victime, d'une plume chauffée à blanc et trempée dans le vitriol.

George Campbell, homme calme et pondéré s'il en fut, mais aimant la plaisanterie, publia l'article de Joplin. Bien que le vétérinaire racontât à tout venant qu'il attaquait mon père, ses brocards s'adressaient en réalité à moi, auteur de la nouvelle.

Joplin la qualifia de « mélange d'âneries et de radotages qui sont une insulte à la ville et une atteinte portée à l'intelligence de nos concitoyens ». Et le reste à l'avenant. Je fus soudain précipité de mon trône de gloire dans un sombre abîme de mélancolie. Mais le bon George Campbell, sachant que « la critique forme l'écrivain », s'amusa de sa propre farce, qui rebondit sur lui-même : des vingtaines de lecteurs indignés protestèrent par lettres contre Jim Joplin qui, tel un Goliath vengeur, s'en prenait lâchement à un faible écolier. Devant ce tollé général, Joplin rentra piteusement dans sa coquille et apprit ainsi que c'était moi, et non mon père, l'auteur de « La défaite de Shako ».

Vint ensuite le commentaire épique de Fred Janette, retour de New York, et qui traita Joplin d'âne bâté. Fred signa son article de son propre nom, déjà célèbre à nos yeux, et ses paroles cinglantes déchaînèrent un nouvel orage dans notre ville de huit mille habitants. Une bonne partie d'entre eux prirent part à la controverse et envoyèrent leur avis à *L'Argus*. Mon nom fut reproduit dans les journaux d'Owosso, et un beau jour le *Journal de Detroit* me demanda de lui envoyer une nouvelle.

Grâces te soient rendues, Fred ! Le premier tu m'as encouragé à écrire, et le premier tu m'as élevé presque à la gloire. Comment m'acquitterai-je jamais de la magnifique défense prise par toi, le 21 novembre 1894, en faveur du timide Jimmy Curwood, ainsi qu'en témoigne la coupure jaunie de *L'Argus* étalée sur mon bureau au moment où j'écris ces lignes.

La veille encore, j'étais moins que rien, un présomptueux gamin en mal d'être imprimé et qui s'était montré incapable d'atteindre les sommets vers lesquels il aspirait, car, je l'avoue aujourd'hui sans honte, « La défaite de Shako » n'était certes pas un chef-d'œuvre, même pour un écolier. Mais un hardi champion était entré en lice et m'avait fait gagner les cimes glorieuses. Presque toute la population d'Owosso savait qu'un jeune garçon, Jimmy Curwood, habitait John Street et possédait en lui l'étoffe d'un grand auteur. Ma renommée s'était répandue jusqu'à Corunna, à Maurice et à Perry, de fait dans tous les coins de la région où *L'Argus* comptait deux mille abonnés.

Cependant, ce fut la lettre du *Journal de Detroit* qui me transporta au pinacle du bonheur. Sans tarder, je lui envoyai un certain nombre d'autres contes, parmi lesquels la rédaction publia « Le dernier coup de Pontiac » et « L'Ange du ciel ». Le solennel hommage rendu à mon talent m'enveloppa d'un halo de gloire, mais ne me rapporta pas un cent. Je me décidai ensuite à émouvoir l'âme des grandes personnes, au lieu de me confiner aux romans pour enfants, et mis en scène des personnages mondains, avec leurs amours. Abandonnant mes descriptions de forêts et de ruisseaux, je produisis un drame poignant que je croyais être le summum de l'art littéraire et auquel je donnai le titre suggestif de : « La fille aux lèvres précoces et aux cheveux d'ébène ». Je me proposais de le reproduire ici pour permettre aux jeunes écrivains de comparer cette élucubration avec mes œuvres postérieures et d'y puiser dans cet exemple tous les enseignements nécessaires ; cependant un jugement plus rassis m'a convaincu qu'il valait mieux laisser dans l'ombre ce médiocre produit littéraire dû à l'imagination d'un simple gamin secondé par un dictionnaire et un excellent recueil de synonymes. Peut-être quelque critique mal intentionné découvrira-t-il un jour ces pages tombées depuis longtemps dans l'oubli ; en tout cas, qu'il ne compte pas sur moi pour l'y aider.

Quelques jours après la publication de « La fille aux lèvres précoces et aux cheveux d'ébène » dans le *Journal de Detroit,* Fred Janette, revenu de New York, m'emmena dans son antre, et, d'un ton très sérieux, m'avertit que je faisais fausse route. Il me fit comprendre que je ne devais pas espérer une rétribution pour mes romans avant un temps considérable, et me conseilla de revenir aux histoires destinées à la jeunesse. Ce même hiver, j'en composai deux, d'environ vingt mille mots chacune : « Les cinq rebelles » et « La carabine des montagnes », dont je montre parfois les manuscrits, griffonnés au crayon et jaunis par l'âge, aux jeunes amis que je veux mettre en garde contre le mauvais style. Inutile d'ajouter que ces chefs-d'œuvre ne virent jamais le jour.

Mon amour inné d'écrire, stimulé par mes parents, se développa encore. D'autre part, Fred et sa mère s'évertuèrent à guider mon inépuisable énergie et ma vive imagination. Dès lors, je ne doutais plus que je foulais la route du succès, mais je n'en soupçonnais ni la longueur ni les efforts qui me restaient à accomplir pour atteindre le but.

Je ne crois pas à la seule vertu de la prière ; néanmoins, pendant toutes ces années de labeur, j'invoquai silencieusement le ciel avec l'espérance de me voir enfin publié un jour. Doué d'une patience à toute épreuve, je surmontai résolument mes accès de découragement chaque fois que mes manuscrits m'étaient retournés, et on me les renvoyait hélas ! les uns après les autres. Je finis par comprendre que, pour gagner la partie, il ne fallait pas flancher un seul instant ; de surcroît, j'avais tort de m'attaquer en premier lieu aux grands périodiques où je ne pénétrerais que par miracle.

Mes nouvelles à peine terminées, je les expédiais aux magazines, et dès que l'une me revenait, je l'adressais ailleurs. Le jour arriva où une vingtaine de manuscrits se baladaient sur les chemins du hasard, car je persistais à croire aux lettres de certains éditeurs : le refus d'une œuvre n'implique nullement son manque de valeur ; c'est parce qu'elle ne répond point, en maintes occasions, aux besoins de la maison qui la renvoie. Le retour d'un manuscrit, ou d'une demi-douzaine à la fois, ne me démontait pas, car souvent les directeurs y ajoutaient une parole de consolation et d'espoir. Une fois Bob Davis, rédacteur en chef du *Munsey's Magazine,* griffonna au bas de la formule habituelle : « Persévérez, mon petit, vous réussirez certainement un jour. » Ces huit mots me versèrent du baume au cœur. Une autre fois, John L. Sleicher, rédacteur en chef du *Leslie's Weekly,* prit la peine de m'écrire : dans sa lettre il me disait qu'il comptait bien, dans un proche avenir, accepter tout ce que je lui soumettrais.

Un troisième directeur de magazine, rempli de bonnes intentions à mon égard mais ne pensant guère au résultat de ses conseils, m'inculqua l'idée que le jour où mon nom figurerait au sommaire d'une revue, je pourrais considérer la bataille comme gagnée. Fred Janette se rallia d'enthousiasme à cet avis. En d'autres termes, si je parvenais à faire insérer une de mes nouvelles pour ses propres mérites, je connaîtrais le secret d'en écrire d'autres susceptibles d'être publiées. Cependant la perspective de voir mon nom imprimé dans le « Sommaire » exerça sur moi un effet magique. Je ne discernai pas tout de suite que cet honneur dépendait uniquement du talent acquis à force de travail. Mais allez donc exiger cette profondeur de vue d'un gosse de quinze ans !

J'ai toujours éprouvé une indulgente sympathie pour les jeunes plagiaires, car je connais leur désir irrésistible de forcer les portes qui barrent la route du succès. En outre, je sais qu'il s'agit rarement chez eux de malhonnêteté ou de pensées vénales. Ils s'imaginent naïvement que tout écrit déjà publié ne peut manquer d'être accepté de nouveau et raisonnent à peu près de la sorte : « Si j'arrive à faire paraître quoi que ce soit sous mon nom une fois seulement, les directeurs de revues remarqueront ma signature et liront d'un œil plus favorable mes prochains manuscrits. » Ils oublient qu'il ne suffit pas, pour réussir dans cette industrie, de voler de la copie intéressante, mais de la faire admettre sans éveiller les soupçons du rédacteur en chef ou provoquer les protestations de lecteurs éclectiques et doués de mémoire. Mais si j'en crois ma propre expérience, la piraterie littéraire doit paraître un jeu d'enfant aux jeunes amateurs, puisqu'un journal vieux d'une douzaine d'années me semblait alors quasi préhistorique.

A cette époque lointaine, je possédais quelques volumes reliés d'une revue universitaire publiée voilà longtemps à Cambridge et dont la lecture me passionnait. Un soir, mon mauvais génie me poussa à copier une petite pièce de vers intitulée *Un fragment.* Je l'envoyai sous le titre *Une prière* à un magazine auquel je désirais particulièrement collaborer. Rien à craindre, pensai-je, car si l'auteur, un certain Byron, était un tant soit peu connu, son nom eût certes figuré en grosses lettres sous le titre, et non en minuscules au bas du poème. Dix jours après, je recevais une légère somme en rémunération et on me priait de soumettre à la rédaction d'autres poésies de la même veine.

Je revois encore l'étrange expression de Mme Janette lorsqu'elle parcourut les vers dont je m'attribuais la paternité : je crus y lire une joyeuse surprise et fus étonné ensuite qu'elle ne m'adressât pas la moindre félicitation. Des années plus tard, elle m'apprit qu'elle avait immédiatement reconnu les vers en question : elle avait révélé ma supercherie au rédacteur en chef en le priant de ne me rien dire. Il fut heureux, je crois, de clore cette affaire, car il ne tenait sans doute pas à avouer à ses collaborateurs qu'il s'était fait rouler de cinquante cents par un écolier.

Ce succès littéraire me procura une joie très mitigée, et pour cause. Ma mère, elle, s'en montra ravie et le visage de mon père rayonna d'orgueil. Cependant, si le remords ne troublait pas encore mon sommeil, je commençais à m'inquiéter d'avoir non seulement dupé ce directeur étourdi, mais aussi mon père, ma mère et mes amis, et des semaines durant je me reprochai mon manque d'honnêteté. Cette salutaire leçon me fit réfléchir sur mon cas, et je pris dès lors la ferme résolution de ne me servir que de mes propres pensées.

Je ne retombai jamais dans la même faute, mais quelques années après cet incident je me rendis coupable d'un plagiat involontaire. Après avoir lu, dans un journal du dimanche, les aventures extraordinaires d'un jeune Américain sur la frontière du Mexique, il me vint à l'esprit d'en tirer une nouvelle et de la proposer à une revue, sans me douter que l'article qui m'avait servi était un sujet de pure imagination — et non du reportage — lui-même inspiré d'un conte de l'humoriste O. Henry.

A l'époque où j'essayais de gravir les premiers échelons de la renommée, il existait de nombreuses petites revues à cinq cents le numéro : *L'Oie grise,* à Cincinnati, le *Redfield's Magazine,* publié à Smethport, dans l'État de Pennsylvanie, *Contes à lire en chemin,* à Detroit, et une douzaine d'autres tels que *La Chouette, L'Oracle, L'Éléphant blanc, Le Chat noir* et le *Magazine des jeunes.* A ceux-là et à bien d'autres, j'envoyais ma production, mais je la soumettais en tout premier lieu au *Munsey's Magazine* qui m'avait si souvent encouragé. M. Titherington, rédacteur en chef du *Galion,* écrivit un jour de sa propre main, en travers de la formule imprimée accompagnant le renvoi des manuscrits : « Presque. Mais pas tout à fait ce qu'il nous faut.

Donnez-nous un bon récit d'aventures pour le *Galion.* » Le mot « presque » était fortement souligné. Je conserve précieusement cette feuille parmi les souvenirs de mes débuts littéraires.

Dès les premiers mois de l'année 1898, après dix années de constants efforts, me parvint une lettre de *L'Oie grise* qui me fit hurler de joie dans toute la maison. Fier comme si je venais d'hériter d'un trône, je courus la montrer d'abord à Fred Janette, puis à mes parents et à tous mes amis. En quelques mots, cette missive m'annonçait qu'on retenait mon conte « A travers les montagnes », et elle contenait, en paiement, un chèque de cinq dollars.

Un chèque ! La première somme que je gagnais avec ma plume ! Si elle se fût élevée à cinq mille dollars, mon bonheur n'aurait pas été plus grand. La partie enfin gagnée, j'écrivis aux autres journaux et leur laissai nettement entendre qu'ils mésestimaient mon talent. Sans doute ne sus-je pas être suffisamment persuasif, car presque par retour du courrier, le *Munsey's Magazine* me retournait mon envoi avec ces mots : *« L'Oie grise* ? Connaissons pas. Mais recevez tout de même nos compliments ! » « Jalousie professionnelle », pensais-je. De toute évidence, ces gens-là n'avaient jamais entendu parler de *L'Oie grise* et regrettaient peut-être de ne point avoir publié mon conte. J'espérais que le *Munsey's* ne me tiendrait pas rigueur de m'être adressé à une revue concurrente ; néanmoins les quelques mots du rédacteur en chef ne tardèrent pas à me faire quitter les hauteurs où je planais, mais la descente ne fut pas trop brutale.

Songez donc qu'il m'avait fallu dix années pour gagner ce chèque insignifiant ! Un millier de nuits de travail sous la lumière de la lampe, et autant de jours de découragement pour arriver à ce maigre résultat ! Toutefois je voyais moins d'obstacles à réaliser un jour mes aspirations littéraires.

Voulant me donner l'importance de quelqu'un dont on vient, à juste titre, de reconnaître le talent, je commandai du papier à en-tête où mon nom, jusque-là des plus ordinaires, produirait à mes yeux un superbe effet : « J. Oliver Curwood ». Je croyais ainsi attirer davantage l'attention, sans songer que les critiques, doués en général d'une mémoire surprenante, se plaisent à découvrir les faiblesses d'un jeune auteur plutôt qu'à prôner ses mérites.

La renommée et la gloire, ayant daigné un moment m'accorder leur faveur, me délaissèrent, et je repris mon existence monotone, qui se confina de plus en plus dans la petite chambre à coucher aménagée par mes parents. Ce fut l'amour du travail, et non, en réalité, celui du lucre, qui me fit redoubler d'effort. Immédiatement après « ma rivière », mon humble bureau au plafond bas constituait pour moi le plus grand charme de la vie, et cette affection demeure aussi fidèle aujourd'hui en mon cœur.

Notre vieille maison de John Street se dresse toujours à quelques pas de ma résidence actuelle et ma chambre n'a pas du tout changé. Le même papier défraîchi en tapisse les murs, les mêmes magazines jonchent le sol, et j'y revois les mêmes meubles et les mêmes étagères que nous fabriquions à la maison. Des fantômes semblent habiter ici pour garder mes souvenirs sacrés. Dans cette pièce où j'élaborai mes rêves d'enfant, je suis venu me réfugier des années plus tard, lorsque la vie me semblait abominablement vide et dénuée d'espoir. Sur le châssis de la vieille machine à coudre recouvert d'une toile cirée jaune, j'ai écrit la moitié de mes trente romans publiés à ce jour. Là j'ai taillé ma route dans les ténèbres pour atteindre enfin le bonheur et le succès. Je veux qu'aucune innovation ne soit apportée à ce sanctuaire où j'ai vaincu la pauvreté et l'obscurité.

Sur le bord même de la rivière où mon père et moi allions si souvent à la pêche, j'ai fait construire, en 1922, le « Château Curwood » ainsi appelé parce qu'il est la reproduction d'une antique forteresse normande. Mais je me suis bien gardé de démolir l'ancienne maison paternelle : elle se trouve à six ou sept mètres du studio installé dans la tour, et me cache entièrement la rue au sud. Si je tenais compte des avantages « pratiques », je raserais cette masure et agrandirais de la sorte ma propriété, mais je ne m'en sens pas le courage. J'hésite même à la restaurer, car il me semble qu'elle ne me donnerait plus l'inspiration et la force nécessaires pour poursuivre ma destinée.

Je m'accusai de trahison envers cette petite chambre, aux murs délabrés garnis de vieilles gravures, lorsque je l'abandonnai pour rejoindre ma cabane dans le nord du Michigan, et je revins deux fois terminer un roman sur la vieille machine à coudre. Je n'essaie même pas d'expliquer à mes voisins pourquoi je ne démolis point la vieille bicoque pour enrichir mon domaine d'un magnifique jardin. Entre la petite chambre d'en haut et moi-même subsistent de trop précieuses reliques. Ce réduit a été le témoin muet des visions lumineuses et des heures sombres qui hantaient mon cerveau d'écolier ; il fut aussi le confident discret des aspirations de mon cœur qui se sont enfin réalisées, après maintes vicissitudes. Qu'elles étaient longues, ces rêveries de ma jeunesse ! Pour rien au monde je ne voudrais détruire ce temple qui leur est consacré.

V

SUR LES GRANDES ROUTES

Longtemps, j'ai parcouru les chemins de « Vagabondia », surtout cette immense province connue familièrement sous le nom de « Pays de Dieu », qui s'étend de la baie de Bathurst au Kaministiquia, entre la baie d'Hudson et la Vallée des Hommes Silencieux. J'ai l'impression nette que jamais plus je ne foulerai les sentiers où « les oies sauvages, fuyant le courroux du vent arctique, passent à tire-d'aile devant la lune rouge », et pas davantage les pistes sinueuses où courent les loups efflanqués. Avant d'achever ces mémoires autobiographiques, j'aurai peut-être l'occasion de parler plus longuement de mes années passées dans ce « Pays de Dieu », car c'est là que j'appris à aimer le milieu où me poussèrent bon gré mal gré les circonstances. Mais j'y ai connu la joie de vivre, et je crois le moment venu de raconter le début de mes aventures dans le Grand Nord. Jusque-là j'avais à peine remarqué ses frontières, que je franchis pour la première fois quelques années avant la guerre hispano-américaine.

L'immense domaine de Vagabondia part du soleil levant jusqu'au bord extrême de l'horizon, et si l'aurore boréale éclaire ses avant-postes, l'autre pointe de son territoire se prolonge au loin sous la Croix du Sud et voire au-delà. Les limites de ce vaste mais invisible empire, qui ont fait méditer de graves hommes d'État, n'ont en pratique aucune importance. Nul fonctionnaire ne monte la garde pour exiger votre passeport, et vous êtes libre d'aller et de venir selon votre fantaisie. On ne tient compte ni des races ni des croyances, et le fait de se conformer aux us et coutumes de Vagabondia vous confère le titre de camarade, lequel vous lie aux autres par une sorte de franc-maçonnerie mystique, seule comprise des aventuriers, qu'ils suivent les pistes cachées des solitudes ou voguent sur la mer septentrionale.

Le vent qui balaie la terre du Mackenzie coupe comme une lame de couteau, les tempêtes d'hiver soulèvent l'Océan en vagues furieuses. Autour des feux de campement dressés sur les rives du Wollaston, on raconte de joyeuses histoires — et de tristes parfois — semblables à celles qu'on entend dans les postes d'équipage. Les chansons de matelots vous émeuvent autant que les refrains tonitruants des bateliers qui descendent la rivière Athabasca. Partout où se rencontrent les libres compagnons de Vagabondia, ce n'est qu'un concert de rires exprimant la volupté de vivre.

Un jour de juin 1896, mon père m'offrit une bicyclette pour mon anniversaire. Depuis longtemps je rêvais de posséder une telle machine qui me permettrait d'explorer davantage le monde. Ayant appris à monter dans la même journée, j'envisageai aussitôt une longue excursion au nord ou à l'ouest du pays, mais souvent la jeunesse change d'avis et, en fin de compte, je me décidai à me rendre dans le midi.

Mes parents n'opposèrent aucune objection sérieuse lorsque je leur eus annoncé mon désir de m'arrêter chez mon cousin, Bert van Ostran. Mon père m'alloua cinquante cents et ma mère empaqueta mon déjeuner dans une vieille boîte à chaussures. Tous deux me recommandèrent, en souriant, de ne pas les réveiller le lendemain à l'aube, au moment de mon départ. Bert habitait à une trentaine de kilomètres de là, et comme à cette époque les routes n'étaient guère praticables, mes parents s'attendaient à me voir bientôt rebrousser chemin. Ni l'un ni l'autre ne comprirent l'instinct impérieux, dû à mon sang indien, de courir l'aventure, d'obéir à la force qui m'attirait vers les grands espaces libres, les pistes tortueuses et les ombres mystérieuses des feux de campement durant les nuits calmes et glaciales.

Lorsque, cet après-midi-là, j'arrivai chez Bert, on m'apprit qu'il fauchait du foin dans un pré situé à quinze cents mètres environ de là. J'allai l'y retrouver à bécane et dès que je lui eus exposé mes projets, il plaqua son travail, réclama son salaire — il lui revenait en tout deux dollars — et nous revînmes tous deux à bicyclette. Nous passâmes une partie de la nuit à tirer nos plans.

Les poules elles-mêmes n'étaient pas encore éveillées quand nous fîmes, le lendemain matin, notre première halte devant une ferme voisine, où Bert se mit à siffler sous une fenêtre du premier étage. Bientôt une jolie fille pencha la tête dehors et, bien qu'un peu contrariée d'être dérangée de si bonne heure, elle prêta une oreille attentive aux paroles de Bert. Il lui apprit que nous partions... quelque part... et ne savions pas la date de notre retour. Sans cette radieuse vision, il est probable que nous serions allés, mon ami et moi, jusqu'au bout du monde. Mais la voix émue et tremblante de la jeune fille troubla Bert à ce point que notre aventure dura seulement jusqu'à la fin de l'été, et Bert me quitta pour se marier. L'heureux couple habite encore dans cette ferme près de Williamston.

Pendant ces trois mois, nous dormîmes le plus souvent dans les granges et parfois à la belle étoile. Comme, au début, notre fonds commun ne s'élevait qu'à deux dollars et demi, force nous fut de prélever notre pitance dans la campagne, sans nous astreindre, toutefois, à aucune besogne vénale qui eût profané la noblesse de notre aventure. Pour tout bagage, chacun de nous trimbalait quelques ustensiles de cuisine et une légère couverture.

D'ordinaire, nous récoltions nos légumes le soir dans les jardins avoisinant les fermes, et nous acquîmes une telle adresse à dévaliser les poulaillers que nous arrivâmes bientôt à tordre le cou à nos victimes sans leur donner le temps de réveiller les paysans par des cris insolites. La nuit tombée, nous trayions les vaches dans les étables ou au milieu des champs et obtenions ainsi autant de lait que nous le désirions. Cependant, il n'était pas aussi facile de rafler les œufs. Cette opération s'effectuait nécessairement le jour et voici comment nous procédions : en général, nous faisions mine de nous reposer aux abords d'une ferme, mais en réalité nous observions les allées et venues des poules ; Bert continuait de se prélasser tandis que je fouillais les parages, d'où je ramenais jusqu'à cinq ou six douzaines d'œufs que nous troquions, au prochain village, contre des denrées trouvables seulement dans le commerce.

Au cours de ces incursions, nous accomplîmes certaines fredaines qu'il serait oiseux de rapporter ici ; mais que vous le vouliez ou non, on aurait pu nous considérer comme des pillards professionnels. Certes, nous enfreignions la légalité, pas dans l'intention de mal faire, mais plutôt avec cette heureuse insouciance qui caractérise les libres compagnons de Vagabondia. Vous comprendrez ou non la distinction qui s'établissait entre nous et les véritables *hoboes* suivant l'éducation que vous avez reçue dans votre enfance et votre conduite ultérieure dans la vie.

Notre mépris des lois, si fascinant en soi-même, nous procurait en outre abondamment de quoi vivre. Cependant, nous faillîmes bien tomber dans les griffes de la justice près de Dayton, dans l'État de l'Ohio. Cette fois-là, le paysan dont je fouillais la grange surgit à l'improviste de la direction opposée où Bert le guettait, et je fus pris avec près de trois douzaines d'œufs dans mon tablier. Le brave homme, après un petit interrogatoire, prit sans doute pitié de notre jeune âge, car il nous retint avec insistance à dîner. Je me souviens d'un repas copieux, mais nous ne le savourâmes guère, Bert et moi, la fermière ayant fait une excellente omelette de tous les œufs que j'avais essayé de voler ; quant à son mari, il nous passait continuellement le plat et, d'une voix moqueuse, nous disait : « Allons, ne vous gênez pas, reprenez-en ! » Enfin sa femme nous prit en compassion et le pria de cesser sa plaisanterie.

Partis de Williamson avec l'intention d'atteindre le Mississippi près de la ville de Saint-Louis, nous nous décidâmes, une fois arrivés dans l'est de l'Indiana, à regagner l'Ohio et, dix jours après notre aventure à Dayton, nous passions le fleuve et débarquions dans le Kentucky. Après avoir parcouru l'est de cet État, nous retournâmes un beau matin à Covington. Entre-temps, j'avais projeté de faire une brève visite à notre ancienne ferme du comté de l'Érié, Ohio, pour revoir mon ami l'Échalas et Jeanne, mais à Covington nos plans furent de nouveau complètement bouleversés. Jamais mes personnages, David Raine ou Philip Weyland, n'ont témoigné d'une telle versatilité dans leurs itinéraires.

Seul sur le quai, je suivais les derniers préparatifs d'un de ces pittoresques paquebots destinés au service fluvial, et qui était en partance vers Cairo et la Nouvelle-Orléans. Mon aspect devait être lamentable, mon corps efflanqué flottait dans mes vêtements en haillons, toute mon expression trahissait, je crois, les affres de la faim.

A quelque distance de moi, une blonde alerte, vêtue à la dernière mode, était en train de parler et de rire en compagnie d'élégants messieurs. Me rendant compte que je faisais le sujet de leur conversation et de leur gaieté, j'allais m'éloigner, lorsque la gracieuse petite femme s'approcha et m'adressa la parole d'un ton si doux que ma timidité disparut comme par enchantement. Bientôt, elle m'offrait de m'emmener avec elle sur ce bateau jusqu'à Cairo et, apprenant que Bert ne tarderait pas à revenir chargé de gâteaux secs et de fromage qu'il était allé chercher en ville, cette aimable personne le comprit également dans son invitation. Bien qu'elle trouvât mon ami plus âgé et plus fort que moi, elle nous fit monter tous deux à bord. Pendant plusieurs jours et plusieurs nuits, je fis un merveilleux voyage, lesté chaque jour de trois repas copieux et dorloté comme par une mère. De la cabine du pilote jusqu'à la chambre de chauffe, on considérait la jeune femme comme l'enfant gâtée, et elle se montrait si aimable que tout le monde, même le capitaine, s'empressait de devancer ses moindres désirs.

Si elle témoigna quelque indifférence envers Bert, elle fut pour moi, en revanche, d'une extrême gentillesse, s'efforçant par tous les moyens de me rendre le voyage agréable. A Louisville, elle m'acheta un nouveau complet cycliste. Mais peu après notre départ de cette ville, au prochain débarcadère, dont j'ai oublié le nom, elle quitta précipitamment le bateau. En me disant au revoir d'un air inquiet, elle me glissa dix dollars dans la main, et nous conseilla, mon ami et moi, de poursuivre notre itinéraire jusqu'à Cairo, comme nous l'avions projeté.

Bert me raconta ensuite que cette femme était, paraît-il, une des plus fameuses sportives de l'époque. Elle descendait et remontait en bateau les deux grands fleuves, se liait à bord avec des passagers qui descendaient en cours de route, et jouait parfois toute la nuit aux cartes avec eux. Elle nous avait pris à bord à la suite d'un pari et, en effet, je me rappelai avoir vu à Covington l'un de ses élégants compagnons lui tendre, d'une énorme liasse, une poignée de billets de banque. Souvent je me suis demandé pourquoi elle avait interrompu si rapidement son voyage, et ce qui semblait la troubler à ce point. Quoi qu'il en fût, la pétulante jeune femme m'avait comblé de prévenance et je conserve d'elle un charmant souvenir.

Notre voyage sur l'eau m'ayant fait abandonner l'idée de revoir notre vieille ferme cette saison-là, et comme, d'autre part, la vision de Bertha Colly penchée à sa fenêtre hantait toujours Bert, nous sautâmes sur nos bécanes aussitôt descendus à terre, et nous regagnâmes tout droit le foyer paternel. J'arrivai chez moi un peu en retard pour la rentrée des classes, mais resplendissant de santé.

Quelques mois s'écoulèrent. En dehors des heures d'école et des légers travaux qu'on exigeait de moi à la maison, je passai le reste du temps à « ma rivière » ou à la petite pièce basse de plafond aménagée par mes parents dans notre vieille maison de John Street, et précédemment décrite.

J'étais tiraillé entre la nécessité de poursuivre mes études, ainsi que le souhaitait ma famille, et l'appel persistant de la nature sauvage ; mais le moment arriva, peu après les vacances de Noël, où il me fallut prendre une décision. Seule ma mère se rendit compte, je crois, de mes efforts inouïs pour demeurer un fils respectueux et obéissant, et du désir irrésistible qui me poussait vers l'aventure.

En 1897, un printemps précoce et magnifique régna dans le pays. Dès le milieu de mars, la sève monta dans les arbres, les neiges épaisses fondirent au soleil et les rouges-gorges apparurent des semaines plus tôt que de coutume. Les mares, les ruisselets et ruisseaux, qui ont toujours exercé sur moi une étrange fascination, coulaient partout en abondance. La Shiawassee, dont le lit débordait jusque devant chez nous, charriait avec fracas une multitude d'objets en dérive. Chaque nuit je me laissais endormir par le bercement tumultueux de ses eaux, et chaque matin, à mon réveil, j'allais à la fenêtre regarder les remous tourbillonnant au-dessus de la petite île située exactement en face de notre cuisine. Je me sentais attiré vers les marécages, puis vers les forêts impraticables, magnifiques terrains de chasse où la Shiawassee, la Mauvaise, le Flint, venaient de divers côtés déverser leur trop-plein dans le Saginaw, transformant le « Pays des Mauvaises Rivières », le « Grand Marécage » ou encore les « Marais de Saint-Charles », comme on appelait cette région, en une mer intérieure. Incapable de résister davantage, j'écrivis enfin à l'Échalas de me rejoindre à Owosso : de là nous partirions ensemble sur la Shiawassee, à la recherche de la gloire et de la fortune.

Aucune réponse ne me parvint. En avril, la campagne tout en fleur emporta mes dernières hésitations. Un après-midi, je revins à la maison avec tous mes livres et mes cahiers et persuadai mes parents de me laisser continuer mes travaux littéraires plutôt que de me renvoyer à l'école pour quelques semaines. J'estimais nécessaire de passer un certain temps au Grand Marécage afin de recueillir sur place les matériaux d'un roman que je destinais aux *Jours dorés.* Il ne me vint point à l'idée que le directeur de cette revue non seulement ignorait mes intentions, mais ne se jetterait peut-être pas sur ma prose comme je l'espérais.

Vers 1900, les parents américains n'attachaient pas à l'école une importance considérable, et le fait de perdre quelques semaines, même à l'époque des examens, ne tirait guère à conséquence ; aussi j'obtins sans difficulté l'autorisation paternelle.

Quelques années auparavant, la Shiawassee, le Flint et les Mauvaises Rivières formaient un pittoresque bassin au cœur des riches forêts de pins de Weymouth, et parfois on voyait descendre au fil de l'eau d'interminables trains de bois. Des huttes, de vieilles péniches, des morceaux de chaînes et des piles de pieux subsistaient encore, témoins muets des jours où la vallée de Saginaw, ce paradis d'arbres, retentissait des coups de haches et des cris de cinq mille bûcherons.

Dès 1894, je commençais à parcourir le Pays des Mauvaises Rivières, d'abord en compagnie de mon père et de notre ami Mace Wood, puis tout seul. Pour la première fois je me trouvais dans une région déserte, vaste solitude où seuls vivaient à cette époque quelques braconniers et trappeurs indiens. Pendant des semaines entières on s'enfonçait dans ces merveilleuses forêts sans voir ou entendre un être humain. De Saint-Charles, situé à trente-cinq kilomètres d'Owosso en chemin de fer, on pouvait facilement y arriver par bateau en quelques heures, sur la Mauvaise ; ou bien on partait de derrière notre maison et on suivait le cours tortueux de la Shiawassee sur une distance de cinquante kilomètres et le voyage durait deux jours.

On débarquait alors au sein d'une magnifique contrée où abondaient le gibier et le poisson. De monstrueux brochets bondissaient sous nos yeux et on attrapait les grenouilles à l'aide de bambous avant même que l'appât touchât la surface de l'eau.

Des poissons de toutes sortes envahissaient nos filets à l'instant même où nous les posions dans les coins sombres et silencieux de petites anses aux eaux dormantes. Des milliers de perches hantaient ces solitudes.

Le gibier pullulait autant que le poisson. J'ai vu des milliers de perdrix perchées à la même minute aux sommets des arbres. D'innombrables oies sauvages apparaissaient au printemps, à la crue des rivières : lorsqu'elles s'envolaient ensemble, ordinairement à l'aube, on entendait comme un lointain roulement de tonnerre à quinze cents mètres de distance. Le ciel était parfois sillonné en tous sens de canards sauvages, et les nuées de merles interceptaient la lumière du soleil. Les minks, les rats musqués et les ratons nageurs foisonnaient partout. De temps à autre, on apercevait un daim, un lynx, un ours, nomades de l'Extrême-Nord ; des écureuils noirs, rouges et jaunes babillaient dans les arbres, et chaque fois qu'un bateau ou une pirogue se frayait un chemin dans ces parages, c'était une fuite éperdue de hérons bleus, de butors, de morelles et de bécasses. Les abeilles affectionnaient ces régions désolées et, pendant la saison, il n'était pas rare de récolter vingt à cent livres de délicieux miel dans un seul tronc d'arbre.

La brise nocturne m'apportait une mélodie émouvante où se fondaient le cri du canard et de l'oie sauvages, la plainte d'un blaireau tapi au creux de son arbre, l'appel solitaire d'un engoulevent et, de tous côtés, le plongeon d'un poisson ou d'un rat musqué dans la rivière.

Le lendemain du jour où je ramenai mes livres de classe à la maison, je me mis en route, dès le matin, pour Saint-Charles, chargé de mon fusil et de mon équipement. Le soleil effleurait déjà le faîte des arbres, et comme l'automobile n'existait pas encore, cette route déserte m'apparaissait interminable.

Après avoir traversé Chesaning, je me trouvai pour ainsi dire seul dans le pays plat où quelques pauvres colons cherchaient une maigre pitance, puis je tombai sur le reste d'une ancienne et puissante tribu d'Indiens qui vivait jadis dans la vallée de la Shiawassee et y avait combattu. L'été, ces pitoyables survivants de la race rouge tressaient des paniers d'osier, et, durant la saison froide ils s'occupaient de chasse et de pêche.

La première nuit ces sympathiques Peaux-Rouges m'offrirent un repas de rat musqué frit — mets plus savoureux, certes, que la plus tendre volaille, quand on sait bien le préparer — et je dormis dans une de leurs cabanes.

Le lendemain, à l'aube, j'arrivais à Saint-Charles. Je marchandai pour le prix de cinquante cents par semaine la location d'une barque qui faisait eau comme une écumoire ; ensuite, je me procurai les accessoires indispensables et avant même que la plupart des habitants eussent terminé leur petit déjeuner, je descendais la Mauvaise, en plongeant mes avirons à la manière classique, c'est-à-dire avec un bruit presque imperceptible.

A huit cents mètres plus loin, je pénétrai dans une région magnifiquement sauvage. Large et profonde, la Mauvaise n'avait pour ainsi dire pas de courant. Ses eaux, noires et mystérieuses, serpentaient avec un calme primitif à travers d'impénétrables marécages et de hautes futaies, et vous promettaient de savoureuses aventures. Je me dirigeai vers un haut plateau, d'une cinquantaine d'hectares, au bas duquel la Mauvaise se jetait dans la Shiawassee. Là se dressait une hutte en rondins où je me proposai de m'installer confortablement avant la nuit tombante.

Une fois perdu de vue le château d'eau du chemin de fer à Saint-Charles, on respirait un air revigorant qui faisait battre le cœur plus vite. La Mauvaise m'apparaissait comme un hors-la-loi qui se glisse subrepticement à l'abri des bois. Sa profondeur m'effrayait : en certain endroit je ne parvenais pas à en toucher le fond avec ma longue canne à pêche. Pour rien au monde je n'eusse tenté d'y nager, tellement la traîtrise de cette rivière m'impressionnait.

Lorsque j'arrivai près de la vieille cabane, je découvris, à ma grande stupeur, que la moitié au moins du terrain sur lequel je comptais établir mon campement était envahi par la crue. Estimant qu'elle s'arrêterait là, je déballai mon paquetage, et, une heure durant, armé de mon grand couteau, je m'employai à couper l'extrémité sèche des hautes herbes pour m'en confectionner un lit. Avant le coucher du soleil, j'avais ramassé ma réserve de bois et rembourré une des vieilles couchettes. Mon feu brûlait joyeusement et mon attirail était soigneusement rangé sur une étagère.

Au-dessus des terres basses, les canards et oies sauvages striaient le ciel de leur vol nocturne et les merles affluaient par milliers. La campagne inondée ne formait plus qu'un vaste lac et au confluent de la Shiawassee et de la Mauvaise, sur une distance de soixante kilomètres, un nombre infini de tourbières, de marais, de fondrières servaient de refuges aux oiseaux aquatiques qui abondaient. En toute hâte, je poussai mon embarcation vers un îlot de roseaux situé à environ quinze cents mètres de la cabane, et avant la nuit complète j'avais abattu un canard à tête rouge et une énorme oie grise.

Les vieux de la vieille qui fréquentaient ces terrains de chasse à cette époque se rappelleront sans doute un Indien Chippeway, au visage sillonné de rides, appelé Joe le Rat Musqué, personnage mystérieux et original qui hantait les marécages à la manière d'un ancien fantôme. Il allait et venait si cauteleusement dans sa longue pirogue que je le regardais avec une peur superstitieuse au hasard de nos rencontres. Ce soir-là, au moment où je regagnais ma cabane, il glissa derrière moi, silencieux comme les ténèbres, et en me dépassant il me salua d'un petit signe de tête.

Transporté de joie et d'orgueil, je lâchai les avirons et, debout sur mon bateau, je lui montrai l'oie monstrueuse tuée par moi. J'entends encore le grognement de surprise que poussa Joe. Il s'arrêta un instant de ramer, puis donna de rapides coups de rames et disparut comme s'il avait honte de trahir ses sentiments.

Mais il m'avait devancé au campement. Il souleva mon gibier et l'examina de près. Aux yeux de l'Indien, le fait d'avoir descendu cette superbe pièce constituait une véritable prouesse. Il palpa l'oiseau et un large sourire s'épanouit sur sa face tannée, puis dans un curieux mélange d'anglais et d'indien, il exprima son étonnement que j'aie pu réaliser pareil tour de force avec un fusil à un coup. A partir de ce jour-là, Joe le Rat Musqué fut mon ami, comme seuls peuvent l'être les libres compagnons de Vagabondia.

Devenu tout à fait familier, il s'invita de lui-même à ma cabane, dépeça et fit cuire une couple de rats musqués qu'il avait tués dans l'après-midi, accepta mon humble dîner, puis m'enseigna l'art d'apprêter une oie. Ayant remarqué qu'il avait retourné sa pirogue sur le sol avant d'entrer chez moi, je le pressai de passer la nuit en ma compagnie, et j'insistai pour partager ma litière d'herbe sèche avec lui. Joe apprécia fort ces intentions.

Le lendemain matin, au petit jour, mon nouvel ami me quitta pour rejoindre sa cabane, une misérable cahute toute rafistolée, bâtie de rondins, de broussailles, de roseaux assemblés avec de la boue et dissimulée dans un de ces coins impénétrables, assez fréquents le long de cette partie de la rivière.

Je ne le revis plus de trois jours. Puis il revint, aussi silencieusement que la première fois et, à ma grande joie, me pria d'abandonner ma cabane, d'emporter tout mon équipement et de le suivre. Enfin, j'allais devenir moi-même un Indien !

Pendant trois longues et inoubliables semaines, je vécus avec Rat Musqué, dans sa propre hutte, et je recommençai d'écrire mon roman qui parut plus tard sous ce titre : *L'Homme mystérieux du bayou de Kim.* Grâce à Joe, j'appris à connaître la véritable vie qui devait, dans la suite, m'ouvrir bien des horizons et me faire pénétrer davantage dans le cœur et l'âme de la nature.

Le vieil Indien, ancien chef d'une tribu chippeway, vivait absolument seul depuis une quarantaine d'années. A l'instar des étranges hiboux des neiges, il circulait discrètement dans son domaine. Son hospitalité et l'intérêt qu'il prenait à me voir écrire suffirent à me démontrer, mieux que de longs discours dont il était incapable, sa profonde affection pour moi, car il n'avait jamais témoigné pareille sympathie à aucun Blanc. Je ne puis que m'imaginer l'existence romanesque de cet homme et le drame qui devait lui ronger le cœur. Sans doute me l'eût-il dévoilé dans la suite, mais le moment arriva où il me fallut regagner Owosso ; et, lors de ma seconde visite au Grand Marécage, j'appris que l'heure avait sonné pour Joe le Rat Musqué : comme nombre de ses congénères avant lui, le brave Peau-Rouge avait mystérieusement disparu. Aujourd'hui encore, personne ne saurait dire exactement quand et où il est mort.

Voilà quelques années, je fus l'hôte de l'héritier présomptif d'un ex-souverain qui fut naguère le plus puissant potentat du globe. J'avoue que le château, vieux de dix siècles, où il me reçut, m'impressionna beaucoup moins que l'humble demeure de Joe le Rat Musqué, dont je me souviens toujours avec émotion. Là je connus les premières joies d'écrire sous l'inspiration de la nature. Toute la pompe du pouvoir ou de la fortune ne me procurera jamais une telle sensation, et rien ne pourrait la remplacer dans mon âme. Plus tard, dans mes cabanes situées au fond des solitudes lointaines du Grand Nord, j'ai accompli le meilleur de mon œuvre d'écrivain.

Durant les mois d'automne et d'hiver qui suivirent mon séjour chez le vieux chef chippeway, je m'associai avec un de mes camarades, actuellement directeur d'un grand sanatorium et célèbre dans le monde de la médecine. Nous colportâmes à travers la région un certain onguent de notre fabrication pour guérir les cors aux pieds. Il nous arrivait fréquemment d'accepter, en échange de notre produit, un paiement en nature, lorsque les paysans préféraient ne pas débourser d'espèces. Mon ex-associé n'a plus à recourir à de pareils expédients : aujourd'hui, il a une clientèle de gens riches. La moindre consultation ou le simple contact de sa main lui rapportent des honoraires fabuleux.

Nos maigres bénéfices prirent à mes yeux des proportions tellement considérables qu'à l'approche des grandes vacances j'entrevis la possibilité de faire fortune sans me donner trop de mal. Je réussis à persuader un autre de mes jeunes camarades — présentement directeur d'une importante maison d'importation — de m'aider à lancer un produit pharmaceutique : « Le Dépuratif infaillible ».

Cela se passait à l'époque prospère où l'on vendait impunément toutes sortes de spécialités médicinales, et où chacun croyait dur comme fer que pour se maintenir en bonne santé il fallait ingurgiter au début de chaque saison toute une série de médicaments. L'ancienne maxime commerciale « A l'acheteur de se méfier ! » restait en vigueur. Notre mélange était à base de sulfate de cinchonine et de poivre de Cayenne : amère et mordante, elle possédait des vertus purgatives presque tragiques, dues à la dose excessive de calomel que nous y ajoutions. D'alléchantes étiquettes garantissaient sans réserve que le contenu de la fiole guérissait tous les maux dont souffrait le corps humain, depuis les éruptions de boutons et de furoncles, les anthrax, jusqu'au goitre et au cancer.

Nous louâmes un cheval et un cabriolet pour deux dollars par semaine et, dès le début, notre tournée fut un succès triomphal. Le « Dépuratif infaillible » s'enlevait comme des petits pains. Le paysan d'alors ne prenait des spécialités pharmaceutiques que si elles étaient fortes. Il n'en appréciait le mérite que si elles lui emportaient la bouche et lui tordaient les boyaux. Or, notre produit possédait ces vertus à un degré extraordinaire. Nous nous présentions comme représentants de cette fameuse marque, que nous vendions à perte, « dans un but de publicité » ! Les désastreux effets de la drogue ne se faisant sentir que de longues heures après l'absorption, nous avions le temps de récolter une ample moisson et de nous défiler ensuite ; et vu l'absence d'automobile et de téléphone dans ces coins reculés de la campagne, nous échappions ainsi au juste châtiment que nous méritions.

Fréquemment, nous refilions six flacons à un même client, et nous poussions l'audace jusqu'à en vendre parfois à des droguistes, preuve que le nombre des gogos demeure inépuisable.

Ce voyage nous amena aux environs des champs pleins de cailloux de mon enfance, dans le comté d'Érié, Ohio. Je n'avais pas abandonné l'idée de cette visite, malgré le brusque changement d'itinéraire auquel j'avais dû me résoudre à Covington ; en outre, j'étais intrigué par le silence de l'Échalas, qui n'avait pas répondu à ma lettre l'invitant à me rejoindre dans les marais de Saint-Charles, et je voulais savoir pourquoi il avait manqué à sa promesse solennelle de partir avec moi en quête de la gloire et de la fortune, dès que l'occasion s'en présenterait. Quant à mon nouvel associé, peu lui importait où nous allions, pourvu que nos affaires continuassent à nous rapporter de gros bénéfices.

La joie de revoir mes vieux amis s'empara de moi à mesure que nous approchions de mon ancien village, et je brûlais de connaître l'impression que mon arrivée causerait parmi ces braves gens.

En cours de route, notre commerce ne chôma point ; il est vrai que ni nos principes, ni la loi, ni l'esprit de l'époque n'entravaient l'essor de notre imagination, et que jamais le même public n'entendait deux fois nos boniments. Ce métier nous permit d'acquérir une certaine aisance de manières et pas mal de bagou.

Ignorant totalement les effets désastreux sinon mortels de notre drogue, j'envisageais, dans ce retour au village, beaucoup plus un triomphe de mes capacités commerciales qu'une simple affaire de sentiment. Un flacon au moins du « Dépuratif infaillible » devrait pénétrer dans chaque foyer ! Mon frère Ed et sa femme n'en reviendraient pas !

Il me fut donné, enfin, de revoir mes anciens voisins. Mais que de changements s'étaient produits pendant mon absence !

Wiggie Wiggins, pas plus haute que deux pommes et ma compagne de jeux voilà cinq ans, était cette jolie demoiselle qui vint m'ouvrir la porte : il lui fallut un bon moment pour reconnaître le jeune Jimmy Curwood en ce colporteur verbeux qui lui adressait la parole. Le docteur Benscoter était mort, et sa charmante fillette, Kate, avait épousé un citadin et non Ralph Keyser, son petit fiancé d'autrefois. La maison d'école en briques rouges me sembla étrangement menue, de même que les marronniers sur la place Willard, que j'imaginais deux fois plus gros. Quelque chose manquait autour de moi, quelque chose qui tenait une place importante dans le cœur de Jimmy Curwood, le garçonnet courant encore pieds nus voilà cinq ans à peine ! La grande rue sinueuse avait perdu tout son attrait. Poussiéreuse, envahie par les mauvaises herbes, les maisons qui la bordaient, chacune d'elles pleine de chers souvenirs, m'apparaissaient à présent insignifiantes et communes. Lorsque nous tournâmes la place Willard, le cœur faillit me manquer quand j'aperçus l'orme gigantesque devant la maison de l'Échalas, la ferme des Fisher, et notre ferme un peu plus loin. Sans avoir posé la moindre question au préalable, je m'attendais à retrouver les choses et les gens tels que je les avais quittés.

La maison de l'Échalas avait un air de tristesse qui m'effraya. Je la trouvai délabrée, presque en ruine. Les mauvaises herbes et de hautes plantes s'en disputaient l'entrée. Plus de poules picorant tout alentour ! Les oiseaux eux-mêmes se taisaient dans les arbres voisins. La vie semblait avoir déserté cet endroit jadis si gai. Quand je frappai à la porte, un son creux et sinistre me répondit. Après deux ou trois tentatives infructueuses, l'idée me vint d'ouvrir une fenêtre. La maison était vide !

Notre ancienne demeure me causa une égale déception. Tout, dans son ensemble — jusqu'aux vergers derrière la grange —, me parut abominablement mesquin comparé aux proportions que je m'en faisais jadis. La femme qui m'ouvrit la porte de l'ancienne demeure des Fisher m'écouta d'une oreille tout à fait indifférente lorsque je lui annonçai que j'habitais naguère la ferme d'en face. Que lui importait après tout ? La question du pain quotidien devenait ardue et la difficulté même de subsister obnubilait chez cette paysanne le romanesque et la joie de vivre, si tant est qu'elle eût jamais été à même de comprendre et de savourer cet ineffable bonheur.

D'une voix dépourvue d'émotion, elle m'apprit la mort du père de Jeanne ; la famille s'était dispersée, Jeanne, mariée à présent, vivait dans une vieille masure située à quelques kilomètres de là, où nous avions dédaigné d'entrer, mon camarade et moi, ne voyant aucune affaire possible.

Quel drame ! Jeanne, ma belle Jeanne, mariée et habitant ce taudis ! J'ignorais alors que l'amour peut s'épanouir, telle une jolie fleur, même dans une misérable cabane aux carreaux brisés.

Je demandai ensuite des nouvelles de l'Échalas. Autre tragédie ! On m'apprit qu'il était mort. Il ne me souvient pas d'avoir posé d'autres questions à l'inconnue qui me répondit. Je demeurai éberlué un moment, puis je courus rejoindre le cabriolet. Mon visage devait être décomposé, car mon ami crut devoir me tendre la main pour m'aider à monter à côté de lui.

Nous allâmes d'une traite chez mon frère, à Florence. En chemin, je remarquai que les grands bois de Black, où je chassais si fréquemment jadis, avaient disparu et la forêt de Bingham n'était plus qu'un vaste champ de souches. La petite échoppe de mon père n'existait plus. Seul subsistait le grand pommier sous lequel dormait mon chien Jack. A cette vue, j'eus du mal à retenir mes larmes.

Mon retour au vieux pays m'avait à ce point attristé qu'en trouvant mon frère Ed et sa femme, je n'éprouvai point le trouble auquel je m'attendais, malgré leurs démonstrations affectueuses.

Nous avions projeté de demeurer une semaine chez Ed, mais, quelques soirs après notre arrivée, mon frère rentra tout alarmé à la maison et nous pria de plier bagage puis de vider les lieux séance tenante. « Ta sacrée drogue, m'annonça-t-il, a ameuté la population et la police est à vos trousses. »

Nos nombreuses victimes avaient, en effet, découvert où nous logions, le shérif arrivait de Berlin Heights pour nous mettre la main au collet, encore que nous n'eussions violé aucune loi. Involontairement, ce même magistrat se fût montré notre seul protecteur, si nous n'avions joué la fille de l'air. Nous risquions fort — à moins d'aller en prison — d'être enduits de goudron et roulés dans les plumes par la moitié des gens, malades par notre faute.

Cependant, nous ne tardâmes pas à déguerpir. Ed était aussi effrayé que nous et nous apprîmes, plus tard, qu'il eut toutes les peines du monde à éviter le châtiment à nous réservé. Nous partîmes au galop et continuâmes à cette même allure jusqu'à ce que notre cheval, à bout de forces, s'arrêtât. Nous profitâmes de cette halte pour lancer dans un ruisseau voisin le reste de nos marchandises délictueuses, et dès que notre bête put reprendre sa course, nous nous dirigeâmes d'un bon pas vers notre pays, situé à quelques trois cents kilomètres de là.

Là se terminent mes premiers vagabondages. Malgré le chagrin que me causa cette fuite décidément piteuse, il me restait une manière de racheter ma faute : grâce à ma part de bénéfices dans notre affaire du « Dépuratif infaillible » je fus à même de me faire inscrire comme étudiant à l'université de Michigan.

Mes parents considéraient alors mes aventures de ces deux dernières années comme une perte de temps et une pure fredaine de jeunesse ; en réalité, j'en tirai d'inappréciables avantages. Pour un gamin de mon âge et de ma condition, j'avais exploré une grande partie du pays ; mes exploits peu communs me donnèrent confiance en moi-même et une plus vaste perspective de mes possibilités futures. Telles mes piles de cailloux dans les champs paternels, ils m'apprirent à penser et à agir par mes propres moyens.

Mis de bonne heure en contact avec les hommes, j'avais observé leur façon de vivre en dehors de mon village : ma récente tournée pour placer mon « Dépuratif infaillible » m'avait fait connaître plus de monde que je n'en eusse rencontré normalement dans la moitié de mon existence. De mes propres yeux, j'avais vu une infinité de foyers américains et observé les mœurs de mes compatriotes. La pauvreté, la maladie, le désespoir, le drame, la fortune, le bonheur, voire le luxe, tout avait défilé devant moi. Les gens m'étaient apparus sans fard, et depuis lors j'appris à considérer l'humanité sous son vrai visage.

Résultat plus important encore, mes vagabondages de jeunesse m'ont fait communier plus étroitement avec la nature ; je ne parle pas seulement des endroits sauvages et lointains que j'ai la réputation de connaître si intimement, mais la nature toute proche et qui demeure accessible à tous.

Durant les mois passés à l'air libre et le long des chemins tortueux, j'ai découvert à la nature un aspect tout différent de celui sous lequel je l'ai contemplée plus tard, lors de mes randonnées dans les vastes solitudes et au cours d'explorations que peu d'hommes peuvent se vanter d'avoir faites. Des semaines entières j'ai couché à la belle étoile. A la nuit tombante, je m'allongeais dans le trèfle parfumé et m'endormais, bercé par la suave musique du vent dans les champs de blé. J'appris à connaître et à aimer les millions de voix nocturnes et le monde insoupçonné qui entoure les habitations humaines. Cette ambiance familière me procure toujours la même fascination.

Tout ce qui pousse sous le ciel souriant constitue le don le plus grandiose du Créateur. Si l'homme souffre physiquement ou moralement, ou les deux à la fois, la nature, cet universel remède, s'offre à soulager ses maux et à les guérir. Inutile de franchir des milliers de lieues et de s'aventurer dans les immenses terres vierges, puisque le plus précieux de tous nos biens, nous le trouvons à notre porte.

VI

A L'UNIVERSITÉ DE MICHIGAN

La mère de Fred Janette fut la première à me recommander de poursuivre mes études et, sans se lasser, elle m'encouragea à fréquenter les cours de l'université de Michigan, à la ville d'Ann Arbor. Comme elle lisait et critiquait presque tous mes essais littéraires pendant mon séjour chez ma sœur à Owosso, elle avait eu maintes fois l'occasion de m'indiquer certaines lacunes dans mon instruction et les moyens d'y remédier. Cela me parut tout d'abord une tâche insurmontable, mais elle m'inculqua si profondément cette idée que je finis par la considérer comme mienne.

Il me fallait une somme considérable, et aussi un diplôme de l'école secondaire d'Owosso. Cette dernière exigence ne laissait pas de m'inquiéter : je me rendais compte, en effet, qu'à moins de devenir meilleur élève, je risquais de ne jamais recevoir le précieux parchemin lié d'un ruban bleu ou rouge.

Mme Janette finit par me convaincre qu'il était inutile de briguer une place parmi les grands écrivains si je ne possédais point une instruction universitaire. Fort heureusement, je disposais d'une première mise de fonds : ma part des bénéfices sur la vente du « Dépuratif infaillible ». Aussitôt je m'employai courageusement à parfaire la somme nécessaire.

Un entrepreneur m'embaucha pour gratter le mortier des briques qu'il retirait d'une vieille maison en démolition. Je fendis d'innombrables cordes de bois ; je battis la poussière de maints tapis ; je tondis des pelouses, déblayai la neige des trottoirs et, pendant un certain temps, je travaillai à l'usine de Bentley. Une autre fois, comme on manquait de bras, je fus enrôlé dans une équipe d'incendie et je gagnai quatre dollars à éteindre un feu.

A la saison propice, je chassais le rat musqué et la martre, dont je prenais jusqu'à trois cents peaux dans mes trappes. Une peau de rat musqué de première qualité valant deux ou trois dollars actuellement, rapportait alors environ quinze cents ; et une peau de martre, vendue aujourd'hui de dix à quinze dollars, n'était cotée que de soixante-quinze cents à un dollar. Debout aux premières lueurs de l'aube, je courais les bois jusqu'à l'heure de la classe : après l'école ou les jours de vacances, je m'occupais en outre à d'autres travaux rémunérateurs, si bien qu'à l'époque fixée pour mon départ à Ann Arbor, j'avais amassé au total une fortune de cent vingt dollars, y compris les cinq dollars envoyés par le rédacteur en chef de *L'Oie grise,* ainsi que je l'ai conté dans le chapitre précédent.

Pendant mon séjour à l'école j'avais dévoré de nombreux livres, de préférence des études sur la vie des hommes célèbres et particulièrement des écrivains. J'appris ainsi que, chez nombre d'entre eux, rien, dans leur jeunesse, n'avait laissé prévoir les qualités qui un jour les porteraient à la gloire. Il ne me déplut pas de savoir que Sir Walter Scott fut considéré par ses maîtres comme un cancre invétéré.

Quant à moi, M. Chaffee, professeur à l'École secondaire centrale d'Owosso, me jugeait d'une ignorance crasse. Étonnez-vous, après cela, du sourire narquois de mes professeurs, lorsque, à l'automne de 1897, je leur annonçai mon intention d'entrer l'année suivante à l'université de Michigan. Quoi qu'il en soit, un an avant de gagner mes diplômes à l'école secondaire, j'avançai dans ma classe au lieu de rester déplorablement en arrière. Seule ma mère conservait une fois inébranlable en mes aptitudes et croyait en mon étoile. Aux yeux des autres, je m'enivrais du vin de la jeunesse ou, pour parler en termes plus prosaïques, j'étais un idiot présomptueux, et on ne se gênait guère pour me le dire. Malgré son affection pour moi, le professeur Austin me décochait parfois ses sarcasmes :

« James, comment comptez-vous entrer au collège sans diplôme ? Y pénétrerez-vous par effraction avec des outils de cambrioleur ? »

Le professeur Chaffee, lui, se contentait de ricaner à mon endroit, et, à chacune de mes bévues, il se trouvait toujours quelqu'un pour murmurer, assez haut pour se faire entendre :

« Et il s'imagine entrer à l'université l'an prochain ! »

La petite Miss Needles, notre professeur d'anglais, qui me témoignait pourtant de l'amitié, ne manquait jamais une occasion de rire à mes dépens.

Contrairement à ses collègues, Miss Boyce, dont la joliesse me mettait toujours le cœur en émoi, ne cessait de m'encourager. Elle m'emmenait même chez elle pour me parler plus à l'aise de mon grand projet. Grâce à elle, j'appris que je pouvais entrer à l'université sans le diplôme de l'école secondaire, si je réussissais à passer le concours d'admission. Quelle merveilleuse perspective s'ouvrait devant moi ! Dès lors, tout obstacle disparut à mes yeux. J'étais jeune ! Jeune ! Aucune liqueur ne m'aurait grisé davantage.

D'autres camarades apprenaient machinalement des centaines de règles algébriques, méthode d'enseignement surannée que, soit dit en passant, les directeurs d'un système pédagogique plus avisé rejetteront dans un proche avenir ; si parmi eux je faisais piètre figure, en revanche je vivais dans un monde bien à moi... un monde formé de continents nouveaux sur lesquels je bâtissais d'immenses empires, habités par des peuples que je gratifiais de mes vertus préférées. Je connaissais leurs plus chers espoirs et compatissais à leurs tragiques déceptions. Mes prétendus héros bravaient maints dangers, gravissaient des montagnes inconnues et s'aventuraient sur des mers inexplorées. Mon amour réchauffait leurs foyers, ou ma haine les détruisait ; cependant je m'évertuais toujours, en fin de compte, à faire triompher la bonté, la loyauté et l'honneur, suivant mes propres convictions.

Si je confesse avoir acquis une grande partie de mes connaissances en dehors de l'école, je me plais cependant à croire qu'aucun de mes lecteurs ne verra de ma part nul dédain pour l'instruction donnée à nos garçons et à nos filles dans les établissements scolaires. L'école, tout comme l'Église, est nécessaire au bien de l'humanité. Elles marchent de pair, et si elles devaient disparaître, la civilisation en serait fort compromise, ou peut-être même détruite. Mais on ne saurait trop répéter aux jeunes gens que si leurs études tendent vers un but, elles ne sont pas le but lui-même. Elles les obligent surtout à penser : toutes les connaissances acquises par eux en classe ne sont que des sous-produits, l'essentiel est d'apprendre à voir en soi-même.

Mon esprit fonctionnait donc, peut-être en désaccord avec les principes routiniers de l'école, mais il fonctionnait ! Je suis convaincu que des milliers d'étudiants étaient dans mon cas ; seulement leur mécanisme intellectuel se trouvait enrayé par la faute de leurs insatiables parents, qui exigeaient toujours de meilleures notes et des succès aux examens de fin d'année. C'est surtout durant la période d'études secondaires que les parents entravent chez l'enfant le développement intellectuel en ce qu'il a de plus précieux : la pensée constructive. A mon sens, l'étudiant capable de réflexion personnelle représente une valeur indiscutable dans la société.

Une autre année passa et nous arrivâmes aux grandes vacances. Les longs mois d'été s'écoulèrent, trop rapidement à mon gré, et le mois de septembre 1898 fit son apparition. Une foule joyeuse ne m'accompagna pas à la gare : presque tous mes professeurs et la plupart de mes camarades étaient persuadés de me voir revenir... dès que j'aurais été recalé aux examens d'admission à l'université. Le fait est que je filai à l'anglaise, emportant mes effets dans une énorme valise appelée « télescope » et ma machine à écrire dans une caisse que je fis enregistrer comme bagage. Que ce départ eût été différent si mes parents s'étaient doutés que je quittais le toit paternel pour plus de dix années !

Je débarquai à Ann Arbor plusieurs jours avant le gros des étudiants, selon mon invariable habitude d'arriver à l'heure ou même un peu en avance dans toutes les circonstances de la vie. Bagages en main, je sortis de la gare en quête d'une pension en rapport avec la modestie de mes finances, et dès le premier jour je dénichai exactement ce qu'il me fallait.

Ma bonne étoile me conduisit chez Mme Gray, dans State Street, à proximité du *campus* [1] de l'université. Cette pension, très recherchée, ne recevait que des étudiants pauvres qui, à la fin de chaque semaine, payaient leur part respective sur le coût des aliments, leur préparation et le service, soit une somme d'environ deux dollars pour sept jours, et le menu se composait surtout de pain, pommes de terre, hachis de viande et pruneaux. Sur la liste des pensionnaires, juste au-dessus de mon nom, figurait celui de Walter Parker, fils d'un paysan habitant près de Corunna, aujourd'hui chef de clinique dans notre admirable Memorial Hospital d'Owosso, et l'un des plus distingués chirurgiens de l'Ouest-central. Jim Greene, actuellement vice-président des assises du Michigan, était le caissier de l'établissement et percevait la quote-part des étudiants : comme rémunération de ce service, il avait le couvert gratis.

Après cette heureuse découverte, je trouvai une chambre pour un dollar par semaine, dans une humble maisonnette. L'ameublement de cette pièce, dépourvue de poêle, se limitait à une chaise, une petite table, une lampe et un lit. Pas de tapis. La vieille dame qui la louait m'avoua franchement être trop pauvre pour y ajouter le moindre confort. Néanmoins je me félicitai de l'aubaine, et, après avoir transporté mes bagages dans ma chambre, je me rendis chez un brocanteur où je me procurai, moyennant deux dollars, un vieux tapis, un petit poêle pour trois dollars et le tuyau indispensable pour un autre dollar. L'homme qui me livra ces articles m'aida à installer le poêle sans réclamer de supplément.

Alors je m'apprêtai à affronter l'épreuve éliminatoire. L'écrit devait avoir lieu, me dit-on, en présence de l'un des plus fameux professeurs de l'université. Mon sort serait donc bientôt fixé.

Dès les premiers jours, je me trouvai en possession d'un interminable questionnaire, que me remit le professeur Scott. Il m'informa qu'on m'accorderait deux heures pour rédiger mes réponses. En parcourant des yeux la liste, je me sentis comme paralysé, mentalement et physiquement. J'aurais juré sur ma vie qu'aucun de mes professeurs à Owosso n'était capable de résoudre ces questions, pas même le surveillant général Simmons et le professeur Austin.

Il me semblait voir, sous mes pieds, s'ouvrir le tombeau de mes études. Un pas de plus et j'y disparaissais à jamais. Puis flamboya une vision de la longue piste glaciale de l'Alaska où la ruée vers l'or battait son plein, et aussitôt je décrétai que si j'échouais en littérature, je ne remettrais jamais plus les pieds au pays : je ne voulais accepter ni les sarcasmes ni la pitié. Qu'à cela ne tienne ! Je partirais seul dans le monde

1. Nom donné, aux États-Unis, aux cours de récréation d'une école.

avec mon maigre capital et je tâcherais de me débrouiller. Personne, dans mon entourage, ne pourrait me reprocher : « Ah ! je te l'avais bien dit ! »

Devant mes yeux défilaient des centaines de nouveaux étudiants, récemment diplômés, qui m'avaient suivi à Ann Arbor. A ce moment-là, je commençai à mesurer l'ampleur de ma folie. Eussé-je possédé mille fois plus d'argent, je l'aurais échangé sans hésiter contre le petit rouleau de parchemin proclamant que, moi aussi, j'avais remporté la palme dans cette épreuve préparatoire.

Mes traits durent révéler au professeur Scott l'état désespéré de mon âme ; cependant ce grand homme n'en laissa rien voir. Nous étions six au plus à passer cet examen spécial et les autres s'occupaient d'autres sujets. Comme attirés par un aimant, mes yeux rencontrèrent de nouveau le regard du professeur Scott. J'essayai de dissimuler ma confusion en le voyant se lever de son pupitre et descendre vers nous. Arrivé à ma hauteur, il fit une pause de quelques secondes, posa doucement sa main sur mon dos et me dit d'une voix aimable :

« A la bonne heure, James, ne vous pressez point. Nous avons grandement le temps ! »

A cette époque de petites classes, les professeurs de l'université de Michigan connaissaient le nom de leurs élèves et concevaient pour eux une certaine amitié. De toute évidence, les paroles bienveillantes du professeur Scott et son geste paternel opérèrent leur effet immédiat sur moi. De nouveau, je relus la liste et jetai un coup d'œil de chaque côté de moi. Les plumes continuaient de grincer sur le papier, mais plus aussi rapidement que tout à l'heure. A côté de moi, une jeune femme se mordillait les ongles et son visage reflétait une réelle perplexité. Cela redoubla mon courage.

Comprenant tout à coup que mon habitude d'écrire me procurerait un sérieux avantage sur mes concurrents, je soignai particulièrement ma composition, et bien qu'au début je me crusse incapable de répondre à toutes les questions, j'essayai de les résoudre à ma façon. Je fournis deux fois plus de texte que les autres et tranchai avec assurance la moitié des matières contenues dans la formule imprimée. Sans chercher d'échappatoires, j'avouai mon ignorance sur certains sujets et j'exposai en quelques lignes les points qui me semblaient obscurs. Mes lectures nombreuses et variées m'apportèrent une aide considérable.

Je passai tous mes examens en suivant cette méthode. Bientôt je pus annoncer triomphalement à Owosso que j'étais reçu comme étudiant à l'université de Michigan. Quelle satisfaction !

Ensuite je m'abandonnai entièrement à la vie de collège, mais, vous le devinez, ce ne furent point mes études qui me passionnèrent le plus ; je devins un membre de cette communauté indépendante — le corps des étudiants — si distincte de la population d'Ann Arbor. Le projet du premier directeur de l'université, qui avait supprimé un siècle auparavant les hôtels d'étudiants ou d'étudiantes, avait complètement échoué. Les étudiants refusèrent de vivre dans les familles disposées cependant à les accueillir. Ces jeunes gens parlaient une autre langue, portaient des vêtements différents, ne s'attachaient pas aux mêmes sujets, et formaient un monde aussi étanche que ces colonies d'étrangers établies dans nos grandes villes. Je ne tardai pas à faire partie de leur clan. J'adoptai leur manière de parler, leurs mœurs, me mêlai à leurs discussions, à leurs jeux athlétiques, et j'arborai bientôt un chapeau grotesque et un costume dont la coupe extravagante faisait l'admiration de mes amis.

Par une chance extraordinaire, j'échappai à la plupart des brimades que les élèves de seconde année tiennent à honneur d'administrer aux « nouveaux ». Ce fut une question de veine et pas autre chose, car je ne suis pas d'un naturel humble ou résigné, et je n'usai d'aucune diplomatie envers les anciens. J'allai même jusqu'à me proclamer champion des « Droits inaliénables » de la classe 1902, et j'employai des méthodes énergiques pour défendre la bonne cause. Je payai cher mon audace, comme vous allez le voir.

Quand une question me passionne, je n'hésite jamais à prendre position, quitte ensuite à compter la casse. Les hommes de ma trempe se font des amis fidèles dans la bonne ou mauvaise fortune — et aussi d'implacables ennemis. Pour ma part, je n'ai pas d'amis intéressés ; quant à mes ennemis, ils me haïssent du fond de l'âme.

Mes meilleurs camarades étaient toujours prêts à se battre pour moi ou avec moi chaque fois que l'occasion s'en présentait.

Suivant la tradition, tous les ans les « anciens » rédigeaient une affiche dans laquelle ils provoquaient les étudiants de première année à une bataille rangée qui devait se dérouler autour du mât du pavillon, en face de la bibliothèque. J'avais tellement exaspéré nos adversaires par mon attitude agressive que, cet automne-là, ils m'obligèrent à trimbaler le baquet de colle de l'équipe chargée de placarder les défis sur tous les murs et autres endroits apparents autour de l'école. La grande mêlée avait lieu le soir de ce que nous appelions le « Vendredi noir ».

Le lundi précédent, une bande d'anciens se jeta sur moi, la nuit tombée, au moment où je quittais la pension de Mme Gray. Ils m'emmenèrent vers une grange à quelques mètres du coin de Hill Street et de Forest Avenue, situées alors dans les faubourgs d'Ann Arbor. Une fois là, ils me forcèrent à traîner le gros baquet de colle de pâte avec laquelle ils se proposaient d'afficher leurs manifestes enflammés après minuit. Pendant trois heures d'horloge, je dus me plier à cette tâche éreintante, dans l'impossibilité absolue de m'évader. Ensuite mes ennemis me dépouillèrent de mes vêtements et m'enduirent généreusement de colle, me roulèrent dans les feuilles qui jonchaient le sol et me pourchassèrent jusqu'à la maison où j'habitais, en m'appliquant de sonores coups de rames dont les prévoyants jeunes gens s'étaient pourvus.

Voilà quelle fut mon introduction à la vie de l'université du Michigan. Il paraît que de telles brimades ne pourraient se produire de nos jours.

En regardant une vingtaine d'années en arrière, certains d'entre nous se demandent parfois si l'abolition de cette rivalité entre les deux classes constitue un réel progrès.

Après avoir payé mon trimestre et acheté mes livres, je constatai avec frayeur que, contrairement à mes calculs, mes économies ne feraient pas long feu. Pendant la dernière partie de l'automne et les mois d'hiver, j'entrepris après les heures d'études la surveillance de deux chaudières, dans une usine, à huit cents mètres du collège. Mon salaire étant de trois dollars par semaine, je pus ainsi assurer définitivement mes frais de séjour dans la ville universitaire d'Ann Arbor.

Mes notes à l'oral n'étaient pas très brillantes, mais les candidats ayant le choix entre certaines matières spéciales du programme, je me fis inscrire pour les sujets qui m'intéressaient particulièrement et je parvins à passer avec honneur les examens de fin d'année.

Inutile de dire que les « fraternités » d'élèves ne sollicitèrent jamais ma société. Seuls les fils à papa y étaient admis et quelques jeunes gens qui s'étaient distingués dans les sports ou dans leurs études. Je demeurai « indépendant », comme on dénommait ceux qui se tenaient en dehors de toute confrérie, et ils formaient la majorité.

Un jour, le professeur Scott, mis au courant de ma situation, m'apprit que je pourrais peut-être écrire dans les journaux, à l'instar de plusieurs autres élèves, et pourvoir ainsi largement à mes frais d'études. Il me donna tant d'espoir que, débordant d'enthousiasme, je confiai aussitôt mes chaudières à un camarade moins chanceux et me mis résolument à écrire. Au début, les difficultés me paraissaient insurmontables et plus d'une fois je regrettai mes deux chaudières. Cependant, je persévérai et parvins à couvrir toutes mes dépenses en rédigeant des articles que j'envoyais aux différents organes de Detroit et d'autres villes. Au bout de quelque temps il m'arriva de gagner soixante-quinze dollars dans un mois. Pour moi, plus de loisirs : je me consacrai uniquement à mes études et au journalisme.

Durant cette époque, je dus m'éloigner plus que jamais de la nature ; néanmoins je ne cessais pas de communier avec elle. Souvent j'errais seul dans la campagne moutonnante et je poussais au nord jusqu'au lac Whittemore, à l'ouest jusqu'à Chelsea, au sud jusqu'à Milan et Saline, et à l'est jusqu'à Wayne et Belleville. Je finis par connaître chaque bosquet, chaque ruisseau et chaque sentier de cette région aussi bien que ceux des environs d'Owosso. De préférence, je gravissais les montagnes au nord et à l'est d'Old Town, ce quartier d'Ann Arbor près de la gare du Michigan Central. De ces hauteurs j'apercevais les bâtiments de l'université nichés parmi les arbres, et la paisible petite ville se déroulait sous mes yeux en un magnifique panorama qui ne manquait jamais de m'impressionner. Maint soir d'hiver, à l'heure où tout le monde dormait, je me promenais là-haut, sous le scintillement des étoiles, et j'écoutais sonner les heures à l'horloge de la bibliothèque.

Au printemps, avant la débâcle complète des glaces, je remontais l'Hudson en pirogue parfois jusqu'à Delhi Mills, rien que pour éprouver la joie de descendre les rapides vers la vieille écluse d'Ann Arbor. Ces excursions, tout en me divertissant, me permettaient d'élever mon âme vers le Créateur.

Ma première année à l'université passa trop vite. Cependant, vers le mois de juin je commençai d'envisager avec plaisir mon retour triomphal à Owosso et la confusion des sceptiques qui avaient prévu mon fiasco avec tant d'assurance. Toutefois, le destin en décida autrement, et cet été-là je ne revins pas au foyer paternel. Le professeur Adams, ayant été chargé par le gouvernement d'un travail de statistique des voies ferrées, m'avait choisi avec plusieurs de mes condisciples pour le seconder dans cette énorme tâche. On nous payait soixante-quinze dollars par mois ; en sorte qu'à la réouverture des classes, en 1899, je regagnai l'université avec un pécule suffisant pour m'offrir quelques extras, chose qui m'était inconnue jusqu'alors.

Dès mon arrivée à Ann Arbor, comme « ancien » cette année-là, je continuai de prendre mes repas à la pension de Mme Gray, mais je quittai ma petite chambre et m'installai dans un logement à deux pièces, à Jefferson Street. Pour la première fois de ma vie, je commandai chez le bon faiseur un complet à mon goût, ainsi qu'un pantalon court, très à la mode en ce temps-là chez les étudiants. Suivant le conseil du tailleur, je me procurai une paire de faux-mollets pour mes jambes grêles, sur lesquelles mes bas s'adaptèrent admirablement. Auparavant je m'étais acheté une mandoline et une pipe. Peu à peu je prenais l'allure du potache qu'on voit fréquemment en caricature dans les journaux amusants.

Je prêtai peu d'attention aux nouveaux venus. Mon ardeur de l'année précédente à prendre part aux luttes traditionnelles s'était usée, ou plutôt elle était supplantée par la passion que j'apportais à mes travaux journalistiques. Cet automne-là, à la rentrée, je déambulai dans les jardins de l'école, considérant avec une aimable indulgence la dégaine de nos nouveaux compagnons et absolument incapable de me rappeler qu'ils ressemblaient à s'y méprendre au contingent de l'an dernier, dont je faisais moi-même partie. Je revis avec émotion certains amis dont j'avais été séparé depuis de longs mois, et avec une réelle satisfaction les bâtiments familiers de l'université par où entraient et sortaient mes camarades avec la hâte fébrile des fourmis. Je me sentais absolument en paix avec le monde, satisfait de la perspective qui s'ouvrait devant moi et enclin à considérer désormais l'université et ses habitants avec l'œil d'un observateur indifférent. A mon insu, je cherchais déjà des « nouvelles » et des matériaux pour les articles que j'écrirais les mois suivants.

Ma seconde année à Ann Arbor se passa pour ainsi dire comme la précédente, à ceci près cependant : je commençais à remarquer sérieusement les jeunes filles. Jusque-là, je soupçonnais à peine autour de moi l'existence de nos nombreuses compagnes dont la plupart étaient très jolies. Mais je ne me sentais point attiré vers elles, pas plus que je recherchais naguère l'amitié des jeunes filles d'Owosso.

Mon intense application de ces deux dernières années m'avait sournoisement détraqué les nerfs, et je ne possédais parfois pas plus de résistance que le fil de caoutchouc tendu à son point extrême pendant un long moment. Cependant, la vie redevenait moins ardue et me laissait maintenant quelques loisirs pour méditer sur moi-même. J'en arrivai à comprendre qu'un homme, malgré tous les succès, les honneurs ou la fortune, ne trouvait le vrai bonheur qu'en compagnie d'une femme.

Un après-midi du début de l'automne, je suivais seul, en me promenant, le sentier peu fréquenté qui longe la rivière Huron dans la direction d'Ann Arbor. Je savourais l'immensité et la splendeur de cette solitude. Un léger brouillard flottait à l'horizon, mais aucun nuage ne souillait le reste du ciel. De tous côtés, à perte de vue, la campagne moutonnante se déroulait comme un vaste tableau, et le soleil éclaboussait les érables d'énormes taches rouges et or qui tranchaient nettement sur le fond vert des prairies. On ne voyait pas d'arbres dépouillés, la glèbe n'avait pas encore repris sa couleur brune, mais d'ici une quinzaine, la chute des feuilles exercerait sûrement ses ravages. Le long de ce petit chemin, un ruisseau alimenté de sources sortait d'un hallier qui masquait l'entrée d'une gorge étroite, connue seulement des initiés sous le nom du « val des Écolières », dont quatre-vingt-dix pour cent au moins des étudiants ne soupçonnaient pas l'existence. C'était un de mes lieux préférés. Quand j'y pénétrais par la piste que j'empruntai ce jour-là, je me figurais jeter les yeux sur la nef d'une immense cathédrale où un artiste, dissimulé quelque part, effleurait à peine de ses doigts le clavier de l'orgue.

Je tournai le sentier, à présent une magnifique route où circulent les autos, et grimpai lentement le vallon. A mi-chemin du sommet, une sente, presque invisible, faisait un brusque crochet et rejoignait un coin herbeux où j'allais souvent m'asseoir et songer pendant des heures entières. Personne ne venant troubler mes rêveries, j'avais fini par le considérer comme mon bien propre.

Mais cette fois-ci, au moment où j'escaladais la dernière courbe de la piste, je découvris tout à coup que je n'étais pas seul. A dix mètres de l'endroit où je me tenais, une gracieuse jeune fille promenait son regard au-dessus des montagnes et des vallées sans s'apercevoir le moins du monde de ma présence. Je demeurai immobile, les yeux grands ouverts, je ne saurais dire combien de temps. Elle tourna lentement la tête vers moi, entrouvrit les lèvres et esquissa un sourire, puis :

« Tiens ! s'exclama-t-elle. Je croyais être seule à connaître cette retraite ! »

Son regard ne trahissait ni témérité ni méfiance, et ses yeux clairs et profonds interdisaient toute familiarité. Sa voix me tira de ma songerie. S'apercevant de ma gêne, elle promena son bras par-dessus le panorama aux couleurs automnales et me dit :

« Veuillez vous asseoir, je vous prie. Ne pensez-vous pas que ce paysage est merveilleux ? Je ne me lasse point de l'admirer. »

Recouvrant mes esprits, je balbutiai quelques mots pour m'excuser de mon intrusion. Je pensais, en effet, que cette jeune personne devait être pour le moins la fille du propriétaire de cet endroit. Eût-elle été une simple promeneuse venue là pour jouir comme moi de ce magnifique point de vue, mon apparition intempestive l'eût sans doute gênée, pensais-je.

Notre rencontre inopinée cet après-midi d'automne donna rapidement naissance à une étroite amitié. Après une cour très assidue, j'épousai cette jeune fille le mois de janvier suivant, et elle me donna deux filles, Carlotta et Viola.

Malgré mes occupations journalistiques qui absorbaient la moitié de mes loisirs, je ne cessai pas d'écrire des romans. Plusieurs manuscrits faisaient la navette entre moi-même et certains magazines, et *L'Oie grise* acceptait fréquemment les nouvelles que je lui soumettais.

Pendant l'été de 1900, je repris une fois de plus la vie en plein air et je passai la majeure partie de mes vacances dans ma région bien-aimée du Grand Marécage. En septembre, je rentrai à l'université dans la classe des Cadets, mais je ne devais pas y terminer l'année ; la réception d'un télégramme mit fin à ma carrière d'étudiant. Il émanait de Pat Baker, à mes yeux le plus grand directeur de journaux de tout le Michigan. Le souvenir de ce gros Irlandais bourru demeure encore vivace dans la mémoire de beaucoup d'entre nous. Si cet incomparable journaliste connut la haine tenace de ses ennemis, il fut, en revanche, entouré de l'affection solide et du respect de ses nombreux amis.

Je l'avais vu deux fois aux bureaux du journal *News*, de Detroit, mais je ne savais que déduire de son attitude envers moi. A chacune de nos entrevues, il m'avait produit l'impression d'un ogre qui n'eût pas hésité à me trancher la tête s'il n'avait craint la police. Cependant, comme tous les autres aspirants journalistes, fasciné par la personnalité de Pat Baker, je songeais à collaborer à ses journaux et me promettais de lui adresser une humble demande.

Or, voici qu'il m'offrait lui-même cette situation par télégramme ! Quel événement pour moi ! La joie débordait de ma coupe. Pat Baker allait me prendre comme collaborateur ! Je n'hésitai pas une seconde et il ne me vint même pas à l'esprit de savoir les conditions de mon engagement. Le grand homme me proposait un poste parmi ses reporters... rien d'autre ne comptait à mes yeux. Sur l'heure, j'abandonnai mes études, fis mes malles et pris le train pour Detroit.

D'après la légende, les dieux rendraient fous ceux dont ils ont juré la perte. N'étais-je point insensé le jour où, sans souci de l'avenir, je modifiai le cours de mon existence après avoir donné tant de gages à la Fortune ? Heureusement, le Destin, avec tous ses trésors en réserve, fait momentanément perdre la tête à ses élus, de crainte que la prudence ne leur enlève l'audace nécessaire.

VII

MA CARRIÈRE DE JOURNALISTE

Dès que le professeur Scott m'avait fait entrevoir dans le journalisme un moyen de couvrir mes frais d'études à l'université, j'avais relevé dans un annuaire le nom de cinquante journaux et offert mes services à chacun d'eux. Peu répondirent à ma requête, et les quelques lettres reçues n'étaient guère encourageantes. Tous les journaux publiant des pages d'informations universitaires étaient déjà pourvus de correspondants à Ann Arbor. Nullement abattu par cet échec, je me mis aussitôt à composer des articles sur la vie des étudiants et je les envoyai aux diverses publications de Detroit, Chicago et New York à la cadence de deux ou trois par semaine : j'avais soin d'en dactylographier un nombre suffisant d'exemplaires afin de servir tout le monde. Avec la ténacité de la goutte d'eau qui finit par ronger le rocher, j'essayai de secouer la torpeur des rédactions et de les intéresser à mes écrits. En peu de temps je dépensai en timbres-poste le deuxième chèque de cinq dollars que m'avait fait parvenir *L'Oise grise* pour ma nouvelle « Masodhara de la Lune ».

Enfin, George Snow, directeur du supplément hebdomadaire de la *News-Tribune,* m'écrivit :

« Vous nous envoyez des sujets qui ont été rabâchés des milliers de fois. Donnez-nous quelque chose d'original, plein d'allant. »

Par le même courrier, je reçus de *L'Oie grise* un chèque de dix dollars en règlement d'une autre nouvelle. Je repris courage. Bien des hommes, que l'on tenait pour battus d'avance, ont fini par triompher parce qu'ils se sont désespérément accrochés à une idée sans jamais s'avouer vaincus.

Je demandai au correspondant de la *Free Press* de Detroit ce que George Snow entendait exactement par « plein d'allant ». Après un moment de réflexion, il me répondit :

« Imaginez la fille d'un professeur, mariée secrètement avec l'étudiant pauvre qui allume le feu chez son père ; ou un homme assassiné mystérieusement et sans motif apparent ; ou encore un clochard qui, sans s'y attendre, hérite d'une grosse fortune, voilà ce qu'on peut appeler des sujets pleins d'allant. Toutefois, ne sortez pas de la vraisemblance, ou vous êtes fichu. »

Ainsi les journaux désiraient de leurs collaborateurs de la copie qui sortît de l'ordinaire. Je me mis à fureter de tous côtés, comme un chien de chasse après le gibier, et par hasard je découvris qu'une fermière habitant à une quinzaine de kilomètres de là prétendait descendre d'une famille de vieille noblesse européenne. A cette époque-là, les Américains se laissaient volontiers prendre à cet appât. Aussi, saisissant la balle au bond, je m'empressai d'aller trouver la femme ; je recueillis de sa bouche un certain nombre de renseignements, je pris des photographies, puis je revins m'asseoir devant ma machine à écrire. Le sujet était plutôt mince, jugez plutôt : mon héroïne croyait provenir en ligne indirecte d'un grand lord et je la trouvai en train de scier du bois avec son mari. Cependant, je me flatte d'avoir tiré tout le parti possible de l'interview. A la bibliothèque, je me procurai certains documents qui me fournirent un tableau vivant des mœurs dans les manoirs anglais et des grandes réceptions à la cour de Londres. Au milieu de ces scènes somptueuses, je plaçai la fermière pauvre, aux mains calleuses. Dans une proportion de quatre-vingt-dix pour cent, mon récit décrivait l'existence princière qu'aurait pu mener cette malheureuse si ses aïeux n'étaient venus en Amérique. George Snow publia mon article. Ce premier reportage m'en valut bien d'autres pour le compte de la *News Tribune.*

Un jour, un individu fut arrêté à Detroit pour cruauté envers les animaux. Membre de la Science chrétienne, il prétendait guérir la jambe cassée de son cheval en appliquant les principes de cette fameuse secte, qui lui commandaient de s'en remettre exclusivement à l'intervention divine. George Snow me transmit la coupure du journal et me demanda d'interroger à ce sujet un certain nombre de professeurs de l'université.

Je consultai d'abord le président Angell ; il me renvoya d'un ton paternel, prétextant que d'autres étaient plus qualifiés que lui pour répondre à cette question. Presque tous ceux que j'interviewai ensuite se dérobèrent également, mais je ne lâchai pas bride et finis par recueillir l'opinion de trois professeurs et leur autorisation de citer leur nom. Je m'acharnai tout particulièrement sur mon professeur de français, M. Effinger, actuellement doyen du Collège de littérature, sciences et arts, mais il se jugeait trop nouveau dans le corps enseignant pour que sa réponse pût avoir quelque autorité dans ma petite enquête.

Le dimanche suivant, George Snow la fit paraître en deux grandes pages dans le supplément de la *News Tribune.* Cet article, dont je n'avais pour ainsi dire pas écrit une ligne, me fut payé au tarif habituel, et à partir de ce jour-là tout ce que j'envoyai au journal fut publié régulièrement. En même temps, je collaborais au *Chicago Tribune* et au *New York Herald.* Ma situation de journaliste désormais assurée me permit, ainsi que je vous l'ai déjà expliqué, de couvrir mes frais d'études jusqu'au jour — événement le plus important de ma jeunesse — où me parvint le télégramme de Pat Baker m'offrant une place de reporter.

Dès mon arrivée à Detroit je me présentai au chef des informations qui, pour me rompre au métier, me dit-il, m'envoya d'abord faire les comptes rendus d'enterrements. Je ne quittai pas cette rubrique avant d'avoir appris à exclure tout romantisme de ma copie. Ensuite, il me dépêcha sur les lieux d'un incendie qui avait réduit en cendres une blanchisserie dans Grand-River Avenue. Je n'avais jamais assisté à pareil désastre, mais c'était, paraît-il, un événement ordinaire à Detroit, alors ville de trois cent mille habitants.

Malgré la haute opinion que je possédais de moi-même, je n'étais qu'un débutant. Je décrivis cet incendie avec un lyrisme que n'eût point désavoué Moïse en annonçant aux Hébreux sa découverte des Tables de la Loi. Ed Beck condensa froidement ma colonne et demie en trois maigres paragraphes et me complimenta tout de même pour la forme.

Ces paroles me redonnèrent quelque courage, car la mutilation de ma copie — le fait s'était déjà produit plusieurs fois — ne laissait pas de m'inquiéter. Je me demandais si mes huit dollars d'appointements, qu'on me remettait sous enveloppe chaque samedi (somme que j'acceptais au début avec un sourire de consternation et ensuite avec la ferme résolution d'imposer bientôt mes talents) représentaient après tout la véritable mesure de mes capacités professionnelles. J'étais particulièrement déprimé ce jour-là parce que mon idole, Pat Baker, m'avait fait appeler dans son bureau et signifié brutalement que si je désirais rester à la *News Tribune,* je devais aller me faire tondre les cheveux séance tenante.

Nul reproche sur mon travail, mais aucune félicitation pour les efforts inouïs que je déployais afin de justifier son choix de me prendre comme reporter. Juste cet ordre péremptoire de passer chez le coiffeur... puis il s'occupa d'autre chose et je fus oublié. Suivant le plan du Créateur, il faut, dit-on, goûter aux amertumes de la vie pour en savourer les douceurs ; connaître la souffrance pour apprécier pleinement la joie ; enfin, savoir haïr pour comprendre le bonheur d'aimer. Ma période d'apprentissage à la *News,* de Detroit, m'offrit maintes occasions de boire la coupe amère sans faire la grimace. Ces expériences m'ont endurci dans la lutte pour la vie et rapproché des vérités éternelles.

Chaque semaine, le rédacteur en chef de l'édition dominicale me demandait des articles d'actualité, que je rédigeais avec une satisfaction sans mélange, car là mon imagination se donnait libre cours. Incidemment, cet argent gagné en supplément me permettait de subvenir à mes besoins et d'aider ma famille.

Un jour, on m'envoya, en compagnie de Kiltie Stewart, le fameux reporter, assister à la pendaison d'un assassin à Sandwich, au Canada, de l'autre côté de la rivière de Detroit. Je faillis m'évanouir au moment où la trappe s'abaissa et où l'homme fut précipité dans le vide. On utilisa seulement une vingtaine de lignes de ma copie, alors que le récit de l'exécution, rédigé par Kiltie, tenait une colonne entière. Hanté par l'idée que je méritais plutôt huit cents que huit dollars par semaine, je me glissai furtivement vers la caisse et, muni de l'enveloppe renfermant mes appointements, je me sauvai comme un lièvre pour ne pas tomber dans les jambes de Pat Baker. Alors se produisit pour moi l'événement attendu depuis si longtemps et qui devait me rendre célèbre en moins d'une heure. De nos jours, on ne court plus après les nouvelles comme autrefois ; le service d'informations est pour ainsi dire standardisé, les agences renseignent la grande presse sur tout ce qui se passe dans le monde et elle reçoit une profusion de documents photographiques pour illustrer les faits d'actualité. Mais voilà quelque vingt-cinq ans, lorsque je me frayais une voie dans le journalisme, une nouvelle de trois lignes en avance sur les autres journaux était grosse de conséquences pour le jeune reporter. A peine criait-on dehors la première édition de notre rival du soir que tous nos rédacteurs se précipitaient dessus pour savoir laquelle des deux feuilles était battue à la course. Malheur au reporter qui se laissait distancer ! S'il récidivait, c'était le renvoi immédiat, et les situations ne couraient pas les rues. En revanche, nos chefs savaient récompenser le journaliste débrouillard par de bonnes paroles et fréquemment aussi sous la forme d'une enveloppe bien bourrée. Bien entendu, j'ouvrais l'œil et ne manquais jamais une bonne occasion.

Ce jour-là, on m'avait envoyé en mission au quartier général de la police, et comme j'en gravissais les marches, je croisai un petit propriétaire de garni de ma connaissance avec qui j'échangeai quelques propos. L'homme, croyant me fournir un bon tuyau, me glissa dans l'oreille que deux jeunes femmes habitant l'avenue Gratiot, harcelées par un voisin qui les espionnait à travers de petits trous pratiqués dans la cloison, au lieu de se plaindre à leurs maris, avaient attiré le drôle au domicile de l'une d'elles et lui avaient administré une solide raclée à l'aide de longs fouets de cuir. Cette histoire amusante, si elle était vraie, pensai-je, occuperait certainement la première page du journal et tiendrait autant de place qu'un crime. A cette époque, la ville de Detroit ne comptait pas comme à présent deux ou trois assassinats et une demi-douzaine d'agressions par nuit. Le remarquable cran des deux héroïnes et les détails pittoresques de l'incident, que j'étais sans doute un des premiers à connaître, me donnèrent des ailes et je parvins en un rien de temps à l'adresse indiquée.

Non seulement les faits étaient véridiques, mais les deux femmes, encore sous le coup de la colère, me racontèrent toute l'affaire sans omettre le nom du coupable. Que le retour en tram me parut long jusqu'aux bureaux de la *News* ! J'arrivai au moment où l'on allait mettre sous presse. J'éprouve encore un frisson lorsque je me rappelle avec quelle précipitation Ed Beck arracha la dernière feuille sur ma machine à écrire pour la porter à la composition. Quel article ! Toutes les salles de rédaction en parlaient. Ce jour-là, je jugeai ma situation au journal plus affermie que jamais.

On me réserva, comme je m'y attendais, une place en première page. Un des as du journalisme de New York, Annesley Burrowes, qui depuis peu travaillait avec nous, et que nous considérions avec un respect voisin de la crainte, vint me frapper sur l'épaule en me disant : « Mes compliments, jeune homme. Voilà du beau travail ! » Évidemment, pensai-je, j'avais frappé en plein dans le mille.

Mais le lendemain matin, chez le patron, il y eut une conférence extraordinaire, à laquelle assistaient tous les chefs de service. En quelques minutes, mon sort fut décidé et je me retrouvai dehors en quête d'un nouvel emploi. A l'unanimité, on avait prononcé mon renvoi immédiat, et pour cause : j'avais mal orthographié le nom du vrai coupable et le curieux fustigé par les deux femmes devenait, en l'espèce, un citoyen honorablement connu dans toute la ville !

Bientôt je connus l'horrible difficulté de chercher du travail. Des semaines entières je battis le pavé, sans aucun résultat, mais je refusais de m'avouer vaincu et m'accrochais désespérément à Detroit, bien que tenté parfois de retourner à Owosso ou à Ann Arbor.

Une fois de plus je me réfugiai dans la littérature qui, dans les moments critiques de ma vie, fut toujours ma consolation. Après une journée de vaines recherches, j'étais heureux, le soir, de m'installer devant ma machine à écrire. Cependant, je plaçais peu de copie et au bout de quelques mois mon extérieur commençait à respirer la misère.

Un jour, pourtant, le hasard me mit en présence d'Alfred Russell, alors un des plus éminents avocats du Michigan. Il a laissé derrière lui le souvenir d'une bonté qui n'avait d'égale que son génie professionnel. Cet homme au grand cœur me reçut pendant une heure dans son cabinet et me prodigua des conseils comme si j'eusse été son fils unique. Puis il me remit une lettre de recommandation pour Harry Stillman, directeur de l'immense usine de produits pharmaceutiques Park et Cie, dans Jefferson Avenue. Celui-ci m'offrit une situation de cinquante dollars avec tant d'empressement que j'eus l'impression, en l'acceptant, de lui rendre un grand service alors qu'en réalité il n'avait nullement besoin de moi.

Pour m'initier à mon nouveau métier, on me plaça pendant six semaines dans le service de la fabrication. Mon rôle consista tout d'abord à agiter dans d'énormes cuves un liquide contre la chute des cheveux, dont le parfum et les vapeurs me donnaient des nausées, au point qu'un jour je faillis tomber dans un réservoir en ébullition. Je m'occupai ensuite de la préparation d'huile de foie de morue, puis je broyai du bois de santal pour en extraire l'essence. De là je passai de longs jours dans un laboratoire nauséabond où l'on retirait la pepsine des estomacs de porcs, et qui me fit regretter mes anciennes cuves. Après quoi je fabriquai des pilules, de toutes formes, dimensions et couleurs, dont on produisait une moyenne de cent cinquante tonnes par mois. Décidément, les Américains sont de prodigieux mangeurs de pilules !

A quelque temps de là, on m'installa devant un bureau, dans le service de la publicité et de la correspondance, avec mission de lire les journaux médicaux et pharmaceutiques et de choisir les articles susceptibles d'intéresser les autres services de l'établissement, vers lesquels je devais les acheminer. Travail intéressant et, soit dit en passant, qui présentait une certaine analogie avec celui de rédacteur en chef. Un entrefilet parut du reste à cet égard dans la feuille locale d'Owosso, et me fit monter de plusieurs coudées dans ma propre estime. Cependant, il me semblait surprendre parfois une conversation de ce genre entre mes anciens camarades : « Jimmy Curwood ? Non, il n'est plus à l'université. Il n'écrit pas de romans et ne travaille pas davantage dans un journal. Figure-toi qu'il fabrique des pilules à Detroit ! »

Les vents contraires m'avaient complètement détourné du but auquel je visais. Mes premiers rêves, mes ambitions, mon amour de la nature, mes études universitaires, en somme tous mes espoirs sombraient dans cette tâche prosaïque de fabriquer et de distribuer des pilules. Sachez que la maison Park Davis et Cie en confectionnait un peu plus de dix-sept cents espèces différentes, et que nous étions prêts à en inventer d'autres si cette variété, pourtant imposante, ne parvenait pas à satisfaire la clientèle.

Dans le laboratoire de la pepsine je liai connaissance avec un pauvre diable de Belge, d'aspect aristocratique, qui acquit par la suite quelque célébrité à Detroit. Van der Noot se prétendait baron, et à ces jours lointains et bénis, on pouvait intéresser le lecteur en lui présentant un tel personnage obligé de travailler pour vivre. Je passai donc une soirée à écrire l'histoire du baron gagnant son pain à la sueur de son front et je l'envoyai, accompagnée d'une photographie, à la direction de la *News Tribune,* édition du dimanche. A ma grande joie, mon interview parut et me rapporta un chèque de huit dollars, somme équivalente à mes appointements d'une semaine comme reporter à la *News.* Van der Noot fut aussi heureux que moi, car cet article le mit en vedette parmi l'importante colonie belge de la ville, où il m'introduisit un dimanche. Je pus ainsi glaner des renseignements sur la vie en Belgique et les utiliser dans une série d'articles signés de mon nom et qu'accepta l'ancien directeur du *New York World,* Annesley Burrowes, alors à la tête du supplément hebdomadaire de la *News Tribune* et qui, vous vous en souvenez, m'avait félicité de mon histoire du fouetté.

10 mai 1902. Jour mémorable où j'entrai à la rédaction de la *News Tribune* du dimanche aux appointements de dix-huit dollars par semaine, c'est-à-dire plus du double de ce que je recevais à la *News* de Detroit en qualité de reporter. Harry Stillman et H. Woodruff, mes principaux chefs à l'usine, heureux d'apprendre mon changement de fortune, se séparèrent de moi avec une cordiale poignée de main et leurs vœux de réussite. Pendant cinq années consécutives, mon bureau, au second étage de l'ancien immeuble de la *News,* dans Shelly Street, fut témoin de mes joies et de mes chagrins, de mes larmes et de mes sourires, dans la voie que j'étais bien résolu à suivre.

Ce travail m'allait comme un gant. Loin de me rebuter, la composition de mes articles d'actualité, où entrait une partie de vérité et plus encore d'imagination, me procurait un immense plaisir. Grâce à la bienveillance et aux conseils avisés d'Annesley Burrowes, je fus bientôt à même de remplir une et souvent deux pages du journal. Ces rapides progrès décuplèrent mon enthousiasme pour mon métier de journaliste, au point que je travaillais les sept jours de la semaine et parfois très avant dans la nuit.

En deux ans, mes appointements montèrent à vingt-cinq dollars par semaine, succès dont on pouvait franchement s'enorgueillir à l'époque. En outre, je plaçais dans les autres journaux et périodiques de petites études et de longs articles où j'encourageais les colons à s'installer dans la région occcidentale du Canada. Le *Munsey's Magazine* accepta ma nouvelle sur le lac Michigan : « Le capitaine du *Christopher Duggan* » et me la paya si royalement — soixante-quinze dollars — que je faillis remettre ma démission du journal pour me consacrer exclusivement à la littérature. Seuls les efforts persuasifs de M. Burrowes et une nouvelle augmentation — vingt-huit dollars par semaine — m'évitèrent ce désastre.

Depuis très longtemps, M. Burrowes souffrait de la vue. Son mal empira brusquement et devint si grave que l'excellent homme dut se démettre de ses fonctions et abandonner définitivement la profession. Nous déplorâmes tous le départ de cet incomparable journaliste, de cet homme courtois et érudit qui, malgré ses préoccupations accablantes, trouva toujours le temps d'aider de son expérience ceux qui essayaient de suivre ses traces. On me confia sa place aux émoluments de trente dollars par semaine, mais je suis sûr de ne l'avoir jamais occupée avec autant de compétence et d'autorité que mon éminent prédécesseur.

Durant mes années d'apprentissage à la *News Tribune* du dimanche je me livrai à un nombre incalculable d'autres travaux. Je dirigeai une revue bancaire intitulée : *Dollars and Sense,* m'occupai de publicité pour le compte de l'Association des fabricants de peinture d'Amérique, ce qui ne m'empêchait pas de publier au moins un article ou une nouvelle tous les quinze jours. Peu de temps après la publication de ma première nouvelle par le *Munsey's Magazine,* dont la circulation s'étendait sur tout le pays, le *Frank Leslie's Popular Monthly* accepta ma nouvelle intitulée « Pilules » et — prédiction faite voilà des années par son directeur et qui se réalisait enfin — le *Leslie's* fit paraître dans la suite une dizaine au moins de mes articles et nouvelles. Quelques mois plus tard, le *Munsey's* retenait une autre nouvelle et *The American Boy,* mon premier roman pour la jeunesse.

En 1905 je pris quelques vacances, que je passai entièrement dans les solitudes. J'en rapportai un article qui parut dans la revue *Outing.* L'*Outlook* et le *Woman's Home Companion* publièrent également ma prose. Vers la fin de l'année, je réussis à caser un article dans le *Cosmopolitan* où ma collaboration devint dès lors très fréquente.

Bientôt Hewitt Hanson Howland, rédacteur en chef du magazine publié par Bobbs-Merril et Compagnie à Indianapolis, me demanda une série d'articles sur les Grands Lacs et leurs bateaux. Vers la même époque, le *Leslie's Weekly* inséra plus d'une centaine de mes petits articles traitant pour la plupart de la vie en plein air.

1906 s'écoula ainsi, et une partie de l'année suivante. Outre mes travaux ordinaires, j'écrivis deux livres en même temps, un roman dont l'action se passe dans la région de la baie d'Hudson et que j'intitulai : *Les Chasseurs de loups,* et l'autre une histoire de mormons dans leur colonie de l'île des Castors : *L'Aventure du capitaine Plum.* Je m'étonne, encore aujourd'hui, de ne pas être tombé malade à ce régime épuisant, car mes nerfs étaient continuellement à bout.

L'énergie que je déployais depuis mon départ d'Ann Arbor et le temps consacré à ma tâche me laissaient très peu de loisirs pour m'occuper de ma famille. La nature absorbante de mon travail m'imposait une solitude de presque tous les instants, et lorsque je me trouvais en compagnie de ma femme et de mes deux filles, il m'arrivait parfois de songer à autre chose. Comme tant d'autres, j'avais fini par considérer mon foyer comme une vieille habitude, comme un endroit où il m'était loisible de manger, de dormir quand je ne pouvais faire autrement, et de reprendre les travaux qu'il m'était impossible d'achever au bureau. J'oubliais qu'en excluant ainsi ma jeune épouse de ma vie, je lui refusais le droit de participer aux joies de la bataille ; elle en arriva peu à peu à se demander si les longues années de privations, suivies par l'indifférence d'un mari dont la présence à la maison ressemblait fort à celle d'un étranger, justifiait tous ses sacrifices. Si, en temps opportun, j'avais prévu le résultat inévitable de cet état de choses — le divorce — j'eusse peut-être évité le désastre qui se produisit en 1908. Cependant, il ne sert à rien de conjecturer à propos d'événements qui auraient dû se passer mais n'ont pas eu lieu. A mesure que nous vieillissons, nous savons qu'il vaut mieux, en maintes circonstances, ne pas trop remuer les cendres du passé.

Depuis quelque temps, j'avais envoyé à Indianapolis mes manuscrits des *Chasseurs de loups* et de *L'Aventure du capitaine Plum.* Les semaines passèrent, durant lesquelles je me rongeais d'impatience et bouillais d'espoir, sans négliger pour autant mon métier de journaliste. Puis vint une lettre m'annonçant la grande nouvelle : mes deux romans étaient acceptés. *L'Aventure du capitaine Plum* plaisait à ce point, que mes éditeurs, Bobbs-Merril et Compagnie, me promettaient de s'engager, par contrat, à publier un livre de même longueur annuellement et pendant cinq années... au prix de vente d'un dollar et demi sur lequel je toucherais une redevance de dix pour cent.

Les chèques reçus jusque-là de diverses revues, en règlement de mes nouvelles, et qui s'élevaient de vingt-cinq à cinquante dollars, et même ceux du *Cosmopolitan,* qui me payait à raison de deux cents le mot, représentaient à présent, dans mon esprit, une maigre pâture. En me tenant sur une prudente réserve, je calculai mon pourcentage sur au moins cent mille exemplaires vendus de chaque roman. Aucun doute, j'allais bientôt gagner l'immense fortune. Car la maison d'édition Bobbs-Merril et Cie publiait alors les ouvrages atteignant les plus gros tirages... De temps à autre, il m'arrive de consulter les comptes de vente de mes premiers romans. Après toutes ces années passées, lorsque je confronte les chiffres exacts avec ceux que je rêvais, la comparaison me produit l'effet d'une douche froide.

Deux ou trois journaux publièrent l'histoire de mon succès phénoménal. L'article le plus élogieux fut, certes, celui de la *News Tribune* de Detroit. Désormais, mes parents pouvaient dormir tranquilles et mon père liquider sa boutique de cordonnier, ce qu'il fit peu après, du reste.

L'heure miraculeuse sonna quand je remis ma démission au journal et dis adieu au journalisme. Devant moi, je ne voyais qu'un avenir ensoleillé.

J'avertis mon frère, qui vivait toujours dans l'Ohio, de mon projet de voyages dans les solitudes canadiennes ; s'il voulait m'accompagner, je m'offrais à prendre tous ses frais à ma charge. J'étais tellement connu auprès des compagnies de chemins de fer du *Canadian Pacific* et du *Grand Trunk* que j'obtins facilement des billets gratuits. Mon frère Ed et moi nous eûmes, dans la région avoisinant la baie d'Hudson, l'une des plus étonnantes aventures de notre vie.

VIII

LE RETOUR AU « PAYS DE DIEU »

En 1902, je repris mes fonctions à la *News* et liai connaissance avec M. V. Mac-Inness — « Mac » pour tous ses amis — qui dirigeait alors le bureau de l'immigration canadienne, situé dans Jefferson Avenue. Je conserve un souvenir ému de toute la sollicitude dont il fit preuve à mon égard. Souvent j'allais le voir lorsque j'avais besoin de conseils, de distraction, voire de repos.

De taille imposante, il était toujours d'humeur joviale et il excellait à me dépeindre, en termes pittoresques, son Canada bien-aimé, tout particulièrement le vaste panorama de terres inexplorées qui s'étendent vers le nord et l'ouest du pays. Il connaissait comme pas un ce magnifique territoire et ne manquait jamais l'occasion de me présenter aux Canadiens notoires qu'il recevait dans son bureau, tels qu'officiers de l'immigration, députés au Parlement, fonctionnaires de la Baie d'Hudson, des chemins de fer du *Grand Trunk* et *Canadian Pacific*, membres de la police royale montée du Nord-Ouest, et une vingtaine d'autres personnages non moins importants.

En ces années difficiles, seules mes visites à cet excellent homme permirent à mon enthousiasme pour la vie au grand air de se donner libre cours. L'amour de la nature, auquel je m'étais initié dans mon enfance au long de la Shiawassee — ma rivière — était devenu le but unique de ma vie, mais, hélas ! les mois fuyaient et la réalisation de mes désirs m'apparaissait de plus en plus lointaine. Par bonheur, Mac, ce fidèle ami, se chargea de débarrasser tous les obstacles qui barraient ma route.

Mon séjour à la *News* en qualité de rédacteur en chef me donnait une telle confiance en moi-même que ce cher vieux Mac ambitionnait pour moi une situation magnifique. Il ne cessait de m'affirmer que les autorités du Dominion et l'Administration des chemins de fer canadiens, séduits par mes articles évoquant la beauté des grands espaces du Nord-Ouest, projetaient de m'envoyer là-bas pour explorer et décrire ces régions afin d'y attirer des colons.

L'espoir de faire bientôt partie de cette grandiose contrée à laquelle je rêvais depuis si longtemps me fit vibrer d'émotion. Je revois encore, comme si c'était hier, Mac me montrer les documents officiels et me féliciter de ma bonne fortune. L'événement eut lieu vers l'époque où parut la première édition de *L'Aventure du capitaine Plum.* Le gouvernement canadien m'offrit, en effet, mille huit cents dollars, tous frais payés ; mais il subsistait un grave empêchement : ma qualité de citoyen américain. Après quelques démarches, on passa outre, et je partis un beau jour vers ce pays où chaque matin je devais attendre l'aube avec impatience et chaque soir appréhender le coucher du soleil.

Jamais je n'oublierai la joie délirante de Mac lorsqu'il m'annonça cette heureuse nouvelle. Mon incomparable ami, disparu depuis, a laissé un vide irréparable dans mon cœur ; mais à chacun de mes voyages au Grand Nord, je sens que l'esprit de Mac m'y accompagne, car il éprouvait envers ce « Pays de Dieu » une adoration aussi ardente que la mienne.

Les immenses solitudes qu'arrose la rivière de la Paix, les montagnes situées à l'ouest, les sources de l'Athabasca et du Mackenzie, la désolation des plaines arctiques et les forêts inhabitées environnant la baie d'Hudson, sont devenues pour ainsi dire ma raison d'être. Je les ai si souvent décrites que, pendant bien des années à venir, tous mes lecteurs apprendront à aimer les scènes où vécurent les héros et les héroïnes de mes romans.

Mes premières explorations dans le nord du Canada furent de courte durée et les circonstances voulurent que je vinsse de nouveau m'établir à Owosso, dix ans environ après mon départ pour l'université de Michigan.

Un jour, un de mes amis, Lon Allison, m'invita à un goûter où il me présenta à un groupe de jeunes institutrices parmi lesquelles se trouvait Ethel Greenwood. Je me souvenais vaguement de l'avoir vue à l'école, dans une des classes au-dessous de la mienne. L'éclat de ses yeux me troubla profondément. Elle avait lu, dans le journal, un compte rendu de ma dernière expédition au nord du Canada et elle me témoigna tant de sympathie que je résolus de la revoir souvent. Au bout de quelque temps, je compris qu'Ethel serait pour moi une délicieuse compagne sur les nombreuses pistes que je foulerais bientôt et je lui ouvris mon cœur. Deux mois après, un beau matin, à six heures, nous étions mariés dans notre vieille maison de John Street et, à sept heures, nous prenions le train pour le Canada.

Pendant tout ce merveilleux automne, le long hiver et le joli printemps qui lui succéda, nous passâmes notre lune de miel dans une cabane de rondins en plein cœur de la forêt, près de la baie d'Hudson, loin de toute vie civilisée, avec nos chiens, notre traîneau et nos raquettes. C'est là que j'écrivis *Philip Steele, de la police montée.*

J'avais trouvé une épouse qui se montrait fière du gagne-pain de son mari, qui envisageait courageusement l'avenir avec moi et s'occupait admirablement de mes deux filles ; une mère qui, plus tard, me donna un fils, James, lequel se prépare actuellement à entrer au collège.

Les années qui suivirent notre étrange lune de miel s'écoulèrent très rapidement. Nous passions la plupart du temps dehors, partageant, avec les habitants des bois, la vie sauvage telle que je l'ai décrite dans mes livres. Pendant des mois entiers nous nous enfoncions dans les solitudes, à des centaines de kilomètres de tout village, et quand nous quittions la cabane construite de nos propres mains, il nous semblait abandonner un foyer bien-aimé. Les rêves d'aventures, où l'Échalas et moi nous complaisions jadis, se sont réalisés — du moins pour moi. Mes pieds ont foulé d'innombrables pistes inconnues à travers le *Northland.* Par toutes saisons, j'ai vécu sous la calotte des cieux dans des tentes, des cabanes et même des igloos. Sur les prairies sans fin, sur les montagnes lointaines et les immenses plaines nordiques, à travers la neige et le long de maint cours d'eau, j'ai savouré plus que ma part des joies entrevues dans mon enfance. Pourtant mon cœur soupire inlassablement après ces aventures, et je compte toujours les semaines qui me séparent d'un nouveau départ vers les grandes forêts.

IX

CONSEILS AUX JEUNES ÉCRIVAINS

Il s'est écoulé quelque temps depuis que j'ai écrit l'avant-dernier chapitre de mon autobiographie. De nouveau, je me retrouve dans ma cabane de rondins, au nord du Michigan, où mon ami me persuada de rédiger ce récit de ma propre vie. A présent, l'air que je respire n'est plus imprégné de l'odeur des sapins, des pins et des cèdres. Le parfum d'encens ne monte plus des vallées et l'arbousier-traînant, cueilli par moi sur les coteaux ensoleillés, n'est plus qu'un agréable souvenir.

La forêt noire et verte subsiste toujours, mais elle est étouffée sous la neige. Une terrible rafale, soufflant du nord pendant deux jours, a oblitéré les rares chemins qui, durant les mois plus cléments, invitent le voyageur à pénétrer dans cette vaste étendue d'arbres. Cette tempête a fait rage pendant quarante-huit heures ! Quarante-huit heures, dont la moitié eût suffi à terrasser le dur à cuire privé de feu et d'abri.

Hier soir, le vent hurlait comme une tornade autour de ma hutte solitaire. Se succédant par ordre de bataille, des masses de nuages, noirs et mystérieux, se précipitaient à l'assaut des immenses forêts comme les vagues d'une puissante armée conduite à la victoire par quelque volonté suprême. En passant au-dessus de ma petite cabane, ils projetaient des paquets de neige gelée qui tambourinaient comme des graviers contre mes fenêtres à travers lesquelles la lumière de ma lampe tentait vainement de percer le rideau opaque des ténèbres.

Ce matin, la tempête a cessé et le ciel est redevenu serein. Lorsque je me suis levé pour ranimer les cendres de mon feu mourant, le soleil d'hiver illuminait déjà la cime des arbres. Une épaisse couche de glace recouvrait mes fenêtres et leur donnait l'aspect d'anciens vitraux de cathédrale. Dehors, le froid intense faisait craquer les arbres et les rondins de ma cabane. Sur le mur orienté au vent, le thermomètre marquait dix degrés au-dessous de zéro.

Après avoir déjeuné, je suis sorti dans la forêt, à présent silencieuse et vide. Si j'en crois ma raison, nul être vivant ne saurait supporter ces quarante-huit heures de blizzard, une telle endurance n'étant point l'apanage de créatures en chair et en os ; cependant, mon expérience personnelle, corroborée par le souvenir de mes compagnons de piste, me prouve que l'animal est encore beaucoup plus résistant que l'homme. La vie subsistait toujours autour de moi ! Le ventre enfoui dans la piste blanche, les rennes cherchaient la maigre provende qui leur permettrait de durer jusqu'au printemps. D'autres bêtes sauvages manifestaient aussi leur présence. Une petite mésange à tête noire voletait du haut en bas des arbres en quête d'un trou recouvert à présent d'une couche de glace et de neige, et, narguant l'adversité, ne cessait de lancer des trilles joyeux. Un peu plus loin, je demeurai immobile jusqu'à en grelotter : devant moi un pivert, picorant sur l'écorce d'un arbre une nourriture illusoire, se parlait doucement à lui-même comme s'il voulait se consoler de sa malchance. A l'abri du besoin grâce à sa petite réserve, un écureuil rouge caquetait, sous le ciel d'un bleu d'acier, aussi gaiement que si l'air eût été imprégné des parfums du printemps. Des geais bleus, au chatoyant plumage, sautillaient sur les branches couvertes de givre, en s'appelant mutuellement. Au bord de la plaine, une bande de becs-croisés, à gorge rouge, fouillaient dans le buffet vide de dame Nature. Sur la berge de la rivière poissonneuse, alimentée par une source vive et qui jamais ne gêle, j'ai compté jusqu'à vingt canards à la fois. Semblable à un luxueux manchon de fourrure rouge, un renard à ce moment-là traversa la clairière.

Émerveillé devant la beauté de tout ce qui m'entourait, je me croyais transporté aux temps primitifs où l'homme sans défense devait se mesurer avec la nature. Ici également, seul le plus apte pouvait survivre ! Aujourd'hui, je voyais des êtres se débattre pour ne pas périr de faim, malgré les affres du froid, et qui acceptaient leur sort sans se plaindre. Stoïques, ils cachaient leur misère au reste du monde. Si leurs corps frêles ne se sont pas tordus et anéantis sous la douleur, c'est que leur âme, débordante de courage et de foi, espérait revoir les cieux ensoleillés, bien que le sinistre bonhomme à la faux rôdât dans les parages.

En comparaison des scènes dont j'ai été le témoin au cours de cette promenade en raquettes, mes souffrances se réduisent à peu de chose. A côté de la lutte héroïque déployée par toutes les petites bêtes de la forêt durant ces terribles semaines, mes propres efforts, qu'on pourrait en toute justice considérer comme un long et pénible calvaire, demeurent insignifiants. Loin de me plaindre, je m'estime heureux d'avoir eu à vaincre certains obstacles avant d'atteindre le succès dont je jouis actuellement en tant que romancier d'aventures. Maints incidents, qui nous apparaissent tout d'abord comme de rudes épreuves, nous rendent en fin de compte d'inappréciables services.

Très fréquemment je reçois des lettres de jeunes écrivains me posant des questions aussi multiples que variées. Comment dois-je commencer ? Quel sujet me recommandez-vous de prendre ? Comment bâtir une intrigue ? Quel degré de culture faut-il posséder pour réussir dans les lettres ? Dois-je suivre les cours de l'université ? Où puis-je trouver les éléments nécessaires à la construction d'un roman ? Au bout de combien de temps parviendrai-je à vendre ma prose ? Où l'offrir ? Dois-je entrer en relation avec le directeur d'un journal ? Par quels moyens vous êtes-vous imposé ? Me volera-t-on mes idées si je soumets mon manuscrit quelque part ? Consentirez-vous à placer mon travail moyennant une commission ?

Outre ces questions, on me demande souvent comment j'écris. J'essaierai de répondre avec quelque détail ; peut-être mon expérience profitèra-t-elle à ceux de mes jeunes confrères qui gravissent actuellement la route que j'ai parcourue moi-même.

Je m'évertuerai à être absolument sincère, car mes méthodes, très simples, peuvent être adoptées par tout le monde. L'« inspiration » est un joli mot, mais trompeur, qu'on doit jeter au rancart avec son camarade le « génie ». Un travail acharné, régulièrement accompli pendant des années, et un but bien précis, voilà ce qui compte avant tout.

Il existe des auteurs qui, paraît-il, s'éveillent au milieu de la nuit et, la main guidée par une puissance céleste, vous donnent un chef-d'œuvre. Je ne connais pas de pareils prodiges, encore qu'il m'arrive de fréquenter parfois certains « gendelettres » posant aux surhommes. La plupart des écrivains ne sont, à la vérité, que des hommes et des femmes ordinaires qui ont appris à gagner leur vie au moyen d'une plume, à peu près de la même manière que le chirurgien avec son bistouri et le paysan avec sa herse.

Tout d'abord, j'insiste sur l'importance de la santé. Quand je suis chez moi, je me lève tous les matins à six heures, sauf au printemps et en été où je suis debout une heure plus tôt. Après avoir bu deux verres d'eau pure, je me livre à la culture physique pendant quinze ou vingt minutes, interrompues seulement par l'absorption de deux autres verres d'eau. Je pratique la moitié de ces exercices allongé sur le sol, et l'autre moitié dans la position verticale. Grâce à ce régime et à une vie très saine, je compte devenir centenaire. Aussi ne saurais-je trop recommander mon système [1].

Après un bain froid, je prends mon petit déjeuner qui consiste en

1. Lors de sa visite à Paris avec sa famille, en août 1925, James Oliver Curwood me tint à peu près les mêmes propos, et son aspect physique semblait certes lui donner raison. Deux ans après, Curwood, par une cruelle ironie du sort, mourait à Owosso à la suite d'une piqûre d'insecte au bout du nez. Pour essayer de le sauver, une de ses filles s'était prêtée à la transfusion du sang. En 1929, son fils James, dont il est question dans ce livre, se tuait aux environs d'Owosso dans un accident d'aviation (NdT).

un demi-bol de son dans du lait non écrémé. Déjeuner à midi. La logique même indique pourquoi il ne faut pas trop manger le soir. Mon dîner comprend surtout des légumes, et parfois du poisson ou de la volaille. De la viande une fois par semaine suffit à l'homme qui désire vivre longtemps. Même ceux qui fournissent un effort physique considérable trouveront les vitamines nécessaires dans les noix, le lait, le fromage et les œufs. Il va de soi que lorsque je parcours les pistes sauvages, je change de régime, non par principe, mais parce que je n'ai pas le choix des aliments. D'ailleurs, mon estomac aguerri s'adapte aux circonstances.

Après le petit déjeuner, je consacre dix minutes à la marche, et comme j'ai mangé très légèrement, je ne trouble en rien ma digestion. J'accélère le pas : à mon avis, la marche au ralenti ne constitue pas un exercice. A sept heures et demie, je m'assois à mon bureau, frémissant de vie et impatient de travailler pour mon propre plaisir. Mes idées sont nettes et mon corps en pleine santé parce que j'ai commencé ma journée en mettant à profit les bienfaits que la nature réserve à tous les hommes.

Pendant un quart d'heure environ, je donne des ordres à ma secrétaire, puis je décroche le récepteur du téléphone, je m'enferme à clef et je me plonge dans mes romans jusqu'à onze heures et demie.

Certains jours, la tâche s'accomplit sans difficulté, presque spontanément ; d'autres, il me semble arracher les idées de mon cerveau, l'une après l'autre. Toutefois, la spontanéité ne produit pas toujours les meilleurs effets. J'ai remarqué qu'en concentrant mes pensées et en bûchant j'obtenais des résultats généralement satisfaisants. D'aucuns bâclent un premier jet, puis le rectifient tellement ensuite qu'à proprement parler ils doivent le récrire. Moi je procède de façon différente : à mon avis, une œuvre ne peut jamais, même corrigée, tendre à la perfection si dès le début on la compose avec trop de hâte.

Je m'efforce de donner, à chaque ligne et à chaque page de mon manuscrit, une forme définitive, d'où il s'ensuit que je travaille lentement à côté de maints confrères. En moyenne, j'écris cinq cents mots par jour. Fréquemment il m'est arrivé de passer une matinée entière sur un paragraphe de douze lignes. Je ne lâche pas un passage difficile qu'il ne soit terminé à ma satisfaction. Jamais je ne remets au lendemain une tâche rebutante, car le lendemain vous procure rarement l'inspiration nécessaire.

Tout de suite après déjeuner, je regagne mon bureau, où je reste jusqu'à quatre heures et demie. Je consacre ce temps à dicter ma correspondance, à préparer mon travail du lendemain, à lire, à corriger mes épreuves, à recueillir pour ma prochaine œuvre une documentation que je prends soin de noter et de classer pour la retrouver facilement plus tard, et enfin je m'occupe de petits détails qui surgissent toujours quand on s'y attend le moins.

Le matin, la consigne est formelle : je ne reçois personne, sauf pour affaire urgente. Mais l'après-midi, tous les visiteurs sont les bienvenus, même ceux qui pénètrent chez moi par pure curiosité. De quelque lieu qu'ils viennent et quel que soit l'objet de leur démarche, je les traite en amis, sans aucune distinction.

A moins d'empêchement extraordinaire, je sors de mon bureau à quatre heures et demie pour faire une petite promenade, tirer une coupe, jouer au golf, monter à cheval ou me livrer à tout autre exercice approprié à la saison. Ensuite je suis prêt à me mettre à table ; je m'octroie un bon dîner, moins substantiel, cependant, que le repas de midi, car il ne comporte pas de viande ni de dessert par trop succulent.

Je crois fermement à l'efficacité du sport physique et mental accompagnés de gaieté, de camaraderie et de rire, trois vertus qui embellissent l'existence. Si le sport devient une fatigue, il perd toute valeur et peut causer les plus graves désordres dans l'organisme. Intelligemment compris il est, en revanche, une source d'énergie pour le corps et l'esprit. Je ne manque jamais d'emporter, dans mes longs voyages, des balles et des palets. Maintes fois, de retour au campement après une rude journée sur la piste, nous nous sommes joyeusement livrés à ces jeux favoris.

Les écrivains ne devraient traiter que des gens, des choses et des lieux qu'ils connaissent. Cela saute aux yeux. Cependant, ils ont pour la plupart la manie de faire le contraire. Si vous habitez un pittoresque village, ne vous mêlez pas de dépeindre les mœurs des citadins. D'autre part, si vous demeurez en ville, gardez-vous de créer des personnages ou des scènes dont vous ignorez pour ainsi dire tout. Je ne vois pas pourquoi un auteur n'ayant jamais quitté le Michigan situerait son roman dans l'Arizona, ni pourquoi la jeune femme de lettres installée dans un petit port de mer, où abondent des sujets intéressants, nous parlerait de ce qui se passe à Newport ou à Palm Beach. Si vous composez des ouvrages de fiction, ne vous écartez pas de la vraisemblance, et respectez la vérité en ce qui touche les mœurs et la couleur locale. Un livre ne remplissant pas ces conditions n'a aucune chance de durer.

Seuls les auteurs résolus à travailler d'arrache-pied — sans aucune prétention à la gloire et à la fortune — peuvent considérer la littérature comme un gagne-pain. Rares sont ceux qui deviennent riches, et la plupart traînent une piètre existence en attendant le coup de veine qui les tirera d'embarras.

En ce qui me concerne, je ne saurais m'enorgueillir de la vente de mes ouvrages durant les dix années qui suivirent la publication de *L'Aventure du capitaine Plum.* Un très petit nombre de lecteurs s'intéressaient alors à ma production. Deux mille exemplaires environ de mon premier roman furent vendus dans les six premiers mois de sa publication, et seulement quatre-vingts pendant le deuxième semestre. Cependant, quelques années plus tard, ce roman devint immensément populaire. Chaque année, et depuis plus de vingt ans, on en demande quelques milliers d'exemplaires et il a été traduit en beaucoup de langues.

Les Chasseurs de loups, dont l'action se passe dans les solitudes neigeuses du Canada à proximité du lac Nipigon, s'adresse de préférence aux jeunes gens, mais d'après certains critiques l'histoire est si adroitement menée, qu'elle plaît même aux lecteurs adultes amateurs de romans d'énergie. Mon personnage principal, Wabigoon, fils d'un Écossais, chef d'un important poste de fourrures situé en plein « Désert blanc », et mon héroïne, une jeune Indienne nommée Minnetaki, sont, paraît-il, bien campés et vivants. Leurs aventures, d'un intérêt soutenu, sont fréquemment émouvantes et jamais malsaines. J'y ai amorcé une suite en omettant, à dessein, de dire comment fut châtié Woonga et de faire savoir si Rod Drew épousa la charmante Minnetaki ou découvrit la mine d'or. Néanmoins, l'ouvrage ne se vendit qu'à quinze cents exemplaires et lorsque *Les Chasseurs d'or* parurent en 1909, ce volume n'obtint guère plus de succès que son prédécesseur. A l'heure actuelle, ces deux livres sont traduits dans presque toutes les langues européennes ; quant à l'édition anglaise, elle est répandue dans les coins les plus reculés de l'Empire britannique, malgré la froide réception du début.

Seulement neuf cents personnes éprouvèrent le besoin de posséder mon gros volume, *Les Grands Lacs,* magnifiquement présenté par G. P. Putnam's Sons, et offert au prix, élevé à cette époque, de trois dollars et demi.

Ma confiance commença dès lors à s'ébranler, et je ne tardai pas à mettre en doute le bon goût et le jugement de mes compatriotes. Néanmoins, je continuai à composer des romans partout où je me trouvais... sur les pistes du Grand Nord, dans mes cabanes, ou chez moi à Owosso.

En 1910, après dix années passées à explorer et à décrire les immenses régions glacées de l'Arctique pour le compte du gouvernement canadien, je me revis sans emploi. Entre-temps, j'avais terminé *La Piste dangereuse* pour mes éditeurs MM. Bobbs-Merril et Compagnie, publiée d'abord dans le *Munsey's Magazine* sous le titre : *Un combat pour la vie.* Grâce aux avis partagés de la critique, qui ne put trancher s'il s'agissait là d'un chef-d'œuvre ou d'un infâme roman de quinzième ordre, dix mille personnes se le procurèrent, sans doute pour se former elles-mêmes une opinion.

Un critique déclara : « James Oliver Curwood, l'auteur de *L'Aventure du capitaine Plum,* vient de publier un nouveau roman chez Bobbs-Merril : *La Piste dangereuse.* » Pas un mot de plus. Pour un journaliste accoutumé, comme moi, à analyser assez longuement des livres, bons ou mauvais, ce jugement me parut non moins cruel que celui-ci du *New York Herald* : « *La Piste dangereuse* est un roman digne d'être signalé parce qu'il montre à quelles absurdes profondeurs mélodramatiques un livre à succès doit descendre. » Puis un autre : « Nous ne saurions prétendre dire combien de fois le héros échappa aux plus diaboliques tourments ni à quel point l'auteur s'est mis le cerveau à la torture pour inventer de nouveaux périls et de miraculeux sauvetages. En tout cas, les amateurs d'aventures seront amplement servis. »

D'autres journaux exprimèrent une opinion différente. En voici quelques échantillons : « C'est une histoire merveilleuse d'aventures en plein air dans la région du Saskatchewan, un roman de mystère se déroulant parmi les rivières couvertes de glace, les lacs et les majestueuses forêts de sapins, et conté avec une vigueur et une imagination qui font souvent défaut aux œuvres prétendues de premier ordre, et un drame réaliste, aigu et dynamique qui se déroule rapidement, grâce au talent incontestable de M. Curwood. » Maints autres critiques trouvèrent ce roman alerte et plein de santé. En tout cas, quel que fût leur avis, tous s'accordaient à reconnaître que l'Extrême-Nord y était admirablement décrit, de même les forêts solitaires, les vastes champs de neige, les terres de silence, vierges de toute piste, la splendeur de l'aurore boréale et le calme des immenses étendues glacées. Il serait vain à présent d'insister sur la joie que me procura cet avant-goût de célébrité.

Vers cette époque, je crus avoir découvert un moyen plus commode que la littérature pour faire fortune. Dans une seule journée, un ami me fit gagner à la Bourse cent dollars sur des valeurs cuprifères. Emballé par ce succès, j'achetai d'autres actions au moment où une hausse extraordinaire régnait sur le marché. En rentrant déjeuner, j'assurai à ma femme que nous allions devenir riches, mais je fus incapable, le soir, de lui expliquer pourquoi je revenais les poches vides. Une dégringolade inattendue, appelée de je ne sais quel nom, avait, paraît-il, raflé toute ma fortune.

Assommé par ce coup de massue, je ne compris pas grand-chose à ce qui s'était passé, mais heureusement il me restait des amis ; je leur empruntai quelques dollars, de quoi envoyer un télégramme à la Compagnie des chemins de fer du *Grand Trunk* pour lui demander un billet gratuit et, le jour où il nous parvint, ma brave petite femme et moi étions de nouveau prêts à partir pour les solitudes canadiennes.

Nous nous enfonçâmes dans les forêts, à une centaine de kilomètres du plus proche poste de commerce. Une fois de plus je repris ma plume — mon seul gagne-pain — et j'écrivis *L'Honneur des grandes neiges.*

Dans ce roman j'ai essayé de dépeindre les sentiments de chevalerie et d'honneur qui caractérisent les habitants du Nord gelé, m'évertuant à incorporer ces vertus au mystère, au romanesque et à l'amitié toujours présente dans le cœur des hommes qui considèrent comme leur patrie ces étendues sauvages et pittoresques. J'en ai tiré un drame humain d'une grande simplicité, et me suis efforcé de rendre mon héros Yan aussi sublime que Jean Valjean. Son dévouement envers la petite Mélissa me semble aussi dramatique que la tendresse de Jean pour Cosette. Presque tous les critiques s'accordèrent à louer la belle ordonnance de ce récit. Pourtant l'intérêt du public fut médiocre si j'en crois le compte de mes éditeurs, et le succès ne commença de s'affirmer que dans les rééditions.

Mon traité avec Bobbs-Merril n'ayant pas été renouvelé, les éditeurs Harpers and Brothers publièrent *Fleur du Nord* et *Les Cœurs les plus farouches,* mais le chiffre de vente demeura inférieur à celui de mes livres précédents. J'ajoute que les deux titres ci-dessus figurent en bonne place dans mes relevés actuels, c'est-à-dire dix ans après leur première publication.

En désespoir de cause, je retournai chez Bobbs-Merrill avec *Kazan,* histoire d'un chien-loup, qui obtint d'abord quelque faveur et connut ensuite le triomphe, surtout en Angleterre et dans les éditions à bon marché aux États-Unis. Je m'étais évertué à décrire la vie farouche des solitudes glacées et à peindre Kazan, brave et fidèle jusqu'à la mort. Ayant observé de très près les animaux dans les bois et les grands *barrens,* je cherchais à acquérir pour mon livre la place qu'occupent *Croc-Blanc* et *L'Appel de la forêt,* de Jack London. Les critiques, en général, m'enlevèrent cet espoir, mais reconnurent que mon *Kazan* présentait un intérêt si captivant qu'on le lisait d'une traite.

A l'époque où j'écrivis *Kazan,* je fis quatre voyages dans les solitudes au voisinage de la baie d'Hudson. Par trois fois je me rendis dans l'Arctique et passai l'hiver avec les Esquimaux. A quatre reprises je traversai les *barrens* et j'explorai le pays du Yukon. Je vécus de nombreux mois en compagnie des Indiens, été comme hiver, et ne manquai aucune occasion d'étudier les mœurs des bêtes sauvages. Je m'attachai surtout aux chiens huskies — splendides brutes, féroces dans la bataille et aussi loyales envers leurs maîtres qu'elles se montrent implacables dans leur haine pour leurs ennemis. Presque tous les épisodes de mon roman sont basés sur des faits dont je fus témoin.

Malgré le peu de succès de mes neuf premiers volumes, je conservais de l'espoir. Peu après la publication de *Kazan,* j'entrai dans la grande famille Doubleday, Page et Compagnie, dont je n'ai eu qu'à me féliciter, et où je demeurai jusqu'à 1919.

Cette maison d'édition fit paraître *Le Pays de Dieu et la Femme,* que j'écrivis, au cours de l'hiver 1914-1915, dans une cabane située à trois cents kilomètres de la baie d'Hudson et où sept mois durant ma femme et moi ne vîmes aucun être humain, sauf un trappeur indien nommé Jackpine. Dans ce roman, j'ai tissé une mystérieuse intrigue où l'héroïne sacrifie son propre bonheur à celui de son père — fait plutôt rare dans la vie réelle —, mais l'homme qui l'aime parvient à soulever le voile d'iniquité dont la jeune fille croyait devoir draper ses actes et inflige au vrai coupable un terrible châtiment. *Le Pays de Dieu et la Femme* atteignit une vente supérieure à celle de tous mes précédents ouvrages.

Parut ensuite *La Voyageuse traquée,* roman peut-être un peu démodé mais, selon les critiques, qu'on lit avec plaisir l'hiver au coin du feu par une nuit de tempête.

Il fut suivi, en 1917, par *Le Grizzly,* récit délicieux malgré son dénouement moral, toujours d'après les critiques, puis une autre histoire de bêtes, *Bari, chien-loup, fils de Kazan.* Le chiffre de mes ventes augmentait lentement mais de façon régulière.

Durant ces années-là, je compris qu'on pouvait recouvrer dans la nature la paix de l'âme, la santé et la foi, et cette découverte fit l'objet de mon prochain volume : *Le Courage de Marge O'Doone*[1]. L'effusion du sang des bêtes dont je m'étais rendu coupable dans ma jeunesse m'avait ouvert les yeux et l'intelligence. Massacrer des animaux pour le simple plaisir d'abattre une proie et de ramener un trophée n'exerçait plus d'attrait sur moi. Mes aventures au cœur de régions sauvages pour ainsi dire inaccessibles devaient porter leur fruit selon la volonté de Dieu. Si l'intrigue du *Courage de Marge O'Doone* paraît à première vue invraisemblable, il n'en reste pas moins que ce livre est, de tous mes livres, celui où entre le plus d'inspiration. Sans l'avoir préparé aussi minutieusement que les autres, j'ai composé, presque à mon insu, un roman d'où se dégage une leçon d'énergie. Les critiques se sont plu à reconnaître le côté pittoresque et attrayant du récit.

J'écrivis ensuite *Le Piège d'or,* où je relate une histoire se déroulant chez des peuplades qu'il m'arriva de connaître au cours de mes pérégrinations dans les régions arctiques, et l'année suivante, *Nomades du Nord,* le dernier de mes ouvrages publié par les soins de Doubleday, Page et Compagnie. On m'offrait ailleurs une perspective plus alléchante et je dus me séparer de mes amis de Garden City, dont je conserve toujours un excellent souvenir.

Après mon départ de cette maison, j'écrivis *Le Bout du fleuve.* Quand ce roman parut dans une revue, il provoqua un engouement général. Ce récit clair, viril, plein d'épisodes dramatiques et romanesques, montre les difficultés auxquelles sont en butte les habitants des terres silencieuses du Nord glacé. Ce fut le premier de mes livres qui se vendit à plus de cent mille exemplaires dans la première édition.

Peu après la publication du *Bout du fleuve,* parut *La Vallée du silence,* où je raconte les aventures des farouches équipages ayant pour mission de conduire, le long du Saskatchevan, de l'Athabasca et du Mackenzie jusqu'à la Terre du Nord, les flottilles de bateaux chargés de toutes sortes de marchandises. La bravoure tumultueuse de ces brigades fluviales, leurs souffrances et leur superbe mépris du danger, prêtent à ce roman un caractère épique. J'y ai placé certains types de la police montée du Nord-Ouest, et une intrigue amoureuse d'un intérêt soutenu. Tout finit par s'arranger sous le regard serein du « Gardien », dans *La Vallée du silence* qui a donné ce titre au roman. Avant de le composer, j'avais accompli maint voyage en compagnie de ces rudes bateliers, dont j'avais rapporté les portraits fidèles. *La Vallée du silence* ayant eu un tirage bien supérieur à celui de mon œuvre précédente, je pus dès lors me considérer sans conteste comme le romancier le mieux rétribué d'Amérique.

---

1. Roman publié en français sous le titre : *La Fugitive.*

Il est rare, je crois, l'homme de lettres capable d'écrire un chef-d'œuvre sur commande. Nombre de mes romans ont figuré sur la liste des « Livres à succès », mais ma *Forêt en flammes,* qui suivit *La Vallée du silence,* entra dans cette catégorie grâce à ma vogue plutôt qu'au mérite intrisèque de l'ouvrage. *La Forêt en flammes* appartient, néanmoins, à ce genre de récits colorés du Nord-Ouest qui vous fouettent le sang ; l'intrigue, un peu mince, se rachète par un dénouement des plus émouvants : l'incendie, qui a fourni son titre au livre.

Vers l'époque de la Grande Guerre, j'avais publié une série de nouvelles où un certain Jolly Roger Mackay tenait le rôle principal. Les aventures se trouvent réunies dans le roman qui parut en 1922 : *La Piste du bonheur.* Il s'agit d'un hors-la-loi sympathique habitant les solitudes canadiennes, une espèce de Robin des Bois, de son amour pour une extraordinaire jeune fille et de l'histoire d'un chien susceptible d'émouvoir tous les amis des bêtes. J'y ai dépeint la ténacité avec laquelle les membres de la police montée s'accrochent à une piste, reviennent avec leur prisonnier, ou meurent en chemin ; des Indiens vivant dans les forêts canadiennes figurent également dans ce récit.

Quelque temps avant la publication en volume de *La Piste du bonheur,* j'écrivis un petit livre, qui parut en 1921 : *Le Pays de Dieu... La Route du bonheur,* comprenant quatre essais, dont aucun n'était destiné à combler d'aise ceux qui tiennent l'Église organisée pour une institution nécessaire à notre existence nationale. Le recueil se divise en quatre chapitres : « Mon secret du bonheur » ; « Je deviens un tueur » ; « Mon sentiment de fraternité » et « La route vers la foi » et contient un résumé de la religion panthéiste.

L'Être suprême a ouvert devant moi le livre où est écrit le secret de la félicité sur terre... Il n'a jamais voulu cacher ce secret aux hommes, mais ceux-ci persistent à le méconnaître et ne cherchent pas à en lire les meilleures pages, ou s'ils les ont lues, se refusent à y croire. Ils ferment les yeux pour ne pas admirer les beautés de la nature et leurs oreilles ne perçoivent point les milliers de voix qui entonnent l'hymne immortel de la vie.

Mon inébranlable foi m'assure que tout être, humain et animal, voire végétal, fait partie du plan universel tracé par le Grand Arbitre, et qui comprend toute vie, spirituelle ou physique.

Le jour où je découvris le cœur intelligent de la nature, mon sang accéléra sa course dans mes veines. En répondant à la voix de la nature, j'ai affermi ma santé, développé ma foi et goûté à la splendeur de vivre. Cette voix invocatrice me murmure l'espoir que bientôt tout le monde comprendra son appel.

Dans *Kazan* et *Bari, chien-loup* j'ai tenté d'immortaliser les chiens, que j'aime tant. Depuis que je courais avec Jack, dans notre ferme de l'Ohio, il m'a toujours fallu un chien sur qui déverser mon affection. Mon roman *Rapide-Éclair* m'inspira de nouveau le désir d'égaler

Croc-Blanc et *L'Appel de la forêt* et cette ambition faillit de bien peu se réaliser.

Quelque temps après la publication de *La Piste du bonheur,* ce roman qui se passe au nord du lac Supérieur, je m'enfonçai dans les parages du lac Saint-Jean, dans la province de Québec. Jusque-là tous mes voyages au Canada s'étaient accomplis à l'Extrême-Ouest et au Nord. Je passai de longs mois dans le curieux village franco-canadien de Péribonka, dont les habitants continuent à mener la vie patriarcale de leurs ancêtres. Ce petit village si tranquille, situé au bord même d'une solitude à peine fouillée des hommes, m'intrigua. J'y écrivis quelques nouvelles où se reflètent la bonté et l'aimable simplicité des gens, ainsi que la vie tumultueuse et passionnée des bateliers sur le Mistassini, à une trentaine de kilomètres de là. Bientôt j'écartai complètement ce sujet et me mis à écrire *Carla, roman canadien.*

D'éminents critiques m'ayant reproché de ne pas me renouveler suffisamment, surtout dans *Un gentleman courageux* et *La Vieille Route de Québec,* je me suis décidé à écrire des romans historiques sur le Canada.

Fermement résolu à éviter tout jugement hostile, je me suis procuré — Dieu sait au prix de quels efforts ! — toute la documentation possible sur mes personnages, leur façon de vivre, leurs costumes, leur langage, leurs foyers, leurs occupations sociales, en somme sur tous les faits susceptibles de reconstituer l'atmosphère d'une époque. J'ai puisé aux sources d'origine plutôt que de recourir aux résumés ou aux conclusions d'autres écrivains. *Le Chasseur noir* vient de paraître en Amérique et *Les Plaines d'Abraham* suivront bientôt. A l'heure où j'écris, la critique n'a pas encore eu le temps de se former une opinion définitive sur la valeur de ces deux ouvrages ; cependant, si j'en crois plusieurs amis, leur lecture en est divertissante et leur unique défaut consisterait à traiter des sujets n'offrant qu'un intérêt relatif à certaine catégorie de lecteurs.

Je considère mon aptitude au travail comme un des plus grands bienfaits de l'existence. A mon avis, seul l'homme continuellement occupé goûte un véritable bonheur. Les savants illustres peinent jusqu'à leur dernier souffle. Loin de se reposer après avoir obtenu gloire et fortune, ils poursuivent inlassablement leur tâche et jouissent d'ordinaire d'une longévité plus grande que ceux qui se sont arrêtés en route. Ils ont connu le succès grâce à l'amour du travail et non pour avoir voulu atteindre un but.

Cela est surtout vrai en ce qui concerne les écrivains. Le jeune auteur qui songe uniquement à gagner de l'argent est condamné d'avance à l'échec. Notre vocation exige une somme considérable de courage, d'énergie et de volonté ; néanmoins, maints débutants s'imaginent que le romancier dit « arrivé » coule des jours agréables et exempts de soucis. Quoi qu'il en soit, le travail, source intarissable de joie, s'empare à tel point de votre être que plus d'un écrivain, se sentant guetté par la mort, n'a lâché la plume qu'à la dernière extrémité.

Qu'on n'aille pas s'imaginer, cependant, que je tienne la passion du travail pour le summum de la félicité humaine. Le Créateur nous a donné la faculté de nous divertir, de rire et de chanter, sans quoi le chemin de la vie serait par trop lugubre. Et parce que, en général, les hommes et les femmes poursuivent une existence monotone, la nécessité — mère de l'invention — a poussé certains d'entre eux à écrire des livres afin que leurs semblables frissonnent à la lecture d'actes valeureux accomplis par des personnages imaginaires, s'apitoyent sur leurs chagrins, rient avec eux, aiment et admirent les héros et héroïnes qui vivent leurs vies comme nous le ferions nous-mêmes si l'occasion nous en était donnée.

Mon banquier s'obstine à me convaincre que j'ai réussi dans les lettres, mais je sais pertinemment que le succès, le véritable succès, ne saurait se mesurer seulement par une balance créditrice. Le chiffre de mes tirages est, certes, impressionnant, mais le public n'achète régulièrement les œuvres d'un auteur par centaines de milliers d'exemplaires que s'il y trouve un aliment à ses goûts et aspirations. Je crois que la popularité de mes romans est due à leur caractère foncièrement honnête.

Les hommes et les femmes qui observent dans leurs relations avec leurs semblables une loyauté réciproque aiment à connaître les aventures de personnages moraux. A travers les siècles, seules les œuvres bienséantes et propres ont pu durer. Certains volumes inexpurgés sont tenus sous bonne garde dans nos bibliothèques, en raison du charme de leur antiquité classique, mais on y découvre rarement, sauf à titre documentaire, des livres modernes où s'étale complaisamment la passion charnelle. De tels ouvrages retiennent l'attention un moment, telle la lueur phosphorescente qu'on observe parfois sur une tombe, mais disparaissent aussi rapidement qu'ils sont venus, et laissent derrière eux une impression de dégoût. Le sort se venge cruellement des écrivains qui violent ainsi les règles de la décence. Ils meurent d'ordinaire sans gloire, comme leurs volumes, fruits de leurs pensées immondes.

Les œuvres saines perpétuent jusqu'à nous la renommée de leurs auteurs. Si Charles Dickens avait rempli ses livres de scandales sexuels, personne, sauf quelques chercheurs, ne connaîtrait à présent son nom. Mais il sut éviter cet écueil, et voilà pourquoi ses romans lui survivent.

Au fond, le monde est bon et, malgré les apparences, subit une perpétuelle évolution. Les hommes ont élevé peu de monuments en l'honneur du mal, et s'il s'en rencontre parfois, chaque génération se charge de les renverser. L'horizon humain s'élargit constamment dans les églises, dans les écoles et dans la rue ; les hommes et les femmes commencent à tendre la main à leurs semblables et à former une fraternité basée sur une compréhension plus vaste et plus saine de la vie ; aussi je ne désespère pas de voir le jour où les discordes deviendront si rares, que les esprits curieux s'efforceront d'analyser les causes de telles anomalies.

Les critiques ont écrit de nombreuses études sur moi-même et mes livres ; ils m'ont décerné maints éloges et quelques blâmes. De temps à autre, leurs commentaires me cinglent comme un coup de fouet, mais l'article fielleux m'inspire de la pitié pour le scribe qui l'a pondu.

Je reçus, un jour, l'analyse d'un de mes livres où le journaliste louait fort mon talent descriptif et ma façon de tisser la trame d'un roman, mais il concluait par cette phrase : « L'œuvre de Curwood égalerait presque celle de nos grands littérateurs s'il ne s'obstinait à nous présenter des hommes et des femmes d'une vertu à toute épreuve et d'une noblesse de caractère invraisemblable... en d'autres termes, ses personnages sont trop beaux pour être vrais ! »

Grâce à Dieu, je me félicite de m'être seulement, dans un livre — et c'est encore un péché de jeunesse — laissé aller à ce genre littéraire qui plaît tant à ce critique. Pourquoi mes héros ne seraient-ils point des gens sains et moraux ? Pourquoi ne raconterais-je pas d'histoires d'hommes et de femmes aux aspirations élevées, vers lesquelles tendent la plupart d'entre nous ?

Je ne vois pas pour quelle raison je glorifierais une femme des rues, bien que l'une d'elles m'eût donné autrefois un exemple d'abnégation assez rare même chez ses sœurs plus respectables.

Il ne manque pas de femmes honnêtes à honorer et à parer d'idéal : pourquoi en ferais-je des créatures laides et perverses, alors que tous nous recherchons la beauté ? Pour accueillir nos invités, nous ornons la maison des plus magnifiques fleurs du jardin.

Pourquoi ne réserverais-je pas, dans mes livres, le châtiment aux méchants et la récompense à ceux qui la méritent ? D'aucuns objecteront : « Dans la vie, les choses se passent différemment ! » Je ne partage pas cet avis : l'expérience m'a prouvé qu'en règle générale le bonheur échoit à ceux qui en sont dignes. Tôt ou tard, ils perçoivent l'admirable mélodie de la vie, tout comme Mélissa, l'héroïne de mon roman *L'Honneur des grandes neiges,* entendait les chants de sa patrie, et il leur est souvent donné de savourer le bonheur longtemps avant de partir pour un autre monde.

La terre est peuplée d'hommes forts et loyaux, de femmes belles et vertueuses, de gens qui égalent et surpassent en noblesse les héros de mes romans : cette partie de l'humanité m'inspire plus que l'autre.

Je désire que le lecteur, arrivé à la fin d'un de mes livres, le ferme avec une douce satisfaction. Je suis heureux d'avoir pu éveiller chez lui des pensées nobles plutôt que d'avoir flatté ses bas instincts.

J'estime n'avoir pas perdu mon temps si j'ai réussi à insuffler aux jeunes femmes le désir de rendre leur foyer agréable, de posséder de beaux enfants et de mener une existence utile, et si j'ai inculqué aux jeunes gens l'amour de la nature et contribué à leur tremper le caractère. Rien ne me paraît plus noble que d'essayer de faire entendre à mes semblables l'universelle mélodie, dont les notes discordantes ne sont, selon moi, imputables qu'à nous seuls.

Les qualités morales de mes œuvres constituent un des grands facteurs de leur succès. Peut-être ne révèlent-elles pas cette étincelle qu'on appelle le génie ; il n'empêche que, durant ces dix dernières années, elles ont été tirées à des centaines de milliers d'exemplaires. Cela s'explique, je crois, par le fait que le lecteur y rencontre des personnages dont il partage les sentiments généreux et dont il voudrait imiter l'exemple, des héros qui lui montrent à chaque page qu'en réalité Dieu créa l'homme à sa ressemblance.

LE VAGABOND SUR LA ROUTE

A quoi bon tant de fièvre folle et de tracas
Pourquoi vouloir construire et démolir sans trêve,
Puisque je sais un bois où volent les choucas,
Où le vent d'ouest chante son rêve...

Pourquoi ces cris de haine et ces sanglots, pourquoi
Ces trafics, ces clameurs et ces yeux qui se voilent ?
Je sais une montagne où l'air pur rit en moi,
Et d'où je vois mieux les étoiles !

Peu me chaut le pouvoir qui passe, fugitif,
La lutte pour forcer du noir destin la porte !
Je sais un clair vallon aux sauvages massifs
Où l'envie est à jamais morte !

GLENN WARD DRESBACH.

(Traduction de Louis POSTIF.)

Cette poésie enchantait si fort James Oliver Curwood qu'il l'avait détachée d'un recueil et fait encadrer. Elle figurait continuellement sur la table de l'écrivain-voyageur, dans son cabinet de travail, à Owosso (Michigan). Les heureuses pensées qu'on y trouve, amour de la nature, besoin de recueillement, semblent en effet résumer la philosophie de l'auteur de *Nomades du Nord* et de *Rapide-Éclair.*

BIBLIOGRAPHIE

Pour chaque titre, nous indiquons la première parution en volume aux États-Unis et en France à l'exclusion des innombrables réimpressions.

1908 THE WOLF HUNTERS. A tale of adventure in the wilderness.
Un volume, 318 p. Ill. par C.M. Relyea. Indianapolis, The Bobbs-Merril Co.
— *Les Chasseurs de loups* (traduction de Paul Gruyer et Louis Postif). Paris, Crès, 1923.

1908 THE COURAGE OF CAPTAIN PLUM.
Un volume, 319 p. Ill. par Frank E. Schoonover. Indianapolis, The Bobbs-Merril Co.
— *L'Aventure du capitaine Plum* (traduction de Paul Gruyer et Louis Postif). Paris, Crès, octobre 1927.

1909 THE GREAT LAKES. The vessels that plough them : their owners, their sailors and their cargoes, with a brief history of our inland seas.
Un volume. New York et Londres, G.P. Putnam and Sons.

1909 THE GOLD HUNTERS. A story of life and adventure in the Hudson bay wilds.
Un volume, 328 p. Ill. par C.M. Relyea. Indianapolis, The Bobbs-Merril Co.
— *Les Chasseurs d'or* (traduction de Paul Gruyer et Louis Postif). Paris, Crès, 1925.

1910 THE DANGER TRAIL
Un volume, 305 p. Ill. par Charles L. Bull. Indianapolis, The Bobbs-Merril Co.
— *La Piste dangereuse* (traduction de V. Forbin). Paris, Crès, juin 1929.

1911 THE HONOUR OF THE BIG SNOWS
Un volume, 317 p. Ill. par Charles L. Bull. Indianapolis, The Bobbs-Merril Co.
— *L'Honneur des Grandes Neiges* (traduction de Louis Postif). Préface

de Francis Lacassin (un volume cartonné). Collection Spirale, Paris, G.P. Rouge et Or, 1978.

1911 PHILIP STEELE OF THE ROYAL NORTHWEST MOUNTED POLICE
Un volume, 306 p. Ill. par Gayle Haskins. Indianapolis, The Bobbs-Merril Co.
— *Philip Steele de la police montée* (traduction de Louis Postif). « Les Meilleurs Romans Étrangers ». Paris, Hachette, 1932.

1912 FLOWER OF THE NORTH. A modern romance.
Un volume, 307 p. New York et Londres, Harper and Brothers.
— *Fleur du Nord* (traduction de Louis Postif). « Les Meilleurs Romans Étrangers ». Paris, Hachette, 1936.

1913 ISOBEL, a romance of the northern trail.
Un volume, 280 p. New York et Londres, Harper and brothers.
— *Les Cœurs les plus farouches* (traduction de Léon Bocquet). Paris, L'Édition Française Illustrée [Crès], 1920.

1914 KAZAN
Un volume, 340 p. Ill. par Gayle Haskins. Indianapolis, The Bobbs-Merril Co.
— *Kazan* (traduction de Paul Gruyer et Louis Postif). Paris, Crès, janvier 1925.

1915 GOD'S COUNTRY... AND THE WOMAN
Un volume, 347 p. Ill. par William Oberhardt et Norman Borchardt. Garden City (New York), Doubleday, Page and Co.

1916 THE HUNTED WOMAN
Un volume, 324 p. Ill. par Frank B. Hoffman. Garden City (New York) Doubleday, Page and Co.
— *La Voyageuse traquée* (traduction de Louis Postif). « Les Meilleurs Romans Étrangers ». Paris, Hachette, 1931.

1916 THE GRIZZLY KING. A romance of the wild.
Un volume, 234 p. Ill. par Franck B. Hoffman. Garden City (New York) Doubleday, Page and Co.
— *Le Grizzly* (traduction de Midship), Paris, Crès, 1922.

1917 BAREE, SON OF KAZAN
Un volume, 303 p. Ill. par Frank B. Hoffman. Garden City (New York), Doubleday, Page and Co.
— *Bari, chien-loup* (traduction de Léon Bocquet). Paris, L'Édition française illustrée, 1921.

1918 THE COURAGE OF MARGE O'DOONE
Un volume, 309 p. Frontispice par Lester Ralph. Garden City (New York), Doubleday, Page and Co.
— *La Fugitive* (traduction de Louis Postif). « Les Meilleurs Romans Étrangers ». Paris, Hachette, 1935.

1919 NOMADS OF THE NORTH. A story of romance and adventure under the open stars.
Un volume, 318 p. Ill. par Charles L. Bull. Garden City (New York), Doubleday, Page and Co.

— *Nomades du Nord* (traduction de Louis Postif). Paris, Crès, octobre 1925.

1919 THE RIVER'S END. A new story of God's country.
Un volume, 303 p. Ill. par Dean Cornwell. New York, Cosmopolitan Books Corp.
— *Le Bout du Fleuve* (traduction de Paul Gruyer et Louis Postif). Paris, Crès, octobre 1926.

1920 BACK TO GOD'S COUNTRY AND OTHER STORIES.
Ill. de photos du film « Universal » interprété par Renée Adorée.
Un volume, 274 p. New York, Grosset and Dunlap.

1920 THE VALLEY OF THE SILENT MEN. A story of the Three Rivers country.
Un volume, 298 p. Ill. par Dean Cornwell. New York, Cosmopolitan Books Corp.
— *La Vallée du Silence* (traduction de Louis Postif). Paris, Crès, juillet 1928.

1921 THE FLAMING FOREST. A novel of the canadian North West.
Un volume, 296 p. Ill. par Walter Louderback. New York, Cosmopolitan Books Corp.
— *La Forêt en flammes* (traduction de Louis Postif). « Les Meilleurs Romans Étrangers ». Paris, Hachette, 1934.

1921 GOD'S COUNTRY — THE TRAIL TO HAPPINESS
Un volume, 122 p. New York, Cosmopolitan Books Corp.

1921 THE GOLDEN SNARE
Un volume, 257 p. Ill. des photos du film « First National » réalisé par David M. Hartfords. New York, Grossett and Dunlap.
— *Le Piège d'or* (traduction de Paul Gruyer et Louis Postif). Paris, Crès, 1924.

1922 THE COUNTRY BEYOND. A romance of the wilderness.
Un volume, 340 p. Ill. par Walt Louderback. New York, Cosmopolitan Book Corp.
— *La Piste du bonheur* (traduction de Louis Postif). « Les Meilleurs Romans Étrangers ». Paris, Hachette, 1937.

1923 THE ALASKAN. A novel of the North.
Un volume, 326 p. Ill. de Walt Louderback. New York, Cosmopolitan Books Corp.
— *L'Homme de l'Alaska* (traduction de Louis Postif). « Les Meilleurs Romans Étrangers ». Paris, Hachette, 1933.

1924 A GENTLEMAN OF COURAGE. A novel of the wilderness.
Un volume, 342 p. Ill. par Robert W. Stewart. New York, Cosmopolitan Books Corp.
— *Un gentleman courageux* (traduction de Louis Postif). « Les Meilleurs Romans Étrangers ». Paris, Hachette, 1931.

1925 THE ANCIENT HIGHWAY. A novel of high hearts and open roads.
Un volume, 373 p. Ill. de Walt Louderback. New York, Cosmopolitan Books Corp.

— *La Vieille Route de Québec* (traduction de Louis Postif) « Les Meilleurs Romans Étrangers ». Paris, Hachette, 1938.

1926 SWIFT LIGHTNING. A story of wild life adventure in the frozen North. Un volume, 211 p. Frontispice par Paul Bransom. New York, Cosmopolitan Books Corp.

— *Rapide-Éclair* (traduction de Louis Postif) « Les Meilleurs Romans Étrangers ». Paris, Hachette, 1934.

1926 THE BLACK HUNTER. A novel of Québec.
Un volume, 393 p. Ill. de Arthur E. Becher. New York, Cosmopolitan Books Corp.

1928 THE PLAINS OF ABRAHAM.
Un volume, 316 p. Garden City (New York), Doubleday, Doran and Co Inc. [Roman historique.]

1929 THE GRIPPLED LADY OF PERIBONKA
Un volume, 251 p. Ill. par John A. Maxwell. Garden City (New York), Doubleday, Doran and Co, inc.

— *Carla* (traduction Louis Postif). « Les Meilleurs Romans Étrangers ». Paris, Hachette, 1936.

1930 GREEN TIMBER (Roman completed by Dorothy A. Bryant)
Un volume, 299 p. Garden City, New York, Doubleday, Doran Inc.

1930 SON OF THE FORESTS. (An autobiography completed by Dorothea A. Bryant.)
Un volume, 243 p. Garden City (New York) Doubleday, Doran and Co Inc.

— *Le Fils des forêts* (traduction de Louis Postif). « Les Meilleurs Romans Étrangers ». Paris, Hachette, 1938.

1931 FALKNER OF THE INLAND SEAS. (Edite by Dorothea A. Bryant.)
Un volume, 301 p. Indianapolis, The Bobbs-Merril Co.

1977 LES NEIGES DU GRAND NORD. Choix de nouvelles.
Un volume cartonné. « Bibliothèque Verte ». Hachette, 1977.

Francis LACASSIN

TABLE DES MATIÈRES

Introduction générale par Paul Gruyer et Louis Postif VII

KAZAN

Préface de Paul Gruyer et Louis Postif 3

I. L'ensorcellement 5
II. Le retour à la Terre du Nord 9
III. Le duel 13
IV. Libre du servage 18
V. Kazan rencontre Louve Grise 20
VI. L'attaque du traîneau 26
VII. Kazan retrouve la caresse de Jeanne 31
VIII. Le signe de la mort 36
IX. Sur le fleuve glacé 40
X. Le Grand Changement 46
XI. La tragédie sur le Roc du Soleil 50
XII. Le grand incendie 55
XIII. Le professeur Paul Weyman 60
XIV. La Mort rouge 68
XV. La piste de la faim 75
XVI. Vers la curée 79
XVII. Combat 82
XVIII. Le Carnaval du Wild 85
XIX. Un fils de Kazan 90
XX. L'éducation de Bari 94
XXI. Dent-Brisée émigre avec sa famille 100
XXII. La lutte contre les envahisseurs 104
XXIII. La loutre fait une trouée 108
XXIV. La capture 112
XXV. La méthode de Sandy Mac Trigger 117

XXVI. Le professeur Weyman dit son mot 121
XXVII. Seule dans sa cécité 125
XXVIII. Comment Sandy Mac Trigger trouva la fin qu'il méritait . 128
XXIX. L'appel du Roc du Soleil 131

BARI, CHIEN-LOUP, FILS DE KAZAN

I. Le grand inconnu 139
II. Le premier combat 142
III. Une nuit d'effroi 146
IV. Le vagabond affamé 152
V. Le loup parle 156
VI. Le cri du cœur solitaire 162
VII. La fin de Wakayoo 168
VIII. Nepeese en danger 174
IX. Enfin amis ! 177
X. Au secours d'Umisk 182
XI. Pris ! 185
XII. Soumis, mais non conquis 190
XIII. Mac Taggart obtient sa réponse 193
XIV. L'attrait de la femme 197
XV. La fille de la tempête 202
XVI. Nepeese revendique ses droits 205
XVII. Les voix de la race 209
XVIII. Le banni 213
XIX. Le facteur se décide 221
XX. Une lutte inutile 227
XXI. Nepeese fait son choix 230
XXII. Seul ! 234
XXIII. Un hiver d'attente 238
XXIV. Vers le nord 243
XXV. Sur la ligne de trappes 247
XXVI Bari ennuie Mac Taggart 252
XXVII. Le triomphe de Mac Taggart 256
XXVIII. Amitié 259
XXIX. L'appel du sud 263
XXX. La fin de la recherche 267
XXXI. Le compte est réglé 270

LE GRIZZLY

I. Le monarque et son domaine 277
II. Langdon 280
III. Tyr 283
IV. Le plan de chasse 287
V. Muskwa 290
VI. Le caribou 294

VII. Bruce bavarde ... 299
VIII. Le dernier sommeil ... 302
IX. Le duel de Tyr ... 307
X. Par-dessus les montagnes ... 313
XI. Bruce et Langdon sur le théâtre du combat ... 317
XII. Une belle pêche ... 319
XIII. Tyr et Iskwao ... 325
XIV. La venue des chiens ... 328
XV. À la recherche de Tyr ... 335
XVI. Muskwa se civilise ... 340
XVII. Face à face ... 346
XVIII. La miséricorde des forts ... 349
XIX. Le dernier combat ... 352
XX. Adieu, Muskwa ! ... 355
XXI. Muskwa à la recherche de son ami ... 358

NOMADES DU NORD

I. Nioua l'ourson ... 365
II. Première bataille ... 369
III. Miki ... 373
IV. Frères siamois ... 382
V. Le cataracte ... 384
VI. Une croisière mouvementée ... 388
VII. Nomades du nord ... 394
VIII. Oiseaux de nuit ... 399
IX. Avalanche de corbeaux ... 406
X. Miki s'aventure seul ... 414
XI. Les mangeurs de mûres ... 418
XII. Le sommeil de Nioua ... 423
XIII. Jacques Le Beau et ses pièges ... 428
XIV. La horde démente ... 431
XV. Nétah, le tueur ... 440
XVI. La brute humaine ... 442
XVII. Le justicier ... 446
XVIII. Un nouveau Dieu de haine ... 453
XIX. L'Ouske-Pipoune ... 458
XX. Double triomphe de Miki ... 461
XXI. Dans la cabane de Challoner ... 464
XXII. L'appel de Nanette ... 470
XXIII. Nioua se réveille ... 474
XXIV. Heureux amis ! ... 478
XXV. L'embrasement de la forêt ... 481
XXVI. En famille ... 487

RAPIDE-ÉCLAIR

Préface d'André Demaison ... 493

I. Le fantôme de Skagen ... 495

II. La harde affamée 507
III. Rapide-Éclair court seul 518
IV. La bataille des clans 527
V. La rencontre de Luciole 539
VI. Rapide-Éclair répond à l'appel 551
VII. Le déluge 562
VIII. Dans la vie des bêtes 578
IX. Le retour à l'homme 589

LES CHASSEURS DE LOUPS

I. Le combat dans les mélèzes 603
II. Comment Wabigoon le fils prit goût à la civilisation 609
III. Roderick tue son premier ours 613
IV. Roderick sauve Minnetaki 617
V. En contact avec le Désert 622
VI. Mystérieux coups de feu dans le silence 630
VII. La danse des caribous 636
VIII. Mukoki dérange les squelettes 642
IX. Ce que renfermait le petit sac en peau de daim 646
X. Pourquoi Loup et Mukoki haïssaient les loups 652
XI. Comment Loup attira ses frères à la mort 660
XII. Roderick explore le mystérieux ravin 666
XIII. Le songe de Roderick 671
XIV. Le secret de la main du squelette 675
XV. Sous l'avalanche neigeuse 681
XVI. La catastrophe 686
XVII. La poursuite 691
XVIII. Le retour à Wabinosh House 695

LES CHASSEURS D'OR

Préface des traducteurs par Paul Gruyer et Louis Postif 705
I. A la poursuite de Roderick Drew 707
II. Comment Minnetaki tomba entre les mains des Indiens Woongas 713
III. Sur la piste des Woongas 717
IV. L'homme aux pieds d'ours 722
V. Corps à corps avec Woonga 730
VI. Rod en péril de mort 734
VII. Sous la glace du lac Nipigon 737
VIII. Le Grand Esprit et les sept belles filles 742
IX. La balle jaune 747
X. Pourquoi tous les Indiens sont honnêtes 751
XI. Un cri dans la nuit 757
XII. Qui a tiré ? 762

XIII. Un mauvais pas 766
XIV. La troisième cascade 772
XV. Le vieux papier dans la cabane 777
XVI. Qui était l'homme fou 782
XVII. Où le mystère se découvre 789
XVIII. Dans les ténèbres souterraines 795
XIX. L'histoire de John Ball 800

L'HONNEUR DES GRANDES NEIGES

I. La musique 809
II. L'histoire de Muki 812
III. La petite Élise 815
IV. Un problème inquiétant 817
V. Les premiers pas d'Élise 819
VI. Jours de triomphe 822
VII. Le grand festin 824
VIII. Le combat à l'aurore 827
IX. Jean et Yan 830
X. Les fleurs rouges 832
XI. Pour elle 836
XII. Une rumeur monte du sud 838
XIII. La Terreur rouge 840
XIV. Une longue attente 843
XV. Presque une femme 846
XVI. Anniversaire 850
XVII. Renoncement 853
XVIII. Frère Yan 856
XIX. Le nouvel inspecteur et son fils 860
XX. Les conséquences d'un baiser 865
XXI. Un cœur brisé 868
XXII. Les adieux 871
XXIII. Le retour de Yan 873
XXIV. Le sauvetage 874
XXV. Jack Thornton 881
XXVI. Tentation 885
XXVII. L'histoire de Yan 888
XXVIII. L'âme du violon 891

Suivi de :

LE CAS D'ANDRÉ BEAUVAIS, nouvelle 895
LE VIOLONEUX, nouvelle 903

LE PIÈGE D'OR

I. Bram et ses loups 921
II. L'étrange trouvaille 924

III. Brant prend une décision 927
IV. La huitième nuit 929
V. La rencontre 932
VI. Où le chasseur est chassé 935
VII. Reddition 938
VIII. Le terme du voyage 941
IX. Premier contact avec l'inconnue 949
X. Bram est galant 952
XI. Où l'on commence à se comprendre 956
XII. Soudaine et mystérieuse attaque 960
XIII. Les Kogmollocks 964
XIV. Ce qu'apporta la tempête 967
XV. La cabane en feu 970
XVI. En attendant l'aurore 974
XVII. Philip gagne au premier « round » 976
XVIII. Sur la piste du sang 978
XIX. Une course de vitesse 980
XX. Brûlant accueil 981
XXI. Blake devient communicatif 984
XXII. Vers la rivière de la Mine-de-Cuivre 987
XXIII. Blake s'échappe 989
XXIV. Olaf Anderson 992
XXV. Le siège de la cabane 993
XXVI. L'hommage de Bram à la princesse 997

Suivi de :

AU CŒUR DE LA NATURE, nouvelle 1003
Première piste : Mon secret du bonheur 1003
Deuxième piste : Je deviens un tueur 1010
Troisième piste : Fraternité 1018
Quatrième piste : Vers la foi 1029

LE FILS DES FORÊTS

Avant-propos de J.-O. Curwood 1047
I. Souvenirs de tendre jeunesse 1049
II. Je deviens un hors-la-loi et m'enfuis sur mer 1056
III. La muse de l'autre côté du chemin 1062
IV. Jours de classe à Owosso 1069
V. Sur les grandes routes 1081
VI. À l'université de Michigan 1094
VII. Ma carrière de journaliste 1104
VIII. Le retour au « Pays de Dieu » 1112
IX. Conseils aux jeunes écrivains 1114

Le Vagabond sur la route 1129

BIBLIOGRAPHIE de Francis Lacassin 1131

DÉPÔT LÉGAL : JANVIER 1992

N° ÉDITEUR : S 1204